EDUARDO **CAMBI**
ROGÉRIA **DOTTI**
PAULO **PINHEIRO**
SANDRO **MARTINS**
SANDRO **KOZIKOSKI**

2

2025

QUARTA EDIÇÃO

CURSO DE PROCESSO CIVIL COMPLETO

PARTE III • **PROCEDIMENTO COMUM**

Dados Internacionais de Catalogação na Publicação (CIP) de acordo com ISBD

C977   Curso de processo civil completo: procedimento comum / Eduardo Augusto
Salomão Cambi...[et al]. - 4. ed. - Indaiatuba : Editora Foco, 2025.
824 p. ; 17cm x 24cm. – (v.2)

Inclui bibliografia e índice.

ISBN: 978-65-6120-296-1

1. Direito. 2. Direito civil. 3. Processo civil. I. Cambi, Eduardo Augusto
Salomão. II. Dotti, Rogéria. III. Pinheiro, Paulo Eduardo D'Arce. IV. Martins,
Sandro Gilbert. V. Kozikoski, Sandro Marcelo. VI. Título.

2025-421   CDD 347   CDU 347

Elaborado por Odilio Hilario Moreira Junior - CRB-8/9949

Índices para Catálogo Sistemático:

1. Direito civil 347

2. Direito civil 347

2

EDUARDO **CAMBI**
ROGÉRIA **DOTTI**
PAULO **PINHEIRO**
SANDRO **MARTINS**
SANDRO **KOZIKOSKI**

20
25

QUARTA EDIÇÃO

CURSO DE PROCESSO CIVIL COMPLETO

PARTE III · **PROCEDIMENTO COMUM**

2025 © Editora Foco

Autor: Eduardo Cambi
Diretor Acadêmico: Leonardo Pereira
Editor: Roberta Densa
Coordenadora Editorial: Paula Morishita
Revisora Sênior: Georgia Renata Dias
Revisora Júnior: Adriana Souza Lima
Capa Criação: Leonardo Hermano
Diagramação: Ladislau Lima e Aparecida Lima
Impressão miolo e capa: FORMA CERTA

DIREITOS AUTORAIS: É proibida a reprodução parcial ou total desta publicação, por qualquer forma ou meio, sem a prévia autorização da Editora FOCO, com exceção do teor das questões de concursos públicos que, por serem atos oficiais, não são protegidas como Direitos Autorais, na forma do Artigo 8º, IV, da Lei 9.610/1998. Referida vedação se estende às características gráficas da obra e sua editoração. A punição para a violação dos Direitos Autorais é crime previsto no Artigo 184 do Código Penal e as sanções civis às violações dos Direitos Autorais estão previstas nos Artigos 101 a 110 da Lei 9.610/1998. Os comentários das questões são de responsabilidade dos autores.

NOTAS DA EDITORA:

Atualizações e erratas: A presente obra é vendida como está, atualizada até a data do seu fechamento, informação que consta na página II do livro. Havendo a publicação de legislação de suma relevância, a editora, de forma discricionária, se empenhará em disponibilizar atualização futura.

Erratas: A Editora se compromete a disponibilizar no site www.editorafoco.com.br, na seção Atualizações, eventuais erratas por razões de erros técnicos ou de conteúdo. Solicitamos, outrossim, que o leitor faça a gentileza de colaborar com a perfeição da obra, comunicando eventual erro encontrado por meio de mensagem para contato@editorafoco.com.br. O acesso será disponibilizado durante a vigência da edição da obra.

Impresso no Brasil (2.2025) – Data de Fechamento (2.2025)

2025
Todos os direitos reservados à
Editora Foco Jurídico Ltda.
Rua Antonio Brunetti, 593 – Jd. Morada do Sol
CEP 13348-533 – Indaiatuba – SP

E-mail: contato@editorafoco.com.br
www.editorafoco.com.br

APRESENTAÇÃO

O Código de Processo Civil de 2015 traz importantes contribuições para o aperfeiçoamento do Direito Processual, na perspectiva da concretização do direito constitucional à tutela jurisdicional célere, adequada e efetiva.

No que se refere às normas fundamentais, aos atos processuais e às nulidades, o Código de 2015 rompe com o formalismo excessivo que dominou o sistema do Código de 1973 e apresenta um novo ideário, baseado na primazia do julgamento do mérito. As novas regras oferecem oportunidades para que os vícios processuais sejam sanados, privilegiando, assim, as sentenças definitivas. O processo passa a ser cooperativo e dialógico, razão pela qual a garantia do contraditório adquire um novo significado. Há, agora, um real poder de influência sobre a decisão judicial. Por outro lado, o incremento dos poderes do juiz e a atipicidade das medidas coercitivas são equilibrados no sistema mediante a vedação à decisão surpresa e à necessidade de motivação. Os negócios processuais típicos são ampliados, permitindo-se pela primeira vez a realização também de negócios atípicos, em clara valorização à atuação das partes. Também unifica as tutelas provisórias, as quais podem ser fundamentadas em urgência ou evidência (CPC, arts. 294-311), para melhor distribuir o ônus do tempo do processo, a fim de que a tutela jurisdicional seja prestada de forma mais célere, prestigiando o litigante que tem razão.

Quanto às inovações no processo de conhecimento, destacam-se, dentre outras, o estímulo à solução consensual dos conflitos, inclusive com a inclusão da audiência de conciliação ou de mediação a ser realizada antes da resposta do réu (CPC, art. 334), a possibilidade de julgamento parcial de mérito (CPC, art. 356), a possibilidade de produção de prova antecipada para melhor conhecimento prévio dos fatos e independentemente da necessidade de posterior ajuizamento de ação (CPC, art. 381, inc. III), a adoção da teoria da distribuição dinâmica do ônus da prova (CPC, art. 373, § 1º), o rigor no dever de fundamentação das decisões (CPC, art. 489, § 1º) e a possibilidade da coisa julgada recair sobre a resolução de questão prejudicial decidida expressa e incidentalmente no processo (CPC, art. 503, § 1º).

Na disciplina dos procedimentos especiais, muitas das "ações" já existentes no direito anterior foram mantidas pelo CPC de 2015 (ação de consignação, ação de exigir contas, ações possessórias, ação de divisão e de demarcação de terras particulares, inventário e partilha, habilitação e ação monitória e restauração de autos). Essa manutenção, no entanto, quase sempre foi acompanhada de mudanças, ora pontuais (*v.g.*, art. 555, parágrafo único, destinado a dar maior efetividade à tutela possessória), ora mais amplas (*v.g.*, ação de exigir contas, embargos de terceiro e ação monitória), destinadas à superação de dissensões interpretativas ou com o propósito (nem sempre alcançado) de aprimoramento da disciplina.

Além disso, mesmo o regramento aparentemente não alterado deve ter a sua interpretação revisitada à luz das normas fundamentais (*v.g.*, arts. 4º a 10) e de modificações decorrentes de outros campos da parte geral (*v.g.*, arts. 133 e 139, IV) ou de nova disciplina conferida ao processo de conhecimento (*v.g.*, art. 327, § 2º; art. 503, § 1º). Também foram introduzidos novos procedimentos especiais (ação de dissolução de sociedade, ações de família e regulação de avaria grossa), não tratados no CPC de 1973. Ainda houve a realocação, para este título, de institutos que, no direito pretérito, estavam topograficamente deslocados (oposição, homologação de penhor legal, notificação e interpelação) e a atualização do regime processual ao direto material (*v.g.*, divórcio, separação, extinção consensual de união e alteração de regime de bens do matrimônio).

No que se refere à execução, o novo Código de Processo Civil buscou afastar muitas dúvidas interpretativas que existiam à luz da legislação revogada, além de ter aperfeiçoado diversas regras procedimentais.

Ademais, o CPC 2015 estabeleceu premissas comuns aos meios impugnativos das decisões judiciais, dispensando tratamento detalhado aos recursos e às chamadas ações de impugnação autônomas, regulamentando, ainda, os incidentes processuais observados na fase recursal. Desse modo, o sistema recursal deve ser visto de forma conectada à técnica de formação e identificação dos precedentes de observância obrigatória. As altas taxas de congestionamento dos Tribunais pátrios refletiram na idealização de técnicas recursais específicas e mecanismos de coletivização. Os recursos repetitivos e a valorização dos precedentes são alinhados com propósitos nomofiláticos. Suplantando a ótica *privatista* tradicional, os recursos passam a estar vocacionados à *transcendência* e *objetivação* das questões presentes nos processos massificados. São premissas muito diversas daquelas extraídas da codificação de 1973.

Ainda, foram instituídas técnicas de *desestímulo* aos recursos *infundados*, com previsão de *sucumbência recursal* (CPC, art. 85, § 11). A admissão dos negócios processuais *atípicos* (CPC, art. 190) impõe uma nova compreensão do *dirigismo processual* e do papel confiado às partes. As convenções alcançam o sistema recursal cível, permitindo-se mudanças que afetam o duplo grau de jurisdição. Portanto, torna-se imprescindível o exame dos princípios informativos do sistema recursal (tais como primazia do mérito e unirrecorribilidade, dentre outros). Mudanças relevantes estão relacionadas ainda ao juízo de admissibilidade recursal, alteração do modelo de preclusões (CPC, art. 1.009, § 1º), ampliação da colegialidade (CPC, art. 1.042) etc.

A obra procura identificar todas essas novidades do Código, fazendo menção à doutrina e à orientação dos tribunais superiores (STF e STJ), aos enunciados do Fórum Permanente de Processualistas Civis (FPPC) e da Escola de Formação Nacional de Magistrados (ENFAM). Sempre que possível foram mencionados julgados e posicionamentos doutrinários em sentido diverso, sempre no sentido de demonstrar que novos horizontes de interpretação poderão surgir, ainda que para aplicar regras conhecidas e já existentes antes da entrada em vigor do novo diploma processual. Tudo isso de forma simples e objetiva, visando auxiliar os acadêmicos e profissionais do Direito na melhor compreensão e aplicação das normas processuais.

O texto foi redigido com viés prático, visando apresentar os temas do novo processo civil aos estudantes e aos operadores do direito que, no dia a dia, se deparam com a permanente necessidade de atualização e busca pelo conhecimento como instrumento poderoso de interferência na realidade social.

SUMÁRIO

APRESENTAÇÃO V

EDUARDO CAMBI

PARTE III – PROCESSO DE CONHECIMENTO – PROCEDIMENTO COMUM

1. PROCESSO E PROCEDIMENTO 3

   1.1.   Noções de processo e procedimento 3

   1.2.   Processo de conhecimento e procedimento comum 4

2. PETIÇÃO INICIAL 7

   2.1.   Conceito e funções 7

   2.2.   Requisitos da petição inicial 8

       2.2.1.   Requisitos intrínsecos 8

           2.2.1.1.   O juízo a que é dirigida 8

           2.2.1.2.   Os nomes, os prenomes, o estado civil, a existência de união estável, a profissão, o número de inscrição no Cadastro de Pessoas Físicas ou no Cadastro Nacional da Pessoa Jurídica, o endereço eletrônico, o domicílio e a residência do autor e do réu 10

           2.2.1.3.   O fato e os fundamentos jurídicos do pedido 14

           2.2.1.4.   O pedido com as suas especificações 17

               2.2.1.4.1.   Conceito 17

           2.2.1.5.   Extensões do pedido 18

               2.2.1.5.1.   Pedido certo e determinado 19

               2.2.1.5.2.   Pedido certo 19

               2.2.1.5.3.   Interpretação do pedido 20

               2.2.1.5.4.   Pedido determinado 22

               2.2.1.5.5.   Cumulação de pedidos 25

               2.2.1.5.6.   Alteração de pedidos ou de causas de pedir 29

           2.2.1.6.   O valor da causa 32

| | | 2.2.1.7. | As provas com que o autor pretende demonstrar a verdade dos fatos alegados | 39 |

2.2.1.7. As provas com que o autor pretende demonstrar a verdade dos fatos alegados 39

2.2.1.8. A opção do autor pela realização ou não de audiência de conciliação ou de mediação 40

2.2.1.9. Desfecho 41

2.2.2. Requisitos extrínsecos 42

2.2.2.1. Juntada dos documentos indispensáveis 42

2.2.2.2. Juntada de procuração 45

2.2.2.3. Adiantamento de custas 47

2.2.3. Pedido de gratuidade judiciária 48

2.3. Do deferimento e do indeferimento da petição inicial 49

2.4. Emenda ou complementação da petição inicial 54

2.5. Efeitos do ajuizamento da petição inicial 56

2.6. Improcedência liminar do pedido 58

2.6.1. Técnica de agilização do julgamento do mérito 58

2.6.2. Requisitos para a aplicação do art. 322 do CPC 58

2.6.3. Julgamento prima facie e julgamento antecipado do mérito 64

2.6.4. Julgamento prima facie e acesso à justiça 64

2.6.5. A técnica do art. 332 do CPC e a impossibilidade do juiz proferir sentença de improcedência parcial ou de procedência do pedido 64

2.6.6. Cúmulo de demandas e a aplicação do art. 332 do CPC 65

2.6.7. Apelação e juízo de retratação 66

2.6.8. Aplicação extensiva da técnica do art. 332 do CPC 68

2.7. O gerenciamento processual (case manegement) das ações predatórias 69

3. AUDIÊNCIA DE CONCILIAÇÃO OU DE MEDIAÇÃO 71

3.1. Introdução 71

3.2. Acesso à ordem jurídica justa 72

3.3. Desacesso à justiça 72

3.4. Objetivos dos meios alternativos de solução de conflitos 74

3.5. Meios alternativos de solução de conflitos adotados pelo Novo Código de Processo Civil (CPC) 74

3.6. Características dos meios alternativos de solução dos litígios 77

3.7. Cultura da pacificação social 81

3.8.	Política Judiciária Nacional de tratamento adequado dos conflitos de interesses no âmbito do Poder Judiciário	82
3.9.	Política Nacional de Incentivo à autocomposição no âmbito do Ministério Público	83
3.10.	Ética do Advogado	86
3.11.	Atuação prioritária da Defensoria Pública na solução extrajudicial dos litígios	87
3.12.	Papel da Advocacia Pública na autocomposição de conflitos envolvendo pessoa jurídica de Direito Público	89
3.13.	Arbitragem	91
3.14.	Conciliação	93
3.15.	Mediação	95
3.16.	Mediação em litígio coletivo pela posse ou pela propriedade de imóvel	99
3.17.	Compromisso de ajustamento de conduta	100
3.18.	Conciliadores judiciais e mediadores	101
3.19.	Conciliadores e mediadores extrajudiciais	104
3.20.	Urgência na obtenção da tutela jurisdicional antecipada	106
3.21.	Tutela cautelar requerida em caráter antecedente	106
3.22.	Produção antecipada da prova	107
3.23.	Requisitos para a designação de audiência de conciliação ou de mediação	107
3.24.	Facultatividade da audiência de conciliação ou de mediação	116
3.25.	Autocomposição de conflitos e utilização da arbitragem pelo Poder Público	118
3.26.	Agendamento da audiência e comunicação das partes	122
3.27.	Negócios jurídicos processuais	123
3.28.	Não comparecimento das partes e/ou dos advogados	125
3.29.	Resultados possíveis da audiência de conciliação ou de mediação	127
3.30.	Organização e saneamento do processo	128
3.31.	Tentativa posterior de conciliação e de mediação	128
3.32.	Audiência de conciliação ou de mediação por meio eletrônico	129
4. A RESPOSTA DO RÉU: CONTESTAÇÃO E RECONVENÇÃO		131
4.1.	Da defesa do réu: aspectos gerais	131
	4.1.1. Bilateralidade do processo	132
	4.1.2. Classificação da defesa	132
	4.1.3. Modalidades de resposta do réu	134

	4.1.4.	Início do prazo e efeitos da litispendência	135
	4.1.5.	Dispensa da citação e antecipação do início do prazo	136
	4.1.6.	Formas de apresentação das respostas	137
4.2.		Da contestação	142
	4.2.1.	Conceito e abrangência	142
	4.2.2.	Aspectos formais da contestação	143
	4.2.3.	Prazo para a contestação	144
	4.2.4.	Ônus de contestar e princípio da eventualidade	148
	4.2.5.	Preliminares (CPC, art. 337)	149
		4.2.5.1. Outras questões quanto às preliminares	167
	4.2.6.	Defesas substanciais	168
	4.2.7.	Revelia	172
		4.2.7.1. Conceito	172
		4.2.7.2. Efeitos	174
		4.2.7.3. Não aplicação do efeito material da revelia	177
	4.2.8.	Alegações posteriores à contestação	181
	4.2.9.	Especificação das provas e juntada dos documentos pelo réu	184
	4.2.10.	Procuração e endereço do advogado do réu	185
4.3.		Reconvenção	186
	4.3.1.	Introdução	186
	4.3.2.	Conceito, natureza jurídica e características	187
	4.3.3.	Fundamentos da reconvenção	188
	4.3.4.	Distinção entre a reconvenção e outros institutos	189
		4.3.4.1. Compensação e reconvenção	189
		4.3.4.2. Exceções materiais e reconvenção	190
		4.3.4.3. Ação declaratória incidental e reconvenção	190
	4.3.5.	Pressupostos da reconvenção	192
		4.3.5.1. Pressupostos gerais	192
		4.3.5.2. Pressupostos específicos	194
		4.3.5.3. Reconvenções sucessivas	202
	4.3.6.	Autonomia da reconvenção em relação à ação principal	202
	4.3.7.	Recursos na reconvenção	203

5. FASE ORDINATÓRIA: PROVIDÊNCIAS PRELIMINARES E SANEAMENTO 207

5.1. Introdução 207

5.2. Atividades desenvolvidas na fase ordinatória 208

5.3. Estruturação da fase ordinatória 209

5.4. Das providências preliminares 209

    5.4.1. Introdução 209

    5.4.2. Hipóteses surgidas no caso de ausência de contestação 210

    5.4.3. Hipóteses surgidas quando o réu apresenta a contestação 210

5.5. Do julgamento conforme o estado do processo 214

    5.5.1. Introdução 214

    5.5.2. Hipóteses de julgamento conforme o estado do processo 214

    5.5.3. Do julgamento antecipado do mérito 217

        5.5.3.1. O ponto de equilíbrio entre as exigências impostas pelos princípios da celeridade, economia e concentração processuais, o direito à prova e a obtenção de decisões justas 217

        5.5.3.2. Hipóteses de julgamento antecipado do mérito 223

        5.5.3.3. Julgamento antecipado do mérito e cerceamento de defesa.... 227

        5.5.3.4. Julgamento antecipado parcial de mérito 229

5.6. Saneamento e organização do processo 233

    5.6.1. Introdução 233

    5.6.2. Objeto 233

    5.6.3. Saneamento do processo 233

    5.6.4. Organização da prova 235

    5.6.5. Delimitação das questões de direito relevantes para a decisão do mérito 241

    5.6.6. Outras formas de colaboração processual durante o saneamento e a organização do processo 245

6. PROVAS: TEORIA GERAL DA PROVA 247

6.1. Introdução 247

6.2. Conceito de prova 248

6.3. Elementos de prova ou informativos 249

    6.3.1. Observância do contraditório como condição de validade e eficácia da prova judicial 249

6.3.2.	Decisões urgentes e contraditório postecipado	251
6.3.3.	Sigilo na produção dos elementos de prova	251
6.4.	Funções da prova	254
6.4.1.	Funções Interna e Externa	254
6.4.2.	Função demonstrativa e persuasiva da prova	255
6.4.2.1.	Função demonstrativa	255
6.4.2.2.	Função argumentativa (persuasiva)	257
6.4.2.3.	Possibilidade de conciliação entre as funções demonstrativa e persuasiva	259
6.5.	Objeto da prova	260
6.5.1.	Definição	260
6.5.2.	Fixação do Thema Probandum	261
6.5.3.	Circunstâncias que não integram o objeto da prova no Processo Civil	266
6.5.3.1.	Fatos notórios	266
6.5.3.2.	Fatos não controvertidos	273
6.5.3.3.	Fatos em cujo favor militam presunção legal de existência e veracidade	278
6.6.	Prova do Direito	279
6.7.	Fontes e Meios de Prova	284
6.8.	Provas Atípicas	286
6.8.1.	Reconhecimento de Pessoas ou de Coisas	287
6.8.2.	Expert Witnesses ou Expert Testimony	288
6.8.3.	Documentos Psicografados	290
6.8.4.	Detectores de Mentira	292
6.8.5.	Declarações escritas de testemunhas	292
6.8.6.	Informante confidencial	293
6.8.7.	Comportamento processual e extraprocessual das partes	295
6.8.8.	Provas estatísticas	300
6.9.	Provas emprestadas	306
6.9.1.	Conceito e abrangência	306
6.9.2.	Da validade e da eficácia das provas emprestadas	308
6.9.3.	Provas emprestadas viciadas	313
6.9.4.	Da valoração da prova emprestada	316

SUMÁRIO XV

6.10. Provas ilícitas 318

    6.10.1. Conceito 318

    6.10.2. Aplicação do postulado da proporcionalidade 320

    6.10.3. Provas ilícitas por derivação ("teoria dos frutos da árvore envenenada") 323

    6.10.4. Valoração das provas ilícitas 326

6.11. O direito ao silêncio e o privilégio contra autoincriminação (nemo tenetur se detegere) 329

6.12. Ônus da Prova 333

    6.12.1. Conceito 333

    6.12.2. Classificação: ônus da prova em sentido subjetivo e objetivo 334

    6.12.3. Exegese do art. 373, inc. I e II, do CPC 335

    6.12.4. Ônus da prova na reconvenção 336

    6.12.5. Ônus imperfeito 336

    6.12.6. Prova nos *hard cases* 337

    6.12.7. Distribuição dinâmica do ônus da prova 338

    6.12.8. Inversão do ônus da prova e contraprova 345

    6.12.9. Inversão do ônus da prova por vontade das partes 348

    6.12.10. Ônus da prova em sentido objetivo 351

6.13. Direito à prova 356

6.14. Poderes instrutórios do juiz 359

6.15. Classificação das provas 366

6.16. Indícios e presunções 368

    6.16.1. Conceitos 368

    6.16.2. Objetivo das presunções 369

    6.16.3. Admissibilidade das provas circunstanciais 370

    6.16.4. Espécies de presunções 371

        6.16.4.1. Presunções legais 372

            6.16.4.1.1. Presunções legais absolutas (*iure et de iure*) 372

            6.16.4.1.2. Presunções legais relativas (*iuris tantum*) 372

            6.16.4.1.3. Presunções mistas 374

            6.16.4.1.4. Conflito entre presunções legais 374

        6.16.4.2. Presunções judiciais (*hominis*) 375

6.17.	Máximas da experiência	379
	6.17.1. Conceito	379
	6.17.2. Classificação	380
	6.17.3. Premissas maiores	382
	6.17.4. Validade das máximas da experiência	382
	6.17.5. Funções das máximas da experiência	385
	6.17.6. Máximas da experiência e motivação das decisões	387
6.18.	Momentos da prova	390
6.19.	Da valoração da prova	393
	6.19.1. Conceito	393
	6.19.2. Sistemas de valoração da prova	393
	6.19.3. Standards judiciais (ou modelos de constatação) do convencimento judicial	402
	6.19.4. Modelos de constatação para a prova indiciária	403
6.20.	Finalidade da prova: o problema da verdade processual	406
	6.20.1. Verdade processual relativa	406
	6.20.2. Papel da verdade instrumental: concretização de decisões justas	408
	6.20.3. Verdade e argumentação jurídica	410
	6.20.4. Verdade e teoria narrativista do direito	411
6.21.	Natureza jurídica das normas relativas à prova	416
6.22.	Produção antecipada de provas	417
	6.22.1. Alcance da antecipação das provas no NCPC	417
	6.22.2. Procedimento antecipado das provas	419
6.23.	Produção coletiva da prova	423
7. PROVAS EM ESPÉCIE		425
7.1.	Depoimento pessoal	425
	7.1.1. Conceito	425
	7.1.2. Sujeitos do depoimento pessoal	426
	7.1.3. Espécies	427
	7.1.4. Finalidade	428
	7.1.5. Modo de produção	429
	7.1.5.1. Momento processual	429

	7.1.5.2.	Formulação de perguntas	429
	7.1.5.3.	O lugar da produção da prova (Depoimento pessoal por videoconferência ou por qualquer outro meio tecnológico, ou por carta)	432
7.1.6.	Intimação pessoal		434
7.1.7.	Dever e ônus de comparecimento		435
	7.1.7.1.	Depoimento da parte por provocação	435
	7.1.7.2.	Interrogatório judicial	436
7.1.8.	Consequências processuais		437
	7.1.8.1.	Pena de confesso/admissão de fato como verdadeiro	437
	7.1.8.2.	Argumentos de prova (CPC, art. 386)	438

7.2. Confissão 440

7.2.1.	Conceito	440
7.2.2.	Natureza jurídica	441
7.2.3.	Espécies	442
7.2.4.	Objeto	443
7.2.5.	Distinções	444

7.2.5.1.	Confissão e reconhecimento jurídico do pedido	444
7.2.5.2.	Confissão e negócio jurídico	444
7.2.5.3.	Confissão e admissão	445
7.2.5.4.	Confissão e não contestação	445

7.2.6.	Eficácia	446
7.2.7.	Invalidação da confissão	449
7.2.8.	Indivisibilidade	450

7.3. Prova documental 451

7.3.1.	Introdução	451
7.3.2.	Conceito	452
7.3.3.	Elementos e classificação dos documentos	454
7.3.4.	Autenticidade e veracidade	456
7.3.5.	Da força probante dos documentos	456

7.3.5.1.	Documentos públicos	456

7.3.5.1.1.	Fé pública	456
7.3.5.1.2.	Original e cópia	457

7.3.5.2.	Documentos particulares	460
7.3.5.2.1.	Presunção de veracidade (exegese dos arts. 408 e 411 do CPC)	460
7.3.5.2.2.	Data do documento particular	461
7.3.5.2.3.	Autoria e indivisibilidade do documento particular	462
7.3.5.2.4.	Originais e fotocópias	463
7.3.5.2.5.	A fé emanada dos documentos particulares	463
7.3.5.3.	Arguição de falsidade	464
7.3.5.3.1.	Cessação da fé dos documentos particulares	469
7.3.6.	Documentos especiais	470
7.3.6.1.	Ata notarial	470
7.3.6.2.	Documentos de telemática (telegrama, radiograma e outros meios de transmissão)	472
7.3.6.3.	Cartas e registros domésticos	473
7.3.6.4.	Livros comerciais	474
7.3.6.5.	Documentos fotográficos, cinematográficos, fonográficos ou de outra espécie	475
7.3.6.6.	Documentos eletrônicos	477
7.3.6.6.1.	Regulamentação	477
7.3.6.6.2.	Representação magnética	478
7.3.6.6.3.	Original e cópia dos documentos eletrônicos	479
7.3.6.6.4.	Assinatura eletrônica e certificação digital	481
7.3.6.6.5.	Demonstração efetiva do envio e do recebimento de mensagem eletrônica	483
7.3.7.	Produção da prova documental	485
7.3.8.	Obtenção de documentos	488
7.3.8.1.	Modalidades	488
7.3.8.2.	Requisição dos documentos	489
7.3.8.3.	Exibição de documento ou coisa	492
7.3.8.3.1.	Natureza jurídica	492
7.3.8.3.2.	Consequências da não exibição para a parte	494
7.3.8.3.3.	Consequências da não exibição para terceiro	496
7.3.8.3.4.	Direito à exibição	496
7.3.8.3.5.	Procedimento do incidente probatório	500
7.3.8.3.6.	Procedimento do processo incidental	502

	7.3.9.	Valoração da prova documental	503
7.4.		Prova testemunhal	505
	7.4.1.	Conceito	505
	7.4.2.	Requisitos	505
	7.4.3.	Da convocação da testemunha	507
	7.4.4.	Da incapacidade, impedimento e suspeição para ser testemunha	509
	7.4.5.	Deveres e direitos das testemunhas	516
	7.4.6.	Admissibilidade da prova testemunhal	521
	7.4.7.	Exclusão do dever de depor	524
	7.4.8.	Momentos e produção da prova testemunhal	531
	7.4.9.	Procedimento da prova testemunhal	532
		7.4.9.1. Requerimento e especificação da prova	532
		7.4.9.2. Rol de testemunhas	533
		7.4.9.3. Número máximo de testemunhas	536
		7.4.9.4. Momento e forma do depoimento	537
		7.4.9.5. Valoração da prova testemunhal	545
		7.4.9.6. Acareação	552
7.5.		Prova pericial	554
	7.5.1.	A ciência privada e a ciência oficial do juiz	554
	7.5.2.	Conceito de prova científica e sua relação com a prova pericial	555
	7.5.3.	Conceito de prova pericial	558
	7.5.4.	Objeto da perícia	560
	7.5.5.	Espécies	562
	7.5.6.	Prova técnica simplificada	564
	7.5.7.	Admissibilidade e relevância	565
	7.5.8.	Momentos da prova pericial	572
	7.5.9.	A escolha do perito	573
	7.5.10.	Impugnação da escolha do perito	577
	7.5.11.	Motivo legítimo para a recusa do perito	579
	7.5.12.	Substituição do perito	579
	7.5.13.	Remuneração do perito	580
	7.5.14.	Assistentes técnicos	586

	7.5.15.	Quesitos, críticas e esclarecimentos	588
	7.5.16.	Conclusões do perito	591
	7.5.17.	Valoração da prova pericial e a segunda perícia	594
7.6.		Inspeção judicial	600

8. AUDIÊNCIA DE INSTRUÇÃO E JULGAMENTO 605

8.1.		Princípio da oralidade	605
8.2.		Conceito	608
8.3.		Estrutura	608
	8.3.1.	Proclamação da audiência pelo juiz e pregão inicial	609
	8.3.2.	Tentativa de conciliação	610
	8.3.3.	Produção da prova oral	614
	8.3.4.	Alegações finais	619
	8.3.5.	Sentença	621
8.4.		Conversão do julgamento em diligência	622
8.5.		Incidentes e decisões em audiência	623
8.6.		Documentação da audiência	624
8.7.		A unidade, os casos de interrupção e a publicidade da audiência de instrução e julgamento	625
8.8.		Poder de polícia	627
8.9.		Adiamento da audiência de instrução e julgamento	628
8.10.		Produção da prova oral fora da audiência de instrução e julgamento	632

9. SENTENÇA E COISA JULGADA 635

9.1.		Conceito de sentença	635
9.2.		Sentença terminativa (art. 485/CPC)	637
9.3.		Sentença definitiva (art. 487/CPC)	649
9.4.		Predominância da sentença definitiva sobre a terminativa (exegese do art. 488/CPC)	656
9.5.		Elementos essenciais da sentença	658
	9.5.1.	Relatório	658
	9.5.2.	Fundamentação	658
		9.5.2.1. Motivação e argumentação jurídica	658
		9.5.2.2. Dever de Motivação no art. 489, § 1º, do CPC	663

9.5.2.2.1.	Interpretação do art. 489, § 1º, inc. I, do CPC	664
9.5.2.2.2.	Interpretação do art. 489, § 1º, inc. II, do CPC	665
9.5.2.2.3.	Interpretação do art. 489, § 1º, inc. III, do CPC	667
9.5.2.2.4.	Interpretação do art. 489, § 1º, inc. IV, do CPC	668
9.5.2.2.5.	Interpretação do art. 489, § 1º, inc. V, do CPC	674
9.5.2.2.6.	Interpretação do art. 489, § 1º, inc. VI, do CPC	678
9.5.2.3.	Conflitos normativos e sentença judicial (CPC, art. 489, § 2º)	686
9.5.2.4.	Decisão judicial baseada em valores jurídicos abstratos e consideração das consequências práticas	693
9.5.2.5.	Efeito devolutivo da apelação e nulidade da sentença por falta de fundamentação	695
9.5.3.	Dispositivo	696
9.6.	Interpretação da decisão judicial	699
9.7.	Atualidade da decisão judicial	700
9.8.	Emendas à sentença	702
9.9.	Conteúdo da sentença	704
9.10.	Remessa necessária	707
9.11.	Do julgamento das ações relativas às prestações de fazer, de não fazer e de entregar coisa	711
9.12.	Coisa julgada	714
9.12.1.	Conceito e noções gerais	714
9.12.2.	Coisa julgada formal e material	718
9.12.3.	Limites objetivos da coisa julgada material	724
9.12.4.	Limites subjetivos da coisa julgada	728
9.12.5.	Eficácia preclusiva da coisa julgada	735
9.12.6.	Eficácia da sentença em relação ao assistente simples (exegese do art. 123/CPC)	736
9.12.7.	O efeito negativo da coisa julgada e a tríplice identidade	738
9.12.8.	Eficácia civil da sentença penal	739
9.12.9.	Coisa julgada nas ações coletivas e na ação popular	741
9.12.10.	Coisas julgadas conflitantes	744
REFERÊNCIAS BIBLIOGRÁFICAS		749

PARTE III
PROCESSO DE CONHECIMENTO –
PROCEDIMENTO COMUM

1
PROCESSO E PROCEDIMENTO

1.1. NOÇÕES DE PROCESSO E PROCEDIMENTO

A atividade com a qual se desenvolve em concreto a função jurisdicional se chama *processo*[1]. Trata-se de um *método institucional* pelo qual a jurisdição se exerce, com o escopo de promover a solução de conflitos, bem como de resolver controvérsias[2].

A noção de processo pode ser definida de duas maneiras não contrapostas, seja na equação *procedimento* mais *contraditório*[3], seja como *procedimento* mais *relação jurídica processual*[4], uma vez que o contraditório revela uma dimensão política e a relação processual, um enfoque jurídico do mecanismo processual[5].

Sob a perspectiva dogmática, o procedimento pode ser definido como o conjunto ou a sequência ordenada de atos, previamente coordenados e regulados em lei, que se desenvolvem, lógica, progressiva e cronologicamente, buscando-se um resultado, isto é, a tutela jurisdicional[6].

Pode-se entrever nesse conceito a ideia da mobilidade do processo. Isso porque o procedimento, sendo animado pela relação jurídica processual, integrada por posições jurídicas ativas e passivas, não pode ser considerado estático.

O exercício das diversas situações subjetivas (direitos, deveres, faculdades, poderes, sujeições e ônus), cujos titulares podem ser as partes e o juiz, é traduzido e concretizado na realização de determinados atos, que, por sua vez, colocam-se como pressupostos para o exercício de outras situações, conexas ou autônomas, que são causas para a realização de atos posteriores.

Com efeito, o processo se desenvolve por meio de uma série de atos cronologicamente sucessivos, apesar de nem sempre concatenados entre si por um nexo de estreita

---

1. LIEBMAN, Enrico Tullio. *Manuale di diritto processuale civile*. 3. ed. Milão: Giuffrè, 1973. v. I, p. 27.
2. COMOGLIO, Luigi Paolo; FERRI, Corrado; TARUFFO, Michele. *Lezioni sul processo civile*. Bolonha: Il Mulino, 1995, p. 11; FAZZALARI, Elio. Processo (teoria generale). *Novissimo Digesto Italiano*. Turim: VTET, 1966. v. XIII, p. 1.069.
3. FAZZALARI, Elio. *Istituzioni di diritto processuale*. 6. ed. Padova: CEDAM, 1992, p. 58.
4. CHIOVENDA, Giuseppe. *Principios de derecho procesal civil*. Trad. Jose Casais y Santaló. Madrid: Instituto Editorial Reus, 1922. t. I, p. 122-127; FAZZALARI, Elio. L'esperienza del processo nella cultura contemporanea. *Rivista di diritto processuale*. 1965, p. 27.
5. DINAMARCO, Cândido Rangel. *A instrumentalidade do processo*. 5. ed. São Paulo: Malheiros, 1996, p. 134.
6. CARNACINI, Tito. Tutela giurisdizionale e tecnica del processo. *Studi in onore di Enrico Redenti*. Milão: Giuffrè, 1951. v. 2, p. 704.

interdependência, cuja fórmula de organização é de tipo procedimental, assumindo como denominação comum a obtenção de um idêntico objetivo final, que é a resolução da controvérsia[7].

São atos do processo todas aquelas declarações ou manifestações do pensamento, bem como todos aqueles comportamentos que os sujeitos do processo (partes, auxiliares, juiz, Ministério Público, advogados e defensores públicos) realizam, nas formas estabelecidas ou consentidas pela lei, com a finalidade de incidir – com efeitos constitutivos, modificativos, impeditivos ou extintivos – sobre a dinâmica e sobre o desenvolvimento da relação processual[8].

1.2. PROCESSO DE CONHECIMENTO E PROCEDIMENTO COMUM

O processo civil, na grande maioria dos casos, seria dispensável se os litigantes resolvessem o conflito sem a necessidade de intervenção do Estado-juiz.

Quando existe uma lide (conflito de interesses qualificado por uma pretensão resistida), surge a necessidade de se desenvolver um devido processo legal para que o Judiciário, ao ser demandado, possa assegurar às partes as garantias constitucionais, antes de solucionar o litígio.

Realiza-se o processo de conhecimento para que as partes, ao exercerem o contraditório, levem ao juiz todos os argumentos capazes de convencê-lo de que lhe assiste razão e, assim, obtenham a tutela jurisdicional.

No entanto, o juiz, ao contrário do historiador, não tem ampla liberdade para escolher o objeto da investigação, devendo reconstruir um evento histórico que interessa às partes[9]. Aliás, está diante de uma demanda, a qual deve restringir-se ao julgamento do pedido, para não incorrer na nulidade da sentença (CPC, art. 141 e 492)[10].

Por sua vez, as decisões dos historiadores são guiadas somente pela sua perspicácia e intuição. As decisões judiciais, ao contrário, são o resultado de um procedimento dialógico que envolve a participação de outros sujeitos e *vincula*, inclusive, o juiz. Por isso, o magistrado conhece os fatos, geralmente, por meios indiretos, não podendo valer-se de seus conhecimentos pessoais[11]. Desse modo, procura-se garantir a imparcialidade do juízo, evitando que os fatos fujam ao controle do contraditório.

Afinal, se fosse possível que o juiz se valesse de seus conhecimentos privados, ele poderia ser ouvido como testemunha, ao contrário do que dispõe a regra do art. 447, § 2º, inc. III, do CPC. A vedação da utilização do conhecimento privado procura evitar

---

7. COMOGLIO, Luigi Paolo; FERRI, Corrado; TARUFFO, Michele. *Lezioni sul processo civile*, 1995 cit., p. 415.
8. Idem.
9. CAPOGRASSI, Giuseppe. Giudizio processo scienza verità. *Rivista di diritto processuale*. 1950, p. 10.
10. DINAMARCO, Cândido Rangel. O conceito de mérito em processo civil. In: DINAMARCO, Cândido Rangel. *Fundamentos do processo civil moderno*. 2. ed. São Paulo: RT, 1987, p. 186-187.
11. MOREIRA, José Carlos Barbosa Moreira. O juiz e a prova. *Revista de processo*. v. 35, p. 178.

que o magistrado atribua critérios eminentemente subjetivos que, não se sujeitando ao contraditório, poderia tornar a decisão judicial arbitrária e dificilmente controlável pelas partes[12].

O processo de conhecimento pode desenvolver-se tanto pelo procedimento comum quanto pelos procedimentos especiais.

O procedimento comum é o procedimento *padrão* aplicável a todas as causas, independentemente das peculiaridades do direito material trazido ao Poder Judiciário, exceto se o próprio CPC ou alguma lei específica prever outro procedimento (CPC, art. 318).

O CPC inovou ao abolir a divisão do procedimento comum em ordinário e sumário presente no ordenamento processual anterior (CPC/73, art. 272, parágrafo único). O procedimento comum foi unificado, consagrando seu uso a todas as situações ordinárias.

O CPC, com o intuito de atender às especificidades do direito material, continua a prever procedimentos especiais, cuja previsão consta no Título III, do Livro I, da parte Especial, iniciando-se no art. 539 até o art. 770.

A ação de conhecimento deve se sujeitar ao procedimento comum, quando não houver a previsão de um procedimento especial. Havendo cumulação de ações, e devendo uma delas se submeter ao procedimento especial, é possível que ambas sejam processadas pelo procedimento comum, sem prejuízo do emprego de técnicas processuais diferenciadas previstas nos procedimentos especiais a que se sujeitam um ou mais pedidos cumulados, e que não forem incompatíveis com as disposições sobre o procedimento comum (CPC, art. 327, § 2º).

O procedimento comum pode ser subdividido em diversas fases: I) postulatória: que abrange a petição inicial e sua análise judicial, a citação do réu, a audiência de conciliação ou de mediação, a contestação e a reconvenção; II) ordinatória: que inclui as providências preliminares e de saneamento, o julgamento conforme o estado do processo e o saneamento e a organização do processo; III) instrutória: a qual abarca, se necessário, a produção da prova na audiência de instrução; IV) decisória: após a produção das provas e da apresentação das alegações finais, cabe ao juiz proferir a sentença; V) recursal: depois da sentença, a parte sucumbente pode apelar, sem prejuízo de outros recursos cabíveis das decisões dos tribunais ou de atos proferidos durante o curso processual

Advirta-se, contudo, que nem sempre o processo segue todas essas fases (*v.g.*, quando basta a prova documental, não se realiza a audiência de instrução e julgamento ou quando a parte sucumbente cumpre a sentença, sem dela recorrer), além de tais fases poderem ocorrer de forma simultânea (*v.g.*, havendo julgamento antecipado parcial do

---

12. COMOGLIO, Luigi Paolo; FERRI, Corrado; TARUFFO, Michele. *Lezioni sul processo civile*, 1995 cit., p. 510.

mérito, nos termos do art. 356 do CPC, desta decisão pode haver recurso, sem prejuízo da instrução da parcela não decidida do processo).

O procedimento comum pode ser aplicado, subsidiariamente, aos procedimentos especiais e ao processo de execução, na ausência de regra específica (CPC, art. 318, parágrafo único).

2
PETIÇÃO INICIAL

2.1. CONCEITO E FUNÇÕES

A petição inicial é peça inaugural do processo, pela qual o autor veicula a demanda e provoca a atividade jurisdicional. Por meio do exercício do direito de ação, retira-se o Estado-juiz da inércia que lhe caracteriza para julgar com independência os conflitos de interesses levados ao Poder Judiciário (CPC, art. 2º; *ne procedat judex officio* e *nemo judex sine actore*). Nas palavras de Dinamarco, "é a instrumentalização física da demanda, que nela se corporifica"[1].

Também é nela em que são fixados os limites da causa (CPC, art. 141 e 492). Por isso, deve o autor deduzir toda a pretensão nesta peça processual. Veda-se a feitura de outro pedido, senão em ação distinta, tampouco se permite o aditamento ou a alteração do pedido ou da causa de pedir após a citação sem o consentimento do réu, até o saneamento do processo, em razão da preclusão consumativa (CPC, art. 329).

A petição inicial é um *ato formal*, pelo qual o autor introduz a causa em juízo. Mesmo não constando em dispositivo expresso, deve ser escrita (não se admite que seja apresentada de forma oral, salvo nos Juizados Especiais, por força da regra do art. 14, *caput*, e § 3º da Lei 9.099/95, e na Justiça do Trabalho, onde a reclamação poderá ser apresentada oralmente e depois reduzida a termo, por força do art. 840, § 2º, da CLT) e redigida em língua portuguesa. Originariamente concebida em papel, a partir da Lei 11.419/2006 (Lei da Informatização do Processo Judicial), abriu-se a possibilidade de materialização do processo junto ao órgão judicial via *internet*[2].

Na petição inicial se descreve, em síntese, os *elementos da ação*, isto é, as partes, a causa de pedir e o pedido, narrando quem, o que se pede e o porquê de se pedir.

Tal petição têm três efeitos: I) provocar a instauração do processo, movimentando a jurisdição; II) identificar a demanda sobre a qual o juiz é chamado a se pronunciar; III) fixar os limites da lide em juízo.

---

1. DINAMARCO, Cândido Rangel. *Instituições de direito processual civil*. São Paulo: Malheiros, 2016. v. III, p. 362.
2. GRECO, Leonardo. *Instituições de processo civil* – Processo de conhecimento. Rio de Janeiro: Forense, 2015. v. II, p. 3.

2.2. REQUISITOS DA PETIÇÃO INICIAL

Os requisitos da petição inicial podem ser classificados em duas categorias: a) os intrínsecos (CPC, art. 319), também chamados de estruturais[3], e b) os extrínsecos. Estes não se referem à petição inicial em si mesma, porém são medidas acessórias necessárias à propositura da demanda[4], tais como os documentos que devem acompanhá-la (CPC, art. 320), a juntada da procuração *ad judicia*, o preparo (isto é, o pagamento das despesas para o processamento) da petição inicial e, em caso de pessoa jurídica, a apresentação de cópia de seu ato constitutivo para que se possa aferir quem é seu representante e se a pessoa que outorgou a procuração teria poderes para tanto.

2.2.1. Requisitos intrínsecos

São aqueles que devem constar no corpo da peça processual. Assim, torna-se obrigatória a apresentação dos requisitos do art. 319 do CPC, sem olvidar a estrita observância dos vícios do art. 330 do CPC.

A inexistência de um dos requisitos da petição inicial, se e quando não for devidamente sanado, pode ensejar a sua *inépcia* (CPC, art. 330, § 1º), causa impeditiva do prosseguimento do processo, que será resolvido sem o julgamento do mérito (CPC, art. 485, inc. I).

2.2.1.1. O juízo a que é dirigida

De início, a petição inicial deve, imprescindivelmente, indicar o juízo (órgão judicial), e não o nome da autoridade judiciária, a que é dirigida (CPC, art. 319, inc. I). É de responsabilidade do representante habilitado da parte demandante observar as regras de competência fixadas tanto na Constituição quanto na legislação infraconstitucional.

Entenda-se que o termo juízo, em sentido amplo, abrange tanto os juízes quanto os tribunais, para possibilitar o ajuizamento das ações originárias (v.g., a ação direta de inconstitucionalidade de lei ou ato normativo federal e estadual da competência originária do STF; CF, art. 102, inc. I, alínea *a*). Frise-se que, sendo encaminhada ao órgão judicial, independentemente de sua instância, a petição inicial não é dirigida ao relator ou ao juiz enquanto pessoa física[5]. É irrelevante saber quem é a pessoa que exerce o cargo de relator ou de juiz, já que a demanda é direcionada ao órgão jurisdicional competente para processar a causa.

Caso haja apenas um órgão jurisdicional competente para conhecer da causa, deverá ser indicada prontamente pelo demandante. Na pluralidade de órgãos judi-

---

3. DINAMARCO, Cândido Rangel. *Instituições de direito processual civil*. 4. ed. São Paulo: Malheiros, 2003. v. II, p. 365.
4. Idem.
5. GRECO, Leonardo. *Instituições de processo* civil, 2015 cit., p. 3.

ciais que poderiam conhecer da causa, a indicação deve ser genérica, em virtude da distribuição – mediante sorteio – do feito junto ao órgão, o qual fixará aquele que será responsável pelo trâmite de processamento e julgamento da demanda (CPC, arts. 284 a 290)[6]. Nas causas de competência originária dos tribunais (*v.g.*, as ações rescisórias), a petição inicial deve ser endereçada ao presidente, a quem cabe determinar a distribuição.

É, pois, no momento do registro ou da distribuição da petição inicial que a competência é determinada (CPC, art. 43). Na hipótese de escolha do juízo competente, pelo autor, a fixação da competência gera efeitos imediatos, como tornar prevento o juízo (CPC, art. 59), o que significa a confirmação e a manutenção do juiz que conheceu a causa em primeiro lugar, perpetuando a jurisdição e excluindo a competência concorrente de outros possíveis juízos.

A competência *ratione materiae*, via de regra, é questão anterior a qualquer juízo sobre outras espécies de competência[7]. É determinada em razão da natureza jurídica da pretensão e decorre diretamente do pedido e da causa de pedir deduzidos em juízo. Por exemplo, compete à justiça comum estadual julgar ação de obrigação de fazer cumulada com reparação de danos materiais e morais ajuizada por motorista de aplicativo pretendendo a reativação de sua conta UBER para que possa voltar a usar o aplicativo e realizar seus serviços. Isso porque, tratando-se de demanda em que a causa de pedir e o pedido deduzidos na petição inicial não se referem à existência de relação de trabalho entre as partes, mas de litígio que deriva de relação jurídica de cunho eminentemente civil, a competência é da Justiça Estadual.

A indicação incorreta do juízo não enseja, *per si*, o indeferimento da petição inicial. Em se tratando de incompetência absoluta (material ou funcional), o juiz destinatário, de ofício ou após manifestação do réu, deve remeter os autos ao juízo competente (CPC, art. 64, § 1º, e 337, § 5º).

Por outro lado, se a incompetência for relativa (ou seja, fixada em razão do valor da causa ou da territorialidade), é defeso ao juiz se manifestar de ofício (Súmula 33/STJ), isto é, independentemente de provocação do demandado ou do Ministério Público. Se o réu não alegar a incompetência relativa em preliminar de contestação, tampouco o Ministério Público argui-la, nas causas em que atuar na qualidade de *custos iuris* (CPC, art. 178 e Recomendação 34/2016 do CNMP), há a *mudança* (prorrogação) do juízo competente.

Porém, em um instrumento contratual, quando se vislumbra a cláusula de eleição de foro, se considerada abusiva, pode ser reputada ineficaz, *de ofício*, pelo juiz, antes mesmo da citação (CPC, art. 63, § 3º). Nesta hipótese, cabe ao juiz remeter os autos ao juízo do foro do domicílio do réu, e, após a citação, cabe ao demandado alegar a abusividade da cláusula de eleição de foro, em sede de preliminar de contestação (CPC, art. 337, inc. II), sob pena de preclusão (CPC, art. 63, § 4º).

---

6. Idem.
7. STJ, CC 164.544-MG, Rel. Min. Moura Ribeiro, 2ª Seção, j. 28.08.2019, *DJe* 04.09.2019.

O art. 1.015 do CPC não admite o cabimento de agravo de instrumento para impugnar a incompetência do juízo. Assim, a questão deve ser suscitada em preliminar de apelação ou, eventualmente, nas contrarrazões (CPC, art. 1.009, § 1º). Entretanto, o STJ, no Tema /Repetitivo 988 firmou a tese de que o rol do art. 1.015 do CPC é da taxatividade mitigada, admitindo a interposição de agravo de instrumento quando verificada a urgência decorrente da inutilidade do julgamento da questão no recurso de apelação[8]. Caso o Tribunal venha a reformar a decisão que julgou a arguição de incompetência, deverá pronunciar-se também sobre a validade dos atos processuais (aplicação, por analogia, do art. 957 do CPC). O simples fato de o processamento ter ocorrido perante o juízo incompetente não deve causar a anulação integral do processo, devendo o tribunal– com fundamento nos art. 5º, inc. LXXVIII, da CF e arts. 4º e 64, § 4º, do CPC – aproveitar, ao máximo, os atos processuais[9]. Excepcionalmente, será cabível mandado de segurança contra ato judicial proferido por juiz absolutamente incompetente (exegese do art. 5º, inc. II, da Lei 12.016/2009).

2.2.1.2. Os nomes, os prenomes, o estado civil, a existência de união estável, a profissão, o número de inscrição no Cadastro de Pessoas Físicas ou no Cadastro Nacional da Pessoa Jurídica, o endereço eletrônico, o domicílio e a residência do autor e do réu

O objetivo desse requisito é a *identificação* das partes integrantes da relação jurídica processual. Serve tanto para a constatação da legitimidade das partes (que é uma das condições da ação; CPC, art. 485, inc. VI), quanto para a averiguação da litispendência e da vinculação à coisa julgada.

Porém, a ausência de um desses elementos não torna a petição inicial automaticamente inepta, tanto que, a falta de elementos de individualização dos demandantes pode ser suprida pela procuração juntada com a petição inicial, na qual se acham os nomes de todos os autores, com a devida qualificação[10].

O art. 319, inc. II, do CPC inova em relação ao art. 282, inc. II, do CPC/73, ao expandir as exigências de caracterização das partes, no sentido de que haja maior individualização e precisão das informações que constarão do processo. Figuram como inovações a possibilidade de indicação de endereço eletrônico (e-mail) e a requisição do número de inscrição no Cadastro de Pessoas Físicas (CPF) ou no Cadastro Nacional de Pessoas Jurídicas (CNPJ). Em vista da precisão de tais cadastros, essa última informação é relevante para evitar a homonomia e útil para a realização de outras eventuais diligências no curso do processo (v.g., mais eficiente comunicação dos atos processuais,

---

8. REsp 1696396/MT, Rel. Minª. Nancy Andrighi, Corte Especial, j. 05.12.2018, *DJe* 19.12.2018.
9. FERREIRA FILHO, Manoel Caetano. A contestação no novo CPC: breves considerações. In: CAMBI, Eduardo; MARGRAF, Alencar Frederico (Org.). *Direito e justiça*: estudos em homenagem a Gilberto Giacoia. Curitiba: Ministério Público, 2016, p. 655.
10. STJ, REsp 11.096/MG, Rel. Min. Dias Trindade, 3ª T., j. 20.08.1991, *DJ* 16.09.1991, p. 1.2634.

quebra de sigilo fiscal ou de dados etc.), bem como para facilitar a verificação da existência de outras ações entre as mesmas partes.

Aliás, o art. 15 da Lei 11.419/2006, que versa sobre a informatização do processo judicial, já previa nas suas disposições gerais e finais, que, salvo impossibilidade que comprometa o acesso à justiça, a parte deve informar, ao distribuir a petição inicial de qualquer ação judicial, o número no cadastro de pessoas físicas ou jurídicas, conforme o caso, perante a Secretaria da Receita Federal.

No caso de uma das partes ser pessoa jurídica, além de trazer sua razão social, o número do CNPJ e o endereço, não se pode olvidar que ela é representada por uma pessoa física, que será citada, não em seu nome próprio, mas em nome daquela que representa (em conformidade com os atos constitutivos da sociedade), devendo também ser qualificada. Quando a pessoa jurídica ocupa a posição de autora, cabe ao demandante identificar quem o representa em juízo, juntando a documentação pertinente. Entretanto, se a pessoa jurídica figurar no polo passivo, caso o autor não consiga identificar o seu representante, para que não se crie obstáculos à concretização da garantia constitucional de acesso à justiça (exegese dos arts. 5º, inc. XXXV, CF e 319, § 3º, CPC), basta que indique a sua sede, para que o carteiro ou o oficial de justiça proceda a sua citação, a fim de que a pessoa jurídica compareça em juízo a representação regularizada, sob pena de revelia (CPC, art. 76, § 2º, inc. II). Com efeito, dois são os requisitos para que seja considerada válida a citação de pessoa jurídica: i) a entrega do mandado ou carta de citação no endereço da pessoa jurídica; ii) o recebimento do mandado ou da carta por funcionário da pessoa jurídica, ainda que não seja o seu representante, quando não fizer nenhuma ressalva quanto à inexistência de poderes de representação[11].

Já quanto às pessoas civilmente incapazes, estas precisam ser assistidas, se a incapacidade for relativa, ou representadas, se a incapacidade for absoluta, devendo seu tutor (CC, art. 1.728) ou curador (CC, art. 1.767) ser igualmente qualificado, tendo em vista que é por intermédio deles que os atos processuais poderão ser realizados (CPC, art. 71). Porém, esse artigo deve ser interpretado à luz do arts. 12.1 e 12.2. da Convenção sobre os Direitos das Pessoas com Deficiência das Nações Unidas, incorporada à Constituição brasileira de 1988 (art. 5º, §§ 2º e 3º) e promulgada pelo Decreto 6.949/2009, que assegura que as pessoas com deficiência gozam de capacidade legal (isto é, de exercício e de gozo), em igualdade de condições com as demais pessoas em todos os aspectos da vida, devendo ser apoiadas quando necessitarem. O art. 84, § 3º, da Lei Brasileira de Inclusão da Pessoa com Deficiência (Lei 13.146/2015) afirma ser a curatela de pessoa com deficiência medida extraordinária, proporcional às necessidades e às circunstâncias de cada caso, e durará o menor tempo possível[12]. Com efeito, a curatela é uma medida

---

11. STJ, REsp 1.976.741/RJ, Rel. Min. Paulo de Tarso Sanseverino, 3ª T., j. 26.04.2022, *DJe* 03.05.2022.

12. Na esteira desse raciocínio, conferindo interpretação adequada ao art. 84, § 3º, da Lei 13.146/2015, o STJ (REsp 1927423/SP, 3ª T., rel. Min Marco Aurélio Bellizze, j. 27.04.2021, pub. *DJe* 04.05.2021) afirmou ser inadmissível a declaração de incapacidade absoluta às pessoas com enfermidade ou deficiência mental – somente os menores de 16 anos seriam absolutamente incapazes (exegese dos arts. 3º e 4º do Código Civil) – e que o instituto da

excepcional, porque é substitutiva da vontade, sendo uma experiência negativa, que afeta a autoestima, implica perdas legais e sociais e acarreta danos psicológicos. Na medida do possível, deve-se optar pela tomada de decisão apoiada (CC, art. 1.783-A; Lei 13.146/2015, art. 84, § 2º), já que essa modalidade amplia os espaços de autonomia da pessoa com deficiência.

Ainda, em se tratando dos entes despersonalizados, deve-se realizar a qualificação da pessoa que o represente (v.g. administrador, em caso de massa falida – art. 75, inc. V, do CPC; do curador da herança jacente e vacante – art. 75, inc. VI do CPC; e do inventariante responsável pelo espólio – art. 75, inc. VII, do CPC).

A indicação do estado civil é importante, sobretudo nas situações previstas no art. 73 do CPC, nas quais o cônjuge necessita tanto do consentimento do outro para propor a ação quanto precise ser, necessariamente, citado. Tal regra igualmente se aplica às uniões estáveis (CPC, art. 73, § 3º). A falta de menção ao estado civil pode levar a não citação do cônjuge ou do companheiro, com a consequente nulidade ou ineficácia da decisão judicial.

A menção à profissão das partes é relevante, para fins de produção de provas (já que a parte não é obrigada a depor sobre fatos a cujo respeito, pela profissão, deva guardar sigilo; CPC, art. 388, inc. II; bem como se escusa de exibir em juízo o documento ou a coisa que acarretar a divulgação de fatos a cujo respeito, pela profissão, deva guardar segredo; CPC, art. 404, inc. IV), para a avaliação de bens impenhoráveis (pois os livros, as máquinas, as ferramentas, os utensílios, os instrumentos ou outros bens móveis necessários ou úteis ao exercício da profissão do executado não podem ser objeto de penhora (CPC, art. 833, inc. V), e inclusive quanto à análise acerca da concessão de benefícios da justiça gratuita (CPC, arts. 98 a 102)[13]. Além disso, a referência à profissão auxilia na determinação de aspectos necessários para a citação, como na hipótese do militar em serviço ativo, que será citado na unidade em que estiver servindo, se não for conhecida sua residência ou nela não for encontrado (CPC, art. 243, parágrafo único). Todavia, a não indicação da profissão das partes, quando não impedir a delimitação da demanda, não deve obstar o deferimento da petição inicial.

A menção ao domicílio e à residência das partes, por sua vez, é importante para a fixação da competência, uma vez que as ações fundadas em direito pessoal ou em direito real sobre bens móveis, como regra, devem ser propostas no foro do domicílio do réu (CPC, art. 46). Além da conceituação ampliativa de domicílio preceituada no Código Civil (art. 72), equiparando-o inclusive como o lugar de exercício profissional, outras regras também fixam a competência com base no domicílio (v.g., o art. 101, inc.

---

curatela pode ser excepcionalmente aplicado às pessoas deficientes, ainda que sejam relativamente capazes, desde que a medida seja proporcional às necessidades e às circunstâncias do caso concreto.

13. DIDIER JR., Fredie. *Curso de direto processual civil*: introdução ao direito processual civil, parte geral e processo de conhecimento. 17. ed. Salvador: JusPodivm, 2015, p. 549.

I, do Código de Defesa do Consumidor determina que as ações de responsabilidade do fornecedor de produtos e serviços podem ser ajuizadas no foro do domicílio do autor).

Além disso, a menção ao domicílio e à residência das partes é relevante para se saber o endereço da comunicação dos atos processuais. Há atos que devem ser praticados apenas pelas partes, não por seu advogado, como os elencados no art. 379 do CPC (comparecer em juízo para responder o que lhe for interrogado, colaborar na realização de inspeção judicial e praticar ato que lhe for determinado). Por força do disposto no CPC em seu art. 274, parágrafo único, as partes têm o dever de manter atualizado o seu endereço, presumindo-se verdadeiras as intimações dirigidas ao endereço constante dos autos, ainda que não recebidas pessoalmente pelo interessado, se a modificação (temporária ou definitiva) não for devidamente comunicada ao juízo, bem como fluindo os prazos a partir da juntada aos autos do comprovante de entrega da correspondência no endereço primitivo.

Ainda, como já mencionado, o CPC inova, em relação ao art. 282, inc. II, do CPC/73, determinando que a citação seja, preferencialmente, por meio eletrônico, no prazo de 2 (dois) dias úteis, contado da decisão que determinar, por meio dos endereços eletrônicos indicados pelo citando no banco de dados do Poder Judiciário. A ausência de confirmação da citação eletrônica, em até 3 (três) dias úteis, implicará a citação pelas formas tradicionais (pelo correio, oficial de justiça, escrivão ou chefe de secretaria, se o citando comparecer em cartório, ou por edital). A falta de apresentação de justa causa para a confirmação do recebimento da citação enviada eletronicamente caracteriza ato atentatório à dignidade da justiça e é passível de multa de até 5% (cinco por cento) do valor da causa (CPC, art. 246, com a redação atribuída pela Lei 14.195/2021).

Por fim, se houver a pluralidade de domicílios, o autor poderá informar qualquer um deles, consoante previsão do art. 71 do Código Civil.

Caso o autor não disponha prontamente de todas as informações previstas no art. 319, inc. II, do CPC, não se pode obstá-lo do acesso à justiça (CF, art. 5º, inc. XXXV; CPC, art. 319, § 3º). Nessa hipótese, o demandante poderá, na petição inicial, requerer ao juiz as diligências necessárias à sua obtenção (CPC, art. 319, § 1º), entendimento ratificado no Enunciado 283, do FPPC: "Aplicam-se os arts. 319, § 1º, 396 a 404 também quando o autor não dispuser de documentos indispensáveis à propositura da ação".

Por outro lado, se constatada a ausência de algum dos elementos que identificam o réu (CPC, art. 319, inc. II) e, tal informação faltante não ensejar prejuízo à realização e efetivação do ato citatório, não deve proceder-se ao indeferimento da petição inicial (CPC, art. 319, § 2º)[14], em vista da possibilidade de correção do defeito pelo próprio autor, em momento posterior, observado o princípio da boa-fé (CPC, art. 5º).

Se a qualificação do réu for incerta, cabe ao demandante consignar aquilo que for possível. Por exemplo, em uma ação de reintegração de posse em razão da ocupação

---

14. STJ, REsp 1455091/AM, Rel. Ministro Sérgio Kukina, 1ª Seção, j. 12.11.2014, *DJe* 02.02.2015.

de dezenas ou de centenas de pessoas, não é requisito de validade para a configuração do polo passivo a citação individualizada de todas elas, porque tal exigência tornaria a demanda judicial impossível[15]. Nessa situação, basta que o autor indique o local da ocupação para permitir que o oficial de justiça efetue a citação (pessoal) dos invasores que lá se encontrarem, devendo os demais serem citados presumidamente (por edital)[16].

De qualquer forma, a petição inicial não poderá ser indeferida se, apesar da falta de informações exigidas no art. 319, inc. II, do CPC, for possível a citação do réu ou se a obtenção delas tornar impossível ou excessivamente oneroso o acesso à justiça (CPC, art. 319, § § 2º e 3º).

2.2.1.3. O fato e os fundamentos jurídicos do pedido

O fato e os fundamentos jurídicos do pedido integram o conceito de *causa de pedir* (CPC, art. 319, inc. III).

Incumbe ao autor indicar não quaisquer fatos, mas apenas aqueles que sejam circunscritos à relação jurídica constituída e sobre a qual haverá o pronunciamento judicial. É preciso que se enunciem os fatos, dos quais deve extrair o direito, para formular o pedido[17]. Por outro lado, é dever das partes não elaborar pretensões cientes que são destituídas de fundamento (CPC, art. 77, inc. II).

O demandante também deve mencionar os *fatos contrários* da parte *ex adverso* que impediram a efetivação voluntária e espontânea da pretensão do seu direito.

Daí decorre a importância de a narrativa fática não estar dissociada do elemento jurídico[18]. Assim, na petição inicial, a descrição dos fatos deve evidenciar não apenas a demonstração do direito que o autor afirma ter antes da conduta inconveniente atribuída ao réu – denominada de causa de pedir *passiva* –, como também a existência de uma *crise* entorno do direito afirmado, isto é, a violação ou a ameaça de lesão a esse direito (causa de pedir *ativa*)[19].

Por exemplo, em ação de reintegração de posse, cabe ao autor discorrer tanto sobre os atos que consistirem no esbulho (causa de pedir ativa), quanto sobre a posse anterior exercida pelo autor e a descrição do imóvel esbulhado (causa de pedir passiva). Outro exemplo: em uma ação de consignação em pagamento, narra-se a constituição do crédito (causa de pedir passiva) e os atos reveladores da recusa em receber (causa de pedir ativa). Ainda, na ação de improbidade administrativa, compete ao Ministério Público, único legitimado à propositura de tal ação, individualizar, na petição inicial, a conduta do réu e apontar os elementos probatórios mínimos que demonstrem a ocorrência das

---

15. STJ, REsp 1314615/SP, Rel. Min. Luis Felipe Salomão, 4ª T., j. 09.05.2017, *DJe* 12.06.2017.
16. LANES, Júlio Cesar Goulart. *Fato e direito no processo civil cooperativo*. São Paulo: RT, 2014, p. 156.
17. GRECO, Leonardo. *Instituições de processo* civil, 2015 cit., p. 5.
18. STJ, REsp 817.557/ES, Rel. Min. Herman Benjamin, 2ª T., j. 02.12.2008, *DJe* 10.02.2010.
19. DINAMARCO, Cândido Rangel. *Instituições de direito processual civil*. 3. ed. São Paulo: Malheiros, 2003. v. III, p. 127.

hipóteses dos arts. 9º, 10 e 11 da Lei 8.429/1992 e de sua autoria (art. 17, § 6º, inc. I, da Lei de Improbidade Administrativa, com a redação atribuída pela Lei 14.230/2021).

A exigência de mencionar, na petição inicial, o *fundamento jurídico* não se confunde com a *fundamentação legal*[20]. A indicação da regra ou do princípio jurídico é facultativa, pois o juiz conhece o direito (*iura novit curia* e *da mihi factum dabo tibi ius*) e, ainda que resolva aplicá-lo, sem que as partes o tenham alegado, deverá oportunizar a manifestação de quaisquer dos polos da demanda antes de proferir sua decisão (CPC, art. 10).

Nesse sentido, posicionam-se os Enunciados 281 e 282 do FPPC, respectivamente: "A indicação do dispositivo não é requisito da petição inicial e, uma vez existente, não vincula o órgão julgador"; "Para julgar com base em enquadramento normativo diverso daquele invocado pelas partes, ao juiz cabe observar o dever de consulta, previsto no art. 10". Ademais, a ENFAM também editou o Enunciado n. 1:

> Entende-se por 'fundamento' referido no art. 10 do CPC/2015 o substrato fático que orienta o pedido, e não o enquadramento jurídico atribuído pelas partes.

O fundamento jurídico, que não corresponde à mera menção a textos de lei, abrange a descrição da relação jurídica, o fato contrário do réu que justifica a necessidade do pedido de tutela jurisdicional e, também, a falta de pagamento na data convencionada.

O CPC adotou a *teoria da substanciação* quanto à causa de pedir[21], pela qual a petição inicial precisa descrever tanto os fundamentos de fato, chamados de causa de pedir *remota*, quanto os fundamentos jurídicos, considerados causa de pedir *próxima*[22]. Se não for deduzida toda a pretensão, não pode o Judiciário levar em consideração a parte não descrita. Isso porque prevalece no direito brasileiro a regra da *eventualidade*, que impõe ao autor o ônus de alegar na petição inicial todos os fatos que corroborem com a sua pretensão. Caso contrário, o réu não teria conhecimento das alegações do autor, ficando impossibilitado de exercer seu direito de defesa. A falta de causa de pedir, ou se da causa de pedir não decorrer logicamente uma conclusão, a petição inicial é inepta e deve ser indeferida (CPC, art. 330, inc. I, e § 1º, incs. I e III) caso o autor, após oportunizada a correção do defeito, não o corrigir no prazo de 15 dias (CPC, art. 321).

Em contrapartida, o sistema processual brasileiro se afastou da teoria da individualização, pela qual bastaria a indicação de um fundamento geral para o pedido (v.g., "sou credor; logo peço..."), sendo irrelevantes os fatos. Por esta teoria, a prestação jurisdicional deve recair sobre o fato de natureza subjacente ao fundamento geral do pedido; logo, bastaria apontar na petição inicial a causa para que todos os aspectos de fato relevantes ficassem abrangidos pela decisão.

Entretanto, pela teoria da substanciação, apenas os fatos vinculam o juiz, que pode atribuir-lhes a qualificação jurídica que entender adequada ao acolhimento ou

---

20. STJ, REsp 977.662/DF, Rel. Min. Luis Felipe Salomão, 4ª T., j. 22.05.2012, *DJe* 1º.06.2012.
21. DIDIER JR., Fredie. *Curso de direto processual civil*, 17. ed. cit., p. 552.
22. CRUZ E TUCCI, José Rogério. *A causa petendi no processo civil*. São Paulo: RT, 2001, p. 143 e ss.

à rejeição do pedido[23]. A sentença ou o acórdão não serão nulos por fundarem-se em dispositivo legal diverso do invocado pelo autor ou se foi emprestada qualificação jurídica não mencionada expressamente na inicial, desde que o julgador oportunize a prévia manifestação das partes (CPC, art. 10) ou considere os mesmos fatos narrados pelo demandante[24]. Isso porque, pelo princípio dispositivo, o juiz não pode decidir sobre o que não foi objeto do pedido de tutela jurisdicional (CPC, arts. 141 e 492). E, embora a causa de pedir não se confunda com o pedido, serve para identificá-lo, o que impede que o órgão julgador sentencie fundado em causa de pedir que não possa ser deduzida da petição inicial.

Os pedidos formulados, contudo, devem ser examinados a partir de uma interpretação lógico-sistemática. O juiz deve, pois, conduzir seu raciocínio de modo a realizar uma análise ampla e detida da relação jurídica deduzida em juízo. Com efeito, a obrigatória adstrição do julgador ao pedido formulado pelo autor pode ser mitigada pelos brocardos da *iura novit curia* e da *mihi factum dabo tibi ius*[25], desde que não viole a garantia constitucional do contraditório (CF, art. 5º, inc. LV), que vincula o magistrado, ao impedi-lo de proferir decisões que surpreendam as partes. Os litigantes possuem o direito de se manifestarem previamente sobre todas as questões de fato e/ou de direito, ainda que se trate de matéria sobre a qual o juiz deva decidir de ofício (CPC, art. 10).

No entanto, há situações em que o magistrado não pode atribuir ao fato uma definição jurídica diferente da que lhe deu a parte, como ocorre: I) em ação rescisória; II) em mandado de segurança; III) em recurso extraordinário[26]; IV) em recurso especial.

Por outro lado, se houver outro fundamento, ainda que para o mesmo pedido, nova ação poderá ser proposta, porque a primeira não será idêntica à segunda (CPC, art. 337, § 2º). É possível haver duas ou mais ações para o mesmo fato. Por exemplo, de um acidente de trânsito, pode ser ajuizada uma ação de reparação de danos materiais (danos emergentes e lucros cessantes) e outra por danos morais, se o demandante não quiser cumular ambas as demandas.

A denominação errônea dada à demanda é irrelevante e não impede o processamento da petição inicial, quando possível o julgamento da ação sem mudança da causa de pedir ou do pedido[27]. Nessa situação, porque cabe ao juiz examinar a causa de pedir

---

23. STJ, AgRg no AREsp 674.850/SP, Rel. Min. Assusete Magalhães, 2ª T., j. 16.06.2015, *DJe* 25.06.2015; REsp 1316634/ES, Rel. Min. Herman Benjamin, 2ª T., j. 11.12.2012, *DJe* 19.12.2012.
24. STJ, REsp 1.925/SP, Rel. Min. Eduardo Ribeiro, 3ª T., j. 13.03.1990, *DJ* 09.04.1990, p. 2.742.
25. STJ, REsp 1550255/RJ, Rel. Min. Moura Ribeiro, Rel. p/ Acórdão Min. Ricardo Villas Bôas Cueva, 3ª T., j. 27.10.2015, *DJe* 13.11.2015; REsp 1153656/DF, Rel. Min. Teori Albino Zavascki, 1ª T., j. 10.05.2011, *DJe* 18.05.2011.
26. STF, AI 177698 AgR, Rel. Min. Marco Aurélio, 2ª T., j. 12.03.1996, *DJ* 26.04.1996, p. 13.131 Ement v. 01825-06 p. 01260.
27. STJ, AgRg no REsp 1169019/RS, Rel. Min. Maria Isabel Gallotti, 4ª T., j. 12.05.2015, *DJe* 19.05.2015; REsp 33.157/RJ, Rel. Min. Nilson Naves, 3ª T., j. 08.06.1993, *DJ* 16.08.1993, p. 15.983.

e o pedido, prevalece o princípio da instrumentalidade das formas, em detrimento do formalismo processual[28].

Por exemplo, se o autor nomeia a ação de "ação de despejo", mas pede somente a cobrança dos alugueres atrasados, trata-se de "ação de cobrança", e não de ação de despejo. Ou, ainda, se o autor pretende a posse, mas nunca a exerceu, com base no domínio, a ação é petitória (ação de imissão na posse)[29], ainda que indevidamente qualificada de possessória[30].

Além disso, a alteração das circunstâncias fáticas não impede o ajuizamento posterior da mesma ação. Por exemplo, transitada em julgado a sentença de procedência do pedido de afastamento do convívio familiar de que resultou o acolhimento institucional de criança ou de adolescente, quem exercia irregularmente a guarda e tem interesse jurídico na adoção pode, após lapso temporal razoável, ajuizar ação de guarda, se a causa de pedir indicar a modificação das circunstâncias fáticas que ensejaram o acolhimento, não lhe sendo oponível a coisa julgada que se formou na ação de afastamento[31].

2.2.1.4. O pedido com as suas especificações

2.2.1.4.1. Conceito

O pedido é a manifestação da vontade de obter do Estado-juiz um provimento jurisdicional de determinada natureza sobre um certo bem da vida.

O pedido é o núcleo essencial da petição inicial, definindo o objeto litigioso do processo (*res in iudicium deducta*). É dirigido contra o Estado, no exercício de sua função jurisdicional, tendo por finalidade a produção de efeitos sobre o demandado ou sobre a relação jurídica em que o réu é um dos titulares.

Para a melhor compreensão, o pedido pode ser subdividido em *imediato*, por se referir ao provimento jurisdicional reclamado do Estado-juiz, e *mediato*, que diz respeito ao bem da vida ao qual se procura a tutela jurisdicional[32].

O pedido deve especificar, exatamente, o que pretende o demandante, não se admitindo pedidos genéricos (v.g., como o que requer a "correta aplicação da lei")[33], até porque a descrição apurada dos fatos, pelo lado do autor, facilita a efetiva com-

---

28. STJ, REsp 402.390/SE, Rel. Min. Teori Albino Zavascki, 1ª T., j. 04.11.2003, *DJ* 24.11.2003, p. 217; REsp 184.648/RO, Rel. Min. Aldir Passarinho Junior, 4ª T., j. 16.08.2001, *DJ* 04.02.2002, p. 368; REsp 100.766/SP, Rel. Min. Sálvio de Figueiredo Teixeira, 4ª T., j. 15.06.1999, *DJ* 16.08.1999, p. 72.
29. NERY JR., Nelson. Proteção judicial da posse. *Revista de direito privado*. v. 7. jul.-set. 2001, p. 112.
30. STJ, REsp 115.342/ES, Rel. Min. Barros Monteiro, 4ª T., j. 07.11.2002, *DJ* 24.02.2003, p. 234; REsp 107.966/SP, Rel. Min. Carlos Alberto Menezes Direito, 3ª T., j. 16.08.1999, *DJ* 04.10.1999, p. 53; REsp 32.143/PA, Rel. Min. Sálvio de Figueiredo Teixeira, 4ª T., j. 27.06.1996, *DJ* 16.09.1996, p. 33.743.
31. STJ, REsp 1.878.043-SP, 3ª T., Rel. Min. Nancy Andrighi, j. 08.09.2020, *DJe* 16.09.2020.
32. STJ, REsp 1186851/MA, Rel. Min. Nancy Andrighi, 3ª T., j. 27.08.2013, *DJe* 05.09.2013; GRECO, Leonardo. *Instituições de processo* civil, 2015 cit., p. 7.
33. STJ, AgRg no AREsp 467.153/RS, Rel. Min. Sidnei Beneti, 3ª T., j. 22.04.2014, *DJe* 15.05.2014.

provação pelo juízo e, pelo prisma do réu, possibilita o seu pleno exercício do direito de defesa[34]. A ausência de pedido ou se formulado de forma indeterminada pode ensejar a inépcia da petição inicial e seu indeferimento judicial (CPC, art. 330, inc. I, e § 1º, incs. I e II).

A decisão judicial deve incidir sobre o pedido (regras da congruência entre o pedido e a sentença: CPC, arts. 141 e 492), que, por sua vez, influi na definição do objeto da coisa julgada.

Além disso, o pedido também delimitará a fase probatória, tendo em vista que a produção de provas deverá guardar pertinência não só com a causa de pedir, mas também com o que for postulado pelas partes.

2.2.1.5. Extensões do pedido

O pedido formulado, na petição inicial, tem duas extensões. A primeira é de *caráter imediato*, pois o autor pede uma determinada providência jurisdicional (condenação, declaração, constituição, mandamento ou execução em sentido lato). A segunda extensão é de *caráter mediato*, porque visa uma providência concreta ou um bem jurídico material (v.g., os alimentos, a desocupação do imóvel, a nulidade do contrato etc.).

Desse modo, o caráter imediato tem conteúdo processual e o mediato, de direito material.

O pedido deve decorrer, logicamente, da causa de pedir. Precisa ser expressamente formulado, com clareza e precisão. Afinal, é o pedido que norteia a atividade jurisdicional, mas também limita a atuação do Estado-juiz (CPC, arts. 141 e 492), bem como baliza a atuação do réu, que pode contestar ou concordar com a pretensão formulada pelo autor.

A incoerência entre o pedido e a causa de pedir, narrados na petição inicial, é causa de *inépcia* e, portanto, de indeferimento da petição inicial[35]. O art. 330, § 1º, inc. III, do CPC cogita dois vícios distintos: a) o autor narrou fatos, mas lhes atribuiu consequências jurídicas que, de modo algum, se relacionam com eles; b) ou o demandante qualificou erroneamente os fatos jurídicos e, por isso, pediu efeitos inconcebíveis[36]. Por exemplo, há incoerência entre o pedido de rescisão de decisão homologatória, baseada na renúncia do direito material (CPC, art. 487, inc. III, "a"), e a causa de pedir de declaração de inconstitucionalidade superveniente, pelo STF, da base de cálculo da Cofins/Pis (Lei 9.718/98, art. 3º, § 1º).

---

34. GRECO, Leonardo. *Instituições de processo* civil, 2015 cit., p. 7.
35. STJ, AgRg no RMS 27.137/PR, Rel. Min. Jorge Mussi, 5ª T., j. 07.10.2014, *DJe* 15.10.2014.
36. ASSIS, Araken de. *Processo civil brasileiro*. São Paulo: RT, 2015. v. II. t. II. p. 727.

2.2.1.5.1. Pedido certo e determinado

O pedido deve ser certo e também determinado ou líquido (isto é, determinado em sua quantidade), quando se tratar de bens quantificáveis (CPC, arts. 322 e 324).

2.2.1.5.2. Pedido certo

Pedido *certo* significa expresso, explícito e devidamente qualificado. A certeza é um conceito de direito material que diz respeito à indicação ou à identificação do bem jurídico almejado em juízo, também denominado de *an debeatur* (v.g., tal imóvel, R$ 50.000,00 etc.).

A exigência de formular pedidos certos é imposição do princípio da segurança jurídica, já que é pelo pedido que tanto o Estado-juiz quanto o réu conhecem o bem da vida pretendido pelo autor. Sendo ele acolhido ou rejeitado (CPC, art. 487, inc. I), é o pedido que norteia a atividade jurisdicional (CPC, arts. 141 e 492). Também é parâmetro essencial para a defesa do réu que, na contestação, deve expor todas as razões de fato e de direito com que impugna e desconstitui o pedido do autor (CPC, art. 336).

Porém, os juros legais, a correção monetária e as verbas de sucumbência, bem como os honorários advocatícios, não dependem de pedido expresso porque estão compreendidos no pedido principal (CPC, art. 322, § 1º). Nesses casos, o autor não é penalizado se não formular tais requerimentos, que são chamados *pedidos implícitos*[37].

Atente-se que a Lei 6.899/81 já determinava a aplicação de correção monetária nos débitos oriundos de decisão judicial. Por sua vez, a Súmula 256 do STF, aprovada em 13 de dezembro de 1963, ainda quando da vigência do Código de Processo Civil de 1939, dispensava pedido expresso para a condenação em honorários advocatícios. Os arts. 82, § 2º, e 85 do CPC reafirmam a regra de que a sentença condenará o vencido a pagar honorários ao advogado vencedor, o que também torna dispensável a previsão de requerimento na contestação ou na reconvenção.

No entanto, se o juiz se omitir quanto à concessão dos juros legais e da correção monetária, eles podem ser arbitrados em grau recursal. Após o trânsito em julgado, ainda que não corrigidos pelo Tribunal, também podem ser acrescidos à condenação em liquidação ou na fase de cumprimento da sentença. Por outro lado, a omissão quanto a condenação em verbas de sucumbência (honorários advocatícios e despesas processuais antecipadas) não pode ser corrigida após o trânsito em julgado. Neste caso, tais valores podem ser cobrados em ação própria, como prevê o art. 85, § 18, do CPC, em relação aos honorários advocatícios, entendimento que deve ser estendido à cobrança das demais despesas processuais. Desse modo, tal exegese impõe o cancelamento da Súmula 453

---

37. STJ, REsp 1373438/RS, Rel. Min. Paulo de Tarso Sanseverino, 2ª Seção, j. 11.06.2014, *DJe* 17.06.2014; REsp 1113175/DF, Rel. Min. Castro Meira, Corte Especial, j. 24.05.2012, *DJe* 07.08.2012; REsp 1112524/DF, Rel. Min. Luiz Fux, Corte Especial, j. 1º.09.2010, *DJe* 30.09.2010.

do STJ ("Os honorários sucumbenciais, quando omitidos em decisão transitada em julgado, não podem ser cobrados em execução ou em ação própria").

Vale ressaltar, contudo, que somente os juros legais estão implícitos no pedido[38]. Os juros de outra natureza, como os remuneratórios e os sobre o capital próprio, dependem de pedido expresso da parte para serem incluídos na sentença.

Porém, o elenco do art. 322, § 1º, do CPC não é taxativo. Por exemplo, a concessão de *astreintes* (multa), com a finalidade de impor ao réu uma obrigação de fazer ou não fazer fungível, ou de entregar coisa, também é considerado um pedido implícito, podendo o juiz concedê-lo de ofício (CPC, art. 500).

Ademais, quando a ação tiver por objeto cumprimento de obrigação em prestações sucessivas (*v.g.*, aluguéis, pensões alimentícias e mensalidades escolares ou de plano de saúde), essas parcelas serão incluídas no pedido, independentemente de declaração expressa do autor, e serão abrangidas na condenação, enquanto durar a obrigação, se o devedor, no curso do processo, deixar de pagá-las ou de consigná-las (CPC, art. 323). Tal regra processual está fundada na economia processual e tem a finalidade de promover a pacificação e a estabilidade das relações jurídicas, porque seria excesso de formalismo exigir uma demanda para cada prestação. O art. 323 do CPC também se aplica ao processo de execução (CPC, art. 771), evitando o ajuizamento de novas execuções com base em uma mesma relação jurídica obrigacional. Por exemplo, na ação de despejo cumulada com cobrança de aluguéis vencidos, julgados procedentes ambos os pedidos, podem ser executadas, tanto as parcelas que venceram indicadas na petição inicial, quanto as que se tornaram exigíveis entre a data da propositura da ação e a efetiva desocupação do imóvel locado (Cf. Enunciado 505 do FPPC)[39].

Deve ser acrescido, ainda, que o art. 7º da Lei 8.560/92 determina que o juiz, ao julgar procedente ação de investigação de paternidade, deve fixar os alimentos do reconhecido que deles necessite. O pedido de alimentos é implícito, pois decorre da própria lei, sendo considerado um mero efeito da sentença do reconhecimento da relação de parentesco[40].

2.2.1.5.3. Interpretação do pedido

O art. 322, § 2º, do CPC inova em relação ao art. 293 do CPC/73. Enquanto aquele afirma que na interpretação do pedido deve considerar o conjunto da postulação e observar o princípio da boa-fé, no CPC/73, pelo contrário, afirmava-se que o pedido deveria ser interpretado restritivamente.

---

38. BONDIOLI, Luis Guilherme. Comentário ao art. 321 do CPC. In: ALVIM, Teresa Arruda; DIDIER JR., Fredie; TALAMINI, Eduardo; DANTAS, Bruno (Coord.). *Breves comentários ao Código de Processo Civil*. São Paulo: RT, 2015, p. 823.
39. STJ, REsp 1756791/RS, Rel. Min. Nancy Andrighi, 3ª T., j. 06.08.2019, *DJe* 08.08.2019.
40. STJ, AgRg no REsp 1197217/MG, Rel. Min. Vasco Della Giustina (Desembargador Convocado do TJ/RS), 3ª T., j. 15.02.2011, *DJe* 22.02.2011.

Assim, com o CPC, pode-se afirmar que o pedido é o que se pretende com a instauração da demanda, devendo ser extraído da interpretação lógico-sistemática (análise global) da petição inicial[41].

A exegese do pedido deve considerar não apenas os requerimentos formulados em capítulo especial ou sob a rubrica "dos pedidos", mas o conjunto da postulação, extraído do corpo da petição inicial, em conjunto com a causa de pedir e todo o conteúdo da petição inicial, e observar o princípio da boa-fé (CPC, arts. 5º e 322, § 2º)[42]. Por exemplo, a decisão que, em ação de rescisão contratual (contrato de compromisso de compra e venda), condena o comprador a perda das prestações pagas, não caracteriza julgamento *extra petita* quando decorre do conjunto da postulação, ainda que da petição inicial não conste pedido expresso a este respeito (CPC, art. 322, § 2º).

O magistrado deve realizar uma interpretação lógico-sistemática dos pedidos no contexto da relação jurídica deduzida em jurídico. A regra de que o julgador está adstrito ao pedido formulado pelo autor pode ser mitigada pelos brocardos *da mihi factum dabo tibi ius* (dá-me os fatos que te darei o direito) e *iura novit curia* (o juiz é quem conhece o direito). Por exemplo, diante de um pedido de danos materiais, não se impede a condenação do demandado com fundamento da perda de uma chance[43].

Com efeito, na interpretação dos pedidos, deve se atentar mais para a intenção neles consubstanciada do que ao sentido literal da linguagem (CC, art. 112, e o Enunciado 285 do FPPC).

Aliás, o postulado hermenêutico contido no art. 322, § 2º, do CPC se estende à interpretação de todos os atos postulatórios, inclusive da contestação e do recurso (Enunciado 286 do FPPC).

O juiz, por sua vez, tem o dever de decidir o mérito nos limites propostos pelas partes, sendo-lhe vedado conhecer de questões não suscitadas, cujo respeito a lei exige iniciativa da parte (CPC, art. 141). O art. 492 do CPC versa sobre a regra da congruência ou da correlação entre o pedido e a sentença, não podendo o magistrado proferir decisão de natureza diversa da pedida (*extra petita*), bem como condenar a parte em quantidade superior ou em objeto diferente do que lhe foi demandado (*ultra petita*).

Ademais, a decisão deve ser certa, ainda que resolva relação jurídica condicional (CPC, art. 492, parágrafo único). Porém, ainda que deva ser certa, o juiz não fica impedido de criar uma condição de eficácia da decisão[44]. Por exemplo, o beneficiário da gratuidade da justiça está isento do pagamento dos ônus da sucumbência (CPC, art. 98, § 1º), mas a decisão deve estabelecer condição suspensiva de exigibilidade para que

---

41. STJ, REsp 233.446/RJ, Rel. Min. Sálvio de Figueiredo Teixeira, 4ª T., j. 27.03.2001, *DJ* 07.05.2001, p. 145.
42. STJ, REsp 590.385/RS, Rel. Ministra Nancy Andrighi, 3ª T., j. 05.10.2004, *DJ* 05.09.2005, p. 399.
43. STJ, REsp 1637375/SP, Rel. Min. Ricardo Villas Bôas Cueva, 3ª T., j. 17.11.2020, *DJe* 25.11.2020.
44. CUNHA, Leonardo Carneiro da. Comentário ao art. 492 do CPC. In: ALVIM, Teresa Arruda; DIDIER JR., Fredie; TALAMINI, Eduardo; DANTAS, Bruno (Coord.). *Breves comentários ao novo Código de Processo Civil.* São Paulo: RT, 2015, p. 1.242.

o credor, no prazo máximo de cinco anos – contados a partir do trânsito em julgado –, possa executar o vencido, caso consiga demonstrar que deixou de existir a situação de insuficiência de recursos que justificou a situação de gratuidade (CPC, art. 98, § 3º).

Portanto, cabe ao juiz analisar todos os pedidos, para que a tutela jurisdicional seja plena. Estão incluídos no pedido principal, ainda que implicitamente, os juros legais, a correção monetária e as verbas de sucumbência, inclusive os honorários advocatícios (CPC, art. 322, § 1º). Também, nas ações que tiverem por objeto o cumprimento de obrigações em prestações sucessivas, as vencidas após o ajuizamento da demanda serão abrangidas na condenação, independentemente de declaração expressa do autor (CPC, art. 323). A ausência de apreciação desses pedidos enseja sentença *citra* ou *infra petita*, tornando a decisão nula.

Entretanto, constatado o julgamento *extra*, *ultra* ou *citra petita*, o Tribunal, em sede de apelação, poderá sanar o vício e, em vez de anular a sentença, julgar o mérito, se o processo estiver em condições de imediato julgamento (CPC, art. 1.013, § 3º, inc. III)[45].

Por outro lado, se na petição inicial o autor houver omitido pedido de que poderia ter feito, e não se puder deduzi-lo do conjunto da postulação (CPC, art. 322, § 2º), somente por ação distinta poderá formulá-lo, excetuadas as hipóteses do art. 329 do CPC (caso realize o aditamento ou a alteração do pedido e da causa de pedir). Nesse sentido, o STJ decidiu que a mera circunstância de os fatos narrados comportarem, em tese, indenização por danos morais, não autoriza o juiz, de ofício, sem ter havido pedido expresso na petição inicial, a condenar ao pagamento desses prejuízos como sendo implícitos ao pedido de ressarcimento por danos materiais[46].

2.2.1.5.4. Pedido determinado

O pedido também deve ser *determinado* (CPC, art. 324), isto é, definido quanto à qualidade e à quantidade.

Tendo o autor formulado pedido certo, deve o juiz proferir sentença líquida. Caso o pedido seja certo e a sentença seja ilíquida, poderá ser anulada, com base fundamento no art. 492 do CPC.

Excepcionalmente, podem ser *formulados* pedidos genéricos, nas três hipóteses previstas no art. 324, § 1º, do CPC. Contudo, nessas situações, o pedido pode ser genérico somente em relação à quantificação da obrigação (*quantum debeatur*). Não pode ser genérico em relação à identificação do objeto (*an debeatur*). Trata-se, pois, de um *pedido relativamente indeterminado*, pois *o que* é devido não é incerto, mas apenas *o quanto* é devido que não pode ser desde logo determinado[47].

---

45. STJ, REsp 1299287/AM, Rel. Min. Nancy Andrighi, 3ª T., j. 19.06.2012, *DJe* 26.06.2012.
46. STJ, REsp 1155274/PE, Rel. Min. Nancy Andrighi, 3ª T., j. 08.05.2012, *DJe* 15.05.2012.
47. PASSOS, José Joaquim Calmon de. *Comentários ao Código de Processo Civil*. 8. ed. Rio de Janeiro: Forense, 2001. v. III, p. 172; STJ, REsp 764.820/MG, Rel. Min. Luiz Fux, 1ª T., j. 24.10.2006, *DJ* 20.11.2006, p. 280.

Caso a indeterminação não se restringisse ao aspecto quantitativo, o pedido se tornaria *incerto*, deixando de ser uma baliza objetiva e segura à atividade jurisdicional, além de impedir o efetivo exercício do direito de defesa.

Se o pedido genérico não for certo e preciso na sua generalidade, a petição inicial será inepta (CPC, art. 330, inc. I, e § 1º, inc. I), em razão da incerteza ser absoluta[48].

As situações previstas no art. 324, § 1º, do CPC se justificam na medida em que o autor, no momento do ajuizamento da ação, não tem condições de prever a extensão de seu pedido.

Assim, é lícito formular pedido genérico nas ações universais, caso o autor não possa individualizar os bens demandados (CPC, art. 324, § 1º, inc. I). Ações universais são aquelas cujo bem material demandado é uma *universalidade de bens* (v.g., o estabelecimento comercial, o espólio etc.). Por exemplo, a petição de herança é uma ação universal e o pedido é genérico, porque se refere a todos os bens que couberem no quinhão.

Deve-se distinguir a universalidade de fato (CC, art. 90) da de direito (CC, art. 91). *Universalidade* é o todo constituído por bens autônomos, que têm destinação unitária e função comum. A *universalidade de fato* é a pluralidade de bens singulares, pertinentes a uma pessoa e que têm destinação unitária (v.g., uma frota de automóveis, uma coleção de selos, os livros de uma biblioteca etc.). Todo o elemento integrante da universalidade de fato tem a sua essência de bem singular e pode ser objeto de atos e relações jurídicas singulares (compra e venda, doação, usufruto etc.). Já a *universalidade de direito* é o complexo de relações jurídicas de uma pessoa, suscetíveis de avaliação pecuniária (v.g., a herança, as sociedades comerciais e a massa falida). A unidade se dá por expressa determinação legal, compreendendo posições ativas e passivas suscetíveis de avaliação pecuniária e surge em razão do escopo a atingir ou da origem particular e comum dos bens integrantes desse patrimônio.

O art. 324, § 1º, inc. I, do CPC não distingue entre universalidade de fato e de direito. O demandante deve determinar a massa de bens passível de avaliação pecuniária (*an debeatur*), com a ulterior necessidade de liquidação. No entanto, se o demandante tiver condições de individuar e de discriminar os bens integrantes da universalidade na petição inicial, não lhe é lícito formular pedido genérico.

Também é adequado elaborar pedido genérico quando não for possível precisar, desde logo, as consequências do ato ou do fato (CPC, art. 324, § 1º, inc. II). Por exemplo, alguém que requer o ressarcimento de danos, ao propor a ação, ainda não pode determinar, com exatidão, o valor exato da indenização ou, ainda, não conhece, com precisão, todas as consequências do ato ou do fato ou, também, porque não dispõe por ora de todos os elementos para determinar a extensão das perdas e danos (v.g., ignora-se

---

48. PONTES DE MIRANDA, Francisco Cavalcanti. *Comentários ao Código de Processo Civil*. Rio de Janeiro: Forense, 1974. t. IV. p. 34.

se o dano tornou a coisa imprestável, não se tem ainda certeza se a lesão causará a morte ou a lesão permanente ou temporária da vítima)[49].

No momento da propositura da demanda, pode acontecer que o autor saiba o que é devido (*an debeatur*), mas não tenha ainda a possibilidade de determinar o quanto é devido (*quantum debeatur*)[50]. Isso porque não têm elementos para a fixação do valor (v.g., lucros sociais cessantes), ou mesmo porque a situação ainda não se consolidou (v.g., danos estéticos). Portanto, a impossibilidade de formular pedido determinado decorre de circunstâncias objetivas que impedem o demandante de estabelecer a extensão definitiva dos prejuízos provocados pelos danos.

Na petição inicial, a mencionada impossibilidade objetiva não precisa ser provada e deve ser aferida pelo juiz, a partir das afirmações feitas pelo autor (*in status assertionis*).

Em sendo formulado pedido genérico, o valor devido será fixado na sentença ou até, posteriormente, por ocasião da liquidação de sentença. Por exemplo, o pedido de lucros cessantes, em ação de reparação de danos, em sendo genérico, ensejará a necessidade da prova de fatos novos, na liquidação da sentença pelo procedimento comum (CPC, art. 509, inc. II). Nesse sentido, o STJ admitiu pedido genérico de lucros sociais cessantes, a ser apurado em liquidação de sentença, em ação civil pública, em que se comprovou a lesão ao patrimônio público em decorrência de desvio de verbas por entidade dita beneficente[51].

Por último, é lícito formular pedido genérico quando a determinação do objeto ou do valor da condenação depender de ato que deva ser praticado pelo réu (CPC, art. 324, § 1º, inc. III). Por exemplo, o pedido deduzido em prestação de contas para que o obrigado pague o saldo a apurar. Após prestadas as contas e confirmado um saldo em favor do demandante, a sentença terá conteúdo condenatório, constituindo-se um título executivo.

Contudo, se pela natureza da obrigação o devedor puder cumprir a prestação de mais de um modo, o pedido pode ser alternativo (CPC, art. 325).

Em quaisquer das hipóteses do art. 324, § 1º, do CPC, a indeterminação ou generalidade não é absoluta, porque sempre o pedido é certo e determinado, quanto ao gênero (*an debeatur*), faltando apenas a fixação do valor (*quantum debeatur*).

Além das situações previstas no art. 324, § 1º, do CPC, também se admite pedido genérico: I) nas ações coletivas para a defesa de direitos individuais homogêneos (CDC, arts. 81, parágrafo único, e 95)[52]; II) nos Juizados Especiais, quando não for possível determinar, desde logo, a extensão da obrigação; III) nas ações de reparação dos danos

---

49. PASSOS, José Joaquim Calmon de. *Comentários ao Código de Processo Civil*. 8. ed. Rio de Janeiro: Forense, 2001. v. III, p. 172.
50. STJ, REsp 20.923/SP, Rel. Min. Demócrito Reinaldo, 1ª T., j. 05.08.1992, *DJ* 21.09.1992, p. 15.663.
51. STJ, REsp 411.130/DF, Rel. Min. Carlos Alberto Menezes Direito, 3ª T., j. 27.05.2003, *DJ* 23.06.2003, p. 354.
52. STJ, AgRg nos EDcl no REsp 1408382/PB, Rel. Min. Herman Benjamin, 2ª T., j. 04.11.2014, *DJe* 27.11.2014; REsp 681.872/RS, Rel. Min. Nancy Andrighi, 3ª T., j. 19.04.2005, *DJ* 23.05.2005, p. 287.

morais, quando há dificuldade de estipulação do valor indenizatório[53]; IV) quando o pedido, ainda que genérico, possa vir a ser determinável, mediante liquidação de sentença (v.g., fornecimento de medicamentos a doente renal crônico, ficando a definição específica dos remédios reservada à posterior apresentação de prescrição médica)[54].

Portanto, se o autor na petição inicial souber o *quantum* que lhe é devido ou *o que lhe é devido*, deve formular pedido certo e determinado.

Não tendo condições para determinar o valor que lhe cabe, formulará pedido genérico, ficando para a liquidação de sentença o momento de determinação do *quantum* (CPC, art. 509), pois liquidar é quantificar.

2.2.1.5.5. Cumulação de pedidos

O pedido pode ser simples ou complexo (pedidos cumulados). O pedido complexo pode ser cumulativo propriamente dito, alternativo sucessivo ou subsidiário.

O autor pode, em um único processo, cumular vários pedidos, em face do mesmo réu, ainda que entre os pedidos não haja conexão (CPC, art. 327). Trata-se de cumulação *objetiva*, que se distingue da cumulação subjetiva, que é a de partes (litisconsórcio).

Há três formas de cumulação de pedidos: simples, alternativo e eventual:

I) *cúmulo simples*: quando há mera justaposição de pretensões[55], ainda que não exista afinidade material ou conexão entre eles (CPC, art. 327). São exemplos dessa espécie de cumulação: a ação declaratória de inexistência de contrato cumulada com perdas e danos; a indenização por danos materiais e danos morais (Súmula 37/STJ); a reparação de danos estético e moral (Súmula 387/STJ); a reintegração de posse e a indenização; a investigação de paternidade e os alimentos (Súmula 277/STJ); a investigação de paternidade e a petição de herança etc.

Três são requisitos para a cumulação de pedidos (CPC, art. 327, § 1º):

– *Primeiro*, os pedidos devem ser *compatíveis* entre si, salvo quando se tratar de cumulação subsidiária ou alternativa (CPC, arts. 326 e 327, § 3º). Nestes casos, admite-se a incompatibilidade de pedidos, pois o autor requer o acolhimento de apenas um deles, havendo hierarquia na cumulação subsidiária (CPC, art. 326, *caput*) e ausência dessa hierarquia na cumulação alternativa (CPC, art. 326, parágrafo único).

– *Segundo*, deve ser competente para conhecer deles o mesmo juízo. O que impede o cúmulo de pedidos é a incompetência absoluta[56] (CPC, art. 62: a competência absoluta é determinada em razão da matéria, da pessoa ou da função) do mesmo juízo

---

53. STJ, AgRg no AREsp 527.202/SP, Rel. Min. Marco Aurélio Bellizze, 3ª T., j. 15.09.2015, *DJe* 30.09.2015; REsp 645.729/RJ, Rel. Min. Antonio Carlos Ferreira, 4ª T., j. 11.12.2012, *DJe* 01.02.2013; REsp 1313643/SP, Rel. Min. Sidnei Beneti, 3ª T., j. 22.05.2012, *DJe* 13.06.2012.
54. STJ, REsp 714.165/RJ, Rel. Min. João Otávio de Noronha, 2ª T., j. 1º.03.2005, *DJ* 11.04.2005, p. 287.
55. DINAMARCO, Cândido Rangel. *Instituições de direito processual civil*. 4. ed., 2003, v. II, cit., p. 375.
56. STJ, REsp 1120169/RJ, Rel. Min. Luis Felipe Salomão, 4ª T., j. 20.08.2013, *DJe* 15.10.2013.

para processar ações diferentes. Assim, se para um dos pedidos a competência absoluta para sua apreciação é da Justiça Federal e, para o outro, a Justiça Estadual, não se pode admitir a cumulação de pedidos, porque a Constituição já estabelece neste sentido competências absolutas e sem possibilidade de prorrogação[57]. Por outro lado, sendo o juiz relativamente incompetente para um dos pedidos, tal situação não impede a cumulação formulada pelo autor (CPC, art. 54, e Enunciado 289 do FPPC). Nesses casos, as partes podem modificar a competência em razão do valor e do território, elegendo o foro onde será proposta a ação oriunda de direitos e obrigações (CPC, art. 63). Cabe, contudo, ao réu, na contestação, arguir a incompetência relativa, se não concordar com o cúmulo de pedidos (CPC, arts. 337, inc. II, e 340). Se silenciar, prorroga-se a competência, com a admissão implícita do cúmulo de ações.

Isso posto e remetendo-se ao texto do art. 327, *caput*, é importante ressalvar que o cúmulo simples de demandas entre os mesmos sujeitos, sem que haja conexidade objetiva entre elas, só se admite se houver a identidade de competências (CPC art. 327, § 1º, inc. II)[58].

– *Terceiro*, deve ser adequado para todos os pedidos o mesmo tipo de procedimento. Com isso, o CPC adota a regra da indisponibilidade do procedimento, não podendo as partes alterar a espécie procedimental para determinada situação litigiosa. Porém, não há inviabilidade de cumulação quando o autor empregar o procedimento comum para todos os pedidos, sem prejuízo do emprego das técnicas processuais diferenciadas previstas nos procedimentos especiais do CPC e naqueles previstos em legislação especial (Cf. Enunciado 506 do FPPC) a que se sujeitam um ou mais pedidos cumulados, desde que não sejam incompatíveis com as disposições sobre o procedimento comum (CPC, art. 327, § 2º). Por exemplo, admite-se que ações possessórias e monitórias, sujeitas a procedimentos especiais, submetam ao procedimento comum[59], o que acontece após a resposta do réu[60]. Por outro lado, não é possível a cumulação da ação de prestação de contas com a demanda ordinária em que se busca a revisão contratual, em razão da incompatibilidade de procedimentos[61].

Ademais, apesar de o art. 327, *caput*, do CPC afirmar que a cumulação deva ser "contra o mesmo réu", não se exige, necessariamente, que isso ocorra. Permite-se a cumulação contra réus diversos, quando houver na demanda ponto comum de ordem jurídica ou fática[62].

Não sendo possível o cúmulo de demandas, por não estarem presentes um dos requisitos do art. 327, § 1º, do CPC, cabe ao juiz determinar o desmembramento – e

---

57. DINAMARCO, Cândido Rangel. *Instituições de direito processual civil*. 4. ed., 2003. v. II, cit., p. 377.
58. Idem.
59. STJ, REsp 993.535/PR, Rel. Min. Nancy Andrighi, 3ª T., j. 06.04.2010, *DJe* 22.04.2010.
60. DINAMARCO, Cândido Rangel. *Instituições de direito processual civil*. 4. ed., 2003. v. II, cit., p. 377.
61. STJ, REsp 1593858/PR, Rel. Min. Marco Buzzi, 4ª T., j. 21.03.2017, *DJe* 25.04.2017; AgInt no AREsp 902.065/SP, Rel. Min. Luis Felipe Salomão, 4ª T., j. 23.08.2016, *DJe* 29.08.2016.
62. STJ, AgRg no REsp 953.731/SP, Rel. Min. Herman Benjamin, 2ª T., j. 02.10.2008, *DJe* 19.12.2008.

não a extinção[63] – das demandas cumuladas, sem prejuízo ao prosseguimento dos processos, com o dever de consultar o autor sobre quais pedidos deverão constar em cada demanda desmembrada[64]. Se o processo está correndo perante a Justiça Estadual, mas um dos pedidos é da competência da Justiça Federal, deve o juiz remeter fotocópia dos autos para este juízo (CPC, art. 64, § 4º)[65], oportunidade em que o autor deverá ratificar o ajuizamento da ação, para que a petição inicial seja registrada e distribuída, bem como se oportunize o pagamento das custas processuais.

II) *cúmulo alternativo*: quando o autor pretende uma coisa *ou* outra (CPC, art. 326, parágrafo único): a diferença é que, no cúmulo simples, o autor quer uma coisa *e* outra, enquanto que, no cúmulo alternativo, quer uma coisa *ou* outra, sem qualquer relação hierárquica. Tal situação também difere da cumulação sucessiva, em que o autor faz mais de um pedido e pretende o acolhimento de todos, sendo que o acolhimento do primeiro é pressuposto para a análise dos demais[66].

Entretanto, é preciso distinguir o conteúdo das regras dos arts. 325 e 326, parágrafo único, do CPC.

No art. 325 do CPC, o direito material é o que não permite ao autor pedir as duas prestações cumulativamente, mas apenas uma delas alternativamente. Por isso, pode-se afirmar que não há cumulação de pedidos, já que o autor requer o cumprimento da obrigação que, por sua vez, pode ser cumprida de mais de um modo.

Como regra, nas obrigações alternativas, a escolha cabe ao devedor, se outra coisa não se estipulou (CC, art. 252). Portanto, se a opção couber ao devedor, por força de lei ou de contrato, ainda que o autor não formule pedido alternativo na petição inicial, cabe ao Estado-juiz assegurar ao réu o direito de cumprir a obrigação de um modo ou de outro (CPC, art. 325, parágrafo único).

Porém, caso a escolha da prestação, na obrigação alternativa, couber ao credor, ele deverá optar por um dos pedidos na petição inicial, o que torna a obrigação simples e faz com que o pedido deixe de ser alternativo e, consequentemente, não haja a incidência do art. 325 do CPC ao caso.

Por outro lado, a cumulação alternativa de pedidos está regulamentada no art. 326, parágrafo único, do CPC. Neste caso, o autor formula mais de um pedido na petição inicial para que um deles seja acolhido pelo juiz. O demandante não fixa uma ordem de preferência. Qualquer dos pedidos elaborados satisfaz a pretensão do autor.

Por exemplo, na responsabilidade civil, por vício do produto ou do serviço, não sendo o defeito sanado no prazo máximo de 30 dias, pode o consumidor exigir, alternativamente e à sua escolha: I – a substituição do produto por outro da mesma espécie, em

---

63. DINAMARCO, Cândido Rangel. *Instituições de direito processual civil*. 4. ed., 2003. v. II, cit., p. 378.
64. Idem.
65. STJ, REsp 168.242/SP, Rel. Min. Sálvio de Figueiredo Teixeira, 4ª T., j. 18.06.1998, *DJ* 21.09.1998, p. 202.
66. STJ, REsp 1371124/SC, Rel. Min. Humberto Martins, 2ª T., j. 25.06.2013, *DJe* 1º.08.2013.

perfeitas condições de uso; II – a restituição imediata da quantia paga, monetariamente atualizada, sem prejuízo de eventuais perdas e danos; III – o abatimento proporcional do preço (CDC, art. 18, § 1º). Se o autor, fundado nessa regra do CDC, não escolher preferencialmente uma dessas medidas, acolhida qualquer uma delas, resta integralmente acolhida a pretensão do demandante.

Portanto, na cumulação alternativa, como não há hierarquia entre os pedidos, já que a escolha por um deles gera um efeito excludente sobre os demais, o acolhimento de qualquer um deles satisfaz por completo a pretensão do autor, que não terá interesse em recorrer da decisão que escolheu uma dentre as alternativas igualmente possíveis e satisfativas[67]. Não havendo interesse recursal, os ônus da sucumbência devem ser integralmente suportados pelo réu[68].

Por isso, diferente do que ocorre na cumulação simples de pedidos, quando há a perspectiva de que todos sejam julgados simultaneamente, na acumulação alternativa, não se exige que os pedidos sejam compatíveis entre si (CPC, art. 327, § 3º).

III) *cúmulo eventual*: pode o autor manifestar preferência por determinada solução, devendo o juiz acolher o outro pedido somente em caráter subsidiário (CPC, art. 326, *caput*).

O pedido é *subsidiário* quando o autor formula um pedido principal, requerendo que o juiz conheça de um pedido posterior, em não podendo acolher o anterior. Por exemplo, nos casos de obrigação de fazer ou não fazer, o pedido principal é o da prática do ato ou abstenção de fato, mas, se não obtiver a conduta desejada, pede-se a prática por terceiro, se a obrigação for fungível, ou a conversão em perdas e danos, se a obrigação é infungível. Outros exemplos de cúmulo eventual: a declaração de nulidade do contrato ou, subsidiariamente, a sua rescisão por inadimplemento; a condenação a restituir determinado bem ou ao ressarcimento de perdas e danos.

Há um grau de hierarquia entre os pedidos formulados, existindo um pedido principal e outro (ou outros) subsidiários.

O pedido subsidiário, contudo, somente pode ser apreciado se o juiz não puder examinar ou expressamente rejeitar o principal (Enunciado 287 do FPPC).

Logo, da mesma forma que na cumulação alternativa, na acumulação eventual não se exige que os pedidos sejam compatíveis entre si (CPC, art. 327, § 3º).

Quando acolhido o pedido subsidiário (de menor hierarquia), em vez do principal, surge para o autor o interesse em recorrer da decisão (Enunciado 288 do FPPC). Se há interesse recursal, o autor sucumbiu de parte de sua pretensão, devendo os ônus da

---

67. STJ, EREsp 616.918/MG, Rel. Min. Castro Meira, Corte Especial, j. 02.08.2010, *DJe* 23.08.2010.
68. Nesse sentido, prevê o Enunciado 109 da II Jornada de Direito Processual Civil, promovida pelo Conselho da Justiça Federal: "Na hipótese de cumulação alternativa, acolhido integralmente um dos pedidos, a sucumbência deve ser suportada pelo réu".

sucumbência serem suportados por ambas as partes, na proporção do sucumbimento de cada um[69].

Por outro lado, acolhido o pedido principal, a pretensão do autor foi integralmente satisfeita. Consequentemente, não há interesse recursal nem sucumbência recíproca, devendo o réu suportar todos os ônus do sucumbimento.

Os pedidos subsidiários não se confundem com os *sucessivos*. Neste caso, o autor formula um primeiro pedido que, sendo concedido, implica o exame do segundo pedido. Por exemplo, o pedido de rescisão contratual cumulado com o de reintegração de posse: concedido o primeiro pedido, o juiz deve apreciar o segundo, nesta ordem lógica. Como há a perspectiva de que ambos os pedidos sejam acolhidos simultaneamente, na cumulação sucessiva eventual, aplica-se o art. 327, § 1º, inc. I, do CPC, isto é, exige-se que os pedidos sejam compatíveis entre si.

Nas obrigações indivisíveis, com pluralidade de credores, aquele que não participou do processo receberá sua parte, deduzidas as despesas na proporção de seu crédito (CPC, art. 328). Nessas obrigações indivisíveis, a prestação tem por objeto uma coisa ou um fato não suscetíveis de divisão, por sua natureza, por motivo de ordem econômica ou dada a razão determinante do negócio jurídico (CC, art. 258). Nesta hipótese, não se trata de cumulação de pedidos, mas de legitimidade concorrente entre os credores para a tutela jurisdicional de direito comum. Um dos credores habilitados pode fazer pedido único – sem a presença dos demais credores na relação processual – e a tutela jurisdicional pode beneficiar a todos. Julgado procedente o pedido, o autor da ação, contudo, somente poderá levantar a sua cota-parte[70]. Por sua vez, os credores, mesmo sem terem participado do processo, receberão sua parte, por força da lei (CC, arts. 260-263), deduzidas as despesas proporcionais a cada um.

2.2.1.5.6. *Alteração de pedidos ou de causas de pedir*

O pedido ou a causa de pedir podem ser alterados, unilateralmente, antes da citação, sem o consentimento do réu (CPC, art. 329), já que, até então, ninguém foi chamado para integrar o polo passivo da relação processual. Tais modificações são denominadas de aditamentos à petição inicial, devendo o autor arcar com as despesas decorrentes (CPC, art. 329, inc. I)[71].

Logo, além do autor poder alterar o pedido ou a causa de pedir, poderá modificar, inclusive para acrescer, pessoas tanto no polo passivo quanto no polo ativo do processo (litisconsórcio). E o juiz, se conhecer liminarmente e de ofício a ilegitimidade passiva, deve facultar ao autor a alteração da petição inicial, para a substituição do réu, sem ônus sucumbenciais (CPC, arts. 339 e 340; Enunciado 296 do FPPC).

---

69. STJ, EREsp 616.918/MG, Rel. Min. Castro Meira, Corte Especial, j. 02.08.2010, *DJe* 23.08.2010.
70. STJ, REsp 300.196/SP, Rel. Min. Milton Luiz Pereira, 1ª T., j. 12.08.2003, *DJ* 15.12.2003, p. 183.
71. DIDIER JR., Fredie. *Curso de direto processual civil*, 17. ed. cit., p. 576.

Até o saneamento do processo, tanto o pedido quanto as causas de pedir podem ser modificados. Também é possível alterar as partes. Entretanto, para tanto, é indispensável o consentimento do réu, no prazo de 15 dias, uma vez que nesse momento já houve a citação. Isso porque o art. 329 do CPC alterou a redação do art. 264 do CPC/73, que não possibilitava ao autor, após a citação, a mudança das partes, salvo as substituições permitidas em lei.

Passados os 15 dias, a omissão ou o silêncio do réu permitem o aditamento ou a alteração do pedido (CPC, art. 329, inc. II), salvo evidenciada má-fé do demandante (CPC, art. 5º).

Além disso, se o réu alega na contestação ser a parte ilegítima, ou não ser responsável pelo prejuízo invocado, e o autor substitui o ocupante do polo passivo do processo (CPC, art. 338), é dispensável o consentimento do substituído para que o aditamento ou a alteração do pedido ou da causa de pedir se realize[72].

O art. 338 do CPC possibilita a sucessão de ações, uma vez que o réu originário é excluído do processo por iniciativa do autor, que dá origem a uma nova ação em face de uma terceira pessoa. Trata-se de hipótese de emenda da petição inicial, aplicável especialmente para as situações em que é difícil para o autor identificar quem deve figurar no polo passivo da relação processual. Com isso, permite-se que o autor corrija o vício da ilegitimidade passiva, com a resolução do processo em relação ao réu originário e instalação de um novo processo, em face de outro demandado. Caso seja acolhida a preliminar de ilegitimidade passiva em relação a um dos réus, o processo prossegue em relação ao outro ou aos outros, sem a substituição do demandado e, portanto, sem a incidência da regra de condenação de honorários advocatícios (exegese dos arts. 85, § 8º, e 338, par. ún., do CPC)[73].

Havendo custas adicionais, caberá ao demandante o pagamento dessas despesas. De igual modo, se da alteração do pedido ou da causa de pedir, houver mudança no valor da causa, também é dever do autor readequá-lo.

Após o saneamento, em razão da *estabilização* da relação jurídica processual, o pedido não pode ser mais modificado[74]. Tal orientação, por evidente, também vincula a esfera recursal, não podendo a parte ampliar o limite objetivo da demanda em sede recursal[75], já que isso comprometeria o contraditório estabelecido entre as partes que culminou na decisão impugnada. Além disso, não se admite o ingresso de novo credor, por sub-rogação convencional, no processo de execução, sem expresso consentimento do devedor, já que a regra do art. 329 do CPC incide sobre o processo de execução[76].

---

72. BONDIOLI, Luis Guilherme. Comentário ao art. 321 do CPC cit., p. 833-834.
73. STJ, REsp 1895919/PR, 3ª T., Rel. Min. Nancy Andrighi, j. 1º.06.2021, *DJe* 08.06.2021.
74. STJ, REsp 1313784/SP, Rel. Min. Luis Felipe Salomão, Rel. p/ Acórdão Min. Marco Buzzi, 2ª Seção, j. 12.08.2015, *DJe* 06.10.2015.
75. STJ, REsp 1381681/RS, Rel. Min. Ricardo Villas Bôas Cueva, 3ª T., j. 16.06.2015, *DJe* 23.06.2015.
76. STJ, REsp 1420632/ES, Rel. Min. Sidnei Beneti, 3ª T., j. 11.02.2014, *DJe* 28.04.2014.

Contudo, após a estabilização da relação processual, é possível a desistência da ação, com a responsabilidade de o demandante pagar as custas processuais e os honorários advocatícios. Em caso de desistência da ação após a citação e antes de apresentada a contestação, é devida a condenação do autor ao pagamento de honorários advocatícios, nos termos do art. 85, § 2º, do CPC[77]. Depois de oferecida a contestação, o autor não poderá, sem o consentimento do réu, desistir da ação (CPC, art. 485, § 4º).

Não obstante o disposto no art. 329 do CPC, o STJ firmou jurisprudência no sentido de que a mera alteração de alguns dos medicamentos postulados na petição inicial não configura modificação do pedido, porque decorre do próprio tratamento médico, assegurado pelo direito fundamental à saúde (CF, art. 196)[78].

Além disso, caso haja conexão entre o novo pedido e o pedido originário, não cabe ao juiz impedir o aditamento mesmo após o saneamento, pois, consoante o art. 55, § 1º, do CPC, pela constatação de conexão, o processo cujo pedido foi realizado em ação autônoma deve ser reunido com o processo originário[79].

Ainda há a possibilidade de quaisquer das partes, seja o autor, seja o réu, em situação de autocomposição, acrescentar à lide pedido que não integre o objeto litigioso originário (CPC, art. 515, § 2º). Deduz-se, com isso, uma ampliação do objeto litigioso, ainda que o objetivo seja o estabelecimento de um acordo[80].

Por outro lado, a limitação à negociação endoprocessual trazida pelo legislador, vedando-se a expansão do objeto litigioso após o saneamento, mesmo quando ambos os polos da relação processual concordam, não faz sentido, podendo-se proceder à aplicação do art. 190 do CPC, que trata da negociação processual atípica[81]. Em sentido contrário, todavia, foi editado o Enunciado 36 pela ENFAM:

> A regra do art. 190 do CPC/2015 não autoriza às partes a celebração de negócios jurídicos processuais atípicos que afetem poderes e deveres do juiz, tais como os que: a) limitem seus poderes de instrução ou de sanção à litigância ímproba; b) subtraiam do Estado/juiz o controle da legitimidade das partes ou do ingresso de *amicus curiae*; c) introduzam novas hipóteses de recorribilidade, de rescisória ou de sustentação oral não previstas em lei; d) estipulem o julgamento do conflito com base em lei diversa da nacional vigente; e e) estabeleçam prioridade de julgamento não prevista em lei.

Acresce-se que o incidente de desconsideração da personalidade jurídica em sede recursal, estabelecido no art. 134 do CPC, pode ser considerado como causa ampliadora do objeto litigioso da demanda, visto que, se acatada pelo juízo, aplicar-se-ia a sanção da desconsideração da personalidade jurídica[82]. Nesse sentido, extrai-se do Enunciado 248 do FPPC:

---

77. STJ, REsp 1.819.876-SP, 3ª T., Rel. Min. Ricardo Villas Bôas Cueva, j. 05.10.2021, *DJe* 08.10.2021.
78. STJ, AgRg no REsp 1377064/RS, Rel. Min. Assusete Magalhães, 2ª T., j. 18.08.2015, *DJe* 09.09.2015.
79. DIDIER JR., Fredie. *Curso de direito processual* civil, 17. ed. cit., p. 576-77.
80. Idem.
81. Idem.
82. Idem.

Quando a desconsideração da personalidade jurídica for requerida na petição inicial, incumbe ao sócio ou a pessoa jurídica, na contestação, impugnar não somente a própria desconsideração, mas também os demais pontos da causa.

Por fim, o conhecimento – de ofício – pelo juiz de fato constitutivo superveniente que interfira diretamente no julgamento da causa (CPC, art. 493) pode compreender o acréscimo de nova causa de pedir, enfraquecendo o rigor preclusivo presente no art. 329 do CPC[83].

2.2.1.6. O valor da causa

Valor da causa é a expressão monetária dos benefícios econômicos procurados pelo autor por intermédio do processo[84], sendo reflexo direto do pedido deduzido na petição inicial[85].

Todas as causas, ainda que cuidem de ações meramente declaratórias[86], devem ter em seu corpo, a mensuração de um valor, a ser fixado segundo as regras previstas nos arts. 291 e 292 do CPC. Aliás, o art. 291 do CPC afirma que a toda causa será atribuído o valor certo, ainda que não tenha conteúdo econômico imediatamente aferível; isto é, tanto as causas que versem sobre direitos patrimoniais quanto as que digam respeito a pedidos não patrimoniais (v.g., direitos de personalidade), deve-se atribuir valor a causa.

O valor da causa é elencado como requisito da petição inicial (CPC, art. 319, inc. V), seja da ação, seja da reconvenção (CPC, art. 292, *caput*), ou do pedido de tutela antecipada requerida em caráter antecedente (CPC, art. 303, § 4º). A ausência de valor da causa ou a atribuição errônea desse valor enseja a aplicação do art. 321 do CPC, devendo o juiz determinar que o autor, no prazo de 15 dias, emende-a ou a complete. Caso o autor não cumpra a diligência, o juiz indeferirá a petição inicial (CPC, art. 321, parágrafo único) e resolverá o processo sem julgamento de mérito (CPC, art. 485, inc. I).

Excepcionalmente, o autor fica dispensado de indicar o valor da causa nas demandas que não tenham valor econômico imediato (v.g., ações de estado, *habeas data*, restauração de autos e procedimentos de jurisdição voluntária) ou naquelas que, ainda que tenham conteúdo econômico, o autor não pode precisá-lo, mesmo que minimamente, no momento do ajuizamento da petição inicial[87] (v.g., nas ações arroladas no art. 324, do CPC em que se admite pedido genérico[88], como em ação de indenização por perdas

---

83. Idem.
84. STJ, REsp 1410686/SP, Rel. Min. Luis Felipe Salomão, 4ª T., j. 16.06.2015, *DJe* 04.08.2015.
85. DINAMARCO, Cândido Rangel. 4. ed., 2003. v. II cit., p. 379.
86. STJ, AgRg no REsp 1104536/CE, Rel. Min. Og Fernandes, 6ª T., j. 05.02.2013, *DJe* 18.02.2013.
87. FARIA, Juliana Cordeiro de. Comentário ao art. 291 do CPC. In: ALVIM, Teresa Arruda; DIDIER JR., Fredie; TALAMINI, Eduardo; DANTAS, Bruno (Coord.). *Breves comentários ao Código de Processo Civil.* São Paulo: RT, 2015, p. 761.
88. STJ, AgRg no REsp 1397336/GO, Rel. Min. Ricardo Villas Bôas Cueva, 3ª T., j. 22.04.2014, *DJe* 02.05.2014.

e danos movida em decorrência da liquidação extrajudicial de instituição financeira, na qual não foi possível a imediata apuração do *quantum* pretendido[89]).

A hipossuficiência econômica para o processo não exime o autor de atribuir valor certo à causa que reflita o conteúdo econômico das pretensões deduzidas. Não deve atribuir valor ínfimo à causa como garantia de acesso à justiça, mas sim pleitear os benefícios da justiça gratuita (CPC, art. 98)[90].

Além de servir para estabelecer a base de cálculo para as custas e as taxas judiciárias (aliás, pela Súmula 667/STF, viola a garantia constitucional de acesso à jurisdição a taxa judiciária calculada sem limite sobre o valor da causa), o valor da causa produz outros efeitos, tais como:

I) pode ser usado como para a fixação dos honorários advocatícios de sucumbência (CPC, art. 85, § 2º e § 4º, inc. III); nas causas em que for inestimável ou irrisório o proveito econômico ou, ainda, quando o valor da causa for muito baixo, o juiz fixará o valor dos honorários por apreciação equitativa, com base no art. 85, § 2º, CPC (CPC, art. 85, § 8º); ainda, o art. 338 do CPC determina que o autor que reconhecer a ilegitimidade de parte arguida pelo réu e proceder à retificação do polo passivo pagará ao advogado do réu honorários entre 3% a 5% do valor da causa, salvo se este for irrisório;

Pelo Enunciado 17 da ENFAM:

Para apuração do 'valor atualizado da causa' a que se refere o art. 85, § 2º, do CPC/2015, deverão ser utilizados os índices previstos no programa de atualização financeira do CNJ a que faz referência o art. 509, § 3º.

Observa-se que não há, ao menos até o fechamento dessa edição, no *site* do CNJ, um programa específico para se calcular o valor da causa[91].

II) serve como parâmetro para a fixação da multa em razão da litigância de má-fé (CPC, art. 81; contudo, quando o valor da causa for irrisório ou inestimável, a multa poderá ser fixada em até dez vezes o valor do salário mínimo; CPC, art. 81, § 2º), de atentado à dignidade da justiça (CPC, art. 77, § 2º), ajuizamento de ação monitória proposta indevidamente e de má-fé (CPC, art. 702, § 10º), do não comparecimento na audiência de conciliação ou de mediação (CPC, art. 334, § 8º)[92], e da interposição de recursos protelatórios (CPC, arts. 1.021, § 4º e 1.026, § 2º);

---

89. STJ, REsp 865.788/RJ, Rel. Min. Francisco Falcão, 1ª T., j. 19.10.2006, *DJ* 09.11.2006, p. 268.
90. STJ, REsp 659.622/DF, Rel. Min. Nancy Andrighi, 3ª T., j. 25.09.2007, *DJ* 15.10.2007, p. 255.
91. O CNJ possui uma calculadora, mas é para precatórios judiciais. Disponível em: [www.cnj.jus.br/precatorios/calculadora.php]. O Conselho da Justiça Federal tem um programa de correção monetária. Disponível em: [www.cjf.jus.br/phpdoc/sicom/tabelaCorMor.php]. Já o Tribunal de Justiça do Distrito Federal e Territórios tem um programa bem completo de cálculo de atualização monetária. Disponível em: [www.tjdft.jus.br/servicos/atualizacao-monetaria-1/calculo].
92. Pelo Enunciado 273 do FPPC: "Ao ser citado, o réu deverá ser advertido de que sua ausência injustificada à audiência de conciliação ou mediação configura ato atentatório à dignidade da justiça, punível com a multa do art. 334, § 8º, sob pena de sua inaplicabilidade".

III) funciona como critério para a determinação da competência (CPC, art. 63), em especial dos Juizados Especiais Estaduais (até 40 salários-mínimos; Lei 9.099/95, art. 3º, inc. I), Federais e da Fazenda Pública (até 60 salários-mínimos; Lei 10.259/2001, art. 3º, *caput*,[93] e § 3º; Lei 12.153/2009, art. 2º, *caput*, e § 4º);

IV) influencia na determinação do procedimento a ser adotado (v.g., nos Juizados Especiais e no art. 664 do CPC, que determina a adoção do rito simplificado do arrolamento para os inventários em que o valor dos bens do espólio – o qual deve ser o valor da causa – for igual ou inferior a 1.000 salários-mínimos)[94];

V) serve como limitador do cabimento da remessa necessária, quando a condenação ou o proveito econômico obtido na causa for de valor certo e líquido inferior aos fixados no art. 496, § 3º, do CPC;

VI) define a adequação recursal para impugnar as sentenças proferidas nos embargos à execução fiscal (Lei 6.830/80, art. 34);

VII) presta-se como base de cálculo do valor do depósito inicial para o ajuizamento da ação rescisória (CPC, art. 968, inc. II); porém, o valor do depósito exigido para a propositura da rescisória não poderá ser superior a 1.000 salários-mínimos (CPC, art. 968, § 2º).

A toda causa deve ser atribuído valor certo, ainda que não tenha conteúdo econômico imediatamente aferível (CPC, art. 291).

Em princípio, o valor da causa será o valor do pedido. Nas causas em que o pedido não tem conteúdo econômico imediato, o valor será *estimativo* (v.g., as ações sobre o estado e a capacidade das pessoas, como a ação de anulação de casamento, a ação de destituição do poder parental, a ação de investigação de paternidade, o mandado de segurança etc.). Nessas hipóteses, as custas são calculadas por outros modos, conforme venha a dispor os regimentos de custas.

Ainda, pelo art. 291 do CPC, o valor atribuído à causa deve ser *certo*, isto é, ser fixado em dinheiro. Não se admite que o valor da causa seja indicado em valor variável – por exemplo, em índices econômicos tais como IGP-M, IPC, CUB, IPCA etc. –, mas em valor monetário fixo e contemporâneo ao ajuizamento da petição inicial ou da reconvenção.

O art. 292 do CPC prevê critérios para a fixação do valor da causa:

a) na ação de cobrança de dívida, a soma monetariamente corrigida do principal, dos juros de mora vencidos e de outras penalidades, se houver, até a propositura da ação.

---

93. Se o valor da causa exceder 60 (sessenta) salários-mínimos, o autor que deseja litigar no âmbito do Juizado Especial Federal Cível pode renunciar, de modo expresso, o montante excedente, aí incluídas as prestações vincendas (exegese do art. 3º, *caput*, da Lei 10.259/2001). Cf. STJ, REsp 1.807.665-SC, 1ª Seção, rel. Min. Sérgio Kukina, j. 28.10.2020, *DJe* 26.11.2020 (Tema 1030).

94. YOSHIKAWA, Eduardo Henrique de Oliveira. Valor da causa no NCPC. *Jornal Carta Forense*, mar. 2016, p. B 15.

O art. 292, inc. I, do CPC acrescenta, em relação ao art. 259, inc. I, do CPC/73, a necessidade de o autor, na fixação do valor da causa, considerar a correção monetária. Embora tal correção esteja compreendida no pedido principal (CPC, art. 322, § 1º), principalmente em períodos de maior inflação, e a depender do tempo transcorrido entre o vencimento da dívida e o ajuizamento da ação, a sua inclusão no cálculo do valor da causa permite o ajustamento do conteúdo econômico imediatamente auferível com a demanda.

b) na ação que tiver por objeto a existência, a validade, o cumprimento, a modificação, a resolução, a resilição ou a rescisão de ato jurídico, o valor do ato ou de sua parte controvertida.

O CPC, no art. 292, inc. II, usa a expressão "ato jurídico", que é mais ampla que "negócio jurídico", adotada no art. 259, inc. V, do CPC/73.

Porém, o valor do ato jurídico, como critério do valor da causa, não se aplica quando se tratar de uma condenação pecuniária resultante do contrato, fazendo incidir, neste caso, o critério previsto no art. 292, inc. I, do CPC[95].

Outra inovação do CPC foi a inclusão da expressão "ou de sua parte controvertida", no final do art. 292, inc. II. Por isso, quando a ação tem por objeto apenas parcela do ato jurídico (v.g., impugnação de apenas uma cláusula contratual), deve se levar em consideração somente tal repercussão econômica[96]. Logo, o valor da causa será fixado, em conformidade com os limites da pretensão, não segundo o montante integral do ato jurídico, observando-se o princípio da razoabilidade.

c) na ação de alimentos, a soma de 12 prestações mensais pedidas pelo autor.

Tal critério, todavia, não se aplica à ação revisional de alimentos, pois o que se pretende é a redução ou a majoração das prestações mensais. O proveito econômico da causa é calculado na proporção da diferença entre os valores original e o pretendido, para mais (se for pleiteada a majoração) ou para menos (se, a redução), multiplicado por 12 vezes.

d) na ação de divisão, de demarcação e de reivindicação, o valor de avaliação da área ou do bem objeto do pedido.

O art. 292, inc. IV, do CPC não reproduziu, literalmente, a regra contida no art. 259, inc. VII, do CPC/73, pela qual o valor da causa, na ação de divisão, de demarcação e de reivindicação, deveria ser fixado com base na estimativa oficial para lançamento

---

95. STJ, AgRg no REsp 1514299/RS, Rel. Min. Maria Isabel Gallotti, 4ª T., j. 14.04.2015, *DJe* 20.04.2015.
96. STJ, AgRg no AREsp 405.027/RJ, Rel. Min. Antonio Carlos Ferreira, 4ª T., j. 09.09.2014, *DJe* 18.09.2014.

do imposto, isto é, o Imposto Predial e Territorial Urbano (IPTU), para os imóveis urbanos, e o Imposto Territorial Rural (ITR), para os rurais.

Nem sempre o valor do IPTU ou do ITR reflete o valor de mercado do imóvel. Como o valor da causa deve representar o seu proveito econômico, cabe ao autor indicar o real valor do imóvel pretendido, o que pode ser aferido mediante avaliações estimadas de mercado.

e) na ação indenizatória, inclusive a fundada em dano moral, o valor pretendido.

O CPC, ao incluir as ações fundadas em danos morais no rol do art. 292, inc. V, impossibilitou que o valor da causa seja, como regra, meramente estimativo, devendo o autor considerar na sua fixação o benefício econômico pleiteado[97], salvo se, no momento da propositura da ação, não houver elementos concretos para poder aferir os reflexos econômicos da indenização pleiteada (exegese do art. 324, § 1º, inc. II, do CPC). Com isso, a fixação do valor dos honorários de sucumbência, nas ações fundadas em dano moral, deve ser proporcional ao montante requerido.

Apesar deste entendimento, mesmo após o advento do art. 292, inc. VI, do Código de Processo Civil de 2015, o STJ continua aplicando a Súmula 326, pela qual na "ação de indenização por dano moral, a condenação de montante inferior ao postulado na inicial não implica em sucumbência recíproca". Isto porque é competência exclusiva do órgão judiciário, e com alta carga de subjetividade, o arbitramento do valor da indenização por danos morais. O valor sugerido pela parte autora é mero indicativo referencial, e funciona apenas como um elemento informativo para auxiliar o magistrado na fixação do montante indenizatório. Com efeito, o *quantum* indicado pelo autor integra a causa de pedir e está autorizado no contexto da formulação de pedidos genéricos (CPC, art. 324, par. Ún.), com o uso de fórmulas como "indenização não inferior a (...)", sem que a condenação em montante maior implique a vedação judicial do julgamento *ultra petita* (CPC, art. 492)[98].

Portanto, havendo discrepância entre o valor indicado no pedido e o *quantum* arbitrado na condenação, não há sucumbência dos autores da demanda, quando vencedores no pleito de danos morais. Por outro lado, na hipótese dos demandantes requererem indenização por mais de um fato danoso ou prejuízo (*v.g.*, danos estéticos, à imagem, morais etc.), mas o juiz reconhecer apenas parte deles, ou quando houver pedido de reparação de danos materiais, que devem ser necessariamente quantificados, embora a concessão judicial seja parcial, haverá sucumbência recíproca[99].

---

97. STJ, AgRg no REsp 1397336/GO, Rel. Min. Ricardo Villas Bôas Cueva, 3ª T., j. 22.04.2014, *DJe* 02.05.2014.
98. STJ, Resp 1.837.386/SP, Rel. Min. Antonio Carlos Ferreira, 4ª T., j. 16.08.2022, pub. *Informativo* 746.
99. STJ, Resp 1.837.386/SP, Rel. Min. Antonio Carlos Ferreira, 4ª T., j. 16.08.2022, pub. *Informativo* 746.

f) na ação em que há cumulação simples de pedidos (CPC, art. 327), a quantia correspondente à soma dos valores de todos eles[100].

Por exemplo, se o autor ajuíza ação de indenização, pedindo danos materiais, danos morais e lucros cessantes, todos os pedidos devem ser somados para reproduzir o conteúdo econômico da causa[101].

g) na ação em que os pedidos são alternativos (CPC, art. 326, parágrafo único), o de maior valor[102].

Nessa cumulação de pedidos, o autor não elege um pedido como prioritário. Será satisfeita a sua pretensão se qualquer um dos pedidos formulados for acolhido.

h) na ação em que houver pedido subsidiário (CPC, art. 326, caput), o valor do pedido principal.

Diferente da situação anterior, o autor escolhe um pedido como principal e, somente se o Estado-juiz não o acolhe, deve analisar os demais pedidos.

Por outro lado, nas causas que não há elementos para a determinação do valor econômico, devem ser utilizados critérios estimativos. Por exemplo, na ação civil pública em que o autor faz pedido genérico, em quantia simbólica e provisória, por não estar atrelada a benefícios patrimoniais imediatos, mas a danos coletivos sofridos por consumidores lesados[103]. Todavia, nesses casos, a fixação desses valores não pode ser arbitrária, devendo prevalecer o bom senso, o princípio da razoabilidade e as máximas da experiência, para se evitar o uso de critérios irreais ou que conduzam a despesas processuais insuportáveis.

Ainda, no caso de serem pedidas prestações vencidas e vincendas, o valor da causa será a soma de todas elas (CPC, art. 292, § 1º). Contudo, se a obrigação for por tempo indeterminado ou superior a um ano, o valor da causa será igual a uma prestação anual (CPC, art. 292, § 2º). No entanto, se a obrigação for por tempo inferior a um ano, o valor da causa será igual à soma das prestações.

O réu deve, na preliminar da contestação (CPC, art. 337, inc. III), impugnar o valor atribuído à causa pelo autor na petição inicial, sob pena de preclusão (CPC, art. 293). Dessa forma, o CPC eliminou o incidente de impugnação do valor da causa, previsto no art. 261 do CPC/73, pelo qual havia autuação em apenso, oitiva do autor no prazo de cinco dias e posterior decisão judicial, com o auxílio, se necessário, de perito.

---

100. STJ, AgRg no REsp 1514299/RS, Rel. Min. Maria Isabel Gallotti, 4ª T., j. 14.04.2015, *DJe* 20.04.2015.
101. STJ, REsp 692.580/MT, Rel. Min. João Otávio de Noronha, 4ª T., j. 25.03.2008, *DJe* 14.04.2008.
102. STJ, AgRg no Ag 723.394/PR, Rel. Min. Humberto Gomes de Barros, 3ª T., j. 09.08.2007, *DJ* 27.08.2007, p. 223.
103. STJ, AgRg no REsp 1338053/DF, Rel. Min. Marco Buzzi, 4ª T., j. 20.03.2014, *DJe* 1º.04.2014.

Com o CPC, alegada a preliminar de incorreção do valor da causa (CPC, art. 337, inc. III), cabe ao autor ser ouvido no prazo de 15 dias, permitindo-lhe a produção de prova (CPC, art. 350). O juiz, por sua vez, deve decidir tal questão processual pendente no saneamento do processo (CPC, art. 357, inc. I). Havendo a majoração do valor da causa, o autor deve ser intimado para complementar as custas (CPC, art. 293).

Após a angularização da relação processual, ausente apenas a complementação, e não o pagamento das custas iniciais, depois da devida intimação do autor, o juiz deve resolver o processo sem julgamento de mérito por abandono da causa (CPC, art. 485, inc. III)[104].

A omissão do réu, em alegar como preliminar de contestação a incorreção do valor da causa (CPC, art. 337, inc. III), não impede que o juiz, de ofício, determine o seu ajuste (CPC, art. 337, § 5º), quando verificar que não corresponde ao conteúdo patrimonial em discussão ou ao proveito econômico perseguido pelo autor (CPC, art. 292, § 3º). Assim, cabe ao magistrado verificar se o valor da causa foi fixado em desacordo com a lei ou em contrariedade com o princípio da razoabilidade (nas demandas em que o valor se determina por estimativa). Por exemplo, nos pedidos de danos morais, em razão da complexidade da sua fixação, quando o valor é elevado ou irrisório, cabe ao juiz adequá-lo[105]. Além dessa hipótese, poderá o juiz determinar a redução equitativa do valor atribuído, caso verifique que foi fixado em montante excessivo a ponto de poder prejudicar o exercício pleno do contraditório do réu, dificultar ou impedir a utilização de determinadas faculdades processuais dependentes de recolhimento de custas, calculadas com base no valor atribuído à causa[106].

O controle judicial do valor da causa é matéria de ordem pública[107]. Cabe ao magistrado arbitrar o novo valor da causa e, quando ela for usada como base de cálculo, determinar o recolhimento das custas correspondentes. Antes, porém, de decidir, precisa oportunizar às partes a possibilidade de se manifestarem, nos termos do art. 10 do CPC. O CPC não fixa limite temporal para o controle judicial do valor da causa.

Aliás, verificada a não correção do valor da causa, antes mesmo da citação do réu, cabe ao juiz determinar que o autor, no prazo de 15 dias, a emende ou complete (CPC, art. 321). Se, antes da citação, o juiz determina que o autor corrija o valor atribuído a causa e, no prazo fixado, ele não altera o valor da causa e complementa o montante das custas, haverá a resolução do processo sem julgamento de mérito por falta de pressuposto para regular a constituição e desenvolvimento do processo (CPC, art. 485, inc. IV).

Da decisão do juiz que determinar a adequação da causa de pedir e a consequente complementação das custas, não cabe à interposição de agravo de instrumento, pois tal

---

104. STJ, AgRg no Ag 1389325/SP, Rel. Min. Raul Araújo, 4ª T., j. 25.11.2014, *DJe* 19.12.2014; REsp 448.398/RJ, Rel. Min. Sálvio de Figueiredo Teixeira, 4ª T., j. 05.12.2002, *DJ* 31.03.2003, p. 231.
105. STJ, REsp 565.880/SP, Rel. Min. Fernando Gonçalves, 4ª T., j. 06.09.2005, *DJ* 03.10.2005, p. 262.
106. STJ, REsp 784.986/SP, Rel. Min. Nancy Andrighi, 3ª T., j. 29.11.2005, *DJ* 01.02.2006, p. 558.
107. STJ, REsp 1133495/SP, Rel. Min. Massami Uyeda, 3ª T., j. 06.11.2012, *DJe* 13.11.2012.

matéria não está elencada no rol do art. 1.015 do CPC, devendo ser objeto de preliminar de apelação, nos termos do art. 1.009, § 1º, do CPC.

Porém, como não há recurso cabível para assegurar impugnação imediata da decisão que majora o valor da causa, com o necessário depósito dos valores a mais de custas processuais sob pena de resolução judicial sem julgamento de mérito, há de se admitir, excepcionalmente, o cabimento de agravo de instrumento (exegese do art. 1.015 do CPC)[108].

Por fim, caso a parte autora indica, na petição inicial, valor da causa incompatível com o proveito econômico pretendido, não pode, após o acolhimento do pedido em sentença, postular a alteração da quantia por ela mesmo alegada, com o fim de majorar a base de cálculos de honorários de sucumbência.

2.2.1.7. As provas com que o autor pretende demonstrar a verdade dos fatos alegados

Simultaneamente, ao autor incumbe tanto o ônus da prova do fato constitutivo de seu direito (CPC, art. 373, inc. I), quanto a indicação dos meios de prova que pretende produzir no curso da demanda (CPC, art. 319, inc. VI).

Salvo os documentos indispensáveis à propositura da ação, que devem ser juntados com a petição inicial (CPC, art. 320), basta a indicação da natureza da prova (testemunhal, pericial etc.) a ser produzida.

O rol de testemunhas e os quesitos a serem respondidos pelo perito não precisam ser indicados já na petição inicial, pois o autor faz um mero *protesto genérico* de provas.

Embora o CPC não preveja um outro momento para a *especificação* das provas, salvo quando o réu não conteste a ação e não se verifique o efeito da revelia (CPC, art. 348), é certo que a organização do processo, com a delimitação das questões de fato sobre as quais recairá a atividade probatória, inclusive com tal especificação dos meios de prova admitidos, deve ser feito na decisão saneadora (CPC, art. 357, inc. II).

O CPC/73, tal como o CPC, não prevê um despacho de especificação das provas. A praxe forense, contudo, incorporou tal prática, que se mostra eficiente, pois, quando o autor ajuíza a ação, não tem condições de saber se e como se dará a contestação. É a partir da resposta do réu que os fatos se tornam controversos. E é, nos limites da controvérsia, que surge a necessidade de buscar os meios probatórios úteis para a elucidação dos fatos pertinentes e relevantes ao julgamento da causa.

---

108. O STJ, no Tema/Repetitivo 988, fixou a tese de que o rol do art. 1.015 do CPC/2015 é de taxatividade mitigada, admitindo a interposição de agravo de instrumento quando verificada a urgência decorrente da inutilidade do julgamento da questão no recurso de apelação; contudo, ao julgar o REsp 1.696.396/MT, a Corte Especial que a questão do valor da causa não se revestia, no particular, de urgência que justificasse o seu reexame imediato. Cfr. REsp 1696396/MT, Rel. Minª. Nancy Andrighi, Corte Especial, j. 05.12.2018, *DJe* 19.12.2018.

Por isso, o requerimento de provas deve ser dividido em duas fases[109]. Na petição inicial, o autor deve fazer um protesto genérico sobre as provas[110]. Todavia, tal requerimento não basta para a produção da prova. É necessário que, em havendo contestação da existência e/ou da eficácia dos fatos descritos na petição inicial, bem como não havendo contestação e não incidindo a presunção de veracidade decorrente da revelia (CPC, arts. 344, 345 e 348), que o juiz determine que as partes especifiquem, com fundamentos obtidos a partir da delimitação da controvérsia, as provas a serem produzidas.

Na decisão saneadora, o magistrado deve ponderar, a partir do requerimento de provas formalizado na petição inicial (CPC, art. 319, inc. VI) e o eventual pedido de provas deduzido pelo réu (CPC, art. 336), quais são os meios probatórios úteis para a demonstração dos fatos controvertidos. As diligências inúteis ou meramente protelatórias devem ser indeferidas pelo juiz em decisão fundamentada (CPC, art. 370, parágrafo único).

O juiz pode julgar antecipadamente o pedido, proferindo sentença com resolução de mérito, quando: I – não houver necessidade de produção de outras provas; II – o réu for revel, ocorrer o efeito previsto no art. 344 e não houver requerimento de prova, na forma do art. 349 (CPC, art. 355). Entretanto, se o juiz promove o julgamento antecipado do mérito por desnecessidade de outras provas, não pode proferir sentença de improcedência por insuficiência de provas[111] (cf., ainda, o Enunciado 297 do FPPC).

A parte, que pretende produzir a prova indeferida pelo juiz, pode alegar cerceamento de defesa, em razões ou contrarrazões de apelação (CPC, 1.009, § 1º), porque tal questão não está coberta pela preclusão.

2.2.1.8. A opção do autor pela realização ou não de audiência de conciliação ou de mediação

A audiência de conciliação ou de mediação é uma inovação do CPC (art. 334). Tal instituto pretende promover, sempre que possível, a solução consensual dos conflitos (CPC, art. 3º, § 2º). Salvo quando tal audiência não possa ser realizada, em razão do litígio não admitir autocomposição (CPC, art. 334, § 4º, inc. II), caberá as partes se manifestarem, expressamente, sobre a sua realização.

É interessante observar que a audiência do art. 334 do CPC ocorre antes da resposta do réu, que é citado para comparecer em juízo para se buscar a autocomposição. Apenas se não houver manifesto interesse de ambas as partes na sua realização, é que o réu apresenta a contestação.

---

109. STJ, AgInt no AREsp 909.416/GO, Rel. Min. Ricardo Villas Bôas Cueva, 3ª T., j. 16.02.2017, *DJe* 24.02.2017; AgRg no AREsp 656.901/RJ, Rel. Min. Marco Aurélio Bellizze, 3ª T., j. 20.08.2015, *DJe* 04.09.2015.
110. Para fins de aplicação do direito intertemporal, foi editado o Enunciado 366 pelo FPPC, nos seguintes termos: "O protesto genérico por provas, realizado na petição inicial ou na contestação ofertada antes da vigência do CPC, não implica requerimento de prova para fins do art. 1.047".
111. STJ, AgRg no REsp 1408962/PE, Rel. Min. João Otávio de Noronha, 3ª T., j. 26.04.2016, *DJe* 29.04.2016.

Logo, ainda que na petição inicial o autor opte pela não realização dessa audiência, se o réu não apresentar petição para expressamente consignar seu desinteresse na autocomposição, com dez dias antes da data da audiência, caberá ao juiz designá-la (CPC, art. 334, § 8º). Nesse sentido, o Enunciado 61, editado pela ENFAM, prevê:

> Somente a recusa expressa de ambas as partes impedirá a realização da audiência de conciliação ou mediação prevista no art. 334 do CPC/2015, não sendo a manifestação de desinteresse externada por uma das partes justificativa para afastar a multa de que trata o art. 334, § 8º.

Não obstante o art. 319, inc. VII, do CPC estabeleça que na petição inicial deva constar a opção do autor pela realização ou não de audiência de conciliação ou de mediação, a ausência de manifestação expressa na petição inicial (CPC, art. 334, § 4º, inc. I, e § 5º) implica a concordância do autor com a realização da audiência de conciliação ou mediação, exceto se houver aditamento da petição inicial por iniciativa do autor. Isso significa que, diante da omissão do demandante, não cabe ao juiz nem indeferir (por não ser hipótese prevista no art. 330 do CPC), nem, tampouco, determinar a emenda da petição inicial (exegese do art. 321 do CPC).

Por outro lado, o art. 319 do CPC, ao contrário do art. 282, inc. VII, do CPC/73, não impõe que a petição inicial indique o requerimento para a citação do réu. Aliás, apesar da exigência do CPC/73, por ser a citação um pressuposto processual, mesmo a ausência de requerimento expresso pelo autor, não determinaria o indeferimento da petição inicial. Isso porque tal irregularidade deveria ser sanada de ofício pelo juiz. Por exemplo, a ausência de pedido de citação, pela parte autora, em ação de improbidade administrativa, para que o Ministério Público viesse a compor a relação processual, sanada de ofício pelo juiz, não gera a inépcia da inicial, nem nulidade processual[112].

2.2.1.9. Desfecho

A despeito de não constar no rol do art. 319 do CPC, as petições iniciais devem ser encerradas com local e data de sua elaboração, seguida pela assinatura do(s) advogado(s) responsáveis.

Porém, como tal exigência não está expressa no art. 319 do CPC, a ausência da localidade e data não podem ensejar o indeferimento da inicial. Isso porque a competência é fixada no lugar onde a ação foi proposta e a data relevante para fins de produção de efeitos jurídicos é a do protocolo no cartório judicial (momento da propositura da demanda)[113], não a constante da petição inicial (v.g., a interrupção da prescrição, nos termos do art. 240, § 1º, do CPC, se dá pelo despacho que ordena a citação, retroagindo à data da propositura da ação).

---

112. STJ, REsp 766.506/RS, Rel. Min. Sérgio Kukina, Rel. p/ Acórdão Min. Napoleão Nunes Maia Filho, 1ª T., j. 10.09.2013, *DJe* 14.04.2014.
113. STJ, AgRg no REsp 1358898/ES, Rel. Min. Paulo de Tarso Sanseverino, 3ª T., j. 02.05.2013, *DJe* 07.05.2013.

Todavia, o mesmo não se pode dizer quanto à assinatura, por ser a petição inicial ato privativo de bacharel em Direito *regularmente inscrito* nos quadros da Ordem dos Advogados do Brasil[114]. Assim, a assinatura do(s) advogado(s) é imprescindível para que o ato processual tenha validade (Lei 8.906/94, art. 1º, inc. I). A falta da assinatura, contudo, não deve conduzir ao indeferimento da petição inicial, bastando que o advogado seja intimado para comparecer em juízo e suprir o defeito no prazo de 15 (quinze) dias (CPC, art. 321, *caput*)[115]. A inicial somente deve ser indeferida se o advogado deixar de comparecer no prazo determinado para assinar a petição ou, ao se fazer presente em juízo, não reconhecer o trabalho como sendo seu. No entanto, se a ausência de assinatura for percebida no curso do processo, após o advogado ter praticado outros atos processuais, a falta deverá ser considerada *mera irregularidade*, devendo o vício ser convalidado pela sua conduta na defesa dos interesses do demandante. Ainda, se a petição for subscrita por mais de um advogado, mas um deles não tiver assinado, a inicial não deverá ser indeferida.

Com a crescente adoção dos processos eletrônicos, tem se tornado cada vez mais comum o uso das assinaturas digitais ou eletrônicas, o que auxilia no cumprimento e fiscalização desse requisito, visto que, além dessas assinaturas estarem baseadas em certificado emitido por Autoridade Certificadora habilitada na forma da lei específica, os atos processuais só poderão ser realizados por advogados previamente credenciados no Poder Judiciário, conforme disciplinado pelos órgãos respectivos (Lei 11.419/2006, art. 1º, § 2º, inc. III).

2.2.2. Requisitos extrínsecos

2.2.2.1. Juntada dos documentos indispensáveis

A petição inicial deve ser instruída com os documentos *indispensáveis* à propositura da ação (CPC, arts. 320 e 434), como pressuposto de admissibilidade de julgamento do mérito[116].

São documentos indispensáveis apenas aqueles sem os quais o objeto da demanda não possa ser julgado[117]. Por exemplo, a certidão de casamento na ação de divórcio; a escritura pública e o registro nas ações baseadas no direito de propriedade; o instrumento do contrato na ação de anulação de cláusula contratual; as guias de importação na ação de aproveitamento de crédito-prêmio de IPI[118], a prova escrita do vínculo empresarial

---

114. WAMBIER, Luiz Rodrigues; TALAMINI, Eduardo. *Curso avançado de processo civil*: cognição jurisdicional (processo comum de conhecimento e tutela provisória). 16. ed. São Paulo: RT, 2015. v. 2, p. 77-78.
115. STJ, REsp 1322903/SP, Rel. Min. Eliana Calmon, 2ª T., j. 15.08.2013, *DJe* 22.08.2013.
116. DINAMARCO, Cândido Rangel. *Instituições de direito processual civil*. 4. ed., 2003. v. II cit., p. 390.
117. Idem.
118. STJ, REsp 959.338/SP, Rel. Min. Napoleão Nunes Maia Filho, 1ª Seção, j. 29.02.2012, *DJe* 08.03.2012.

(*affectio societatis*, integralização de capital ou demonstração de serviços) na ação voltada à caracterização de sociedade comum.[119]

Nesse sentido, é a orientação do STJ que considera documentos indispensáveis à propositura da ação, e que devem ser instruídos com a petição inicial, aqueles que comprovam a ocorrência da causa de pedir (*documentos fundamentais*) e, em casos específicos, os que a própria lei exige como da substância do ato que está sendo levado à apreciação do Poder Judiciário (*documentos substanciais*)[120].

Por outro lado, há documentos importantes, mas não indispensáveis à propositura da ação. Por exemplo, a certidão de nascimento atualizada ou de casamento do falecido não é documento indispensável para a propositura da ação de reconhecimento de união estável *post mortem*. A ausência da juntada dessas certidões, pela parte autora, não justifica a emenda nem, muito menos, implica no indeferimento da petição inicial, porque qualquer pessoa, ainda que formalmente casada, não está impedida de estabelecer união estável, desde que esteja separada de fato ou judicialmente. Além disso, o demandante tem direito de empregar todos os meios de prova (CPC, art. 369) para comprovar os fatos constitutivos de seu direito (inclusive, se necessário, o estado civil do morto na época da suposta constituição da união estável), sem ignorar que a existência de possível impedimento para o reconhecimento da união estável é fato extintivo do direito do autor (CC, arts. 1.521, inc. VI, e 1.723, § 1º), cuja prova incumbe ao réu (CPC, art. 373, inc. II). Ademais, se não houver impugnação da parte contrária, em relação a um ou alguns dos fatos constitutivos do direito do autor (isto é, da convivência pública, contínua e duradoura e estabelecida com o objetivo de constituição de família), tais circunstâncias podem ser consideradas incontroversas (CPC, art. 373, inc. III), deixando de integrar o *thema probandum* e, no contexto processual específico, terem a produção de provas dispensada pelo Estado-Juiz (CPC, art. 370).

O art. 320 deve ser interpretado em conjunto com os arts. 434 e 435 – todos do CPC –, os quais concentram os atos processuais e adotam a regra da eventualidade. Assim, cabe ao autor não apenas juntar os documentos indispensáveis à propositura da ação, mas também, e na medida do possível, todos aqueles necessários à compreensão integral da pretensão. Afinal, ainda que tais documentos não influam no deferimento da petição inicial, possibilitam o maior entendimento, pelo juiz e pelo réu, dos fatos e dos argumentos jurídicos deduzidos pelo autor, o que se ajusta a exigência de cooperação processual para se obter, em tempo razoável, decisão de mérito justa e efetiva (CPC, art. 6º).

De qualquer forma, a exigência do art. 320 do CPC é mitigada pelos arts. 396 a 404 do CPC. Não tendo o autor em seu poder os documentos indispensáveis ou os úteis, eles poderão ser exigidos ao réu ou a terceiros mediante o incidente de exibição[121].

---

119. STJ, REsp 1.706.812-DF, Rel. Min. Ricardo Villas Bôas Cueva, 3ª T., j. 03.09.2019, *DJe* 06.09.2019.
120. STJ, AgRg no REsp 1513217/CE, Rel. Min. Mauro Campbell Marques, 2ª T., j. 27.10.2015, *DJe* 05.11.2015.
121. DINAMARCO, Cândido Rangel. D*Instituições de direito processual civil*. 4. ed., 2003. v. II cit., p. 392.

Entretanto, não tendo o autor acesso à referida documentação, deve pedir ao juiz que, com fundamento nos arts. 370 e 438 do CPC, requisite-os[122]. Tal posicionamento foi firmado no Enunciado 283 do FPPC.

Se o magistrado verificar que o autor não juntou os documentos indispensáveis à propositura da ação, deve determinar ao autor que, no prazo de 15 dias, emende ou complete a petição inicial (CPC, art. 321). A mera juntada desses documentos não enseja a modificação da causa de pedir ou do pedido[123], não obstante tais alterações sejam permitidas nos limites do art. 329 do CPC. O prazo de 15 dias não é peremptório, mas dilatório, podendo ser reduzido ou ampliado por convenção das partes (CPC, art. 190), de comum acordo com o juiz (CPC, art. 191) ou por determinação judicial (CPC, art. 139, inc. VI)[124], conforme as circunstâncias do caso concreto[125].

Caso o juiz já tenha deferido a petição inicial, e só depois se dê conta da omissão, igualmente deve dar oportunidade para que o demandante sane o defeito.

Em ambas as situações, somente se o demandante não cumprir a diligência no prazo assinalado, o juiz indeferirá a petição inicial, resolvendo o processo sem julgamento de mérito (CPC, art. 485, inc. I)[126].

Em relação aos fatos ocorridos após a petição inicial, ou para a contraposição de outros fatos mencionados pelo réu, pode o autor juntar documentos novos (CPC, art. 435, *caput*).

Além disso, admite-se a anexação posterior de documentos formados após a petição inicial, em qualquer tempo, se eles se tornaram conhecidos, acessíveis ou disponíveis após a formalização desse ato processual, desde que o demandante comprove o motivo que impediu a juntada anterior e que esteja de boa-fé (CPC, arts. 5º e 435, parágrafo único)[127]. Isso para evitar que haja espírito de ocultação premeditada ou o propósito de surpreender o juízo[128].

As questões de fato não trazidas ao juiz de primeiro grau também podem ser apresentadas ao tribunal, por ocasião da apelação, desde que a parte comprove que deixou de fazê-lo por motivo de força maior (CPC, art. 1.014).

Ainda, mesmo após o trânsito em julgado, a parte pode ajuizar ação rescisória fundada em prova nova, cuja existência ignorava ou de que não pôde fazer uso, desde que capaz de, por si só, assegurar-lhe pronunciamento favorável (CPC, 966, inc. VII).

---

122. STJ, AgRg no REsp 492.868/SP, Rel. Min. Og Fernandes, 6ª T., j. 11.12.2012, *DJe* 07.02.2013.
123. STJ, AgRg na PET no REsp 1125860/MG, Rel. Min. Rogerio Schietti Cruz, 6ª T., j. 05.02.2015, *DJe* 20.02.2015.
124. A propósito, o Enunciado 13 da I Jornada de Direito Processual Civil, promovido pelo Conselho da Justiça Federal, afirma: "O art. 139, VI, do CPC autoriza o deslocamento para o futuro do termo inicial do prazo".
125. STJ, REsp 1133689/PE, Rel. Min. Massami Uyeda, 2ª Seção, j. 28.03.2012, *DJe* 18.05.2012.
126. STJ, REsp 846.227/MS, Rel. Min. Nancy Andrighi, 3ª T., j. 22.05.2007, *DJ* 18.06.2007, p. 263.
127. STJ, AgRg no REsp 1416353/PE, Rel. Min. Napoleão Nunes Maia Filho, 1ª T., j. 06.05.2014, *DJe* 19.05.2014.
128. STJ, AgRg no AREsp 63.501/SP, Rel. Min. João Otávio de Noronha, 3ª T., j. 28.04.2015, *DJe* 04.05.2015.

Trata-se, pois, de documento já existente à época da decisão rescindenda, mas que não era do conhecimento do autor ou por ele não pôde ser utilizado[129].

Sempre que uma das partes pretender a juntada de documento em momento diferente da petição inicial ou da contestação, cabe ao juiz ouvir a esse respeito a parte contrária, no prazo de 15 dias (CPC, art. 437, § 1º), ou em outro prazo fixado pelo juiz, a depender da quantidade e da complexidade da documentação juntada (CPC, art. 437, § 2º).

Por outro lado, os documentos novos, injustificadamente subtraídos da instrução da causa, devem ser desentranhados dos autos e não podem ser valorados pelo juiz, porquanto restaria comprometida a garantia do contraditório, com manifesto prejuízo para a parte contrária. Por exemplo, deve ser desentranhado dos autos o comprovante de renda juntado por profissional liberal que, somente após a sentença condenatória, produz a prova documental, quando a ocultação é premeditada e visar a dificultar a quantificação da prestação alimentícia. Do mesmo modo, não se admite, em ação revisional de alimentos, que a alimentanda junte após a prolação da sentença documentos sobre a sua condição de saúde, quando tal situação já era dela conhecida antes mesmo do ajuizamento da demanda e não foram anexados aos autos oportunamente[130].

2.2.2.2. Juntada de procuração

A elaboração e a juntada da petição inicial são atribuições de advogado, regularmente inscrito na OAB (CF, art. 133; CPC, art. 103; Lei 8.906/1994), com exceção do agente do Ministério Público que exercerá o direito de ação em conformidade com as suas atribuições constitucionais (CF, art. 127; CPC, art. 177; Lei 8.625/93 e Lei Complementar 75/93).

O autor deve anexar com a petição inicial, a procuração assinada e conferida ao advogado, instrumento legítimo da outorga de poderes de representação em juízo (CPC, art. 104). A procuração deve conter o nome do advogado, seu número de inscrição na OAB e o endereço completo (CPC, art. 105, § 2º). Se o outorgado também integrar sociedade de advogados, a procuração precisa incluir o nome dessa sociedade, seu número de registro na OAB e endereço completo.

O advogado pode postular em causa própria, mas é imprescindível possuir *habilitação legal*[131]. Para estar legalmente habilitado, o indivíduo deverá ser formado em direito e inscrito no quadro de advogados da OAB. Assim, o art. 5º, incs. XXXV e XXXIV, da CF não possibilita que qualquer pessoa – sem habilitação legal, ressalvados os casos expressos em lei – postule em juízo[132].

---

129. STJ, AR 4.702/AC, Rel. Min. Gurgel de Faria, 3ª Seção, j. 09.09.2015, *DJe* 1º.10.2015.
130. STJ, AgInt no Agravo em Recurso Especial 1.917.838/RJ, Rel. Min. Luis Felipe Salomão, 4ª T., j. 23.08.2022.
131. CAZARRO, Kleber. In: CUNHA, José Sebastião Fagundes (coord. geral); BOCHENEK, Antonio César; CAMBI, Eduardo (Coord.). *Código de processo civil comentado*. São Paulo: RT, 2015, p. 232-233.
132. STF, AImp 28 AgR, Relator(a) Min. Celso de Mello, Tribunal Pleno, j. 12.11.2015, Processo Eletrônico *DJe*/240 Divulg 26.11.2015 Public 27.11.2015.

Em processos eletrônicos, a juntada de petições nos autos é automática (isto é, independentemente de ato do serventuário da justiça), a partir do protocolo no sistema de peticionamento eletrônico (CPC, art. 228, § 2°). Nesse contexto, advogado sem procuração nos autos pode protocolar petição em sistema de peticionamento de processo judicial eletrônico, desde que se trate de documento: i) digitalizado, assinado eletronicamente com certificado digital emitido por Autoridade Certificadora credenciada (nos termos da Medida Provisória 2.200-2/2001), por patrono com procuração nos autos e que a plataforma de processo eletrônico digital seja capaz de validar a assinatura digital do documento; ii) digitalizado, que reproduza petição impressa e assinada manualmente por advogado constituído no processo[133]. Caberá ao advogado, todavia, preservar o documento original, até o final do prazo para a propositura de ação rescisória, para permitir o exame do documento, em caso de alegação motivada e fundamentada de adulteração (exegese do art. 425, inc. VI e § 1°, do CPC).Quando o advogado postula em causa própria, deve declarar na petição inicial o endereço, seu número de inscrição na OAB e o nome da sociedade da qual participa, para recebimento de intimações, bem como comunicar ao juízo qualquer mudança de endereço (CPC, art. 106).

Se a parte não anexar a procuração junto com a petição inicial e se o advogado descumprir as determinações do art. 106, inc. I, do CPC, o juiz oportunizará que se supra a omissão, antes de determinar a citação do réu, sob pena de indeferimento da petição inicial e, consequente, resolução do processo sem julgamento de mérito (CPC, arts. 76, § 1°, 106, § 1°, 321 e 485, inc. I).

Ocorrendo simultaneamente as hipóteses dos art. 106, § 1°, e art. 321, *caput*, o prazo de emenda será único e de quinze dias (cf. o Enunciado 425 do FPPC).

No entanto, o advogado poderá, em nome da parte, sem procuração, ajuizar ação, a fim de se evitar preclusão, decadência ou prescrição, bem como praticar ato considerado urgente (CPC, art. 104, *caput*). Nesses casos, o advogado atua como *gestor de negócios*. Fica ele então obrigado a, independentemente de caução, exibir o instrumento de mandato no prazo de 15 dias, prorrogável pelo magistrado por igual período (CPC, art. 104, § 1°). Em caso de urgência, admite-se que a regularização da representação processual do autor/agravante se realize em segunda instância, a partir do translado do instrumento de procuração a ser juntado na origem no prazo assinado em lei (v.g., em hipótese em que se recorre de decisão que indeferiu pedido de liminar antes do prazo da juntada da procuração)[134].

Se a procuração não for juntada no prazo fixado, os atos processuais serão considerados ineficazes em relação àquele cujo nome foi praticado, respondendo o advogado por perdas e danos (CPC, art. 104, § 2°).

Na hipótese do demandante ser uma pessoa jurídica, a regularidade da representação depende também da exibição de documentos comprovando que o signatário da

---

133. STJ, AgRg no AREsp 203.210/MS, Rel. Min. Raul Araújo, 4ª T., j. 20.11.2012, *DJe* 04.12.2012.
134. STJ, EREsp 1265639/SC, Rel. Min. Maria Isabel Gallotti, 2ª Seção, j. 12.12.2018, *DJe* 18.12.2018.

procuração outorgada ao advogado tem poder expresso de representar a autora (CPC, art. 75, inc. VIII)[135]. Essa comprovação é feita por cópia do estatuto ou do contrato social, acompanhada do ato pelo qual foi nomeado o signatário para o cargo representativo.

Sendo autora uma massa falida, espólio ou herança jacente, a comprovação será feita mediante cópia do ato de nomeação do síndico ou inventariante (CPC, art. 75, incs. V-VIII).

A falta de algum desses documentos poderá ser suprida, mediante as providências do art. 76 do CPC, isto é, o juiz suspende o processo e fixa prazo razoável para que o vício seja sanado.

A maioridade civil completada no curso do processo exige a regularização processual da parte que deixa de ser assistida por seu responsável[136].

A renúncia do mandato, pelo advogado, devidamente comunicada ao seu constituinte, dispensa a determinação judicial para intimação da parte, objetivando a regularização da representação processual, porque é ônus do litigante a constituição de novo advogado (CPC, art. 112)[137].

A irregularidade na representação processual da parte constitui *defeito sanável*. Deve o magistrado conceder prazo razoável para que o vício seja sanado. O prazo, fixado para a correção do defeito na representação postulatória, tem *natureza dilatória*, isto é, pode ser prorrogado ou, ainda, a diligência ser cumprida mesmo após o termo final, desde que o magistrado não tenha, até então, reconhecido os efeitos da preclusão[138].

Descumprida a determinação judicial, estando os autos na instância originária, o processo será extinto, se a providência cabia ao autor; o réu será considerado revel, caso a ele coubesse à determinação judicial; e, por fim, o terceiro será considerado revel ou excluído do processo, dependendo do polo que se encontre. Estando o processo em fase recursal, perante os tribunais, inclusive os superiores, não se conhecerá do recurso, se a providência couber ao recorrente, ou será desentranhada as contrarrazões, se a determinação couber ao recorrido[139].

2.2.2.3. Adiantamento de custas

Conhecida na *práxis* jurídica como *preparo*, a guia de recolhimento das custas deve ser juntada com a petição inicial. É um ônus imposto a quem pretende iniciar um processo judicial. A função precípua do adiantamento das custas é assegurar o adimplemento dos serviços judiciários pelo Estado, uma vez que a jurisdição é marcada pela

---

135. DINAMARCO, Cândido Rangel. *Instituições de direito processual civil*. 4. ed., 2003. v. II cit., p. 390.
136. STJ, AgRg no AREsp 101.944/SP, 1ª T., rel. Min. Napoleão Nunes Maia Filho, j. 29.09.2020, *DJe* 1º.07. 2020.
137. STJ, AgInt no AREsp 1.868.104/SP, 3ª T., rel. Min. Moura Ribeiro, j. 15.08.2022, *DJe* 17.08.2022.
138. STJ, AgInt no AREsp 1.236.883/DF, 3ª T., rel. Min. Nancy Andrighi, j. 14.08.2018, *DJe* 16.08.2018.
139. Portanto, com o novo art. 76, § 2º, do CPC fica superada a orientação jurisprudencial que não admitia o saneamento da incapacidade processual ou da irregularidade da representação da parte, nos Tribunais Superiores. Cf. STJ, AgInt no AREsp 979.909/BA, Rel. Min. Luis Felipe Salomão, 4ª T., j. 07.02.2017, *DJe* 15.02.2017.

inércia e a máquina judiciária, para que possa ser posta em movimento (protocolo, autuação, distribuição etc.), precisa ser, como regra, custeada.

Contudo, não é indispensável que o preparo das custas seja realizado simultaneamente com o protocolo da petição inicial, porque o art. 290 do CPC afirma que será cancelada a distribuição do feito se a parte, intimada na pessoa de seu advogado, não realizar o pagamento das custas e despesas de ingresso em 15 dias. Nesse caso, o cancelamento da distribuição prescinde da citação ou intimação do demandado, bastando a constatação da ausência do recolhimento das custas iniciais e a inércia da parte autora, após intimada, em regularizar o preparo[140].

O cancelamento da distribuição importa no indeferimento da petição inicial, por falta de preparo, com a consequente resolução do processo sem julgamento de mérito (art. 485, inc. I).

Estão dispensados do ônus do preparo o Ministério Público, a Defensoria Pública e a Fazenda Pública, além dos beneficiários da justiça gratuita (CPC, arts. 82 e 91).

2.2.3. Pedido de gratuidade judiciária

O acesso à justiça é uma garantia fundamental (CF, art. 5º, inc. XXXV), que deve ser assegurada a todas as pessoas, inclusive aos que comprovarem insuficiência de recursos, a quem caberá o direito à gratuidade da justiça (CF, art. 5º, inc. LXXIV; CPC, art. 98, *caput*).

Aqueles que preencherem os requisitos necessários para gozar da assistência judiciária gratuita deverão apresentar a afirmação, no bojo da petição inicial, de que não têm condições de arcar com as custas, despesas processuais e honorários advocatícios, sem prejuízo próprio ou de sua família (CPC, art. 98, *caput*).

Tal regra geral comporta exceções previstas em lei, como a constante do art. 51 da Lei 10.741/2003, pela qual as instituições filantrópicas ou sem fins lucrativos, prestadoras de serviços às pessoas idosas, têm direito à assistência judiciária gratuita. Da mesma forma, há presunção legal de hipossuficiência para pequenos agricultores familiares (Lei 12.621/2012, art. 53, par. Ún.), ainda que sejam autores em ação civil pública, proposta pela Defensoria Pública, na tutela de direitos individuais homogêneos, o que exime a instituição de comprovar, prévia e concretamente, a carência dos assistidos[141].

Basta a mera declaração da pessoa natural interessada[142], para que seja presumido o direito à gratuidade da justiça, ainda que o requerente esteja assistido por advogado

---

140. STJ, REsp 1906378/MG, 3ª T., rel. Min. Nancy Andrighi, j. 11.05.2021, *DJe* 14.05.2021.

141. STJ, REsp 1.847.991/RS, 2ª T., rel. Min. Og Fernandes, j. 16.08.2022, pub. *Informativo* 748, de 12.09.2022.

142. O STJ, contudo, asseverou que as entidades beneficentes prestadoras de serviços à pessoa idosa (Lei 10.741/2003, art. 51) tem direito ao benefício da assistência judiciária gratuita, independentemente da comprovação da insuficiência econômica. Cf. REsp 1.742.251/MG, Rel. Min. Sérgio Kukina, 1ª T., j. 23.08. 2022, *DJe* 31.08.2022.

particular (CPC, art. 99, §§ 3º e 4º). A presunção de insuficiência de recursos para pagar as custa, as despesas e os honorários advocatícios, todavia, é relativa (*iuris tantum*).

Deve o juiz indeferir o pedido de gratuidade da justiça se houver nos autos elementos que evidenciem a falta dos pressupostos legais para a concessão de gratuidade (CPC, art. 99, § 2º). Na dúvida sobre a capacidade financeira do requerente do benefício da assistência judiciária gratuita, antes de indeferir o pedido, o magistrado, pelo princípio da colaboração processual (CPC, art. 6º), deve oportunizar à parte a comprovação dos referidos pressupostos, fixando prazo para a juntada de novas alegações e provas.

Ao analisar as circunstâncias do caso concreto, o juiz também pode conciliar a garantia constitucional de acesso à justiça e a responsabilidade pelo ônus financeiro do processo, de modo a deferir parcialmente a gratuidade (a apenas em relação a alguns dos atos processuais) ou mediante a redução percentual de despesas que o beneficiário tiver de adiantar no curso do procedimento (CPC, art. 98, § 5º), bem como determinar o parcelamento das despesas processuais que o beneficiário tiver que adiantar no transcurso processual (CPC, art. 98, § 6º).

O pedido de justiça gratuita não suspende o processo e pode ser formulado a qualquer tempo e instância (CPC, art. 99, *caput* e § 1º), mas não retroage para alcançar encargos processuais pretéritos à concessão judicial, porque possui efeitos para o futuro (*ex nunc*) [143]

2.3. DO DEFERIMENTO E DO INDEFERIMENTO DA PETIÇÃO INICIAL

Caso a petição inicial preencha os requisitos essenciais e não sendo o caso de improcedência liminar do pedido (CPC, art. 332), o juiz designará audiência de conciliação ou de mediação, com antecedência mínima de 30 dias, devendo ser citado o réu com pelo menos 20 dias de precedência (CPC, art. 334, *caput*), o que se coaduna com o direito das partes de obter, em prazo razoável, a solução integral do mérito, incluída a atividade satisfativa (CPC, art. 6º e art. 139, II).

Incumbido o juiz de velar pela duração razoável do processo desde o seu início, é integrante deste *munus* a persecução – desde o momento em que despacha a petição inicial de esforços destinados a obstar a instauração de processos manifestamente inviáveis que não estejam aptos a promover a justiça e a pacificação social. Aliás, cuida-se de uma autêntica atividade saneadora. Logo, deve o juiz a partir da primeira análise da inicial determinar que o demandante a emende ou a complete, indicando o que deve ser corrigido ou completado, antes de indeferir a petição inicial (CPC, art. 321).

Nesse sentido, o Enunciado 292 do FPPC afirma: "Antes de indeferir a petição inicial, o juiz deve aplicar o disposto no art. 321".

---

143. STF, ARE 1.361.295 AgR, rel. Min. Rosa Weber, 1ª T., j. 14.03.2022, pub. *DJe* 18.03.2022; STJ, AgInt no AREsp 2.089.357/DF, Rel. Min. Francisco Falcão, 2ª T., j. 29.08.2022, *DJe* 31.08.2022.

Sendo dever do juiz de zelar para que o processo seja instaurado em ordem e esteja apto a alcançar o julgamento de mérito (CPC, art. 139, inc. II), o magistrado não pode indeferir a petição inicial sem antes oportunizar ao autor para que se proceda à correção do vício sanável (CPC, art. 317)[144]. Sendo possível corrigir o vício e, sem que se conceda à parte oportunidade para emendar ou completar a inicial (CPC, art. 321), estar-se-ia perante ato atentatório contra a garantia constitucional do acesso à justiça (CF, art. 5°, inc. XXXV)[145]. Por exemplo, no mandado de segurança, havendo equivocada indicação da autoridade coatora, o impetrante deve ser intimado para emendar a petição inicial e, caso haja alteração de competência, o juiz remeterá os autos ao juízo competente (cf. o Enunciado 488 do FPPC).

Nesse sentido, o art. 319, §§ 2° e 3°, do CPC afirma que a inicial não deve ser indeferida quando a ausência de precisa identificação do demandado não inviabilizar a sua citação ou quando as informações contidas no art. 319, inc. II, do CPC (nomes, prenomes, estado civil, existência de união estável, profissão, número de inscrição no Cadastro de Pessoas Físicas ou no Cadastro de Pessoas Jurídicas, endereço eletrônico, domicílio e residência) tornarem impossível ou excessivamente oneroso o acesso à justiça.

Por outro lado, sendo o vício insanável, oportunizar a prévia determinação ou emenda da petição inicial é determinação inútil, não permite proferir decisão com resolução de mérito e, portanto, não causa prejuízo ao autor.

O juiz, constatando o preenchimento dos requisitos intrínsecos, defere a petição inicial, o que importa no acolhimento do requerimento formulado pelo autor, para que, ato contínuo, seja dado início à efetivação ao processo com o escopo de conduzi-lo em direção ao julgamento da pretensão formulada.

Caso contrário, se a petição inicial desatender os requisitos do art. 319 do CPC, e estiver desacompanhada dos documentos indispensáveis (CPC, art. 320), ou ainda, apresentar defeitos ou irregularidades capazes de dificultar o julgamento do mérito, deve ser indeferida.

Pontue-se que o deferimento da inicial não inibe o juiz de reapreciar posteriormente a questão em sede de preliminar de contestação (CPC, art. 337 e incs.) e, acatando os argumentos trazidos pelo demandante, vir a indeferi-la.

Entretanto, cabe ao juiz prestigiar os princípios da instrumentalidade das formas e da economia processual, e mesmo que o vício processual tenha sido percebido pelo Judiciário, após a contestação, tal circunstância não impede, por si só, a adoção das medidas corretivas previstas no art. 321 do CPC, em especial nos casos em que o vício for de convalidação possível (v.g., determinação de emenda da petição inicial que deixa de indicar o pedido com suas especificações)[146]. Isso porque o deferimento da petição

---

144. STJ, REsp 812.323/MG, Rel. Min. Luiz Fux, 1ª T., j. 16.09.2008, *DJe* 02.10.2008.
145. BONDIOLI, Luis Guilherme. Comentário ao art. 321 do CPC cit., p. 822.
146. STJ, AgRg no REsp 752.335/MG, Rel. Min. João Otávio de Noronha, 4ª T., j. 02.03.2010, *DJe* 15.03.2010.

inicial é um *juízo provisório* e, por envolver as chamadas questões de ordem pública, pode ser alterado, de ofício ou a requerimento da parte contrária, posteriormente, não gerando preclusão *pro iudicato*[147].

O art. 330 do CPC, por sua vez, prevê em seus quatro incisos as hipóteses de indeferimento da petição inicial.

1) Inépcia: deve ser indeferida a petição inicial quando inepta (CPC, art. 330, inc. I), abrangendo quatro situações (CPC, art. 330, § 1º): a) faltar pedido ou causa de pedir; b) o pedido for indeterminado, ressalvada as hipóteses legais em que se permite o pedido genérico (CPC, 324, § 1º), ou incerto (apesar da omissão do art. 330, § 1º, do CPC)[148]; c) da narração dos fatos não decorrer logicamente o pedido; d) contiver pedidos incompatíveis.

Igualmente, a petição inicial, cujo bojo contém defeito de conteúdo, o que torna duvidosa ou impossível a prestação jurisdicional, pode ser considerada inepta.

Na ação de improbidade administrativa, pelo art. 17, § 6º-B, da Lei 8.429/92 (com a redação dada pela Lei 14.230/2021), a petição inicial será rejeitada nas hipóteses do art. 330 do CPC, bem como quando o Ministério Público não individualizar a conduta do réu e apontar os elementos probatórios mínimos que demonstrem a ocorrência das hipóteses dos arts. 9º, 10 e 11 da Lei 8.429/92 e de sua autoria, salvo impossibilidade devidamente fundamentada, ou, ainda, quando não instruir a petição inicial com documentos ou justificação que contenham indícios suficientes da veracidade dos fatos e do dolo imputado ou com razões fundamentadas da impossibilidade de apresentação de qualquer dessas provas, observada a legislação vigente, inclusive as disposições constantes dos arts. 77 e 80 do CPC. Além disso, a petição inicial poderá ser rejeitada quando manifestamente inexistente o ato de improbidade imputado. Deve-se impedir o ajuizamento de ações temerárias, baseadas em infundadas perseguições políticas e no descrédito social de atos ou decisões político-administrativas ou na punição de agentes públicos que tenham feito escolhas políticas equivocadas, mas sem má-fé ou a intenção de lesar o erário ou obter enriquecimento ilícito. Portanto, a decisão de recebimento da petição inicial deve estar motivada por elementos indiciários, deduzidos da causa de pedir, não na mera invocação do princípio do *in dubio pro societate*, do mesmo modo que a rejeição da exordial deve compreender a situação fático-probatória, a ser externada pelo órgão julgador na decisão judicial[149].

2) e 3) Ilegitimidade e falta de interesse processual: Também deve ser indeferida a petição inicial quando a parte for manifestamente ilegítima (CPC, art. 330, inc. II), ou faltar interesse processual (CPC, art. 330, inc. III). Trata-se situações que caracterizam a ausência de uma das condições da ação, isto é, da carência de ação.

---

147. STJ, AgRg no Ag 243.230/MG, Rel. Min. Franciulli Netto, 2ª T., j. 21.09.2004, *DJ* 21.02.2005, p. 119.
148. STJ, AgRg no REsp 1365991/SP, Rel. Min. Humberto Martins, 2ª T., j. 18.12.2014, *DJe* 03.02.2015.
149. STJ, 1ª T., AgInt no REsp 1.570.000-RN, rel. Min. Gurgel de Faria, j. 28.09.2021.

Se as partes não têm legitimidade para figurar na relação jurídica processual ou não há necessidade ou adequação do meio processual escolhido, deve-se impedir a instauração do processo, já que a atividade jurisdicional seria inútil e desnecessária.

As condições da ação devem ser examinadas pelo juiz com base na *teoria da asserção*, isto é, à luz das afirmações deduzidas na petição inicial[150], ou seja, as condições da ação devem ser analisadas no início do processo com base nas assertivas da petição inicial, sem a necessidade da produção de provas. Porém, se ficar evidenciado, logo após a instrução, a inveracidade das afirmações, forjadas com intuito de maquiar a carência de ação, o processo deve ser resolvido sem julgamento do mérito (CPC, art. 485, inc. VI).

Em outras palavras, por vezes, tanto a legitimidade quanto o interesse processual somente podem ser aferidos após o exame das provas. Neste caso, pode o juiz deixar a decisão sobre esse aspecto para momento posterior, já que, por se tratar do rol de matérias de ordem pública, não há preclusão *pro iudicato*.

Por força da inovação trazida nos arts. 338 e 339 do CPC, se o réu alega na contestação ser a parte ilegítima, ou não ser responsável pelo prejuízo invocado, deve o juiz facultar ao autor, no prazo de 15 dias, se concordar com a referida indicação, a alteração do polo passivo da petição inicial para a substituição do réu. Com isso, foi aperfeiçoado o instituto da nomeação à autoria previsto no CPC/73 (arts. 62-69). No CPC, a nomeação à autoria agora se enquadra como preliminar de contestação (CPC, art. 337, incs. IX e XI).

4) Não atendimento das exigências do art. 106 do CPC ou de determinação de emenda no prazo concedido: ainda, é hipótese de indeferimento da petição inicial (CPC, art. 330, inc. IV), quando o advogado postular em causa própria e não cumprir as exigências do art. 106 do CPC, bem como deixar de sanar os defeitos e/ou as irregularidades no prazo fixado pelo juiz (CPC, art. 321).

Dentre os vícios capazes de impedir o julgamento do mérito (CPC, art. 321) estão a falta dos pressupostos processuais, considerados como aqueles pertinentes à existência e aos requisitos de validade do processo. Assim, por exemplo, verificada a incapacidade processual ou a irregularidade da parte, o magistrado suspenderá o processo e designará prazo razoável para que o vício seja sanado; caso contrário, resolverá o processo sem julgamento de mérito (CPC, arts. 76 e 485, inc. IV).

Há situações, contudo, que o vício não pode ser sanado (v.g., verificação pelo juiz de coisa julgada anterior), razão pela qual o magistrado, de imediato, para assegurar a garantia constitucional da duração razoável do processo, deve resolver o processo sem julgamento de mérito (CPC, art. 485, inc. VI).

---

150. STJ, REsp 1704610/SP, Rel. Min. Nancy Andrighi, 3ª T., j. 20.02.2018, *DJe* 23.02.2018; AgRg no AREsp 682.452/RJ, Rel. Min. Humberto Martins, 2ª T., j. 06.08.2015, *DJe* 17.08.2015; REsp 1.834.003-SP, Rel. Min. Ricardo Villas Bôas Cueva, 3ª T., j. 17.09.2019, *DJe* 20.09.2019.

Ademais, a petição inicial deve ser indeferida quando tiver por objeto obrigação decorrente de empréstimo, de financiamento, ou de alienação de bens, e o autor não discriminar as obrigações contratuais que pretende controverter, ou não quantificar o valor incontroverso do débito (CPC, art. 330, § 2º). Observe-se, todavia, que a enumeração das espécies de contrato prevista neste art. 330, § 2º, do CPC é exemplificativa (Cf. o Enunciado 290 do FPPC).

O indeferimento da petição inicial coloca fim ao processo sem julgamento de mérito (CPC, art. 485, inc. I).

As hipóteses de indeferimento da petição inicial são de três espécies: a) de ordem formal, abrangendo os incisos I e IV, do art. 330; b) de inadmissibilidade da ação, pela carência de condição necessária à resolução de mérito, consubstanciada nos incisos II e III; e, finalmente, c) por motivo excepcional de improcedência do pedido, de acordo com o art. 330, § 1º, inc. III (todos do CPC)[151].

A regra do art. 330 do CPC se aplica, expressamente, à ação monitória (CPC, art. 700, § 4º) e à ação rescisória (CPC, art. 968, § 3º). Apesar de não haver determinação categórica, os casos de indeferimento da petição inicial também podem ser empregados a outras modalidades procedimentais, como as ações de competência originária dos tribunais e as sujeitas aos procedimentos especiais.

Havendo apelação da sentença que indeferir a petição inicial, é facultado ao juiz retratar-se, no prazo de cinco dias (CPC, art. 331). Logo, esta apelação será dotada do efeito regressivo. Tal faculdade, contudo, somente se aplica se a apelação for tempestiva (Cf. o Enunciado 293 do FPPC).

Não havendo retratação, o juiz mandará citar o réu para responder o recurso (CPC, art. 331, § 1º) e, posteriormente, encaminhará os autos ao tribunal competente.

Caso a decisão for confirmada pelo tribunal, o processo será resolvido sem julgamento de mérito (CPC, art. 485, inc. I). Porém, se o réu citado constituir advogado e apresentar contrarrazões ao recurso de apelação, uma vez confirmada a sentença extintiva do processo, caberá ao tribunal fixar os honorários advocatícios, com fundamento no art. 85, § 2º, do CPC[152].

Em contrapartida, se a decisão for reformada pelo tribunal, o juiz designará audiência de conciliação ou de mediação, nos termos do art. 334 do CPC. Não havendo interesse expresso de ambas as partes na composição consensual ou quando não se admitir a autocomposição, o réu deve ser intimado para contestar, começando a correr o prazo de 15 dias a partir da intimação do retorno dos autos (CPC, art. 331, § 2º).

Por outro lado, se o indeferimento da petição inicial for meramente parcial (v.g., um dos autores não detém capacidade de estar em juízo e não regularizou, no prazo, o defeito; um dos litisconsortes ativos não possui legitimidade *ad causam*; houver

---

151. THEODORO JR., Humberto. *Curso de Direito Processual Civil*. 57. ed. Rio de Janeiro: Forense, 2016. v. I, p. 773-4.
152. STJ, REsp 1753990/DF, Rel. Min. Maria Isabel Gallotti, 4ª T., j. 09.10.2018, *DJe* 11.12.2018.

carência de interesse processual em relação a um dos pedidos cumulados), continuando a lide pelo que restar[153] e, por se tratar de decisão interlocutória, o recurso cabível é o agravo de instrumento (CPC, arts. 354, parágrafo único, e 1.015, inc. XIII; Enunciado 154 do FPPC)[154], que também dá a oportunidade de o juiz retratar-se (CPC, art. 1.018, § 1º).

Além disso, por se tratar de matéria de ordem pública, o indeferimento da petição inicial pode se dar em momento posterior, isto é, ainda que o vício não tenha sido verificado de plano pelo juiz. Afinal, tal circunstância pode ser apontada pelo réu na contestação (CPC, art. 337, inc. IV) e, ainda que isto não ocorra, cabe ao juiz conhecer as matérias de ordem pública de ofício (CPC, art. 337, § 5º). Não há, pois, preclusão *pro iudicato*, podendo o órgão judicial indeferir a petição inicial a qualquer tempo e grau de jurisdição ordinária[155].

Por fim, conforme preceituado pelo art. 331, § 3º, do CPC, não interposta a apelação, o réu será intimado do trânsito em julgado da sentença. Com isso, ele poderá ser informado do processo, para que, caso haja a repropositura da ação, o réu evite que o mesmo vício que deu origem a sentença extintiva seja repetido (CPC, art. 486, § 1º) ou que a nova petição inicial seja despachada sem que antes seja efetuado o pagamento ou o depósito das custas e dos honorários advocatícios referentes à ação anteriormente ajuizada.

2.4. EMENDA OU COMPLEMENTAÇÃO DA PETIÇÃO INICIAL

As hipóteses de emenda ou de correção da petição inicial (CPC, art. 321) determinadas pelo juiz, devem ser recomendadas, preferencialmente, no momento em que se despacha a inicial.

O art. 321, *caput*, do CPC traz importante inovação, em relação ao art. 284 do CPC/73, porque impõe ao juiz o dever de indicar, pormenorizadamente, tudo aquilo que necessita de correção ou complementação na petição inicial. Tal regra é decorrência do princípio da colaboração processual (CPC, art. 6º) e, automaticamente, insere-se no dever constitucional de motivação das decisões judiciais (CF, art. 93, inc. IX), para que o juiz, ao despachar a inicial, não se pronuncie de forma vaga, sem que o autor saiba, com precisão, o que precisa ser corrigido ou completado.

O art. 321 do CPC, juntamente com o princípio da colaboração processual (CPC, art. 6º), vincula o juiz e impõe-lhe o dever de oportunizar ao autor a possibilidade de corrigir os defeitos e as irregularidades *antes* de indeferir a inicial.

---

153. DINAMARCO, Cândido Rangel. *Instituições de direito processual civil*. 4. ed., 2003. v. II cit., p. 401.
154. Porém, quando se tratar de decisão que afasta a ilegitimidade passiva de litisconsorte, não é cabível agravo de instrumento, pois o art. 1.015, inc. VII, do NCPC se refere apenas à "exclusão" de litisconsorte. A errônea exclusão de um litisconsorte, ao impedir a ampla participação na atividade instrutória, pode invalidar uma sentença de mérito. Ao contrário, a manutenção de uma parte alegadamente ilegítima no processo não fulmina a sentença, podendo o tribunal, quando do julgamento da apelação, reconhecer a ilegitimidade da parte e excluí-la do processo. STJ, REsp 1724453/SP, Rel. Minª. Nancy Andrighi, 3ª T., j. 19.03.2019, *DJe* 22.03.2019.
155. STJ, AgRg no Ag 243.230/MG, Rel. Min. Franciulli Netto, 2ª T., j. 21.09.2004, *DJ* 21.02.2005, p. 119.

Além disso, o juiz tem o dever de zelar para que o processo seja instaurado em ordem e esteja apto a alcançar o julgamento de mérito (CPC, art. 139, inc. II). Por isso, não pode indeferir a petição inicial sem antes oportunizar que o autor corrija o vício sanável (CPC, art. 317). Nesses casos, não se conceder à parte oportunidade para emendar ou completar a inicial (CPC, art. 321) implicaria em flagrante afrontamento à garantia do acesso à justiça (CF, art. 5º, inc. XXXV).

A oportunidade de emenda à petição inicial, ao contrário do seu indeferimento, contribui para que o juiz cumpra o dever de velar pela duração razoável do processo (CPC, art. 139, inc. II), ao assegurar às partes o direito de obterem a solução integral do mérito (CPC, art. 4º), inclusive por possibilitar que o réu se defenda de forma mais adequada, a partir da melhor compreensão da demanda.

Por exemplo, execução ajuizada em face de devedor falecido não precisa ser suspensa até o processamento de ação de habilitação de sucessores. Basta a emenda da petição inicial para a substituição do executado falecido pelo seu espólio. Afinal, a ação judicial ajuizada em face de demandado já falecido é hipótese de ilegitimidade passiva *ad causam*, a ensejar a oportunidade de o autor emendar a petição inicial para regularizar o polo passivo, ainda mais quando a citação não se realizou, tornando possível o aditamento da inicial independentemente da aquiescência do réu (CPC, art. 329, inc. I).[156]

Outro exemplo: o juiz, vislumbrando a ocorrência de *litigância predatória*[157] pode exigir que a parte autora emende a petição inicial com apresentação de documentos capazes de lastrear minimamente as pretensões deduzidas em juízo[158].

Em sentido contrário, se o juiz constatar que o vício é insanável, não deve oportunizar a prévia determinação ou emenda da petição inicial, pois tal determinação, além de inútil e de retardar o andamento processual, não conduziria à resolução do mérito.

O prazo de 15 dias do art. 321 do CPC não é peremptório, mas dilatório, podendo ser reduzido ou ampliado por convenção das partes (CPC, art. 190), de comum acordo entre as partes e o juiz (CPC, art. 191) ou por determinação judicial (CPC, art. 139, inc. VI)[159].

---

156. STJ, REsp 1559791/PB, Rel. Min. Nancy Andrighi, 3ª T., j. 28.08.2018, *DJe* 31.08.2018.
157. A litigância predatória consiste no ajuizamento em massa de ações com pedidos e causa de pedir semelhantes em face de uma parte específica, visando prejudicá-la, com a obtenção de vantagem indevida por meio do acionamento ao Poder Judiciário de forma abusiva e irresponsável (como, por exemplo, a propositura de inúmeras demandas em lugares distintos, para ocasionar confusão entre as decisões judiciais, além de impor à outra parte o comparecimento em comarcas diversas; o ajuizamento da mesma ação em vários juízos, com a manipulação de distribuição ou a escolha de jurisdição, em violação ao princípio do juiz natural; e estratégias de manipulação de jurisprudência, a fim de se evitar a construção espontânea de entendimentos por parte dos tribunais, o que pode ser alcançado por diversos meios, incluindo desistências oportunistas de recursos que possam ser julgados por juízes ou órgãos que sejam contrários aos interesses de determinada parte). Cf. ESCARIZ, Suellen. *Litigância Predatória*: O que é? Disponível em: [https://diariocomercial.com.br/litigan-cia-predatoria-o-que-e/]. Acesso em: 22.05.2023.
158. STJ, Tema Repetitivo 1198, REsp 2.021.665/MS, Rel. Min. Moura Ribeiro, afetado em 09.05.2023.
159. STJ, REsp 1133689/PE, Rel. Min. Massami Uyeda, 2ª Seção, j. 28.03.2012, *DJe* 18.05.2012. O Enunciado 13 da I Jornada de Direito Processual Civil, promovido pelo Conselho da Justiça Federal, afirma: "O art. 139, VI, do CPC autoriza o deslocamento para o futuro do termo inicial do prazo".

Apenas se o autor, de modo desidioso e omissivo, não emendar ou completar a petição inicial, no prazo fixado pelo juiz, haverá o indeferimento da petição inicial[160].

Nada impede que o órgão judicial determine nova emenda ou complementação, indicando com precisão o que deva ser corrigido ou completado, se entender que, apesar da primeira determinação, a petição inicial ainda apresenta defeitos ou irregularidades passíveis de regularização.

A atenta leitura da petição inicial pelo juiz evita a instauração de processos desnecessários ou temerários, destituídos de fundamentos, além da prática de atos processuais irregulares ou nulos. Com isso, promove-se a efetivação da garantia da duração razoável do processo e contribui-se para o mais eficiente exercício do direito de defesa. Antes da citação, todo e qualquer vício pode ser sanado, sem restrições para emendas ou complementações na petição inicial, podendo inclusive o autor alterar o pedido ou a causa de pedir.

Após a contestação do réu, a demanda se estabiliza, mas os defeitos na petição inicial ainda podem ser sanados[161], desde que respeitem os limites do art. 329 do CPC (v.g., a juntada de novos documentos que, embora não indispensáveis à propositura da petição inicial, possam contribuir com a melhor compreensão do pedido e/ou da causa de pedir)[162]. Alterações mais profundas, que resultem na mudança do pedido ou da causa de pedir, dependem do consentimento do réu e podem ocorrer somente até o saneamento processual (CPC, art. 329, inc. II).

Porém, antes de proferir decisão sem resolução de mérito, o magistrado concederá à parte oportunidade para, se possível, corrigir o vício (CPC, art. 317).

Caso o autor não concorde com a determinação judicial de emenda ou de complementação da petição inicial, deve impugnar tal decisão interlocutória em preliminar de apelação, eventualmente interposta contra a decisão final (CPC, art. 1.009, § 1º). Isso porque, embora a decisão seja interlocutória (CPC, art. 203, § 2º), não há previsão de cabimento de agravo de instrumento (CPC, art. 1.015). Com a interposição da apelação, pode o juiz se retratar e determinar o prosseguimento do processo sem a necessidade de emenda ou complementação da petição inicial (CPC, art. 485, § 7º).

2.5. EFEITOS DO AJUIZAMENTO DA PETIÇÃO INICIAL

O ato de ajuizar a petição inicial formaliza a propositura da demanda, decorrendo efeitos processuais e substanciais.

São efeitos processuais perante as partes: a) a impossibilidade da repropositura de demanda idêntica (isto é, com as mesmas partes, causa de pedir e pedido) à outra que já

---

160. STJ, REsp 1133689/PE, Rel. Min. Massami Uyeda, 2ª Seção, j. 28.03.2012, *DJe* 18.05.2012.

161. STJ, AgRgno REsp 1123307/SP, Rel. Min. Humberto Martins, 2ª T., j. 17.09.2009, *DJe* 25.09.2009; REsp 674.215/RJ, Rel. Min. Jorge Scartezzini, 4ª T., j. 19.10.2006, *DJ* 20.11.2006, p. 314.

162. STJ, AgRg na PET no REsp 1125860/MG, Rel. Min. Rogerio Schietti Cruz, 6ª T., j. 05.02.2015, *DJe* 20.02.2015; REsp 614.233/SC, Rel. Min. Castro Meira, 2ª T., j. 24.05.2005, *DJ* 01.08.2005, p. 389.

está em curso, caso de litispendência, ou demanda idêntica à outra que já transitou em julgado com julgamento de mérito, por violar a coisa julgada (CPC, art. 337, § 1º)[163]; b) a prevenção do juízo e a perpetuação da competência; c) a suspensão de outro processo, instaurado para o julgamento de causa prejudicada pelo processo pendente (conexão); d) a estabilização da demanda (CPC, art. 329).[164]

Além disso, são efeitos substanciais do ajuizamento da ação, perante as partes (CPC, art. 240): a) tornar a coisa litigiosa (CPC, art. 109); b) a interrupção da prescrição do direito subjetivo que o autor vem a juízo alegar e defender, ainda que o despacho tenha sido proferido por juízo incompetente (CPC, art. 240, § 1º)[165]; c) a constituição do devedor em mora relativamente à obrigação exigida na demanda.

Porém, tais efeitos são parciais, porque somente se produzem em relação ao réu *após* a citação.

A partir do ato de protocolo todos os processos estão sujeitos a registro. Nas comarcas onde há mais de um juízo, é necessário haver distribuição (CPC, art. 284). Cabe a uma repartição judiciária (cartório distribuidor) atribuir a causa a um dos juízes existentes no foro e tal procedimento se perfaz, via de regra, mediante sorteio, de forma alternada e aleatória, preferencialmente pela via eletrônica, obedecendo a rigorosa igualdade (CPC, art. 285).

Porém, serão distribuídas por dependência as causas de qualquer natureza (CPC, art. 286): I – quando se relacionarem, por conexão ou continência, com outra já ajuizada; II – quando, tendo sido extinto o processo sem resolução de mérito, for reiterado o pedido, ainda que em litisconsórcio com outros autores ou que sejam parcialmente alterados os réus da demanda; III – quando houver ajuizamento de ações em que haja risco de prolatação de decisões conflitantes ou contraditórias, caso decididas separadamente, ainda que não exista conexão entre elas (CPC, art. 55, § 3º).

Havendo intervenção de terceiro, reconvenção ou outra hipótese de ampliação objetiva do processo, o juiz, de ofício, mandará proceder à respectiva anotação pelo distribuidor (art. 286, parágrafo único, CPC).

A distribuição será cancelada em caso de falta de preparo inicial, se a parte, intimada na pessoa de seu advogado, não realizar o pagamento das custas e despesas de ingresso em 15 dias (CPC, art. 290).

---

163. STJ, REsp 1187735/ES, Rel. Min. Nancy Andrighi, 3ª T., j. 02.09.2010, *DJe* 15.09.2010.
164. DINAMARCO, Cândido Rangel. *Instituições de direito processual civil.* 4. ed., 2003. v. II cit., p. 363-4.
165. Atente-se, contudo, que a interrupção da prescrição, na forma prevista no art. 240, § 1º, do CPC, retroagirá à data do ajuizamento da ação, tão somente, *se a petição inicial reunir condições de desenvolvimento válido e regular do processo*. Isto é, se o magistrado ordena a emenda da petição inicial, porque não foram preenchidos os requisitos do art. 319 do CPC, apenas após a apresentação da emenda da exordial pelo autor que se impõe o efeito da interrupção da prescrição, com a determinação da citação válida do réu. Caso a emenda da petição inicial ocorra após o decurso do prazo prescricional, impõe-se o reconhecimento judicial da prescrição. Cf. STJ, AgInt no AREsp 2.235.620-PR, Rel. Min. Raul Araújo, 4ª T., j. 08.05.2023, *DJe* 17.05.2023.

2.6. IMPROCEDÊNCIA LIMINAR DO PEDIDO

2.6.1. Técnica de agilização do julgamento do mérito

Nas causas que dispensem a fase instrutória e o pedido contrariar orientação jurisprudencial consolidada ou diante da ocorrência de decadência ou de prescrição, poderá ser dispensada a citação e proferida sentença de mérito *initio litis*.

A técnica processual consagrada no art. 332 do CPC pretende racionalizar o julgamento de processos repetitivos, suprimindo o contraditório em primeiro grau de jurisdição, para promover a garantia fundamental da razoável duração do processo (CF, art. 5º, inc. LXXVIII, e CPC, art. 4º).

Aliás, a garantia da razoável duração do processo, antes mesmo da Emenda Constitucional 45/2004, que introduziu o inc. LXXVIII ao art. 5º da CF, já integrava o ordenamento jurídico brasileiro como um direito fundamental implícito, por força do art. 5º, § 2º, da CF, que incorporou o art. 8º, inc. I, do Pacto de São José da Costa Rica (Convenção Americana sobre Direitos Humanos). Ademais, a preocupação com a duração razoável do processo transcende o direito brasileiro. A Convenção Europeia para Proteção dos Direitos Humanos e Liberdades Fundamentais, por exemplo, no art. 6º, § 1º, contempla o direito a julgamento em um "prazo razoável".

2.6.2. Requisitos para a aplicação do art. 322 do CPC

A improcedência liminar do pedido pode ocorrer em duas situações: quando a causa dispensar instrução probatória e o pedido contrariar orientação jurisprudencial consolidada, ou quando o juiz verificar, desde logo, a ocorrência de prescrição ou de decadência.

É dispensável a instrução probatória quando, para o conhecimento da causa, é suficiente a prova documental juntada com a petição inicial ou quando a matéria controvertida for unicamente de direito, isto é, não envolver a análise e a prova de fatos.

A questão é exclusivamente de direito quando recai sobre a interpretação das regras e dos princípios jurídicos aplicáveis a fatos incontroversos. Não se pergunta *se* e *como* o fato aconteceu, mas quais são as suas repercussões jurídicas. Dado o fato, questiona-se apenas *se* e *como* determinadas regras ou princípios lhe são aplicáveis. Por exemplo, quando se discute se a cobrança de um determinado tributo é constitucional, quer-se apenas que o Poder Judiciário se pronuncie sobre a validade de uma certa regra infraconstitucional em relação à Constituição.

Ademais, o pedido será julgado liminarmente improcedente quando contrariar: a) enunciado de súmula do STF ou do STJ[166]; b) acórdão proferido pelo STF ou pelo

---

166. Pelo Enunciado 146 do FPPC, "Na aplicação do inciso I do art. 332, o juiz observará o inciso IV do *caput* do art. 927".

STJ em julgamento de recursos repetitivos; c) entendimento firmado em incidente de resolução de demandas repetitivas ou de assunção de competência[167]; d) enunciado de súmula de tribunal de justiça sobre direito local.

Cumpre, ainda, asseverar que o Enunciado 22 da I Jornada de Direito Processual Civil, promovido pelo Conselho da Justiça Federal, prevê: "Em causas que dispensem a fase instrutória, é possível o julgamento de improcedência liminar do pedido que contrariar decisão do Supremo Tribunal Federal em controle concentrado de constitucionalidade ou enunciado de súmula vinculante".

A redação dada ao art. 332 do CPC vem esclarecer o regramento quando comparado com aquele contido no art. 285-A do CPC/73. No código revogado, exigia-se que aquele juízo já tivesse proferido sentença de total improcedência em caso idêntico. A nova redação da regra processual afirma que, para o julgamento de improcedência liminar, é preciso que o entendimento do juiz esteja em consonância com a jurisprudência dos tribunais superiores (súmulas ou acórdãos de julgamentos de demandas repetitivas), não bastando mais a utilização, tão somente, dos paradigmas adotados pelo próprio juízo.

O art. 332 do CPC está em sintonia com o art. 927 do CPC, o qual similarmente determina que os juízes devam observar a orientação jurisprudencial sedimentada dos Tribunais. A diferença é que o art. 927, § 1º, do CPC impõe a prévia observância do contraditório (CPC, art. 10), circunstância que é mitigada pelo art. 332, pelo qual o magistrado está autorizado a julgar liminarmente improcedente o pedido, independentemente da citação do réu. Tampouco será necessário ouvir, previamente, o autor, pois as hipóteses trazidas no art. 332 do CPC se referem a aplicação de precedentes judiciais que afrontem, diretamente, a tese jurídica sustentada pelo demandante. Não se trata de uma questão de direito nova nem de uma qualificação jurídica diversa da apontada na petição inicial, o que exclui a aplicação dos arts. 5º, inc. LV, CF, 9º, *caput*, e 10 do CPC.

Por outro lado, não é caso de julgamento liminar de improcedência (CPC, art. 332), quando a questão de direito solucionada pelo precedente tiver *mera repercussão argumentativa* sobre a tese sustentada pelo demandante, a exigir do juiz a utilização da analogia ou do emprego de técnicas hermenêuticas para a extensão do julgado[168]. Nessa hipótese, o precedente pode ser útil para o julgamento da causa, mas não será suficiente para excluir o exercício pleno do contraditório pelo autor, a quem caberá discutir a aplicação, extensão e limites do precedente na solução da questão de direito deduzida na petição inicial.

Dessa forma, pretende-se promover maior segurança jurídica, fazendo com que os juízes de primeiro grau se vinculem as orientações jurisprudenciais consolidadas. Quer-se com isso, evitar o império de orientações isoladas (sobretudo, após ter a ju-

---

167. Não basta a existência de demandas repetitivas; é indispensável entendimento firmado nos incidentes de demandas repetitivas ou de assunção de competência. Cfr. STJ, REsp 1.854.842-CE, 3ª T., rel. Min. Nancy Andrighi, j. 02.06.2020, pub. *DJe* 04.06.2020.
168. WAMBIER, Luiz Rodrigues; TALAMINI, Eduardo. *Curso avançado de processo civil*, 16. ed., 2015 cit., p. 115.

risprudência sedimentado a interpretação jurídica), já que assim, ao contrário de se promover a celeridade processual, o processo seria prolongado, uma vez que a parte teria que interpor recursos para poder fazer prevalecer o posicionamento dos Tribunais.

Todavia, o art. 332 do CPC não tem o condão de suprimir a independência nem o convencimento motivado dos juízes. É certo que não se pode retirar dos magistrados, especialmente àqueles que estão em primeiro grau de jurisdição, e, por isso, mais perto das pessoas e dos acontecimentos sociais, o poder criativo de construir soluções que venham a conferir à jurisdição maior legitimidade social.

A persuasão racional do juiz é uma coluna fundamental do Estado Democrático de Direito. O magistrado não deve se limitar a chancelar entendimentos jurisprudenciais ou a produzir estatísticas, pois cada processo envolve interesses de pessoas de carne e osso que anseiam por justiça no caso concreto[169]. Entretanto, a liberdade do juiz, para que seja considerada legitimamente democrática, não se confunde com o arbítrio judicial, nem com o imobilismo prejudicial aos jurisdicionados, manifestado pela obsessão conservadora por posições jurídicas superadas (teimosia judicial).

A liberdade judicial deve ser exercida com responsabilidade. O magistrado não está obrigado a seguir, passivamente, a orientação jurisprudencial dos Tribunais, o que está ressalvado inclusive nos arts. 102, § 2º, e 103-A da CF. O princípio da segurança jurídica não assegura a uniformidade ou a estabilidade da jurisprudência, na medida em que o juiz é, nos processos que lhe foram submetidos a julgamento, autonomamente responsável[170].

Porém, a crítica deve ser construtiva, motivada e exercida dentro da razoabilidade, cabendo ao juiz o ônus de argumentar as razões que conduzem a não aplicação dos precedentes ao caso concreto, seja porque são distintos, seja porque encontram-se superados. A ausência de fundamentação adequada pode caracterizar a nulidade da decisão (CPC, art. 489, § 1º, inc. VI). Afinal, a subjetividade do magistrado deve se curvar à objetividade do direito, uniformizado pelas instâncias superiores, para que a liberdade judicial seja exercida nos limites do ordenamento jurídico e não se transforme em anarquia.

Por outro lado, verificada a decadência ou a prescrição, desde logo, impõe-se o julgamento imediato do processo (CPC, art. 332, § 1º), porque resta prejudicada a análise das demais questões de mérito.

Pelo art. 189 do CC, "violado o direito, nasce para o titular a pretensão, a qual se extingue, pela prescrição, nos prazos a que aludem os arts. 205 e 206". Esse dispositivo

---

169. TEIXEIRA, Guilherme Freire de Barros. A crise do direito e os novos rumos do direito processual civil brasileiro. In: CAMBI, Eduardo; MARGRAF, Alencar Frederico (Org.). *Direito e justiça*: estudos em homenagem a Gilberto Giacoia. Curitiba: Ministério Público, 2016, p. 610-611.

170. CANOTILHO, José Joaquim Gomes. *Direito constitucional e teoria da Constituição*. 7. ed. Coimbra: Almedina, 2003, p. 265.

legal está baseado no § 194, inc. I, do Código Civil alemão (BGB) que afirma: "O direito de exigir de outrem um fazer ou um não fazer (pretensão) se sujeita a prescrição".

Percebe-se, pois, que a prescrição não extingue o direito de ação, mas a pretensão, tanto é que se a ação for conhecida, caberá ao juiz proceder à improcedência liminar do pedido (CPC, art. 332, § 1º) ou, após a resposta do demandado, resolver o mérito do processo (CPC, art. 487, inc. II).

É importante distinguir a pretensão do direito subjetivo. Aquela é o poder de exigir um comportamento positivo ou negativo da outra parte da relação jurídica; apenas após o surgimento da pretensão é que o titular do direito poderá exigir que o devedor cumpra aquilo que está obrigado[171]. A pretensão é dinâmica, enquanto o direito subjetivo é estático (antes do nascimento da pretensão, já existe crédito e débito, credor e devedor). Por exemplo, os direitos sob condição suspensiva ou sob termo são desprovidos de pretensão até o implemento desta condição ou do advento deste termo.

O prazo prescricional começa a partir do momento em que o direito possa ser exercitado, isto é, possua exigibilidade.

Esclareça-se que o ordenamento jurídico brasileiro adotou a teoria da *actio nata*, pela qual o início da fluência do prazo prescricional decorre, não do momento em que acontece a lesão ao direito, mas da *ciência* pelo titular do direito do fato e da extensão de suas consequências[172]. Em outras palavras, os prazos prescricionais se iniciam no momento do surgimento da pretensão. É, pois, a partir do instante em que o titular do direito pode exigir a sua satisfação é que se revela eventual inércia. Por exemplo, a Súmula 278 do STJ afirma que o termo inicial do prazo prescricional, na ação de indenização, é a data em que o segurado teve ciência inequívoca da capacidade laboral. A teoria da *actio nata*, por ter um viés subjetivo, possui maior aplicação às hipóteses de responsabilidade civil contratual, em que os sujeitos passivo é determinado ou determinável. Nesta hipótese, o termo inicial da contagem dos prazos da prescrição começa da lesão ao direito, porque dela decorre o nascimento da pretensão, que traz em seu bojo a possibilidade de exigência do direito subjetivo violado (CC, art. 189)[173]. Por outro lado, nas hipóteses de responsabilidade civil por ato ilícito, o sujeito passivo é universal ou total. São, por exemplo, as relações jurídicas de direitos da personalidade ou de direito real. Nestas situações de responsabilidade civil extracontratual, admite-se como marco inicial, não mais o momento da ocorrência da violação ao direito, mas a data do conhecimento do ato ou do fato da qual decorre o direito de agir, para não se punir a vítima em razão da absoluta falta de conhecimento do dano. A propósito, vale ressaltar a regra do art. 27 do CDC que afirma que o prazo prescricional se inicia a partir do conhecimento do dano e de sua autoria pelo consumidor, bem como o art. 206, § 1º, inc. II, "b", do CC,

---

171. STJ, REsp 1.836.016/PR, Rel. Min. Ricardo Villas Bôas Cueva, 3ª T., j. 10.05.2022, pub. *Informativo* 736/STJ.
172. STJ, AgInt no AREsp 1.741.583/SP, Rel. Min. Ricardo Villas Bôas Cueva, 3ª T., j. 26.04.2021, *DJe* 29.04.2021.
173. STJ, REsp 1.354.348/RS, Rel. Min. Luis Felipe Salomão, 4ª T., j. 26.08.2014, *DJe* 16.09.2014.

pelo qual, nos contratos de seguro em geral, o termo *a quo* do prazo prescricional é a "ciência do fato gerador da pretensão".

Quatro são os pressupostos para a caracterização da prescrição[174]: a) existência de ação exercitável; b) inércia do titular da ação pelo seu não exercício; c) continuidade dessa inação durante certo lapso de tempo; d) ausência de causa legal atributiva de eficácia impeditiva, suspensiva ou interruptiva do curso prescricional. Por exemplo, o termo inicial do prazo prescricional da ação de improbidade administrativa (seja na redação primitiva do art. 23 da Lei 8.429/92, seja na atribuída ao art. 23, *caput*, pela Lei 14.230/2021, apesar de esta afirmar que a prescrição conta a partir da "ocorrência do fato") começa a contar da ciência inequívoca, pelo titular da referida demanda, da ocorrência do ato ímprobo, ainda que o ato de improbidade seja notório, porque a prescrição pressupõe a inação daquele que tenha interesse de agir e legitimidade para o exercício da ação[175]. Ademais, o ato administrativo de reconhecimento do direito do devedor (*v.g.*, correção monetária de verbas salariais pagas em atraso) é caso de interrupção do prazo prescricional, caso ele ainda esteja em curso (CC, art. 202, inc. VI) ou sua renúncia, quando tal prazo já tenha consumado (CC, art. 191)[176]. Por outro lado, o pedido de concessão de prazo para analisar documentos com o fim de verificar a existência de débito não é causa de interrupção da prescrição, porque a aplicação do art. 202, inc. VI, do Código Civil exige do devedor um "ato inequívoco" do reconhecimento do débito (direito de receber), não mera intenção de analisar a existência da dívida[177]. A prescrição, por atingir a pretensão (isto é, o poder de exigir de outrem, ainda que extra-judicialmente, uma prestação), dá-se em virtude de um fato estranho ao nascimento do direito a que se liga. Por outro lado, a decadência está relacionada a um fato originário que nasce com o direito e a circunstância do transcurso do tempo prefixado[178].

Os prazos decadenciais, ao contrário dos prescricionais (CC, art. 206), podem ser estabelecidos em lei ou pela vontade das partes. E começam a fluir com o nascimento do direito, ao passo que os prescricionais se iniciam com a lesão do direito. Além disso, dentre outras diferenças entre prescrição e decadência, pode-se mencionar as seguin-tes: os prazos prescricionais estão taxativamente previstos em lei; ser nula a renúncia à decadência fixada em lei (CC, art. 209); a decadência vale contra todos (podendo ser oposta apenas aos incapazes), além de não poder ser impedida, suspensa ou interrom-pida, salvo disposição legal em contrário (CC, art. 207).

O juiz pode reconhecer a prescrição e a decadência em duas situações distintas: a) ou, de ofício, na fase inicial do processo, quando deve aplicar o art. 331, § 1º, do CPC e

---

174. LEAL, Luís Antônio da Câmara. *Da prescrição e da decadência*. Rio de Janeiro: Forense, 1978, p. 10-12.
175. STJ, REsp 999.324/RS, Rel. Min. Luiz Fux, 1ª T., j. 26.10.2010, *DJe* 18.11.2010; BUSATTO, Leonardo Dumke. A lei de improbidade administrativa e o transcurso da prescrição: uma nova perspectiva à luz do princípio da "actio nata". *Revista jurídica do Ministério Público do Paraná*. v. 5, dez. 2016, p. 279-295.
176. STJ, AgInt no REsp 1320684/PR, Rel. Min. Napoleão Nunes Maia Filho, 1ª T., j. 21.02.2017, *DJe* 09.03.2017.
177. STJ, REsp 1677895/SP, Rel. Min. Nancy Andrighi, 3ª T., j. 06.02.2018, *DJe* 08.02.2018.
178. ALVIM, Teresa Arruda. Prescrição e decadência. In: MENDES, Gilmar Ferreira; STOCCO, Rui (Org.). *Doutrinas essenciais. Direito civil* – Parte Geral. São Paulo: RT, 2011. v. 5, p. 685.

julgar liminarmente improcedente o pedido; b) ou, após a citação, de ofício ou a requerimento, desde que oportunize a prévia manifestação das partes (CPC, art. 487, par. ún.).

Na primeira situação, apesar do que dispõe o art. 487, par. ún., do CPC, para que se dê máxima efetividade à garantia constitucional do contraditório, evitando-se decisões surpresa, caso exista fundada dúvida sobre a ocorrência da prescrição ou da decadência (*v.g.*, arts. 197-204 e 208 do Código Civil), é recomendável que o juiz oportunize ao demandante a possibilidade de se manifestar antes da sentença, nos termos do art. 10 do CPC. Já na segunda situação, o réu pode renunciar à prescrição, nos termos do art. 191 do Código Civil[179]; caso isso venha a acontecer, o juiz ficará impedido de resolver o mérito com fundamento na prescrição (CPC, art. 487, inc. II).

Cumpre acrescentar que o CPC/73 dispunha, em seu art. 219, § 5º, que se a prescrição fosse relativa a direitos patrimoniais, seria inadmissível o indeferimento liminar, devendo assegurar o contraditório para que a parte contrária se manifestasse. Com a entrada em vigor do Código Civil de 2002, o art. 194 proibiu o conhecimento da prescrição de ofício pelo juiz, salvo se favorecesse o absolutamente incapaz.

Posteriormente, a Lei 11.280/2006 revogou o art. 194 do CC, de modo a possibilitar o reconhecimento da prescrição de ofício pelo juiz[180]. No entanto, conforme asseverado, permanece em vigor o art. 191 do CC, que atribui ao beneficiado a faculdade de renunciar à prescrição. Desse modo, para compatibilizar o direito de renunciar à prescrição com a verificação *ex officio* pelo magistrado, o juiz pode constatar a ocorrência da prescrição; porém, antes de decretá-la, precisa dar vista às partes, principalmente ao beneficiário, para que noticie se deseja ou não renunciar à prescrição – o que impedirá o juiz de decretá-la –, ou para que convençam o magistrado de que, em verdade, não é caso de prescrição, por não ter decorrido integralmente o prazo (v.g., erro no cálculo, interferências de causas suspensivas ou interruptivas etc.)[181].

De qualquer forma, o juiz não tem dever de deliberar de ofício sobre a prescrição, por ser matéria de livre disposição das partes litigantes. Se o magistrado não declarar a prescrição de ofício nas instâncias ordinárias, não cabe seu reconhecimento pelos Tribunais Superiores, por falta de prequestionamento[182], tampouco o reconhecimento da ação rescisória por violação manifesta de norma jurídica (exegese dos arts. 332, § 1º, e 966, inc. V, do CPC), já que para isso há necessidade de prévia deliberação na ação rescindenda[183].

As hipóteses de indeferimento liminar da petição inicial estão circunscritas às hipóteses legais. Por exemplo, ressalvadas as hipóteses de reconhecimento de decadên-

---

179. STJ, REsp 1690006/RJ, Rel. Min. Herman Benjamin, 2ª T., j. 05.10.2017, *DJe* 16.10.2017.
180. STJ, REsp 859.219/RS, Rel. Min. Mauro Campbell Marques, 2ª T., j. 07.10.2008, *DJe* 07.11.2008.
181. WAMBIER, Luiz Rodrigues; TALAMINI, Eduardo. *Curso avançado de processo civil*: teoria geral do processo e processo de conhecimento. 15. ed. São Paulo: RT, 2015. v. 1, p. 407; STJ, REsp 1.462.624/RJ, Rel. Min. Moura Ribeiro, 3ª T., j. 16.06.2015, *DJe* 28.9.2015.
182. STJ, AgInt no AREsp 882.344/SP, Rel. Min. Assusete Magalhães, 2ª T., j. 26.09.2017, *DJe* 06.10.2017.
183. STJ, REsp 1.749.812-PR, Rel. Min. Marco Aurélio Bellizze, 3ª T., j. 17.09.2019, *DJe* 19.09.2019.

cia, prescrição ou de aplicação da regra prevista no art. 332 do CPC, é defeso ao relator indeferir liminarmente a inicial de mandado de segurança por razões de mérito[184].

2.6.3. Julgamento prima facie e julgamento antecipado do mérito

A técnica adotada no art. 332 do CPC se assemelha, parcialmente, com a utilizada nos arts. 355 e 356 do CPC, pois estão voltadas ao julgamento imediato do mérito. São técnicas de abreviação do procedimento comum e, portanto, de agilização da tutela jurisdicional.

Entretanto, pelo art. 332 do CPC, o juiz não poderá julgar procedente o pedido, uma vez que, por não ter havido o contraditório, é vedado qualquer restrição pertinente ao direito de defesa do réu não citado, sob pena de violação da garantia fundamental do devido processo legal.

Ao contrário, a técnica do julgamento antecipado do mérito, prevista nos arts. 355 e 356 do CPC, não se limita ao mero julgamento de improcedência, já que, no momento em que o juiz profere a sentença, houve previamente a formação regular da relação processual ou, ao menos, a prévia citação válida. Isso permite o melhor convencimento judicial, mesmo quando o réu não contesta, porque a cognição foi exauriente, o que lhe possibilita rejeitar ou acolher a pretensão.

2.6.4. Julgamento prima facie e acesso à justiça

O julgamento *prima facie* se dará antes da citação do demandado, durante a fase inicial do procedimento comum, implicando a rejeição do pedido do autor, com consequente resolução de mérito (CPC, art. 487, inc. I), obedecendo detida análise dos requisitos do art. 332 do CPC. Contudo, antes disso, constatando a ausência dos casos elencados no art. 330 do CPC, deve o juiz deferir a petição inicial.

A técnica prevista no art. 332 do CPC visa, pois, a abreviar o procedimento comum, permitindo o imediato julgamento do mérito. Contudo, a sentença, como é proferida antes da citação, somente poderá ser *favorável* ao demandado.

2.6.5. A técnica do art. 332 do CPC e a impossibilidade do juiz proferir sentença de improcedência parcial ou de procedência do pedido

A regra do art. 332 do CPC não permite a improcedência liminar parcial ao pedido ou mesmo de procedência, porque essas decisões seriam prejudiciais ao demandado, que, por não ter sido ainda citado, não teve oportunidade de defender-se.

Se isso fosse possível, restariam comprometidas as garantias do contraditório – já que não se respeitaria a isonomia entre as partes (o demandado não teria as mesmas

---

184. STJ, AgRg no RMS 38.609/RO, Rel. Min. Arnaldo Esteves Lima, 1ª T., j. 06.08.2013, *DJe* 14.08.2013.

2 • PETIÇÃO INICIAL — 65

chances ou igual oportunidade de poder influenciar no convencimento judicial) –; da ampla defesa – no qual se incluem todos os meios e recursos capazes de buscar a persuasão do órgão julgador (CF, art. 5º, inc. LV) –; e do devido processo legal, pelo qual ninguém pode ser privado de sua liberdade ou de seus bens sem um processo regular (art. 5º, inc. LV, CF). Logo, a sentença, pela ausência da citação do demandado, que não tem oportunidade de influir no convencimento judicial, deve ser, integralmente, favorável ao réu.

2.6.6. Cúmulo de demandas e a aplicação do art. 332 do CPC

Outra questão diversa do julgamento de improcedência parcial ou de procedência do pedido é a possibilidade de o demandante cumular dois (ou mais) pedidos, e um deles preencher os pressupostos do art. 332 do CPC. Isso posto, resta saber se o juiz pode julgar liminarmente um dos pedidos e promover a dilação probatória em relação ao outro. Nesse caso, haverá que distinguir qual cúmulo de demandas se trata.

Se o cúmulo for sucessivo de pedidos e o primeiro for liminarmente improcedente, o segundo, pela íntima vinculação à procedência do primeiro, restará prejudicado. Por exemplo, uma construtora pede a declaração de validade da cláusula em contrato de compra e venda que impede a devolução de valores pagos pelo promitente comprador, cumulando tal pedido com o de reparação de danos morais. Nessa situação, não há dúvida que, indeferido o primeiro pedido, com fundamento na Súmula 543 do STJ (CPC, art. 332, inc. I), restará prejudicado o julgamento do segundo pedido.

O problema adquire contornos mais obscuros na medida em que haja a mera justaposição de pedidos (cúmulo simples; CPC, art. 327), quando os pedidos forem alternativos (CPC, art. 325) ou, ainda, se o cúmulo for eventual (CPC, art. 326), pois nestes casos os pedidos são autônomos entre si.

Considerando que um dos pedidos pode ser julgado liminarmente, pelo art. 332 do CPC, cabe ao juiz encerrar o processo em relação a este pleito (CPC, art. 485, inc. I), prosseguindo em relação ao outro. Pela nova definição de sentença, contida no art. 203, § 1º, do CPC, a resposta pode ser afirmativa, porque o CPC superou o mito chiovendiano da unicidade e unidade de julgamento, passando a admitir mais de uma sentença em um mesmo processo, desde que, como na hipótese, seja possível ter cognição definitiva sobre um dos pedidos cumulados.

A questão difere da colocada no art. 356 do CPC, pois, nesta situação, já houve citação, e um dos pedidos cumulados, ou parcela deles, mostrou-se incontroverso ou está em condições de julgamento imediato (CPC, art. 355), após a manifestação ou a omissão do demandado. Contudo, o grau de cognição, em ambos os casos, é idêntico, havendo cognição definitiva tanto na hipótese do art. 332 do CPC, em razão da causa dispensar a fase instrutória, quanto nas situações do art. 356 do CPC.

Assim sendo, o problema da adequação recursal, em ambas as hipóteses, é semelhante. Quando o juiz aplica o art. 356 do CPC e decide parcialmente o mérito de um dos pedidos, a decisão proferida é impugnável por agravo de instrumento (CPC, art. 356, § 5º). O mesmo raciocínio deve ser empregado quando um dos pedidos cumulados puder ser julgado liminarmente improcedente pelo art. 332 do CPC. Deve ser aplicado, por analogia, o art. 356, § 5º, do CPC, podendo o processo prosseguir em relação aos demais pedidos e a parte impugnar a decisão baseada no art. 332 do CPC por agravo de instrumento.

2.6.7. Apelação e juízo de retratação

Julgado liminarmente improcedente o pedido e resolvido integralmente o mérito do processo (CPC, art. 487, inc. I), o demandante deve apelar da sentença.

A não aplicação do art. 332 do CPC, pelo juiz, não enseja o cabimento da reclamação, porque, para a sua utilização, é indispensável o esgotamento das vias ordinárias de impugnação (CPC, art. 988, § 5º, inc. II), ou seja, a reclamação não pode ser usada como sucedâneo do recurso de apelação[185].

Se o autor não interpuser apelação, ocorrerá o trânsito em julgado da sentença e, como o réu ainda não foi citado, caberá ao escrivão ou ao chefe da secretaria comunicar-lhe o resultado do julgamento (CPC, arts. 241 e 332, § 2º), para que tome ciência da formação de coisa julgada material. O réu não será, todavia, citado, porque o processo foi encerrado sem que houvesse a necessidade de ele integrar a relação jurídica processual, mas apenas ficará ciente da decisão, para se tiver interesse, interpor recurso de apelação (*v.g.*, a fim de renunciar a prescrição, nos termos do art. 191 do Código Civil).

Interposta apelação, é facultado ao juiz emitir juízo de retratação, decidindo, no prazo de cinco dias. Tal faculdade, contudo, somente se aplica se a apelação for tempestiva (Enunciado 293 do FPPC).

Caso o juiz se retrate, determinará o prosseguimento do processo, com a citação do réu (CPC, art. 332, § 4º), salvo se a apelação tiver sido interposta pelo próprio demandado, o que exclui a necessidade de nova comunicação, passando-se a observar o disposto no art. 334 do CPC, com a eventual designação da audiência de conciliação ou de mediação. Mas, se mantiver a sentença, o réu deve ser intimado para apresentar contrarrazões no prazo de 15 dias.

Tal sistemática do juízo de retratação é semelhante aos demais casos de indeferimento da petição inicial, previstos no art. 330 do CPC, uma vez que, nestas hipóteses, indeferida a petição inicial, o autor poderá apelar, facultado ao juiz, no prazo de cinco dias, retratar-se (CPC, art. 331). Porém, tal juízo de retratação, como asseverado, também se aplica quando a apelação for interposta pelo réu que, comunicado do trânsito

---

185. STF, Rcl 27789 AgR, Rel. Min. Roberto Barroso, 1ª T., j. 17.10.2017, Processo Eletrônico *DJe*-265 Divulg 22.11.2017 public 23.11.2017; Rcl 24639 AgR, Rel. Min. Luiz Fux, 1ª T., j. 16.05.2017, Processo Eletrônico *DJe*-121 Divulg 08.06.2017 Public 09.06.2017; STJ, AgInt na Rcl 32.430/SP, Rel. Min. Francisco Falcão, 1ª Seção, j. 14.12.2016, *DJe* 19.12.2016.

em julgado da decisão de improcedência liminar do pedido (CPC, arts. 241 e 332, § 2º), se insurge contra a decisão.

Quando o autor apela, a citação do demandado se restringe apenas à resposta do recurso. O objeto da manifestação do réu é, pois, limitado. A relação processual se completa, em segundo grau de jurisdição, mas não se assegura o contraditório pleno ao demandado que só se manifesta quanto à existência dos pressupostos recursais e a correta aplicação, seja do art. 330, seja do art. 332 do CPC. Assim, o princípio da eventualidade (CPC, art. 336) não se aplica às contrarrazões, não se exigindo que o apelado alegue toda a matéria de defesa, mesmo porque a ausência de resposta à apelação não implica à revelia, já que não se trata de um ônus, mas de mera faculdade do demandado, cujo prejuízo se restringe, no máximo, à reforma da sentença pelo Tribunal, com retorno dos autos ao primeiro grau para que o magistrado determine a citação do réu.

Por isso, o Tribunal, ao julgar a apelação, não pode inovar, para dar provimento ao recurso, com o intuito de julgar procedente o pedido, sob pena de violar as garantias constitucionais do contraditório e da ampla defesa.

O Tribunal, ao julgar a apelação, deve se limitar à verificação dos requisitos, presentes no art. 332 do CPC, para examinar se é caso de improcedência liminar do pedido. Não pode reformar a sentença recorrida para reconhecer a procedência parcial ou total do pedido. Com isso, o Tribunal não pode aplicar o art. 1.013, § 3º, inc. I, do CPC, cuja incidência deve se restringir às hipóteses em que o processo se desenvolveu regularmente em primeiro grau de jurisdição, com observância da garantia do contraditório, e redundou em sentença terminativa (CPC, art. 485).

Aliás, mesmo nas causas que dispensem dilação probatória, o Tribunal não pode julgar total ou parcialmente procedente o pedido, pois, ainda que esse posicionamento garanta um processo mais célere, pode comprometer a justiça da decisão. Isso porque o réu não teria assegurado, como já afirmado, as garantias constitucionais do contraditório, ampla defesa e devido processual[186].

Se o Tribunal verificar que não é hipótese de aplicação do art. 332 do CPC, a sentença deve ser anulada e os autos retornarem à primeira instância, quando será oportunizado ao réu a possibilidade de apresentar a sua contestação.

O Tribunal pode, ainda, confirmar a sentença recorrida. Contudo, como após a sentença incide o § 4º do art. 332 do CPC, vale dizer, é imprescindível que o demandado, uma vez citado para contra arrazoar o recurso, contrate advogado, assim faz surgir a seguinte questão: mesmo não tendo o juiz monocrático condenado o autor a pagar honorários advocatícios ao demandado, já que em primeiro grau não houve contraditório, pode o Tribunal, ao confirmar a decisão, condenar o apelante a fazê-lo?

O pagamento de honorários advocatícios é uma consequência da sucumbência, não necessitando de pedido certo (CPC, art. 322, § 1º). Portanto, o juízo *ad quem*, ao

---

186. GONÇALVES, Marcus Vinicius Rios. *Direito Processual Civil*. 5. ed. São Paulo: Saraiva, 2015, p. 367.

condenar o apelante a pagar honorários advocatícios ao apelado, não profere julgamento *extra petita*, nem viola o princípio da *reformatio in pejus*, porque se trata de questão posterior à sentença, já que a citação se impôs em razão do recurso, e que, por isso, não poderia integrar o âmbito de devolutividade da apelação.

De qualquer forma, quando se transfere ao segundo grau de jurisdição a necessidade de efetivar, ainda que parcialmente, o contraditório, deve-se evitar que o processo seja paralisado na fase recursal. Para evitar que o processo se prolongue, para além do prazo razoável, é importante que o relator, atendo ao que dispõe os arts. 932, inc. IV, e 1.011, inc. I, do CPC, negue seguimento ao recurso que contrarie súmulas dos Tribunais Superiores ou do próprio Tribunal, acórdãos do STF ou do STJ em julgamento de recursos repetitivos ou entendimento firmado em incidente de resolução de demandas repetitivas ou de assunção de competência.

2.6.8. Aplicação extensiva da técnica do art. 332 do CPC

Não obstante a Lei 9.099/95 não preveja nenhum dispositivo que determine a aplicação subsidiária do Novo Código de Processo Civil, ao contrário do que ocorre com os Códigos Penal e de Processo Penal (art. 92), não se ignora que o microssistema dos Juizados Especiais, ao instituir um novo procedimento especial, não contém todas as regras necessárias ao desenvolvimento processual. Assim, deve ser aplicado, naquilo que não contraria os seus princípios informadores (art. 2º da Lei 9.099/95), as disposições gerais do procedimento comum, conforme expressamente determina o art. 318, parágrafo único, do CPC.

O art. 332 do CPC, justamente por buscar a promoção da garantia constitucional da duração razoável do processo, está em consonância com o art. 2º da Lei 9.099/95, o qual prevê que se aplicam aos Juizados Especiais os critérios da simplicidade, da economia processual e da celeridade. Consequentemente, toda técnica processual – como a do art. 332 do CPC – capaz de promover a agilização da tutela jurisdicional deve ser aplicada aos Juizados Especiais. Nesse sentido, vale ressaltar o Enunciado 43 da ENFAM: "O art. 332 do CPC/2015 se aplica ao sistema de juizados especiais e o inciso IV também abrange os enunciados e súmulas dos seus órgãos colegiados competentes". De igual modo, o Enunciado 507 do FPPC estabelece: "O art. 332 aplica-se ao sistema de Juizados Especiais".

Com fundamento nisso, o Enunciado 165 do Fórum Nacional de Juizados Especiais (FONAJE) firmou entendimento de que, nesses Juizados, todos os prazos devem ser contados de forma contínua – e não apenas em dias úteis. Todavia, esse posicionamento causa certo dissenso, uma vez que a lei que institui o procedimento do Juizado Especial, Lei 9.099/95, não traz disciplina a respeito, devendo, nestes casos, haver a aplicação subsidiária do CPC, que determina a contagem em dias úteis. Tanto é que o Enunciado 19 da I Jornada de Direito Processual Civil, realizada nos dias 24 e 25 de agosto de 2017, pela Conselho da Justiça Federal afirma: "O prazo em dias úteis previsto no art.

219 do CPC aplica-se também aos procedimentos regidos pelas Leis n. 9.099/1995, 10.259/2001 e 12.153/2009".

Do mesmo modo, é possível a aplicação do art. 332 do CPC em ações rescisórias (CPC, art. 968, § 4º) e outras demandas de competência originária dos Tribunais que dispensem a fase instrutória ou que o juiz verifique, liminarmente, a ocorrência da decadência ou da prescrição.

Por outro lado, o art. 332 do CPC não é aplicável ao processo de execução, já que este possui desfecho único, partindo da existência do título executivo para buscar a satisfação do credor.

2.7. O GERENCIAMENTO PROCESSUAL (CASE MANEGEMENT) DAS AÇÕES PREDATÓRIAS

Não há um consenso sobre o conceito de ações predatórias, também denominadas de agressoras, desnecessárias, fraudulentas ou frívolas[187].

São demandas que implicam no uso abusivo do Poder Judiciário, pois são ajuizadas, de forma massiva ou não, para a obtenção de fins indevidos ou para a obtenção de lucros individuais, em detrimento da qualidade da prestação do serviço público. Por exemplos: i) no âmbito antitruste, o ajuizamento de ações judiciais para prejudicar a concorrência de mercado (o que se denomina de *sham litigation*), impondo-lhe prejuízos econômicos (como a degradação da imagem), pouco importando o resultado da demanda; ii) o ajuizamento em massa de ações, com pedido e causa de pedir semelhantes, em todo o território nacional, em face de uma pessoa ou um grupo específico de pessoas, para inibir a plena liberdade de expressão (cf. Recomendação 127/2022 do Conselho Nacional de Justiça); iii) ajuizamento massivo de inúmeras ações de indenização por danos morais, decorrentes de inscrição indevida em cadastro de inadimplente, de execuções de contratos inadimplidos por clientes ou de revisão de cláusulas contratuais.

A identificação de ações predatórias, pelo juiz, pode ser dar de diversas formas, tais como: por meio de petições genéricas e vagas (*v.g.*, em que a parte não se lembra de uma determinada contratação); pelo uso de procuração genérica e/ou antiga (*v.g.*, o ajuizamento de várias demandas baseadas na inscrição indevida em cadastro de restrição de crédito, em um curto espaço de tempo, pela mesma parte autora, com a apresentação de idêntica procuração em todos os processos e, ainda, com indícios de que as ações foram ajuizadas sem o conhecimento e o consentimento da pessoa prejudicada); pelo patrocínio de demandas idênticas por um mesmo grupo de advogados; com a utilização de documentação igual ou semelhante; com o fracionamento de pedidos em mais de um processo derivados de uma única relação contratual em desacordo com os princípios da boa-fé, eventualidade, celeridade e economia processual, bem como em face da eficácia

---

187. Cf. Nota Técnica 06/2023 do Centro de Inteligência do TJPR.

preclusiva da coisa julgada; por meio da repetição de demandas com poucos dias de diferença e mediante substabelecimento de poderes; ou ainda com o uso predatório dos Juizados Especiais ao se propor, por meio de empresas franqueadas (micro e pequenas empresas), diversas execuções de contratos inadimplidos por clientes.

O Poder Judiciário pode realizar o gerenciamento de processos instaurados a partir de ações predatórias (*case manegement*), por meio de medidas processuais, tais como: a reunião de processos conexos (CPC, art. 55, *caput*) ou não conexos (desde que haja risco de decisões conflitantes ou contraditórias; CPC, art. 55, § 3º), o que possibilita concentrar os atos processuais, como os de produção e valoração de provas, embora isto possa causar sobrecarga a determinado juiz e, com isto, desequilibrar a distribuição processual; a cooperação judicial (CPC, arts. 68 a 69; art. 6º da Resolução 350/2020 do Conselho Nacional de Justiça), o que permite a divisão prática de diversos atos processuais, inclusive como forma de centralizar processos repetitivos (*v.g.*, para que um mesmo magistrado presida a produção das provas); a formação de litisconsórcio (ativo e/ou passivo), quando há ponto comum de fato ou de direito (CPC, art. 113, inc. III), a exemplo da existência de várias pessoas atingidas por um mesmo acidente ambiental ou de consumo que promovem suas ações de indenização, com a demonstração de prejuízos individuais, embora decorrentes de um mesmo evento danoso, bem como a suspensão de serviços como de energia elétrica ou de fornecimento de água, em uma determinada localidade, com repercussões personalíssimas; a coisa julgada em favor de terceiros (CPC, art. 506), por exemplo, quando a culpa pelo evento danoso já foi decidida em processo anterior, entre outras partes, mas que pode beneficiar terceiros na mesma situação fática, o que dispensará a prova de idêntico evento danoso.

Nesse sentido, as Corregedorias dos Tribunais, durante o XVI Encontro Nacional do Poder Judiciário, em sintonia com à Estratégia Nacional do Poder Judiciário 2021-2026, aprovaram as Metas Nacionais e as Diretrizes Estratégicas das Corregedorias para 2023, tendo a Diretriz Estratégica 7 afirmado: "Regulamentar e promover práticas e protocolos para o combate à litigância predatória, preferencialmente com a criação de meios eletrônicos para o monitoramento de processos, bem como transmitir as respectivas informações à Corregedoria Nacional, com vistas à alimentação de um painel único, que deverá ser criado com essa finalidade". Preocupado com a litigância predatória, o Superior Tribunal de Justiça, no Tema 1195, assentou que o juiz, vislumbrando a ocorrência de litigância predatória, pode exigir que a parte autora emende a petição inicial com apresentação de documentos capazes de lastrear minimamente as pretensões deduzidas em juízo[188].

---

188. STJ, Tema Repetitivo 1198, REsp 2.021.665/MS, Rel. Min. Moura Ribeiro, afetado em 09.05.2023.

3
AUDIÊNCIA DE CONCILIAÇÃO OU DE MEDIAÇÃO

3.1. INTRODUÇÃO

Dentre as inovações trazidas pelo CPC em relação ao seu antecessor datado de 1973 (CPC/73), estabeleceu-se a possibilidade de realização de audiência de conciliação ou de mediação antes da resposta do réu. Este é citado apenas para participar dessa audiência[1]. E, tão somente se restarem frustrados os mecanismos de autocomposição, começará a correr prazo para o réu contestar.

O CPC aposta em *novos meios* de resolução de controvérsias, por considerá-los mais adequados, rápidos, baratos, eficientes e em consonância com a realidade jurídica brasileira. Por conseguinte, tais meios evitam a imposição de uma decisão pelo Estado-juiz, favorecem a reflexão e o bom senso das partes, além de contribuir para a pacificação social.

Seguindo o mandamento constitucional de que não serão excluídas da apreciação do Poder Judiciário ameaças ou lesões a direitos (CF, art. 5º, inc. XXXV), o CPC estimula, sempre que possível, a solução consensual de conflitos, inclusive no curso do processo judicial (CPC, art. 3º, § 3º), porque a atividade substitutiva da jurisdição deve ser compreendida como subsidiária à resolução dos litígios pelas próprias partes neles envolvidas.

A existência do conflito é uma oportunidade para a aproximar as partes envolvidas, substituindo a cultura da violência pela cultura da paz. Nesse sentido, destaca-se a Resolução 53/243, de 6 de outubro de 1999, pela qual a Organização das Nações Unidas estabeleceu a Declaração e Programa de Ação sobre uma Cultura de Paz, em que se reconhece que a celebração da paz não é apenas resultado da ausência de conflitos, mas um processo dinâmico e participativo, em que se promove o diálogo e a solução de conflitos mediante o entendimento e a cooperação mútuos.

Contudo, essa nova visão envolve uma substancial mudança de paradigmas, inclusive na postura e mentalidade dos operadores jurídicos e dos jurisdicionados. A

---

1. CAMBI, Eduardo. Comentários ao art. 334 do CPC. In: ARRUDA ALVIM WAMBIER, Teresa; DIDIER JR., Fredie; TALAMINI, Eduardo; DANTAS, Bruno (Coord.). *Breves comentários ao Novo Código de Processo Civil*. 2. ed. São Paulo: RT, 2016. p. 922-950.

solução pacífica deve ser buscada em genuína colaboração com todos os envolvidos no conflito de interesses, porque, nesse modelo, não há vencidos ou vencedores, mas pessoas satisfeitas com o resultado mútuo encontrado.

3.2. ACESSO À ORDEM JURÍDICA JUSTA

Encontrando-se no *status* de norma infraconstitucional, o CPC deve ser interpretado conforme os valores e as normas fundamentais estabelecidas na Constituição da República Federativa do Brasil (CF – art. 1º). A hermenêutica contida nos incisos XXXV e LXXVIII do art. 5º da CF assegura o *direito fundamental à tutela jurisdicional*, para que a prestação jurisdicional seja *célere e efetiva*[2]. Um dos enfoques mais importantes desse direito constitucional é o acesso a mecanismos de solução rápida e eficiente dos conflitos para garantir àquele que tem razão tudo aquilo que tenha direito de obter.

Conferir a mais pronta eficácia do reconhecimento do direito material em favor de quem dela precise significa compreender a prestação jurisdicional como um *serviço público* que, para ser eficiente e melhor atender os anseios sociais, precisa ser mais rápido, menos dispendioso, burocrático e formalista.

O postulado constitucional da dignidade humana, como *valor-fonte*[3] que inspira o ordenamento jurídico brasileiro (CF, art. 1º, inc. III), representa significativo *vetor hermenêutico*, reconhecido expressamente pelo CPC (art. 8º), ao impor, além de mecanismos de típica formalidade ao acesso à justiça, outros métodos eficientes para a solução de controvérsias[4]. Isso significa reconhecer que, por detrás de cada processo, existe um drama humano, cujos protagonistas são pessoas de carne e osso e que sofrem diuturnamente com a ineficiência do sistema judicial. Para se manter a esperança na justiça e realmente acreditar no Poder Judiciário, é imprescindível assegurar uma tutela jurisdicional de qualidade.

3.3. DESACESSO À JUSTIÇA

Pela transição de um longo regime ditatorial rumo a um governo sob a égide do Estado Democrático de Direito, somada à promulgação de uma Constituição que se preocupou sobremaneira em garantir, primeiramente, o acesso à justiça, algo que até então sofria grandes cerceamentos, um dos grandes entraves da justiça brasileira não é mais tanto a judicialização de demandas, que cresceu de forma exponencial

---

2. A questão da celeridade e efetividade do inciso LXXVIII do art. 5º da CF foi impulsionada pela promulgação da Emenda Constitucional 45/2004.
3. STF, HC 107108, rel. Min. Celso de Mello, 2ª T., j. 30.10.2012, *DJe* 20.11.2012.
4. CAPPELLETTI, Mauro. Os métodos alternativos de solução de conflitos no quadro do movimento universal de acesso à justiça. *Revista de Processo*, v. 41, p. 405-423. abr.-jun. 1994.

a partir da CF/88, mas o "desacesso à justiça", isto é, a obtenção da efetiva prestação jurisdicional[5].

A expressão "desacesso à justiça" refere-se ao direito fundamental à resolução dos conflitos em tempo razoável, que permita a saída (isto é, a solução do processo) do Poder Judiciário em tempo hábil. No Brasil, até há o acesso à justiça, mas poucos conseguem retirar-se em um prazo razoável, e os que saem o fazem, muitas vezes, pelas "portas de emergência", representadas pelas tutelas provisórias, pois a grande maioria fica lá dentro, aguardando por muito tempo até uma solução definitiva[6]. Desse modo, o desenvolvimento de técnicas processuais voltadas ao "desacesso" da justiça serve para que o sistema judiciário brasileiro se torne mais racional na *entrada,* mas também eficiente e, principalmente, mais *humano* na saída[7].

O desacesso à justiça deve ser visto como uma garantia fundamental, inerente ao disposto no art. 5º, incisos XXXV e LXXVIII, da CF, na medida em que o processo deve ser o principal mecanismo de se efetivar a justiça e resguardar o direito material deduzido em juízo. Afinal, não se pode aceitar um sistema judiciário que agrave, ainda mais, a lesão ao direito que deveria resguardar[8].

O processo judicial não pode e não deve se tornar um fardo insustentável aos litigantes, transmutando-se de mecanismos para solução da controvérsia, para um novo e mais doloroso problema para a resolução dos dramas humanos trazidos ao Poder Judiciário.

O problema do desacesso à justiça deve ser enfrentado a partir de diferentes pontos[9], dentre os quais o estímulo aos meios alternativos à jurisdição de resolução de controvérsias.

Importante frisar, todavia, que não se deve atribuir o sentido "secundário" ao termo meios "alternativos" à jurisdição. Ao contrário, por força do próprio CPC (art. 3º, § 3º), que estimula tais formas de resolução de conflitos, a mediação, a conciliação e outros métodos de solução consensual são tão ou mais importantes que o modelo de imposição heterônoma de uma solução pelo Estado-Juiz.

---

5. CAMBI, Eduardo; CAMACHO, Matheus Gomes. Acesso (e descesso) à justiça e assédio processual. *Revista da Escola Superior de Advocacia da OAB-PR,* n. 1, abr. 2017, p. 75-110.
6. ALVIM, José Eduardo Carreira. *Justiça: acesso e descesso.* Disponível em: [www.egov.ufsc.br/portal/sites/default/files/anexos/17206-17207-1-PB.htm]. Acesso em: 02.12.2015.
7. Idem.
8. GONÇALVES, Vinícius José Corrêa. *Tribunais multiportas:* em busca de novos caminhos para a efetivação dos direitos fundamentais de acesso à justiça e à razoável duração dos processos. Dissertação de Mestrado – apresentada ao Programa de Mestrado em Ciência Jurídica, da Universidade Estadual do Norte do Paraná. Jacarezinho: UENP, 2011. p. 66.
9. GONÇALVES, Vinícius José Correa; BREGA FILHO, Vladimir. Desacesso à justiça como fator de inclusão social. *Anais do XIX Encontro Nacional do CONPEDI.* Fortaleza: CONPEDI, 2010. p. 74.

3.4. OBJETIVOS DOS MEIOS ALTERNATIVOS DE SOLUÇÃO DE CONFLITOS

Os meios alternativos de solução de conflitos contribuem de várias formas, seja para a *desjudicialização* das controvérsias, seja para resolver problemas estruturais da justiça ou mesmo para a autocomposição dos litígios pelas partes envolvidas no conflito, o que proporciona maior satisfação para os envolvidos e contribui para a pacificação social. Aliás, tais meios alternativos substituem o caráter *competitivo* do processo judicial pelo aspecto *cooperativo* (CPC, art. 6º), ao proporcionarem benefícios a todos os envolvidos na disputa (quebra do paradigma *ganhar ou perder*), sem que haja a dicotomia entre vencedores e vencidos.

A necessidade de se combater a *cultura do litígio* fez com que o CNJ editasse a Resolução 125/2010, instituindo a política pública de tratamento adequado dos conflitos de interesses, com o intuito de se estimular métodos autocompositivos de solução de controvérsias.

Nas considerações da Resolução 125/2010 do CNJ, ficou ressaltado, como objetivos estratégicos do próprio Poder Judiciário, a eficiência operacional, o acesso ao sistema de justiça e a responsabilidade social, de modo a inserir o Judiciário na perspectiva *multiportas,* colocando à disposição da sociedade alternativas variadas para se buscar a solução de conflitos. Valorizam-se mecanismos de pacificação por intermédio de outras opções, como a mediação, a conciliação, a orientação ou a própria ação, cabendo ao interessado ponderar quanto aos meios mais eficientes para a solução de seus conflitos.

As vias autocompositivas possuem fundamento social e estão voltadas à pacificação dirigida ao futuro, para prevenir situações de tensões. Isso não é alcançado pela decisão judicial que, não raro, não é bem aceita pela parte vencida (quando não por ambas as partes), bem como se limita a solucionar a lide levada a juízo[10].

3.5. MEIOS ALTERNATIVOS DE SOLUÇÃO DE CONFLITOS ADOTADOS PELO NOVO CÓDIGO DE PROCESSO CIVIL (CPC)

O CPC enaltece os mecanismos alternativos de solução dos conflitos de interesses, os quais podem ser classificados em *heterocompositivos* (quando a decisão é imposta por um terceiro, como no caso da arbitragem) ou *autocompositivos* (quando as partes chegam à solução *de per si*, com a intervenção de um terceiro, como na conciliação ou na mediação).

Assim, destacam-se três meios de evitar a solução da controvérsia pelo Estado-juiz: a conciliação, a mediação e a arbitragem.

A *conciliação* é o método pelo qual as partes, com auxílio de uma terceira pessoa imparcial, procuram chegar a um acordo que seja favorável (ou menos prejudicial) a

---

10. GRINOVER, Ada Pellegrini. Os fundamentos da justiça conciliativa. *Revista de Arbitragem e Mediação*, v. 14, p. 16-21. jul.-set. 2007.

ambas. Foi recomendada pelo art. 165, § 2º, do CPC para os casos em que, preferencialmente, não houver vínculo anterior entre os litigantes, sem qualquer tipo de constrangimento ou intimidação para que as partes conciliem.

De acordo com o Manual de Mediação do CNJ, a conciliação no Poder Judiciário busca, dentre outros objetivos:

> I) além do acordo, uma efetiva harmonização social das partes; II) restaurar, dentro dos limites possíveis, a relação social das partes; III) utilizar técnicas persuasivas, mas não impositivas ou coercitivas para se alcançar soluções; IV) demorar suficientemente para que os interessados compreendam que o conciliador realmente se importa com o caso bem como sua solução encontrada; V) humanizar o processo de resolução de disputas; VI) preservar a intimidade dos interessados sempre que possível; VII) visar a uma solução construtiva para o conflito, com *enfoque prospectivo* para a relação dos envolvidos; VIII) permitir que as partes sintam-se ouvidas; e IX) utilizar-se de técnicas multidisciplinares para permitir que se encontrem soluções satisfatórias no menor prazo possível[11].

A conciliação promove a maior inter-relação existente entre as partes em conflito, sendo que o papel do conciliador deve ser ativo, podendo apresentar sugestões com o objetivo de evitar os desgastes da batalha judicial[12].

A *mediação*, por sua vez, deve ocorrer prioritariamente nos casos em que houver vínculo anterior entre as partes, as quais contratam terceira pessoa de sua confiança ou aceitam que terceiro imparcial lhes auxiliem na busca de um acordo. O mediador deve ajudar as partes a compreender as questões e os interesses em conflito, de modo que elas possam, pelo reestabelecimento da comunicação, identificar, por si próprias, soluções consensuais que gerem benefícios mútuos (CPC, art. 165, § 3º). O art. 1º, parágrafo único, da Lei 13.140/2015 (Lei da Mediação) define a mediação como "a atividade técnica exercida por terceiro imparcial sem poder decisório que, escolhido ou aceito pelas partes, as auxilia e estimula a identificar ou a desenvolver soluções consensuais para a controvérsia", que se compatibilizem com os seus interesses e necessidades.

A mediação se utiliza da negociação, tendo como eixo de referência o enfrentamento do problema de forma conjunta por ambas as partes e não somente por uma delas, por meio da cooperação. Com isso, é uma ferramenta que oferece o pensar sobre o futuro de maneira coletiva, e não individual, buscando soluções que atendam não apenas as posições iniciais, mas sim todos os interesses envolvidos[13].

A *arbitragem*, por sua vez, está regulamentada pela Lei 9.307/1996 (Lei de Arbitragem) e é um método pelo qual as partes resolvem transferir a um árbitro ou a uma entidade especializada a solução do conflito. Trata-se de medida heterocompositiva de solução de conflitos, pois as partes, em comum acordo, elegem um terceiro ou um colegiado, que terá(ão) poderes para solucionar a controvérsia extrajudicialmente.

---

11. AZEVEDO, André Gomma de (Org.). *Manual de mediação judicial*. 5. ed. Brasília: CNJ, 2015. p. 22.
12. BRAGA NETO, Adolfo. Aspectos relevantes sobre mediação de conflitos. *Revista de Arbitragem e Mediação*, v. 15, p. 85-101. out.-dez. 2007.
13. Idem, ibidem.

Ressalte-se que a decisão arbitral vincula as partes e tem eficácia título executivo judicial (CPC, art. 515, inc. VII).

Embora a conciliação, a mediação e a arbitragem tenham sido destacadas pelo CPC, o legislador não excluiu o emprego de "outros métodos de solução de conflitos" (CPC, art. 3º, § 3º).

Dentre estes métodos, podem ser lembrados: I – a *avaliação neutra preliminar*: havendo impasse nas negociações e antes de iniciar um outro método alternativo de disputas ou de ingressar com uma ação judicial, as partes podem ouvir a opinião de um especialista quanto a melhor forma de resolução do conflito; II – a *facilitação de diálogos apreciativos*: cuja função principal é auxiliar o processo de comunicação, para que as pessoas envolvidas compartilhem seus pontos de vista e ouçam os dos demais, na tentativa de melhor compreenderem a situação, não sendo o objetivo principal a realização de acordos; III – os *comitês de resolução de disputas*: pela instituição de um grupo de profissionais qualificados na área do negócio ou do empreendimento que atua na resolução dos conflitos, evitando que se transformem em longas demandas[14]; IV – as práticas da Justiça Restaurativa[15]: disciplinada na Resolução 225/2016 do CNJ, cujo art. 1º a define como "um conjunto ordenado e sistêmico de princípios, métodos, técnicas e atividades próprias, que visa à conscientização sobre os fatores relacionais, institucionais e sociais motivadores de conflitos e violência, e por meio do qual os conflitos que geram dano, concreto ou abstrato", os quais devem ser solucionados: a) com necessária participação do ofensor, e, quando houver, da vítima, bem como das suas famílias e dos demais envolvidos no fato danoso, além da presença dos representantes da comunidade, direta ou indiretamente, atingida pelo fato e de um ou mais facilitadores restaurativos; b) com a coordenação de facilitadores capacitados em técnicas autocompositivas e consensuais de solução de conflitos, próprias da Justiça Restaurativa, podendo ser servidor do tribunal, agente público, voluntário ou indicado por entidades parceiras; c) tendo como foco a satisfação das necessidades de todos os envolvidos, a responsabilização ativa daqueles que contribuíram, direta ou indiretamente, para a ocorrência do fato danoso e o empoderamento da comunidade, destacando a necessidade da reparação do dano e da recomposição do tecido social rompido pelo conflito e as suas implicações para o futuro)[16]; V – as constelações sistêmicas: terapia familiar desenvolvida pelo psicoterapeuta Bert Hellinger, pautada no estudo e análise das di-

---

14. VASCONCELOS, Carlos Eduardo de. *Mediação de conflitos e práticas restaurativas*. 4. ed. Rio de Janeiro: Forense; São Paulo: Método, 2015. p. 55.
15. Cf. ZEHR, Howard. *Justiça Restaurativa*. Trad. Tônia Van Acker. São Paulo: Palas Athena, 2015.
16. Tal Resolução traz, ainda, um compilado das normatizações já existentes em unidades judiciárias que adotam as práticas restaurativas, incentivando a sua aplicação por todos os Tribunais de Justiça. Vale destacar que diversos projetos trabalham com a Justiça Restaurativa no Brasil, com ênfase na aplicação a jovens infratores, conflitos intrafamiliares, no âmbito escolar e mesmo na esfera da Justiça Criminal. A Justiça Restaurativa também é uma realidade em diversas unidades do Ministério Público brasileiro, em especial a partir da Resolução 118/2014, do Conselho Nacional do Ministério Público, cujos arts. 13 e 14, recomenda as práticas restaurativas nas situações para as quais seja viável a busca da reparação dos efeitos da infração por intermédio da harmonização entre o (s) seu (s) autor (es) e a (s) vítima (s), com o objetivo de restaurar o convívio social e a efetiva pacificação dos

nâmicas ocultas nos conflitos, ou seja, tudo aquilo que leva à ocorrência dos mesmos; procura analisar os fatores atuais e passados que motivaram a prática da violência ou alguma resistência de natureza menos grave; as partes selecionam, entre um conjunto de voluntários, representantes para si próprios e para os outros membros da família; a partir dessa escolha, tais representantes irão atuar como se fossem as pessoas envolvidas no conflito; como em uma peça de teatro, as partes observarão a cena, para poderem entender melhor os fatos e sentimentos envolvidos; a resolução do conflito se dá por meio da compreensão de fatores emocionais e a partir da conscientização de atos indevidos anteriormente praticados[17].

Portanto, com a crescente busca pela paz social e pela efetiva resolução dos conflitos, surgem formas variadas e alternativas para a solução das mais diversas controvérsias. Tais métodos – ainda que atípicos – podem ser estimulados, desde que estejam de acordo com a Constituição Federal (CPC, art. 1º), quando forem capazes de estimular o diálogo, ampliar a participação da sociedade e a construção de soluções pacíficas e duradouras, em que todos os envolvidos sejam beneficiados.

3.6. CARACTERÍSTICAS DOS MEIOS ALTERNATIVOS DE SOLUÇÃO DOS LITÍGIOS

Como já mencionado, o CPC trouxe inovações quanto aos meios alternativos de solução dos litígios. São formas *preferenciais* de resolução dos litígios, cujas vantagens para a solução pacífica do conflito, destacam-se, dentre outras[18]: a redução do desgaste emocional e do custo financeiro; a construção de soluções adequadas às reais necessidades e possibilidades dos interessados; maior satisfação dos interessados envolvidos; mais rapidez na resolução dos litígios; desburocratização da solução dos conflitos, especialmente em razão da informalidade que impera nas sessões de mediação ou de conciliação; possibilidade do litígio ser resolvido por profissional escolhido pelos interessados, conforme a natureza da questão e com a garantia de privacidade e de sigilo.

O reconhecimento de técnicas passíveis de romper com a tradicional forma de distribuição da justiça é chamado de *descentralização* da justiça, cujo objetivo é ampliar o acesso à justiça, tornando-a mais simplificada e acessível, de modo a dar uma maior credibilidade ao Poder Judiciário junto à população[19].

---

relacionamentos, mediante a formulação, pelas partes envolvidas e com a ajuda de um facilitador, de um plano restaurativo para a reparação ou minoração do dano, a reintegração do infrator e a harmonização social.

17. HELLINGER, Bert. *Ordens do Amor: um guia para o trabalho com constelações familiares.* Trad. Newton de Araújo Queiroz. São Paulo: Editora Cultrix, 2014. p. 11.

18. FAGUNDES CUNHA, José Sebastião. Comentários ao art. 334 do CPC. In: FAGUNDES CUNHA, José Sebastião (Coord.-geral); BOCHENEK, Antônio César; CAMBI, Eduardo (Coord.). *Código de Processo Civil comentado.* São Paulo: RT, 2015. p. 595.

19. CAMBI, Eduardo; FARINELLI, Alisson. Conciliação de mediação no Novo Código de Processo Civil (PLS 166/2010). *Revista de Processo*, v. 194, p. 421-450. abr. 2011.

Incumbe ao juiz o dever de promover tais meios alternativos de solução de conflitos, a qualquer tempo[20], preferencialmente com o auxílio de conciliadores e de mediadores judiciais (CPC, arts. 139, inc. V, 359 e 694). Estando os autos no Tribunal de Justiça ao qual o juízo de primeiro grau subordina-se, incumbe ao relator estimular e homologar a autocomposição entre as partes (CPC, art. 932, inc. I).

O magistrado deve entender que conciliar é tarefa tão essencial e intrínseca de seu ofício jurisdicional quanto dirigir processos ou proferir sentenças, porque, não raro, esse último método de resolução de controvérsias é mais lento e custoso do ponto de vista material e psicológico, com resultados parciais no plano das lides sociológicas subjacentes[21].

O Oficial de Justiça, por sua vez, deverá, no mandado, certificar eventual proposta de autocomposição apresentada por qualquer das partes, para que o juiz possa intimar a parte contrária para se manifestar, no prazo de cinco dias, sem prejuízo do andamento regular do processo, entendendo-se o silêncio como recusa (CPC, art. 154, inc. VI e parágrafo único).

Os meios alternativos de solução de litígios são marcados pela *autonomia da vontade* e pela *voluntariedade* das partes na eleição da forma de composição da controvérsia. Para se convencerem dos benefícios desses meios, os litigantes têm direito à informação integral sobre os benefícios de autocomposição. Porém, jamais podem ser constrangidas nem coagidas a fazê-lo, porque podem optar pelo transcurso regular do procedimento legal.

São características marcantes desses meios alternativos a ausência de formas rígidas (*informalidade*) e o desapego à burocracia, uma vez que as partes têm autonomia para estabelecer regras para a solução das controvérsias, inclusive para a definição de regras procedimentais, desde que estas não sejam nulas, abusivas ou prejudiquem a situação da parte em manifesta situação de vulnerabilidade (CPC, arts. 166, § 4º, e 190, parágrafo único).

Essa informalidade também se revela em outras características como a *simplicidade* e a *oralidade*.

Para o funcionamento eficiente desses meios alternativos, é indispensável assegurar a *imparcialidade*, cabendo ao árbitro, conciliador ou mediador o dever de revelar às partes, antes de aceitar a função, qualquer circunstância que possa colocar em dúvida a sua imparcialidade para mediar o conflito (Lei 9.307/1996, art. 14; CPC, art. 170; e Lei 13.140/2015, art. 5º).

---

20. Pelo Enunciado 485 do FPPC, afirma-se: "É cabível conciliação ou mediação no processo de execução, no cumprimento de sentença e na liquidação de sentença, em que será admissível a apresentação de plano de cumprimento da prestação".

21. PELUSO, Cesar. Mediação e conciliação. *Revista de Arbitragem e Mediação*, v. 30, p. 15-18. jul.-set. 2011.

Outra importante característica é a *celeridade*, na medida em que os meios alternativos de solução dos litígios evitam ou abreviam a necessidade do devido processo legal e, assim, concretizam a garantia fundamental da razoável duração do processo (CF, art. 5º, inc. LXXVIII; CPC, art. 4º)[22].

Também é importante ressaltar que tais métodos estão baseados na busca pelo consenso, na *boa-fé*, bem como na *cooperação* dos envolvidos nos litígios (CPC, arts. 5º e 6º), em vez de uma atuação *competitiva* do processo judicial.

Além disso, os meios alternativos de solução dos litígios também são marcados pela *confidencialidade* em relação a terceiros. Todas as informações produzidas no curso do procedimento não podem ser usadas para fim diverso daquele deliberado pelas partes, nem mesmo em processo judicial ou arbitral, salvo se houver expresso consentimento dos ouvidos, quando for exigido por lei (*v.g.*, quando se trata de crime de ação pública ou quando é devida à prestação de informações à administração tributária) ou, ainda, quando for necessário para o cumprimento do acordo obtido pela conciliação ou pela mediação (CPC, art. 166, § 1º; Lei 13.140/2015, arts. 30-31).

Cabe ao árbitro, conciliador ou mediador advertir as partes presentes sobre a extensão do princípio da confidencialidade, e, nas atas das sessões de conciliação e de mediação, somente devem ser registradas as informações expressamente autorizadas por todas as partes (Lei 13.140/2015, art. 14 e Enunciados 56 e 62, produzidos no Seminário Poder Judiciário e o CPC, organizado pela ENFAM, entre os dias 26 e 28.08.2015). Atente-se, ainda, que o conciliador e o mediador, assim como os membros de sua equipe, são proibidos de divulgar ou depor acerca de fatos ou elementos oriundos da conciliação ou da mediação (CPC, art. 166, § 2º), bem como de advogarem para uma das partes no litígio em que atuaram ou outros processos conexos (Lei 8.904/94, art. 28, inc. IV).

Porém, respeitado o princípio da confidencialidade e resguardado o trâmite processual em segredo de justiça nas hipóteses do art. 189 do CPC, a solução alternativa das controvérsias também se submete ao princípio da publicidade. Por força do art. 189, inc. IV, do CPC, tramitam em segredo de justiça os processos que versem sobre arbitragem, inclusive sobre cumprimento de carta arbitral (Lei 9.307/1996, art. 22-C), desde que a arbitragem seja comprovada perante o juízo.

A eficácia desses meios alternativos igualmente depende da participação pessoal das partes ou, excepcionalmente, de seus representantes, desde que constituídos por procuração específica, com poderes para negociar e transigir (CPC, art. 334, § 10).

O art. 334, § 9º, do CPC afirma que as partes "devem" estar acompanhadas por seus advogados ou defensores públicos. A celebração de qualquer modalidade de transação é

---

22. COMOGLIO, Luigi Paolo. Durata ragionevole del giudizio e forme alternative di tutela. *Revista de Processo*, v. 151, set. 2007, p. 72-98.

ato pessoal da parte; por isso, o acompanhamento de um advogado é um "ônus", não um "dever" da parte. Assim, a ausência de advogado não invalida a celebração do acordo[23].

Embora não se comine nenhuma sanção, é importante a assistência jurídica por advogados, constituídos ou designados, ou, ainda, por defensores públicos (CPC, art. 334, § 9º), mesmo nas hipóteses previstas nas Leis 9.099/1995 e 10.259/2001 (Lei 13.140/2015 – CPC, art. 26), para que se assegure o princípio da igualdade em sentido material e possa haver uma participação equilibrada dos litigantes na formação da decisão.

A presença de advogados assegura o cumprimento das normas jurídicas, evita que as partes sejam surpreendidas e garante uma maior exequibilidade dos acordos. Portanto, caso uma ou ambas as partes não estejam assistidas por advogado ou defensor, e se vislumbrar prejuízo à justa composição do conflito, é necessário suspender a audiência, verificar se a(s) parte(s) possui(em) condições de contratar advogado e, em caso negativo, determinar a participação da Defensoria Pública ou designar advogado dativo para a(s) parte(s) não assistida(s). Além disso, tais meios alternativos têm a assistência e o auxílio de um terceiro – árbitro, conciliador ou mediador – diferente das partes.

A solução das controvérsias pelos meios alternativos promove a *economia processual*, ao se evitar a prática de atos processuais revestidos de estrita formalidade para o conhecimento dos fatos – como as provas – ou a resolução definitiva da causa (impugnações, recursos, cumprimento de sentença etc.).

A resolução do litígio mediante conciliação ou mediação se submete à homologação por sentença do termo da autocomposição (CPC, art. 334, § 11), para a obtenção de eficácia executiva (CPC, art. 515, inc. II e II). No entanto, tais regras não se aplicam: a) à sentença arbitral que produz, entre as partes e seus sucessores, os mesmos efeitos da sentença proferida pelos órgãos do Poder Judiciário e, sendo condenatória, constitui título executivo (Lei 9.307/1997, art. 31); b) quando a conciliação/mediação é obtida fora do processo judicial e possui eficácia de título executivo extrajudicial (*v.g.*, arts. 784, incs. IV e XII, do CPC, 211 da Lei 8.069/1990, 5º, § 6º, da Lei 7.347/85 e 1º e 11 da Resolução 179/2017 do CNMP).

Outra vantagem dos meios alternativos de solução de controvérsias é a possibilidade de inclusão, na autocomposição judicial, de sujeitos estranhos ao processo e sobre relações jurídicas não deduzidas em juízo. Todos eles passam a estar vinculados à resolução alternativa dos conflitos, após a decisão homologatória, pelo título executivo judicial (CPC, art. 515, inc. II, e § 2º). Trata-se de um desdobramento do princípio constitucional da liberdade (CF, arts. 5º, *caput*, e 170, par. ún.), do qual decorre o respeito pela autorregulação das vontades no âmbito processual, desde que não haja regra expressa em sentido contrário. O princípio do *in dubio pro libertate* está presente, por exemplo, em dispositivos como o art. 3º, inc. V, da Lei 13.874/2019 ("Art. 3º São direitos

---

23. WAMBIER, Luiz Rodrigues; TALAMINI, Eduardo. *Curso avançado de Processo Civil*. 11. ed. São Paulo: RT, 2010. v. 1. p. 131.

de toda pessoa, natural ou jurídica, essenciais para o desenvolvimento e o crescimento econômicos do País, observado o disposto no parágrafo único do art. 170 da Constituição Federal: (...) V – gozar de presunção de boa-fé nos atos praticados no exercício da atividade econômica, para os quais as dúvidas de interpretação do direito civil, empresarial, econômico e urbanístico serão resolvidas de forma a preservar a autonomia privada, exceto se houver expressa disposição legal em contrário").

Por fim, admite-se a adoção de métodos alternativos de solução de controvérsias sem que haja a intervenção do Estado-Juiz, por força do art. 784, inc. IV, do CPC. Assim, o instrumento de transação referendado por qualquer integrante da relação processual (Ministério Público, Defensoria Pública, Advocacia Pública, advogados dos transatores ou por conciliador ou mediador credenciado por tribunal) constitui *título executivo extrajudicial*, sem prejuízo da elaboração de Termo de Ajustamento de Conduta (TAC).

3.7. CULTURA DA PACIFICAÇÃO SOCIAL

A base e grande fundamento para a realização da justiça é a construção da cultura de paz que, defendida pela ONU e por instituições públicas e movimentos sociais em todo o mundo, está relacionada à prevenção e à resolução não violenta dos conflitos[24]. Tal cultura está arraigada nos valores da tolerância e da solidariedade, bem como no pluralismo e no respeito de opiniões, para resolver os problemas por meio do diálogo, da negociação e da mediação.

A efetivação dos meios alternativos de solução dos conflitos transcende a sua mera previsão formal no CPC. É imprescindível, para o sucesso das medidas adotadas no CPC, a realização de campanhas de conscientização popular e de educação para o exercício da cidadania, acompanhadas da capacitação dos operadores do direito e de investimentos na formação e na adequada remuneração de conciliadores e de mediadores, com o envolvimento de todos os atores do sistema de justiça (Poder Judiciário, Ministério Público, Defensoria Pública, OAB, Ministério da Justiça, AGU, Procuradorias dos Estados e dos Municípios etc.) na construção de uma *política nacional* integrada de valorização dos meios alternativos de solução dos conflitos de interesses.

Nesse sentido, destaca-se o II Pacto Republicano[25], consistente na união dos três poderes da República (Legislativo, Executivo e Judiciário) em torno de pautas jurídicas consensuais, em benefício do acesso à justiça e sua efetividade, assinado em 13 de abril de 2009 que, dentre os compromissos assumidos, incluiu o fortalecimento da mediação e da conciliação, para se estimular a resolução dos conflitos por meios autocompositivos, voltados à maior pacificação social e a menor judicialização.

---

24. BONAVIDES, Samia Saad Gallotti; LOPES, Soraya Saad. As práticas restaurativas como novo paradigma para resolução de controvérsias. In: CAMBI, Eduardo; MARGRAF, Alencar Frederico (Org.). *Direito e justiça*: estudos em homenagem a Gilberto Giacoia. Curitiba: Ministério Público, 2016. p. 626-627.
25. Disponível em: [www.planalto.gov.br/ccivil_03/Outros/Iipacto.htm]. Acesso em: 30.03.2017.

Vale destacar ainda as Resoluções 1.999/26, 2.000/14 e 2.002/12 da ONU para fins de implementação da Justiça Restaurativa. Em novembro de 2015, dentre as oito metas aprovadas no 9º Encontro Nacional do Poder Judiciário, realizado pelo CNJ, duas se referem à cultura da pacificação social: "Meta 3: Aumentar os casos solucionados por conciliação (Justiça Federal, Justiça Estadual e Justiça do Trabalho) em relação aos anos anteriores"[26-27]; e "Meta 8: Implementar práticas de Justiça Restaurativa".

Já em maio de 2016 foi publicada a Resolução 225 do CNJ dispondo sobre a Política Nacional de Justiça Restaurativa no âmbito do Poder Judiciário, cujo art. 1º, *caput*, trouxe a seguinte definição:

> A Justiça Restaurativa constitui-se como um conjunto ordenado e sistêmico de princípios, métodos, técnicas e atividades próprias, que visa à conscientização sobre os fatores relacionais, institucionais e sociais, motivadores de conflitos e violência, e por meio do qual os conflitos que geram dano, concreto ou abstrato, são solucionados de modo estruturado (...).

Enquanto a Justiça Retributiva está centralizada na responsabilização pelo Estado da conduta ilícita, por meio da imposição de sanções, a Justiça Restaurativa busca, com a promoção do diálogo entre a vítima, o ofensor e a comunidade, meios de reconciliação, reparação (seja dos danos materiais ou psicológicos, seja a meramente simbólica) e segurança[28].

Também é importante que as Faculdades de Direito deem atenção e insiram em seus currículos disciplinas e/ou cursos específicos a respeito dos métodos alternativos de solução dos conflitos. Infelizmente, a "cultura do litígio" é o padrão ensinado e difundido no ensino jurídico dentro de grande parte dos cursos de graduação em Direito no Brasil, refletindo-se na atuação dos profissionais na realidade jurídica pátria.

3.8. POLÍTICA JUDICIÁRIA NACIONAL DE TRATAMENTO ADEQUADO DOS CONFLITOS DE INTERESSES NO ÂMBITO DO PODER JUDICIÁRIO

Tanto a conciliação quanto a mediação integram a Política Judiciária Nacional de tratamento dos conflitos de interesses, desenvolvida pelo CNJ e voltada a assegurar a todos o direito à solução dos conflitos por meios adequados à sua natureza e peculiaridade.

Igualmente são considerados instrumentos efetivos de pacificação social, prevenção e resolução de litígios, além de técnicas de redução da excessiva judicialização dos conflitos de interesses e de diminuição da quantidade de recursos e execuções de sentenças.

---

26. Para 2018, tal meta foi novamente instituída, recomendando-se que, na Justiça Federal, se chegue ao percentual mínimo de 2% dos processos conciliados em relação aos distribuídos. Para a Justiça do Trabalho, busca-se aumentar o índice de conciliação na fase de conhecimento, em relação ao percentual do biênio 2013/2014, em 2 pontos percentuais, com cláusula de barreira de 48%.

27. ZEHR, Howard. *Trocando as lentes*: um novo foco sobre o crime e a justiça. 2. ed. Trad. Tônia Van Acker. São Paulo: Palas Athena, 2014. p. 170-171.

28. Idem, ibidem.

Tal Política Judiciária Nacional foi regulamentada pelo CNJ na Resolução 125, de 29.11.2010[29], embora já tenha sido incentivada pela Recomendação 8, de 27.02.2007, do CNJ, bem como em campanhas como a da Semana Nacional de Conciliação, realizada desde 2007. Nessa Semana, os Tribunais fazem uma triagem de processos em que se vislumbre a possibilidade de um acordo, intimando-se as partes envolvidas no conflito. É possível, inclusive, que os cidadãos ou as instituições, como empresas (*v.g.*, bancos, seguradoras, operadoras de telefonia etc.) e órgãos públicos, postularem pela realização de acordos quando identificam demandas padronizadas e repetitivas.

O CPC incentiva a execução de programas, instituídos pelo Poder Judiciário, para promover a autocomposição, prevendo a suspensão dos prazos processuais e incumbindo os Tribunais de especificar, com antecedência, a duração dos trabalhos (CPC, art. 221, parágrafo único).

Por sua vez, o art. 16 da Lei 13.140/2015 permite que as partes se submetam à mediação ainda que haja processo arbitral ou judicial em curso, hipótese em que o mediador deve requerer ao árbitro ou ao juiz a suspensão do processo por prazo *suficiente* para a solução consensual do litígio. Ao referir-se a prazo "suficiente", a referida regra traz uma especificidade: não predefine o tempo para a suspensão do processo arbitral ou judicial; por isso, enquanto durar a mediação extrajudicial tal processo deve permanecer suspenso. Contudo, o juiz pode retomar o curso processual quando evidenciada a má-fé das partes (*v.g.*, art. 142 do CPC), não for tomada nenhuma medida concreta e idônea para a instauração ou o desenvolvimento do procedimento de mediação ou houver inequívoco abandono desse procedimento[30].

Ademais, as partes podem, a qualquer tempo, independentemente da regra contida no art. 16 da Lei 13.140/2016, requerer a suspensão do processo por até 06 (seis) meses para promoverem a autocomposição ou a arbitragem (CPC, art. 313, inc. II e § 2º). De igual modo, nas ações de família, o art. 694, parágrafo único, do CPC permite, expressamente, a suspensão do processo enquanto os litigantes se submeterem a mediação extrajudicial ou o atendimento multidisciplinar (CPC, art. 694, parágrafo único).

3.9. POLÍTICA NACIONAL DE INCENTIVO À AUTOCOMPOSIÇÃO NO ÂMBITO DO MINISTÉRIO PÚBLICO

Uma das maiores preocupações estratégicas do Ministério Público em âmbito nacional, enquanto instituição, é ampliar a *resolução extrajudicial* dos conflitos. Para prevenir os conflitos, controvérsias e problemas, reduzir a judicialização de demandas, assegurar maior eficiência e eficácia institucionais na proteção da ordem jurídica, do regime democrático e dos direitos e interesses sociais e individuais indisponíveis (CF,

---

29. PELUSO, Cezar. Mediação e conciliação. *Revista de Arbitragem e Mediação*, v. 30, jul.-set. 2011, p. 15-18.
30. TALAMINI, Eduardo. Suspensão do processo judicial para realização de mediação. *Revista de processo*, v. 277, mar. 2018, p. 575.

art. 127, *caput*) e ampliar os instrumentos efetivos de pacificação social, o CNMP editou a Resolução 118, de 01.12.2014.

Essa Resolução estabelece a Política Nacional de Incentivo à Autocomposição, voltada à implementação e à adoção de mecanismos como a negociação, a mediação, a conciliação, o processo restaurativo e as convenções processuais.

A negociação é recomendada ao Ministério Público para as controvérsias ou conflitos em que a instituição venha a atuar na condição de parte ou representante adequado e legitimado coletivo universal na defesa de direitos e de interesses da sociedade (CF, art. 129, inc. III), bem como para a formulação de convênios, redes de trabalho, parcerias entre entes públicos e privados ou entre ramos, unidades e no interior do próprio Ministério Público (Res. CNMP 118/2014, art. 8º). Portanto, a Resolução 118/2014 do CNMP enfatiza que o Ministério Público deve ampliar sua atuação para utilizar todos os métodos de acesso à justiça que sejam compatíveis com a sua função[31].

O Ministério Público deve usar a mediação para que, de forma imparcial, promova o empoderamento dos envolvidos, criando um ambiente propício no escopo de se aproximar as partes divergentes para que, em conjunto, previnam ou resolvam de forma direta e voluntária, controvérsias ou conflitos judicializados ou ainda não judicializados (Res. CNMP 118/2014, arts. 9º e 10).

A atuação do Ministério Público por meio da conciliação é indicada quando ele atua como fiscal da ordem jurídica (CPC, art. 178 e Recomendação 34/2016 do CNMP) e quando seja necessária a respectiva intervenção da instituição, devendo propor soluções para a resolução das controvérsias ou dos conflitos (Res. CNMP 118/2014, arts. 10 e 11).

Nos processos restaurativos, o Ministério Público deve atuar como um facilitador qualificado entre infratores, vítimas e quaisquer outras pessoas ou setores (público ou privado) da comunidade afetada, para auxiliar na formulação de um plano restaurativo humanizado para que haja a reparação ou minoração de danos bem como a reintegração do infrator na comunidade e a pacificação social (Res. CNMP 118/2014, arts. 13 e 14).

Ainda, os membros do Ministério Público podem formular convenções processuais (prévias ou incidentais) em qualquer fase da investigação (inclusive como cláusulas de termo de ajustamento de conduta), ou mesmo durante o processo judicial. Tais convenções visam constituir, modificar ou extinguir situações jurídicas processuais, para adaptar ou flexibilizar o procedimento com a finalidade de permitir a adequada e efetiva tutela jurisdicional aos direitos materiais defendidos pela instituição, além de restaurar o convívio social e a efetiva pacificação dos relacionamentos entre as partes envolvidas (Res. CNMP 118/2014, arts. 15 a 17). As convenções processuais podem ser inseridas e documentadas em cláusulas de termo de ajustamento de conduta.

---

31. ARLÉ, Danielle de Guimarães Germano. *Mediação, negociação e práticas restaurativas no Ministério Público*. Belo Horizonte: Editora D'Plácido, 2016. p. 63.

Ademais, essas convenções processuais, enquadradas na categoria dos negócios jurídicos, para serem válidas dependem do expresso consentimento da parte contrária e devem ser circunscritas pelos limites impostos pela exegese dos arts. 190 e 191 do CPC. O negócio jurídico processual não se sujeita a um juízo de conveniência pelo juiz. Cabe, todavia, ao magistrado recusar as mudanças no procedimento em casos de nulidade, de inserção de cláusulas abusivas em contrato de adesão ou em que alguma parte se encontre em manifesta situação de vulnerabilidade[32] (*v.g.*, não são admissíveis convenções processuais para modificar regra de competência absoluta ou quando a parte, em manifesta situação de vulnerabilidade, estiver sem assistência técnico-jurídica).

A indisponibilidade do direito material não impede, por si só, a celebração de negócio jurídico-processual (Cf. Enunciado 135 do FPPC). Por isso, admite-se que o Ministério Público ou qualquer outro legitimado para as ações civis públicas possa celebrar convenções processuais, por exemplo, para que as partes se submetam previamente à mediação ou à conciliação, bem como que paralelamente busquem a justiça restaurativa; para se ampliar os prazos que possuem para praticar atos processuais; para a ampliação dos meios de prova; para que o investigado abra espontaneamente seu sigilo de dados, bancário ou telefônico; ou para que haja a inversão do ônus da prova, nos termos do art. 373, § 1º do CPC (pela aplicação da teoria da distribuição dinâmica do ônus da prova).

O art. 784, inc. IV, do CPC, com o escopo de ressaltar a atuação extrajudicial, estabelece que o instrumento de *transação* referendado pelo Ministério Público é título executivo extrajudicial. Porém, advirta-se que a transação não se confunde com o termo de ajustamento de conduta, por ser um negócio jurídico bilateral que pressupõe a disponibilidade do direito em causa e, por isso, recai sobre direitos patrimoniais de caráter privado (CC, arts. 840-841).

A mediação pode ser iniciada no Ministério Público, inclusive com as equipes de apoio técnico à execução que compõem os quadros de servidores da instituição (*v.g.* assistentes sociais, psicólogos, pedagogos etc.), ou com auxílio de outras entidades públicas ou privadas (como as universidades, associações de bairros, conselhos de direitos etc.), antes de sua judicialização, durante o processo ou mesmo depois dele, uma vez que, se obtido acordo referendado pelo Ministério Público, antes de haver processo judicial, este pode ser, eventualmente, levado ao Poder Judiciário para homologação.

Se estiver em curso processo judicial, esse deve ser suspenso até realização da mediação e, havendo acordo, deve ser solicitada sua homologação. Mesmo após o trânsito em julgado da decisão judicial, o Ministério Público também pode resolver, pela autocomposição, questões relativas ao cumprimento de sentença e à sua execução[33].

---

32. STJ, REsp 1810444/SP, 4ª T., rel. Min. Luis Felipe Salomão, j. 23.02.2021, *DJe* 28.04.2021.
33. ARLÉ, Danielle de Guimarães Germano. *Mediação, negociação e práticas restaurativas no Ministério Público.* Belo Horizonte: Editora D'Plácido, 2016, p. 193.

Nos litígios envolvendo direitos indisponíveis, notadamente no âmbito da tutela dos direitos coletivos, difusos e individuais homogêneos, os métodos de autocomposição podem favorecer a celebração de termos de ajustamento de conduta (arts. 211 da Lei 8.069/1990 – Estatuto da Criança e do Adolescente, art. 113 do Código de Defesa do Consumidor, art. 5º, § 6º, da Lei 7.347/85 – Lei da Ação Civil Pública, regulamentado pela Resolução 179/2017 do CNMP, e art. 79-A, §§ 1º ao 8º, da Lei 9.605/1998 – Lei de Crimes Ambientais) ou a elaboração de recomendações administrativas (arts. 6º, inciso XX, da Lei Complementar 75/1993 – Lei do Ministério Público da União e art. 27, inc. I e parágrafo único, inc. IV, da Lei 8.625/1993 – Lei Orgânica Nacional do MP), o que, além de prevenir ou resolver os conflitos, também propicia o aperfeiçoamento de políticas públicas indispensáveis à efetivação de direitos fundamentais sociais.

A Recomendação 54, de 28.03.2017, do Conselho Nacional do Ministério Público (CNMP), dispõe sobre a Política Nacional de Fomento à Atuação Resolutiva do Ministério Público brasileiro. Vale destacar o art. 1º, § 2º, desta Recomendação, pelo qual sempre que possível e observadas as peculiaridades do caso concreto deve ser priorizada a resolução extrajudicial do conflito, controvérsia ou situação de lesão ou ameaça, especialmente quando essa via se mostrar capaz de viabilizar uma solução mais célere, econômica, implementável e capaz de satisfazer adequadamente as legítimas expectativas dos titulares dos direitos envolvidos, contribuindo para diminuir a litigiosidade.

3.10. ÉTICA DO ADVOGADO

Conforme dispõe o art. 33 do Estatuto da Advocacia (Lei 8.906/1994), "o advogado obriga-se a cumprir rigorosamente com os deveres consignados no Código de Ética e Disciplina". Este Código prevê, no art. 2º, parágrafo único, inc. VI, ser dever do advogado "estimular a conciliação entre os litigantes, prevenindo, sempre que possível, a instauração de litígios", de modo que o advogado exerce papel ativo e relevante na assessoria jurídica dos litigantes, no cumprimento das normas jurídicas e na resolução adequada dos conflitos.

Tanto na conciliação quanto na mediação é função dos advogados[34]:

a) exigir o cumprimento das regras e dos princípios da autocomposição, fazendo respeitar-se a imparcialidade, a isonomia entre as partes, a oralidade, a informalidade, a autonomia da vontade das partes, a confidencialidade e a boa-fé;

b) identificar as situações que causam e fundamentam o litígio entre as partes, sem personalizar o conflito, porque tal equívoco na forma de compreendê-lo acarreta um acirramento das disputas internas, inviabilizando sobremaneira a utilização dos meios de autocomposição, os quais não seguem a lógica dicotômica do *ganhar ou perder*. Pelo contrário, a autocomposição está baseada predominantemente na colaboração e

---

34. ORLANDO, Fabíola. Relevantes contribuições do advogado para a mediação. In: GOETTENAUER, Igor Lima (Coord.) *Manual de mediação de conflitos para advogados*. Brasília: Ministério da Justiça, 2014. p. 82-86.

na cooperação entre as partes, na tentativa de se encontrar soluções consensuais e que possam trazer benefícios para ambos os litigantes;

c) sistematizar os interesses de ambas as partes e salientar os argumentos para favorecer a posição de seu cliente, sem descuidar de um enfoque na harmonização do conflito e na obtenção de ganhos mútuos, procurando evitar-se o tecnicismo jurídico e um apego exagerado às formas, sem prejuízo de estabelecer os limites jurídicos a serem considerados, inclusive para se impedir nulidades;

d) evitar análises subjetivas, buscando critérios críveis para a formulação de proposições ou para examinar as propostas trazidas pela outra parte e/ou pelo conciliador/mediador;

e) usar da criatividade para a elaboração de soluções consensuais, equilibradas e satisfatórias entre as partes;

f) explicar ao cliente as vantagens dos métodos autocompositivos para a melhor e mais rápida resolução do conflito;

g) tratar com urbanidade e saber ouvir com respeito as propostas formuladas pela parte contrária ou pelo conciliador/mediador, promovendo o diálogo e evitando intervenções inoportunas, atitudes adversárias e comportamentos beligerantes.

Desse modo, o advogado deve aconselhar as partes a revelarem seus interesses subjacentes, sem escondê-los sob o pretexto de temor de que a informação seja usada contra elas, em vista do sigilo que permeia tais sessões[35].

Quando o advogado, como assessor de seu cliente, contribui com dados técnicos e jurídicos, mas também mantém conduta voltada ao convencimento para a construção da melhor solução consensual para o litígio, evitam-se surpresas e aumenta-se a exequibilidade dos acordos. Isso contribui para a efetivação da tutela jurisdicional célere e efetiva, o descongestionamento do Poder Judiciário e, principalmente, a maior satisfação dos usuários do sistema judicial, ao promover a justiça e a paz sociais.

O CPC ainda estimula a solução extrajudicial das controvérsias ao afirmar que o instrumento de transação referendado pelos advogados dos transatores é título executivo extrajudicial (CPC, art. 784, inc. IV).

3.11. ATUAÇÃO PRIORITÁRIA DA DEFENSORIA PÚBLICA NA SOLUÇÃO EXTRAJUDICIAL DOS LITÍGIOS

O art. 4º, inc. II, da Lei Complementar 80/1994 (com a redação da Lei Complementar 132/2009), que organiza a Defensoria Pública da União, do Distrito Federal e dos Territórios e prescreve normas gerais para sua organização nos Estados, afirma

---

35. PINHEIRO, Marcelo Ferraz. O papel do advogado na solução de conflitos: mediação, conciliação e arbitragem. *Revista de Direito Empresarial*, v. 8, p. 289-307. mar.-abr. 2015.

que uma das funções institucionais da Defensoria Pública é a de "promover, *priorita-riamente, a solução extrajudicial* dos litígios, visando à composição entre as pessoas em conflito de interesses, por meio de mediação, conciliação, arbitragem e demais técnicas de composição e administração de conflitos".

Tal regra está em consonância com o art. 134, *caput*, da CF, com a redação atribuída pela Emenda Constitucional 80/2014, que define a Defensoria Pública como:

> instituição permanente, essencial à função jurisdicional do Estado, incumbindo-lhe, como expressão e instrumento do regime democrático, fundamentalmente, a orientação jurídica, a promoção dos direitos humanos e a defesa, em todos os graus, judicial e extrajudicial, dos direitos individuais e coletivos, de forma integral e gratuita, aos necessitados, nos termos do inciso LXXIV do art. 5º da CF.

Portanto, o Defensor Público – agindo no *múnus* público da defesa de interesses de pessoas hipossuficientes, nos termos do art. 98 do CPC (já que o art. 2º, parágrafo único, da Lei 1.060/50, foi revogado pelo art. 1.072, inc. III, do CPC) – deve evitar, sempre que possível, a solução judicial dos conflitos, primando pela adoção dos métodos alternativos de solução de controvérsias.

A judicialização de demandas pela Defensoria Pública deve ser a última alternativa para a solução dos conflitos. Para se estimular a atuação extrajudicial da Defensoria Pública, o art. 784, inc. IV, do CPC afirma que o instrumento de transação referendado pela Defensoria Pública é título executivo extrajudicial, sem prejuízo da elaboração de termos de ajustamento de conduta que, igualmente, possui eficácia de título executivo extrajudicial (CPC, art. 784, inc. XII).

O incentivo aos meios de autocomposição dos litígios pela Defensoria Pública, entre os grupos sociais marginalizados, contribui para a promoção da cidadania, aumenta o grau de satisfação dos usuários do sistema de justiça, além de servir para prevenir conflitos e auxiliar na superação do paradigma da excessiva litigiosidade pela cultura da paz.

Ademais, os meios alternativos de solução de controvérsias permitem a resolução dos conflitos massificados e o aperfeiçoamento de políticas públicas.

Nesse sentido, é preciso ressaltar o êxito de duas experiências da Defensoria Pública da União (DPU)[36]:

I) Comitê Interinstitucional de Resolução Administrativa de Demandas da Saúde (CIRADS) no Rio Grande do Norte (RN): resultado de Acordo de Cooperação Técnica, celebrado entre a Procuradoria da União no RN, a DPU/RN, a Procuradoria-Geral do Estado do Rio Grande do Norte (PGE/RN), a Secretaria Estadual de Saúde do RN e a Secretaria Municipal de Saúde de Natal/RN, além da Defensoria Pública do Estado do RN, permite a solução administrativa de conflitos da saúde, nas hipóteses em que

---

36. CAMBI, Eduardo; VASCONCELOS, João Paulo A. Desjudicialização de políticas públicas e o Novo Código de Processo Civil – Contributo do Ministério Público e da Advocacia Pública à solução extrajudicial de conflitos. *A & C – Revista de Direito Administrativo & Constitucional*, v. 64, p. 225-251. abr.-jun. 2016.

os tratamentos (*v.g.*, fornecimento de medicamentos, insumos, materiais e serviços de saúde) estejam previstos no Sistema Único de Saúde (SUS), mas não tenham sido prestados, ou quando o médico tenha indicado tratamento não oferecido pelo SUS, além da apresentação de propostas para o aperfeiçoamento do SUS;

II) as Câmaras de Conciliação Previdenciária: decorrente de acordo entre a DPU e o Instituto Nacional de Seguro Social (INSS), possibilita que os dois órgãos, antes da propositura de qualquer ação judicial, possam resolver administrativamente eventuais conflitos envolvendo a aplicação do Direito Previdenciário.

3.12. PAPEL DA ADVOCACIA PÚBLICA NA AUTOCOMPOSIÇÃO DE CONFLITOS ENVOLVENDO PESSOA JURÍDICA DE DIREITO PÚBLICO

Dentre as atribuições do Advogado-Geral da União estão desistir, transigir, acordar e firmar compromisso nas ações de interesse da União, nos termos da Lei 9.469/1997, cujo art. 1º, com a redação atribuída pela Lei 13.140/2015, versa sobre os poderes autocomposição[37].

O Advogado-Geral da União, diretamente ou mediante delegação, e os dirigentes máximos das empresas públicas federais, em conjunto com o dirigente estatutário da área afeta ao assunto, pode autorizar a realização de acordos ou transações para prevenir ou terminar litígios, inclusive os judiciais.

Ademais, podem ser criadas câmaras especializadas, compostas por servidores públicos ou empregados públicos efetivos, com o objetivo de se analisar e formular propostas de acordos ou transações. Tais câmaras devem ser regulamentadas, mas obrigatoriamente devem ter como integrante ao menos um membro efetivo da AGU ou, no caso das empresas públicas, um assistente jurídico ou ocupante de função equivalente.

Quando o litígio envolver valores superiores aos fixados em regulamento, o acordo ou a transação, sob pena de nulidade, dependerá de prévia e expressa autorização do Advogado-Geral da União e do Ministro de Estado a cuja área de competência estiver subordinado o assunto ou, ainda, do Presidente da Câmara dos Deputados, do Senado Federal, do TCU, de Tribunal ou Conselho, ou do Procurador-Geral da República, no caso de interesse dos órgãos dos Poderes Legislativo e Judiciário ou do MPU, excluídas as empresas públicas federais não dependentes, que necessitarão apenas de prévia e expressa autorização dos dirigentes máximos das empresas públicas federais, em conjunto com o dirigente estatutário da área concernente ao assunto.

Na transação ou acordo celebrado diretamente pela parte ou por intermédio de seu procurador, para se extinguir ou encerrar processo judicial, inclusive nos casos de extensão administrativa de pagamentos postulados em juízo, as partes podem definir

---

37. CAVALCANTI, Ricardo Russell Brandão. Uso dos meios alternativos de solução de conflitos pela Defensoria Pública. In: OLIVEIRA, Igor Lima Goettenauer de (Org.). *Manual de mediação para a Defensoria Pública*. Brasília: Fundação Universidade de Brasília, 2014. p. 121-122.

a responsabilidade individualmente cabível pelo pagamento dos honorários dos respectivos advogados.

Ademais, o art. 2º da Lei 9.469/1997, com a redação dada pela Lei 13.140/2015, prevê que o Procurador-Geral da União, o Procurador-Geral Federal, o Procurador-Geral do Banco Central do Brasil e os dirigentes das empresas públicas federais podem autorizar, diretamente ou mediante delegação, a realização de acordos para prevenir ou terminar, judicial ou extrajudicialmente, litígio que envolver valores inferiores aos fixados em regulamento.

No caso das empresas públicas federais, a delegação é restrita a órgão colegiado formalmente constituído, composto por, pelo menos, um dirigente estatutário. Tal acordo pode consistir no pagamento do débito em parcelas mensais e sucessivas, até o limite máximo de 60. O valor de cada prestação mensal, por ocasião do pagamento, será acrescido de juros equivalentes à taxa referencial do Sistema Especial de Liquidação e de Custódia – SELIC para títulos federais, acumulada mensalmente, calculados a partir do mês subsequente ao da consolidação até o mês anterior ao do pagamento e de 1% relativamente ao mês em que o pagamento estiver sendo efetuado. Inadimplida qualquer parcela, após 30 dias, instaurar-se-á o processo de execução ou nele prosseguir-se-á, pelo saldo.

Por sua vez, os Procuradores dos Estados, do Distrito Federal e dos Municípios, no âmbito da representação judicial e da consultoria das respectivas unidades federativas, nos limites da legislação pertinente, também podem contribuir para a autocomposição de conflitos em que a pessoa jurídica de Direito Público for parte.

Considerando que o Poder Público é um dos litigantes habituais, responsáveis pela sobrecarga de processos e pela lentidão na prestação jurisdicional[38], é indispensável que os métodos de solução consensual de conflitos sejam adotados pelo Estado. Tanto isso é importante que o Enunciado 573 do Fórum Permanente de Processualistas Civis afirma que as "Fazendas Públicas devem dar publicidade às hipóteses em que seus órgãos de Advocacia Pública estão autorizados a aceitar a autocomposição".

O art. 784, inc. IV, do CPC prevê que o instrumento de transação referendado pela Advocacia Pública é título executivo extrajudicial, sem prejuízo da elaboração de termos de ajustamento de conduta com a mesma eficácia de título executivo extrajudicial (CPC, art. 784, inc. XII).

Por sua vez, o art. 26 da Lei de Introdução às normas do Direito Brasileiro (Decreto-Lei 4.657, de 4 de setembro de 1942), com redação atribuída pela Lei 13.655/2018, permite que a autoridade administrativa, para eliminar irregularidade, incerteza jurídica ou situação contenciosa na aplicação do Direito Público, celebre compromisso com os

---

38. CAMBI, Eduardo; PEREIRA, Fabricio Fracaroli. Estratégia nacional de prevenção e de redução de litígios. *Revista de Processo*, v. 237, nov. 2014, p. 435-457.

interessados[39]. Tal compromisso deve buscar solução jurídica proporcional, equânime, eficiente e compatível com os interesses gerais; não poderá conferir desoneração permanente de dever ou condicionamento de direito reconhecidos por orientação geral; e deverá prever com clareza as obrigações das partes, o prazo para seu cumprimento e as sanções aplicáveis em caso de descumprimento.

3.13. ARBITRAGEM

A arbitragem é um meio alternativo de solução de conflitos, colocado ao lado da estrutura jurisdicional do Estado, que se instaura pela iniciativa e manifestação de vontade das partes, que renunciam à tutela jurisdicional tradicional. As regras de seu trâmite não estão disciplinadas no CPC, que apenas afirma ser a arbitragem permitida na forma da lei (CPC, art. 3º, § 1º), referindo-se à regulação estabelecida pela Lei 9.307/1996 (Lei da Arbitragem), reformada pela Lei 13.129/2015, que trouxe importantes inovações.

A arbitragem existe no ordenamento jurídico brasileiro desde a Constituição do Império, embora estivesse presente também nas Ordenações do Reino e, posteriormente, no Código Comercial de 1850. O Código Civil de 1916 previa de forma tímida a regulação da arbitragem nos seus arts. 1.037 e 1.038. Com o advento do Código Civil de 2002, por sua vez, houve a regulamentação da matéria nos arts. 851 a 853. No que concerne à legislação esparsa, a Lei dos Juizados Especiais (Lei 9.099/1995) ressaltou a sua importância.

Trata-se de um *método heterocompositivo*, pelo qual a solução da controvérsia é realizada, unilateralmente, por um terceiro (ou terceiros) imparcial(is), denominado(s) de árbitro(s), quando não se obtém a transação entre os litigantes. É um processo vinculante, coercível e capaz de colocar um fim ao conflito[40].

A arbitragem é caracterizada: a) pelo acordo de vontades na fixação do objeto litigioso e na solicitação da solução do conflito por meio de árbitros; b) pela livre escolha dos árbitros; c) pela obrigatoriedade (força cogente) das partes em cumprirem a decisão.

As partes optam pela arbitragem por intermédio de um negócio jurídico, denominado de *convenção de arbitragem*, que pode ser formalizado pela *cláusula compromissória* (cheia ou vazia) ou pelo *compromisso arbitral*.

As partes devem possuir plena capacidade civil e o direito envolvido ser de natureza patrimonial disponível, podendo-se valer da arbitragem inclusive a administração pública direta e indireta (Lei 9.307/1996, art. 1º).

---

39. Ainda, o art. 30 da Lei 13.507/2017, que dispõe sobre o processo administrativo sancionador na esfera de atuação do Banco Central do Brasil e da Comissão de Valores Mobiliários, prevê e regulamenta o acordo administrativo em processo de supervisão. E a Lei 13.988/20 estabelece os requisitos e as condições para que a União, as suas autarquias e fundações, e os devedores ou as partes adversas realizem transação resolutiva de litígio relativo à cobrança de créditos da Fazenda Pública, de natureza tributária ou não tributária.
40. AZEVEDO, André Gomma de (Org.). *Manual de mediação judicial* cit. 5. ed. p. 23.

A cláusula compromissória é estipulada previamente aos conflitos, na forma de um contrato, em que as partes se comprometem a submeter à arbitragem litígios que possam surgir em relação a tal negócio jurídico (Lei 9.307/1996, art. 4º). Quando as partes designam, no próprio contrato, o(s) árbitro(s) ou o nome da entidade que terá a função de nomeá-los, a cláusula compromissória é denominada de *cheia*. Por outro lado, quando a cláusula compromissória prevê somente a obrigação das partes de submeterem-se futura e eventualmente ao juízo arbitral, sem especificar a forma, ela é chamada de *vazia*.

Nos contratos de adesão, é possível existir cláusula compromissória, mas, para a sua validade, ela deve estar em destaque e conter a assinatura das partes, em local específico, para a sua instituição. Do contrário, a cláusula contratual que imponha arbitragem compulsória, em contrato de adesão, é abusiva (CDC, art. 51; Lei 9.307/1996, art. 4º, § 2º) e deve ser invalidada pelo Poder Judiciário.

A cláusula compromissória implica a derrogação da jurisdição estatal, o que torna o árbitro competente para decidir as questões decorrentes do contrato, incluindo a própria existência, validade e eficácia da cláusula compromissória (princípio da *Kompetenz--Kompetenz*)[41]. O juízo arbitral prevalece mesmo para a análise de medidas cautelares ou urgentes. O Poder Judiciário deve atuar apenas em casos excepcionais para não trazer prejuízo às partes, como na hipótese de ausência de instauração do juízo arbitral.

Por sua vez, o compromisso arbitral, que pode ser judicial ou extrajudicial, ocorre quando as partes contratantes – que não haviam previsto no negócio jurídico a cláusula compromissória – se obrigam a resolver uma controvérsia concreta e atual por intermédio do juízo arbitral e se submeterem à decisão do(s) árbitro(s) (Lei 9.307/1996, art. 9º).

O termo de compromisso arbitral pode ser celebrado mesmo se houver um processo tramitando perante o Poder Judiciário (aliás, o art. 359 do CPC assevera que, mesmo instalada a audiência de instrução e julgamento, não resta prejudicada a arbitragem como método de solução de conflitos). Nesta hipótese, as partes, em comum acordo, podem peticionar nos autos, requerendo a resolução do processo sem julgamento de mérito, com a remessa dos autos ao juízo arbitral.

De qualquer modo, para se evitar a tutela jurisdicional pelo Estado-Juiz, cabem às partes fazer menção à existência da convenção de arbitragem, vedando-se ao magistrado o seu reconhecimento de ofício (CPC, art. 337, § 5º). Logo, deve o réu, mediante petição, alegar a existência de convenção de arbitragem na audiência de conciliação ou de mediação ou, no máximo, até a contestação, pois a ausência de alegação da existência de convenção de arbitragem, pelo demandado, implica a aceitação da jurisdição estatal e, portanto, a renúncia ao juízo arbitral (CPC, art. 337, § 6º).

A convenção de arbitragem é um *pressuposto processual negativo*. Consequentemente, quando o juiz acolhe a existência de convenção de arbitragem ou o juízo arbitral

---

41. STJ, REsp 1.959.435/RJ, 3ª T., rel. Min. Nancy Andrighi, j. 30.08.2021, *Informativo* 747 de 05.09.2022.

reconhece a sua competência, haverá a resolução do processo sem julgamento do mérito (CPC, art. 485, inc. VII).

Caso uma das partes insista no julgamento pelo Poder Judiciário, deverá apelar da sentença que julga procedente o pedido de instituição de arbitragem. No entanto, tal recurso será recebido, como regra, apenas com efeito devolutivo (CPC, art. 1012, § 1º, inc. IV).

Em contrapartida, na hipótese de o juiz rejeitar a alegação de convenção de arbitragem e processar a causa, caberá à parte prejudicada pelo seu pedido rejeitado, interpor agravo de instrumento (CPC, art. 1.015, inc. III).

A sentença arbitral, devido a sua peculiaridade de negócio jurídico privado, não se submete ao controle de mérito pelo Poder Judiciário, podendo ser invalidada se presentes vícios formais que a tornem nula (hipóteses elencadas no art. 32 da Lei 9.307/1996), o que determinará a remessa dos autos ao árbitro ou ao tribunal para nova decisão (Lei 9.307/1996, art. 33). Contudo, o Poder Judiciário pode proferir sentença arbitral complementar, se o árbitro não decidir todos os pedidos submetidos à arbitragem (Lei 9.307/1996, art. 33, § 4º).

A sentença arbitral tem os mesmos efeitos, entre as partes e seus sucessores, da sentença proferida pelos órgãos do Poder Judiciário (Lei 9.307/1996, art. 31). Ademais, a sentença arbitral não fica sujeita a recurso nem, tampouco, à homologação pelo Poder Judiciário.

Tratando-se de decisão arbitral estrangeira, tal sentença precisa ser homologada pelo STJ, conforme previsão em tratado internacional e em lei, como está regulamentado nos arts. 34 a 40 da Lei 9.307/1996, aplicando-se subsidiariamente o disposto no Livro III, Título I, Capítulo VI do CPC (art. 960, § 3º). Porém, tal procedimento homologatório não acrescenta eficácia à sentença estrangeira, mas somente libera-se a eficácia nela contida, cujos efeitos passam a se internalizar no ordenamento jurídico pátrio, o que impede que neste procedimento se retirem vícios ou se confira interpretação diversa à decisão de Estado estrangeiro[42].

Por fim, a sentença arbitral, quando descumprida, deve ser executada perante o Poder Judiciário, por ser um título executivo judicial (CPC, art. 515, inc. VII)[43].

3.14. CONCILIAÇÃO

O instituto da conciliação é definido como um meio alternativo de distribuição de justiça em que as partes, assistidas por um terceiro imparcial, denominado de conciliador, encontram a melhor solução para o conflito de interesses.

---

42. STJ, SEC 5.782/EX, Rel. Min. Jorge Mussi, Corte Especial, j. 02.12.2015, *DJe* 16.12.2015.
43. STJ, REsp 1102460/RJ, Rel. Min. Marco Buzzi, Corte Especial, j. 17.06.2015, *DJe* 23.09.2015.

O conciliador, ao contrário do mediador, deve indicar ou propor soluções para o conflito de interesses, após fazer uma criteriosa avaliação das vantagens e desvantagens de um possível acordo entre as partes. Note-se que a posição do conciliador é mais ativa que a do mediador, uma vez que este pode interferir positivamente na solução do conflito, sem que haja a necessidade do transcurso regular do processo judicial. Sua atuação dar-se-á, preferencialmente, nos casos em que não há vínculo anterior entre as partes, podendo sugerir soluções para o conflito (CPC, art. 165, § 2º).

A conciliação é uma forma mais adequada, célere, econômica e eficaz de resolução de controvérsias que a intervenção judicial. Permite que, pelas concessões recíprocas, as partes cheguem a um resultado mais vantajoso que a manutenção dos litígios. Pode promover a reaproximação das partes (e, inclusive, restaurar relacionamentos prolongados). Evita, ainda, que o conflito seja resolvido com uma decisão impositiva do Estado-Juiz, o que contribui para o descongestionamento do Poder Judiciário. Porém, a principal justificativa para a utilização da conciliação é o estímulo à cooperação e à pacificação sociais.

De acordo com o Manual de Mediação do CNJ, a conciliação no Poder Judiciário busca: I) além do acordo, uma efetiva harmonização social das partes; II) restaurar, dentro dos limites possíveis, a relação social dos litigantes; III) utilizar técnicas persuasivas, mas não impositivas ou coercitivas para se alcançarem soluções; IV) humanizar o processo de resolução de disputas; V) preservar a intimidade dos interessados sempre que possível; VI) visar a uma solução construtiva para o conflito, com enfoque prospectivo para a relação dos envolvidos; VII) permitir que as partes sintam-se ouvidas; e VIII) utilizar-se de técnicas multidisciplinares para permitir que se encontrem soluções satisfatórias no menor prazo possível[44].

A conciliação é exitosa quando há transação (*concessões recíprocas*), terminando com o acordo das partes. Também a conciliação (*gênero*) pode ser considerada frutífera, ainda que não ocorra a transação (*espécie*), quando um dos litigantes se convence que a outra parte tem razão, restará àquele desistir da ação, reconhecer a procedência do pedido formulado na ação ou na reconvenção, ou renunciar a pretensão formulada na ação ou na reconvenção.

A conciliação deve ser buscada a todo o tempo, em qualquer grau de jurisdição, e pode ser celebrada judicial ou extrajudicialmente, seja quando já tiver sido instaurado o processo ou mesmo quando isso ainda não tenha ocorrido. Mesmo após a prolação de sentença ou de acórdão que decide a lide, mas *antes* do trânsito em julgado, as partes podem transacionar o objeto do litígio e submetê-lo à homologação judicial[45].

Com o intuito de se garantir a segurança jurídica, a conciliação deve ser documentada para pôr fim, total ou parcialmente, ao conflito de interesses.

---

44. AZEVEDO, André Gomma de (Org.). *Manual de mediação judicial*, 5. ed. cit. p. 22.
45. STJ, REsp 1267525/DF, rel. Min. Ricardo Villas Bôas Cueva, 3ª T., j. 20.10.2015, *DJe* 29.10.2015.

Além do juiz e do conciliador credenciado pelo Tribunal, a conciliação deve ser buscada pelos integrantes do Ministério Público, da Defensoria Pública, da Advocacia Pública, assim como pelos advogados dos transatores. O instrumento de transação, quando realizado extrajudicialmente, não precisa ser homologado pelo juiz, porque é título executivo extrajudicial (CPC, art. 784, inc. IV).

Por outro lado, a conciliação judicial se concretizará plenamente pela transação, pela renúncia do autor ao direito sobre que se funda a ação, ou pelo reconhecimento do réu da procedência do pedido. Atente-se que a homologação é indispensável na transação acerca dos direitos contestados em juízo, pois ela completa o ato, tornando-o perfeito e capaz de produzir efeitos de natureza processual[46]. A decisão judicial que homologa o reconhecimento da procedência do pedido formulado na ação ou na reconvenção, a transação ou a renúncia à pretensão deduzida na ação ou na reconvenção resolve o processo com julgamento de mérito e possui eficácia de título executivo judicial (CPC, arts. 487, inc. III, e 515, inc. III).

Quando a sentença que homologar o resultado da conciliação for descumprida, por uma ou por ambas as partes, sua efetividade dependerá da observância do procedimento de cumprimento de sentença para a produção dos efeitos concretos (CPC, arts. 513 e ss.).

Porém, conforme a jurisprudência do Superior Tribunal de Justiça, ainda que não homologada de imediato pelo Juízo, é descabido o arrependimento e a rescisão unilateral da transação[47]. Após concluída a transação, suas cláusulas ou condições obrigam, definitivamente, os contratantes. A rescisão da transação dependerá da demonstração de dolo, coação ou erro essência, quanto à pessoa ou coisa controversa (CC, art. 849).

Porém, conforme a jurisprudência do Superior Tribunal de Justiça, ainda que não homologada de imediato pelo Juízo, é descabido o arrependimento e a rescisão unilateral da transação[48]. Após concluída a transação, suas cláusulas ou condições obrigam, definitivamente, os contratantes. A rescisão da transação dependerá da demonstração de dolo, coação ou erro essência, quanto à pessoa ou coisa controversa (CC, art. 849).

3.15. MEDIAÇÃO

A mediação é um meio autocompositivo de solução de controvérsias pelo qual um ou mais terceiros imparciais, denominado(s) de mediador(es), auxilia(m) as pessoas envolvidas no conflito na prevenção ou na resolução dos litígios.

---

46. STJ, REsp 1267525/DF, rel. Min. Ricardo Villas Bôas Cueva, 3ª T., j. 20.10.2015, *DJe* 29.10.2015.
47. STJ, AgInt no AREsp 1.952.184/SC, Rel. Min. Maria Isabel Gallotti, 4ª T., j. 22.08.2022, *DJe* 25.08.2022.
48. STJ, Agint no AREsp 1.952.184/SC, rel. Min. Maria Isabel Gallotti, 4ª T., j. 22.08.20022, *DJe* 25.08.2022.

Trata-se de um procedimento democrático, pois rompe os marcos de referência da certeza jurídica da norma, acolhendo a desordem e vendo o conflito como possibilidade de evolução social[49].

É importante que o mediador não cumule a função de juiz, para garantir sua imparcialidade, porque não teria como não levar em consideração depois, para julgar, algo que ouviu em uma das sessões de mediação[50].

O art. 165, § 3º, do CPC dispõe que o mediador atuará, preferencialmente, nos casos em que houver vínculo anterior entre as partes.

O mediador, ao contrário do conciliador, não indica ou propõe uma solução, mas apenas aproxima as partes, fomenta o diálogo, cria um ambiente favorável à autocomposição e colabora para que os envolvidos cheguem, sozinhos, à resolução comum e mais satisfatória para o litígio. Assim, o mediador não está autorizado a decidir o litígio, mas apenas auxilia e estimula as partes a identificar ou desenvolver conjuntamente soluções consensuais para a controvérsia (Lei 13.140/2015, art. 1º, parágrafo único).

A resolução do litígio, pelos meios alternativos à imposição da decisão pelo Estado-Juiz, depende da *cooperação* entre as partes. Por isso, esse método de solução de conflitos é o mais indicado para solucionar *relações continuadas*, tais como as de parentesco, de vizinhança e as comunitárias. Aliás, a conciliação pode ser mais satisfatória quanto aos eventos instantâneos, mas a mediação é mais adequada para problemas envolvendo relações duradouras, vez que a solução obtida tende a ser mais estável[51].

O mediador precisa conhecer bem os fatos, a partir do relato das partes, obter a confiança delas, facilitar a comunicação entre os litigantes, ponderar os argumentos de cada uma e encontrar a melhor forma para a obtenção de consensos.

O sucesso da mediação depende do uso de *técnicas* voltadas para a (re)construção da comunicação entre as partes envolvidas no litígio, valendo-se destacar: a re(contextualização), a audição de propostas implícitas, o afago ou reforço positivo, o silêncio, as sessões privadas ou individuais, a inversão de papéis, a geração de opções, a normalização, a organização de questões e interesses, o enfoque prospectivo, o teste de realidade e a validação de sentimentos[52].

Tais técnicas pretendem desarmar as partes de suas defesas e acusações, bem como estimular a cooperação para que se encontrem soluções práticas.

---

49. SPENGLER, Fabiana Marion. *Mediação de conflitos*: da teoria à prática. Porto Alegre: Livraria do Advogado Editora, 2016. p. 27-28.

50. PINHO, Humberto Dalla Bernardina de. A mediação judicial no Novo CPC. In: RIBEIRO, Darci Guimarães; JOBIM, Marco Félix (Org.). *Desvendando o Novo CPC*. 2. ed. Porto Alegre. Livraria do Advogado Editora, 2016. p. 89.

51. MEDINA, Jose Miguel Garcia. *Novo Código de Processo Civil comentado*: com remissões e notas comparativas ao CPC/1973. São Paulo: RT, 2015. p. 278.

52. AZEVEDO, André Gomma de (Org.). *Manual de mediação judicial*. 6. ed. Brasília: CNJ, 2016. p. 233-241.

A *recontextualização* tem como objetivo mostrar para as partes outras formas de se olhar a situação em apreço, buscando a existência de um sentido positivo.

Pela *audição de propostas implícitas*, observa-se que, muitas vezes, durante os relatos das partes, elas já estão propondo soluções, mas de maneira subentendida.

Com efeito, tanto a recontextualização quanto a audição de propostas implícitas precisam ser *reforçadas positivamente* pelo mediador como formas interessantes de encontrar soluções pacíficas e consistentes para os conflitos.

Por outro lado, o *silêncio* é relevante na consecução da mediação, na medida que ele pressupõe o aprofundamento das respostas das partes, permitindo que elas tenham tempo de realizar suas ponderações antes de responderem[53].

Acrescenta-se, ainda, a viabilidade de *sessões individuais ou privadas* de mediação, no intuito de que os mediados não se sintam inibidos para falar, podendo, nesses momentos, esclarecer questões fáticas, exercitar a inversão de papéis, bem como eliminar a comunicação improdutiva.[54]

Aliás, a inversão de papéis, enquanto técnica de mediação aplicada em sessões privadas, busca o exercício da empatia entre as partes. Com a técnica da inversão de papéis, pode-se construir uma *ética da alteridade*, mediante o reconhecimento das diferenças, já que as partes se colocam no lugar do outro, de modo que se torne compreensível a ocupação de cada mediado na situação divergente e que resultou no conflito, o que possibilita a melhor análise e compreensão da conduta alheia.

Ademais, é possível que o mediador use a técnica denominada de *geração de opções*, que consiste no estímulo das partes para que elas apontem possibilidades. Isso porque se espera que a mediação tenha um papel educativo. Se a parte aprender a encontrar opções sozinha em futuras controvérsias, ela poderá, em futuros conflitos, conseguir obter novas soluções, sem a necessidade da intermediação de terceiros[55].

Outra técnica que pode ser empregada nas sessões de mediação é a *normalização*, voltada a não atribuição de culpa pela situação que está ocorrendo, porque o propósito é dar sentido positivo para a situação conflituosa, e não eleger a parte de bom senso ou julgar as atitudes tomadas.

Além dessas técnicas, a *organização de ideias e interesses*, igualmente, é ponto necessário e, por vezes, se não cuidado pode desencadear problemas que dificultam a autocomposição dos conflitos. A adequada organização evolutiva das ideias favorece o enfoque prospectivo da solução das controvérsias, de maneira que não sejam procu-

---

53. Tribunal de Justiça do Estado da Bahia. Núcleo Permanente de Métodos Consensuais de Solução de Conflitos (NUPEMEC). Secretaria Jurídica dos Balcões de Justiça e Cidadania. *Conciliação, mediação de conflitos*. Salvador, 2015. p. 10.
54. AZEVEDO, André Gomma de (Org.). *Manual de mediação judicial*. 6. ed. cit., p. 236.
55. Idem, p. 238.

rados culpados, mas pensadas formas de melhorar a comunicação e, com isso, evitar novos conflitos[56].

Por fim, pode-se acrescentar o *teste de realidade* e a *validação de sentimentos*. A primeira instiga a parte a comparar seu "mundo interno" com o "mundo externo"[57]. Já a validação de sentimentos busca identificar os sentimentos desenvolvidos pelas partes em razão do conflito; assim, é reconhecido e diferenciado o sentimento da pessoa e seu real interesse[58].

No entanto, para além dessas técnicas, a mediação é uma *atividade de escuta inclusiva*, ao basear suas estratégias na expressão verbal da parte contrária. Há, por intermédio dela, uma aceitação do outro enquanto legítimo expositor de seus sentimentos e suas percepções fundadas nas circunstâncias em que vive, favorecendo o reconhecimento das falas divergentes.

A mediação aproxima os litigantes, sendo um meio mais eficiente que a imposição da sentença judicial para a promoção da paz social. Igualmente, permite as tratativas de reconciliação entre as partes, cujo resultado se vislumbra em uma maior chance de se acabar, em definitivo, com os conflitos, evitando a judicialização de demandas ou a solução de controvérsias por uma decisão judicial que, fatalmente, desagradaria uma das partes ou até mesmo todos os litigantes.

A mediação pode ocorrer dentro de um processo judicial já instaurado, a qualquer tempo e grau de jurisdição, para se pôr fim a controvérsia pela autocomposição das partes. Estando os autos no Tribunal, incumbe ao relator homologar a autocomposição entre as partes (CPC, art. 932, inc. I).

Além disso, a mediação pode acontecer tanto antes da instauração do processo judicial, evitando-se a judicialização de demandas, quanto fora dele, vindo a repercutir na sua resolução sem que haja a necessidade de uma decisão judicial típica, em que o Estado-juiz se obrigue a analisar o acolhimento ou a rejeição do pedido formulado na ação ou na reconvenção.

Quando a mediação for celebrada no interior de um processo em curso (*endoprocessualmente*), caberá ao juiz homologar a transação, o reconhecimento da procedência do pedido formulado na ação ou na reconvenção, ou a renúncia à pretensão formulada na ação ou na reconvenção, resolvendo o processo com julgamento de mérito (CPC, art. 487, inc. III).

Por outro lado, quando a mediação ocorrer fora ou independentemente da existência prévia de um processo em curso (*extraprocessualmente*), se levada ao juízo para homologação terá eficácia de título executivo judicial (CPC, art. 515, inc. III; Lei 13.140/2015, art. 20, parágrafo único, 1ª parte).

---

56. Idem, p. 239-240.
57. Idem, p. 241.
58. Idem.

Ainda, o instrumento de transação, referendado pelo Ministério Público, pela Defensoria Pública, pela Advocacia Pública, pelos advogados dos transatores ou por conciliador ou mediador credenciado pelo tribunal, é título executivo extrajudicial (CPC, art. 784, inc. IV; Lei 13.140/2015, art. 20, parágrafo único, 2ª parte), sem prejuízo da celebração de termos de ajustamento de conduta que, igualmente, tem eficácia de título executivo extrajudicial (CPC, art. 784, inc. XII; Lei 8.069/1990, art. 211; Lei 7.347/1985, arts. 5º, § 6º; Resolução 179/2017 do CNMP, arts. 1º e 11).

3.16. MEDIAÇÃO EM LITÍGIO COLETIVO PELA POSSE OU PELA PROPRIEDADE DE IMÓVEL

O CPC também inova, no art. 565, ao prever a possibilidade da realização de audiência de mediação na seara dos direitos reais (CC, Livro III, art. 1.196 e ss.), inclusive *antes* da concessão de medida liminar, para os litígios coletivos concernentes à posse ou de propriedade de imóvel, quando a petição inicial indicar que a perda da posse (esbulho ou turbação) ou da propriedade tiver ocorrido há mais de um ano.

Nesse sentido, o Enunciado 67 do FPPC ressalta: "A audiência de mediação referida no art. 565 (e seus parágrafos) deve ser compreendida como a sessão de mediação ou de conciliação, conforme as peculiaridades do caso concreto".

Sem prejuízo da utilização de outros métodos de solução de controvérsias, inclusive da conciliação, a depender da relação existente, se prévia ou não, a mediação possui amplas vantagens para a construção do diálogo entre as partes envolvidas no litígio coletivo, pois as decisões oriundas de conflitos fundiários envolvem despejos forçados e expulsões em massa. Pela mediação, o conflito pode ser mais bem administrado pelas partes, com o auxílio do mediador, evitando violações aos direitos humanos fundamentais[59].

O Ministério Público, instituição legitimada por força constitucional a proceder em favor da defesa e tutela dos direitos fundamentais sociais (CF, art. 127, *caput*), será obrigatoriamente intimado para acompanhar essa audiência (CPC, arts. 178, inc. III; 565, § 2º).

Quando uma das partes for beneficiária de gratuidade da justiça, necessariamente a Defensoria Pública deverá ser intimada.

Ainda, os responsáveis pela política agrária ou urbana da União, Estado, Distrito Federal ou Município, onde esteja situada a área objeto do litígio, na medida do possível, devem ser intimados para a audiência, com a finalidade de manifestarem o seu interesse no processo e sobre possíveis formas de resolução do conflito (CPC, art. 565, § 4º).

---

59. HOLLERBACH, Amanda Torres; REGO, Bruno de Moraes. A mediação aplicada aos litígios coletivos sobre a posse do imóvel: considerações sobre o artigo 565 do Novo Código de Processo Civil. In: ALMEIDA, Diogo Assumpção Rezende de; PANTOJA, Fernanda Medina; PELAJO, Samanta. *A mediação no Novo Código de Processo Civil*. Rio de Janeiro: Forense, 2015. p. 250.

O envolvimento do todos os atores responsáveis pela formulação ou pela execução das políticas agrária ou urbana auxilia as partes e o Estado-Juiz a melhor compreender o contexto normativo, político, social e econômico no qual o conflito de interesses está inserido, o que auxilia na busca de soluções compromissórias, justas e eficientes.

3.17. COMPROMISSO DE AJUSTAMENTO DE CONDUTA

Trata-se de um método alternativo de solução de controvérsias capaz de prevenir ou resolver litígios. Está regulamentado, entre outros diplomas específicos, nos arts. 211 do Estatuto da Criança e do Adolescente (Lei 8.069/1990) e 5º, § 6º, da Lei de Ação Civil Pública (Lei 7.347/1985). No âmbito do Ministério Público, a tomada do compromisso de ajustamento de conduta está disciplinada na Resolução n. 179/2017, do Conselho Nacional do Ministério Público (CNMP).

Também conhecido como Termo de Ajustamento de Conduta (TAC), permite que os órgãos públicos legitimados para a propositura da ação civil pública (Lei 7.347/1985, art. 5º, incs. I-IV) firmem junto aos interessados um compromisso de ajustamento de suas condutas, até então lesivas, às exigências legais, com eficácia de título extrajudicial (CPC, art. 784, inc. XII).

Possui natureza de negócio jurídico bilateral e solene. Porém, o órgão público *não transaciona* com a parte contrária, mas apenas impõe, mediante critérios preestabelecidos (como prazo, forma e cominações), a observância das determinações legais que são aceitas, voluntariamente, pelo causador do ato ilícito e/ou do dano.

Dessa forma, o termo de ajustamento de conduta não possui natureza jurídica de transação, sendo um *ato administrativo negocial*. Não fosse assim, os legitimados extraordinários para a propositura de ações coletivas (Lei 7.347/1985, arts. 5º e 21; Lei 8.078/1990, arts. 82 e 90; CPC, art. 18) não poderiam negociar, já que estariam impedidos pela indisponibilidade do direito material subjacente[60].

Como não se pressupõe a disponibilidade do direito material, o compromisso de ajustamento de conduta pode ser utilizado com a finalidade de cessar conflitos envolvendo direitos indisponíveis (*v.g.*, direitos coletivos, difusos e individuais homogêneos, como os que envolvem a proteção dos direitos do consumidor, dos usuários do sistema único de saúde, do meio ambiente, das crianças e dos adolescentes etc.).

Não é imprescindível a presença de advogados, embora quando o compromisso de ajustamento de conduta é firmado, em juízo, na audiência de conciliação ou de mediação, prevalece a regra do art. 334, § 9º, do CPC.

---

60. CABRAL, Antonio do Passo. As convenções processuais e o termo de ajustamento de conduta. In: RODRIGUES, Geisa de Assis; ANJOS FILHO, Robério Nunes dos (Org.). *Reflexões sobre o novo Código de Processo Civil*. Brasília: ESMPU, 2016. v. I. p. 161.

Na efetivação de termos de ajustamento de conduta, para atacar litígios estruturais, Edilson Vitorelli propõe um movimento cíclico, que abrange[61]: i) negociação e diagnóstico do problema: a negociação deve ser transparente, envolver a atuação cooperativa entre o legitimado coletivo e o representante da instituição responsável pela reorganização de uma estrutura pública ou privada e permitir que as pessoas afetadas pelo litígio sejam ouvidas; ii) definição do plano: elaboração e assinatura do acordo: deve-se prever cláusulas que respeitem as restrições administrativas, legais e orçamentárias, mas que tragam a melhoria da instituição, com a descrição/hierarquização de metas, previsão de receitas e despesas, forma de execução das atividades ou dos projetos, o estabelecimento de indicadores de resultados a serem controlados periodicamente, os prazos a serem cumpridos e a prestação das contas; iii) implementação do acordo: governança e tomada de decisões: pode-se optar por um comitê de acompanhamento dos termos do acordo ou atribui-lo a uma entidade privada de elevada expertise ou ao Ministério Público, quando não é o autor do acordo; iv) supervisão da implementação e revisão do plano: previsão de relatórios periódicos, cláusulas de monitoramento (*v.g.*, da execução orçamentária) e análises técnicas; v) finalização: para evitar a celebração de acordos de difícil ou impossível implementação, deve-se optar por acordos parciais, com metas específicas para atacar um ou alguns aspectos da atividade que se pretende reestruturar, ou optar por metas finalísticas, o que torna mais objetivo o trabalho de monitoramento, embora sejam mais difíceis de serem definidas, ou, ainda, fixar metas temporais, quando a qualidade da atuação do compromissário está sujeita a variações (*v.g.*, atraso na análise de benefícios pelo INSS, por estar sujeita a fatores como sazonalidades naturais, aposentadorias de servidores e greves).

Pode ser celebrado extrajudicialmente ou em juízo, quando se submete à homologação judicial, tendo o acordo, em ambas as situações, eficácia de título executivo (CPC, arts. 515, inc. II, 784, inc. XII e 785).

3.18. CONCILIADORES JUDICIAIS E MEDIADORES

Conforme disposição do art. 149 do CPC, conciliadores judiciais e mediadores são tratados como *auxiliares da justiça*.

Incumbe aos Tribunais a criação de *Centros Judiciários de Solução Consensual de Conflitos – CEJUSCs*, que devem obedecer às regras contidas no CPC (art. 165), no art. 24 da Lei 13.140/2015, bem como as normas do CNJ (Resolução 125/2010). Pelo art. 10 da Resolução 125 do CNJ, com a redação dada pela Emenda n. 2, de 08.03.2016, cada unidade dos Centros Judiciários de Solução de Conflitos e Cidadania deverá obrigatoriamente abranger um setor de solução de conflitos pré-processuais, de solução de conflitos processuais e de cidadania.

---

61. Cf. *Processo civil estrutural. Teoria e prática.* p. 167-188.

O CNJ também instituiu um guia com orientações para implantação dos Núcleos Permanentes de Métodos de Solução de Conflitos (NUPEMECs) e dos CEJUSC's em cada Tribunal[62]. Inclusive, cabe ao CNJ promover a capacitação, treinamento e atualização de conciliadores e mediadores desses centros judiciários, incentivando a realização de cursos e seminários para promover a cultura da paz[63].

É importante observar que a criação desses centros é obrigatória, porque eles serão responsáveis pela realização das sessões e audiências de conciliação e mediação[64].

O art. 166 do CPC, da mesma forma que o Anexo III da referida Resolução, estabeleceram, como *princípios* da conciliação e da mediação: a independência, a imparcialidade, a autonomia da vontade, a confidencialidade, a oralidade, a informalidade e a decisão informada. O art. 2º da Lei 13.140/2015 acrescenta que a mediação deve ser orientada, também, pelos princípios da isonomia entre as partes, a busca do consenso e a boa-fé.

A independência assegura a autonomia e a liberdade do conciliador/mediador, bem como alivia as pressões internas/externas. Já a imparcialidade decorre da impossibilidade de concessão de privilégios em favor de uma das partes em detrimento de outra. A autonomia da vontade se refere ao poder de decidir das partes, que podem encontrar a melhor forma de tratamento do conflito. Já a oralidade se vincula à informalidade, tendo as partes oportunidade de debater os problemas em busca de encontrar a melhor solução. A confidencialidade se estende a todas as informações existentes, dando maior confiança às partes envolvidas na autocomposição[65].

As hipóteses de impedimento e suspeição também se aplicam aos conciliadores e mediadores, uma vez que são considerados auxiliares da justiça (CPC, art. 149), sendo prevista inclusive a aplicação de penalidade ao mediador que atuar em processo que esteja eventualmente impedido ou suspeito (CPC, art. 173, inc. II).

Conciliadores e mediadores devem ser inscritos em cadastro nacional e, ainda, em cadastro específico do respectivo TJ ou TRF (CPC, art. 167, *caput*). Tais cadastros devem ser realizados nos Núcleos Permanentes de Métodos de Solução de Conflitos de cada Tribunal (NUPEMECs), os quais atuam como órgãos de gestão do sistema de autocomposição (Cf. Enunciado 57 da ENFAM).

Pelo art. 12, § 3º, da Resolução 125 do CNJ, com a redação dada pela Emenda 2, de 08.03.2016, os cursos de capacitação, treinamento e aperfeiçoamento de mediadores e de conciliadores devem observar as diretrizes curriculares estabelecidas pelo CNJ (Anexo I) e deverão ser compostas necessariamente por estágio supervisionado.

---

62. BRASIL. Conselho Nacional de Justiça. *Guia de conciliação e mediação judicial*: orientação para instalação de CEJUSC. Brasília: CNJ, 2015. p. 7-8.
63. SPENGLER, Fabiana Marion. *Mediação de conflitos*: da teoria à prática cit., p. 81.
64. DIDIER JUNIOR, Fredie. *Curso de direito processual civil*: introdução ao direito processual civil, parte geral e processo de conhecimento. 17. ed. Salvador: JusPodivm, 2015. p. 278.
65. SPENGLER, Fabiana Marion. *Mediação de conflitos*: da teoria à prática cit., p. 27-28.

Somente deverão ser certificados mediadores e conciliadores que tiverem concluído o respectivo estágio supervisionado.

Além disso, conciliadores e mediadores devem, obrigatoriamente, preencher o requisito da capacitação mínima, conforme parâmetro curricular definido pelo CNJ em conjunto com o Ministério da Justiça (que instituiu a Escola Nacional de Mediação e Conciliação, cuja finalidade é manter banco de dados de boas práticas, relação de mediadores e de instituições de mediação; art. 41 da Lei 13.140/2015), e apresentarem certificado de habilitação para poderem ser inscritos nos respectivos cadastros (CPC, art. 167, § 1º).

As escolas judiciais e da magistratura têm autonomia para a formação de conciliadores e mediadores, observados os requisitos mínimos estabelecidos pelo CNJ (Cf. Enunciado 58 da ENFAM).

Os conciliadores e os mediadores judiciais podem ser advogados, mas, nestes casos, estarão impedidos de exercer a advocacia nos juízos em que exerçam suas funções (CPC, art. 167, § 5º) e não poderão, pelo prazo de um ano contados do término da última audiência em que atuaram, assessorar, representar ou patrocinar qualquer das partes (CPC, art. 172; Lei 13.140/2015, art. 6º), sob pena de serem excluídos do cadastro (CPC, art. 173, inc. II) e responderem (administrativa, civil e até penalmente) pela ilicitude de seus atos.

Ressalte-se que, uma vez auxiliares da justiça, os conciliadores e mediadores, inclusive os árbitros, são equiparados a servidores públicos para efeitos de responsabilidade penal (Lei 9.307/1996, art. 17; interpretação extensiva do art. 8º da Lei 13.140/2015).

Os Tribunais podem optar por quadro próprio de conciliadores e mediadores, a ser preenchido mediante concurso público (CPC, art. 167, § 6º). Ressalvada tal hipótese, o conciliador e o mediador receberão, pelo seu trabalho, remuneração prevista em tabela fixada pelo tribunal, conforme parâmetros estabelecidos pela Comissão Permanente de Acesso à Justiça e Cidadania do CNJ *ad referendum* do plenário (Resolução 125/CNJ, art. 12, § 5º).

O serviço de conciliação/mediação deve ser remunerado pelas partes, excetuado quando for ou caso de justiça gratuita ou de conciliador/mediador cuja admissão se deu por concurso público promovido pelo Poder Judiciário (CPC, art. 169).

Além disso, o art. 169, § 1º, do CPC admite que a mediação e a conciliação possam ser realizadas como trabalho voluntário, observada a legislação pertinente e a regulamentação do tribunal. Atente-se que o trabalho exercido pelo conciliador ou pelo mediador voluntários se ajustam ao art. 1º da Lei 9.608/1998, que conceitua trabalho voluntário como a atividade não remunerada, prestada por pessoa física a entidade pública qualquer, ou a instituição privada de fins não lucrativos, que tenha objetivos cívicos, educacionais, científicos, recreativos ou de assistência social[66].

Pelos arts. 168, § 3º, do CPC e 15 da Lei 13.140/2015, é possível a designação de mais de um conciliador ou mediador (*comediação*), especialmente quando a resolução do conflito: I) exigir a habilitação e a experiência de dois ou mais auxiliares da justiça (*v.g.*, assistentes sociais ou psicólogos); II) houver a necessidade de conciliadores ou mediadores com perfis culturais ou gêneros distintos, para que as partes sintam maior confiança, e, desta forma, sejam diminuídos os riscos de parcialidade ou para evitar interpretações equivocadas ou tendenciosas sobre as matérias objeto de autocomposição.

Tanto os advogados quanto as sociedades de advogados a que pertençam, estão impedidos de exercer a advocacia nos juízos que desempenhem suas funções de conciliadores e mediadores judiciais (CPC, art. 167, § 5º), assim como não podem, pelo prazo de um ano contado da última data em que atuaram, assessorar, representar ou patrocinar o interesse de quaisquer das partes envolvidas na conciliação ou na mediação (CPC, art. 172).

Condutas inadequadas dos conciliadores ou mediadores devem ser comunicadas pelo juiz coordenador do CEJUSC ao NUPEMEC e apuradas em processo administrativo, podendo culminar na exclusão do cadastro, na forma do art. 173 do CPC, conforme dispõem os arts. 4º e 8º do Código de Ética do Anexo III da Resolução 125 do CNJ.

Por outro lado, na ausência de auxiliares da justiça, o juiz poderá realizar a audiência inaugural do art. 334 do CPC, especialmente se a hipótese for de conciliação (Cf. Enunciado 23 da I Jornada de Direito Processual Civil, promovida pelo Conselho da Justiça Federal).

3.19. CONCILIADORES E MEDIADORES EXTRAJUDICIAIS

O art. 175 do CPC não exclui outras formas de conciliação e de mediação extrajudiciais, vinculadas a órgãos institucionais ou realizadas por intermédio de profissionais independentes, que poderão ser regulamentadas por lei específica.

Ao admitir, inclusive, outras formas de conciliação e de mediação extrajudiciais, o Brasil aproxima-se do modelo português que prevê, no art. 209ª.2, da Constituição da República Portuguesa os *julgados de paz*. A atuação dos julgados de paz é vocacionada a permitir a participação cívica dos interessados e estimular a justa composição dos litígios por acordos das partes (Lei 78/2001, art. 2º, item 1).

O art. 11 da Lei 13.140/2015 admite que qualquer pessoa capaz, que tenha a confiança das partes e seja capacitada para fazer mediação funcione como mediador

---

66. CAMBI, Accácio. Inovações introduzidas pelo Novo Código de Processo Civil na aplicação do instituto da conciliação. In: CAMBI, Eduardo; MARGRAF, Alencar Frederico (Org.). *Direito e justiça*: estudos em homenagem a Gilberto Giacoia. Curitiba: Ministério Público, 2016. p. 641.

extrajudicial, ainda que não integre ou esteja inscrito em qualquer tipo de conselho, entidade de classe ou associação. Assim, as partes podem escolher, de comum acordo, o conciliador, o mediador ou a câmara privada de conciliação ou mediação de sua confiança, ainda que não estejam cadastrados no Tribunal ou que integrem ou estejam inscritos em qualquer tipo de conselho, entidade de classe ou associação (CPC, art. 168, § 1º; Lei 13.140/2015, art. 9º), desde que possuam o requisito da capacitação mínima prevista no art. 167, § 1º, CPC (Cf. Enunciado 59 da ENFAM) e/ou no art. 11 da Lei 13.140/2015.

Porém, não havendo acordo quanto tal escolha, haverá distribuição entre os conciliadores ou mediadores cadastrados pelo Tribunal, observada a formação do auxiliar da justiça (CPC, art. 167, *caput* e § 1º) para atuar na composição do conflito de interesses.

Os arts. 12-C a 12-F da Resolução 125 do CNJ regulamentam as Câmaras Privadas de Conciliação e Mediação. Exige-se que seus membros estejam cadastrados no tribunal respectivo (CPC, art. 167) ou no Cadastro Nacional de Mediadores Judiciais e Conciliadores, sendo tal cadastramento facultativo para a realização de sessões de mediação ou de conciliação pré-processuais.

O art. 168, § 1º do CPC, no caso do conciliador ou do mediador serem escolhidos pelas partes, não exige a sua inscrição no cadastro junto aos órgãos competentes. Isto porque tal profissional já goza da confiança e respeito das partes, tornando-se despicienda eventual verificação de cadastro[67].

O Provimento n. 67, de 26 de março de 2018, da Corregedoria Nacional da Justiça, órgão vinculado ao Conselho Nacional de Justiça (CNJ), regulamenta o procedimento de conciliação e de mediação nos serviços notariais e de registro do Brasil. A realização dessas formas extrajudiciais de conciliação e de mediação expande as ofertas de solução de conflitos fora do Poder Judiciário, possibilitando alternativas mais simples, rápidas e seguras. Contudo, tais serviços dependem da autorização a ser regulamentada pelos Núcleos Permanentes de Métodos Consensuais de Solução de Conflitos (NUPEMECs), que precisam manter um cadastro de conciliadores e mediadores habilitados, e pelas Corregedorias de Justiça dos Estados e do Distrito Federal e dos Territórios. Há, ainda, fiscalização da própria Corregedoria e do juiz coordenador do Centro Judiciário de Solução de Conflitos e Cidadania (CEJUSC) da jurisdição a que estejam vinculados os serviços notariais e de registro. Porém, somente poderão atuar como conciliadores ou mediadores aqueles que forem formados em curso para o desempenho dessas funções, observadas as diretrizes curriculares estabelecidas no Anexo I, da Resolução 125/2010 do CNJ. Obtido o acordo, será lavrado termo de conciliação ou de mediação que é considerado documento público com força de título executivo extrajudicial (CPC, art. 784, inc. IV).

---

67. MAIA, Andrea; HILL, Flávia Pereira. do cadastro e da remuneração dos mediadores. In: ALMEIDA, Diogo Assumpção Rezende de; PANTOJA, Fernanda Medina; PELAJO, Samanta (Coord.). *A mediação no Novo Código de Processo Civil*. Rio de Janeiro: Forense, 2015. p. 160.

O procedimento da mediação extrajudicial está regulamentado pelos arts. 21 a 23 da Lei 13.140/2015. Ainda, prevê o art. 42 da Lei 13.140/2015, que aplicar-se-á "esta Lei, no que couber, às outras formas consensuais de resolução de conflitos, tais como mediações comunitárias e escolares, e àquelas levadas a efeito nas serventias extrajudiciais, desde que no âmbito de suas competências."

O art. 23 da Lei 13.140/2015 dispõe que, havendo previsão contratual de cláusula de mediação, onde as partes pactuaram em não iniciar procedimento judicial durante certo prazo ou cumprimento de condição, o árbitro ou juiz suspenderá o curso da arbitragem ou da ação até o implemento do prazo ou da condição, com exceção das medidas de urgência[68].

Pelo art. 784, inc. IV, do CPC, o instrumento de transação referendado por conciliador ou mediador credenciado por tribunal é título executivo extrajudicial.

Além disso, o art. 515, inc. III, do CPC afirma que a decisão homologatória de autocomposição extrajudicial de qualquer natureza é título executivo judicial.

3.20. URGÊNCIA NA OBTENÇÃO DA TUTELA JURISDICIONAL ANTECIPADA

Nos casos em que houver urgência na concessão da tutela jurisdicional, poderá o autor optar pelo procedimento da tutela antecipada requerida em caráter antecedente (CPC, arts. 303 e 304). Nesta hipótese, caberá ao juiz analisar o pedido antes da designação da audiência de conciliação ou de mediação (CPC, art. 334).

Caso o autor tenha se limitado ao requerimento da tutela antecipada e à indicação do pedido de tutela final, após o juiz examinar o cabimento da antecipação de tutela, permitirá ao demandante completar a sua argumentação, juntar novos documentos e confirmar o pedido de tutela final em 15 dias ou em outro prazo maior.

Após a complementação da petição inicial, o magistrado, após o deferimento da inicial e se não for caso de improcedência liminar do pedido, determinará a citação do réu para a audiência de conciliação ou de mediação (CPC, arts. 303, inc. II, e 334, *caput*).

3.21. TUTELA CAUTELAR REQUERIDA EM CARÁTER ANTECEDENTE

Nessa hipótese, após a apresentação da petição inicial, o réu deve ser citado para, no prazo de cinco dias, contestar o pedido e indicar as provas que pretende produzir (CPC, art. 306).

Depois de efetivada a tutela cautelar e formulado o pedido principal pelo autor, no prazo de 30 dias, as partes serão intimadas para a audiência de conciliação ou de mediação, sem a necessidade de nova citação do réu (CPC, art. 308, § 3º).

---

68. SPENGLER, Fabiana Marion. *Mediação de conflitos*: da teoria à prática cit., p. 27-28.

Na arbitragem, antes da sua instituição, as partes podem recorrer ao Poder Judiciário para a concessão de medida cautelar ou de urgência, mas a eficácia de tais medidas cessa se a arbitragem não for instituída no prazo de 30 dias, contados da data da efetivação da respectiva decisão (Lei 9.307/1996, art. 22-A, com a redação dada pela Lei 13.129/2015).

Depois de instituída a arbitragem, tanto as medidas cautelares quanto as de urgência devem ser requeridas imediatamente aos árbitros ou, se concedida anteriormente pelo Poder Judiciário, os árbitros podem mantê-las, modificá-las ou revogá-las (Lei 9.307/1996, art. 22-B, com a redação dada pela Lei 13.129/2015).

3.22. PRODUÇÃO ANTECIPADA DA PROVA

Com o intuito de promover a autocomposição, o CPC permite que o interessado, antes de ajuizar a demanda judicial, produza prova antecipada (CPC, art. 381, inc. II). Dessa forma, o CPC reconhece a existência do *direito autônomo à prova*, sem a necessidade de vincular o requerente à propositura posterior de ação judicial.

A prova produzida em caráter antecipado serve para que a parte reúna argumentos para a formação do seu convencimento e, assim, decida qual é a melhor forma de proteger e resguardar o seu direito ou, até mesmo, para evitar medidas judiciais/extrajudiciais futuras.

A prova antecipada produzida, se consistente, pode facilitar a realização da conciliação ou da mediação extrajudiciais. Entretanto, ainda que não haja a resolução do conflito fora do Poder Judiciário, as provas produzidas também podem favorecer a atividade dos conciliadores ou dos mediadores judiciais na compreensão do conflito e na busca da construção de consensos para a sua resolução, por ocasião da audiência do art. 334 do CPC.

3.23. REQUISITOS PARA A DESIGNAÇÃO DE AUDIÊNCIA DE CONCILIAÇÃO OU DE MEDIAÇÃO

Inicialmente, o juiz deve ser *competente* para julgar a causa. Se pairar qualquer dúvida ou houver contestação da competência, a audiência não deve ser designada ou será suspensa, até a definição da competência (CPC, art. 340, §§ 3º e 4º).

Dando início à marcha processual, a petição inicial precisa preencher os requisitos essenciais (CPC, art. 319), sob pena de ser indeferida (CPC, art. 330). Sendo o caso de indeferimento da petição inicial, o juiz deve resolver o processo sem julgamento de mérito (CPC, art. 485, inc. I). Nesta hipótese, o autor pode apelar, facultando-se ao juiz se retratar, no prazo de cinco dias (CPC, art. 331). Havendo reforma da decisão pelo Tribunal, acontecerá o deferimento da petição inicial e os autos retornarão ao juízo de primeiro grau para determinar a citação do réu e designar a audiência de conciliação ou de mediação (CPC, art. 331, § 2º).

Note-se que não se designará audiência de conciliação ou de mediação nas hipóteses de *improcedência liminar do pedido* (CPC, art. 332), situação que pode prescindir da citação do réu, quando o pedido contrariar: a) enunciado de súmula do STF ou do STJ; b) acórdão proferido pelo STF ou pelo STJ em julgamento de recursos repetitivos; c) entendimento firmado em incidente de demandas repetitivas ou de assunção de competência; d) enunciado de súmula de Tribunal de Justiça sobre direito local. Sendo caso de improcedência liminar do pedido, o juiz resolve o mérito (CPC, art. 487, inc. I), independentemente da citação do réu (CPC, art. 332, *caput*).

Ainda, não se designará audiência de conciliação ou de mediação se houver convenção de arbitragem entre as partes ou existir procedimento arbitral já instaurado *antes* da propositura da ação.

Tampouco será designada a audiência se ambas as partes não se manifestarem pelo desinteresse na realização da composição consensual, por manifestação expressa, seja o autor na petição inicial (CPC, arts. 319, inc. VII, e 334, § 5º) ou em aditamento à petição inicial por iniciativa do demandante, seja o réu, por petição, apresentada com até 10 dias de antecedência, contados da data da audiência.

Contudo, há entendimento diverso de parcela da doutrina, pela não realização da audiência de conciliação ou de mediação se houver desinteresse expresso pela parte autora ao propor sua inicial, uma vez que a imposição da audiência significa retirar o princípio da autonomia das partes, bem como feriria o princípio constitucional da isonomia[69].

No entanto, o entendimento que vem sendo firmado majoritariamente é de que, se o autor não indicar na petição inicial o seu desinteresse na realização da audiência, caberá ao juiz designá-la e intimá-lo na pessoa de seu advogado, pois, ainda que o réu não concorde com a sua realização, ela se fará. Por outro lado, caso o autor de forma expressa afirme que não têm interesse na autocomposição, caberá ao juiz determinar a citação do réu e, se este for silente quanto a não manifestação de seu desinteresse na realização da audiência, é que ela será designada e o autor intimado na pessoa de seu advogado[70].

Havendo litisconsórcio, a não realização da audiência somente ocorrerá se todos os litisconsortes se manifestarem expressamente (CPC, art. 334, § 6º). Assim, se o litisconsórcio for facultativo, na hipótese de composição parcial do litígio, o processo deve ser resolvido em relação às partes participantes da autocomposição e prosseguir apenas em relação ao litígio remanescente. Além disso, se o número de litisconsortes facultativos comprometer a rápida solução do litígio, pela ausência de consenso de todos quanto a autocomposição do litígio, o órgão judicial poderá limitar o litisconsórcio facultativo (CPC, art. 113, § 1º), com o intuito de viabilizar o acordo.

---

69. MEDINA, José Miguel Garcia. *Direito processual civil moderno*. 2. ed. São Paulo: RT, 2016. p. 582.
70. CAMBI, Accácio. Inovações introduzidas pelo Novo Código de Processo Civil na aplicação do instituto da conciliação cit., p. 632-633.

A audiência de conciliação ou de mediação também não será designada se o interesse ou o direito postulado em juízo não admitir autocomposição. O art. 334, § 4º, do CPC utilizou expressão mais ampla que a do art. 331, *caput*, do CPC/73 ("e versar sobre direitos que admitam transação"). Com isso, ampliou o objeto de possíveis conciliações ou mediações, porque o art. 841 do CC possui redação restritiva, *in verbis*: "Só quanto a direitos patrimoniais de caráter privado se permite a transação".

Não apenas os direitos disponíveis podem ser objeto de autocomposição. Mesmo os direitos considerados indisponíveis podem ser resolvidos pela conciliação ou mediação. Os direitos de personalidade, por exemplo, pelo art. 11 do CC são intransmissíveis e irrenunciáveis, "não podendo sofrer limitação voluntária". Entretanto, os direitos da personalidade, como qualquer outro direito fundamental, não são garantidos ilimitadamente, podendo, em conflito com outros direitos fundamentais, ceder para que, em harmonização uns aos outros, todos tenham sua eficácia garantida[71]. Com efeito, embora os direitos da personalidade *em sua essência* sejam intransmissíveis, os seus *efeitos patrimoniais*, respeitado o princípio da dignidade humana, são transmissíveis e podem sofrer limitação voluntária. Nesse sentido, na I Jornada de Direito Civil realizada pelo STJ, entre 11 e 13.12.2002, emitiu-se o seguinte enunciado: "O exercício dos direitos da personalidade pode sofrer limitação voluntária, desde que não seja permanente nem geral". Exemplos: I) os alimentos devidos por parentes são indisponíveis, porque irrenunciáveis, mas o valor, a forma e o prazo de pagamento podem ser objeto de transação[72-73]; o réu na ação de investigação de paternidade pode reconhecer juridicamente o pedido; II) é possível, ainda, a realização de acordo com a finalidade de exonerar o devedor do pagamento de alimentos devidos e não pagos, pois a vedação legal à renúncia ao direito aos alimentos (CC, art. 1.707) não atinge o exercício do direito, bem como limita-se aos alimentos presentes e futuros (isto é, os alimentos vincendos, que são indispensáveis ao sustento dos alimentandos), o que não impede a autocomposição das partes em relação aos débitos vencidos, prestigiando a autonomia das partes, como meio de equilíbrio e manutenção dos vínculos afetivos[74]; III) o direito-dever à guarda dos filhos ou o direito de visita são indisponíveis, mas a transação sobre o seu exercício é admitida e conveniente;

---

71. FACHIN, Luiz Edson. Fundamentos, limites e transmissibilidade: anotações para uma leitura crítica, construtiva e de índole constitucional da disciplina dos direitos da personalidade no Código Civil brasileiro. In: CORRÊA, Elidia Aparecida de Andrade; GIACOIA, Gilberto; CONRADO, Marcelo (Coord.), *Biodireito e dignidade da pessoa humana*. Curitiba. Juruá, 2006. p. 199-201.

72. Atente-se que, não obstante seja possível acordo extrajudicial ou judicial sobre o valor da pensão alimentícia, com a consequente desistência da ação de alimentos, é obrigatória a intervenção do Ministério Público, antes da resolução do processo pelo art. 485, inc. VIII, do CPC, quando estejam envolvidos interesses de incapazes (CPC, art. 178, inc. II, e Recomendação 32/2016 do CNMP), sob pena de nulidade da sentença que vier a prejudicá-los. Cfr. STJ, REsp 896.310/RS, rel. Min. Aldir Passarinho Junior, 4ª T., j. 05.02.2009, *DJe* 26.02.2009.

73. Na hipótese de acordo extrajudicial válido, quando o valor da pensão alimentícia não atender aos interesses da criança ou do adolescente, é cabível o ajuizamento de ação de alimentos, prevalecendo sobre a alegação de carência de ação (falta de interesse processual) a incidência dos princípios do melhor interesse e da proteção integral das crianças e adolescentes. Cf. STJ, REsp 1609701/MG, 3ª T., rel. Min. Moura Ribeiro, j. 18.05.2021, *DJe* 20.05.2021.

74. STJ, REsp 1529532/DF, Rel. Min. Ricardo Villas Bôas Cueva, 3ª T., j. 09.06.2020, *DJe* 16.06.2020.

IV) a autoria da obra literária é intransmissível e irrenunciável, mas o recebimento dos valores pela sua comercialização pode ser livremente negociável; V) o direito à imagem é personalíssimo, mas podem os sucessores se valerem de ação de reparação de danos morais pelo mau uso da imagem de filho falecido, porque a ação por dano moral tem natureza patrimonial e serve até mesmo para que a memória e a dignidade da imagem da pessoa lesada sejam preservadas, além da sua morte[75].

Mesmo nos processos civis que envolvem interesses públicos, pode-se encontrar graus de (in)disponibilidade que permitem soluções negociadas, por intermédio da mediação e da conciliação[76]. São exemplos de disposição de interesses públicos: a conciliação nos JEF em causas que envolvem a União, autarquias e empresas federais de até 60 salários-mínimos (Lei 10.259/2001, art. 10, parágrafo único); a conciliação das causas cíveis de interesses de Estados, Distrito Federal, Territórios e Municípios, de até 60 salários-mínimos (Lei 12.153/2009, arts. 1º, 2º, 7º, 8º, 10, 15 e 16), a ausência de remessa necessária, quando a condenação ou o proveito econômico na causa for de valor certo e líquido inferior a 1.000 salários-mínimos para a União e as respectivas autarquias e fundações de direito público, ou de 500 salários-mínimos para os Estados, o Distrito Federal, as respectivas autarquias e fundações de direito público e os Municípios que constituam capitais dos Estados, ou, ainda, de 100 salários-mínimos para todos os demais municípios e respectivas autarquias e fundações de direito público (CPC, art. 496, § 3º); o arquivamento, sem baixa na distribuição, mediante requerimento do Procurador da Fazenda Nacional, dos autos das execuções fiscais de débitos inscritos como Dívida Ativa da União pela Procuradoria-Geral da Fazenda Nacional ou por ela cobrados, de valor consolidado igual ou inferior àquele estabelecido em ato do Procurador-Geral da Fazenda Nacional (Lei 10.522/2002, art. 20, com redação dada pela Lei 13.874/2019).

Vale, aqui, destacar o Enunciado 24 da I Jornada de Direito Processual Civil, promovida pelo Conselho da Justiça Federal, o qual estabelece: "Havendo a Fazenda Pública publicizado ampla e previamente as hipóteses em que está autorizada a transigir, pode o juiz dispensar a realização da audiência de mediação e conciliação, com base no art. 334, § 4º, II, do CPC, quando o direito discutido na ação não se enquadrar em tais situações".

Há situações universalmente reconhecidas como não transacionáveis. Outros temas, no entanto, situam-se em *zona limítrofe* dependendo da interpretação a ser dada, como nos casos da falência e da recuperação de empresas[77], concorrência, questões ambientais, direitos difusos e coletivos, até mesmo as relações de consumo e de trabalho[78].

---

75. STJ, AgRg nos EREsp 978.651/SP, rel. Min. Felix Fischer, Corte Especial, j. 15.12.2010, *DJe* 10.02.2011.

76. CABRAL, Antonio do Passo. As convenções processuais e o termo de ajustamento de conduta. *Reflexões sobre o novo Código de Processo Civil* cit. v. I. p. 153-154.

77. AQUINO, Leonardo Gomes. *A aplicação da mediação na tutela da falência e na recuperação de empresas.* Disponível em: [http://estadodedireito.com.br/mediacao-na-tutela-de-falencia-e-recuperacao-de-empresas]. Acesso em: 20.10.2016.

78. ROCHA, Caio Cesar. *Vetos presidenciais impedem evolução da arbitragem e não devem ser mantidos.* Disponível em: [www.conjur.com.br/2015-jun-13/fora-tribunal-vetos-impedem-evolucao-arbitragem-nao-mantidos]. Acesso em: 20.07.2016.

A identificação de direitos fundamentais como disponíveis *prima facie* ou, ao menos, o reconhecimento do relativismo conceitual que reveste o tema da indisponibilidade dos direitos permite romper um certo paternalismo presente no sistema de justiça brasileiro que, baseado na presunção quanto a hipossuficiência e a incapacidade de manifestação volitiva, mais escraviza do que liberta, distanciando-se da real e livre intenção dos titulares dos direitos em exercê-los, abdicá-los ou negociá-los[79].

Todavia, os conceitos de conciliação e transação não se confundem. Transação é um contrato, pelo qual se extingue obrigações (CC, art. 840: "é lícito aos interessados prevenirem ou terminarem o litígio mediante concessões mútuas"). A transação pode ser judicial ou extrajudicial, quando realizada dentro ou fora do processo. Já a conciliação é o *momento processual* em que pode ocorrer a transação judicial. Porém, é importante destacar que não é todo acordo feito em juízo que se denomina de transação, pois, por exemplo, o réu, ao reconhecer juridicamente o pedido do autor ou confessar um direito, não está transigindo.

Ademais, pelo art. 3º, *caput*, da Lei 13.140/2015, a mediação pode ter por objeto conflito que verse sobre direitos disponíveis ou sobre direitos indisponíveis que admitam transação. A Lei 13.140/2015 também não deixa dúvidas de que a autocomposição não somente é permitida, mas também recomendada, nos conflitos em que for parte pessoa jurídica de Direito Público (arts. 32-40)[80]. Antes desta lei, a Lei 13.129/2015, ao alterar a Lei 9.307/1996, permitiu que a Administração Pública direta e indireta pudesse se valer da arbitragem para dirimir conflitos relativos a direitos patrimoniais disponíveis. Também o art. 33, parágrafo único, da Lei 13.140/2015 prevê, expressamente:

> A Advocacia Pública da União, dos Estados, do Distrito Federal e dos Municípios, onde houver, poderá instaurar, de ofício ou mediante provocação, procedimento de mediação coletiva de conflitos relacionados à prestação de serviços públicos.

Porém, não se trata de uma inovação, porque, antes das Leis 13.129/2015 e 13.140/2015, o art. 76 da Lei 9.099/1995 já previa expressamente a hipótese de direitos indisponíveis que admitiam transação, ao permitir que o Ministério Público, nos crimes de ação penal pública incondicionada ou condicionada (quando houver a representação), desde que não seja caso de arquivamento e que não estejam previstos os óbices do § 2º do art. 76, proponha a aplicação imediata de pena restritiva de direitos ou multa para as infrações penais de menor potencial ofensivo (art. 61 da Lei 9.099/1995, com a redação da Lei 11.313/2006).

---

79. VENTURI, Elton. Transação em direitos indisponíveis? *Revista de Processo*, v. 251, jan. 2016, p. 391-426.
80. Já a Lei 13.448/2017, ao prever a modalidade de relicitação do contrato de parceria, estabelece, no art. 15, inc. III, que o negócio jurídico está condicionado à celebração de termo aditivo, com o atual contratado, do qual constarão, dentre outros elementos, o compromisso arbitral, à arbitragem ou outro mecanismo privado de resolução de conflitos admitido na legislação aplicável das questões que envolvam o cálculo das indenizações pelo órgão ou entidade competente quanto aos procedimentos estabelecidos nessa lei.

De forma semelhante, a Lei 11.441/2007 acrescentou o art. 1.124-A ao CPC/73 para possibilitar a realização de separação ou divórcio consensuais, por escritura pública, sem a necessidade de homologação judicial, tendo como objetos a descrição e a partilha dos bens comuns, a fixação da pensão alimentícia e acordo para a retomada pelo cônjuge de seu nome de solteiro ou à manutenção do nome adotado quando de seu casamento, desde que o casal seja assistido por advogado comum ou por advogados de cada um deles, não tenha filhos menores ou incapazes e se respeitem os requisitos legais quantos aos prazos. O art. 733 do CPC ampliou a regra contida no art. 1.124-A do CPC/73, para incluir também a extinção consensual da união estável.

Deve ser acrescido que a *indisponibilidade* pode ser de natureza *subjetiva* (*v.g.*, agentes incapazes) ou *objetiva* (*v.g.*, as ações civis públicas por atos de improbidade administrativa, especialmente quando envolverem a suspensão dos direitos políticos, a perda da função pública e a indisponibilidade de bens, não admitem transação, acordo ou conciliação: exegese da primitiva regra art. 17, § 1º, da Lei 8.429/1992[81]; porém, o art. 36, § 4º, da Lei 13.140/2015 possibilita a mediação em ações de improbidade administrativa; ademais, há de se admitir a solução extrajudicial da controvérsia, quando, em razão da prescrição do ato de improbidade administrativa, busca-se apenas o ressarcimento dos danos ao erário). Enfim, a Lei 13.964/2019 (Pacote Anticrime) alterou o art. 17, § 1º, da Lei 8.429/92 para possibilitar a celebração de acordo de não persecução cível, mesmo após a contestação de ação civil pública[82]. Esse art. 17, § 1º, foi revogado pela Lei 14.230/2021. Porém, o art. 17-B, § 4º, incluído pela Lei 14.230/2021, admitiu que tal acordo seja celebrado no curso da investigação de apuração de ato ilícito, no curso da ação de improbidade ou no momento da execução da sentença condenatória. Havendo a possibilidade de solução consensual, poderão as partes requerer ao juiz a interrupção do prazo para a contestação, por prazo não superior a 90 (noventa) dias (art. 17, § 10-A, da Lei 8.429/92).

Entretanto, mesmo antes da Lei 13.964/2019, era possível, com fundamento no art. 36, § 4º, da Lei 13.140/2015 (Lei de Mediação), admitir a revogação do antigo art. 17, § 1º, da Lei 8.429/1992, que vedava transação, acordo ou conciliação, em razão da aplicação do brocardo latino *lex posterior derogat piori*. Além disso, essa regra contida no art. 17, § 1º, da Lei de Improbidade Administrativa revogada (Lei 8.429/1992), era de 02.06.1992, exigindo-se interpretação conforme a Constituição (Lei 9.868/1999, art. 28, parágrafo único), para evitar que se impedisse a transação, em situações excepcionais, justificadas e previamente controladas pelos órgãos de controle do Ministério Público (CSMP dos Estados e Câmaras de Coordenação e Revisão, nos ramos que compõe o MPU) para que, assim, o revogado art. 17, § 1º, da Lei 8.429/1992 fosse compatibilizado com o princípio constitucional da eficiência no âmbito administrativo (art. 37, *caput*, introduzido pela Emenda Constitucional 19/1998) e a garantia constitucional da duração

---

81. STJ, REsp 327.408/RO, rel. Min. Franciulli Netto, 2ª T., j. 05.10.2004, *DJ* 14.03.2005, p. 244.
82. O STJ admitiu a possibilidade de celebração de acordo de não persecução cível, em fase recursal. Cf. AREsp 1.314.581/SP, 1ª T., Rel. Min. Benedito Gonçalves, j. 23.02.2021.

razoável do processo (CF, art. 5º, inc. LXXVIII, trazido pela Emenda Constitucional 45/2004), que não existiam quando da promulgação da regra original prevista no art. 17, § 1º, da Lei de Improbidade Administrativa.

Tal exegese foi reforçada pela orientação do CSMP de São Paulo, no arquivamento do IC 14.0555.0000113/2014-9, da Promotoria de Justiça de Osasco/SP, ao admitir a aplicação dos "acordos de colaboração" aos atos de improbidade administrativa, sob os seguintes argumentos:

> o fundamento para a aplicabilidade do "acordo de colaboração" aos atos de improbidade administrativa é a obtenção de maior eficiência nas investigações, para própria repressão dos atos de improbidade e tutela do erário, como forma de melhor satisfação do interesse público. E, para tanto, admite-se até mesmo a relativização/mitigação do princípio da obrigatoriedade, haja vista que o interesse público e eficiência serão melhor atingidos com o ato de colaboração; de que a natureza jurídica "negocial" está bem preservada. O Ministério Público, na hipótese de "acordo de colaboração", (...) possui interesse de agir mas assume compromisso de não exercer sua pretensão, para melhor atenção ao interesse público e eficiência (princípios previstos constitucionalmente). Além disso, na hipótese de descumprimento do "acordo de colaboração", a consequência é a propositura de ação civil de improbidade contra o colaborador.

No mesmo sentido, o Conselho Superior do Ministério Público do Paraná, em 15.05.2017, expediu a Resolução 01/2017, que admitiu a celebração de composição, nas modalidades de compromisso de ajustamento de conduta e acordo de leniência, envolvendo as sanções cominadas aos atos de improbidade administrativa, definidos na Lei 8.429/1992 e aos atos praticados contra a Administração Pública, contidos na Lei 12.846/2013, no âmbito do MPPR.

Tais orientações se compatibilizam com a Recomendação 54, de 28.03.2017, do Conselho Nacional do Ministério Público (CNMP), que dispõe sobre a Política Nacional de Fomento à Atuação Resolutiva do Ministério Público brasileiro[83], cujo art. 1º, § 2º, prevê que, sempre que possível e observadas as peculiaridades do caso concreto, deve ser priorizada a resolução extrajudicial do conflito, controvérsia ou situação de lesão ou ameaça, especialmente quando essa via se mostrar capaz de viabilizar uma solução mais célere, econômica, implementável e capaz de satisfazer adequadamente as legítimas expectativas dos titulares dos direitos envolvidos, contribuindo para diminuir a litigiosidade.

O Conselho Nacional do Ministério Público regulamentou o art. 5º, § 6º, da Lei 7.347/85, por meio da Resolução 179/2017, cujo art. 1º, § 2º, admite, expressamente, o cabimento de ajustamento de conduta nas hipóteses configuradoras de improbidade administrativa, sem prejuízo do ressarcimento ao erário e da aplicação de um ou de algumas das sanções previstas na Lei 8.429/92, de acordo com a conduta ou o ato praticado.

Aliás, mesmo antes da nova redação do art. 17, § 1º, da Lei 8.429/92, dada pela Lei 13.964/2019, não raro se verificava situações em que a vedação da transação contrariava

---

83. CAMBI, Eduardo; FOGAÇA, Marcos Vargas. Ministério Público resolutivo: o modelo contemporâneo de atuação institucional. *Revista dos Tribunais*, v. 982, ago. 2017, p. 107-134.

a própria efetividade da punição e da reparação dos danos. Exemplo disso se dava na colaboração processual (premiada), prática em que o agente ministerial de fato *transaciona* com o investigado[84] que, efetiva e voluntariamente, contribui com a investigação e com o processo criminal, culminando sua colaboração em real ganho investigativo, englobando a identificação dos demais coautores e partícipes da organização criminosa e das infrações penais por eles praticadas, a revelação da estrutura hierárquica e da divisão de tarefas da organização criminosa, a prevenção de infrações penais decorrentes das atividades da organização criminosa, a recuperação total ou parcial do produto ou do proveito das infrações penais praticadas pela organização criminosa e/ou a localização de eventual vítima com a sua integridade física preservada (Lei 12.850/2013, art. 4º).

Em contrapartida, o então investigado pode ser beneficiado com o perdão judicial, a redução em até dois terços da pena privativa de liberdade ou sua substituição por restritiva de direito. A colaboração premiada tem se demonstrado um eficiente mecanismo de investigação criminal e que pode ser adotada, por igual fundamento, no campo da improbidade administrativa, na perspectiva de que, se há autorização legal para o mais (responsabilidade penal), haveria permissivo para o menos (responsabilidade por improbidade administrativa).

Diante disso, especialmente após a introdução da regra do art. 17-B, pela Lei 14.230/2021, na Lei 8.429/92, admitindo a celebração de acordo de não persecução cível, pode-se afirmar que: I – em situações de meras irregularidades, que sequer configurem a prática de ato de improbidade administrativa, é possível firmar termo de ajustamento de conduta, pois não se estaria a dispor de quaisquer sanções da Lei 8.429/1992, mesmo porque não aplicável à hipótese; II – em outros casos, embora caracterizado o ato de improbidade administrativa, quando se verificar que a conduta praticada mostra-se de pequena monta, é possível a celebração do termo de ajustamento de conduta, uma vez que a solução do ilícito não se daria por meio de transação, mas pela fixação de sanções ao responsável pelo ato, levando-se em consideração os postulados da proporcionalidade, da razoabilidade e da eficiência; e III – em circunstâncias excepcionais, desde que rigorosamente motivadas, sempre sujeitas ao criterioso e prévio controle dos órgãos colegiados, há a possibilidade de transação, nas hipóteses em que restar demonstrado que a disposição quanto a certas sanções venha a se revelar mais consentânea com a proteção do bem jurídico tutelado[85]. Nesta última hipótese, o Ministério Público não renuncia ou dispõe do direito transacionado e, havendo descumprimento do acordo, a pessoa perderá os benefícios pactuados, acarretando o vencimento antecipado das

---

84. Pessoa jurídica não possui capacidade para celebrar o acordo de colaboração premiada da Lei 12.850/2013, porque não se enquadra como investigada ou acusada no tipo de crime de organização criminosa. Cf. STJ, RHC 153.979-SP, rel. Min. Olindo Menezes (Desembargador convocado do TRF 1ª Região), 6ª T., j. 09.08.2022, pub. *DJe* 15.08.2022.

85. DINIZ, Cláudio Smirne; CAMBI, Eduardo. *Solução extrajudicial de conflitos na área de proteção ao patrimônio público* – Possibilidade de celebração de termo de ajustamento de conduta e de transação na improbidade administrativa. Tese apresentada no XXII Congresso Nacional do Ministério Público realizado nos dias 27 a 29 de setembro de 2017.

parcelas não pagas, executando-se o valor integral da multa e descontando-se as frações eventualmente já pagas.

O Supremo Tribunal Federal, ao julgar o *leading case* ARE 1.175.650/PR, tratou, expressamente, da possibilidade da utilização da colaboração premiada, nos termos da Lei 12.850/2013, no âmbito civil, em ação civil pública ajuizada pelo Ministério Público.[86] Condicionou tal utilização aos requisitos que ficaram consignados no Tema 1.0143: "(1) Realizado o acordo de colaboração premiada, serão remetidos ao juiz, para análise, o respectivo termo, as declarações do colaborador e cópia da investigação, devendo o juiz ouvir sigilosamente o colaborador, acompanhado de seu defensor, oportunidade em que analisará os seguintes aspectos na homologação: regularidade, legalidade e voluntariedade da manifestação de vontade, especialmente nos casos em que o colaborador está ou esteve sob efeito de medidas cautelares, nos termos dos §§ 6º e 7º do artigo 4º da referida Lei 12.850/2013; (2) As declarações do agente colaborador, desacompanhadas de outros elementos de prova, são insuficientes para o início da ação civil por ato de improbidade; (3) A obrigação de ressarcimento do dano causado ao erário pelo agente colaborador deve ser integral, não podendo ser objeto de transação ou acordo, sendo válida a negociação em torno do modo e das condições para a indenização; (4) O acordo de colaboração deve ser celebrado pelo Ministério Público, com a interveniência da pessoa jurídica interessada e devidamente homologado pela autoridade judicial; (5) Os acordos já firmados somente pelo Ministério Público ficam preservados até a data deste julgamento, desde que haja previsão de total ressarcimento do dano, tenham sido devidamente homologados em Juízo e regularmente cumpridos pelo beneficiado".

Além disso, o art. 17-B da Lei 8.429/92, com a redação dada pela Lei 14.230/2021, afirma, expressamente, que o Ministério Público pode celebrar acordo de não persecução cível para obter o integral ressarcimento do dano e reverter à pessoa jurídica lesada a vantagem indevida obtida, ainda que oriunda de agentes privados.

Quanto aos valores pertinentes aos danos e ao enriquecimento ilícito, deve ser instaurado ou retomado o procedimento referente aos atos e fatos incluídos no acordo ou ajuizada ação civil pública, conforme o caso, sem prejuízo de utilização das informações prestadas e dos documentos fornecidos pelo responsável pelo descumprimento da transação[87].

O art. 17-B, § 3º, da Lei 8.429/92, com a redação atribuída pela Lei 14.230/2021, exige, ainda, que, para fins de apuração do valor do dano a ser ressarcido, deverá ser realizada a oitiva do Tribunal de Contas competente, que se manifestará, com indicação dos parâmetros utilizados, no prazo de 90 (noventa) dias.

---

86. STF, ARE 1175650, Tribunal Pleno, Rel. Min. Alexandre de Moares, j. 03.07.2023, pub. *DJe* 05.10.2023.

87. Cfr. Art. 7º da Resolução 01/2017 que define os parâmetros a serem observados para celebração de composição, nas modalidades de compromisso de ajustamento de conduta e acordo de leniência, em matéria de improbidade administrativa no âmbito do Ministério Público do Estado do Paraná.

Portanto, enquanto os direitos disponíveis podem ser objeto de transação plena, os direitos indisponíveis, quando passíveis de conciliação ou mediação, em razão da análise dos sujeitos ou do objeto envolvidos, podem admitir transação parcial[88].

De qualquer forma, o consenso das partes envolvendo direitos indisponíveis, mas transigíveis, ao ser homologado em juízo, depende da intervenção do Ministério Público (CPC, art. 178, caput; Lei 13.140/2015, art. 3º, § 2º).

Para o comparecimento do réu na audiência do art. 334 do CPC, é indispensável a sua citação válida. Deverá constar do mandado de citação: o dia, a hora e o lugar da realização da audiência de conciliação ou de mediação, a obrigatoriedade de o réu estar acompanhado de advogado ou defensor público (CPC, art. 250, inc. IV), bem como a advertência de que sua ausência injustificada configura ato atentatório à dignidade da justiça, passível de multa nos termos do art. 334, § 8º, CPC. Com efeito, tal multa não incide no caso de não comparecimento do réu intimado por edital (Cf. Enunciado 26 da I Jornada de Direito Processual Civil, promovida pelo Conselho da Justiça Federal), mas também não se aplica quando o réu comparece na audiência apenas para manifestar desinteresse no acordo, salvo se a sessão tenha sido designada exclusivamente a seu requerimento, e não houver justificativa para a alteração da sua posição (Cf. Enunciado 121 da II Jornada de Direito Processual Civil, promovida pelo Conselho da Justiça Federal). Tampouco configura ato atentatório à dignidade da justiça e, portanto, não incide a multa, o não comparecimento pessoal à audiência do art. 334 do CPC, quando a parte estiver representada por advogado com poderes específicos para transigir[89].

O mandado de citação deve conter apenas os dados necessários à audiência. O referido mandado deve vir desacompanhado de cópia da petição inicial, resguardado o direito do demandado de examinar o seu conteúdo a qualquer tempo. Tal orientação, presente no art. 695, § 1º, do CPC para as ações de família, deve prevalecer para as demais demandas. Isto porque o objetivo de não enviar cópia da petição inicial é evitar a litigiosidade antecipada, favorecendo a construção de uma solução consensual[90]. O comparecimento da parte à audiência de conciliação ou de mediação sem conhecer os argumentos da petição inicial e antes ter preparado a sua defesa diminui o clima de beligerância e torna o ambiente mais amigável para a celebração de acordos. Da contestação em diante, a autocomposição é dificultada, porque as partes assumem atitudes mais agressivas próprias do processo adversarial (litigioso).

3.24. FACULTATIVIDADE DA AUDIÊNCIA DE CONCILIAÇÃO OU DE MEDIAÇÃO

O art. 334 do CPC não torna obrigatória a audiência de conciliação ou de mediação. A questão guarda alguma semelhança com a discussão travada a partir da constitucio-

---

88. NERY JR., Nelson; NERY, Rosa Andrade. *Comentários ao Código de Processo Civil*. São Paulo: RT, 2015. p. 918.
89. STJ, AgIn no RMS 56.422-MS, 4ª T., Rel. Min. Raul Araújo, j. 08.06.2021.
90. LEITE, Eduardo de Oliveira. As "ações de família" no Novo Código de Processo Civil. *Revista de Direito de Família e das Sucessões*, v. 5, jul.-set. de 2015, p. 83-102.

nalidade do art. 625-D da CLT, que condicionou o ajuizamento das reclamatórias trabalhistas à submissão à comissão de conciliação prévia, criada para facilitar a resolução extrajudicial dos conflitos. No entanto, o STF[91] considerou desnecessária a submissão anterior das demandas trabalhistas às comissões de conciliação prévia, por entender que a sua obrigatoriedade limitaria a garantia constitucional do acesso à justiça (CF, art. 5º, inc. XXXV).

É interessante notar que o valor da conciliação já era objeto disciplinado pela Constituição do Império (1824), em que se tornava obrigatória a submissão à conciliação como pressuposto para ingresso em juízo (art. 161: "Sem se fazer constar, que se tem intentado o meio da reconciliação, não se começará Processo algum").

Entretanto, a conciliação e a mediação, como meios alternativos de resolução de conflitos, são caracterizadas pela autonomia da vontade das partes. O art. 334, § 4º, inc. I, do CPC afirma, contudo, que a audiência não será realizada se ambas as partes manifestarem, expressamente, desinteresse na composição consensual.

Visto que é ônus das partes se pronunciarem, de forma expressa, quanto à não realização da audiência de conciliação ou de mediação, e, não obstante o art. 319, inc. VII, do CPC estabeleça que na petição inicial deva constar a opção do autor pela realização ou não de audiência de conciliação ou de mediação, a ausência de manifestação expressa na petição inicial (CPC, art. 334, § 4º, inc. I, e § 5º) implica na concordância do autor com a realização da audiência de conciliação ou mediação, exceto se houver o aditamento da petição inicial por iniciativa do autor. Isso significa que não cabe ao juiz nem indeferir (por não ser hipótese prevista no art. 330 do CPC), tampouco determinar a emenda da petição inicial (exegese do art. 321 do CPC).

Porém, não caracteriza má-fé processual nem preclusão para o autor, que não tenha manifestado o seu desinteresse expresso pela não realização da audiência de conciliação e mediação na petição inicial, para, após a manifestação contrária do réu, concordar com o seu adversário[92]. No entanto, há de ser respeitado o prazo mínimo de 10 (dez) dias de antecedência da audiência (aplicação por analogia do art. 334, § 5º, do CPC), por se tratar de prazo destinado à organização das pautas de audiência, pelo Poder Judiciário, com um mínimo de eficiência e previsibilidade.

Caso nenhuma das partes se manifeste expressamente quanto à não realização da audiência de conciliação ou de mediação ou quando apenas uma delas mostrar tal desinteresse, presentes os demais requisitos legais, a audiência do art. 334 do CPC deve ser marcada e realizada. Considerando a política adotada pelo Código de Processo Civil de 2015, que visa estimular a resolução consensual dos conflitos (CPC, art. 3º, §§ 2º e 3º),

---

91. STF, ADI 2139 MC, Rel. Min. Octavio Gallotti, Rel. p/ acórdão Min. Marco Aurélio, Tribunal Pleno, j. 13.05.2009, *DJe* 23.10.2009; ADI 2160 MC, Rel. Min. Octavio Gallotti, Rel. p/ acórdão Min. Marco Aurélio, Tribunal Pleno, j. 13.05.2009, *DJe* 23.10.2009. [https://redir.stf.jus.br/paginadorpub/paginador.jsp?docTP=TP&docID=749177939]; [https://redir.stf.jus.br/paginadorpub/paginador.jsp?docTP=TP&docID=749178300].

92. WAMBIER, Luiz Rodrigues; TALAMINI, Eduardo. *Curso avançado de Processo Civil*. 11. ed. 2010. v. 1. cit., p. 129.

a audiência de conciliação ou mediação, nesses casos, será sempre obrigatória para o juiz, sob pena de ser submetido a eventuais sanções de natureza funcional e disciplinar[93].

Como já mencionado, a parte que deixar de comparecer e não apresentar justificativa adequada pratica ato atentatório à dignidade da justiça e fica sujeita à sanção prevista no art. 334, § 8º, do CPC.

O indeferimento do pedido de designação da audiência do art. 334 do CPC (*v.g.*, pelo argumento da dificuldade de pauta) deve ser impugnado por agravo de instrumento, não sendo cabível mandado de segurança[94].

3.25. AUTOCOMPOSIÇÃO DE CONFLITOS E UTILIZAÇÃO DA ARBITRAGEM PELO PODER PÚBLICO

De acordo com as pesquisas realizadas pelo CNJ ("100 Maiores Litigantes" – 2011) e pela Associação Brasileira de Magistrados ("O uso da Justiça e o litígio no Brasil" – 2015), constatou-se que o Poder Público é o principal litigante no Brasil. Assim, qualquer iniciativa de aperfeiçoamento da prestação jurisdicional depende indiscutivelmente da elaboração de uma estratégia nacional de prevenção e de redução de litígios envolvendo, necessariamente, a promoção de políticas de incentivo à autocomposição e, portanto, de desjudicialização de demandas[95].

Nesse sentido, destaca-se o Programa da Redução de Litígios, instituído pela Procuradoria-Geral da União que, entre os anos de 2013-2015, deixou de apresentar 108 mil recursos nos Tribunais Regionais Federais e no STJ[96].

O art. 174 do CPC incentiva a criação de câmaras de mediação e de conciliação, pelos entes federativos, para dirimir conflitos envolvendo órgãos e entidades da administração pública, avaliar a admissibilidade de pedidos de resolução de conflito – por meio de conciliação – no âmbito da administração pública e promover, quando couber, a celebração de termo de ajustamento de conduta. Tal entendimento é ratificado no Enunciado 398 do FPPC: "As câmaras de mediação e conciliação têm competência para realização da conciliação, no âmbito administrativo, de conflitos judiciais e extrajudiciais".

---

93. SALLES, Carlos Alberto de; MEGNA, Bruno Lopes. Mediação e conciliação em nova era: conflitos normativos no advento do novo CPC e da Lei de Mediação. In: YARSHELL, Flavio Luiz; PESSOA, Fabio Guidi Tabosa (Org.). *Direito intertemporal*. Salvador: JusPodivm, 2016. p. 122-123.

94. STJ, RMS 63.202-MG, 3ª T, Rel. Min. Marco Aurélio Bellizze, Rel. Acd. Min. Nancy Andrighi, j. 1º.12.2020, *DJe* 18.12.2020.

95. Neste sentido, a Meta 7 do Conselho Nacional de Justiça, para 2021, envolvendo o Superior Tribunal de Justiça e o Tribunal Superior do Trabalho, enfatiza: "Priorizar o julgamento dos maiores litigantes e dos recursos repetitivos".

96. Neste sentido, destaca-se o Programa de Redução de Litígios, instituído pela Procuradoria-Geral da União, com destaque para a Portaria Normativa PGU/AGU 3, de 17 de junho de 2021, que regulamenta os critérios para a dispensa da prática de atos e desistência de recursos, bem como procedimentos ligados a execuções e cumprimentos de sentença em face da União.

No mesmo sentido, o art. 32 da Lei 13.140/2015 permite aos entes federativos criarem câmaras de prevenção e resolução administrativa de conflitos, no âmbito dos órgãos da Advocacia Pública, com competência para: a) dirimir conflitos entre órgãos e entidades da administração pública; b) avaliar a admissibilidade dos pedidos de resolução de conflitos, por meio de composição, no caso de controvérsia entre particular e pessoa jurídica de direito público; c) promover, quando couber, a celebração de termo de ajustamento de conduta; d) examinar conflitos que digam respeito ao equilíbrio econômico-financeiro de contratos celebrados pela administração com particulares.

De forma pioneira, a AGU instituiu a Câmara de Conciliação e Arbitragem da Administração Federal (CCAF), em funcionamento desde o ano de 2007, que paulatinamente admitiu a participação de Estados, do Distrito Federal e dos Municípios. A competência da CCAF está disciplinada no art. 18 do Anexo I do Decreto 10.608/2021, que prevê, entre as suas atribuições: "I – avaliar a admissibilidade dos pedidos de resolução de conflitos, por meio de conciliação, no âmbito da Advocacia-Geral da União; II – requisitar aos órgãos e às entidades da administração pública federal envolvidos ou não no conflito submetido à Câmara diligências, cooperação técnica e manifestação sobre a oportunidade e conveniência de sua atuação administrativa na solução do conflito; III – dirimir, por meio de mediação, as controvérsias: a) entre órgãos públicos federais, entre entidades públicas federais ou entre órgão e entidade pública federal; b) que envolvam órgão ou entidade pública federal e Estados, o Distrito Federal ou Municípios ou suas autarquias ou fundações públicas; c) que envolvam órgão ou entidade pública federal e empresa pública ou sociedade de economia mista federal; ou d) que envolvam particular e órgão ou entidade pública federal, nos casos previstos no regulamento de que trata o § 2º do art. 32 da Lei 13.140, de 26 de junho de 2015; IV – buscar a solução de conflitos judicializados, nos casos remetidos pelos Ministros dos Tribunais Superiores ou por outros membros do Poder Judiciário, ou por proposta dos titulares dos órgãos de direção superior, de execução e vinculados da Advocacia-Geral da União; V – promover, quando couber, a celebração de termo de ajustamento de conduta nos casos submetidos a procedimento de mediação; VI – encaminhar, quando couber, ao Consultor-Geral da União as controvérsias jurídicas não solucionadas por procedimento de mediação para os fins do disposto no § 1º do art. 36 da Lei 13.140, de 2015; e VII – coordenar, orientar e supervisionar as atividades conciliatórias no âmbito das Consultorias Jurídicas da União nos Estados."

As leis que regulamentam os JEF (Lei 10.259/2001, art. 10, parágrafo único) e os Juizados Especiais da Fazenda Pública (Lei 12.153/2009, art. 8º) já admitiam a possibilidade de conciliação, transação e desistência, nas hipóteses previstas na lei do respectivo ente legislativo. Com o Código de Processo Civil de 2015, tal possibilidade foi salientada, com poucas ressalvas, pelos Enunciados 397 ("A estrutura para autocomposição, nos Juizados Especiais, deverá contar com a conciliação e a mediação") e 509 ("Sem prejuízo da adoção das técnicas de conciliação e mediação, não se aplicam no âmbito dos juizados especiais os prazos previstos no art. 334") do FPPC.

Do mesmo modo, o art. 11, inc. III, da Lei 11.079/2004, que institui normas gerais para licitação e contratação de PPP no âmbito da administração pública, estabelece, no art. 11, inc. III, a possibilidade de o instrumento convocatório prever o emprego dos mecanismos privados de resolução de disputas, a ser realizada no Brasil e em língua portuguesa, para dirimir conflitos decorrentes ou relacionados ao contrato.

O art. 1º, § 1º, da Lei 9.307/1996, com a redação dada pela Lei 13.129/2015, afirma que a administração pública pode se utilizar da arbitragem para dirimir conflitos relativos a direitos patrimoniais disponíveis. O alcance de tal expressão, contudo, deve ser objeto de posicionamento crítico, pois a administração pública tem como pilar a consecução do interesse público, caracterizado intrinsecamente pela indisponibilidade. Por isso, Cláudio Smirne Diniz e Mauro Rocha defendem que a utilização da arbitragem pela administração pública é permitida somente para dirimir conflitos em relações jurídicas cuja atividade administrativa esteja pautada pela horizontalidade com o particular (v.g., nos contratos de direito privado celebrados pela administração, como a compra e venda ou a locação de imóveis para instalações da administração pública)[97]. Mais recentemente, o art. 151 da Lei 14.133/2021 afirmou a admissibilidade dos meios alternativos de prevenção e resolução de controvérsias – notadamente, a conciliação, a mediação, o comitê de resolução de disputas e a arbitragem – para as controvérsias envolvendo direitos patrimoniais disponíveis, como as questões relacionadas ao reestabelecimento do equilíbrio econômico-financeiro do contrato, ao adimplemento de obrigações contratuais por quaisquer das partes e ao cálculo de indenizações.

Além disso, o art. 33, parágrafo único, da Lei 13.140/2015 permite que a Advocacia Pública da União, a Procuradoria-Geral dos Estados, do Distrito Federal e dos Municípios, onde houver, instaure, de ofício ou mediante provocação, procedimento de mediação coletiva de conflitos relacionados à prestação de serviços públicos.

Cumpre também à Lei 13.140/2015 disciplinar a resolução de conflitos envolvendo, especificamente, a Administração Pública Federal Direta, suas Autarquias e Fundações, os quais podem ser objeto de transação por adesão, com fundamento em autorização do Advogado-Geral da União, com base na jurisprudência pacífica do STF ou de tribunais superiores; ou em parecer do Advogado-Geral da União, aprovado pelo Presidente da República (art. 35).

É importante observar que tal resolução administrativa possui efeitos gerais e deve ser aplicada aos casos idênticos, tempestivamente habilitados mediante pedido de adesão, ainda que solucione apenas parte da controvérsia. A transação por adesão implica, ainda, renúncia do interessado ao direito sobre o qual se fundamenta a ação ou o recurso, eventualmente pendente, de natureza administrativa ou judicial, quanto aos pontos compreendidos pelo objeto da resolução administrativa.

---

97. Arbitragem e administração pública: hipóteses de interpretação conforme a Constituição. *Teses do XXI Congresso Nacional do Ministério Público*. Rio de Janeiro: AMPERJ, 2015. p. 368-371.

Nos termos do art. 36 da Lei 13.140/2015, os conflitos que envolvam controvérsia jurídica entre órgãos ou entidades de Direito Público integrantes da administração pública federal devem ser submetidos à composição extrajudicial do conflito, observados os procedimentos previstos em ato do Advogado-Geral da União. Se a resolução da controvérsia implicar no reconhecimento da existência de créditos da União, de suas autarquias e fundações em face de pessoas jurídicas de direito público em âmbito federal, a AGU poderá solicitar ao Ministério da Economia a adequação orçamentária para quitação das dívidas reconhecidas como legítimas.

Por outro lado, a composição extrajudicial do conflito não afasta nem obsta a apuração de responsabilidade do agente público que deu causa à dívida, sempre que for constatada, em tese, infração disciplinar pela sua ação ou omissão.

Ainda, se a matéria objeto do litígio estiver sendo discutida em ação de improbidade administrativa ou que sobre ela haja decisão do Tribunal de Contas da União, a conciliação depende da anuência expressa do juiz da causa ou do Ministro relator, na forma do art. 17-B, § 1º, inc. III, da Lei 8.429/92, com a redação da Lei 14.230/2021 (*v.g.*, se estiver prescrita a ação de impropriedade administrativa, mas não estando prescrita a pretensão de ressarcimento dos danos ao patrimônio público – art. 37, § 6º, CF – admite-se conciliação para estipular *formas, modos* e *prazos* para viabilizar o ressarcimento dos prejuízos)[98].

Também os Estados, o Distrito Federal e os Municípios, suas autarquias e fundações públicas, bem como as empresas públicas e sociedades de economia mista federais, podem submeter seus litígios com órgãos ou entidades da administração pública federal à AGU para haver a composição extrajudicial do conflito (Lei 13.140/2015, art. 37).

Além disso, a propositura de ação judicial – em que figurem, concomitantemente, nos polos ativo e passivo órgãos ou entidades de direito público que integrem a administração pública federal – deve ser previamente autorizada pelo Advogado-Geral da União (Lei 13.140/2015, art. 39), com o intuito de priorizar a autocomposição pelo Poder Público.

Ademais, o art. 10-B do Decreto-lei 3.365/1941, introduzido pela Lei 13.867/2019, que versa sobre as desapropriações por utilidade pública, permite que o particular opte pela mediação ou pela arbitragem, e indique um dos órgãos ou instituições especializados nesses meios autocompositivos previamente cadastrados pelo órgão responsável pela desapropriação.

A mediação igualmente pode ser utilizada para a concretização dos direitos fundamentais sociais (CF, art. 6º), por ser técnica capaz de promover o diálogo entre a comunidade e os agentes públicos para a solução dos conflitos de interesses, ampliando

---

98. A Resolução 358 de 02.12.2020 do Conselho Nacional de Justiça regulamentou a criação de soluções tecnológicas para a resolução de conflitos pelo Poder Judiciário por meio da conciliação e mediação, tendo criado sistema informatizado para a resolução de conflitos por meio da conciliação e mediação (SIREC).

e favorecendo a convivência ordenada e buscando superar os obstáculos à efetivação das políticas públicas sem a necessidade de judicialização imediata do problema[99].

Portanto, além da utilização dos métodos alternativos de solução de controvérsias pelo Poder Público estar prevista em lei, sua adoção traz significativas vantagens econômico-financeiras para os cofres públicos, ao reduzir ou minimizar as despesas processuais. Outrossim, a autocomposição de conflitos e utilização da arbitragem pelo Poder Público revela o compromisso do Estado-Administração com os princípios da ética e da boa-fé processuais, bem como evita a excessiva e desnecessária atividade jurisdicional para a resolução de grande número de conflitos envolvendo a administração pública.

3.26. AGENDAMENTO DA AUDIÊNCIA E COMUNICAÇÃO DAS PARTES

A audiência de conciliação ou de mediação precisa ser agendada com prazo mínimo de 30 dias. O réu deve ser citado com, no mínimo, 20 dias de antecedência (CPC, art. 334, *caput*), especialmente para que possa se preparar adequadamente, inclusive contratar e/ou comunicar-se com seu advogado ou com um defensor público.

Por sua vez, designada a audiência, deverá o autor ser intimado na pessoa de seu advogado (CPC, art. 334, § 3º). Nos mandados de citação e de intimação têm de constar a advertência de que o não comparecimento, sem justo motivo, à audiência de conciliação ou de mediação caracteriza ato atentatório à dignidade da justiça e é passível de aplicação de multa, nos termos do art. 334, § 8º, do CPC.

Se o conflito for solucionado por mediação, antes da citação do réu, não serão devidas as custas judiciais finais (Lei 13.140/2015, art. 29 e CPC, art. 90, § 3º).

A pauta das audiências de conciliação ou de mediação serão organizadas de modo a respeitar o intervalo mínimo de 20 minutos entre o início de uma e o da seguinte (CPC, art. 334, § 12), embora, pelas diretrizes do Manual de Mediação do CNJ, o tempo mínimo recomendável para uma sessão de mediação seja de duas horas e, para sessão de conciliação, de 40 minutos[100]. De qualquer modo, é certo que facilitar a comunicação entre pessoas que possuem um histórico de desavenças exige tempo. Por isso, o tempo de duração da sessão de conciliação ou de mediação não pode ser confundido com o intervalo mínimo entre as audiências (Cf. Enunciado 583 do FPPC)[101]. Vinte minutos pode ser o tempo suficiente apenas para fechar acordos já entabulados antes da realização dessa audiência. Logo, o artigo 334, § 12, do CPC deve ser interpretado com bom senso ou como uma mera recomendação, cuja aplicação, na organização das pautas de audiência, vai depender da complexidade da causa (v.g., grau de animosidade,

---

99. RUIZ, Ivan Aparecido; BEDÊ, Judith Aparecida de Souza. *Direitos fundamentais, mediação e acesso à justiça.* Disponível em: [www.publicadireito.com.br/conpedi/manaus/arquivos/Anais/sao_paulo/2508.pdf]. Acesso em: 20.06.2016.

100. AZEVEDO, André Gomma de (Org.). *Manual de mediação judicial.* 5 ed. cit., p. 161.

101. TARTUCE, Fernanda. In: PEIXOTO, Ravi (Org.). *Enunciados FPPC comentados.* Salvador: JusPodivm, 2018. p. 337.

dificuldade de comunicação, interesses e questões presentes no conflito, necessidade de sessões individuais, a prévia participação em oficinas de divórcio e parentalidade[102] etc.) e da estrutura judiciária disponível (*v.g.*, número, experiência, qualificação etc. de conciliadores e mediadores). Portanto, para que se efetive o propósito do Estado promover a solução consensual dos conflitos (CPC, art. 3º, § 2º), é indispensável que o organizador da pauta de audiências reserve tempo razoável para que a conciliação ou a mediação se concretize.

Sendo necessário que para a aproximação das partes a realização de um cronograma de reuniões ou que uma das partes reflita melhor acerca das propostas de autocomposição, nada impede que a audiência seja cingida em tantas sessões quantas forem necessárias para viabilizar a solução consensual (CPC, art. 696 e Enunciado 577 do FPPC). Porém, a continuação da sessão destinada à conciliação ou à medição deve ser realizada em prazo inferior a dois meses, para não prejudicar o andamento da concretização do acordo (CPC, art. 334, § 2º).

Caso seja necessário maior prazo para que o acordo seja finalizado, as partes podem celebrar negócio jurídico processual (CPC, art. 190), bem como requerer a suspensão do processo (CPC, art. 313, inc. II) pelo prazo de 06 (seis) meses (CPC. Art. 313, § 4º). Transcorrido tal prazo sem a concretização do acordo, o juiz deverá determinar o prosseguimento do processo (CPC, art. 313, § 5º)[103].

3.27. NEGÓCIOS JURÍDICOS PROCESSUAIS

Tratando-se de processos cujo objeto admita autocomposição e as partes sejam plenamente capazes, abre-se a possibilidade de, em comum acordo, promover sutis mudanças no procedimento para ajustá-lo às especificidades da causa, bem como convencionar sobre os seus ônus, poderes, faculdades e deveres processuais, antes ou durante o processo (CPC, art. 190). O negócio jurídico celebrado pelas partes vincula e obriga os sucessores processuais (CPC, arts. 108 a 112).

Na audiência de conciliação ou mediação, caso a autocomposição se frustre, as partes podem realizar negócios jurídicos processuais, cuja validade deverá ser controlada pelo Estado juiz, que pode recusar a sua aplicação nos casos de nulidade, inserção abusiva em contrato de adesão ou na hipótese de que alguma das partes se encontre em manifesta situação de vulnerabilidade (CPC, art. 190, par. ún., e Enunciado 628 do FPPC). Por exemplo, não seria válida a convenção processual, em ação de divórcio ou de

---

102. Tais oficinas são estimuladas pelo art. 1º, inc. I, da Recomendação 50/2014, do Conselho Nacional de Justiça (CNJ), tanto na forma presencial quanto a distância (EAD), com a finalidade de prevenirem conflitos jurídicos relacionados à ruptura do vínculo conjugal ou parental (divórcio, dissolução da união estável, guarda, regulamentação de visitas etc.) ou prepararem os integrantes da família para serem protagonistas da solução de seus conflitos. Os litigantes, antes da realização da audiência de conciliação e de mediação, podem ser convidados a participar dessas oficinas, o que pode assegurar maior êxito às autocomposições.

103. STJ, AgInt nos EDcl no AREsp 726.705/SE, Rel. Min. Maria Isabel Gallotti, 4ª T., j. 12.09.2017, *DJe* 26.09.2017.

dissolução de união estável, que impedisse a mulher de denunciar prática de violência doméstica ou familiar, que restrinja direitos de crianças ou adolescentes (*v.g.*, um pacto de não requerer, dispensar ou renunciar pensão alimentícia em favor dos filhos menores de dezoito anos) ou que vise a fraudar terceiros ou a ordem tributária[104].

Preenchidos os requisitos do art. 190 do CPC, também são válidas as convenções processuais que suprimem a possibilidade da realização da audiência prevista no art. 334 do CPC.

Apesar da conciliação e da mediação serem métodos de solução alternativas fundados na cooperação entre as partes e mesmo sendo a cooperação uma imposição a todos os sujeitos processuais para a obtenção, em tempo razoável, de decisão de mérito justa e efetiva (CPC, art. 6º), restaria quebrada a lógica do sistema processual em impedir negócio processual que exclua a realização de audiência de conciliação ou mediação e, ao mesmo tempo, afirmar que tal audiência não será realizada se ambas as partes manifestarem, expressamente, desinteresse na composição processual (CPC, art. 334, § 4º, I).

Os métodos de solução alternativa de controvérsias são, pois, regidos pelo princípio da autonomia da vontade, vedando-se a coação bem como a imposição, a qualquer das partes, em se estabelecer cláusula de conciliação ou de mediação, nem permanecer em procedimento de conciliação ou de mediação (exegese extensiva do art. 2º, inc. IV, e §§ 1º e 2º da Lei 13.140/2015). Ao contrário, os interessados podem, em razão da livre autonomia, definir as regras procedimentais da conciliação ou da mediação (CPC, art. 166, § 4º), bem como da arbitragem (Lei 9.307/1996, art. 21).

São admissíveis, entre outros, negócios processuais que: (a) estabeleçam deveres e sanções para o cumprimento dos acordos, (b) ampliem prazos das partes de qualquer natureza, (c) dispensem ou invertam os ônus probatórios, (d) pactuem para a produção obrigatória de prova antecipada (inclusive para viabilizar a autocomposição ou outro meio adequado à solução do conflito; CPC, art. 381, inc. II), (e) fixem o rateio de despesas processuais, (f) excluam a recorribilidade, (g) estipulem a obrigatoriedade de mediação ou conciliação extrajudicial, (h) excluam a audiência de mediação ou de conciliação prevista no art. 334 do CPC (nesse sentido, é o Enunciado 19 do FPPC).

Entretanto, a autonomia das partes para fixar cláusulas processuais não é ilimitada e absoluta. Não são admissíveis convenções que instituam cláusulas que acarretem desequilíbrio na relação processual ou descaracterizem a essência do método de solução alternativa de controvérsias.

Nesse sentido, não se admitem negócios processuais no sentido de: (a) promover a submissão da sentença arbitral à homologação judicial (Lei 9.307/1996, art. 33), (b) modificar regra de competência absoluta (como determinar que outro órgão jurisdi-

---

104. PUGLIESE, Willian Soares. Pacto antenupcial e negócios jurídicos processuais. *Revista IBDFAM*, v. 57, maio-jun. 2023, p. 88.

cional – diverso do STJ – homologue a decisão arbitral estrangeira; Lei 9.307/1996, arts. 34 a 40), (c) não considerar ato atentatório à dignidade da justiça o fato de uma das partes deixar de comparecer sem justificativa à audiência (CPC, art. 334, § 8°), (d) permitir que uma das partes compareça à audiência desacompanhado de advogado constituído ou defensor público (CPC, art. 334, § 9°; Lei 13.140/2015, art. 10, parágrafo único), (e) que o procurador da parte não apresente procuração com poderes específicos para negociar e transigir (CPC, art. 334, § 10), (f) impedir que o juiz ou o árbitro conceda medidas de urgência, enquanto suspenso o processo submetido à mediação (Lei 13.140/2015, art. 16, § 2°) ou ainda, (g) não suspender o prazo prescricional, enquanto transcorrer o procedimento de mediação (Lei 13.140/2015, art. 17, parágrafo único).

Além disso, as partes e o juiz, de comum acordo, podem fixar calendário para a prática dos atos processuais, inclusive com a modificação justificada dos prazos. Tal calendário vincula todos os sujeitos processuais e dispensa a intimação das partes para a prática de ato processual ou a realização de audiências (CPC, art. 191).

Logo, desde que devidamente justificado, permite-se, quando for necessária mais de uma sessão destinada à conciliação e à mediação, ser superado o lapso máximo de dois meses entre as datas da primeira e da segunda sessão (CPC, art. 334, § 2°).

O calendário fixado pelas partes, todavia, não pode influir na organização das pautas das audiências de conciliação ou de mediação do respectivo juízo. Dessa forma, as convenções processuais devem respeitar o intervalo mínimo de 20 minutos entre o início de uma e o da seguinte, que é um período considerado razoável para a organização das pautas de audiência e para quaisquer tentativas efetivas de autocomposição (CPC, art. 334, § 12).

3.28. NÃO COMPARECIMENTO DAS PARTES E/OU DOS ADVOGADOS

A presença das partes é dispensável, desde que seu representante compareça ao juízo munido de procuração específica, com poderes para negociar e transigir (CPC, art. 334, § 10).

Após designada a audiência, caso qualquer uma das partes – autor ou réu – não compareça, tampouco constitua representante, a falta será considerada ato atentatório à dignidade da justiça e sancionada com multa de até 2% da vantagem econômica pretendida ou do valor da causa, revertida em favor da União ou do Estado (CPC, art. 334, § 8°).

Tal multa somente pode ser inscrita como dívida ativa da União ou do Estado após o trânsito em julgado da decisão (CPC, art. 77, § 3°). O § 3° do art. 77 do CPC é bastante claro ao prever que a multa somente será inscrita como dívida ativa da União ou do Estado após o trânsito em julgado da decisão que a fixou. Assim, como não há urgência na apreciação da decisão que fixa multa por ato atentatório à dignidade da justiça, a questão não é suscetível de impugnação via agravo de instrumento (CPC, art. 1.015, inc. II), embora possa ser revista oportunamente em sede de apelação[105].

Apenas a recusa expressa de ambas as partes impede a realização da audiência de conciliação ou mediação. Caso não haja a manifestação explícita de desinteresse de uma das partes, a multa (CPC, art. 334, § 8º) não pode ser afastada pelo juiz. Nesse sentido, é o Enunciado 61 da ENFAM:

> Somente a recusa expressa de ambas as partes impedirá a realização da audiência de conciliação ou mediação prevista no art. 334 do CPC/2015, não sendo a manifestação de desinteresse externada por uma das partes justificativa para afastar a multa de que trata o art. 334, § 8º.

Ademais, embora o art. 334, § 8º, do CPC tenha se referido apenas à audiência de conciliação, o legislador disse menos do que pretendia (*minus scripsit quam voluit*), pois a sanção também deve ser imposta ao não comparecimento injustificado do autor ou do réu à audiência designada para mediação. Afinal, a interpretação sistemática do atual CPC impede a existência de tratamento diferenciado entre ambos os meios, igualmente relevantes, de autocomposição, não havendo correlação lógica entre o fator discrímen (exclusão da sanção para o não comparecimento em audiência de mediação) e a desequiparação pretendida (aplicação da sanção apenas para a ausência em audiência de conciliação).

Desse modo, o termo "conciliação", contido no art. 334, § 8º, do CPC, está sendo utilizado em sentido genérico, englobando igualmente a sanção por eventual ausência das partes na audiência de mediação[106].

É recomendável que a comunicação processual que designar a data da audiência contenha advertência de que o não comparecimento das partes e/ou do respectivo advogado consistirá em ato atentatório à dignidade da justiça passível das sanções previstas no art. 334, § 8º, do CPC (CPC, art. 77, inc. IV e § 1º). Nesse sentido, o enunciado 273 do FPPC afirma: "Ao ser citado, o réu deverá ser advertido de que sua ausência injustificada à audiência de conciliação ou mediação configura ato atentatório à dignidade da justiça, punível com multa do art. 334, § 8º (...)".

Disso, derivam-se duas consequências na hipótese do não comparecimento do advogado de uma das partes, ensejando ou o adiamento da audiência ou, se houver consentimento da parte que estiver sem advogado, a nomeação de advogado para o ato processual.

Ademais, deverá o conciliador ou o mediador judiciais consignar a ausência do advogado na ata da audiência para que o juiz comunique o fato à subseção da OAB e, eventualmente, para que o profissional faltante seja responsabilizado, inclusive civilmente, pelos prejuízos causados às partes e ao próprio andamento processual.

---

105. STJ, REsp 1762957/MG, Rel. Min. Paulo de Tarso Sanseverino, 3ª T., j. 10.03.2020, *DJe* 18.03.2020.
106. SALLES, Carlos Alberto de; MEGNA, Bruno Lopes. Mediação e conciliação em nova era: conflitos normativos no advento do novo CPC e da Lei de Mediação cit., p. 122-123.

3.29. RESULTADOS POSSÍVEIS DA AUDIÊNCIA DE CONCILIAÇÃO OU DE MEDIAÇÃO

Havendo autocomposição integral do litígio, essa será reduzida a termo pelo conciliador ou pelo mediador, que encaminhará ao juiz para homologação por sentença, resolvendo-se assim o processo com julgamento de mérito e servindo como futuro título executivo judicial (CPC, art. 515, inc. II; Lei 13.140/2015, art. 20, parágrafo único, 1ª parte).

Se a autocomposição for apenas parcial[107], o termo será levado ao juiz para homologação, recaindo a eficácia executiva a respectiva parcela da decisão. Por outro lado, a parte que não foi objeto de autocomposição poderá ser contestada pelo réu.

A audiência de mediação ou de conciliação também pode se desdobrar, com especial destaque para as ações de família (CPC, art. 696), em quantas sessões forem necessárias para viabilizar a solução consensual. Para se preservar a autonomia da vontade (CPC, art. 166, § 4º) e a própria resolutividade da audiência, a realização de sessões adicionais depende da concordância de ambas as partes (Cf. Enunciado 577 do FPPC).

No entanto, conforme prevê o Enunciado 625 do FPPC, o sucesso ou o insucesso da mediação ou da conciliação não deve ser apurado apenas em função da celebração do acordo. Possibilitar que as partes, junto com o mediador ou o conciliador, conversem sobre o conflito e procurem aprimorar a comunicação já são fatores positivos que não podem ser ignorados. E, ainda que não se chegue a um acordo naquele momento processual, nada impede que ele venha a se concretizar posteriormente ou, no mínimo, possa abrir outros caminhos para a aproximação das partes.

Não havendo autocomposição, parcial ou total, ou não tendo o autor comparecido à audiência de conciliação ou de mediação, abrir-se-á o prazo de 15 dias para a contestação, a contar do primeiro dia útil seguinte à realização da dessa audiência ou, tendo havido mais de uma sessão, da última tentativa frustrada (CPC, art. 335, inc. I; Enunciado 122 da II Jornada de Direito Processual Civil, promovida pelo Conselho da Justiça Federal).

Além disso, quando o réu se manifestar expressamente, por meio de petição, pelo desinteresse na audiência de conciliação ou de mediação, o prazo para contestar será iniciado do protocolo do pedido de cancelamento dessa audiência (CPC, art. 335, inc. II).

Em havendo litisconsórcio passivo, e quando houver manifestação pelo desinteresse na realização da audiência por todos os réus (CPC, art. 334, § 6º), o termo inicial para contestar será considerado, para cada um dos réus, a data de apresentação de seu respectivo pedido de cancelamento da audiência (CPC, art. 335, § 1º).

---

107. Pelo Enunciado 576 do FPPC: "Admite-se a solução parcial do conflito em audiência de conciliação ou mediação".

3.30. ORGANIZAÇÃO E SANEAMENTO DO PROCESSO

Pelo art. 331, §§ 2º e 3º, do CPC/73, a frustração da tentativa de conciliação fazia com que o juiz prosseguisse na realização da audiência preliminar. Deveria fixar os pontos controvertidos, decidir questões processuais pendentes, sanear o processo e ordenar a produção de provas, vindo a designar posterior audiência de instrução e julgamento, se fosse necessária a produção de provas orais (depoimento pessoal ou oitiva de testemunhas) ou para obter esclarecimento dos peritos e/ou dos assistentes técnicos.

Por outro lado, a audiência do art. 334 do CPC, ao se realizar antes da resposta do réu, não possui a mesma amplitude da audiência preliminar do art. 331 do CPC/73. Não sendo obtida a autocomposição das partes, a organização e o saneamento do processo devem acontecer tão somente após o transcurso do prazo para a resposta do réu.

Quando não for hipótese de extinção do processo (CPC, arts. 334, 485 e 487, incs. II e III) nem de julgamento antecipado – integral ou parcial – de mérito (CPC, arts. 355 e 356), o juiz, em decisão de saneamento e de organização do processo, a ser proferida por escrito, deverá (CPC, art. 357): I) resolver as questões processuais pendentes, se houver; II) delimitar as questões de fato sobre as quais recairá a atividade probatória, especificando os meios de prova admitidos; III) definir a distribuição do ônus da prova (CPC, art. 373); IV) delimitar as questões de direito relevantes para a decisão de mérito; V) designar, se necessário, audiência de instrução e julgamento.

Ademais, a designação de audiência para sanear o processo é excepcional e exigível quando for relevante a cooperação das partes e a causa apresentar demasiada complexidade em matéria de fato ou de direito (CPC, art. 357, § 3º).

3.31. TENTATIVA POSTERIOR DE CONCILIAÇÃO E DE MEDIAÇÃO

A frustração do resultado da autocomposição na audiência de conciliação ou de mediação (CPC, art. 334) não impede o intentamento posterior para a composição do litígio por iniciativa das partes – preservando-se a livre autonomia dos interessados – ou do Poder Judiciário.

O CPC recomenda a autocomposição em outros momentos processuais, como quando da instalação da audiência de instrução e julgamento (CPC, art. 359) e nas ações de família (CPC, art. 694, parágrafo único).

Nada obsta que a conciliação ou a mediação seja realizada após o proferimento de sentença de mérito, quando os autos estejam nos Tribunais, caso as partes, expressamente, manifestarem o desejo de autocomposição ou quando o órgão judicial vislumbrar a possibilidade de resolução consensual da controvérsia. Estando os autos no Tribunal, incumbe ao relator estimular e homologar a autocomposição entre as partes (CPC, art. 932, inc. I).

3 • AUDIÊNCIA DE CONCILIAÇÃO OU DE MEDIAÇÃO

Aliás, mesmo após a prolação de sentença ou de acórdão que decida a causa, porém antes do trânsito em julgado, os litigantes podem transacionar o objeto do litígio e submetê-lo à homologação judicial[108]. Inclusive, as partes podem requerer a suspensão do processo judicial (CPC, art. 313, inc. II) para submeterem o conflito aos meios alternativos de solução de controvérsias.

3.32. AUDIÊNCIA DE CONCILIAÇÃO OU DE MEDIAÇÃO POR MEIO ELETRÔNICO

Nos termos da lei, é possível a realização de audiência de conciliação ou de mediação por meio eletrônico (CPC, art. 334, § 7º). Não é imprescindível, pois, a presença física das partes na audiência de conciliação ou de mediação.

Indubitavelmente os avanços da tecnologia facilitaram sobremaneira a comunicação virtual. A utilização desses mecanismos tecnológicos permite que as partes, seus advogados e os conciliadores ou mediadores se comuniquem virtualmente, evitando-se a necessidade de deslocamento aos fóruns ou aos tribunais, com ganho de tempo e sem prejuízo dos diálogos necessários à efetivação da autocomposição. O Código de Processo Civil de 2015 ressalta a importância do meio eletrônico, inclusive como forma de agilização do trâmite processual, prevendo tanto regras gerais (CPC, arts. 193-199) quanto regras específicas (v.g., ao admitir que o conciliador ou o mediador comunique, preferencialmente por meio eletrônico, o seu impedimento ou a sua impossibilidade temporária de exercer a função; CPC, arts. 170-171).

O art. 46, caput, da Lei 13.140/2015, por sua vez, admite que a mediação seja realizada pela internet ou outro meio de comunicação que permita a transação à distância, desde que as partes estejam de pleno acordo.

Pelo art. 6º, inc. X, da Resolução 125/2010 do CNJ, com a redação dada pela Emenda 2, de 08.03.2016, foi criado o Sistema de Mediação e Conciliação Digital ou a distância para atuação pré-processual de conflitos, com a previsão de adesão formal de cada TJ ou TRF, para atuação de demandas em curso, nos termos dos arts. 334, § 7º, do CPC e 46 da Lei 13.140/2015.

Além disso, o Enunciado 25 da I Jornada de Direito Processual Civil, promovida pelo Conselho da Justiça Federal, prevê: "As audiências de conciliação ou mediação, inclusive dos juizados especiais, poderão ser realizadas por videoconferência, áudio, sistemas de trocas de mensagens, conversa on-line, conversa escrita, eletrônica, telefônica e telemática ou outros mecanismos que estejam à disposição dos profissionais da autocomposição para estabelecer a comunicação entre as partes".

Essa sistemática foi adotada pela Lei 13.994/2020 que incluiu no art. 22, § 2º, na Lei 9.099/95, a possibilidade de a audiência de conciliação ser realizada, nos Juizados Especiais Cíveis, de forma não presencial, mediante o emprego dos recursos tecnológicos

---

108. STJ, REsp 1267525/DF, Rel. Min. Ricardo Villas Bôas Cueva, 3ª T., jul. 20.10.2015, *DJe* 29.10.2015.

disponíveis de transmissão e sons e imagens em tempo real. O resultado da tentativa de conciliação deve ser reduzido a escrito com os termos em anexo. Ademais, pelo art. 23 da Lei 9.099/95, com redação atribuída pela Lei 13.994/2020, se o demandado não comparecer ou recusar-se a participar de tentativa de conciliação não presencial, o juiz togado proferirá sentença.

Esses dispositivos devem ser interpretados extensivamente para, na medida do possível, admitir outras formas de autocomposição (como a medição). Nesse sentido, ressaltam-se as Portarias 3.605/2020 (CSJEs) e 3.742/2020 (NUPEMEC) da 2ª Vice--Presidência do Tribunal de Justiça do Paraná, autorizando a excepcional realização de sessões de mediação e conciliação por meio de ferramentas virtuais no âmbito dos Juizados Especiais, Centros de Conciliação (CECONs) e Centros Judiciários de Solução de Conflitos e Cidadania (CEJUSCs).

Contudo, na medida do possível, a presença física das partes é sempre a melhor opção para realização da audiência, devendo a videoconferência ser utilizada excepcionalmente (v.g., para casos urgentes e/ou quando exista justificada dificuldade da realização da audiência presencial)[109]. Isso porque as práticas autocompositivas recomendam a proximidade física dos participantes para que elementos biopsicossociais possam contribuir para a solução do conflito.

---

109. NERY JR., Nelson; NERY, Rosa Andrade. *Comentários ao Código de Processo Civil*. São Paulo: RT, 2015. p. 920.

4
A RESPOSTA DO RÉU: CONTESTAÇÃO E RECONVENÇÃO

4.1. DA DEFESA DO RÉU: ASPECTOS GERAIS

Analisando a nova sistemática do direito processual brasileiro, percebe-se que o CPC buscou simplificar o campo da resposta do réu, inclusive para conferir maior efetividade às garantias constitucionais do contraditório e da ampla defesa. O legislador procurou eliminar, na maior medida possível, o formalismo desnecessário, pois um processo com duração razoável promove a economia processual e favorece a mais rápida prestação jurisdicional[1].

Em razão da simplificação processual e atendendo ao ditame constitucional da obrigatoriedade da apreciação, pelo Poder Judiciário, de lesão ou ameaça a direito (CF, art. 5º, inc. XXXV), a defesa do réu deve ser examinada pelo Estado-Juiz, não importando se suas alegações são de ordem processual ou material, dilatórias ou peremptórias, exceções ou objeções, inclusive se contraditórias, posto que, em face da eventualidade, uma tese poderá ser aceita em detrimento de outra.

No CPC/73, algumas questões contíguas ao objeto e à causa de pedir deveriam ser alegadas apenas por meio das exceções (*v. g.*, a incompetência relativa), enquanto que, no CPC, toda a matéria pertinente à defesa pode ser apresentada em uma só petição, ou seja, na contestação.

A resposta do réu, contudo, é uma designação genérica e não se confunde com a contestação, que é apenas uma forma de o réu responder à demanda[2]. O termo resposta do réu, portanto, abrange diversos comportamentos, dentre eles o reconhecimento do pedido do autor, a contestação, a reconvenção, a revelia e a arguição de suspeição ou impedimento.

---

1. MARINONI, Luiz Guilherme; ARENHART, Sérgio Cruz; MITIDIERO, Daniel. *Novo código de processo civil comentado.* São Paulo: RT, 2015. p. 356-357.
2. DIDIER JR., Fredie. *Curso de direito processual civil*: introdução ao direito processual civil, parte geral e processo de conhecimento. 17 ed. Salvador: JusPodivm, 2015. p. 637.

4.1.1. Bilateralidade do processo

O direito de defesa é um aspecto do próprio direito de ação, no que concerne ao réu, porque não é processualmente concebível ação sem bilateralidade, isto é, sem que haja a presença de duas partes em contraditório, buscando conquistar o convencimento de sua pretensão pelo Estado-Juiz.

Quando alguém afirma que tem razão está dizendo que o outro não tem direito. Daí ficarem evidenciados a *bilateralidade do processo* e a necessidade de a decisão ser proferida em contraditório, ou seja, com a presença de autor e réu, aos quais deve ser dado igual oportunidade de debater a causa[3].

A defesa, em sentido amplo, é uma faculdade que pode ser exercida pelo demandado e que lhe permite se opor à ação em face dele ajuizada.

4.1.2. Classificação da defesa

A defesa pode ser *processual* ou *de mérito* (*substancial*). A defesa processual objetiva impugnar os aspectos formais da ação para frustrar a outorga da tutela jurisdicional pretendida pelo autor; busca a inutilização do meio (processo) com vistas a sua não apreciação do mérito pelo juiz e cujo nascimento acontece pela propositura da demanda, aprimorando-se com a citação do demandado, assujeitando autor, juiz e réu[4]. Já a defesa *de mérito* ou *substancial* refere-se ao objeto da controvérsia, representando o mérito da causa e sendo identificável tanto pelo pedido quanto pela causa de pedir (formulados pelo autor)[5]; cabe ao réu oferecer resistência passível de atacar a pretensão do demandante, negando-a quanto aos fatos ou quanto ao direito material.

A defesa de mérito pode ser classificada como sendo *direta* ou *indireta*. É direta, quando o réu sustenta a inexistência do fato constitutivo do direito do autor ou, pelo menos, nega que desse fato decorram as consequências jurídicas afirmadas na petição inicial[6], com o objetivo de barrar a pretensão do autor, bem como desconstruir os respectivos fatos e fundamentos alegados por ele. Por outro lado, a defesa é indireta, quando o demandado afirma a existência de um fato impeditivo, modificativo ou extintivo do direito postulado pelo autor (CPC, art. 350).

Pode-se utilizar o termo *exceção* para as matérias de defesa – tanto de natureza processual quanto de mérito – que dependem de formulação do réu, e a expressão *objeção* para aquelas que independem de arguição do demandado, podendo ser conhecidas de ofício pelo juiz (matérias de ordem pública, CPC, art. 337, § 5º).

---

3. COMOGLIO, Luigi Paolo; FERRI, Corrado; TARUFFO, Michele. *Lezioni sul processo civile*. 4. ed. Bologna: Il Mulino, 2006. p. 261. v. I.
4. THEODORO JR., Humberto. *Curso de Direito Processual Civil* – Teoria geral do direito processual civil, processo de conhecimento e procedimento comum. 57. ed. rev., atual. e ampl. Rio de Janeiro: Forense, 2016. p. 802. v. 1.
5. Idem.
6. MOREIRA, José Carlos Barbosa. Resposta do réu no sistema do Código de Processo Civil. In: WAMBIER, Luiz Rodrigues e ALVIM, Teresa Arruda (Org.). *Doutrinas essenciais*. Processo Civil. São Paulo: RT, 2011. p. 665. v. I.

As alegações em sede de exceção se opõem à pretensão do autor, devendo o réu aduzir, em primeiro lugar, as razões de ordem processual que tornem inadmissível, ao juiz, conhecer do pedido formulado pelo demandante na petição inicial[7].

Contudo, de maneira alguma, pode-se confundir a defesa processual com exceção processual. Na defesa processual, é possível realizar a objeção, a qual não cabe por via de exceção; portanto, a defesa processual é mais ampla do que as exceções e comporta diversas formas de manifestação nos autos.

No CPC, a defesa processual se faz como preliminar de contestação, caso a matéria seja de *objeção* (isto é, matérias processuais de ordem pública que o juiz pode, até, conhecer de ofício) e se faz por meio de *exceção em sentido estrito*, caso a alegação seja de convenção de arbitragem e de incompetência relativa, para indicar a defesa que só pode ser conhecida quando alegada pela parte (CPC, art. 337, § 5º). A defesa de mérito pode ser direta *(exceção material direta),* quando o réu impugna a existência ou a eficácia dos fatos constitutivos alegados pelo autor, ou indireta *(exceção material indireta)*, quando se ataca diretamente a pretensão e o fundamento de seu pedido mediante a alegação de outros fatos impeditivos, extintivos ou modificativos, de forma a ampliar o objeto do processo (*v. g.*, arguindo prescrição, compensação, novação etc.).

Tomando-se casuisticamente como exemplo a exceção de incompetência relativa, relaciona-se diretamente ao órgão julgador e se trata de exceção processual. Isso porque tal matéria não pode ser reconhecida de ofício pelo magistrado, ou seja, caberá ao réu arguir a incompetência relativa no momento em que apresentar a contestação. Não pode ser apresentada em autos apartados, e, se não arguida, esse direito do réu restará precluso e haverá a prorrogação (modificação) da competência. Apresentada a exceção processual como preliminar na própria contestação, a ação não ficará suspensa para a análise dessa questão processual.

No CPC/73, as exceções em sentido estrito eram analisadas em momento diverso da contestação. Já, com a entrada em vigor do CPC, estas devem ser sanadas de imediato, o que permite a redução de atos processuais (contestação e exceções em apartado) e garante maior celeridade da prestação jurisdicional.

Nas matérias de ordem pública (objeções), o ônus da alegação, pelo réu, é relativo (pois o juiz pode dela conhecer de ofício). Por outro lado, com relação às exceções, o ônus é absoluto (se não arguida pela defesa, a matéria resta preclusa).

Pontue-se que o regime das exceções é cumulativo e não excludente[8], de modo a abrir a possibilidade de o réu apresentar, ao mesmo tempo, exceções processuais e substanciais (diretas e indiretas).

---

7. MARQUES, José Frederico. *Instituições de Direito Civil*. Rio de Janeiro: Forense, 1959. p. 134.
8. DANTAS, Marcelo Navarro Ribeiro. Comentários ao art. 350 do CPC. In: ALVIM, Teresa Arruda; DIDIER JR., Fredie; TALAMINI, Eduardo e DANTAS, Bruno (Coord.). *Breves comentários ao Novo Código de Processo Civil*. São Paulo: RT, 2015. p. 947.

Com relação aos *efeitos das exceções*, podem ser classificadas em *dilatórias* (quando buscam distender ou procrastinar o curso do processo, como ocorre nas exceções de suspeição e de incompetência) e *peremptórias* (quando visam a extinção da relação processual, como a exceção de coisa julgada e de litispendência).

Além de se defender, é lícito ao réu contra-atacar, propondo ação em face do autor, mediante o exercício do direito de ação, por meio da *reconvenção*. Por meio de contestação, o réu não pode obter decisão que atenda pedido seu, o que somente pode ser feito em sede de reconvenção.

4.1.3. Modalidades de resposta do réu

Os arts. 335 e 343 do CPC indicam a existência de duas modalidades de respostas à inicial consistentes: a) na *contestação*, considerada como a peça fundamental e, por excelência, de defesa; b) na *reconvenção*, caracterizada como uma ferramenta com o intuito de legítimo contra-ataque, na qual vem o réu propor nova demanda em face do autor, no mesmo processo.

No entanto, além destas respostas, há outras formas de defesa previstas no CPC, sendo facultado ao réu a impugnação ao pedido de gratuidade da justiça (CPC, art. 100), a denunciação da lide (CPC, art. 125), o chamamento ao processo (CPC, art. 130), a impugnação ao valor da causa (CPC, art. 293), a nomeação da autoria (CPC, art. 338) e a arguição de falsidade documental (CPC, art. 430).

No elenco das possíveis respostas do réu, inseridas no procedimento comum, figuram as defesas de *caráter defensivo* e as reações *não defensivas*[9].

Reputam-se como hipóteses de respostas defensivas: I) a contestação, como ato defensivo de caráter amplo (CPC, arts. 335 e 336); II) a nomeação à autoria, sendo uma iniciativa que visa trazer ao processo um terceiro que, sob o ponto de vista do réu, seria o verdadeiro legitimado passivo, de modo que a inclusão daquele no polo passivo da demanda livraria este dos grilhões da relação processual; III) a impugnação do valor da causa (CPC, art. 337, inc. III) como defesa de natureza meramente processual; e, como ação autônoma; IV) a arguição de falsidade, que, declarada na contestação (CPC, art. 430), será processada como ação declaratória incidental, se perfazendo com o pedido de declaração da falsidade de documento juntado pelo autor na petição inicial ou em qualquer outro momento do processo (CPC, art. 435).

Por outro lado, são espécies de reações não defensivas: a) a reconvenção (CPC, art. 343), entendida como o ajuizamento de nova demanda em face do autor; b) a denunciação da lide (CPC, arts. 125 a 129): propositura de demanda a terceiro, ligada por prejudicialidade àquela proposta na petição inicial; c) o chamamento ao processo (CPC, arts. 130 a 132): pedido de condenação solidária de terceiro; d) o reconhecimento

---

9. DINAMARCO, Cândido Rangel. *Instituições de direito processual civil*. 6. ed. São Paulo: Malheiros, 2009. p. 463. v. III.

jurídico do pedido, quando há o assentimento, pelo réu, do pedido formulado pelo autor e homologado em juízo (CPC, art. 487, III, alínea *a*).

Entretanto, as formas e o alcance da resposta podem variar de acordo com as espécies de processo ou de procedimento. Por exemplo: a) nos mandados de segurança e de injunção individual e coletivo, a resposta do impetrado vem sob a forma de *informações* (Lei 12.016/2009, art. 7º, inc. I; Lei 13.300/2016, art. 5º, inc. I); b) no processo de *despejo por falta de pagamento*, o réu pode reagir pedindo *prazo para purgar a mora* (Lei 8.245/1991, art. 62, inc. II); b) nas causas que versam sobre relação de consumo e dizem respeito à responsabilidade pelo fato do produto ou do serviço (acidentes de consumo), o comerciante que é citado para integrar o polo passivo da relação processual e não pode denunciar a lide o fabricante, embora possa ajuizar ação posterior para exercer o seu direito de regresso (CDC, art. 88); c) nos JEC, não se admite a reconvenção nem a denunciação da lide ou o chamamento ao processo (Lei 9.099/1995, arts. 10 e 31); d) nas ações civis públicas por improbidade administrativa, estando a inicial em devida forma, o juiz mandará autuá-la e ordenará a notificação do requerido, para oferecer manifestação por escrito, que poderá ser instruída com documentos e justificações, dentro do prazo de 15 dias (Lei 8.429/1992, art. 17, § 7º). Essa regra foi, acertadamente, revogada pela Lei 14.230/2021, que, ao alterar o conteúdo do art. 17, § 7º, da Lei 8.429/92, determina que, sendo a petição inicial apta, o juiz mandará autuá-la e ordenará a citação dos requeridos para que contestem no prazo comum de 30 (trinta) dias, iniciado o prazo na forma do art. 231 do CPC.

4.1.4. Início do prazo e efeitos da litispendência

O início da contagem do prazo para que o réu apresente uma resposta à demanda é uma opção pragmática do legislador brasileiro, voltada à satisfação da efetividade da garantia da ampla defesa no processo civil[10]. Em vez de se analisar a data da efetiva ciência das alegações, optou-se pela data da consumação dos procedimentos citatórios do demandado.

A partir do momento em que o indivíduo ou o seu representante teve ciência inequívoca da citação, independentemente da sua publicação (v.g., por ter acessado os autos digitais)[11], ou, ainda, quando a pessoa citada recebe a carta citatória, o oficial de justiça lhe entrega a contrafé e lê o mandado, tornando-se réu, já decorrem os efeitos substanciais e alguns processuais da propositura da demanda (CPC, art. 240). Quando a citação é por edital, inicia-se o prazo para a defesa no momento em que se completa o *prazo de espera* contido no edital. Por essa razão é que se aguarda a consumação da citação, efetivando e assegurando a garantia fundamental da ampla defesa do réu. Perceba-se que, antes da citação, inexiste a figura processual do réu, não recaindo sobre

---

10. DINAMARCO, Cândido Rangel. *Instituições de direito processual civil.* 4. ed. São Paulo: Malheiros, 2003, p. 455. v. III.

11. STJ, REsp 1656403/SP, Rel. Min. Ricardo Villas Bôas Cueva, 3ª T., j. 26.02.2019, *DJe* 06.03.2019.

ele nenhum dever, tampouco obrigação, posto que ele ainda sequer possui ciência do teor das alegações do autor da demanda.

Supondo-se, a título de elucubração, que tais efeitos começassem a ser produzidos após a juntada do mandado de citação aos autos, certamente seria um campo profícuo à ocorrência de fraudes, legitimando a alienação indevida do bem disputado, porque não estaria ainda configurada a litigiosidade[12]. Isso seria, para o réu malicioso, uma excelente oportunidade para alienar bens ou para propor ações inversas. Também possibilitaria ao réu que, antes da juntada do mandado de citação aos autos, ajuizasse demanda em face do autor, sem estar impedido pela litispendência, a qual atribui-se a qualidade de pressuposto processual negativo, ou seja, somente ocorrerá tal fenômeno se duas ações idênticas estiverem sendo processadas simultaneamente. O fundamento desse pressuposto processual negativo está no princípio da economia processual, bem como na necessidade de se evitar julgamentos conflitantes[13], além da garantia constitucional da duração razoável do processo, uma vez que o reconhecimento da litispendência é instrumento destinado a evitar o dispêndio inútil de atividade processual[14].

Portanto, o que começa com a juntada do mandado de citação aos autos ou com o transcurso do prazo de espera é o *início do prazo para a resposta* e não os efeitos substanciais e processuais da propositura da demanda[15].

Com o ajuizamento da demanda, diversas consequências acabam atingindo o autor e, posteriormente à citação, o réu, quais sejam: I) o juízo passa a ser prevento para a causa e para outras situações conexas; II) a lide pendente impede que o autor reapresente a mesma ação (estabilidade da demanda); III) o bem discutido passa a ser marcado pela litigiosidade (estabilidade subjetiva); IV) gera-se a estabilidade da causa de pedir e do pedido; V) a suspensão de outro processo em andamento; VI) a interrupção da prescrição[16].

4.1.5. Dispensa da citação e antecipação do início do prazo

Visto que a citação do réu é essencial para a formação da relação jurídica processual, vinculando autor, réu e Estado-Juiz, o diploma processual prevê as circunstâncias em que ela poderá ser dispensada, independentemente da modalidade de citação ordenada pelo magistrado.

A primeira delas é quando, de forma *inequívoca*, ficar demonstrado que o réu tomou ciência da existência da demanda e de todo seu conteúdo. O *comparecimento*

---

12. Ibidem, p. 455-456.
13. WAMBIER, Luiz Rodrigues; TALAMINI, Eduardo. *Curso avançado de processo civil*: teoria geral do processo e processo de conhecimento. 12. ed. São Paulo: RT, 2011. p. 221. v. I.
14. MARINONI, Luiz Guilherme; ARENHART, Sérgio Cruz; MITIDIERO, Daniel. *Novo código de processo civil comentado*, 2015 cit., p. 361.
15. Em sentido contrário, conferir: STJ, REsp 1.458.741/GO. 3ª T., rel. Min. Villas Bôas Cueva, j. 14.04.2015, *DJe* 17.04.2015.
16. DINAMARCO, Cândido Rangel. *Instituições de direito processual civil*. 4. ed. cit., p. 50 e 84. v. II.

espontâneo do réu igualmente supre a falta ou a nulidade da citação, fluindo a partir deste acontecimento o prazo para a apresentação de contestação (CPC, art. 239, § 1º).

Na mesma esteira, caso o advogado, com poderes *ad judicia*, procede à retirada dos autos de cartório antes de apresentar a resposta, já é condição para que se concretize a comunicação processual[17]. Com maior razão, antecipa-se o início do prazo quando o réu se dá explicitamente por citado ou quando o faz seu procurador com poderes específicos (CPC, art. 105). Ao contrário, o peticionamento do advogado, destituído de poderes especiais para receber citação ou para atuação específica no processo, não configura comparecimento espontâneo apto a suprir a citação formal[18].

Note-se que, para dispensar a citação e antecipar a fluência do prazo, não é necessário que o réu tenha sido formalmente citado.

Ademais, comparecendo o réu apenas para arguir a nulidade da citação, mas sendo esta rejeitada, ele será considerado revel (CPC, art. 239, § 2º, I), não sendo reaberto o prazo para resposta.

Desse modo, para evitar o inconveniente de ter a arguição de nulidade da citação rejeitada, o que faria com que o réu perdesse o prazo para responder, é recomendável que ele já deduza toda a defesa e nela inclua, como preliminar, a questão da nulidade da citação (CPC, arts. 336 e 337, inc. I).

4.1.6. Formas de apresentação das respostas

O CPC, ao contrário do CPC/73, inovou ao priorizar a *concentração* das respostas do réu na contestação, com a finalidade de se evitar a instauração de incidentes suspensivos no curso processual (autuações em apenso e em várias peças processuais separadas).

O novo diploma processual também prestigiou a garantia constitucional da razoável duração do processo ao determinar a arguição, no bojo da contestação, quanto à denunciação da lide (CPC, art. 126), ao chamamento ao processo (CPC, art. 131), à incompetência relativa (CPC, art. 337, inc. II), à impugnação do valor da causa (CPC, arts. 293 e 337, inc. III), à impugnação do benefício da gratuidade da justiça concedido ao autor (CPC, art. 337, inc. XIII) além da reconvenção (CPC, art. 343).

Atente-se que a contestação e a reconvenção podem ser apresentadas, *simultaneamente*, na mesma peça processual ou em *peças autônomas* (CPC, art. 343, *caput* e § 6º). Com isso, o CPC também concretizou o princípio da *instrumentalidade das formas* (CPC, art. 283), permitindo que, na mesma peça processual, contestação e reconvenção sejam apresentadas. Basta que exista clareza na delimitação das peças processuais para se saber onde termina uma manifestação e começa a outra.

---

17. DINAMARCO, Cândido Rangel. *Instituições de direito processual civil*. 4. ed. cit., p. 452. v. III.
18. STJ, RHC 168.440/MT, Rel. Min. Raul Araújo, 4ª T., j. 16.08. 2022, *DJe* 23.08.2022.

No tocante às exceções, o CPC também fez com que estas sejam apresentadas junto com a contestação, não sendo, portanto, *processadas em apenso*. Havendo alegação de incompetência absoluta ou relativa, a contestação pode ser protocolada no foro do domicílio do réu (CPC, art. 340, *caput*), com o intuito de facilitar o exercício do direito de defesa (se nela constar a arguição, em sede de preliminar de incompetência relativa ou absoluta)[19]. Tal dispositivo constitui exceção à regra pela qual os atos processuais devem ser praticados na sede do juízo (CPC, art. 217), entendido tanto como o edifício do fórum[20] (em primeiro grau) ou nas sedes dos tribunais (em segundo grau ou nas cortes superiores)[21].

O art. 340 do CPC, contudo, não deixa claro se há a possibilidade de a contestação ser apresentada em um terceiro foro, que não seja aquele juízo o qual recebera a petição inicial, com a expedição da respectiva citação, tampouco seja o juízo em que se encontra domiciliado e no qual a contestação foi protocolada[22]. Contudo, tal possibilidade parece razoável, excluindo-se a aplicação do § 2º[23], já que o art. 340 do CPC busca direcionar o processo para o foro competente, que pode ser diverso do domicílio do réu[24].

Protocolada e recebida a contestação, o magistrado deve comunicar o fato ao juiz da causa, preferencialmente por meio eletrônico (CPC, art. 340, *caput*). Logo, os demais atos processuais posteriores devem ser exercidos pelo juízo que recebeu a petição inicial, a quem caberá determinar a intimação do autor para que se manifeste sobre a preliminar de incompetência, antes de decidir quaisquer outras questões processuais.

Pendente a decisão quanto à exceção de incompetência relativa ou absoluta, deve ficar suspensa a realização da audiência de conciliação ou de mediação, caso o réu já tenha sido citado e a data tenha sido designada (CPC, art. 340, § 3º).

Reconhecida a competência do foro indicado pelo réu, o juiz da causa remeterá os autos ao juízo competente, que se torna prevento (CPC, art. 340, § 1º), devendo designar data para audiência de conciliação ou de mediação, se for o caso (CPC, arts. 340, § 4º, e 334) ou prosseguir na instrução da causa.

---

19. FERREIRA FILHO, Manuel Caetano. Comentário ao art. 340 do CPC. In: CUNHA, José Sebastião Fagundes (Coord.-geral), BOCHENEK, Antônio César e CAMBI, Eduardo (Coord.). *Código de processo civil comentado*. São Paulo: RT, 2015. p. 604.
20. SILVA FILHO, Antônio José Carvalho da. Comentário ao art. 217 do CPC. In: In: CUNHA, José Sebastião Fagundes (Coord.-geral), BOCHENEK, Antônio César e CAMBI, Eduardo (Coord.). *Código de processo civil comentado*. São Paulo: RT, 2015. p. 433.
21. CUNHA, Leonardo Carneiro da. Comentários ao art. 217 do Novo CPC. In: CABRAL, Antônio do Passo; CRAMER, Ronaldo (Coord.). *Comentários ao Novo Código de Processo Civil*. 2. ed. rev., atual. e ampl. Rio de Janeiro: Forense, 2016. p. 362.
22. FERREIRA FILHO, Manuel Caetano. Comentário ao art. 340 do CPC. *Código de processo civil comentado* cit., p. 605.
23. Idem.
24. FERREIRA FILHO, Manoel Caetano. *A contestação no Novo CPC*: breves considerações. In: CAMBI, Eduardo; MARGRAF, Alencar Frederico. *Direito e justiça*: estudos em homenagem a Gilberto Giacoia. Curitiba: Ministério Público, 2016, p. 653.

Outrossim, na própria contestação, cabe ao réu alegar a sua ilegitimidade de parte ou que não é responsável pelo prejuízo invocado (CPC, art. 338). Nesse caso, o juiz ouvirá o autor no prazo de 15 dias. Se o demandante concordar com a substituição do réu, deverá alterar a petição inicial, reembolsar as despesas e pagar os honorários do réu excluído e requerer nova citação. Dessa forma, o art. 338 do CPC possibilita, de forma expressa, a emenda ou a complementação da petição inicial após a citação, ampliando o alcance da exegese do art. 321 do CPC, que permite o saneamento dos defeitos da inicial com o intuito de evitar a resolução do processo sem julgamento de mérito[25]. Nesse sentido, o Enunciado 152 do FPPC prevê: "O autor terá prazo único para requerer a substituição ou inclusão de réu (arts. 338, *caput*; 339, §§ 1º e 2º), bem como para a manifestação sobre a resposta".

Dessa forma, conforme já asseverado, o art. 338 do CPC possibilita a sucessão de ações: o réu originário é excluído do processo por iniciativa do autor, que dá origem a uma nova ação em face de uma terceira pessoa. Cuida-se de espécie de emenda da petição inicial, que incide em situações em que é difícil para o autor identificar quem deve figurar no polo passivo da relação processual. Possibilita-se que o demandante sane o vício da ilegitimidade passiva, com a resolução do processo em relação ao réu originário e instalação de um novo processo, em face de outro demandado. Porém, se acolhida a preliminar de ilegitimidade passiva em relação a um dos réus, o processo é extinto em relação a ele, mas prossegue quanto ao outro ou aos outros, sem a substituição do demandado. Nessa hipótese, não incide a regra de condenação de honorários advocatícios (exegese dos arts. 85, § 8º, e 338, par. ún., do CPC)[26].

Nesse contexto, vale destacar a orientação do STJ quanto à interpretação do art. 1.698 do Código Civil, o qual afirma que, sendo várias pessoas obrigadas a prestar alimentos, todas devem concorrer na proporção dos respectivos recursos, e, intentada a ação de alimentos contra uma delas, poderão as demais ser chamadas a integrar a lide[27]. Trata-se de hipótese de litisconsórcio facultativo ulterior simples, pois a obrigação alimentar não é solidária, mas divisível (isto é, não se autoriza a cobrança integral do valor apenas de um dos codevedores, que devem arcar apenas com a cota que puderem prestar, nos limites de suas possibilidades). Cabe ao autor, na causa de pedir da petição inicial, definir quais são os custos e as despesas necessárias para a sua sobrevivência digna, e, então, dentre os potenciais obrigados, inserir no polo passivo da demanda os que possuem capacidade financeira para suportar a pretensão deduzida. Se o credor de alimentos possui capacidade processual plena, cabe a ele, exclusivamente, requerer a posterior integração do polo passivo e, caso não o faça, presume-se a sua concordância tácita em receber os alimentos que podem ser prestados pelo réu por ele indicado na

---

25. Mesmo antes da inovação legislativa trazida no art. 338 do CPC, o STJ já permitia a emenda ou a complementação da petição inicial após a citação: AgRg no REsp 1123307/SP, Rel. Min. Humberto Martins, 2ª T., j. 17.09.2009, *DJe* 25.09.2009; REsp 674.215/RJ, rel. min. Jorge Scartezzini, 4ª T., j. 19.10.2006, *DJ* 20.11.2006, p. 314.
26. STJ, REsp 1895919/PR, 3ª T., Rel. Min. Nancy Andrighi, j. 1º.06.2021, *DJe* 08.06.2021.
27. STJ, REsp 1715438/RS, Rel. Min. Nancy Andrighi, 3ª T., j. 13.11.2018, DJe 21.11.2018.

petição inicial, sem prejuízo de eventual e futuro ajuizamento de ação autônoma de alimentos em face dos demais coobrigados. Por outro lado, se o credor de alimentos for incapaz, o devedor também pode provocar a integração posterior do polo passivo, para que os demais coobrigados, inclusive aquele que atua como representante processual do credor de alimento também compor a lide. Ademais, o Ministério Público, como fiscal da ordem jurídica (CPC, art. 178), na ausência de manifestação de quaisquer legitimados, para evitar prejuízos ao interesse do incapaz, também pode chamar os demais coobrigados para integrar a lide. Em relação ao momento adequado para a integração pelos coobrigados ao polo passivo, cabe ao autor requerer em sua réplica à contestação; ao réu, em sua contestação; e ao Ministério Público, após os referidos atos processuais pelas partes, estando a ampliação objetiva ou subjetiva da lide limitada até o saneamento e organização do processo.

De qualquer modo, caso o autor discorde em retificar a alteração do réu, o processo prosseguirá regularmente, podendo o juiz resolvê-lo sem julgamento do mérito, se reconhecer a ilegitimidade passiva (CPC, art. 485, inc. VI) ou sanear e organizar o processo (CPC, arts. 347 e 357).

Sendo plausível ao réu a possibilidade de alegar que a responsabilidade pelo prejuízo causado é de terceiro, na própria contestação, fica superada a Súmula 472 do STF, que exigia reconvenção para o pedido de condenação do autor em honorários de advogado, nessa hipótese de nomeação à autoria (CPC/73, art. 64). A propósito, o Enunciado 239 do FPPC prevê: "Fica superado o enunciado n. 472 da súmula do STF ("A condenação do autor em honorários de advogado, com fundamento no art. 64 do Código de Processo Civil, depende de reconvenção"), pela extinção da nomeação à autoria".

Ademais, no momento em que o réu alega sua ilegitimidade, deve-se indicar, sempre que possível, o legítimo sujeito passivo da relação jurídica discutida, sob pena de arcar com as despesas processuais e de indenizar o autor pelos prejuízos causados pela falta de indicação (CPC, art. 339, *caput*). Atente-se que tal responsabilidade é subjetiva, isto é, depende da comprovação do elemento subjetivo (dolo ou culpa). Por outro lado, o autor, ao aceitar a indicação, no prazo de 15 (quinze) dias, deve alterar a petição inicial ou, ainda, incluir como litisconsorte passivo o sujeito indicado pelo réu (CPC, art. 339, §§ 1º e 2º)[28].

O objetivo da técnica processual, adotada nos arts. 338 e 339 do CPC, é evitar a resolução do processo sem julgamento de mérito, prestigiando o direito de as partes lograr a solução definitiva da causa dentro de um prazo razoável (CPC, art. 4º). Por isso, o novo diploma processual não se limitou às hipóteses de nomeação à autoria, então previstas nos arts. 62 e 63 do CPC/73, que se resumiam à possibilidade de o detentor da coisa litigiosa nomear o proprietário/possuidor, quando o causador do

---

28. Nesse sentido, estabelece o Enunciado 44 do FPPC: "A responsabilidade a que se refere o art. 339 é subjetiva".

prejuízo alegasse que praticou o ato por ordem ou em cumprimento de instruções de terceiro.

Além disso, os arts. 338 e 339 do CPC aperfeiçoam o sistema processual, uma vez que[29]: a) foi eliminada a possibilidade de a parte nomeada pelo réu e aceita pelo autor se recusar a ingressar na relação processual (CPC/73, art. 66); b) a nomeação de terceiro é feita pelo réu na contestação, e não mais em peça apartada, que poderia produzir duração mais alongada do processo (em caso de recusa, seria reaberto ao réu original o prazo para contestar); c) estabeleceu expressamente o dever do autor pagar as verbas de sucumbência à parte originalmente citada e excluída da relação processual; d) admite a formação de litisconsorte ulterior, ao permitir que o réu original seja mantido no polo passivo e seja incluída a pessoa por ele indicada na contestação; nesta hipótese, como o réu é citado após a oportunidade de realização da audiência de conciliação ou mediação (CPC, art. 334), a fim de se valorizar a solução consensual dos conflitos (CPC, art. 3º, §§ 2º e 3º), há de ser oportunizada nova audiência para a autocomposição do litígio.

A importância da técnica processual adotada no art. 339 do CPC foi ressaltada no Enunciado 42 do FPPC, pelo qual tal dispositivo se aplica mesmo a procedimentos especiais que não admitem intervenção de terceiros, bem como aos JEC, por se tratar de mecanismo saneador, que excepciona a estabilização do processo.

Porém, o próprio autor pode corrigir o polo passivo da relação processual, antes da citação do réu (apesar de o art. 329, inc. I, do CPC não ser expresso a esse respeito) e o juiz, de ofício, tem o poder-dever de determinar tal correção (CPC, art. 321). Nesse sentido, o Enunciado 296 do FPPC assevera que, quando o juiz liminarmente e de ofício conhecer a ilegitimidade passiva, facultará ao autor alterar a petição inicial para a substituição do réu sem ônus sucumbenciais.

Por outro lado, o autor não pode ser compelido a modificar o polo passivo da relação processual. Se não aceitar a indicação do réu e não proceder à alteração da petição inicial (CPC, art. 339, § 1º), ficará submetido à análise judicial da legitimidade passiva. Caso o juiz reconheça a ilegitimidade e determine a correção da petição inicial, o descumprimento da ordem judicial implicará o indeferimento da exordial com a consequente resolução do processo sem julgamento de mérito (CPC, arts. 321, parágrafo único, e 485, inc. I). Logo, mesmo que o autor silencie, não haverá a concordância tácita com a modificação do polo passivo[30].

---

29. SICA, Heitor Vitor Mendonça. Comentários ao art. 337 do CPC. In: ALVIM, Teresa Arruda; DIDIER JR., Fredie; TALAMINI, Eduardo e DANTAS, Bruno (Coord.). *Breves comentários ao Novo Código de Processo Civil*. São Paulo: RT, 2015. p. 912-913.

30. Em sentido contrário, verificar: STJ, REsp 104.206/SP, rel. Min. Sálvio de Figueiredo Teixeira, 4ª T., j. 12.11.1996, *DJ* 09.12.1996, p. 49285.

4.2. DA CONTESTAÇÃO

4.2.1. Conceito e abrangência

Na dinâmica da relação jurídico-processual, a citação do réu assume um caráter dúplice. Sua função precípua é cientificar o citado quanto à existência de uma demanda jurídica em seu desfavor. Porém, há, em ato simultâneo, a respectiva intimação para que o demandado exerça sua prerrogativa defensiva com a apresentação de resposta ao contencioso dentro do prazo hábil estabelecido em lei. Tal faculdade se materializa na relação processual com o oferecimento da contestação.

Conceitua-se o instituto da contestação como a *peça fundamental da defesa do réu, em que se concentram todas as razões de resistência à demanda inicial do autor, que não sejam necessariamente canalizadas às outras respostas*[31].

Em vista de sua importância como meio de defesa do réu, a contestação é a oportunidade de o réu apresentar suas teses de defesa, expondo as questões de fato e de direito pertinentes à causa, bem como deverá especificar quais os meios de prova que pretende utilizar para corroborar suas alegações. Tal possibilidade genérica de alegações de defesa sucede do princípio da eventualidade processual, uma vez que, quando se assegura ao demandado apresentar diversas teses de defesa, ainda que incompatíveis entre si, permite-se também que determinados pedidos possam ser acolhidos em detrimento de outros.

Porém, nem todas as defesas do réu devem ou podem ser apresentadas na contestação. Por exemplo, a arguição de impedimento ou de suspeição não está vinculada apenas ao processo de conhecimento e depende de petição específica, na forma do art. 146 do CPC; já as defesas baseadas em questões de fato ou de direito supervenientes (*v.g.*, acontecimentos posteriores, nova legislação, alteração da jurisprudência etc.) podem ser deduzidas após a contestação (CPC, art. 342, inc. I).

Além disso, há *áreas de superposição*, em que as defesas podem ou não ser alegadas em contestação. Por exemplo, a *falsidade documental* pode ser apresentada tanto como defesa quanto em ação incidente (CPC, art. 19, inc. II), a fim de se arguir que um documento apresentado pelo autor é falso ou que a assinatura que ele contém não é verdadeira. A partir da regra do art. 503, § 1º, do CPC, mesmo a questão prejudicial, decidida expressa e incidentalmente no processo, pode ser atingida pela autoridade da coisa julgada material.

Ainda, o pedido de desmembramento do litisconsórcio facultativo (CPC, art. 113, § 2º) pode ser deduzido tanto na contestação quanto em petição própria, apresentada previamente, o que enseja a *interrupção* – não apenas a suspensão – do prazo para a resposta. Julgado o pedido, o prazo se inicia e volta a fluir.

---

31. DINAMARCO, Cândido Rangel. *Instituições de direito processual civil*. 6. ed. cit. p. 479. v. III.

Nesse sentido, vale salientar dois Enunciados do FPPC: I) 10: "Em caso de desmembramento do litisconsórcio multitudinário, a interrupção da prescrição retroagirá à data de propositura da demanda original"; e II) 116: "Quando a formação do litisconsórcio multitudinário for prejudicial à defesa, o juiz poderá substituir a sua limitação pela ampliação de prazos, sem prejuízo da possibilidade de desmembramento na fase de cumprimento de sentença".

4.2.2. Aspectos formais da contestação

No procedimento comum, a contestação será sempre *escrita* e redigida em *português* (CPC, art. 192).

A contestação (escrita) deve: I) conter uma introdução, com os nomes das partes e sua qualificação, caso não esteja completa ou correta a qualificação na petição inicial (*v.g.*, se o endereço estiver errado ou foi modificado, é dever do réu e de seu advogado declinar o local correto para o recebimento de intimações, sob pena de se presumirem válidas as intimações dirigidas ao endereço constante dos autos; CPC, arts. 77, inc. V, e 274, par. ún.); II) incluir a exposição das razões fáticas e jurídicas com vistas a impugnar o pedido do autor; III) prever postulação pelo requerimento de provas, em especial com relação aos fatos impeditivos, modificativos ou extintivos do direito do autor, porque, em relação a estes, recai sobre o réu o ônus da prova (CPC, arts. 336 e 373, inc. II); IV) fazer menção aos documentos em poder do réu e cuja utilização embasará suas afirmações, bem como vir acompanhada da procuração do advogado, salvo para evitar preclusão, decadência ou prescrição, ou para praticar ato considerado urgente (CPC, art. 104, *caput*); V) resumir o que pretende, isto é, a resolução do processo sem julgamento de mérito ou mesmo a improcedência, total ou parcial do pedido.

A contestação, por ser um *ato puramente defensivo,* não alarga o objeto do processo. Limita-se, portanto, a *opor resistências* à pretensão do autor. Outrossim, pode apenas *ampliar o objeto do conhecimento do processo*, trazendo ao juiz o exame de fatos ou razões jurídicas novas que o réu vier a alegar, como, por exemplo, o pagamento, a prescrição, a compensação, a novação etc.

Em virtude do acolhimento da contestação, o juiz poderá julgar o mérito a favor do réu (*improcedência total ou parcial da demanda*), bem como negar ao autor o julgamento do mérito (CPC, art. 485) ou *desviar o processo para outros rumos* (*v. g.*, incompetência absoluta e impedimento do juiz), sendo defeso ao órgão judicial a concessão, ao réu, de um provimento de mérito estranho ao que fora pedido pelo autor (*extra petita*), o que só se admite quando é feita a reconvenção ou a denunciação da lide.

O CPC (art. 343) permite ao réu a formulação de *pedido contraposto* ao da demanda inicial (*v. g.*, pedir a condenação do autor ao ressarcimento dos danos decorrentes de um mesmo acidente automobilístico objeto da demanda). Antes do CPC, dava-se o nome de *ações dúplices* aos processos que, mediante previsão específica, comportavam tal ampliação de objeto sem que o réu tivesse que apresentar reconvenção (*v.g.*, o *procedimento sumário* – art. 278, § 1º, CPC/73, as *ações possessórias* – art. 922/CPC/73 e nos *Juizados Especiais Cíveis* – art. 31 da Lei 9.099/95).

Além disso, com a contestação, na mesma peça escrita, é necessário *cumular* a denunciação da lide (CPC, art. 126), o chamamento ao processo (CPC, art. 131) e a impugnação ao valor da causa, todas em sede de preliminares de contestação (CPC, art. 293).

4.2.3. Prazo para a contestação

O CPC estabelece o prazo peremptório de 15 dias (art. 335 do CPC). Porém, mesmo que a exegese desta regra processual não desperte maiores elucubrações, é necessário atentar-se ao fato de que o termo inicial desse prazo pode variar conforme o desdobramento de cada processo.

Via de regra, tal prazo começa a partir do primeiro dia útil seguinte à realização da audiência de conciliação ou de mediação (CPC, art. 334; Enunciado 122 da II Jornada de Direito Processual Civil, promovida pelo Conselho da Justiça Federal). Entretanto, pode o lapso temporal iniciar-se a partir da última sessão de conciliação, quando qualquer parte não comparecer ou, comparecendo, não houver autocomposição (CPC, art. 335, inc. I).

Se, na petição inicial, o autor pugnar pela não realização da audiência de conciliação ou de mediação (CPC, art. 319, inc. VII) e o réu também se manifestar, expressamente (mediante petição, até dez dias antes da audiência; CPC, art. 334, § 5º) pelo desinteresse na composição consensual (CPC, art. 334, § 4º, inc. I), o prazo para a contestação começa a fluir do pedido de cancelamento da audiência do art. 334 do CPC apresentado pelo réu (CPC, art. 335, inc. II).

Por outro lado, quando o autor não se manifestar expressamente quanto ao seu desinteresse na audiência de conciliação ou de mediação na petição inicial, a audiência, descrita no art. 334 do CPC, deverá ser designada (já que o art. 334, § 4º, inc. I, do CPC afirma que ela não se realizará apenas se ambas as partes manifestarem desinteresse). Nesta hipótese, é inócua a manifestação do réu requerendo o cancelamento da audiência, devendo, caso o faça, iniciar o prazo para contestar da data da audiência (CPC, art. 335, inc. I) e não da data do protocolo da referida petição (CPC, art. 335, inc. II)[32].

A propósito, o Enunciado 273 do FPPC prevê: "Ao ser citado, o réu deverá ser advertido de que sua ausência injustificada à audiência de conciliação ou mediação configura ato atentatório à dignidade da justiça, punível com a multa do art. 334, § 8º, sob pena de sua inaplicabilidade".

Perceba-se que nas duas hipóteses (art. 335, incs. I e II, do CPC) o prazo para contestar independe de ato de comunicação solene pelo juízo.

---

32. FERREIRA FILHO, Manoel Caetano. *A contestação no Novo CPC*: breves considerações. cit., p. 646.

Se houver o preenchimento dos requisitos essenciais inerentes à petição inicial (CPC, art. 319), não sendo caso de improcedência liminar do pedido (CPC, art. 332) e, ainda, se a causa não admitir autocomposição (CPC, art. 334, § 4º, inc. II), o juiz determinará a citação do réu para contestar. Neste caso, o termo inicial do prazo dependerá da modalidade da citação, nos termos do art. 231 do CPC.

Se a citação for pelo correio ou por oficial de justiça, o prazo para contestar inicia com a juntada do aviso de recebimento ou do mandado de citação cumprido (CPC, art. 231, incs. I e II).

Quando a citação for por meio eletrônico (CPC, art. 231, inc. V; Lei 11.419/2006, arts. 5º, 6º e 9º), o prazo para contestar é contado da data do efetivo acesso ao teor da citação, acompanhada da íntegra eletrônica dos autos, ou do primeiro dia útil seguinte a tal consulta, se ela ocorrer em dia não útil, ou, ainda, não havendo acesso à citação em 10 (dez) dias contados do seu envio para o portal eletrônico, do decurso de tal prazo[33].

Em relação à citação por edital, apesar de o art. 231, inc. IV, do CPC, afirmar que o prazo começa depois de finda a dilação (prazo de espera) assinada pelo juiz, como a juntada do edital aos autos se faz necessária, o prazo para contestar deve começar a partir da juntada de tal documentação aos autos (CPC, art. 231, § 4º).

Quando a citação se der por carta de ordem, precatória ou rogatória, o prazo para apresentar a contestação flui a partir da anexação do comunicado ao juízo requerente do cumprimento do ato ou, se não houver tal comunicado, da juntada da carta aos autos devidamente cumprida (CPC, art. 231, inc. VI).

Ainda, quando a citação acontecer por ato do escrivão ou do chefe da secretaria, o prazo para a contestação começa a correr da realização do ato em si (CPC, art. 231, inc. III).

Porém, se a data do início do prazo for feriado, final de semana ou de recesso forense, a contagem se iniciará no dia útil seguinte (CPC, art. 219).

Caso haja litisconsórcio passivo, o prazo para contestar começa da data da última citação válida (CPC, art. 231, § 1º).

Na hipótese de haver litisconsórcio passivo e não for admitida a autocomposição (CPC, art. 334, § 4º, inc. II), se o autor vier a desistir da ação e algum dos réus ainda não tiver sido citado, o prazo para a contestação correrá da intimação da decisão que homologar a desistência (CPC, art. 335, § 2º)[34], evitando-se assim que os réus já citados sejam prejudicados pela revelia.

O prazo de 15 (quinze) dias é *comum* ainda que sejam vários réus (litisconsortes passivos), salvo se os réus tiverem procuradores diferentes, de escritórios de advocacia distintos, e o processo não for em autos eletrônicos (CPC, art. 229, § 2º), *caso em que*

---

33. WAMBIER, Luiz Rodrigues; TALAMINI, Eduardo. *Curso avançado de processo civil*: teoria geral do processo e processo de conhecimento. 12. ed. cit., p. 152.

34. STJ, REsp 727.065/RJ, 4ª T., rel. Min. Aldir Passarinho Júnior, j. 30.05.2006, publ. *DJU* 26.06.2006, p. 157.

o prazo será em dobro (CPC, art. 229). Dessa forma, o art. 229 do CPC amplia o prazo comum de 15 (quinze) dias para promover a paridade de armas no processo, quando é inevitável a dificuldade de acesso aos autos físicos, para o exercício da garantia da ampla defesa, diante do interesse coletivo de litisconsortes com diferentes procuradores e de escritórios de advocacia distintos[35]. Contudo, importa destacar que o número de réus, em maior ou menor escala, não interfere na questão da multiplicação do prazo. Assim, sejam dois ou mais réus e seus advogados distintos, com escritórios de advocacia diferentes, o prazo será, no máximo, em dobro.

Porém, no caso de litisconsórcio passivo, o prazo de 15 dias se inicia, para cada um dos réus, da data de apresentação do pedido de cancelamento da audiência de conciliação ou de mediação (CPC, arts. 334, § 6º, e 335, § 1º). Para tanto, é imprescindível que todos os litisconsortes passivos, além do autor, tenham manifestado desinteresse expresso pela não realização dessa audiência (CPC, art. 334, § 4º, inc. I). Se algum deles não se manifestar de forma expressa o desinteresse na composição consensual, o prazo somente começará a fluir a partir da data da audiência do art. 334 do CPC, se qualquer parte não comparecer ou não houver autocomposição (CPC, art. 335, inc. I).

Além disso, quando o juiz não designar audiência de conciliação ou de mediação (CPC, art. 334, § 4º, inc. II), se houver litisconsórcio passivo e o autor desistir da ação em relação a réu ainda não citado, o prazo para os demais litisconsortes ou para o réu individualmente contestar começa a contar a partir da data de intimação da decisão que homologar a desistência (CPC, art. 335, § 2º). A desistência da ação, em relação aos litisconsortes passivos ainda não citados, deve ser comunicada aos demais réus, para que então se inicie o prazo para a contestação. Se o réu já citado ainda não tiver constituído procurador, a intimação da desistência da demanda quanto aos litisconsortes passivos não citados deve ser pessoal[36]. Com isso, o prazo inicial para contestar pode variar para cada litisconsorte, pois o prazo é contado separadamente.

Igualmente, se o réu for beneficiário da assistência judiciária e, além disso, for defendido por defensorias públicas ou por serviço estatal de assistência judiciária, como escritórios modelos de faculdades de direito de universidades públicas[37] (mas também por escritórios de prática jurídica de instituições privadas; por força do art. 186, § 3º, do CPC, que não fez distinção entre escritórios de prática jurídica de entidades de caráter público ou privado[38]), o prazo para praticar os atos processuais – inclusive o de contestar – é em dobro, por força de disposição da Lei de Assistência Judiciária Gratuita (Lei 1.060/50, art. 5º, § 5º) a ser interpretada em conjunto com o art. 186, § 3º, do CPC.

Ademais, se o réu defendido pela Advocacia Pública ou pela Defensoria Pública ou quando o réu for o Ministério Público, o prazo para se manifestar – inclusive para

---

35. STJ, REsp 1709562/RS, Rel. Min. Nancy Andrighi, 3ª T., j. 16.10.2018, *DJe* 18.10.2018.
36. STJ, REsp 183.967/SP, Rel. Min. Luis Felipe Salomão, 4ª T., j. 21.08.2008, *DJe* 1º.09.2008.
37. STJ, REsp 23.952/SP, 4ª T., rel. Min. Fontes de Alencar, j. 06.10.1992, publ. *DJU* 09.11.1992, p. 20378.
38. STJ, REsp 1.986.064/RS, Corte Especial, rel. Min. Nancy Andrighi, j. 1º.06.2022, *DJe* 08.06.2022.

contestar – será computado em dobro (CPC, arts. 180, 183 e 186). Trata-se de uma alteração importante em relação ao art. 188 do CPC/73, pelo qual tanto a Fazenda Pública quanto o Ministério Público tinham prazo em quádruplo para contestar, o que não ocorre mais com o CPC.

Todavia, se um sujeito comum está em litisconsórcio passivo com a Fazenda Pública, a Defensoria Pública ou o Ministério Público, o prazo para contestar será em dobro, desde que os autos não sejam eletrônicos, por força do art. 229, § 2º, do CPC.

Nas hipóteses de nomeação de curador especial – ao incapaz, se não tiver representante legal ou se os interesses deste colidirem com os daquele, ou ao réu preso revel ou ao revel citado por edital ou com hora certa, enquanto não for constituído advogado (CPC, art. 72) – cabe à Defensoria Pública proceder à defesa (CPC, art. 72, parágrafo único) no prazo em dobro. Enquanto não houver Defensoria Pública constituída, é razoável entender que o advogado ou a entidade que colabora, gratuitamente, com a defesa do curador especial, tenha também prazo em dobro para contestar (exegese do art. 8º do CPC).

Quando o litisconsórcio passivo for unitário e houver apenas dois réus, prevalece a regra do art. 229, § 1º, do CPC, pela qual o prazo em dobro cessa quando qualquer um deles oferece a defesa.

Por outro lado, quando o litisconsórcio for simples, o prazo para contestar deve ser considerado em dobro, ainda que apenas um dos corréus ofereça defesa, uma vez que o contestante não tem como saber se os demais demandados apresentarão ou não a contestação[39].

Nada impede, contudo, que a contestação seja oferecida antes do término do prazo (CPC, art. 218 § 4º). Contudo, uma vez contestado, automaticamente o ato processual se consuma, não podendo o réu, ainda que tenha mais prazo útil, complementar a defesa, em razão da preclusão.

No tocante aos procedimentos especiais, o prazo para a resposta é variável de acordo com sua natureza. Por exemplo: a) na ação de consignação em pagamento, o prazo é de cinco dias, se outro prazo não constar de lei ou do contrato (CPC, art. 543); b) no mandado de segurança e no mandado de injunção individual e coletivo, a autoridade apontada como coatora será intimada para prestar informações no prazo de dez dias (Lei 12.016/2009, art. 7º, inc. I; Lei n. 13.300/2016, art. 5º, inc. I); c) na ação popular: o prazo de contestação é de 20 dias, prorrogáveis por mais 20, a requerimento do interessado, se for particularmente difícil a produção da prova documental (Lei 4.717/65, art. 7º, inc. IV).

---

39. STJ, REsp 848.658/SP, 5ª T., rel. Min. Arnaldo Esteves Lima, j. 18.03.2008, *DJe* 02.06.2008; REsp 683.956/SP, 4ª T., rel. Min. Aldir Passarinho Júnior, j. 27.02.2007, *DJ* 02.04.2007, p. 280.

4.2.4. Ônus de contestar e princípio da eventualidade

Da mesma forma que existe um ônus de demandar, há também um ônus de contestar. Assim, a omissão do réu em não apresentar os fundamentos de defesa na contestação lhe causará o infortúnio da vedação de fazê-lo, salvo quando a lei expressamente lhe permitir (CPC, arts. 341 e 342).

A dedução dos argumentos de defesa deve ser realizada de uma só vez, em caráter alternativo ou subsidiário, de modo que, não sendo acolhida uma, possa ser apreciada a outra[40]. Assim, os fundamentos sucessivos devem ser conhecidos apenas se os precedentes forem afastados pelo juiz[41]. É o que se denomina de *princípio da eventualidade* (CPC, art. 336), o qual permite dar efetividade à garantia constitucional da ampla defesa e possibilita que a dedução de matérias logicamente incompatíveis entre si – desde que respeitem a boa-fé objetiva (CPC, art. 5º) – sejam alegadas na contestação (*v.g.*, prescrição e pagamento).

Dessa forma, o réu deve apresentar todas as suas alegações simultaneamente, ainda que sejam excludentes. Deve assim agir na previsão, *in eventum*, de que uma delas seja rechaçada, cabendo então considerar a argumentação subsequente[42].

Por exemplo, se a desconsideração da personalidade jurídica for requerida na petição inicial (CPC, art. 134, § 2º), cabe ao sócio ou à pessoa jurídica, na contestação, impugnar não apenas a própria desconsideração (CPC, art. 336), mas também os demais pontos da causa (cf. Enunciado 248 do FPPC).

O princípio da eventualidade igualmente assegura o direito fundamental à segurança jurídica processual ao evitar surpresas ao longo do desenvolvimento processual[43]. Dessa maneira, ele também concretiza o princípio da boa-fé processual (CPC, art. 5º). Portanto, em havendo a possibilidade de ser apresentada as teses de defesas já na resposta e não o fazendo, o réu sofrerá os efeitos da preclusão (CPC, arts. 336 e 342).

Importa destacar que, mesmo sendo garantido ao réu apresentar todas as teses de defesa possíveis, há de se exigir, ao menos, um mínimo de coerência lógica em suas alegações. Teses conflitantes e incoerentes podem ser compreendidas como de má-fé e deverão ser apreciadas caso a caso. Logo, o demandado não pode se utilizar do princípio da eventualidade de modo tão amplo que venha causar prejuízo para a parte contrária. Afinal, o processo civil não deve ser terreno fértil a imoralidades, sendo a apresentação de defesa incoerente uma característica tendente ao abuso do direito processual de defesa cujo desfecho pode ensejar a antecipação da tutela com base na evidência a favor do autor (CPC, art. 311)[44].

---

40. STJ, REsp 1224195/SP, Rel. Min. Luis Felipe Salomão, 4ª T., j. 13.09.2011, *DJe* 1º.02.2012.
41. DINAMARCO, Cândido Rangel. *Instituições de direito processual civil*. 4. ed. cit., p. 330. v. II.
42. COUTURE, Eduardo. *Fundamentos do direito processual civil*. Campinas: RedLivros. 1999. p. 132.
43. MARINONI, Luiz Guilherme; ARENHART, Sérgio; MITIDIERO, Daniel. *Novo Código de Processo Civil comentado*. São Paulo: RT, 2015. p. 358.
44. Idem, p. 359.

É importante frisar que, se o réu não observar o ônus da impugnação de forma específica, incorre-se na presunção de veracidade dos fatos alegados pelo autor e não contestados. Porém, tal presunção é relativa e, portanto, admite prova em contrário. Com isso, inverte-se o ônus da prova, cabendo ao réu demonstrar a inexistência dos fatos narrados pelo autor.

O ônus da impugnação especificada se distingue da revelia, embora seus efeitos possam ser assemelhados. Assim, se o réu se limita a impugnar o valor da causa na contestação, deixará de ser revel, mas todos os fatos alegados pelo autor se presumem verdadeiros, salvo se: não for admissível a seu respeito a contestação; a petição inicial não estiver acompanhada de instrumento que a lei considerar da substância do ato; estiverem em contradição com a defesa considerada em seu conjunto; ou, ainda, quando a impugnação for realizada por defensor público, advogado dativo ou curador especial (CPC, art. 341).

Não obstante o art. 341 do CPC se refira apenas ao réu, por força do princípio constitucional da isonomia (CF, art. 5º, *caput*; CPC, art. 139, inc. I), o ônus da impugnação especificada também recairá sobre o autor, quando de sua manifestação sobre as defesas indiretas arguidas na contestação (CPC, art. 350), ou seja, aos fatos impeditivos, modificativos ou extintivos do direito do autor. Portanto, quando o demandante não impugnar os fatos alegados pelo réu na contestação, eles igualmente presumir-se-ão verdadeiros[45].

O princípio da eventualidade ecoa nos limites da *eficácia preclusiva da coisa julgada*, disciplinado no art. 508 do CPC, pelo qual devem ser repelidas todas as defesas que a parte poderia opor e não o fez (*o deduzido e o dedutível*). O mesmo artigo também visa dar *estabilidade à coisa julgada*, ao impedir que a sentença que tenha passado em julgado fique suscetível a alterações.

Portanto, o réu tem o ônus de exercer as faculdades inerentes à *eventualidade da defesa*, porque ou ele alega todas as defesas que tiver ou não poderá alegar mais, já que após o julgamento do mérito a sentença ficará coberta pela coisa julgada material.

4.2.5. Preliminares (CPC, art. 337)

Na definição de Cândido Rangel Dinamarco, conceitua-se como preliminar em sede de contestação a *defesa indireta, de natureza processual, destinada a impedir ou retardar o julgamento do mérito, não influindo em seu teor*[46].

Com efeito, compete ao réu, antes de discutir o mérito, alegar todas as questões e as objeções de caráter processual que sejam impeditivas ou obstativas ao julgamento do teor da demanda. Em simples abstração, a alegação de uma preliminar (torcendo o réu para que haja o ulterior acolhimento pelo juízo) visa "cortar o processo pela raiz".

---

45. FERREIRA FILHO, Manoel Caetano. A contestação no Novo CPC: breves considerações cit., p. 656.
46. DINAMARCO, Cândido Rangel. *Instituições de direito processual civil*. 6. ed. cit., p. 486. v. III.

Pontue-se, porém, que, se as preliminares forem acerca de matérias que podem *influir no teor do julgamento,* tem-se uma mudança de nomenclatura, sendo denominadas, portanto, de *prejudiciais de mérito*[47].

O rol das matérias passíveis de alegação nessa seara estão disciplinados no art. 337 do CPC e podem ser de duas espécies: a) *defesas peremptórias*: são aquelas aptas a pôr fim ao processo (como as preliminares de inépcia da petição inicial, perempção, litispendência, coisa julgada, convenção de arbitragem e ausência de condições da ação); b) *defesas dilatórias*: são aquelas capazes de retardar o julgamento do mérito (como as preliminares de inexistência ou nulidade da citação, a de incompetência absoluta ou relativa, a de conexão, e a de impedimento do juiz), embora algumas delas possam, em um segundo momento, quando o defeito não for sanado, também acarretar a resolução do processo sem julgamento de mérito (CPC, art. 485).

No CPC, as modificações no tocante às preliminares a serem arguidas em sede de contestação foram bastante pontuais, mas muito significativas. Houve a ampliação do rol de modo a promover as seguintes inovações na processualística civil pátria: a) a arguição, no bojo da própria contestação, quanto aos temas pertinentes à incompetência relativa (expressão adicionada ao inc. II, do art. 337, CPC, correspondente ao art. 301, inc. II, CPC/73), incorreção no valor da causa (art. 337, inc. III, CPC, e sem correspondente no CPC/73) e indevida concessão do benefício da assistência judiciária gratuita (art. 337, inc. XIII, CPC, e sem correspondente no CPC/73); b) substituição da expressão generalista "carência de ação" (art. 301, inc. X, CPC/73) pela "ausência de legitimidade ou de interesse processual" (art. 337, inc. XI, CPC); c) menção expressa quanto à impossibilidade do conhecimento *ex officio* pelo juiz acerca da incompetência relativa (inovação trazida pelo art. 337, inc. II, CPC); e d) prorrogação da competência da jurisdição estatal e renúncia ao juízo arbitral quando restar ausente a alegação da existência de convenção de arbitragem (art. 337, § 6º, CPC)[48].

Isso posto, será iniciado o estudo pormenorizado das matérias preliminares, definidas conforme as disposições do art. 337 e incisos, do CPC:

Inc. I – Inexistência ou nulidade da citação:

A citação é um pressuposto de existência da relação jurídica processual e a citação *válida,* um pressuposto de validade do processo (CPC, art. 239), tanto que a inexistência ou a invalidade da citação é um vício processual tão grave que não se convalida nem mesmo com a coisa julgada material (CPC, arts. 520, § 1º, 525, § 1º, inc. I, e 535, inc. I)[49].

---

47. Idem.
48. AMARAL, Guilherme Rizzo. *Comentários às alterações do novo CPC.* 2 ed. rev., atual. e ampl. São Paulo: RT, 2016. p. 455.
49. ALVIM, Teresa Arruda. *Nulidades do processo e da sentença.* 7. ed. São Paulo: RT, 2014. p. 360; STJ, REsp 695.879/ AL, Rel. Min. Maria Isabel Gallotti, 4ª T., j. 21.09.2010, *DJe* 07.10.2010.

Comparecendo espontaneamente o réu, está suprida a falha da citação, mas pode o demandado apresentar-se somente para alegar o vício. É a partir da manifestação do réu que se reabre o prazo para contestar, independentemente de intimação da decisão que acolher a alegação de falta ou de defeito da citação (CPC, art. 239, § 1º).

No entanto, na hipótese de rejeição da alegação de nulidade, o prazo para a contestação não será reaberto, devendo o réu ser considerado revel (CPC, art. 239, § 2º, inc. I).

Inc. II – Incompetência absoluta e relativa:

O CPC não mais prevê como modalidade de defesa as chamadas exceções rituais (CPC/73, art. 304 a 306), então presentes no CPC/73. Entenda-se o vocábulo "exceção", no contexto do CPC/73, como o *incidente processual adequado ao processamento das defesas consistentes na incompetência relativa, no impedimento ou na suspeição do juiz*[50]. A alegação de incompetência absoluta já era considerada pelo art. 301 do CPC/73 como preliminar de contestação, não precisando ser arguida por petição apartada nem, tampouco, gerando a suspensão do processo[51]. Por sua vez, a incompetência relativa deveria ser alegada em petitório de "exceção de incompetência" (CPC/73, art. 112), restando como efeito a suspensão do processo[52]. Com o advento do CPC, para simplificar o procedimento e por razões de economia processual, tanto a incompetência absoluta quanto a relativa devem ser arguidas, na atual processualística, como preliminares de contestação.

A fixação da competência absoluta relaciona-se com o atendimento de critérios pertinentes à matéria, à pessoa ou à função. É inderrogável e não pode ser modificada (CPC, arts. 62 e 64). Sendo integrante do rol de matérias de ordem pública (CPC, art. 337, inc. II), deve ser declarada *ex officio* pelo juiz (CPC, art. 337, § 5º) e, em vista da inexistência de incompetência absoluta ser um pressuposto de validade do processo, sua alegação também pode ser feita pelo réu em qualquer tempo e grau de jurisdição[53].

Ademais, a supressão do órgão judiciário ou a alteração da competência absoluta, ainda que posteriormente, determina a alteração do juízo competente para o julgamento da causa (CPC, art. 43).

No que concerne à competência relativa, sua fixação sobrevém por razão do território ou do valor da causa; se não arguida em preliminar de contestação, automaticamente, resulta na preclusão, prorrogando-se (modificando) a competência para o juízo indicado pela parte autora[54], de modo que o juiz considerado incompetente passa a ser competente (CPC, art. 65, *caput*) para a análise do feito.

---

50. DINAMARCO, Cândido Rangel. *Instituições de direito processual civil*. 6. ed. cit., p. 498. v. III.
51. STJ, REsp 1162469/PR, rel. Min. Paulo de Tarso Sanseverino, 3ª T., j. 12.04.2012, *DJe* 09.05.2012.
52. STJ, AgRg no REsp 973.961/DF, rel. Min. Maria Thereza de Assis Moura, 6ª T., j. 17.05.2011, *DJe* 1º.06.2011.
53. STJ, AgRg no AREsp 107.914/SP, Rel. Min. Antonio Carlos Ferreira, 4ª T., j. 21.11.2017, *DJe* 24.11.2017.
54. AMARAL, Guilherme Rizzo. Op. cit., p. 455.

A inédita menção feita, pelo art. 337, § 5º, do CPC, acerca da impossibilidade do conhecimento *ex officio*, pelo juiz, da incompetência relativa, é consequência direta do que já se encontrava pacificado e foi consubstanciado no enunciado da Súmula 33, do STJ, no qual *"a competência relativa não pode ser conhecida de ofício"*, sendo aplicado pelas três sessões desta corte superior[55].

As partes igualmente possuem a faculdade de modificação da competência relativa, escolhendo consensualmente o foro onde será proposta a ação (CPC, art. 63). Para tanto, a eleição de foro depende de instrumento escrito, devendo constar o teor do respectivo negócio jurídico firmado, com o estabelecimento de obrigações aos herdeiros e sucessores da parte. A cláusula de eleição de foro, se abusiva, deve ser alegada pelo réu na contestação, sob pena de preclusão, embora possa ser reputada ineficaz, de ofício, pelo juiz (CPC, art. 63, §§ 3º e 4º).

Tal entendimento veio por inspiração do que já vinha sendo aplicado às relações consumeristas (CDC, art. 51, inc. IV) quanto às cláusulas abusivas de eleição de foro, especialmente nos contratos de adesão. Por contrato de adesão, entende-se o negócio jurídico cujas cláusulas já tenham sido aprovadas pela autoridade competente ou estabelecidas unilateralmente pelo contratante economicamente mais forte (*v.g.*, o fornecedor de produtos ou serviços), impossibilitando-se ao outro contratante (*v. g.*, o consumidor) a possibilidade de discussão ou modificação substancial do conteúdo do contrato escrito (art. 54, *caput*, CDC). Considera-se, ainda, que a inserção de cláusula no formulário não desfigura a natureza de adesão do contrato (art. 54, § 1º, CDC). Com efeito, são características dos contratos de adesão[56]: I) a sua pré-elaboração contratual; II) a sua oferta uniforme e de caráter geral, para um número ainda indeterminado de futuras relações contratuais; III) seu modo de aceitação, em que o consentimento se dá por simples adesão à vontade manifesta pelo parceiro contratual economicamente mais forte.

De regra, a cláusula de eleição é válida e eficaz (Súmula 335 do STF: "é válida a cláusula de eleição do foro para os processos oriundos do contrato"), devendo ser considerada nula somente se contida em contrato de adesão em que se verifique, cumulativamente, a hipossuficiência do consumidor e o óbice, pela instituição da cláusula, ao seu acesso ao Judiciário[57], prejudicando a sua ampla defesa. Com isso, vislumbra-se uma exceção à Súmula 33 do STJ pela qual a incompetência relativa (territorial) não poderia ser declarada de ofício, por se reconhecer, na esteira do art. 1º do CDC, que os direitos do consumidor são de ordem pública. Portanto, a cláusula de eleição não é nula *a priori*; só

---

55. STJ, CC 102.965/BA, rel. Min. Benedito Gonçalves, 1ª S., j. 25.03.2009, *DJe* 06.04.2009 e 46.558/PR, rel. Min. Fernando Gonçalves, 2ª S., j. 30.05.2005, *DJ* 18.04.2005, p. 211 e Recl 1.095/PE, rel. Min. Vicente Leal, 3ª S., j. 23.10.2002, *DJ* 11.11.2002, p. 145.

56. MARQUES, Claudia Lima; BENJAMIN, Antonio Hermann V.; MIRAGEM, Bruno. *Comentários ao Código de Defesa do Consumidor*. 2. ed. São Paulo: RT, 2005. p. 801.

57. STJ, REsp 1073962/PR, rel. Min. Nancy Andrighi, 3ª T., j. 20.03.2012, *DJe* 13.06.2012; REsp 379.949/SP, 4ª T., rel. Min. Sálvio de Figueiredo Teixeira, j. 26.02.2002, publ. *DJU* 15.04.2002, p. 230.

é inválida se, em contrato de adesão, se verifique a hipossuficiência da parte aderente, bem como se, em razão da cláusula de eleição de foro, reste dificultada a sua defesa[58].

De qualquer modo, pelas regras contidas no art. 63, §§ 3º e 4º, do CPC, a anulação de cláusula de eleição abusiva, ainda que não se refira a relações de consumo, pode ser realizada, de ofício pelo juiz, ampliando-se assim o rol de exceções da já citada Súmula 33 do STJ[59].

Se o réu arguir a incompetência antes da data da audiência de conciliação ou de mediação (CPC, art. 334), não há preclusão consumativa do direito de apresentar contestação (Cf. Enunciado 124 da II Jornada de Direito Processual Civil, promovida pelo Conselho da Justiça Federal).

Havendo alegação de incompetência relativa ou absoluta, a contestação pode ser protocolada no foro do domicílio do réu e tal fato deve ser, imediatamente, comunicado ao juiz da causa, preferencialmente por meio eletrônico (CPC, art. 340). Tal regra visa facilitar o acesso à justiça, impedindo que o ajuizamento da ação em foro incompetente prejudique o exercício da garantia constitucional da ampla defesa (CF, art. 5º, inc. LV).

Submetida à entrada no sistema jurisdicional, segue a contestação para a livre distribuição via sorteio ou, se o réu tiver sido citado por carta precatória, depois de sua juntada aos autos, será remetida para o juiz da causa (CPC, art. 340, § 1º). O juízo para o qual foi distribuída a contestação ou a carta precatória, se reconhecida a competência do foro indicado pelo réu, será considerado prevento (CPC, art. 340, § 2º). Porém, se o réu alegou incompetência absoluta e tal alegação for reconhecida (*v.g.*, a ação foi ajuizada na Justiça Estadual, quando deveria ter sido na Justiça Federal, ou vice-versa), o processo será enviado ao órgão judiciário competente diferente daquele que recebeu a contestação.

A propósito, o Enunciado 426 do FPPC dispõe: "O juízo para o qual foi distribuída a contestação ou a carta precatória só será considerado prevento se o foro competente for o local onde foi citado".

Ressalte-se que, seguindo a tendência da informatização dos processos judiciais (processo eletrônico), com previsão na Lei 11.419/06, tais regras são desnecessárias para os processos integralmente digitais, já que a contestação pode ser enviada para o juízo encarregado de examinar a alegação de incompetência[60]. Ademais, o art. 340, §§ 1º e 2º, do CPC, pode ser substituído pelo envio das peças por fax (cf. a Lei 9.800/99) ou pelo correio (*v.g.*, o art. 1.003, § 4º, do CPC, prevê que a aferição da tempestividade do recurso enviado pelo correio será da data da postagem).

---

58. ALVIM, Teresa Arruda; WAMBIER, Luiz Rodrigues; MEDINA, José Miguel Garcia. *Breves comentários à nova sistemática processual civil*. São Paulo: RT, 2006. p. 19. v. 2

59. STJ, CC 66.443/PR, rel. Min. Carlos Alberto Menezes Direito, 2ª Seção, j. 13.12.2006, *DJ* 26.02.2007, p. 539.

60. SICA, Heitor Vitor Mendonça. Comentários ao art. 337 do CPC. In: ALVIM, Teresa Arruda; DIDIER JR., Fredie; TALAMINI, Eduardo e DANTAS, Bruno (Coord.). *Breves comentários ao Novo Código de Processo Civil*. São Paulo: RT, 2015. p. 915.

No juízo onde foi protocolada a petição inicial, a realização da audiência de conciliação ou de mediação, se tiver sido designada, ficará suspensa até a definição da competência (CPC, art. 340, § 3º) e, superado tal óbice, fica o juízo competente responsável pela designação de nova data para a audiência de conciliação ou de mediação (CPC, art. 340, § 4º).

Se não for acolhida a preliminar de incompetência absoluta ou relativa, tal como formulada pelo demandado, apesar de não haver previsão expressa no art. 1.015, inc. III, do CPC, o STJ, por meio de interpretação extensiva ou analógica, admitiu o cabimento de agravo de instrumento, para se afastar o juízo incompetente da causa e permitir que o juízo natural julgue a demanda[61].

Inc. III – Incorreção do valor da causa:

A toda causa deve ser atribuído valor certo, ainda que a mensuração de seu conteúdo econômico não seja auferível imediatamente (CPC, art. 291), bem lembrando que sua fixação deve estar em consonância com os parâmetros do art. 292 do CPC.

Sob o termo de "impugnação ao valor da causa", o CPC/73 previa a legitimidade exclusiva do réu[62], cuja atuação deveria ser realizada em petição apartada e o juiz poderia decidir o incidente de ofício na então audiência de instrução e julgamento (CPC/73, art. 277, § 4º). Agora pode o réu impugnar, em preliminar de contestação, o valor atribuído à causa pelo autor, seja para sustentar a excessividade do montante atribuído, seja para afirmar sua irrisoriedade, sob pena de preclusão (CPC, art. 293). No entanto, o STJ já decidiu que a correção de erro material na sua fixação não está sujeita ao fenômeno preclusivo[63], bem como já admitia a correção, de ofício, pelo juiz[64], quando este verificar que não corresponde ao conteúdo patrimonial em discussão ou ao proveito econômico perseguido pelo autor (CPC, art. 292, § 3º).

Uma vez impugnado o valor da causa na contestação, caberá ao autor se manifestar na réplica, permitindo-lhe a produção de prova (CPC, art. 351).

---

61. STJ, REsp 1679909/RS, Rel. Min. Luis Felipe Salomão, 4ª T., j. 14.11.2017, *DJe* 1º.02.2018. A Corte Especial do STJ, contudo, afetou o Recurso Especial 1.704.520-MT, em 20 de fevereiro de 2018, para que se possa definir se a natureza do rol do art. 1.015 do CPC/2015 comporta interpretação extensiva, isto é, se é admissível a interposição de agravo de instrumento contra decisão interlocutória que verse sobre hipóteses não expressamente versadas nos incisos do referido dispositivo do novo CPC.

62. DINAMARCO, Cândido Rangel. *Instituições de direito processual civil.* 6. ed. cit., p. 548. v. III.

63. STJ, REsp 337.567/ES, rel. Min. Honorildo Amaral de Mello (Desembargador Convocado do TJAP), 4ª T., j. 18.12.2010, *DJe* 08.03.2010.

64. STJ, REsp 1.679.909/RS, Rel. Min. Luis Felipe Salomão, 4ª T., j. 14.11.2017, *DJe* 1º.02.2018. O STJ, no Tema/Repetitivo 988, fixou a tese de que o rol do art. 1.015 do CPC/2015 é de taxatividade mitigada, admitindo a interposição de agravo de instrumento quando verificada a urgência decorrente da inutilidade do julgamento da questão no recurso de apelação. Cfr. REsp 1.696.396/MT, Rel. Minª. Nancy Andrighi, Corte Especial, j. 05.12.2018, *DJe* 19.12.2018. Anteriormente à referida decisão da Corte Especial, a 4ª Turma do STJ já havia afirmando que, na vigência do CPC, é possível a impetração de mandado de segurança em caso de dúvida razoável sobre o cabimento do agravo de instrumento. STJ, RMS 58.578/SP, Rel. Min. Raul Araújo, 4ª T., j. 18.10.2018, *DJe* 25.10.2018.

Inc. IV – Inépcia da petição inicial:

Considerando-se que a petição inicial é pressuposto intrínseco de existência do processo e a sua aptidão é tida como pressuposto de validade, incumbe-se ao juiz o poder-dever de determinar o indeferimento, de plano, da inicial (CPC, art. 330, inc. I) e, em não o fazendo, cabe ao réu alegar na contestação.

Segundo a previsão do CPC, art. 330, § 1º e incs., a petição inicial é considerada inepta quando lhe faltar pedido ou causa de pedir; o pedido for indeterminado, ressalvadas as hipóteses legais em que se permite o pedido genérico; da narração dos fatos não decorrer logicamente a conclusão; ou contiver pedidos incompatíveis entre si.

Entretanto, antes do indeferimento da petição inicial, caberá ao órgão julgador possibilitar que o autor, no prazo de 15 (quinze) dias, a emende ou a complete, indicando o que deve ser corrigido ou completado (CPC, art. 321). A emenda da inicial, contudo, deve observar os limites do art. 329, inc. II, do CPC, vedando-se a alteração do pedido ou da causa de pedir, salvo com consentimento expresso do réu[65].

Somente em caso de descumprimento da determinação judicial é que a petição inicial deve ser indeferida (CPC, art. 321, parágrafo único), se tratando também de hipótese de resolução do processo sem julgamento do mérito (CPC, art. 485, inc. I) e sendo um dos desdobramentos da regra da cooperação processual (CPC, art. 6º) que vincula o juiz para que se obtenha, em tempo razoável, decisão de mérito justa e efetiva.

Inc. V – Perempção:

Definida como a *extinção do direito de ação por força da inércia no curso de processo*[66], é um dos pressupostos processuais negativos (junto com a litispendência e a coisa julgada), pois versa sobre fatos que não podem ter ocorrido para que o processo se instaure regularmente[67]. A perempção impede a repetição da demanda ao autor que, por três vezes, já deu causa à resolução do processo sem julgamento do mérito por abandono da causa intentada (CPC, arts. 485, inc. III, e 486, § 3º).

Ressalte-se que, em se falando de perempção, fenômeno raro dentro da *praxis* forense[68], esta somente extingue o *direito de ação*, mas não o direito material nela deduzida[69].

Ademais, constatando-se perempta a ação movida pelo autor, veda-se o ajuizamento desta lide como ação principal, reconvenção, pedido declaratório incidental (ação declaratória incidental) e o pedido de contestação de ação dúplice.

---

65. STJ, REsp 1477851/PR, rel. Min. Ricardo Villas Bôas Cueva, 3ª T., j. 23.06.2015, *DJe* 04.08.2015.
66. DINAMARCO, Cândido Rangel. *Instituições de direito processual civil*. 6. ed. cit., p. 137. v. III.
67. DIDIER JR., Fredie. *Curso de direito processual civil*: introdução ao direito processual civil, parte geral e processo de conhecimento. 17. ed. cit., p. 642.
68. NEVES, Daniel Amorin Assumpção. Comentário ao art. 337. *Novo Código de Processo Civil Comentado*. Salvador: JusPodivm, 2016. p. 586.
69. NERY JR., Nelson; NERY, Rosa Maria de Andrade. *Código de processo civil comentado*. 16 ed. rev., atual. e ampl. São Paulo: RT, 2016. p. 1008.

Ocorrendo a perempção, caso venha o autor ajuizar a quarta ação objetivando a mesma pretensão, a solução a ser adotada é a resolução sem julgamento de mérito (CPC, art. 485, inc. V), porque, como salientado, se trata de um pressuposto processual negativo. Fica ressalvada, contudo, a possibilidade de o réu alegar em defesa o seu direito.

Inc. VI – Litispendência:

Verifica-se a litispendência quando se está diante da *pendência de um processo já instaurado e ainda não extinto*[70] (CPC, art. 337, § 3º). Há repetição da demanda quando ocorre a *tríplice identidade* (CPC, art. 337, § 1º): mesmas partes, mesmo pedido (mediato e imediato) e mesma causa de pedir (próxima e remota).

A identidade de partes é jurídica, e não física[71]. A identidade de partes deve, pois, ser apreciada sob a ótica dos beneficiários dos efeitos da sentença[72]. Abrange, por exemplo, o filho que sucedeu o pai morto ou dois colegitimados diferentes que ajuizaram ações coletivas com o mesmo pedido e a mesma causa de pedir[73].

Ainda, em relação à identidade de causas de pedir, é indispensável que os fatos principais (constitutivos, extintivos, impeditivos ou modificativos) sejam os mesmos, sendo irrelevante a identidade dos fatos secundários (isto é, aqueles que conduzem à demonstração dos fatos principais)[74].

Dois são os pressupostos para a caracterização da litispendência: a) a repetição da demanda; e b) que o processo anterior ainda esteja *pendente*, tendo sido instaurado anteriormente.

A litispendência se caracteriza, para o autor, no momento em que a petição inicial é protocolada e, para o réu, a partir da citação (CPC, arts. 240 e 312), de modo que, com o ato citatório, torna-se o processo *pendente* até a sua resolução definitiva, com ou sem julgamento do mérito. Caracterizada a litispendência, o segundo processo deve ser resolvido sem julgamento de mérito (CPC, art. 485, inc. V), por se tratar de um pressuposto processual negativo.

As ações idênticas devem ser distribuídas por dependência ao juízo prevento (CPC, art. 286, inc. III).

Não há litispendência entre ação coletiva e ação individual (CDC, art. 104). Entretanto, a sentença coletiva não faz coisa julgada, em relação à demanda individual,

---

70. DINAMARCO, Cândido Rangel. *Instituições de direito processual civil*. 6. ed. cit., p. 139. v. III.
71. SICA, Heitor Vitor Mendonça. Comentários ao art. 337 do CPC. In: *Breves comentários ao Novo Código de Processo Civil*. Coord. Teresa Arruda Alvim, Fredie Didier Jr., Eduardo Talamini e Bruno Dantas. São Paulo: RT, 2015. p. 901.
72. STJ, AgRg nos EDcl no REsp 1455777/RS, rel. Min. Mauro Campbell Marques, 2ª T., j. 03.09.2015, *DJe* 17.09.2015.
73. STJ, REsp 1168391/SC, rel. Min. Eliana Calmon, 2ª T., j. 20.05.2010, *DJe* 31.05.2010.
74. STJ, REsp 702.739/PB, rel. Min. Nancy Andrighi, rel. p/ acórdão Min. Ari Pargendler, 3ª T., j. 19.09.2006, *DJ* 02.10.2006, p. 266.

se não for requerida a suspensão desta no prazo de 30 dias, a contar do ajuizamento da ação coletiva.

Em contrapartida, requerida a suspensão, o processo da ação individual ficará *suspenso* até o trânsito em julgado da ação coletiva. Se for julgado *procedente* o pedido coletivo, a coisa julgada beneficia o autor da ação individual e o respectivo processo deverá voltar a tramitar, como verdadeira liquidação de sentença. Logo, não deve ser resolvido o processo individual, sem julgamento de mérito, para permitir a posterior propositura da ação (individual) de liquidação da sentença. Com isso, evita-se que o réu seja condenado ao pagamento das verbas da sucumbência, além de promover a economia processual, servindo de atalho a evitar atos processuais inúteis[75]. Se for julgado *improcedente* o pedido coletivo, a ação individual deve prosseguir normalmente. Julgado parcialmente procedente o pedido coletivo, a ação individual deve prosseguir normalmente em relação à dimensão de sua pretensão não beneficiada pela decisão favorável.

Por outro lado, aquele indivíduo que requereu a suspensão do processo pode pedir, a qualquer momento, desde que anterior à sentença desfavorável na ação coletiva, que seu processo volte a tramitar, eximindo-se, destarte, da *extensão in utilibus* da futura *res iudicata* do processo coletivo.

Portanto, se o indivíduo não pede a suspensão do seu processo e a ação coletiva é julgada improcedente, a coisa julgada *erga omnes* não lhe atinge. Preserva-se a autonomia do litigante individual, mas relativiza-se a coisa julgada *erga omnes*, criando situações excepcionais que podem fragilizá-la.

Após o trânsito em julgado do processo pendente, não mais se caracteriza a litispendência. Isso, por evidente, não permite que a mesma ação seja proposta novamente. Por isso, há a eficácia *preclusiva da coisa julgada*, isto é, transitada em julgado a decisão de mérito, são consideradas deduzidas e repelidas todas as alegações e as defesas que a parte poderia opor tanto ao acolhimento quanto à rejeição do pedido (CPC, art. 508).

Inc. VII – Coisa julgada:

A litispendência e a coisa julgada supõem a reprodução da mesma ação anteriormente ajuizada, pela aplicação da teoria da *tríplice identidade* (CPC, art. 337, § 1º): mesmas partes, mesmo pedido (mediato e imediato) e mesma causa de pedir (próxima e remota).

A diferença, contudo, é meramente temporal: enquanto na litispendência a ação anteriormente ajuizada ainda está em curso (CPC, art. 337, § 3º), a coisa julgada se verifica quando se repete ação cuja resolução se consumou por decisão transitada em julgado (CPC, art. 337, § 4º).

---

75. ARAÚJO FILHO, Luiz Paulo da Silva. *Comentários ao Código de Defesa do Consumidor*. São Paulo: Saraiva, 2002. p. 196.

A coisa julgada é a qualidade conferida à decisão judicial contra a qual não cabe mais recurso, tornando-a imutável e indiscutível (CPC, art. 502).

A coisa julgada formal é um fenômeno endoprocessual, isto é, torna imutável e indiscutível a decisão dentro do processo em que surgiu, mas, por não recair sobre a *res in iudicium deducta*, não impede a repropositura da ação pela parte (CPC, art. 486) e que a questão de mérito seja objeto de discussão em outro processo.

Já a coisa julgada material é um *plus*, sendo a autoridade que torna imutável e indiscutível a decisão de mérito não mais sujeita a recurso dentro do processo em que surgiu, mas também impede que a mesma questão seja discutida e modificada em um outro processo (CPC, arts. 502 e 337, § 4º), salvo em hipóteses excepcionais quando for cabível ação rescisória (CPC, art. 966), desde que seja proposta na fluência do prazo decadencial previsto em lei. Após o transcurso desse prazo decadencial, forma-se a *coisa soberanamente julgada* que é insuscetível de modificação ulterior, mesmo que a decisão esteja fundada em legislação que, em momento posterior, tenha sido declarada inconstitucional pelo STF, quer em sede de controle abstrato, quer no âmbito de fiscalização incidental de constitucionalidade. Portanto, a superveniência de decisão do STF, que venha a declarar inconstitucional ato normativo utilizado como fundamento da decisão judicial, com efeitos retroativos (eficácia *ex tunc*), não serve para desconstituir a coisa julgada, que – como expressão da supremacia do ordenamento constitucional e como elemento inerente à existência do Estado Democrático de Direito – constitui limite insuperável à força retroativa resultante dos pronunciamentos que emanam do STF[76].

É indispensável que o primeiro processo tenha se encerrado com decisão de mérito (CPC, art. 487), porque, se a resolução foi sem julgamento do mérito (CPC, art. 485), a ação pode ser repetida (nas hipóteses de litispendência ou naquelas enumeradas no art. 485, incs. I, IV, VI e VII do CPC), desde que corrigido o vício que levou à sentença sem julgamento de mérito (CPC, 486, § 1º).

A coisa julgada é um pressuposto processual negativo e, verificada no processo, deve culminar na resolução sem julgamento de mérito (CPC, art. 485, inc. V).

Inc. VIII – Conexão:

Define-se conexão como uma relação de semelhança entre demandas, ainda que distintas, em que há a produção de efeitos processuais. Nos termos do art. 55 do CPC, ocorre a conexão quando duas ações tenham em comum o pedido ou a causa de pedir. Por exemplo, existe conexão entre a ação de alimentos e a ação de investigação de paternidade; entre a execução fiscal e a ação de anulação de débito tributário; entre a ação de despejo por falta de pagamento e a ação de consignação em pagamento do aluguel

---

76. STF, RE 589513 ED-EDv-AgRg, rel. Min. Celso de Mello, Tribunal Pleno, j. 07.05.2015, Acórdão Eletrônico DJe-158 Divulg 12.08.2015 Public 13.08.2015.

que fundamenta o pedido de despejo; e entre a ação para cumprimento e a ação para anulação do mesmo contrato.

O objetivo da conexão é evitar decisões contraditórias. Por isso, o art. 55, § 3º, do CPC, afirma que os processos serão reunidos para julgamento conjunto quando possam gerar *risco de prolação de decisões conflitantes ou contraditórias*, caso decididos separadamente, mesmo sem conexão entre eles. Tal expressão dá margem a que o órgão judicial analise o caso concreto e avalie a intensidade da conexão. O julgamento simultâneo dos processos não é compulsório nem deve conduzir à nulidade processual[77]. Ao contrário, o exame da conexão, nos casos concretos, deve ser determinado quando trouxer efetivas vantagens para a promoção mais célere e econômica dos processos.

Por outro lado, para que se caracterize a conexão, não se exige a identidade de partes. Por exemplo, há conexão em mandado de segurança contra ato do governador do Estado que determinou o fechamento dos bingos e mandado de segurança preventivo contra o Comandante da Polícia Estadual, para evitar o fechamento das mesmas atividades, ambos baseados no art. 170, parágrafo único, da CF, que assegura o livre exercício de qualquer atividade econômica, independentemente de autorização de órgãos públicos, salvo nos casos exigidos em lei.

A conexão *per si* não determina a resolução do processo sem julgamento de mérito (CPC, art. 485), mas altera a competência territorial e em razão do valor (CPC, art. 54), sendo que, pelo registro ou pela distribuição da petição inicial, torna prevento o juízo (CPC, art. 59), não importando qual juiz despachou em primeiro lugar ou quando se deu a primeira citação válida.

Frise-se que a conexão não determina a reunião dos processos, se um deles já foi julgado (CPC, art. 55, § 1º, e Súmula 235/STJ).

A mesma situação decorre da *continência* (CPC, art. 56), cuja relação entre demandas que possuem identidade quanto às partes e à causa de pedir se dá na medida em que uma delas, por *incluir* um pedido mais extenso, bem como fundar-se em razões mais abrangentes, *contém* em seu bojo aquela mais restrita[78].

Embora a continência não se encontre arrolada no art. 337 do CPC, deve ser alegada como preliminar de contestação. Isso porque a continência não deixa de ser uma espécie de conexão, sendo que a consequência processual de ambas é idêntica, isto é, a *modificação da competência*.

Na continência, o objeto de uma das causas é mais amplo (*causa continente*) que o da outra (*causa contida*).

Exemplo de continência: ação de indenização por erro médico, onde se pedem lucros cessantes (causa contida) e outra ação ressarcitória, pelo mesmo erro médico,

---

77. STJ, REsp 1366921/PR, rel. Min. Ricardo Villas Bôas Cueva, 3ª T., j. 24.02.2015, *DJe* 13.03.2015.
78. DINAMARCO, Cândido Rangel. *Instituições de direito processual civil*. 6. ed. cit., p. 158. v. II.

onde se pedem *perdas e danos*, que é expressão mais ampla que abrange tanto os danos emergentes quanto os lucros cessantes.

Inc. IX – Incapacidade da parte, defeito de representação ou falta de autorização:

Para se buscar a tutela jurisdicional, é imprescindível que, além da exigência atribuída aos litigantes em possuir capacidade para ser parte ou para se estar em juízo, as partes – via de regra – deverão ser assistidas (representadas) por advogado, o qual detém, de fato, a capacidade postulatória junto aos órgãos da jurisdição estatal.

A *capacidade para ser parte* é a aptidão do autor ou do réu de adquirir direitos ou se sujeitarem aos deveres. Decorre da personalidade natural ou jurídica ou da personalidade judiciária conferida aos entes sem personalidade jurídica (entes despersonalizados), como a massa falida, a herança jacente ou vacante e o espólio (CPC, art. 75, incs. V, VI e VII).

A *capacidade de estar em juízo* é a aptidão para o gozo ou o exercício dos direitos. As pessoas naturais adquirem capacidade plena aos 18 (dezoito) anos, salvo quando a lei dispõe de forma contrária, exigindo que sejam assistidas ou representadas (CPC, art. 71). Já as pessoas jurídicas não possuem tal capacidade, devendo sempre ser representadas (CPC, art. 75, inc. VIII). A capacidade processual da parte está disciplinada nos arts. 70 a 76 do CPC.

Por sua vez, discute-se se os animais não humanos têm capacidade de estar em juízo, mediante assistência dos agentes do Ministério Público, seu guardião e membros da sociedade protetora dos animais, apesar da revogação do art. 2º, § 3º, do Decreto 24.645/1934[79]. Por exemplo, a 7ª Câmara Cível do TJ/PR, no Agravo de Instrumento 0059204-2020.8.16.0000, julgado em 14.09.2021, reconheceu a capacidade de animais serem parte em relações processuais. O caso versava sobre maus-tratos, de que teriam sido vítimas os cachorros Rambo e Spike, que foram reintegrados à lide, para buscar a reparação pelos danos sofridos. O *humanismo animal* defende que não apenas as pessoas têm consciência da dor (e, portanto, são humanos); os animais possuem uma espécie de *consciência sensorial* (senciência) da dor e, por isso, devem ser incluídos na ética utilitária[80]. Assim, se os animais não podem ser tratados como "coisas" ou bens semoventes, são sujeitos de direitos (CF, art. 225, § 1º, inc. VIII)[81] e todos os titulares de

---

79. SILVA, Tagore Trajano de Almeida. Capacidade de ser parte dos animais não humanos: repensando os institutos da substituição e da representação processual. *Revista brasileira de Direito Animal*, v. 4, n. 4, jan. dez. 2009, p. 323-352. GORDILHO, Heron; TRAJANO, Tagore. Animais em juízo: direito, personalidade jurídica e capacidade processual. *Revista de Direito Animal*, v. 65, jan. 2012, p. 333-363.

80. "O utilitarismo animal (a defesa de que os animais têm senciência da dor e, por isso, devem ser tratados como "gente") sustenta o conceito de "especismo" como analogia ao racismo (o humanismo animal seria seu contrário): achar que animais não merecem as mesmas leis que os humanos é fazer deles escravos, porque seriam considerados uma espécie inferior" (PONDÉ, Luiz Felipe. *Filosofia para corajosos. Pense com a própria cabeça.* São Paulo: Planeta, 2016. p. 104).

81. Em caso envolvendo dissolução de união estável, em cuja constância foi adquirido animal de estimação, discutiu-se o direito de visitas, com os seguintes argumentos: "(...) os animais de companhia possuem valor

direitos (CC, art. 1º) tem capacidade de ser parte ser parte no processo judicial (CPC, art. 70).

O direito constitucional de petição (CF, art. 5º, inc. XXXIV, "a") não assegura, por si só, a possibilidade daquele interessado que não dispõe de *capacidade postulatória*, ingressar em juízo para, independentemente de advogado, litigar em nome próprio ou como representante de terceiros[82].

Pela exegese dos arts. 133 da CF e 1º da Lei 8.906/94, veda-se a postulação em juízo àqueles que não possuam habilitação legal, salvo quando a lei expressamente dispuser em contrário (*v.g.*, art. 9º da Lei 9.099/95, nas causas de competência dos Juizados Especiais Cíveis até 20 (vinte) salários mínimos)[83]. O art. 103 do CPC afirma que a prerrogativa de postular em juízo, ainda que em causa própria, é *privativa dos advogados*.

Portanto, infere-se que, para o pleno exercício da postulação em causa própria pelo advogado, este deve imprescindivelmente possuir *habilitação legal*[84], cuja obtenção se dá pelo preenchimento cumulado da graduação em direito em estabelecimento oficialmente autorizado, aprovação no exame da OAB e inscrição regular em seus quadros[85] (Lei 8.906/94, art. 8, incs. II, IV e VII). A existência de procuração para o advogado postular em juízo está prevista no art. 104 do CPC.

A capacidade postulatória do demandante é pressuposto de *existência* do processo[86], enquanto que a capacidade processual (*legitimidade ad processum*) é pressuposto de *validade* da relação jurídica processual.

Verificando-se a incapacidade processual ou a irregularidade da representação da parte, o juiz deve suspender o processo e designar prazo razoável para que o vício seja sanado (CPC, art. 76, *caput*) e, não sendo cumprida a determinação no prazo, o

---

subjetivo único e peculiar, aflorando sentimentos bastante íntimos em seus donos, totalmente diversos de qualquer outro tipo de propriedade privada. Dessarte, o regramento jurídico dos bens não se vem mostrando suficiente para resolver, de forma satisfatória, a disputa familiar envolvendo os pets, visto que não se trata de simples discussão atinente à posse e à propriedade. (...) A ordem jurídica não pode, simplesmente, desprezar o relevo da relação do homem com seu animal de estimação, sobretudo nos tempos atuais. (...). Os animais de companhia são seres que, inevitavelmente, possuem natureza especial e, como ser senciente – dotados de sensibilidade, sentindo as mesmas dores e necessidades biopsicológicas dos animais racionais –, também devem ter o seu bem-estar considerado" (STJ, 4ª T., REsp 1713167/SP, Rel. Min. Luis Felipe Salomão, j. 19.06.2018, DJe 09.10.2018).

82. STF, AImp 28 AgRg, rel. Min. Celso de Mello, Tribunal Pleno, j. 1º.11.2015, Processo Eletrônico *DJe*-240 Divulg 26.11.2015 Public 27.11.2015.

83. STF, ADI 1127 MC, rel. Min. Paulo Brossard, Tribunal Pleno, j. 06.10.1994, *DJ* 29.06.2001, pp-00032, Ement vol-02037-02 pp-00265.

84. CAZARRO, Kleber. Procuradores. Comentário ao art. 103 do CPC. In: CUNHA, José Sebastião Fagundes (Coord.-geral), BOCHENEK, Antônio César e CAMBI, Eduardo (Coord.). *Código de processo civil comentado.* São Paulo: RT, 2015. p. 232-233.

85. DINAMARCO, Cândido Rangel. *Instituições de Direito Processual Civil.* 4. ed. rev., atual. e com remissões ao Código Civil de 2002. São Paulo: Malheiros Editores, 2004. p. 694. v. I.

86. ALVIM, Teresa Arruda. *Nulidades do processo e da sentença.* 6. ed. cit., p. 45-46; NERY JR., Nelson; NERY, Rosa Maria de Andrade. *Código de processo civil comentado.* São Paulo: RT, 2013. p. 607.

magistrado resolverá o processo sem resolução do mérito, se o defeito se referir ao autor (CPC, art. 485, inc. IV).

Por outro lado, se a providência couber ao réu, mas ele deixar de cumpri-la, o juiz deve considerá-lo revel (CPC, art. 76, § 1.º, inc. II), não conhecerá do recurso ou, então, determinará o desentranhamento das contrarrazões (CPC, art. 76, § 2º, incs. I e II).

Além disso, caso o terceiro não cumpra a determinação judicial de correção da incapacidade processual ou da irregularidade da representação, o juiz resolverá o processo sem julgamento de mérito (CPC, art. 485, inc. IV), se o terceiro estiver no polo ativo da relação processual ou o considerará revel, caso esteja no polo passivo.

Outro ponto que se exige detida análise quando se vislumbra a questão da representação processual, refere-se à *falta de autorização* como as hipóteses presentes no art. 73 do CPC, em relação ao consentimento do outro cônjuge para propor ação que verse sobre direito real imobiliário (salvo quando o casamento for sob o regime de separação absoluta de bens). Tal autorização pode ser suprida judicialmente, quando for negada sem justo motivo ou for impossível concedê-la (CPC, art. 74). Outro exemplo é a regra do art. 159 da Lei 6.404/76 que dispõe que compete à companhia, mediante prévia deliberação da assembleia geral, a ação de responsabilidade civil em face dos administrados pelos prejuízos causados ao patrimônio de sociedades anônimas.

Por fim, semelhante preocupação deve ter o relator nos processos em trâmite perante os tribunais (CPC, art. 76, § 2º). Com efeito, deve restar prejudicada a Súmula 115 do STJ ("Na instância especial é inexistente recurso interposto por advogado sem procuração nos autos").

Inc. X – Convenção de arbitragem:

A existência de convenção de arbitragem também é considerada um pressuposto processual negativo, sendo o conjunto formado tanto pela *cláusula compromissória* quanto pelo *compromisso arbitral* (Lei 9.307/96, art. 3º).

A cláusula compromissória é a convenção pela qual as partes, em um contrato, comprometem-se a submeter à arbitragem quaisquer litígios que possam vir a surgir, oriundos de determinada relação contratual já pactuada (Lei de Arbitragem – 9.307/96, art. 4º). Sendo assim, cabe à parte alegar e comprovar a sua existência, sendo defeso ao magistrado reconhecê-la de ofício. Se o magistrado receber a contestação e nela constatar a ausência de menção ou questão acerca da existência de convenção de arbitragem, entender-se-á que foi tacitamente aceita a jurisdição estatal como a instituição responsável para solucionar a causa (CPC, art. 337, § 6º).

Já o compromisso arbitral é a convenção pela qual as partes submetem um litígio à arbitragem de uma ou mais pessoas, podendo ser judicial ou extrajudicial (Lei 9.307/96, art. 9º), em que o primeiro se celebra por termo nos autos, perante o juízo ou o tribunal, onde tem curso a demanda (Lei 9.307/96, art. 9º, § 1º), enquanto o último será concretizado por escrito particular, assinado por duas testemunhas ou por instrumento público (Lei 9.307/96, art. 9°, § 2°).

Desde que alegada, a convenção resolve o processo sem julgamento de mérito (CPC, art. 485, inc. VII), uma vez que caberá o julgamento da causa ao árbitro escolhido pelas partes e não pelo juiz estatal.

Com efeito, não compete ao Estado-juiz analisar a existência, validade ou a eficácia jurídica da convenção arbitral e do contrato que contenha a cláusula compromissória[87]. Isto é da competência do juízo arbitral (Lei 9.307/96, arts. 8°, par. ún., e 20), para se preservar a convenção de arbitragem, o princípio da autonomia das partes e a presunção de idoneidade da própria arbitragem. Não há, com isso, supressão da garantia constitucional do juiz natural (CF, art. 5°, inc. XXXVII), porque, após proferida a sentença arbitral, o Poder Judiciário pode rever o posicionamento firmado pelo tribunal arbitral, caso venha a ser acionado pela parte interessada (Lei 9.307/96, arts. 32 e 33).

Constituindo exceção ao rol das matérias de ordem pública (junto com a incompetência relativa), a convenção de arbitragem não pode ser reconhecida de ofício (CPC, art. 337, § 5°). Caso não seja alegada como preliminar de contestação, ocorre a preclusão. Assim, o processo será instruído como qualquer outra ação judicial e posteriormente resolvido com julgamento de mérito, visto que a demanda será julgada pelo juízo estatal, com a renúncia tácita do juízo arbitral (CPC, art. 337, § 6°). Isso porque a convenção de arbitragem é matéria de direito dispositivo e, portanto, não é pressuposto processual passível de verificação de ofício pelo juiz.

Na contestação, o réu somente poderá suscitar a preliminar de convenção de arbitragem, objetivando a resolução do processo sem julgamento de mérito (CPC, art. 485, inc. VII). Destarte, se pretender ver instituída a arbitragem, à qual resiste o autor, o réu deverá ajuizar a ação prevista no art. 7° da Lei 9.307/96 (*"Existindo cláusula compromissória e havendo resistência quanto à instituição da arbitragem, poderá a parte interessada requerer a citação da outra parte para comparecer em juízo a fim de lavrar-se o compromisso, designando o juiz audiência especial para tal fim"*), devendo fazê-lo por meio de *reconvenção*.

Além disso, é importante destacar a viabilidade de peticionamento pelo réu, *antes* da audiência de conciliação (que antecede o próprio oferecimento da contestação e está prevista no art. 334 do CPC), externando seu desinteresse na conciliação, bem como justificar, na mesma manifestação, seu igual desinteresse pela convenção de arbitragem, comprovando-a documentalmente. Contudo, no teor do art. 334, § 4°, do CPC, o qual menciona as hipóteses em que não haverá a realização de audiência, é clara a obrigatoriedade de manifestação consensual de ambas as partes para a dispensa. Com a manifestação unilateral pelo réu, vislumbra-se a possibilidade do juiz em promover a resolução prematura do processo ou mesmo de apreciação, na audiência de conciliação,

---

87. STJ, REsp 1550260/RS, Rel. Min. Paulo de Tarso Sanseverino, Rel. p/ Acórdão Min. Ricardo Villas Bôas Cueva, 3ª T., j. 12.12.2017, *DJe* 20.03.2018.

da alegação da convenção de arbitragem, poupando o réu de arguir tal tema em sede de contestação. De todo o modo, sem que haja o exame do tema pelo juiz, em momento que antecede ou na própria audiência, a matéria deverá ser novamente arguida em contestação, em observância do art. 337, § 6º, do CPC, sob pena de preclusão[88].

Por fim, destaca-se o Enunciado 580 do FPPC ao admitir a possibilidade da convenção de arbitragem em negócio jurídico processual (CPC, art. 190) com a produção de efeitos na forma de contestação: "É admissível o negócio processual estabelecendo que a alegação de existência de convenção de arbitragem será feita por simples petição, com a interrupção ou suspensão do prazo para contestação".

Inc. XI – Ausência de legitimidade ou de interesse processual:

Refere-se ao que o CPC/73 chamava genericamente de "carência de ação" (CPC/73, art. 301, inc. X), que nada mais são do que as condições de admissibilidade do julgamento do pedido, ou seja, são essenciais para o exercício da função jurisdicional com referência à situação concreta deduzida em juízo[89].

Constatada a ausência das condições da ação, tal situação implica diretamente no impedimento do pronunciamento judicial sobre o mérito, pois o processo se mostra inútil para resolver a crise de direito material levada a juízo. Dessa forma, a instituição de condições para o regular exercício do direito de ação, estabelecidas no diploma processual civil, se coaduna com a garantia constitucional de acesso à justiça (CF, art. 5º, inc. XXXV)[90], bem como não restringe indevidamente a garantia constitucional do devido processo legal (CF, art. 5º, inc. LIV).

A análise das condições da ação é passo antecedente e completamente distinto da ulterior apreciação concernente ao mérito do processo (*res in iudicium deducta*), embora não prescinda de elementos contidos na relação jurídica de direito material.

Os limites entre o juízo quanto às condições da ação e o mérito nem sempre são de fácil fixação. É por isso que a teoria da asserção defende que as condições da ação devem ser analisadas em conformidade com os fatos descritos na petição inicial *in status assertionis*, isto é, mediante cognição sumária[91]. No entanto, há resistência de parte da doutrina, arguindo que tal teoria incorreria em erros e incoerências dentro do sistema processual[92].

O CPC, ao contrário do que prescrevia o então art. 267, inc. IV, do CPC/73, reduziu de três para duas as condições da ação, excluindo-se a *possibilidade jurídica do*

---

88. AMARAL, Guilherme Rizzo. Op. cit., p. 456-7.
89. LIEBMAN, Enrico Tullio. *Manual do direito processual civil*. Trad. Cândido Rangel Dinamarco. 2. ed. Rio de Janeiro: Forense, 1985. p. 154. v. I.
90. STF, RE 631.240, rel. Min. Roberto Barroso, Tribunal Pleno, j. 03.09.2014, *DJe* 10.11.2014.
91. GRECO, Leonardo. *Instituições de Processo Civil*. 4. ed. Rio de Janeiro: Forense, 2013. p 201. v. I; STJ, REsp 1704610/SP, Rel. Min. Nancy Andrighi, 3ª T., j. 20.02.2018, *DJe* 23.02.2018.
92. DINAMARCO, Cândido Rangel. *Instituições de direito processual civil*. 6. ed. São Paulo: Malheiros, 2009. p. 324. v. II.

pedido. Com isso, a análise sobre a inexistência de vedação no ordenamento jurídico quanto à pretensão deduzida na petição inicial (*v. g.*, impossibilidade de cobrança de dívida oriunda de jogo; CC, art. 814) passa a integrar o juízo de mérito. Com efeito, a impossibilidade jurídica do pedido enseja a improcedência da demanda (CPC, art. 487, inc. I). Perceba-se que não houve mudanças na forma de arguição no campo da *praxis* forense, mesmo com a alteração terminológica, continuando a ser cognoscíveis de ofício pelo juiz[93].

Conceitua-se legitimidade como aptidão ao reconhecimento do autor e do réu, por parte da ordem jurídica, como sendo as pessoas facultadas, respectivamente, a pedir e a contestar a providência que é objeto da demanda[94]. Do mesmo modo, pode estar ligada à titularidade do direito material (legitimidade ordinária) ou pode ser, excepcionalmente, definida por lei, quando o ordenamento jurídico autoriza alguém a pleitear, em nome próprio, direito alheio, remetendo-se ao que se conceitua como legitimidade extraordinária (CPC, art. 18).

Por exemplo, associação com fins específicos de proteção ao consumidor não possui legitimidade para o ajuizamento de ação civil pública com a finalidade de tutelar interesses coletivos de beneficiários do seguro DPVAT, por não se tratar de relação consumerista[95]. Por outro lado, o Ministério Público, após o cancelamento da Súmula 470/STJ, tem legitimidade ativa para pleitear, em ação civil pública, a indenização decorrente do seguro DPVAT, em benefício do segurado[96].

Por sua vez, o interesse é o elemento material do direito de ação e consiste no ambicionamento de obtenção do provimento jurisdicional solicitado[97]. Em síntese, o que caracteriza o interesse processual é o *binômio necessidade-adequação*[98]: necessidade da atividade jurisdicional (caracterizada pela lesão ou ameaça concretas a direito) e adequação dos meios processuais escolhidos com o provimento jurisdicional desejado. Por exemplo, o mandado de segurança não é a via processual adequada para assegurar o cumprimento de obrigação contida em termo de ajustamento de conduta ou em acórdão prolatado em ação civil pública, pois ambos são espécies de título executivo e exigem a instauração do respectivo processo executório[99].

A ausência da legitimidade ou do interesse caracterizam a *carência da ação*, conduzindo consequentemente à resolução do processo sem julgamento de mérito (CPC, art. 485, inc. VI).

---

93. AMARAL, Guilherme Rizzo. Op. cit., p. 456.
94. NOGUEIRA, Paulo Lúcio. *Curso completo de processo civil*. 5. ed. São Paulo: Saraiva, 1994. p. 101.
95. STJ, REsp 1091756/MG, Rel. Min. Marco Buzzi, Rel. p/ Acórdão Min. Marco Aurélio Bellizze, 2ª Seção, j. 13.12.2017, *DJe* 05.02.2018.
96. STF, RE 631111, Rel. Min. Teori Zavascki, Tribunal Pleno, j. 07.08.2014, Acórdão Eletrônico Repercussão Geral – Mérito *DJe*-213 Divulg 29.10.2014 Public 30.10.2014; STJ, EDcl no AgRg no AREsp 81.215/GO, Rel. Min. Luis Felipe Salomão, 4ª T., j. 1º.10.2015, *DJe* 06.10.2015.
97. LIEBMAN, Enrico Tullio. *Manual do direito processual civil* cit., p. 154.
98. DINAMARCO, Cândido Rangel. *Execução Civil*. 7. ed. São Paulo: Malheiros, 2000. p. 406.
99. STJ, RMS 54.506/GO, Rel. Min. Mauro Campbell Marques, 2ª T., j. 05.09.2017, *DJe* 15.09.2017.

Pelo fato de integrar o rol das matérias de ordem pública, a não suscitação do réu, na preliminar da contestação, quanto às questões acerca da legitimidade processual, de maneira alguma, constitui óbice para que o juiz proceda – de ofício – ao indeferimento da petição inicial (CPC, art. 330, incs. II e III) e posterior resolução do processo sem julgamento de mérito por carência de ação (CPC, arts. 337, § 5º, e 485, inc. VI)[100].

Antes, porém, de indeferir a petição inicial por ilegitimidade de parte, o juiz facultará que o autor modifique (emende) a peça vestibular no prazo de 15 (quinze) dias, substituindo o demandado que alegue ser parte ilegítima ou que não seja o responsável pelo prejuízo invocado (CPC, art. 338, *caput*). Quando o juízo verificar tal situação de ofício (CPC, arts. 9º e 10), deverá o autor, além da emenda requisitada, proceder ao reembolso das despesas pagas e arcar com os honorários do procurador do réu excluído (CPC, art. 338, parágrafo único).

Contudo, quando o réu alegar a sua ilegitimidade, sempre que tiver conhecimento, deverá indicar o sujeito passivo da relação jurídica discutida, sob pena de pagar as despesas processuais e indenizar o autor pelos prejuízos decorrentes da falta de indicação (CPC, art. 339, *caput*)[101]. Neste caso, pode o autor proceder à alteração da petição inicial para a substituição do réu ou incluir, como litisconsorte passivo, o sujeito indicado pelo réu (CPC, art. 339, §§ 1º e 2º).

A ilegitimidade de parte não está compreendida nas hipóteses de cabimento do agravo de instrumento do art. 1.015 do CPC, bem como não configura situação de lesão grave ou de difícil reparação. A discussão dessa matéria não fica preclusa, devendo ser devolvida ao Tribunal em futuro recurso de apelação ou em contrarrazões (art. 1.009, § 1º, CPC)[102].

Apesar desse entendimento, nas ações de improbidade administrativa, pelo art. 9º-A da Lei 8.429/92 (com a redação dada pela Lei 14.230/2021), da decisão que rejeitar questões preliminares suscitadas pelo réu em sua contestação caberá agravo de instrumento. Tal regra foi duplicada no art. 17, § 21, da Lei 8.249/92, em que se confirma que das decisões interlocutórias caberá agravo de instrumento, inclusive da decisão que rejeitar questões preliminares suscitadas pelo réu em sua contestação.

Inc. XII – Falta de caução ou de outra prestação que a lei exige como preliminar:

São exemplos de hipóteses em que a lei exige depósito para o ajuizamento da ação: a) art. 968, inc. II, CPC: depósito de 5% do valor da causa para a propositura da ação rescisória; b) art. 83, do CPC: caução para pagamentos referentes às custas e aos

---

100. STJ, REsp 1112524/DF, Corte Especial, rel. Min. Luiz Fux, j. 1º.09.2010, *DJe* 30.09.2010.

101. O art. 339 do CPC se aplica à autoridade coatora indicada na inicial do mandado de segurança e à pessoa jurídica que compõe o polo passivo (Cf. Enunciado 123 da II Jornada de Direito Processual Civil, promovida pelo Conselho da Justiça Federal).

102. STJ, AgInt no AREsp 1.063.181/RJ Agravo Interno em Recurso Especial 2017/0045257-6, 2ª T., rel. Min. Assusete Magalhães, j. 17.09.2019, pub. DJe 24.09.2019.

honorários, se o autor for estrangeiro não residente no Brasil e sem bens imóveis no país, como garantia dessas despesas, no caso de perda da demanda.

Ausente a caução ou falta do depósito da prestação, cabe ao juiz determinar que o autor corrija o defeito no prazo de 15 dias. Descumprida a determinação judicial dentro desse ínterim, o magistrado deve indeferir a petição inicial (CPC, art. 321).

Também cabe ao autor pagar as custas e as despesas processuais (*v. g.*, como as custas para autuação, expedição de mandado de citação ou de carta precatória), salvo quando for beneficiário da gratuidade da justiça (CPC, arts. 98-102). Caso o demandante não o faça, tal situação pode ser arguida pelo réu como preliminar de contestação. Ato contínuo, o advogado da parte deve ser intimado para suprir o pagamento no prazo de 15 (quinze) dias (CPC, art. 290) e persistindo o inadimplemento, a distribuição do feito será cancelada, resolvendo-se o processo sem julgamento de mérito (CPC, art. 485, inc. IV). Porém, a falta de adiantamento das despesas processuais (CPC, art. 82) para a prática do ato requerido (*v. g.*, produção da prova pericial) não conduz à resolução do processo sem julgamento de mérito, mas ao simples indeferimento da prática do ato.

4.2.5.1. *Outras questões quanto às preliminares*

Inovando o rol enumerativo de preliminares do CPC, foi inserido o inciso XIII, ao art. 337, atinente à concessão indevida do benefício da gratuidade da justiça. Pode ser alegada em vários momentos distintos além da preliminar de contestação, sem gerar a suspensão do processo (CPC, art. 100), porque o art. 1.072, inc. III, do CPC, revogou o art. 4º, § 2º, da Lei 1.060/50, que determinava que a impugnação do direito de assistência deveria ser feita em autos apartados. Na nova dinâmica processual, o autor deve exercer o contraditório na réplica (CPC, art. 351).

Caso a impugnação seja acolhida, caberá ao demandante recolher os valores devidos e, evidenciada a má-fé, deverá ser imposta multa de até o décuplo dessas despesas processuais, a ser revertida em benefício da Fazenda Pública, a qual pode, em caso de inadimplemento, inscrever tal montante como título da dívida ativa (CPC, art. 100, parágrafo único), com execução regida pelos trâmites da Lei de Execução Fiscal (Lei 6.830/80) sem prejuízo da resolução do processo sem julgamento de mérito (CPC, arts. 102, parágrafo único, e 485, inc. IV) se o autor não pagar o montante devido, no prazo fixado pelo juiz. O pedido de concessão de benefício da gratuidade da justiça, formulado pelo autor posteriormente à petição inicial, deve ser impugnado na primeira oportunidade que o réu falar nos autos, sem prejuízo de indeferimento de ofício pelo juiz se houver nos autos elementos que evidenciem a falta dos pressupostos legais para a concessão da gratuidade[103].

Além das matérias elencadas no art. 337 do CPC, outras também podem e devem ser arguidas em preliminar de contestação, tais como as nulidades processuais, qualquer

---

103. STJ, AgRg no Ag 1395527/RS, rel. Min. Benedito Gonçalves, 1ª T., j. 24.05.2011, *DJe* 27.05.2011.

motivo de indeferimento da inicial (não limitando-se a inépcia), a continência (CPC, art. 56), causas de suspensão do processo (CPC, art. 313) etc.

Uma vez alegadas as matérias de defesa, caberá ao juiz ouvir o autor, no prazo de 15 dias, permitindo-lhe a produção da prova (CPC, art. 351). E, sendo a irregularidade sanável, o órgão judicial deve determinar a sua correção no prazo máximo de 30 dias (CPC, art. 352).

As matérias relacionadas no art. 337 do CPC, via de regra, podem ser conhecidas de ofício pelo juiz (salvo a convenção de arbitragem e a incompetência absoluta por força do CPC, art. 337, § 5º), embora, por interesse, devam ser apresentadas pelas partes que têm o conhecimento dos fatos que fundam essas hipóteses. O réu que não alegar tais matérias, na primeira oportunidade que lhe caiba falar nos autos, pode fazê-lo depois da contestação, por força dos arts. 337, § 5º, 342, inc. II, e 485, § 3º, do CPC. Nesses casos, não há preclusão para o réu. Apesar disso, quando restar evidenciado que o demandado procedeu de má-fé (CPC, arts. 5º e 80), tendo violado a garantia da duração razoável do processo, deve ser-lhe imposta multa, além do pagamento das despesas causadas pelo retardamento processual.

Quando o juiz, de ofício, verificar a existência de questões processuais de ordem pública, antes de decidir, deverá oportunizar o contraditório, nos termos do art. 10 do CPC, sob pena de causar nulidade no processo.

Por outro lado, se não for alegada a incompetência relativa ou a existência de convenção de arbitragem na contestação, tais defesas processuais ficam preclusas. Com isso, há a *renúncia tácita* da convenção de arbitragem, com a consequente aceitação da jurisdição estatal (CPC, art. 337, § 6º). Entretanto, tal renúncia somente vale para aquele determinado caso concreto, podendo tal convenção de arbitragem ser utilizada em conflitos futuros envolvendo as mesmas partes. Já a incompetência relativa, caso não seja alegada pelo réu em preliminar de contestação, *prorroga-se* (isto é, não pode ser mais modificada; CPC, art. 65), salvo se alegada pelo Ministério Público, quando atue como *custos iuris* (CPC, arts. 65, parágrafo único, e 178; Recomendação 34/2016 do CNMP) ou quando o juiz de ofício considerar a cláusula de eleição de foro abusiva (CPC, art. 63, § 3º).

4.2.6. Defesas substanciais

Como o CPC adota o princípio da eventualidade, devendo o réu alegar, na contestação, toda a matéria de defesa (art. 336), o conteúdo semântico da expressão "toda a matéria de defesa" abarca tanto as defesas *substanciais* (que são aquelas que acarretam a improcedência da demanda do autor) quanto as defesas de *natureza processual* (que impedem o julgamento do mérito; *v. g.*, carência de ação, falta de pressuposto processual, incompetência absoluta etc.)[104].

---

104. DINAMARCO, Cândido Rangel. *Instituições de direito processual civil*. 3. ed. São Paulo: Malheiros, 2003. p. 462-463. v. III.

As defesas processuais são sempre *indiretas*, porque se limitam a opor fundamentos para que o mérito não seja julgado ou, ao menos, para que o processo não prossiga de imediato, funcionando tal qual um filtro para que a pretensão da parte *ex adversa* seja fulminada de pronto. Já as defesas substanciais podem ser *diretas* ou *indiretas*.

Após as preliminares (defesas indiretas de natureza processual), cabe ao réu manifestar-se sobre o *mérito*.

Dentro do mérito, há uma ordem lógica na apresentação da defesa, devendo ser apresentadas, como *preliminares de mérito*, as alegações que, se acolhidas, dispensam o exame do mérito principal, como, por exemplo, a prescrição e a decadência.

Quanto ao mérito propriamente dito, pode o réu adotar um ou alguns dos três comportamentos: I) negar os fatos alegados pelo autor (defesa *direta* de mérito) [*v. g.*, a negativa de autoria em um acidente de trânsito]; II) negar a eficácia jurídica desses fatos (que também é uma forma de defesa *direta* de mérito) [*v.g.*, a situação alegada pelo autor (não reconhecimento de adicional por tempo de serviço), para a concessão de liminar em mandado de segurança, não é urgente, não estando presente o requisito do *periculum in mora*]; III) alegar fatos novos (impeditivos, extintivos ou modificativos; CPC, art. 373, inc. II), relevantes para o julgamento do mérito (defesa *indireta* de mérito) [*v. g.*, que firmou contrato de mútuo com o demandante, mas que já pagou as prestações avençadas ou que a ação está prescrita].

De qualquer forma, a *afirmação contrária*, feita pelo réu em contestação, poderá consistir: a) simplesmente em *negar o fato, sem propor outra versão* (*v.g.*, o réu não cometeu os atos de infidelidade conjugal alegados na petição inicial) ou *em propor outra versão dos fatos, diferente daquela sustentada pelo autor* (dar outra descrição das circunstâncias em que se deu o acidente automobilístico); b) ou *desenvolver argumentos lógicos* destinados a demonstrar que os fatos não poderiam ou dificilmente teriam acontecido conforme descritos na petição inicial (fatos impossíveis ou improváveis); c) ou *alegar fatos novos*, que impeçam (*v. g.*, vícios do consentimento, incapacidade etc.), extingam (*v.g.*, pagamento, novação, nulidade da cláusula contratual[105] etc.) ou modifiquem (*v.g.*, adimplemento parcial, onerosidade excessiva[106] etc.) o fato constitutivo alegado pelo autor.

---

105. Por exemplo, por ausência dos requisitos de validade (CC, art. 104) ou nas hipóteses do art. 51 do CDC, por violação à boa-fé objetiva. Todavia, havendo a alegação de nulidade de cláusula contratual apenas em contestação, sem pedido reconvencional, a sentença não declarará a nulidade, constituindo tão somente um fundamento para a improcedência do pedido do autor. Cf. STJ, REsp 2.000.288/MG, Rel. Min. Nancy Andrighi, 3ª T., j. 25.10.2022, *DJe* 27.10.2022.

106. Na contestação, não é possível fazer pedido de rescisão ou revisão contratual. Isso seria cabível somente em reconvenção ou em ação autônoma, meio pelo qual o órgão judicial pode decretar a rescisão do contrato e reconstituir o *status quo* ante ou revisar o contrato para alterar os direitos e as obrigações nele previstos. Porém, o demandado pode alegar, na contestação, como fato extintivo do direito do autor, que o desfazimento do contrato já aconteceu (*v.g.*, na hipótese de distrato [CC, art. 472] ou de cláusula resolutiva expressa [CC, art. 474]). Cf. STJ, REsp. 2.000.288/MG, Rel. Min. Nancy Andrighi, 3ª T., j. 25.10.2022, *DJe* 27.10.2022.

Em relação a cada um dos fatos constitutivos alegados pelo autor, o réu pode assumir uma das três condutas: I) ou os *admite*, confessando-os (CPC, art. 389); II) ou *silencia* a respeito (CPC, art. 341); III) ou os *nega*.

Se pretender negar os fatos, deve o réu manifestar-se precisamente sobre eles, impugnando-os, sob pena de, não o fazendo, serem considerados verdadeiros (CPC, art. 341).

No entanto, tal presunção de veracidade não se impõe em relação aos fatos sobre os quais não se admite confissão (CPC, art. 341, inc. I), compreendidos os direitos indisponíveis, abrangendo aqueles que envolvem a capacidade, a filiação e o estado das pessoas naturais, bem como os interesses públicos primários; se a petição inicial não tiver acompanhada de documento público essencial ao ato que se pretende provar (CPC, art. 341, inc. II) [*v. g.*, nos negócios jurídicos que visem à constituição, transferência, modificação ou renúncia de direitos reais sobre imóveis de valor superior a 30 vezes o maior salário mínimo vigente no País]; ou ainda se, apesar da omissão, resultarem tacitamente impugnados pela defesa em seu conjunto (CPC, art. 341, inc. III).

Aliás, na interpretação da contestação – a exemplo do que ocorre com a petição inicial (CPC, art. 322, § 2º) – deve-se levar em consideração o conjunto das alegações de defesa e o princípio da boa-fé em sentido objetivo (CPC, art. 5º) (Cf. Enunciado 286 do FPPC), isto é, deve ser dada maior prevalência à intenção nela consubstanciada em detrimento do sentido literal da linguagem (CC, art. 112). Assim, a impugnação dos fatos constitutivos mediante a alegação de fatos secundários pode ser suficiente para provar indiretamente a inexistência daqueles fatos e, portanto, afastar a presunção de veracidade (CPC, art. 341)[107].

Ressalte-se que a presunção dos fatos não impugnados pelo réu, contudo, é relativa (*iuris tantum*), à exceção quando constatar-se uma flagrante contradição com a prova dos autos[108]. É poder-dever do juiz apreciar a prova constante dos autos, independentemente do sujeito que a tiver promovido (CPC, art. 371), podendo determinar de ofício as provas necessárias ao julgamento do mérito (CPC, art. 370)[109] e, portanto, independentemente da manifestação do réu, afastar a presunção da não impugnação dos fatos constitutivos.

Não se aplicam os efeitos materiais da revelia (CPC, art. 344) nas hipóteses do art. 345 do CPC, isto é, se houver pluralidade de réus e algum deles contestar a ação; se o litígio versar sobre direitos indisponíveis; se a petição inicial não estiver acompanhada de instrumento que a lei considere indispensável à prova do ato; ou quando as alegações de fato formuladas pelo autor forem inverossímeis ou estiverem em contradição com a prova constante dos autos.

---

107. STJ, REsp 702.739/PB, rel. Min. Nancy Andrighi, rel. p/ acórdão Min. Ari Pargendler, 3ª T., j. 19.09.2006, *DJ* 02.10.2006, p. 266.
108. STJ, AgRg no AREsp 757.992/SP, rel. Min. Luis Felipe Salomão, 4ª T., j. 17.09.2015, *DJe* 22.09.2015.
109. STJ, REsp 57.283/SP, rel. Min. Assis Toledo, 5ª T., j. 26.04.1995, *DJ* 16.10.1995, p. 34679.

4 • A RESPOSTA DO RÉU: CONTESTAÇÃO E RECONVENÇÃO

171

De qualquer modo, o chamado *ônus da impugnação especificada* dos fatos torna ineficaz a *contestação por negativa geral*. Com efeito, o réu deve formular uma defesa específica quanto às alegações formuladas pelo autor, sob a pena das alegações não impugnadas serem consideradas verdadeiras[110].

Porém, essa regra, por força do art. 341, parágrafo único, do CPC, não se aplica ao defensor público, ao advogado dativo e ao curador especial (lembrando que a curatela especial deve ser exercida pela Defensoria Pública, nos termos da lei; CPC, art. 72, parágrafo único). Tal prerrogativa se impõe pela simples razão de que a defesa, nessas hipóteses, é realizada sem que o advogado tenha sido contratado pela parte e, na maior parte dos casos, sem nenhum contato prévio com a pessoa que está sendo defendida. Isso dificulta sobremaneira a percepção e a consequente impugnação específica dos fatos narrados na petição inicial[111]. Por isso, a contestação por negativa geral se impõe não pela inércia do réu, mas pela impossibilidade de o defensor conhecer adequadamente os fatos constitutivos alegados pelo autor.

Entretanto, para fins de evitar um *desequilíbrio processual injustificado*, tal exceção não pode ser generalizada e banalizada, justificando-se somente se houver dificuldade de comunicação entre o réu e o representante judicial. Desse modo, ausente tal dificuldade no caso concreto, entre o defensor público e a pessoa carente, deve ser afastada a aplicação do art. 341, parágrafo único, do CPC[112].

O art. 341, parágrafo único, do CPC, todavia, exclui tal prerrogativa ao Ministério Público, que no então art. 302, parágrafo único, do CPC/73, também não se sujeitava ao ônus da impugnação específica.

Se o réu *nega* os fatos afirmados na petição inicial, cada *ponto* negado (alegação do autor) converte-se em *questão*, incumbindo-se ao autor o ônus de provar o que alegou, sob pena do fato ser tomado por inexistente (CPC, art. 373, inc. I).

Por outro lado, quando o réu alega fatos novos (impeditivos, negativos ou extintivos), o *objeto do conhecimento do juiz* aumenta, embora não amplie o *objeto do processo* em si, o qual já se encontra delimitado pelo *pedido*. Por se tratar de *fatos novos*, cabe ao réu o ônus de prová-los (CPC, art. 373, inc. II). Sendo assim, se o réu omite em alegar fatos novos na contestação, sobre eles não recai a presunção de veracidade nem dispensa o autor do ônus de provar os fatos constitutivos de seu direito, gerando apenas a preclusão quanto à produção da prova que lhe competia em relação a esses fatos[113]. Em contrapartida, se o réu alega fatos novos (impeditivos, extintivos ou modificativos), cabe ao autor impugná-los na réplica (CPC, art. 351), para que, pelo princípio da simetria,

---

110. DIDIER JR., Fredie. *Curso de direito processual civil*: introdução ao direito processual civil, parte geral e processo de conhecimento. 17. ed. cit., p. 652.

111. STJ, REsp 1009293/SP, rel. Min. Nancy Andrighi, 3ª T., j. 06.04.2010, *DJe* 22.04.2010.

112. DIDIER JR., Fredie. *Curso de direito processual civil*: introdução ao direito processual civil, parte geral e processo de conhecimento. 17. ed. cit., p. 653.

113. DINAMARCO, Cândido Rangel. *Instituições de direito processual civil*. 3. ed., 2003. V. III cit., p. 462-463.

não sejam atingidos pela presunção de veracidade dos fatos não impugnados também aplicável ao demandante.

Além disso, há situações em que a própria lei restringe a cognição, tornando-a *parcial*, com o escopo de restringir o que pode ser objeto da contestação. Por exemplo:

a) nas ações possessórias, limita-se a defesa, impedindo as *exceções de domínio*, exceto se a pretensão for deduzida em face de terceira pessoa (CPC, art. 557); o réu, contudo, pode ajuizar ação autônoma de natureza petitória;

Contudo, vale destacar o Enunciado 443 do FPPC: "Em ação possessória movida pelo proprietário é possível ao réu alegar a usucapião como matéria de defesa, sem violação ao art. 557".

b) pelo Decreto-lei 3.365, de 21.06.1941, que versa sobre desapropriação, afirma-se (art. 20) que a contestação somente pode tratar de vício do processo judicial ou sobre a impugnação do preço; assim, qualquer outra questão – *v. g.*, o fundamento da desapropriação e eventual abuso por parte do Poder Público – pode ser deduzida em ação própria[114];

c) na ação de consignação, o réu (credor) somente pode alegar na contestação (CPC, art. 544): I – que não houve recusa ou mora em receber a quantia devida; II – que foi justa a recusa; III – que o depósito não se efetuou no prazo ou no lugar do pagamento; IV – que o depósito não é integral;

d) na ação renovatória, o art. 72 da Lei 8.245/91 também limita o objeto da contestação, aos seguintes pontos: I – não preencher o autor os requisitos estabelecidos nesta lei; II – não atender, a proposta do locatário, o valor locativo real do imóvel na época da renovação, excluída a valorização trazida por aquele ao ponto ou lugar; III – ter proposta de terceiro para a locação, em condições melhores; IV – não estar obrigado a renovar a locação (incs. I e II do art. 52).

4.2.7. Revelia

4.2.7.1. Conceito

Pode-se afirmar que a defesa é um direito do réu tal como a ação é um direito do autor. E, se o exercício da ação é um direito e, em última análise, uma faculdade (o pretendente tem a liberdade de optar entre a propositura ou não da ação), o réu também pode deixar de exercer seu direito de defesa, responsabilizando-se, todavia, pela sua omissão. Por isso, além de ser um direito, a defesa é um ônus processual[115], ou seja, tra-

---

114. STJ, AgRg no AREsp 443.480/RJ, rel. Min. Luis Felipe Salomão, 4ª T., j. 16.09.2014, *DJe* 23.09.2014.
115. COUTURE, Eduardo. La tutela giuridica. Alcune proposizione fondamentali di diritto processuale civile. *Scritti giuridici in memoria di Piero Calamandrei*. Padova: CEDAM, 1958. p. 160; v. I. DINAMARCO, Cândido Rangel. Ônus de contestar e o efeito da revelia. In: *Revista de processo*, v. 41, p. 186-8.

ta-se de um peso, um encargo, um *imperativo do próprio interesse* que não beneficiará nem prejudicará a parte contrária, senão a própria pessoa ao qual o encargo se dirige[116].

Perceba-se que o ônus é diferente das obrigações e dos deveres processuais, os quais em sendo descumpridos contrariam a ordem jurídica e são passíveis de sanções para que o beneficiário venha afinal a obter o resultado que o cumprimento voluntário e espontâneo teria produzido[117].

Trata-se, pois, de um traço da noção publicística do processo civil contemporâneo, que, ao contrário do processo civil romano, que exigia o consenso do demandado (*litiscontestatio*), não tem natureza contratual, podendo existir mesmo se o réu não comparece em juízo[118]. A defesa é, portanto, um ônus do réu que, embora possa não contestar a ação, desde que regularmente citado, fica sujeito à decisão.

Conceitua-se o instituto da revelia como a ausência de apresentação de contestação válida e tempestiva. O réu será revel desde que, regularmente citado, opte por deixar de oferecer contestação, sujeitando-se aos ônus processuais correspondentes. Em outras palavras, dá-se a revelia quando o réu, chamado a juízo, deixa voluntariamente que se extinga o prazo assinado para a contestação, sem que a apresente[119].

Igualmente, a revelia também se caracteriza quando: I) o réu oferece outra resposta diversa da contestação; II) apresenta contestação fora do prazo; III) não possui capacidade processual para contestar; IV) comparece em juízo desacompanhado de advogado ou com advogado não habilitado nos autos.

Verificada a incapacidade processual ou a irregularidade da representação da parte, o juiz, antes de decretar a revelia, atendendo ao princípio da colaboração processual (CPC, art. 6º) e pela regra do art. 76, *caput*, do CPC, deve oportunizar ao réu a possibilidade de sanar o vício. Somente o descumprimento da determinação judicial, no prazo fixado, é que ensejará a revelia (CPC, art. 76, § 1º, inc. II). Porém, apenas a irregularidade da representação é vício que pode ser sanado pelo réu (*v.g.*, com a morte do advogado do réu, a não constituição de novo procurador no prazo de 15 dias, haverá o prosseguimento do processo à revelia do demandado; CPC, art. 313, § 3º). Nesta hipótese, o demandado não será intimado dos atos subsequentes do processo. Assim, se o advogado do réu já tiver apresentado tempestivamente a contestação, estando a representação regular ou já tendo sido ela regularizada, caberá ao autor demonstrar os fatos constitutivos de seu direito. Caso o réu seja incapaz, como ele não está apto a praticar atos processuais, é ônus do autor identificar o seu representante ou assistente e requerer que a citação se dê no nome deste.

---

116. DINAMARCO, Cândido Rangel. *Instituições de direito processual civil*. 4. ed., v. II cit., p. 204.
117. Idem, p. 205.
118. STJ, REsp 1130335/RJ, rel. Min. Herman Benjamin, 2ª T., j. 18.02.2010, DJe 04.03.2010.
119. PONTES DE MIRANDA, Francisco Cavalcanti. *Comentários ao Código de Processo Civil*. Rio de Janeiro: Forense. 2001. p. 193. t. IV: arts. 282 a 443.

4.2.7.2. Efeitos

A revelia pode produzir efeitos material e processual. A ausência de apresentação de contestação pode ter como *efeito material* a presunção de veracidade dos fatos alegados pelo autor e não contestados pelo réu.

Frise-se que tal presunção, contudo, é relativa[120] e determina a inversão do ônus da prova, cabendo assim ao réu evidenciar os fatos constitutivos do direito do autor narrados na petição inicial (CPC, art. 373, inc. I), excetuando-se quando forem as hipóteses descritas nos arts. 341 (inadmissibilidade de confissão, petição inicial desacompanhada de documento essencial à concretude legal do ato e alegação contraditória com o conjunto da defesa) e 345 (apresentação de contestação por um dos litisconsortes passivos, litígio que versa sobre direitos indisponíveis, petição inicial desacompanhada de documento essencial à concretude legal do ato e alegação inverossímil do autor ou em contradição com prova nos autos) do CPC. Tampouco conduzem a automática procedência da demanda, seja porque recai sobre fatos, não sobre questões de direito[121], seja porque mesmo os fatos não contestados precisam ser verossímeis, não estar em contradição com a prova constante dos autos e devem persuadir o órgão judicial de que o autor tem razão e merece a tutela jurisdicional.

Portanto, o julgamento antecipado do mérito, por força do art. 355, inc. II, do CPC, somente acontecerá quando presentes os seguintes requisitos: I) a ausência de contestação (revelia), desde que o réu tenha sido regularmente citado; II) não ser hipótese de resolução do processo sem julgamento de mérito (CPC, art. 485); III) for caso de aplicação do efeito material da revelia; IV) faltar requerimento de provas pelo réu em tempo oportuno; V) decorrer dos fatos não impugnados, mesmo quando presumidos verdadeiros, o direito pretendido pelo autor.

Isso porque, como já salientado, não basta a revelia para o acolhimento do pedido formulado pelo autor, pois nem sempre se aplica a presunção de veracidade (CPC, arts. 341 e 345). Vale destacar que tal presunção não incide nem haverá julgamento imediato do mérito favorável ao autor quando, apesar da falta da contestação, se verificar que os fatos alegados pelo autor são impossíveis ou improváveis, ou não decorrem logicamente das consequências jurídicas pretendidas pelo demandante, ou quando tais fatos estiverem em contradição com a prova constante dos autos, produzida pelo próprio autor ou pelo juiz de ofício (CPC, arts. 345, inc. IV, e 370), mesmo que seja emprestada em outro processo (CPC, art. 372) ou, ainda, quando houver matérias contrárias ao autor que o magistrado possa conhecer de ofício (*v. g.*, prescrição, falta de condições da ação ou de pressupostos processuais etc.; CPC, arts. 337, § 5º, e 485, § 3º). Por outro lado, o

---

120. STJ, AgRg no AREsp 757.992/SP, rel. Min. Luis Felipe Salomão, 4ª T., j. 17.09.2015, *DJe* 22.09.2015; DINAMARCO, Cândido Rangel. *Instituições de direito processual civil*. 4. ed., v. III cit., p. 534.
121. STJ, REsp 1471838/PR, rel. Min. Ricardo Villas Bôas Cueva, 3ª T., j. 09.06.2015, *DJe* 26.06.2015; AgRg no AREsp 204.908/RJ, rel. Min. Raul Araújo, 4ª T., j. 04.11.2014, *DJe* 03.12.2014.

juiz que promove o julgamento antecipado do mérito, por desnecessidade de outras provas, não pode proferir sentença de improcedência por insuficiência de provas[122].

Na apelação da sentença de procedência, fundada na aplicação do efeito material da revelia, o revel pode discutir as consequências jurídicas dos fatos presumidos verdadeiros. Por exemplo, em uma ação que se afirma o descumprimento de contrato de compra e venda, a empresa revel pode argumentar, em sede de apelação, que a aplicação de cláusula penal, imposta na sentença, não tinha previsão contratual. Observe-se que, embora o fato do descumprimento do contrato tenha se tornado incontroverso em razão da aplicação do efeito material da revelia, suas consequências jurídicas (isto é, a incidência de cláusula penal não acordada pelas partes) pode ser examinada pelo Tribunal de Justiça[123].

No tocante aos efeitos processuais da revelia, vislumbra-se a não intimação do réu quanto aos atos do processo. O art. 346 do CPC afirma que os prazos processuais contra o revel, sem advogado constituído nos autos, fluem a partir da publicação do ato decisório no órgão oficial. A solução trazida pelo CPC é diversa da contida no então art. 322 do CPC/73, pelo qual os prazos fluíam a partir da publicação de cada ato decisório, isto é, da entrega da decisão em cartório, independentemente de intimação[124]. Assim, apesar de revel, o réu pode intervir no processo em qualquer fase, recebendo o processo no estado em que se encontrar (CPC, art. 346, parágrafo único).

Com efeito, a decretação da revelia, com a imposição da presunção relativa de veracidade dos fatos narrados na petição inicial, gera a inversão do ônus da prova, dispensando o autor de demonstrar os fatos constitutivos de seu direito (CPC, art. 373, inc. I), mas não impede que o réu exerça o direito de produção de provas e comprove a inexistência dos fatos narrados pelo autor (e presumidos, pela revelia, verdadeiros), desde que intervenha no processo antes de encerrada a fase instrutória[125]. O réu pode, por exemplo, apresentar matérias de defesa cognoscíveis de ofício, produzir provas, apresentar alegações finais, discutir a aplicação de precedentes judiciais, negar os efeitos jurídicos pretendidos pelo autor à luz da doutrina e da jurisprudência, arguir nulidades processuais, apelar etc. Afinal, quando devidamente representado por advogado regularmente constituído, o revel volta a ter o direito à intimação de todos os atos judiciais subsequentes à sua intervenção no processo, devendo ser comunicado regularmente de todos os atos processuais e correndo os prazos a partir de então[126].

Porém, os atos processuais anteriores ao comparecimento do revel nos autos não poderão ser renovados. Esse é o sentido do art. 349 do CPC, pelo qual ao réu revel é lícito a produção de provas, contrapostas às alegações do autor, desde que o faça repre-

---

122. Cf. Enunciado 297 do FPPC.
123. STJ, AgInt no REsp 1848104/SP, Rel. Min. Luis Felipe Salomão, Rel. p/ Acórdão Ministro Antônio Carlos Ferreira, 4ª T., j. 20.04.2021, *DJe* 11.05.2021.
124. STJ, AgRg no AREsp 495.046/SP, rel. Min. Humberto Martins, 2ª T., j. 07.10.2014, *DJe* 14.10/2014.
125. STJ, REsp 1335994/SP, rel. Min. Ricardo Villas Bôas Cueva, 3ª T., j. 12.08.2014, *DJe* 18.08.2014.
126. STJ, REsp 726.396/RJ, rel. Min. Ricardo Villas Bôas Cueva, 3ª T., j. 26.06.2012, *DJe* 29.06.2012.

sentar nos autos a tempo de praticar os atos processuais indispensáveis a essa produção, requerendo a produção da prova antes do encerramento da fase instrutória[127]. Nesse sentido, ainda, a Súmula 231 do STF já dispunha que o "revel, em processo civil, pode produzir provas, desde que compareça em tempo oportuno"[128]. Desse modo, o réu pode demonstrar a inexistência ou a ineficácia dos fatos constitutivos alegados pelo autor, bem como a existência de fatos que digam respeito a matérias que compõem a defesa e que o juiz poderia conhecer de ofício (CPC, art. 337, § 5º). Para tanto, pode apresentar documentos (inclusive por meio de provas emprestadas), formular esclarecimentos aos peritos e elaborar perguntas às testemunhas arroladas pelo autor.

Ainda, pode o réu ser revel (não oferecer contestação), mas apresentar reconvenção, vindo a impugnar o fato constitutivo do direito do autor e a formular pedido de produção de provas em tempo oportuno, impedindo assim o julgamento antecipado do mérito com fundamento no art. 355, inc. II, do CPC[129]. Além disso, pode comparecer na audiência para o saneamento do processo (CPC, art. 357, § 3º)[130] e na audiência de instrução e julgamento (CPC, arts. 358-368)[131], vindo a participar tanto da organização da atividade probatória quanto da produção das provas.

Todavia, após encerrada a fase instrutória, o réu revel, regularmente citado, não pode alegar cerceamento de defesa e buscar produzir provas orais (e também a pericial) para demonstrar que o pedido do autor não deveria ser acolhido. No entanto, é possível que o réu revel apresente documentos, no recurso de apelação, desde que pertinentes à questão debatida no litígio e expressamente analisada na sentença[132].

Além disso, o CPC inovou ao admitir que questões prejudiciais, desde que preenchidos os requisitos do 503, § 1º, façam coisa julgada. Entretanto, como um dos pressupostos para que isso aconteça é a observância do prévio e efetivo contraditório, não se forma a questão prejudicial e, portanto, não há coisa julgada se o réu for revel (CPC, art. 503, § 1º, inc. II).

Para que sejam impostos os efeitos material e processual, deve constar expressamente no documento do mandado de citação a advertência de que a ausência de contestação implica a revelia (CPC, art. 250, inc. II). Contudo, a falta dessa advertência gera nulidade relativa, de modo que caberá à parte lesada demonstrar o prejuízo. Assim, um litigante habitual – ao contrário de um réu humilde, sem experiência jurisdicional e que eventualmente tardasse a procurar aconselhamento especializado de advogado – que deixa de contestar não pode alegar que desconhecia os efeitos da revelia[133]. Caso

---

127. STJ, REsp 734.328/RN, Rel. Min. Raul Araújo, 4ª T., j. 18.11.2014, *DJe* 18.12.2014.

128. STJ, REsp 677720 RJ 2004/0101757-4, Rel. Min. Nancy Andrighi, 3ª T., j. 10.11.2005, *DJ* 12.12.2005, p. 375.

129. STJ, REsp 1335994/SP, rel. Min. Ricardo Villas Bôas Cueva, 3ª T., j. 12.08.2014, *DJe* 18.08.2014.

130. Pelo Enunciado 298 do FPPC, "audiência de saneamento e organização do processo em cooperação com as partes poderá ocorrer independentemente de a causa ser complexa".

131. STF, RE 75027, rel. Min. Thompson Flores, 2ª T., j. 23.03.1973, DJ 04.05.1973 pp-02910 Ement Vol-00908-03 pp-00965.

132. STJ, REsp 235.315/SP, rel. Min. Barros Monteiro, 4ª T., j. 02.08.2001, *DJ* 19.11.2001, p. 278.

133. DENTI, Vittorio. *La giustizia civile. Lezione introduttive*. Bolonha: Il Mulino, 1989. p. 155.

contrário, o excesso de formalismo predominaria sobre a compreensão do processo civil efetivo e de resultados (CF, art. 5º, inc. XXXV, e CPC, art. 4º).

Não se sujeitam aos efeitos da revelia, em razão da possibilidade de apresentar contestação por negativa geral, o réu revel que se encontre preso ou o réu revel cuja citação ocorreu por edital ou com hora certa, a quem é nomeado curador especial (CPC, art. 72, inc. II). Tampouco pode ser considerado revel aquele que é assistido se o seu representante legal tiver apresentado a contestação (CPC, art. 121, parágrafo único).

Apesar da revelia e ainda que o CPC não reproduza os ditames do art. 321 do CPC/73, é vedado ao autor, após a citação, alterar o pedido ou a causa de pedir (CPC, art. 329, inc. II). Na hipótese de o autor pretender modificá-los, seja para ampliar, seja para reduzir a demanda inicial, necessariamente haverá a proposição de uma *nova demanda*. Neste caso, é indispensável a promoção de nova citação[134].

4.2.7.3. Não aplicação do efeito material da revelia

Como já mencionado, a ocorrência da revelia se dá com a falta de contestação, mas a presunção de veracidade dos fatos não impugnados não se aplica às situações elencadas nos arts. 341 e 345 do CPC. Nessas hipóteses de não imposição do efeito material da revelia, cabe ao juiz ordenar que o autor especifique as provas que pretende produzir, caso ainda não as tenha indicado na petição inicial (CPC, art. 348).

Pela exegese do art. 345, inc. I, do CPC, não se presumem verdadeiros os fatos quando houver uma pluralidade de réus e algum deles vier a contestar a ação[135]. Logo, faz-se necessário esclarecer os dois regimes jurídicos para os litisconsortes aplicáveis a esta situação.

No litisconsórcio unitário, os litisconsortes não são considerados litigantes distintos em face do adversário. O teor da decisão proferida recai igualmente a cada um deles, de modo que os atos praticados por qualquer um dos litisconsortes consequentemente beneficiarão a todos. Trata-se do *regime da interdependência* entre os litisconsortes unitários (CPC, arts. 117 e 1.005)[136].

Nesse sentido, vale ressaltar o Enunciado 234 do FPPC: "A decisão de improcedência na ação proposta pelo credor beneficia todos os devedores solidários, mesmo os que não foram partes no processo, exceto se fundada em defesa pessoal".

Por outro lado, em se tratando de litisconsórcio simples, onde a decisão pode ser diferente para cada litisconsorte, aplica-se o *regime da autonomia* entre eles (CPC, art. 117).

---

134. STJ, REsp 1307407/SC, rel. Min. Mauro Campbell Marques, 2ª T., j. 22.05.2012, *DJe* 29.05.2012.
135. STJ, REsp 1091710/PR, rel. Min. Luiz Fux, Corte Especial, j. 17.11.2010, *DJe* 25.03.2011.
136. STJ, AgRg no AREsp 757.992/SP, rel. Min. Luis Felipe Salomão, 4ª T., j. 17.09.2015, *DJe* 22.09.2015.

De qualquer forma, para fins de incidência do art. 345, inc. I, do CPC, não importa se o litisconsórcio foi unitário ou simples, desde que os fatos impugnados pelo litisconsorte que contestou sejam *comuns* ao réu revel, ou seja, se o mesmo fato impugnado pelo litisconsorte que contestou está no fundamento do pedido formulado pelo réu. Afinal, seria absolutamente desarrazoado que um fato, no mesmo processo, fosse verdadeiro para um réu e não fosse para o outro, não podendo a sentença acatar como verdadeiro – por força da presunção – o fato para o primeiro e falso (ou inexistente) para o segundo[137].

De outro lado, em razão do regime de autonomia presente no litisconsórcio simples, se há outros fatos que não são comuns, a presunção de veracidade incidirá sobre eles.

Ademais, sendo o revel assistido, o assistente será considerado seu substituto processual (CPC, art. 121, parágrafo único), não havendo a produção dos efeitos materiais da revelia contra o assistido.

Tampouco se aplicam os efeitos materiais da revelia quando o litígio versar sobre direitos indisponíveis (CPC, arts. 341, inc. I, 345, inc. II, e 392)[138]. Ainda, pelo art. 841 do CC, somente se admite transação quanto a direitos patrimoniais de caráter privado. Com efeito, não são disponíveis os direitos não patrimoniais e aqueles de caráter público.

São exemplos de direitos de natureza não patrimonial os fatos relativos a litígios envolvendo o estado e a capacidade das pessoas, como a ação de anulação de casamento, a de investigação de paternidade e a de divórcio. Assim, não basta em uma ação de destituição da guarda de filho, ajuizada pelo pai da criança em face da mãe, que, com a revelia desta, presumam-se verdadeiros os fatos por ele alegados (*v.g.*, que a ex-esposa é viciada em drogas, é mulher de programa, não alimenta a criança etc.). Não sendo suficiente a mera alegação desses fatos, é indispensável que o demandante os prove, sob pena de sua pretensão ser rejeitada.

De igual modo, não se impõe o efeito material da revelia (presunção de veracidade; CPC, art. 345, inc. II), em ação de divórcio, na qual o marido pede para que seja excluído o patronímico adquirido por ocasião do casamento, quando a esposa deixa de apresentar contestação[139]. Isso porque o direito ao nome, compreendido tanto o prenome quanto o patronímico, é um dos elementos estruturantes da personalidade e da dignidade humana, dizendo respeito seja a própria identidade pessoal do indivíduo, seja também ao ambiente familiar e social em que vive. Com efeito, a ausência da contestação da esposa não equivale a aquiescência ou a concordância tácita com a pretensão de retorno ao nome de solteira, alteração esta que exige expressa manifestação de vontade da mulher.

Seguindo este mesmo raciocínio, o reconhecimento de união estável é também um direito indisponível, uma vez que trata de questão de estado civil da pessoa. Os requisitos legais do art. 1.723 do CC precisam ser provados pelo autor da ação de reconhecimento

---

137. FERREIRA FILHO, Manoel Caetano. *A contestação no Novo CPC*: breves considerações cit., p. 665-666.
138. VENTURI, Elton. Transação de direitos indisponíveis? *Revista de processo*, v. 251, p. 391-426, jan. 2016.
139. STJ, REsp 1732807/RJ, Rel. Min. Nancy Andrighi, 3ª T., j. 14.08.2018, *DJe* 17.08.2018.

de união estável, ainda que o réu se mantenha inerte e não conteste o pedido. Portanto, pela interpretação do art. 345, inc. II, do CPC, não se aplicam os efeitos materiais da revelia, isto é, não há presunção de veracidade das alegações formuladas pelo demandante e não impugnadas pelo demandado[140].

Porém, somente os direitos de família puros não admitem transação; vale dizer, a validade do casamento, os estados de filiação, a paternidade etc. Admite-se, em contrapartida, a transação do *quantum* dos alimentos, a partilha dos bens na separação e, tratando-se de alimentos devidos reciprocamente entre os cônjuges, até a sua renúncia (quanto mais a transação).

Por força do art. 17, § 19, inc. I, da Lei 8.429/1992 (com a redação dada pela Lei 14.230/2021), não se aplicam, na ação de improbidade administrativa, a presunção de veracidade dos fatos alegados pelo autor em caso de revelia. Cabe, pois, ao Ministério Público, único legitimado à propositura de tal ação, individualizar, já na petição inicial, a conduta do réu e apontar os elementos probatórios mínimos que demonstrem a ocorrência das hipóteses dos arts. 9º, 10 e 11 da Lei 8.429/1992 e de sua autoria (art. 17, § 6º). Mesmo diante da ausência de contestação, total ou parcial, a procedência da ação depende do Ministério Público satisfazer o ônus da prova da veracidade dos fatos e do dolo imputado ao demandado, salvo a impossibilidade de fazê-lo, com fundamento nos arts. 77 a 80 do Código de Processo Civil.

Além disso, são indisponíveis os direitos e os interesses do Estado (Fazenda Pública). Por exemplo, em ação de cobrança de horas extras movida por servidor público municipal em que o juiz *a quo* julgou antecipadamente o mérito, com base no art. 330, inc. II, do CPC/73 (correspondente ao art. 335, inc. II, CPC), o Tribunal de Justiça do Paraná deu provimento à apelação do Município, anulando a sentença, por considerar, com fundamento no art. 320, inc. II, do CPC/73 (correspondente ao art. 345, inc. II, CPC), que se tratava de direito público indisponível, não induzindo aos efeitos materiais da revelia (CPC, art. 344). A decisão foi cassada a fim de que o procedimento seguisse seu curso normal, com a observância do disposto no art. 324 do CPC/73[141] (correspondente ao art. 348 do CPC).

Figura como exceção à indisponibilidade dos direitos e interesses do Estado, portanto, sujeitos ao efeito material da revelia, quando se tratar de *bens dominicais* (dominical vem de *dominus*, que significa senhor ou proprietário; bens dominicais são aqueles que pertencem ao Estado na qualidade de proprietário, ou melhor, submetem-se ao regime jurídico de direito privado, podendo ser alienados mediante institutos de direito civil – como a compra e venda, doação ou permuta – ou de direito público – investidura, legitimação e retrocessão).

---

140. TJPR, Apelação Cível 0023429-14.2020.8.16.0021, Rel. Des. Eduardo Augusto Salomão Cambi, 12ª Câmara Cível, j. 16.05.2023.
141. TJPR, Ap. Cív. e Reex. Nec. 74.865-8, 6ª C. C., Rel. Des. Accácio Cambi – Ac. 3830, unân., j. 18.08.1999.

Por outro lado, há interesses dos cidadãos que, em face do Estado, não podem ser desconsiderados em face da revelia. Destarte, a revelia não se aplica às ações desapropriatórias: mesmo na ausência de contestação, o juiz está adstrito às regras constitucionais que exigem justa indenização (CF, arts. 5º, XXIV, e 182, § 3º). Nesse sentido, firmou-se a Súmula 118 do antigo TFR: "na ação expropriatória, a revelia do expropriado não implica aceitação do valor da oferta e, por isso, não autoriza a dispensa de avaliação".

Além disso, a presunção de veracidade dos fatos alegados pelo autor e não contestados pelo réu, decorrente da revelia, não se aplica se a petição inicial não estiver acompanhada de instrumento público ou privado a que a lei considere indispensável à prova do ato (CPC, arts. 341, inc. II, e 345, inc. III). Note-se que os arts. 302, inc. II, e 320, inc. III, do CPC/73, se referiam apenas ao instrumento público, expressão que não foi reproduzida pelos arts. 341, inc. II, e 345, inc. III, do CPC.

Assim, quando o instrumento, por força de lei (do direito material), for essencial ao ato (forma solene; *ad substantiam actum*), nenhuma outra prova pode suprir-lhe a falta (CPC, art. 406). Por exemplo, a escritura pública é documento essencial à validade dos negócios jurídicos que visem à constituição, transferência, modificação ou renúncia de direitos reais sobre imóveis de valor superior a 30 salários mínimos (CC, art. 108). De igual modo, na ação reivindicatória de bem imóvel, que tem como pressuposto o direito de propriedade, a escritura pública registrada não pode ser dispensada (CC, arts. 1.245-1.247), ainda que não haja contestação, pois a revelia não gera presunção de propriedade[142].

A regra do art. 345 do CPC é complementada pela prevista no art. 341 que prevê o *ônus da impugnação especificada*. Além das hipóteses já mencionadas, é preciso destacar o disposto no art. 341, inc. III, do CPC, que exclui a aplicação da presunção de veracidade quando os fatos não impugnados estiverem em contradição com a defesa, considerada em seu conjunto. Consequentemente, a controvérsia pode se dar ainda que o réu não conteste, dede que a impugnação ocorra por outros meios (*v. g.*, pela reconvenção).

O efeito material da revelia também não se impõe em relação aos fatos impossíveis, improváveis e não notórios.

Fatos *impossíveis* são aqueles que contrariam a natureza ou a lógica. Por exemplo, esposa que ajuíza ação de anulação de casamento, por já ter seu marido se casado, virtualmente (pela internet), com outra pessoa, pois o casamento é um ato solene, que demanda a observância da forma prevista na lei civil.

Fatos *improváveis* são aqueles que o "homem médio" (comum) tem mais razões para descrer do que para crer. Por exemplo, um milagre de Deus (*v. g.*, a cura de uma enfermidade gravíssima) é, para um crente, um fato extraordinário, mas pouco provável; é, contudo, improvável, para um cético. Tais fatos ficam excluídos da presunção

---

142. FERREIRA FILHO, Manoel Caetano. In: CUNHA, José Sebastião Fagundes; BOCHENEK, Antônio César e CAMBI, Eduardo (Coord.). *Código de Processo Civil Comentado*. São Paulo: RT, 2015. p. 614-615.

de veracidade, mas pode a parte que os alegou prová-los, não podendo o juiz impor, arbitrariamente, a sua descrença, sob pena de violar o direito constitucional à prova.

Os fatos notórios independem de prova (CPC, art. 374, inc. I). Por exemplo, a dor sentida por uma mãe pela perda de seu filho é presumida: o que pode ser comprovado é o fato que gerou o sofrimento; demonstrado tal acontecimento, impõe a condenação por danos extrapatrimoniais, pois, nesses casos, considera o dano *in re ipsa*[143]. Por outro lado, os fatos não notórios não se presumem, dependendo de comprovação fática. Por exemplo, em uma reunião entre três empregados, um deles difamou o chefe da empresa. Tal fato demanda prova.

No entanto, a presunção de veracidade decorrente da revelia não impede que o juiz produza as provas necessárias para demonstrar as suas alegações. Para tanto, basta que o réu revel se faça representar nos autos a tempo de praticar os atos indispensáveis a essa produção (CPC, art. 349)[144].

O rol do art. 345 é exemplificativo[145], como se pode depreender do art. 341, parágrafo único, do CPC. Assim, o efeito material da revelia não atinge o defensor público, o advogado dativo e o curador especial (CPC, art. 72) que, ou não tem contato com o réu ou há uma relação precária que dificulta o exercício da defesa, de modo que não pode ser penalizada pela não observância estrita do princípio da eventualidade (CPC, art. 336). Ademais, a presunção de veracidade dos fatos não impugnados também não incide quando o assistente simples atua como substituto processual do réu revel e, por poder exercer os mesmos poderes e se sujeitar aos mesmos ônus processuais do assistido, em seu lugar, apresenta a contestação (CPC, art. 121, parágrafo único).

4.2.8. Alegações posteriores à contestação

O princípio da eventualidade (CPC, art. 336) afirma que toda a defesa, ainda que contraditória, deve ser deduzida na contestação, sob pena de preclusão.

Porém, relativizando o rigor desse princípio, o art. 342 do CPC permite que novos fundamentos defensivos sejam trazidos, após a contestação: a) quando relativos a *direito ou* a *fato superveniente*; b) quando competir ao juiz conhecê-los *ex officio*; e c) quando, por expressa autorização legal, puderem ser formulados a qualquer tempo e grau de jurisdição.

a) *Direitos e fatos supervenientes*: o art. 342, inc. I, do CPC, deve ser interpretado simultaneamente com o art. 493 do CPC.

Com isso, permite-se invocar *regra jurídica nova*. Coloca-se, então, as questões de *direito intertemporal*.

---

143. STJ, AgRg no AREsp 259.222/SP, Rel. Min. Sidnei Beneti, 3ª T., j. 19.02.2013, *DJe* 28.02.2013.
144. REsp 1335994/SP, rel. Min. Ricardo Villas Bôas Cueva, 3ª T., j. 12.08.2014, *DJe* 18.08.2014.
145. MOREIRA, José Carlos Barbosa. *Resposta do réu no sistema do Código de Processo Civil*, p. 677-678.

O art. 5º, inc. XXXVI, da CF, adota o princípio da irretroatividade das leis, pelo qual a lei não prejudicará o direito adquirido, o ato jurídico perfeito e a coisa julgada. O Decreto-lei 4.657/1942, antiga Lei de Introdução ao Código Civil (denominada atualmente de Lei de Introdução às Normas do Direito Brasileiro – LINDB, com a redação dada pela Lei 12.376/2010), no art. 6º, determinou que a lei em vigor tenha efeito imediato e geral, respeitados o ato jurídico perfeito, o direito adquirido e a coisa julgada, corroborando o mandamento constitucional.

Por sua vez, o art. 14 do CPC estabelece que a "norma processual não retroagirá e será aplicável imediatamente aos processos em curso, respeitados os atos processuais praticados e as situações jurídicas consolidadas sob a vigência da norma revogada". Denota-se, portanto, a adoção da teoria dos atos processuais isolados ou do isolamento dos atos processuais, pela qual cada ato deve ser considerado separadamente dos demais para o fim de se determinar qual a lei competente para regê-lo. Logo, devem ser separadas e delimitadas as situações ocorridas no passado, no presente e no futuro dentro do processo, pelos quais os valores da segurança e da previsibilidade devem nortear o intérprete[146]. Assim, a possibilidade de se alegar fatos e direitos após a contestação refere-se a situações jurídicas novas, geradas pela superveniência ou descoberta de fatos impeditivos, modificativos ou extintivos favoráveis às pretensões do réu[147].

Dessa forma, o direito objetivo superveniente, como regra, não retroage, devendo ser aplicado para o futuro e, em especial, às relações jurídicas de caráter continuativo (*v. g.*, novas regras sobre alimentos, visita ou guarda atingem os processos judiciais pendentes).

O art. 493 do CPC também permite que o réu alegue, após a contestação, fatos novos, isto é, ocorridos depois da contestação.

Ademais, fatos velhos, mas de descoberta nova, também podem ser alegados pelo réu, após a contestação, apenas se restar demonstrada a existência de *justa causa* (CPC, art. 223) ou *motivo de força maior* (CPC, art. 1.014).

Nessas hipóteses, deverá o juiz zelar pelo efetivo contraditório (CPC, arts. 7º e 10), ouvindo as partes antes de decidir.

Frise-se que a presença de normas jurídicas novas ou fatos supervenientes, embora possam influenciar na sentença, em favor do autor ou do réu, não autorizam o julgamento *extra petita*, isto é, fora da causa de pedir exposta na petição inicial[148]. Portanto, o direito ou o fato novo estranho à *causa petendi* exige contraditório regular em outra ação[149].

---

146. ALVIM, Teresa Arruda; DANTAS, Bruno; BANDEIRA DE MELLO, Luiz Eduardo. Anotações sobre o direito intertemporal e o processo. In: ALVIM, Teresa Arruda; DIDIER JR., Fredie; TALAMINI, Eduardo e DANTAS, Bruno (Coord.). *Breves comentários ao Novo Código de Processo Civil*. São Paulo: RT, 2015. p. 2.416.

147. DINAMARCO, Cândido Rangel. *Instituições de direito processual civil*. 4. ed., v. III cit., p. 470.

148. FERREIRA FILHO, Manoel Caetano. *Código de Processo Civil Comentado* cit., p. 608.

149. STJ, EDcl no REsp 222.312/RJ, rel. Min. Ari Pargendler, 3ª T., j. 09.05.2000, *DJ* 12.06.2000, p. 108. Em sentido parcialmente contrário, admitindo a aplicação de lei nova superveniente sem implicar julgamento *extra petita*, conferir: STJ, AgRg no Ag 1330124/SP, rel. Min. Arnaldo Esteves Lima, 1ª T., 17.05.2012, *DJe* 23.05.2012.

b) *Matérias que o juiz pode conhecer de ofício*:

Os fundamentos da defesa que compete ao juiz conhecer de ofício (CPC, art. 342, inc. II) podem ser de natureza processual ou material.

No contexto das *defesas processuais*, é dever do juiz conhecer de ofício os pressupostos processuais, as condições da ação e, de um modo geral, a regularidade do procedimento e os respectivos atos processuais (CPC, art. 485, § 3º), excetuando-se do conhecimento de ofício pelo juízo a convenção de arbitragem, a incompetência relativa (CPC, art. 337, § 5º, CPC) e as nulidades relativas (CPC, art. 278).

Já no que tange às *defesas substanciais* constituem exceções ao conhecimento de ofício, incluindo-se também a impossibilidade de reconhecer tais alegações após o processamento da contestação: a) a compensação; b) a incapacidade relativa do agente como vício dos negócios jurídicos (CC, arts. 171, inc. I, e 177); c) os defeitos dos negócios jurídicos – em razão de erro, dolo, coação, estado de perigo, lesão ou fraude contra credores (arts. 171, inc. II, e 177 do CC); d) a decadência convencional (CC, art. 210).

Como regra, deve o juiz conhecer de ofício todas as questões de direito material que estiverem provadas nos autos, mesmo que não alegadas diretamente pelo réu, para não se assegure tutela jurisdicional ao autor que não tenha razão.

Entretanto, o alcance do art. 342, inc. III, do CPC, se restringe às instâncias ordinárias, já que as matérias não prequestionadas não podem ser conhecidas pelos tribunais superiores, ainda que sejam de ordem pública[150].

Também, se o juiz de ofício constatar o fato novo, deverá ouvir as partes sobre eles antes de decidir (CPC, arts. 10 e 493, parágrafo único).

c) *Quando, por expressa autorização legal, puderem ser formulados a qualquer tempo e grau de jurisdição*:

É o que ocorre, por exemplo, quando da aplicação do art. 211 do Código Civil, o qual possibilita que a decadência convencional seja alegada, pela parte, em qualquer grau de jurisdição.

De qualquer modo, ainda que a situação esteja prevista no art. 342 do CPC, o réu pode ficar impedido de suscitar tardiamente o fundamento da defesa quando: I) o retardamento da sua alegação decorrer da sua *má-fé*; II) quando o procedimento já se encontrar em fase avançada (*v. g.*, quando o novo fundamento defensivo envolver fatos e estiver superada a fase instrutória ou quando os novos fundamentos envolverem questões de direito não prequestionadas e os autos se encontrarem nas instâncias

---

150. STF, ARE 752874 AgRg, rel. Min. Luiz Fux, 1ª T., j. 14.04.2015, Processo Eletrônico *DJe*-084 Divulg 06.05.2015 Public 07.05.2015; STJ, AgRg no REsp 1468778/PE, rel. Min. Assusete Magalhães, 2ª T., j. 24.02.2015, *DJe* 05.03.2015.

extraordinárias, ainda que sejam de *ordem pública* e puderem ser conhecidas *ex officio* nas instâncias ordinárias[151]).

Nesta hipótese, se o juiz não cumprir seu dever de examinar a matéria de ordem pública, em sede de jurisdição ordinária, a parte poderá requerer que a omissão seja suprimida na via dos embargos de declaração (CPC, art. 1.022, inc. II), ainda que o faça pela primeira vez em sede deste recurso.

4.2.9. Especificação das provas e juntada dos documentos pelo réu

Conforme preceituado pelo art. 336 do CPC, deve o réu na contestação especificar as provas que pretende produzir e, concomitantemente, o art. 434 do CPC exige a instrução da contestação com os *documentos necessários* para demonstrar as suas alegações.

A exigência imposta ao réu para que formule na contestação o requerimento das provas que pretende produzir é semelhante ao ônus instituído ao autor na petição inicial (CPC, art. 319, inc. VI). A formulação de tais regras destina-se à *concentração* do momento de requerimento de provas, evitando-se assim uma desordem no decorrer do processo quanto ao requerimento de provas, bem como a juntada de documentos.

Porém, a preclusão para o requerimento de novas provas deve ser mitigada em razão da dinâmica processual e do direito constitucional à prova. Logo, a exigência contida nos arts. 319, inc. VI, e 336 do CPC, não passa de um *requerimento genérico* de provas a permitir, durante a fase de saneamento e organização do processo, após a delimitação das questões fáticas relevantes ao julgamento da causa, a definição dos meios de prova a serem produzidos (CPC, art. 357, inc. II). Assim, embora não exista no CPC, tal qual também não havia no CPC/73, a previsão de um despacho para que as partes especifiquem as provas, tal prática está consolidada no direito processual brasileiro e está em sintonia com as garantias constitucionais da ação, da ampla defesa, do contraditório e do devido processo legal. Com efeito, a preclusão se consubstancia no momento em que as partes são instadas a especificarem as provas a serem produzidas, durante a fase de saneamento e de organização do processo, mas se mantêm silentes ou não especificam todos os meios de prova que, realmente, pretendem produzir[152].

Com relação à apresentação dos documentos, se é correto exigir do autor os *documentos indispensáveis* à instrução do feito sob pena de indeferimento da petição inicial (CPC, arts. 320 e 321), o mesmo rigor não prevalece em relação ao réu. Isso porque, trazendo ou não documentos, o mérito será julgado de qualquer maneira, já que é consequência direta da omissão do réu, que não traz os documentos *úteis* para suportar as suas alegações, o aumento da probabilidade do acolhimento da pretensão do autor.

---

151. STF, RE 634757 AgRg, rel. Min. Roberto Barroso, 1ª T., j. 18.11.2014, *DJe*-021 Divulg 30.01.2015 Public 02.02.2015; STJ, AgRg no REsp 1273780/AL, rel. Min. Assusete Magalhães, 2ª T., j. 19.11.2015, *DJe* 02.12.2015.
152. STJ, AgRg no REsp 1407571/RJ, rel. Min. Assusete Magalhães, 2ª T., j. 08.09.2015, *DJe* 18.09.2015; AgRg no AREsp 656.901/RJ, rel. Min. Marco Aurélio Bellizze, 3ª T., j. 20.08.2015, *DJe* 04.09.2015.

Além disso, caso o réu não conteste a ação e não seja hipótese de se presumir verdadeiros os fatos alegados pelo autor (CPC, art. 344), o demandante deve especificar as provas que pretende produzir, se ainda não as tiver indicado (CPC, art. 348). Isso, contudo, não impede ao réu revel de apresentar provas contrapostas às alegações do autor, desde que se faça representar nos autos a tempo de praticar os atos processuais indispensáveis a essa produção (CPC, art. 349).

Admite-se também a juntada posterior de documentos formados após a contestação, desde que o réu comprove, fundado na boa-fé a que alude o art. 5º do CPC, o motivo que o impediu de fazê-lo em tempo hábil (CPC, art. 435 e parágrafo único).

Com a juntada do documento aos autos, o juiz deve ouvir a parte contrária no prazo de 15 dias (CPC, art. 437, § 1º).

O órgão julgador pode indeferir a juntada posterior de documentos quando a conduta do réu violar o princípio da boa-fé em sentido objetivo (CPC, arts. 5º e 435, parágrafo único), isto é, quando tal comportamento revelar-se malicioso, contrário à lealdade processual, visando surpreender a outra parte ou, em razão do momento apresentado, não indicar motivo razoável para a juntada tardia, para não comprometer a garantia da duração razoável do processo (CF, art. 5º, inc. LXXVIII, e CPC, art. 6º)[153].

Também é preciso destacar que o princípio da lealdade processual vincula as partes, para possibilitar apenas o uso de meios processuais legítimos para interferir no convencimento judicial, devendo o Judiciário reprimir aqueles que se revelem abusivos, ilegais ou antiéticos[154].

4.2.10. Procuração e endereço do advogado do réu

Tanto o advogado do réu quanto o do autor devem juntar a respectiva procuração aos autos, conforme dispõe o art. 104 do CPC. Tal instrumento deve indicar o nome do advogado, seu número de inscrição na OAB e endereço completo (CPC, art. 105, § 2º).

Quando o advogado postular em causa própria, deve indicar, na contestação, seu endereço profissional, seu número de inscrição na OAB e o nome da sociedade de advogados da qual participa, para o recebimento de intimações (CPC, art. 106, inc. I).

A irregularidade da representação do advogado do réu, se não sanada no momento oportuno, pode acarretar a *revelia* (CPC, art. 76, § 1º, inc. II) e, caso a omissão quanto ao endereço não for suprida, o advogado do réu não será *intimado pessoalmente* dos atos processuais.

Todavia, os prazos contra o revel que não tenha patrono nos autos devem fluir da data de publicação do ato decisório no órgão oficial (CPC, art. 346). Logo, diferentemente do que ocorria na sistemática do CPC/73, o termo inicial dos prazos para o réu revel

---

153. STJ, AgRg no AREsp 330.444/SP, rel. Min. Antônio Carlos Ferreira, 4ª T., j. 13.05.2014, *DJe* 28.05.2014.
154. DINAMARCO, Cândido Rangel. *Instituições de direito processual civil*. 4. ed., v. II, cit. p. 259.

não será da publicação da decisão em cartório (CPC/73, art. 322), mas sim da data da publicação do ato decisório no órgão oficial, o qual deverá constar obrigatoriamente o seu nome (art. 346 do CPC), independentemente de sua intimação[155].

Recapitulando o mencionado anteriormente, o revel pode intervir no processo, em qualquer fase, recebendo-o no estado em que se encontrar (CPC, art. 346, parágrafo único). Isso significa que a revelia não se confunde com a *contumácia*. Por *revelia*, entende-se como a *inércia consistente em não responder (de forma alguma à demanda)*, de modo a restringir-se ao processo de cognição[156], seja ele exauriente, seja ele sumário. A *contumácia* difere-se da revelia por ser a *inércia da parte*, abrangendo qualquer espécie de processo, de modo a se ampliar o conceito de inércia processual, figurando assim a contumácia como gênero e a revelia como espécie[157]. Assim, o réu revel que ingressa nos autos, ainda que não tenha contestado, deve ser intimado dos atos processuais posteriores[158] e não perde o direito de produzir provas.

Ao réu revel que tenha advogado constituído (*v. g.*, a contestação não foi admitida, porque intempestiva, mas permanece nos autos o instrumento de procuração), para exercer a faculdade de praticar atos processuais posteriores (*v. g.*, alegar matérias de ordem pública, que não estão recobertas pela preclusão, ou defesas de mérito que podem ser alegadas em qualquer tempo e grau de jurisdição, como a prescrição e a decadência), deverá o advogado ser intimado acerca dos atos processuais posteriores à decretação da revelia.

4.3. RECONVENÇÃO

4.3.1. Introdução

Na sistemática do CPC/73, a apresentação simultânea das peças de contestação e reconvenção constituíam um ato complexo, pois cada qual, isoladamente, eram atos simples, prontos e acabados; contudo, quando observadas as exigências formais e temporais previstas em lei, tinha-se um ato mais elaborado, exigindo-se do magistrado uma detida análise das pretensões das partes[159]. Com efeito, pelo CPC/73, era permitido a apresentação dessas modalidades de defesa em momentos distintos, porém, dentro do prazo legal.

No CPC, tanto a contestação quanto a reconvenção são apresentadas em peça única, no prazo de 15 dias, sendo contados a partir da data da audiência de conciliação ou mediação ou, em não ocorrendo tal audiência, da data da petição da parte manifes-

---

155. STJ, AgRg no AREsp 118.269/GO, rel. Min. Raul Araújo, 4ª T., j. 07.02.2013, *DJe* 08.03.2013.
156. DINAMARCO, Cândido Rangel. *Instituições de direito processual civil*. 6. ed., v. III cit., p. 474.
157. Idem.
158. STJ, REsp 545.482/DF, rel. Min. Antônio de Pádua Ribeiro, 3ª T., j. 06.04.2004, *DJ* 17.05.2004, p. 218.
159. BEDAQUE, José Roberto dos Santos. *Efetividade do processo e técnica processual*. 2. ed. São Paulo: Malheiros, 2007. p. 152.

tando desinteresse da tentativa de acordo. Como a reconvenção deve ser apresentada no mesmo ato da contestação, tem-se que o réu possui o prazo de 15 dias para oferecê-la, cujo termo inicial é contado na forma do art. 335 do CPC.

4.3.2. Conceito, natureza jurídica e características

Conceitua-se como reconvenção a ação proposta pelo réu em face do autor, no mesmo processo. Disso, infere-se que tal possibilidade fulmina a premissa de que o processo civil possa servir apenas para o autor[160].

Na reconvenção, o réu deduz em seu benefício e em face do autor um pedido diverso do que a mera rejeição da demanda, aproveitando-se do mesmo processo e juízo em que é acionado. A reconvenção é, por excelência, uma ação em face do autor. Diferencia-se da contestação, uma vez que esta representa um ônus do réu, ao passo que aquela é uma mera faculdade, porque a pretensão deduzida em contra-ataque poderia ser feita em ação distinta e em outra oportunidade[161].

Como mencionado, a natureza jurídica da reconvenção é de *ação*. Trata-se de uma resposta de *caráter não defensivo*, pela qual se permite o *contra-ataque* do *réu-reconvinte* em face da demanda ajuizada pelo *autor-reconvindo*[162]. Com isso, há uma ampliação no *objeto do processo* (CPC, art. 286, parágrafo único), já que o réu--reconvinte deduz sua pretensão de direito material.

Embora o réu-reconvinte formule um verdadeiro pedido, isso não compromete a *unidade processual*, pois as ações conexas devem ser reunidas para decisão conjunta (CPC, art. 55, § 1º), sem prejuízo do juiz julgar liminarmente improcedente o pedido (CPC, art. 332) ou resolver parcela do processo (CPC, art. 354, parágrafo único)

A reconvenção marca a superação da perspectiva metodológica do *processo civil do autor*, ou seja, não é finalidade precípua do processo satisfazer somente os direitos postulados pelo autor em juízo. Oportunizada a iniciativa ao réu, também permite que este deduza a sua pretensão e obtenha a tutela jurisdicional adequada aos seus direitos. Com isso, promove-se o *processo civil de resultados*, o que é, indubitavelmente, um fator de legitimação social do exercício jurisdicional[163].

A reconvenção se caracteriza: I) pela existência de *nova demanda* proposta pelo réu; II) por ter a nova demanda *objeto distinto* daquele existente na demanda do autor; III) por *ampliar o objeto do processo*; IV) por assegurar a *unidade processual*, e não um novo processo.

---

160. DINAMARCO, Cândido Rangel. *Instituições de direito processual civil*. 4. ed., v. III cit., p. 495.
161. FUX, Luiz. *Curso de Direito Processual Civil*. 3. ed. Rio de Janeiro: Forense, 2005. p. 633. v. I.
162. ALVIM NETTO, José Manoel de Arruda. *Manual de direito processual civil*. 8. ed. São Paulo: RT, 2003. p. 327. v. 2.
163. DINAMARCO, Cândido Rangel. *Instituições de direito processual civil*. 3. ed., v. III cit., p. 495-496.

O CPC, com o intuito de simplificar o processo, determinou que a reconvenção fosse proposta na própria contestação (CPC, art. 343). Porém, para que se considere proposta a reconvenção, não é necessário o uso desse *nomen iuris* ou a dedução de um capítulo próprio. O que é imprescindível é que o réu manifeste, inequivocamente, o pedido de tutela jurisdicional qualitativa ou quantitativamente maior que a simples improcedência da demanda inicial (Enunciado 45 do FPPC)[164].

4.3.3. Fundamentos da reconvenção

A reconvenção se fundamenta no *princípio da economia processual*, na medida em que, se não existisse tal instituto, seria necessária a formação de dois processos distintos. Pela reconvenção, procura-se *otimizar a eficiência do processo*, permitindo que um único processo prepare e produza simultaneamente não só uma, mas duas prestações jurisdicionais.

Ademais, a reconvenção também encontra fundamento na impossibilidade do réu – por meio de simples contestação – em obter um provimento jurisdicional próprio para si, consistente no atendimento ou desatendimento de uma pretensão sua. Em sede de contestação, o réu fica restrito à obtenção de, no máximo, um provimento de improcedência total do pedido formulado pelo autor (*impossibilidade de ampliação do objeto do processo*).

Igualmente, a reconvenção se fundamenta na *unidade do processo*, proporcionando a obtenção de um provimento jurisdicional aperfeiçoado e, simultaneamente, evita-se o risco de *sentenças objetivamente contraditórias*, o que fatalmente poderia ocorrer caso as ações fossem processadas em separado.

É certo que o réu pode propor a sua demanda em separado. Ressalte-se, porém, que a reconvenção possui uma tríplice vantagem: oferece um processo *mais econômico* (porque evita a duplicação de atos instrutórios), *mais rápido* (já que concentra duas demandas em um mesmo processo) e *mais seguro* (porque ambas serão analisadas e, posteriormente, julgadas em uma mesma sentença, inibindo-se o risco de *sentenças contraditórias*).

Por fim, o réu reconvinte pode apresentar a reconvenção sem realizar a contestação, com fundamento no princípio constitucional da liberdade das partes, que estaria maculado caso se exigisse do réu a apresentação de contestação para que a reconvenção pudesse ser admitida[165].

---

164. "A equivocada denominação do pedido reconvencional como pedido contraposto não impede o regular processamento da pretensão formulada pelo réu contra o autor, desde que ela esteja bem delimitada na contestação e que ao autor seja assegurado o pleno exercício do contraditório e da ampla defesa" (STJ, REsp 1940016/PR, 3ª T., Rel. Min. Ricardo Villas Bôas Cueva, j. 22.06.2021, *DJe* 30.06.2021).

165. DINAMARCO, Cândido Rangel. *Instituições de direito processual civil*. 4. ed., v. III cit., p. 508.

4.3.4. Distinção entre a reconvenção e outros institutos

4.3.4.1. Compensação e reconvenção

A compensação, instituto de direito material (CC, art. 368), é definida como *meio de pagamento pelo qual a obrigação do devedor em relação ao credor extingue-se segundo o valor de outra obrigação devida pelo mesmo credor ao mesmo devedor,* e difere-se da reconvenção porque esta é pertencente ao direito processual.

A compensação somente opera entre dívidas homogêneas e coisas fungíveis, ao passo que, na reconvenção, não se indaga sobre a homogeneidade dos pedidos, os quais podem ser até contraditórios e de natureza diferente[166].

Como foi mencionado, a reconvenção deve ser proposta na contestação e tem julgamento independente da ação. Já a compensação, porque interfere no direito subjetivo material das partes, pode ser alegada a qualquer tempo e assim reconhecida pelo juiz.

Se a compensação não for alegada em um tópico dentro da reconvenção, nada impedirá que o autor ajuíze uma ação autônoma com o intuito de receber seu crédito. As grandes vantagens práticas em se alegar a compensação dentro da petição da reconvenção são a conveniência e a economia processuais, porquanto evita-se tanto a existência de dois processos para que a mesma questão seja decidida quanto a prolatação de decisões contraditórias pelo juízo. Todavia, nada impede o ajuizamento de ação autônoma para que o crédito seja reconhecido.

Porém, não é imperioso o ajuizamento de ação reconvencional para a posterior análise de eventual compensação de créditos[167]. A exceção substancial da compensação, como meio extintivo da obrigação, pode ser alegada, simplesmente, como matéria de defesa na contestação. Nesta hipótese, o réu afirma o seu inadimplemento em face da cobrança pelo autor com fundamento em compensação de créditos, sem, contudo, formular pedido de cobrança de eventual diferença de valores compensados. Restringe-se, pois, a justificar o não pagamento do valor cobrado ou a sua redução, extinguindo ou modificando o direito do autor[168]. Todavia, a compensação, por se dar apenas entre dívidas líquidas, vencidas e de coisas fungíveis (CC, art. 369), deve ser apreciada dentro destes limites. Com efeito, por exemplo, não se pode alegar, na contestação, a compensação entre o crédito da demandante e os prejuízos sofridos pela demandada em valor a ser apurado em liquidação de sentença, como forma de recomposição do desequilíbrio contratual[169].

---

166. GRECO FILHO, Vicente. *Direito processual civil brasileiro.* 18. ed. São Paulo: Saraiva, 2007. p. 142. v. 2.
167. STJ, REsp 1.524.730/MG, 3ª T., rel. Min. Ricardo Villas Bôas Cueva, j. 18.08.2015, pub. *DJe* 28.08.2015.
168. STJ, REsp. 2.000.288-MG, Rel. Min. Nancy Andrighi, 3ª T., j. 25.10.2022, *DJe* 27.10.2022.
169. Idem. Ibidem.

4.3.4.2. Exceções materiais e reconvenção

As exceções materiais consistem na alegação de fatos extintivos, impeditivos ou modificativos do pedido, ainda que reconhecida a existência do fato alegado pelo autor. As exceções materiais são meios de defesa no plano do direito material e permitem a construção de uma sentença mais justa e efetiva[170].

Entretanto, caso o réu não se contentar com a *simples resistência da pretensão do autor* e desejar *provimento para si* (*v. g.*, se o réu não desejar apenas o não cumprimento do contrato, em razão de exceção de contrato não cumprido, mas também de perdas e danos), será imprescindível que lance mão da reconvenção.

4.3.4.3. Ação declaratória incidental e reconvenção

A ação declaratória incidental deve ser compreendida como uma *demanda* no curso do processo pendente, cujo objeto é a declaração de existência ou inexistência de uma relação jurídica prejudicial ao deslinde da causa originária *sub judice*[171], sendo, consequentemente, uma premissa que influenciará a decisão relativa à relação jurídica considerada principal nos autos.

Uma vez proposta a ação declaratória incidente, o processo passa a ter duplo objeto, porque tanto a questão subordinante (*v.g.*, investigação de paternidade) quanto a subordinada (*v.g.*, prestação alimentícia) transformam-se em questões principais, que passam a integrar o *thema decidendum*[172]. O âmbito da decisão judicial se amplia[173], pois, sem a ação declaratória incidental, o juiz teria que examinar apenas a questão subordinante apenas como uma etapa lógica de seu itinerário mental. Porém, com o ajuizamento da ação declaratória incidental, cumpre ao juiz julgar também a questão subordinante.

Destaque-se que o termo incidental se refere à *demanda* e não quanto à sentença a ser proferida. Isso porque há interesse na declaração de existência ou não de uma relação jurídica específica, sendo a tutela jurisdicional da ação declaratória incidental a mesma que se postularia em caráter autônomo, ou seja, em outro processo[174].

O interesse de agir da ação declaratória incidente surge quando, no curso do processo pendente, uma nova relação jurídica material torna-se controvertida, apresentando-se como prejudicial em relação à questão principal invocada pelo autor[175]. O interesse de agir, em sua vertente interesse-utilidade, é configurado pela relação de prejudicialidade que se verifica entre as demandas. Outra vertente do interesse processual

---

170. CALMON DE PASSOS, José Joaquim. *Comentários ao Código de Processo Civil*. 8. ed. Rio de Janeiro: Forense, 1998. p. 225. v. 3.
171. DINAMARCO, Cândido Rangel. *Instituições de direito processual civil*. 6. ed., v. III cit., p. 539.
172. STJ, REsp 1315145/SP, Rel. Min. Luis Felipe Salomão, 4ª T., j. 15.08.2017, *DJe* 21.09.2017.
173. STJ, REsp 1117217/RN, Rel. Min. Massami Uyeda, 3ª T., j. 02.09.2010, *DJe* 20.09.2010.
174. DINAMARCO, Cândido Rangel. *Instituições de direito processual civil*. 4. ed., v. III cit., p. 513.
175. STJ, REsp 1315145/SP, Rel. Min. Luis Felipe Salomão, 4ª T., j. 15.08.2017, *DJe* 21.09.2017.

se revela quando a questão prejudicial tiver alcance mais amplo, com potencialidade para influenciar outras controvérsias atuais entre as partes (*v.g.*, a declaração de existência e validade de acordo entre as partes equivale à afirmação de relação jurídica com potencialidade para influir, tanto da ação de cobrança, quanto da ação de inexistência de negócio jurídico, precedentemente ajuizada).

Frise-se, também, que a ação declaratória incidental não deve ser entendida como uma modalidade autônoma de resposta do réu, pois este apenas reage à citação recebida e insurge, propondo uma nova demanda a ser julgada no mesmo processo[176]. Dessa forma, a ação declaratória incidental não dá origem a um processo novo, quer quando proposta pelo réu ou pelo autor. A nova demanda insere-se no processo pendente, que não perde sua unidade, onde é processada e julgada simultaneamente com a petição inicial, na mesma sentença[177].

O CPC, ao possibilitar que a coisa julgada recaia sobre questões prejudiciais (CPC, art. 503, §§ 1º e 2º), tornou desnecessária a propositura de ação declaratória incidental, cuja finalidade precípua é ampliar o objeto do processo, para tornar as questões prejudiciais imutáveis e indiscutíveis. Aliás, as questões prejudiciais podem ser abarcadas pela coisa julgada independentemente de pedido ou de ação específica (cf. Enunciado 165 do FPPC).

Contudo, o CPC não eliminou a possibilidade de serem ajuizadas ações declaratórias incidentais (cf. Enunciado 111 do FPPC) que não estejam voltadas apenas à afirmação da existência, da inexistência ou do modo de ser de uma relação jurídica. Outra utilidade prática é sua serventia para certificar a autenticidade ou a falsidade de documento (CPC, arts. 19, inc. II, e 433). Ademais, subsiste o interesse processual no ajuizamento da ação declaratória incidental (CPC, art. 330, inc. III), que pode inclusive ser proposta pelo réu na reconvenção, para discutir questões prejudiciais que não tenham sido debatidas ou não possam ser discutidas nos moldes exigidos pelo art. 503, §§ 1º e 2º, do CPC[178].

Tanto a ação declaratória incidental quanto a reconvenção determinam a *cumulação objetiva* ulterior de ações.

Contudo, a ação declaratória incidental pode ser ajuizada tanto pelo réu quanto pelo autor (CPC, art. 19, inc. I), tendo como finalidade o conhecimento e o julgamento de questão prejudicial. E, quando tal ação é ajuizada pelo réu, no prazo da resposta, ela se integra à reconvenção.

---

176. DINAMARCO, Cândido Rangel. *Instituições de direito processual civil*. 4. ed. cit., p. 517.
177. Ibidem, p. 518.
178. CABRAL, Antônio do Passo. Comentários aos arts. 503 e 504. In: ALVIM, Teresa Arruda; DIDIER JR., Fredie; TALAMINI, Eduardo e DANTAS, Bruno (Coord.). *Breves comentários ao Novo Código de Processo Civil* São Paulo: RT, 2015. p. 1.295-1.296.

A principal marca distintiva da reconvenção perante a ação declaratória inciden-tal[179] é que esta se apoia, necessariamente, sobre questão prejudicial, ao passo que isso pode não ocorrer naquela demanda. Na reconvenção, o reconvinte expõe a sua causa de pedir e seu pedido; por sua vez, na ação declaratória incidental, o ponto (relação subordinante ou prejudicial) já foi trazido ao processo pelo autor e o réu, contestando a relação prejudicial, transmuda-o em questão, formulando a respeito do pedido – propondo ação – para que sobre a relação jurídica subordinante recaia a autoridade da coisa julgada. Ademais, sendo a ação declaratória *incidental*, a resolução do processo sem julgamento de mérito (CPC, art. 485) prejudicará a resolução da referida ação. Isso não ocorre na reconvenção, cuja autonomia foi reconhecida no art. 343, § 2º, do CPC.

4.3.5. Pressupostos da reconvenção

4.3.5.1. Pressupostos gerais

Os pressupostos gerais são os mesmos aos quais o réu-reconvinte estaria sujeito se houvesse optado por ajuizar sua demanda, separadamente, em caráter autônomo[180]. Isso implica a observância das condições da ação e dos pressupostos processuais, além das exigências previstas nos arts. 319 e 320 do CPC.

Assim, por exemplo, figura como legitimado ativo para reconvir o réu (isto é, aquele que figura no polo passivo da demanda originária), doravante denominado de *reconvinte*, ao passo que o autor se torna o legitimado passivo (ou seja, aquele que figura no polo ativo da demanda originária), designado *reconvindo*.

Todavia, pelos §§ 3º e 4º do art. 343 do CPC, a reconvenção pode ser proposta pelo réu em litisconsórcio com terceiro, o que permite que pessoa que não seja parte da ação figure, tanto no polo ativo quanto no passivo, na reconvenção. Logo, é possível que o réu reconvenha em face do autor e de terceiro (em litisconsórcio passivo) ou, ao contrário, o réu em litisconsórcio ativo com terceiro pode reconvir em face do demandante, bem como admite-se que o autor junto com terceiro reconvenha em face do demandante e de outro terceiro.

O que não é possível é que a reconvenção seja ajuizada apenas em face do terceiro, por ser uma demanda que envolve, necessariamente, um revide do réu-reconvinte em face do autor-reconvindo. Contudo, isso não se exclui a possibilidade de apenas um ou mais de um dos réus ajuizar reconvenção em face de um ou mais de um dos autores. Desse modo, por tal razão, não se exige que as partes envolvidas na ação principal se-jam, necessariamente, as mesmas da demanda reconvencional. Em outras palavras, o CPC não adota a regra da *identidade bilateral das partes*, isto é, em razão do princípio

---

179. ALVIM NETTO, José Manoel de Arruda. *Manual de direito processual civil*. 8. ed. São Paulo: RT, 2003. p. 338-339. v. 2.
180. DINAMARCO, Cândido Rangel. *Instituições de direito processual civil*. 4. ed., v. III cit., p. 498.

dispositivo, na reconvenção, os litigantes não precisam ser exatamente os mesmos que figuram na demanda inicial.

Ademais, se o autor for substituto processual, o reconvinte deverá afirmar ser titular de direito em face do substituído, e a reconvenção deverá ser proposta em face do autor em caráter substitutivo dentro da relação processual (CPC, art. 343, § 5º). Tal regra inova, em relação ao art. 315, parágrafo único, do CPC/73, que proibia a possibilidade do réu, em nome próprio, reconvir ao autor, quando este estivesse demandando em nome de outrem. Embora a regra do art. 343, § 5º, CPC, afirme que, na reconvenção, o réu ajuizará ação em face do substituto processual, pelo art. 343, § 3º, do CPC, nada impede que haja litisconsórcio entre o substituto e o substituído, quando o réu-reconvinte possuir direitos em face de ambos[181]. Não se permite, todavia, que o réu reconvenha para pleitear direito alheio ao objeto da causa em questão, que alega ter em face de autor cuja atuação é meramente na qualidade de substituto processual.

É importante salientar que, se a petição da contestação, em relação à reconvenção já proposta, não apresentar os requisitos dos arts. 319 e 320 do CPC ou outros defeitos e irregularidades que possam dificultar o julgamento do mérito, caberá ao juiz determinar – baseado no princípio da colaboração processual (CPC, art. 6º) além da regra contida no art. 321 do CPC – que o réu, no prazo de 15 dias, emende, complete ou corrija o defeito. Somente se houver descumprimento da determinação judicial, caberá o indeferimento da reconvenção.

Além disso, pode o réu-reconvinte alterar a demanda reconvencional para, até a intimação do autor-reconvindo ou a citação de terceiros, modificar o pedido ou a causa de pedir, sem o consentimento da parte contrária. Mas, também, até o saneamento do processo, é possível alterar o pedido ou a causa de pedir, com o consentimento do autor, a quem deve ser assegurado o contraditório com a viabilidade de se manifestar no prazo de 15 dias, sendo inclusive facultada a possibilidade de produzir prova suplementar (CPC, art. 329, parágrafo único). Entretanto, a desistência da reconvenção, depois da impugnação, depende do consentimento do autor-reconvindo (CPC, art. 485, § 4º).

Observe-se ainda que, como o réu-reconvindo já integra a relação processual, não é necessária a citação para a reconvenção, sendo suficiente a intimação do advogado para respondê-la. Porém, os efeitos dessa intimação se assemelham aos da citação (CPC, art. 240) e o advogado não precisa de poderes especiais para receber a intimação, já que o art. 343, § 1º, do CPC, prevê tal autorização.

Proposta a reconvenção, caberá ao autor-reconvindo contestá-la, tal qual faria o réu na peça contestatória, alegando toda matéria de defesa, seja de natureza processual ou material.

---

181. WLADECK, Felipe Scripes. Comentários ao art. 343 do CPC. In: In: ALVIM, Teresa Arruda; DIDIER JR., Fredie; TALAMINI, Eduardo e DANTAS, Bruno (Coord.). *Breves comentários ao Novo Código de Processo Civil*. São Paulo: RT, 2015. p. 933.

Caso o réu reconvier em face do autor e de terceiro, o prazo para a contestação à reconvenção inicia, para ambos, após a citação de terceiro (CPC, arts. 231, § 1º, 343, § 3º e 350; Enunciado 629 do FPPC).

A ausência da contestação à reconvenção ensejará a revelia e implicará a aplicação dos efeitos da revelia (CPC, art. 344), exceto nas situações previstas no art. 345 do CPC.

Além disso, diante da autonomia e da independência da reconvenção, a ampliação subjetiva do processo promovida pela reconvenção não modifica os polos da ação principal[182]. Isso significa que as questões debatidas na ação ficam restritas às partes que já integravam os polos ativo e passivo da demanda. Não se estendem ao terceiro, que apenas é parte da demanda reconvencional.

4.3.5.2. Pressupostos específicos

Os pressupostos específicos são adaptados à circunstância de estar a reconvenção inserida em um processo já instaurado.

a) *Oportunidade*: a reconvenção é uma das alternativas da resposta do réu e deve ser apresentada na contestação (CPC, art. 343).

O prazo para a apresentação da contestação é de 15 dias, contados na forma do art. 335 do CPC. Tal prazo é preclusivo; logo, a perda do lapso temporal não exclui a possibilidade de intentar ação própria autônoma, em separado, que pode vir a ser reunida à anterior se conexa (CPC, arts. 55 e 58).

Porém, quando o réu-reconvindo for o Ministério Público (CPC, art. 180), a Advocacia Pública (CPC, art. 183) e a Defensoria Pública (CPC, art. 186) terão prazo em *dobro* para reconvir. Ainda, os litisconsortes passivos, representados por diferentes procuradores, de escritórios de advocacia distintos (CPC, art. 229), têm prazo em dobro para reconvir. Atente-se que, quando não for hipótese de aplicação do art. 335, incs. I e II, do CPC, mas do art. 231 (CPC, art. 335, inc. III), o prazo para a contestação será comum (isto é, não sucessivo) e deverá ter como termo *a quo* a data da juntada aos autos do último aviso de recebimento, mandado, carta de citação ou demais hipóteses do art. 231 do CPC, contando-se a partir do primeiro dia útil subsequente (CPC, art. 224, § 3º)[183].

Como já aludido, a reconvenção deve ser ajuizada *simultaneamente* com a contestação. Não se pode contestar e, ato contínuo, reconvir, ainda que se esteja dentro do prazo (*v. g.*, contestar no quinto dia e reconvir no décimo quinto), pois, nesse caso, ocorre o fenômeno da *preclusão consumativa*[184]. O entendimento contrário favoreceria

---

182. STJ, REsp 2.046.666/SP, Rel. Min. Nancy Andrighi, 3ª T., j. 16.05.2023, *DJe* 19.05.2023.
183. FERREIRA FILHO, Manoel Caetano. *Código de Processo Civil Comentado* cit., p. 598.
184. STJ, AgRg no REsp 935.051/BA, rel. Min. Luiz Fux, 1ª T., j. 14.09.2010, *DJe* 30.09.2010.

4 • A RESPOSTA DO RÉU: CONTESTAÇÃO E RECONVENÇÃO

o tumulto processual e não atenderia a garantia constitucional da duração razoável do processo (CF, art. 5º, inc. LXXVIII e CPC, art. 4º).

Pela regra presente no art. 343 do CPC, há a necessidade imperiosa de conexão entre a *ação principal* e a reconvenção ou entre a reconvenção e o *fundamento da defesa* (entenda-se: defesa de mérito indireta)[185]: I) não é necessário que o réu *conteste*, para reconvir com base na demanda inicial (CPC, art. 343, § 6º); II) contudo, não tem como reconvir, com fundamento na defesa, se não contestou.

Embora soe contraditório, o réu que reconvém sem contestar não é, necessariamente, revel. Se ele *não contestou* os fatos alegados pelo autor na inicial, mas tornou tais fatos controvertidos, pela reconvenção, não se aplica o efeito material da revelia (CPC, arts. 341 e 344)[186].

No tocante ao vocábulo "conexa", previsto na parte final do art. 343, *caput*, do CPC, este não engloba apenas o conceituado no art. 55, *caput*, do CPC – em que se reputam conexas duas ou mais ações quando lhes for comum o pedido ou a causa de pedir – mas também uma relação entre uma ação (a reconvenção) e o fundamento da defesa[187]. Assim, denota-se que há uma expansão da semântica presente na expressão "conexa", do art. 343, *caput,* de modo que, para se admitir a reconvenção, é suficiente a constatação quanto à existência de alguma vinculação entre a ação principal e a reconvenção, ou uma relação entre a reconvenção e o próprio fundamento da defesa formulada pelo réu (*v. g.*, a hipótese de um crédito que ele alegasse em compensação ou, ainda, o direito de retenção por benfeitorias).

Quando a reconvenção se dá pela conexão com a ação, por ter causa de pedir comum (isto é, serem as causas de pedir fundadas nos mesmos fatos), os fundamentos da reconvenção necessariamente têm o poder de impugnar as alegações trazidas pelo autor, permitindo que o ônus da impugnação especificada (CPC, art. 341) seja afastado e, com isso, esvazia-se a regra da presunção de veracidade dos fatos alegados pelo autor. Por outro lado, quando a conexão se dá pelo pedido comum, ação e reconvenção, normalmente, estão fundadas em fatos diferentes e, por isso, o oferecimento de reconvenção, não acompanhada de contestação, não afasta a presunção de veracidade decorrente da não impugnação específica[188].

Por força da preclusão consumativa, a reconvenção deve ser redigida na própria contestação (CPC, art. 343, *caput*), em um capítulo destacado. Todavia, a não observância dessa formalidade constitui *mera irregularidade formal*, devendo-se admitir a reconvenção quando deduzida em petição autônoma, em razão do princípio da instrumentalidade das formas (CPC, art. 283). Nessa hipótese, por se tratar de mera irregu-

---

185. NEVES, Daniel Amorin Assumpção. Comentário ao art. 343. *Novo Código de Processo Civil Comentado.* Salvador: JusPodivm, 2016. p. 598.
186. STJ, REsp 1335994/SP, rel. Min. Ricardo Villas Bôas Cueva, 3ª T., j. 12.08.2014, *DJe* 18.08.2014.
187. MOREIRA, José Carlos Barbosa. *Resposta do réu no sistema do Código de Processo Civil* cit., p. 674-675.
188. FERREIRA FILHO, Manoel Caetano. *Código de Processo Civil Comentado* cit., p. 607.

laridade formal, é desnecessário que o juiz determine a emenda ou o complemento da petição inicial (exegese do art. 321 do CPC). Aliás, o juiz tem o dever de determinar a emenda mesmo na reconvenção, para evitar a sua rejeição prematura, sem oportunizar ao reconvinte a chance de corrigir defeitos e ou irregularidades (Cf. Enunciado 120 da II Jornada de Direito Processual Civil promovida pelo Conselho da Justiça Federal).

b) *Pendência da ação principal*: somente é possível a reconvenção se pendente processo anterior.

Na hipótese de o processo ser resolvido antes da oportunidade de defesa (*v. g.*, rejeição da inicial; CPC, art. 485, inc. I), não há que se falar em reconvenção.

No entanto, uma vez proposta a reconvenção, como se trata de uma outra ação, a desistência da ação primitiva ou a ocorrência de causa extintiva que impeça o exame de mérito desta (CPC, art. 485) não exclui a possibilidade de ulterior processamento e julgamento da reconvenção (CPC, art. 343, § 2º). Por conseguinte, a reconvenção deve ser distribuída por dependência e devidamente anotada, porque pode ter destino autônomo em relação à ação principal (CPC, art. 286, inc. I). Não há, pois, relação de acessoriedade entre a ação principal e a reconvenção, e vice-versa (*v.g.*, a desistência ou a extinção da ação principal não impede o prosseguimento da reconvenção, bem como a desistência ou a extinção da reconvenção não obsta que a ação principal siga adiante).

Constatada a existência de um processo principal e proposta a reconvenção, o autor será *intimado*, na pessoa de seu advogado (pois é ele que o representa no processo; CPC, arts. 103 e 105), para apresentar resposta no prazo de 15 dias (CPC, art. 343, § 1º). Não há citação, porque o autor-reconvindo já é parte integrante do processo. Todavia, quando a reconvenção for proposta em litisconsórcio com terceiro (CPC, art. 343, § 3º), este deve ser citado para apresentar resposta.

Caso o autor-reconvindo não se manifeste frente à reconvenção, o efeito material da revelia – consistente em se presumir verdadeiros os fatos alegados pelo reconvinte (CPC, art. 344) –, não pode ser instantaneamente aplicado. Isso porque, sendo a *conexidade* um dos elementos da reconvenção, provavelmente também terá o autor fornecido a sua versão dos fatos (CPC, art. 341, inc. III).

De todo o modo, independentemente da natureza do pedido deduzido na ação, a reconvenção pode contemplar uma multiplicidade de espécies de pedido, como os de caráter declaratório, constitutivo, condenatório, mandamental e executivo.

c) *Competência*: mesmo sem a existência de previsão expressa no CPC nesse sentido, a ação e a reconvenção devem ser julgadas na mesma sentença[189], o que exige que o juiz seja competente para o julgamento de ambas. Isso se evidencia em razão da

---

189. STJ, REsp 1353473/PR, Rel. Min. Mauro Campbell Marques, 2ª T., j. 21.05.2013, *DJe* 28.05.2013.

conexidade entre a reconvenção e a demanda inicial ou o fundamento da defesa. Dessa conexão, decorre a possibilidade de prorrogar a competência relativa (CPC, art. 54). Ao contrário, sem conexidade, a competência não se prorrogaria, mas também a reconvenção não seria admissível. Por isso, o juiz da causa principal é também competente para a reconvenção.

Tal conclusão também pode ser extraída pela aplicação análoga do 327, § 1º, inc. II, do CPC, o qual exige, para a cumulação de pedidos, que o mesmo juízo seja competente para conhecê-los.

De qualquer forma, se o juiz da ação primitiva for absolutamente incompetente para a reconvenção, ela haverá de ser rejeitada, não podendo haver prorrogação da competência (já que isso somente ocorre quando se trata de competência relativa).

d) *Identidade de procedimento*: para que se permita a reconvenção, há a necessidade de que o procedimento seja homogêneo, isto é, que a ação e a reconvenção tenham procedimentos compatíveis.

Se o pedido a ser formulado, por via reconvencional, ensejar um procedimento especial, será admitida a reconvenção se o réu-reconvinte optar pelo procedimento comum, desde que isso seja possível (exegese do art. 327, § 2º, do CPC).

Note-se que não há incompatibilidade procedimental nos procedimentos que se convertem em comum a partir da resposta. Por exemplo, na ação de consignação em pagamento, com a resposta, a demanda segue o procedimento comum, o que permite o ajuizamento da reconvenção[190]. De igual modo, a Súmula 292/STJ afirma que a reconvenção é cabível na ação monitória, após a conversão do procedimento em ordinário (leia-se a partir da vigência do CPC: procedimento comum): em havendo embargos ao mandado, a ação monitória deve se sujeitar ao procedimento comum. Assim, o réu, ao embargar, pode deduzir também reconvenção que se sujeita ao procedimento comum (CPC, art. 702, § 6º).

Também se admite a compatibilidade entre a reconvenção e o procedimento especial de usucapião. Para veicular o pedido de usucapião, o réu-reconvinte deve ampliar subjetivamente o processo, requerendo a citação daquele em cujo nome estiver registrado o imóvel usucapiendo, bem como dos confinantes e, por edital, os réus que estejam em lugar incerto, além dos eventuais interessados, desde que sejam competentes para conhecer deles o mesmo juízo (CPC, arts. 246, § 3º, 259, inc. I, e 343, § 3º), conforme prevê a Súmula 237/STF *("O usucapião pode ser arguido em defesa") e o Enunciado 46 do FPPC.*

---

190. Em sentido contrário, não admitindo a cumulação de demanda sujeita ao procedimento comum com a pretensão à cognição em pagamento, conferir: STJ, REsp 816.402/RS, 1ª T., rel. Min. Teori Albino Zavascki, j. 15.09.2009, publ. *DJe* 23.09.2009.

Admite-se, do mesmo modo, a reconvenção na ação rescisória, pois, neste caso, por se tratar de outra ação rescisória, não há incompatibilidade de procedimentos, desde que ela também contenha um pedido de rescisão da mesma sentença ou acórdão (capítulo de sentença diverso daquele impugnado pelo autor da primeira rescisória). Por exemplo, sentença que julgou parcialmente procedente o pedido: cada um dos litigantes, na parte que perderam, podem impugnar a respectiva sentença, alegando que, nos respectivos capítulos, violou-se literal disposição legal.

Por outro lado, não se admite a reconvenção quando houver incompatibilidade com a estrutura do procedimento especial (*v.g.*, procedimento de inventário).

Ainda, não será admitida a reconvenção quando a natureza substancial da causa não comportar a *contra-ação* do réu (*v. g.*, conversão da separação judicial em divórcio; art. 36 da Lei 6.515/77).

Ademais, não se admite reconvenção na fase de cumprimento de sentença, bem como no processo de execução de título extrajudicial, porque, nesses momentos, não existe sentença de mérito, estando ambas as situações voltadas à satisfação de um cré-dito, seja a partir de título judicial ou extrajudicial[191]. A admissão da reconvenção seria um óbice ao prosseguimento da ação executiva, pois ocasionaria a formação de uma relação instrumental cognitiva, simultânea à execução, a exigir dilação probatória e prolatação de sentença de mérito, além dos procedimentos serem incompatíveis (CPC, art. 327, § 1º, inc. III).

Tampouco se admite reconvenção no processo cautelar, pois este não tem a fina-lidade de propiciar tutela jurisdicional plena, mas de impor meras *medidas de apoio* ao processo principal. Nem nos processos de jurisdição voluntária, já que estes não têm por objeto uma pretensão a ser satisfeita mediante sacrifício de interesse alheio. Ou, ainda, nos processos de liquidação de sentença, porque visam apenas a *mensuração e declaração do* quantum *devido* na sentença. É defeso também, nos embargos à execução, porque eles se limitam a discutir a própria execução, o título executivo ou o crédito em sua aptidão a proporcionar a tutela executiva[192].

Por fim, não há a possibilidade de reconvenção quando, no procedimento espe-cial, houver a previsão de *pedidos contrapostos* (ações dúplices), porque nesse caso a reconvenção é inócua.

Uma ação é *dúplice* quando, por sua natureza e procedimento, a proteção do réu já se acha naturalmente inserida em seu desenvolvimento. São dúplices, por exemplo, a ação possessória (CPC, art. 556: pela qual o réu pode, na contestação, demandar a proteção possessória), a ação de prestação de contas (CPC, art. 552: o saldo credor poderá ser cobrado em execução forçada, seja a favor do autor, seja a favor do réu) e a desapropriação (a condenação na justa indenização decorre da própria discordância

---

191. STJ, REsp 1.050.341/PB, 4ª T., rel. Min. Marco Buzzi, j. 05.11.2013, publ. *DJe* 25.11.2013.
192. DINAMARCO, Cândido Rangel. *Instituições de direito processual civil.* 3. ed., v. III cit., p. 501-502.

do réu, na contestação, quanto ao preço). São, também, dúplices todas as causas nos Juizados Especiais Cíveis (Lei 9.099/95, art. 31).

Nessas hipóteses, há a possibilidade de *pedidos contrapostos*, porque o procedimento original já prevê a proteção do réu independentemente de nova ação. Não cabe reconvenção, pois não há *interesse processual* (necessidade) para ela.

Assim, por exemplo, não cabe reconvenção, nas ações possessórias, se o objeto da reconvenção já estiver incluído na *duplicidade* das possessórias. Essa duplicidade se restringe aos pedidos de: a) proteção possessória; b) indenização por perdas e danos (CPC, art. 556). Caso o pedido da reconvenção seja diverso das pretensões possessória e indenizatória, cabe, em tese, reconvenção.

Porém, pedido contraposto e reconvenção são espécies do gênero demanda do réu em face do autor, com a diferença que o objeto da primeira é menor que o da segunda, pois aquela se restringe à oposição aos fatos da causa, enquanto esta pode ser conexa com a ação original ou com os fundamentos de defesa[193]. Estruturalmente, apesar do nome, a reconvenção é um pedido contraposto, formulado na contestação, que será processado simultaneamente nos autos da ação principal, não em apartado[194].

Portanto, não há diferença substancial entre a reconvenção e os pedidos contrapostos. Isso porque ambas as técnicas processuais proporcionam a ampliação do objeto do processo pela introdução de mais um pedido, a necessidade de dar ao autor oportunidade para impugnar o novo pedido, a instrução conjunta e, por fim, culminam com uma única sentença[195].

Entretanto, a reconvenção não deve ser pura e simplesmente indeferida quando for o caso de pedido contraposto. Trata-se de mera irregularidade que não causa nenhum prejuízo para a parte *ex adverso*, devendo ser aplicado o princípio da instrumentalidade das formas (CPC, art. 283). Aliás, tal princípio está lastreado pela máxima *pas de nullité sans grief*, a qual constitui repúdio aos radicalismos da superada supremacia da forma sobre o fundo[196], devendo-se estar atento à flexibilização dos instrumentos para poder produzir uma decisão mais justa e efetiva. Deve ser acrescentado que o sistema processual deve buscar um equilíbrio entre as razões pelas quais é indispensável exigir formas e as razões pelas quais se repudiam os exageros formais, porque, embora a exacerbação do formalismo tenha sido uma resposta oferecida pelo Estado liberal contra os excessos autoritários, os sistemas processuais contemporâneos possuem tantos princípios e garantias que constitui uma tendência universal a flexibilização das formas processuais ou a deformalização dos atos processuais[197].

---

193. DIDIER JR, Fredie. *Curso de Direito Processual Civil*. 21. ed. São Paulo: JusPodivm, 2019. v. 1. p. 772.
194. NERY JR, Nelson; NERY, Rosa Maria de Andrade. *Código de Processo Civil comentado*. 21. ed. São Paulo: RT, 2023. p. 896.
195. DINAMARCO, Cândido Rangel. *Instituições de direito processual civil*. 3. ed., v. III cit., p. 503.
196. Ibidem, p. 450.
197. Idem.

Nessas hipóteses, cabe ao juiz conhecer do pedido formulado em reconvenção como mero pedido contraposto, sem negar-lhe julgamento. No entanto, o contrário não é admissível, isto é, conhecer de pedido contraposto, deduzido em contestação, fora dos casos estritos em que a lei o admite.

Por fim, é admissível reconvenção em ação declaratória (Súmula 258/STF).

e) *Conexão*: deve haver conexão entre a *ação principal* e a reconvenção ou entre a reconvenção e o *fundamento da defesa*.

Isso é o que está disposto no art. 343, *caput*, do CPC, pelo qual é lícito ao réu propor reconvenção para manifestar pretensão própria, conexa com a ação principal ou com o fundamento da defesa.

1) Conexão com a ação inicial:

Essa conexão poderá se dar tanto em razão do *pedido* quanto em relação à *causa de pedir*.

O pedido, deduzido na reconvenção, precisa estar inserido no mesmo contexto jurídico-substancial em que se situa o do autor.

Exemplos: I) o do marido, réu em processo de anulação de casamento, que reconvém para pedir a separação judicial, o divórcio ou mesmo para ajuizar ação de nulidade, imputando ao autor a responsabilidade pela nulidade; ou II) o comprador que, em reconvenção a um pedido de condenação pelo preço, pede a anulação do contrato de compra e venda.

O pedido reconvencional não será o contraposto do pedido formulado na inicial. Afinal, para isso, não é necessária a reconvenção, pois basta que esse pedido seja julgado improcedente, para que o direito do réu seja tutelado. Por exemplo, não se admite, em ação de investigação de paternidade, que o réu ajuíze reconvenção para pedir a declaração de que não é filho do autor.

Porém, a reconvenção será admissível quando a improcedência do pedido do autor não for suficiente para propiciar ao réu o bem da vida que ele deseja. Por exemplo, admite-se a reconvenção em ação de reparação de danos, para que esta se dê por fundamentos distintos daqueles formulados pelo autor (*v. g.*, para que a culpa não seja atribuída ao réu, mas ao autor, já que isso reflete na indenização).

Já, na conexão, pela *causa de pedir*, não se exige que as duas demandas estejam rigorosamente amparadas pelos *mesmos fundamentos*. Basta a existência de razoável ligação entre as duas causas para que o juiz, ao julgar o pedido reconvencional, sinta-se de algum modo influenciado pelo julgamento da demanda inicial, ou *vice-versa*[198]. Por

---

198. DINAMARCO, Cândido Rangel. *Instituições de direito processual civil*. 3. ed., v. III cit., p. 500.

exemplo: se o autor pediu a condenação do réu a cumprir uma cláusula contratual, a reconvenção será conexa com a demanda inicial, caso o pedido reconvencional seja de cumprimento de uma obrigação deduzida no mesmo processo. Outro exemplo: se o autor ajuíza ação de cobrança referente à dívida já paga, em valores superiores ou ainda não vencida, pode o réu, com fundamento nos arts. 939 e 940 do Código Civil, ajuizar ação de reparação de danos. Porém, é necessária a caracterização da má-fé do litigante, como reconheceu o STF, na Súmula 159, referente ao CC/16: "Cobrança excessiva, mas de boa-fé, não dá lugar às sanções do art. 1.531 do CC-16".

Ainda, não há conexão entre a ação popular e a ação de indenização por danos morais, ajuizada mediante reconvenção, com fundamento no exercício abusivo da ação popular, pois enquanto a primeira objetiva a anulação de ato administrativo e tem como causa de pedir a suposta lesividade ao patrimônio público, a segunda visa à indenização por danos morais e tem por fundamento o exercício abusivo do direito à ação popular[199].

2) Conexão com os fundamentos da defesa:

A conexão da reconvenção com os fundamentos da defesa, ao contrário do que ocorre quando da conexão com a demanda inicial, exige uma *coincidência quase completa*, já que, de uma mesma alegação do réu, pode se extrair duas consequências jurídicas[200].

Por exemplo, em uma ação de cobrança, o réu pode alegar a *compensação* de seu suposto crédito, desde que positivo e líquido (art. 368 do CC), na contestação e na reconvenção. Se alegar só na contestação, o máximo que poderá obter é a improcedência da demanda. Por exemplo, se em uma ação de cobrança o autor pede que o réu seja condenado ao pagamento de R$ 5.000,00 (cinco mil reais) e na contestação o demandado afirma que tem um crédito no mesmo valor, o pedido é julgado improcedente.

Porém, caso a compensação seja alegada na reconvenção, o reconvinte pedirá que o autor-reconvindo seja condenado a pagar-lhe o saldo que afirme existir em seu favor.

Com efeito, a reconvenção é útil quando o crédito do reconvinte é maior que o do demandante. Por exemplo, o autor ajuíza ação de cobrança, pedindo que o réu seja condenado ao pagamento de R$ 5.000,00 (cinco mil reais), mas o demandado possui um crédito no valor de R$ 7.000,00 (sete mil reais).

Nesse exemplo, caso não haja a reconvenção, o máximo que o demandado obterá será uma sentença de improcedência da ação de cobrança. Porém, se ajuizar a reconvenção, poderá obter uma sentença condenatória que condene o reconvindo a pagar-lhe a diferença, isto é, R$ 2.000,00 (dois mil reais).

No entanto, caso o demandado não se valha da reconvenção, poderá ajuizar ação autônoma para obter o crédito. A reconvenção, contudo, é mais conveniente, porque

---

199. STJ, REsp 72.065/RS, Rel. Min. Castro Meira, 2ª T., j. 03.08.2004, *DJ* 06.09.2004, p. 185.
200. DINAMARCO, Cândido Rangel. *Instituições de direito processual civil*. 3. ed., v. III cit., p. 500.

ambas as questões são decididas na mesma sentença, evitando a existência de dois processos distintos (economia processual) e de decisões contraditórias.

Portanto, o mesmo fato alegado como *extintivo* na contestação é visto como *constitutivo* na reconvenção.

4.3.5.3. Reconvenções sucessivas

As hipóteses de *reconvenções sucessivas*, no mesmo processo, são improváveis, mas não estão excluídas[201], *a priori*, pelo sistema processual, porque o art. 343, § 1º, do CPC, afirma que o autor-reconvindo é intimado para apresentar *resposta* – termo mais amplo que contestação – no prazo de 15 dias.

É admissível formular reconvenção contra reconvenção (*reconventio reconventionis*[202]), quando o autor-reconvinte tiver uma pretensão conexa à reconvencional do réu ou aos fundamentos da defesa oposta a esta. Por exemplo, o réu-reconvinte reconvém alegando compensação, por ter prestado serviços ao autor-reconvindo, pedindo a sua condenação pelo saldo restante; o autor-reconvindo, por sua vez, reconvém (reconvenção sucessiva), alegando que os serviços foram mal prestados e lhe causaram danos, finalizando por pedir a condenação dos réus em razão, também, desses prejuízos.

Com efeito, o CPC/2015 acolheu o posicionamento do CPC/1973 para admitir a reconvenção sucessiva que tenha origem a contestação ou a primeira reconvenção, sendo vedada a reconvenção à reconvenção apenas, por disposição expressa (CPC/2015, art. 702, § 6º), na ação monitória[203].

No entanto, a reconvenção sucessiva não se presta para que o autor traga matéria nova que poderia ter sido alegada na ação inicial e ser com esta cumulada. Caso contrário, ficaria comprometido o valor da *estabilização da demanda*, contido nos arts. 329, incs. I e II do CPC. Por exemplo: o autor ajuíza ação para pedir a condenação do réu a cumprir determinada cláusula contratual; o réu reconvém para pedir que o autor seja condenado a cumprir outra cláusula referente ao mesmo contrato. Não pode o autor ajuizar reconvenção sucessiva para pedir a condenação do réu ao cumprimento de uma terceira cláusula contratual, uma vez que essa demanda já poderia ter sido cumulada desde o início.

Além disso, o art. 702, § 6º, do CPC proíbe a reconvenção da reconvenção no processo monitório.

4.3.6. Autonomia da reconvenção em relação à ação principal

A reconvenção e a ação principal, embora intimamente ligadas pela conexidade (CPC, art. 343), são marcadas por interesses distintos, de modo que há uma plena au-

---

201. DINAMARCO, Cândido Rangel. *Instituições de direito processual civil*. 4. ed., v. III cit., p. 504.
202. MARINONI, Luiz Guilherme; ARENHART, Sérgio; MITIDIERO, Daniel. *Novo Código de Processo Civil comentado* cit., p. 371.
203. STJ, REsp 1.690.216-RS, 3ª T., Rel. Min. Nancy Andrighi, j. 22.09.2020, *DJe* 28.09.2020.

tonomia entre a reconvenção e a ação principal. A unidade da sentença de mérito que será proferida com a reconvenção está legitimada pela conexão entre ela e a demanda original, devendo ser julgados em sentença única para evitar decisões contraditórias[204].

Em ocorrendo a desistência da ação principal ou a ocorrência de causa extintiva que impeça o exame de seu mérito, tais circunstâncias não obstam o prosseguimento da reconvenção (CPC, art. 343, § 2º). De igual modo, se o réu-reconvinte desiste da reconvenção, prossegue a ação principal. Além disso, em razão dessa autonomia processual, os impedimentos ao julgamento do mérito da reconvenção não são entraves ao prosseguimento da causa proposta pelo autor na demanda inicial[205].

Entretanto, quando, mediante reconvenção, há o simultâneo ajuizamento de ação declaratória incidental, esta é *dependente* da ação principal. Logo, caso a ação principal não possa ter julgamento de mérito (isto é, houver desistência ou for resolvida com fundamento em quaisquer das hipóteses do art. 485 do CPC), a ação declaratória incidental não poderá receber julgamento de mérito, devendo ser, igualmente, extinta.

Apesar da autonomia entre a ação principal e a reconvenção, dependendo do contexto das pretensões deduzidas, ambas podem ser julgadas procedentes[206]. Por exemplo, em ação de indenização pelos prejuízos materiais decorrentes de um acidente de trânsito, cuja responsabilidade é imputada ao réu, este pode reconvir, alegando que, após a colisão, foi agredido fisicamente pelo demandante, tendo sofrido danos estéticos e morais. Neste caso, o juiz pode julgar procedente a ação de ressarcimento ajuizada pelo autor, bem como a reconvenção, por convencer-se de que a atitude da vítima do acidente de trânsito, ao agredir o réu-reconvinte, também gerou danos.

Ademais, se os pedidos formulados por ambas as partes forem julgados improcedentes, apesar da autonomia da reconvenção em relação à demanda principal, cada litigante deverá arcar com as despesas a que deu causa e suportar os honorários dos respectivos advogados, em razão da caracterização da *sucumbência recíproca*[207].

4.3.7. Recursos na reconvenção

Apesar do CPC não ter reproduzido a regra do art. 318 do CPC-73, a reconvenção deve ser julgada na mesma sentença da ação inicial. Tal decisão será repartida em capítulos destinados ao julgamento de cada uma das demandas, devendo todos os argumentos deduzidos ser capazes de, em tese, infirmar a conclusão adotada pelo julgador (CPC, art. 489, § 1º, inc. IV).

Por isso, a sentença que julga a reconvenção, da mesma forma que a ação inicial, está sujeita ao recurso de apelação.

---

204. STJ, REsp 1353473/PR, Rel. Min. Mauro Campbell Marques, 2ª T., j. 21.05.2013, *DJe* 28.05.2013.
205. DINAMARCO, Cândido Rangel. *Instituições de direito processual civil*. 4. ed., v. III cit., p. 511.
206. WAMBIER, Luiz Rodrigues; TALAMINI, Eduardo. *Curso avançado de processo civil*: teoria geral do processo e processo de conhecimento. 12. ed. cit., p. 162.
207. STJ, AgRg no AREsp 660.599/RS, rel. Min. Marco Aurélio Bellizze, 3ª T., j. 04.08.2015, *DJe* 17.08.2015.

Porém, como a reconvenção não é uma ação absolutamente *autônoma* (já que apenas aproveita a mesma base procedimental da ação principal) e não dá origem a um processo novo, quando é rejeitada *liminarmente*, a decisão é interlocutória.

Nos termos dos arts. 354, parágrafo único, e 1.015, inc. XIII, do CPC, é cabível agravo de instrumento contra ato decisório que indefere *parcialmente* a reconvenção. Nesse sentido, prevê o Enunciado 154 do Fórum de Processualistas Civis: "É cabível agravo de instrumento contra ato decisório que indefere parcialmente a petição inicial ou a reconvenção". Interessante notar, porém, que em caso de indeferimento *total* o CPC não prevê, expressamente, o cabimento do agravo de instrumento.

Aliás, não há também, no CPC, previsão expressa para o cabimento de agravo de instrumento na hipótese de a reconvenção ser indeferida liminarmente (CPC, art. 330) ou julgada liminarmente improcedente (CPC, art. 332)[208].

Diante dessas omissões legislativas, ou se interpreta sistematicamente o CPC para admitir também agravo de instrumento contra a decisão que interfere integralmente a reconvenção ou há de se admitir, excepcionalmente, mandado de segurança contra o ato judicial (Lei 12.016/2009, art. 5º). Diante da orientação do Superior Tribunal de Justiça, que referendou a tese da taxatividade mitigada[209], deve ser admitido o cabimento de agravo de instrumento em face do indeferimento da reconvenção. Isso porque há interesse recursal no imediato pronunciamento do juízo de segundo grau, que deve se pronunciar sobre o processamento simultâneo da ação originária e da reconvencional.

Além disso, se houver o julgamento de mérito da ação reconvencional *antes* do julgamento da ação principal e vice-versa, será cabível o recurso de agravo de instrumento, por força do art. 356, § 5º, do CPC, que ao tratar do julgamento antecipado parcial do mérito prevê tal hipótese recursal. Afinal, com a reconvenção o processo passa a ser objetivamente complexo, tendo ao menos dois pedidos (um de cada ação). Caso qualquer um deles seja julgado no mérito antes do outro, haverá julgamento antecipado parcial do mérito[210].

O mesmo se dá na hipótese da desistência da ação principal ou da existência de qualquer causa que a extinga. Nessas hipóteses, haverá o prosseguimento da reconvenção. Sendo rejeitada a ação principal, e tendo a reconvenção seu curso continuado, caberá da rejeição daquela demanda o recurso de agravo de instrumento (CPC, art. 354, parágrafo único).

Portanto, a demanda principal e a reconvenção podem ser julgadas conjunta ou fracionadamente (CPC, arts. 332, 343, § 2º, 354, parágrafo, e 356). Assim sendo, a reconvenção pode ser indeferida liminarmente (CPC, arts. 330 e 485, inc. I) ou antes do julgamento da ação principal (CPC, arts. 354, parágrafo único, e 485, § 3º). A re-

---

208. BUENO, Cassio Scarpinella. *Novo Código de Processo Civil anotado*. São Paulo: Saraiva, 2015. p. 258.
209. STJ, REsp 1704520/MT, Corte Especial, Rel. Min. Nancy Andrighi, j. 05.12.2018, DJe 19.12.2018.
210. NEVES, Daniel Amorin Assumpção. *Novo CPC: Código de Processo Civil – Lei 13.105/2015*. São Paulo: Método, 2015. p. 246.

convenção também pode ser julgada liminarmente improcedente no mérito (CPC, art. 332) ou ser julgada procedente ou improcedente antes do julgamento da ação principal (CPC, arts. 354, parágrafo único, e 356).

Ainda, a decisão que rejeitar a alegação do réu-reconvindo da existência de convenção de arbitragem deve ser objeto de agravo de instrumento (CPC, art. 1.015, inc. III), sob pena de preclusão.

Entretanto, nas demais situações em que o juiz não acolher as alegações de indeferimento da reconvenção, a decisão deve ser impugnada em preliminar de apelação ou nas contrarrazões (CPC, art. 1.009, § 1º).

5
FASE ORDINATÓRIA: PROVIDÊNCIAS PRELIMINARES E SANEAMENTO

5.1. INTRODUÇÃO

A fase ordinatória do procedimento comum foi concebida com a finalidade de pôr em ordem o processo[1]. A etimologia da palavra ordinatória vem do genitivo latino[2] *ordinis* que significa ordem.

A fase ordinatória é composta por técnicas de agilização do procedimento, evitando, na medida do possível, que a integralidade do procedimento comum – inevitavelmente complexo, demorado e dispendioso – seja aplicada à generalidade dos casos que ingressam no sistema jurisdicional.

A tramitação completa do procedimento comum somente se justifica quando for constatada uma premente utilidade e necessidade, isto é, quando não há elementos para que o juiz possa resolver imediatamente o processo[3], com fundamento em uma das hipóteses contidas no Capítulo X, do "Julgamento Conforme o Estado do Processo", compreendendo os arts. 354 a 357, do CPC.

Objetivando-se abreviar o procedimento comum tanto quanto possível, tal fase se subdivide em duas partes: a) as providências preliminares; e b) o julgamento conforme o estado do processo.

Terminada a fase postulatória, o magistrado toma decisões e determina providências destinadas a *eliminar defeitos* e dar *impulso* ao procedimento, para que ele possa receber a *instrução* mediante a prova e, depois, chegar à sentença de mérito[4].

---

1. DINAMARCO, Cândido Rangel. *Instituições de direito processual civil*. 3. ed. São Paulo: Malheiros, 2003. v. III, p. 548.
2. Disponível em: [https://en.wiktionary.org/wiki/ordinis]. Acesso em: 16.02.2017.
3. MOREIRA, José Carlos Barbosa. Saneamento do processo e audiência preliminar. *Temas de direito processual. 4ª série*. São Paulo: Saraiva, 1989. p. 106.
4. DINAMARCO, Cândido Rangel. *Instituição de direito processual civil* cit., 3. ed. v. III, p. 548.

5.2. ATIVIDADES DESENVOLVIDAS NA FASE ORDINATÓRIA

Nessa fase, desenvolvem-se atividades típicas de *saneamento* do processo, que na acepção jurídica do termo significa eliminar os vícios, irregularidades ou nulidades processuais e preparar o processo para receber a sentença[5].

O juiz saneia o processo: a) oferecendo às partes oportunidades para o exercício pleno do contraditório; b) impondo exigências destinadas a eliminar irregularidades e/ou defeitos; c) organizando atividades probatórias a serem desenvolvidas na fase subsequente (instrutória) do procedimento comum.

As atividades propriamente saneadoras ramificam-se em algumas das *providências preliminares* (CPC, arts. 348, 350, 351 e 352) e no *saneamento e na organização do processo* (CPC, art. 357).

Percebe-se, pois, que o CPC determina que o juiz tenha uma *atitude proativa* diante de defeitos que, se não corrigidos, podem acarretar nulidades processuais. Com isso, potencializa-se a eficácia procedimental do processo, evitando-se assim a perda de tempo e custos que, na maioria das vezes, beneficiariam os litigantes maliciosos.

Diante de tal responsabilidade, o juiz deve sanear o processo *ex officio* (não se subordina à iniciativa das partes), sendo seu *munus* controlar a presença dos pressupostos sem os quais o julgamento do mérito não é admissível. Com efeito, percebe-se que, ao contrário da fase postulatória, onde as partes exerciam os papéis mais importantes, nesta é o juiz quem exerce o protagonismo.

Entretanto, sanear o processo não é um objetivo exclusivo da fase ordinatória, pois o juiz deve se preocupar com o saneamento desde a gênese do procedimento até o momento da sentença, não sendo *o controle da regularidade processual feito exclusivamente na fase ordinatória*[6]. Com efeito, o CPC, tal como o CPC/1973, adotou a técnica do *saneamento difuso*[7], pela qual os vícios processuais devem ser extirpados assim que constatados para que seja possível obter em prazo razoável a solução integral do mérito (CPC, art. 4º)[8].

Na fase ordinatória, há o desenvolvimento de outros atos que não são caracterizados como de saneamento, a exemplo de eventual concessão de oportunidade de réplica (CPC, arts. 350 e 351), a extinção do processo (CPC, art. 354) e o julgamento antecipado do mérito (CPC, arts. 355 e 356).

O CPC excluiu a ação declaratória incidental (CPC/1973, art. 325), porque nada tinha a ver com a fase ordinatória do procedimento comum, visto que seu objeto é a

---

5. Disponível em: [http://www.direitonet.com.br/dicionario/busca?palavras=SANEAMENTO]. Acesso em: 16.03.2017.
6. STJ, REsp 605.755/PR, Rel. Min. Herman Benjamin, 2ª T., j. 22.09.2009, *DJe* 09.10.2009.
7. MEDINA, José Miguel Garcia. *Novo Código de Processo Civil comentado*: com remissões e notas comparativas ao CPC/1973. São Paulo: RT, 2015. p. 599.
8. STJ, EDcl no AgRg no REsp 724.059/MG, Rel. Min. José Delgado, 1ª T., j. 21.03.2006, *DJ* 03.04.2006, p. 252.

declaração da existência ou da inexistência de relação jurídica da qual dependa o julgamento do pedido formulado em processo já em curso[9].

5.3. ESTRUTURAÇÃO DA FASE ORDINATÓRIA

Após o oferecimento da contestação pelo réu, o juiz deve intimar o autor para que este se manifeste acerca das matérias preliminares (CPC, art. 337) ou sobre fatos impeditivos, modificativos ou extintivos alegados pelo réu na contestação (CPC, arts. 350 e 351). Diante dessas hipóteses, como consequência das garantias constitucionais do devido processo legal, do contraditório e da ampla defesa, o demandante tem direito de se expressar sobre tais matérias.

Caso ausente a contestação e sem que recaia ao réu a imposição dos efeitos materiais da revelia (CPC, arts. 341, 344 e 345), o juiz determinará que o autor especifique as provas que pretenda produzir, se ainda não as tiver indicado (CPC, art. 348). No entanto, de boa técnica e, em atenção também ao princípio do dispositivo, convém restringir o uso tradicionalmente indiscriminado do despacho no qual se intima as partes para que se manifestem sobre a intenção de *outras* provas a se produzir, pois, sob os aspectos dogmáticos e legais, os momentos para tanto já ocorreram (na petição inicial e na contestação)[10].

Se o juiz, no bojo dos autos, verificar a existência de alguma irregularidade ou nulidade sanável, deve mandar supri-las, fixando à parte prazo nunca superior a 30 dias para fazê-lo (CPC, art. 352, 2ª parte).

Cumpridas as providências preliminares, ou não havendo necessidade delas, o juiz passa a observar as regras que dizem respeito ao julgamento conforme o estado do processo (CPC, arts. 354-357).

Por fim, não sendo hipótese de extinção do processo (CPC, art. 354), nem de julgamento antecipado integral do mérito (CPC, art. 355), o juiz deve sanear e organizar o processo, nos termos do art. 357 do CPC. Quando se tratar de julgamento antecipado parcial de mérito (CPC, art. 356), será necessário que o magistrado saneie e organize o processo, pois uma parcela do mérito não será decidida antecipadamente.

5.4. DAS PROVIDÊNCIAS PRELIMINARES

5.4.1. Introdução

Findo o prazo para a resposta do réu, o juiz, conforme o caso, tomará as providências preliminares (CPC, art. 347). Tal termo designa o conjunto de possíveis atitudes que o magistrado pode determinar após o final da fase postulatória.

---

9. STJ, AgRg nos EDcl na Pet 5.830/DF, Rel. Min. Luiz Fux, 1ª Seção, j. 22.04.2009, *DJe* 25.05.2009.
10. STJ, REsp 840.690/DF, Rel. Min. Mauro Campbell Marques, 2ª T., j. 19.08.2010, *DJe* 28.09.2010.

Os arts. 347 a 353 do CPC preveem um rol de providências típicas a serem definidas pelo magistrado.

Esse elenco, todavia, é meramente exemplificativo, podendo o juiz tomar outras providências[11] (*v.g.*, oportunizar que as partes se manifestem sobre uma questão de direito que pode ser conhecida de ofício, como a prescrição: CPC, arts. 6º, 9º, 10 e 332, § 1º[12]; provocar a participação de um terceiro como *amicus curiae*: CPC, art. 138; intimar o agente do Ministério Público para que atue como fiscal da ordem jurídica: CPC, art. 178; abrir vista dos autos para que o autor se manifeste sobre os documentos juntados pelo réu na contestação: CPC, art. 437; intimar as partes para que especifiquem as provas que pretendem produzir, caso tenham feito requerimento genérico na fase postulatória).

De qualquer modo, dependendo da atitude do réu, várias alternativas podem advir para o desenvolvimento processual.

5.4.2. Hipóteses surgidas no caso de ausência de contestação

Faltando a contestação, duas soluções são possíveis. A primeira é a aplicação da presunção de veracidade (CPC, art. 344), de modo que a conduta do juiz proceder-se-á com o julgamento antecipado do mérito, suprimindo-se a realização da fase instrutória (CPC, art. 355, inc. II). A segunda é a não aplicação do efeito material da revelia, por se enquadrar em uma das hipóteses descritas nos arts. 341 e 345 do CPC.

Nesta última situação, não ocorre a inversão do ônus da prova (não aplicação da presunção de veracidade), prosseguindo-se o processo com a produção das provas. Desse modo, o juiz deve intimar o autor para que especifique as provas que pretenda produzir, se ainda não as tiver indicado na petição inicial (CPC, art. 348).

5.4.3. Hipóteses surgidas quando o réu apresenta a contestação

Quando o réu *apenas nega* a existência dos fatos ou do direito alegados pelo autor, passa-se ao *julgamento conforme o estado do processo* (CPC, art. 354-357).

Se o réu alegar uma das matérias elencadas no art. 337 do CPC (*exceções processuais*) como *preliminar* (*v.g.*, falta ou nulidade da citação, incompetência absoluta, litispendência, coisa julgada etc.), o juiz determinará a oitiva do autor, para que no prazo de 15 dias apresente *réplica*, permitindo-lhe a produção de provas (CPC, art. 351).

Verificando a existência de irregularidades ou de vícios *sanáveis*, o magistrado determinará sua correção, fixando à parte o prazo nunca superior a 30 dias (CPC, art. 352).

---

11. WAMBIER, Luiz Rodrigues; TALAMINI, Eduardo. *Curso avançado de Processo Civil*. 11. ed. São Paulo: RT, 2010. v. 1.p. 192-193.

12. Contudo, o STJ considera que o juiz não tem dever de deliberar sobre a matéria de livre disposição das partes litigantes. Se o magistrado não declarar a prescrição de ofício, não cabe ação rescisória por violação manifesta de norma jurídica (exegese dos arts. 332, § 1º, e 966, inc. V, do CPC), já que não houve prévia deliberação na ação rescindenda. STJ, REsp 1.749.812-PR, Rel. Min. Marco Aurélio Bellizze, 3ª T., j. 17.09.2019, *DJe* 19.09.2019.

Pela expressão "prazo nunca superior a 30 (trinta) dias", entenda-se que o prazo máximo deve ser de 30 dias a depender da complexidade do defeito a ser sanado, visto que não há determinação de prazo mínimo. Porém, é de suma importância lembrar das recentes modificações instituídas pelo art. 219 do CPC no tocante à forma de contagem dos prazos processuais para sejam computados somente os dias úteis, não mais os dias corridos como era a regra vigente no CPC/1973 (art. 178). Consequentemente, cabe ao juiz no caso concreto fixar o prazo comum para que os sujeitos processuais ou mesmo órgãos internos do Poder Judiciário corrijam as irregularidades ou os vícios sanáveis.

É nessa oportunidade que o juiz, por exemplo, determina a correção no registro ou na distribuição da petição inicial (CPC, arts. 43 e 59), a tradução de documento redigido em língua estrangeira (CPC, art. 192, parágrafo único)[13], a regularização da representação da parte (CPC, art. 76), a promoção da citação do litisconsorte necessário (CPC, art. 114), que a petição seja *emendada* ou *complementada* (CPC, art. 321), a correção da legitimidade *ad processum* (em relação ao absolutamente incapaz, por *não estar representado* ou ao relativamente incapaz, por não estar *assistido*) ou a retificação na designação do nome da parte[14].

Frise-se que art. 352 do CPC somente incide sobre as *nulidades relativas*, uma vez que não se aplica às nulidades absolutas, porque estas não são suscetíveis de saneamento, dando ensejo a outras medidas, como a remessa dos autos ao juiz absolutamente competente ou a resolução do processo com ou sem julgamento de mérito (CPC, arts. 485 e 487). Evoque-se também que é defeso ao órgão judicial anular ou resolver o processo sem antes ensejar oportunidade para que a parte tome conhecimento e, eventualmente[15], supra o defeito, salvo quando o defeito é insanável (*v.g.*, caso reconheça a existência de coisa julgada; se a parte morre e a ação é considerada intransmissível por disposição legal etc.).

Tal entendimento decorre do princípio da *colaboração processual*, previsto no art. 6º do CPC. O juiz do processo cooperativo é um magistrado *isonômico na condução do processo e assimétrico quando da decisão das questões processuais e materiais da causa*[16]. Diante dessa dicotomia, o processo colaborativo surge como uma tentativa de se alcançar o ponto de equilíbrio no estabelecimento da divisão de trabalho entre juiz e partes, transformando o processo em uma verdadeira *comunidade de trabalho*. Assim, o processo se apresenta não mais como um típico litígio sob os olhos do Poder Judiciário, mas como um processo cooperativo e conjunto de trabalho entre órgão judicial e os litigantes, para possibilitar ao juiz a obtenção de decisão justa e verdadeira,

---

13. STJ, REsp 1.231.152/PR, Rel. Min. Nancy Andrighi, 3ª T., j. 20.08.2013, *DJe* 18.10.2013; REsp 434.908/AM, Rel. Min. Aldir Passarinho Junior, 4ª T., j. 03.04.2003, *DJ* 25.08.2003, p. 313.
14. STJ, REsp 470.529/DF, Rel. Min. Castro Filho, 3ª T., j. 17.05.2005, *DJ* 06.06.2005, p. 318.
15. STJ, REsp 39.702/SP, Rel. Min. Dias Trindade, 4ª T., j. 14.12.1993, *DJ* 28.03.1994, p. 6.329.
16. MITIDIERO, Daniel. *Colaboração no processo civil*: pressupostos sociais, lógicos e éticos. São Paulo: RT, 2009. p. 72.

capaz de restabelecer a paz jurídica entre as partes e assim melhor tutelar os interesses da sociedade[17].

Constitui elemento essencial para essa comunidade de trabalho o diálogo entre o juiz e as partes, com fundamento na garantia constitucional do contraditório[18]. Por isso, é dever (não mera faculdade) do órgão judicial sanear o processo na fase ordinatória, salvo quando não disponha de elementos instrutórios para tanto, bem como oportunizar à parte a possibilidade de correção do defeito antes da extinção do processo.

O não cumprimento da técnica de agilização do processo, além do rigoroso controle recursal exercido pelos Tribunais, pode ensejar a responsabilidade administrativa do magistrado (desde que devidamente orientado e fiscalizado pelas respectivas corregedorias de justiça) e até mesmo a responsabilidade civil (CPC, art. 143, inc. I), decorrente do desnecessário prolongamento do feito, permitindo, na pior das hipóteses, o reembolso das custas processuais correspondentes aos atos superfluamente praticados[19].

Após o cumprimento das diligências e das providências preliminares, ou não havendo necessidade delas ou decorrido o prazo sem que tenham sido cumpridas, passa-se então à fase do julgamento conforme o estado do processo (CPC, art. 353).

Como já se sabe, o réu pode alegar na contestação, um fato impeditivo (*v.g.*, incapacidade), extintivo (*v.g.*, pagamento) ou modificativo (*v.g.*, onerosidade excessiva) do direito do autor (modalidades de *exceção substancial indireta*). Nessas hipóteses, pela constatação da ampliação das questões fáticas, também é dada oportunidade de *réplica* ao autor, no prazo de 15 dias, para se assegurar a garantia constitucional do contraditório (CF, art. 5º, inc. LV[20] e CPC, art. 350). Tratando-se apenas de questões de direito, não se impõe a necessidade de réplica, salvo quando se referir a matéria nova e que pode redundar na resolução imediata do processo (*v.g.*, prescrição e decadência)[21] ou versar sobre quaisquer das matérias processuais enumeradas no art. 337 do CPC (CPC, art. 351).

Assim, denomina-se réplica a manifestação do autor tanto na hipótese do art. 350 quanto na do 351 do CPC. O prazo de 15 dias é comum para ambas as situações; isto é, tendo o réu, na contestação, alegado fatos novos (impeditivos, modificativos e extintivos) e/ou apresentada as exceções processuais do art. 337 do CPC, o autor terá apenas 15 dias para uma única réplica, abarcando tanto a prevista no art. 350 quanto aquela do art. 351, ambas do CPC. Portanto, nessa hipótese, não se trata de duas réplicas de petitório próprio nem, tampouco, da concessão de prazo dobrado, como, aliás,

---

17. OLIVEIRA, Carlos Alberto Alvaro de. *Do formalismo no processo civil*. 4. ed. São Paulo: Saraiva, 2010. p. 115-116.
18. CAMBI, Eduardo; OSIPE, Nathan Barros. Colaboração no processo previdenciário. *Revista de processo*. São Paulo, v. 228, p. 283-307. fev. 2014.
19. MOREIRA, José Carlos Barbosa. *Saneamento do processo e audiência preliminar* cit., p. 141-142.
20. STJ, REsp 840.690/DF, Rel. Min. Mauro Campbell Marques, 2ª T., j. 19.08.2010, *DJe* 28.09.2010.
21. STJ, REsp 1.098.669/GO, Rel. Min. Arnaldo Esteves Lima, 1ª T., j. 04.11.2010, *DJe* 12.11.2010.

ocorre em qualquer outra situação em que uma das partes recorre tanto de questões processuais quanto de mérito.

Como a réplica está fundada na garantia constitucional do contraditório, é facultado ao autor a possibilidade de produção de novas provas[22]. O art. 350 do CPC, ao contrário do que previa o então art. 326 do CPC/1973, permite a produção de quaisquer provas necessárias à impugnação a ser formulada pelo autor, não mais se restringindo à prova documental. Com isso, restou assegurado o direito constitucional à prova em sua integralidade, podendo o demandante valer-se de quaisquer meios de prova para impugnar tanto a exceção material indireta quanto as exceções processuais deduzidas na contestação.

Na réplica, o autor tem o ônus de impugnar, sob pena de restarem incontroversos os fatos negativos alegados em seu desfavor e implicar, inclusive, na presunção de veracidade dos fatos alegados pelo demandado. O art. 344 do CPC, ao prever os efeitos materiais da revelia, estipula uma presunção legal aplicável, tão somente, ao réu que deixa de contestar. Quanto à ausência de réplica pelo autor, não há idêntica presunção legal, vedando-se a respectiva aplicação, por analogia, do disposto no art. 344 do CPC. Contudo, pode o magistrado extrair tal consequência do silêncio do demandante, mediante a aplicação de máxima da experiência (CPC, art. 375), utilizando-se da presunção comum nessa seara, isto é, considerará verdadeiros os fatos alegados pelo réu e não impugnados pelo autor.

Tal presunção, do mesmo modo que a contida na regra do art. 344 do CPC, é relativa, não se impondo automaticamente. Ela não incide, por exemplo, quando tais fatos forem improváveis, impossíveis, contrariarem o senso comum, os fatos notórios ou as provas constantes dos autos, bem como quando a alegação do réu versar sobre direitos indisponíveis, estiver em contradição com a prova constante dos autos ou não vir acompanhada de instrumento que a lei considere indispensável à prova do ato.

De qualquer modo, o órgão judicial, ao se valer da presunção comum, deve motivar a sua decisão, pois a extração de consequências processuais a partir da conduta das partes também se insere no dever do convencimento motivado (CF, art. 93, inc. IX).

Assim, deve-se conceber a réplica como um ônus, ainda que impróprio, capaz de gerar consequências negativas ao demandante que deixa de impugnar (presunção de veracidade), uma vez que não dependem de provas os fatos admitidos, no processo, como incontroversos (CPC, art. 374, inc. III). Todavia, a impugnação do autor deve se circunscrever tanto aos fatos novos (CPC, art. 350) quanto às matérias enumeradas no art. 337 do CPC (CPC, art. 351). Não se pode acrescentar fatos constitutivos nem documentos novos que não tenham pertinência alguma com o objeto da contestação. Caso contrário, restaria prejudicado tanto o princípio da estabilidade da demanda (CPC, art. 329) quanto o princípio da concentração processual, o que ensejaria a necessidade

---

22. THEODORO JR., Humberto. *Código de Processo Civil anotado*. 20. ed. rev. e atual. Rio de Janeiro: Forense, 2016. p. 441.

de ouvir novamente, o réu, que podendo comportar-se como o autor, também poderia trazer outros fatos ou outras matérias processuais, em um ciclo interminável que só tumultuaria e comprometeria a garantia da duração razoável do processo. Com efeito, é vedado ao autor trazer na réplica fatos que constituam uma nova causa de pedir, o que não impede a apresentação de fatos novos, desde que não configurem alteração da *causa petendi*[23].

Para conter abusos de direito processual, na réplica, cabe ao juiz considerar como não escritos os argumentos trazidos pelo autor que desbordem os limites dos arts. 350 e 351 do CPC, bem como determinar o desentranhamento dos documentos que não tiverem relação de pertinência com fatos modificativos, impeditivos ou extintivos, ou matérias processuais (CPC, art. 337), alegados pelo réu na contestação.

Por fim, alegada na contestação *questão prejudicial*, o autor pode requerer declaração incidental da existência ou inexistência dessa relação jurídica (CPC, art. 19, inc. I), ampliando-se o objeto do processo original, a fim de que sobre ela recaia a imutabilidade da coisa julgada material (CPC, art. 503, § 1º).

Após o transcurso do prazo de 15 dias para a réplica, passa-se ao julgamento conforme o estado do processo (CPC, art. 353).

5.5. DO JULGAMENTO CONFORME O ESTADO DO PROCESSO

5.5.1. Introdução

O CPC procurou simplificar o procedimento, eliminando quaisquer atos, formas ou termos inúteis ou desnecessários, de modo que, uma vez superado o cumprimento das providências preliminares, ou não havendo necessidade delas, o juiz proferirá julgamento conforme o estado do processo (CPC, art. 353).

5.5.2. Hipóteses de julgamento conforme o estado do processo

Três são as atitudes específicas que o juiz pode tomar, ao julgar conforme o estado do processo.

A primeira delas, no art. 354, do CPC, consiste na possibilidade de o juiz resolver o processo, tanto sem julgamento de mérito (CPC, art. 485) quanto com julgamento de mérito.

Tal resolução será de mérito quando: (a) houver o reconhecimento da ocorrência de decadência ou prescrição (CPC, art. 487, inc. II); ou (b) haja a homologação do reconhecimento da procedência do pedido formulado na ação ou na reconvenção (CPC,

---

23. WAMBIER, Luiz Rodrigues; TALAMINI, Eduardo. *Curso avançado de Processo Civil*. 11. ed., 2010. v. 1 cit., p. 195.

art. 487, inc. III, alínea *"a"*), a transação (CPC, art. 487, inc. III, alínea *"b"*), ou a renúncia à pretensão formulada na ação ou na reconvenção (CPC, art. 487, inc. III, alínea *"c"*).

Nas hipóteses do art. 354 do CPC, conduz-se a extinção do processo, em momento anterior ao normalmente previsto (*função abreviadora*)[24]: I) em razão da *inutilidade* do prosseguimento, pela existência de obstáculo irremovível à apreciação do mérito (nulidade insanável, falta de condição necessária ao legítimo exercício da ação etc.); II) em razão da *desnecessidade* do prosseguimento: seja pela *autocomposição* do litígio, mediante ato unilateral (renúncia, reconhecimento do pedido) ou bilateral (transação) das partes, praticado espontaneamente ou em consequência de tentativa de conciliação feita pelo juiz; seja pela *cessação do litígio*, decorrente de outra causa (*v.g.*, confusão, perecimento do objeto etc.).

A resolução do processo com julgamento de mérito nas situações reproduzidas nos incisos II e III, do art. 487, do CPC e anteriormente elencadas não se confundem com as hipóteses de julgamento antecipado do mérito que se encontram previstas no art. 355 do CPC. Isso porque a prescrição ou a decadência são *preliminares de mérito*, que invariavelmente prejudicam o exame da *res in iudicium deducta* (isto é, da pretensão do autor ou do réu-reconvinte). Já a decisão de homologação nas situações do art. 487, inc. III, do CPC não implicam um *julgamento propriamente dito*, posto que a atuação do juiz será circunscrita à homologação da vontade declarada por uma ou ambas as partes. A típica atividade jurisdicional, na qual há o proferimento de uma decisão de mérito, inexiste em tal hipótese.

Interessa notar que, independentemente da resolução ou não do mérito da decisão (previstas respectivamente nos arts. 487 e 485, do CPC), o parágrafo único do art. 354, do CPC, em remissão ao próprio *caput*, alerta para o fato de que a decisão proferida pode dizer respeito a apenas *parcela* do processo. Havendo extinção parcial do processo, caberá a parte impugnar tal decisão por meio de agravo de instrumento (CPC, arts. 354, par. ún., e 1.015, inc. VIII). Por exemplo, é cabível agravo de instrumento contra o ato decisório que indefere, parcialmente, a petição inicial ou a reconvenção (Cf. Enunciado 154 do FPPC), ou que afasta a alegação de prescrição ou decadência[25].

A segunda hipótese compreende o cenário no qual juiz pode julgar antecipadamente o mérito. O CPC (arts. 355-356) preferiu utilizar-se do termo *mérito* em vez de lide, conforme disposição feita no então art. 330 do CPC/1973. Isso porque *lide* é tipicamente um conceito carneluttiano[26], cujo significado reside em todo o conflito de interesses qualificado por uma pretensão resistida. Como nem sempre a *res in iudicium deducta* (isto é, o mérito) tem a mesma extensão da lide, uma vez que o autor da ação não precisa reproduzir em juízo *toda* a lide, esta nada mais é que um conceito sociológico

---

24. MOREIRA, José Carlos Barbosa. *Saneamento do processo e audiência preliminar* cit., p. 132-133.
25. STJ, REsp 1738756/MG, Rel. Min. Nancy Andrighi, 3ª T., j. 19.02.2019, *DJe* 22.02.2019.
26. Francesco Carnelutti (nascido em 15 de maio de 1879 e morto em 8 de março de 1965) foi um dos mais importantes processualistas italianos do século XX.

de grande valia para a fixação do *thema decidendi*, mas que não pode ser identificado como sendo o objeto do processo, o qual é delimitado pelo pedido e pela causa de pedir[27].

Note-se que também é aplicável a *função abreviadora* do procedimento comum (técnica de agilização) ao julgamento antecipado do mérito, visto que, em razão da *desnecessidade* do prosseguimento do processo. Isso porque já se torna possível o julgamento imediato do mérito da causa, uma vez que a *causa já se encontra madura* (controvérsia limitada a questões de direito, ou suficiência das provas documentais já produzidas para a resolução da controvérsia atinente a questões de fato) para ser decidida ou não houver resistência do réu (revelia, desacompanhada de posterior pedido de produção de provas)[28].

Aliás, a expressão julgamento "antecipado" transmite uma semântica errônea, cuja impressão remete a um equívoco de ordem cronológica, em que o ato decisório estaria ocorrendo antes do momento oportuno. Não é o que acontece, pois a decisão "antecipada" se dá exatamente porque não há mais nada a ser feito: tudo o que era necessário para a formação do convencimento do juiz já está contido nos autos[29].

Porém, o CPC admite, também, o julgamento antecipado parcial do mérito quando um ou mais dos pedidos formulados ou que parcela deles mostrar-se incontroverso ou estiver em condições de imediato julgamento (CPC, art. 356, incs. I e II). Tal julgamento antecipado e parcial do mérito não deve ser interpretado nem visto como uma mera faculdade, mas sim como um impositivo à atividade jurisdicional, como bem preceitua expressamente o *caput* do art. 356: "o juiz decidirá parcialmente o mérito"[30], nas duas situações nele enumeradas. Nessa situação, o objeto do processo é cingido para resolver-se definitivamente parte dele, exigindo-se do outro ou dos demais pedidos a imprescindível complementação do procedimento comum, pertinente à produção de provas.

Por fim, não sendo caso de extinção do processo nem de julgamento antecipado, cabe ao magistrado sanear e organizar o processo (CPC, art. 357).

Com isso, o sistema processual impõe sua força cogente ao órgão judicial, acerca da análise de questões preliminares ou referentes à consistência da atividade instrutória na própria fase ordinatória, ressalvando-se quando o juízo não disponha de elementos suficientes para formar a sua convicção. Dessa forma, evita que questões processuais pendentes atrapalhem o curso processual.

Entretanto, questões de ordem pública podem ser conhecidas pelo juiz em momento posterior ao do art. 357 do CPC, inclusive de ofício, não gerando preclusão *pro*

---

27. DINAMARCO, Cândido Rangel. O conceito de mérito em processo civil. *Fundamentos do processo civil moderno*. 2. ed. São Paulo: RT, 1987. p. 199-202.
28. MOREIRA, José Carlos Barbosa. *Saneamento do processo e audiência preliminar* cit., p. 133.
29. TALAMINI, Eduardo. Saneamento do processo. *Revista de processo*. São Paulo, v. 86, abr.-jul. 1997, p. 92.
30. THEODORO JR., Humberto. *Código de Processo Civil anotado*, 20. ed. cit., p. 446.

iudicato (CPC, arts. 278, parágrafo único, e 485, § 3º)[31]. Afinal, a posição contrária não se coadunaria com o postulado da razoabilidade nem contribuiria com a concretização da garantia constitucional da duração razoável do processo. Logo, convencido o juiz da inexistência posterior de condição da ação, de pressuposto processual ou de qualquer outra questão de ordem pública, em razão do saneamento ser difuso (isto é, não estar apenas concentrado na fase ordinatória; CPC, art. 357), ele pode voltar atrás seja para determinar a correção de vícios sanáveis (CPC, art. 352) seja para extinguir o processo (CPC, art. 354), salvo se a matéria não tiver sido explicitamente prequestionada nos recursos especial e extraordinário, o que exclui a aplicação do princípio do *iura novit curia*[32] pelo STF e pelo STJ[33].

5.5.3. Do julgamento antecipado do mérito

5.5.3.1. *O ponto de equilíbrio entre as exigências impostas pelos princípios da celeridade, economia e concentração processuais, o direito à prova e a obtenção de decisões justas*[34]

O instituto do julgamento antecipado do mérito consagra em seu bojo os princípios da celeridade, economia e concentração processuais, em detrimento da oralidade e da imediação[35].

No entanto, é pertinente que se faça uma reflexão crítica acerca das circunstâncias nas quais é imprescindível a prevalência do julgamento antecipado do mérito, para que a necessidade de agilizar a prestação jurisdicional não se sobreponha e, inclusive, prejudique a *dialética processual*, de modo a causar prejuízos no tocante à justiça da decisão.

O bom resultado do processo, pela aplicação justa do direito ao caso concreto, depende diretamente do conhecimento que o juiz tem da causa. O objetivo da fase de *instrução* é para proporcionar às partes oportunidades de oferecer ao julgador os elementos de cognição necessários à compreensão da controvérsia, dando-lhe amplo suporte para, suplantadas as dúvidas, seja formado adequadamente o seu convencimento, antes de prestar a tutela jurisdicional. Assim, a instrução tem a finalidade de *preparar* o provimento judicial[36].

---

31. STJ, AgRg no REsp 914.645/PR, Rel. Min. Og Fernandes, 2ª T., j. 21.10.2014, *DJe* 20.11.2014; AgRg no Ag 1.014.390/RJ, Rel. Min. Aldir Passarinho Junior, 4ª T., j. 11.11.2008, *DJe* 09.12.2008.
32. Por esse princípio processual, as partes podem se limitar a alegar e a provar os fatos pertinentes ao direito afirmado em juízo, já que os juízes, por conhecerem o direito, teriam o dever de aplicá-lo, prescindindo de qualquer atividade dos litigantes.
33. STF, AI 506.323 AgR, Rel. Min. Celso de Mello, 2ª T., j. 02.06.2009, *DJe* 01.07.2009, p. 1.095; *RT*, v. 98, n. 888, 2009, p. 152-154; *LEXSTF*, v. 31, n. 367, 2009, p. 107-111.
34. CAMBI, Eduardo. *A prova civil. Admissibilidade e relevância* cit., p. 439-446.
35. GRINOVER, Ada Pellegrini. Julgamento antecipado da lide e direito ao processo. *O processo em sua unidade*. São Paulo: Saraiva, 1978. p. 127.
36. DINAMARCO, Cândido Rangel. O princípio do contraditório. 2. ed. cit., p. 95; DINAMARCO, Cândido Rangel. *A instrumentalidade do processo*. 5. ed. São Paulo: Malheiros, 1996, p. 233. Nota 14.

Em decorrência disso, o processo não pode ser concebido como um mecanismo *instantâneo* para a resolução de conflitos. Afinal, sendo o procedimento considerado como um conjunto de atos que ocorrem encadeados em uma sucessão cronológica, por evidente que a *demora fisiológica* é inerente ao próprio desenvolvimento processual.

Com efeito, é primordial desmitificar a ideia de que a celeridade é a finalidade mor dentro de um processo, tão bem condensada na célebre expressão de que "os fins justificariam os meios". Tal pensamento carece completamente de reflexão crítica e não condiz com os ditames éticos e constitucionais pátrios, tampouco com a vigência do Estado Democrático de Direito, pois abre-se a possibilidade perigosa de se inviabilizar o exercício de garantias processuais fundamentais.

Por outro lado, e simultaneamente, também é imprescindível encontrar mecanismos para que a tutela jurisdicional seja prestada o mais rápido possível com o intuito de serem atendidos os anseios por uma *justiça mais eficaz*[37].

Assim, se a instrução da causa exige um lapso maior de tempo, consequentemente o seu excesso prejudica o resultado do processo, porque a justiça tardia, além de prolongar as angústias do conflito e o estado de insatisfação dos litigantes, sempre é injusta para quem tem razão.

O direito processual civil como um todo tem procurado desenvolver técnicas que pretendem agilizar a prestação jurisdicional, permitindo ao juiz decidir mesmo não tendo chegado ao ponto ideal de assimilação da verdade.

A missão da atividade instrutória é possibilitar a reconstrução dos fatos pretéritos; porém, nem todos esses acontecimentos e os meios probatórios escolhidos para demonstrá-los são aptos à formação da convicção pelo juiz.

Consequentemente, a *relevância* da prova constitui um pressuposto indispensável para a realização das atividades probatórias. Se a prova relevante é aquela que parece ser idônea a fornecer os elementos de conhecimento úteis para uma acurada compreensão dos fatos da causa, o princípio da economia processual impõe um importante limite ao exercício do direito à prova, porque a prova irrelevante deve ser excluída preliminarmente, uma vez que não é capaz de influir na cognição e no julgamento da causa (*frusta probatur quod probatum non relevat*)[38].

Desse modo, devem ser rejeitadas as provas *investigativas* (*Ausforschungbeweis*), que são aquelas que carecem de base fática para o seu acolhimento, porque o direito à prova não abrange fatos não relevantes ou que não permitam um exame de pertinência. Logo, esse direito traz, implicitamente, a proibição de uma investigação geral e irrestrita da causa, ou seja, veda-se a inadmissibilidade da produção de provas ao acaso[39].

---

37. MOREIRA, José Carlos Barbosa. O futuro da justiça: alguns mitos. *Revista de processo*. São Paulo, p. 144-145, v. 99.
38. JUNOY, Joan Picó i. *El derecho a la prueba en el proceso civil*. Barcelona: Bosch, 1996. p. 54--55; COMOGLIO, Luigi Paolo; FERRI, Corrado; TARUFFO, Michele. *Lezioni sul processo civile*. Bolonha: Il Mulino, 1995, p. 519.
39. WALTER, Gerhard. Il diritto alla prova in Svizzera. *Rivista trimestrale di diritto e procedura civile*, 1991. p. 1.192-1.193; JUNOY, Joan Picó i. *El derecho a la prueba en el proceso civil* cit., p. 53-54.

Com efeito, para ser *útil*, a prova deve ser necessária ou, pelo menos, profícua para influir no convencimento do juiz a respeito dos fatos sobre os quais as partes baseiam suas pretensões ou defesas[40].

A utilidade da prova, com o escopo de precisar esses fatos, subsiste em duas hipóteses: I) se a prova versar diretamente sobre um fato principal da causa, que integra o *thema probandum* (CPC, art. 373, inc. I); II) se a prova recair sobre um fato secundário, desde que seja relevante para o acertamento de um fato principal, isto é, se do fato secundário podem-se extrair inferências cognoscitivas úteis para estabelecer a verdade de um fato principal (CPC, art. 373, inc. II)[41].

No primeiro caso, o juízo de relevância incide sobre a identidade entre o objeto da prova e uma das proposições pertencentes ao *probandum*, enquanto que, no segundo caso, a prova é relevante quando o seu objeto pode constituir a premissa de uma inferência cuja conclusão concerne à existência de um fato principal controverso[42].

Assim, são inúteis as provas que recaem sobre fatos notórios, incontroversos, impossíveis, indeterminados, impertinentes, inverossímeis, admitidos expressamente, presumidos de modo absoluto ou já provados plenamente por outros meios de prova. Também é inútil a prova cujo meio (probatório) escolhido for incompatível com o fato a ser provado, porque, nesse caso, apesar da existência do fato ser possível de ser comprovada, o meio escolhido não é eficaz para demonstrá-lo (*v.g.*, CPC, art. 406). Portanto, a relevância da prova define o objeto do direito à prova, que se configura como sendo o *direito à prova relevante*[43].

À guisa de ilustração, no caso Olsson (Suécia), a Corte Europeia, interpretando o art. 6º, item 3, letra *"d"* da Convenção Europeia dos Direitos do Homem, o qual consagra o direito à prova, considerou possível a rejeição das provas consideradas *irrelevantes* ou *inúteis*[44].

O juízo de relevância, no que pertine à prova, é um instrumento de antecipação do julgamento de mérito, no qual o juiz, com o desígnio de se evitar a perda de tempo com a realização de provas inúteis, deve empreender esforços no estabelecimento de um nexo causal entre os fatos alegados e as consequências jurídicas pretendidas pelas partes[45]. Assim, nesse juízo de relevância, é função do magistrado verificar se o fato alegado deve passar pelo crivo de realização da prova, passando a integrar o *thema probandum*, e se o meio de prova escolhido para demonstrar essa proposição fática pode ser considerado útil, idôneo ou necessário. Caso contrário, tendo em vista a celeridade

---

40. ECHANDIA, Hernando Devís. *Teoria general de la prueba judicial*. 5. ed. Buenos Aires: Víctor P. de Zavalía, 1981. t. I, p. 350.

41. COMOGLIO, Luigi Paolo; FERRI, Corrado; TARUFFO, Michele. *Lezioni sul processo civile* 1995 cit., p. 519.

42. TARUFFO, Michele. *Studi sulla rilevanza della prova*. Padova: Cedam, 1970. p. 56-57.

43. TARUFFO, Michele. Diritto alla prova nel processo civile. *Rivista di diritto processuale*, 1984. p. 78.

44. WALTER, Gerhard. *Il diritto alla prova in Svizzera* cit., p. 1196.

45. CALAMANDREI, Piero. Verità e verossimiglianza nel processo civile. *Rivista di Diritto Processuale*, v. 10, n. 1. p. 164-192. Padova: CEDAM, 1955. p. 174.

e a economia processual, o juiz, deparando-se com alguma das situações previstas na regra do art. 355 do CPC, pode suprimir a fase instrutória, julgando antecipadamente a *res in iudicium deducta*.

Pelo princípio da economia processual, entende-se o conjunto de técnicas ordenadas a permitir que o processo produza o melhor resultado com o menor esforço, ou, em outras palavras, o máximo de rendimento com o mínimo de custo. A técnica do julgamento antecipado do mérito (CPC, art. 355) permite sobremaneira a *racionalização do trabalho do juiz*, suprimindo atividades inúteis ou desnecessárias, de modo a focar na eficiência da prestação jurisdicional.

O julgamento antecipado deve ser realizado quando a produção da prova for *supérflua*, ou seja, quando a prova que se pretende produzir tem apenas a finalidade de confirmar o êxito e a veracidade de outras provas já constantes dos autos. Em outras palavras, a prova é *supérflua* quando se pretende, de forma redundante, demonstrar aquilo que já foi de outro modo comprovado. Assim sendo, a sua exclusão é justificável com a finalidade de se evitar atividades instrutórias tidas como inúteis[46], sem que isso represente uma indevida violação do direito à prova[47]. Com isso, conclui-se que o direito à prova não é absoluto, podendo o juiz pôr termo à instrução processual, com base na apreciação antecipada das provas pertinentes e relevantes[48].

No entanto, necessita o magistrado de um profundo senso de cautela ao se reputar uma prova supérflua, devendo ser consideradas irrelevantes ou inúteis somente as provas que confirmem ou reforcem resultados já obtidos[49].

Esse posicionamento é justificável na medida em que o julgamento antecipado está baseado em uma valoração *a priori* e *hipotética*, já que anterior à produção da prova. Como o juiz não tem como prever, precisamente, qual é a eficácia de um meio probatório, antes da sua realização, esse julgamento antecipado deve ser evitado, sob pena de se restringir indevidamente o direito à prova e, destarte, acarretar prejuízos à justiça da decisão, uma vez que está fundado em um *prejulgamento* da causa[50]. Dessa maneira, consagra-se o princípio da proibição do resultado da prova (*Verbot der Beweisantizipation*) que visa, antes de tudo, a limitar os poderes do magistrado quanto

---

46. STJ, REsp 97.930/SP, Rel. Min. Ari Pargendler, 2ª T., j. 15.10.1998, *DJ* 23.11.1998, p. 162.
47. TARUFFO, Michele. *Diritto alla prova nel processo civile* cit., p. 98; RICCI, Gian Franco. Prove e argomenti di prova. *Rivista Trimestrale di Diritto e Procedura Civile*, 1988. p. 1085; COMOGLIO, Luigi Paolo; FERRI, Corrado; TARUFFO, Michele. *Lezioni sul processo civile* 1995, cit., p. 514.
48. WALTER, Gerhard. *Il diritto alla prova in Svizzera* cit., p. 1192.
49. GRAHAM, Michael H. *Federal rules of evidence in a nutshell*. 4. ed. Sant Paul: West Publisching Co., 1996. p. 95; RICCI, Gian Franco. Prove e argomenti di prova cit., p. 1.085-1.086.
50. VASSALLI, Giuliano. Il diritto alla prova nel processo penale. *Rivista italiana di diritto e procedura penale*, 1968. p. 53; ECHANDIA, Hernando Devís. *Teoria general de la prueba judicial*, t. I cit., p. 356; TROCKER, Nicolò. *Processo civile e costituzione*. Milão: Giuffrè, 1974. p. 526-527; JUNOY, Joan Picó i. *El derecho a la prueba en el proceso civil* cit., p. 55-56; VIGORITTI, Vicenzo. *Garanzie costituzionali del processo civile. Due process of law e art. 24 Cost*. Milão: Giuffrè, 1973. p. 97; TARUFFO, Michele. *Studi sulla rilevanza della prova* cit., p. 76-77.

à admissibilidade e à produção dos meios de prova[51], evitando-se que seja violado o direito à prova[52].

Reforce-se que, antes da prova ser produzida, o magistrado não pode saber, ao certo, se as alegações de uma das partes serão ou não essenciais para o futuro percurso argumentativo, em sede decisória[53]. Portanto, é recomendável que, em havendo dúvida quanto à relevância do fato a ser provado, o juiz determine a produção da prova[54], ainda que, no curso do processo, possa convencer-se do contrário[55].

Por exemplo, a prova pericial pode ser dispensada quando as partes apresentam, mesmo no curso da instrução, documentos elucidativos da questão técnica controvertida (CPC, art. 464, § 1º, inc. II). Não haveria, em hipóteses como essa, a preclusão *pro iudicato*, mesmo porque, tendo o juiz o dever de velar pela rápida solução do litígio (CPC, art. 139, inc. II)[56], seria um contrassenso se, em face de outras provas produzidas, não pudesse reconsiderar a decisão anterior, que permitiu a realização de prova, a qual, no curso da instrução, mostrou-se supérflua ou irrelevante. Assim, a inutilidade ou a desnecessidade da prova também podem ser supervenientes, quando um fato já estiver sido provado por outras provas, devendo-se aplicar, nesse caso, o princípio da economia processual[57].

Porém, cabe salientar que recai imperativamente sobre o juiz, quando da prolação de decisão de rejeição, a respectiva apresentação da motivação, em termos objetivos e concretos, não bastando a declaração de que a prova é "irrelevante" ou "supérflua". Ao contrário, deve indicar especificamente as razões do seu convencimento (CF, art. 93, inc. IX; CPC, art. 370, parágrafo único). Caso não estejam presentes os motivos objetivos que justifiquem tal decisão, fica caracterizada a restrição indevida (inadmissível) do direito à prova[58].

Ademais, se o juiz pretende prescindir da produção de uma prova já admitida, deve informar tempestivamente a parte interessada, para dar-lhe condições de se pronunciar a respeito e de apresentar, caso seja necessário, outros meios de prova. A inobservância desse dever judicial de informação acarreta um surpreendimento inesperado e, por consequência, infringe a garantia constitucional do contraditório

---

51. TROCKER, Nicolò. *Processo civile e costituzione* cit., p. 522.
52. GOMES FILHO, Antonio Magalhães. *O Direito à prova no processo penal*. São Paulo: RT, 1997. p. 132-133.
53. UBERTIS, Giulio. Diritto alla prova nel processo penale e Corte Europea dei diritti dell'uomo. *Rivista di diritto processuale*, 1994. p. 502-503.
54. ECHANDIA, Hernando Devís. *Teoria general de la prueba judicial*, t. I cit., p. 346; PASSOS, José Joaquim Calmon de. *Comentários ao Código de Processo Civil*. 8. ed. Rio de Janeiro: Forense, 2001. v. III, p. 557-558.
55. MELENDO, Santiago Sentís. Valoracion de la prueba. *La prueba. Los grandes temas del derecho probatorio*. Buenos Aires: EJEA, 1978. p. 283.
56. STJ, AgInt no AREsp 622.577/RJ, Rel. Min. Marco Buzzi, 4ª T., j. 12.09.2017, *DJe* 15.09.2017; REsp 140.665/MG, Rel. Min. Sálvio De Figueiredo Teixeira, 4ª T., j. 17.09.1998, *DJ* 03.11.1998, p. 147; DINAMARCO, Cândido Rangel. *Instituições de direito processual civil* cit., v. II, p. 458-459.
57. STJ, AgRg no Ag 503.120/PR, Rel. Min. Carlos Alberto Menezes Direito, 3ª T., j. 16.10.2003, *DJ* 15.12.2003, p. 307; TARUFFO, Michele. *La prova dei fatti giuridici* cit., p. 347.
58. WALTER, Gerhard. *Il diritto alla prova in Svizzera* cit., p. 1194.

(art. 5º, inc. LV, CF; CPC, art. 10)[59]. Desse modo, não se pode revogar "implicitamente" uma decisão que admite a produção da prova e passar diretamente ao julgamento do mérito, sem que se dê oportunidade para a parte, que já contava com o deferimento do provimento jurisdicional respectivo que permitiria a produção da prova, poder manifestar-se[60].

Em contrapartida, a proibição de valoração antecipada das provas igualmente não pode ser absoluta, sob pena de se encorajar dilações protelatórias, já que a instrução probatória também pode prestar-se para diminuir a marcha do processo, retardando-se a solução da controvérsia. Por isso, não basta que a prova seja relevante para poder ser produzida, ademais é necessário que as partes respeitem os requisitos temporais e formais para a sua produção, ficando, em caso de inércia ou omissão, sujeitas às preclusões (temporais, consumativas e lógicas), as quais decorrem do princípio da concentração dos atos processuais. Caso contrário, o processo transformar-se-ia em um *tumulto*, dificultando ou mesmo inviabilizando a realização da justiça da decisão.

É preciso, portanto, que o juiz encontre o *ponto de equilíbrio* entre as exigências impostas pelos princípios da celeridade, da economia e da concentração dos atos processuais e o direito das partes de se valerem de todos os meios de provas relevantes para poder influir no convencimento do magistrado.

A obtenção desse meio termo talvez possa ser alcançada com a compreensão de duas situações diversas: de um lado, a hipótese em que a parte deduz provas para buscar uma análoga representação dos fatos, que o juiz já considera suficientemente demonstrada; de outro, há a situação em que a parte deduz provas com a finalidade de tentar demonstrar uma representação contrária àquela que o magistrado já considera provada. No primeiro caso, o juiz pode excluir a prova, uma vez que, ainda que fosse produzida com êxito positivo, não modificaria a reconstrução dos fatos já obtida anteriormente. Aliás, mesmo que o êxito fosse negativo, permaneceria válido o acertamento dos fatos baseados nas provas precedentemente obtidas. Por isso, não serviria para introduzir novos ou diversos elementos ao juízo. Na segunda hipótese, a parte estaria privada de um instrumento potencialmente idôneo capaz de persuadir e determinar os rumos da decisão sobre a questão de fato[61].

Logo, não obstante o art. 355 do CPC permita ao juiz julgar antecipadamente o mérito, esse poder não é absoluto tampouco ilimitado, devendo, também, ser respeitado o direito da parte de valer-se de todos os meios probatórios – desde que admissíveis, pertinentes e relevantes – para influir no convencimento judicial; caso contrário, pode restar caracterizado o *cerceamento de* defesa[62]. Por conseguinte, percebe-se que a democracia processual exige o equilíbrio entre os poderes do juiz e dos direitos das partes para

---

59. STJ, REsp 1676027/PR, Rel. Min. Herman Benjamin, 2ª T., j. 26.09.2017, REP*DJe* 19.12.2017, *DJe* 11.10.2017.
60. TROCKER, Nicolò. *Processo civile e costituzione* cit., p. 526. Nota 22.
61. TARUFFO, Michele. *Studi sulla rilevanza della prova* cit., p. 77-78.
62. JUNOY, Joan Picó i. *El derecho a la prueba en el proceso civil* cit., p. 55-56.

que, pelo diálogo e pela colaboração mútua (CPC, art. 6º), o processo tenha condições de possibilitar a célere, mas também a adequada e justa prestação jurisdicional.

5.5.3.2. Hipóteses de julgamento antecipado do mérito

O art. 355 do CPC permite o julgamento antecipado do mérito, elencando em seus incisos duas hipóteses: I) quando não houver necessidade de produção de outras provas, além das provas documentais já constantes dos autos; II) quando ocorrer à revelia, impor-se a presunção de veracidade do art. 344 do CPC e, ainda, não houver requerimento de provas (CPC, art. 349)[63].

Embora sejam duas hipóteses diferentes, são afins; isto é, o juiz pode julgar antecipadamente o mérito tanto com fundamento no inciso I, quanto no inciso II. Na primeira situação, houve a apresentação da contestação pelo réu de modo que os fatos já se encontram esclarecidos, não demandando a fase de instrução probatória. Na segunda situação, o réu é revel. Assim, impõe-se o efeito material da revelia (presunção de veracidade dos fatos alegados pelo autor) e o demandado, ainda que pudesse comparecer nos autos posteriormente para produzir a prova, deixou de fazê-lo.

Analisando-se a redação do art. 355 do CPC, denota-se que houve um aperfeiçoamento em comparação ao dispositivo presente no CPC/1973, correspondente ao então art. 330, inc. I, que permitia ao juiz conhecer diretamente do pedido, proferindo sentença quando a questão fosse unicamente de direito ou, sendo de direito ou de fato, não houvesse necessidade de prova em audiência. O disposto no art. 355 do CPC abrange as hipóteses do art. 330, inc. I, do CPC/1973, ao afirmar que o juiz pode julgar antecipadamente o mérito quando não houver a necessidade de produção de outras provas. Deixa claro que tal julgamento pode ocorrer quando os fatos não dependem de provas (CPC, art. 374) ou quando a prova documental, trazida na petição inicial e na contestação e/ou na reconvenção e na resposta desta ou, ainda, na réplica (CPC, arts. 350-351), são suficientes para a solução do caso concreto. Afinal, a prova pericial não é produzida em audiência e, quando necessária para a elucidação de fatos que exigem conhecimentos técnicos, impede o julgamento antecipado do mérito[64].

É preciso esclarecer que o direito nasce indissociavelmente dos fatos (*ex-facto oritur ius*), e que, portanto, não há como conceber, *a priori*, uma questão que seja unicamente de direito. Por exemplo, mesmo para averiguar se houve prescrição da ação, é necessário comparar-se as datas em que o fato ocorreu e em que a ação foi ajuizada. Assim, pode-se falar em questão exclusivamente de direito apenas quando os fatos da causa – direta ou indiretamente relevantes – são *incontroversos*, ou seja, quando são aceitos por ambas as partes que litigam e somente com relação às consequências (teses) jurídicas a serem

---

63. CAMBI, Eduardo. *A prova civil. Admissibilidade e relevância* cit., p. 446-450.
64. STJ, REsp 1.124.552/RS, Rel. Min. Luis Felipe Salomão, Corte Especial, j. 03.12.2014, *DJe* 02.02.2015; REsp 1.502.989/RJ, Rel. Min. Ricardo Villas Bôas Cueva, 3ª T., j. 13.10.2015, *DJe* 19.10.2015.

aplicadas pelo juiz[65]. Desse modo, são exemplos de questões exclusivamente de direito a controvérsia sobre a constitucionalidade ou não de uma lei ou de um ato normativo, sua possibilidade de aplicabilidade imediata ou não, bem como acerca da eficácia de uma norma constitucional, quanto à aplicação de uma lei no tempo (questão de direito intertemporal), sobre o índice de juros ou de correção monetária etc. Nessas hipóteses, a desnecessidade da produção de provas decorre da existência de fatos incontroversos, os quais reduzem sobremaneira a complexidade do julgamento às questões exclusivamente de direito, sendo que a controvérsia existe, mas circunscrita apenas quanto às consequências jurídicas a serem atribuídas a esses fatos[66].

Ademais, ainda na exegese do art. 355, inc. I, do CPC, o julgamento da causa pode ser antecipado, quer seja por se tratar de fatos controvertidos, mas não pertinentes ou relevantes, quer seja porque embora presente a celeuma atinente aos fatos e, mesmo sendo estes controvertidos pertinentes e relevantes, não se vislumbra motivo razoável para o deferimento da produção de outras provas além daquelas constantes dos autos[67]. Nessa situação, o juiz já está em condições de julgar o mérito da causa, porque os fatos não precisam ser provados (CPC, art. 374), já que foram suficientemente demonstrados pela prova documental, sendo desnecessária a prova oral e/ou da pericial, ou não são passíveis de ser objeto desta prova.

Com isso, o julgamento antecipado do mérito não fere o princípio da oralidade, pois se não há necessidade da produção de provas orais, a insistência na realização de audiência de instrução e julgamento tornaria a oralidade um mito incapaz de proporcionar vantagens no contato pessoal entre o juiz e as partes. Dessa forma, é correto optar por um método concentrado – ainda que escrito – para abreviar o procedimento comum, porque o êxito da técnica oral está intrinsecamente relacionado à realização sob condições favoráveis. Assim, cabe ao juiz, proceder à análise dos prós e contras presentes tanto na técnica oral quanto a escrita diante das circunstâncias do caso concreto. De todo o modo, é certo que a uma audiência mal realizada é preferível nenhuma.

Quanto à possibilidade de julgamento antecipado do mérito, sendo o réu revel e houver um cenário em que se possa aplicar o efeito material da revelia, presumindo os fatos como verdadeiros, seja em razão da não contestação (CPC, art. 344) ou da defesa em sentido amplo (CPC, art. 341), e, não sendo hipótese de produção de provas (CPC, art. 349), o art. 355, inc. II, do CPC contempla técnica processual que permite a tutela jurisdicional seja baseada em *cognição parcial*, que se legitima pela presença, no caso concreto, de três requisitos concomitantes: I) a ausência de contestação (revelia), desde que o réu tenha sido regularmente citado; ii) a aplicação do efeito material da revelia; iii) a falta de requerimento de provas pelo réu em tempo oportuno.

---

65. ARAGÃO, Egas D. Moniz de. *Exegese do Código de Processo Civil*. Rio de Janeiro: AIDE, 1984. v. IV. t. I, p. 30.
66. PASSOS, José Joaquim Calmon de. *Comentários ao Código de Processo Civil* cit., v. III, p. 554; TUCCI, Rogério Lauria. *Do julgamento conforme o estado do processo*. São Paulo: José Bushatsky Ltda., 1975. p. 143-144.
67. CALMON DE PASSOS, José Joaquim. *Comentários ao Código de Processo Civil* cit., v. III, p. 556-557.

Nesse caso, a limitação da cognição encontra justificativa na desnecessidade e inutilidade de se desenvolver um procedimento de cognição plena, em face do comportamento apresentado pelo demandado. Por isso, essa técnica também pode ser inserida dentre as preocupações em construir e viabilizar a elaboração de procedimentos diferenciados, com o intuito de se encontrar alternativas para a solução dos óbices que dificultam a realização da tutela jurisdicional célere. Assim, pode o juiz aceitar os fatos verossímeis e/ou prováveis afirmados pelo autor e acolher a sua pretensão, sem que haja a necessidade de se aprofundar no conhecimento das questões de fato[68].

Todavia, não basta a mera inexistência de contestação (revelia) para o juiz julgue antecipadamente. Para tanto, é necessário que da revelia resulte a presunção de veracidade dos fatos afirmados pelo autor e não impugnados pelo réu (CPC, art. 341, 344 e 348), já que a simples ausência de contestação nem sempre implica tal consequência, a qual, por sua vez, faz com que o fato afirmado não dependa da produção de prova (CPC, art. 374, inc. IV).

Aliás, vale destacar o disposto no art. 341, inc. III, do CPC, que veda a aplicação da presunção de veracidade quando as alegações do autor estiverem em contradição com a defesa, assim considerada em seu conjunto. Desse modo, tendo o réu revel apresentado reconvenção e, por meio dela tornado os fatos controvertidos, não se aplicará o disposto no art. 355, inc. II, do CPC[69].

Portanto, a ausência de contestação não gera como efeito a *automática* concessão da tutela jurisdicional em favor do autor, pois há casos em que a presunção de veracidade não se aplica (como aquelas contidas nos arts. 341 e 345 do CPC). Igualmente, a inaplicabilidade de tal presunção pode se dar quando os fatos alegados pelo autor são impossíveis ou improváveis; ou não decorrem logicamente às consequências jurídicas pretendidas pelo demandante; quando tais fatos estiverem em contradição com a prova constante dos autos, produzida pelo próprio autor ou pelo juiz de ofício (CPC, arts. 345, inc. IV, e 370), mesmo que seja emprestada em outro processo (CPC, art. 372); e, inclusive, quando houver matérias contrárias ao autor que o juiz possa conhecer de ofício (*v.g.*, prescrição, falta de condições da ação ou de pressupostos processuais etc.; CPC, arts. 337, § 5º e 485, § 3º).

Além disso, tal presunção é *relativa*, podendo o réu, mesmo revel, comparecer nos autos e demonstrar o contrário do que foi presumido, desde que se faça representar a tempo de praticar os atos processuais indispensáveis à produção da prova (CPC, art. 349). Nesse sentido, a Súmula 231 do STF afirma que o "revel, em processo civil, pode produzir provas, desde que compareça em tempo oportuno". Logo, nada obsta o réu a corroborar a inexistência ou a ineficácia dos fatos constitutivos alegados pelo autor,

---

68. BEDAQUE, José Roberto dos Santos; CARMONA, Carlos Alberto. A posição do juiz: tendências atuais. *Revista de processo*. São Paulo, p. 107 e 109, v. 96.

69. STJ, REsp 1.335.994/SP, Rel. Min. Ricardo Villas Bôas Cueva, 3ª T., j. 12.08.2014, *DJe* 18.08.2014.

bem como a existência de fatos acerca das matérias que compõem a defesa e cujo juízo poderia conhecer de ofício (CPC, art. 337, § 5º).

Ainda, como asseverado, pode o réu ser revel (não oferecer contestação), mas apresentar reconvenção, que em seu bojo, impugna o fato constitutivo do direito do autor e formula pedido de produção de provas em tempo oportuno, impedindo assim o julgamento antecipado do mérito com fundamento no art. 355, inc. II, do CPC[70]. Ademais, o demandado pode comparecer na audiência para o saneamento do processo (CPC, art. 357, § 3º) bem como na audiência de instrução e julgamento (CPC, arts. 358-368)[71], vindo a participar tanto da organização da atividade probatória quanto da produção das provas. Contudo, após encerrada a fase instrutória, o réu revel – então regularmente citado – não pode alegar cerceamento de defesa e buscar produzir provas orais (bem como a pericial) para demonstrar que o pedido do autor não deveria ser acolhido (CPC, art. 349). No entanto, é possível que o réu revel apresente documentos, em sede de recurso de apelação, desde que pertinentes à questão debatida no litígio e expressamente analisada na sentença[72].

Também pode o juiz valer-se de seus poderes instrutórios (CPC, art. 370), sobretudo quando o réu não estiver em paridade de condições com o autor (*v.g.*, beneficiário da justiça gratuita ou questões envolvendo direitos transindividuais) ou mesmo se o revel comparecer tardiamente no processo (CPC, art. 349), alegando e provando matérias de ordem pública (sobre as quais a presunção não incide) ou demonstrando que as consequências jurídicas pretendidas pelo demandante não se impõem. Ainda, tal presunção deve ser interpretada simultaneamente com o convencimento motivado do juiz (CPC, art. 371), podendo o magistrado julgar improcedente o pedido (*v.g.*, com base no princípio da comunhão das provas, em fatos notórios, máximas da experiência e juízos de probabilidade ou na análise conjunta das alegações e das provas produzidas[73]).

Por exemplo, em sendo o réu revel, deve o juiz, em ação de desapropriação, determinar a realização de perícia técnica *ex officio* para apurar o valor da justa indenização assegurada constitucionalmente (CF, art. 5º, inc. XXIV). Tal perícia somente pode ser dispensada caso haja a expressa aquiescência do expropriado quanto ao montante da oferta inicial[74].

Na hipótese de o magistrado verificar a inocorrência do efeito da revelia, mandará que o autor *especifique* as provas que pretenda produzir em audiência, se ainda não as tiver indicado na petição inicial (CPC, art. 348). Nesse caso, o autor terá prazo de cinco dias para fazê-lo (CPC, art. 218, § 3º), sob pena de perder o direito à prova (preclusão).

---

70. STJ, REsp 1.335.994/SP, Rel. Min. Ricardo Villas Bôas Cueva, 3ª T., j. 12.08.2014, *DJe* 18.08.2014.
71. STF, RE 75.027, Rel. Min. Thompson Flores, 2ª T., j. 23.03.1973, *DJ* 04.05.1973, p. 965.
72. STJ, REsp 235.315/SP, Rel. Min. Barros Monteiro, 4ª T., j. 02.08.2001, *DJ* 19.11.2001, p. 278.
73. STJ, AgInt no REsp 1601531/DF, Rel. Min. Paulo de Tarso Sanseverino, 3ª T, j. 14.11.2017, *DJe* 29.11.2017.
74. STJ, AgRg no REsp 993.680/SE, Rel. Min. Herman Benjamin, 2ª T., j. 19.02.2009, *DJe* 19.03.2009; REsp 686.901/BA, Rel. Min. Castro Meira, 2ª T., j. 18.05.2006, *DJ* 30.05.2006, p. 140.

Em se tratando de seara probatória, é altamente recomendável, facilitando consideravelmente o trabalho do juízo, que o demandante não apenas indique genericamente qual será o meio de prova que pretende produzir (*v.g.*, prova pericial), mas que procure especificá-la com a maior acuidade possível (*v.g.*, qual espécie de perícia pretende realizar: *v.g.*, médica, contábil, de engenharia), afirmando objetivamente quais serão os pontos de fato que se quer demonstrar com o meio probatório escolhido. Se pretender a realização da prova testemunhal, o rol pode ser apresentado no prazo de 15 dias, a partir da decisão de saneamento e organização do processo (CPC, art. 357, § 4º).

Se o juiz julgar antecipadamente o mérito, mas a hipótese não estiver sujeita ao efeito material da revelia (*v.g.*, infringência aos arts. 341 e 345 do CPC), a sentença deve ser considerada nula, a não ser que o Tribunal ao qual o juízo esteja subordinado, afastada a presunção legal de veracidade, possa confirmar ou reformar essa decisão, reexaminando as provas documentais produzidas pelo autor e consideradas pelo juízo *a quo* (hipótese em que a sentença, apesar do julgamento antecipado, também avalia as provas pré-constituídas). Por outro lado, verificando o Tribunal a necessidade da produção de provas orais, pelo autor, para proporcionar a *cognição plena* da causa, deve-se anular a sentença, propiciando ao litigante todas as oportunidades de que dispõe para influir no convencimento do juiz, efetivando, destarte, o seu direito à prova *constituenda*.

5.5.3.3. *Julgamento antecipado do mérito e cerceamento de defesa*

O julgamento antecipado do mérito não pode acarretar, seja para o autor seja para o réu, a indevida restrição do direito à efetiva produção da prova. Sendo a prova admissível, pertinente e relevante, além da utilidade na produção da prova para a solução da questão controvertida existente nos autos, o juiz deve oportunizar a realização da prova, sob pena de incorrer em *cerceamento de defesa*[75].

Com efeito, não ocorre cerceamento de defesa, abrindo-se a possibilidade de julgamento antecipado do mérito, quando as provas pré-constituídas forem, *per si, suficientes* para o julgamento da causa ou quando as provas orais forem *desnecessárias* a influir decisivamente na solução do litígio e não forem *imprescindíveis* à boa realização da justiça. Logo, não é necessário que o juiz anuncie previamente que irá aplicar o art. 355 do CPC, já que isso não compromete nem o contraditório nem os direitos de defesa (cf. Enunciado 27 da I Jornada de Direito Processual Civil, promovido pelo Conselho da Justiça Federal). Ademais, para que reste caracterizado o cerceamento de defesa é preciso que o pronunciamento do juiz cause *gravame* ou *prejuízo* a uma das partes[76].

Em contrapartida, é defeso ao juiz impedir a produção de provas, sob o pretexto de julgar antecipadamente o mérito, e, em momento ulterior, vir a rejeitar a pretensão ou a exceção, por falta de provas, quando a parte, em instante oportuno, requereu a realização

---

75. STJ, REsp 13.515/PR, Rel. Min. Sálvio de Figueiredo Teixeira, 4ª T., j. 04.05.1993, *DJ* 07.06.1993, p. 11.261.
76. JUNOY, Joan Picó i. *El derecho a la prueba en el proceso civil* cit., p. 148-156; STJ, AgRg no REsp 1.454.129/BA, Rel. Min. Benedito Gonçalves, 1ª T., j. 23.06.2015, *DJe* 04.08.2015.

dessas provas[77]. Nesse sentido, o Enunciado 297 do FPPC estabelece: "O juiz que promove julgamento antecipado do mérito por desnecessidade de outras provas não pode proferir sentença de improcedência por insuficiência de provas". De igual modo, o art. 17, § 10-F, inc. II, da Lei 8.429/92 (com a redação dada pela Lei 14.230/2021) estabelece que é nula a decisão de mérito total ou parcial da ação de improbidade administrativa que condenar o requerido sem a produção das provas por ele tempestivamente especificadas (desde que, por evidente, se trate de provas pertinentes e relevantes *a contrario sensu* do art. 370, par. ún., CPC).

Se a decisão judicial incorrer em cerceamento de defesa, não resta dúvida de que deve ser considerada eivada de nulidade absoluta, já que a violação do direito à prova, por ser corolário das garantias da ação, da defesa e do contraditório, todas instituídas no interesse da ordem pública, resulta na infringência flagrante à Constituição.

Nesses casos, o Tribunal, deparando-se com a situação de *error in procedendo*, deve, primeiramente, anular a decisão para que, ulteriormente, seja proferido outro provimento jurisdicional em seu lugar. Assim, não pode o juízo *ad quem*, utilizando-se de sua prerrogativa revisional, simplesmente reformar a sentença atacada, pois, assim, violar-se-ia a cláusula do *due process of law* além da garantia do duplo grau de jurisdição.

Dessa forma, permite-se que a prova considerada relevante seja produzida no juízo *a quo* para que o magistrado, após valorá-la, forme a sua convicção e emita o provimento judicial, o qual, então, estará suscetível ao novo controle recursal[78]. Só não deverá o Tribunal, por óbvio, anular a sentença por cerceamento de defesa, quando o julgamento antecipado for favorável à parte cujo direito à prova tenha sido prejudicado; aliás, este é o princípio da instrumentalidade das formas, consagrado, expressamente, no art. 282, § 2º, do CPC ("Quando puder decidir o mérito a favor da parte a quem aproveite a declaração da nulidade, o juiz não a pronunciará nem mandará repetir o ato, ou suprir-lhe a falta")[79]. Vale dizer, se a demanda tiver sido julgada procedente, mesmo sem as provas que o autor havia requerido, desnecessária é a anulação da sentença.

Portanto, encontrando-se o juiz em dúvida entre promover o julgamento antecipado do mérito ou em se privilegiar o direito à prova, o magistrado deve conferir à parte a oportunidade de provar as suas alegações, sob pena de causar *cerceamento de defesa*. Dessa forma, não deve o julgador indeferir provas pertinentes e úteis à defesa, porque já se convenceu do contrário (prejulgamento).

Questão de interessante reflexão é a possibilidade do juiz, após ter saneado o processo, rever a sua decisão e julgar antecipadamente o mérito (preclusão *pro iudicato*). Afirmar que a preclusão igualmente aplicar-se-ia para o juiz, que já não pode mais julgar anteci-

---

77. STJ, AgRg no REsp 1.415.970/MT, Rel. Min. Nancy Andrighi, 3ª T., j. 07.08.2014, *DJe* 15.08.2014.
78. TARZIA, Giuseppe. Problemi del contraddittorio nell'istruzione probatoria civile. *Rivista di diritto processuale civile*, 1984. p. 647. Nota 20; DINAMARCO, Cândido Rangel. Julgamento antecipado do mérito. *Fundamentos do processo civil moderno*. 3. ed. São Paulo: Malheiros, 2000. v. II, p. 1.036-1.039.
79. STJ, REsp 609.329/PR, Rel. Min. Raul Araújo, 4ª T., j. 18.12.2012, *DJe* 07.02.2013.

padamente, é superdimensionar o princípio dispositivo, distanciando-se da dimensão publicista, pela qual o processo civil se desenvolve por impulso oficial (CPC, art. 2º).

A concentração dos atos processuais, como técnica de agilização da prestação jurisdicional, exige que o juiz assuma um papel mais proativo. O moderno princípio da cooperação entre os juízes e as partes (CPC, art. 6º), instituído como um dos postulados do processo social, implica a concessão, ao órgão judicial, de poderes pertinentes tanto a *direção formal* (isto é, cabe a ele tomar a iniciativa de praticar ou mandar praticar um – ou uma série – de atos destinados à apreciação de determinadas questões, em vez de esperar que os litigantes suscitem) quanto de *direção material* (ou seja, o juiz, mediante esclarecimentos, informações ou até sugestões às partes, tem uma margem de interferência na determinação dos termos do litígio)[80].

O convencimento posterior do magistrado quanto a desnecessidade da instrução probatória não pode ser um óbice a efetivação do método concentrado. O impedimento do juiz em rever sua posição anterior (preclusão *pro iudicato*) redundaria na realização de atividades processuais inúteis, com manifesto prejuízo ao direito fundamental à razoável duração do processo (CF, art. 5º, inc. LXXVIII; CPC, art. 4º) e infringência do dever do magistrado em velar pela rápida solução do litígio (CPC, art. 139, inc. II).

Ademais, inexiste regra jurídica que vise proibir a reapreciação pelo juiz, no curso do processo, das questões anteriormente decididas (evidentemente, o art. 505, *caput*, do CPC, ao impedir que o juiz decida novamente as questões já decididas relativamente a mesma lide, isto é, ao "mérito", é uma forma de proteger a autoridade da coisa julgada material, não se estendendo às decisões interlocutórias que versam sobre questões preliminares ou atinentes à atividade probatória).

Além disso, a preclusão *pro iudicato* seria um empecilho à aplicação do método concentrado, pois, em termos práticos, impediria que o juiz que assumisse o feito após o saneamento (*v.g.*, quando o primeiro magistrado fosse removido, promovido, estivesse de férias, de licença, se aposentasse etc.), pudesse, com evidente economia e celeridade processuais, se convencer de que, diversamente da conclusão do magistrado que até então presidia o processo à época da fase ordinatória, o processo merece julgamento antecipado. Caso contrário, restaria prejudicado o princípio do convencimento motivado do juiz (CPC, art. 371)[81].

5.5.3.4. Julgamento antecipado parcial de mérito

O CPC, no art. 356, ao se admitir o julgamento antecipado parcial do mérito, rompeu definitivamente com o princípio da unidade e da unicidade do julgamento,

---

80. MOREIRA, José Carlos Barbosa. *Saneamento do processo e audiência preliminar* cit., p. 134.
81. STJ, AgInt no AREsp 622.577/RJ, Rel. Min. Marco Buzzi, 4ª T., j. 12.09.2017, *DJe* 15.09.2017; AgRg no AREsp 550.295/RJ, Rel. Min. Raul Araújo, 4ª T., j. 01.06.2017, *DJe* 14.06.2017; AgRg no REsp 1517891/ES, Rel. Min. Humberto Martins, 2ª T., j. 06.08.2015, *DJe* 17.08.2015; AgRg no AREsp 18.009/MT, Rel. Min. Maria Isabel Gallotti, 4ª T., j. 27.05.2014, *DJe* 06.06.2014.

pelo qual não poderia haver o julgamento fracionado do mérito do processo. Com isso, promove-se as garantias constitucionais da efetividade da prestação jurisdicional (CF, art. 5º, inc. XXXV) e da duração razoável do processo (CF, art. 5º, inc. LXXVIII).

O CPC/1973, no art. 273, § 6º, previa a concessão de tutela antecipada quando um ou mais dos pedidos cumulados, ou parcela deles, mostrasse incontroverso. A partir dessa regra jurídica, abria-se o leque de discussão no tocante a possibilidade de se conceber uma decisão parcial sobre o mérito, pois o pedido, integral ou parcialmente, era julgado não com fundamento em juízo de probabilidade, mas sim com base em cognição exauriente. Apesar dessa técnica processual não ser de urgência, o STJ afirmava que tal tutela não poderia ficar imunizada pela coisa julgada material[82].

Entretanto, pelo CPC, a decisão de mérito não mais sujeita a recurso que julgar total ou parcialmente o mérito faz coisa julgada (CPC, arts. 502 e 503). Observe-se que o CPC, em relação ao CPC/1973 (arts. 467 e 468), não mais restringe a coisa julgada a eficácia que torna imutável e indiscutível a *sentença*. Portanto, pela ampliação do objeto da prestação jurisdicional, as decisões interlocutórias, fundadas em cognição exauriente, também transitam em julgado.

Logo, tais *decisões* de mérito, e não apenas as *sentenças* de mérito (tal como ocorria no art. 485 do CPC/1973), podem ser anuladas ou modificadas mediante o ajuizamento de ação rescisória (CPC, art. 966).

O julgamento antecipado parcial do mérito é possível quando um ou mais dos pedidos formulados ou parcela deles mostrar-se incontroverso e/ou estiver em condições de imediato julgamento pelo art. 355 do CPC[83]. Entenda-se que um pedido ou parcela dele se torna incontroverso quando não for contestado pelo réu. Assim, na hipótese de cúmulo simples (CPC, art. 327), se o autor formula dois pedidos (*v.g.*, condenação em danos materiais e danos morais), mas o réu deixa de impugnar um deles (*v.g.*, danos morais), este se torna incontroverso. Ou se o autor requer a condenação do réu ao pagamento de R$ 1.000.000,00 e o réu afirma que deve somente R$ 600.000,00, esta parcela é considerada incontroversa, sendo passível de julgamento imediato.

Porém, não basta que um dos pedidos ou parcela dele seja incontroverso, pois, para o julgamento antecipado parcial do mérito, é também imperioso que não haja a necessidade de produção de prova ou que o réu (CPC, arts. 341 e 345), mesmo que revel, não tenha requerido a sua produção (CPC, art. 349). Desse modo, se o litígio versar sobre direitos indisponíveis (CPC, art. 345, inc. II), mesmo o pedido se tornando incontroverso, pela inércia do réu, será indispensável que o autor demonstre os fatos constitutivos de seu direito (CPC, art. 373, inc. I).

Observe-se, ainda, que o pedido não se torna incontroverso quando houver o cúmulo, seja ele subsidiário (CPC, art. 326, *caput*) ou alternativo de pedidos (CPC,

---

82. STJ, REsp 1.234.887/RJ, Rel. Min. Ricardo Villas Bôas Cueva, 3ª T., j. 19.09.2013, *DJe* 02.10.2013.
83. MEDINA, José Miguel Garcia. *Novo Código de Processo Civil comentado*: com remissões e notas comparativas ao CPC/1973 cit., p. 597.

art. 326, par. ún.) e o réu não impugnar o pedido secundário, na primeira hipótese, ou deixar de contestar um dos pedidos alternativos, na segunda hipótese. Isso porque na cumulação subsidiária há um pedido principal e outro secundário: o autor pretende o primeiro pedido, devendo o juiz analisar o segundo somente se não conceder o primeiro. Neste sentido, vale ressaltar o Enunciado 287 do FPPC: "O pedido subsidiário somente pode ser apreciado se o juiz não puder examinar ou expressamente rejeitar o principal". Já na cumulação alternativa não há hierarquia entre os pedidos, o que faz com que o autor se satisfaça com o acolhimento de qualquer um deles; consequentemente, a não impugnação de um pedido, não desobriga o juiz há analisar o outro.

Porém, mesmo tendo havido a impugnação do pedido principal ou um dos pedidos alternativos, é possível o julgamento antecipado integral do mérito, quando presentes os requisitos do art. 355 do CPC.

Ademais, quando a cumulação for sucessiva, o autor pede o acolhimento de vários pedidos sendo os posteriores consequência dos anteriores. Por exemplo, o pedido de rescisão contratual cumulado com o de reintegração de posse: concedido o primeiro pedido, o juiz deve apreciar o segundo, nesta ordem lógica. Se o réu impugnar apenas o pedido de rescisão contratual, não poderá o juiz aplicar a técnica contida no art. 356 do CPC em relação ao pedido de reintegração de posse, pois a análise de tal pedido depende o acolhimento do primeiro. Por outro lado, não impugnado o pedido de rescisão contratual, o juiz pode julgá-lo antecipadamente, por estar incontroverso.

Nos processos suspensos, em razão de recursos repetitivos, repercussão geral, incidentes de demandas repetitivas ou incidente de assunção de competência, o juiz pode resolver parcialmente o mérito, em relação à matéria não afetada para julgamento (Cf. Enunciado 126 da II Jornada de Direito Processual Civil, promovida pelo Conselho da Justiça Federal).

Com efeito, o art. 356 do CPC reconhece que pedidos ou parcela de pedidos possam amadurecer em momentos processuais distintos, seja por não haver controvérsia sobre a questão, seja pela desnecessidade de produção de provas[84]. Trata-se, pois, de técnica de aceleração do procedimento e de prestação jurisdicional célere e efetiva, uma vez que permitem que questões sejam solucionadas por meio de decisão parcial de mérito com aptidão para a formação de coisa julgada.

A decisão que julga parcialmente o mérito é de natureza interlocutória, sendo passível de impugnação pela via do agravo de instrumento (CPC, arts. 356, § 5º, 1.015, inc. II). Saliente-se que as decisões parciais de mérito são impugnáveis, desde logo, pelo agravo de instrumento; em outras palavras: de cada decisão que resolve uma parte do mérito cabe, imediatamente, novo agravo. Por exemplo, em ação cautelar de arrolamento de bens, posteriormente aditada para divórcio e partilha de bens, a decisão que fixa a data da separação de fato para efeitos de partilha pode ser, imediatamente, agravada, sem

---

84. STJ, REsp 1798975/SP, Rel. Min. Nancy Andrighi, 3ª T., j. 02.04.2019, *DJe* 04.04.2019.

prejuízo de outras decisões futuras de mérito[85]. Outro exemplo: cabe agravo de instrumento contra a decisão interlocutória que acolhe ou afasta a arguição de impossibilidade jurídica do pedido, pois a possibilidade jurídica do pedido, no CPC – diferentemente do CPC/73 (art. 267, inc. VI), em que figurava como uma das condições da ação – é uma parcela do mérito em discussão no processo, suscetível de decomposição e que pode ser examinada em separado dos demais fragmentos que o compõem[86]. Logo, a decisão interlocutória que versar sobre essa matéria, seja para acolher a alegação, seja também para afastá-la, poderá ser objeto de impugnação imediata por agravo de instrumento (CPC, art. 1.015, II, CPC/2015).

Frise-se que decisão parcial de mérito não se confunde com o conceito de sentença, pois o julgamento parcial do mérito não põe fim à fase cognitiva do procedimento comum, e, portanto, não se encaixa na definição do art. 203, § 1º, do CPC.

Por outro lado, como pelo art. 356, *caput*, incs. I e II, e § 5º, do CPC, o juiz decidirá parcialmente o mérito quando um ou mais dos pedidos formulados ou parcela deles mostrarem-se incontroversos ou estiverem em condições de imediato julgamento, nos termos do art. 355, se a decisão não ingressa no mérito, mas apenas defere ou não a produção de provas (*v.g.*, testemunhal e/ou pericial), não é cabível a sua impugnação por agravo de instrumento, com fundamento no art. 1.015, inc. II, do CPC[87].

Ademais, o julgamento antecipado do mérito não é impedido em razão do reconhecimento de obrigação ilíquida (CPC, arts. 356, § 1º, e 491; Enunciado 512 do FPPC). Nesta hipótese, a parte poderá liquidar a obrigação desde logo, em autos apartados, independentemente de caução, ainda que não tenha havido trânsito em julgado (CPC, art. 356, § 2º e 4º).

A ausência de trânsito em julgado não impede o cumprimento da decisão que julgar parcialmente o mérito, que também se dará em autos provisórios (CPC, art. 356, § 2º e 4º). Neste caso, contudo, é indispensável que a obrigação seja líquida ou já tenha sido liquidada.

Porém, interposto o agravo de instrumento o relator pode, no prazo de cinco dias, conceder o efeito suspensivo ou antecipar, total ou parcialmente, a tutela recursal (CPC, art. 1.019, inc. I). Se for concedido o efeito suspensivo, a decisão que julgou parcialmente antecipado o mérito não poderá ser objeto de liquidação ou de cumprimento provisório até o julgamento do mérito recursal.

Transitada em julgada a decisão que julga parcialmente o mérito, a execução será definitiva (CPC, art. 356, § 3º). Isso porque, para a caracterização do título executivo judicial, não é mais necessário que o juiz profira sentença de mérito (CPC/1973, art. 475-N), tendo força executiva todas as decisões proferidas no processo civil que re-

---

85. STJ, REsp 1798975/SP, Rel. Min. Nancy Andrighi, 3ª T., j. 02.04.2019, *DJe* 04.04.2019.
86. STJ, REsp 1.757.123/SP, Rel. Min. Nancy Andrighi, 3ª T., j. 13.08.2019, *DJe* 15.08.2019.
87. STJ, AgInt no AREsp 1.411.485-SP, Rel. Min. Marco Aurélio Bellizze, 3ª T., j. 1º.07.2019, *DJe* 06.08.2019.

conheçam a exigibilidade de obrigação de pagar quantia, de fazer, de não fazer ou de entregar coisa (CPC, art. 515, inc. I).

5.6. SANEAMENTO E ORGANIZAÇÃO DO PROCESSO

5.6.1. Introdução

Suplantada a fase ordinatória e constatando o juiz que o processo não se enquadra no caso de extinção do processo (CPC, art. 354) nem de julgamento antecipado do mérito (CPC, art. 355), estará ele autorizado a adentrar na seara do saneamento e da organização do processo (CPC, art. 357).

5.6.2. Objeto

No saneamento e na organização do processo, podem ser realizados os seguintes atos (CPC, art. 357): I) decidem-se *eventuais questões processuais pendentes*; II) se o processo não for extinto desde logo nesse momento, *fixam-se os pontos de fato* a serem objeto de prova; III) determinam-se os *meios de prova* admitidos; IV) define-se a distribuição do ônus da prova, com observância na regra do art. 373 do CPC; V) delimitam-se as questões de direitos relevantes para a decisão de mérito; VI) designa-se, se necessário, dia e hora para a audiência de instrução e julgamento.

Porém, o rol do art. 357 do CPC não exaure o conteúdo possível da decisão de saneamento e organização do processo (Cf. Enunciado 28 da I Jornada de Direito Processual Civil, promovido pelo Conselho da Justiça Federal).

Nesse momento, busca-se o amplo aprumo e refinamento das questões processuais remanescentes, bem como a organização da atividade probatória (a qual implica: I – a fixação dos pontos controvertidos ou a delimitação do seu *objeto*; II – o esclarecimento das partes sobre os ônus da prova, inclusive com a possibilidade de determinação, se for o caso, da inversão do *onus probandi*; III – a determinação de quais meios de prova devem ser realizados, com a designação, se necessário, de audiência de instrução e julgamento).

5.6.3. Saneamento do processo

A função saneadora visa a correção de defeitos capazes de acarretar nulidade ou, de qualquer forma, desviar a atenção do juiz quanto a matéria referente ao *meritum causae*. Logo, cabe a ele declarar saneado o processo a partir do momento em que se verifica o respectivo suprimento ou a convalidação de eventuais irregularidades ou nulidades, para, somente depois disso, determinar a fixação dos pontos controvertidos e delimitar as atividades instrutórias[88].

---

88. STJ, REsp 27.176/RS, 3ª T., Rel. Min. Eduardo Ribeiro, v.u., j. 25.09.1992, *DJ* 26.10.1992, p. 19.050.

Observa-se, pois, que, nesse momento, ocorre apenas uma *declaração* de saneamento do processo, uma vez que a correção das irregularidades e das nulidades sanáveis é determinada pelo juiz antes desse momento processual, quando ocorrem as *providências preliminares*. Isso em cumprimento estrito do disposto no art. 352 do CPC, pelo qual: *verificando a existência de irregularidades ou de vícios sanáveis, o juiz determinará sua correção em prazo nunca superior a 30 (trinta) dias.*

Apesar disso, pelo art. 357, inc. I, do CPC, o magistrado está autorizado a julgar as *questões processuais* que ainda estiverem *pendentes*, incluídas não somente aquelas que digam respeito aos vícios sanáveis, mas eventualmente a outras de ordem pública, como a incompetência absoluta, à litispendência ou à coisa julgada (CPC, art. 337, § 5º).

Quando o exame das matérias preliminares se confundirem com o mérito, sendo necessária prévia instrução probatória, o juiz pode postergar o julgamento das questões processuais pendentes, sem que isto caracterize nulidade da decisão saneadora[89].

Sanear o processo significa declará-lo regular e, portanto, em condições de prosseguir. Tal decisão se dá por escrito, salvo se a causa apresentar complexidade em matéria de fato ou de direito, a exigir que o juiz designe audiência para o saneamento do feito, em cooperação com as partes, a fim de que elas possam integrar ou esclarecer suas alegações (CPC, art. 357, § 3º).

A designação de audiência para a realização do *saneamento compartilhado* valoriza o princípio da colaboração processual (CPC, art. 6º), estimulando o diálogo entre as partes e o juiz, além de prevenir inconsistências e defeitos nas postulações ou equívocos na comunicação entre os sujeitos processuais. Promove o contraditório e, com isso, permite a melhor elucidação dos fatos controvertidos, pelo exercício do direito à prova, sendo uma ótima oportunidade para que o magistrado, se for o caso, inverta o ônus da prova, bem como evite que as partes sejam surpreendidas por sentenças que apliquem o ônus da prova como regra de julgamento.

O processo cooperativo (CPC, art. 6º), ao superar as dificuldades tanto do modelo inquisitorial quanto do adversarial, por adotar uma perspectiva policêntrica e comparticipativa, em que nenhum dos sujeitos processuais é protagonista no diálogo processual, faz com que todos tenham de colaborar entre si para que o processo seja uma comunidade argumentativa de trabalho, com a finalidade de que se obtenha, em tempo razoável, uma resolução justa e efetiva para o litígio (CPC, art. 4º)[90].

Porém, não basta a existência da moderna técnica processual do saneamento compartilhado para a obtenção de resultados eficientes; sem a cooperação de magis-

---

89.   .STJ, REsp 1.945.660/SP, Rel. Min. Benedito Gonçalves, 1ª T., j. 04.10.2022, DJe 10.10.2022.

90.   MOREIRA, Rogério de Meneses Fialho. *Os deveres do juiz como destinatário do princípio da cooperação no processo civil e os limites da imparcialidade*. Disponível em: [https://www.migalhas.com.br/depeso/354659/juiz-como-destinatario-do-principio-da-cooperacao-no-processo-civil]. Acesso em: 07.10.2022.

trados, advogados e, eventualmente, até das próprias partes o método concentrado está fadado ao fracasso[91].

Em razão dos benefícios do saneamento compartilhado, a audiência de saneamento e organização do processo, em cooperação com as partes, pode ocorrer independentemente da causa ser complexa (Cf. Enunciado 298 do FPPC), e ser realizada ainda que seja apenas com o objetivo de fixação de calendário (CPC, art. 191) para fase de instrução e decisão (Cf. Enunciado 299 do FPPC).

Por outro lado, não se impede que nessa audiência o juiz se convença, a partir do diálogo com as partes, ser caso de extinção do processo com fundamento no art. 354 do CPC ou mesmo de julgamento antecipado, integral ou parcial, do mérito (CPC, arts. 355 e 356). Não há, pois, preclusão *pro iudicato* para que o magistrado assim proceda.

Declarado saneado o processo e resolvidas as questões processuais pendentes, o juiz está em condições de proceder à *organização das atividades processuais*, nas quais estão abrangidas, as atividades de: I) a delimitação das questões de fato sobre as quais recairá a atividade probatória (ou seja, decide-se *o que* discutir); II) a determinação das provas que se produzirão (isto é, decide-se *como* provar); III) a definição da distribuição do ônus da prova, observado o disposto no art. 373 do CPC; IV) a designação, se necessário, da audiência de instrução e julgamento; V) a delimitação das questões de direito relevantes para a decisão de mérito.

5.6.4. Organização da prova

Preparar as atividades que antecedem à instrução da causa é função precípua do juiz, que deve estimular às partes a provar somente os fatos realmente relevantes para o julgamento da causa. Para isso, o magistrado deve promover e participar diretamente do *diálogo* com os advogados, os Defensores Públicos, os Membros do Ministério Público e as partes (CPC, art. 6º). A intervenção do juiz, nas atividades de preparação da instrução, não é somente *oportuna*, porque assegura uma mais eficiente prestação jurisdicional, dando-se maior efetividade às garantias constitucionais do contraditório e da ampla defesa, como também é *imprescindível* à celeridade e à justiça da decisão[92].

Contudo, no desempenhar dessa tarefa, o magistrado não pode antecipar o julgamento, mas apenas se concentrar na fixação do *thema probandum*, com o mero intuito de evitar atividades processuais que sejam, *a priori*, completamente inúteis para a compreensão e a elucidação da causa. Se não incorrer no equívoco de prejulgar a *res in iudicium deducta*, sem dar a prévia oportunidade para que as partes argumentem e exercitem o seu direito à prova, estará intacta a sua posição de *imparcialidade*. Assim, para que a decisão seja justa, o magistrado não pode ter nenhum interesse na causa, embora isso não signifique distanciar-se a ponto de ser indiferente à rápida e adequada

---

91. MOREIRA, José Carlos Barbosa. *Saneamento do processo e audiência preliminar* cit., p. 143-144.
92. CARNELUTTI, Francesco. *Sistema di diritto processuale civile*. Padova: Cedam, 1936. v. III, p. 119.

solução do litígio, que lhe demanda participar da fixação dos pontos controvertidos e da determinação das provas a serem produzidas (CPC, arts. 139, inc. II, c/c 357, inc. II).

No modelo processual cooperativo (CPC, art. 6º), o processo é uma comunidade argumentativa de trabalho, em que o magistrado possui o dever geral de engajamento, além de deveres específicos (de esclarecimento, de debate, de prevenção e de auxílio às partes), atuando como sujeito ativo do diálogo processual. Para não comprometer o princípio da imparcialidade, a cooperação do órgão judicial com a rápida e eficiente solução do litígio (CPC, art. 4º) deve ser paritária, isto é, sem favorecimento indevido a uma das partes, em prejuízo da outra[93].

Na *organização* da prova, deve o juiz:

a) *fixar os pontos controvertidos* (ou esclarecer o objeto da prova);

Em sua atuação, o órgão judicial pode exercer tanto uma função *esclarecedora* (na medida em que dirime dúvidas quanto ao objeto do litígio, aos pedidos das partes, à identificação dos pontos controvertidos etc.) quanto uma função *instrutória* (determinar os fatos que devem constituir o objeto da atividade instrutória e dos meios de prova a serem utilizados; eventualmente, e na medida do possível, proceder a colheita imediata da prova ou, caso contrário, tomar as providências que a preparem).

Entretanto, como na decisão de saneamento e de organização do processo, o juiz tem apenas uma visão superficial daquilo que vai ser demonstrado, podendo rever, posteriormente, aquilo que havia sido fixado como sendo ponto controvertido para incluir fatos que não foram considerados relevantes, sem que tal comportamento esteja vedado pela preclusão *pro iudicato* (CPC, arts. 370 e 371).

Ademais, a decisão do saneamento do processo não afasta a incidência do art. 493 do CPC, pelo qual, se depois da propositura da ação (inclusive, na instância extraordinária, se houver o devido prequestionamento)[94], algum fato constitutivo, modificativo ou extintivo do direito influir no julgamento do mérito, o juiz, desde que isso não acarrete a alteração do pedido e da causa de pedir (CPC, art. 329)[95], deve tomá-lo em consideração, de ofício ou a requerimento da parte, no momento de proferir a decisão (Cf. Enunciado 631 do FPPC). Tal regra vista manter a atualidade do pronunciamento judicial. Por exemplo, candidato excluído de concurso público obtém liminar para ter acesso à prova e, após a concessão da ordem judicial, verifica a ocorrência de erros materiais na distribuição dos pontos e requer a pontuação respectiva, argumentação esta

---

93. MOREIRA, Rogério de Meneses Fialho. *Os deveres do juiz como destinatário do princípio da cooperação no processo civil e os limites da imparcialidade*. Disponível em: [https://www.migalhas.com.br/depeso/354659/juiz-como-destinatario-do-principio-da-cooperacao-no-processo-civil]. Acesso em: 07.10.2022.

94. STJ, REsp 1478254/RJ, Rel. Min. Luis Felipe Salomão, 4ª T., j. 08.08.2017, *DJe* 04.09.2017; AgRg no REsp 862.628/RS, Rel. Min. Luiz Fux, 1ª T., j. 03.08.2010, *DJe* 19.08.2010.

95. STJ, AgRg no REsp 1116836/MG, Rel. Min. Luiz Fux, 1ª T., j. 05.10.2010, *DJe* 18.10.2010.

que deve ser levada em consideração pelo órgão judicial na solução da demanda[96]. Caso o magistrado constate de ofício o fato novo, as partes devem ser previamente ouvidas (CPC, arts. 10 e 493, par. ún.).

b) *elucidar os onus probandi*, segundo dispõe a regra do art. 373 do CPC, e, se for o caso, inverter o ônus da prova;

Como regra, adota-se a distribuição estática da prova, pela qual cabe ao autor o ônus de provar o fato constitutivo de seu direito (CPC, art. 373, inc. I), na exata medida que compete ao réu o respectivo ônus de comprovar os fatos impeditivos, modificativos ou extintivos do direito do autor (CPC, art. 373, inc. II).

Nos casos previstos em lei (*v.g.*, com fundamento no art. 6º, inc. VIII, do CDC) ou diante de peculiaridades da causa relacionadas à impossibilidade ou à excessiva dificuldade de cumprir o art. 373, incs. I ou II, do CPC ou à maior facilidade de obtenção da prova do fato contrário (aplicação da teoria da distribuição dinâmica do ônus da prova), o juiz poderá atribuir o ônus da prova de modo diverso, desde que o faça por decisão fundamentada para dar oportunidade para que a parte possa exercer o direito à prova (CPC, art. 373, § 1º).

Aliás, a fase ordinatória, inclusive com a designação de audiência específica (CPC, art. 357, § 3º), é uma ótima oportunidade para se dar efetividade preventiva à garantia constitucional do contraditório (CPC, art. 10), estimulando o diálogo entre os sujeitos processuais e evitando que as partes sejam surpreendidas por sentenças que, aplicando o ônus da prova como regra de julgamento, não deem a devida oportunidade para poderem os litigantes exercer o seu direito à prova[97].

Em assim sendo, deve o juiz promover, se for o caso, a inversão do ônus da prova nesse momento processual (CPC, art. 357, inc. III), porque, com isso, ocorre a individualização subjetiva do *onus probandi*, no curso da fase instrutória da causa, ficando as partes cientes não somente dos fatos que devem ser demonstrados, mas também qual delas está incumbida dos *riscos* pela ausência da atividade probatória[98].

Desse modo, não se prestigia um tipo de *decisão sem prova*, baseada na determinação apriorística de que a parte não beneficiada pela inversão do ônus da prova deve sucumbir, já que isso representaria a indevida restrição do direito à prova contrária, porque restaria cerceada a sua possibilidade de influir no convencimento judicial[99].

---

96. STJ, AREsp 1092759/GO, Rel. Min. Benedito Gonçalves, 1ª T., j. 27.06.2017, *DJe* 10.08.2017.
97. STJ, REsp 802.832/MG, Rel. Min. Paulo de Tarso Sanseverino, 2ª Seção, j. 13.04.2011, *DJe* 21.09.2011.
98. DENTI, Vittorio. L'inversioni dell'onere della prova: rilievi introduttivi. *Rivista trimestrale di diritto e procedura civile*. p. 713. 1992; STJ, AgRg no REsp 1.186.171/MS, Rel. Min. Luis Felipe Salomão, 4ª T., j. 21.05.2015, *DJe* 27.05.2015.
99. TARUFFO, Michele. Presunzioni, inversioni, prova del fatto. *Rivista di diritto processuale civile*. p. 750-751 e 754-755. 1992.

Portanto, evita-se o risco de a regra de inversão do ônus da prova ser conhecida somente no momento da sentença, dando ampla transparência ao procedimento, além de conferir maiores oportunidades para que, podendo a parte a quem incumbe o ônus invertido produzir a prova, o magistrado consiga obter critérios mais seguros para o julgamento, aumentando as chances de efetivação de uma decisão justa.

É, enfim, um modo de valorizar o princípio da colaboração processual entre o juiz e as partes (CPC, art. 6º)[100], favorecendo uma melhor instrução da causa pelo estímulo do contraditório.

Da decisão que acolhe ou rejeita a inversão do ônus da prova, nos termos do art. 373, § 1º, do CPC, cabe agravo de instrumento (CPC, art. 1.015, inc. XI)[101]. Nada impede, contudo, que tal inversão do ônus da prova se dê em segundo grau de jurisdição, quando o Tribunal, para evitar o cerceamento de defesa, deve remeter os autos ao juízo *a quo*, a fim de que seja reaberta a fase instrutória.

c) *definir quais meios de prova* devem ser produzidos;

A determinação dos meios de prova, pelo juiz, quando do saneamento e da organização do processo (CPC, art. 357, inc. II), facilita o trâmite processual, evita diligências inúteis e impede o uso protelatório do processo.

Contudo, se durante a instrução probatória, surgem questões novas ou não percebidas até aquele momento, isso não impede a determinação posterior da prova. Afinal, a determinação dos meios de prova diz respeito à própria atividade jurisdicional (na medida que recai sobre o convencimento do juiz e, consequentemente, à própria justiça da decisão), não ocorrendo a preclusão *pro iudicato*, por se tratar de uma questão de ordem pública, que merece o mesmo tratamento dado às condições da ação e dos pressupostos processuais, bem como as nulidades absolutas (CPC, arts. 278, parágrafo único, 337, § 5º e 485, § 3º)[102].

---

100. MOREIRA, José Carlos Barbosa. A função social do processo civil moderno e o papel do juiz e das partes na direção e na instrução do processo. *Revista de processo*. v. 37, p. 148-149; GRASSO, Eduardo. La collaborazioni nel processo civile. *Rivista di diritto processuale*. p. 584-586. 1966.

101. Nesse sentido, estabelece o Enunciado 72 da I Jornada de Direito Processual Civil, organizada pelo Conselho Federal da Justiça Federal: "É admissível a interposição de agravo de instrumento tanto para a decisão interlocutória que rejeita a inversão do ônus da prova, como para a que a defere".

102. Nesse sentido, dispõe o Enunciado 29 da I Jornada de Direito Processual Civil, promovido pelo Conselho da Justiça Federal: "A estabilidade do saneamento não impede a produção de outras provas, cuja necessidade se origine de circunstâncias ou fatos apurados na instrução". Verificar ainda: TALAMINI, Eduardo. Saneamento do processo. *Revista de processo*. v. 86, p. 100, 103-104 e 108; MOREIRA, José Carlos Barbosa. *O novo processo civil*. 17. ed. Rio de Janeiro: Forense, 1995. p. 62-63; CARNEIRO, Athos Gusmão. *Audiência de instrução e julgamento e audiências preliminares*. 9. ed. Rio de Janeiro: Forense, 1999. p. 61; FERREIRA FILHO, Manoel Caetano. *A preclusão no direito processual civil*. Curitiba: Juruá, 1991. p. 91-92; PONTES DE MIRANDA, Francisco Cavalcanti. *Comentários ao Código de Processo Civil*. 3. ed. atual. por Sérgio Bermudes. Rio de Janeiro: Forense, 1996. t. IV, p. 242-243.

Nesses casos, o juiz não está acolhendo pedido extemporâneo das partes para produzir a prova, mas se valendo de seus poderes instrutórios (CPC, art. 370), cujo exercício não está condicionado a momentos oportunos (*v.g.*, arts. 319, inc. VI, e 336 do CPC). Com efeito, a ausência de preclusão *pro iudicato* não significa que as partes dispõem de igual prerrogativa. Porém, a produção de provas de ofício é mecanismo que excepciona o princípio dispositivo e deve ser utilizado como instrumento suplementar, voltado a eliminar as *insuficiências não culpáveis* e as *dificuldades objetivas* da atividade probatória, em nome da melhor reconstrução dos fatos, que é um fator intrinsecamente relacionado com a *justiça da decisão* e consequentemente com a *legitimação social da jurisdição*. Assim, o juiz não deve substituir às partes na produção da prova, devendo ser parcimonioso ao determinar a produção de provas de ofício na decisão saneadora, evitando tornar controversos pontos sobre os quais as partes abriram mão de discutir, eliminando-se assim um cenário em que tais quesitos possam vir a tornarem-se controvertidos[103].

A oportunidade adequada para que o autor requeira a produção da prova é, por excelência, na petição inicial (CPC, art. 319, inc. VI), enquanto que para o réu reside na contestação (CPC, art. 336). Como já explicitado, a omissão das partes gera a preclusão do direito à prova. O ônus probatório mais rigoroso recai sobre o demandante, pois, se não lhe interessa a demonstração ou se efetivamente deixa de provar, de plano ou durante o processo, os fatos constitutivos de seu direito, ainda que oportunizado para o seu exercício como parte, deve o magistrado resolver o processo com julgamento de mérito, rejeitando o pedido formulado na ação ou na reconvenção (CPC, art. 487, inc. I)[104].

Por sua vez, os litigantes devem recorrer da decisão desfavorável que defere ou indefere os meios de prova, pois à não impugnação em tempo oportuno implica inevitavelmente na preclusão, não podendo o órgão judicial ser compelido a voltar atrás, ao bel-prazer do litigante, sob pena de se gerar tumulto processual e, com isso, comprometer a garantia do devido processo legal em sentido formal. Perceba-se, contudo, que as decisões interlocutórias sobre a instrução probatória não são impugnáveis por agravo de instrumento (já que tal hipótese não está contemplada no rol do art. 1.015 do CPC) ou pela via mandamental, sendo cabível sua impugnação diferida pela via da apelação[105]. Dessa forma, a preclusão se consubstanciará se a parte não impugna a decisão, que versa sobre a instrução probatória, por meio do recurso de apelação ou contrarrazões de apelação (CPC, art. 1.009, § 1º), com exceção da decisão que se refira à redistribuição do ônus da prova nos termos do art. 373, § 1º, do CPC (CPC, art. 1.015, inc. XI).

Por outro lado, sustenta-se que o juiz não pode indeferir as provas antes deferidas, porque isso veementemente violaria a segurança jurídica que deve prevalecer e nortear o curso do processo. No entanto, ao nosso ver, tal posicionamento não se justifica

---

103. STJ, REsp 840.690/DF, Rel. Min. Mauro Campbell Marques, 2ª T., j. 19.08.2010, *DJe* 28.09.2010.
104. Idem.
105. STJ, RMS 65.943-SP, 2ª T., Rel. Min. Mauro Campbell Marques, j. 26.10.2021.

quando existam nos autos elementos suficientes para o julgamento da causa, desde que o magistrado fundamente a sua decisão, dispensando especial cuidado para não incorrer em cerceamento de defesa e, caso haja risco de as partes serem surpreendidas, promova o contraditório prévio (CPC, art. 10). Por exemplo, o magistrado que defere, simultaneamente, a prova documental e a pericial, porém, após juntados os documentos, convence-se que a prova documental é plenamente suficiente para a compreensão dos fatos, e acaba por dispensar a produção da prova pericial[106]. Do mesmo modo, isso ocorre quando o juiz defere, na decisão saneadora, as provas pericial e testemunhal, mas, após a realização da perícia, dispensa a oitiva das testemunhas, por considerá-las irrelevantes para a decisão da causa.

Aliás, convém destacar que a superconcentração dos atos processuais, impondo-se um rígido sistema de preclusões, não é a melhor resposta para combater o problema da morosidade do processo, devendo-se estabelecer uma interação entre o *princípio da concentração* com o da *elasticidade*, criando-se possibilidades de adequação do procedimento à natureza da causa deduzida em juízo (CPC, art. 139, inc. VI)[107].

Caso tenha sido determinada a produção de prova testemunhal, o juiz fixará prazo comum não superior a 15 dias para que as partes apresentem rol de testemunhas (CPC, art. 357, § 4º). Se acontecer a audiência de saneamento (CPC, art. 357, § 2º) e houver interesse manifesto pelas partes em produzir a prova testemunhal, elas devem levar para a referida audiência a petição que indicará o rol de testemunhas (CPC, art. 357, § 5º). Contudo, a omissão das partes não deve implicar uma negativa da produção da prova pericial; afinal, é na audiência que o juiz, em colaboração com os litigantes, delimitará as questões de fato sobre as quais recairá a atividade probatória e evidenciará quais meios de prova serão adequados para demonstrar os fatos controvertidos. Não tendo as partes trazido o rol de testemunhas, o juiz deve oportunizar a sua apresentação no prazo comum não superior a 15 (quinze) dias (CPC, art. 357, § 4º).

Ademais, se for modificada a decisão de saneamento quanto à delimitação das questões de fato sobre as quais devem recair a produção da prova testemunhal, a parte poderá complementar ou alterar seu rol de testemunhas (CPC, arts. 357, §§ 1º e 4º; Enunciado 694 do FPPC).

O número de testemunhas arroladas não pode ser superior a 10 (dez), sendo 3 (três), no máximo, para a prova de cada fato (CPC, art. 357, § 6º). Tal limitação probatória deve ser interpretada conforme a Constituição (CPC, art. 1º) para não restringir indevida-

---

106. STJ, AgInt no AREsp 622.577/RJ, Rel. Min. Marco Buzzi, 4ª T., j. 12.09.2017, *DJe* 15.09.2017; REsp 1.391.526/AM, Rel. Min. João Otávio de Noronha, 3ª T., j. 07.04.2015, *DJe* 14.04.2015; AgRg no REsp 946.874/PR, Rel. Min. Humberto Martins, 2ª T., j. 25.08.2009, *DJe* 16.09.2009; REsp 418.971/MG, Rel. Min. Fernando Gonçalves, 4ª T., j. 11.10.2005, *DJ* 07.11.2005, p. 288.

107. CAMBI, Eduardo; NEVES, Aline Regina das. Flexibilização procedimental no Novo Código de Processo Civil. *Revista de direito privado*. v. 64, p. 219-260. out.-dez. 2015; TARZIA, Giuseppe. A audiência preliminar no processo civil. Trad. de Clayton Maranhão. *Genesis Revista de direito processual civil*. v. 3, p. 727.

mente o direito constitucional à prova. A rigor, a parte pode arrolar mais de 10 (dez) testemunhas, podendo ouvir todas elas somente quando for estritamente necessário.

Por isso, o art. 357, § 6º, do CPC não deve ser interpretado literalmente, mas ser visto apenas como um *indicativo*, para possibilitar, em virtude da análise da complexidade da causa e da qualidade das testemunhas e dos testemunhos, se necessário, a oitiva de mais de 03 (três) testemunhas para o mesmo fato e até mais de dez testemunhas para cada parte.

Aliás, o legislador brasileiro não deveria ter fixado um número aleatório de testemunhas a serem ouvidas, mas simplesmente salientar a regra genérica do art. 370, parágrafo único, do CPC, para permitir ao juiz dispensar a oitiva das testemunhas que entendesse desnecessárias (supérfluas) à elucidação dos fatos controvertidos. Essa técnica legislativa foi adotada em diversos países. Por exemplo, o art. 1553 do Código Canônico preceitua: "Cabe ao juiz reduzir o número excessivo de testemunhas". Já o 245 do Código de Processo Civil Italiano dispõe: "*Ordinanza di ammissione.* – Con l'ordinanza che ammette la prova il giudice istruttore riduce le liste dei testimoni sovrabbondanti ed elimina i testimoni che non possono essere sentiti per legge". O legislador espanhol também não fixou um número limite de testemunhas, mas, para evitar o excesso, estabeleceu um desestímulo para o litigante que oferecesse mais de seis testemunhas, determinando que, nesse caso, deveria arcar com as custas e os gastos das excedentes. Conforme o art. 363 da Ley de Enjuiciamiento Civil espanhola, em seu art. 363, as partes "podrán proponer cuantos testigos estimen conveniente, pero los gastos de los que excedan de tres por cada hecho discutido serán en todo caso de cuenta de la parte que los haya presentado". Outra técnica interessante foi a utilizada pelo legislador do Código Procesal Civil y Comercial da Província de Buenos Aires, que prevê um número máximo de testemunhas, mas também não deixa de possibilitar a sua ampliação, quando necessário; o 428 desse Código assevera que cada "parte podrá ofrecer hasta doce (12) testigos, como máximo, salvo petición expresa y debidamente fundada que justifique el ofrecimiento de un mayor número". Porém, o legislador brasileiro se inspirou no modelo português, com a única diferença que neste sistema o limite do número de testemunhas é maior. Os arts. 632 e 633 do CPC lusitano asseveram:

> Art. 632. 1. Os autores não podem oferecer mais de vinte testemunhas, para a prova dos fundamentos da acção; igual limitação se aplica aos réus que apresentem a mesma contestação. 2. No caso de reconvenção, cada uma das partes pode oferecer também até vinte testemunhas, para prova dela e da respectiva defesa. 3. Consideram-se não escritos os nomes das testemunhas que no rol ultrapassarem o limite legal"; "Art. 633. Sobre cada um dos factos incluídos no questionário não pode a parte produzir mais de cinco testemunhas, não se contando as que tenham declarado nada saber". Nesse último sentido, o art. 166 do Codigo Federal de Procedimientos Civiles mexicano afirma que uma "parte sólo puede presentar hasta cinco testigos sobre cada hecho, salvo disposición diversa de la ley.

De qualquer forma, a interpretação restritiva do art. 357, § 6º, do CPC, para não admitir que a oitiva de outras testemunhas vá além do número ali especificado, restringiria indevidamente o direito à prova[108]. Por exemplo, se a causa envolver quatro ou mais fatos pertinentes e se cada um desses fatos não for do conhecimento comum de no máximo dez testemunhas, embora essa hipótese seja difícil de acontecer, o juiz há de admitir a realização da prova testemunhal, para proporcionar à parte o direito de persuadir o órgão julgador a respeito da ocorrência desses fatos, não obstante o limite máximo de dez testemunhas. Com efeito, o número dez é razoável, porém, dependendo da complexidade da causa, sendo a oitiva de mais testemunhas estritamente necessária, o juiz pode ampliar o elenco previsto no art. 357, § 6º, do CPC, dando efetividade ao direito à prova, assegurado constitucionalmente, pois, sem isso, a parte poderia ficar impossibilitada de provar os fatos que dão fundamento às suas alegações.

Nesse sentido, vale ressaltar o Enunciado 300 do FPPC: "O juiz poderá ampliar ou restringir o número de testemunhas a depender da complexidade da causa e dos fatos individualmente considerados".

Esse raciocínio também deve ser aplicável no âmbito dos Juizados Especiais Cíveis, apesar da dinâmica de tais órgãos ser diferenciada das cortes ordinárias. Nos Juizados, o processo já é orientado pelo critério da *celeridade* (art. 2º da Lei 9.099/95) e sua competência envolve apenas as *causas cíveis de menor complexidade* (art. 3º). Para estar em consonância com esse sistema, a regra do 34 da Lei 9.099/95 estipula o limite máximo de três testemunhas para cada parte. Assim, se a causa exigir, em razão da sua complexidade, a oitiva de mais de três testemunhas, o juiz dar-se-á por incompetente, remetendo os autos à Justiça ordinária. Contudo, se a causa não for complexa, mas envolver vários fatos pertinentes que requeiram a oitiva de mais de três testemunhas, o juiz pode dar efetividade ao direito à prova, apesar da limitação contida no art. 34.

Por outro lado, a limitação do direito à prova, trazida no art. 357, § 6º, do CPC, se justifica na medida em que se pretende evitar a repetição desnecessária dos depoimentos que, além de não contribuírem para a melhor instrução da causa, teriam o efeito de tornar mais morosa e desgastante a prestação jurisdicional. Nesse caso, a parte pode requerer a desistência da oitiva das testemunhas excedentes, mas, mesmo na ausência desse pedido, o juiz pode, de ofício, limitar o número de depoimentos, inclusive com relação às testemunhas arroladas pelos outros litisconsortes e pelo assistente, desde que se refiram ao mesmo fato, e encerrar a fase instrutória, sem causar, com isso, um cerceamento de defesa[109].

Todavia, a limitação do número de testemunhas deve ocorrer após a oitiva de, ao menos, duas das testemunhas arroladas, desde que sejam em si e no conjunto probatório, suficientes para a formação do convencimento, dando sempre oportunidade para a outra parte exercer o seu direito à prova contrária[110].

---

108. PICÓ I JUNOY, Joan. *El derecho a la prueba* cit., p. 88.
109. STJ, REsp 1.028.315/BA, Rel. Min. Nancy Andrighi, 3ª T., j. 14.06.2011, *DJe* 24.06.2011.
110. STJ, REsp 1.371.246/RS, Rel. Min. Humberto Martins, 2ª T., j. 05.12.2013, *DJe* 16.12.2013.

O direito à prova testemunhal em contrário significa que a parte adversária tem o direito de produzir, no mesmo processo, outras testemunhas que tenham condições de depor sobre a *inexistência* ou sobre a *ineficácia* dos fatos afirmados, além da possibilidade de demonstrar a existência de *outros* fatos incompatíveis com aqueles asseverados pelo adversário ou capazes de retirar a sua importância como motivos de prova[111].

Porém, se a parte arrola mais de três testemunhas para cada fato, pode escolher quais serão ouvidas e, caso não haja escolha, o juiz deve ouvir as primeiras arroladas[112].

Entretanto, nada impede que o magistrado, no curso da instrução, reconsidere, mesmo de ofício, tal decisão, com a finalidade de possibilitar que as testemunhas, até então consideradas supérfluas, sejam ouvidas. Ademais, é altamente recomendável que, havendo divergência entre as versões apontadas e tratando-se de fato que possa influir na decisão da causa, seja realizada a *acareação* (CPC, art. 461, inc. II).

Por fim, caso seja necessária a produção da prova pericial, o juiz deve observar a regra do art. 465 do CPC, isto é, nomear perito especializado no objeto da perícia e estabelecer um cronograma para a sua realização, inclusive a fixação de prazo para a entrega do laudo (CPC, art. 357, § 8º). Tal calendário pode sofrer alterações durante a produção da prova pericial, desde que haja fundadas razões para possibilitar a mais completa e eficiente elucidação dos fatos controvertidos por meio desse meio probatório (CPC, arts. 139, inc. VI, e 191).

d) se for o caso, *designar* dia para a realização de audiência de instrução e julgamento.

Interessante notar que a determinação das provas não se restringe àquelas que devem ser produzidas na audiência de instrução e julgamento, ao contrário do que poderia fazer crer o art. 357, inc. V, do CPC. Afinal, o juiz pode deferir a produção da prova pericial ou da inspeção judicial, não sendo, para isso, necessário designar a audiência de instrução e julgamento, exceto se houver necessidade de eventuais esclarecimentos orais do perito (CPC, arts. 477, § 3º e 361, inc. I) ou da tomada de depoimento pessoal das partes (CPC, art. 362, inc. II). Porém, nesses casos, mesmo tendo o juiz inicialmente considerado dispensável a realização da audiência, poderá designá-la posteriormente.

Desse modo, via de regra, deixará de designar dia para a audiência de instrução e julgamento, quando, por exemplo, for caso de *mera produção da prova pericial* e as partes não venham a pedir esclarecimento do perito em audiência. Nesse caso, após a realização da prova pericial, desde que verificada a total impertinência de qualquer prova oral a ser produzida em audiência, em que pese a redação do art. 357, inc. V, do CPC, é conveniente e aconselhável o julgamento antecipado do mérito (CPC, art. 355, inc.

---

111. CHIOVENDA, Giuseppe. *Istituizioni di diritto processuale civile*. Napoli: Jovena, 1960, v. I, p. 430.
112. PONTES DE MIRANDA, Francisco Cavalcanti. *Comentários ao Código de Processo Civil*. Rio de Janeiro: Forense, 1974. t. IV, p. 415.

I), já que a realização da audiência de instrução e julgamento seria inútil, não trazendo contribuições significativas ao julgamento da causa que justificasse o prolongamento do procedimento comum e a continuação da colheita da prova.

Ao contrário, caso se determine a produção de prova testemunhal ou a realização de depoimentos pessoais, bem como se for necessário esclarecimentos do perito, será imprescindível a designação de data para a audiência de instrução e julgamento (CPC, art. 357, inc. V).

Para a maior eficiência da produção das provas orais, deve o juiz observar a regra do art. 357, § 9º, do CPC, pela qual as pautas devem ser preparadas com intervalo mínimo de 1 (uma) hora. Trata-se de uma recomendação do legislador que, por evidente, será avaliada em razão da complexidade dos casos concretos, com observância dos critérios da proporcionalidade e da razoabilidade (CPC, art. 8º). Portanto, não sendo possível em razão das pautas assoberbadas ou não havendo necessidade de fixar intervalo de uma hora entre as audiências, desde que não haja prejuízos à produção das provas, as audiências não precisarão ser repetidas.

5.6.5. Delimitação das questões de direito relevantes para a decisão do mérito

O art. 357 do CPC inova, em relação ao CPC/1973 (art. 331, § 2º), para incluir, no saneamento e na organização do processo, a delimitação de questões de direito relevantes para o mérito.

Nesse sentido, o art. 17, § 10-C, da Lei 8.429/92 (com a redação dada pela Lei 14.230/2021) afirma que, após a réplica do Ministério Público, o juiz proferirá decisão na qual indicará com precisão a tipificação do ato de improbidade administrativa imputável ao réu, sendo-lhe vedado modificar o fato principal e a capitulação legal apresentada pelo autor. Tal regra, contudo, padece de razoabilidade, pois, mesmo no processo penal (CPP, arts. 383 e 384), é possível modificar os fatos e a sua capitulação legal, desde que observadas as garantias constitucionais do contraditório e da ampla defesa. O art. 17, § 10-E, da Lei 8.429/92 prossegue, dizendo que, uma vez proferida a decisão referida no § 10-C, as partes serão intimadas a especificar as provas que pretendem produzir.

Denota-se, portanto, que a organização processual transcende a mera organização da atividade probatória, incluindo tanto as questões de fato quanto as de direito.

Uma minuciosa análise dos autos seguramente permitirá ao magistrado circunscrever todas as questões relevantes para bem encaminhar o julgamento do mérito. Com isso, filtrando-se as informações constantes nos autos, evitam-se atos processuais inúteis, desnecessários e protelatórios. E contribui-se sobremodo para a promoção da eficiência da prestação jurisdicional e a duração razoável do processo, assim como racionaliza custos e o dispêndio de energias desnecessárias, assegurando-se a garantia constitucional do acesso à ordem jurídica justa (CF, art. 5º, inc. XXXV).

Caso o juiz verifique que apenas as questões de direito são relevantes para o julgamento do mérito, não sendo necessário a produção de prova, deverá aplicar o art. 355, inc. I, do CPC. Poderá concluir, ainda, pelo julgamento parcial do mérito (CPC, art. 356).

Por fim, não sendo caso de julgamento antecipado integral do mérito e havendo a necessidade de produção de outras provas, poderá designar audiência de instrução e julgamento ou simplesmente deferir a produção de prova pericial ou a juntada de novos documentos.

5.6.6. Outras formas de colaboração processual durante o saneamento e a organização do processo

Além da possibilidade de realização de audiência para o saneamento e a organização do processo (CPC, art. 357, § 3º), uma inovação trazida pelo CPC para os institutos supramencionados, com o escopo de fomentar a maior cooperação entre os sujeitos processuais (CPC, art. 6º), é a possibilidade de as partes, após o saneamento e a organização das atividades processuais realizado pelo juiz, pedir esclarecimentos ou solicitar ajustes, no prazo comum de 5 (cinco) dias. Esclareça-se, todavia, que a integração e o esclarecimento das alegações (CPC, art. 357, § 3º) não se confundem com o aditamento do ato postulatório previsto no art. 329 do CPC (Cf. Enunciado 428 do Fórum de Permanente de Processualistas).

Findo o prazo de 5 (cinco) dias, a decisão quanto ao saneamento e a organização do processo se torna estável (CPC, art. 357, § 1º).

Ainda, o princípio da colaboração processual é incentivado pela regra do art. 357, § 2º, em que as partes podem apresentar ao juiz, para homologação, a delimitação consensual das questões de fato e de direito (CPC, art. 357, inc. II e IV), que, a partir de sua homologação pelo juiz, acarreta vinculação total (órgão julgador e litigantes) aos termos constantes do instrumento. Nessa proposta de saneamento consensual feita pelas partes, é possível agregar questões de fato até então não deduzidas (Cf. Enunciado 427 do FPPC).

A proposição das partes em se delimitar as questões de fato sobre as quais recairão a condução dos trabalhos de atividade probatória, pode incluir a especificação dos meios de prova que cada uma produzirá, bem como promover a distribuição do ônus da prova de forma diversa da prevista no art. 373, inc. I e II, do CPC.

A convenção das partes para a distribuição do ônus da prova pode ser celebrada antes ou durante o processo. Contudo, não será homologada pelo juiz, quando recair sobre direitos indisponíveis ou quando se tornar excessivamente difícil a uma parte o exercício do direito à prova (CPC, art. 373, §§ 3º e 4º), porque é dever do magistrado assegurar às partes igualdade de tratamento (CPC, art. 139, inc. I).

Ademais, a delimitação consensual das questões de fato e/ou de direito pelas partes não suprime a regra do convencimento motivado do juiz (CPC, art. 371) nem, tampouco, retira do magistrado os poderes de direção do processo (CPC, art. 139) e de decisão da *res in iudicium deducta*. A homologação da proposição das partes deve se ajustar à compreensão do magistrado quanto a melhor forma de resolução da controvérsia.

Assim, a prova é produzida para que as partes convençam o órgão judicial de que tem razão, cabendo ao juiz, inclusive de ofício, determinar as provas necessárias ao julgamento do mérito, além de indeferir, em decisão fundamentada, as diligências inúteis ou meramente protelatórias (CPC, art. 370).

Além disso, ainda que as partes possam sugerir a delimitação consensual das questões jurídicas (CPC, art. 357, § 2º), o juiz pode se valer de outro fundamento jurídico não apontado por elas. Quando o magistrado verificar que as questões de fato podem ser enquadradas em outro fundamento jurídico, deve, antes de decidir, oportunizar o contraditório, nos termos do art. 10 do CPC, para se evitar decisões surpresas[113].

---

113. LUCON, Paulo Henrique Santos. Comentários ao art. 357 do Código de Processo Civil. In: CRUZ E TUCCI, José Rogério; FERREIRA FILHO, Manoel Caetano; APRIGLIANO, Ricardo de Carvalho; DOTTI, Rogéria Fagundes; MARTINS, Sandro Gilbert (Org.). *Código de Processo Civil anotado*. Rio de Janeiro: LMJ Mundo Jurídico, 2016. p. 523.

6
PROVAS: TEORIA GERAL DA PROVA

6.1. INTRODUÇÃO

De nada adianta o direito, em tese, ser favorável a alguém se ele não consegue demonstrar que se encontra em uma situação fática que permite a incidência da regra jurídica (geral e abstrata)[1].

Ex facto oriutur ius: do fato nasce o direito, sendo indispensável para a aplicação das regras e dos princípios jurídicos verificar se o fato alegado, pela parte, está comprovado[2].

No âmbito do processo judicial, a prova está intrinsecamente voltada à reconstrução dos fatos relevantes para a solução do caso concreto levado à apreciação do Poder Judiciário. Com a prova, pretende-se, com a maior coincidência possível, reproduzir a realidade fática, tal como efetivamente ocorrida no tempo e no espaço.

O trabalho de se reconstruir a verdade da maneira tal qual foi praticada é, na grande maioria dos casos, uma atividade deveras complexa. Isso porque, pelos interesses existentes e contrapostos de cada uma das partes envolvidas no litígio, há tendência de que a apresentação da narrativa seja seletiva, de modo a se omitir e/ou acrescentar informações em seu benefício, com o intuito de se persuadir o julgador[3]. Porém, compete ao juiz, como atividade própria de seu ofício, realizar o trabalho puramente intelectual, ao filtrar e selecionar aqueles argumentos que guardem coerência e relevância ao deslinde da causa, para que, escorado neles, forme o seu convencimento racional e decida a causa, exercendo o *munus* da atividade jurisdicional.

De qualquer modo, somente com a admissão, a produção e a valoração das provas pertinentes e relevantes ao caso em julgamento será possível maximizar a oportunidade do magistrado em tornar-se tão próximo quanto possível dos fatos tal como eles aconteceram[4].

---

1. CAMBI, Eduardo. *Curso de direito probatório*. Curitiba: Juruá, 2014. p. 20-21.
2. DINAMARCO, Cândido Rangel. *Instituições de direito processual civil*. 3. ed. São Paulo: Malheiros, 2003. v. 3. p. 598.
3. TARUFFO, Michele. *La prueba de los hechos*. Trad. Jordi Ferrer Beltrán. Trotta, 2005. p. 50.
4. TARUFFO, Michele. Considerazioni su prova e motivazione. *Revista de Processo*. Revista dos Tribunais *on-line*, v. 151, set. 2007, p. 2.

No entanto, o processo não foi concebido e nem se destina a tão somente pôr fim a uma disputa ou a solucionar um caso concreto. Se fosse assim, pouca importância teria a reconstrução dos fatos e a avaliação das provas.

Considerando o Direito em uma perspectiva mais ampla, mais importante que solucionar conflitos é a pacificação social com justiça. No processo judicial, a justiça da decisão exige um equilíbrio entre uma interpretação adequada das regras/princípios jurídicos e dos fatos inerentes à decisão da causa. Afinal, nenhuma decisão pode ser considerada correta se for baseada em uma avaliação equivocada ou inverossímil dos fatos do caso[5].

A decisão judicial é a determinação das consequências jurídicas dos fatos ou da situação jurídica[6]. Os fatos são necessários para decidir o caso. Por isso, são necessárias provas para que o órgão judicial afirme que os fatos estão ou não estão demonstrados.

A prova é o ponto central do processo de conhecimento. Conforme ensinou Jeremy Bentham, "a arte do processo não é essencialmente outra coisa que a arte de administrar as provas"[7].

6.2. CONCEITO DE PROVA

A etimologia da palavra prova vem do latim *probatio*, que emana do verbo *probare*, com o significado de examinar, persuadir, demonstrar[8].

A prova é todo elemento que constitui um meio de se levar o conhecimento de alguma coisa a alguém. Logo, no processo, as provas são os instrumentos que as partes dispõem para persuadir e convencer o juiz de que têm razão.

Atente-se que o magistrado, na sua atividade jurisdicional, não tem o dever de convencer ninguém, mas indubitavelmente tem o dever de tomar boas decisões[9]. Do mesmo modo, o juiz não tem de convencer as partes ou os outros da bondade de sua decisão, não obstante as razões de sua decisão tenham que se justificar[10].

O ato de se provar algo abrange um conjunto de procedimentos, meios e atividades de verificação e de demonstração, voltado a investigar a veracidade das alegações dos fatos relevantes para o julgamento, tal qual se confirma com o brocardo latino *probatio est demonstrationis veritas*.

---

5. Idem, p. 3.
6. WRÓBLEWSKI, Jerzy. *Sentido y hecho en el derecho*. Trad. Francisco Javier Ezquiaga Ganuzas e Juan Igartua Salaverría. Cidade do México: Fontamara, 2008. p. 231.
7. BENTHAN, Jeremy *Tratado de las pruebas judiciales*. Trad. Manuel Ossorio Florit. Buenos Aires: Jurídicas Europa-América, 1971. v. I, p. 10.
8. FERRAZ JR., Tércio Sampaio. *Introdução ao estudo do direito*. 2. ed. São Paulo: Atlas, 1994. p. 318; SANTOS, Moacyr Amaral. *Prova judiciária no cível e comercial*. 4. ed. São Paulo: Max Limonad, 1970. v. I, p. 11.
9. TARUFFO, Michele. Considerazioni su prova e motivazione cit., p. 5.
10. TARUFFO, Michele. Considerazioni su prova e motivazione cit., p. 7.

6 • PROVAS: TEORIA GERAL DA PROVA **249**

A semântica do termo prova tem grande *plurissignificação*, abrangendo em seu bojo os conceitos de *meio, atividade* e *resultado*[11].

É *meio*, na medida em que é um instrumento colocado à disposição das partes para se comprovar a veracidade de suas alegações.

É *atividade*, pois está submetida a um procedimento que disciplina a sua admissibilidade, produção e valoração.

Finalmente, é *resultado* porque sua realização no processo visa não à formação subjetiva do convencimento judicial, mas a busca da verdade (como *correspondência*) ou o conhecimento criterioso e objetivo de como os fatos realmente aconteceram, independentemente de quem seja o juiz da causa[12].

6.3. ELEMENTOS DE PROVA OU INFORMATIVOS

6.3.1. Observância do contraditório como condição de validade e eficácia da prova judicial

O termo prova não se confunde com a expressão mais ampla denominada *elementos de prova* ou *elementos informativos*. Estes podem ser colhidos em procedimentos anteriores ao processo judicial (inquérito civil ou policial, sindicância administrativa, comissões parlamentares de inquérito etc.).

Tanto o inquérito policial (IP) quanto o inquérito civil (IC) e o procedimento investigatório criminal têm natureza administrativa, sendo voltados à produção de

---

11. MENDES, José de Castro. *Do conceito de prova em processo civil*. Lisboa: Ática, 1957. p. 51-280; MELENDO, Santiago Sentís. Naturaleza de la prueba. *La prueba. Los grandes temas del derecho probatorio*. Buenos Aires: EJEA, 1978. p. 75; DENTI, Vittorio. Scientificità della prova e libera valutazione del giudice. *Rivista di diritto processuale*, p. 414, 1972; JUNOY, Joan Picó i. *El derecho a la prueba en el proceso civil*. Barcelona: Jose Maria Bosch, 1996. p. 14-5, nota 8; ARAGÃO, Egas D. Moniz de. *Exegese do Código de Processo Civil*, v. IV, t. I, p. 55; CAMPO, Hélio Marcio. *O princípio dispositivo em direito probatório*. Porto Alegre: Livraria do Advogado, 1994. p. 18; CAMBI, Eduardo. *Direito constitucional à prova no processo civil*. São Paulo: RT, 1999. p. 47-49.

12. Afirma-se que o convencimento do juiz não é a finalidade última da prova, para assentar o modelo objetivo em detrimento do subjetivo: "(…) si el juez resuelve que Pedro mató a María y, en realidad, en el mundo, Pedro no mató a María, será una resolución equivocada. En el modelo subjetivo, en el que el juez es la medida de sí mismo, no existe esa possibilidad. Más allá de la aceptación de que todo sistema jurídico es susceptible al error. La principal ventaja, en mi opinión, tiene assumir el objetivo de la averiguación de la verdad en el lugar de las convicciones judiciales se refiere al hecho de reconocer la falibilidad de las decisiones fácticas es fundamental para poder siquiera intentar mejorar un sistema probatorio concreto; para mantenerlo en constante actualización, incluso bajo investigaciones empíricas constantes, y pensar en la forma de distribuir el riesgo de error entre los sujetos. En definitiva, si se tiene un estándar externo de corrección, el sistema no se podrá contentar con cualquier búsqueda de la verdad; deverá tener la mejor búsqueda de la verdad posible. (…) Por ello, también será fundamental analisar si una prueba es objetivamente fiable, no para un determinado juez A o una jueza B, sino objetivamente, para el derecho (de acuerdo con la racionalidad" (RAMOS, Vitor de Paula. La prueba testifical. *Del subjetivismo al objetivismo, del aislamiento científico al diálogo con psicología y epistemología*. Madrid: Marcial Pons, 2019. p. 34).

elementos informativos necessários à preparação e embasamento para o juízo de propositura, ou não, da respectiva ação penal ou civil pública.

No entanto, a prova necessária para a formação do convencimento do juiz, a fim de que possa rejeitar ou acolher – integral ou parcialmente – o pedido inicial, decorre da *prévia observância* do contraditório e da ampla defesa. A garantia constitucional do contraditório está assegurada no art. 5º, inc. LV, da CF, em que enuncia "aos litigantes, em processo judicial ou administrativo, e aos acusados em geral são assegurados o contraditório e ampla defesa, com os meios e recursos a ela inerentes". Isso significa que, nos inquéritos (policiais ou civis), não se exige a observância do contraditório; logo, nesses procedimentos administrativos, não há provas, mas a existência de meros *elementos probatórios ou informativos*.

Tanto no processo civil quanto no penal, oportunizados o contraditório e a ampla defesa, o juiz pode formar o seu convencimento, ainda que o demandado silencie. Assim, o contraditório é *condição de validade e de eficácia* da prova judicial[13]. O legislador reconheceu, expressamente, esse conceito na regra do art. 155 do CPP, introduzido pela Lei 11.690/08. Nela se preceitua que o juiz formará sua convicção pela livre apreciação da prova *produzida em contraditório judicial*, não podendo fundamentar a sua decisão, exclusivamente, nos elementos informativos colhidos na investigação, ressalvadas as provas cautelares, não repetíveis e antecipadas.

Em outras palavras, é somente com as provas que o juiz estará apto a emitir um juízo de certeza, para poder condenar ou inocentar o acusado. Os elementos informativos servem apenas para a formação de um *juízo de probabilidade* idôneo que sustente a *opinio delicti* do órgão de acusação e, se necessário, fundamente a ulterior adoção de medidas cautelares pelo juiz[14] ou, ainda, para ser valorado no contexto das provas produzidas nos autos.

É interessante testar a validade desses conceitos para efetivar a garantia constitucional do contraditório. Assim, com fundamento na ideia que o contraditório é condição de validade e eficácia da prova judicial, deve ser considerada nula a condenação do acusado quando baseada no depoimento de uma única testemunha que fora ouvida na fase do inquérito policial, cujo depoimento não passou pelo crivo da garantia constitucional do contraditório, mesmo que tal condenação tenha sido feita pelo Tribunal do Júri, que é movido pelo sistema da íntima convicção dos jurados e, portanto, não tem o dever constitucional de motivar a sua decisão, a qual é, necessariamente, sigilosa (CF, art. 5º, XXXVIII, alínea *b*)[15].

---

13. CAMBI, Eduardo. *Direito constitucional à prova no processo civil* cit., p. 148-151.
14. GRINOVER, Ada Pellegrini; GOMES FILHO, Antonio Magalhães; FERNANDES, Antonio Scarance. *As nulidades no processo penal*. 11. ed. São Paulo: RT, 2009. p. 114.
15. STJ, HC 63.290/RJ, 6ª T., Rel. Min. Celso Limongi (des. Conv.), j. 03.09.2009; HC 148.140/RS, 6ª T., Rel. Min. Celso Limongi (des. conv. TJSP), j. 07.04.2011, *DJe* 25.04.2011.

Portanto, *prova judicial* não se confunde com elementos de prova ou elementos informativos. Assim, é nula a decisão judicial fundada, exclusivamente, nos elementos probatórios colhidos durante o inquérito civil ou policial, em sindicância administrativa ou, ainda, em procedimento administrativo[16], isto é, quando não se observa a garantia constitucional do contraditório, durante o processo judicial, a possibilitar o exercício do direito à prova em contrário.

6.3.2. Decisões urgentes e contraditório postecipado

Ao se afirmar que o contraditório é condição de validade e de eficácia da prova, isso não impede que o juiz profira *decisões urgentes* em que tal garantia fique postecipada. Dentre outros motivos, a ação autônoma de "produção antecipada de provas" se presta a assegurar que os elementos probatórios sejam colhidos, a fim de que as informações não se percam ou se tornem de difícil comprovação, conforme prevê o art. 381, inc. I, do CPC (*v.g.*, realização de perícia após acidente aéreo, oitiva de pessoas doentes ou idosas, bem como aqueles que estejam prestes a se mudar para o exterior etc.). Note-se que tal ação não visa exclusivamente à produção da prova processual. Assim sendo, a verdadeira *produção* da prova se dá somente no curso do processo de conhecimento, sob o crivo do contraditório.

Atendendo às peculiaridades do caso concreto, as decisões urgentes podem ser tomadas pelo magistrado, desde que sejam motivadas e se resguarde o exercício posterior da garantia do contraditório e do direito à prova contrária. Por exemplo, havendo suspeita de que o namorado da mãe pratica maus-tratos contra uma criança de apenas cinco anos, agredindo-a física e psicologicamente, conforme relatos do Conselho Tutelar e da equipe multidisciplinar, pode o juiz, sem a oitiva da genitora, em caráter emergencial e provisório, permitir que o pai leve seu filho para a sua residência, em outro Estado, a fim de protegê-lo, para se tutelar o princípio da proteção integral da criança (CF, art. 227, Lei 8.069/90, art. 4º e Lei 13.257/2006, art. 3º)[17]. A decisão definitiva, a ser tomada pelo juiz de primeiro grau, a respeito de quem deva ficar com a guarda da criança, contudo, dependerá da prévia oitiva da genitora e após ser oportunizado o direito à prova contrária, sob pena de cerceamento do direito de defesa e, consequentemente, nulidade da sentença.

6.3.3. Sigilo na produção dos elementos de prova

Os *elementos de prova* ou *elementos informativos*, como asseverado, podem ser colhidos em procedimentos anteriores ao processo judicial (inquérito civil ou policial, sindicância administrativa, comissões parlamentares de inquérito etc.).

---

16. STF, HC 83.864/DF, Rel. Min. Sepúlveda Pertence, 1ª T., j. 20.04.2004, *DJU* 21.05.2004, p. 43.
17. STJ, RMS 19.103/RJ, Rel. Min. Jorge Scartezzini, 4ª T., j. 27.09.2005, *DJU* 17.10.2005, p. 294.

Nessas situações, pode ser justificável o *sigilo*, a fim de se resguardar a proteção de uma situação urgente, na qual a oitiva prévia do investigado faria desaparecer os vestígios existentes ou haveria risco de a testemunha desaparecer (por morte, enfermidade etc.), assim como para se impedir manobras de obstrução das investigações pelo investigado ou, ainda, para proteger a intimidade e a privacidade da vítima ou mesmo das demais pessoas investigadas.

É por isso que o art. 20 do CPP afirma que a autoridade deve assegurar, no inquérito, o sigilo necessário à elucidação do fato ou exigido pelo interesse da sociedade.

A Resolução 181, de 07.08.2017, do CNMP, sobre a instauração e a tramitação do procedimento investigatório criminal a cargo do Ministério Público, também afirma que os atos e as peças desse procedimento serão públicos, salvo disposição legal em contrário ou por razões de interesse público ou de conveniência da investigação, quando o presidente desse procedimento pode decretar sigilo das investigações, no todo ou em parte, por decisão fundamentada (arts. 15 e 16).

Do mesmo modo, o art. 7°, *caput*, da Resolução 23, de 17.09.2007, do CNMP, determina que, ao inquérito civil, é aplicado o princípio da publicidade dos atos, com exceção dos casos em que haja sigilo legal ou em que a publicidade possa acarretar prejuízo às investigações, sendo, pois, necessária a motivação da decretação do sigilo legal.

A Lei 12.527/2011 (Lei de Acesso à Informação), que regulamentou o direito fundamental à informação, previsto no art. 5°, XXXIII, da CF, define, no art. 4°, inc. III, que informação sigilosa é aquela submetida, temporariamente, à restrição de acesso público, em razão de sua imprescindibilidade para a segurança da sociedade e do Estado. Porém, o próprio art. 7°, § 2°, da referida lei ressalva que, quando não for autorizado acesso integral à informação, por ser ela parcialmente sigilosa, é assegurado o acesso à parte não sigilosa, por meio de certidão, extrato ou cópia, com ocultação da parte sob sigilo.

Disso, percebe-se na lei em análise a possibilidade de a informação ser ultrassecreta, secreta e reservada, fixando para cada uma das situações o prazo máximo de sigilo de 25 (vinte e cinco), 15 (quinze) e 5 (cinco) anos, respectivamente (art. 24). Também a Lei de Acesso à Informação deixa claro que são consideradas imprescindíveis à segurança da sociedade ou do Estado e, portanto, passíveis de classificação, as informações cuja divulgação ou acesso irrestrito possam (art. 23): I – pôr em risco a defesa e a soberania nacionais ou a integridade do território nacional; II – prejudicar ou pôr em risco a condução de negociações ou as relações internacionais do País, ou as que tenham sido fornecidas em caráter sigiloso por outros Estados e organismos internacionais; III – pôr em risco a vida, a segurança ou a saúde da população; IV – oferecer elevado risco à estabilidade financeira, econômica ou monetária do País; V – prejudicar ou causar risco a planos ou operações estratégicos das Forças Armadas; VI –prejudicar ou causar risco a projetos de pesquisa e desenvolvimento científico ou tecnológico, assim como a sistemas, bens, instalações ou áreas de interesse estratégico nacional; VII – pôr em risco a segurança de instituições ou de altas autoridades nacionais ou estrangeiras e seus familiares; ou VIII – comprometer atividades de inteligência, bem como de investigação ou fiscalização em andamento, relacionadas com a prevenção ou repressão de infrações.

Assim, mesmo nos inquéritos policiais, o sigilo não é absoluto. O STF protegeu o direito de o advogado do investigado ter acesso aos autos antes da data designada para o seu interrogatório, com fundamento na garantia constitucional que assegura o direito à assistência do advogado (CF, art. 5º, LXIII)[18]. Com base nesse entendimento, foi editada a Súmula Vinculante 14, pela qual os advogados têm acesso às provas já documentadas, em autos de inquéritos policiais, que envolvam seus clientes, mesmo naqueles cujo trâmite é sigiloso ("É direito do defensor, no interesse do representado, ter acesso amplo aos elementos de prova que, já documentados em procedimento investigatório realizado por órgão com competência de polícia judiciária, digam respeito ao exercício do direito de defesa").

Indiscutivelmente, o acesso do advogado aos autos de investigação faz parte da garantia constitucional da ampla defesa. As informações devem ser repassadas ao advogado, desde que não comprometam o caráter sigiloso das informações ou que estejam sendo violados direitos constitucionais do acusado. O acesso deve ser restrito ao conteúdo das informações que possam vir a ser necessárias para a defesa de seu cliente, não envolvendo o acesso integral aos autos quando isso também puder comprometer o desenvolvimento de outras investigações contra outros suspeitos de irregularidades. Nesse sentido, o art. 14 da Resolução 13 do CNMP afirma que o procedimento investigatório criminal (PIC) sob sigilo assegura ao investigado a obtenção de cópia autenticada de depoimento que tenha prestado e dos atos que tenha, pessoalmente, participado.

A Lei 13.245/2016 alterou o art. 7º do Estatuto da OAB (Lei 8.906/94) para prever, como direito dos advogados: I) examinar, em qualquer instituição responsável por conduzir investigação, mesmo sem procuração, autos de flagrante e de investigações de qualquer natureza, findos ou em andamento, ainda que conclusos à autoridade, podendo copiar peças e tomar apontamentos, em meio físico ou digital (inc. XIV); II) assistir a seus clientes investigados durante a apuração de infrações, sob pena de nulidade absoluta do respectivo interrogatório ou depoimento e, subsequentemente, de todos os elementos investigatórios e probatórios dele decorrentes ou derivados, direta ou indiretamente, podendo, inclusive, no curso da respectiva apuração, apresentar razões e quesitos (inc. XXI, *a*).

Além disso, a Lei 13.245/2016 ainda acrescentou os §§ 10 e 11 ao art. 7º, para estabelecer que, nos autos sujeitos a sigilo, deve o advogado apresentar procuração para o exercício dos direitos de que trata o inciso XIV. Entretanto, no caso previsto no inciso XIV, a autoridade competente poderá delimitar o acesso do advogado aos elementos de prova relacionados a diligências em andamento e ainda não documentados nos autos, quando houver risco de comprometimento da eficiência, da eficácia ou da finalidade das diligências. Ademais, a inobservância aos direitos estabelecidos no art. 7.º, XIV, o forneci-

---

18. HC 88.190/RJ, Rel. Min. Cezar Peluso, 2ª T., j. 29.08.2006, *DJU* 06.10.2006, p. 67.

mento incompleto de autos ou o fornecimento de autos em que houve a retirada de peças já incluídas no caderno investigativo implicará responsabilização criminal e funcional por abuso de autoridade do responsável que impedir o acesso do advogado com o intuito de prejudicar o exercício da defesa, sem prejuízo do direito subjetivo do advogado de requerer acesso aos autos ao juiz competente (§ 12°, do aludido Diploma Legal).

Dessa forma, não violado nenhum direito constitucional do investigado, o acesso às informações sigilosas pode ocorrer somente no momento em que o órgão investigante pratique alguma medida administrativa ou judicial restritiva de direitos. Caso contrário, o conhecimento de tais informações deve ocorrer apenas após a formulação do pedido judicial ou administrativo. Portanto, nem a Súmula Vinculante 14 nem o art. 7°, XIV e XXI, da Lei 8.906/94, asseguram o direito de ter acesso integral aos elementos de prova antes de concluído o inquérito policial, civil ou a sindicância administrativa.

6.4. FUNÇÕES DA PROVA

6.4.1. Funções Interna e Externa

Pode-se afirmar que as provas possuem funções internas e externas ao processo judicial[19].

A função *interna* serve como um instrumento para que as partes preparem ou instruam o processo (*cognição*). A prova, neste momento, se destina à reconstrução dos fatos no processo, permitindo a discussão e a formação do convencimento a respeito dos fatos necessários ao julgamento da causa[20].

Uma vez que se destina a preparar julgamentos e está endereçada à formação do espírito daquele que julgará a causa, é no interior do processo que a prova exerce a sua função cognitiva[21].

Assim, a prova é essencial para a elaboração de decisões justas. É por meio das provas produzidas pelas partes, sob o crivo da legalidade e do contraditório, que o processo judicial se desenvolve e permite que o órgão judicial tome decisões. O processo deve ser elaborado e conduzido de modo que as provas sejam apresentadas sem vícios, o que proporcionará o esclarecimento dos fatos tanto para as partes que participam do contraditório quanto para o juiz que toma a decisão.

Nesse sentido, é a conclusão 50 do FPPC: "Os destinatários da prova são aqueles que dela poderão fazer uso, sejam juízes, partes ou demais interessados, não sendo a única função influir eficazmente na convicção do juiz".

---

19. GOMES FILHO, Antônio Magalhães. *O direito à prova no processo penal*. São Paulo: RT, 1997. p. 13.
20. TARUFFO, Michele. *La prueba de los hechos* cit., p. 84.
21. DINAMARCO, Cândido Rangel. *Instituições de direito processual civil*. 4. ed. São Paulo: Malheiros, 2004, v. III, p. 44.

Porém, além da reconstrução dos fatos, a prova também tem uma função *externa* ao processo. Quanto melhor é a prova produzida, maior é a chance de a decisão ser justa. Por isso, a adequação, a efetividade da produção e da valoração das provas implica o aperfeiçoamento da atividade jurisdicional, bem como contribui para a legitimação social do exercício do poder jurisdicional (legitimação por intermédio do procedimento), na medida em que não é possível se obter decisões justas ignorando ou distorcendo os fatos trazidos ao processo[22].

A fonte última de legitimidade do processo judicial se encontra na própria sociedade. O uso do poder jurídico não é simplesmente o mero uso do poder, mas uma construção pacífica da sociedade de acordo com as expectativas das pessoas comuns[23].

O ponto de encontro entre o sistema jurídico e a legitimidade é a *aceitação racional*. O direito, como ciência jurídica, é uma ferramenta formal de organização da vida social de forma previsível, mas a legitimidade das interpretações ou das decisões jurídicas depende da comunicação linguística e da compreensão mútua que resulta dessa comunicação[24].

Nesse sentido, a motivação das decisões judiciais, ao se basear nas provas, interessa tanto às partes quanto àqueles que, indiretamente, são atingidos pela decisão (isto é, a comunidade jurídica, política ou econômica, a mídia etc.; enfim, ao exercício da cidadania). A motivação judicial não serve, pois, apenas ao conhecimento das partes para eventual impugnação recursal, mas também recai sobre a noção de segurança jurídica, uma vez que está intimamente ligada à regularidade estrutural e funcional do sistema jurídico, recaindo sobre a *previsibilidade* pela qual os cidadãos pautam suas condutas.

6.4.2. Função demonstrativa e persuasiva da prova

6.4.2.1. *Função demonstrativa*

Afirmar que a prova tem função "demonstrativa" significa dizer que ela está voltada à comprovação da veracidade ou à falsidade das afirmações fáticas arguidas pelas partes, devendo ser resolvida no interior do processo, mediante a utilização de recursos racionais.

São elementos que caracterizam a função demonstrativa da prova[25]: a) o juiz deve realizar a sua escolha probatória e considerar *confiável e verdadeiro* um enunciado fático ou um complexo de fatos baseado em *critérios racionais*; b) tais critérios devem ser utilizados pelo juiz na *individualização dos enunciados fáticos* que considera atendíveis

---

22. TARUFFO, Michele. Idee per una teoria della decisione giusta. *Rivista trimestrale di diritto e procedura civile* cit., 1997. p. 319.
23. AARNIO, Aulis. *Lo racional como razonable*. Un tratado sobre la justificación jurídica. Trad. de Ernesto Garzón Valdés. Madri: Centro de Estudios Constitucionales, 1991. p. 295-296.
24. Idem.
25. TARUFFO, Michele. Funzione della prova: la funzione dimostrativa. *Rivista di Diritto Processuale*, 1997, p. 573.

e verdadeiros; c) deve o juiz aplicar esses critérios na *formulação do juízo de fato*, no contexto das demais provas produzidas nos autos, bem como na *motivação da decisão*.

Por exemplo, em relação a uma testemunha de um acidente de trânsito, o juiz deve considerar se o seu depoimento é confiável ou não com base em critérios racionais (*v.g.*, que a testemunha tenha ou não relação de parentesco ou de outra natureza com os protagonistas do acidente, a proximidade do testemunho com o lugar do acidente, se a versão apresentada é verossimilhante ou não é contraditória etc.). Após, caberá ao juiz formular um juízo de fato, comparando a prova produzida com as demais constantes dos autos, para então motivar a sua decisão.

A função demonstrativa da prova visa[26]: a) ressaltar que, no interior do processo, é possível distinguir, logicamente, o *juízo de fato* do *juízo de direito*; b) com relação ao juízo de fato, organizar a atividade probatória e formar o convencimento, segundo *critérios racionais*; c) possibilitar o *controle* das escolhas operadas pelo juiz na formação de seu convencimento.

A função da prova está circunscrita a um contexto específico, podendo ser distinguido, para indicar o respectivo papel da motivação, em um *"contexto de descoberta"* e um *"contexto de justificação"*[27]. Assim, não importa a maneira que o juiz construiu e formou o seu convencimento, mas sim como é que ele justifica, racionalmente, a hipótese decisória considerada por ele como sendo a melhor.

A convicção judicial, tendo como base a teoria da função demonstrativa da prova, rejeita a ideia de que a reconstrução das alegações fáticas, pelo juiz, possa seguir os *mecanismos do tipo dedutivo* (silogismo judiciário)[28], pelo qual a premissa maior seria constituída por princípios, regras ou máximas da experiência, ao passo que a menor seria pelo fato percebido ou pelo fato notório e a conclusão uma ilação consistente na existência ou não inexistência do fato a ser provado[29].

A teoria da função demonstrativa da prova judicial sustenta que, na base do raciocínio probatório, deve existir um fundamento racional e controlável externamente. Logo, rejeita-se um raciocínio que possa estar baseado em uma máxima da experiência não comprovada pela racionalidade. Por isso, a teoria da função demonstrativa da prova nega a ideia de que a decisão judiciária é resultado de *intuição* ou de *juízos de valores*[30] *não justificáveis racionalmente*. Nestas hipóteses, a análise da prova não precisaria estar fundada em bases racionais e a decisão não seria justificada à luz de um *iter* lógico controlável externamente, o que reduziria a motivação judicial a uma mera ficção.

---

26. Idem.
27. TARUFFO, Michele. *Il controllo di razionalità della decisione fra lógica, retórica e dialettica*. Disponível em: [www.stutidocelentano.it]. Acesso em: 30.10.2015.
28. Idem.
29. CARRATA, Antonio. *Funzione dimostrativa della prova*: verità nel processo e sistema probatório. Comunicação ocorrida em Frascati, em 09.10.2000.
30. BOBBIO, Norberto. Ragionamento giuridico. *Contributi ad um dizionario giuridico*. Turim: Giappichelli, 1994. p. 284.

Sabe-se que o conhecimento humano da verdade é imperfeito, incompleto e por vezes irrelevante[31], mas nem por isso os ordenamentos jurídicos devem afastar a sua cogitação, nem renunciar a sua busca, na medida do possível. A impossibilidade de vencer, por inteiro, as dúvidas suscitadas, não diminui as tentativas voltadas a superá-las ("nossa impossibilidade de vencer por inteiro a escuridão da noite não torna menos importante o ato de acender uma lâmpada para iluminar o texto que desejamos ler")[32].

Sem o ímpeto de se buscar a verdade, cai-se em uma *visão empirista e cética* da vida, incapaz de se elevar em relação à ação. Acaba-se por não se interessar pela identificação dos valores, sequer pelos seus significados, pelos quais tal ação deve ser orientada e julgada[33].

Caso a busca da verdade não fosse um objetivo a ser buscado no processo de conhecimento, os ordenamentos jurídicos não deveriam cuidar de disciplinar as provas, podendo adotar formas mais simples e rápidas de decidir litígios (*v.g.*, sorteios)[34] ou, de modo mais rápido e mais barato, substituir os juízes por computadores.

Portanto, a reconstrução mais verdadeira possível dos fatos da causa deve ser incentivada pela ciência processual como uma condição necessária da justiça da decisão.

6.4.2.2. *Função argumentativa (persuasiva)*

Além da função demonstrativa, a prova também pode ter uma função argumentativa (ou persuasiva).

Quando a prova tem a função demonstrativa, visa obter um resultado válido racionalmente para todos os seres racionais[35]. Por outro lado, quando a prova exerce a função argumentativa, pretende-se buscar o resultado válido somente para o juiz. Assim, a prova, no processo, não seria um instrumento de conhecimento em geral, mas restrito à formação do convencimento do juiz.

Pode-se, todavia, contra-argumentar essa diferenciação, afirmando que o importante não é a *persuasão*, subjetiva e incontrolável, para se convencer o juiz, mas a verificação de um juízo de fato e do raciocínio probatório elaborado pelo magistrado, o qual está sujeito ao controle pelas partes e pela própria sociedade, porque conduzido com base em um *iter lógico*[36].

Também é possível diferenciar as funções demonstrativa e persuasiva (argumentativa) da prova em razão do binômio verdade-verossimilhança. A função demonstrativa

---

31. TARUFFO, Michele. *La prueba de los hechos* cit., p. 48.
32. ZUCKERMAN, Adrian A. S. Justice in crisis: comparative dimensions of civil procedure. *Civil justice in crisis*. Oxford: Zuckerman, 1999. p. 5.
33. Papa BENTO XVI. Carta Encíclica *Caritas in veritate*. São Paulo: Paulinas, 2009. p. 14.
34. MOREIRA, José Carlos Barbosa. O neoprivatismo no processo civil. *Revista de Processo*, v. 122, p. 17, abr. 2005.
35. VERDE, Giovanni. Prova – teoria generale e diritto processuale civile. *Enciclopedia del diritto*. Milão: Giuffrè, 1988. v. XXXVII, p. 580 e 586.
36. TARUFFO, Michele. Il controllo di razionalità della decisione fra lógica, retórica e dialettica cit.

da prova estaria voltada ao campo da verdade, dentro de uma *lógica cartesiana*. Já a função argumentativa, ligada à verossimilhança, dentro de uma *lógica dialética*[37].

Entretanto, a verossimilhança não é um alto grau de probabilidade, porque verossimilhança e probabilidade não são expressões sinônimas. O juízo de verossimilhança não considera o acertamento e a valoração do resultado do raciocínio probatório, mas a valoração que o juiz realiza prescindindo da produção probatória[38].

O que interessa para a função demonstrativa da prova não é tanto estabelecer a verdade do *factum probandum*, mas tornar clara a existência de uma apropriada "relação probatória" entre o *quod probandum* (provar) e o *factum probans* (fato a ser provado). Essa "relação probatória" pode ser considerada apropriada a depender do *modelo de constatação* (aqui considerado como uma forma de racionalização da valoração da prova, o que inclui a necessidade de buscar medidas ou graus de probabilidade ou de certeza necessários para a formação da convicção) que se adote: *além de qualquer dúvida razoável*, no processo penal (considerada como uma presunção de inocência, nos termos do art. 5º, inc. LVII, da CF, ou do *in dubio pro reo*, pela insuficiência da prova necessária para a condenação, nos termos do art. 386, inc. VII, do CPP)[39]; *preponderância da prova*, para o processo civil que versa sobre direitos patrimoniais; ou, ainda, *provas claras e convincentes*, quando a prova recai sobre direitos indisponíveis (*v.g.*, improbidade administrativa, perda do poder familiar ou para a tutela dos direitos transindividuais).

A questão problemática não se resume à busca da verdade, mas como deve ser entendida a "relação apropriada" entre *factum probandum* e *factum probans*. É certo que não há como calcular, objetivamente, qual é a relação entre *factum probandum* e *factum probans*. Por exemplo, saber que 60% ou 90% das testemunhas ouvidas em ações de indenização por acidente de trânsito não oferecem nenhum elemento objetivo de valoração para atestar se o demandado, em um determinado processo do gênero, falseou ou não a verdade.

Por isso, deve ser rechaçada a noção de que a *prova estatística* é um mecanismo amplo e irrestrito de valoração da prova. Rejeita-se, destarte, a teoria de Bender[40], que, ao analisar a relação entre *factum probandum* e *factum probans*, cria diversos graus de probabilidade: a) "probabilidade escassa": quando é superior a 25%; b) "probabilidade relevante", se superior a 50%; c) "quase certeza", se superior a 98,8%.

---

37. O campo da argumentação é o da verossimilhança: do provável, na medida em que ela foge da certeza do cálculo. Cf. PERLLMAN, Chaim; OLBRECHTS-TYTETCHA. *Trattato dell'argomentazione*. La nuova retórica. Turim, 1966.

38. CAMBI, Eduardo. *Direito constitucional à prova no processo civil* cit., p. 58-68.

39. "(...) el estándar de prueba 'más allá de toda duda razonable' parece tener una íntima conexión con nuestro principio *in dubio pro-reo*. (...). La duda de la que se está hablando es el estado mental de duda que, como dato empírico, tenga efectivamente el juzgador. Y si es así, si ello es o relevante, una vez el juzgador nos dice que 'tiene la duda' no hay más que discutir" (BELTRÁN, Jordi Ferrer. *Prueba y verdad en el derecho*. 2. ed. Madri: Marcial Pons, 2005. p. 83. nota 6).

40. CARRATA, Antonio. *Funzione dimostrativa della prova*: verità nel processo e sistema probatório. Comunicação ocorrida em Frascati, em 09.10.2000.

Essas noções genéricas nenhum sentido tem no caso concreto.

Por outro lado, a prova estatística ganha importância quando relacionada com a prova científica, sendo o conjunto delas capaz de formular juízos baseados em um grau estatístico suficientemente alto entre um fato e outro (*v.g.*, o exame de DNA nas investigações de paternidade, a ponto de afirmar com 99,9% de acerto que um dos litigantes é o pai), ou quando se estabelecem relações de causalidade não específicas, isto é, conexões genéricas (*v.g.*, dados epidemiológicos que apontam que 1% da população corre risco de contaminação, o que pode ser suficiente para, em ação coletiva, obrigar o Estado a preparar políticas públicas e campanhas para evitar o alastramento da doença).

De qualquer modo, o modelo demonstrativo se opõe ao persuasivo. O demonstrativo se preocupa com a *reconstrução dos fatos*; confia na capacidade da razão humana de conhecer o passado e, portanto, na verdade do fato enquanto ocorrência histórica. Por outro lado, o modelo persuasivo realça a importância da humildade e da prudência na reconstrução dos fatos. Considera que os fatos não se provam; eles existem ou não existem: o que se provam são as afirmações sobre os fatos. Afinal, mesmo que se considere demonstrada uma determinada proposição acerca dos fatos, não se pode afirmar, de plano, que tal proposição é verdadeira. Logo, a prova dos fatos pertence à argumentação, não há demonstração.

6.4.2.3. *Possibilidade de conciliação entre as funções demonstrativa e persuasiva*

É possível uma conciliação entre os modelos da prova demonstrativa e persuasiva, a partir da diferença de pontos de vista entre os sujeitos processuais, em relação à função da prova.

Assim, pode-se afirmar: I) que o *uso retórico* da prova é mais explorado pelos advogados, os quais assumem uma posição parcial na busca da verdade, com o escopo de defender o interesse de uma das partes, sendo orientado a conduzir o juiz quanto à versão dos fatos que melhor atenda aos interesses de seu cliente; II) que o *uso demonstrativo* da prova é, em princípio, mais adequado à posição do juiz que, movido pela imparcialidade, deve buscar, pelas provas, a reconstrução mais verdadeira possível dos fatos controvertidos[41].

Nesse sentido, já explicava Piero Calamandrei, comparando o processo a um quadro do pintor Champaigne: em uma galeria de Londres há um famoso quadro do pintor Champaigne, em que o cardeal Richelieu é retratado em três poses diferentes: no centro da tela é visto de frente, nos dois lados é retratado de perfil, olhando para a figura central. O modelo é um só, mas na tela parecem conversar três pessoas diferentes: é diferente a expressão cortante das duas meias faces laterais e, mais ainda, o caráter

---

41. TARUFFO, Michele. Involvement and Detachment in the Presentation of Evidence. *The Eyes of Justice*. Coord. Roberta Kevelson. Nova Iorque: Lang, 1993. p. 267 e ss.

tranquilo que resulta, no retrato do centro, da síntese dos dois perfis. Assim é no processo. Os advogados indagam a verdade de perfil, cada um aguçando o olhar por seu lado; somente o juiz, que está sentado no centro, a encara, sereno, de frente[42].

De igual modo, Jeremy Bentham pontuou: os fatos se formulam em pró e em contra a acusação e a defesa se confiam a profissionais exercitados nesse gênero de esgrima; se vê os adversários avançarem e retrocederem em um campo estreito, na medida em que um fato se prova ou se desvirtua. Enfim, a sentença é confiada a pessoas a quem se quer crer tão superiores em sabedoria como em dignidade, dedicados por sua profissão a valorar imparcialmente os fatos e a não se deixar levar pelas ilusões[43].

Ademais, tal conciliação de modelos é altamente desejável, porque, para fins de realização da justiça, o juízo de fato deve ser o mais próximo possível da verdade. Por outro lado, é preciso ter consciência de que o que foi provado pode ser falso e de que o que não foi demonstrado pode ser verdadeiro. Assim, a técnica processual, por melhor que seja construída, pode dar margens a erros, o que retira a crença, ingênua, na possibilidade de reconstruir os fatos tal como ocorreram no passado[44].

6.5. OBJETO DA PROVA

6.5.1. Definição

A definição do objeto da prova está intimamente condicionada à questão anterior, isto é, de se saber qual é a função que a prova exerce endoprocessualmente nos autos, se ela é demonstrativa ou se persuasiva.

A primeira teoria vai defender que a prova se destina à mais próxima reconstituição dos fatos, advogando que é possível conhecer o passado e reconstruí-lo enquanto ocorrência histórica.

Já pela função persuasiva, o objeto das provas não recairia diretamente sobre os fatos ocorridos no passado. Isso porque não é possível se provar o caráter de veracidade ou de falsidade dos fatos, os quais podem ser constatados somente no momento em que são verificados, quando efetivamente podem "ser" ou "não ser", sem que haja a submissão destes fatos a um crivo posterior que dirá "serem verdadeiros" ou "serem falsos". Com efeito, o objeto da prova são as afirmações, as "versões" dos fatos que ocorreram, trazidas, predominantemente, pelas partes diante do juiz[45].

---

42. CALAMANDREI, Piero. *Eles, os juízes vistos por um advogado*. Trad. Eduardo Brandão. São Paulo: Martins Fontes, 1995. p. 122.

43. BENTHAM, Jeremy. *Tratado de las pruebas judiciales*. Trad. Manuel Ossorio Florit. Buenos Aires: Ediciones Jurídicas Europa-América, 1971. v. I, p. 23.

44. KNIJNIK, Danilo. *A prova nos juízos cível, penal e tributário*. Rio de Janeiro: Forense, 2007. p. 14-15.

45. Francesco Carnelutti, ao defender que as *afirmações*, não os fatos, são objeto da prova, afirma que aquelas "não se conhecem, mas se controlam, os fatos não se controlam, mas se conhecem" (*La prova civile*. Milão: Giuffrè, 1992. p. 44).

6.5.2. Fixação do Thema Probandum

Além da verificação quanto à função da prova, o objeto da prova está estreitamente relacionado à compreensão do instituto do ônus da prova, que didaticamente subdivide-se em *abstrato* ou em *concreto*[46].

O ônus da prova em sentido *abstrato* diz respeito ao que a lei processual admite que possa ser demonstrado durante a instrução processual.

A seu turno, o ônus da prova em sentido *concreto* refere-se ao que deve ser comprovado no curso do processo, sendo também denominado de *thema probandum*.

O *thema probandum* serve como critério redutor da complexidade dos fatos. É pelo *thema probandum* que se descobre o contencioso de afirmações sobre a *questio facti*. Também é a oportunidade processual em que se pode precisar *o que* e *como* pode se conhecer os fatos do litígio, além de se ponderar *que* e *como* podem ser provados[47], sempre lembrando que nem todos os fatos interessam ao processo[48], mas somente aqueles que sejam *controvertidos, pertinentes* e *relevantes*.

Advirta-se, contudo, que nos processos civis, marcados pelo princípio dispositivo (*alegata et probata partium*), são os fatos controvertidos que integram o *thema probandum*. Afinal, o fato não impugnado se presume verdadeiro. Tal raciocínio não se estende aos processos civis que têm como objeto interesses indisponíveis, os quais, mesmo na ausência de impugnação, devem ser provados. Do mesmo modo, há um paralelo no processo penal que pode prosseguir sem a presença do acusado (CPP, art. 367), sem que isso signifique a presunção de veracidade dos fatos alegados na ação penal e sem prescindir da defesa técnica, sob pena de nulidade processual.

Os fatos *pertinentes* são aqueles relacionados com a causa – fatos constitutivos – ou com os fatos representativos da defesa de mérito indireta. Por raciocínio de exclusão, os fatos *impertinentes* são aqueles que não dizem respeito à causa de pedir ou à defesa. Por exemplo, aquele que afirma que não foi o autor do dano (negativa da autoria), uma vez que, na data do evento danoso (acidente de trânsito), encontrava-se fora do país, comprovando a sua ausência mediante documentos hábeis (como um passaporte carimbado, notas fiscais de hotéis, faturas de cartão de crédito etc.). Neste caso, é impertinente investigar o que se estava fazendo no exterior, já que tal investigação não auxiliaria na descoberta do verdadeiro autor do dano.

Um fato é pertinente quando guarda alguma relação com aquilo que está sendo discutido no processo (*res in iudicium deducta*), não sendo estranho à causa. Porém, somente isso não basta para que o fato seja suscetível de ser provado em juízo. Por exemplo,

---

46. MARQUES, José Frederico. *Manual de direito processual civil*. 9. ed. Campinas: Milleniumm, 2003. v. 2. p. 186.
47. GONZÁLEZ, José Calvo. *La controvérsia fáctica. Contribuición al estudio de la* questio facti *desde un enfoque narrativista del Derecho*. Conferência apresentada nas XXI Jornadas de la Asociación Argentina de Filosofia del Derecho, 04 e 06.10.2007, p. 6.
48. TARUFFO, Michele. *La prueba de los hechos* cit., p. 365.

os fatos evidentes (*v.g.*, que a luz do dia favorece a visão, e a obscuridade dificulta)[49] e os fatos incontroversos, mesmo podendo ter relação com a causa, não integram o objeto da prova, porque sua investigação não interessa ao processo[50].

Portanto, um fato pertinente é juridicamente relevante quando corresponde ao fato abstratamente previsto pela norma aplicável ao caso concreto, como condição para a verificação das consequências jurídicas previstas por essa norma (subsunção do fato à norma). Assim, os fatos que não digam respeito à regra ou ao princípio jurídico aplicável ao caso concreto são irrelevantes.

Em outras palavras, os fatos irrelevantes são aqueles que, embora possam pertencer à causa, não possuem capacidade de influir na decisão[51]. Desse modo, se uma parte propõe uma prova concernente a fatos irrelevantes para a decisão, a prova não deve ser realizada por falta de necessidade de tutela jurídica, já que essa necessidade é um pressuposto geral para a realização de todo ato processual[52].

Embora a distinção entre pertinência e relevância seja sutil[53], chegando-se à conclusão de que o juízo de relevância é mais amplo que o de pertinência[54], tal diferenciação revela-se de especial importância, pois uma prova pode ser pertinente aos fatos da causa e não ser relevante para a decisão. Por exemplo, a inspeção judicial pode mostrar-se desnecessária depois da realização da prova pericial (CPC, art. 483, I) ou uma prova pericial pode ser supérflua após a juntada de laudos técnicos que esclareçam suficientemente a questão de fato dependente de conhecimentos especializados (CPC, arts. 464, § 1º, I, e 472). Logo, o juízo de relevância, incluindo o de pertinência, gera a consequência comum de que somente devem ser provados os fatos controvertidos os quais, pertencendo à causa, sejam, além de úteis para a sua elucidação, dotados de poder de influência na decisão a ser proferida pelo juízo.

A determinação dos *fatos relevantes*, como já afirmado, depende do conteúdo das regras e dos princípios jurídicos a serem aplicados no caso concreto, podendo ser[55]: a) os fatos assinalados nas normas jurídicas; ou b) os fatos que estão vinculados com os fatos (assinalados nas normas) como condição de sua existência (ou prova da sua

---

49. COUTURE, Eduardo J. *Fundamentos del derecho procesal civil*. Buenos Aires: Depalma, 1990. p. 228.
50. CAMBI, Eduardo. *A prova civil*. Admissibilidade e relevância. São Paulo: RT, 2006. p. 264-265.
51. LIEBMAN, Enrico Tullio. *Manuale di diritto processuale civile*. Milão: Giuffrè, 1974. v. II. p. 76; CINTRA, Antônio Carlos de Araújo; GRINOVER, Ada Pellegrini; DINAMARCO, Cândido Rangel. *Teoria geral do processo*. 13 ed. São Paulo: RT, 1997. p. 353; GRINOVER, Ada Pellegrini. Julgamento antecipado da lide e direito ao processo. *O processo em sua unidade*. São Paulo: Saraiva, 1978. p. 135.
52. SCHÖNKE, Adolf. Il bisogno di tutela giuridica (Un concetto gusprocessualistico fondamentale). *Rivista di diritto processuale*, 1948. p. 134-5.
53. UBERTIS, Giulio. Diritto alla prova nel processo penale e Corte Europea dei diritti dell'uomo. *Rivista di diritto processuale*, 1994. p. 493. Nota 15; DINAMARCO, Cândido Rangel. *Instituições de direito processual civil*. v. III cit., p. 68; CALAMANDREI, Piero. Verità e verosimiglianza nel processo civile. *Rivista di diritto processuale*, 1955. p. 174; MARQUES, José Frederico. *Elementos de direito processual penal*. Rio de Janeiro: Forense, 1961. v. II, p. 274.
54. VASSALLI, Giuliano. Il diritto alla prova nel processo penale. *Rivista italiana di diritto e procedura penale*, 1968. p. 34.
55. WRÓBLEWSKI, Jerzy. Op. cit., p. 234.

existência) no contexto da ciência empírica ou das regras sobre a prova, podendo levar em conta também as valorações, quando necessárias.

No plano do direito material, a relevância do fato depende da eficácia que se possa ter para a constituição, o impedimento, a modificação ou a extinção do direito alegado pelo autor. A questão da relevância está diretamente ligada com a *fattispecie* concretamente invocada pela parte na demanda inicial, contestação, reconvenção, impugnação etc. Por exemplo, nas ações de responsabilidade civil decorrentes de relações de consumo, nas hipóteses de responsabilidade pelo fato do produto ou do serviço ou resultantes do adimplemento imperfeito, a culpa do fornecedor não tem nenhuma relevância, pois tal responsabilidade é objetiva e o consumidor está desobrigado de evidenciar o defeito no produto ou no serviço (CDC, arts. 12, 14 e 23).

Do mesmo modo, nas ações inibitórias e de remoção do ilícito, é irrelevante discutir os eventuais danos, assim como a existência de dolo ou culpa, bastando evidenciar o ato contrário ao direito.

Porém, a norma jurídica nem sempre programa com exatidão a fórmula de contenção dos fatos. Isso porque a norma afirma os fatos, como em Código Morse, ocasionando frequentes ruídos probatórios, que podem ser agrupados na categoria dos *fatos rebeldes*[56].

Os fatos rebeldes surgem: I) porque abarcam supostos fatos que não estão contidos na estrutura da imputação normativa: a norma é uma fórmula de redução da complexidade fática, mas nem sempre é bem-sucedida em se prever um referencial suficiente de contenção, surgindo fatos que ficam à margem da fórmula normativa, fazendo com que a norma se mostre incapaz de operar tais fatos por meio do mecanismo da subsunção; II) porque recaem sobre pressupostos fáticos que transcendem o tipo fático prescrito na norma; isso ocorre quando a norma não formula um referencial exclusivo de contenção; são fatos sobrenormativos, fatos expandidos da norma, fazendo com que a norma se encontre superada pelos fatos; são, portanto, fatos emergentes, que pertencem a uma realidade extranormativa.

A relevância (gênero) é um requisito que concerne à prudente avaliação do juiz, chamado a dar uma valoração *antecipada* e *hipotética* das consequências jurídicas que derivam dos fatos alegados, caso venham a ser provados. Trata-se de um juízo sobre o mérito, já que atinente à *res in iudicium deducta*[57], que pode, inclusive, ensejar a possibilidade de se proferir, desde logo, uma sentença definitiva (CPC, art. 355, inc. I).

Deve o juiz, caso considere ser os fatos, tais como afirmados e representados pelas partes, impertinentes, falsos ou hipoteticamente verdadeiros, mas inidôneos para produzir os efeitos jurídicos pretendidos, bem como se as provas orais não são necessárias ou não podem ser produzidas (*v.g.*, no mandado de segurança, para a caracterização do

---

56. GONZÁLEZ, José Calvo. *La controvérsia fáctica* cit., p. 6.
57. DINAMARCO, Cândido Rangel. O conceito de mérito em processo civil. *Fundamentos do processo civil moderno*. 2. ed. São Paulo: RT, 1987. p. 183-218.

direito líquido e certo; Lei 12.016/2009, arts. 1º e 6º; ou no procedimento monitório, para demonstrar o crédito; CPC, art. 700), reconhecer a inutilidade da atividade probatória. Com isso, pode-se limitar o exercício do direito à prova (CPC, art. 370, par. ún.) e, se for o caso, proceder ao julgamento antecipado do mérito (CPC, art. 355).

O juízo de relevância é, pois, uma antecipação do juízo de mérito, procurando estabelecer um nexo de causa e de efeito entre os fatos alegados e as consequências jurídicas pretendidas pelas partes. Tal juízo evita a perda de tempo que poderia ser gerada com a produção de provas inúteis à compreensão e ao julgamento da causa (*frustra probatur quod probatum non relevat*).

No entanto, como esse juízo é anterior à produção da prova, está baseado na mera verossimilhança ou probabilidade dos fatos alegados e dos meios de prova escolhidos produzirem efeitos. Se houver dúvida quanto à eficácia da prova, deve o juiz considerá-la relevante, sob pena do indeferimento do exercício do direito à prova causar a impossibilidade de a parte demonstrar os fatos que lhe servem de supedâneo para as suas pretensões ou defesas[58].

É compreensível que o juízo de relevância seja antecipado, porque, caso contrário, não se conseguiria dar efetividade à garantia constitucional da duração razoável do processo e aos princípios da celeridade e da economia processuais.

Porém, nem sempre é possível um juízo antecipado e definitivo sobre a pertinência e a relevância das provas. Por isso, nada impede que esse juízo, por precaução, se estenda ao longo da instrução probatória, não subsistindo, assim, a *preclusão pro iudicato*. Deste modo, o juiz pode, por exemplo, indeferir na prova testemunhal e no depoimento pessoal (CPC, art. 459, § 3º), perguntas impertinentes e, na prova pericial, os quesitos que não digam respeito à causa (CPC, art. 470, I)[59]. Dessa maneira, estando o juiz convencido, no curso da instrução, de que o fato ou o meio de prova não são pertinentes à causa ou que não são relevantes para a decisão, pode impedir ou limitar o exercício do direito à prova, com o intuito de evitar atividades probatórias inúteis para o julgamento do mérito ou meramente protelatórias (CPC, art. 371)[60].

---

58. CALAMANDREI, Piero. Verità e verossimiglianza nel processo civile cit., p. 173-4; LIEBMAN, Enrico Tullio. *Manuale di diritto processuale civile*. v. II cit., p. 76; TARUFFO, Michele. *Studi sulla rilevanza della prova*. Padova: CEDAM, 1970. p. 3-4 e 24; TARUFFO, Michele. Prova (in generale). *Digesto delle Discipline Privatistiche*. Turim: UTET, 1992. v. XVI. p. 5; TARUFFO, Michele. *La prova dei fatti giuridici*. Milão: Giuffrè, 1992. p. 339-40 e 347; PATTI, Salvatore. Prova (diritto processuale civile). *Enciclopedia Giuridica*. Roma: Istituto Poligrafico e Zecca dello Stato, 1991. p. 4; ECHANDIA, Hernando Devís. *Teoria general de la prueba judicial*. 5 ed. Buenos Aires: Vítor P. de Zavalía, 1981. t. I. p. 343; LESSONA, Carlo. *Teoría general de la prueba en derecho civil*. Trad. Enrique Aguilera de Paz. 3. ed. Madri: Reus, 1928. p. 221; BONNIER, Eduardo. *Tratado teórico y práctico de las pruebas en derecho civil y en derecho penal*. 5. ed. Trad. José Vicente y Caravantes. Madrid: Editorial Reus S.A., 1928. t. I. p. 81; DINAMARCO, Cândido Rangel. O conceito de mérito em processo civil cit., p. 183-218.

59. ARAGÃO, Egas Dirceu Moniz de. Direito à prova. *Revista de processo*, v. 39, p. 103; ECHANDIA, Hernando Devís. *Teoria general de la prueba judicial*. t. I cit., p. 345.

60. STJ, AgInt no AREsp 622.577/RJ, Rel. Min. Marco Buzzi, 4ª T., j. 12.09.2017, *DJe* 15.09.2017.

6 • PROVAS: TEORIA GERAL DA PROVA **265**

Pode-se, então, concluir que a relevância não se resume a ser considerada apenas como uma qualidade da prova. Vai-se além, atribuindo à relevância um genuíno *caráter constitutivo* da prova, isto é, somente a prova relevante pode ser verdadeiramente considerada como "prova" no processo[61]. Portanto, o critério da relevância *lato sensu* está na essência da formulação do direito à prova, que acaba por configurar-se como *direito à prova relevante*[62].

Porém, na apreciação da prova pelo órgão judicial não se pode ignorar a aplicação do princípio da boa-fé em sentido objetivo (CPC, art. 5º). A proibição do comportamento contraditório (*venire contra factum proprium*), no processo civil, vale tanto para as partes quanto para os juízes[63]. Isto significa o magistrado não pode criar expectativas legítimas nas partes e depois frustrá-las. Desse modo, fere o princípio da boa-fé objetiva a conduta do magistrado que, indefere a produção das provas, por considerá-las desnecessárias (CPC, art. 370, *caput*), e, depois, julgar antecipadamente o mérito fundamentando a decisão na ausência de provas suficientes (aplicação do ônus da prova em sentido objetivo, como regra de julgamento)[64].

Observa-se, em contrapartida, que o mero deferimento de uma prova relevante não significa que ela – *per se* – seja *suficiente* para a concessão da tutela jurisdicional, porque é somente com a sua produção e a sua valoração, no contexto de cada processo, que o juiz terá condições de formar a convicção necessária para proceder ao julgamento da causa. Aliás, como bem explica Michael H. Graham, ao distinguir os conceitos de relevância e de suficiência probatórias, um *"brick is not a wall – relevancy is the brick, sufficiency is the wall"*[65].

Por outro lado, os fatos que não forem essencialmente importantes para a decisão judicial devem ser descartados, pela simples razão de uma premente necessidade de duração razoável do processo (CF, art. 5º, LXXVIII; CPC, arts. 4º e 370, par. Ún.), não devendo se ocupar com outros fatos.

Em relação aos fatos irrelevantes ou impertinentes, o juiz deve indeferir a prova, com fundamento no art. 370 do CPC ("Caberá ao juiz, de ofício ou a requerimento da parte, determinar as provas necessárias ao julgamento do mérito. Parágrafo único. O juiz indeferirá, em decisão fundamentada, as diligências inúteis ou meramente protelatórias"). Afinal, a prova judicial tem como última finalidade a formação da convicção do juiz, devendo recair sobre fato perturbador do direito a ser restaurado[66].

---

61. TARUFFO, Michele. *La prova dei fatti giuridici* cit., p. 339.
62. GRAHAM, Michael H. *Federal rules of evidence in a nutshell*. 4. ed. St. Paul: West Publishing, 1996. p. 74.
63. STJ, REsp 1.116.574/ES, Rel. Min. Massami Uyeda, 3ª T., j. 14.04.2011, DJe 27.04.2011.
64. MACÊDO, Lucas Buril. Boa-fé no processo civil – Parte 2. *Revista de processo*, v. 331, set. 2022, p. 30.
65. "Tijolo não é uma parede – a relevância é o tijolo, a suficiência é a parede" (tradução livre). Cfr. TARUFFO, Michele. Il diritto alla prova nel processo civile. *Rivista di diritto processsuale*, 1984. p. 78.
66. "(...) II – A produção de provas visa à formação da convicção do julgador acerca da existência dos fatos controvertidos, conforme o magistério de Moacyr Amaral Santos, segundo o qual 'a questão de fato se decide pelas provas. Por estas se chega à verdade, à certeza dessa verdade, à convicção. Em consequência, a prova visa, como fim último, incutir no espírito do julgador a convicção da existência do fato perturbador do direito a ser

Dessa forma, o objeto da prova é o conjunto das alegações controvertidas das partes em relação a fatos relevantes para o julgamento da causa.

6.5.3. Circunstâncias que não integram o objeto da prova no Processo Civil

Pela redação do art. 374 do CPC, certos fatos não dependem de prova.

É importante salientar que o art. 374 do CPC repete a mesma regra contida no art. 334 do CPC-73.

6.5.3.1. *Fatos notórios*

Os fatos notórios não dependem de comprovação, como já enunciava o brocardo latino *notoria non egent probatione* ("o notório não exige prova"). Contudo, é preciso perquirir o que são tais fatos.

O conceito de notoriedade é *cultural*. Modifica-se conforme as variantes de tempo e de lugar. São considerados notórios, para fins processuais, os fatos que pertencem à *cultura da pessoa média* no lugar e no momento em que a decisão é tomada[67]. Essa avaliação recai, pois, sobre o conhecimento do *homus medius*, que é uma ficção jurídica criada para a construção de um critério razoável capaz de não se excluir o conhecimento ordinário dos fatos.

A notoriedade é um conceito eminentemente *relativo*, isto é, não existem fatos notórios a todas as pessoas, sem limitação de tempo e de espaço[68]. Assim, o que é notório em um lugar pode não o ser em outro e o que foi notório pode deixar de sê-lo, bem como o que não é notório pode vir a sê-lo. Ademais, somente é plausível se falar em fato notório em relação a um determinado *círculo social* (*v.g.*, os habitantes de uma cidade, os membros de uma classe profissional, de uma religião etc.). Por conseguinte, não importa o número de pessoas detentoras de tal conhecimento, mas o seu caráter de pacífica e desinteressada certeza da significância e influência que esse conhecimento possui dentro de um determinado círculo social, a ponto de ser considerado um patrimônio comum. Por exemplo, um cometa que passa sobre o país e é conhecido por dezenas de astrônomos não é menos notório que a data da independência do Brasil, conhecida por milhões de brasileiros.

Em decorrência dessa característica, o fato para ser notório não precisa ser, *efetivamente*, conhecido por todas ou pela maioria das pessoas que pertencem a um círculo social[69]. Por exemplo, ninguém precisa saber, de memória, quais são os afluentes do

---

restaurado' (*Prova Judiciária no Cível e Comercial*. 2. ed. São Paulo: Max Limonad, 1952, n. 5, v. I, p. 15)" (STJ, REsp 211.851/SP, Rel. Min. Sálvio de Figueiredo Teixeira, 4ª T., j. 10.08.1999, *DJ* 13.09.1999, p. 71).

67. CALAMANDREI, Piero. Per la definizione del fatto notorio. *Rivista di Diritto Processuale Civile*, 1925, p. 298.
68. STEIN, Friedrich. *El conocimiento privado del juez*. Trad. Andrés de La Oliva Santos. Madri: Centro de Estudios Ramón Areces, 1990. p. 136-7; CALAMANDREI, Piero. Per la definizione del fatto nottorio cit., p. 6-7; COUTURE, Eduardo. *Fundamentos de derecho procesal civil*. 1990 cit., p. 234.
69. CHIOVENDA, Giuseppe. *Principii di diritto processuale civile*. 3. ed. Nápoles: Jovene, 1923. p. 733-4.

Rio Amazonas ou em que ano morreu o ex-presidente Tancredo Neves, conquanto esses sejam dados indiscutíveis, facilmente encontrados nos manuais de geografia e de história do Brasil ou em qualquer sítio de busca confiável da *internet*[70].

Ainda, o conhecimento desses fatos não depende da sua *direta observação*, porque um fato pode pertencer ao patrimônio comum de um determinado círculo social sem que tenha sido diretamente percebido por todos ou pela maioria dos participantes desse grupo social. Essa compreensão fica cada vez mais fácil de ser entendida a partir do desenvolvimento tecnológico, o qual tem proporcionado avanços significativos na comunicação dirigida às massas (*mass media*), permitindo a transmissão imediata de imagens e dos registros de acontecimentos históricos, resultando em um grande salto quantitativo na rápida propagação de informações. Por exemplo, apesar da tripulação da nave Apolo 11 ter-se reduzido aos astronautas Neil Armstrong, Michael Collins e Edwin Aldrin, é do conhecimento comum que o homem pisou pela primeira vez no solo da Lua em 20.07.1969, porque milhões de pessoas viram as imagens de Neil Armstrong pela televisão ou, se não assistiram a elas ou se ainda sequer eram nascidas, podem ver esses fatos registrados em fotos e vídeos existentes em museus, nas enciclopédias, nas bibliotecas espalhadas pelo mundo ou publicados nas redes sociais.

Esse exemplo demonstra também que o fato não precisa ser *recente* para ser considerado notório. Aliás, caso contrário, não se poderia afirmar que a Proclamação da República Federativa do Brasil, ocorrida em 15.11.1889, é um fato notório, pois todos que a presenciaram já estão mortos. Com efeito, há uma infinidade de fatos que são da alçada do conhecimento "médio" do juiz, ainda que não os tenha observado diretamente (*v.g.*, o fato de Santos ser uma cidade portuária não deixa de ser notório, apesar de um magistrado nunca ter estado nesse lugar)[71]. Por isso, esses fatos se tornam notórios em razão da sua *divulgação*[72].

Porém, quanto a essa característica, é preciso esclarecer que a mera divulgação do fato pela imprensa nem sempre é suficiente para ser um acontecimento considerado notório, porque nem tudo o que é publicado integra o patrimônio comum das pessoas[73]. Isso, por outro lado, não significa que a divulgação do fato pela imprensa não possa ser um fator complementar, a auxiliar na caracterização da notoriedade do fato. Assim, se o simples fato de um veículo de imprensa divulgar o acontecimento não é suficiente para configurar a sua notoriedade, tal divulgação pode, a depender do caso, ser fator determinante para a sua afirmação, uma vez que é humanamente impossível acompanhar a totalidade das informações publicadas pela imprensa, tendo em vista que sua função prima justamente pela divulgação de informações à população. Consequentemente, outros fatores devem ser avaliados, tais como o tema e o conteúdo da notícia, a autori-

---

70. CALAMANDREI, Piero. Per la definizione del fatto notorio cit., p. 297.
71. SANTOS, Moacyr Amaral. *Prova judiciária no cível e comercial*. v. I cit., p. 167.
72. CALAMANDREI, Piero. *Per la definizione del fatto notorio* cit., p. 296-8; STEIN, Friedrich. *El conocimiento privado del juez* cit., p. 138-9.
73. REsp 7.555/SP, Rel. Min. Eduardo Ribeiro, 3ª T., j. 30.04.1991, *DJ* 03.06.1991, p. 7.425.

dade moral e intelectual do jornalista que assina a matéria, a comprovação do conteúdo (confiabilidade das fontes) da reportagem (*v.g.*, dos dados estatísticos e científicos, da oitiva de todos os envolvidos, da opinião de especialistas etc.) e, principalmente, a credibilidade social do veículo de imprensa em que a informação é divulgada[74].

O conceito de fatos notórios não é *quantitativo*, o que faz com que esses acontecimentos não precisem ser conhecidos pela quase totalidade absoluta das pessoas (*v.g.*, a máxima de que o sol faz luz), mas apenas por grupos, formados inclusive por indivíduos mais humildes, ligados pelos mesmos interesses (*v.g.*, religiosos, profissionais, econômicos, esportivos etc.). Por exemplo, os agricultores sabem qual é a época de plantio e a da colheita de determinados gêneros alimentícios, e os pecuaristas têm conhecimento do período do ano em que se realizam as feiras agropecuárias.

Com efeito, o conceito de notoriedade em nada se confunde com o de *generalidade*, já que um fato pode ser notório sem ser conhecido por todos. Por exemplo, em 1945, foi inventado o procedimento de divisão do átomo, criando-se uma nova fonte de energia. Não obstante muitas pessoas que vivem fora dos centros de informação ignorem esse fato, não se pode concluir que não seja notório[75].

Fica fácil perceber que os fatos notórios são conceituados *culturalmente*, com base em um conhecimento comum pertencente à pessoa de cultura média e, portanto, não dependem de prova. Desse modo, contrapõem-se às afirmações individuais (*v.g.*, o depoimento de uma testemunha)[76] de que, para serem conhecidas pelo juiz, precisam de provas e adquirem objetividade, mediante a crítica e o controle sociais. Tais fatores reduzem os erros subjetivos, as deficiências de uma percepção isolada, as suspeitas de parcialidade e de preconceito, os quais podem acompanhar as afirmações de um único observador. Ao revés, todos esses fatores fazem com que os fatos notórios independam de prova[77].

Assim sendo, os fatos notórios são *objetivos*, na medida em que pertencem ao patrimônio comum de uma coletividade. São produzidos fora do processo e não têm relação direta e imediata com as questões fáticas nele discutidas, ao contrário do depoimento de uma testemunha, que é eminentemente *subjetivo* e tem menor ou maior credibilidade, de acordo com o contexto argumentativo e probatório de cada processo[78].

Por exemplo, é fato notório que as crianças em idade pré-escolar (entre os dois e sete anos) já consomem uma variedade de alimentos, não dependendo exclusivamente do aleitamento materno. Consequentemente, a mãe não pode restringir a convivência paterno-filial, para inviabilizar os pernoites da filha junto ao genitor em finais de semana alternados, sob o único fundamento de que a criança ainda está em fase de amamentação,

---

74. STEIN, Friedrich. *El conocimiento privado del juez* cit., p. 139.
75. COUTURE, Eduardo. *Fundamentos del derecho procesal civil*, 1990, cit., p. 233.
76. STEIN, Friedrich. *El conocimiento privado del juez* cit., p. 26.
77. CALAMANDREI, Piero. Per la definizione del fatto notorio cit., p. 293-5.
78. Idem. p. 295.

sobretudo quando não satisfaz o ônus de provar a indispensabilidade do aleitamento materno à sobrevivência do filho (CPC, art. 373, inc. I).

Ademais, não se pode confundir os fatos notórios com as máximas de comum experiência (CPC, art. 375), uma vez que estas não têm como objeto um fato, mas uma regra, que é facilmente encontrada nas fontes de cultura comum e se forma com base na reiterada experiência de um fato dado, segundo um processo de abstração e de generalização[79]. Destarte, a notoriedade recai sobre os fatos concretos, ao passo que as máximas de comum experiência são abstratas. Isso porque, saliente-se, tais máximas decorrem de diversas observações sobre fatos que tiveram a mesma relação de causa e efeito, enquanto que o fato se torna notório pela afirmação de diversos observadores quanto à ocorrência de um único acontecimento. A notoriedade tem, portanto, a função de eximir a prova de um fato, enquanto que as regras de experiência contribuem para a apreciação e a valoração dos fatos e das provas[80].

Os fatos notórios, tampouco, confundem-se com os *conhecimentos privados* do juiz. Esses conhecimentos decorrem da própria percepção do magistrado (*v.g.*, quando presencia um acidente de trânsito, quando sabe dos fatos que ensejam uma rescisão contratual etc.) e impedem o julgamento da causa, uma vez que o juiz jamais poderá ser, simultaneamente, testemunha e parte litigante porque restaria violada a garantia da *imparcialidade*, com sérios riscos de haver prejuízo à justiça da decisão, já que teria de julgar a si mesmo[81].

Por outro lado, os fatos notórios não vedam o julgamento da causa, pois, neste caso, o magistrado, como qualquer outra pessoa de cultura média, tem o conhecimento desses acontecimentos que, por serem abstratos, não têm ligação com o processo a ser por ele decidido[82].

Contudo, em contrapartida, é defeso ao juiz alegar o desconhecimento de um fato notório. Isso, todavia, não significa que o magistrado tenha sempre o efetivo conhecimento do fato notório, podendo valer-se da consulta a fontes externas (*v.g.*, redes sociais, jornais, revistas, mapas, livros etc.)[83]. É a partir do conhecimento dos fatos notórios

---

79. PATTI, Salvatore. Prova (*diritto processuale civile*). *Enciclopedia Giuridica*. Roma: Istituto Poligrafico e Zecca dello Stato, 1991. p. 7; CARNELUTTI, Francesco. Massime di esperienza e fatti notori. *Rivista di Diritto Processuale*, 1959. p. 640.

80. ECHANDIA, Hernando Devís. *Teoria general de la prueba judicial*. t. I cit., p. 233; CARNELLI, Lorenzo. Evidencia notoria. *Scritti giuridici in memoria di Piero Calamandrei*. Padova: Cedam, 1958. v. II. p. 167; ALLORIO, Enrico. Osservazioni sul fatto notorio. *Rivista di Diritto Processuale Civile*, p. 12-3, 1934; PALAIA, Nelson. *O fato notório*. São Paulo: Saraiva, 1997. p. 52-3, 107 e 110.

81. CALAMANDREI, Piero. *Per la definizione del fatto notorio* cit., p. 302-3; STEIN, Friedrich. *El conocimiento privado del juez* cit., p. 142; LIEBMAN, Enrico Tullio. *Manuale di diritto processuale civile*. v. II cit., p. 80.

82. PISANI, Andrea Proto. *Lezioni di diritto processuale civile*. 2. ed. Nápoles: Jovene, 1996. p. 457; PATTI, Salvatore. Prova (*diritto processuale civile*). *Enciclopedia Giuridica*, p. 7; MAZZARELA, Giuseppe. Appunti sul fatto notorio. *Rivista di Diritto Processuale Civile*, 1934. p. 70-71; ECHANDIA, Hernando Devís. *Teoria general de la prueba judicial*. t. I cit., p. 234; PALAIA, Nelson. *O fato notório* cit., p. 80 e 110.

83. SATTA, Salvatore. *Diritto processuale civile*. 10. ed. Padova: Cedam, 1987. p. 196.

que o magistrado se compromete com o *dever*, não a mera *faculdade*, de valer-se deles na decisão, porque, caso contrário, perderia a sua eficácia[84].

O conceito de notoriedade tem a finalidade de privilegiar o princípio da economia processual, evitando-se o dispêndio de esforços para a produção de provas desnecessárias, bem como repelindo a ideia de que a justiça deva ignorar o que é geralmente conhecido[85]. Ademais, exigir a prova de um fato notório, provavelmente, não aumentaria a convicção do juiz sobre as questões de fato nem a visão que as partes têm da controvérsia[86].

Logo, a noção de notoriedade procura alcançar duas finalidades de política processual: I) homenagear os princípios da economia e da celeridade processuais; e II) prestigiar a justiça, evitando-se que o juiz deva ignorar o que todo mundo sabe[87].

No entanto, se a prova do fato notório não é útil, isso não significa que seja impossível sua constatação. O contrário da notoriedade não é a impossibilidade, mas o conhecimento comum de que o fato em concreto não é verdadeiro. Por exemplo, é notório ser Roma a capital da Itália e também não ser Florença a capital do Estado do Vaticano.

Desse modo, percebe-se que o fato notório não pode ser um *fato impossível*, mas apenas improvável. O fato impossível é aquele que não tem aptidão alguma para ser verdadeiro, enquanto que o fato improvável é aquele que, embora se admita prova quanto à sua veracidade, o *iter* para a realização da atividade probatória não é aconselhável por questão de economia processual, já que, ao que tudo indica, mostrar-se-ia como uma perda de tempo, uma vez que seria incapaz de trazer elementos úteis para a compreensão e o julgamento da causa[88].

Além disso, não se exige prova dos fatos notórios, porque sua verificabilidade está implícita no ambiente social e cultural em que a decisão é proferida. Inclusive, nem sempre o juiz pode valer-se desses fatos notórios, pois o art. 374, inc. I, do CPC, somente exclui o *onus probandi*, não se dispensando o ônus da alegação dos fatos principais (constitutivos, impeditivos, modificativos ou extintivos). Logo, esses fatos precisam ser alegados pelas partes, ainda que sejam notórios. Isso se explica na medida em que o processo civil é marcado pelo princípio dispositivo, o qual determina que as partes são responsáveis pela configuração do alcance do litígio e da delimitação do conteúdo das decisões judiciais (*thema decisium*), tendo a faculdade de se manifestar caso queiram fazer valer a eficácia jurídica desses fatos.

---

84. PATTI, Salvatore. Prova (*diritto processuale civile*). *Enciclopedia Giuridica*. Milão: Giuffrè, 1970. v. XIX, p. 7-8; ALLORIO, Enrico. Osservazioni sul fatto notorio cit., p. 10-11.
85. STEIN, Friedrich. *El conocimiento privado del juez* cit., p. 141.
86. CALAMANDREI, Piero. *Per la definizione del fatto notorio* cit., p. 276.
87. COUTURE, Eduardo. *Fundamentos del derecho procesal civil*, 1990 cit., p. 235.
88. CALAMANDREI, Piero. Verità e verossimiglianza nel processo civile cit., p. 169.

Por outro lado, sobre os fatos secundários (notórios), não pesa o ônus da alegação, não precisando ser afirmados pelas partes para que o juiz possa levá-los em consideração na decisão[89].

Entretanto, se o juiz introduz o fato notório no processo, deve submetê-lo ao debate das partes, sob pena de restar violada a garantia constitucional do contraditório e da ampla defesa (CF, art. 5º, LV; CPC, art. 10). Esse entendimento visa assegurar que o poder de iniciativa do juiz fique submetido a uma verificação e a um controle sucessivo por obra das partes. Consequentemente, se o fato notório secundário está livre do ônus da alegação, não se pode, de maneira alguma, excluir a defesa, isto é, a participação crítica das partes, as quais devem ter oportunidade para pronunciar-se tanto sobre a existência do fato quanto acerca de sua notoriedade e, eventualmente, produzir provas. O contraditório é uma exigência de justiça, pois permite que os interessados possam evitar que um fato seja considerado arbitrariamente notório. Desse modo, inibem-se decisões judiciais *surpresas*, garantindo-se o pleno exercício constitucional do contraditório[90], evitando-se também que o conceito de notoriedade se transforme em uma brecha capaz de dar ingresso a fatos sobre os quais as partes não tenham como se pronunciar[91].

Entretanto, há dois enunciados aprovados pela ENFAM que mitigaram o alcance do art. 10 do CPC: I) Enunciado 5: "Não viola o art. 10 do CPC/2015 a decisão com base em elementos de fato documentados nos autos sob o contraditório"; II) Enunciado 6: "Não constitui julgamento surpresa o lastreado em fundamentos jurídicos, ainda que diversos dos apresentados pelas partes, desde que embasados em provas submetidas ao contraditório".

---

89. STEIN, Friedrich. *El conocimiento privado del juez* cit., p. 158; CAVALLONE, Bruno. Principio dispositivo, fatti secondari e fatti "*rilevabili ex officio*". *Il giudice e la prova nel processo civile*. Padova: Cedam, 1991. p. 136; ALLORIO, Enrico. Osservazioni sul fatto notorio cit., p. 14-5; PAVANINI, Giovanni. Massime d'esperienza e fatti notori in corte di cassazione. *Rivista di Diritto Processuale Civile*, 1937, p. 263-4; CARNELLI, Lorenzo. Evidencia notoria. *Scritti giuridici in memoria di Piero Calamandrei*. v. II, p. 163; MELENDO, Santiago Sentís. Naturaleza de la prueba. *La prueba. Los grandes temas del derecho probatorio* cit., p. 137; ECHANDIA, Hernando Devis. *Teoria general de la prueba judicial*. t. I cit., p. 220-1; ARAGÃO, Egas D. Moniz de. *Exegese do Código de Processo Civil*. Rio de Janeiro: Aide, 1984. v. IV. t. I. p. 107-8; PALAIA, Nelson. *O fato notório* cit. p. 67 e 109. Por outro lado, Moacyr Amaral Santos não faz distinção entre os fatos principais e secundários, afirmando que todo fato notório, mesmo não alegado pelas partes, pode ser considerado de ofício pelo juiz. Cf. *Prova judiciária no cível e comercial*. v. I cit., p. 170-1. Nesse sentido, consultar, ainda: CHIOVENDA, Giuseppe. *Principii di Diritto Processuale Civile* cit., p. 733; MAZZARELA, Giuseppe. Appunti sul fatto notorio cit., p. 73-4.

90. COMOGLIO, Luigi Paolo; FERRI, Corrado; TARUFFO, Michele. *Lezioni sul processo civile*. Bolonha: Il Mulino, 1995. p. 70-1; FURNO, Carlo. *Contributo alla teoria della prova legale*. Padova: Cedam, 1940. p. 45; TARZIA, Giuseppe. Le istruzioni del giudice alle parti nel processo civile. Note per una riforma del diritto delle prova. *Rivista di Diritto Processuale*, p. 661, 1986; TARUFFO, Michele. Note per una riforma del diritto delle prova. *Rivista di diritto processuale*, 1986, p. 267; OLIVEIRA, Carlos Alberto Álvaro de. O juiz e o princípio do contraditório. *Revista do Advogado (Associação dos Advogados de São Paulo)*, v. 40, p. 38.

91. TROCKER, Nicolò. *Processo civile e costituzione*. Milão: Giuffrè, 1974. p. 530-3; ANDRIOLI, Virgilio. Prova (*diritto processuale civile*). *Novissimo Digesto Italiano*. Turim: VTET, 1957. v. XIV, p. 279-82.

Com efeito, a notoriedade pode recair tanto sobre um fato principal quanto sobre um fato secundário[92]. Além disso, o fato notório, apesar da obrigação – pelo juiz – em se observar o contraditório, porque a lei assim preceitua, por questões de objetividade, não deve admitir prova em contrário.

Trata-se, aliás, de uma questão lógica, pois, para que o juiz considere o fato notório, não pode pairar qualquer dúvida quanto à sua existência e ao seu modo de ser[93]. Esse posicionamento se explica na medida em que o grau de certeza a ser extraído do fato notório deve ser superior ou, ao menos de igual grau, àquele que poderia se extrair, caso a prova fosse realizada, sob pena de ser considerada como suficiente a *vox populi*, que não raramente é conceituada como a *"voz de Deus"*, para que o juiz formasse a sua convicção[94].

Assim sendo, caso o magistrado esteja convencido de ser notório o fato, deve--se dispensar a produção da prova contrária[95], mesmo que uma ou ambas as partes não estejam de acordo, pois cabe ao juiz, por estar colocado na posição de terceiro *superpartes*, com poderes para velar pela rápida solução do litígio (CPC, art. 139, II) e zelar pela aplicação do princípio da economia processual. Logo, seria um contrassenso afirmar que um fato notório admite prova em contrário. Em suma: ou o fato *é notório* e não admite prova em contrário, ou *não é notório*, procedendo-se, então, necessária a produção da prova. Assim, uma característica essencial do fato notório é a *objetividade*.

Essa objetividade se traduz na *incontestabilidade*, o que significa que o fato notório não somente dispensa a prova, como também não se admite prova em contrário. Contudo, isso não significa que o juiz, como já foi asseverado, sempre tenha, de pronto, o conhecimento dos fatos, de modo que tal informação possa ser obtida a partir de fontes externas (*v.g.*, redes sociais, jornais, revistas, mapas, livros etc.)[96]. Por isso, caso o juiz considere, equivocadamente, um fato como sendo notório, cabe ao Tribunal, em sede recursal, anular essa decisão, resguardando-se o direito à prova, a não ser que o processo já esteja em condições de imediato julgamento (CPC, art. 1.013, § 3º).

---

92. Por outro lado, Salvatore Satta sustenta que os fatos notórios não incidem sobre fatos principais, porque estão fundados em máximas da experiência, que, sendo *genéricas*, não se referem aos fatos principais (constitutivos da relação jurídica), mas somente aos fatos secundários (simples), *genericamente* relevantes ao juízo de fato. Cf. *Commentario al Codice di Procedura Civile*. Milão: Vallardi, 1966. v. I, p. 460 e *Diritto processuale civile*, p. 195. *Data venia*, essa distinção não tem fundamento porque um fato principal também pode ser notório e, destarte, não depender de prova. Por exemplo, a morte de uma pessoa, conhecida e famosa, é um fato principal, constitutivo de uma nova relação de propriedade, porque marca a sucessão dos bens do falecido aos seus herdeiros.

93. LIEBMAN, Enrico Tullio. *Manuale di diritto processuale civile*. v. II cit., p. 80.

94. CALAMANDREI, Piero. Per la definizione del fatto notorio cit., p. 276 e 289.

95. MARINONI, Luiz Guilherme; ARENHART, Sérgio Cruz. *Prova*. 2. ed. rev. e atual. São Paulo: RT, 2011, p. 119.

96. SATTA, Salvatore. *Diritto processuale civile*, p. 196 e *Commentario al Codice di Procedura Civile*, v. I, p. 461-2. Porém, Leo Rosenberg sustenta o contrário, afirmando: "Siempre es admisible la *prueba en contrario contra* de que es falso el hecho notorio" (*Tratado de derecho procesal civil*. Trad. Angela Romera Vera. Buenos Aires: EJEA, 1955. v. II, p. 219). Verificar, ainda: TROCKER, Nicolò. *Processo civile e costituzione*. cit., p. 532. Nota 34.

Situação diversa ocorre quando a parte afirma um fato como notório, mas o juiz está em dúvida quanto à sua existência e o seu modo de ser. Nesse caso, o magistrado não precisa, necessariamente, considerar o fato arguido como não sendo notório. Porém, tal dúvida pode ser resolvida a partir da utilização dos seus poderes instrutórios (CPC, art. 370) ou, ainda, propiciar que a parte arguente demonstre ser notório o fato, o que, se comprovado, já se evita a produção de outras provas (CPC, art. 374, I), simplificando a instrução probatória[97].

Assim, não havendo para o juiz a verossimilhança quanto à notoriedade, pode-se determinar que a parte faça prova da inverossimilhança para aceitar a notoriedade. Em contrapartida, se o magistrado considerar que há verossimilhança quanto à notoriedade, mas a parte contrária negá-la, esta deve assumir o ônus de comprovar a não verossimilhança ou a não notoriedade do fato[98].

Atente-se, porém, que esse conceito de fatos notórios não se presta, necessariamente, para o direito material. Por exemplo, o art. 159 do CC afirma que são anuláveis os contratos onerosos do devedor insolvente quando a insolvência for notória ou houver motivo para ser conhecida do outro contratante. Nesse caso, a existência ou a inexistência dessa notoriedade é uma condição necessária para a configuração do direito material, não sendo, *ipso facto*, um acontecimento que integra a cultura ou a informação normal das pessoas, no círculo social, no momento em que a decisão judicial deve ser proferida[99]. Do mesmo modo, o *consilium fraudis*, ainda que notório, deve ser provado, mediante indícios, para que se obtenha a ineficácia do negócio jurídico oneroso[100].

Por fim, a notoriedade do fato pode gerar efeitos não apenas para o julgamento do mérito (da *res in iudicium deducta*), mas também para fins eminentemente processuais (*v.g.*, a genitora de dependente químico e alcoólatra possui legitimidade para postular a internação de seu filho em Juízo, pois, ainda que o mesmo seja maior de idade e não tenha sido declarado incapaz judicialmente, é fato notório que pessoas dependentes de drogas e de álcool não têm discernimento para se internarem voluntariamente em clínica especializada para tratamento, conforme exegese dos arts. 3º e 6º da Lei Federal 10.216/2001 e art. 11 do Decreto Federal 24.559/1934)[101].

6.5.3.2. Fatos não controvertidos

Conceituam-se como fatos aceitos, expressa ou tacitamente, pela parte contrária (CPC, art. 341). Não se considera provado o fato não contestado, mas, tão somente,

---

97. ECHANDIA, Hernando Devís. *Teoria general de la prueba judicial*. t. I cit., p. 230-1.
98. GONZÁLEZ, José Calvo. Verdades difíciles. Control judicial de hechos y judicio de verossimilitud. *Cuadernos electrónicos de filosofia del derecho*, 15/2007, p. 1-22.
99. PALAIA, Nelson. *O fato notório* cit., p. 55-6; COUTURE, Eduardo. *Fundamentos del derecho procesal civil*, 1990 cit. p. 235-6.
100. VENOSA, Sílvio de Salvo. *Direito civil. Parte Geral*. 3. ed. São Paulo: Atlas, 2003. v. I. p. 494-6.
101. TJSP, Apelação Cível 0026746-57.2011.8.26.0053, Rel. Desª. Maria Laura de Assis Moura Tavares, 5ª Câm. de Direito Público, j. 13.02.2012.

isenta o demandante de prová-los, reduzindo-se o objeto da prova ou até esvaziando-se o objeto do processo.

Contudo, a necessidade da prova ainda se mantém necessária, apesar do silêncio da parte *ex adverso*, quando se tratar de fatos cuja forma e prova requerem instrumento público (CPC, art. 406) ou versar sobre direitos indisponíveis (CPC, art. 392).

A revelia (não contestação) gera a presunção legal de veracidade dos fatos alegados pelo autor. Assume quatro formas: total ou parcial, formal ou substancial. É parcial quando o demandado deixa de impugnar alguns dos fatos alegados pelo demandante. É formal quando a contestação não é apresentada ou quando é protocolada intempestivamente. É substancial quando, apesar de apresentada a contestação, a impugnação é genérica (ou por negativa geral), infringindo-se a regra do art. 341 do CPC, que consagra o princípio da impugnação especificada (ponto a ponto).

Respostas evasivas não tornam os fatos controvertidos, podendo caracterizar também abuso do direito processual (CPC, art. 77). Tal princípio, contudo, não se aplica ao defensor público, ao advogado dativo e ao curador especial (CPC, art. 341, par. ún.).

A presunção de veracidade dos fatos alegados pelo demandante, não impugnados pelo demandado, não incidem e não geram efeitos quando não for admissível, a seu respeito, a confissão, em razão de o litígio versar sobre direitos indisponíveis (CPC, art. 341, inc. I).

Esses direitos apresentam grau de relevância social maior que os de natureza privada; por isso merecem tratamento diferenciado, sendo considerados: I) inalienáveis; II) intransigíveis; III) irrenunciáveis; IV) impenhoráveis; V) não sujeitos ao reconhecimento jurídico no processo e à confissão.

São exemplos de direitos indisponíveis, via de regra, os direitos de família, os de personalidade, os transindividuais e os direitos públicos (penal, previdenciário e administrativo)[102]. É o caso dos *direitos da Fazenda Pública*[103], os direitos relativos à *guarda*, à *educação* e aos *alimentos* dos filhos, mesmo se forem discutidos em processo de separação judicial[104] ou divórcio, além daqueles que versam sobre o *reconhecimento de estado de filiação*, em ações de investigação de paternidade[105], e sobre o estado civil, em ações de *anulação de casamento*[106]. Tampouco a presunção de veracidade (CPC, art. 344) se aplica às ações de improbidade administrativa, posto que, como as sanções do art.

---

102. MACHADO, Antônio Cláudio da Costa. *Código de Processo Civil interpretado*. 3. ed. São Paulo: Saraiva, 1997. p. 324.
103. STJ – EDclREsp 13.851/SP,Rel. Min. Antônio Pádua Ribeiro, 2ª T., j. 20.04.1994, *DJ* 09.05.1994, p. 10.856; TJPR, Ap. Cív. e Reex. Nec. 74.865-8, Rel. Des. Accácio Cambi, 6ª C.C., Ac. 3.830, j. 18.08.1999; TJSP, Ap. Cív. 219.305-1, Rel. Des. Guimarães e Souza, j. em 16.12.1994 – JTJ 167/157-60.
104. STJ – 3ª T. – Rel. Min. Eduardo Ribeiro – un. – j. 04.12.1990 – RT, v. 672, p. 199-200.
105. STJ, REsp 140.665/MG, 4ª T., Rel. Min. Sálvio de Figueiredo Teixeira, j. 17.09.1998, *DJ* 03.11.1998, p. 147; STJ, REsp 129.426/MG, 3ª T., Rel. Min. Waldemar Zveiter, j. 04.12.1997, *DJ* 23.03.1998, p. 93; STJ, REsp 43.467/MG, 4ª T., Rel. Min. Sálvio de Figueiredo Teixeira, j. 12.12.1995, *DJ* 18.03.1996, p. 7.568.
106. TJES, Ap. Cív. 249.501.118.299, Rel. Des. Renato de Mattos, j. 14.10.1997.

12 da Lei 8.429/92 representam restrições ao *status dignitatis* e *civitatis*, é indispensável a demonstração dos fatos constitutivos do direito (CPC, art. 373, inc. I)[107].

Logo, se o objeto da relação jurídica de direito material deduzida em juízo for *indisponível*, a não contestação do fato alegado não exclui a necessidade de prová-lo[108].

Além disso, a presunção de veracidade também não pode recair sobre fatos cuja prova requer a forma escrita *ad probationem* ou *ad substanciam*, porque a não contestação não pode substituir essa necessidade de forma escrita (CPC, arts. 341, inc. II, 345, inc. III, 406 e CC, art. 212). Por exemplo, o casamento, geralmente, é provado mediante certidão do registro civil (CC, arts. 1.543), e a propriedade, por escritura pública (CC, art. 215)[109].

Por último, o art. 341, inc. III, do CPC, estabelece que a presunção de veracidade não incide na hipótese de se haver contradição com os demais argumentos de defesa, considerada em seu conjunto.

Considerar a defesa no seu conjunto significa procurar entender a posição tomada pelo demandado em relação aos fatos afirmados pelo autor e as suas respectivas consequências jurídicas. Assim, se a posição assumida pelo demandado é incompatível com os fatos não impugnados, a presunção de veracidade não se aplica[110].

Deste modo, caso seja realizada a audiência de instrução, a noção do *conjunto da defesa* é ampliada, abrangendo-se não somente aquilo que o demandado arguiu acerca dos fatos, mas também o que sobre eles afirmaram as testemunhas, o perito e o próprio autor, tornando-se mais difícil a aplicação da presunção da não impugnação.

Nesse sentido, é defeso ao juiz considerar incontroversos fatos que, embora não contestados, não são pacíficos. Isso pode ocorrer quando o demandado não contesta, total ou parcialmente, os fatos deduzidos na petição inicial, mas, mediante reconvenção, traz argumentos que se contrapõem aos fatos narrados pelo autor. Por exemplo, "A" cobra "B" pela locação de determinado bem móvel, "B" não contesta a ação, mas ajuíza reconvenção, afirmando que o contrato é nulo e, consequentemente, não pode produzir efeitos válidos.

Ainda, dentro da exegese do art. 341, inc. III, do CPC, pode ser mencionado o caso em que, havendo pluralidade de réus (litisconsórcio), algum deles contesta a ação

---

107 GARCIA, Emerson, ALVES, Rogerio Pacheco. *Improbidade administrativa*. 4. ed. Rio de Janeiro: Lumen Juris, 2008. p. 713.

108. TARUFFO, Michele. *Studi sulla rilevanza della prova*. Padova: Cedam, 1970. p. 48 e nota 89; PROVA, Salvatore Patti. (*diritto processuale civile*). *Enciclopedia giuridica* cit. p. 7; ANDRIOLI, Virgilio. Prova (*diritto processuale civile*). *Novissimo digesto italiano*. v. XIV cit., p. 274-6; SILVA, Ovídio A. Baptista da. *Curso de processo civil*. 5. ed. São Paulo: RT, 2000. v. I. p. 62.

109. "Despejo. Uso próprio (Lei 6.649/79, art. 52, X). Prova da propriedade. Locatário revel. Irrelevância. Necessidade. A revelia não cobre a prova de propriedade imobiliária, nem produz presunção de verdade quando a esta matéria, já que o instrumento público (escritura, registro) é a substância do ato de aquisição do domínio" (CPC, art. 302, II, c.c. 366)" (2ª TACív./SP, Ap. 192.245, 2ª Câm., Rel. Walter Moraes, j. 11.06.1986).

110. PASSOS, Joaquim José Calmon de. *Comentários ao Código de Processo Civil*. 2. ed. Rio de Janeiro: Forense, 1977. v. III, p. 377.

(CPC, art. 345, inc. I). Neste cenário, a presunção de veracidade não deve ser aplicada se o fato impugnado pelo demandado atuante for *comum* ao litisconsorte revel[111].

Os efeitos materiais da revelia também não incidem, genericamente, sobre o litisconsorte unitário, quando (a) um deles contesta, (b) quando o litígio versa sobre direitos indisponíveis ou, ainda, (c) quando a petição não estiver acompanhada de instrumento público indispensável à prova da ação (CPC, art. 320). Esta última circunstância, todavia, enseja a emenda da petição inicial (CPC, art. 321) e, caso oportunizada a emenda, o vício não seja sanado, conduz-se ao indeferimento da petição inicial (CPC, art. 330, IV).

Ademais, a presunção de veracidade não se aplica à contestação elaborada por defensor público, advogado dativo ou curador especial (CPC, art. 72), que pode ser *genérica*, porque, por força do parágrafo único do art. 341 do CPC, estes ficam isentos do ônus da impugnação específica (princípio da eventualidade), não se presumindo verdadeiros os fatos que não foram especificamente contestados. Nessa regra jurídica, procura-se dar efetividade ao princípio da isonomia em sentido substancial, evitando que a falta de contestação adequada prejudique o litigante hipossuficiente ou a defesa de interesses públicos, cuja tutela merece tratamento diferenciado.

Um fato pode se tornar controvertido, ainda que não seja expressamente impugnado pela parte contrária, bem como pode ser parcialmente controverso. Em outras palavras, um mesmo fato pode ser alegado por ambas as partes, com diferentes eficácias jurídicas ou com o intuito da contraparte admitir a veracidade do acontecimento alegado pelo demandante. Por exemplo, se o demandante pede que o demandado seja condenado a restituir a quantia objeto do contrato de mútuo, mas este afirma que não celebrou tal contrato, a sua existência se torna controvertida. Porém, se o réu não nega a existência do contrato, embora afirme que já pagou, a controvérsia é parcial e recai apenas sobre o pagamento. Por outro lado, não haverá controvérsia caso o réu reconheça juridicamente o pedido, asseverando que o contrato existe e que deixou de pagá-lo, ou confessando a dívida ou, ainda, buscando apenas justificar o seu inadimplemento.

A regra do art. 341 do CPC decorre do princípio da economia processual, o qual visa o máximo de resultado com o mínimo de atividade processual. Ao se concluir que os fatos não impugnados devem ser admitidos como verdadeiros, evita-se a realização de atividades inúteis, que despenderiam preciosa energia e tempo, sem que se obtenha um resultado prático e eficiente, assegurando-se a garantia constitucional da razoável duração do processo (CF, art. 5º, LXXVIII; CPC, art. 4º).

Entretanto, conforme asseverado, nem todo fato não impugnado deve ser admitido tacitamente[112]. Assim, um fato pode deixar de ser impugnado pela sua impossibilidade jurídica ou material, ou, ainda, o revel pode ingressar no processo tardiamente (lembrando-se que ele assume o processo no estado em que se encontrar – CPC, art. 346, parágrafo único.), recaindo sobre ele o ônus de provar a inexistência ou a ineficácia do

---

111. STJ, EDcl no AREsp 156.417/SP, Rel. Min. Luis Felipe Salomão, 4ª T., j. 05.05.2015, *DJe* 13.05.2015.
112. COUTURE, Eduardo J. *Fundamentos del derecho procesal civil*, 1990 cit., p. 225.

fato admitido, já que, dentre as sanções impostas à revelia, não se encontra a vedação de produzir prova em contrário.

Ademais, a não contestação é um fenômeno processualmente relevante somente no que concerne aos *fatos* a serem acertados em juízo, não em relação à aplicação e/ou à interpretação das normas jurídicas[113]. Aliás, produz efeitos, tão somente, em relação aos fatos principais, isto é, aqueles que dependem da alegação das partes (CPC, art. 373, I e II: cabe ao autor alegar e provar os fatos constitutivos, enquanto ao réu, os impeditivos, modificativos e extintivos), não sobre os fatos secundários, que são aqueles que têm apenas função probatória, não se colocando em uma área de exclusiva disponibilidade das partes, mas podendo ser deduzidos de ofício.

Afinal, a não contestação dos fatos principais é expressão da autonomia da vontade, presente nos sistemas de processualística civil norteados pelo princípio dispositivo (*alegata et probata partium*). Já os fatos secundários não entram na esfera exclusiva de disponibilidade das partes. A omissão da contestação destes fatos entra na categoria do comportamento processual das partes, que é um meio de prova atípico (CPC, art. 369), não implica o efeito material da revelia e, por isso, é apto a ser valorado pelo juiz, o qual pode, pelo menos, deduzir argumentos de prova. Já que da conduta omissa não há sanção processual, o demandado pode contestar *ex post* os fatos secundários, originariamente não contestados, não havendo preclusão para tal exercício.

Diante da imposição da presunção de veracidade, sendo desnecessária a produção de provas em audiência, o juiz está autorizado a proceder ao julgamento antecipado do mérito (CPC, art. 355, II) ou, quando menos (isto é, quando a contestação for parcial), pode o magistrado proceder ao julgamento antecipado parcial do mérito (CPC, art. 356).

No entanto, a presunção de veracidade, como já asseverado, é relativa. Não significa que o juiz deve, automaticamente, resolver o processo com julgamento de mérito ou, ainda, acolher o pedido formulado pelo demandante. Cabe ao magistrado verificar, previamente, a presença das condições da ação e os pressupostos processuais, bem como a verossimilhança dos fatos alegados na causa, evitando que fatos impossíveis, anormais, incomuns, não razoáveis etc. se presumam verdadeiros.

Comparecendo o demandado fora do prazo para impugnar os fatos, admite-se, com fundamento nas garantias constitucionais do contraditório e da ampla defesa, a prova em contrário. É lícita ao réu revel a produção de prova a seu favor, desde que intervenha no processo antes de encerrada a fase instrutória (CPC, art. 346, parágrafo único; CPC/73, art. 322, parágrafo único)[114]. Porém, a produção de contraprova se limita à negativa dos fatos alegados na petição inicial[115], não se estendendo, nas hipóteses de

---

113. BATTAGLIA, Viviana. Sull'onere Del convenuto di "prendere posizione" in ordine ai fatti posti a fondamento della domanda (riflessioni sull'onere della prova). *Rivista di Diritto Processuale*, nov.-dez. 2009, p. 1.516-1.517.
114. STJ, REsp 677.720/RJ, 3ª T., Relª. Minª. Nancy Andrighi, j. 10.11.2005, *DJ* 12.12.2005, p. 375.
115. STJ, REsp 211.851/SP, 4ª T., Rel. Min. Sálvio de Figueiredo Teixeira, j. 10.08.1999, *DJ* 13.09.1999, p. 71.

incidência do princípio dispositivo, a produção de fatos novos (extintivos, modificativos e impeditivos).

6.5.3.3. Fatos em cujo favor militam presunção legal de existência e veracidade

Tanto as presunções legais relativas quanto as presunções jurisprudenciais não impedem a realização da prova, sendo meras *técnicas de inversão do ônus probatório*. Ambas servem para facilitar a produção da prova, com o intuito de proteger, de modo diferenciado, situações de direito material cuja demonstração seria mais difícil para o beneficiado pela proteção.

O fato presumido deixa de integrar o objeto da prova, mas nada impede que a parte não beneficiada com a presunção demonstre os *fatos contrários* ou *negativos*, isto é, que tal acontecimento não ocorreu e, em consequência, sobre ele não deve recair a isenção de provar pretendida pela presunção.

Dois exemplos ilustram a exclusão da prova do fato presumido.

Exemplo 1: o art. 385, § 1º, do CPC, preceitua que à parte que, regularmente intimada, não comparece em audiência para prestar depoimento pessoal, ser-lhe-á aplicada a "pena de confissão". Em verdade, a confissão é uma conduta positiva da parte. O que ocorre de fato é a *admissão*, que consiste em considerar a existência de um fato contrário à parte que se omite em comparecer à audiência para prestar seu depoimento.

Se o preposto de uma empresa não comparece à audiência, embora devidamente intimado, inverte-se o ônus da prova. Assim, se uma consumidora alega ter sofrido danos morais, porque foi acusada em público de apresentar documento falso, há "*confissão ficta*" (*i.e.*, admissão), por gerar apenas presunção relativa. Com isso, inverte-se o ônus da prova, mas não exclui a possibilidade de a pessoa jurídica demonstrar os fatos contrários ou negativos (contraprova)[116].

Exemplo 2: o art. 322 do CC afirma que, quando o pagamento for feito em quotas periódicas, a quitação da última estabelece, até prova em contrário, a presunção de estarem solvidas todas as anteriores. Logo, presente nos autos um recibo de quitação da última parcela, nada impede que o credor comprove que as demais não foram pagas. No entanto, a presunção estabelecida no art. 322 do CC, além de ser relativa, não se aplica a todas as obrigações de trato sucessivo. Por exemplo, o pagamento de cotas condominiais, por ser imprescindível à manutenção do condomínio, representa gastos efetuados mês a mês. Assim, cada cota condominial goza de plena autonomia uma das outras, não prevalecendo a presunção legal de que a parcela mais antiga estaria paga se as subsequentes o tivessem[117].

---

116. STJ, REsp 520.475-MG, Rel. Min. Cesar Asfor Rocha, 4ª T., j. 09.09.2003, *DJU* 28.10.2003, p. 293.
117. STJ, REsp 817.348/DF, Rel. Min. Sidnei Beneti, 3ª T., j. 20.05.2010, *DJe* 10.06.2010, REsp 852.417/SP, Rel. Min. Castro Filho, 3ª T., j. 29.11.2006, *DJ* 18.12.2006, p. 394; EREsp 712.106/DF, Rel. Min. João Otávio de Noronha,

6 • PROVAS: TEORIA GERAL DA PROVA

Por fim, se é certo que os fatos favorecidos por uma presunção legal de existência ou de veracidade não dependem de prova (CPC, art. 374, IV), isto não significa que o beneficiário da presunção nada tenha que fazer[118]. Quem invoca a presunção tem o ônus de demonstrar os fatos que servem de base à sua aplicação.

6.6. PROVA DO DIREITO

O objeto das provas são os fatos ou a afirmação desses fatos. Mas, excepcionalmente, o direito, como ciência jurídica, também pode ser objeto de prova; isto quando se tratar de direito municipal, estadual, estrangeiro ou consuetudinário, quando o juiz pode determinar que a parte a quem lhe aproveita faça a prova do seu *teor* e da sua *vigência* (CPC, art. 376).

Trata-se, portanto, de uma evolução histórica, pois no direito grego primitivo a regra era de que o juiz somente poderia aplicar a lei invocada e provada pelas partes[119].

Entende-se que o direito federal, bem como o direito estadual e municipal do lugar em que o juiz atua, deve ser por ele conhecido. As regras expedidas pelo próprio Estado ou Município em que o juiz atua são de acesso tão fácil quanto as regras federais. Logo, sobre este conjunto de regras recai a presunção de que o juiz conhece o direito (*iura novit curia* e *da mihi factum dabo tibi ius*)[120].

Em relação a outros direitos, por não se pode exigir – do juiz – que os conheça, o art. 376 do CPC determina à parte que, procurando dele se beneficiar, obrigatoriamente deve fazer a prova do seu respectivo teor e vigência. Com efeito, o art. 376 do CPC é uma exceção à regra de que o juiz conhece o direito, já que não seria razoável exigir que o juiz conhecesse todas as regras jurídicas.

O art. 376 do CPC não procura restringir o princípio da *iura novit curia* aos limites do direito federal, pois, se fosse assim, a presunção do conhecimento do direito seria menor para o juiz, que deveria conhecer apenas o direito federal, do que para as partes, as quais teriam que conhecer todo o direito, porque a regra prevista no art. 3º da Lei de Introdução ao Direito Brasileiro (LINDB – Dec.-Lei 4.657/42) é mais abrangente ("Ninguém se escusa a cumprir a lei, alegando que não a conhece"), o que poderia resultar na conclusão equivocada de que o juiz poderia deixar de aplicar uma lei municipal ou estadual, caso a parte interessada não as alegasse. Por outro lado, apesar do art. 3º da Lei de Introdução às Normas do Direito Brasileiro, não seria razoável (nem humanamente possível) exigir-se do juiz e das partes o pleno conhecimento de todas as leis, inclusive as estrangeiras.

2ª Seção, j. 09.12.2009, *DJe* 16.12.2009.

118. OLIVEIRA, Carlos Alberto Alvaro de. Presunções e ficções no direito probatório. *Revista de processo*, v. 196, jun. 2011, p. 16; DALLGNOL, Deltan Martinazzo. *As lógicas das provas no processo*. Prova indireta, indícios e presunções. Porto Alegre: Livraria do Advogado, 2015.

119. COUTURE, Eduardo J. *Fundamentos del derecho procesal civil*, 1990 cit., p. 220.

120. STJ, REsp 98.377/DF, Rel. Min. Garcia Vieira, 1ª T., j. 17.03.1998, *DJ* 03.08.1998, p. 84.

A propósito, uma das características do direito, na era da modernidade, é justamente a sua *opacidade*; isto é, embora o direito atue como uma lógica da vida social (já que as pessoas realizam cotidianamente uma enorme quantidade de atos com sentido e efeitos jurídicos), a maior parte da população não percebe nem compreende o seu significado ou o seu alcance. Não é raro, por exemplo, o casal compreender os efeitos do contrato de casamento celebrado somente quando se colocam diante da possibilidade de um divórcio. De igual sorte, poucas pessoas entram em um ônibus coletivo com a consciência de saber que estão realizando um contrato de transporte e quais são os seus efeitos jurídicos (*v.g.*, quais as responsabilidades do transportador)[121].

Consequentemente, o princípio da *ignorancia iuris non excusat* contemplado na regra do art. 3º da LINDB deve ser repensado, não podendo prejudicar a população em geral, sob pena de se fazer reinar um estado de hipocrisia em que sejam cometidas injustiças, pois essa exigência é uma mera *ficção*. Ressaltando-se que a ficção se diferencia da presunção, pois pretende considerar verdadeiro um fato que é, necessariamente, falso.

O art. 3º da LINDB não é uma presunção, mas uma ficção, pois é impossível que a totalidade dos dispositivos legais vigentes em nosso ordenamento seja conhecida por todos[122]. Aliás, na realidade, nem juízes, muitas vezes especialistas nas matérias jurídicas, conseguem conhecer e compreender toda a legislação aplicável[123].

De qualquer modo, o que importa para poder interpretar o art. 376 do CPC é asseverar que as questões de direito não se equiparam às questões de fato. Elas não integram o objeto da prova nem podem ser enquadradas na categoria dos ônus da prova, já que, se o juiz tiver conhecimento de quaisquer regras jurídicas, incluindo as de direito municipal, estadual, estrangeiro ou consuetudinário, bem como de outras não expressas no art. 376 do CPC (como resoluções, portarias ou quaisquer outros atos normativos), tem o dever de aplicá-las, mesmo porque o princípio dispositivo não pode impedir que o magistrado "descubra" a norma e dela extraia os seus efeitos[124].

Porém, o princípio do *iura novit curia* não impede que as partes concordem a respeito de uma determinada questão de direito, desde que esses acordos estejam abrangidos no *ius dispositivum*. O CPC, por exemplo, admite a desistência da ação, após a resposta, com o consentimento do réu (art. 485, § 4º), e a transação, mediante conciliação das partes, quando o litígio versar sobre direitos patrimoniais disponíveis (CPC, arts. 334 e 359 e CC, art. 841), ainda que possam ser prejudiciais a algum dos litigantes. Entretanto,

---

121. CÁRCOVA, Carlos María. *La opacidad del derecho*. Madri: Trotta, 1998. p. 18.
122. OLIVEIRA, Carlos Alberto Alvaro de. *Presunções e ficções no direito probatório* cit., p. 18.
123. CÁRCOVA, Carlos María. *La opacidad del derecho* cit., p. 40-41.
124. STJ, REsp 98.377/DF, Rel. Min. Garcia Vieira, 1ª T., j. 17.03.1998, *DJU* 03.08.1998, p. 84; COMOGLIO, Luigi Paolo; FERRI, Corrado; TARUFFO Michele. *Lezioni sul processo civil* cit., p. 509; TARUFFO, Michele Taruffo. Prova (*in generale*). *Digesto delle Discipline Privatistiche*. Turim: UTET, 1992. v. XVI, p. 8; PATTI, Salvatore. Prova (*diritto processuale civile*). *Enciclopedia Giuridica* cit. p. 5-6; MICHELI, Gian Antonio. *L'onere della prova*. Padova: Cedam, 1942. p. 104-6 e 107. Nota 2; CARNELUTTI, Francesco. *La prova civile* cit., p. 17-8. Em sentido contrário, consultar: RIBEIRO, Darci Guimarães. *Provas atípicas*. Porto Alegre: Livraria do Advogado, 1998. p. 80; RIBEIRO, Darci Guimarães. Tendências modernas da prova. *Jurisprudência Brasileira*, v. 176, p. 46-7.

6 • PROVAS: TEORIA GERAL DA PROVA **281**

esses acordos não vinculam o juiz, quando em flagrante contrariedade da ordem pública ou os bons costumes[125]. Por exemplo, a convenção que distribui de modo diverso o ônus da prova é nula quando recai sobre direitos indisponíveis ou torna excessivamente difícil a uma parte o exercício do direito à prova (CPC, art. 373, § 3º).

Feitas essas ressalvas, pode-se concluir que, caso o art. 376 do CPC previsse um verdadeiro ônus da prova, o legislador não poderia, logicamente, na segunda parte desse dispositivo, prever a expressão *"se assim determinar o juiz"*, tornando-se facultativa a aplicação dessa regra jurídica. Logo, esse preceito deve ser compreendido à luz do *princípio da colaboração* entre os sujeitos processuais (CPC, art. 6º), pois o juiz não teria, em face da quantidade e da constante alteração das normas jurídicas, como conhecer todo o direito. Por isso, o magistrado pode determinar que as partes o ajudem, atribuindo-lhes uma *função auxiliar* que pode ser perfeitamente desincumbida na medida em que os litigantes também têm interesse na correta aplicação do direito[126].

Por conseguinte, quando se estiver defronte a uma das circunscrições territoriais de jurisdição, previstas no art. 376 do CPC, não se deve interpretar a suposta "ignorância" do juiz em sua semântica mais simplista, de não saber a totalidade do direito. Portanto, desde que sinta a necessidade de ser auxiliado, o juiz pode determinar a colaboração da parte que alegar a existência desse direito, sob pena da norma não poder ser descoberta e acarretar prejuízos para a justiça da decisão e para a parte interessada.

Assim, pode-se concluir que o art. 376 do CPC é uma regra de cunho *colaborativo*, não prevendo um ônus probatório. Afinal, se o juiz conhece o direito a ser aplicado na hipótese concreta, realizando a subsunção do fato à norma ou, tem acesso a ele (o que foi facilitado após a disseminação dos meios de comunicação, notadamente a rede mundial de computadores – a *internet*), certamente não deixará de aplicá-lo porque a parte não comprovou o seu teor e a sua vigência, sob pena de se causar prejuízo à justiça da decisão. Afinal, o magistrado tem o dever de conhecer o ordenamento jurídico, sendo irrelevante que a sua cognição seja obtida por elementos fornecidos pelas partes ou resultem de sua cultura ou investigação pessoal[127].

É importante frisar que a obrigação imposta pelo art. 376 do CPC é *condicionada à exigência do juiz*[128]. Logo, é vedado ao juiz, sem antes determinar à parte que comprove o teor e a vigência do direito (municipal, estadual, estrangeiro ou consuetudinário, bem como de qualquer outro ato normativo), agir com o ímpeto de se resolver o processo sem o exame de mérito. Por outro lado, como o art. 376 do CPC não versa sobre uma

---

125. BAUR, Fritz. Da importância da dicção *iura novit curia*. Trad. José Manoel Arruda Alvim Netto. *Revista de processo*, v. 3, p. 172-6.
126. MICHELI, Gian Antonio. *L'onere della prova* cit., p. 108-112; MELENDO, Santiago Sentís. La prueba es libertad. *La prueba. Los grandes temas del derecho probatorio* cit., p. 13, nota 9, e p. 14; MELERO, Valentín Silva. La prueba procesal. Madrid. *Revista de Derecho Privado*, 1963. t. I, p. 63; LEONARDO, Rodrigo Xavier. Prova e objeto da prova: considerações a respeito dos juízos de fato no processo civil. *Boletim Informativo Bonijuris*, n. 372, 30.04.1999, p. 4.683-4.
127. CARNELUTTI, Francesco. *La prueba civil*. 2. ed. cit., p. 5. Item 2.
128. STJ, RMS 14.583/GO, Rel. Min. Félix Fischer, 5ª T., j. 06.06.2002, *DJ* 01.07.2002, p. 361.

regra de ônus da prova, pode o juiz aplicar o direito, de ofício, buscando – independentemente da ação das partes – a sua correta aplicação[129], desde que seja observada a garantia do contraditório (CPC, arts. 7º e 10), oportunizando aos litigantes a chance de se manifestar previamente à decisão judicial.

Entretanto, se todas as investigações forem frustradas, não se obtendo êxito na comprovação tanto da *existência* quanto do *teor* e, consequentemente, da *vigência* da norma jurídica, pelo fato de que o juiz não pode eximir-se de julgar a causa (CF, art. 5º, XXXV), a decisão deve ser contrária à parte que apoiou suas alegações ao preceito jurídico não averiguado[130-131].

Ademais, via de regra, o art. 376 do CPC não se aplica em sede de recursos especial e extraordinário, mas apenas nas instâncias ordinárias, em que se admite dilação probatória[132].

Disso, o raciocínio que deve se ter a esta altura é que não se faz prova do direito, mas do *fato* consistente na *existência* de uma determinada norma legal ou do *fato* desta norma jurídica estar em *vigor* no ordenamento.

Tanto a prova do teor quanto a vigência do direito estrangeiro são atestadas, por exemplo, pela apresentação dos compêndios de legislação atualizados por certidão diplomática, ata notarial (CPC, art. 384), por pareceres ou livros de doutrina e, se for o caso, por testemunhas que tenham conhecimento jurídico[133].

O art. 13 da LINDB afirma que a "prova dos fatos ocorridos em país estrangeiro rege-se pela lei que nele vigorar, quanto ao ônus e aos meios de produzir-se, não admitindo os tribunais brasileiros provas que a lei brasileira desconheça". Aqui, a expressão "provas que a lei brasileira desconheça" deve ser interpretada com reservas[134], pela possibilidade de se admitir tanto as provas típicas quanto as atípicas. O que o ordenamento jurídico brasileiro proíbe são as provas obtidas por meio ilícito ou de forma imoral (CF, art. 5º, LVI, e CPC, art. 369).

Ainda, tratando-se da aplicação do direito estrangeiro, mediante regras do direito internacional privado, caberá ao juiz fazê-lo, caso delas tenha conhecimento, ainda que de ofício (exegese do art. 376 do CPC), observado o contraditório, nos termos do art. 10 do CPC[135]. Não se pode impor ao litigante o ônus de produzir prova do seu teor

---

129. STJ, AgRg no Ag 1.272.810/MG, Rel. Min. Alderita Ramos de Oliveira (Des. Convocada do TJ/PE), 6ª T., j. 07.02.2013, pub. *DJe* 25.02.2013; COUTURE, Eduardo J. *Fundamentos del derecho procesal civil*, 1990 cit., p. 222-3.
130. STJ, REsp 254.544/MG, Rel. Min. Eduardo Ribeiro, 3ª T., j. 18.05.2000, *DJ* 14.08.2000, p. 170; ROSENBERG, Leo. *La carga de la prueba*. Trad. Ernesto Krotoschin. Buenos Aires: EJEA, 1956. p. 30.
131. STJ, REsp 254.544/MG, Rel. Min. Eduardo Ribeiro, 3ª T., j. 18.05.2000, *DJ* 14.08.2000, p. 170; ROSENBERG, Leo. *La carga de la prueba*. Trad. Ernesto Krotoschin. Buenos Aires: EJEA, 1956. p. 30.
132. CARNELUTTI, Francesco. *La prueba civil*. 2. ed. cit., p. 5.
133. GRECO FILHO, Vicente. *Direito processual civil brasileiro*. 18. ed. São Paulo: Saraiva, 2007. v. 2, p. 198.
134. AMARAL, Paulo Osternack. *Provas: atipicidade, liberdade e instrumentalidade*. São Paulo: RT, 2015. p. 83.
135. STJ, REsp 254.544/MG, Rel. Min. Eduardo Ribeiro, 3ª T., j. 18.05.2000, *DJ* 14.08.2000, p. 170.

e vigência, salvo quando é a própria parte que invoca tal direito[136]. Não sendo possível provar o teor e a vigência do direito estrangeiro, cabe ao juiz realizar a subsunção à luz do direito nacional, uma vez que o litígio não pode ficar sem solução (CPC, art. 140).

Por exemplo, na adoção internacional, apesar da revogação indevida da regra contida no art. 51, § 2º, da Lei 8.069/90, pela Lei 12.010/2009, a autoridade judiciária, de ofício ou a requerimento do Ministério Público, poderá determinar a apresentação do texto pertinente à legislação estrangeira, acompanhada da prova da respectiva vigência. Tal determinação tem fundamento no art. 376 do CPC, e na circunstância do candidato estrangeiro ter de comprovar que está devidamente habilitado para a adoção, consoante as leis de seu país (Lei 8.069/90, art. 52, I e II).

Outro exemplo: o art. 5º, inc. XXXI, da CF assegura o direito fundamental dos herdeiros brasileiros à aplicação das regras de Direito das Sucessões mais benéficas, quando se tratar de bem situado no território brasileiro, deixado por estrangeiro. Porém, a rigor, cabe aos herdeiros demonstrar a existência e a vigência da regra sucessória do direito estrangeiro, para que o juiz possa verificar se ela é mais benéfica que a brasileira. Vale ressaltar que, pelo Protocolo de Cooperação e Assistência Jurisdicional, fica dispensada a comprovação da existência e da vigência das regras jurídicas dos países integrantes do Mercosul, o que gera uma presunção de conhecimento da legislação estrangeira e, ao fim e ao cabo, retira o caráter do ônus da prova[137].

Por sua vez, a prova do teor e da vigência do *direito estadual ou municipal* se faz (a) por repertórios oficiais ou reconhecidos, (b) por certidões do Estado ou Município de que emana a regra jurídica (*v.g.*, certidão da Assembleia Legislativa ou da Câmara de Vereadores, com a informação da sessão legislativa em que o ato normativo foi aprovado e quando se deu a sua publicação no Diário Oficial, bem como que o texto permanece em vigor), (c) por qualquer outro meio de prova admissível em juízo (CPC, art. 369)[138]. Já a prova da vigência é mais difícil, porque, via de regra, as leis são aprovadas para ter vigência por tempo ilimitado. Assim, presume-se, em caráter relativo, que estão em vigor, ficando a parte contrária com o ônus de provar que já foram revogadas. Isso pode ser feito com a citação das leis que procederam à revogação, com decisões de tribunais que consideram a lei inconstitucional, bem com o auxílio da doutrina e da jurisprudência.

A prova dos *costumes* igualmente é feita por todos os meios de prova admissíveis em juízo (CPC, art. 369), inclusive a juntada de sentença anterior que o tenha reconhecido, ressalvada a competência das Juntas Comerciais (presentes em cada Estado-membro da federação), para a expedição de certidões sobre o costume consagrado, mediante assento, registrados em livros próprios[139]. Também podem as Juntas Comerciais fornecer atestados de costumes comerciais ainda não assentados.

---

136. Idem.
137. FARIAS, Cristiano Chaves de; ROSENVALD, Nelson; BRAGA NETTO, Felipe. *Manual de direito civil*. Volume único. 8. ed. Salvador: JusPodivm, 2023. p. 1470.
138. GRECO FILHO, Vicente. *Direito processual civil brasileiro*. 18. ed., v. 2 cit., p. 198.
139. Idem.

6.7. FONTES E MEIOS DE PROVA

Quanto à *existência*, as provas podem ser consideradas como *fontes*, porque ainda não ingressaram no processo, para posteriormente serem denominadas de *meios*, quando podem ser utilizadas no processo[140].

As *fontes de prova* são pessoas ou coisas das quais se possam extrair *informações* capazes de comprovar a veracidade de uma alegação. São elementos ou meios instrumentais *externos* ao processo, que se submetem às investigações necessárias à comprovação dos fatos relevantes e pertinentes da causa[141].

Ademais, podem ser classificadas em *reais e pessoais, ativas e inativas.* As *coisas* são *fontes reais* de prova e as provas reais são aquelas que se deduzem do estado das coisas[142]. Já as *pessoas* podem ser tanto fontes reais quanto pessoais: são reais quando submetidas a exames feitos por outrem (*v.g.*, perícias médicas, como a retirada de material genético para a realização do exame do DNA); são pessoais na medida em que são chamadas a tomar parte na instrução probatória, mediante a realização de atos ou com o concurso de sua vontade (*v.g.*, testemunhas, partes em depoimento pessoal etc.). A título elucidativo, se Paulo declara ter visto João ameaçar Carlos de morte e este é encontrado morto, tendo sido localizado ao lado do cadáver a faca de João coberta de sangue, Paulo é uma prova pessoal, enquanto a arma branca é uma prova real[143].

Em síntese, são admitidos como *dados probatórios*, capazes de servir para o convencimento do juiz[144]:

I) as *narrações* de quem tem o conhecimento dos fatos juridicamente relevantes;

II) os *documentos* representativos de tais fatos ou dos quais deles são possíveis de dedução;

III) as *pessoas* e as *coisas* que conservam, em si mesmos, traços desses fatos;

IV) os *indícios*, pois deles derivam, mediante a ação das máximas de experiência (CPC, art. 375), argumentos para estimar e mensurar a existência ou a inexistência do fato a ser provado[145].

Já os *meios de prova* são *técnicas* destinadas à investigação de fatos relevantes para a causa. Conforme Francesco Carnelutti, os meios de prova consistem na atividade – perceptiva ou dedutiva – do juiz[146]. São, pois, fenômenos cognitivos *internos* ao processo.

---

140. CARNELUTTI, Francesco. *La prueba civil*, 2. ed. cit., p. 239; MELENDO, Santiago Sentís. Valoración de la prueba. *La prueba.* Los grandes temas del derecho probatorio. Buenos Aires: EJEA, 1978. p. 281. Nota 122; MELENDO, Santiago Sentís. Fuentes e medios de prueba. *La prueba.* Los grandes temas del derecho probatorio. Buenos Aires: EJEA, 1978. p. 164; DINAMARCO, Cândido Rangel. *Instituições de Direito Processual Civil.* 3. ed. v. III cit., p. 86-9.

141. DINAMARCO, Cândido Rangel. *Instituições de Direito Processual Civil.* 4. ed. v. III cit., p. 86.

142. BENTHAM, Jeremy. *Tratado de las pruebas judiciales.* v. I cit., p. 30.

143. Idem, p. 26.

144. VERDE, Giovanni. Prove nuove. *Rivista di Diritto Processuale*, jan.-mar. 2006, p. 36.

145. CARNELUTTI, Francesco. *La prueba civil*, 2. ed. cit., p. 195. Item 46.

146. DINAMARCO, Cândido Rangel. *Instituições de direito processual civil.* 4. ed. v. III cit., p. 87.

6 • PROVAS: TEORIA GERAL DA PROVA

Os meios de prova podem ser classificados em típicos (os depoimentos pessoais das partes, a prova testemunhal, a documental, a pericial e a inspeção judicial) ou atípicos, isto é, serem admitidas pela lei, ainda que não regulamentadas por ela (CPC, art. 369).

A confissão, conforme conceitua o art. 389 do CPC, é a admissão de fato contrário ao próprio interesse e favorável ao interesse do adversário. Trata-se de uma *declaração de conhecimento* feita por um dos litigantes, mas contrária a seu próprio interesse. Frise-se que tal afirmação *não é* um meio de prova, pois os fatos confessados vêm ao conhecimento do juiz por meio de declarações a ele endereçadas (petições) ou por intermédio de algum meio de prova realizado no processo (*v.g.*, depoimento pessoal e interrogatório judicial).

Do mesmo modo, as *presunções* também não são meios de prova. Constituem a elaboração de um raciocínio pelo qual se infere do conhecimento de um fato secundário (indício) que, com razoável probabilidade, atesta a existência de outro (principal, isto é, constitutivo, impeditivo, modificativo ou extintivo, nos termos do art. 373, I e II, do CPC) ou o estado de uma pessoa ou coisa. Em outras palavras, partindo-se da convicção da ocorrência de determinado fato (secundário), pode-se, por dedução lógica, inferir a existência de outro (principal), uma vez que um decorre, normalmente, do outro, ou ambos devem acontecer simultaneamente.

Por exemplo, esposa separada de fato pode ajuizar ação de anulação de negócio jurídico, em face de seu marido e de terceiro, para quem foram transferidos imóveis do casal, alegando simulação (CC, art. 167), com a finalidade de preservar a sua meação na partilha dos bens, por ocasião do divórcio. Cabe a demandante demonstrar o fato secundário (*v.g.*, que o terceiro, além de amigo do marido, não possui capacidade financeira para a compra e venda) a fim de que o negócio jurídico seja anulado, com fundamento na fraude (fato principal), deduzida pelo juiz por meio de presunção.

As pessoas, no âmbito dos dados probatórios, presumem-se apoiadas na observação daquilo que normalmente acontece (máximas da experiência). O momento inicial desse processo é o conhecimento de um fato-base ou *indício* (também chamado de *fato secundário*) revelador de outro fato (denominado de *fato principal*). Por exemplo, uma vez demonstrado que o demandado, em ação de investigação de paternidade, é estéril (indício ou fato secundário), acarreta a presunção de que ele não é pai da criança (fato principal). Com efeito, o indício é demonstrado por qualquer meio de prova (*v.g.*, documental, pericial, testemunhal etc.), mas a presunção aqui é, por excelência, um raciocínio lógico-dedutivo.

Por fim, é necessário se fazer um juízo crítico quanto ao efeito prático da distinção entre fontes e meios de prova. Pouca ou nenhuma utilidade há em se afirmar que a testemunha ou o perito são meios de prova e que a declaração do primeiro e o juízo do segundo são fontes de prova. Afinal, a testemunha não é uma pessoa em si ou por si, mas alguém que exerce uma determinada função (aquele que está em função de determinado efeito): quem é chamado a narrar um fato perante o juiz não é uma testemunha antes ou depois de ter narrado o fato *probando*, mas somente enquanto o narra; antes de narrar, *será* uma testemunha e, depois de haver narrado, *foi* uma testemunha[147]. Porém, o testemunho não pode ser separado da pessoa da testemunha. A ata ou o meio magnético que fica após o testemunho é apenas o documento no qual o depoimento ficou materializado, não se constituindo no testemunho enquanto ação ativa. Portanto, testemunha e testemunho são duas palavras para expressar um mesmo conceito: a testemunha é a pessoa que desempenha a ação de testemunhar e o testemunho é o ato findo da pessoa que testemunhou[148].

6.8. PROVAS ATÍPICAS

Além dos meios de prova típicos, são admitidos outros meios de prova, desde que *moralmente legítimos*, ainda que não especificados e capazes de evidenciar a veracidade dos fatos controvertidos (CPC, art. 369 e Lei 9.099/95, art. 32). Trata-se de um corolário do direito constitucional à prova, deduzido das garantias processuais do devido processo legal, contraditório e ampla defesa (CF, art. 5º, LV)[149].

Em lei de âmbito nacional, o art. 208 do Código de Processo Civil de 1939 já previa que "são admissíveis em juízo todas as espécies de prova reconhecidas nas leis civis e comerciais"[150]. Aliás, o modelo meramente enunciativo dos meios de prova tinha aparecido, anteriormente, em alguns dos Códigos de Processo estaduais, a exemplo do Código do Distrito Federal (art. 181), do Rio de Janeiro (art. 1.225), de São Paulo (art. 263) e de Santa Catarina (art. 685)[151].

Restaria negado o direito fundamental à tutela jurisdicional (CF, art. 5º, XXXV; CPC, art. 3º), se os fatos indispensáveis à proteção dos direitos não pudessem ser provados por outros instrumentos processuais além daqueles especificados e previstos na lei processual.

Enfim, os meios de prova não são criações abstratas da lei, mas generalizações da experiência[152]. É pela observação cotidiana da vida e pelo avanço científico que tais meios de prova são recepcionados pelo direito processual, permitindo-se a descoberta da verdade, mesmo sem ainda terem sido positivados formalmente no ordenamento jurídico pátrio.

Todavia, não se pode considerar (nem confundir) como atípica uma prova formada no processo com violação das provas típicas, porque as provas ilícitas e as nulas não

---

147. CARNELUTTI, Francesco. *La prueba civil*, 2. ed. cit., p. 197. Item 46.
148. Idem, p. 198.
149. CAMBI, Eduardo. *Direito constitucional à prova no processo civil* cit., p. 108-156.
150. MOREIRA, José Carlos Barbosa. Provas atípicas. *Revista de Processo*. out.-dez. 1994, v. 76, p. 114.
151. SANTOS, Moacyr Amaral. *A prova judiciária no cível e comercial*. 5. ed. atual. São Paulo: Saraiva, 1983. v. 1, p. 72.
152. Idem. p. 72.

podem, de maneira alguma, ser consideradas atípicas[153]. Na verdade, elas são provas típicas viciadas e, por isso, não podem ser admitidas nem valoradas. Por exemplo, não se poderia admitir como prova atípica o depoimento de uma testemunha extrajudicial, produzida sob a forma de documento, realizado por uma pessoa que é incapaz de depor (CPC, art. 447, § 1º).

São meios de prova considerados atípicos, dentre outros: o reconhecimento de pessoas ou de coisas ou a reconstituição de fatos, o depoimento de testemunhas técnicas, as declarações fornecidas por terceiros e o comportamento processual e extraprocessual das partes (*v.g.*, entrevista dada na imprensa falada, escrita, televisada).

6.8.1. Reconhecimento de Pessoas ou de Coisas

O reconhecimento de pessoas ou de coisas, bem como a reconstituição de fatos, está incluído nos casos de inspeção judicial (CPC, art. 483, III), mas o procedimento (atividade) probatório não está regulamentado no CPC.

Ao reconhecimento de pessoas ou de coisas é possível aplicar, por analogia, as regras previstas no CPP (arts. 169 e 226 a 228). No processo penal, o reconhecimento de pessoas e de coisas pode se revelar de grande importância para a comprovação da autoria e da materialidade do delito. Daí a necessidade da observância do devido processo legal. Em primeiro lugar, o depoente é instruído a descrever a pessoa ou a coisa que deve ser reconhecida. Em segundo lugar, deve-se, se possível, colocar a pessoa, ou mesmo a coisa, na companhia de outras que tenham semelhança. Ato contínuo, o depoente deve apontar a pessoa ou a coisa que deve ser reconhecida.

Na hipótese do reconhecimento de pessoas, se a testemunha ou o informante se sentirem intimidados ou se houver o temor de que elas venham a faltar com a verdade durante o ato, o juiz deve evitar constrangimento e proceder ao isolamento visual entre a pessoa que deve reconhecer e as que possam ser reconhecidas. Lavra-se um termo pormenorizado da diligência, que deverá ser subscrito pelo juiz, pelas partes e advogados, bem como por duas testemunhas (CPP, art. 226, inc. IV).

Ademais, a não observância dessas formalidades pode tornar nulo o reconhecimento. Todavia, tal inobservância não invalida a oitiva da testemunha ou do informante, nem torna tal depoimento nulo quando constatada a ausência de nexo de causalidade com a prova ilícita ou se o convencimento judicial puder ser obtido por fonte independente das provas ilícitas (CPP, art. 157, §§ 1º e 2º).

Acrescenta-se que o próprio art. 226, II, do CPP não considera como requisito essencial para o reconhecimento pessoal que a pessoa prestes a ser identificada seja colocada ao lado de outras, fazendo expressa menção à locução "*se possível*"[154]. Ocorre que, se a pessoa não é colocada junto de outras pessoas, este ato pode gerar tanto na

---

153. TARUFFO, Michele. *La prova dei fatti giuridici* cit., p. 384.
154. STJ, AgRg no AREsp 944.953/SP, Rel. Min. Ribeiro Dantas, 5ª T., j. 16.05.2017, *DJe* 19.05.2017.

testemunha quanto no informante um sugestionamento para que se aponte um "culpado". Deveria, portanto, o legislador ser mais criterioso quanto a esta exigência que, na medida do possível, deve ser cumprida pelo juiz, sob pena de se reduzir o reconhecimento pessoal a mero depoimento pessoal qualificado.

Por outro lado, o *reconhecimento fotográfico* é prova atípica, mesmo no processo penal, posto que o art. 226 do CPP não regulamenta tal possibilidade. Logo, admite-se a sua utilização, porém atribuindo-lhe valor relativo e deve ser observado o disposto no art. 226, I, II e IV, do CPP[155]. Aliás, a não observância do artigo 226 do CPP torna a prova ilícita, sendo devida a absolvição do acusado quando as provas remanescentes são insuficientes para um juízo condenatório (*v.g.*, há confissão extrajudicial, retratada em juízo, e a apreensão de um dos objetos subtraídos, meses após os fatos, na posse de um dos acusados não reconhecido por nenhuma das vítimas[156]).

Por fim, a Lei 11.900/2009 introduziu, no art. 185, § 8º, do CPP, a possibilidade de reconhecimento de pessoas e coisas por videoconferência.

6.8.2. Expert Witnesses ou Expert Testimony

Prevê a *Rule 702* da *Federal Rules of Evidence* norte-americana, que é uma espécie de codificação das regras sobre provas que se aplicam à jurisdição federal nos Estados Unidos:

> Quando os conhecimentos científicos, técnicos ou outros especializados possam servir ao julgador para entender as provas ou estabelecer os fatos do caso, poderá levar-se em conta o testemunho de um perito *expert* que por razão de seu conhecimento, habilidade, experiência, formação ou educação pode testemunhar em forma de opinião, se (1) o testemunho está suficientemente fundado em fatos ou dados fiéis; (2) o testemunho é produto de princípios e métodos fiéis, e (3) o testemunho aplica, de forma fiel, os princípios e métodos aos fatos do caso[157].

A utilização do *expert witness* foi ressaltada, nos Estados Unidos, no julgamento pela Suprema Corte do caso *Daubert v. Merrel Dow Pharmaceuticals 509 U.S. 579* (1993)[158]. Tratava-se da discussão acerca da utilização do medicamento antináusea, denominado de *bendectin*, produzido pela *Merrel Dow Pharmaceuticals*, usado por mulheres nos primeiros meses de gravidez. O caso versava sobre ação de ressarcimento pelo uso do referido medicamento, o qual teria causado malformações nas crianças gestadas. Com base no depoimento de um perito credenciado, o Tribunal de Justiça do

---

155. NUCCI, Guilherme de Souza. *Provas no processo penal*. São Paulo: RT, 2009, p. 118.
156. STJ, REsp 1.996.268/GO, Rel. Min. Laurita Vaz, 6ª T., j. 11.04.2023.
157. "Rule 702. Testimony by Experts. If scientific, technical, or other specialized knowledge will assist the trier of fact to understand the evidence or to determine a fact in issue, a witness qualified as an expert by knowledge, skill, experience, training, or education, may testify thereto in the form of an opinion or otherwise, if (1) the testimony is based upon sufficient facts or data, (2) the testimony is the product of reliable principles and methods, and (3) the witness has applied the principles and methods reliably to the facts of the case".
158. TARUFFO, Michele. Le prove sientifique nella recente esperienza statunitense. *Rivista trimestrale di diritto e procedura civile*, março/1996, p. 237; HOFMANN, Eduardo. *Provas atípicas*. Dissertação de Mestrado apresentada na Universidade Paranaense (UNIPAR), p. 152-154, 2010.

Distrito concluiu que, diante da revisão da literatura científica sobre o assunto, o uso do *bendectin* não teria se mostrado um fator de risco para defeitos congênitos humanos. O Tribunal não aceitou o depoimento de oito peritos, cujos testemunhos foram trazidos pelos demandantes que afirmavam os malefícios congênitos que o remédio poderia causar, baseados em estudos realizados em animais, sob o argumento de que tais depoimentos não satisfizeram o requisito da "aceitação geral aplicável", critério para a admissão dos *expert testimony* (fixado no caso *Frye v. United States*, julgado na década de 1920, que havia rejeitado o uso de "detectores de mentira"). O Tribunal de Apelações concordou com a decisão e afirmou, citando "*Frye* contra Estados Unidos (54 App. DC 46, 47, 293 F. 1.013, 1.014)", que o parecer de peritos com base em uma técnica científica é inadmissível, a menos que a técnica seja "geralmente aceita com confiança na comunidade científica".

Na Suprema Corte norte-americana, discutiu-se acerca da *metaciência* (que é a ciência da ciência e se dedica a estudar como esta funciona, constrói suas explicações e verifica sua validade e veracidade), dos riscos da boa ciência e dos modos corretos de seu desenvolvimento, questionando-se sobre as limitações cognitivas dos jurados na hora de distinguir entre o conhecimento científico e a retórica científica dirigida a impressionar e captar o julgador. Concluiu que o *general acceptance test* do caso *Frye v. United States* não poderia ser o único critério para admitir ou excluir a evidência científica. Permitiu que o juiz assegurasse a admissão de *expert witness*, desde que existisse uma base de confiança relevante. Cabe ao magistrado fazer uma avaliação preliminar sobre o raciocínio subjacente ao testemunho e se a metodologia científica é válida e poderia ser aplicável aos fatos discutidos na causa, além de levar em consideração se a teoria ou a técnica foi ou pode ser testada, qual seria a sua taxa de erro, mesmo potencial, bem como se tem sido aceita dentro de uma comunidade científica relevante.

O direito brasileiro, ao contrário do norte-americano, não incluiu, mesmo após a entrada em vigor do CPC, entre os meios de prova típicos o depoimento de testemunhas técnicas (*expert witnesses* ou *expert testimony*). Vale lembrar que, no direito norte-americano, o perito não é auxiliar do juízo, não sendo indicado pelo magistrado. É auxiliar das partes, sendo por elas escolhido e remunerado.

Trata-se de *prova opinativa* daquele que, por ter um conhecimento superior em uma determinada matéria, tem condições de prestar uma opinião técnica sobre o assunto[159]. Essa técnica é moralmente legítima, porque implica a conjugação de um meio de prova admitido pelo sistema processual brasileiro – a prova testemunhal – e uma fonte probatória também admitida, que são as pessoas portadoras de conhecimento técnico.

Quando houve a reforma do Código de Processo Civil de 1973, pela Lei 8.455/92, não se consagrou diretamente o depoimento técnico, mas dele se aproximou ao instituir a *perícia informal*, no art. 421, § 2º, do CPC-73 "Quando a natureza do fato o permitir, a perícia poderá consistir apenas na inquirição pelo juiz do perito e dos assistentes, por

---

159. DINAMARCO, Cândido Rangel. *Instituições de direito processual civil*. 3. ed. v. III cit., p. 95.

ocasião da audiência de instrução e julgamento a respeito das coisas que houverem informalmente examinado ou avaliado."

Essa técnica também foi adotada no art. 35 da Lei 9.099/95:

> Quando a prova do fato exigir, o Juiz poderá inquirir técnicos de sua confiança, permitida às partes a apresentação de parecer técnico. Parágrafo único. No curso da audiência, poderá o juiz, de ofício ou a requerimento das partes, realizar inspeção em pessoas ou coisas, ou determinar que o faça pessoa de sua confiança, que lhe relatará informalmente o verificado.

O CPC, por sua vez, prevê, no art. 464, § 3º, que a prova técnica simplificada consiste apenas na inquirição de especialista, pelo juiz, sobre ponto controvertido da causa que demande especial conhecimento científico ou técnico.

Todavia, tal prova técnica simplificada não se confunde com o depoimento técnico do direito norte-americano, pois, neste caso, o *expert* presenciou o fato ou dele tomou conhecimento fora do processo, enquanto, naquela hipótese, ele vem a saber dos acontecimentos somente por ocasião do processo, a partir da sua nomeação como auxiliar do juízo.

Porém, no direito brasileiro, por força expressa do art. 151, 1ª parte, do Estatuto da Criança e do Adolescente (ECA – Lei 8.069/90), é admissível a testemunha pericial de um psicólogo, assistente técnico ou qualquer outro membro da equipe multidisciplinar (*v.g.*, em ação de destituição ou perda do poder familiar ou em medidas protetivas). Tais profissionais conhecem os fatos e também têm conhecimento científico. Com efeito, as perguntas podem recair tanto sobre os fatos controvertidos quanto sobre os aspectos científicos mencionados no estudo social.

Por outro lado, não há previsão, no direito brasileiro, em relação às perícias extrajudiciais, isto é, realizadas por pessoas contratadas diretamente pelas partes, sem a participação do Estado-juiz. O que se admite é a dispensa da prova pericial quando as partes, na inicial e na contestação, apresentarem pareceres técnicos ou documentos elucidativos sobre as questões de fato (CPC, art. 472). Na Itália, de igual modo, não há previsão para as perícias extrajudiciais, sendo que a jurisprudência italiana ora nega qualquer valor probatório, servindo apenas como alegações defensivas, ora confere valor de prova indiciária[160]. De todo modo, as perícias extrajudiciais podem ser valoradas como provas atípicas, pelo magistrado, no contexto das demais provas produzidas nos autos, não devendo ser, automaticamente, rechaçadas e devendo ter valor probatório, especialmente quando confirmadas por outras provas constantes dos autos.

6.8.3. Documentos Psicografados

Bastante discutível é a validade da juntada de *cartas psicografadas* por médiuns no processo judicial.

---

160. LOMBARDO, Luigi. *Profili delle prove civile atipiche. Rivista Trimestrale di Diritto e Procedura Civile*, dez. 2009p. 1.455.

A celeuma neste tema já se inicia com o raciocínio de que ao se negar a utilização das cartas psicografadas sob a fundamentação da laicidade do Estado brasileiro, além de ser argumento insuficiente, é contraditório, porque, se não há uma religião oficial estipulada em documento legal, tal como havia na Constituição Imperial de 1824 (art. 5º)[161], conclui-se, por exclusão, um dever de reconhecimento de que todas são admitidas.

O direito à prova decorre das garantias constitucionais do devido processo legal, do contraditório e da ampla defesa somente podendo ser restringido se devidamente justificado. Os documentos psicografados se inserem no conceito de provas atípicas do art. 369 do CPC, não podendo ser, previamente, inadmitidos.

Ademais, o problema reside na ausência de argumentos lógicos aptos a controlar a *racionalidade discursiva* da prova, o que inviabiliza o exercício das garantias do contraditório e da ampla defesa.

A credibilidade das cartas psicografadas deve ser analisada a partir da *autenticidade* e da *veracidade* do documento. A autenticidade pode ser comprovada pela assinatura do médium que recebe o espírito. Já a veracidade é o mais difícil de se provar. Logo, depende da crença de cada pessoa, da idoneidade e da confiabilidade do médium, sem óbice para poder exigir exame grafotécnico (pericial) a fim de saber se a letra de quem assina realmente é a do espírito da pessoa morta.

Em termos objetivos, a depender exclusivamente da fé, a carta psicografada não pode ser utilizada como meio de prova ou, pelo menos, não como único meio de convencimento judicial, porque a convicção precisa ser racionalmente motivada (CF, art. 93, IX e CPC, art. 371).

Na valoração dos documentos psicografados devem ser enfrentadas as seguintes dificuldades: i) a falibilidade, e até mesmo a fraude, intrínseca à captação da mensagem (que pode apresentar falhas ou mesmo a autossugestão); ii) a impossibilidade de se fazer, na totalidade dos casos, a respectiva análise grafotécnica positiva para se identificar a tipografia da carta psicografada com a do ente desencarnado; iii) o estágio de desenvolvimento do estudo da relação entre o Espiritismo e Direito[162].

Enfim, a cautela recomenda que a prova psicografada seja compreendida como integrante do conceito de *argumento de prova*, isto é, como um instrumento lógico-crítico que auxilie na valoração das provas constantes nos autos, assumindo função acessória e integrativa[163]. Os documentos psicografados, assim, somente devem ser utilizados quando capazes de revelar indícios já relacionados aos fatos evidenciados no processo.

---

161. "Art. 5. A Religião Catholica Apostolica Romana continuará a ser a Religião do Imperio". Disponível em: [http://www.planalto.gov.br/ccivil_03/constituicao/ constituicao24.htm]. Acesso em: 11.04.2017.
162. RUBIN, Fernando. A psicografia no direito processual. *Jus Navigandi*. Teresina, a. 16, n. 2.919, 29.06.2011. Disponível em: [http://jus.uol.com.br/ revista/texto/19438]. Acesso em: 12.07.2011.
163. Idem.

6.8.4. Detectores de Mentira

Muito se discute quanto à possibilidade de utilização probatória do famigerado *detector de mentiras*, dispositivo cujo objetivo é saber se a resposta do examinando é verdadeira ou falsa, comparando-se as suas *reações psicofísicas*, dadas pelo Sistema Nervoso Central[164]. Tais reações, por serem autônomas, independem da vontade controlada do sujeito, tais como, por exemplo, o ritmo da respiração, a frequência cardíaca, as respostas pressóricas (alterações da pressão arterial, que acompanham os estados de tensão, ansiedade, medo e raiva) e a temperatura da pele.

De acordo com o teste, se no momento da resposta esses indicadores se alteram significativamente, isso sugere que o sujeito está falseando a verdade. Por outro lado, se tais indicadores se mantêm estáveis, depreende-se que a pessoa está falando a verdade.

Os detectores de mentira produzem opiniões contraditórias. Aqueles que são favoráveis o consideram um meio objetivo de produção de prova. Já os contrários afirmam ser impossível generalizar as reações humanas. Afinal, há pessoas que mentem, de forma contumaz, sem que apresentem qualquer alteração psicofísica, da mesma forma que outras, mesmo dizendo a verdade, possuem tais fatores alterados.

No Brasil, tal meio de prova não tem sido utilizado, apesar da pequena investigação científica sobre o assunto.

6.8.5. Declarações escritas de testemunhas

Apesar da sua utilização, as declarações escritas não se equiparam a prova testemunhal, pois o conteúdo do documento é obtido unilateralmente, não sendo observadas as garantias constitucionais do devido processo legal e do contraditório, bem como os princípios da oralidade e da imediatidade.

Somente há prova testemunhal quando é observado o procedimento legal, oportunizando-se a ambas as partes e ao juiz a possibilidade de saber quem é a pessoa da testemunha, para eventualmente não admitir o depoimento (contradita) ou aceitá-lo apenas como informante, bem como fazer perguntas e valorar o seu conteúdo e o próprio comportamento daquele que testemunhará.

Entretanto, em casos excepcionais, quando o contraditório não pode ser realizado (*v.g.*, testemunha morta ou ausente), o documento pode ser admitido como prova de caráter unicamente documental. Quando da sua juntada aos autos, abre-se o exercício do contraditório, podendo a parte adversária rejeitar a existência dos fatos afirmados ou discutir a eficácia pretendida pelo adversário, bem como, se necessário, produzir provas contrárias.

---

164. TRINDADE, Jorge. *Psicologia Jurídica para operadores jurídicos*. Porto Alegre: Livraria do Advogado, 2004, p. 132-3.

A propósito, o art. 408, parágrafo único, do CPC, afirma que o documento particular cujo conteúdo seja a declaração de ciência de determinado fato prova apenas a declaração e não o fato declarado, competindo ao interessado em sua veracidade o ônus de se provar o fato. Contudo, não havendo impugnação da declaração, o fato já assume caráter de incontroverso, não estando mais sujeito à prova (CPC, art. 374, III), a não ser que este verse sobre direitos indisponíveis ou que a lei exija forma específica para a sua comprovação.

Por outro lado, a não admissão das declarações escritas poderia constituir uma flagrante forma de violação do direito à prova, comprometendo a possibilidade de se esclarecer fatos pertinentes e relevantes, além da própria justiça da decisão. Isso porque não se pode supor que a parte contrária sempre impugnará a existência ou a eficácia do documento. Ademais, há ocasiões em que as declarações escritas constituem meio de genuína promoção de celeridade processual (CF, art. 5º, LXXVIII; CPC, art. 4º), especialmente quando não há litígio (*v.g.*, ação de usucapião, quando é incerto quem seja o proprietário do imóvel ou ele é citado por edital, mas não comparece nos autos; a declaração, por escritura pública, de pessoas que conheçam o autor da ação, saibam há quanto tempo exerce a posse, bem como salientem os demais requisitos legais para o deferimento do pedido, evitam desnecessárias e inúteis audiências de instrução e julgamento) ou quando se discutem aspectos secundários (*v.g.*, declarações escritas de que o acusado, no processo penal, possui ocupação lícita e emprego fixo, para fins de concessão de liberdade provisória, ou mesmo para servir de critérios para a aplicação da pena-base).

A título comparativo, na Itália, a utilização do depoimento de testemunhas extrajudiciais, na forma de prova documental, é admitida, embora a jurisprudência atenue a sua eficácia probatória[165]. Já na França, na Alemanha e na Inglaterra há jurisprudência com o entendimento de que tal prova tem eficácia de prova indiciária e pode ser utilizada para demonstrar o fato a ser provado, desde que existam outros elementos de prova para a formação do convencimento judicial[166].

6.8.6. Informante confidencial

Um tema que não foi regulamentado expressamente pelo CPC foi a figura do *informante confidencial*, isto é, alguém que efetivamente contribuiu para a elucidação de um fato, mas que pede sigilo ao juízo quanto a sua identidade.

Ao contrário, quando a testemunha é arrolada, cabe à parte apresentar, sempre que possível, o nome, a profissão, o estado civil, a idade, o número de inscrição no Cadastro de Pessoas Físicas (CPF), o número de registro de identidade (RG) e o endereço completo da residência e do local de trabalho. Aliás, a redação do art. 450 do

---

165. CAMBI, Eduardo; HOFFMANN, Eduardo. Caráter probatório da conduta (processual) das partes. *Revista de Processo*. nov. 2011, v. 201, p. 59-100.
166. LOMBARDO, Luigi. Profili delle prove civile atipiche cit., p. 1.453-1.454.

CPC é mais minuciosa que a do art. 407 do CPC-73, pois incluiu a necessidade de se mencionar o CPF e o RG, pois a melhor identificação das testemunhas contribui para evitar homônimos, além de se permitir que a parte contrária tenha mais elementos para contraditar a testemunha e, caso a testemunha não seja encontrada, seja mais fácil a sua localização pelos sistemas de busca (*v.g.* SIEL – Sistema de Informações Eleitorais e INFOJUD – Sistema de Informações ao Judiciário).

O informante confidencial é a pessoa que procura uma autoridade pública para trazer a notícia da prática de um crime, de um ato de improbidade administrativa ou de qualquer outro ilícito, mas tem receio de sofrer represálias[167]. Por exemplo, alguém que vai até a Promotoria de Defesa do Patrimônio Público para que o Ministério Público investigue ato de corrupção, desde que o membro do *parquet* não revele sua identidade.

É possível perguntar se tais informações podem ser usadas em juízo com fundamento no art. 369 do CPC. Não há dúvida de que a investigação deve ser baseada em fatos concretos, ainda que partam de notícias anônimas[168], mas para buscar a condenação é preciso que tais informações se confirmem com o conjunto de provas produzidas nos autos, ainda que o depoimento do informante confidencial possa ser mantido em segredo, para resguardar o sigilo profissional do Ministério Público, com fundamento no art. 5º, XIV, da CF.

Como as normas definidoras de direitos e garantias fundamentais têm eficácia imediata (art. 5º, § 1º, CF) e o informante confidencial é meio moralmente legítimo, além de ser eficaz para demonstrar a prática de atos de corrupção *lato sensu* (*v.g.*, nas ações civis públicas de improbidade administrativa), pode ser concebido como um *meio probatório atípico*, nos termos do art. 369 do CPC.

De qualquer modo, é altamente recomendável a regulamentação do instituto[169]. Afinal, o informante confidencial deve ser um *ponto auxiliar* de investigação, não podendo a condenação estar baseada apenas nesse depoimento prestado.

Ademais, sendo o conhecimento da identidade do informante confidencial essencial ao caso concreto, o Ministério Público ou qualquer outro colegitimado para a propositura da ação civil pública pode optar, com o consentimento do informante, em revelar a sua identidade ou perder o valor probatório do depoimento prestado, ressalvada a validade das demais provas produzidas no processo.

Por outro lado, comprovada a falsidade dolosa da imputação feita pelo informante confidencial, a sua identidade deve ser revelada para possibilitar a respectiva responsa-

---

167. DALLAGNOL, Deltan Martinazzo. Informantes confidenciais e anônimos: perspectivas para atuação mais eficiente do Estado a partir de uma análise comparativa do tratamento jurídico nos EUA e no Brasil. In: CAMBI, Eduardo; GUARAGNI, Fábio André (Coord.). *Ministério Público e princípio da proteção eficiente*. São Paulo: Almedina, 2016, p. 39-62.

168. STF, RHC 125.392, 2a T., Rel. Min. Cármen Lúcia, j. 17.03.2015, *DJe* 20.05.2015.

169. Nesse sentido, conferir a proposta do Ministério Público Federal, disponível em: [http://www.combateacorrupcao.mpf.mp.br/10-medidas]. Acesso em: 22.05.2015.

bilização pelos crimes de denunciação caluniosa (CP, art. 339) ou de falso testemunho (CP, art. 342), sem prejuízo das sanções civis.

Por fim, não se confunde a situação do informante confidencial com a das vítimas ou testemunhas de crimes que estejam coagidas ou expostas a grave ameaça em razão de colaborarem com a investigação ou processo criminal (Lei 9.807/99, art. 1º), bem como com investigações ou ações cíveis complexas (*v.g.*, esquemas de corrupção que envolvam atos de improbidade administrativa; por aplicação do princípio da razoabilidade; CPC, art. 8º), que estejam inseridas em programa especial de proteção. Elas têm direito de não serem identificadas (Lei 9.807/99, art. 7º, inc. IV). São as denominadas "testemunhas sem rosto". Nessas circunstâncias, a preservação da identidade, da imagem e dos dados pessoais das testemunhas protegidas, não ofende as garantias constitucionais do contraditório e da ampla defesa, e, portanto, a inobservância da regra do art. 450 do CPC não gera nulidade processual[170].

6.8.7. Comportamento processual e extraprocessual das partes

O juiz, na condução das atividades probatórias, pode observar racionalmente o comportamento das partes[171], de modo a poder extrair indícios ou argumentos de prova dos comportamentos, comissivos ou omissivos, dos litigantes.

A valoração probatória da atividade das partes decorre dos deveres impostos pelos princípios da boa-fé e da cooperação processual (CPC, arts. 5º e 6º), bem como pela regra do art. 77 do CPC.

A boa-fé deve ser compreendida como uma cláusula geral processual. É um meio de colmatação de lacunas, especialmente nas hipóteses em que não se pode definir, com precisão, a conduta processual. Não teria sentido uma enumeração de todas as situações de abuso na seara do direito processual se fossem expressamente previstas na lei processual. Logo, a utilização da cláusula geral da boa-fé se justifica como forma de sancionar a totalidade de condutas desleais e abusivas.

A valoração da atividade das partes também pode ser retirada da exegese do art. 386 do CPC, segundo o qual o juiz, verificando que a parte deixou de responder o que lhe foi perguntado ou tendo aplicado evasivas, pode declarar que houve recusa de depor, com base nas demais circunstâncias e elementos de prova. Entendimento idêntico pode ser extraído do art. 400 do CPC, pelo qual o magistrado, ao decidir sobre a recusa da exibição de documento ou coisa, pode admitir como verdadeiros os fatos que, por meio deles, a parte pretendia provar, se o requerido não fizer a exibição no prazo de cinco dias, caso não justifique as razões da não exibição ou, ainda, se tal recusa for havida por ilegítima.

---

170. STF, HC 124614 AgR, Rel. Min. Celso de Mello, 2ª T., j. 10.03.2015, Processo Eletrônico *DJe*-078 Divulg 27.04.2015 Public 28.04.2015.

171. HOFFMANN, Eduardo. *Provas atípicas*. Dissertação de Mestrado apresentada na Universidade Paranaense (UNIPAR), 2010. p. 160-174.

No direito estrangeiro, há vários exemplos similares. Na Itália, o art. 116 do Código de Processo Civil prevê que o juiz pode extrair *argumentos de prova* das respostas das partes ao interrogatório informal, da recusa injustificada de consentir as inspeções ordenadas e, de modo amplo, do comportamento que mantenham no processo. Na Argentina, o Código Procesal Civil y Comercial de La Nación Argentina Dispõe, no art. 163, item 5, que a "conducta observada por las partes durante la sustanciación del proceso podrá constituir un elemento de convicción corroborante de las pruebas, para juzgar la procedencia de las respectivas pretensiones". Na Colômbia, o Código de Procedimento Civil estipula, no art. 249, que "o juiz pode inferir evidência da conduta processual das partes". Em Portugal, o art. 519 do Código Civil contém o dever de cooperação para a descoberta da verdade, prescrevendo, no item 2, que aqueles "que recusem a colaboração devida serão condenados em multa, sem prejuízo dos meios coercitivos que forem possíveis, se o recusante for parte, o tribunal apreciará livremente o valor da recusa para efeitos probatórios, sem prejuízo da inversão do ónus da prova decorrente do preceituado no n. 2 do art. 344º do Código Civil".

O juiz, no exercício de seu ofício, deve valorar o comportamento das partes apenas dentro do processo, visto que o conceito de partes é processual. O comportamento extraprocessual (*v.g.*, manifestações dos litigantes nas redes sociais ou na imprensa, suposta coação de testemunhas etc.) pode ser objeto das provas típicas, não podendo ser avaliado como prova atípica, nos termos amplos do art. 369 do CPC.

No curso do processo, pode ser examinada tanto a conduta omissiva (*v.g.*, a recusa em depor, a falta de impugnação específica ou de contestação, a negligência, a passividade, a ausência de justificativa etc.) quanto a comissiva (*v.g.*, destruição de provas, afirmações mentirosas, exitosas, contraditórias e inverossímeis etc.).

Contudo, trata-se de mecanismo de avaliação *subsidiária* das provas, podendo ter utilidade, desde que amparada em argumentos racionais, quando as provas produzidas são insuficientes para a reconstrução dos fatos.

Carlo Furno considera a conduta processual como um fato que prova outro fato e, deste modo, se trata, em todo caso, de um *motivo subsidiário*[172]. Possui natureza de *indício*, isto é, de um fato conhecido que indica o fato desconhecido e qual é a sua causa ou o seu efeito. São fatos secundários que servem de pressupostos das presunções ou fontes de presunções, já que, a partir deles, podem ser deduzidos os efeitos jurídicos dos fatos principais (isto é, os constitutivos, impeditivos, extintivos ou modificativos), que são diretamente relevantes para o julgamento da causa[173].

Do mesmo modo, Misael A. Alberto afirma que "se puede colegir que la conducta desplegada por las partes durante el proceso es fuente de prueba indiciaria, es decir,

---

172. FURNO, Carlo. *Teoria de la prueba legal*. Trad. Sérgio Gonzalez Collado. Madrid: Revista de Derecho Privado, 1954, p. 76.
173. CAMBI, Eduardo. *A prova civil*: admissibilidade e relevância. São Paulo: RT, 2006, p. 361.

como hecho que prueba otro hecho"[174]. Igualmente, Fernando Adrián Heñin sustenta que "según el caso adquirirá el valor de uno o varios indicios, los cuales, si son varios, graves, precisos y concordantes podrán constituir una fuente única de presunción"[175].

Logo, é possível concluir que a conduta processual é *espécie* do gênero prova indiciária, servindo como fato secundário do qual pode ser extraída presunção simples (ou jurisprudencial).

No entanto, cumpre indagar se a conduta processual, por si só, pode ser elemento suficiente para a formação do convencimento judicial.

Francesco Carnelutti defende a possibilidade da presunção única quando exemplifica que "quem se atreverá a sustentar, por exemplo, que exista unicamente probabilidade de que Tício seja mais jovem que Caio, quando o resultado se infere, não do depoimento, senão do fato de que Tício é filho de Caio?"[176].

Na processualística pátria, não consta do texto legal regra jurídica sobre a valoração do comportamento processual das partes. No entanto, em sede de direito estrangeiro, há legislações que contemplam tal possibilidade. Nesse sentido, o art. 426 do Código de Procedimientos en lo Civil do Chile prevê: "Las presunciones como medios probatorios, se regirán por las disposiciones del artículo 1712 del Código Civil". Por sua vez, a segunda parte do art. 426 explicita: "Una sola presunción puede constituir plena prueba cuando, a juicio del tribunal, tenga caracteres de gravedad y precisión suficientes para formar su convencimiento".

Por outro lado, o art. 2.729 do Código Civil italiano é mais cauteloso, dispondo, na primeira parte, que "As presunções não previstas pela lei são deixadas ao prudente exame do juiz", o qual pode extrair de um fato conhecido outro desconhecido. Porém, a segunda parte do mesmo dispositivo determina que "o juiz não deve admitir senão presunções graves, precisas e concordantes". Desse modo, não se trata de uma liberdade irrestrita de formação do convencimento judicial sem limites, exigindo-se do julgador as devidas cautelas antes de se possibilitar o uso de regras de experiência para deduzir de fatos conhecidos outros desconhecidos.

Quando o supramencionado artigo do diploma civil italiano utiliza as expressões "graves" e "precisas" significa que as regras de experiência devem ser contundentes; por "concordantes", entende-se que deve haver um concurso de mais indícios, o que não exclui a possibilidade de uma única presunção poder bastar para o convencimento judicial. Portanto, a teoria que melhor se ajusta é a da *múltipla conformidade*, pela qual basta a valoração judicial global dos indícios, que devem ser precisos, graves e concordantes

---

174. ALBERTO, Misael. Valor probatorio de la conducta en juicio. Un aporte más para su consideración como indicio y otras cuestiones más... In: ACOSTA, Daniel Fernando (Coord.) PEYRANO, Jorge Walter (Dir.). *Valoración judicial de la conducta procesal*. Santa Fé: Rubinzal-Culzoni, 2005, p. 129.

175. HEÑIN, Fernando Adrián. Valoración judicial de la conducta procesal. *Revista de Processo*, v. 170, a. 34. p. 75, abr. 2009.

176. CARNELUTTI, Francesco. *A prova civil*. Trad. Lisa Pary Scarpa. Campinas: Bookseller, 2002, p. 127.

em seu conjunto, não isoladamente[177]. Assim, um indício que não atenda aos requisitos de precisão, não gravidade e não concordância, consequentemente, não compromoterá o resultado final, tudo dependendo do contexto amplo das provas produzidas, único modo de se chegar a um juízo de certeza.

No sistema processual brasileiro há de se aceitar que a conduta processual única possa gerar o convencimento necessário, pois tal valoração decorre da regra aberta prevista no art. 369 do CPC. Em outras palavras, não é imprescindível que a prova do fato esteja baseada em mais de um indício, embora tal indício, quando único, tenha de exibir valor probatório muito elevado[178].

Essa orientação também tem prevalecido na Argentina, como explica Daniel Fernando Acosta: "no existen objeciones sobre que la misma pueda resultar un único indício, capaz de lograr – por su sola virtualidad – el convencimiento del juez"[179]. A propósito, vale mencionar um julgado (Cám. Civ. 2º de Cap., 14.08.45, "Medina Onrubia de Botana, Salvadora c Salgado Juan s/Suc.", L. L. 39-735), no qual considerou que

el silencio observado es muy significativo (...) esa inactividad proporciona un indicio grave (...) porque una sola presunción puede bastar para admitir un hecho litigioso, según lo enseña la doctrina[180].

Cabe acrescentar que a valoração do comportamento processual das partes pode ser realizada de ofício pelo magistrado, pois se trata de um fato percebido diretamente por ele e circunscrito à esfera do seu convencimento motivado, autorizado pela regra do art. 371 do CPC[181].

Na valoração da conduta processual das partes, também é possível atribuir valor à *autocontradição*, cuja origem se encontra nas diferentes versões presentes no bojo dos autos acerca do mesmo fato e proporcionada pela mesma parte durante o desenvolvimento processual. Atente-se que o princípio da boa-fé objetiva (CPC, art. 5º) impede que a parte exerça o seu direito de forma abusiva, proibindo o *venire contra factum proprium*[182], isto é, veda comportamentos contraditórios no curso da relação processual como forma de tutelar a confiança depositada pelos demais participantes do processo e o princípio da colaboração processual (CPC, art. 6º).

---

177. Sobre as teorias tradicional, eclética ou mediana e da múltipla conformidade, verificar: KNIJNIK, Danilo. *A prova nos juízos cível, penal e tributário*. Rio de Janeiro: Forense, 2007, p. 50-52.

178. OLIVEIRA, Carlos Alberto Alvaro de. Presunções e ficções no direito probatório. *Revista de Processo*, jun. 2011, v. 196, p. 19.

179. FAURE, Miryam T. Balestro. La conducta procesal de las partes como concepto atinente a la prueba. In: ACOSTA, Daniel Fernando (Coord.); PEYRANO, Jorge Walter (Dir.). *Valoración judicial de la conducta procesal*. Santa Fé: Rubinzal-Culzoni, 2005, p. 103.

180. ALBERTO, Misael. *Valor probatorio de la conducta en juicio*. Un aporte más para su consideración como indicio y otras cuestiones más... In: ACOSTA, Daniel Fernando (Coord.). *Valoración judicial de la conducta procesal*. Santa Fé: Rubinzal-Culzoni, 2005, p. 136.

181. À guisa de ilustração, consta no art. 82 do Código Procesal Civil y Comercial de la Provincia de La Rioja: "El tribunal podrá asimismo hacer mérito de las presunciones, indicios y hechos notorios, aunque no hayan sido invocados por las partes".

182. STJ, AgRg no REsp 1280482/SC, Rel. Min. Herman Benjamin, 2ª T., j. 07.02.2012, *DJe* 13.04.2012.

Assim, a doutrina da "intercadência" sustenta que, nessas hipóteses, deve ter-se por certa a versão menos benéfica para o autocontraditor, valorando-se desfavoravelmente a conduta incoerente, mediante a elaboração de presunção judicial que lhe seja desfavorável[183]. É a situação, por exemplo, daquele que, em ação por acidente de trânsito, confessa a sua culpa no juízo criminal, dizendo que estava dirigindo em alta velocidade, para poder beneficiar-se da atenuante prevista no art. 65, III, *d*, do CP, enquanto, no juízo cível, utiliza-se de todos os mecanismos, inclusive a negativa de autoria dos fatos, mas acaba por anexar aos autos uma cópia do processo-crime[184].

Ademais, não se pode apenas querer valorar as condutas indevidas das partes. O juiz, quando do julgamento da causa, deve examinar a totalidade dos comportamentos dos litigantes, buscando justificar as razões que o levaram a agir ou a se omitir no processo. Assim, se a parte, no desenvolver do processo, teve condutas corretas, isso também servirá para corroborar os argumentos apresentados em seu favor[185].

De qualquer modo, as inferências formuladas pelo juiz, a partir da exegese dos arts. 5º, 6º, 77, 386 e 400 do CPC, devem ser *logicamente corretas*, *racionalmente* formuladas sob critérios cognitivos adequados e pertinentes, bem como controláveis mediante uma específica motivação do juízo dos fatos.

Por exemplo, o STJ considerou, em ação negatória de paternidade cumulada com anulatória de registro civil de nascimento, que a recusa injustificada da mãe (comportamento processual) em submeter seu filho à realização do exame do DNA gera a presunção negativa de paternidade. Porém, advertiu que não é a simples recusa da genitora que se faz presumir a inexistência do vínculo filial[186]. No caso concreto, tratava-se da persistente e reiterada recusa, pela mãe, em submeter a criança à realização do exame pericial, somado à conduta ativa do demandante, que se dispôs a realizar, por diversas vezes, novo teste genético em juízo, bem como a existência de um laudo atestando a ausência do vínculo e a falta de prova testemunhal em sentido diverso. Tratou-se, enfim, de se aplicar o art. 232 do Código Civil, pelo qual a recusa à perícia médica ordenada pelo juiz poderá suprir a prova que se pretendia obter com o exame.

Ainda, pode-se afirmar que a conduta processual aferida em outro processo pode ser valorada, desde que se apliquem os mesmos parâmetros das provas emprestadas (CPC, art. 372). Assim, deve-se verificar se a parte contra quem se pretende valorar a conduta teve todas as chances de participar do contraditório no processo do qual se pretende emprestar a prova. Logo, três situações se apresentam: I) se ambas as partes

---

183. FAURE, Miryam T. Balestro. La valoración judicial de la conducta en juicio. In: ACOSTA, Daniel Fernando (Coord.). *Valoración judicial de la conducta procesal*. Santa Fé: Rubinzal-Culzoni, 2005, p. 41.

184. ALBERTO, Misael. Valor probatorio de la conducta en juicio. Un aporte más para su consideración como indicio y otras cuestiones más... In: ACOSTA, Daniel Fernando (Coord.). *Valoración judicial de la conducta procesal*. Santa Fé: Rubinzal-Culzoni, 2005, p. 133.

185. HEÑIN, Fernando Adrián. Valoración judicial de la conducta procesal. *Revista de Processo*, abr. 2009, v. 170, a. 34, p. 87.

186. REsp 786.312/RJ, rel. Min. Luis Felipe Salomão, rel. p/ acórdão Min. Fernando Gonçalves, 4ª T., j. 21.05.2009, *DJe* 21.09.2009.

participaram do contraditório no outro processo, admite-se a valoração; II) se apenas a parte contra quem se pretende valorar a conduta processual participou do contraditório no processo de origem, também é possível a valoração de sua conduta; III) por fim, caso tal parte não chegou a integrar a relação processual ou não teve todas as oportunidades para exercer plenamente o contraditório, não será possível valorar a conduta da parte como meio de prova.

Ademais, se a conduta da parte foi direta ou indiretamente causada por seu advogado, mesmo assim, tal comportamento deve ser valorado. Isso porque foi a parte quem contratou o advogado e a parte contrária não pode ser prejudicada pela má-fé do seu adversário, ainda que tenha agido sob a influência de terceiro. Caberá à parte prejudicada pela influência, direta ou indireta, do advogado buscar a reparação das perdas e danos, bem como a sua responsabilização pelo Conselho de Ética da Ordem dos Advogados do Brasil (OAB)[187].

Por fim, a conduta de um terceiro não demandado, mas ligado a uma das partes, também pode ser valorada. Por exemplo, em ação de responsabilidade civil por erro médico, em que figura como demandado apenas o Hospital, se ocorre obstrução probatória, causada pelo médico que se nega a prestar informações ou concede testemunho falso, tal conduta pode e deve ser valorada.

6.8.8. Provas estatísticas

A prova estatística é uma modalidade de prova científica em que se emprega o método estatístico, para avaliar, por amostragem, características de uma "população" ou "universo" de eventos, transações, atitudes ou opiniões, e extrair deles conclusões que possam servir de argumentos de prova no processo judicial[188].

As informações, para serem confiáveis, dependem, invariavelmente, de provas científicas capazes de trazer ao cenário jurídico informações corretas sobre o contexto (*v.g.*, econômico, populacional, territorial etc.) ao qual a decisão incidirá.

O Instituto Brasileiro de Direito Processual, em 2006, propôs um anteprojeto do Código de Processos Coletivos, que, no art. 10, atento a este problema, permitia que os órgãos judiciais se valessem de *provas estatísticas*, ao se afirmar que estas englobam aquelas "são admissíveis em juízo todos os meios de prova, desde que obtidos por meios ilícitos, incluindo a prova estatística ou por amostragem"[189]. Infelizmente, tal iniciativa não prosperou no Congresso Nacional.

---

187. CAMBI, Eduardo. Conduta processual das partes (e de seus procuradores) como meio de prova e a teoria narrativista do Direito. *Revista de Doutrina do Tribunal Regional Federal da 4ª Região*, v. 57, dez. 2013. Disponível em: [http://www.revistadoutrina.trf4.jus.br]. Acesso em: 05.03.2014.

188. ARENHART, Sérgio Cruz. A prova estatística e sua utilidade em litígios complexos. *Revista dos Tribunais*, v. 1000, fev. 2019, p. 455.

189. GRINOVER, Ada Pellegrini; MENDES, Aluisio Gonçalves de Castro; WATANABE, Kazuo. *Direito processual coletivo e o anteprojeto de Código de Processos Coletivos*. São Paulo: RT, 2007. p. 455.

As provas estatísticas, ainda que não estejam legalmente regulamentadas no ordenamento jurídico brasileiro, são admissíveis, devendo ser consideradas *provas atípicas*, por força do art. 369 do CPC Isso porque, além de ser um meio legal e moralmente legítimo para provar a verdade dos fatos em que se funda o pedido ou a defesa e influir eficazmente na convicção judicial, como todo e qualquer outro meio probatório, não é capaz de estabelecer juízos objetivos de verdade, mas de elevar a probabilidade de que os fatos relevantes sejam verdadeiros[190].

O uso legítimo das estatísticas no processo civil, ainda, pode ser extraído do art. 473, § 3º, do CPC, pelo qual CPC o perito e os assistentes técnicos, para o desempenho de sua função, podem utilizar-se de todos os meios necessários, ouvindo testemunhas, obtendo informações, solicitando documentos que estejam em poder da parte, de terceiros ou de repartições públicas. Podem também instruir o laudo com planilhas, mapas, plantas, desenhos, fotografias ou quaisquer outros elementos necessários ao esclarecimento do objeto da perícia (como estatísticas).

A sua admissibilidade das provas estatísticas também decorre do direito fundamental à tutela jurisdicional adequada e efetiva (CF, art. 5º, XXXV), do qual decorre a necessidade da construção de técnicas processuais capazes de proteger os direitos materiais violados.

A propósito, o STJ já se deparou com a utilização de provas estatísticas no REsp 1.113.804/RS[191]. Tratava-se de ação de reparação por danos morais, ajuizada pelos familiares de tabagista (desde 1950), em face do fabricante de cigarros, por ocasião de doença broncopulmonar obstrutiva crônica e de enfisema pulmonar, diagnosticada em 1998, causando sua morte por adenocarcinoma pulmonar em 2001. Os herdeiros fundaram a demanda na suposta informação inadequada prestada pelo fabricante que, durante décadas, incentivou o consumo, mediante propagandas enganosas. Alegaram existir nexo de causalidade entre a morte, decorrente de câncer, e os vícios do produto, que, segundo sustentaram, era de conhecimento do fabricante há muitas décadas. O STJ afirmou que o cigarro é um produto de periculosidade inerente (CDC, art. 9º), capaz de gerar risco de causar enfermidades, mas não é classificado como um produto defeituoso (CDC, art. 12, § 1º). O art. 220, § 4º, da CF permite a comercialização do cigarro, restringindo-lhe apenas a propaganda. Antes da Constituição de 1988, não havia legislação restritiva do consumo e da publicidade. Tampouco reconheceu a existência de anterior dever de informação, argumentando que o princípio da boa-fé não possui conteúdo *per se*, devendo ser inserido em um contexto histórico-social. Os usos e os costumes vigentes nas décadas de 1950 a 1980 do século passado não possibilitavam extrair-se do princípio da boa-fé o dever jurídico de informação. Ademais, sustentou

---

190. "Os juízes decidiriam melhor se soubessem, estatisticamente, o quão frequentes são determinados fatos ou determinadas correlações, do que se intuíssem isso a partir do que ordinariamente acontece, como determina o Código de Processo Civil brasileiro [art. 375]" (VITORELLI, Edilson. Raciocínios probabilísticos implícitos e o papel das estatísticas na análise probatória cit.).

191. REsp 1.113.804/RS, Rel. Min. Luis Felipe Salomão, 4ª T., j. 27.04.2010, *DJe* 24.06.2010.

que a medicina moderna não afirma a causalidade necessária, direta e exclusiva entre o tabaco e o câncer, limitando-se a asseverar o fator de risco entre eles, tal como outros, entre os quais, a alimentação, o álcool e o modo de vida sedentário ou estressante. Disse ser impossível, no caso concreto, mensurar quanto o cigarro foi fator contributivo para o falecimento do consumidor. Concluiu, pois, que as provas estatísticas, apesar de reconhecidamente robustas, não eram suficientes para se impor a responsabilidade civil da fabricante pela morte do consumidor[192].

Por outro lado, no contexto das demandas coletivas, argumentar que o uso prolongado da nicotina por dez anos tem o potencial de causar câncer de pulmão em 5% dos consumidores é uma informação útil no contexto da proposição de uma ação civil pública que seja destinada a ampliar o dever de informação dos fabricantes, de forma a tentar desestimular o consumo ou restringir a venda do cigarro em lugares próximos a instituições de ensino, a fim de diminuir a dependência química e psíquica entre os jovens.

De qualquer modo, a utilização das provas estatísticas é bastante controversa, mesmo no âmbito do processo civil[193]. Por exemplo, pode-se afirmar que a probabilidade de uma lâmpada, produzida em condições idênticas a outras, escolhida ao acaso, ser defeituosa é de uma em mil, segundo testes realizados. Tal informação pode ter utilidade restrita em um caso judicial, devido a variados fatores (*v.g.*, condições idênticas, escolha aleatória e testes realizados)[194], porém, percebe-se que tudo vai depender da exatidão científica das informações (*v.g.*, estudos estatísticos de grande amostragem ou quando a responsabilidade está comprovada por provas de exatidão reconhecida).

Nesse sentido, o STJ considera suficiente para a cobrança dos direitos autorais pela retransmissão radiofônica em estabelecimentos comerciais (Lei 9.610/98, art. 68, § 3º), a prova da média da ocupação dos apartamentos em um hotel[195], a fim de se calcular a efetiva utilização da aparelhagem para se ouvir música, a ser apurada em liquidação, sendo vedado fixar o montante pela presunção de que a taxa de ocupação seja total (STJ, Súmulas 63[196] e 261[197]).

---

192. Em situação análoga, a Suprema Corte Norte-americana julgou o caso *Joiner*. Em 1992, Robert K. Joiner demandou em face de Monsanto General Eletric e Westinghouse Electric, alegando que, como eletricista, ficou exposto constantemente a diversas substâncias químicas (PCBs e seus derivados e dioxinas), fabricadas pelos demandados e que teriam contribuído para o desenvolvimento de câncer pulmonar no demandante. A Corte concluiu que a prova pericial, trazida por Joiner, era insuficiente para a demonstração do nexo de causalidade entre a exposição às substâncias químicas e os danos causados ao demandante, por considerar que os estudos estatísticos trazidos aos autos foram realizados com animais. Cf. ROJAS, Carmen Vázquez. *De la prueba científica a la prueba pericial*. Madrid: Marcial Pons, 2015. p. 129-130.

193. TRIBE, Laurence H. *Trial by mathematics*: precision and ritual in legal process. *Harvard Law Review*, v. 84, abr. 1971, p. 1.329-1.393.

194. POSNER, Richard A. *Problemas de filosofia do direito*. Trad. Jefferson Luiz Camargo. São Paulo: Martins Fontes, 2007, p. 284.

195. REsp 75.427/RJ, Rel. Min. Eduardo Ribeiro, 3ª T., j. 08.04.1997, *DJ* 05.05.1997, p. 17.048.

196. "São devidos direitos autorais pela retransmissão radiofônica de músicas em estabelecimentos comerciais".

197. "A cobrança de direitos autorais pela retransmissão radiofônica de músicas, em estabelecimentos hoteleiros, deve ser feita conforme a taxa média de utilização do equipamento, apurada em liquidação".

Além disso, o STJ, ao interpretar o art. 768 do Código Civil ("O segurado perderá o direito à garantia se agravar intencionalmente o risco objeto do contrato"), afirma que a direção do veículo por condutor alcoolizado representa agravamento do risco essencial contratado, o que torna lícita a cláusula de exclusão da cobertura securitária. Como a ingestão de bebida alcoólica altera as condições físicas e psíquicas do motorista, e aumenta a probabilidade da produção de acidentes de trânsito, a comprovação científica e estatística desta afirmação faz como que o condutor do veículo que estava sob a influência do álcool, quando se envolve no acidente, está sujeito à regra do art. 768 do Código Civil, salvo se demonstrar que o infortúnio aconteceria independentemente do estado de embriaguez (*v.g.*, por culpa do outro motorista, falha do próprio automóvel, imperfeições na pista ou animal na estrada)[198].

Do mesmo modo, admite-se sem hesitação o exame de DNA nas ações de filiação. Com efeito, há situações em que a prova científica *não pode ser substituída arbitrariamente* por outras provas (*v.g.*, se o exame do DNA afirma a paternidade com 99,9% de probabilidade, seria arbitrário admitir que o juiz pudesse desprezar o laudo pericial, para julgar com base em presunções)[199].

Por outro lado, a supramencionada Corte Superior, no RMS 24.503/DF[200], determinou a reintegração de analista judiciário do Tribunal de Justiça do Distrito Federal e Territórios (TJDFT) que, após processo administrativo disciplinar (PAD), teve a sua nomeação anulada, por ter participado em fraude no concurso público (aquisição antecipada do gabarito da prova). A anulação foi baseada em laudo estatístico, elaborado pelo método Coaster, utilizado para separar os candidatos em grupos e identificar aqueles que apresentaram respostas idênticas. O STJ afirmou que tal laudo estatístico não poderia servir como único fundamento para se anular o ato de nomeação do recorrente. Sustentou inexistir outros indícios e provas da fraude no concurso público. Com efeito, a circunstância de o impetrante ter acertado as mesmas questões que os candidatos, os quais, comprovadamente, receberam o referido gabarito não bastava para a aplicação da sanção disciplinar de anulação de nomeação. Logo, ainda que, pela prova estatística, restasse demonstrado que a existência de provas idênticas entre os aprovados no concurso era conjuntura muito mais rara do que acertar sozinho os números da mega-sena, tal fundamento não foi suficiente para a anulação da nomeação do recorrente[201].

---

198. STJ, AgInt no AREsp 1039613/SP, 3ª T., Rel. Min. Ricardo Villas Bôas Cueva, j. 19.10.2020, pub. DJe 29.10.2020.
199. STJ, REsp 397.013/MG, 3ª T., Relª. Minª. Fátima Nancy Andrighi, j. 11.11.2003, *DJU* 09.12.2003, p. 279.
200. 5ª T., Rel. Min. Arnaldo Esteves Lima, j. 15.12.2009, *DJe* 1º.02.2010.
201. Em sentido semelhante, o STJ considerou que a autoridade administrativa não poderia excluir do concurso público, sob alegação de fraude, candidato que acertou número elevado de questões da prova, por considerar que o laudo estatístico é mera prova indiciária que, por si só, não é suficiente para comprovar a autoria e a materialidade do ato ilícito. Cf. REsp 1.307.532/RJ (2011/0296468-3), Rel. Min. Mauro Campbell Marques, j. 09.04.2013, 2ª T., *DJe* 16.04.2013.

Em termos de valoração, a prova estatística se vale da mesma metodologia das presunções judiciais[202]. A inferência é realizada por um técnico que analisa os dados e retira uma conclusão a respeito deles. Cabe ao juiz verificar as condições em que os dados foram colhidos, controlar o emprego dos métodos e dos critérios científicos utilizados, analisar o número de situações ou de pessoas consideradas em um determinado universo e as conclusões lógicas apontadas pelo técnico.

Conforme Jeremy Bentham, o conjunto das provas circunstanciais pode permitir que o fato principal seja considerado provado, ainda que cada uma das provas circunstanciais contempladas separadamente não represente senão uma probabilidade[203]. Por exemplo, servem de indícios a serem ponderados pelo juiz, para comprovar a responsabilidade civil do transportador pelo extravio de bagagens, o peso da mala, as notas fiscais de aquisição das mercadorias, fotografias e declarações de testemunhas.

Há indícios que tornam os fatos principais muito prováveis e outros que se revelam menos prováveis. Um fato que diminui a probabilidade deve ser considerado *infirmativo*, enquanto um fato que aumente a probabilidade deve ser chamado de *corroborativo*.

A lógica de valoração das provas circunstanciais deve recair sobre essas duas classes de fatos, verificando-se quais tornam mais ou menos prováveis os fatos principais. Um erro quanto à valoração dos indícios pode produzir injustiças. Assim, se na hipótese de um crime um fato corroborativo é omitido ou deixa de ser adequadamente valorado, o agente criminoso pode restar impune. Por outro lado, se um só fato infirmativo for esquecido ou valorado defeituosamente, pode ser condenado um inocente. Por exemplo[204], é encontrado um homem morto recentemente e coberto de sangue. Foi vista saindo do lugar do crime uma pessoa que trazia na mão um punhal ensanguentado. Não se pode apressadamente deduzir que quem carrega a faca é o autor do homicídio. Há de se verificar o que diz o suspeito e, se traz algum fato infirmativo, verificá-lo (*v.g.*, que é amigo do falecido e que este teria cometido suicídio, tendo apenas tempo para retirar a arma branca e correr para pedir socorro).

O grande perigo na utilização das provas estatísticas está no uso de dados não justificados, não verificados ou infundados. Quantificações estatísticas ou probabilísticas sem critérios científicos, erradas ou inventadas contribuem para a generalização de comportamentos falsos, bem como para o uso de máximas de comum experiência vagas e danosas (*v.g.*, "a maior parte das pessoas faz assim"), que, podendo encobrir preconceitos infundados, baseados na raça, gênero, origem, tendência sexual etc., colocam em risco a descoberta da verdade e a promoção da justiça[205].

A estatística é um ramo da matemática voltado a ordenar e analisar dados, para permitir que eles sejam exibidos (estatística descritiva) ou que deles se extraiam inferên-

---

202. ARENHART, Sérgio Cruz. A prova estatística e sua utilidade em litígios complexos cit.
203. BENTHAM, Jeremy. *Tratado de las pruebas judiciales.* v. I cit., p. 294 e 296.
204. Idem, p. 295.
205. TARUFFO, Michele. *Narrazioni processuali* cit., p. 105-106.

cias (estatística inferencial)[206]. A estatística, para ter força probatória, deve considerar diversos fatores, tais como[207]: se a pesquisa foi conduzida por agentes qualificados e que tenham observado uma metodologia científica de coleta de dados; se a população pesquisa foi adequadamente escolhida e definida; se as respostas foram obtidas sem nenhuma espécie de coação; se as pessoas questionadas estavam informadas das finalidades da pesquisa; se a amostra é representativa da população; se as informações foram descritas corretamente; e se os dados foram examinados em conformidade com os princípios estatísticos admitidos. Para a verificação desses parâmetros, o juiz poderá contar com o auxílio de um ou mais peritos, e as partes, com assistentes técnicos.

Há de se suspeitar da capacidade judicial de efetivar direitos fundamentais e de formular, controlar ou executar políticas públicas sem, antes, superar o preconceito judicial em relação a determinadas ciências. É preciso contar com a autocrítica cultural[208] do juiz, para que se estabeleça que a ciência deva adentrar ao processo. Muito comum é que o magistrado se valha de uma prova pericial, quando lhe falta conhecimentos médicos, contábeis ou de engenharia; mais difícil é a utilização da prova científica quando o conhecimento depende de dados estatísticos ou de conhecimentos antropológicos, sociológicos ou mesmo de psicologia ou de pedagogia.

A prova estatística, como procura ressaltar o anteprojeto do Código de Processos Coletivos, pode ser de grande utilidade para a proteção dos direitos na sociedade de massas, como a elucidação de questões coletivas, como a falta de vagas em creches, Unidades de Terapia Intensiva ou em penitenciárias, discriminações no mercado de trabalho, vícios na concessão de benefícios previdenciários ou abusos cometidos contra a ordem econômica.

A prova estatística é de significativa importância para a tutela dos direitos fundamentais sociais, especialmente a proteção do *mínimo existencial*, porque tais direitos (*v.g.*, à saúde ou à educação) possuem custos que variam conforme a condição pessoal de cada indivíduo ou grupo (*v.g.*, grupos de idade, de etnia, de gênero ou geográficos), requerendo a prestação do serviço um planejamento baseado em estatísticas. Por exemplo, a partir de listas de espera, elaboradas pelo Conselho Tutelar, é possível se aferir qual é o número de mães que possuem filhos pequenos e pretendem trabalhar e qual é a região da cidade que demanda um maior investimento na construção de creches. A satisfação da pretensão "universal", constante nos direitos à saúde ou à educação, deve sustentar-se nas máximas da experiência comum (CPC, art. 375), baseado "no que acontece no mais das vezes"[209].

---

206. VITORELLI, Edilson. *Processo Civil estrutural*. Teoria e prática. Salvador: JusPodivm, 2020.
207. ARENHART, Sérgio Cruz. A prova estatística e sua utilidade em litígios complexos cit.
208. TARUFFO, Michele. *La prova scientífica nel processo civile* cit., p. 1107.
209. LOPES, José Reinaldo de Lima. Em torno da "reserva do possível". In: SARTET, Ingo Wolfgang; TIMM, Luciano Benetti (Org.). *Direitos fundamentais*: orçamento e "reserva do possível". Porto Alegre: Livraria do Advogado, 2008. p. 176-177.

Além disso, a prova estatística é de grande utilidade no monitoramento da aplicação do *postulado do desenvolvimento progressivo* dos direitos fundamentais. A realização de estatísticas é indispensável para se mensurar o sentido e a eficácia da política pública. Por exemplo, para se obter informações quanto ao cumprimento, pelo Estado, com a obrigação de se concretizar, progressivamente, o direito à saúde pública, é necessária uma série de dados relativos ao nível de cobertura do sistema sanitário, os índices de mortalidade infantil, de incidência de doenças infectocontagiosas, epidemias etc., bem como a sua comparação com dados relativos à matéria em outros períodos. Tal controle permite saber se as políticas públicas, voltadas à efetivação dos direitos fundamentais sociais, são adequadas, suficientes e capazes de realizar integralmente os direitos previstos na Constituição. Também possibilitam a comparação dos percentuais orçamentários destinados à efetivação dos direitos fundamentais sociais com outros gastos públicos, considerados socialmente menos relevantes.

Ademais, o uso probatório dos dados estatísticos pode ser o ponto de partida no desenvolvimento de técnicas de melhor produção da prova aliando-se também a uma maior eficiência na distribuição do ônus da prova. Assim, pode-se promover o direito fundamental à tutela jurisdicional adequada (CF, art. 5º, XXXV), evitando o perecimento de direitos que exigem maior complexidade probatória.

6.9. PROVAS EMPRESTADAS

6.9.1. Conceito e abrangência

Em contextualização histórica, no CPC-73 não havia previsão legal quanto à prova emprestada; por isso, sua admissibilidade era deduzida da categoria das provas atípicas. Já o CPC regulamenta as provas emprestadas no art. 372.

Considera-se como prova emprestada aquela produzida em um processo, gerando nele os respectivos efeitos, para a sua ulterior utilização, após transportada documentalmente, a *outro* processo, no qual gerará os efeitos pretendidos[210].

Nas palavras de Jeremy Bentham, pode-se afirmar que a prova emprestada é aquela "ya establecida jurídicamente, pero en otra causa, ya sea en el mismo tribunal o en otro"[211].

Logo, denota-se que a prova emprestada é constituída de *traslados da documentação* da prova constituída em outro processo[212].

---

210. GRINOVER, Ada Pellegrini. Prova emprestada. *Revista Brasileira de Ciências Criminais*. out.-dez., 1993, v. 4, p. 66.
211. BENTHAM, Jeremy. *Tratado de las pruebas judiciales*. Trad. Manuel Ossorio Florit. Buenos Aires: Ediciones Jurídicas Europa-América, 1971. v. II, p. 3.
212. DINAMARCO, Cândido Rangel. *Instituições de direito processual civil*. 4. ed. , v. III cit., p. 97.

Ressalte-se que não integra a noção de prova emprestada aquela produzida no juízo deprecado, porque este juízo nada mais é que um prolongamento do primeiro (*v.g.*, a testemunha, não residente no juízo em que se processa a demanda, por não estar obrigada a sair da sua residência, presta depoimento no foro onde mora e seu depoimento é considerado como se fosse prestado perante o juiz da causa)[213].

A finalidade precípua da prova emprestada é aproveitar os atos processuais já consumados em outro processo. Com isso, evitam-se repetições inúteis (perdas de tempo), o que torna a prova emprestada um meio de agilizar a tramitação processual, efetivando-se a garantia da razoável duração do processo (CF, art. 5º, LXXVIII). Além disso, ela permite o aproveitamento de informações colhidas em relação a fontes probatórias que possam não estar mais disponíveis (*v.g.*, testemunhas que já morreram, vestígios que não existem mais etc.)[214].

Com efeito, a prova emprestada está no contexto do já mencionado princípio da *economia processual*, pelo qual se pretende buscar a máxima efetividade do direito material com o mínimo de emprego das atividades processuais[215]. Afinal, é um contrassenso para com a parte vir a demonstrar novamente as alegações que já foram provadas em outro processo.

A prova emprestada também se fundamenta no postulado da *unidade da jurisdição* e na teoria geral do processo, pela qual o direito processual é essencialmente uno[216], uma vez que é a Constituição que define os princípios e as garantias fundamentais comuns aos ramos do direito processual (civil, penal, administrativo, do trabalho, tributário etc.).

Destaque-se que a prova emprestada, ainda, diminui os custos do processo, facilitando-se o acesso à justiça, porque evitam-se as despesas processuais necessárias à renovação da produção da prova.

Além disso, é importante notar, quanto ao objeto das provas emprestadas, que somente as provas *constituídas no processo* (isto é, dentro dos autos, incluindo-se aí o depoimento pessoal, a prova testemunhal, a pericial e a inspeção judicial) são suscetíveis de verdadeiro empréstimo.

Os *documentos* não são objetos da prova emprestada, pois valem por si sós. A circunstância de já terem sido utilizados em outro processo não altera a sua natureza nem influi na convicção do juiz. Desse modo, basta pedir o desentranhamento dos documentos do processo de origem ou, não sendo isso possível, providenciar as fotocópias dos referidos documentos.

---

213. MONTEIRO, João. *Programma de um curso de theoria do processo civil e commercial*. 5. ed. São Paulo: Typologia Academica, 1936. p. 468. Nota 8.
214. DINAMARCO, Cândido Rangel. *Instituições de direito processual civil*. 4. ed. São Paulo: Malheiros, 2004, v. III, p. 97.
215. CINTRA, Antônio Carlos de Araujo; GRINOVER, Ada Pellegrini; DINAMARCO, Cândido Rangel. *Teoria geral do processo*. 13. ed. São Paulo: Malheiros, 1997. p. 73.
216. CARNELUTTI, Francesco. Prove civili e prove penali. *Rivista di Diritto Processuale Civile*, 1925, p. 3.

6.9.2. Da validade e da eficácia das provas emprestadas

Mesmo se enquadrando como prova emprestada, convém lembrar que tanto sua *validade* quanto sua *eficácia* se submetem ao crivo e à observância da garantia constitucional do contraditório (arts. 5º, LV, CF, e 372, CPC).

Igualmente é importante assinalar que, no processo de origem, essa garantia obrigatoriamente já deva ter sido observada, uma vez que tal constatação é facilmente superada e visível quando a prova emprestada recai sobre documentos constantes do primeiro processo. Porém, quando se trata de provas de caráter não documental, esta questão pode ser mais preocupante. Assim, na ocorrência dessa hipótese, deverá ser oportunizado o contraditório no processo em que a prova for transladada, a fim de que, em sendo possível e necessário, sejam esclarecidos aspectos não abordados e, em persistindo as dúvidas, que a prova seja refeita. Todavia, havendo provas que não puderem ser reconstituídas, o juiz deve admitir outras possíveis contraprovas e, no limite, decidir com base no postulado da proporcionalidade.

Além disso, é imprescindível que, no processo de origem, tenha estado presente, como parte, o *adversário daquele que pretenda aproveitar a prova*. Isso é importante para comprovar a participação da parte contrária na formação da prova[217].

Tal premissa também permite que as provas sejam emprestadas ainda que no processo de origem não figurem as mesmas partes, já que essa exigência reduziria excessivamente a sua aplicabilidade, não havendo razoabilidade para tanto[218]. Dessa forma, a observância do contraditório, em face de quem se pretende apresentar a prova, é o requisito primordial para o empréstimo da prova, ou seja, tendo sido assegurado na origem o direito de se insurgir contra a prova e de refutá-la adequadamente, não há óbice para a admissibilidade da prova emprestada[219].

Dessa exigência, podem ser extraídas duas consequências: I) à revelia, em princípio, descarta a eficácia da prova emprestada, pois, nessa hipótese, o contraditório foi meramente formal, não efetivo; II) a vítima que não foi autora da ação penal – por não ter sido hipótese de ação penal privada – nem se habilitou como assistente de acusação, não foi parte nesse processo e, portanto, a ela não se pode impor a prova emprestada. Por exemplo, o motorista de empresa de transporte coletivo é condenado por homicídio culposo (Lei 9.503/97, art. 302) na esfera criminal. A mãe da vítima, por sua vez, ajuíza ação de reparação de danos, em face da empresa em que o motorista trabalhava, cuja responsabilidade é objetiva (CC, art. 932, III). A empresa denúncia a lide (ação regressiva), em face do funcionário e pede o empréstimo da prova que serviu para a sua

---

217. Nesse sentido, o Enunciado 30 da I Jornada de Direito Processual Civil, promovido pelo Conselho Federal da Justiça Federal, assevera: "É admissível a prova emprestada, ainda que não haja identidade de partes, nos termos do art. 372 do CPC".
218. CARNELUTTI, Francesco. Prove civili e prove penali. *Rivista di Diritto Processuale Civile*, 1925, p. 3.
219. STJ, EREsp 617.428/SP, Rel. Min. Nancy Andrighi, Corte Especial, j. 04.06.2014, *DJe* 17/06/2014; RHC 73.151/SP, Rel. Min. Ribeiro Dantas, 5ª T., j. 21.03.2017, *DJe* 27.03.2017; REsp 1320318/SP, Rel. Min. Herman Benjamin, 2ª T., j. 08.11.2016, *DJe* 29.11.2016.

condenação na esfera penal. Como o empregador não foi parte no processo penal, a empresa pode rediscutir o fato ou a sua autoria, porque a *indiscutibilidade* dessas questões, já decididas no juízo criminal (CC, art. 935), não atinge terceiros (limite subjetivo da coisa julgada material; art. 506 do CPC).

Por outro lado, não é necessário que a parte que pretenda *aproveitar-se* da prova produzida no outro processo tenha dele participado[220] (*v.g.*, em acidente aéreo que deixou várias vítimas, uma vez produzida a perícia que aponta falhas da companhia aérea, este mesmo laudo pode ser emprestado para todos os processos decorrentes de ações de reparação de danos, movidas, em face da empresa aérea, pelas famílias que perderam seus entes queridos).

Ademais, a prova emprestada deve ser constituída no bojo de um só *processo* – jurisdicional ou não (*v.g.*, processo administrativo disciplinar), desde que tenham sido rigorosamente observadas as garantias constitucionais do devido processo legal, da ampla defesa e do contraditório, pouco importando se a sua natureza pertença à esfera civil, penal, trabalhista etc.

É, contudo, possível avançar nesse entendimento para se admitir também a validade da prova emprestada quando sua produção ocorreu em inquérito civil ou penal[221], bem como em sindicância administrativa ou em procedimento administrativo, em que houve o estrito respeito à garantia do contraditório e da ampla defesa. Ora, se o investigado teve respeitado o seu direito à prova, não há razão substancial para se impedir o empréstimo da prova. Porém, a análise do respeito às garantias fundamentais e eventual alegação de cerceamento de defesa arguida(s) pela(s) parte(s) caberá ao juiz (CF, art. 5º, XXXV; CPC, art. 3º).

Portanto, dois são os parâmetros de *validade* da prova emprestada: I) a observância do contraditório na formação da prova, isto é, a prova formada, a rigor, em outro processo deve ter sido efetivamente produzida, respeitando-se as garantias processuais; se foi produzida mediante o contraditório daquele em cujo desfavor é utilizada, não há cerceamento de defesa[222]; II) a nulidade deve ser afastada quando a decisão está baseada em outras provas consideradas válidas e capazes, por si só, de confirmar a existência dos fatos considerados incontroversos pelo juiz[223].

Inclusive, por mais contraditório que se possa parecer, é irrelevante que a prova a ser trasladada tenha sido efetivamente utilizada pelo juiz do processo de origem, ou se a sentença pertinente àqueles autos já tenha sido proferida ou já tenha transitado em julgado[224]. Afinal, a prova emprestada será reapreciada no contexto do segundo

---

220. STJ, EResp 617.428/SP, Rel. Min. Nancy Andrighi, Corte Especial, j. 04.06.2014, *DJe* 17.06.2014; TALAMINI, Eduardo. Prova emprestada no processo civil e penal. *Revista de Processo*. jul.-set. 1998, v. 91, p. 97.
221. STJ, RMS 16.357/PI, Rel. Min. Nefi Cordeiro, 6ª T., j. 20.08.2015, *DJe* 08.09.2015.
222. STJ, HC 68.155/RJ, 5ª T., Relª. Minª. Laurita Vaz, j. em 14.06.2007, *DJU* 06.08.2007, p. 562.
223. STJ, HC 34.701/SP, 6ª T., Rel. Min. Hélio Quaglia Barbosa, j. 29.11.2005, *DJU* 19.12.2005, p. 473.
224. Nesse sentido, já decidiu o STJ: AgRg no AREsp 24.940/RJ, Rel. Min. Napoleão Nunes Maia Filho, 1ª T, j. 18.02.2014, *DJe* 24.02.2014 (*Informativo* 536).

processo, no qual também dever-se-á respeitar o contraditório, garantindo-se a ampla defesa das partes. A esse respeito, o Fórum de Permanente de Processualistas Civis editou o Enunciado 52:

> Para a utilização da prova emprestada, faz-se necessária a observância do contraditório no processo de origem, assim como no processo de destino, considerando-se que, neste último, a prova mantenha a sua natureza originária.

Ademais, a valoração da prova no processo de origem não vincula a convicção do juiz nos autos cuja prova foi trasladada, o qual se escora na ampla liberdade de valoração probatória, nos termos do art. 371 do CPC. Logo, pode o magistrado atribuir à prova sentido contrário àquele obtido no processo de origem, sendo válida a decisão, desde que cumpra, rigorosamente, o dever constitucional de motivação, previsto no art. 93, IX, da CF. Observe-se, contudo, que o art. 935 do Código Civil afirma que há uma relativa independência entre as instâncias cível e criminal, o que significa que a absolvição no juízo criminal não vincula o juízo cível, salvo se for reconhecida a inexistência do fato ou ficar demonstrado que o demandado não foi o seu autor[225].

Da mesma forma, não se faz necessário que o juiz do segundo processo seja o mesmo que instruiu o primeiro processo[226]. Este requisito deve ser relativizado, sob pena de se inviabilizar a admissibilidade da prova emprestada, que está assentada em razões de economia processual, que é um dos critérios que o moderno direito processual deve buscar implementar para que se concretize a noção do direito constitucional à célere e efetiva tutela jurisdicional (CF, art. 5º, XXXV e LXXVIII)[227].

Por essa razão, colocar-se como exigência que o contraditório, no processo originário, tenha sido instruído perante o mesmo juiz da segunda causa significaria esvaziar completamente o instituto da prova emprestada, cuja utilização é vista, com frequência, para se transladar provas produzidas no juízo criminal para o civil e vice-versa.

Pode-se contra-argumentar, contudo, que a trasladação de provas implicaria na violação do princípio da oralidade (especialmente em razão da imediatidade entre o juiz e a prova). Entretanto, convém lembrar que este princípio não é absoluto e tem sido mitigado validamente pelo sistema processual, sem maiores objeções. Por exemplo, no caso de testemunha inquirida ou da perícia realizada mediante a expedição de carta precatória, ou quando a prova foi produzida por juiz incompetente e posteriormente aproveitada pelo competente (CPC, art. 64, § 4º) ou, ainda, pelos tribunais, quando expedem cartas de ordem, não participando da constituição do

---

225. AgInt no AREsp 1333528/SP, Rel. Min. Marco Aurélio Bellizze, 3ª T., j. 19.08.2019, DJe 22.08.2019.

226. Em sentido contrário, conferir: GRINOVER, Ada Pellegrini. *Prova emprestada*. *Revista Brasileira de Ciências Criminais*, out.-dez. 1993, v. 4, p. 66.

227. STJ, AgRg no REsp 1.343.856/DF, Rel. Min. Sebastião Reis Júnior, 6ª T., j. 14.06.2016, *DJe* 27.06.2016; MARINONI, Luiz Guilherme. *Tutela antecipatória, julgamento antecipado e execução imediata da sentença*. São Paulo: RT, 1997. p. 20; MARINONI, Luiz Guilherme. *Tutela Inibitória*. São Paulo: RT, 1998. p. 391. Nota 31; CRUZ E TUCCI, José Rogério. Garantia do processo sem dilações indevidas. In: CRUZ E TUCCI, José Rogério (Coord.). *Garantias constitucionais do processo civil*. São Paulo: RT, 1999. p. 237.

material probatório no processo, não se pode afirmar que há uma violação ao princípio da oralidade, embora nessas circunstâncias não tenha havido, de fato, *imediatidade* entre o julgador e a prova.

Desse modo, pode-se concluir que, desde que a garantia do contraditório tenha sido respeitada no processo de origem contra quem a prova será emprestada, ela deve ser considerada válida[228].

Dentro desse mesmo aspecto, deve também ser refutada a ideia de que as provas emprestadas violam indevidamente a identidade física do juiz, que é um subprincípio que se denota do princípio da oralidade. A identidade física do juiz, que estava prevista no então art. 132 do CPC-73, não foi reproduzida pelo CPC e é mitigada pelo próprio ordenamento jurídico para se proporcionar o acesso à ordem jurídica justa (CF, art. 5º, XXXV), bem como dar efetividade ao princípio da economia processual, sendo um dos desdobramentos dessa garantia constitucional. Tanto é que o art. 64, § 4º, do CPC, admite o aproveitamento dos atos processuais não decisórios – dentre os quais estão incluídos aqueles que compõem o procedimento probatório, realizados por ocasião do empréstimo da prova.

Essa questão é resolvida, pois, com a aplicação do postulado da proporcionalidade, dando-se maior ênfase à economia processual em detrimento do *rigorismo das formas*. Ou seja, a economia processual possui maior relevância axiológica, sendo capaz de mitigar o rigor da exigência de integral processamento da causa perante o juiz competente, o que permite reconhecer que a incompetência do juiz do primeiro processo não é obstáculo ao empréstimo da prova[229].

Com isso, é possível admitir, inclusive, o empréstimo de prova produzida além dos limites do território nacional, no exterior, sem que haja a necessidade de se expedir carta rogatória a fim de que o ato seja realizado novamente[230].

Além disso, questão de interessante reflexão é saber se a prova emprestada pode se destinar a outros fins que não aqueles para os quais a prova foi deferida. Por exemplo, o art. 2º da Lei 9.296/96 determina que quaisquer desses três requisitos são impeditivos para o deferimento das interceptações telefônicas: a) a inexistência de indícios razoáveis de autoria ou participação em infração penal; b) a prova puder ser feita por outros meios disponíveis; c) o fato investigado constituir infração penal punida com, no máximo, pena de detenção.

Assim, vale ressaltar o seguinte problema: autorizada a interceptação para um determinado fato jurídico (*v.g.*, o crime fiscal do art. 359-H do CP: "Ordenar, autorizar

---

228. COUTURE, Eduardo. *Fundamentos del derecho procesal civil*, 1990 cit., p. 255-6; DINAMARCO, Cândido Rangel. *Instituições de Direito Processual Civil*, 4. ed., v. III cit., p. 97; STJ, EREsp 617.428-SP, Rel. Min. Nancy Andrighi, Corte Especial, *DJe* 17.06.2014.

229. TALAMINI, Eduardo. Prova emprestada no processo civil e penal. *Revista de Processo*, v. 91, jul.-set. 1998, p. 100.

230. Idem, p. 102.

ou promover a oferta pública ou a colocação no mercado financeiro de títulos da dívida pública sem que tenham sido criados por lei ou sem que estejam registrados em sistema centralizado de liquidação e de custódia"), há a possibilidade das circunstâncias conexas (*v.g.*, a comprovação de outros crimes como o de corrupção ou de falsidade) serem abrangidas pela autorização judicial? O STJ já decidiu que se

> no curso da escuta telefônica – diferida para a apuração de delitos punidos exclusivamente com reclusão – são descobertos outros crimes conexos com aqueles, punidos com detenção, não há por que os excluí-los, diante da possibilidade de existirem outras provas hábeis a embasar eventual condenação[231].

Tal entendimento está correto, pois o magistrado, ao autorizar a diligência, não tem condições de saber, de antemão, quais as repercussões lógicas e causais que a investigação pode tomar[232], hipótese legítima de uso de prova obtida fortuitamente (aplicação da teoria da serendipidade)[233]. Portanto, o encontro fortuito de provas é válido, ainda que não haja conexão ou continência entre os crimes e o delito descoberto não cumpra os requisitos autorizadores da diligência (v.g., busca e apreensão), desde que não haja desvio de finalidade na execução do meio de obtenção de prova[234].

Nessa mesma linha de raciocínio, autorizada a quebra do sigilo telefônico para fins de apuração criminal, tal prova também pode ser utilizada para responsabilizar o servidor público em procedimento administrativo disciplinar (PAD)[235], bem como para embasar ação civil pública de improbidade administrativa, visando, pelo mesmo fato ou para fatos conexos, aplicar-lhe as sanções do art. 37, § 4º da CF, especialmente no tocante ao ressarcimento do dinheiro ao erário. De igual modo, as provas (documentos, depoimentos e perícias) fornecidas pelo agente colaborador ou apreendidas/ produzidas a partir de informações por ele reveladas, em investigação ou em ação penal, podem ser emprestadas para subsidiar a ação de improbidade administrativa. Isso porque tal prática não está vedada pelo art. 17, da Lei 8.429/92 (cujo caput, inclusive, afirma ser aplicável às ações de improbidade administrativa o procedimento comum previsto no CPC)[236], bem como a colaboração dos investigados ou dos réus infratores em troca dos benefícios previstos na Lei 12.850/2013, que se destina à apuração de delitos relacionados a crimes de organizações criminosas, de maneira

---

231. RHC 13.274/RS, Rel. Min. Gilson Dipp, 5ª T., j. 19.08.2003, *DJU* 29.09.2003, p. 276; REsp 1257058/RS, Rel. Min. Mauro Campbell Marques, 2ª T., j. 18.08.2015, *DJe* 28.08.2015. No mesmo sentido, verificar: STF, HC 83.515/ RS, Rel. Min. Nelson Jobim, Tribunal Pleno, j. 16.09.2004, *DJU* 04.03.2005, p. 11.
232. STRECK, Lenio Luiz. *As interceptações telefônicas e os direitos fundamentais*. A Lei 9.296/96 e os seus reflexos penais e processuais. Porto Alegre: Livraria do Advogado, 1997. p. 93-4 e 99.
233. STF, AI 626.214, rel. Min. Joaquim Barbosa, 2ª T., j. 21.09.2010.
234. STJ, RHC 117.115-MG, 5ª T., rel. Min. Ribeiro Dantas, j. 26.11.2019, pub. DJe 05.12.2019.
235. STF, Pet 3.683 QO, Rel. Min. Cezar Peluzo, Tribunal Pleno, j. 13.08.2008, *DJe* 35, div. 19.02.2009, pub. 20.02.2009; STF, Inq 2.725 QO, Rel. Min. Carlos Britto, Tribunal Pleno, j. 25.06.2008, *DJe*-182, div. 25.09.2008, pub. 26.09.2008.
236. O art. 21, § 2º, da Lei 8.429/92 reforça esse entendimento, ao determinar, *in verbis*: "As provas produzidas perante os órgãos de controle e as correspondentes decisões deverão ser consideradas na formação da convicção do juiz, sem prejuízo da análise acerca do dolo na conduta do agente".

alguma implica na renúncia do Ministério Público em se investigar e reprimir os atos de improbidade administrativa[237].

Ademais, nessa situação, o bem protegido pela vedação das provas ilícitas, é a intimidade e a vida privada. Autorizada judicialmente a interceptação telefônica, com observância das regras da Lei 9.296/96, no processo penal, seria contrariar a *lógica do razoável*, negar a recepção do seu resultado para um processo extrapenal, sob o argumento de que estar-se-ia violando o direito fundamental à intimidade ou à vida privada (CF, art. 5º, inc. X)[238].

O STF admite a prova emprestada, produzida no processo penal, decorrente de interceptação telefônica para os procedimentos administrativos disciplinares, mesmo contra outras pessoas não abrangidas na autorização judicial, mas que vieram a ser descobertas após a ordem judicial[239].

Além disso, a Súmula 591 do STJ permite a prova emprestada no processo administrativo disciplinar, desde que devidamente autorizada pelo juízo competente e respeitados o contraditório e a ampla defesa.

6.9.3. Provas emprestadas viciadas

Em respeito às formalidades impostas tanto pela CF quanto pelo ordenamento infraconstitucional, não podem ser emprestadas as provas eivadas de nulidade, isto é, aquelas cuja produção não esteve em consonância legal, como, por exemplo, a perícia que for produzida sem a observância do procedimento legal (*v.g.*, produzida por quem não é perito) é nula e não pode ser considerada como fonte de prova.

Por outro lado, a perícia produzida validamente em outro juízo pode ser suscetível de empréstimo, assumindo a *forma documentada*, desde que ambas as partes ou, ao menos, aquela contra a qual se deve operar (lembrando-se que isso ocorre quando a solicitação provém de *terceiro* alheio ao processo do qual deriva a prova) tenham tido a oportunidade de exercer rigorosamente o contraditório. Caso contrário, há de ser repetida, evitando-se, assim, a violação do direito à prova[240].

Observe-se que a prova emprestada deve ter a mesma eficácia tanto no processo de origem quanto naquele para o qual é transladada. A prova pericial ou a testemunhal

---

237. DINO, Nicolao. A colaboração premiada na improbidade administrativa: possibilidade e repercussão probatória. In: SALGADO, Daniel de Rezende; QUEIROZ, Ronaldo de (Org.). *A prova no enfrentamento da macrocriminalidade*. 2. ed. Salvador: JusPodivm, 2016. p. 515-535.
238. GRINOVER, Ada Pellegrini. O regime brasileiro das interceptações telefônicas. *Revista Brasileira de Ciências Criminais*, v. 17, jan.-mar. 1997, p. 112-126, n. 18.
239. Inq QO-QO 2.424/RJ, Rel. Min. Cezar Peluso, Tribunal Pleno, j. 20.06.2007, *DJU* 24.08.2007.
240. Michele Taruffo, ao contrário, sustenta que a perícia válida, realizada em outro juízo, não pode ser considerada como um meio de prova, devendo-se dela extrair meros indícios que podem ser considerados fontes de presunção para, em conjunto com outros elementos de prova, contribuir com a formação do convencimento do juiz. Cf. Prove atipiche e convincimento del giudice. *Rivista di Diritto Processuale*, p. 423, 1973.

não perdem o seu respectivo caráter, ainda que transportadas para outro processo. Não se tornam provas documentais, mas provas *documentadas*[241].

Tampouco podem ser emprestadas as provas realizadas em outro processo quando houve a violação do critério da admissibilidade na formação da prova[242]. A prova ilícita, desse modo, não pode ser emprestada, porque mesmo tendo sido erroneamente admitida e formada no processo originário, estará sujeita a uma nova apreciação, não devendo o juiz admitir o seu ingresso no processo em discussão. Por exemplo, quanto aos fatos ocorridos no estrangeiro, não há como serem admitidos meios de prova que a lei brasileira proíba (Decreto-lei 4.657/42, art. 13). Caso, equivocadamente, essa prova tenha sido admitida, já é motivo suficiente para que, no processo em discussão, a prova não seja emprestada, porque vislumbrar-se-ia uma flagrante afronta à regra contida no art. 369 do CPC, que impede a utilização das provas atípicas contrárias ao direito e à moral, à legalidade e à legitimidade.

Com efeito, somente as provas não eivadas de nulidade, em sua admissão ou em sua formação, podem ser emprestadas. Ademais, embora os atos processuais estejam interligados, é perfeitamente possível haver certo grau de interdependência a ponto de que o vício não invalide todo o processo (CPC, art. 281). Por exemplo, quando a citação é nula, não ocorre a formação regular da relação jurídica processual (triangulação processual); assim, todas as provas trazidas posteriormente aos autos não possuem efeito algum, inviabilizando seu empréstimo.

Questão diversa, contudo, refere-se à possibilidade de admissão da prova formada no processo de origem, mas que não vem a ser admitida no processo em que se pretende emprestá-la. Por exemplo, admitir-se a prova emprestada de uma testemunha, no processo penal, a qual se encontra impedida de testemunhar no processo civil (*v.g.*, o art. 206 do CPP admite a possibilidade de o cônjuge ser testemunha, ao contrário do CPC, art. 447, § 2º, inc. I). Outro exemplo, já analisado, é se admitir o empréstimo para o processo civil da prova obtida mediante interceptação telefônica, no juízo penal, precedida de autorização judicial, conforme preveem o art. 5º, LVI, CF, e a Lei 9.296/96. Por se tratar de provas obtidas licitamente, isto é, sem qualquer vício na sua formação, não podem deixar de ser emprestadas com base no vício de ilegalidade.

Com efeito, essas provas devem poder ser utilizadas e analisadas livremente pelo juiz[243], mesmo que lhe sirva como mero "argumento de prova". Entretanto, mesmo se considerada como tal, a prova emprestada não é suficiente para fundar um juízo sobre

---

241. DIDIER JR., Fredie; BRAGA, Paula Sarno; OLIVEIRA, Rafael. *Curso de direito processual civil*. 5. ed. Salvador: JusPodivm, 2010. v. II, p. 145-146. Em sentido contrário, afirmando que o laudo pericial utilizado como prova emprestada passa à categoria de prova documental: STJ, REsp 683.187/RJ, 3ª T., Relª. Minª. Nancy Andrighi, j. 08.11.2005, *DJ* 15.05.2006, p. 203.

242. CAVALLONE, Bruno. Critica delle prove atipiche. *Il giudice e la prova nel processo civile*. Padova: Cedam, 1991. p. 406.

243. Idem, p. 407.

o *fato principal*[244], sendo apenas fonte subsidiária (isto é, um indício) que permite auxiliar o juiz na formação do raciocínio presuntivo e na tarefa de valoração da prova[245]. A jurisprudência italiana tem conferido valor indiciário a essa prova emprestada[246]. Essa posição é, pois, defensável no contexto da noção ampla de máxima potencialidade a ser conferida ao direito constitucional à prova.

Quanto à prova produzida em juízo incompetente, é preciso se distinguir duas situações. Quando o juízo é relativamente incompetente, caso a parte conteste, os autos serão remetidos para o juízo competente; caso não se alegar a incompetência em sede de preliminar de contestação, prorroga-se a competência (CPC, art. 65). Perceba-se que em nenhuma dessas hipóteses veda-se o empréstimo da prova. De igual modo, a prova produzida em juízo absolutamente incompetente não é considerada nula, porque, neste caso, os autos são remetidos ao órgão judicial competente, devendo-se conservar os efeitos da decisão proferida pelo juízo incompetente até que outra, se for o caso, seja proferida pelo juiz competente (CPC, art. 64, § 4º)[247].

Na hipótese de repetição de ação já proposta, pode ser emprestada a prova produzida no processo que foi resolvido *sem* o julgamento de mérito, desde que o motivo que ensejou a sentença terminativa seja sanado (*v.g.*, CPC, art. 485, IV e VI) ou possa vir a ser remediado (*v.g.*, CPC, art. 485, inc. V). Caso contrário, quando não se vislumbra a possibilidade de julgamento de mérito no novo processo, por economia processual, deve-se evitar o desperdício dos atos processuais (CPC, art. 370, par. ún.), a não ser que a prova emprestada sirva para confirmar a resolução do processo sem julgamento de mérito.

Por fim, em se tratando de ação rescisória, a prova emprestada não pode ser considerada um *documento novo* (CPC, art. 966, inc. VII), quando a parte não se valeu dele em razão da sua desídia ou da sua negligência, quando o documento se formou após o trânsito em julgado da sentença rescindenda ou, ainda, quando o documento, cuja existência a parte ignorava ou não pôde fazer uso, não lhe era capaz de assegurar, por si só, o pronunciamento favorável.

---

244. MONTESANO, Luigi. Le "prove atipiche" nelle "presunzione" e negli "argomenti" del giudice civile. *Rivista di Diritto Processuale*, p. 249, 1980.

245. Em sentido contrário, Mauro Cappelletti afirma que os "argumentos de prova" têm o mesmo significado das presunções simples; desse modo, considera despropositada a ideia de que eles têm uma função meramente auxiliar e incompleta. Cf. *La testemonianza della parte nel sistema dell'oralità*. Parte I. Milão: Giuffrè, 1974. p. 92. Nota 27. Michele Taruffo, por sua vez, assevera que a eficácia das provas atípicas está sujeita aos mesmos limites que se confere às presunções simples (CC italiano, art. 2.729). Cf. *La prova dei fatti giuridici*. Milão: Giuffrè, 1992. p. 390. Verificar, ainda: RICCI, Gian Franco. Prove e argumenti di prova. *Rivista Trimestrale di Diritto e Procedura Civile*, p. 1.040-9, 1988.

246. CAVALLONE, Bruno. Critica delle prove atipiche. *Il giudice e la prova nel processo civile*. Padova: Cedam, 1991, p. 407. Nota 151.

247. RIBEIRO, Darci Guimarães. *Provas atípicas*. Porto Alegre: Livraria do Advogado, 1998, p. 117-8; ROHNELT, Ladislau Fernando. *Prova emprestada*. Ajuris, v. 17, p. 40-1.

6.9.4. Da valoração da prova emprestada

Elencando-se as desvantagens na adoção das provas emprestadas, estas se concentram na restrição ao alcance do princípio da oralidade, especialmente no que concerne à *imediatidade* entre o juiz e a prova. Como a prova emprestada é colhida por um juiz e utilizada por outro que não participou da sua produção, acaba-se por mitigar o princípio da oralidade. Porém, tal argumento, como já asseverado, não é suficiente para impedir a admissibilidade deste meio de prova atípico.

Contudo, tal aspecto pode ter reflexo importante na valoração da prova pelo juiz. Uma vez ausente da instrução probatória, pode surgir-lhe inquietações não supridas pela prova emprestada. Nesta hipótese, o juiz poderá determinar a realização de diligências complementares para se dirimir dúvidas sobre ponto relevante (CPP, art. 156, II e CPC, art. 370).

A título de direito comparado, quanto à valoração da prova emprestada, o CPC italiano afirma que as provas recolhidas de um processo extinto devem ser valoradas como *argumentos de prova* (art. 310.3), sendo uma forma particular de "presunção", isto é, uma argumentação de que o juiz se vale para formular um juízo sobre a credibilidade da prova. Trata-se de uma argumentação do tipo silogístico-dialética, que parte das circunstâncias que dizem respeito ao instrumento de prova e do procedimento de formação do elemento de prova produzido (isto é, as circunstâncias qualificantes) para se inferir "argumentos" sobre a credibilidade do elemento de prova[248].

A exegese do art. 310.3 do CPC italiano é interessante na medida em que confere liberdade ao magistrado para se valorar a prova emprestada, inclusive para atribuir-lhe efeitos diversos daqueles conferidos a essa prova no processo originário. Por outro aspecto, essa regra jurídica é curiosa, porque reduz a prova atípica a mero "argumento de prova", que não é suficiente por si mesmo para formar o convencimento do juiz, mas serve como simples meio auxiliar na valoração das provas[249]. Desse modo, reconhece-se à prova atípica uma função integrativa e auxiliar, não podendo esta trazer uma solução autônoma às questões de fato. Portanto, a prova emprestada deve ser analisada no conjunto das demais provas, não integrando, na ausência de outras provas, a esfera do convencimento do juiz[250].

---

248. LOMBARDO, Luigi. Profili delle prove civile atipiche cit., p. 1.462-1.463, dez. 2009.
249. RICCI, Gian Franco. Prove e argomenti di prove. *Rivista Trimestrale di Diritto e Procedura Civile*, 1988, p. 1.080.
250. CHIARLONI, Sergio. Riflessioni sui limiti del giudizio di fatto nel processo civile. *Rivista Trimestrale di Diritto e Procedura Civile*, p. 840-1, 1986; CAVALLONE, Bruno. Critica delle prove atipiche. *Il giudice e la prova nel processo civile*. Padova: Cedam, 1991, p. 356. Nota 44. Michele Taruffo, por sua vez, considera que as provas emprestadas devem ser consideradas como fonte de presunções, servindo como um indício ao invés de um meio de prova. Cf. Prove atipiche e convincimento del giudice. *Rivista di Diritto Processuale*, 1973, p. 408. No Brasil, encontram-se decisões que seguem esse raciocínio: "Prova emprestada – Apoio em elementos de convicção constantes dos autos – Validade. Embora a prova emprestada, por si só, não possa servir de base à condenação, pode constituir, em decorrência do livre convencimento do magistrado, válido elemento de convicção, máxime quando aliada a outras circunstâncias que, formando o encadeamento lógico, permitem

No ordenamento brasileiro, porém, não existe regra análoga que restrinja a valoração da prova emprestada, o que não exclui a utilidade da advertência apreendida do direito processual italiano. A prova emprestada há de ser sempre analisada no contexto probatório e, caso seja uma prova frágil, isto é, da qual não se possa atribuir ao menos um juízo de probabilidade sobre a existência dos fatos, deve ser admitida, embora mereça uma valoração negativa, especialmente se for a única prova disponível para a verificação da questão controvertida. Aliás, diante da dúvida proporcionada pela ausência de prova nos autos, o juiz pode, se for o caso, valer-se de sua iniciativa probatória (CPC, art. 370 e CPP, art. 156, II). Contudo, em todo caso, se a questão fática não puder ser esclarecida, não lhe restará outro caminho senão aplicar a regra do ônus da prova em sentido objetivo (regra de julgamento), devendo a parte que deixou de demonstrar o fato constitutivo de seu direito arcar com os riscos decorrentes da ausência de provas.

Por conseguinte, a única garantia de correção da valoração inerente às provas atípicas refere-se às escolhas das fontes de convencimento que determinam a sua eficácia e que devem ficar expressas na *motivação* da decisão[251].

Nesse contexto, é importante ressaltar a ausência de *eficácia vinculante* da prova emprestada, devendo ser avaliada no contexto de cada processo (CPC, art. 371 e CPP, art. 157). Disso resulta a possibilidade de se conferir efeitos diversos à mesma prova ou até mesmo de não lhe atribuir importância alguma, em face dos outros elementos probatórios trazidos ao processo em que a causa está sendo discutida[252].

Além disso, deve se recusar o pensamento de que as provas atípicas tenham valor probatório inferior (*probatio inferior*) em relação às provas típicas, visto que inexiste uma hierarquia das provas e um limite à valoração das provas atípicas pelo juiz[253].

De qualquer modo, em sendo válida a prova emprestada, com a finalidade de se agilizar a prestação jurisdicional, deve-se primar pela efetivação do princípio da economia processual. Com isso, é desnecessária a repetição da prova já produzida, o que implica a assertiva de que o indeferimento da produção dessa prova não restringe indevidamente o direito à prova, e, consequentemente, não acarreta o *cerceamento de defesa*[254].

Por outro lado, a prova que não possa ser emprestada, porque não apresenta os requisitos necessários ou não integra a esfera do convencimento do juiz, não pode ser valorada, por ser desprovida de qualquer eficácia probatória. Caso contrário, se o juiz se

---

um juízo de certeza quanto à responsabilidade do réu". (TJPR, 1ª C.Crim., Ap. Crim., Ac. 10.715, Rel. Des. Tadeu Costa, *DJ* 15.06.1998).

251. TARUFFO, Michele. Prove atipiche e convicimento del giudice. *Rivista di Diritto Processuale*, 1973, p. 426.

252. STJ, REsp 41.264/RJ, Rel. Min. Sálvio de Figueiredo Teixeira, 4ª T., j. 13.05.1996, *DJ* 10.06.1996, p. 20.333; TAMG, Ap. Cív. 244.183-3, 2ª C.C., Rel. Lucas Savio, j. 11.11.1997, *DJ* 23.04.1998.

253. LOMBARDO, Luigi. Profili delle prove civile atipiche cit., p. 1.464.

254. STJ, AgRg no AREsp 299.583/CE, Rel. Min. Mauro Campbell Marques, 2ª T., j. 16.05.2013, *DJe* 22.05.2013.

valer de uma prova emprestada que não pode ser admitida, a sentença deve ser anulada, desde que caracterizada a violação à garantia constitucional preterida[255].

6.10. PROVAS ILÍCITAS

6.10.1. Conceito

Conforme a dicção do art. 5º, LVI, CF, "são inadmissíveis, no processo, as provas obtidas por meios ilícitos". No entanto, apesar da existência desse dispositivo, a proibição das provas ilícitas é uma decorrência implícita do sistema jurídico pátrio, de modo que pode ser deduzida da garantia do devido processo legal (CF, art. 5º, LIV) e de princípios gerais do direito (como o da boa-fé, da lealdade e da cooperação processuais).

A vedação das provas ilícitas igualmente encontra respaldo nos limites ético-políticos do instrumento processual. O processo não pode ser compreendido como uma guerra na qual os fins justificam os meios, em que os sujeitos processuais sejam capazes de recorrer às piores atrocidades com o pretexto de se encontrar a verdade[256].

A busca da verdade serve como uma garantia para a adequada e efetiva tutela jurisdicional. Dessa forma, a compreensão da admissibilidade das provas ilícitas no processo envolve duas questões que se contrapõem. De um lado, caso todas as provas ilícitas fossem admitidas no processo, haveria uma negação flagrante do direito ao justo processo, já que o direito à prova passaria a ter conotação muito abrangente, acarretando inclusive a negação de outros direitos fundamentais. Isso porque o *direito ao justo processo* não tem conotação eminentemente processual, devendo ser compreendido como um conjunto mínimo de *meios* e de *resultados*, para assegurar tanto a efetividade dos instrumentos processuais disponíveis em juízo quanto a obtenção, no final do processo, da tutela jurisdicional adequada aos direitos substanciais[257].

Por outro lado, a existência de limitações impróprias ao direito à prova poderia significar uma não efetividade dos instrumentos processuais que conferem à parte um tratamento justo (*fair treatment*). Ou, o que seria mais grave, haveria uma completa impotência daquele que se considerasse lesado ou ameaçado de lesão de vir a fazer valer seus direitos em juízo, em razão da impossibilidade de demonstrar a pretensão ou a exceção eventualmente deduzida[258].

Assim, é imprescindível que haja a didática distinção entre os conceitos de prova ilícita, ilegítima e inconstitucional.

---

255. GRINOVER, Ada Pellegrini. Prova emprestada. *Revista Brasileira de Ciências Criminais*, v. 4, out.-dez. 1993, p. 67.
256. ECHANDIA, Hernando Devis. Pruebas ilícitas. *Revista de Processo*, v. 32, p. 83; STF, HC 93.050/RJ, Rel. Min. Celso de Mello, 2ª T., j. 10.06.2008.
257. COMOGLIO, Luigi Paolo. Giurisdizione e processo nel quadro delle garanzie costituzionali. *Studi in onore di Luigi Montesano*. Padova: Cedam, 1997, v. 2, p. 92.
258. CAPPELLETTI, Mauro. *The judicial process in comparative perspective*. Oxford: Claredon Press, 1991. p. 267.

Prova ilícita é aquela que viola regras e princípios de direito substancial. Ofende, além da própria noção de legalidade (CF, art. 5º, inc. II: "ninguém será obrigado a fazer ou deixar de fazer alguma coisa senão em virtude de lei")[259] valores e direitos constitucionais substanciais como a dignidade da pessoa humana, a liberdade, a intimidade, a integridade física, a inviolabilidade do domicílio, o sigilo profissional, de correspondência ou da comunicação telefônica[260] (*v.g.*, documento roubado; violação de sepultura para obtenção de um pedaço do cadáver com o intuito de realização de exame de DNA; infringência do sigilo de correspondência ou de interceptação telefônica; prova obtida mediante tortura ou de maus-tratos; constranger advogado a depor contra o seu cliente ou violar seu escritório com o intuito de se obter provas contrárias a ele)[261], a prova colhida, involuntária e coercitivamente, pela polícia em conversas mantidas pelo investigado com outra pessoa em telefone celular, por meio do recurso de viva-voz, durante a abordagem policial[262].

A *prova ilegítima* é aquela que ocorre no momento da produção da prova, infringindo regras, princípios e garantias de direito processual (*v.g.*, prova obtida mediante mandado judicial, não fundamentado, de quebra do sigilo fiscal ou bancário, bem como interceptação telefônica autorizada por juiz incompetente[263], a requisição, feita diretamente aos bancos, de quebra de sigilo bancário, sem autorização judicial[264] ou, ainda, o laudo assinado por alguém que se faz passar por perito).

Ainda, a *prova inconstitucional* possui conceito mais abrangente. Busca dar *tratamento sancionatório unitário à ilicitude*, independentemente se o vício seja de natureza substancial ou formal. Provas inconstitucionais são aquelas que violam direitos e garantias fundamentais, não podendo sequer ser *admitidas* ou *utilizadas* em juízo, independentemente de a ilicitude ter se originado dentro ou fora do processo.

---

259. Nesse sentido, é ilícita a prova obtida mediante conduta da autoridade policial que atende, sem autorização, o telefone móvel do acusado e se passa pela pessoa sob investigação. Não tendo a autoridade policial permissão, do titular da linha telefônica ou mesmo da Justiça, para ler mensagens nem para atender ao telefone móvel da pessoa sob investigação e travar conversa por meio do aparelho com qualquer interlocutor que seja se passando por seu dono, a prova obtida dessa maneira é ilícita, porque constitui invasão de privacidade e indica a quebra do sigilo das comunicações telefônicas. STJ, HC 511.484-RS, Rel. Min. Sebastião Reis Júnior, 6ª T, j. 15.08.2019, *DJe* 29.08.2019.

260. Por exemplo, é ilícita a revista pessoal realizada por agente de segurança privada e todas as provas dela decorrentes. Por falta de disposição legal (CF, art. 5º, inc. II), integrantes da segurança da Companhia Paulista de Trens Metropolitanos – CPTM não podem revistar ninguém. Tais agentes de segurança não podem ser equiparados a guardas municipais, porquanto são empregados de uma sociedade de economia mista operadora de transporte ferroviário no Estado de São Paulo, sendo regidos, portanto, pela Consolidação das Leis do Trabalho – CLT. STJ, HC 470.937-SP, Rel. Min. Joel Ilan Paciornik, 5ª T, j. 04.06.2019, *DJe* 17.06.2019.

261. Não obstante o art. 190 do NCPC admita a possibilidade de negócios jurídicos processuais, são nulas, por ilicitude do objeto, as convenções processuais que violem as garantias constitucionais do processo, como as que autorizem o uso indevido de provas ilícitas (cfr. Enunciado n. 37 da ENFAM).

262. STJ, REsp 1.630.097-RJ, 5ª T., rel. Min. Joel Ilan Paciornik, j. 18.04.2017, pub. DJe 28.04.2017.

263. STJ, HC 43.741/PR, Rel. Min. Félix Fischer, 5ª T, j. 28.08.2005, *DJU* 10.10.2005, p. 405.

264. STF, RE 318.136, Rel. Min. Cezar Peluso, 2ª T., j. 12.09.2006, *DJ* 06.10.2006.

Nesse sentido, corretamente prevê o art. 157, *caput*, do CPP (a partir da Lei 11.690/2008) que "são inadmissíveis, devendo ser desentranhadas do processo, as provas ilícitas, assim entendidas as obtidas com violação a normas constitucionais".

As provas inadmissíveis são excepcionais e devem estar baseadas ou na alta probabilidade de se obter informações falsas ou no conflito entre o valor da verdade e outros valores (como os da pessoa, da segurança jurídica e das instituições)[265]. Na primeira situação, a razão de não se admitir as provas é proteger a verdade material. Já na segunda hipótese dá-se preferência a outros valores, distintos da verdade.

6.10.2. Aplicação do postulado da proporcionalidade

A partir do conceito de provas inconstitucionais, é possível construir um método exegético com o objetivo de se evitar uma interpretação literal do art. 5º, LVI, da CF, para se possibilitar uma exegese sistemática do sistema jurídico.

A compreensão do conceito de prova ilícita decorre de um problema semântico, pois uma prova não pode assumir o caráter de ilicitude e licitude simultaneamente. A expressão *prova ilícita lícita* é uma contradição em termos[266]. Contudo, o art. 5º, LVI, da CF apenas afirma que são inadmissíveis as provas ilícitas, mas não define em seu bojo quais provas se encontrariam nesta condição. Saber se uma prova é lícita ou ilícita é uma questão de interpretação sistemática do ordenamento jurídico. Logo, o problema não é definir se as provas ilícitas são ou não aceitáveis, mas definir, dentro do sistema jurídico, o que é lícito e o que é ilícito.

Em outras palavras, parte-se da ideia de que o art. 5º, LVI, da CF, mesmo afirmando que a prova ilícita é proibida, não inviabiliza a *reserva imanente de ponderação com os demais direitos fundamentais*[267]. Aliás, o art. 8º do CPC afirma que o juiz, ao aplicar o ordenamento jurídico, deve atender aos fins sociais e as exigências do bem comum, resguardando e promovendo a dignidade da pessoa humana e observando a *proporcionalidade*, a razoabilidade, a legalidade, a publicidade e a eficiência. Nesse sentido, a proporcionalidade não se exaure apenas na adequação entre meios e fins, mas se presta como uma fórmula hermenêutica que, reconhecendo que nenhum direito constitucional é absoluto, procura sacrificar o mínimo para preservar o máximo de direitos fundamentais[268].

Assim, parte-se do axioma de que a colisão entre direitos fundamentais deve ser resolvida no caso concreto mediante a *técnica da ponderação* que consiste: I) na identificação das regras ou princípios pertinentes; II) na seleção dos fatos relevantes; III) na atribuição geral de pesos, observando-se o postulado da proporcionalidade (adequação,

---

265. WRÓBLEWSKI, Jerzy. Op. cit., p. 243.
266. MARINONI, Luiz Guilherme. *Teoria geral do processo*. São Paulo: RT, 2006. p. 350. Nota 70.
267. Idem, p. 348-9.
268. FREITAS, Juarez. A melhor interpretação constitucional "*versus*" a única resposta correta. In: SILVA, Virgílio Afonso da (Org.). *Interpretação constitucional*. São Paulo: Malheiros, 2007. p. 329.

necessidade e proporcionalidade em sentido estrito)[269]. Com isso, procura-se evitar a ocorrência de decisões arbitrárias.

Dessa forma, é possível criar uma *convivência harmônica* dos diversos direitos fundamentais, obtendo-se resultados socialmente mais legítimos, uma vez que tais direitos, embora alçados à categoria de fundamentais, não são absolutos. Não se pode afirmar, por exemplo, que o direito à intimidade deve ser considerado, em abstrato, mais importante que o direito fundamental à segurança (CF, art. 6º). Por consequência, a intimidade e a privacidade de um pediatra pedófilo ou de uma babá violenta não estão acima do direito à saúde e à integridade física de uma criança; de igual modo, o sigilo bancário de um agente político suspeito de corrupção não pode estar acima dos princípios da publicidade e da moralidade públicas nas ações de improbidade administrativa.

Por outro lado, no Tema 1041, o Supremo Tribunal Federal, ao proteger o direito ao sigilo de correspondência no processo penal, não admitindo a abertura de encomenda postada no correio, concluiu: "Sem autorização judicial ou fora das hipóteses legais, é ilícita a prova obtida mediante abertura de carta, telegrama, pacote ou meio análogo"[270].

Esses exemplos mostram a contraposição entre a esfera pública e a privada, bem como a complexidade da colisão de direitos fundamentais. De todo modo, a comunicação interpessoal, nas relações íntimas e privadas, deve seguir uma lógica diversa ao princípio da publicidade (caracterizado pelo livre acesso, inclusão e disponibilidade de informação)[271]. Isso porque, como a informação, o acesso e a comunicação interna são inerentes à confiança especial que os vínculos íntimos e privados envolvem, as pessoas precisam de uma proteção adequada *no interior* destas relações, em contraposição à sua exposição ao mundo exterior.

No processo civil, o uso da prova *prima facie* ilícita pode ser admitido, segundo a lógica da regra da *proporcionalidade em sentido estrito*, conforme as circunstâncias do caso concreto[272]. A ponderação deverá ocorrer entre o direito fundamental objeto de tutela (*v.g.*, a integridade física do bebê) e o direito fundamental violado com a obtenção da prova (*v.g.*, a intimidade da babá agressora).

A propósito, o STJ considerou lícita a obtenção de informações derivadas da quebra de sigilo telemático de e-mail corporativo de funcionário público, para fins de utilização em processo administrativo disciplinar, por considerar que a intimidade e a privacidade das pessoas não são direitos absolutos e podem ser restringidos caso isto se revele imprescindível à garantia de outros direitos constitucionais (CF, art. 5º, incs. X e XII; CC, arts. 11 e 21); portanto, concluiu que não configura prova ilícita a obtenção de informações constantes de e-mail corporativo, usado por servidor público, quando

---

269. ÁVILA, Humberto Bergmann. A distinção entre princípios e regras e a redefinição do dever de proporcionalidade. *Revista de Direito Administrativo*, n. 215, p. 158-159, jan.-mar. 1999.

270. STF, RE 1116949, Rel. Min. Edson Fachin, Tribunal Pleno, j. 18.08.2020, DJe-241, Divulg. 1º.10.2020.

271. COEN, Jean L. Repensando a privacidade: autonomia, identidade e a controvérsia sobre o aborto. *Revista Brasileira de Ciência Política*, n. 7, jan.-abr. 2012, p. 177.

272. MARINONI, Luiz Guilherme. *Teoria geral do processo*. São Paulo: RT, 2006, p. 351.

atinentes a aspectos não pessoais, mas de interesse da Administração e da própria coletividade, porque o e-mail corporativo deve ser usado somente para matérias afetas ao serviço e para fins de cumprir as exigências legais[273].

Ainda, o postulado da proporcionalidade deve possibilitar a utilização da prova ilícita em *casos excepcionais*, quando não há possibilidade de se utilizar outro meio mais idôneo e menos restritivo aos direitos do investigado para a produção daquela prova, já que ignorar tal prova seria consagrar uma decisão injusta.

Por exemplo, deve ser deferida a exumação de restos mortais do *de cujus* para a realização de exame de DNA em ação investigatória de paternidade *post mortem* (isto é, os direitos da personalidade – que incluem à proteção dos direitos à filiação, identidade genética e busca da ancestralidade – devem prevalecer em detrimento ao direito à preservação do cadáver exumado), quando não houver outros meios menos restritivos (*v.g.*, tentativas frustradas de realizar o exame de DNA – perícia indireta – em parentes vivos do investigado; Lei 8.560/1992, art. 2º-A, § 2º) e igualmente eficientes de se descobrir a paternidade biológica (*v.g.*, insuficiência do regime de presunções legais para resolver a controvérsia)[274]. De igual modo, o sigilo bancário, para se apurar a capacidade econômico-financeira do devedor de alimentos, não deve prevalecer quando o devedor for um profissional liberal ou trabalhador autônomo e a quebra for o único meio de prova, ou senão a mais relevante, para a exteriorização da riqueza do alimentante[275].

As circunstâncias do caso concreto podem ensejar a ilicitude da prova de modo que determinada repercussão jurídica seja impedida para a viabilidade de outra. Por exemplo, o STJ[276] concedeu mandado de segurança para se desentranhar do processo penal gravação armazenada em fita magnética, em que o marido traído interceptou conversa telefônica entre sua mulher e o amante dela, na qual falavam que, enquanto ele estivesse em viagem, ministrariam "Lexotan" para as duas filhas menores, com o escopo de facilitar o relacionamento espúrio. Neste caso concreto, a prova ilícita poderia estar ligada: I) à pretensão punitiva do Estado de punir, penalmente, o crime de tráfico de entorpecente; II) à pretensão do marido de se separar da mulher; III) à pretensão do pai em ficar com a guarda das crianças. Caso fosse admitida a interpretação literal do art. 5º, LVI, da CF, por considerar que o constituinte *prima facie* vedou a utilização da prova ilícita – na hipótese da interceptação telefônica, contrariando o que dispõem os arts. 2º da Lei 9.296/96 e 5º, inc. XII, da CF – estar-se-ia impedindo a análise de cada uma das situações concretas. Porém, ao se examinar a situação das crianças, negar a utilização da prova ilícita seria desconsiderar o direito fundamental à integridade física e psicológica dos infantes, colocando-se outros direitos protegidos pela prova

---

273. STJ, RMS 48.665/SP, 2ª T., Rel. Min. Og Fernandes, j. 15.09.2015, pub. *DJe* 05.02.2016.

274. STJ, AgInt no REsp 1.686.433/RS, Rel. Min. Marco Aurélio Bellizze, 3ª T., j. 20.03.2018, *DJe* 02.04. 2018; Processo sob segredo de justiça, Rel. Min. Paulo de Tarso Sanseverino, 3ª T., j. 04.10.2022, pub. *Informativo STJ*, v. 752, de 10.10.2022.

275. MADALENO, Rolf. *Repensando o direito de família*. Porto Alegre: Livraria do Advogado, 2007. p. 89-90.

276. STJ, RMS 5.352/GO, Rel. Min. Luiz Vicente Cernicchiaro, 6ª T., *DJU* 25.11.1996; e *RSTJ*, v. 90, p. 359.

ilícita (*v.g.*, intimidade e privacidade da esposa e do amante), inclusive, acima do valor constitucional da dignidade da pessoa humana[277].

Entretanto, a utilização do postulado da proporcionalidade com o intuito de se admitir o uso da prova "ilícita" não vem sendo aceita pelo STF[278], nem pelo STJ[279]. Critica-se a adoção desse postulado porque implicaria em um aumento da subjetividade do juiz. Contudo, os magistrados, por dever de ofício, já são chamados a interpretar as cláusulas gerais (como a função social do contrato e da propriedade, bem como o conceito de boa-fé) e não há como eliminar a subjetividade que é intrínseca ao julgador, porque os fatos são sempre vazios, isto é, são recipientes que tomam a forma da razão e dos sentimentos que os preencherá[280].

Assim, o problema não está no aumento dos poderes do juiz, mas na forma como se valoram as provas e motivam as suas decisões. Havendo correto e adequado cumprimento do dever constitucional de motivação, poderá a parte sucumbente recorrer da decisão, fazendo prevalecer a sua argumentação.

6.10.3. Provas ilícitas por derivação ("teoria dos frutos da árvore envenenada")

A ilicitude da prova pode ser originária ou por derivação. Na primeira hipótese, contamina imediatamente a prova e, na segunda, a contaminação se dá por via indireta.

Assim, *provas ilícitas por derivação*, que decorre da aplicação lógica da regra constitucional da inadmissibilidade das provas ilícitas (CF, art. 5º, LVI), são aquelas, em si mesmas, lícitas, porém sua obtenção é decorrente de atividades consideradas ilícitas. Por exemplo, um agente policial presta depoimento, em juízo, esclarecendo fatos dos quais tomou conhecimento mediante diligência irregular (*v.g.*, mediante interceptação telefônica, sem autorização judicial), ou de dados obtidos pelo espelhamento do aplicativo de WhatsApp, a partir de *prints* da tela do celular do investigado ou da substituição de *chips* do telefone do acusado por outro inserido pela polícia.

O depoimento (meio de prova) é, em si mesmo, lícito, mas a fonte probatória é ilícita.

Por isso, o direito norte-americano (*v.g.*, *Silverthone Lumber Co. v. United States*, *Segura v. United States, Nix v. Williams* e *Murray v. United States*), com base na garantia constitucional do *due process of law*, vale-se da teoria dos "frutos da árvore envenenada"; isto é, se a fonte probatória é ilícita (envenenada), o meio probatório que serve para se transpor ao processo as informações obtidas ilicitamente não podem ser lícito (sem veneno).

---

277. MARINONI, Luiz Guilherme. *Teoria geral do processo*. São Paulo: RT, 2006, p. 351.
278. STF, HC 103325, Rel. Min. Celso de Mello, 2ª T., j. 03.04.2012, Ac. Eletrônico *DJe*-213, divulg 29.10.2014, public 30.10.2014; HC 80.949/RJ, Rel. Min. Sepúlveda Pertence, 1ª T., j. 30.10.2001.
279. STJ, RMS 5.352/GO, Rel. Min. Adhemar Maciel, 6ª T., j. 27.05.1996, *DJU* 25.11.1996, p. 46.227.
280. TRINDADE, Jorge. *Manual de Psicologia Jurídica para operadores do direito*, Porto Alegre: Livraria do Advogado, 2004, p. 76.

Outro exemplo: negada autorização judicial para a interceptação telefônica, a instalação de escuta não autorizada não permite o deferimento da prova pericial (fonografodocumentoscópica) na voz da pessoa gravada, já que a origem da prova é ilícita e o deferimento da prova pericial ensejaria a nulidade de todos os atos processuais, pela teoria dos frutos da árvore envenenada[281].

Ainda outro exemplo: a obtenção de livros contábeis e documentos fiscais, por agentes fazendários e policiais, mediante a violação de escritório de contabilidade sem autorização judicial. Assim, se a partir dos documentos obtidos ilicitamente os agentes públicos conseguem obter novas informações que resultem em crimes ou atos de improbidade administrativa, essas informações, por haver nexo de causalidade com a prova obtida ilicitamente, também se contaminam (ilicitude por derivação). Logo, a ilicitude originária contamina a produção das demais provas, a não ser que não exista nexo causal entre a ilicitude e as outras provas produzidas (*v.g.*, por ser a fonte independente)[282].

Cabe assinalar que a CF/88 não se posicionou sobre a questão das provas ilícitas por derivação, deixando para que a doutrina e a jurisprudência, com o auxílio do art. 157 do CPP (a partir da Lei 11.690/2008), busquem a melhor solução para o problema.

As provas ilícitas por derivação merecem censura, sob pena de se: a) legitimar a máxima do "*male captum, bene retentum*" (mal colhida, mas bem conservada), isto é, retirar da prova o seu caráter ilícito, com a finalidade de punir o infrator, sujeitando-se apenas quem produziu a prova às responsabilidades previstas em lei; b) beneficiar o autor do ato ilícito[283].

Entretanto, tal como ocorre nos Estados Unidos, é preciso estabelecer limites à aplicação da doutrina dos frutos da árvore envenenada, observando-se três critérios (ou cláusulas gerais processuais): da *fonte independente*, da *descoberta inevitável* e da *descontaminação*.

O critério da *fonte independente* versa acerca da hipótese em que a obtenção da prova não está diretamente ligada à ilegalidade praticada, vale dizer, não guarda nenhuma relação de dependência nem decorra da prova originariamente ilícita (*v.g.*, quando o esquema de corrupção está demonstrado por inúmeras testemunhas, por documentos que comprovam transações fraudulentas e não têm relação nenhuma com a interceptação telefônica obtida ilegalmente).

Já a *descoberta inevitável* ocorre quando o órgão judicial se convence de que se poderia obter a prova por meio lícito, fazendo, pois, *abstração* da ilegalidade praticada (*v.g.*, quando existem fortes indícios a respeito do esquema de corrupção, que conduziriam, inevitavelmente, a descoberta do crime e dos atos de improbidade administrativa); sendo assim, a descoberta advinda da prova ilícita ocorreria mais cedo ou mais tarde[284].

---

281. TST, RR 373.356/1997, *DJU* 01.03.2002.
282. STF, HC 93.050/RJ, Rel. Min. Celso de Mello, 2ª T., j. 10.06.2008.
283. Neste sentido, já se posicionou o STF, na *RTJ* 155/508.
284. MARINONI, Luiz Guilherme; ARENHART, Sérgio Cruz. *Prova*. 2. ed., 2011 cit., p. 277.

Pela teoria da descoberta inevitável, construída pela Suprema Corte norte-americana no caso *Nix vs. Williams* (1984), o curso normal das investigações conduziria aos elementos informativos que vinculariam as pessoas indiciadas ao fato investigado. Tal teoria tem respaldo no ordenamento jurídico brasileiro, a partir da Lei 11.690/2008, que deu nova redação ao art. 157 do CPP, em especial o seu § 2º[285].

Aplicando-se a teoria da descoberta inevitável, o STF, ao julgar o HC 91.867[286], considerou que a interceptação telefônica, autorizada judicialmente, ao abranger o diálogo entre o investigado e o advogado do corréu, não configura prova ilícita por derivação. Não teria havido violação do art. 7º, II, da Lei 8.906/94 (Estatuto da Advocacia), que assegura ao advogado a inviolabilidade de seu escritório ou local de trabalho, bem como de sua correspondência escrita, eletrônica e telemática, desde que relativas à advocacia, pois não estaria assentada na hipótese relação jurídica entre cliente e advogado. Acrescentou que os policiais executores da medida de interceptação telefônica não poderiam proceder a uma espécie de filtragem das escutas telefônicas interceptadas. A impossibilidade desse filtro funcionaria como garantia do cidadão, ao retirar da esfera de arbítrio da polícia o poder de escolher o que é ou não conveniente para ser interceptado e gravado. Tal valoração e eventual exclusão são atividades que competem ao magistrado a quem a prova é dirigida.

Pelo critério da *descontaminação*, ainda que a prova tenha sido obtida por meio ilícito, o vício pode ser convalidado, mediante acontecimento posterior que elimine qualquer efeito da prova ilícita sobre a formação da convicção judicial (*v.g.*, quando ocorre a confissão espontânea da parte, cujo comportamento está sendo investigado ou quando, apesar de não haver autorização judicial, o investigado, durante a prisão em flagrante, permite que policiais tenham acesso aos dados armazenados no aparelho celular, relativos às mensagens de texto, SMS e conversa por meio de aplicativos[287] Em outras palavras, permanecem válidas as provas lícitas não decorrentes da prova ilícita ou que advenham de fontes autônomas[288]. Porém, atente-se que, caso os policiais precisem entrar em uma residência para investigar a ocorrência de crime e não tenham mandado judicial, devem antes registrar a autorização do morador em vídeo e áudio, e sempre que possível também por escrito, como forma de não deixar dúvidas sobre o seu consentimento, sob pena das provas colhidas na investigação serem ilícitas (nulas), por violação aos direitos à intimidade e à inviolabilidade da moradia, além de resultar na responsabilização administrativa, civil e penal dos agentes públicos[289].

---

285. HC 91.867, Rel. Min. Gilmar Mendes, 2ª T., j. 24.04.2012, Acórdão eletrônico *DJe* 185, Divulg. 19.09.2012, Public. 20.09.2012.
286. Rel. Min. Gilmar Mendes, 2ª T., j. 24.04.2012, Acórdão eletrônico *DJe* 185, Divulg. 19.09.2012, Public. 20.09.2012.
287. STJ, HC 537.274-MG, 5ª T., Rel. Min. Leopoldo de Arruda Raposo (Des. convocado do TJPE), j. 19.11.2019, pub. *DJe* 26.11.2019.
288. STF, Ext 1486, Rel. Min. Alexandre de Moraes, 1ª T., j. 15.08.2017, Ac. Eletrônico *DJe*-190 Divulg 25.08.2017 public 28.08.2017; RHC 121496, Rel. Min. Dias Toffoli, 2ª T., j. 24.11.2015, Processo Eletrônico *DJe*-252 Divulg 15.12.2015, public 16.12.2015.
289. STJ, HC 598.051-SP, 6ª T., j. 02.03.2021, Public *DJe* 15.03.2021.

Pelo Enunciado 301 do FPPC, aplicam-se ao processo civil, por analogia, as exceções previstas nos §§ 1º e 2º do art. 157 do Código de Processo Penal, afastando a ilicitude da prova.

Portanto, a prova ilícita por derivação é um caso especial de nulidade[290]. O órgão judicial, antes de decretar a nulidade da prova, deve justificar a dependência do ato posterior em relação ao ato defeituoso. Isto porque, no CPC/2015, os atos processuais devem ser considerados válidos *prima facie*. É possível evitar a invalidação da prova ou a sua anulação por arrastamento, pela aplicação de cláusulas gerais processuais (como as da *fonte independente*, da *descoberta inevitável* e da *descontaminação*), que consagra o adágio "o útil pelo inútil não é viciado" (*utile per inutile non vitiatur*).

6.10.4. Valoração das provas ilícitas

De fato, as provas inadmissíveis devem ser desentranhadas dos autos, devendo ser inutilizadas e podendo as partes acompanhar o incidente para a sua destruição (CPP, art. 157, § 3º).

As provas obtidas por meios ilícitos são *inadmissíveis* (CF, art. 5º, LVI), mas se, por equívoco ou porque no momento do juízo de admissibilidade a ilicitude ainda não era evidente, adentraram ou foram produzidas no curso do processo, não devem integrar a *esfera do convencimento do juiz*. Isso porque *não podem ser valoradas*, na medida em que não possuem *eficácia probatória*, sob pena de gerar a *nulidade* da decisão.

Por exemplo, se o órgão judiciário sabe que a prova foi criada ilicitamente (*v.g.*, áudio resultante de interceptação telefônica sem autorização judicial), deve recusar imediatamente a sua juntada aos autos ou, se perceber a ilicitude posteriormente, deve determinar o seu desentranhamento dos autos, além de não poder se valer das informações obtidas ilicitamente.

Pelo art. 157, § 3º, do CPP, preclusa a decisão de desentranhamento da prova declarada inadmissível, ela será inutilizada por decisão judicial, facultado às partes acompanhar o incidente. Trata-se de providência infeliz, sendo mais razoável o arquivamento sigiloso em cartório para se possibilitar o processamento criminal daquele que obteve a prova ilícita por tortura, interceptação telefônica ilegal, violação de domicílio etc.

Todavia, é necessário acrescentar que talvez não seja bastante afirmar que a prova ilícita não integra o convencimento judicial, não podendo ser valorada e devendo ser declarada nula. Afinal, depois que o juiz entra em contato com a prova ilícita, pode restar comprometida a sua *imparcialidade*, uma vez que o simples conhecimento dessa prova já possa ser capaz de vincular psicologicamente o julgador, ainda que não se valha dela, racional ou expressamente, para formar a sua convicção. Por exemplo, seria possível que o juiz, sob o pretexto de ter valorado conjuntamente as provas, viesse a obter como

---

290. CABRAL, Antonio do Passo. Teoria das nulidades processuais no direito contemporâneo. *Revista de processo*, v. 255, maio 2016, p. 375.

resposta para o julgamento da causa o que veio a tomar conhecimento somente na ocasião do contato com a prova ilícita. Portanto, seria uma espécie de *acrobacia lógica*[291] sustentar que essa prova não tenha tido o condão de influir no convencimento do juiz. Sendo assim, o controle da motivação da decisão, pela via recursal, poderia mostrar-se insuficiente para que se impugnassem os verdadeiros motivos pelos quais o levaram a decidir a causa[292].

Por conseguinte, com o intuito de se buscar julgamentos imparciais, é defensável o ponto de vista daqueles que consideram haver, nesse caso, uma hipótese de suspeição do juiz, devendo a prova ilícita ser desentranhada dos autos e o processo, enviado a outro magistrado[293]. Embora o art. 145 do CPC não contemple, expressamente, essa situação como ensejadora da suspeição de parcialidade do juiz, é possível que, com base no § 1º desse dispositivo, ele se dê por suspeito por motivo íntimo.

Entretanto, enquadrada a questão nessa regra jurídica, o afastamento do juiz tor-na-se muito mais uma *faculdade* que um *dever*. Com efeito, essa não é a melhor forma de resolver o problema, que, para não gerar maiores controvérsias, reclamaria uma solução *de lege ferenda*. A Resolução 82, de 09.06.2009, do CNJ, procurou, de alguma forma, regulamentar o disposto no art. 135, parágrafo único, do CPC-73 (correspon-dente ao art. 145, § 1º, do CPC), afirmando que, no caso de suspeição por foro íntimo, o magistrado de primeiro grau teria que enviar ofício reservado para a Corregedoria local ou outro órgão designado por seu Tribunal, e o de segundo grau, para o CNJ, expondo as razões que o levaram a se dar por suspeito. Tal exigência foi objeto da ADI 4.260, ajuizada pela AMB, ANAMATRA e AJUFE. Contudo, essa ação foi extinta sem julgamento de mérito, em razão da perda superveniente de objeto, já que a referida Resolução foi revogada pelo CNJ.

Por outro lado, há de se tomar o cuidado para não se banalizar nem simplificar essa questão, para se evitar que a própria parte apresente uma prova pré-constituída ilícita com o objetivo exclusivo de gerar a suspeição do juiz, retirando-o da causa. Se isso fosse permitido, estar-se-ia premiando a má-fé processual, podendo o litigante ser beneficiado pela sua própria torpeza, em prejuízo da necessária salvaguarda da autoridade da qual o magistrado precisa para poder julgar a controvérsia.

Aliás, por força da Lei 11.690/2008, a questão foi discutida, porque o art. 157 do CPP previa, em seu § 1º, a seguinte redação: "O juiz que conhecer do conteúdo da prova declarada inadmissível não poderá proferir a sentença ou acórdão". O dispositivo foi

---

291. Expressão de *Eb Schimidt* (*Sinn und Tragweite des Hinweises auf die Aussagefreiheit des Beschuldigten*. Neue Juristische Wochenschrift, 1968. p. 1.218), citada por Joan Picó i Junoy. (*El derecho a la prueba en el proceso civil*. Barcelona: Jose Maria Bosch, 1996. p. 347.

292. CORDERO, Franco. Il procedimento probatorio. *Tre studi sulle prove penali*. Milão: Giuffrè, 1963. p. 120-1. Nota 347.

293. TROCKER, Nicolò. *Processo civile e costituzione*. Milão: Giuffrè, 1974, p. 633-4; MELENDO, Santiago Sentís. Adquisición de la prueba. *La prueba. Los grandes temas del derecho probatorio*. Buenos Aires: EJEA, 1978. p. 229; JUNOY, Joan Picó i. *El derecho a la prueba en el proceso civil*. Barcelona: Jose Maria Bosch, 1996, p. 347-9.

vetado pelo Presidente Lula, sob a alegação de que poderia causar "transtornos razoáveis ao andamento processual, ao obrigar que o juiz que fez toda a instrução processual deva ser, eventualmente, substituído por um outro que nem sequer conhece o caso".

O CPC resolve tal questão no art. 145, § 2º, I, ao afirmar que será ilegítima a alegação de suspeição quando houver sido provocada por quem a alega.

Outra questão importante, para impedir que provas sejam invalidadas, é a preservação da *cadeia de custódia*[294], isto é, a conservação e a manutenção da integridade das fontes de prova (*v.g.*, a documentação histórica da coleta da evidência/vestígio, seu transporte, recebimento, análise, armazenamento até a completa destruição das amostras).

O STJ, por exemplo, considerou ilícita a prova por ter havido falhas na preservação e alteração dos arquivos constantes da mídia apreendida, entre o momento da sua captação pela polícia e a realização da perícia[295]. Isso porque as provas digitais, sem registro documental acerca dos procedimentos adotados pela polícia para a preservação da integridade, autenticidade e confiabilidade dos elementos informáticos, são inadmissíveis (por aplicação analógica do art. 157, § 1º, do CPP)[296]. A finalidade da cadeia de custódia, enquanto decorrência lógica da noção de corpo de delito (CPP, art. 158), é assegurar que os vestígios encontrados na cena do suposto crime (*v.g.*, nos computadores ou em outros dispositivos de armazenamento digital apreendidos na casa do investigado), pela polícia, não sofram nenhuma alteração durante o período que permanecem sob a custódia do Estado. Para tanto, a autoridade policial deve copiar integralmente o conteúdo do dispositivo (*bit a bit*), gerando um arquivo que representa fielmente o conteúdo original. Tal forma de registro documental evita que algum *bit* de informação seja alterado em alguma etapa da investigação. Por exemplo, por meio da técnica de algoritmo *hash*, é possível verificar se houve alguma modificação, ainda que mínima, entre o momento da coleta dos dados e o da perícia. Quando não há indicação de como a polícia extraiu os dados, não é possível confrontar a cópia periciada com o arquivo original, o que compromete a autenticidade e a confiabilidade da prova digital, caracterizando a quebra na cadeia de custódia.

Por outro lado, o STF já decidiu que, havendo elementos probatórios que permitam a reconstrução histórica dos fatos em que se baseiam a ação judicial, não se caracteriza a quebra da cadeia de custódia probatória[297].

---

294. Em caso envolvendo interceptação telemática e sistema de investigação de movimentação bancária, o STF afirmou: "Os modelos de transmissão de dados e a gestão das informações, para além de implicar a comunhão da prova, almejam assegurar vantagens processuais atinentes aos interesses de todas as partes, como a possibilidade de padronização das informações, análises e cruzamento instantâneo de dados, maior celeridade no seu compartilhamento, com garantia de especial segurança no trânsito das informações na cadeia de custódia das provas" (Inq 4112, Rel. Min. Edson Fachin, 2ª T., j. 22.08.2017, Ac. Eletrônico *DJe*-256 Divulg. 09.11.2017, public. 10.11.2017).

295. STJ, AgRg no REsp 1504377/RS, Rel. Min. Sebastião Reis Júnior, 6ª T., j. 18.05.2017, *DJe* 08.06.2017.

296. STJ, AgRg no REsp 1504377/RS, Rel. Min. Sebastião Reis Júnior, 6ª T., j. 18.05.2017, *DJe* 08.06.2017.

297. Processo em segredo de justiça, Rel. Ministro Messod Azulay Neto, Rel. Acd. Ministro Ribeiro Dantas, 5ª T., j. 07.02.2023, publ. *Informativo STJ* 763, de 14.02.2023.

6.11. O DIREITO AO SILÊNCIO E O PRIVILÉGIO CONTRA AUTOINCRIMINAÇÃO (NEMO TENETUR SE DETEGERE)

O direito a não produzir provas contra si mesmo decorre do princípio contra a autoincriminação. Sua construção é jurisprudencial e decorre da interpretação extensiva do silêncio, previsto na CF, no art. 5º, LXIII, que preceitua: "o preso será informado de seus direitos, entre os quais o de permanecer calado, sendo-lhe assegurada a assistência da família e de advogado"[298].

O art. 8.2.g da Convenção Americana de Direitos Humanos assegura o "direito de não se obrigado a depor contra si mesma, nem a declarar-se culpada".

Já o CPP, no art. 186, prevê o direito de o acusado ser advertido do "direito de permanecer calado e de não responder perguntas que lhe forem formuladas", sendo que "o silêncio, que não importará em confissão, não poderá ser interpretado em prejuízo da defesa". Porém, o art. 198 do CPP assevera que o "silêncio do acusado não importará confissão, mas poderá constituir elemento para a formação do convencimento do juiz". A parte final desta regra jurídica não foi recepcionada pelo art. 5º, LXIII, da CF. Dessa forma, o exercício do direito ao silêncio não pode servir de fundamento para descredibilizar o acusado nem para presumir a veracidade das versões sustentadas por policiais[299]. Isto para evitar injustiças epistêmicas, seja pelo excesso de credibilidade conferido ao testemunho dos policiais, seja contra o acusado, ao lhe conferir credibilidade a relatos informais no local do fato, antes de ser advertido que teria o direito de permanecer em silêncio. Por outro lado, no inquérito policial, a falta de cientificação do acusado sobre o seu direito de permanecer em silêncio não gera nulidade absoluta, mas apenas relativa (isto é, depende da demonstração do efetivo prejuízo; CPP, art. 563: *pas de nullité sans grief*), porque eventuais vícios na fase extrajudicial não contaminam a ação penal, dada a natureza meramente informativa do inquérito policial[300].

Ainda, o art. 17, § 18, da Lei 8.429/92 (com a redação atribuída pela Lei 14.230/2021) assegura ao réu o direito de ser interrogado sobre os fatos de que trata a ação, e a sua recusa ou o seu silêncio não implicarão confissão. Além disso, no processo penal, o fato de o réu mentir em interrogatório judicial, imputando prática criminosa a terceiro, não autorização a majoração da pena-base[301].

---

298. CAMBI, Eduardo. *Curso de direito probatório* cit., p. 135-160.
299. STJ, REsp 2.037.491-SP, Rel. Min. Rogerio Schietti Cruz, 6ª T., j. 06.06.2023, pub. *Informativo* 780, de 27.06.2023.
300. STJ, AgRg no HC 798.225/RS, Rel. Min. Ribeiro Dantas, 5ª T., j. 12.06.2023, *DJe* 16.06. 2023.
301. "(...) 3. Não é adequado admitir que haja, propriamente, um "direito de mentir". A rigor, o que existe é uma tolerância jurídica – não absoluta – em relação ao falseamento da verdade pelo réu, sobretudo em virtude da ausência de criminalização do perjúrio no Brasil, conduta cuja tipificação penal é objeto de alguns projetos de lei em tramitação no Congresso Nacional (por exemplo: PL 3148/21 e PL 4192/2015). 4. Tolerância não absoluta porque, em algumas oportunidades, a própria lei cuida de atribuir relevância penal à mentira ou outras formas de encobrir a verdade. É o que ocorre, por exemplo, nos crimes de autoacusação falsa (art. 341 do CP) e falsa identidade (art. 307 do CP), ainda que praticado este em nome da autodefesa (Súmula n. 522 do STJ: "A conduta de atribuir-se falsa identidade perante autoridade policial é típica, ainda que em situação de alegada autodefesa"). Também é o que sucede nas hipóteses em que, para

Outras leis tratam especificamente do direito ao silêncio. A Lei 13.431/2017, por exemplo, ao regulamentar o sistema de garantia de direitos da criança e do adolescente vítima ou testemunha de violência assegura, no art. 5º, inc. VI, o direito infantojuvenil de ser ouvido e expressar seus desejos e opiniões, mas também o de permanecer em silêncio. O art. 19 da Resolução 299/2019 reiterou ser garantido à criança e/ou ao adolescente o direito ao silêncio e a não prestar depoimento, como forma de proteção ao seu desenvolvimento integral (art. 227, *caput*, CF).

O CPC, por sua vez, afirma no art. 379 que incumbe à parte, preservado o direito de não produzir prova contra si, de comparecer em juízo, respondendo o que lhe for interrogado; colaborar com o juízo na realização de inspeção judicial considerada necessária; e praticar o ato que lhe for determinado.

Ademais, o CPC, apesar de prever o dever geral de exibição de documentos, pelas partes ou por terceiros, permite, no art. 404, III, a recusa da exibição quando "III – sua publicidade redundar em desonra à parte ou ao terceiro, bem como a seus parentes consanguíneos ou afins até o terceiro grau, ou lhes representar perigo de ação penal". De igual modo, as testemunhas, não obstante tenham o dever de depor, podem se recusar a fazê-lo em relação aos fatos "I – que lhe acarretem grave dano, bem como ao seu cônjuge ou companheiro e aos seus parentes consanguíneos ou afins, em linha reta ou colateral, até o terceiro grau" (art. 448, I).

Ressalte-se aqui que a inadmissibilidade das provas é uma exceção à regra, já que todos os sujeitos do processo devem cooperar para que se obtenha decisão de mérito justa e efetiva (CPC, art. 6º), as partes têm o direito de empregar todos os meios legais e os moralmente legítimos para provar a verdade dos fatos em que se funda o pedido ou a defesa e influir eficazmente na convicção do juiz (CPC, art. 369), e ninguém se exime do dever de colaborar com o Poder Judiciário para o descobrimento da verdade (CPC, art. 378). Com efeito, o Judiciário deve determinar a verdade dos fatos por todos os meios de provas possíveis, com exceção aos proibidos expressamente pela lei[302].

Todavia, o STF erigiu o privilégio contra autoincriminação como um direito fundamental e, não sendo o acusado advertido de seu direito ao silêncio, a prova produzida será ilícita[303]. A informação oportuna ao preso e aos acusados em geral do direito de permanecerem calados visa assegurar a opção entre o silêncio, o

---

defender-se, o acusado comete fraude processual (art. 347, parágrafo único, do CP) ou coage testemunhas (art. 344 do CP), a evidenciar que, se, por um lado, o *nemo tenetur se detegere* é garantia fundamental, por outro, encontra importantes limitações no ordenamento jurídico pátrio. 5. De todo modo, ainda que o falseamento da verdade eventualmente possa – a depender do caso e se cabalmente comprovado – justificar a responsabilização do réu por crime autônomo, isso não significa que essa prática, no interrogatório, autorize a exasperação da pena-base do acusado" (STJ, HC 834.126/RS, Rel. Min. Rogerio Schietti Cruz, 6ª T., j. 05.09.2023, pub. *DJe* 13.09.2023).

302. WRÓBLEWSKI, Jerzy. Op. cit., p. 248.
303. STF, HC 80.949/RJ, Rel. Min. Sepúlveda Pertence, 1ª T., j. 30.10.2001.

qual redundará todo o ônus da prova para quem afirma a existência do fato, e a intervenção ativa, ocasião em que se pode oferecer outra versão dos fatos, com o consequente ônus de demonstrá-los. A falta da advertência e a sua documentação formal, quanto ao direito ao silêncio, torna ilícita a prova que o indiciado ou o acusado faça contra si mesmo.

No entanto, o Supremo Tribunal Federal, ao analisar a constitucionalidade do artigo 305 do Código de Trânsito Brasileiro ("Afastar-se o condutor do veículo do local do sinistro, para fugir à responsabilidade penal ou civil que lhe possa ser atribuída. Penas – detenção, de seis a um ano, ou multa"), aplicou a teoria da eficácia horizontal dos direitos fundamentais (para evitar a proteção jurídica estatal insuficiente), e concluiu que o tipo penal não ofende o disposto no artigo 5º, inc. LXIII, da Constituição Federal, pois o bem jurídico tutelado é garantir que o Ministério Público ou um particular possa ter instrumentos necessários para buscar a responsabilização de quem causa um acidente de trânsito[304]. Ao impedir que o condutor do veículo se afaste do local do sinistro, não se pretende obrigar ninguém a prestar colaboração que o prejudique (isto é, a agir ativamente na produção da prova contra si mesmo ou a assumir a responsabilidade civil ou criminal), mas apenas busca-se a permanência no local do acidente provocado.

Além disso, a Corte Interamericana de Direitos Humanos, ao interpretar o art. 8.2.g. da Convenção Americana de Direitos Humanos assegura o direito de participação ativa do imputado nos meios de prova, o direito de não declarar contra si mesmo e, também, o direito de permanecer em silêncio. Reforça, ainda, o caráter absoluto e inderrogável da exclusão de provas obtidas mediante coerção, como a declaração sob tortura, seja autoincriminatória, seja para atingir terceiros, considerada absolutamente inválida como meio de prova[305].

Entretanto, no Direito Processual Civil, o direito de não produzir prova contra si mesmo (CPC, art. 379) deve ser compatibilizado, na medida do possível, com o dever de se expor os fatos em juízo conforme a verdade (CPC, art. 77, I). Ainda que o dever de dizer a verdade mereça temperamentos na própria lei processual (v.g., CPC, art. 388), deve-se preponderar os princípios da boa fé objetiva e da cooperação processual (CPC, arts. 5º e 6º), para que a imposição do art. 379 do CPC se restrinja às hipóteses de autoincriminação penal (CF, art. 5º, LXIII)[306] e àquelas em que a própria lei processual

---

304. STF, RE 971.959, Tribunal Pleno, rel. Min. Luiz Fux, j. 14.11.2018, pub. DJe 31.07.2020.

305. CORTE INTERAMERICANA DE DIREITOS HUMANOS. *Caso Pollo Rivera Y Otros Vs. Perú*. Sentença de 21 de outubro de 2016. Disponível em: [https://www.corteidh.or.cr/docs/casos/articulos/seriec_319_esp.pdf]. Acesso em: 26.05.2023. Par. 176.

306. Nesse sentido, referindo-se aos arts. 378 e 379 do CPC, o Enunciado 51 do FPPC foi assim redigido: "A compatibilização do disposto nestes dispositivos com o art. 5º, LXIII, da CF/1988, assegura à parte, exclusivamente, o direito de não produzir prova contra si em razão de reflexos no ambiente penal". De igual modo, o Enunciado 31 da I Jornada de Direito Processual Civil, promovida pelo Conselho da Justiça Federal, prevê: "A compatibilização do disposto nos arts. 378 e 379 do CPC com o art. 5º, LXIII, da CF/1988, assegura à parte, exclusivamente, o direito de não produzir prova contra si quando houver reflexos no ambiente penal". Verificar

admite a recusa da parte ou de terceiros na busca da verdade processualmente objetivável (*v.g.*, arts. 404 e 448)[307].

Por outro lado, o privilégio contra autoincriminação (*nemo tenetur se detegere*) não se impõe quando o próprio investigado/parte processual produz, espontânea e publicamente, prova contra si mesmo[308]. Por exemplo, quando alguém posta foto, texto, vídeo ou áudio nas redes sociais abre mão de seu direito à privacidade, pois quando uma mensagem ou um dado é enviado para usuários indeterminados, com livre acesso a outros destinatários que têm inclusive a faculdade de compartilhamento, as informações se tornam públicas[309]. Nesse caso, qualquer pessoa, inclusive os agentes públicos (*v.g.*, a Polícia, o Ministério Público, o Tribunal de Contas, os agentes fazendários etc.), pode se valer dessa prova documental. Há, portanto, um *consentimento tácito* do titular do direito à informação que, ao postá-la nas redes sociais, com livre e ilimitado acesso, restringe seu âmbito de privacidade e permite que o documento seja usado independentemente de autorização judicial. A propósito, o STJ já asseverou que a conversa realizada em "sala de bate-papo" da internet não está amparada pelo sigilo das comunicações, posto que o ambiente virtual é de acesso irrestrito[310]. Tal orientação, contudo, não se aplica quando as conversas e informações são indisponíveis a todos, com visualização exclusivamente privada, ou seja, a troca de informações confidenciais se dá por meio de diálogo oculto (*v.g.*, envio e recebimento de mensagens *inbox*). Nestes casos, somente com prévia autorização judicial é possível invadir a esfera privada; caso contrária, a prova é obtida por meio ilícito.

---

ainda: IOCOHAMA, Celso Hiroshi. O princípio da veracidade e o direito de não fazer prova contra si mesmo perante o Novo Código de Processo Civil. In: MACÊDO, Lucas Buril de; PEIXOTO, Ravi; FREIRE, Alexandre (Org.). *Processo de conhecimento* – Provas. Salvador: JusPodivm, 2015, p. 49-50.

307. A Presidente do STJ, Min. Laurita Vaz, em julho de 2017, no HC 407.627, negou liminar requerida em favor de homem que alegava ser inconstitucional a regra contida no art. 9º-A à Lei de Execuções Penais (Lei 7.210/84) que obriga o fornecimento de material genético para registro em banco de dados do poder público. O STJ afirmou que, apesar da garantia constitucional da não autoincriminação (CF, art. 5º, inc. LXIII), a legislação brasileira admite a coleta de material genético como forma de identificação criminal, seja durante as investigações, para apurar a autoria do delito, seja quando o réu já tiver sido condenado pela prática de determinados crimes, tais como: dolosos com violência de natureza grave contra pessoa ou hediondos. O STF reconheceu, em junho de 2016, repercussão geral ao RE 973.837 para decidir se o disposto no referido art. 9º-A da Lei de Execução Penal é constitucional. Por sua vez, a Suprema Corte norte-americana, no caso Maryland v. King (2013), permitiu o uso do DNA colhido do suspeito e presente em banco de material genético para a elucidação de crime de estupro, tendo constado da decisão: "Quando os policiais fazem uma prisão apoiada por causa provável para realizar uma ofensa grave e trazem o suspeito para a delegacia para ser detido sob custódia, tirar e analisar uma amostra do DNA da pessoa detida é como tirar as impressões digitais e fotografar, sendo uma atuação policial legítima, procedimento que é razoável sob a Quarta Emenda".

308. STF, Ext 1486, Rel. Min. Alexandre de Moraes, 1ª T., j. 15.08.2017, Ac. Eletrônico *DJe*-190 Divulg 25.08.2017 public 28.08.2017.

309. SILVA, Danni Sales. Da validade processual penal das provas obtidas no *Facebook*. *Revista do Ministério Público de Goiás*, v. 34, jul.-dez. 2017, p. 51-68.

310. STJ, RHC 18.116/SP, Rel. Min. Hélio Quaglia Barbosa, 6ª T., j. 16.02.2006, *DJ* 06.03.2006, p. 443.

6.12. ÔNUS DA PROVA

6.12.1. Conceito

O ônus é uma situação jurídica pela qual se atribui determinada conduta para que a pessoa onerada obtenha uma vantagem ou impeça que seja prejudicado[311]. Não se confunde com o "dever", que é uma conduta que a lei prescreve no interesse de outrem (e não do próprio onerado), implicando um correlato direito de outro sujeito. O descumprimento do dever pode gerar a imposição de uma sanção, enquanto a não observância do ônus conduz a perda da chance de o onerado se beneficiar de uma situação melhor.

Ônus da prova é a incumbência dada pela lei processual, a cada uma das partes, para que, utilizando-se de todos os meios previstos no ordenamento, demonstrem a ocorrência de seu próprio interesse para as decisões a serem proferidas no processo. Não é por acaso que na lei e na doutrina alemã se diz *peso da prova*[312]. Destaca-se também que esse ônus tem como objetivo basilar fomentar a participação ativa do litigante no contraditório processual. Isso porque as partes detêm um melhor conhecimento dos fatos em comparação com o órgão judicial e a não comprovação das suas alegações implica no risco de não se obter a tutela jurisdicional do direito afirmado.

É sabido também que a produção das provas se dá, geralmente, na forma de declarações e narrativas apresentadas pelas partes durante o andamento processual. No entanto, isso não poderá transformar o processo em uma espécie de concurso literário para se premiar o melhor narrador[313]. A produção probatória e o ônus probatório podem contribuir sobremaneira para o estabelecimento da narrativa mais autêntica, que deverá ser confirmada pelo cômputo das evidências fáticas, para que não se comprometa o senso de justiça e a própria decisão a ser proferida.

O ônus da prova serve para *iluminar* o caminho do juiz que, chegando ao final do processo, ainda não conseguiu formar um juízo de convencimento acerca do desenrolar dos fatos narrados. Sua serventia precípua é fazer com que o magistrado se veja livre do estado de dúvida, julgando o mérito e colocando fim ao *iter* processual[314].

Assim, é possível deduzir do instituto do ônus da prova quatro postulados: 1) o juiz não pode, mesmo que esteja em dúvida, deixar de decidir (impossibilidade de julgamento de *non liquet*; CPC, art. 140); II) o princípio dispositivo (*alegata et probata partium*), pelo qual cabem às partes a iniciativa da ação e das provas, restando ao juiz apenas a atividade de complementação (atividade subsidiária; CPC, art. 370); III) o princípio da persuasão racional do juiz na apreciação da prova, devendo decidir-se

---

311. WAMBIER, Luiz Rodrigues; TALAMINI, Eduardo. *Curso avançado de Processo Civil*. 11. ed. São Paulo: RT, 2010. v. 1, p. 234.

312. DINAMARCO, Cândido Rangel. *Instituições de direito processual civil*. 4. ed. v. III cit., p. 71.

313. TARUFFO, Michele. Considerazioni su prova e motivazione. *Revista de Processo* – Revista dos Tribunais Online, v. 151, p. 4, set. 2007.

314. MARINONI, Luiz Guilherme; ARENHART, Sérgio Cruz. *Prova*. 2. ed., 2011 cit., p. 160.

com base naquilo que foi alegado e provado (*secundum allegata et probata partium*), e não segundo a sua convicção íntima (*secundum propriam conscientiam*); IV) o juiz está proibido de se valer de seus conhecimentos privados, salvo quando a lei admitir (fatos notórios e máximas da experiência), servindo-se somente das provas que constam nos autos (*quod non est in actis non est in mundo*; CPC, art. 371).

6.12.2. Classificação: ônus da prova em sentido subjetivo e objetivo

O ônus da prova pode ser classificado em *subjetivo* e *objetivo*.

Em sentido *subjetivo* é uma *regra de conduta* que determina quais são os fatos que cada uma das partes deve provar (CPC, art. 373, incs. I e II). Obviamente quem argui um fato procura extrair dele as consequências jurídicas que lhe sejam favoráveis, logo, também lhe recai o ônus de prová-los.

Já o sentido *objetivo* do ônus da prova é concebido como uma *regra de julgamento* que dá permissão ao juiz para decidir na ausência ou quando da insuficiência da prova. Segue-se o raciocínio de que o fato não provado equivale a fato não alegado e que, portanto, não integra o *thema probandum*. Consequentemente, tais fatos são dados como inexistentes pelo juiz, quando da prolação fundamentada da decisão[315]. Assim, o magistrado deve considerar como não verdadeiro o fato não provado (*non esse et non probare paria sunt*), rejeitando quaisquer argumentos baseados sobre tal acontecimento.

Como regra, excetuada nas hipóteses de inversão do ônus da prova ou de aplicação da teoria da distribuição dinâmica do ônus da prova (CPC, art. 373, §§ 1º e 2º), é o demandante a parte cujo principal interesse está na produção das provas[316]. É o autor quem deve correr os maiores riscos, porque pretende alterar o *status quo*.

Por isso, caso o demandante se arriscar em fazer alegações e for malsucedido na empreitada, por não conseguir prová-las, deverá sofrer as consequências desagradáveis de não ter conseguido. Enquanto isso, pode o demandado vencer o processo sem nada ter provado, limitando-se a negar a pretensão do autor.

Frise-se que essas duas perspectivas – subjetiva e objetiva – não devem ser tratadas isoladamente, mas em mútuo complemento. O ônus da prova não se sintetiza simplesmente no seu aspecto objetivo, sendo também importante destacar a dimensão subjetiva, porque: I) o problema do ônus da prova não se coloca sempre no final do processo, mas também nas seguintes situações: a) Pagamento das despesas (custas) processuais: devem ser feitas por ocasião de cada ato processual (CPC, arts. 82 e 95); b) Inversão do ônus da prova: deve ocorrer na fase ordinatória do procedimento comum, quando da fixação dos pontos controvertidos e dos meios de prova (CPC, art. 357, III); II) somente, a partir do conceito de ônus da prova em sentido subjetivo, pela distribuição prévia do *onus probandi*, que é possível falar-se em *poderes instrutórios do juiz* (CPC, art. 370),

---

315. DINAMARCO, Cândido Rangel. *Instituições de direito processual civil*. 4. ed., v. III cit., p. 72.
316. BENTHAM, Jeremy. *Tratado de las pruebas judiciales*. v. II cit., p. 150-1.

6.12.3. Exegese do art. 373, inc. I e II, do CPC

O critério da distribuição da prova, adotado no art. 373, incs. I e II, do CPC, é *estático* e leva em consideração a *posição das partes*, o *interesse no reconhecimento do fato a ser provado* e a *natureza dos fatos*.

Assim, cabe ao demandante demonstrar o fato constitutivo de seu direito e ao demandado, os fatos impeditivos, extintivos e modificativos. Como regra, o ônus da prova deve recair, de forma mais contundente sobre o demandante, justamente porque é o autor quem critica a situação prevalecente (o *status quo*) e postula pela sua alteração[317].

São fatos *constitutivos* aqueles que, como se depreende do próprio nome, *constituem* (estabelecem) a relação jurídica de direito material ou são os fatos geradores do direito afirmado pelo autor em juízo (suportam faticamente uma dada hipótese normativa e constituem situações jurídicas que o demandante afirma ser titular)[318]. Por exemplo, o ato ilícito na reparação de danos; o inadimplemento da obrigação no despejo.

Já os *fatos extintivos* são aqueles cuja eficácia é a de *fazer cessar* a relação jurídica. Obstam a vontade do autor em ver a concreta aplicação da regra ou do princípio e a consequente satisfação de um interesse jurídico. Por exemplo, o pagamento, a novação, a remissão, a compensação, o perecimento da coisa e a resolução do contrato por mútuo consenso.

Por sua vez, os *fatos impeditivos* são as circunstâncias que impedem que de um fato decorra seu efeito normal. Exemplos: o vício do consentimento, a exceção de contrato não cumprido (CC, arts. 476-477: se antes da tradição, o comprador cair em insolvência, é permitido ao vendedor sobrestar a entrega da coisa ainda não ocorrida [CC, art. 495], para evitar prejuízo. Também pode o vendedor recusar-se a firmar a escritura de venda, antes de receber o preço; afinal, a escritura, como regra, importa em quitação, total ou parcial, do preço, sendo ato posterior ao recebimento da coisa), a incapacidade de uma das partes, a inobservância da forma legal, a existência de cláusula abusiva (*v.g.*, CDC, art. 51) e a falta de capacidade econômica do réu de suportar o pagamento de pensão alimentícia, a ser fixada em valor módico e razoável, em ação de investigação de paternidade cumulada com alimentos[319].

Didaticamente, pode-se diferenciar os fatos *extintivos* dos *impeditivos* da seguinte forma: aqueles ocorrem *após* o direito de o autor ser validamente constituído, enquanto que estes operam *ab initio*.

---

317. AARNIO, Aulis. *Lo racional como razonable*. Un tratado sobre la justificación jurídica. Trad. Ernesto Garzón Valdés. Madri: Centro de Estudios Constitucionales, 1991, p. 260.
318. DIDIER JR, Fredie; BRAGA, Paula Sarno; OLIVEIRA, Rafael. *Curso de Direito Processual Civil*. 4. ed. Salvador: JusPodivm, 2009. v. 2, p. 77.
319. REsp 166.720/MG, Rel. Min. Sálvio de Figueiredo Teixeira, 4ª T., j. 17.02.2000, *DJ* 03.04.2000, p. 153.

Definem-se como fatos *modificativos* aqueles cuja ocorrência se dá em momento posterior à formação da relação jurídica, com a eficácia de modificá-la ou de se alterar o objeto do direito material acionado. Por exemplo: o adimplemento parcial da obrigação, a impossibilidade superveniente parcial de cumprimento e a alteração do equilíbrio econômico-financeiro do contrato (acarretando a onerosidade excessiva ou a alteração da base objetiva do contrato).

Ainda, é importante distinguir os fatos *positivos* (constitutivos) dos *negativos* (extintivos, impeditivos e modificativos), para fins de se entender os mecanismos de inversão do ônus da prova e as demais técnicas de facilitação da prova, como a teoria da distribuição dinâmica da prova.

6.12.4. Ônus da prova na reconvenção

Primeiramente, é de suma importância se destacar e ter em mente o fato de que ação e a reconvenção são demandas autônomas, pois a desistência ou a extinção de qualquer uma delas não obsta o julgamento da outra (CPC, art. 343, § 2º).

Assim, um mesmo fato, que pode ser considerado constitutivo da ação e extintivo, modificativo ou impeditivo na reconvenção, por outro lado, pode ser fato constitutivo da reconvenção e negativo da ação.

O que muda são as consequências do acolhimento de uma ou de outra. Por exemplo, um consumidor pode ajuizar ação declaratória de inexistência de débito em face de concessionária de energia elétrica. O fato constitutivo será a ausência do débito e os negativos, o consumo da energia, configurado pela fraude no medidor (violação do lacre e afastamento das lâminas de aferição), bem como pelo registro de consumo inferior à média consumida durante outros meses do ano. Se provada a fraude, a ação declaratória será julgada improcedente, tendo o consumidor a obrigação de pagar as faturas de energia elétrica. Se a concessionária, além de contestar a ação principal, também apresentar reconvenção, o fato constitutivo da ação de cobrança seria o consumo da energia e o consumidor teria, por sua vez, que provar como fato negativo, a ausência do débito. Provado o consumo pela fraude no medidor e pelo aumento do consumo médio, a concessionária de energia elétrica, no mesmo processo movido pelo consumidor, poderia cobrá-lo às faturas atrasadas[320].

6.12.5. Ônus imperfeito

Encerrada a fase instrutória ou diante do julgamento antecipado do mérito (CPC, art. 355), cabe ao juiz sentenciar (CPC, art. 140), momento em que deve ser analisado o conjunto das arguições bem como das provas produzidas.

---

320. STJ, REsp 897.849/PR, Rel. Min. Castro Meira, 2ª T., j. 13.02.2007, *DJU* 28.02.2007, p. 220.

Não havendo a imediata correspondência entre as alegações e as provas, a parte que não se desincumbiu satisfatoriamente dos seus encargos estará sujeita à regra de julgamento, implícita no ônus da prova em sentido objetivo. Vale dizer: *fato alegado e não provado é o mesmo que fato inexistente*[321].

Entretanto, o ônus da prova é um ônus imperfeito, já que seu descumprimento não acarreta, necessariamente, uma decisão desfavorável.

Seu insuficiente exercício pode ser suprido, quer pela parte contrária, trazendo provas que lhe são desfavoráveis (*princípio da aquisição processual ou da comunhão das provas*: a prova pertence ao processo e não por quem a produziu, podendo beneficiar o litisconsorte, independentemente se unitário/simples ou necessário/facultativo, inclusive a parte contrária; CPC, 371), quer pelo Ministério Público, quando atuar como fiscal da ordem jurídica (CPC, art. 179, inc. II; CPC, art. 178 e Recomendação 34/2016 do CNMP), ou, ainda, pelos poderes instrutórios do juiz (CPC, art. 370).

6.12.6. Prova nos *hard cases*

A distinção entre *easy* e *hard cases* está vinculada, normalmente, à aplicação da norma aos casos concretos[322]. Afirma-se que lógica dedutiva pode ser útil para se resolver os casos em que a justificação da decisão depende apenas de uma subsunção da norma (geral e abstrata) aos fatos, ou seja, quando não há discordância sobre o padrão normativo aplicável ao caso concreto (*easy cases*). Já nos casos difíceis (*hard cases*) a racionalidade lógico-formal não é um critério de justificação suficiente, porque a ação judicial não pode ser submetida a uma regra jurídica clara e preestabelecida.

Porém, a dicotomia *easy* e *hard cases* também pode ser usada para diferenciar a aplicação de fatos fáceis e difíceis.

Em razão da exigência de técnicas diferenciadas dentro da teoria da prova, é possível, para efeito de contribuir para a construção de doutrina voltada a resolver os casos complexos (*hard cases*), desenvolver a classificação dos fatos em fáceis e difíceis[323].

Devem ser considerados como *fatos fáceis* aqueles concernentes a experiências existenciais, cujas aquisição, fixação e verificação fática se encontram jurídico-processualmente isentas de regras de contradição e/ou de regras de inversão do ônus da prova, bem como os fatos expressamente admitidos pelas partes ou admitidos tacitamente pela parte contrária, os fatos certos e os fatos institucionais (compreendidos os fatos afetados

---

321. DINAMARCO, Cândido Rangel. *Instituições de direito processual civil.* 3. ed. v. III cit., p. 82.

322. CAMBI, Eduardo. *Neoconstitucionalismo e neoprocessualismo.* Direitos fundamentais, políticas públicas e ativismo judiciário. São Paulo: Almedina, 2016. p. 348-349. Em sentido oposto, afirmando ser inadequada a separação entre *easy* e *hard cases*, para efeito de aplicação dos princípios, verificar: STRECK, Lenio Luiz. *Jurisdição constitucional e decisão jurídica.* 3. ed. São Paulo: RT, 2013. p. 306-311.

323. GONZÁLEZ, José Calvo. Hechos difíciles y razonamiento probatorio (Sobre *la prueba de los hechos dissipados*). *Anuario de filosofía del derecho* (Madrid), t. XVIII, p. 13-33.

pela prova ilícita ou proibida, pela prova extemporânea e os estabelecidos mediante presunções *iuris tantum* e judiciais).

Por outro lado, os *fatos difíceis* são aqueles cujo problema de seu conhecimento, esclarecimento e individualização objetiva do substrato fático fica dependente de planejamento, orientação e resolução complexos do raciocínio probatório, voltado à valoração judicial.

Além disso, os fatos difíceis podem ser enquadrados em diferentes categorias, como os fatos rebeldes (ou seja, que são os fatos que se impõem extranormativamente, como os emergentes e os extravagantes), os fugazes (que, em razão do tempo, ocorrem *ex-processu*, mas também *ante-processu*), os notórios (que tenham interesse probatório e não se encaixem na máxima *notoria non egent probatione*), os negativos (não obstante a máxima *negativa non sunt probanda*, as dificuldades da prova desses fatos não são menores que da prova dos fatos positivos), os reconstruídos (consistentes em reproduzir os acontecimentos no lugar em que foram produzidos), os futuros ou posteriores (mas também os pendentes e os demorados, isto é, aqueles que ainda estão por acontecer), os virtuais (é interessante perceber a relação entre imagem e realidade; nesses casos, a imagem deixou de ser a impressão da realidade, não obstante as imagens virtuais serem uma realidade virtual), além dos fatos dissipados (ou meramente indiciários).

6.12.7. Distribuição dinâmica do ônus da prova

A distribuição do ônus da prova, prevista no art. 373, I e II, do CPC, é estática, levando-se em consideração a *posição da parte em juízo* e a *espécie do fato* a ser provado.

Tal forma de distribuição do *onus probandi* está muito mais preocupada com a decisão judicial – aliás, com qualquer decisão (já que se veda o *non liquet*; CPC, art. 140) – do que com a *tutela* do direito substancial lesado ou ameaçado de lesão.

Assim, se o demandante não demonstrou o fato constitutivo, julga-se improcedente o pedido. Ao contrário, se o demandado não conseguiu provar os fatos extintivos, impeditivos ou modificativos, tendo o autor se desincumbido do seu *onus probandi*, julga-se integralmente procedente o pedido, sem qualquer consideração com a *dificuldade* ou a *impossibilidade* da parte ou do fato serem demonstrados em juízo.

Perceba-se que essa forma de distribuição pode revelar-se *diabólica*[324], isto é, inviabilizar a tutela dos direitos lesados ou ameaçados, especialmente aqueles de natureza extrapatrimonial (como os direitos fundamentais sociais e à higidez do meio ambiente[325]), os quais não foram adequadamente pensados pelo modelo liberal (individualista e patrimonialista) que inspirou o modelo de distribuição estática do ônus da prova.

---

324. MACÊDO, Lucas Buril de; PEIXOTO, Ravi Medeiros. *Ônus da prova e sua dinamização*. Salvador: JusPodivm, 2014. p. 164-174.

325. Pela Súmula 618/STJ, a "inversão do ônus da prova aplica-se às ações de degradação ambiental".

O neoprocessualismo está fundado na construção de técnicas processuais resolutivas. A inversão do ônus da prova, como forma de proteção do direito material, pela técnica da teoria da distribuição dinâmica do ônus da prova, encontra respaldo imediato na *dimensão objetiva* do direito fundamental à tutela jurisdicional adequada e efetiva (CF, art. 5º, inc. XXXV). Afinal, como sustenta Francesco Carnelutti, o direito substancial pode realizar-se mediante o processo somente se é *"vestido pela prova"*[326].

Foi por essa razão que o CDC, no art. 6º, inc. VIII, conferiu poderes de inversão do ônus da prova ao juiz, respeitando-se as peculiaridades do caso concreto e a observância dos critérios legais (da verossimilhança da alegação ou da hipossuficiência do consumidor).

Com o escopo de se buscar a mais efetiva tutela jurisdicional do direito lesado ou ameaçado de lesão, no anteprojeto do Código de Processos Coletivos, feito pelo Instituto Iberoamericano de Direito Processual (art. 12, § 1º, 1ª parte)[327], o ônus da prova incumbe à parte que *deter conhecimentos técnicos ou informações específicas* sobre os fatos, ou *maior facilidade na sua demonstração*.

A distribuição dinâmica do ônus da prova se destina a viabilizar o direito fundamental à prova, tutelar a igualdade material das partes no processo civil, servir de instrumento de lealdade e boa-fé dos litigantes na colaboração da melhor reconstrução *thema probandum* e permitir que órgão julgador analise as peculiaridades do caso concreto, para assegurar o efetivo acesso à ordem jurídica justa[328].

Portanto, pela distribuição dinâmica das provas, o ônus da prova de determinado fato recai sobre a parte que encontra as melhores condições fáticas, econômicas, técnicas, jurídicas etc. de demonstrá-lo no caso concreto[329]. Consequentemente, não importa o lugar que o litigante ocupa na relação processual (demandante ou demandado), nem qual é a natureza dos fatos (constitutivos, extintivos, impeditivos ou modificativos), e tampouco quais dos litigantes alegam os fatos como fundamento de sua pretensão, defesa ou exceção[330].

Também, pela distribuição dinâmica das provas, cabe ao magistrado verificar, no caso concreto, quem está em melhores condições de produzir a prova e, destarte, distribuir este ônus entre as partes[331].

---

326. CARNELUTTI, Francesco. *La prova civile*. Milão: Giuffrè, 1992, p. 3.
327. "O ônus da prova incumbe à parte que deter conhecimentos técnicos ou informações específicas sobre os fatos, ou maior facilidade em sua demonstração".
328. MESSA, Ana Flávia; JUNQUEIRA, Michele Asato. A distribuição dinâmica do ônus da prova em busca da efetivação de direitos fundamentais. In: RODRIGUES, Geisa de Assis; ANJOS FILHO, Robério Nunes dos (Org.). *Reflexões sobre o novo Código de Processo Civil*. Brasília: ESMPU, 2016, v. 1, p. 122-123.
329. BENTHAM, Jeremy. *Tratado de las pruebas judiciales*. v. II cit., p. 150; STJ, REsp 1286704/SP, Rel. Min. Nancy Andrighi, 3ª T., j. 22.10.2013, *DJe* 28.10.2013.
330. HEÑIN, Fernando Adrián. Las pruebas difíciles. *Revista de Processo*, v. 166, p. 78, dez. 2008, nota 21.
331. COUTO, Camilo José D'Ávila. *Ônus da prova no novo Código de Processo Civil*: dinamização – teoria e prática. 2. ed. Curitiba: Juruá, 2016. p. 99-100.

O CPC, no art. 373, §§ 1º e 2º, aperfeiçoa o tratamento probatório, porque rompe com a *prévia* e *abstrata* distribuição do ônus da prova. Com isso, não vincula o magistrado aos critérios estáticos da *posição das partes em juízo* e das *espécies de fatos controvertidos*, como fazia a técnica contida no art. 333 do CPC-73.

A teoria da distribuição dinâmica do ônus da prova ressalta o *senso comum* e as *máximas da experiência* ao reconhecer, à luz do direito material discutido, que quem deve provar é aquele que está em *melhores condições* de demonstrar o fato controvertido, para se evitar a inércia da parte que se aproveita dos benefícios da dificuldade da produção da prova[332].

Portanto, a distribuição do ônus (ou da carga) da prova se dá de forma *dinâmica*, posto que não mais está atrelada a pressupostos prévios e abstratos. Houve a mitigação das *regras estáticas*, para se valorizar a dinâmica – fática, axiológica e normativa – presente no caso concreto, a ser explorada pelos operadores jurídicos (intérpretes).

Como a regra do ônus da prova está diretamente relacionada com a formação do convencimento judicial, ao se considerar o direito material em litígio, o juiz pode *atenuar* ou *inverter* o ônus probatório. O órgão judicial pode aplicar a teoria da distribuição dinâmica do ônus da prova (CPC, art. 373, §§ 1º e 2º), inclusive *de ofício*, pois o magistrado tem o poder/dever de dirigir o processo para alterar a ordem de produção dos meios de prova, adequando-os às necessidades do conflito de modo a conferir maior efetividade à tutela do direito (CPC, arts. 139, inc. VI, e 370, *caput*), desde que observe a garantia do contraditório (CPC, art. 10 e Enunciado 632 do FPPC) e motive a sua decisão (CPC, art. 373, § 1º).

Se o juiz, para decidir, deve passar por um *contexto de descoberta*, é necessário que ele saiba não apenas o objeto que deve descobrir, mas também se esse objeto pode *ser totalmente descoberto* e *qual das partes está em reais condições de esclarecê-lo*[333].

O convencimento judicial somente pode ser pensado *a partir do módulo de convencimento próprio a uma específica situação de direito material*, pois o juiz apenas pode se dizer convencido quando sabe até onde o objeto do seu conhecimento pode ser esclarecido, assim como qual das partes pode elucidá-lo[334].

A exigência de convencimento varia conforme a situação de direito material e, por isso, não se pode exigir um convencimento judicial *unitário* para todas as situações concretas. Logo, a regra do ônus da prova também não pode ser vista sempre do mesmo modo, sem considerar as dificuldades de convicção próprias aos casos concretos.

Assim, a dinamização do ônus da prova não é automática (*ope legis*), posto que depende da análise judicial das circunstâncias do caso concreto (*ope iudicis*). O magis-

---

332. TARUFFO, Michele. *Senso comune, esperienza e scienza nel ragionamento del giudice. Sui confini. Scritti sulla giustizia civile.* Bolonha: Il Mulino, 2002. p. 121-155.

333. MARINONI, Luiz Guilherme. *Formação da convicção e inversão do ônus da prova segundo as peculiaridades do caso concreto* cit.

334. Idem.

trado, antes de dinamizar o ônus da prova, deverá: I) analisar as circunstâncias do caso concreto para concluir pela impossibilidade ou excessiva dificuldade de se cumprir o disposto no art. 373, I e II, do CPC; II) verificar a maior facilidade de obtenção da prova de modo diverso, em razão de a parte contrária deter maiores conhecimentos técnicos/científicos, informações específicas sobre os fatos, melhor acesso aos meios de prova etc.; III) tal teoria não deve ser aplicada, ainda, quando as alegações da parte forem inverossímeis, ilógicas ou impossíveis, bem como quando os fatos não integrarem o objeto da prova (*thema probandum*) ou quando as provas não forem necessárias ao julgamento do mérito (art. 370, parágrafo único, CPC).

Há, também, limites materiais e formais para a aplicação da teoria da distribuição dinâmica do ônus da prova[335], impostos pelos §§ 1º e 2º do art. 373 do CPC.

Dentre as limitações materiais, trazidas no art. 373, § 2º, do CPC, é preciso considerar que o litigante dinamicamente onerado deve se encontrar em *posição privilegiada*, em virtude do papel que desempenhou no fato gerador da controvérsia. Por estar na posse da coisa ou instrumento probatório ou por ser o único que dispõe da prova, encontra-se em melhor posição de revelar a verdade. Por exemplo, o médico ou o hospital que esteja na posse do prontuário que está em melhores condições de demonstrar as circunstâncias de um procedimento cirúrgico a que o paciente foi submetido. Também a possibilidade de inversão do ônus da prova, em ação civil pública por improbidade administrativa, no caso de enriquecimento ilícito por evolução patrimonial desproporcional no exercício da função pública[336] (apesar deste entendimento doutrinário, o art. 17, § 19, inc. II, da Lei 8.429/92, com a redação dada pela Lei 14.230/2021, impede, de forma genérica, a aplicação do art. 373, §§ 1º e 2º, do CPC nas ações de improbidade administrativa). Ou, ainda, por força do art. 1.046, § 2º, do CPC, na ausência de regra expressa na Lei 5.478/68, as regras de dinamização do ônus da prova contidas no novo CPC devem ser aplicadas supletivamente ao processo de alimentos; ou seja, nas ações de alimentos, é possível o juiz, a pedido das partes, do Ministério Público ou mesmo de ofício, dinamizar o ônus da prova, a fim de invertê-lo para que as reais possibilidades de ganhos financeiros do alimentante sejam demonstradas pelo réu, quando for mais fácil para ele provar (*v.g.*, quando o devedor de alimentos for profissional liberal ou tiver renda fixa)[337] ou, ainda, para oferecer proteção à parte que, na relação jurídica substancial, está em posição de desigualdade (vulnerável).

---

335. KNIJNIK, Danilo. As (perigosíssimas) doutrinas do "ônus dinâmico da prova" e da "situação de senso" comum como instrumentos para assegurar o acesso à justiça e superar a *probatio diabólica*. In: NERY JR., Nelson; FUX, Luiz; WAMBIER, Teresa Arruda Alvim (Coord.). *Processo e Constituição*. São Paulo: RT, 2006. p. 947-8.

336. CAMBI, Eduardo. Distribuição dinâmica do ônus da prova na ação civil pública por improbidade administrativa. *Revista Ajuris*, v. 48, n. 150, p. 59-84.

337. SILVA, Jaqueline Mielke; SALVAGNI, Angélica. A teoria da carga dinâmica da prova e sua aplicabilidade às ações de alimentos. *Revista dos tribunais*, v. 943, jun. 2014, p. 171; CAMBI, Eduardo; SGARIONI, Clarissa Lopes Alende. Dinamização do ônus da prova quanto à condição econômica financeira do devedor de alimentos. *Revista de direito privado*, v. 81, set. 2017, p. 119-148; CAMBI, Eduardo; SGARIONI, Clarissa Lopes Alende. Distribuição do ônus da prova no processo de alimentos como fator de colaboração e igualdade processuais. *Temas contemporâneos de Direito das Famílias*. São Paulo: Pillares, 2021. v. 4. p. 145-174.

Também é importante considerar que o ônus dinâmico não pode ser aplicado simplesmente para se compensar a inércia ou a inatividade processual do litigante inicialmente onerado, mas única e tão somente para se evitar a formação da *probatio diabólica* diante da impossibilidade material concreta que recai sobre uma das partes, à luz da natureza do fato e do direito material a ser tutelado.

Não se pode, pois, com a dinamização do ônus da prova consagrar uma *probatio diabólica*[338] reversa, atribuindo-se encargo impossível ou excessivamente oneroso à parte que passa a recebê-lo. Portanto, vedar-se a redistribuição do ônus probatório caso ela implique em prova diabólica reversa deve ser considerado um pressuposto negativo para a aplicação da teoria da distribuição dinâmica da prova[339].

Para evitar o rigor excessivo na inversão judicial do ônus da prova, é importante que as alegações do demandante sejam verossimilhantes e que o autor se esforce para trazer aos autos elementos mínimos de prova dos fatos constitutivos de seu direito[340]. Por exemplo, em uma ação civil pública, para a tutela de direitos individuais homogêneos, não se admite que uma Associação de Defesa de Consumidores, que alega abusividade em contratos bancários (pela cumulação de comissão de permanência com outros encargos), não colacione aos autos um único contrato, extrato, recibo de pagamento ou documento equivalente[341].

Os limites formais para a aplicação da carga dinâmica da prova estão no art. 373, § 1º, do CPC. Se o magistrado pretender dinamizar o ônus, deverá, previamente, intimar as partes a respeito, fundamentando a decisão sob pena de nulidade (CF, art. 93, IX), para que não se promova a *retroatividade oculta*, com prejuízo do princípio da segurança jurídica. A parte onerada não pode ser surpreendida com a inversão do ônus da prova e devem ser-lhe oportunizadas todas as chances de se desincumbir do ônus que lhe foi atribuído. Aliás, o art. 373, § 1º, do CPC, deve ser interpretado em conjunto com o arts. 7º e 10 do CPC, que impõem ao juiz o dever de zelar pelo efetivo contraditório e o impede de decidir sem antes dialogar com as partes. Por isso, não é possível a dinamização do ônus da prova ocorrer na sentença, sob pena de violar as garantias constitucionais do contraditório e da ampla defesa[342].

Assim, o importante é que tal distribuição judicial do ônus da prova ou a sua inversão ocorram, preferencialmente, no momento do saneamento e da organização do

---

338. A expressão "prova diabólica" designa a situação na qual não se consegue demonstrar a existência de um determinado fato por nenhum dos meios de prova. O termo é originário do Direito Canônico, pelo qual prevalecia o entendimento de que somente o diabo poderia provar uma negativa absoluta. Cf. FARIAS, Cristiano Chaves de. A utilização das redes sociais como prova da capacidade contributiva do devedor e da necessidade do credor nas ações de alimentos: vencendo uma prova infernal. *Revista do Ministério Público de Goiás*, n. 41, jan.-jun. 2021, p. 52.
339. MIRANDA NETTO, Fernando Gama de Miranda. *Ônus da prova*: no direito processual público. Rio de Janeiro: Lúmen Juris, 2008. p. 184-6.
340. STJ, AgInt no AREsp n. 917.743/MG, Rel. Min. Marco Buzzi. 4ª T., j. 08.05.2018, *DJe* 18.05.2018.
341. STJ, REsp n. 1.583.430/RS, Rel. Min. Luis Felipe Salomão, 4ª T., j. 03.08.2022, *DJe* 23.09.2022.
342. STJ, REsp 1729110/CE, Rel. Min. Nancy Andrighi, 3ª T., j. 02.04.2019, *DJe* 04.04.2019.

processo (CPC, art. 357), quando o juiz deve delimitar as questões de fato sobre as quais a atividade probatória recairá, especificando os meios de prova admitidos (inciso II) e definir a distribuição do ônus da prova, observado o art. 373 (inciso III).

Isso porque a dinamização do ônus da prova, ao possibilitar a inversão do *onus probandi*, deve ser considerada como uma regra de instrução e não regra de julgamento[343]. Desta forma, a decisão que a determinar deve ocorrer, de preferência, durante o saneamento e a organização do processo (CPC, art. 357, inc. III) ou, quando proferida em momento posterior (ainda que a fase instrutória já tenha sido encerrada e os autos estejam conclusos para julgamento), assegurar a parte a quem incumbia esse ônus a oportunidade de apresentar suas provas, sob pena de caracterização do cerceamento de defesa, por violação às garantias constitucionais do contraditório, da ampla defesa e do devido processo legal[344]. Da decisão que acolhe ou rejeita a inversão do ônus da prova, nos termos do art. 373, § 1º, do CPC, cabe agravo de instrumento (CPC, art. 1.015, inc. XI)[345]. Nada impede, contudo, que a distribuição dinâmica do ônus da prova se dê em segundo grau de jurisdição, quando o Tribunal, para evitar o cerceamento de defesa, deve remeter os autos ao juízo *a quo*, a fim de que seja reaberta a fase instrutória.

A teoria da distribuição dinâmica do ônus da prova e as técnicas de inversão do ônus da prova devem estar assentadas em três argumentos fundamentais: I) pressupõe uma visão cooperatória e publicista do processo civil, que aglutina os cânones da solidariedade, da facilitação do acesso à justiça e da efetividade da prestação jurisdicional[346]; II) busca promover a igualdade, em sentido material, das partes; III) fundamenta-se nos deveres de lealdade e de colaboração das partes no processo civil. Logo, a distribuição dinâmica do ônus da prova não se presta, definitivamente, ao *prejulgamento* da causa.

A garantia constitucional do contraditório deve ser plenamente observada para se evitar *decisões surpresas*[347]. Assim, estimula-se o *diálogo processual* e confere-se transparência à gestão processual ao se esclarecer as atuações subsequentes das partes[348] e ao se conceder *amplas oportunidades* para que a parte cujo ônus seja distribuído ou invertido conheça o objeto da prova, delimitado judicialmente, e comporte-se de acordo com ele ou possa impugná-lo (afirmando, *v.g.*, que, para fins probatórios, a dificuldade para ele apresentada é igual ou semelhante à de quem alega o fato ou, ainda, que o adversário está em melhores condições de provar).

---

343. STJ, REsp 1286273/SP, 4ª T., Rel. Min. Marco Buzzi, j. 08.06.2021, *DJe* 22.06.2021.
344. STJ, AgRg no REsp 1450473/SC, Rel. Min. Mauro Campbell Marques, 2ª T., j. 23.09.2014, *DJe* 30.09.2014.
345. STJ, REsp 1802025/RJ, Rel. Min. Nancy Andrighi, 2ª T., j. 17.09.2019, DJe 20.09.2019. Nesse sentido, estabelece o Enunciado 72 da I Jornada de Direito Processual Civil, organizada pelo Conselho Federal da Justiça Federal: "É admissível a interposição de agravo de instrumento tanto para a decisão interlocutória que rejeita a inversão do ônus da prova, como para a que a defere".
346. STJ, REsp 883.656/RS, Rel. Min. Herman Benjamin, 2ª T., j. 09.03.2010, *DJe* 28.02.2012.
347. CAMBI, Eduardo. Teoria das Cargas Probatórias Dinâmicas (Distribuição Dinâmica do ônus da Prova) – exegese do artigo 373, §§ 1º e 2º do NPC. In: SANTOS, William Ferreira; JOBIM, Marco Félix; DIDIER JR., Fredie (Coord.). *Direito probatório*. 2. ed. rev. atual. e ampl. Salvador: JusPodivm, 2016, p. 267.
348. BENTHAM, Jeremy. *Tratado de las pruebas judiciales*. v. II cit., p. 144.

Quanto à responsabilidade pelos custos da prova, a inversão do ônus da prova jamais pode prejudicar o beneficiário dessa decisão e, embora a parte que tenha o ônus de produzir a prova não tenha o dever – mas, sim, a mera faculdade – de custeio da carga invertida, ela se sujeita as consequências processuais advindas da não produção da prova[349].

Dessa forma, o momento da inversão do ônus da prova (anterior à sentença) constitui fator de maior segurança para as partes, porque fortalece, nos litigantes, a consciência dos riscos que correm, caso não venham a desincumbi-lo, bem como se amplia o grau de legitimação às decisões judiciais[350].

A preocupação tanto com a *colaboração* quanto com o *diálogo* processuais deve estar presente ao longo de todo o processo (exegese do art. 6º do CPC), não devendo ser utilizada pelo magistrado somente na fase decisória.

Com efeito, a aplicação da teoria da distribuição dinâmica do ônus da prova, por força da parte final do art. 373, § 1º, do CPC, depende de decisão fundamentada, a ser proferida, preferencialmente, no momento do saneamento e da organização do processo (art. 357, III, CPC), mas sempre antes da sentença. Desta forma, o art. 373, § 1º, do CPC, não pode ser usado como regra de julgamento[351], já que isso implicaria no prejulgamento da causa pela violação do direito constitucional à prova contrária[352].

A inversão do *onus probandi* realizada na fase decisória viola a garantia do contraditório efetivo (arts. 5º, LV, CF e 7º do CPC), o que, além de poder causar surpresa à parte prejudicada, retira dela a oportunidade de se desincumbir do ônus que lhe foi atribuído, acarretando a nulidade da sentença por cerceamento de defesa.

A distribuição dinâmica da carga probatória deve ser rigorosamente fundamentada. De modo algum deve ser *arbitrária* nem servir para *prejulgar a causa*, repassando-se a dificuldade do demandante para o demandado, quando este não está em melhores condições de provar. A *liberdade* do magistrado, na gestão do processo, está atrelada à *responsabilidade*. Deste modo, a decisão que distribui a carga da prova deve ser motivada, levando em consideração fatores culturais e socioeconômicos, bem como princípios e valores contemporâneos. Percebe-se, pois, que a distribuição dinâmica do *onus probandi* amplia os poderes do juiz, tornando-o um *intérprete ativo* e *criativo*, um *problem solver* e um *policy-maker*, além de assumir, frequentemente, o papel de um *law-maker*[353].

---

349. STJ, REsp 1.807.831-RO, 2ª T., rel. Min. Herman Benjamin, j. 07.11.2019, DJe 14.09.2020.
350. STJ, AgRg no REsp 1186171/MS, Rel. Min. Luis Felipe Salomão, 4ª T., j. 21.05.2015, *DJe* 27.05.2015; REsp 802.832/MG, Rel. Min. Paulo de Tarso Sanseverino, 2ª Seção, j. 13.04.2011, *DJe* 21.09.2011.
351. CAMBI, Eduardo. *Direito constitucional à prova no processo civil* cit., p. 142-143.
352. CAMBI, Eduardo. Comentários ao art. 373 do CPC. In: CUNHA, José Sebastião Fagundes; BOCHENEK, Antônio César; CAMBI, Eduardo (Coord.). *Código de processo civil comentado*. São Paulo: RT, 2015, p. 646-657.
353. TARUFFO, Michele. Senso comune, esperienza e scienza nel ragionamento del giudice. *Sui confini. Scritti sulla giustizia civile*. Bolonha: Il Mulino, 2002, p. 154.

A carga (ou o ônus) da prova, assim distribuída, por consolidar uma *visão amplamente solidarista* do *onus probandi*, supera a visão individualista (e patrimonialista) do processo civil clássico e, destarte, permite facilitar a tutela judicial dos bens coletivos.

Consequentemente, evita-se que, por ser muito difícil para o demandante demonstrar a licitude ou a não lesividade do comportamento do demandado (*maior dificuldade na produção da prova*), mantenha-se a situação tal como está (*status quo*), em prejuízo da proteção dos direitos difusos, coletivos ou individuais homogêneos ou de outros direitos cuja prova para a parte contrária é de mais fácil demonstração, sem que haja a retirada do suposto causador da ilicitude ou dos danos às amplas oportunidades de provar o contrário.

Por exemplo, o STJ, no REsp 1.560.728-MG[354], aplicou a teoria da distribuição dinâmica do ônus da prova (CPC, art. 373, § 1º), bem como o art. 6º, VIII, do Código de Defesa do Consumidor, a incorporadora demandada, em ação ajuizada por condomínio, em que se pretendia a invalidade e a ineficácia de alienação feita de áreas comuns e de apartamentos de diversos condôminos, para demonstrar a destinação integral do produto de financiamento garantido pela alienação fiduciária de unidades imobiliárias construídas pelo regime de "patrimônio de afetação" (Lei 4.591/64, art. 31, § 3º), por considerar que seria mais fácil para a empresa ré demonstrar que o produto da operação de crédito foi integralmente utilizado na edificação em questão.

6.12.8. Inversão do ônus da prova e contraprova

A inversão do ônus da prova deve possibilitar que a parte contrária realize a *contraprova*, demonstrando a inexistência ou a ineficácia do fato constitutivo (*v.g.*, pela falsidade documental), inclusive pela comprovação de fatos novos (negativos).

Por isso, devem-se diferenciar os fatos em *positivos* e *negativos*. Invertido o ônus da prova pela aplicação do art. 6º, VIII, do CDC, em razão de presunções legais ou jurisprudenciais, ou de qualquer outra técnica para facilitação do ônus da prova, tanto como forma de assegurar o direito fundamental à tutela jurisdicional adequada e efetiva (CF, art. 5º, XXXV), quanto como pela aplicação da teoria da distribuição dinâmica do ônus da prova (CPC, art. 373, § 1º), cabe à parte não beneficiada por qualquer dessas técnicas demonstrar os fatos negativos. Assim, deve-se provar que os fatos alegados pela parte contrária e presumidos verdadeiros não ocorreram.

Trata-se, pois, de se fazer a *contraprova*, já que não teria sentido afirmar que aquela parte teria de assumir o ônus de provar o fato constitutivo do direito do demandante. Isso, além de ser um evidente *nonsense*, seria, em muitos casos, uma forma de *prejulgamento*, pois poderia acarretar ao demandado o ônus de fazer prova impossível. Os *fatos negativos* representam a contraprova, que em nada se confundem com a prova impossível. Por isso, deve se afastar o brocardo latino *negativa non sunt probanda*. Afi-

---

354. Rel. Min. Paulo de Tarso Sanseverino, 3ª T., j. 18.10.2016, *DJe* 28.10.2016.

nal, a prova da negação é possível, desde que o fato negativo não seja indeterminado ou indefinido[355]. Quatro exemplos servem para ilustrar a teoria.

Primeiro exemplo: em caso de responsabilidade objetiva do fabricante pelo fato do produto, em que uma criança ingeriu soda cáustica contida em produto de limpeza, sofrendo danos no aparelho digestivo, o TJPR decidiu que a inversão do ônus da prova se dá nos limites do art. 12, § 3º, do CDC. O consumidor não se exime de demonstrar os danos e o nexo de causalidade. Por sua vez, cabe ao fornecedor a incumbência de provar que o produto não foi colocado no mercado ou não contém o defeito alegado[356]. Essa compreensão foi adotada pelo STJ que concluiu que, se demonstrada, pelo consumidor, a relação de causa e efeito entre o produto e o dano, incumbe ao fornecedor (isto é, o fabricante, produtor, construtor ou importador) o ônus de comprovar a inexistência de defeito do produto – compreendidos aqueles decorrentes de projeto, fabricação, construção, montagem, fórmulas, manipulação, apresentação ou acondicionamento –, bem como por informações insuficientes ou inadequadas sobre sua utilização e riscos. ou a configuração de outra excludente de responsabilidade consagrada no art. 12, § 3º, do CDC[357].

Exemplo 2: em ação de reparação de danos causados pela nicotina, inverteu-se o ônus da prova por entender que o fabricante estaria muito mais apto a provar que a nicotina não causa dependência química que a consumidora[358].

Exemplo 3: em ação de cobrança, ajuizada por concessionária de energia elétrica, foi imputado ao consumidor fraude no medidor; o réu negou o fato e o STJ afirmou que a prova do fato negativo (isto é, de que foi o consumidor quem fraudou o medidor) não é impossível, cabendo a demandante – por possuir todos os dados estatísticos acerca do regular consumo e por dispor de corpo funcional, que mês a mês verifica e inspeciona os equipamentos – se desincumbir do ônus da prova (não bastando a apresentam de Termo de Ocorrência de Irregularidade, por ser prova unilateral e insuficiente para embasar a condenação)[359].

Exemplo 4: em ação de reparação de danos, em que houve explosão de garrafa e o consumidor ficou cego, inverteu-se o ônus da prova para que a fabricante demonstrasse a ausência de defeito no produto.

É interessante compreender melhor esse caso concreto. F.F.C.F. ajuizou ação de reparação de danos materiais e morais em face de distribuidora de refrigerantes. Alegou que, ao abrir uma garrafa de Coca-Cola, a tampa atingiu, violentamente, o seu olho direito, vindo a causar-lhe cegueira quase total, o que impossibilitou a promoção na sua carreira de policial militar. A sentença julgou improcedente o pedido. Considerou

---

355. WAMBIER, Luiz Rodrigues; TALAMINI, Eduardo. *Curso avançado de Processo Civil*. 11. ed., 2010. v. 1 cit., p. 244-245.

356. Ag Instr 81.555-8, Rel. Des. Accácio Cambi, 6ª C.C., Ac. 4.792, j. 05.04.2000, *DJ* 24.04.2000.

357. STJ, REsp 1.955.890-SP, 3ª T., Rel. Min. Nancy Andrighi, j. 05.10.2021, pub. *DJe* 08.10.2021.

358. STJ, REsp 140.097/SP, 4ª T., Rel. Min. Cesar Asfor Rocha, j. 04.05.2000, *DJ* 11.09.2000, p. 252.

359. STJ, REsp 1605703/SP, Rel. Min. Herman Benjamin, 2ª T., j. 08.11.2016, *DJe* 17.11.2016.

que o autor não provou que o produto distribuído pela ré lhe causou o acidente. O TJSP reformou a sentença, aplicando regra da inversão do ônus da prova (CDC, art. 6º, VIII). Considerou que caberia à demandada provar que não fabrica nem distribui refrigerantes no local onde o consumidor disse que havia adquirido o produto. A empresa recorreu ao STJ. Sustentou, entre outros argumentos, a violação ao art. 333, I, CPC-73 (similar ao art. 373, I, CPC), vigente à época. Alegou que não caberia à recorrente provar que não fabricou ou que não vendeu o refrigerante defeituoso, porque a "prova negativa" é de impossível produção. Contudo, o STJ não lhe deu razão[360].

Como já mencionado, a prova negativa não se confunde com a prova impossível. É uma decorrência da inversão do ônus da prova. Recai sobre as afirmações contrárias àquelas deduzidas pela outra parte.

No caso examinado pelo STJ, o autor afirmou que adquiriu a garrafa do refrigerante em um posto de gasolina na cidade de Iacri, interior de São Paulo. Possuidora de cerca de seis mil habitantes e com poucos postos de combustíveis. Assim, cabia à distribuidora de bebidas provar que não vendia seus produtos naquela região. Este é o fato negativo ou contrário ao alegado na inicial. Poderia ter sido demonstrado mediante perícia nos livros contábeis da própria ré, em que deveria constar para quais estabelecimentos comerciais vendeu garrafas de refrigerante Coca-Cola. Deste modo, se tivesse comprovado que não distribuía seus produtos naquela cidade, restaria demonstrado que o fato constitutivo alegado pelo autor e presumido pela inversão do ônus da prova (isto é, de que adquiriu a garrafa de refrigerante Coca-Cola em um posto de gasolina, de Iacri-SP) não era verdadeiro. Entretanto, a empresa não fez essa prova. Tornou, pois, incontroversa a alegação de que comercializou o produto tido por defeituoso. Presumiu-se que foi revendedora do refrigerante.

Logo, o STJ concluiu no acórdão supramencionado que a prova negativa não é sinônimo de prova impossível. Decorre da inversão do ônus da prova e recai sobre os fatos contrários aos constitutivos alegados pelo autor.

Aliás, não poderia haver inversão do ônus da prova se o fato negativo fosse impossível de prova, porque tanto o art. 6º, VIII, do CDC, quanto o art. 373, §§ 1º e 2º, do CPC, servem, tão somente, para facilitar a prova da parte em situação de maior dificuldade de se provar o fato constitutivo de seu direito, não se destinando ao prejulgamento da causa.

Portanto, com a inversão do ônus da prova, deve a parte contrária provar os fatos negativos, isto é, que não são verdadeiros os fatos narrados pelo demandante. Destarte, no caso analisado pelo STJ, bastaria que a distribuidora demonstrasse que não comercializou o produto tido por defeituoso.

No entanto, os fatos negativos não surgem, tão somente, quando da inversão do ônus da prova. Afinal, é possível que o fato constitutivo do direito do demandante seja negativo (*v.g.*, a servidão do imóvel pode ser cancelada pelo proprietário do prédio

---

360. STJ, REsp 422.778/SP, 3ª T., Relª. Minª. Fátima Andrighi, j. em 19.06.2007, p. 220.

serviente, desde que comprove o seu "não uso durante dez anos contínuos" – CC, art. 1.389, III).

Todavia, como já foi salientado, os fatos negativos somente podem ser objetos de prova se são definidos. Os indefinidos, por representarem uma universalidade de inocorrência (*v.g.*, que uma pessoa nunca viajou ao exterior), não podem ser objetos de prova.

De qualquer modo, a prova dos fatos negativos não se confunde com a prova impossível para ambas as partes. Por exemplo, no caso em que mulheres engravidaram em razão do consumo de pílulas anticoncepcionais defeituosas (contendo farinha) exigiu-se que a consumidora provasse apenas o dano e o nexo de causalidade. Ficou a cargo do fornecedor demonstrar a inexistência de colocação do produto no mercado e/ou a ausência do defeito. Consequentemente, a consumidora apenas evidenciou que estava grávida e que fazia uso do anticoncepcional, embora não tenha juntado aos autos uma das cartelas do produto defeituoso. Interessante notar que se tratava de uma hipótese de dupla impossibilidade probatória: à consumidora era impossível demonstrar que comprou especificamente uma cartela defeituosa, mas também era impossível para a fornecedora provar que a consumidora foi negligente no uso correto do anticoncepcional. Por isso, essa questão específica não poderia ser resolvida com base na distribuição diferenciada do ônus da prova, mas na interpretação das regras processuais em consonância com os princípios de direito material aplicáveis à espécie. Assim, o STJ partiu das provas existentes, quanto ao defeito no produto, para privilegiar, com isso, o princípio da proteção ao consumidor[361].

6.12.9. Inversão do ônus da prova por vontade das partes

O art. 373, § 3º, do CPC, a exemplo do art. 333, parágrafo único, do CPC-73, admite a modificação da regra da distribuição estática da prova (CPC, art. 373, I e II), para se inverter ou se atenuar o ônus probatório, por convenção das partes. Tal convenção se dirige ao aspecto subjetivo do ônus da prova (CPC, art. 373, I e II).

Trata-se de uma repercussão da autonomia privada no processo. É espécie de negócio processual sobre o ônus da prova, baseado na vontade das partes, que se coaduna com um processo civil colaborativo (CPC, art. 6º) e democrático.

A validade desse acordo está condicionada aos requisitos dos negócios jurídicos em geral e não pode recair sobre direito indisponível da parte ou tornar excessivamente difícil para uma parte o exercício do respectivo direito.

Aqui, se convém precisar o conteúdo dos direitos indisponíveis[362] para fins de elaboração de negócios processuais, para que esse conceito não gere insegurança ju-

---

361. STJ, REsp 1.120.746/SC, Relª. Minª. Nancy Andrighi, 3ª T., j. 17.02.2011, *DJe* 24.02.2011.
362. GODINHO, Robson. *Negócios processuais sobre o ônus da prova no Novo Código de Processo Civil*. São Paulo: RT, 2015. p. 247-257.

rídica, sendo utilizado como um *joguete*, ora para se admitir, ora para não se admitir casuisticamente a validade das convenções. A disponibilidade ou a indisponibilidade do direito está diretamente ligada à possibilidade de o seu titular transferi-lo para outrem. Como regra, os direitos patrimoniais são disponíveis e os pessoais, quando essenciais, são indisponíveis. O ordenamento jurídico define quais posições jurídicas de direitos fundamentais devem ser indisponíveis. Quanto aos direitos disponíveis, o consentimento é a condição necessária para a existência e a validade da disposição. O controle judicial do consentimento deve estar baseado em três elementos: na capacidade, na voluntariedade (ou na ausência de vícios de vontade) e na clareza e objetividade das informações que conduziram as partes a formular a convenção processual.

O substituto processual não está impedido de pactuar negócios processuais para a inversão do ônus da prova, desde que a convenção se mostre mais eficiente para a tutela do direito que pretende promover em juízo. Por exemplo, o Ministério Público, inclusive com fundamento nos arts. 15-17 da Resolução 118/2014 do CNMP, em ação de investigação de paternidade cumulada com alimentos, em favor de criança em situação de risco, pode negociar a transferência para o suposto genitor do ônus probatório quanto a sua capacidade financeira de pagar a pensão alimentícia, ficando obrigado a fornecer declaração de renda, extratos bancários, registros de imóveis etc.[363]. Ou, ainda, na tutela de direitos fundamentais, pactuar com empresa que teria violado direitos ambientais a inversão do ônus da prova para que ela tenha de demonstrar as causas e as consequências de fatos determinados que implicaram poluição ao meio ambiente[364].

Por outro lado, cabe discutir se a morte da parte que celebrou o negócio processual vincula seus sucessores. Como se trata de um ato disponível, a exemplo da alienação da coisa ou do direito litigioso por ato entre vivos (CPC, art. 109), os herdeiros e sucessores ficam obrigados.

Ademais, mesmo sem decisão judicial (CPC, art. 373, § 1º), as partes podem adotar, em comum acordo, a teoria da distribuição dinâmica do ônus da prova. Porém, os mesmos limites impostos ao juiz vinculam as partes: o negócio processual não pode tornar impossível ou excessivamente difícil para a parte a desincumbência do ônus da prova (CPC, art. 373, § 2º). Caso contrário, a autonomia privada das partes no processo promoveria uma desigualdade processual ou favoreceria o litigante desleal, não atingindo a sua finalidade de promover a colaboração entre os sujeitos do processo (CPC, art. 6º).

A indisponibilidade do direito material não impede, por si só, a celebração de negócio jurídico-processual (cfr. Enunciado 135 do FPPC). Por isso, admite-se que o Ministério Público (inclusive com autorização expressa da Resolução 118/2014 do CNMP, arts. 15 a 17) ou qualquer outro legitimado para as ações civis públicas possa celebrar convenções processuais, por exemplo, para que as partes ampliem os meios de prova, a fim de que o investigado abra espontaneamente seu sigilo de dados, bancário

---

363. Idem, p. 272-274.
364. Pela Súmula 618 do STJ, a "inversão do ônus da prova aplica-se às ações de degradação ambiental".

ou telefônico, ou para que haja a inversão do ônus da prova, nos termos do art. 373, § 1º, do CPC (pela aplicação da teoria da distribuição dinâmica do ônus da prova).

O juiz não precisa homologar o acordo, salvo quando houver expressa disposição legal (CPC, art. 200, parágrafo único; Enunciado 133 do FPPC), mas para que ele possa produzir efeitos válidos não pode ultrapassar os limites estabelecidos no art. 373, § 3º, do CPC. Tampouco pode violar outras normas de ordem pública (*v.g.*, não são válidos os negócios processuais que impliquem em contratos de adesão – decorrente de relações de consumo ou não – à renúncia antecipada do aderente a direito resultante da natureza do negócio, como obrigar os familiares do segurado falecido a provar que o óbito não resultou de doença preexistente à assinatura do contrato de seguro; CC, art. 424 e CDC, art. 51, inc. VI; também não seria válida a convenção que revogasse a regra do art. 38 do CDC, que atribui ao fornecedor a prova da veracidade da informação ou da comunicação publicitária).

A convenção das partes, exceto quando for nula, afasta a redistribuição do ônus da prova por parte do juiz (Cf. Enunciado 128 da II Jornada de Direito Processual Civil, promovida pelo Conselho da Justiça Federal). Assim, o juiz, ou o árbitro, não podem recusar a produção da prova convencionada pelas partes, salvo se forem inúteis ou meramente protelatórias, como aquelas que recaiam sobre fatos impertinentes, irrelevantes ou incontroversos (CPC, arts. 370, par. ún., e 374).

Por outro lado, o juiz ou o árbitro podem determinar a produção de outras provas, indispensáveis à formação de seu convencimento. Do mesmo modo, as partes podem requerer a produção de outras provas não contempladas no acordo, quando decorrem de circunstâncias novas ou que não poderiam ser previstas no momento da celebração da convenção processual, desde que necessárias ao julgamento do mérito (CPC, art. 370).

Embora o art. 373, §§ 3º e 4º, do CPC, se limite à previsão de negócios processuais sobre o ônus da prova, com fundamento no art. 190 do CPC, outras convenções podem versar sobre outros temas probatórios (*v.g.*, a admissibilidade de outros meios de prova que sejam compatíveis com os parâmetros do art. 369 do CPC). A amplitude do objeto dos negócios processuais não pode, todavia, contrariar normas cogentes que recaem, precipuamente, sobre a atividade jurisdicional[365]. Afinal, o processo não pode se preocupar, tão somente, com a resolução de litígios nem estar baseado apenas no interesse exclusivo das partes, mas também com os valores do Estado Democrático de Direito, com o respeito aos direitos fundamentais e com a preservação da ampla, racional e motivada convicção judicial[366]. Nesse sentido, não podem as partes acordarem para se admitir a possibilidade de produção de provas ilícitas (CF, art. 5º, LVI), retirar os poderes instrutórios do juiz (CPC, art. 370), excluir a possibilidade de o órgão judicial

---

365. CORDEIRO, Adriano C. *Negócios jurídicos processuais no novo CPC*. Das consequências do descumprimento. Curitiba: Juruá, 2017. p. 162-163.
366. CORDEIRO, Adriano C. *Negócios jurídicos processuais no novo CPC*. Das consequências do descumprimento. Curitiba: Juruá, 2017. p. 162-163.

impor as medidas necessárias para que o documento ou a coisa seja exibida (CPC, art. 400, parágrafo único) ou predeterminar a valoração da prova (CPC, art. 371).

Tal convenção processual pode ser celebrada tanto antes quanto durante o processo (CPC, art. 373, § 4º). Não existe, pois, uma forma determinada para o negócio processual sobre o ônus probatório. Pode ser fixada em um contrato ou em um pacto específico. Por se tratar de um *negócio jurídico autônomo*, a convenção pode recair sobre qualquer fato, não se obrigando a recair, necessariamente, em um contrato determinado firmado entre as partes.

O negócio processual, previsto no art. 373, §§ 3º e 4º, do CPC, por ser um corolário do processo cooperativo (CPC, art. 6º), na hipótese de pairar dúvida sobre a interpretação da convenção, o juiz tem o poder/dever de ouvir previamente as partes antes de decidir pela sua validade ou pela invalidade. Sem prejuízo de esta oitiva ser feita em outro momento, o art. 357, § 3º, do CPC, prevê a possibilidade de o juiz designar audiência para que o saneamento seja feito em cooperação com as partes, oportunidade em que o magistrado pode convidar as partes a integrar ou a esclarecer suas alegações.

O princípio da boa-fé objetiva (CPC, art. 5º) deve nortear tanto a elaboração quanto a interpretação dos negócios processuais sobre o ônus da prova. O controle judicial dessas convenções deve impedir a produção de efeitos processuais resultantes de comportamentos contraditórios (proibição do *venire contra factum proprium*) e condutas surpreendentes das partes.

Nesse sentido, vale destacar o Enunciado 6 do FPPC: "O negócio jurídico-processual não pode afastar os deveres inerentes à boa-fé e à cooperação".

Não corrigido o defeito ou na impossibilidade de o vício ser corrigido, o juiz deve declarar a nulidade do negócio jurídico-processual, integral ou parcialmente.

O descumprimento pela parte da convenção processual acarretará a inversão do ônus da prova. O juiz, ao verificar que o litigante deixou de cumpriu o convencionado, aplicará o ônus da prova em sentido objetivo.

6.12.10. Ônus da prova em sentido objetivo

O problema do ônus da prova é uma questão de *aplicação do direito*. Uma regra jurídica somente deve ser aplicada quando a tipicidade hipotética abstratamente formulada se converte em realidade concreta e, ao contrário, não deve ser aplicada quando o juiz não está convencido da existência dos fatos que dão suporte à sua aplicação.

Como – mesmo diante de material probatório incompleto – o juiz está obrigado a julgar (impossibilidade de pronunciamento *non liquet*; CPC, art. 140), é necessário que uma das partes suporte o *risco* inerente à ausência ou à insuficiência da prova.

O ônus da prova em sentido objetivo permite a distribuição desses *riscos*. Serve como critério que possibilita indicar qual dos litigantes deve suportar as consequências desfavoráveis decorrentes da não reconstrução satisfatória dos fatos que integram o *thema probandi*[367].

Havendo dúvidas quanto à existência dos fatos que servem de pressupostos concretos à aplicação da norma abstrata, o juiz deve valer-se do art. 373, I e II, do CPC como *regra de julgamento*. Para a sua aplicação, o magistrado precisa pesar as consequências desfavoráveis peculiares ao *onus probandi* sobre a parte que se beneficiaria com a aplicação dessa norma[368].

Portanto, o ônus da prova, em sentido objetivo, serve como uma *regra de julgamento*; isto é, o juiz deve considerar sucumbente a parte que não demonstrar os fatos preestabelecidos nas normas jurídicas, as quais deveriam ser aplicadas para que a tutela jurisdicional fosse assegurada.

Assim, o conteúdo genérico do ônus da prova, como *regra de julgamento*, consiste na impossibilidade de o juiz considerar um fato existente quando pairam razoáveis dúvidas sobre a sua ocorrência, já que não lhe foram fornecidas as provas suficientes, pois tanto o fato não alegado quanto o fato alegado, mas não provado, devem ser considerados *inexistentes*[369].

Logo, é um contrassenso falar-se em prova incompleta ou semiplena, porque a prova ou é apta à formação do convencimento respectivo ao provimento judicial exigido ou não deve ser considerada prova.

A insuficiência probatória deve ser resolvida em uma declaração de inexistência de provas (aplicação do ônus da prova em sentido objetivo). *Pouco* ou *nada*, para fins probatórios, significa a mesma coisa, já que a dúvida deve ser interpretada em desfavor daquele a quem a lei incumbe o ônus de prova em sentido subjetivo[370].

Porém, o grau de exigência probatória pode variar de acordo com a natureza dos provimentos judiciais pleiteados. Assim, as tutelas provisórias não exigem cognição exauriente, o que permite que o grau de convicção seja calcado em um juízo de probabilidade ou de verossimilhança[371].

---

367. MOREIRA, José Carlos Barbosa. Julgamento e ônus da prova. *Temas de direito processual*. 2ª série. São Paulo: Saraiva, 1980. p. 74-5.
368. ROSENBERG, Leo. *La carga de la prueba*. Trad. Ernesto Krotoschin. Buenos Aires: EJEA, 1956, p. 24; ROSENBERG, Leo. *Tratado de derecho procesal civil*. Trad. Angela Romera Vera. Buenos Aires: EJEA, 1955. v. 2, t. II, p. 222.
369. VERDE, Giovanni. Considerazioni sulla regola di giudizio fondata sull'onere della prova. *Rivista di Diritto Processuale*, 1972. p. 442 e 449; COUTURE, Eduardo J. *Fundamentos del derecho procesal civil*. Montevidéo: Impressora Uruguaya, 1945, p. 242; COMOGLIO, Luigi. *Le prove civile*. Turim: UTET, 1998. p. 95-7; DINAMARCO, Cândido Rangel. *A instrumentalidade do processo*. 5. ed. São Paulo: Malheiros, 1996. p. 203.
370. MELENDO, Santiago Sentís. Naturaleza de la prueba. *La prueba. Los grandes temas del derecho probatorio*. Buenos Aires: EJEA, 1978, p. 87-8 e 112.
371. A respeito das diferentes técnicas de cognição, verificar: WATANABE, Kazuo. *Da cognição no processo civil*. São Paulo: RT, 1987. p. 83-95; MARINONI, Luiz Guilherme. *A antecipação de tutela*. 3. ed. São Paulo: Malheiros, 1997. p. 28-39; CAMBI, Eduardo. *O direito constitucional à prova no processo civil*. São Paulo: RT, 1999, p. 58-68.

6 • PROVAS: TEORIA GERAL DA PROVA **353**

A utilização da prova como regra de julgamento (ônus da prova em sentido objetivo) é uma *sub-rogação* da prova; isto é, quando não se pode conhecer, a fim de que as dúvidas sejam dirimidas, e se deve julgar (CPC, art. 140), é necessário *pressupor*[372].

Consequentemente, o ônus da prova em sentido objetivo é uma *exigência prática*. Não sendo possível a pronúncia judicial *non liquet*, se não existisse esse mecanismo de resolução das dúvidas, haveria *denegação de justiça*, contrariando a regra constitucional, contida no art. 5º, XXXV, da CF, que prevê a garantia do acesso à justiça.

O ônus da prova em sentido objetivo é um critério de racionalização da dúvida. Além de se possibilitar o julgamento, evita-se o arbítrio judicial, mediante a disciplina de um modelo legal preexistente[373].

Desse modo, as provas visam à formação da convicção do juiz, que não pode declarar a existência de um fato se não estiver convencido disso. Em caso de ausência ou de insuficiência de provas, quando as dúvidas não podem ser sanadas, o magistrado deve encerrar o processo sem modificar a situação preexistente.

Logo, o art. 373, I e II, do CPC, com relação ao juiz, funciona como *regra de julgamento*. O órgão judicial, para poder decidir, deve considerar *inexistentes* os fatos que resultaram não provados ou não suficientemente provados.

No entanto, as regras de distribuição dos ônus da prova são *subsidiárias*[374]. Se for possível, pelas provas constantes dos autos, conhecer os fatos jurídicos, a regra do ônus da prova em sentido objetivo não deve ser aplicada[375].

Com efeito, a regra de julgamento imanente ao ônus da prova em sentido objetivo deve ser aplicada, tão somente, quando, pelos meios de provas disponíveis nos autos, o juiz não possa conhecer a realidade dos fatos sobre os quais têm de decidir. Assim, antes de se encerrar os debates processuais, o órgão judicial deve, se for o caso, determinar a inversão do ônus da prova (CPC, art. 373, §§ 1º e 2º), para se oportunizar a produção da prova.

A regra de julgamento é um mecanismo que se põe à disposição do magistrado para fixar, na sentença, os fatos desconhecidos ou não suficientemente comprovados pelos meios de prova. Assim, não pode ser aplicada quando o juiz dispõe dos meios probatórios necessários para a comprovação da realidade dos fatos[376].

O julgador, portanto, não pode aplicar o mecanismo do ônus da prova, em sentido objetivo, quando tem a sua disposição os meios probatórios para determinar uma nova e melhor reconstrução dos fatos, sob pena de não serem conhecidos os fatos necessá-

---

372. CARNELUTTI, Francesco. *Teoria generale del diritto*. 3 ed. Roma: Soc. Ed. del "Foro Italiano", 1951. p. 395.
373. VERDE, Giovanni. Considerazioni sulla regola di giudizio fondata sull'onere della prova. *Rivista di Diritto Processuale*, 1972, p. 463.
374. STJ, REsp 1.364.707/CE, 3ª T., rel. Mina. Nancy Andrighi, j. 25.02.2014, pub. *DJe* 10.03.2014.
375. PATTI, Salvatore. Prova (diritto processuale civile). *Enciclopedia Giuridica*. Milão: Giuffrè, 1970. v. 19, p. 14.
376. MICHELI, Gian Antonio. *L'onere della prova* cit., p. 126.

rios à obtenção de uma decisão justa[377]. Afinal, aplicar o ônus da prova como regra de julgamento é uma solução que não privilegia, necessariamente, a justiça da decisão, porque o fato da parte não ter fornecido as provas necessárias para comprovar as suas alegações não significa a inveracidade das suas afirmações.

Nessas situações, a solução mais lógica, talvez, seria deixar de julgar a causa pela ausência de provas suficientes para a sua compreensão pelo Estado-juiz, mas, diante da impossibilidade de pronunciamento judicial *non liquet* (CPC, art. 140), esse mecanismo jurídico se faz necessário para o julgamento da causa.

Ademais, essa solução não é arbitrária, como seria se o litígio pudesse ser resolvido tirando a sorte dos litigantes nos dados, porque está baseada em uma *máxima da experiência*, a qual considera dever da parte, que tem interesse em convencer o juiz de que tem razão, provar aquilo que alega[378].

O papel das leis processuais e do juiz, ao conduzir o processo, deve ser o de estimular a produção da prova, dando todas as oportunidades para que as partes possam exercer adequadamente o seu direito à prova. Se os litigantes são omissos e não fazem tudo aquilo que está ao seu alcance para se produzir a prova, obviamente devem suportar os riscos decorrentes da sua inatividade, ainda que, com isso, excepcionalmente, a decisão não venha a corresponder à verdadeira situação substancial.

Por outro lado, o juiz não pode buscar obsessivamente a verdade. A verdade *absoluta* é impossível de ser alcançada[379] e acarretaria a excessiva rigidez na aplicação do ônus da prova em sentido objetivo (regra de julgamento). Também causaria a inviabilização da tutela jurisdicional, já que um fato não pode ser considerado inexistente quando está, no contexto da causa, *suficientemente* provado[380].

Por essa razão, já foi afirmado que a regra do ônus da prova em sentido objetivo deve ser aplicada *subsidiariamente*, não podendo o juiz restringir indevidamente o exercício do direito à prova e, depois, decidir a causa com base nessa regra de julgamento, uma vez que, neste caso, restaria caracterizado o *cerceamento de defesa*.

Portanto, o ônus da prova em sentido objetivo deve ser aplicado somente quando da ausência ou da insuficiência da prova, quando o magistrado não pode – quer seja pela aplicação do princípio da aquisição processual ou da comunhão da prova, quer

---

377. CARNELUTTI, Francesco. Poteri e doveri del giudice in tema di perizia. *Studi di diritto processuale*. Padova: Cedam, 1925. p. 261-3.
378. CARNELUTTI, Francesco. Prove civili e prove penali. *Rivista di Diritto Processuale Civile*, 1925, p. 12-3.
379. CARNELUTTI, Francesco. Verità, dubbio, certezza. *Rivista di Diritto Processuale*, 1965. p. 5; FURNO, Carlo. *Cotributo alla teoria della prova legale*. Padova: Cedam, 1940, p. 19; TARUFFO, Michele. *La prova dei fatti giuridici*. Milão: Giuffrè, 1992, p. 24-7; TARUFFO, Michele. Note sulla verità dei fatti nel processo civile. In: GIANFORMAGGIO, Letizia (Coord.). *Le ragioni del garantismo. Discutendo con Luigi Ferrajoli*. Turim: G. Giappichelli, 1993. p. 357-60; CAMBI, Eduardo. Verdade processual objetivável e limites da razão iluminista. *Revista de Processo*, out.-dez. 1999, v. 96, p. 242-7.
380. DINAMARCO, Cândido Rangel. *A instrumentalidade do processo*. 5. ed. cit., p. 296.

seja pela efetivação dos seus poderes instrutórios (CPC, art. 370) – dissipar as dúvidas sobre os fatos controvertidos[381].

Na hipótese de dúvida quanto aos requisitos de relevância necessários à produção das provas, o juiz deverá deferir ou determinar a produção da prova, interpretando os conceitos indeterminados – como as expressões "provas necessárias", "diligências inúteis" e "meramente protelatórias" constantes do art. 370, *caput* e par. Ún., do CPC – com fundamento no princípio do *in dubio pro probatione*[382]. O conteúdo normativo do art. 370, *caput* e par. Ún., do CPC deve ser analisado a partir do critério constante do art. 11, inc. III, "a" da Lei Comentar 95/1998 (que dispõe sobre a elaboração, redação, alteração e consolidação das leis), ao afirmar que, para obtenção de ordem lógica, o(s) parágrafo(s) deve(m) ser utilizado(s) para expressar aspectos complementares ou exceções à regra prevista no *caput*. Em outras palavras, a produção da prova deve ser a regra (CPC, art. 370, *caput*), e o indeferimento à exceção (CPC, art. 370, par. Ún.), quando presentes os requisitos da *necessidade* (isto é, o esclarecimento do fato probando ainda não ocorreu), da *utilidade* (o meio de prova a ser empregado tiver potencialidade efetiva para o esclarecimento da questão fática) e da *possibilidade* (quando houver condições para a produção da prova). Quando houver dúvida quanto à presença destes requisitos, o órgão judicial deve deferir a produção ou determinar a produção da prova (*in dubio pro probatione*). Isto porque, quanto mais informações relevantes existirem à disposição do juiz, maior é a probabilidade de que chegue a decisão mais justa para o caso concreto[383].

É preciso esclarecer, todavia, que é a busca por outras informações relevantes (isto é, que ainda não constam do processo e que têm potencial para contribuir para a melhor elucidação dos fatos controvertidos), que justifica o aprofundamento da investigação probatória, já que a pura abundância de informações não deve ser critério para a exclusão de provas supérfluas. Não fosse assim, regras como a do art. 443 do CPC – ao afirmar que o juiz indeferirá a inquirição de testemunhas sobre fatos já provados por documento ou confissão da parte, e que só por documento ou exame pericial puderem ser provados – seriam inócuas[384].

De qualquer forma, a aplicação do ônus da prova em sentido objetivo (regra de julgamento) deve ser a última opção a ser utilizada para o julgamento do processo, porque nada esclarece à convicção do juiz, sendo um método de solução para o *non liquet* (CPC,

---

381. ROSENBERG, Leo. *Tratado de derecho procesal civil*. Trad. Angela Romera Vera. Buenos Aires: EJEA, 1955. v. 2, t. II, p. 221-2. Verificar, ainda: ROSENBERG, Leo. *La carga de la prueba*. Trad. Ernesto Krotoschin. Buenos Aires: EJEA, 1956, p. 18-9; MICHELI, Gian Antonio. *L'onere della prova* cit., p. 93; CAPPELLETTI, Mauro. *La testemonianza della parte nel sistema dell'oralità*. Parte I. Milão: Giuffrè, 1974, v. I, p. 392-3; MOREIRA, José Carlos Barbosa. O juiz e a prova. *Revista de Processo*, jul.-set., 1984, v. 35, p. 181.

382. FERREIRA, Willian Santos; FELGA, Caio Leão Câmara. Epistemologia, verdade e protagonismo instrutório das partes: compreensão do papel do Judiciário na produção das provas e o *in dubio pro probatione*. *Revista Eletrônica de Direito Processual da UERJ*, set.-dez. 2022, v. 23, p. 460 e 472.

383. FERRER-BELTRÁN, Jordi. *Valoração racional da prova*. Trad. Vitor Paula Ramos. São Paulo: JusPodivm, 2021. p. 113.

384. SCARPARO, Eduardo. Inferência para melhor explicação (IME) e persuasão racional: ferramentas e critérios de adequada valoração probatória. *Revista de processo*, v. 300, fev. 2020, p. 49-72.

art. 140), como um meio de distribuição dos riscos processuais quando nenhuma das partes se desincumbe satisfatoriamente da comprovação dos fatos jurídicos (CPC, art. 373, incs. I e II). Após oportunizada às partes todas as chances razoáveis de produção da prova relevante, é a insuficiência na comprovação das proposições fáticas (ou seja, a impossibilidade de retirar o juiz de estado de dúvida ou de gerar a sua persuasão racional, quanto à correspondência das alegações com a realidade ou quanto à eficácia dos argumentos apresentados pelos litigantes), que legitima a decisão conforme as regras distribuidoras do ônus da prova.

6.13. DIREITO À PROVA

O fenômeno probatório não pode ser compreendido exclusivamente pelo ônus da prova, uma vez que tal situação jurídica é eminentemente *negativa*, sendo utilizada, predominantemente, na fase decisória, como regra de julgamento, quando da ausência da prova.

A visualização de um genuíno direito à prova permite a compreensão do fenômeno probatório por uma ótica positiva. Com isso, ampliam-se as *chances* de as partes influenciarem no convencimento do juiz.

O direito à prova abarca tanto as situações em que não se há quanto aquelas em que se tem dúvida sobre o *onus probandi*. Por exemplo, existindo divergência quanto à natureza subjetiva ou objetiva da responsabilidade civil, surgida com o art. 927, parágrafo único, do CC, ao afirmar que haverá obrigação de reparar o dano, independentemente de culpa, nos casos especificados em lei, ou *quando a atividade normalmente desenvolvida pelo autor do dano implicar, por sua natureza, risco para os direitos de outrem*.

A prova se destina não apenas para demonstrar a reconstrução dos fatos, mas também para constituir a íntima ligação entre as relações sociais e a efetivação dos direitos. Assim sendo, o direito à prova é o conjunto de oportunidades oferecidas às partes, pela Constituição e pela lei, para que se possa comprovar a veracidade do que afirmam em relação aos fatos relevantes para o julgamento[385].

O direito à prova é uma situação jurídica *ativa* de acentuado perfil democrático. Visa assegurar a possibilidade dos litigantes se valerem de *todos* os meios de prova idôneos e úteis para se demonstrar a veracidade ou a falsidade dos fatos alegados.

Trata-se de um direito constitucional que está intrinsecamente fundado nas garantias constitucionais da ampla defesa, do contraditório e do devido processo legal[386]. Dessa dimensão constitucional, extrai-se a proibição para o legislador infraconstitucional de colocar *obstáculos não razoáveis*, que tanto impeçam quanto dificultem o exercício do direito à prova.

---

385. DINAMARCO, Cândido Rangel. *Instituições de direito processual civil*. 4. ed., v. III cit., p. 47.
386. CAMBI, Eduardo. *Direito constitucional à prova no processo civil* cit., p. 108-130.

A não observância do direito à prova pode tornar inútil a ação da atividade judiciária, caracterizando *violação oculta* à garantia de acesso útil à justiça[387].

No plano do Direito Internacional dos Direitos Humanos, o direito à prova está contido no art. 8.1 da Convenção Americana de Direitos Humanos[388], que assegura a toda pessoa o direito de ser ouvida, em um prazo razoável, por um órgão imparcial e competente, com as devidas garantias processuais, que incluem a possibilidade de apresentar alegações e provas[389].

O direito à prova tem por conteúdo: I) o direito à proposição das provas; II) o direito à utilização e efetiva produção das provas; III) o direito à valoração das provas.

Assim, o direito à prova inclui o direito das partes: a) de produzirem ou aferirem à veracidade da prova, antes e independentemente do processo (direito autônomo à prova; CPC, art. 381); b) de buscarem a produção das provas (documentos, depoimento pessoal, testemunhas e perícias) necessárias para comprovar as suas alegações; c) de manifestarem sobre as provas requeridas pelo adversário, discutindo, antes da sua produção, a sua admissibilidade, relevância e pertinência; d) de contraporem os documentos juntados pelo oponente, arguindo a sua falsidade, anexando novos documentos, requerendo à parte contrária ou à terceiros à exibição (incidental ou autônoma) de documentos ou coisas, além de solicitarem a realização de perícia, depoimento pessoal ou testemunhal para confrontarem o seu conteúdo ou a sua eficácia; e) de acompanharem a produção de cada meio de prova, indicando assistente(s) técnico(s), formulando quesitos e esclarecimentos, acompanhando a atividade do perito, formulando perguntas no depoimento pessoal, contraditando e/ou inquirindo testemunhas, requerendo acareações, presenciando a inspeção judicial etc.; f) de argumentarem e debaterem sobre o resultado probatório, isto é, sobre o sentido, a relevância, o alcance e o valor de cada informação obtida com a produção de provas.

Porém, a configuração do direito à prova está sujeita a limitações atinentes à admissibilidade, à relevância, à pertinência, à necessidade, à utilidade, à razoabilidade, à proporcionalidade e à efetividade.

O problema da limitação do direito à prova se evidencia, por exemplo, quando o juízo deve se pronunciar acerca do julgamento antecipado do mérito (CPC, art. 355). Cabe ao juiz, no caso concreto, decidir entre preservar a segurança jurídica, ordenando-se a realização de outras provas, ou sentenciar, optando-se pela celeridade jurídica,

---

387. GAMBARDELLA, Marco. *Il controllo del giudice penale sulla legalità administrativa*. Milão: Giuffrè, 2002. p. 158.

388. Artigo 8. Garantias judiciais. 1. Toda pessoa tem direito a ser ouvida, com as devidas garantias e dentro de um prazo razoável, por um juiz ou tribunal competente, independente e imparcial, estabelecido anteriormente por lei, na apuração de qualquer acusação penal formulada contra ela, ou para que se determinem seus direitos ou obrigações de natureza civil, trabalhista, fiscal ou de qualquer outra natureza.

389. CORTE INTERAMERICANA DE DIREITOS HUMANOS. *Caso Barbani Duarte Y Otros vs. Uruguay*. Sentença de 13 de outubro de 2011. Disponível em: [https://corteidh.or.cr/docs/casos/articulos/seriec_234_esp.pdf]. Acesso em: 25.05.2023. Par. 122.

embora sem comprometer o mínimo da estabilidade necessária para o julgamento, sob pena de incorrer em *cerceamento de defesa*.

Com efeito, não pode o juiz indeferir a produção da prova e, ao julgar antecipadamente o mérito (CPC, art. 355), afirmar que a parte não se desincumbiu do ônus da prova.

À guisa de ilustração, o STJ, no REsp 1.128.086/RO[390], concluiu que a garantia do devido processo legal não se compadece com armadilhas para as partes. Tratava-se de ação ressarcitória, por danos materiais e morais, em que se alegava que o recorrente teria sido responsável pelo acidente de trânsito que vitimou o esposo e pai dos recorridos. Em primeiro grau de jurisdição, a juíza dispensou a prova testemunhal arrolada pelo recorrente e julgou improcedentes os pedidos contidos na inicial. Todavia, o Tribunal de Justiça de Rondônia reformou a sentença, considerando que as provas contidas nos autos, especialmente o Boletim de Ocorrência (com a declaração do recorrente de que teria tido a sua visão ofuscada pela luz de outro veículo que trafegava em sentido contrário), já seriam suficientes para evidenciar que ele estava muito próximo da moto da vítima, o que caracterizaria a imprudência, em razão de não ter se guardado a distância necessária para se evitar o acidente. No recurso especial, o recorrente sustentou que ocorreu cerceamento de defesa e impossibilidade de julgamento antecipado do mérito. Argumentou, ainda, que o boletim de ocorrência juntado aos autos não poderia dar sustentação à sentença condenatória, especialmente em razão da afirmação nele contida revelar o seu estado psicológico no momento do acidente, o que lhe retirava as condições de narrar os fatos com detalhes. Sustentou, também, que a testemunha dispensada pela juíza presenciou os fatos, sendo imprescindível sua oitiva antes da conclusão acerca da dinâmica do acidente.

O STJ considerou que a decisão pelo julgamento antecipado do mérito, em vista dos autores não terem trazido ou produzido as provas necessárias à demonstração do fato constitutivo de seu direito, não poderia ser revertida em desfavor do recorrente sem que se autorizasse a produção da prova por ele requerida. Ressaltou-se que ou se conclui pela improcedência da demanda em face de o demandante não ter se desincumbido de seu ônus probatório, ou se entende pela presença de provas suficientes e se permite ao demandado produzir as provas que considera necessárias para demonstrar a existência de fato impeditivo, modificativo ou extintivo do direito do autor.

Disso, inferiu-se, ainda, que não se pode dispensar as provas requeridas pelo demandado por se entender desnecessárias e depois se concluir por sua responsabilidade, salientando o STJ que não havia ocorrido a preclusão da matéria, ainda que o demandado não se tenha manifestado contra a dispensa das testemunhas na audiência ou em contrarrazões de apelação, pois, nessas ocasiões, não tinha interesse em recorrer, dada sua posição de vencedor da demanda.

---

390. Rel. Min. Fernando Gonçalves, 4ª T., j. 23.03.2010, *DJe* 06.04.2010.

6 • PROVAS: TEORIA GERAL DA PROVA

Por fim, o STJ deu provimento ao recurso para anular o acórdão e determinar o retorno dos autos ao primeiro grau de jurisdição, a fim de que fossem ouvidas as testemunhas arroladas pelo recorrente.

6.14. PODERES INSTRUTÓRIOS DO JUIZ

O art. 370 do CPC atenua o rigor do ônus da prova em sentido subjetivo sem eliminá-lo, pois, é a própria parte, melhor que ninguém, que tem condições de indicar as fontes de prova.

Para fins didáticos, subdivide-se os poderes instrutórios do juiz em *complementares* ou *integrativos*; ou seja, a atividade probatória principal é das partes.

O art. 370 do CPC busca eliminar as *insuficiências não culpáveis* e as *dificuldades objetivas* da atividade probatória em nome da melhor reconstrução dos fatos, que é um fator diretamente relacionado tanto à *justiça da decisão* quanto à *legitimação social da jurisdição*. Com isso, evita-se a aplicação acrítica e sistemática do ônus da prova como regra de julgamento[391].

Trata-se de corolário da perspectiva *publicista* do processo civil[392]. O processo não pertence às partes, mas sim ao Estado que é por excelência o titular da função jurisdicional, servindo-se do instrumento processual para promover a efetividade dos direitos materiais.

A iniciativa probatória do juiz tem fundamento no caráter social do Estado Democrático de Direito e em seu dever de promover a justiça. Não há justiça sem a busca da verdade, a qual depende da certeza dos juízos acerca dos fatos. A busca impessoal da verdade, pelo órgão judicial (CPC, art. 370), permite que o Judiciário exerça seu papel de guardião da Constituição e faz com que o processo não se reduza a um *jogo de sofismas e de artimanhas*, pois, se as limitações do conhecimento humano impedem o completo acesso à verdade dos fatos, esses obstáculos não implicam concluir que a verdade não deva ser perseguida. Tampouco impede que se possam considerar justas as decisões baseadas em fatos inteiramente dissociados da realidade da vida ou para se legitimar qualquer reconstrução dos fatos juridicamente relevantes[393].

A supressão dos poderes instrutórios do juiz seria um descabido retrocesso, pois privilegiaria uma visão que beira à sordidez, no sentido de que o processo deveria ser vencido pela parte assistida pelos melhores advogados, independentemente do fato de ter ou não razão[394]. Retornar-se-ia à época dos duelos judiciários, quando a parte que vencia era aquela cuja habilidade no uso das armas se sobrepujava à outra.

---

391. MOREIRA, José Carlos Barbosa. O neoprivatismo no processo civil cit., p. 16.
392. GRECO, Leonardo. Publicismo e privatismo no processo civil. *Revista de Processo*, v. 164, p. 34, out. 2008.
393. Idem, p. 46-7.
394. CHIARLONI, Sergio. Ideologie processuali e accertamento della verità. *Rivista Trimestrale di Diritto e Procedura Civile*, p. 112-113, dez. 2009.

É muito importante pontuar o fato de que o juiz não é mero espectador do drama processual. A imparcialidade do magistrado não fica comprometida quando, com serenidade e consciência da necessidade de instruir-se para melhor julgar, o juiz supre, com iniciativas próprias, as deficiências probatórias das partes.

Portanto, é salutar evitar a confusão conceitual e ideológica: um sistema não pode ser guiado pela ideologia do liberalismo do século XIX sem deixar de ser democrático e, sobretudo, sem se tornar autoritário ou totalitário só porque atribui ao juiz um papel mais ou menos ativo na aquisição da prova[395].

Convém lembrar que o magistrado não é *adivinho*; portanto, não pode (e nem tem como) saber de antemão qual dos litigantes se beneficiará com o êxito da diligência probatória[396]. Por exemplo, quando o juiz, de ofício, determina a realização de perícia, não saberá, até ser concluída a atividade do perito, qual dos litigantes será beneficiado[397].

Por outro lado, ainda que ele apenas suponha qual das partes será beneficiada com o resultado da perícia, ter-se-ia que argumentar que a *omissão* do juiz também comprometeria a sua imparcialidade, porque é evidente que a falta da prova beneficiará a parte a quem ela resultaria desfavorável[398], o que daria margem para decisões injustas.

Igualmente, o juiz, de modo algum, pode atuar como um *substituto da parte*, *usurpando* suas funções. Seus poderes instrutórios não são *sucedâneos da iniciativa da parte*, e sua atuação como magistrado é restrita ao empenho em se julgar corretamente[399].

Deve-se combater a ideia do *Juiz-Pilatos*[400] que, diante da passividade, lamenta a injustiça da decisão. É dever do magistrado zelar pela *dignidade da jurisdição* e não ser mero refém das condutas ou das omissões das partes[401]. Por exemplo, em ações de investigação de paternidade, chega-se à *absurda imobilidade* do juiz que deixa de determinar a realização da prova técnica (*v.g.*, exame do DNA, HLA etc.), por não haver o autor feito requerimento neste sentido[402].

Até mesmo porque a experiência mostra que a imparcialidade não resulta comprometida quando, com cautela e consciência da necessidade de instruir-se para melhor julgar, o juiz supre com iniciativas próprias as deficiências probatórias das partes. Ademais, eventuais ou excepcionais comportamentos abusivos de algum magistrado

---

395. TARUFFO, Michele. Poteri probatori delle parti e del giudice in europa. *Revista de Processo*, v. 154, dez. 2007. Revista dos Tribunais on-line, p. 7.
396. MOREIRA, José Carlos Barbosa. *O neoprivatismo no processo civil* cit., p. 16.
397. Idem, ibidem.
398. Idem, p. 17.
399. Idem, p. 16.
400. Pôncio Pilatos foi governador da província romana da Judeia, entre os anos 26 e 36 d.C., tendo sido também o juiz que condenou Jesus Cristo à morte na cruz, embora não tivesse encontrado nenhuma prova de sua culpa.
401. DINAMARCO, Cândido Rangel. *Instituições de direito processual civil*. 3. ed. v. III cit., p. 56.
402. STJ, REsp 192.681/PR, Rel. Min. Sálvio de Figueiredo Teixeira, 4ª T., j. 02.03.2000, *DJ* 24.03.2003, p. 223; AgInt no REsp 1563150/MG, Rel. Min. Luiz Felipe Salomão, 4ª T., j. 11.10.2016, *DJe* 19.10.2016.

não devem impressionar no sentido de fechar a todos os juízes, de modo absoluto, as portas para um *sadio ativismo probatório*[403].

Infelizmente, em razão da flagrante não efetivação dos direitos fundamentais dos cidadãos e pelas deficientes condições de vida existentes em nosso país (a começar pela ausência de educação básica adequada), a maior parte das pessoas não consegue sequer dirigir sozinha o próprio destino, exigindo-se a necessária proteção do Estado-juiz. Tal argumento serve para mitigar a crítica da *justiça paternalista*.

Nesse contexto, é inegável identificar a *função metajurisdicional* do Judiciário brasileiro, baseado na ideia de que o juiz deve exercer, mesmo no processo, o seu papel de cidadão. O direito positivo, especialmente pela sua interpretação conforme a Constituição (*v.g.*, CPC, art. 1º), deve se tornar um lugar privilegiado para as conquistas dos excluídos[404]. Deve ser transformado em espaço de luta e de concretização de direitos, a fim de que sejam aplicadas as leis justas e deixando-se de lado as injustas.

A função jurisdicional, como atividade voltada ao conhecimento, não pode ignorar as informações, as ideias, as opiniões e os conceitos presentes na sociedade. Ao se realizar a interpretação, também não se pode esquecer os interesses daqueles que não participam do processo (interesses não representados ou não representáveis)[405].

Do mesmo modo, não é mais possível se conceber a figura de um juiz fechado para a realidade, alegando que *somente o que está nos autos está no mundo*. Os juízes primeiramente são cidadãos que integram a sociedade e, por isso, a cognição jurisdicional deve ser mais ampla, a fim de que, pela *dialética processual* (e respeito ao efetivo contraditório; CPC, arts. 7º e 10), o direito seja um instrumento de efetiva transformação social, bem como um mecanismo de resistência às leis injustas com o escopo de se promover os valores constitucionais[406]. Por exemplo, o magistrado pode buscar informações nas redes sociais e usá-las para formar a sua convicção, submetendo os elementos de prova ao contraditório prévio (*v.g.*, na ausência de provas suficientes nos autos sobre a capacidade contributiva do alimentante para o pagamento da pensão alimentícia a seu filho menor de dezoito anos, o juiz pode aplicar a teoria da aparência e usar informações captadas do *Instagram* ou do *Facebook* para arbitrar o *quantum* dos alimentos, desde que oportunize às partes manifestação sobre os dados que pretende

---

403. DINAMARCO, Cândido Rangel. *Instituições de direito processual civil*. 4. ed. v. III cit., p. 54.
404. Nesse sentido, vale destacar: "A legislação de amparo dos sujeitos vulneráveis e dos interesses difusos e coletivos deve ser interpretada da maneira que lhes seja mais favorável e melhor possa viabilizar, no plano da eficácia, a prestação jurisdicional e a *ratio essendi* da norma" (STJ, REsp 1198727/MG, Rel. Min. Herman Benjamin, 2ª T., j. 14.08.2012, *DJe* 09.05.2013).
405. HÄBERLE, Peter. *Hermenêutica constitucional*: a sociedade aberta dos intérpretes da constituição: contribuição para a interpretação pluralista e procedimental da constituição. Trad. Gilmar Ferreira Mendes. Porto Alegre: Sergio Antonio Fabris, 2002, p. 46.
406. COELHO, Luiz Fernando. Dogmática e crítica da prova no processo. *Revista de Processo*, dez. 2007, v. 154, p. 35-36.

utilizar na sua decisão)[407]. Outro exemplo: como crianças e adolescentes são pessoas em desenvolvimento, têm necessidades e direitos diferenciados e merecem especial proteção das famílias, da sociedade e do Estado, cabe ao Poder Judiciário, diante de indícios de alienação parental, que coloquem em risco a formação ou a integridade psicológica da criança ou do adolescente, mas também o seu direito fundamental à convivência familiar saudável, de ofício ou a requerimento das partes (artigo 370 do Código de Processo Civil), incidentalmente ou em ação autônoma, determinar a realização de perícia psicológica ou biopsicossocial para apurar, com a máxima urgência, os atos de alienação parental. Uma vez contatada a alienação parental, é dever do juiz – sem prejuízo da apuração de outras responsabilidades (civis, penais ou processuais) – sancionar a prática ou o comportamento parental tóxico, de forma cumulativa ou não, dependendo da gravidade da conduta, com a aplicação do artigo 6º da Lei 12.318/2010.

Pelo princípio da persuasão racional (CPC, art. 371), é natural que o juiz, estando em dúvida, busque satisfazê-la mediante a realização de novas provas, ainda que não requeridas. Afinal, sendo o processo norteado pela busca de decisões justas e estando tais decisões na dependência do acertamento da verdade dos fatos, não é congruente simplesmente se excluir a possibilidade de o juiz possuir iniciativas probatórias próprias em relação à obtenção das provas relevantes para a formação de seu convencimento[408].

Não se pode dizer, com isso, que os poderes instrutórios do juiz contribuem com um modelo inquisitório, o qual jamais existiu na história e na cultura europeia do processo civil (com exceção da Prússia do século XVII)[409], que influenciou o direito processual civil brasileiro.

---

407. A propósito, já decidiu o TST : "o magistrado pode valer-se de todos os meios probatórios que considerar necessários para formar sua convicção, sendo a pesquisa na internet um meio válido" (Processo TST-RR-2416-91.2012.5.03.0007, 6ª T., rel. Min. Augusto César Leite de Carvalho, j. 23.08.2023). Atente-se que, na ação trabalhista, o trabalhador, de Belo Horizonte/MG, buscava ver reconhecido seu direito à nomeação no cargo de advogado júnior. Ele havia sido aprovado em 35º lugar no concurso público da Caixa Econômica Federal (CEF) de 2012 para cadastro reserva. Contudo, sua expectativa de contratação estava sendo frustrada porque a Caixa vinha contratando escritórios de advocacia. O pedido foi inicialmente indeferido pelo juízo de primeiro grau. Mas, para o TRT da 3ª região, a CEF não conseguiu demonstrar as diferenças entre as atividades desempenhadas pelos seus advogados concursados, por profissionais terceirizados e por escritórios credenciados. Para o TRT, ficou caracterizado o desvio de postos de trabalho que deveriam ser ocupados por advogados aprovados em concurso público. Na fundamentação do acórdão, o TRT utilizou informações disponíveis no sítio eletrônico do Tribunal de Contas da União (TCU) sobre diversas decisões em que a Corte de Contas havia determinado à Caixa a elaboração de um plano de ação para adequar o quantitativo de servidores efetivos da carreira de advogado necessários para fazer frente às suas demandas judiciais. Nessas decisões, a CEF fora alertada para a necessidade de fazer concurso público para evitar o excesso de contratação de serviços advocatícios, pois seu plano de cargos e salários inclui o cargo de "advogado júnior". O TRT concluiu que o trabalhador tinha direito à contratação imediata nesse cargo. Conferir: TST valida informações obtidas por magistrado em pesquisa na internet. Disponível em: [https://www.migalhas.com.br/quentes/392764/tst-valida-informacoes-obtidas-por-magistrado-em-pesquisa-na-internet]. Acesso em: 31.08.2023.

408. TARUFFO, Michele. Cultura e processo. *Rivista Trimestrale di Diritto e Procedura Civile*, v. 63, p. 76, mar. 2009.

409. Idem, p. 76.

Ademais, quando se aposta na completa autonomia das partes, o acertamento da verdade se torna irrelevante[410]. Como no *trial by jury* norte-americano, o processo assume caráter teatral. Na cultura processual da Europa continental, a busca da verdade – como no § 286 da *Zivilprozessordnung* alemã, o qual afirma, expressamente, que no processo deve ser acertada a verdade dos fatos – decorre da ideologia do processo voltada à obtenção de decisões justas. Com efeito, a prova assume a função de *instrumento heurístico*, sendo um meio para o acertamento da verdade.

Todavia, mesmo em um processo epistemicamente perfeito, o juiz não pode desenvolver livremente todas as buscas que considera úteis para o acertamento dos fatos juridicamente controversos[411]. Em um "processo de partes", o juiz não pode ter poderes de "instrução primária", isto é, de buscar fora do processo os fatos secundários dos quais podem depender a demonstração ou a exata configuração dos fatos afirmados. Tal posicionamento fere a proibição do juiz utilizar da sua ciência privada.

Por outro lado, cabe às partes procurar onde e como quiserem as informações que considerarem úteis à discussão processual. Por isso, os poderes instrutórios do juiz são acessórios e integrativos em relação às iniciativas instrutórias das partes. Ao exercitar, dessa forma, os poderes instrutórios, o juiz não perde a sua *imparcialidade*[412].

Além do art. 370 do CPC, os poderes instrutórios do juiz encontram amparo em várias regras do sistema processual, tais como: a) no art. 139, I e VI, que impõe ao juiz o dever de assegurar a igualdade de tratamento entre as partes, bem como de dilatar os prazos processuais e alterar a ordem de produção dos meios de prova, adequando-os às necessidades do conflito de modo a conferir maior efetividade à tutela do direito; b) o art. 461, I, autoriza o magistrado a inquirir as *testemunhas referidas* nas declarações das partes ou das testemunhas, desde que possam ser conhecedoras dos fatos; c) o art. 480 lhe autoriza mandar fazer *nova perícia* quando a primeira tiver sido insatisfatória; d) o art. 481 que lhe permite realizar, de ofício, as *inspeções judiciais*.

Há situações em que as omissões probatórias das partes seriam capazes de comprometer direitos sobre os quais elas não têm disponibilidade alguma, ou não têm *toda disponibilidade*. Isso se dá nas relações jurídicas regidas por fundamentos de ordem pública, como as de *direito de família*, as que envolvem *interesses transindividuais*, como o meio ambiente, valores culturais ou históricos, direitos dos consumidores etc.

Nessas hipóteses, diante da omissão das partes, cabe ao juiz determinar a realização de provas de ofício, por exemplo[413]: a) nas causas associadas ao *estado ou à capacidade das pessoas*, como ações de divórcio, investigação de paternidade, interdição, guarda de filhos, suspensão ou destituição do poder familiar etc.; b) em sede de *ações coletivas*,

---

410. Idem, p. 80.
411. CAVALLONE, Bruno. In difesa della veriphobia (considerazione amichevolmente polemiche su um libro recente di Michele Taruffo). *Rivista Trimestrale di Diritto e Procedura Civile*, v. 65, p. 14-15, jan.-fev. 2010.
412. STJ, REsp 1.012.306/PR, Relª. Minª. Nancy Andrighi, 3ª T. , j. 28.04.2009, *DJe* 07.05.2009.
413. DINAMARCO, Cândido Rangel. *Instituições de direito processual civil*. 3. ed., v. III cit., p. 55-56.

especialmente nas promovidas por associações, as quais nem sempre são patrocinadas adequadamente (o que exige que o juiz, na instrução probatória, adote postura proativa, ainda que de forma complementar, suprindo eventual deficiência dos substitutos processuais)[414]; c) nas *ações populares*; d) em toda e qualquer ação, quando se perceber que a omissão é fruto da pobreza, de deficiências culturais das partes ou da insuficiência do patrocínio que lhes está ao alcance (especialmente, nos casos de gratuidade da justiça; CPC, art. 98), a fim de se promover o princípio da igualdade em sentido material[415].

De qualquer forma, essas situações são apenas exemplificativas, pois a iniciativa probatória do magistrado é *amplíssima*, já que voltada à concretização do interesse público na efetividade da justiça[416].

Advirta-se que os poderes instrutórios do art. 370 do CPC não alcançam apenas os juízes de primeiro grau, mas também os magistrados que atuam nos Tribunais (ou nas Turmas Recursais), inclusive no exercício da competência recursal, conforme estabelece o art. 932, inc. I, do CPC[417]. Tais poderes são importantes, especialmente quanto a análise de fatos até então não suscitados ou discutidos (CPC, arts. 342 e 1.014), cuja correta elucidação exigir provas adicionais, necessárias à formação do convencimento do órgão julgador. Como estabelece o art. 938, § 3º, do CPC, reconhecida a necessidade de produção de prova, o relator converterá o julgamento em diligência, que se realizará no Tribunal ou em primeiro grau de jurisdição, ficando o exame do mérito do recurso suspenso até a conclusão da diligência (produção da prova). As provas documentais serão juntadas aos autos no próprio Tribunal. A prova pericial pode ser deferida pelo relator, que, após nomear o perito, fixará prazo para apresentação do laudo, assegurada a participação das partes (CPC, art. 465). Já as provas orais podem ser colhidas no gabinete do relator ou em sessão do órgão colegiado, inclusive por videoconferência (CPC, arts. 385, § 3º, e 453, § 1º). Ademais, o relator poderá realizar inspeção judicial (CPC, art. 481), com a assistência de perito(s) e a presença das partes, com a posterior lavratura de auto circunstanciado. Excepcionalmente, em sendo inviável a produção da prova diretamente no Tribunal, o relator expedirá carta de ordem (CPC, arts. 236, § 2º, e 237), delegando ao juiz *a quo* poderes para a colheita probatória. Dessa forma, o CPC admite a utilização dos poderes instrutórios do julgador também na esfera recursal, mediante decisão fundamentada e desde que seja observada as garantias do devido processo legal, contraditório e ampla defesa.

Por exemplo, nas hipóteses já arroladas (especialmente nas ações de estado da pessoa e/ou quando envolvam pessoas hipossuficientes), pode o Tribunal, em sede recursal, *converter o julgamento em diligência* para determinar a realização da prova, de

---

414. STJ, REsp 1.583.430/RS, Rel. Min. Luis Felipe Salomão, 4ª T., j. 03.08.2022, *DJe* 23.09.2022.
415. STJ, REsp 192.681/PR, 4ª T., Rel. Min. Sálvio de Figueiredo, j. 02.03.2000, *DJU* 24.03.2003, p. 223.
416. STJ, AgRg no REsp 738.576/DF, 3ª T., Relª. Minª. Nancy Andrighi; MARINONI, Luiz Guilherme. *Teoria geral do processo*. São Paulo: RT, 2006, p. 416.
417. AMARAL, Paulo Osternack. Produção de provas em fase recursal. *Revista jurídica da Escola Superior de Advocacia da OAB-PR*. Edição especial. Maio 2018. p. 283-308.

ofício, imprescindível à formação do órgão julgador (como, por exemplo, determinar a realização de exame de DNA em ação de investigação de paternidade[418] ou determinar a confecção de novo estudo social em ação de destituição do poder familiar).

No entanto, o direito da conversão do julgamento em diligência para produção de prova essencial, como o exame de DNA[419], deve aproveitar àquele que busca efetivamente desvendar a veracidade dos fatos controvertidos[420], Tal direito não se apresenta àquele que agiu de má-fé (CPC, art. 5º), tendo protelado, indefinitivamente, o curso processual (*v.g.*, quem, por anos, evitou a realização do exame do DNA, não tendo comparecido no momento fixado pelo juiz e tendo imposto condições infundadas para a sua confecção; se presumido pai, em primeiro grau de jurisdição, não tem direito à conversão do julgamento em diligência para realizá-lo).

Mesmo no sistema adversarial da *common law* o juiz se inclina a intervir nos casos em que há interesses de incapazes, ou, ainda, quando aparenta haver um claro interesse público que as partes não podem representar adequadamente[421].

Contudo, o juiz não tem o *dever* de produzir prova *ex officio*. Aliás, nem mesmo nos antigos ordenamentos socialistas (como da antiga URSS) essa questão era vista como um dever judicial[422].

Cabe acrescentar que tanto regimes autoritários quanto democráticos adotaram, igualmente, regras que atribuíram poderes probatórios ao juiz. Logo, não é possível afirmar que os poderes instrutórios do órgão judicial são uma característica inerente aos regimes autoritários, tampouco afirmar que a introdução desses poderes no ordenamento processual significava a imposição da prova pelo juiz às partes[423].

Por outro lado, o impulso probatório do juiz não pode ser utilizado de forma autoritária, dando margem à justiça paternalista ou ao decisionismo preconceituoso, não se justificando simplesmente para proteger o mais fraco ou o mais pobre. Ao contrário, os poderes instrutórios do juiz se destinam, precipuamente, a promover o equilíbrio entre as partes.

Cabe ao juiz propiciar todas as oportunidades para que os litigantes possam *influir, participar e argumentar* a fim de que ele tenha um bom substrato para prolatar

---

418. STJ, AgInt no REsp 1563150/MG, Rel. Min. Luis Felipe Salomão, 4ª T., j. 11.10.2016, *DJe* 19.10.2016; REsp 218.302/PR, Rel. Min. Barros Monteiro, 4ª T., j. 02.12.2003, *DJU* 29.03.2004, p. 244; REsp 241.886/GO, Rel. Min. Jorge Scartezzini, 4ª T., j. 17.08.2004, *DJU* 27.09.2004, p. 360.

419. DINAMARCO, Cândido Rangel. *Instituições de direito processual civil.* 4. ed., v. III cit., p. 56.

420. STJ, REsp 819.588/MS, 3ª T., Rel. Min. Nancy Andrighi, j. 24.03.2009, *DJe* 03.04.2009.

421. MERRYMAN, John Henry; PÉREZ-PERDOMO, Rogelio. *A tradição da civil Law.* Uma introdução aos sistemas jurídicos da Europa e da América Latina. Trad. Cássio Cassagrande. Porto Alegre: Sergio Antonio Fabris, 2009. p. 160.

422. MOREIRA, José Carlos Barbosa. Julgamento e ônus da prova. *Temas de direito processual.* 2ª série. São Paulo: Saraiva, 1980, p. 78-9.

423. TARUFFO, Michele. Poteri probatori delle parti e del giudice in europa. *Revista de Processo*, v. 154, dez. 2007, p. 3.

sua decisão. A ideia é possibilitar o *diálogo processual* e zelar pelo efetivo contraditório (CPC, arts. 7º e 10).

A mera utilização dos poderes instrutórios para se cercear o direito de defesa ou para se prejulgar a causa, sob o argumento de tutela do direito dos mais fracos ou dos mais pobres, seria ilegítima e arbitrária, além de comprometer as garantias processuais fundamentais (do devido processo legal, do contraditório e da ampla defesa), inviabiliza a necessária imparcialidade judicial.

Portanto, o exercício dos poderes instrutórios pelo juiz de maneira alguma elimina o *munus* da rigorosa observância da garantia constitucional do contraditório (CF, art. 5º, LV; CPC, arts. 7º, 9º e 10). Quando o juiz determina a produção de provas de ofício, deve assegurar o direito à produção da prova contrária. Caso contrário, se o juiz obtivesse informações fora do processo, sem permitir sobre elas o diálogo processual, haveria violação à proibição de utilização do conhecimento privado do juiz.

6.15. CLASSIFICAÇÃO DAS PROVAS

Quanto ao *objeto*, as provas podem ser classificadas em *diretas* e *indiretas*[424]. Considera-se como *direta* aquela que incide sobre os próprios fatos relevantes para o julgamento (fatos *principais*; isto é, aqueles cuja existência, ou não, há de ser provada, vale dizer, os acontecimentos descritos no art. 373, I e II, do CPC). Por outro lado, é indireta ou circunstancial quando recai sobre fatos que não teriam relevância para o julgamento, mas que servem como indicação de que o fato relevante deve ter acontecido (são os fatos *secundários*, também denominados de *indícios* ou *fatos-base*, sobre os quais o juiz se apoia mediante a técnica das presunções; logo, servem para provar a existência ou não dos fatos principais[425]).

Uma prova é direta, também chamada de *positiva ou imediata*, quando é de tal natureza que, admitida a sua exatidão, leva em si mesma a convicção da coisa que se quer provar (*v.g.*, o exame de DNA que atesta a paternidade). Por outro lado, uma prova é indireta ou circunstancial quando é de tal natureza que, admitida a sua exatidão, pode se chegar à convicção da coisa que se quer provar por via da indução, do raciocínio e da inferência[426]. Neste caso, o juiz não percebe o fato a ser provado (fato principal), mas um acontecimento diferente deste. Logo, a percepção desse fato secundário deve ser integrada à dedução do fato principal, sendo a atividade do juiz complexa, por envolver tanto a percepção quanto a dedução[427] (*v.g.*, a recusa do suposto pai em se submeter ao exame de DNA induz presunção *iuris tantum* de paternidade, a ser apreciada em conjunto com o contexto probatório; Súmula 301/STJ e Lei 8.560/92, art. 2º-A, § 1º), sem

---

424. DINAMARCO, Cândido Rangel. *Instituições de direito processual civil*. 3. ed., v. III cit., p. 92.
425. CARNELUTTI, Francesco. *La prova civile*. Milão: Giuffrè, 1992, p. 56. Item 13.
426. BENTHAM, Jeremy. *Tratado de las pruebas judiciales*. v. I cit., p. 373-4.
427. CARNELUTTI, Francesco. *La prova civile* cit., p. 62. Item 15.

prejuízo da imposição de medidas indutivas, coercitivas ou mandamentais, autorizadas pelo art. 139, inc. IV, do CPC[428].

Quanto às *fontes*, as provas podem ser classificadas em pessoais ou reais[429]. A prova é *pessoal* quando emprega fontes *ativas*, como as testemunhas e as próprias partes em depoimento pessoal. É *real* quando incide sobre fontes *passivas*, que são coisas ou pessoas a serem objeto de exame. Em outras palavras, as primeiras são *vox viva*, enquanto as segundas, *vox mortua*.

Tal classificação reproduz as duas espécies de representação: a real (objetiva) e a pessoal (subjetiva)[430]. A primeira é obtida mediante a composição de um objeto apto a despertar naquele que o perceba a ideia que vem determinada pelo entendimento do fato representado. Já a segunda se obtém por intermédio da composição de um ato capaz de conseguir o mesmo resultado. Por isso, a primeira forma de representação serve-se do documento (representação documental), enquanto a segunda, do testemunho (representação testemunhal).

Ademais, a representação documental é imediata, ao passo que a testemunhal é mediata, pois depende da memória humana[431]. A representação documental se determina, imediatamente, em um objeto exterior. A testemunhal se fixa, primeiro, na memória humana para, por intermédio dela, reproduzir-se na representação.

Em razão disso, a representação documental é permanente e a testemunhal, transitória[432]. A imediatidade faz com que a formação do fato representativo se dê em momento anterior ao processo, subtraindo todas as influências corruptoras que os interesses em conflito possam exercer sobre a prova. Desse modo, assegura-se maior fidelidade, ao contrário da sujeição que o tempo e os interesses podem exercer sobre a memória humana. No entanto, há uma rigidez estática em tal prova, o que acarreta em uma desvantagem de não adaptação às investigações inerentes à atividade probatória (*vox mortua*). Por outro lado, a imediatidade da representação testemunhal (*vox viva*) permite que o depoimento se adapte às exigências do averiguador, que pode focar nas questões mais suscetíveis ao seu interesse, elucidando, esclarecendo e enfatizando aquelas que melhor servem à formação do convencimento.

Convém lembrar que os esclarecimentos do perito ou do assistente técnico são parte integrante da prova *real* e técnica, que é a perícia propriamente dita.

A seu turno, a prova documental tem natureza *real*, porque documento é coisa (fonte passiva), mas não é necessariamente uma fonte técnica.

---

428. STJ, AgInt no AREsp 750.805/ES, Rel. Min. Raul Araújo, 4ª T., j. 02.02.2017, *DJe* 10.02.2017; Rcl 37.521/SP, Rel. Min. Nancy Andrighi, 2ª Seção, j. 13.05.2020, *DJe* 05.06.2020.
429. DINAMARCO, Cândido Rangel. *Instituições de direito processual civil*. 3. ed., v. III cit., p. 93.
430. CARNELUTTI, Francesco. *La prova civile* cit., p. 110. Item 24.
431. Idem, p. 119. Item 25.
432. Idem, p. 119-121. Item 25.

Acrescenta-se, ainda, que, quanto à *natureza das atividades a desenvolver*, as provas podem ser orais (com a inquirição de testemunhas ou das partes), materiais (exames, provas técnicas) ou documentais (mera exibição e juntada de documentos aos autos)[433].

Por fim, quanto a *sede de sua preparação*[434], as provas podem ser *pré-constituídas* (como as provas emprestadas e os documentos em geral, que já foram formados e existem antes e fora do processo) e *constituendas* (que são aquelas a serem formadas no curso do processo: prova testemunhal, depoimento pessoal, perícias, inspeções judiciais). As provas pré-constituídas podem ser subdivididas em pré-constituídas *ex parte*, por uma só das partes (como um livro comercial), ou *a partibus*, por ambas as partes (como um contrato). Aquelas podem ser denominadas de *semi pré-constituídas*[435].

6.16. INDÍCIOS E PRESUNÇÕES

6.16.1. Conceitos

Nem sempre o fato do qual decorre a consequência jurídica pretendida pode ser submetido à prova direta.

Quando não é possível se fazer a prova dos fatos principais (vale dizer, constitutivos, extintivos, modificativos ou impeditivos) de maneira direta, a comprovação pode ser obtida por intermédio da prova indireta ou de fatos circunstanciais, que são os indícios, dos quais se inferem a existência e o modo de ser do fato principal.

O CPC não define o que são indícios, assim, se faz necessária a utilização subsidiária do CPP para fins de conceituação: "Art. 239. Considera-se indício a circunstância conhecida e provada, que, tendo relação com o fato, autorize, por indução, concluir-se a existência de outra ou outras circunstâncias".

Indício, portanto, é toda circunstância de fato da qual é possível se extrair a existência do fato principal. Ele depende de comprovação, recaindo a sua prova sobre o fato secundário. Por exemplo, havendo fortes indícios de responsabilidade pela prática de ato de improbidade administrativa que cause lesão ao patrimônio público ou importe em enriquecimento ilícito (isto é, mesmo sem a comprovação de dilapidação efetiva ou iminente do patrimônio público), o juiz pode decretar a indisponibilidade ou o bloqueio dos bens do indiciado ou demandado, com fundamento no art. 7º da Lei 8.429/92, porque o *periculum in mora*, nessa fase do processo, milita em favor da sociedade e tem por objetivo tanto evitar a dilapidação patrimonial futura quanto garantir o ressarcimento

---

433. DINAMARCO, Cândido Rangel. *Instituições de direito processual civil*. 3. ed., v. III cit., p. 93.
434. Idem, p. 93-94.
435. BENTHAM, Jeremy. *Tratado de las pruebas judiciales*. v. I cit., p. 32.

ao erário e/ou a devolução do produto do enriquecimento ilícito, decorrente de eventual condenação, nos termos do art. 37, § 4º, da CF[436].

Entre a prova do indício e a convicção do fato principal obviamente existe uma operação mental. Este processo psicológico, que tem como momento inicial um *fato--base* ou *indício*, é denominado de *presunção*.

Um fato não é um indício em si mesmo, mas se converte nele, quando uma máxima de experiência (CPC, art. 375) permite estabelecer uma relação lógica capaz de deduzir a existência ou a inexistência do acontecimento a ser provado[437]. Assim, o indício pode ser tanto tema quanto fonte de prova, na medida em que o fato secundário precisa ser provado (atitude passiva), quando também serve para se demonstrar o fato principal (atitude ativa).

Com efeito, o indício, desde que demonstrado, é o ponto de partida para que o juiz extraia destes as presunções.

A presunção *não é um meio de prova*, mas uma forma de *raciocínio judicial* em que o magistrado, com base em um fato provado (indício) e valendo-se de máximas da experiência comum (aquilo que ocorre normalmente; CPC, art. 375), conclui pela existência de outro acontecimento, que é relevante para produzir a consequência jurídica pretendida.

A prova indiciária era proibida quando estava vedada a utilização da prova testemunhal (CC, art. 230). Assim, não se admitia a prova indiciária da existência de um contrato acima de dez salários-mínimos (CC, art. 227, *caput*). A partir do CPC, não persiste mais tal vedação, pois os arts. 227, *caput*, e 230 do CC foram revogados pelo art. 1.072, II, do CPC.

6.16.2. Objetivo das presunções

O objetivo das presunções é *facilitar a prova*, porque há situações cuja prova é de difícil realização e, caso fosse mantido o rigor inerente ao ônus da prova, haveria uma inviabilidade de se tutelar o direito material[438]. É por isso que a lei ou o juiz pode facilitar a demonstração do fato relevante, contentando se com a prova do fato secundário e dispensando-se a prova do fato principal, cujo conhecimento se obtém por raciocínio lógico-dedutivo[439].

Por exemplo, a simulação (isto é, a declaração enganosa da vontade, visando produzir efeitos diversos do pretendido) dificilmente se prova mediante prova direta,

---

436. STF, RE 944504 AgR, Rel. Min. Dias Toffoli, 2ª T., j.20.10.2017, *DJe*-251 Divulg 31.10.2017 Public 06.11.2017; STJ, AgInt no REsp 1574416/SC, Rel. Min. Regina Helena Costa, 1ª T., j. 21.03.2017, *DJe* 30.03.2017; REsp 1651676/PR, Rel. Min. Herman Benjamin, 2ª T., j. 16.03.2017, *DJe* 20.04.2017.
437. CARNELUTTI, Francesco. *La prueba civil*, 2. ed., p. 192. Item 45.
438. WRÓBLEWSKI, Jerzy. Op. cit. p. 251.
439. MARINONI, Luiz Guilherme; ARENHART, Sérgio Cruz. *Comentários ao Código de Processo Civil*. São Paulo: RT, 2000, v. 5, t. I, p. 135.

dependendo dos indícios (*v.g.*, uma pessoa que, separada de fato da esposa, em vias de finalizar o divórcio, com o intuito de se evitar que certos imóveis integrem a partilha, simula a alienação de alguns destes bens a um amigo). São indícios que servem para a conclusão da simulação: parentesco ou amizade íntima entre os contratantes; preço vil dado em pagamento para coisa valiosa; falta de possibilidade financeira do adquirente (que pode ser demonstrada pela requisição de sua declaração de Imposto de Renda); não transferência de numerário no ato, nas contas bancárias dos participantes; continuação do alienante na posse da coisa alienada; o fato de o adquirente não conhecer a coisa adquirida. A divergência entre a vontade real e a vontade declarada pode ser provada por todos os meios de prova, inclusive a prova testemunhal (CPC, art. 446, I).

6.16.3. Admissibilidade das provas circunstanciais

No contexto amplo do direito constitucional à prova e em um ordenamento processual que se privilegia a liberdade na produção da prova (CPC, art. 369), não se deve refutar as provas circunstanciais, sob o argumento de que seriam frágeis, inferiores e incapazes de servir a contento para a formação do convencimento.

As provas circunstanciais podem proporcionar ao juiz um maior conhecimento dos fatos e, às partes, melhores argumentos para buscar a tutela jurisdicional que lhes seja favorável.

Podem servir tanto para a admissão de ações judiciais (*v.g.*, pela Lei 8.429/92, art. 17, § 6º, bastam indícios suficientes da prática do ato de improbidade administrativa para o ajuizamento da respectiva ação civil pública)[440], quanto para ser examinados, no contexto das demais provas produzidas no processo, no momento da valoração probatória. A propósito, já decidiu o STJ[441] que, em ação de investigação de paternidade, o magistrado pode decidir com base na prova indiciária, quando o suposto pai não aquiesceu, se recusou, criou empecilhos para sua realização (provocando sucessivas diligências do juízo monocrático para colheita da prova pericial), ou, mesmo tendo condições financeiras de arcar com os custos do exame pericial, não recolheu os honorários periciais.

Jeremy Bentham traça dez regras quanto à admissibilidade das provas circunstanciais[442]: I) não devem ser rechaçadas as provas circunstanciais, em razão da sua debilidade; II) nem refutadas em razão de não serem concludentes; III) não se deve prejulgar

---

440. STJ, AgRg no Ag 730.230/RS, Rel. Min. Herman Benjamin, 2ª T., j. 04.09.2007, *DJ* 07.02.2008, p. 296. Com maior rigor técnico, tal entendimento sobreviveu à reforma da Lei 8.429/94, já que a redação dada pela Lei 14.230/2021, ao art. 17, § 6º, incs. I e II, afirma que, na petição inicial, o Ministério Público deve apontar elementos probatórios mínimos que demonstrem a ocorrência das hipóteses dos arts. 9º, 10 e 11 da Lei de Improbidade Administrativa e de sua autoria, salvo impossibilidade devidamente fundamentada, bem instruir a exordial com documentos ou justificação que contenham indícios suficientes da veracidade dos fatos e do dolo imputado ou com razões fundamentadas da impossibilidade de apresentação de qualquer dessas provas, observada a legislação vigente, inclusive as disposições constantes dos arts. 77 e 80 do CPC.

441. REsp 341.495/RS, Rel. Min. Nancy Andrighi, 3ª T., j. 03.12.2001, *DJ* 18.02.2002, p. 424.

442. BENTHAM, Jeremy. *Tratado de las pruebas judiciales*. v. I cit., p. 294.

que seu conjunto seja inconclusivo pela insuficiência de cada um dos indícios; IV) não considerar como insuficientes as provas circunstanciais pela simples ausência de provas diretas; V) por outro lado, não se deve concluir que as provas diretas são insuficientes, porque faltam as provas circunstanciais; VI) não se prejulgar, mesmo provisoriamente, que o conjunto das provas circunstanciais não terá força concludente; VII) tampouco se considerar tais provas concludentes, a ponto de se excluir as provas em contrário; VIII) não se deve contentar com as provas circunstanciais, quando podem ser obtidas de forma direta; IX) não se deve deixar de recorrer ao interrogatório judicial, a fim de melhor aclarar as provas; X) as provas circunstanciais não devem ser excluídas, pela simples razão da abundância das provas diretas, quando forem úteis para o esclarecimento dos fatos.

Também é possível se identificar critérios formais (ou processuais) e materiais (ou substantivos) para a admissibilidade da prova indiciária[443].

Quanto aos critérios formais, pode-se afirmar que: a) os indícios devem ser críveis, ou seja, a prova dos indícios deve estar baseada em fatos, não em meras suspeitas, impressões ou aparências; b) o órgão judicial deve motivar de forma expressa, não indireta ou tácita, os critérios racionais usados na valoração da prova indiciária.

Ademais, em relação aos critérios substanciais, três parâmetros podem ser traçados: a) os indícios devem ser, preferencialmente, múltiplos (mais de um), não se excluindo o indício único, quando for de especial significação (o que implica na não aplicação da máxima *indicium unus, indicium nullus* pela moderna teoria probatória) bem como graves e congruentes (isto é, que apontem para uma mesma direção); b) os fatos indiciários devem ser demonstrados por prova direta, devendo ficar evidenciada uma clara e lógica relação de causalidade entre os indícios e o que deles se infere; c) o juiz deve valorar também os contraindícios que surjam, eventualmente, pela compreensão dos argumentos trazidos pelas partes.

6.16.4. Espécies de presunções

As presunções podem ser de três espécies: presunções legais absolutas; presunções legais relativas (ou mistas) e, por fim, presunção judicial.

---

443. GONZÁLEZ, José Calvo. *Hechos difíciles y razonamiento probatorio* (Sobre la prueba de los hechos dissipados) cit.

6.16.4.1. Presunções legais

6.16.4.1.1. Presunções legais absolutas (iure et de iure)

São aquelas que não admitem prova em contrário[444]. Isso porque tais presunções não são institutos de direito probatório[445], mas são *ficções jurídicas* sobre as quais o legislador se apoia para impor as consequências jurídicas que entende convenientes.

A acepção semântica do vocábulo *ficção* é substantivo tanto ligado ao termo latino *fictio* quanto ao verbo latino *fingere*, cujos significados remontam a se assumir a ocorrência de um fato ou a existência de uma situação, prescindindo-se da efetiva aderência desses juízos à verdade real. Em suma: fingir é *fazer de conta*.

São exemplos de presunções absolutas: 1) a *usucapião extraordinária* (CC, art. 1.238): a boa-fé do possuidor presume-se de forma absoluta, quando por 15 (quinze) anos ou mais possuir o imóvel como seu: o legislador *finge*, faz de conta, que nessa situação a boa-fé exista, ainda quando se demonstrasse a má-fé; isso porque a usucapião ordinária (CC, art. 1.242) exige justo título, boa-fé e posse por mais de 10 (dez) anos; 2) CC, art. 163: "presumem-se fraudatórias dos direitos dos demais credores as garantias de dívidas que o devedor insolvente tiver dado ao credor": o legislador *finge* que a fraude tenha acontecido, sem que se possa cogitar de sua real existência no caso concreto. Assim, não se prova o *consilium fraudis*, nas alienações a título gracioso, porque esse ato será sancionado de ineficácia, ainda quando não tenha acontecido o conluio fraudulento.

As presunções absolutas, portanto, operam alterações na estrutura das regras jurídicas. Tornam certos fatos *irrelevantes* para o direito material e, com isso, excluem-no do *objeto da prova*.

Nos exemplos acima referidos, verifica-se que a boa-fé não é um fator de relevância para a caracterização da usucapião extraordinária e o *consilium fraudis*, para a presunção de fraude. Sem a ficção jurídica imposta pela presunção absoluta, as consequências jurídicas "favoráveis" não incidiriam.

Portanto, as presunções absolutas não são institutos de direito probatório, embora com ele relacionem-se na medida em que tornam juridicamente irrelevantes os fatos que seriam, ordinariamente, relevantes, dispensando-se a sua prova.

6.16.4.1.2. Presunções legais relativas (iuris tantum)

São aquelas que, apesar de dispensarem a prova da situação jurídica ou do fato relevante para o julgamento (*factum probandum*), admitem prova em contrário[446].

---

444. COUTURE, Eduardo J. *Fundamentos del derecho procesal civil*. 1990 cit., p. 227.
445. DINAMARCO, Cândido Rangel. *Instituições de direito processual civil*, 3. ed., v. III cit., p. 77-78 e 116-118.
446. DINAMARCO, Cândido Rangel. *Instituições de direito processual civil*. 3. ed., v. III cit., p. 119.

Esse tipo de conjectura pressupõe o concurso de três circunstâncias: um fato conhecido, um desconhecido e uma relação de causalidade[447]. Deve ser provado apenas o fato conhecido, não o desconhecido.

O interessado no reconhecimento do fato relevante tem somente o ônus de se provar o *indício* (fato secundário) e não o próprio fato relevante (fato primário), sendo, portanto, um exemplo de *prova indireta*.

Com efeito, as presunções legais relativas recaem, em um primeiro momento lógico, sobre o *objeto da prova*. Dispensa-se a comprovação da situação jurídica ou do fato relevante pela parte interessada, para, em um segundo momento lógico, dar-se a faculdade da parte adversária em se provar o fato contrário ao fato que fora presumido. Deste modo, a possibilidade de prova em contrário permite destruir a presunção quando se evidencia a sua não correspondência à realidade[448].

Por exemplo, o art. 1.253 do CC afirma que "toda a construção, ou plantação, existente em um terreno, presume-se feita pelo proprietário e à sua custa, até que se prove o contrário". A questão probatória pode ser assim sistematizada: a) presença de um fato-base, ou indício: o direito de propriedade sobre o imóvel; b) um fato *probandum*, que fica dispensado: o custeio da plantação, e, com isso, altera-se o objeto da prova. Por outro lado, o adversário tem a faculdade e o ônus de provar que foi ele quem as fez à sua custa, perfazendo-se, assim, c) a relação de casualidade.

Outro exemplo: nos contratos de locação, com prazo inferior a 30 (trinta) meses, presume-se verdadeira (presunção de sinceridade) a alegação do locador que afirma precisar do imóvel para uso próprio ou de seu cônjuge, companheiro, ascendente ou descendente (Lei 8.245/91, art. 47, III). Entretanto, essa presunção é relativa. Se o locatário tiver êxito em provar que o locador ou aquele que será beneficiado pelo locador com a utilização do imóvel não vier a precisar dele, é apto a fazer persistirem as cláusulas do contrato de locação. A Súmula 409 do STF assevera que "ao retomante, que tenha mais de um imóvel alugado, cabe optar entre eles, salvo abuso de direito". Portanto, veda-se ao locador exigir a retomada de dois imóveis, alegando que ambos serão utilizados para própria fruição.

Ainda outro exemplo: pelo art. 937 do CC, presume-se a culpa do proprietário do imóvel pelos danos que resultarem de sua ruína (*v.g.*, desprendimento de telhas, revestimentos etc.), se estes provierem de falta manifesta de reparos. Será o proprietário acionado pela reparação dos danos, ainda que os prejuízos tenham sido causados pelo seu antecessor na propriedade, pelo construtor do imóvel ou pelo inquilino que o habitava, sem prejuízo de posterior ajuizamento de ação regressiva em face do causador do dano.

Acrescenta-se, ainda, que a aposentadoria por invalidez permanente concedida pelo INSS não gera presunção absoluta da incapacidade total do segurado, não vinculan-

---

447. COUTURE, Eduardo J. *Fundamentos del derecho procesal civil*. 1990 cit., p. 228.
448. WRÓBLEWSKI, Jerzy. Op. cit., p. 241-242.

do ou obrigando as seguradoras privadas. Para que o segurado receba a indenização de seguro contratado com empresa privada, é necessária a realização de perícia médica para atestar o grau de incapacidade e o correto enquadramento na cobertura contratada[449].

6.16.4.1.3. Presunções mistas

Além das presunções legais absolutas e relativas, há autores, como Moacyr Amaral Santos[450], que apontam a existência de *presunções legais mistas*, definidas como aquelas que admitiriam uma determinada prova em contrário, limitando-se, assim, o espectro dos fatos que a parte contrária teria a faculdade e o ônus de provar[451].

Por exemplo, pelo art. 1.597 do CC, presume-se que os filhos da mulher casada foram *concebidos* na constância do casamento, se nascidos 180 dias depois de estabelecida a convivência conjugal (inciso I) ou 300 dias após a dissolução da sociedade conjugal (inciso II). Neste caso, o marido não pode simplesmente negar o fato *probando*, mas deve alegar e provar quaisquer *fatos impeditivos* da concepção (*v.g.*, que estava fisicamente impossibilitado de gerar à época da concepção, que o casal estava separado de fato ou por força de separação de corpos etc.).

Entretanto, há autores como Vicente Greco Filho[452] que não compartilham de tal raciocínio, afirmando que não há lógica em se estabelecer uma posição intermediária entre o absoluto e o relativo; por exclusão, ou algo é absoluto ou é relativo, não existindo um meio-termo.

6.16.4.1.4. Conflito entre presunções legais

Em vista das próprias peculiaridades dos casos que vêm ao Poder Judiciário, nem sempre é possível se precisar critérios legais para se resolver conflitos entre duas presunções criadas pela lei. Por exemplo, a exegese das presunções de paternidade (CC, art. 1.597, I e II) faz surgir a questão de como se resolver o seguinte conflito: viúva que se casa antes de decorridos os 10 meses da viuvez e cujo filho nasce depois de 180 (cento e oitenta) dias do segundo casamento. Quem deverá ser declarado pai da criança? O ordenamento jurídico simplesmente não fixa uma regra que possa solucionar esse problema. Assim, apela-se para os avanços científicos que possam vir a esclarecer a situação com a realização da prova pericial (*v.g.*, o exame do DNA). Concluindo-se, portanto, que tais avanços representam uma supressão tácita de regras como as contidas no art. 1.597, I e II, do CC.

Outro exemplo: em ação de divórcio, em que se discute a partilha do bem, pode haver conflito entre a presunção do art. 1.253 do CC (de que toda a acessão/benfeitoria

---

449. STJ, EREsp 1508190/SC, Rel. Min. Ricardo Villas Bôas Cueva, 2ª Seção, j. 08.11.2017, *DJe* 20.11.2017.
450. SANTOS, Moacyr Amaral. *Primeiras linhas de direito processual civil*. São Paulo: Saraiva, 1977. v. 2, p. 439-440.
451. DINAMARCO, Cândido Rangel. *Instituições de direito processual civil*. 3. ed., v. III cit., p. 121.
452. GRECO FILHO, Vicente. *Direito processual civil brasileiro*. 11. ed. São Paulo: Saraiva, 1996, v. 2, p. 209.

foi feita pelo proprietário do imóvel – por hipótese, o cônjuge varão – e à sua custa) e a do art. 1.660, incs. I e IV, também do CC, segundo a qual o esforço comum dos cônjuges na aquisição dos bens, realizada na constância da relação matrimonial sob o regime da comunhão parcial, devem ser partilhados. A definição se as acessões/benfeitorias foram realizadas, ou não, na constância do vínculo conjugal, para que se possa concluir se devem ou não integrar o acervo patrimonial a ser partilhado na ação de divórcio, pode ser objeto da dinamização do ônus da prova, nos termos do art. 371, § 1º, do CPC[453].

6.16.4.2. *Presunções judiciais* (hominis)

São ilações que o juiz extrai da existência de fatos que normalmente acontecem, concluindo a respectiva ocorrência desses[454]. Estão fundadas em máximas da experiência (CPC, art. 375).

À guisa de ilustração, mencionam-se dois exemplos de presunções judiciais.

Primeiro exemplo: a presunção da culpa do motorista que abalroou outro veículo por trás num acidente de trânsito.

Tal presunção é construída em razão da distância de segurança que deve ser mantida, pelo motorista, conforme estabelece o art. 29, II, do Código de Trânsito Brasileiro (CTB)[455]. Dessa forma, presume-se a culpa do motorista que colide por trás. Em razão disso, inverte-se o ônus da prova, cabendo a quem bate atrás demonstrar que não agiu com culpa[456].

Como tal presunção admite prova em contrário, não se pode desconsiderar as obrigações também quanto àquele condutor que segue à frente.

Pelo art. 43 do CTB, o condutor deve regular a velocidade do automóvel conforme as condições da via, não obstruindo o fluxo de forma injustificada e em velocidade anormalmente reduzida. Além disso, deve indicar de forma clara e com antecedência a sua intenção de reduzir a velocidade. O mesmo artigo assevera que o condutor, antes de se reduzir a velocidade, deve se certificar de que pode fazê-lo sem riscos para os demais, a não ser no caso de perigo iminente.

Ainda, o art. 42 dessa lei determina, de forma imperativa, que nenhum condutor deverá frear bruscamente o veículo, salvo por razões de segurança.

Portanto, não se pode presumir, pura e simplesmente, que o condutor que colide atrás é o único e direto responsável pelos danos causados no veículo que está a sua frente, já que as obrigações de cautela são devidas por ambos, tanto por quem segue

---

453. STJ, REsp 1.888.242/PR, Rel. Min. Ricardo Villas Bôas Cueva, 3ª T., j. 29.03.2022, *DJe* 31.03.2022.
454. DINAMARCO, Cândido Rangel. *Instituições de direito processual civil*. 3. ed., v. III cit., p. 121-122.
455. STJ, AgRg no AgRg 572.430/SP, rel. Min. Marco Buzzi, 4ª T., j. 16.04.2015, pub. *DJe* 23.04.2015; ARAUJO, Marcelo José. Colisões traseiras: reflexões. *Jus Navigandi*. Teresina, a. 10, n. 957, 15.02.2006. Disponível em: [http://jus2.uol.com.br/doutrina/texto.asp?id=7969]. Acesso em: 10.03.2015.
456. STJ, AgRg no AgRg 1.416.603/RJ, rel. Min. Paulo de Tarso Sanseverino, 3ª T., j. 24.02.2015, pub. *DJe* 03.03.2015.

atrás quanto por quem vai à frente. Enquanto um deve se manter a distância segura, o outro também deve estar atento a quem segue atrás.

Há de se reconhecer que, em um fluxo intenso e conturbado, ambas as obrigações são de difícil cumprimento, tanto de uma distância razoável quanto de indicar a diminuição com antecedência.

Assim, nessas condições, a única justificativa para uma frenagem brusca, bem como pelo não cumprimento em se sinalizar com antecedência, é em *situações de perigo*, ou seja, quando algo ou alguém obriga o veículo da frente a promover a frenagem brusca.

Só que, se a situação de perigo iminente legitima quem segue à frente a promover uma frenagem brusca, poder-se-ia entender que tal condição é também apta a isentar quem segue atrás pela responsabilidade única pelo evento danoso. Isso porque a fixação da distância de segurança é pressuposta para situações normais, tal qual a sinalização antecedente de diminuição.

Em última análise, pode-se concluir que sobre esse evento externo – que não é o veículo de trás nem o da frente – é que se pode ou deve recair a responsabilidade, uma vez que tal proceder teria sido capaz de causar uma situação de exceção ao cumprimento das regras, geralmente feitas para se proteger da ocorrência desse fato.

Deve ser acrescentado, ainda, que o art. 188, inc. II, do CC afirma que não constitui ato ilícito a deterioração ou a destruição da coisa alheia, ou a lesão a pessoa, a fim de se remover *perigo iminente*, desde que tal ato seja absolutamente necessário pelas circunstâncias fáticas e não se exceda o indispensável para a remoção do perigo.

O condutor do veículo da frente, que não foi culpado pelo perigo, e o condutor do veículo de trás têm direito à indenização pelo prejuízo que sofreram (CC, art. 929). Se o último motorista for acionado pelo primeiro, em ação de reparação de danos, cabe-lhe a denunciação da lide ao causador dos prejuízos, para reaver eventual importância que venha a ser condenado a pagar (CC, art. 930).

Como *segundo exemplo* de presunções judiciais, presume-se culpado o condutor de veículo automotor que, encontrando-se em estado de embriaguez, compromete, objetivamente, a segurança do trânsito na produção do evento danoso (acidente de trânsito).

A condução de veículo em estado de embriaguez, por si só, representa gravíssimo descumprimento do dever de cuidado e de segurança no trânsito, porque: o consumo de álcool compromete as faculdades psicomotoras, com significativa diminuição dos reflexos; enseja a perda de autocrítica, fazendo com que o condutor subestime os riscos ou os ignore completamente; promove alterações na percepção da realidade; enseja *déficit* de atenção; afeta os processos sensoriais; prejudica o julgamento e o tempo das tomadas de decisão. A embriaguez ao volante inviabiliza a condução segura de veículo, com a produção de riscos, não apenas ao motorista, mas também aos demais agentes que atuam no trânsito, em especial aos pedestres, que, por determinação legal (CTB, art. 29, § 2º), merecem maior proteção e cuidado dos demais[457].

Assim, em ação que se destina a apurar a responsabilidade civil, presume-se a culpa e inverte-se o ônus da prova quando o comportamento do condutor se revela idôneo a causar o acidente no caso concreto. Nesse caso, cabe ao motorista, que se encontrava embriagado, o ônus de comprovar a ocorrência de alguma excludente de nexo de causalidade (*v.g.*, culpa ou o fato exclusivo da vítima ou de terceiros, caso fortuito ou força maior).

Por fim, como *terceiro exemplo* de presunções judiciais, pode ser citada a presunção da dor e do sofrimento para a concessão de danos morais.

Os fatos podem ser classificados como *físicos* e *psicológicos*, quando, respectivamente, manifestam-se pelos sentidos externos ou se produz no âmago do espírito[458]. Os danos morais podem estar relacionados à comprovação de ambos os fatos, mas quando se referem aos psicológicos demandam uma percepção de maior complexidade.

Demonstrada a prova do fato lesivo, não há a necessidade de se provar o dano moral, pois ele é tido como lesão à personalidade, à honra da pessoa, revelando-se, muitas vezes, de difícil demonstração, por atingir reflexos *estritamente íntimos*. Em outras palavras, o dano moral não se prova, acha-se *in re ipsa*; o que se prova é o fato que acarretou dor, sofrimento, abalos psicológicos etc., sentimentos íntimos que o ensejaram[459].

Nesse sentido, não é preciso provar o dano moral em razão da: a) morte de filho, pai, mãe ou cônjuge[460]; b) inscrição ou manutenção indevida de nome do consumidor em cadastro de devedores, sem a prévia comunicação prevista no art. 43 do CDC[461]; c) recusa indevida do plano de saúde de realização de procedimento cirúrgico necessário[462]; d) publicação não autorizada de imagem de pessoa com fins econômicos ou comerciais (Súmula 403/STJ). Também prescinde de prova o dano moral coletivo, porque ele é aferível *in re ipsa*, uma vez que sua configuração decorre da mera constatação da prática de conduta ilícita que, de maneira injusta e intolerável, viole direitos de conteúdo extrapatrimonial da coletividade, revelando-se desnecessária a demonstração de prejuízos concretos ou de efetivo abalo moral (*v.g.*, a conduta de emissora de televisão que exibe quadro sobre a investigação da origem biológica de crianças e adolescentes, as quais, potencialmente, estavam sendo colocadas em situações discriminatórias, vexatórias,

---

457. STJ, REsp 1749954/RO, Rel. Min. Marco Aurélio Bellizze. 3ª T., j. 26.02.2019, *DJe* 15.03.2019.
458. BENTHAM, Jeremy. *Tratado de las pruebas judiciales*. v. I cit., p. 26.
459. STJ, AgRg no AREsp 510.041/SP, Rel. Min. Sidnei Beneti, 3ª T., j. 05.08.2014, pub. *DJe* 01.09.2014.
460. STJ, REsp 86.6.450/RS, Rel. Min. Herman Benjamin, 2ª T., j. 24.04.2007, *DJe* 07.03.2008.
461. STJ, REsp 1707577/SP, Rel. Min. Herman Benjamin, 2ª T., j. 07.12.2017, *DJe* 19.12.2017; AgRg no AREsp 129.409/RS, Rel. Min. Olindo Menezes (des. convocado do TRF 1ª Reg.), 1ª T., j. 03.09.2015, pub. *DJe* 15.09.2015; REsp 419.365/MT, Rel. Min. Nancy Andrighi, 4ª T., j. 11.11.2002, *DJU* 09.12.2002, p. 341.
462. STJ, AgInt no REsp 1385638/RS, Rel. Min. Napoleão Nunes Maia, 1ª T., j. 28.11.2017, *DJe* 05.12.2017.

humilhantes, configura lesão ao direito transindividual da coletividade e dá ensejo à indenização por dano moral coletivo)[463].

Porém, convém frisar que isso não significa que o dano moral sempre se presuma. Para a sua caracterização, é indispensável que seja evidenciado o *elemento psicológico* pelo qual se pode deduzir o sofrimento suportado pela vítima (*v.g.,* o uso de imagem de enfermeiras, em catálogo publicitário de clínica médica, sem o seu consentimento, não gera sofrimento se a veiculação da imagem foi restrita ao âmbito profissional das vítimas, fotografadas com trajes correspondentes à profissão e em local compatível à atividade laboral; portanto, não se pode imputar o dever de compensar danos morais pelo uso indevido da imagem, com fins lucrativos, sem se analisar as circunstâncias específicas que envolveram a captação e a exposição da imagem)[464]. De igual modo, o STJ concluiu pela não aplicação da Súmula 403 às hipóteses de representação da imagem de pessoa – ex-goleiro do Santos Futebol Clube – como coadjuvante em obra biográfica audiovisual (documentário "Pelé Eterno"), sem nenhum propósito econômico ou comercial, mediante a contratação de ator sem prévia autorização do autor da demanda, que tem por objeto a história profissional de terceiro (Pelé)[465].

Outro exemplo é a impossibilidade de considerar a omissão de socorro à vítima de acidente de trânsito para, por si só, considerar hipótese de dano moral *in re ipsa*. Isso porque, para a caracterização do dano moral nos termos do art. 944 do Código Civil, é preciso restar evidenciado transtorno emocional ou psicológico à vítima. Desse modo, conforme orientação do STJ, para a constatação do dano moral em hipótese de omissão de socorro à vítima de acidente de trânsito, deve-se examinar as peculiaridades do caso concreto, tais como: "i) se alguém se feriu gravemente; ii) se houve pronto socorro por terceiros; iii) se a pessoa ferida estava consciente após o acidente; iv) se, em decorrência do atraso do socorro, houve alguma sequela e qual sua extensão; e v) se a vítima possuía condição física e emocional de conseguir sozinha ajuda, entre outros fatores"[466].

Com efeito, embora na jurisprudência do STJ há situações específicas em que a compensação de danos morais independe da demonstração da dor, sendo inerente à própria conduta que atinja injustamente à dignidade da pessoa humana (ou seja, *in re ipsa*), não se afasta a sua efetiva demonstração em qualquer situação[467]. Por exemplo, os

---

463. STJ, AgRg no AREsp 737.886/SE, Rel. Min. Humberto Martins, 2ª T., j. 03.09.2015, pub. *DJe* 14.09.2015; REsp 1517973/PE, Rel. Min. Luis Felipe Salomão, 4ª T., j. 16.11.2017, *DJe* 01.02.2018.
464. STJ, REsp 622.872/RS, Rel. Min. Nancy Andrighi, 3ª T., j. 14.06.2005, *DJU* 01.08.2005, p. 446.
465. STJ, REsp 1454016/SP, Rel. Min. Nancy Andrighi, Rel. p/ Acórdão Min. Ricardo Villas Bôas Cueva, 3ª T., j. 12.12.2017, *DJe* 12/03/2018; STF, ADI 4815, Rel. Min. Cármen Lúcia, Tribunal Pleno, j. 10.06.2015, Processo Eletrônico *DJe*-018 Divulg 29.01.2016 Public 01.02.2016. Apesar desse entendimento, o STJ admite que o dano moral por uso indevido da marca é aferível *in re ipsa*, por considerar que a marca não tem apenas a finalidade de assegurar direitos meramente individuais do seu titular (ordem privada), mas resguardar o mercado (ordem pública), protegendo os consumidores, para que possam aferir a origem e a qualidade do produto ou serviço, além de evitar o desvio ilegal de clientela e a prática do proveito econômico parasitário. Cfr. REsp 1327773/ MG, Rel. Min. Luis Felipe Salomão, 4ª T., j. 28.11.2017, *DJe* 15.02.2018.
466. STJ, REsp 1512001/SP, 4ª T., Rel. Min. Antonio Carlos Ferreira, j. 27.04.2021, *DJe* 30.04.2021.
467. STJ, REsp 1653413/RJ, Rel. Min. Marco Aurélio Bellize, 3ª T., j. 05.06.2018, *DJe* 08.06.2018.

danos decorrentes de acidentes de veículos automotores sem vítimas não caracterizam o dano moral *in re ipsa*. Afinal, não fosse assim, os danos extrapatrimoniais seriam reduzidos à dimensão meramente patrimonial ("patrimonialização do Direito Civil"), o que serviria para alimentar a "indústria do dano moral", fazendo com que "meros aborrecimentos" pudessem ser compensados monetariamente.

Além disso, o dano moral sofrido por pessoa jurídica não se configura *in re ipsa*, porque não é idêntico àquele sofrido por um indivíduo[468]. A pessoa jurídica ser vítima de danos extrapatrimoniais, por violação ao bom nome, à fama, à imagem e à reputação, estando sob proteção jurídica a sua honra objetiva. Todavia, a expressão dano moral é usada por raciocínio analógico, uma vez que envolve direitos extrapatrimoniais, mas não de natureza biopsíquica nem relativos à dignidade da pessoa humana. No entanto, tal entendimento não impede que a comprovação dos danos morais sofridos pela pessoa jurídica se dê por meio da utilização de presunções e regras de experiência.

As presunções judiciais são admitidas no processo civil brasileiro por força do art. 375 do CPC, que permite que o juiz se valha das *máximas da experiência*.

Do mesmo modo, o art. 5º da Lei 9.099/95 faculta ao juiz – nos JEC – dirigir o processo com liberdade para se determinar as provas a serem produzidas, para apreciá-las, bem como para se dar especial valor às regras de experiência comum ou técnica.

6.17. MÁXIMAS DA EXPERIÊNCIA

6.17.1. Conceito

As máximas de experiência são *critérios cognoscitivos* com base nos quais são efetuadas atividades probatórias lógico-racionais (deduções, ilações e inferências probatórias).

São regras gerais que decorrem da experiência de acontecimentos de determinado gênero[469]. Pertencem à cultura média ou ao senso comum, fazendo parte do conjunto de noções que integram o patrimônio cultural difuso de certo lugar, em determinado momento histórico.

Devem ser consideradas *regras* na medida em que são proposições de natureza, tendencialmente gerais, abarcando uma pluralidade de fatos ou de comportamentos, cujo conhecimento se supõe derivado da experiência comum, sendo enunciados em decorrência da regularidade da sua verificação.

São constituídas de todas as noções, regras, generalizações, *standards* e leis que podem abarcar, desde noções científicas, até generalizações empíricas, dados estatísticos e observações constatadas pelo senso comum. Abrangem uma esfera ampla e indefi-

---

468. STJ, REsp 1564955/SP, Rel. Min. Nancy Andrighi, 3ª T., j. 06.02.2018, *DJe* 15.02.2018.
469. TARUFFO, Michele. Considerazione sulle massime d'esperienza. *Rivista Trimestrale di Diritto e Procedura Civile*, v. 63, p. 551-554.

nida que inclui vários campos do saber (*v.g.*, técnico, médico, econômico, psicológico, biológico, moral etc.).

6.17.2. Classificação

Podem ser classificadas em *comuns* quando conhecidas por qualquer pessoa de cultura média, inserida em um determinado contexto social, em razão da sua experiência no mundo (*v.g.*, quem dirige à noite tem menor visibilidade de quem dirige de dia; quem está alcoolizado tem seus reflexos atingidos; a testemunha proba diz a verdade), e *especiais* ou *técnicas* quando pertencem a um determinado campo específico do conhecimento (*v.g.*, que a água é formada por duas moléculas de hidrogênio e uma de oxigênio; que o ciclo gestacional dura, em média, 40 semanas etc.)[470].

Entretanto, os conhecimentos técnico-científicos que o juiz pode aplicar não devem ir além daqueles que pertencem ao domínio comum. Caso contrário, é imprescindível a realização da *prova técnica* (pericial), ainda que o magistrado seja portador desses conhecimentos técnicos (também tenha formação em outra área do conhecimento, seja medicina, engenharia, contabilidade etc.)[471].

Com isso, quer-se evitar o *enciclopedismo* do juiz, o qual acarretaria tanto em privação das partes na participação do contraditório quanto na supressão em instâncias superiores de elementos probatórios necessários para proceder à formação do respectivo convencimento. As regras científicas e técnicas não podem ser impostas em razão da posição processual que ocupa o juiz. Ao contrário, devem ser individualizadas, verificadas e aplicadas no âmbito da *dialética processual*[472]. Aliás, esse é o cerne da proibição do juiz em valer-se de seus *conhecimentos privados*. Afinal, se a prova científica fosse uma faculdade do juiz, restariam frustradas as garantias do contraditório e da ampla defesa, na medida em que contribuiria com as *decisões surpresas*, em detrimento do diálogo processual e da efetividade do contraditório (CPC, arts. 7º e 10).

Toda vez que, na percepção ou na valoração dos fatos jurídicos, o juiz venha a necessitar de conhecimentos técnicos, não bastando as meras máximas da comum experiência, deve recorrer à prova pericial. Isso porque o juiz, que, mesmo tendo conhecimentos técnicos, suprime intencionalmente a realização da perícia, contribui para que haja a nulidade processual, especialmente quando foi requerida por uma das partes, uma vez que o resultado da perícia poderia modificar a conclusão do processo. Nesta hipótese, além da violação do direito à prova, a sentença incorre em *vício de motivação*[473].

---

470. PROTO PISANI, Andrea. *Lezioni di diritto processuale civile*. 2. ed. Nápoles: Jovene, 1996. p. 460-461; MOREIRA, José Carlos Barbosa. Regras de experiência e conceitos jurídicos indeterminados. *Revista forense*, v. 261, p. 13-14.

471. STJ, AgInt no REsp 1812573/SP, Rel. Min. Luis Felpe Salomão, 4ª T., j. 27.08.2019, DJe 02.09.2019.

472. LOMBARDO, Luigi. Prova scientifica e osservanza del contraddittorio nel processo civile. *Rivista di Diritto Processuale*, p. 114-115, 2002.

473. Idem, p. 1.116.

Portanto, ainda que o juiz tenha competência técnico-científica, deve submeter-se ao contraditório, em condições de igualdade, com as partes e com o perito. O contraditório somente estará garantido se os conhecimentos técnicos do magistrado forem colocados em confronto com os de outro especialista. O juiz continua a ser o *peritus peritorum* (CPC, arts. 371, 375 e 479), mas é chamado *ex post* para desenvolver seu papel de valoração crítica dos resultados da perícia técnica.

Por exemplo, não se pode eximir a culpa de um piloto pela pane da aeronave resultante de uma falha do motor, baseado em mera máxima da experiência. Afinal, na condução de uma aeronave exige-se um conhecimento e um adestramento específico que os magistrados não possuem. Uma pane, nem sempre, causa a queda de um avião. Da mesma forma que um defeito em um automóvel não é a causa necessária de um acidente.

Em sentido contrário, a 2ª Seção do TRF da 4ª Região, nos Embargos Infringentes na Apelação Cível 199.904.010.712.170, aplicou o art. 335 do CPC-73 (correspondente ao art. 375 do CPC), não se exigindo a prova pericial, por considerar que a culpa do piloto não estava caracterizada, pois a queda da aeronave foi resultante de falha do motor. Entretanto, no voto vencido da Desª. Marga Inge Barth Tessler, de forma correta, ficou consignado:

> Sei que se estiver em excesso de velocidade e furar um pneu, não conseguirei manter o controle do veículo. Isso me diz que existem regras de condução de aeronave e que estas nos devem ser muito explicadas para que possamos perfeitamente entender o que aconteceu (...). No meu modo de ver, este processo baixa para fazer-se a perícia.

Outro exemplo: o conhecimento técnico ou científico de juiz sobre determinado mercado imobiliário não pode ser equiparado às regras de experiência comum (CPC, art. 375)[474]. Afinal, ainda que o magistrado conheça determinada região e também o imóvel penhorado, e pudesse saber o seu real valor, não há como afirmar que tal informação seja de conhecimento público. Faz-se indispensável, pois, a realização de perícia para avaliar bem imóvel objeto de penhora.

Ainda, no que se refere aos erros médicos, o art. 375 do CPC deve ser aplicado com detida cautela por não ser a medicina uma ciência exata, além da variedade dos procedimentos médicos modernos e das medicações implicarem riscos que lhe são inerentes[475]. Assim, a aplicação de *máximas de experiência comuns* deve ficar reservada aos casos em que se vislumbra claramente uma obviedade que o dano foi resultado direto de negligência profissional. Por exemplo, quando um artefato cirúrgico (*v.g.*, bisturi, compressas, luvas etc.) for deixado no corpo do paciente, a prova da culpa se

---

474. STJ, REsp 1.786.046/RJ, Rel. Min. Moura Ribeiro, 3ª T., j. 09.05.2023, DJe 11.05.2023.
475. KNIJNIK, Danilo. As (perigosíssimas) doutrinas do "ônus dinâmico da prova" e da "situação de senso" comum como instrumentos para assegurar o acesso à justiça e superar a probatio diabólica. In: FUX, Luiz; NERY JR., Nelson; ALVIM, Teresa Arruda (Coord.). *Processo e Constituição*. São Paulo: RT, 2006. p. 950.

dá *per se*, porque, nesses casos, a negligência do profissional é tão evidente que a prova pericial se torna desnecessária.

6.17.3. Premissas maiores

As máximas da experiência *não estão no plano dos fatos* e, portanto, do ônus da prova. Podem e devem ser aplicadas pelo juiz de ofício, como faria com as presunções legais, adotando-as como premissas maiores, se pensadas dentro do raciocínio silogístico[476].

A regra da experiência não é criada no processo, mas nele pode ser apenas revelada. Forma-se tanto extrajudicial quanto extraprocessualmente, seja pela observação do que *ordinariamente acontece*[477] (observação cultural), pelas leis da natureza, ou mesmo por meio de um processo lógico-indutivo. Uma vez formulada, tende a aplicar-se a casos futuros semelhantes por raciocínio dedutivo.

As máximas da experiência são *relativas*, pois dependem do estágio atual do desenvolvimento científico, pois o que era, há alguns anos, dado como cientificamente verdadeiro, pode, hoje ou daqui certo tempo, não mais ser tido como correto.

A regra de experiência de maneira alguma se confunde com o fato notório, ao passo que este é um acontecimento conhecido por grande parte das pessoas em uma determinada localidade, e aquela, porque como o próprio nome diz, é uma *regra abstrata*, que pode ser aplicada há vários acontecimentos.

Por fim, o art. 375 do CPC corrigiu o defeito da redação do art. 335 do CPC-73, que concebia as máximas da experiência como subsidiárias às regras legais (trazia a expressão: "Na falta de normas jurídicas particulares..."). Na verdade, as máximas da experiência não se confundem com as regras jurídicas, pois, embora sejam juízos gerais e hipotéticos, funcionam como critérios para se formular *inferências probatórias*[478].

6.17.4. Validade das máximas da experiência

A validade das máximas da experiência decorre da noção de *generalização*[479].

As máximas da experiência comum devem ser aplicadas quando decorrem de generalizações que possam ser consideradas válidas, isto é, quando correspondem ao que acontece na realidade. Assim, afirmar que "todos os homens são mortais" é uma generalização válida, até que se prove que exista algum homem que não seja mortal.

As generalizações válidas são aquelas que encontram fundamento no conhecimento verificado sob bases científicas: se a ciência demonstra que "*ao se verificar X, também se verifica Y*" (*v.g.*, a água atinge seu ponto de ebulição aos 100° C ao nível do mar e aos

---

476. MENDES, João de Castro. *Do conceito de prova no processo civil*. Lisboa: Ática, 1957, p. 666.
477. TARUFFO, Michele. *La prova dei fatti giuridici*. Milão: Giuffrè, 1992, p. 477.
478. CAMBI, Eduardo. *A prova civil*. Admissibilidade e relevância. São Paulo: RT, 2006, p. 284.
479. TARUFFO, Michele. Considerazione sulle massime d'esperienza. *Rivista Trimestrale di Diritto e Procedura Civile*, v. 63, p. 554-560.

85º C aos 4.000 metros de altitude). Logo, está-se diante de um conhecimento que se considera válido em todos os casos possíveis. Por outro lado, a impressão de que o Sol gira em torno da Terra é uma percepção que fez parte da cultura geral da Idade Média, mas está fundada em uma generalização inválida, desde o momento em que se houve uma comprovação fincada em métodos científicos que veio a demonstrar a falsidade de tal afirmação, oriunda da experiência comum à época. Ainda, nesse sentido, estudos de psiquiatria forense, baseados em experimentos diversos, contrariam o senso comum de que em situações de estresse a atenção humana é redobrada a tudo o que acontece (o que fragiliza, por exemplo, a palavra da vítima no reconhecimento do criminoso como único meio de prova para a condenação criminal)[480].

Porém, também é frequente a situação na qual a máxima da experiência não é expressa em uma regra universal, mas encontra-se fundada em uma *quase generalização*; isto é, está baseada em uma tendência de que certo acontecimento se verifica, no plano científico, conforme um grau de probabilidade muito elevado. Por exemplo, o fenômeno X não acontece em 100% dos casos, mas em 98%. Trata-se de uma situação de máxima fundada em uma generalização que não tem validade geral e irrestrita, mas que pode ser praticamente equiparada a uma verdadeira generalização. No entanto, tal situação introduz no raciocínio probatório uma complicação a ser resolvida, ou seja, qual seria a margem de erro que deve ser considerada tolerável? Afinal, dependendo da situação, 2% podem ser considerados aceitáveis, mas 20% não.

Portanto, pode-se afirmar que uma máxima da experiência não é válida quando não é fundada em uma verdadeira generalização nem sobre uma quase generalização. As generalizações espúrias são aquelas privadas de qualquer confirmação científica ou empírica. Também devem ser desprezadas aquelas situações que têm confirmação empírica, mas que não podem ser generalizações fundadas. Por exemplo, a máxima da experiência segundo o qual o fumo causa câncer de pulmão vale, apenas, como uma causa geral: – mesmo que se possa afirmar que o fumo aumenta o risco de um fumante contrair câncer, os dados epidemiológicos disponíveis são insuficientes para se afirmar que a condição necessária para alguém ter câncer se deve diretamente ao fato de ser ou ter sido fumante, porque tal conclusão tem um alto grau de probabilidade de se estar errada.

Além disso, em muitos casos, as máximas da experiência não exprimem nenhum conhecimento, mas decorrem de preconceitos ou de prejuízos sociais difusos, como os de gênero (de que as mulheres seriam seres irracionais e, por isso, seu depoimento não seria confiável), ou de raça (pelo qual os negros seriam intelectualmente inferiores aos brancos), de religião (pelos quais os ateus não seriam pessoas dignas de confian-

---

480. MORGAN, Charles A.; HAZLETT, Gary; DORAN, Anthony; GARRET, Stephan; HOYT, Gary; THOMAS, Paul; BARANOSKI, Madelon; SOUTHWICK, Steven M. Accuracy of eyewitness memory for persons encoutering during exposure to highly intense stress. *International Journal of Law and Psychiatry*, v. 27, 2004, p. 265-279; MATIDA, Janaína. O reconhecimento de pessoas não pode ser porta aberta à seletividade penal. *Conjur*, 18 de setembro de 2020.

ça) ou de caráter político (pelos quais aqueles filiados a determinado partido seriam socialmente perigosos).

Como as máximas de experiência também podem ser constituídas de preconceitos, falsas representações, critérios valorativos arbitrários e até de verdadeiros erros difundidos na cultura média, é necessário construir *standards* (padrões) que possibilitem o aproveitamento das máximas de experiência, para tornar o seu emprego útil ao raciocínio probatório, ao invés de excluí-las, *a priori*, do processo de formação da decisão judicial.

Pelo menos três são as condições mínimas a serem apontadas para que se possa valer das máximas de experiência.

Em primeiro lugar, devem ser noções comumente aceitas no ambiente social e cultural, bem como pertencer à cultura média existente no local e ao tempo em que a decisão for proferida[481]. Não se admitem, pois, noções superadas, falsificadas ou estranhas ao local e ao senso universal(*v.g.*, regras seguidas por minorias religiosas, éticas ou ideológicas, bem como por grupos ou indivíduos isolados não podem ser generalizadas). A máxima da experiência deve carregar, pois, uma presunção *prima facie* de credibilidade, legitimando o seu emprego pelo juiz, ao menos na falta de boas razões em contrário. Havendo dúvida quanto ao preenchimento dessa condição mínima, a máxima da experiência não deve ser utilizada no processo[482].

Isto porque o senso comum se constrói e se sustenta no "dizem que", isto é, na opinião geral ou em voga, no pensamento comum e acrítico, gerador de tendências (dominantes) seguidas por quem, normalmente, não investiga o que pode estar acontecendo[483]. Aceitar pura e simplesmente o senso comum pode ser perigoso, pois cada indivíduo assume o pensamento geral como se a função da reflexão fosse desnecessária, pelo simples fato dela ter se tornado comum e dominante.

Em segundo lugar, as máximas de experiência não podem ser contrariadas pelo conhecimento científico[484]. Em outras palavras, são acreditáveis enquanto sujeitas à experiência e não contrariadas (ou ainda não contrariadas) pela ciência. Caso contrário, havendo dúvidas quanto à sua consistência técnica, deve ser realizada a prova pericial. Por isso, o legislador brasileiro, no art. 375 do CPC, determina, para esses casos, que a sua utilização fique na dependência dos esclarecimentos a serem prestados pelo perito[485]. Atente-se, contudo, que, nessas hipóteses, a perícia recairá sobre a prova de um fato determinado que dependa do conhecimento especial do técnico e não sobre a existência ou a eficácia da máxima de experiência, que seja do conhecimento especial, mesmo porque os peritos apenas transmitirão ao juiz o resultado (com, eventuais, esclarecimentos) da aplicação das regras de experiência que possuem. Na esteira desse

---

481. TARUFFO, Michele. *La prova dei fatti giuridici*. Milão: Giuffrè, 1992, p. 398.
482. TARUFFO, Michele. Funzione della prova: la funzione dimostrativa cit. p. 561.
483. TIBURI, Marcia. *Como conversar com um fascista*. Reflexões sobre o cotidiano autoritário brasileiro. 2. ed. Rio de Janeiro: Record, 2015. p. 159.
484. TARUFFO, Michele. Funzione della prova: la funzione dimostrativa cit., p. 561.
485. STEIN, Friedrich. *El conocimiento privado del juez* cit., 1990, p. 53.

raciocínio, a regra do art. 375 do CPC não retira a liberdade do juiz aplicar, se tiver, seus conhecimentos técnicos[486] nem a liberdade de pesquisar, mesmo fora dos autos, tal como se fosse um historiador[487], acerca desses conhecimentos especiais. Logo, é defeso ao juiz, a pretexto de se aplicar uma máxima de experiência técnica, inviabilizar o exercício do direito à prova pericial, quando a questão de fato demande inexoravelmente esses conhecimentos especiais. Caso contrário, estar-se-ia em flagrante violação do direito à prova, cerceando-se o direito de defesa e negando-se vigência à regra contida no art. 464, § 1º, I, do CPC. De qualquer modo, nada pode ser motivo impeditivo para que o juiz se instrua, buscando – seja na rede mundial de computadores ou nos livros – aprofundar-se a respeito da matéria posta a julgamento, até porque esses conhecimentos lhe serão úteis não somente para cumprir o dever constitucional de fundamentar a decisão (CF, art. 93, IX), como também para formar a sua opinião, isto é, ter condições de melhor valorar a perícia (CPC, art. 479), caso a sua realização seja necessária.

Por último, para que haja um uso racional das máximas de experiência, é necessário que a sua utilização não gere contradição com outras noções do *senso comum*. Assim, o magistrado tem o dever de, na presença de quaisquer dúvidas sobre a sua atualidade ou o próprio critério de julgamento a ser utilizado (diante de outros possíveis a serem adotados), submeter a máxima da experiência comum a um controle racional crítico, a fim de que a noção que se pretenda utilizar esteja integrada na cultura da sociedade em que a decisão for inserida. Esse critério visa evitar que a escolha do juiz seja *arbitrária*. Com efeito, se a mesma experiência, sobre o mesmo objeto, produz noções diversas, contrastantes e contraditórias, há uma falta de credibilidade para a máxima de experiência, que se inviabiliza como instrumento de raciocínio probatório[488].

6.17.5. Funções das máximas da experiência

As máximas da experiência possuem três funções: I) heurística; II) epistêmica; e III) justificativa[489].

Pela *função heurística*, as máximas de experiência representam um instrumento cuja serventia é formular hipóteses em torno dos fatos da causa. Trata-se de uma inferência, por meio da qual se parte de uma circunstância conhecida (um indício, uma fonte de presunções) para se formular uma hipótese em torno de um fato não diretamente conhecido, mas que deve ser acertado. Assim, por meio de uma máxima de experiência, dada uma circunstância X, pode-se afirmar a existência de Y.

---

486. SOBRINHO, Elício de Cresci. O juiz e as máximas da experiência. *Revista forense*, v. 296, out.-dez. 1986, p. 433.
487. CALAMANDREI, Piero. Il giudice e lo storico. *Rivista di Diritto Processuale Civile*, 1939, p. 110-111.
488. TARUFFO, Michele. Senso comune, esperienza e scienza nel ragionamento del giudice. *Sui confini. Scritti sulla giustizia civile*. Bolonha: Il Mulino, 2002, p. 145.
489. TARUFFO, Michele. Considerazione sulle massime d'esperienza. *Rivista Trimestrale di Diritto e Procedura Civile*, v. 63, p. 554-560.

As narrações trazidas pelas partes são *hipotéticas*, porque têm a pretensão de representar a verdade. As boas narrações, trazidas pelos advogados ou pelos membros do Ministério Público, devem ser familiares ao destinatário, uma vez que precisam corresponder ao conhecimento, assim como aos critérios do juízo e da valoração, bem como eventualmente aos estereótipos e aos preconceitos que existam culturalmente.

As máximas da experiência possuem função *heurística*, na medida em que o advogado ou o membro do Ministério Público delas se serve para construir uma narrativa dos fatos que alega. Essa narração constitui-se numa hipótese relativa aos fatos da causa, que se verificará ou se desmentirá, sucessivamente, por meio das provas.

Por outro lado, a narração enunciada pelo juiz, de modo algum, possui caráter hipotético, até pela sua posição de julgador, por excelência, no processo. Constitui-se na cognição da verdade dos fatos em que ele acertou, escorando-se nas provas. Pode guardar semelhança à narração proposta por uma das partes, mas tem diferente *status* epistêmico. Afinal, não é uma narração hipotética, mas verificada, na medida em que é confirmada pelas provas produzidas e presentes nos autos.

A narração dos fatos, formulada pelo juiz, deve ser verdadeira, ou seja, corresponder ao êxito das provas e, portanto, aos fatos que são o objeto da prova. Por isso, o órgão judicial deve considerar como suspeitas quaisquer interpretações baseadas em estereótipos ou preconceitos, já que recaem sobre generalizações cuja quantidade ou porcentagem é anormalmente alta de contraexemplos[490].

Além disso, pela *função epistêmica*, as máximas da experiência representam instrumentos pelos quais o juiz se serve de fatos conhecidos para – com base nas máximas da experiência – conhecer, indiretamente, fatos desconhecidos, por intermédio de um raciocínio presuntivo ou indiciário.

As máximas da experiência fornecem aos juízes critérios cognoscitivos para se formular uma ou mais inferências relativas à verdade ou à falsidade do enunciado relativo ao "fato ignorado" cuja existência deve ser provada. Para tanto, é decisivo que o juiz empregue leis científicas ou generalizações válidas para se chegar a conclusões verdadeiras. Caso se valha de generalizações espúrias ou afirmações que não correspondem às generalizações, chegará inevitavelmente a conclusões falsas.

Por último, pela função *justificativa*, as máximas da experiência devem integrar o raciocínio judicial. No momento em que o juiz constrói a argumentação destinada a representar a justificação externa da premissa de fato da decisão, as máximas da experiência desenvolvem função justificativa.

Quando os juízes se valem de leis científicas ou de generalizações cognoscitivamente válidas, a justificação será boa, na medida em que trará uma argumentação

---

490. ELY, John Hart. *Democracia e desconfiança*. Uma teoria do controle judicial de constitucionalidade. Trad. Juliana Lemos. São Paulo: Martins Fontes, 2010, p. 208-209.

capaz de se demonstrar que a decisão sobre o fato é verdadeira, posto que corresponde à realidade que foi racionalmente provada em juízo.

Por outro lado, se o juiz emprega generalizações espúrias ou que correspondam a prejulgamentos do magistrado ou dispersos socialmente, a justificação não será idônea para nortear, racionalmente, o *iter* a ser seguido acerca dos fatos cuja apuração pelo órgão judicial é fundamental. Nesse caso, a motivação será meramente fictícia, não fornecendo boas razões para a correta fundamentação da decisão judicial.

6.17.6. Máximas da experiência e motivação das decisões

As máximas da experiência podem ter um papel relevante na valoração da prova e, consequentemente, na motivação racional da decisão.

Por exemplo, em relação a uma testemunha de um acidente de trânsito, o juiz deve considerar se o seu depoimento é confiável ou não com base em critérios racionais que possam ser extraídos de máximas da experiência comum (*v.g.*, que a testemunha tenha ou não relação de parentesco ou de outra natureza com as partes, a familiaridade do testemunho com o lugar do acidente, fatores externos que possam intimidar a testemunha, como o receio de ser ameaçada ou de perder o emprego, as peculiaridades do local do acontecimento etc.).

As máximas da experiência auxiliam o juiz a encontrar bases racionais para proceder à justificação na relação entre *factum probandum* e *factum probans*.

No entanto, para se evitar decisões arbitrárias e que não sejam razoavelmente controladas, é preciso se buscar *condições mínimas* para a descoberta da máxima da experiência *mais adequada ao caso concreto*.

Michele Taruffo[491] sugere quatro critérios para a utilização das máximas da experiência.

Primeiro: a uma máxima da experiência não se pode atribuir um grau de credibilidade superior ao fundamento cognoscitivo que fundamenta a própria máxima da experiência. Logo, uma máxima que corresponde a uma lei científica geral atribui certeza dedutiva (e diretamente proporcional) à conclusão dela derivada. Do mesmo modo, uma máxima que corresponde a uma frequência estatística elevada faz com que a consequência dela derivada possua um alto grau de probabilidade caracterizado pela máxima da experiência em questão. Por outro lado, quando uma máxima corresponde a uma frequência estatística baixa, o grau de probabilidade que se confere à conclusão da inferência também é baixo. Com efeito, o uso impróprio das máximas da experiência pode conduzir a formulações de hipóteses falsas e infundadas, induzindo à construção de narrações que, embora sejam persuasivas, não serão verdadeiras.

---

491. TARUFFO, Michele. Considerazione sulle massime d'esperienza. *Rivista Trimestrale di Diritto e Procedura Civile*, v. 63, p. 566-568.

Segundo: quando uma máxima da experiência é enunciada em termos gerais, um exemplo em sentido contrário pode ser suficiente para descaracterizá-la ou, pelo menos, para se demonstrar que ela não tem validade geral. Ademais, se o fato não corresponder à máxima da experiência, não deve ser manipulado para que ela se encaixe como tal e seja aplicada forçadamente. Nesse caso, a máxima não deve ser aplicada.

Terceiro: a máxima da experiência não pode ser aplicada se contradizer os conhecimentos científicos disponíveis. Afinal, não importa se muitos continuem pensando que é o Sol que gira em torno da Terra, pois a ciência já demonstrou que isso não é verdadeiro. Aliás, as máximas de experiência são reduzidas, progressivamente, com a evolução das ciências e a ampliação de suas técnicas de aplicação.

Quarto: uma máxima da experiência não pode ser validamente empregada se contradizer a outra máxima da experiência. Nesse caso, nenhuma das máximas pode servir de critério valorativo. Consequentemente, faz-se necessária a busca por outra máxima que, se existir, deve possuir fundamento mais sólido e menos incerto, sendo mais genericamente aceita no âmbito da cultura a que faz referência. Caso tal máxima não exista, a conclusão deve ser que a experiência não fornece os critérios adequados de inferência.

Dessa maneira, deve o julgador abster-se das *generalizações infundadas*, produto de preconceitos ou estereótipos, baseados na raça, gênero, origem, tendência sexual etc., que não correspondam à realidade concreta (*v.g.*, "mulher honesta", "marido infiel", "policial corrupto", "terrorista islâmico", "contrabandista sul-americano", "ladrão negro" etc.[492]).

Outra celeuma que merece detida análise é: quando há duas ou mais máximas da experiência congruentes com os fatos examinados, mas cuja aplicação conduz a soluções contrastantes, como o juiz deve escolher entre uma ou outra máxima da experiência?

Por exemplo, em um acidente de trânsito, duas testemunhas se contradizem sobre se o demandado (acusado de ser o causador do incidente) teria ou não ultrapassado o sinal vermelho. Enquanto a primeira testemunha, que estava mais próxima ao sinaleiro, afirma que o demandado estava passando no sinal vermelho, a segunda, que é policial militar, ao ouvir as pessoas no local, consigna no boletim de ocorrência, que foi o condutor do veículo do demandado que efetuou o cruzamento no sinal verde. Ao se valorar as máximas da experiência, o juiz pode optar por dar maior valor ao depoimento da primeira testemunha, porque estava mais próxima ao local, ou considerar mais congruente os fatos descritos no boletim de ocorrência, por considerar que a autoridade policial consignou a impressão de mais de um transeunte logo após o acidente.

Portanto, não há critérios racionais para se dizer qual das duas máximas da experiência (proximidade do local do acidente ou quantidade de impressões colhidas pela

---

492. TARUFFO, Michele. Narrazioni processuali. *Revista de Processo*, v. 155, jan. 2008, p. 103.

autoridade policial, logo após o evento danoso) deve prevalecer para se resolver o caso concreto. Assim, pode recair-se em uma *valoração discricionária* do magistrado.

Todavia, a seleção das noções de senso comum e a sua aplicação ao caso concreto não podem justificar quaisquer motivações discricionárias. Afinal, a garantia constitucional do contraditório, além de assegurar a ampla defesa, incluindo o direito à prova, é um *método de conhecimento dos fatos*. Tanto maior é o grau de conhecimento dos fatos da causa quanto mais amplo for o exercício do contraditório pelas partes.

O juiz, ao exercer poderes de ofício (como, por exemplo, a seleção de máximas da experiência, voltadas à valoração das provas), deve *submeter os critérios de decisão* à preventiva discussão das partes. Trata-se do *contraditório preventivo*, instituto adotado na Itália (CPC, art. 183, 3)[493], em Portugal e na França[494], e incorporado, expressamente, no ordenamento processual brasileiro pelo art. 10 do CPC.

Com a observância do contraditório preventivo, além de se combater a discricionariedade judicial, evita-se também as motivações *implícitas das decisões*, isto é, quando o magistrado somente *enuncia as razões* que justificam a sua escolha, mas não valora nem justifica as razões contrárias ou apenas diversas que poderiam ensejar outras escolhas igualmente racionais, mas diferentes. Tal decisão não deve ser considerada fundamentada, sendo nula, portanto, conforme a regra contida no art. 489, § 1º, III, do CPC[495].

Somente assim é possível que as partes saibam qual foi o *iter* lógico seguido pelo juiz para chegar a sua decisão, bem como possam controlar as inferências retiradas a partir do *factum probandum* para se chegar ao *factum probans*. Apenas dessa forma é possível saber as razões que levaram o juiz a optar por determinada decisão e, consequentemente, buscar um controle recursal efetivo do *decisium*. Do mesmo modo, a partir da motivação explícita, poderão as Cortes recursais afirmar o acerto ou não da decisão impugnada.

---

493. DENTI, Vittorio. Questioni rilevabili d'ufficio e principio del contraddittorio. *Rivista di Diritto Processuale*, 1968. p. 217 e s.; MONTESANO, Luigi. Le prove atipiche nella presunzioni e negli argomenti del giudice civile. *Rivista di Diritto Processuale*, 1980, p. 237 e s.; TARZIA, Giuseppe. Princípi generali e processo dei cognizione nel disegno di legge delega per il nuovo códice di procedura civile. *Rivista di Diritto Processuale*, p. 48, 1982; CHIARLONI, Sergio. Questioni relevabili d'ufficio, diritto di difesa e "formalismo delle garanzie". *Rivista Trimestrale di Diritto e Procedura Civile*, p. 569 e s., 1987.

494. Nesse sentido, vale mencionar o disposto no art. 3º, item 3, do Código de Processo Civil de Portugal: "O juiz deve observar e fazer cumprir, ao longo de todo o processo, o princípio do contraditório, não lhe sendo lícito, salvo caso de manifesta desnecessidade, decidir questões de direito ou de facto, mesmo que de conhecimento oficioso, sem que as partes tenham tido a possibilidade de sobre elas se pronunciarem". Do mesmo modo, o art. 16 do Código de Processo Civil da França assevera, na primeira parte, "le juge doit, en toutes circonstances, faire observer et observer lui-même le principe de la contradiction" ("o juiz deve em todas as circunstâncias, respeitar e fazer respeitar-se o princípio do contraditório") e, na sua parte final, que "il ne peut fonder as décision sur lês moyens de droit qu'il a releves d'office sans avoir au préalable invite lês parties à présenter leurs observations" ("ele não pode basear a sua decisão em fundamentos jurídicos que conheça de ofício sem primeiro convidar as partes a apresentarem as suas observações").

495. FOGAÇA, Mateus Vargas; Sistema de precedentes judiciais obrigatórios e a flexibilidade do direito no novo Código de Processo Civil. *Revista da Faculdade de Direito da UFMG*. n. 67, jul.-dez. 2015, p. 516.

Em contrapartida, o dever de motivação da decisão representa a garantia da possibilidade de se realizar um controle do poder judicial a ser providenciado pelas pessoas alheias ao processo (terceiros, população e tribunais), sendo, portanto, decorrência da concepção democrática do poder[496].

A *teoria da função demonstrativa* da prova representa a superação do silogismo probatório (dedução silogística), no qual o raciocínio probatório era reduzido a modelos axiomático-dedutivos de tipo matemático entre *factum probandum* e *factum probans*[497].

Com isso, também se evita que a valoração da prova possa ser reduzida aos mecanismos do *intuicionismo*, que implicaria a absoluta incontrolabilidade e não verificação das provas (e da decisão). A teoria da função demonstrativa da prova propõe que o silogismo judiciário seja superado por um raciocínio probatório decorrente de *complexa atividade de justificação* que não se reduza ao *dedutivismo*, mas que requer a aplicação de recursos lógico-racionais.

Quer-se evitar, ainda, que o raciocínio probatório, na dimensão retórico-argumentativa, conduza à adoção de técnicas perigosas de manipulação do consenso do juiz, subtraindo-se do procedimento probatório qualquer possibilidade de controle externo.

Por isso, a decisão judicial que empregar máximas da experiência comum, sem indicar os motivos pelos quais a conclusão adotada decorre daquilo que ordinariamente acontece, viola o art. 489, § 1º, do CPC, sendo nula por ausência de fundamentação. Aliás, sobre as exigências de motivação específica das decisões baseadas nas máximas da experiência, vale destacar a orientação veiculada pelo Enunciado 517 do FPPC:

> A decisão judicial que empregar regras de experiência comum, sem indicar os motivos pelos quais a conclusão adotada decorre daquilo que ordinariamente acontece, considera-se não fundamentada.

6.18. MOMENTOS DA PROVA

Quatro são os momentos da prova: o da sua *propositura* pela parte, o da sua *admissão* pelo juiz, o da sua *produção* mediante a participação de todos os sujeitos processuais e, por fim, o da sua *valoração*, que compete ao órgão jurisdicional, após o debate com as partes e os terceiros intervenientes.

O momento da *propositura* é para o demandante, na petição inicial (CPC, art. 319, VI) e após a contestação (durante as providências preliminares; CPC, art. 348); e, para o demandado, na contestação (CPC, art. 336) ou na reconvenção (CPC, art. 343). Pode, todavia, o juiz valer-se de seu poder instrutório para complementação da prova já requerida (CPC, art. 370).

---

496. TARUFFO, Michele. Considerazioni su prova e motivazione. *Revista de Processo*, v. 151, set. 2007, p. 7.
497. CARRATA, Antonio. *Funzione dimonstrativa della prova*: verità del fatto nel processo e sistema probatório. Comunicação ocorrida em Frascati, em 09.10.2000.

A rigor, é, pois, na fase postulatória, que ocorre a proposição das provas. Porém, a tradição forense, com o consentimento da jurisprudência[498], consagrou a possibilidade de ser feito um mero protesto genérico de provas, para, posteriormente, admitir-se a sua especificação, em despacho judicial, a ser proferido antes da decisão do saneamento do processo. Embora não existisse previsão expressa no CPC-73 e nem no CPC nesse sentido, a especificação das provas no momento das providências preliminares (CPC, 347-353) confere maior dinamismo, eficiência e racionalidade ao procedimento comum[499]. Isso porque, após o término da fase postulatória, as partes possuem melhor dimensão da controvérsia e têm maior clareza dos fatos que precisam ser provados, dos meios de provas adequados para levar adiante sua estratégia processual e dos argumentos que devem ser usados para contrapor os pontos sustentados pelo adversário e convencer o juiz de que tem razão.

Diante disso, não há preclusão para as partes requerem a proposição da prova no momento em que o juiz determina a especificação das provas, ainda que não tenham protestado pela produção das provas na petição inicial (CPC, art. 319, inc. VI) e na contestação (CPC, art. 336). Por outro lado, aqueles que já tiveram especificado as provas na fase postulatória não podem ser prejudicados caso não se manifestem após o despacho judicial por ocasião das providências preliminares. Contudo, se a parte fez mero protesto genérico de provas na petição inicial e na contestação, mas deixa de cumprir o despacho de especificação das provas ocorre a preclusão do direito à produção probatória, presumindo-se a desistência do pedido genérico formulado na inicial ou na contestação[500]. O magistrado, por sua vez, pode determinar, a qualquer tempo, a produção das provas necessárias ao julgamento do mérito (CPC, art. 370, *caput*)[501], observado o princípio da colaboração processual (CPC, art. 6º), a garantia do contraditório (CF, art. 5º, inc. LV, e CPC, arts. 9º e 10) e o dever de fundamentação das decisões judiciais (CF, art. 93, inc. IX e CPC, art. 11).

O momento da *admissão* da prova, no procedimento comum, é na fase ordinatória, por ocasião do saneamento e da organização do processo (CPC, art. 357, II e III). A prova pode ser indeferida, quando for ilícita ou moralmente ilegítima, desnecessária, inadequada a provar o fato *probando* ou porque requerida a destempo (CPC, art. 370, par. ún.). A prova também pode ser admitida em momento posterior ao saneamento e à organização do processo quando se mostrar relevante e pertinente para o julgamento da causa. Não há preclusão para o juiz se, após indeferir uma prova, por outros e melhores argumentos, acabe por se convencer da sua importância para a resolução do processo. O contrário também é verdadeiro, não havendo cerceamento de defesa quando o órgão judicial, depois de admitir a prova, no curso processual, em decisão motivada, conclui

---

498. STJ, AgInt no AREsp 909.416/GO, Rel. Min. Ricardo Villas Bôas Cueva, 3ª T., j. 16.02.2017, *DJe* 24.02.2017; AgInt no AREsp 840.817/RS, Rel. Min. Assusete Magalhães, 2ª T., j. 15.09.2016, *DJe* 27.09.2016.
499. WAMBIER, Luiz Rodrigues; TALAMINI, Eduardo. *Curso avançado de Processo Civil.* 11. ed., 2010. v. 1 cit., p. 255-256.
500. STJ, REsp 329.034/MG, Rel. Min. Humberto Gomes de Barros, 3ª T., j. 14.02.2006, *DJ* 20.03.2006, p. 263.
501. STJ, REsp 1229905/MS, Rel. Min. Luis Felipe Salomão, 4ª T., j. 05.08.2014, *DJe* 02.09.2014.

que a sua realização é desnecessária para o esclarecimento dos fatos controvertidos (CPC, art. 370, par. ún.)[502].

A *produção* da prova varia conforme o meio de prova requerido. Os documentos são produzidos no momento em que são juntados aos autos, salvo quando eles não estão em poder da parte, a exigir a sua requisição judicial (CPC, art. 438) ou a sua exibição pelo adversário ou por terceiro (CPC, arts. 396-404). Logo, tanto a sua proposição quanto a sua produção se dá simultaneamente. A parte contrária deverá se manifestar sobre os documentos juntados pelo adversário, podendo se contrapor a admissibilidade da prova documental (*v.g.*, alegando que a prova é ilícita), impugnar a sua autenticidade, arguir a sua falsidade ou expressar-se sobre o seu conteúdo (CPC, art. 436). Por sua vez, o juiz, de ofício ou a requerimento da parte contrária, pode determinar o desentranhamento dos autos, em decisão fundamentada, por considerá-los inúteis para a resolução da controvérsia (CPC, arts. 11 e 370, par. ún.). O magistrado também poderá, ainda que de ofício, requisitar documentos às repartições públicas (CPC, art. 438) e determinar a exibição de documento ou coisa (CPC, arts. 396-404).

Em se tratando de provas orais (depoimento pessoal, interrogatório e prova testemunhal), a produção acontece na audiência de instrução e julgamento (CPC, art. 361), exceto quando a prova for produzida por carta (precatória, rogatória ou de ordem), houver sua antecipação (CPC, arts. 381-383) ou se o depoimento puder ou tiver que ser realizado em lugar diverso da sede do juízo (*v.g.*, pessoas enfermas, idosas ou agentes públicos com prerrogativas para indicar dia, hora e local de serem inquiridos; CPC, art. 454).

Aliás, a alteração na ordem de produção dos meios de prova pode ser determinada, de ofício ou a requerimento da parte, para que o juiz possa adequá-los às necessidades do conflito, de modo a conferir maior efetividade à tutela do direito (CPC, art. 139, inc. VI), desde que por decisão fundamentada, respeitado o contraditório e o direito de as partes produzirem as provas de suas alegações. Também pode ser modificada por convenção das partes, nos termos do art. 190 do CPC, ou de comum acordo entre o juiz e os litigantes, para fixação de calendário para a prática dos atos processuais (CPC, art. 191) ou para alterar a ordem de oitiva de testemunhas (CPC, art. 456, par. ún.).

A prova pericial é produzida, usualmente, antes da audiência de instrução e julgamento, com a nomeação do perito, indicação dos assistentes técnicos, formulação de quesitos e apresentação do laudo pericial, sem prejuízo da parte requerer ao juiz a intimação do perito ou do assistente técnico para comparecerem à audiência de instrução e julgamento para prestarem esclarecimentos (CPC, art. 477, § 3º).

Em qualquer fase do processo, o juiz, de ofício ou a requerimento da parte, pode realizar inspeção em pessoas ou coisas para esclarecer fato relevante à decisão da causa (CPC, art. 481).

---

502. STJ, AgInt no AREsp 622.577/RJ, Rel. Min. Marco Buzzi, 4ª T., j. 12.09.2017, *DJe* 15.09.2017; AgRg no AREsp 550.295/RJ, Rel. Min. Raul Araújo, 4ª T., j. 01.06.2017, *DJe* 14.06.2017; AgRg no REsp 1517891/ES, Rel. Min. Humberto Martins, 2ª T., j. 06.08.2015, *DJe* 17.08.2015; AgRg no AREsp 18.009/MT, Rel. Min. Maria Isabel Gallotti, 4ª T., j. 27.05.2014, *DJe* 06.06.2014.

Por fim, a *valoração da prova* é ato privativo do juiz e se realiza após a obtenção das provas necessárias ao julgamento da causa, e a oportunização das partes se manifestarem sobre a relevância, a pertinência e a eficácia das provas produzidas.

6.19. DA VALORAÇÃO DA PROVA

6.19.1. Conceito

Valoração da prova é a avaliação da capacidade de convencimento dos argumentos que podem ser retirados das provas constantes do processo[503].

Assim, cabe ao juiz realizar um exame preliminar quanto à valoração das provas para se retirar do processo ou evitar que se integre a ele partes, alegações ou produções irrelevantes[504].

O art. 371 do CPC não estabelece *standards* de valoração da prova, limitando-se a afirmar que o juiz apreciará a prova constante dos autos, independentemente do sujeito que a tiver promovido, e indicará na decisão as razões de seu convencimento.

De qualquer modo, é possível identificar critérios para valorar as fontes probatórias (*v.g.*, a experiência comum recomenda que o juiz dê mais crédito a um documento que a uma testemunha; maior credibilidade à parte prestando depoimento pessoal, quando afirma fatos contrários aos seus interesses do que em seu próprio benefício etc.).

Embora se possa inferir pela tradição jurídica uma certa graduação na formação da convicção judicial, não há no texto legal nenhum critério taxativo, pois a valoração da prova depende das narrativas trazidas pelas partes e do direito discutido em juízo, variando de acordo com as circunstâncias e a análise de cada caso concreto.

6.19.2. Sistemas de valoração da prova

Há três sistemas de valoração das provas: I) o da livre apreciação ou da convicção íntima; II) o da prova legal; e III) o da persuasão racional[505].

Pelo *sistema da livre apreciação ou da convicção íntima*, o juiz tem ampla liberdade para decidir, convencendo-se da verdade dos fatos segundo critérios de valoração íntima, independentemente daquilo que consta dos autos. Sob tal critério, ele pode julgar conforme os seus próprios impulsos ou impressões pessoais, sem que haja um dever de fundamentar o seu convencimento ou de dar satisfações a quem quer que seja. Forma a sua convicção com base na sua *ciência privada*.

---

503. DINAMARCO, Cândido Rangel. *Instituições de direito processual civil*. 4. ed., v. III cit., p. 102.
504. TARUFFO, Michele. *La prueba de los hechos*. Trad. Jordi Ferrer Beltrán. Trotta, 2005, p. 366.
505. WALTER, Gehard. *Libre apreciación de la prueba*. Bogotá: Temis, 1985. p. 315-27.

Este sistema ainda perdura hodiernamente, por exemplo, no Tribunal do Júri, onde os jurados decidem, em segredo (sala secreta), com fundamento no *convencimento íntimo* e *não motivado*. O Tribunal do Júri, embora seja alvo de pertinentes críticas no tocante à ausência de preparo técnico dos jurados e da desnecessidade de motivação racional, representa importante garantia constitucional (CF, art. 5º, XXXVIII), na medida em que aproxima a população do Poder Judiciário, outorgando aos cidadãos a rara oportunidade de exercer a jurisdição. Trata-se de uma abertura democrática do sistema jurídico para que os verdadeiros detentores do poder, baseados em máximas da experiência, julguem seus iguais nos crimes considerados mais graves, os dolosos contra a vida. Há, contudo, um iminente risco de que a população julgue mal. No entanto, é antes preferível que o povo julgue mal a se desinteressar pelos negócios públicos, pois, como afirma Jeremy Bentham, quando o povo se torna indiferente e cada pessoa se isola em seu próprio mundo, os laços sociais se dissolvem, retornando-se ao estado de natureza, em que poucos são amos e muitos são escravos[506].

Pelo *sistema da prova legal*, a avaliação das provas é destinada a preestabelecer algum tipo de certeza puramente formal, que não tem nada a ver com a verdade[507], possuindo cada prova um peso e o valor predeterminados pelo legislador, *ex ante*[508], ficando o juiz vinculado às provas apresentadas.

Há, pois, vínculos normativos à formação do convencimento pessoal do juiz. O magistrado não pode fundar o seu convencimento simplesmente com base na análise racional da relação existente entre *factum probans* e *factum probandum*[509]. O escopo desse sistema é procurar suprimir a possibilidade de arbitrariedade judicial.

No sistema da prova legal, a valoração das provas era estabelecida em lei, de maneira abstrata e matemática[510]. Por exemplo, um testemunho não valia como prova (*testis unos testis nullus*), exceto se fosse o do Papa. O número de testemunhos podia variar de acordo com o direito invocado e a parte em face de quem se litigava. Por exemplo, para fazer prova contra um cardeal, poderia se exigir entre 12 (doze) e 40 (quarenta) pessoas, enquanto, que oito até 16 (dezesseis) barões bastavam para fazer prova contra um conde ou um barão. O testemunho das mulheres, independentemente do seu número, era inadmissível ou valorado como prova insuficiente, necessitando ser integrado pelo testemunho de, ao menos, um homem. Na hierarquia das provas testemunhais, o testemunho de um nobre prevalecia sobre o de um plebeu, de um eclesiástico sobre um laico, de um rico sobre um pobre, de um velho sobre um jovem, de um cristão sobre um judeu.

---

506. BENTHAN, Jeremy. *Tratado de las pruebas judiciales*. Trad. Manuel Ossorio Florit. Buenos Aires: Ediciones Jurídicas Europa-América, 1971, v. I, p. 154-155.

507. TARUFFO, Michele. Considerazioni su prova e motivazione. *Revista de Processo*, v. 151, set. 2007, p. 2.

508. BELTRÁN, Jordi Ferrer. *Prueba y verdad en el derecho* cit., p. 45.

509. TARUFFO, Michele. *La prova dei fatti giuridici*. Nozioni generali. Milão: Giuffrè, 1992, p. 365.

510. CAPPELLETTI, Mauro. Aspectos sociales y politicos del procedimiento civil (reformas y tendencias evolutivas en la europa continental y oriental). *Processo, ideologias, sociedad*. Trad. Santiago Sentís Melendo e Tomás A. Banzhaf. Buenos Aires: EJEA, 1974. p. 36-7.

Com efeito, toda a prova estava legalmente predeterminada em *proporções aritméticas* (prova plena, semiplena, um quarto ou um oitavo de prova). Cabia, pois, ao juiz, mais que pesar as provas, saber contá-las. Por isso, a lei operava, abstrata, apriorística e formalmente, em seu lugar. Para a "descoberta da verdade", os critérios utilizados eram dos mais diversos, sobretudo levando-se em conta o número de testemunhos, o sexo, a idade, o estado socioeconômico e a religião. Nem a veracidade dos fatos nem a malícia, que poderiam incidir no caso concreto, eram valoradas.

Muitas das regras gerais tinham fundo supersticioso ou mítico, como as *Ordálias* ou *Juízos de Deus*, vigorantes especialmente entre os antigos germânicos. Contava-se com a *resposta divina*, pois acreditava-se que o ente Divino não permitiria a vitória daquele que não estivesse alegando fatos verdadeiros[511], realizando-se *provas de destreza* (*v.g.*, prova pelo fogo[512], leitura do voo dos pássaros, a prova da serpente[513], das bebidas amargas[514] etc.) *ou de força* (*v.g.*, os duelos). Também se praticava o *juramento*, na crença de que esses fossem os caminhos legítimos e confiáveis para a descoberta da verdade[515].

Nos Tribunais da Inquisição, relata-se que a mulher acusada de *bruxaria* seria lançada a um poço com uma pedra pesada amarrada no pescoço[516]. Caso se salvasse, seria prova suficiente de suas relações com o Demônio, tendo como destino fatídico a fogueira. Se fosse ao fundo e morresse por afogamento, era o sinal de sua inocência.

O sistema da prova legal foi uma importante conquista civilizatória no direito europeu, pois serviu para substituir o julgamento por embate e por ordálias, práticas presentes no mundo feudal e medieval. Não obstante hoje seja considerado algo absolutamente arbitrário e injusto, quando da sua introdução, exerceu importante influência na humanização e administração da justiça, porque representou uma tentativa de se instrumentalizar a investigação da verdade, a partir do contraditório. Recorde-se que os juízes da *civil law* daquela época sequer tinham as prerrogativas necessárias para suportar (e lidar com) as ameaças e os subornos vindos, especialmente, dos mais ricos e poderosos[517].

---

511. LOPES, João Batista. *A prova no processo civil*. 2. ed. São Paulo: RT, 2002. p. 19-20; FARIAS, Cristiano Chaves de. A utilização das redes sociais como prova da capacidade contributiva do devedor e da necessidade do credor nas ações de alimentos: vencendo uma prova infernal cit., p. 54.

512. A testemunha ou o acusado deveria tocar com a língua um ferro quente: se queimasse a língua estaria mentindo; por outro lado, se dissesse a verdade, uma entidade Divina iria protegê-la).

513. O acusado era lançado no meio de répteis, sendo considerado culpado se fosse picado ou inocente, se não fosse mordido.

514. Ministrava-se à mulher acusada de adultério bebidas fortes e amargas: presumia-se a quebra do dever infidelidade conjugal, caso a esposa contraísse os músculos do rosto.

515. DINAMARCO, Cândido Rangel. *Instituições de direito processual civil*. 3. ed., v. III cit., p. 103.

516. Idem.

517. MERRYMAN, John Henry; PÉREZ-PERDOMO, Rogelio. *A tradição da civil Law*. Uma introdução aos sistemas jurídicos da Europa e da América Latina. Trad. Cássio Cassagrande. Porto Alegre: Sergio Antonio Fabris, 2009, p. 162.

No sistema da prova legal, estava incluído um conjunto de regras formais para se valorar depoimentos, normas de exclusão e o juramento decisório (com o intuito de se decidir acerca do fato controverso)[518].

As regras que serviram para se avaliar certos tipos de testemunhos eram aplicadas automaticamente, baseadas no número de testemunhas, *status*, idade e sexo. Para se demonstrar um determinado fato, exigia-se certo número de testemunhas. O depoimento de nobres, clérigos e proprietários de terras prevalecia sobre os de plebeus, leigos e dos não proprietários. O do homem mais velho predominava sobre os dos mais jovens. As mulheres não poderiam depor ou seu depoimento gozava de peso menor que o dos homens. Todas as provas recebiam um valor aritmético apriorístico (prova inteira, meia prova, um quarto de prova e assim por diante), fundamentado no que se acreditava ser a experiência prática.

As regras de exclusão desqualificavam certo tipo de pessoas para a produção de qualquer prova testemunhal. Assim, estavam excluídos de depor as próprias partes, seus parentes, bem como os terceiros interessados, porque seu testemunho não era digno de fé. Tal regra visava proteger a consciência das partes contra o *perjúrio* que poderiam ser tentados a cometer para vencer o caso.

Ainda, o *juramento decisório* servia para se decidir um fato controvertido. Uma parte poderia submeter a parte contrária a um juramento sobre tal fato controverso. Se este litigante se recusasse a jurar, considerava-se que o fato estava provado contra ele. Por outro lado, se jurasse que o fato ocorreu, a prova lhe favorecia. A garantia de que não haveria falsidade no juramento estava assentada nas consequências religiosas, mas também nas responsabilidades civil e criminal decorrentes do perjúrio. Com efeito, a força do juramento dependia de três sanções: a religiosa (decorrente do medo de incorrer em castigos impostos por Deus na vida presente ou futura); a legal, isto é, o temor da imposição das penas previstas, pela lei, para o perjúrio; a moral, decorrente da infâmia causada pela mentira no juramento[519]. Note-se como era importante a sanção legal, pois na sua ausência retirava-se a força probatória do juramento, pois uma das partes poderia ser ateia, sem se preocupar que a sua mentira pudesse lhe condenar a um mal a ser imposto para além da vida, ou porque não possuiria dignidade moral, ou mesmo porque a mentira poderia ser acolhida simplesmente por juízes pouco comprometidos, que encerrariam a instrução probatória, sem mais questionamentos.

As Ordenações do Reino de Portugal – compreendendo o conjunto legal e cronológico de Ordenações Afonsinas, Manuelinas e Filipinas – faziam a distinção entre provas *plenas* e *semiplenas*, sendo graduadas conforme concepções culturais, políticas e sociais da época. Por exemplo, os escravos não podiam ser testemunhas; os mouros (muçulmanos oriundos do norte da África) e os judeus não podiam depor nas causas entre cristãos; privilegiava-se o depoimento dos nobres, dos ricos, dos clérigos e dos

---

518. Idem, p. 163-4.
519. BENTHAM, Jeremy. *Tratado de las pruebas judiciales*. v. I cit., p. 164-167.

homens, em detrimento dos prestados pelos plebeus, pobres, leigos ou mulheres (menos confiáveis). Fixava-se *a priori* o número de testemunhas suficientes para se demonstrar certos fatos (*v.g.*, para se fazer prova contra um cardeal eram necessárias de 12 (doze) até 40 (quarenta) testemunhas, enquanto oito a 16 (dezesseis) burgueses seriam suficientes para fazer prova contra um conde ou um barão). O depoimento de uma só testemunha deveria ser desconsiderado (*testis unus testis nullus*).

Esse sistema foi colocado em desuso em razão do movimento racionalista (tendo como expoente o filósofo René Descartes) cuja repercussão se estendeu ao direito e consequentemente procurou revolucionar a legislação processual. Porém, foi conservado em alguns sistemas de *civil law*. Seus resquícios, como o juramento decisório, por exemplo, continuam vigentes em muitos países, como a França, a Itália e a Espanha, embora seu uso seja basicamente de ordem tática[520].

No Brasil, o art. 406 do CPC enuncia que nenhuma outra prova é admitida quando a lei exige que esta seja o instrumento público que comprovará a substância do ato. O art. 215 do CC estabelece que a escritura pública, lavrada em notas de tabelião, é documento dotado de fé pública, fazendo *prova plena*. O art. 55, § 3º, da Lei 8.213/91 também proíbe a prova exclusivamente testemunhal para demonstração de tempo de serviço para fins de aposentadoria.

O sistema da prova legal, além de implicar a mecanização ou a automatização do juiz, causava também a sua desumanização, uma vez que a tarefa de julgar requer liberdade[521].

Além disso, o sistema da prova legal reduz a *complexidade* das situações jurídicas, diminuindo-se a indeterminação e a infinita abertura das possibilidades. Entretanto, essa pretensão sistêmica inviabiliza a evolução do direito enquanto campo do conhecimento, ficando o juiz limitado à análise dos fatos por critérios fixos previstos na lei processual. Assim, a redução da complexidade implica a negação da *experiência vivente*, tornando o sistema processual menos democrático. Aliás, o grau de democracia contemplado pelo direito é uma questão de técnica de abertura do sistema às situações diferenciadas[522]. Por isso, o sistema processual deve estar aberto ao mais amplo campo de seleção possível.

Nesse sentido, o art. 442 do CPC, ao afirmar que a prova testemunhal sempre é admissível não dispondo a lei de forma diversa, permite que *todas* as pessoas físicas, independentemente de sexo, cor, credo, condição econômica ou social, sejam testemunhas. Isso significa um repúdio às regras de prova legal, que excluíam o testemunho de escravos, restringiam o de judeus ou mouros e reduziam as informações vindas de

---

520. MERRYMAN, John Henry; PÉREZ-PERDOMO, Rogelio. *A tradição da* civil Law. Uma introdução aos sistemas jurídicos da Europa e da América Latina. Trad. Cássio Cassagrande. Porto Alegre: Sergio Antonio Fabris, 2009, p. 162.
521. MELENDO, Santiago Sentis. La prueba es libertad. *La prueba*. Los grandes temas do derecho probatorio. Buenos Aires: EJEA, 1978, p. 25-6.
522. BARCELONA, Pietro. *El individualismo proprietario*. Madri: Trotta, 1996. p. 81.

plebeus ou mulheres[523]. Também representa a concretização do art. 5º, *caput*, da CF, que afirma que todos são iguais perante a lei, sem distinção de qualquer natureza. O CPC também fortaleceu o princípio da *ampla liberdade probatória* ao revogar o art. 401/CPC-73, que proibia a prova exclusivamente testemunhal para comprovar a existência de contratos em valor superior a 10 (dez) salários mínimos, bem como as regras do art. 227 do Código Civil (que reproduzia o disposto no art. 401 do CPC-73) e do art. 230 também do Código Civil, o qual impedia a admissão de presunções simples nos casos em que a lei excluía a prova documental (CPC, art. 1.072, inc. II).

Porém, vale lembrar que o princípio do livre convencimento do juiz possui origem não democrática[524]. Foi concebido pelo Tribunal Revolucionário Francês, criado em 10.03.1793, para processar e condenar os adversários políticos da Revolução Francesa à morte. Ocorre que o processo era demorado e levavam-se dias para que todas as provas, exigidas pelo sistema da prova legal, fossem produzidas. Tal princípio foi introduzido não por razões de justiça ou de proteção da liberdade ou da defesa do acusado, mas para se buscar a mais rápida condenação dos adversários da Revolução. O processo era guiado pelos princípios da busca da verdade material e do livre convencimento do juiz, mas os réus eram privados da defesa técnica e a prova testemunhal era proibida, exceto se fosse requerida pela acusação pública ou se esta tivesse serventia para se denunciar outras pessoas. Por não se observar as garantias do contraditório e da ampla defesa, o processo se destinava apenas a legitimar formalmente uma decisão que já havia sido tomada. O Tribunal Revolucionário, tendo funcionado entre 10.03.1793 e 27.06.1794, condenou à pena de morte 2.625 pessoas, número muito superior à lei do regime pretérito, quando vigorava a *Ordonnnace Criminelle* de 1670, de Luiz XIV. Esse número excessivo de condenações somente foi possível em razão do princípio do livre convencimento do juiz, já que no sistema anterior da prova legal faltaria prova suficiente para tantas mortes, tendo, portanto, o sistema da prova legal um relevante papel ao contribuir para se impedir um maior número de condenações abusivas.

Não obstante a sua origem histórica, os sistemas da íntima convicção e da prova legal evoluíram para o *sistema da persuasão racional*, pelo qual o órgão judicial tem o poder de valorar livremente as provas, estabelecendo a sua credibilidade e retirando-se delas as conclusões em torno da veracidade ou da falsidade dos fatos controvertidos na causa. O sistema da persuasão racional tem um significado *negativo*, uma vez que representa a eliminação das regras da prova legal, embora não deixe claro o seu sentido ou conteúdo *positivo*, ao se exigir a construção de modelos de constatação (*standards jurídicos*), adequados à realização do direito material.

De todo modo, se o processo é um instrumento para buscar a verdade possível em relação aos fatos da causa, não se constitui em um meio retórico, mas científico, pelo

---

523. DINAMARCO, Cândido. *Instituições de direito processual civil*. São Paulo: Malheiros, 2003, v. 3, p. 605.

524. MONTELEONE, Girolano. Alle origini del principio del libero convincimento del giudice. *Rivista di Diritto Processuale*, n. 1, p. 126-130, jan.-fev. 2008.

qual se adquirem as informações necessárias para a determinação da verdade dos fatos. A valoração das provas, em uma perspectiva racional, implica retirar do juiz a liberdade irrestrita de análise probatória, possuindo uma *discricionariedade guiada* por regras de ciência, de lógica e de argumentação[525].

Tal discricionariedade guiada deve ser revelada nos fundamentos da decisão. Cabe ao juiz fundamentar sua decisão de modo a se poder aferir o desenvolvimento de seu raciocínio e as razões de seu convencimento, sob pena de a decisão ser nula (CF, art. 93, IX). Esse sistema foi consagrado nos arts. 371 e 489, § 1º, inc. IV, do CPC.

A persuasão racional do juiz representou a passagem de uma cultura formalista da prova para uma cultura tendencialmente racionalista[526]. Simbolizou o abandono de uma tradição cultural plurissecular, marcada pela desconfiança nos juízes do *ancien régime* e na tendência de se transformar os prejuízos e as discriminações, existentes na sociedade europeia da época, em regras probatórias.

Ao juiz, salvo quando a lei o permite (fatos notórios e máximas da comum experiência), é defeso se valer da sua *ciência privada*. Está impedido de julgar sem apoio nos elementos probatórios constantes dos autos (*quod non est in actis non est in mundo*). Dessa forma, a atividade judicial rege-se pelo *princípio da impessoalidade*, evitando-se juízos parciais e puramente subjetivos.

A percepção do juiz não incide sobre o fato a ser provado, mas sobre as pessoas ou as coisas que *representam* o fato a ser demonstrado[527]. A prova é uma sub-rogação da percepção, servindo para provocar, mediante um *equivalente sensível* (documento ou declaração de ciência), a ideia de que viria, primariamente, determinada pela percepção direta do fato[528]. A valoração é o momento antecedente ao do convencimento[529]. Além disso, na fundamentação de uma decisão judicial, não basta a representação do fato (*v.g.*, a fotografia falsa, fruto de uma montagem, causa o mesmo conjunto de estímulos visuais que a fotografia verdadeira), sendo necessário que o juiz qualifique como sendo correta a representação fática: a razão ou o critério de correção, portanto, não decorre da representação do fato, mas da declaração (uso) desta representação (meio de prova), por ser considerada *confiável* pelo juiz[530].

A representação do fato não se confunde com o fato representado (*v.g.*, a pintura de uma paisagem é um fato representativo, mas a existência de um quadro desta paisagem não assegura que ela exista[531], pois pode haver uma representação "surrealista" de

---

525. TARUFFO, Michele. Conocimiento científico y estándares de prueba judicial. *Boletin Mexicano de Derecho Comparado*, 2005, v. XXXVIII, p. 9.
526. TARUFFO, Michele. Cultura e processo. *Rivista Trimestrale di Diritto e Procedura Civile*, v. 63, mar. 2009, p. 84.
527. CARNELUTTI, Francesco. *Sistema di diritto processuale civile*. Padova: Cedam, 1936. v. I, p. 683-4.
528. CARNELUTTI, Francesco. *La prova civile* cit., p. 94-5.
529. PATTI, Salvatore. Libero convincimento e valutazione delle prove. *Rivista di Diritto Processuale*, p. 486, 1985.
530. GUERRA, Marcelo Lima. Notas sobre o dever constitucional de fundamentar as decisões judiciais. In: WAMBIER, Teresa Arruda Alvim (Coord.). *Processo e Constituição*. Estudos em homenagem ao Professor José Carlos Barbosa Moreira. São Paulo: RT, 2006. p. 529-530.
531. CARNELUTTI, Francesco. *La prueba civil*, 2. ed. cit., p. 107. Item 23.

algo que existe ou mesmo de algo fictício). Assim, uma fotografia ou um testemunho serve para representar, com signos ou com palavras, o fato fotografado ou narrado[532], embora não assegure, por si só, a sua existência ou a sua inexistência, dependendo da argumentação a ser utilizada pelas partes e da sua interpretação judicial. Portanto, a função da fotografia ou do testemunho não é servir para a comprovação da verdade de um fato, tendo apenas a função de representá-lo, dependendo das circunstâncias exteriores e do emprego que deles se faça no processo[533].

A credibilidade de um fato guarda relação com o estado de espírito[534]. Noções de possível e de impossível, de provável e de certo não são propriedades que existem nos próprios fatos, mas inclinações de nosso espírito, isto é, decorre do estado de nossos conhecimentos; são predisposições internas que experimentamos ao pensar nesses fatos.

O Código de Processo Civil de 2015, por estar baseado no policentrismo e na co-participação processual, inerentes ao paradigma da intersubjetividade, tornou incompatível com os valores democráticos, presentes na Constituição Federal de 1988, a mera apreciação subjetiva, discricionária e solipsista da prova pelo Estado-Juiz. A fórmula do livre convencimento do magistrado – criada para superar o sistema da prova legal (ou do tarifamento da prova) – não se ajusta com os princípios e objetivos do Estado Democrático de Direito. O juiz, por estar sujeito ao diálogo e à cooperação processual (CPC, arts. 6º, 9º e 10), tem de justificar racionalmente a decisão (CF, art. 93, inc. IX; CPC, art. 489, § 1º, inc. IV).

O dever de motivação permite às partes aferir que a convicção foi realmente extraída do material probatório constante dos autos e também se os motivos levam logicamente à conclusão. Essa garantia não só assegura o exame cuidadoso dos autos, mas também permite que, em grau de recursos ordinários (em razão das Súmulas 279 do STF e 7 do STJ)[535], faça-se o eventual reexame em face de novos argumentos apresentados. Assim sendo, repudiam-se impulsos pessoais e eventualmente passionais do juiz, ensejadores do arbítrio judicial.

A motivação deve indicar os fatos que o juiz considerou demonstrados, correlacionando-os com as provas produzidas nos autos, mas também, sob pena de nulidade da decisão, mencionar as razões pelas quais considera que as demais provas não servem para a formação de seu convencimento e, destarte, que certos fatos não foram devidamente comprovados. Portanto, por força do art. 489, § 1º, IV, do CPC, a motivação deve recair sobre a totalidade das provas e dos fatos relevantes para a decisão da causa.

Aliás, o Enunciado 515 do FPPC estabelece: "Aplica-se o disposto no art. 489, § 1º, também em relação às questões fáticas da demanda".

---

532. Idem, p. 90. Item 19.
533. Idem, p. 101. Item 19.
534. BENTHAM, Jeremy. *Tratado de las pruebas judiciales*. v. II cit., p. 161 e 167.
535. KNIJNIK, Danilo. *A revisão da questão de fato pelo Superior Tribunal de Justiça*. Rio de Janeiro: Forense, 2005.

Por outro lado, o juiz não pode determinar os fatos de forma contraditória com as provas presentes e admitidas no processo para, simultaneamente, rechaçá-las nos autos. Sem tal coerência interna, seria impossível controlar os fundamentos de fato da decisão judicial[536].

Entretanto, o juiz não tem liberdade irrestrita para decidir. Obviamente, o art. 371 do CPC deve ser contextualizado com as regras limitativas das provas (v.g., o art. 369 do CPC exclui as provas moralmente ilegítimas e o art. 5º, LVI, da CF não admite as provas ilícitas). Além disso, outros princípios e garantias têm a função precípua de servirem como efetiva barreira ao arbítrio judicial, restringindo-se o caráter "pessoal" da decisão. Nesse domínio, podem ser apontados o atendimento às formalidades estabelecidas em lei para a realização da prova, a publicidade do procedimento, a vedação de decisões judiciais surpresas[537], a possibilidade de recursos em geral e a garantia do duplo grau de jurisdição[538].

No entanto, não está afastado o risco da *onipotência judicial*[539]. Mesmo com a expressa previsão de princípios e de garantias constitucionais, é possível que o órgão judicial, ao justificar determinada visão dos fatos, lance mão de critérios vagos e indefinidos, empregando em seus provimentos jurisdicionais fórmulas puramente retóricas, despidas de conteúdo[540], aludindo-se, por exemplo, à "verdade material", à "prova moral", à "certeza moral", à "prudente apreciação" ou à "íntima convicção". Tais expressões, além de outras similares, representam autênticos sinônimos de arbítrio, subjetivismo e manipulação semântica, por não assegurarem racionalidade alguma na valorização da prova, assim como implicam em uma *falsa motivação* da decisão e, ainda, impedem o efetivo controle da atividade judicial por parte da sociedade, do jurisdicionado e da instância superior.

Conforme Marilena Chauí, "provar e demonstrar é pensar e para demonstrar e provar é preciso, primeiro, pensar e saber que se pensa"[541].

Por isso, o art. 489, § 1º, do CPC trouxe critérios para se evitar *pseudofundamentações*, tornando mais rigoroso o dever de motivação das decisões judiciais. Para se evitar o "subjetivismo" e o arbítrio das decisões judiciais, é imprescindível a necessidade de um controle do próprio *raciocínio desenvolvido pelo órgão judicial*, ao se apreciar tanto a

---

536. WRÓBLEWSKI, Jerzy. Op. cit., p. 255.
537. Nesse sentido, o Tribunal em segunda instância não pode decidir o recurso de apelação, valendo-se de fundamento não cogitado, explícita ou implicitamente, pelas partes; portanto, não pode contrariar a sentença monocrática e julgar extinto o processo sem julgamento de mérito por insuficiência de provas, sem que as partes tenham tido oportunidade de exercer o contraditório (NCPC, art. 10) para exercitar sua influência na formação do convencimento do julgador (STJ, REsp 1676027/PR, Rel. Min. Herman Benjamin, 2ª T., j. 26.09.2017, *DJe* 11.10.2017).
538. OLIVEIRA, Carlos Alberto Álvaro de. *Livre apreciação da prova*: aspectos atuais. Disponível em: [http://www.abdpc.org.br]. Acesso em: 24.10.2006.
539. Idem.
540. GRAU, Eros Roberto. *Por que tenho medo dos juízes (a interpretação do direito e os princípios)*. 8. ed. São Paulo: Malheiros, 2017.
541. CHAUÍ, Marilena. *Convite à filosofia*. 9. ed. São Paulo: Ática, 1997. p. 64.

prova quanto os elementos de fato relevantes para a decisão. Nesse sentido, o Enunciado 516 do FPPC estabelece: "Para que se considere fundamentada a decisão sobre os fatos, o juiz deverá analisar todas as provas capazes, em tese, de infirmar a conclusão adotada".

6.19.3. Standards judiciais (ou modelos de constatação) do convencimento judicial

É salutar se lembrar de que o convencimento judicial de modo algum se confunde com *critérios pessoais e íntimos do julgador*, devendo ensejar uma *apreciação lógica* das provas, baseadas em *diretrizes objetivas*, recaindo sobre a reconstrução dos fatos no processo. A valoração deve ser lógica e racional. Logo, os critérios precisam ser científicos, não bastando mero juízo de verossimilhança ou simples probabilidade[542].

A questão que se coloca é como ajudar o juiz, por meio de regras pré-constituídas, a formar uma convicção de maneira mais livre e, simultaneamente, garantir às partes a possibilidade de se exercer certo controle sobre a forma como esse convencimento é formado[543].

Os *standards* são modelos de constatação ou *critérios objetivos para se orientar a análise da prova*. Com isso, possibilita-se que as opções valorativas do juiz sejam submetidas ao crivo do contraditório, estimulando-se um maior diálogo com as partes.

Assim sendo, a liberdade do juiz, ao se valorar a prova, é objetiva, devendo as suas escolhas serem justificadas mediante *modelos de constatação*.

Tais modelos de constatação visam criar *parâmetros objetivos* para se aproximar as técnicas processuais das peculiaridades dos direitos materiais, bem como se evitar decisões judiciais, que, a pretexto de serem livres (CPC, art. 371), acabam sendo *arbitrárias*, porque destituídas de fundamentos lógicos e racionais. No entanto, esses *standards jurídicos* não retiram, completamente, a dificuldade de valoração da prova, isto é, a imperiosa necessidade de o juiz aprofundar-se na análise criteriosa dos fatos controvertidos e nos argumentos deduzidos pelas partes.

A atividade judicial cognitiva ramifica-se em um *"contexto de descoberta"* e um *"contexto de justificação"*. Nesses contextos, é imprescindível que o convencimento judicial recaia sobre uma situação específica de direito material. Cada situação concreta exige um determinado objeto de investigação que, dada a diversidade deste, impede-se que um mesmo modelo de exigência probatória seja aplicado, igualmente, a todos os casos. A dificuldade de cognição própria a cada situação deve ser levada em conta pelo direito processual, para a formulação de técnicas processuais adequadas à formação do convencimento judicial.

---

542. KNIJNIK, Danilo. *Os standards do convencimento judicial*. Disponível em: [http://www.abdpc.org.br]. Acesso em: 24.10.2015.

543. WRÓBLEWSKI, Jerzy. Op. cit., p. 239.

Como os modelos de constatação servem como *critérios para o conhecimento da verdade*, cuja variação se perfaz conforme as exigências do direito material (estando conforme ao direito fundamental à tutela jurisdicional adequada; CF, art. 5º, inc. XXXV), sugere-se[544]: I) para os direitos patrimoniais: o critério da preponderância da prova ou probabilidade prevalente; II) para os direitos não patrimoniais, que podem redundar em sanções mais graves (*v.g.*, improbidade administrativa, perda do poder familiar e tutela dos direitos transindividuais), o critério da *prova clara e convincente*; III) para os direitos penais que envolvem a perda da liberdade, o critério da *prova além da dúvida razoável* (*proof beyond any reasonable doubt*); a diferença entre o processo civil e o penal está na exigência de critério mais rigoroso para o direito penal, pois é preferível absolver um culpado ao invés de se condenar um inocente (*in dubio pro reo*).

6.19.4. Modelos de constatação para a prova indiciária

Indícios são fatos secundários que, se demonstrados, podem levar, mediante prova indireta ou por presunções (atividade racional lógico-dedutiva), ao conhecimento dos fatos principais desconhecidos. A depender do direito material objeto do processo (*v.g.*, direito patrimonial ou não patrimonial, público ou privado, civil ou penal) é possível se construir modelos diferentes de constatação.

Três são os métodos ou as teorias de apreciação dos indícios[545]: a tradicional, a eclética ou mediana e a da múltipla conformidade.

Pela *teoria tradicional*, cada indício deve reunir, em si, as características da *precisão*, *gravidade* e *concordância*. É a teoria mais rigorosa, porque cada indício, isoladamente, deve levar à certeza do fato desconhecido, não sendo possível se obter a concordância, a partir do cotejo entre as circunstâncias indiciantes, de modo que uma complete a outra.

No entanto, tal teoria deve ser rejeitada, pois o indício não pode ser concordante em si mesmo. Somente pode se saber se é concordante caso haja uma possibilidade de estabelecer uma comparação com o contexto probatório, analisado em relação a outros indícios e a outras provas.

Pela *teoria eclética ou mediana*, primeiramente, deve ser analisado cada um dos indícios e, posteriormente, o conjunto deles.

Logo, em um primeiro momento, verifica-se se cada indício é *preciso e grave*. Considera-se *preciso* se está provada a existência do fato secundário (*v.g.*, restou-se provado que o motorista que causou o acidente foi visto, por testemunhas, no local dos fatos). Entende-se que o indício é *grave* se, da circunstância indiciante, pelas regras da experiência comum, lógica ou científica (CPC, art. 375), pode-se extrair um número restrito

---

544. KNIJNIK, Danilo. *A prova nos juízos cível, penal e tributário*. Rio de Janeiro: Forense, 2007, p. 39; CARPES, Artur Thompsen. Os modelos de constatação e a "redução dos módulo probatório": técnicas para a adequada reconstrução dos fatos da causa. In:. DOTTI, Rogéria (Org.). *O processo civil entre a técnica processual e a tutela dos direito.* Estudos em homenagem a Luiz Guilherme Marinoni. São Paulo: RT, 2017. p. 488-489.

545. KNIJNIK, Danilo. *A prova nos juízos cível, penal e tributário.* Rio de Janeiro: Forense, 2007, p. 50-2.

de consequências; vale dizer, não se obtém resultados excessivamente vagos (*v.g.,* que o pretenso causador do acidente foi em estado de embriaguez ou sem carteira de habilitação ou, ainda, tendo tentado se evadir do local dos fatos logo após o ocorrido etc.).

No segundo momento, depois de se considerar cada indício preciso e grave, passa-se a verificar se o conjunto dos indícios é *concordante*. O juízo de certeza é resultado de uma *pluralidade de indícios concordantes*. Assim, todos os indícios, precisos e graves, devem ser analisados em um mesmo contexto, reduzindo-se o campo das múltiplas possibilidades, cuja condução – mediante presunção (atividade mental lógico-racional) – desembocará na certeza a respeito do fato desconhecido.

Em outros termos, a presunção é válida quando, partindo-se de indícios precisos, graves e concordantes, sobre fatos secundários, é possível se extrair consequências lógicas e razoáveis sobre a existência dos fatos principais (CPC, art. 373, I e II).

Por último, a *teoria da múltipla conformidade* é a mais flexível dentre as demais. Basta a valoração global dos indícios, que devem ser precisos, graves e concordantes em seu conjunto, não isoladamente.

Um indício não preciso, não grave e não concordante não compromete o resultado final, tudo dependendo do contexto amplo das provas produzidas, único modo de se chegar a um juízo de certeza.

Assim, não é possível se criar uma tabela hierarquizada para a análise de cada indício. A testemunha direta (que presenciou o fato), evidentemente, goza de maior credibilidade do que aquela indireta (que apenas ouviu dizer). Contudo, isso não compromete, necessariamente, o resultado do processo. Por exemplo, mediante várias e seguidas denúncias anônimas, feitas por pessoas diferentes, os conselheiros tutelares podem iniciar investigação para, após entrevistas com os pais e a criança, seus parentes e vizinhos, saber se o infante está sendo vítima de violência (física ou psicológica).

Percebe-se, pois, que as *denúncias anônimas* servem apenas como ponto de partida das investigações pelos órgãos competentes (Polícia Judiciária, Conselho Tutelar, Ministério Público etc.). Logo, uma prova anônima não pode ser utilizada, isoladamente, como fundamento das decisões judiciais. Caso contrário, não haveria segurança para os inocentes, apenas proteção para os covardes e caluniadores[546]. Assim, as denúncias anônimas devem ser utilizadas para se dar início às investigações, servindo como pontos de partida, ou seja, como fios condutores, que permitam chegar até os elementos de prova[547]. Por exemplo, não é lícita a prova obtida por meio de revista íntima realizada unicamente com base em denúncia anônima (neste sentido, o STJ considerou inválida a apreensão de 45 gramas de maconha encontrada por agentes penitenciários, após revista íntima, na vagina de uma acusada que tentava entrar em presídio com drogas)[548]. Tal compreensão possibilita que o denunciante e outras pessoas que venham a saber do

---

546. BENTHAM, Jeremy. *Tratado de las pruebas judiciales.* v. II cit., p. 333.
547. STF, HC 108.147/PR, Relª. Minª. Cármen Lucia, j. 11.12.2012, 2ª T., *DJe* 22, Divulg. 31.01.2013, Public. 1º.02.2013.
548. STJ, REsp 1.695.349-RS, 6ª T., Rel. Min. Rogério Schietti Cruz, j. 09.10.2019, pub. *DJe* 08.10.2019.

fato sejam regularmente ouvidas, a fim de que qualquer demanda judicial seja baseada em indícios razoáveis de autoria.

Por outro lado, o art. 155, *caput*, do Código de Processo Penal afirma que o "juiz formará sua convicção pela livre apreciação da prova produzida em contraditório judicial, não podendo fundamentar sua decisão exclusivamente nos elementos informativos colhidos na investigação, ressalvadas as provas cautelares, não repetíveis e antecipadas". Nesse sentido, embora os jurados no Tribunal do Júri não precisem motivar suas decisões, os Tribunais locais – quando confrontados com apelações defensivas – precisam indicar as provas capazes de demonstrar cada elemento essencial do crime[549]. Logo, como já decidiu o STJ, as qualificadoras de homicídio fundadas tão somente em depoimento indireto (*Hearsay Testimony*) violam o art. 155 do CPP, que deve ser aplicado aos veredictos condenatórios do Tribunal do Júri[550].

O conjunto das provas circunstanciais pode permitir que o fato principal seja considerado provado, ainda que cada uma das provas circunstanciais contemplada separadamente não represente senão uma probabilidade[551]. Há indícios que tornam os fatos principais muito prováveis e outros que se revelam menos prováveis. Um fato que diminui a probabilidade deve ser considerado *infirmativo*, enquanto que um fato que aumente a probabilidade deve ser chamado de *corroborativo*.

A teoria que melhor se ajusta ao sistema jurídico brasileiro (CPC, art. 371) é a da *múltipla conformidade*. Mesmo que o direito material exija um modelo de constatação mais rígido, não se pode querer que cada um dos indícios seja precisos, graves e concordantes ou, pelo menos, que cada um seja preciso e grave, para depois se saber se são – globalmente considerados – concordantes, como pretendem, respectivamente, as teorias *tradicional* e *eclética ou mediana*. Isso porque é possível que um indício não seja isolada ou conjuntamente, preciso, grave ou concordante e outros tantos assumirem tal qualidade para que fique inviabilizada a valoração da prova indiciária.

Por exemplo, em ação de improbidade administrativa, em que o Prefeito Municipal foi demandado, por violação ao art. 11 da Lei 8.429/92 (Lei de Improbidade Administrativa), por realizar licitação inadequada (carta-convite), em razão do valor do objeto licitado e sua filha ser integrante do quadro da empresa vencedora, o STJ, para fins de se valorar o dolo da conduta, concluiu que o fato de a filha do Prefeito compor uma sociedade contratada com base em licitação inadequada, por vícios na escolha de modalidade, é circunstância objetiva que induz à configuração do elemento subjetivo doloso, suficiente para configurar o ato de improbidade administrativa[552]. Considerou, ainda, que

---

549. STJ, AREsp 1803562/CE, 5ª T., rel. Min. Ribeiro Dantas, j. 24.08.2021, *DJe* 30.08.2021.
550. STJ, REsp 1916733/MG, 5ª T., rel. Min. Ribeiro Dantas, j. 23.11.2021, *DJe* 29.11.2021.
551. BENTHAM, Jeremy. *Tratado de las pruebas judiciales.* v. I cit., p. 294 e 296.
552. REsp 1.245.765/MG, Rel. Min. Mauro Campbell Marques, 2ª T., j. 28.06.2011, *DJe* 03.08.2011.

a prova do móvel do agente pode se tornar impossível se se impuser que o dolo seja demonstrado de forma inafastável, extreme de dúvidas. Pelas limitações de tempo e de procedimento mesmo, inerentes ao Direito Processual, não é factível exigir do Ministério Público e da Magistratura uma demonstração cabal, definitiva, mais-que-contundente de dolo, porque isto seria impor ao Processo Civil algo que ele não pode alcançar: a verdade real.

Os modelos de constatação são importantes critérios que, ao informar o grau de suficiência da prova necessário à formação do juízo sobre os fatos jurídicos relevantes, permitem a construção de técnicas de valoração das provas adequadas à efetivação dos direitos materiais. Servem para racionalizar a atividade judicial, evitando que a liberdade do juiz, no momento de se valorar as provas, dê ensejo à produção de decisões arbitrárias.

A análise da precisão, gravidade e concordância dos indícios deve ser prudente, baseando-se na demonstração dos fatos secundários, estando calcada em aceitáveis regras da experiência comum, lógica ou científica, e, ainda, em consonância com o contexto argumentativo, inclusive probatório, constante dos autos. É pela motivação completa da decisão (CPC, art. 489) que o juiz deve fundamentar quais são os indícios que servem ou não para o seu convencimento.

O problema da racionalidade da decisão judicial não pode ser resolvido com as teorias *tradicional* e *eclética ou mediana*, uma vez que estas excluem a valoração da prova indireta quando todos os indícios não são, individualmente, precisos e graves. Não é quantificando o número de indícios – um, muitos ou todos – que se conseguirá controlar, adequadamente, a convicção judicial. Isso conduziria ao *tarifamento da prova indiciária*, prejudicando-se a análise livre, racional e persuasiva do juiz.

A propósito, como já foi salientado, no REsp 341.495/RS[553], o STJ decidiu, em ação de investigação de paternidade, que o magistrado pode decidir com base na prova indiciária quando o suposto pai não aquiesceu, se recusou, criou empecilhos para sua realização (provocando sucessivas diligências do juízo monocrático para colheita da prova pericial), ou mesmo tendo condições financeiras de arcar com os custos do exame pericial não recolheu os honorários periciais.

6.20. FINALIDADE DA PROVA: O PROBLEMA DA VERDADE PROCESSUAL

6.20.1. Verdade processual relativa

A verdade *absoluta* ou *ontológica* jamais pode ser alcançada porque exige a compreensão do todo, que é a soma das partes[554].

---

553. Rel². Min². Nancy Andrighi, 3ª T., j. em 03.12.2001, *DJ* 18.02.2002, p. 424.
554. Carlos Drummond de Andrade, no poema Verdade Dividida, escreveu:
"A porta da verdade estava aberta,/ mas só deixava passar/ meia pessoa de cada vez./ Assim não era possível atingir toda a verdade,/ porque a meia pessoa que entrava/ só trazia o perfil de meia verdade./ E sua segunda metade/ voltava igualmente com meio perfil./ E os dois meios perfis não coincidiam./ Arrebentaram a porta. Derrubaram a porta./ Chegaram a um lugar luminoso/ onde a verdade esplendia seus fogos./ Era dividida em duas metades,/ diferentes uma da outra./ Chegou-se a discutir qual a metade mais bela./ As duas eram totalmente belas./ Mas carecia optar. Cada um optou conforme/ seu capricho, sua ilusão, sua miopia."

Nenhum meio de conhecimento torna possível eliminar 100% das dúvidas. Por isso, a verdade absoluta é inatingível pelos seres humanos, sendo reservada à divindade[555].

A verdade processual não é um fim em si mesmo. A busca interminável pela verdade processual absoluta alimentaria a burocracia e o formalismo, além de se retardar a prestação jurisdicional. Entretanto, a impossibilidade de se buscar a verdade absoluta não implica a negação da importância da busca da verdade no processo.

Portanto, a verdade processual é sempre relativa. Aliás, o relativismo axiológico (moderado) é uma exigência da própria democracia e seu objetivo é produzir resultados apoiados por argumentos razoáveis, que representem os valores adotados e aceitos, em geral, pela sociedade[556].

Porém, por verdade processual relativa não se deve compreender que, por não ser possível a obtenção de uma verdade absoluta, cada qual tem a sua verdade, pois tal conclusão seria inútil[557].

Em sentido objetivo, a verdade processual é relativa porque está relacionada à expressão de todos os meios de conhecimento que podem ser utilizados para a reconstrução dos fatos no processo. Assim, o problema principal do processo não é a obtenção da verdade, mas a sua *decidibilidade*. Superado o método analítico (encontrar a correspondência entre os fatos alegados e a sua verdade empírica), a metodologia utilizada deve ser a da *decidibilidade* e a atividade jurisdicional deve se dedicar à busca de soluções (verdade conjuntural)[558].

Com efeito, não poder se obter a verdade absoluta não significa abandonar a busca pela melhor verdade possível de ser construída no processo. Afinal, quanto mais acurada é a investigação dos fatos, melhor é a cognição e mais justa pode ser a decisão judicial.

Há, pois, uma evidente conexão entre o direito à prova e a busca da verdade relativa[559]. O que não pode é se extrapolar, porque o processo não está estruturado nem permite a procura obsessiva da verdade. Tanto é que há *limitações lógicas* (*v.g.*, somente os fatos controvertidos, pertinentes e relevantes podem ser objetos da prova), *políticas* (o diálogo processual se encerra com a coisa soberanamente julgada ou, ainda, são vedadas às provas ilícitas, posto que o processo é uma conquista civilizatória, em que os fins não justificam os meios) ou *econômicas* (o tempo processual é um ônus que deve ser racionalmente distribuído entre as partes, não podendo servir o processo para prejudicar quem, provavelmente, tem razão, em detrimento daquele que abusa do direito processual).

---

555. CARNELUTTI, Francesco. Verità, dubbio, certezza. *Rivista di Diritto Processuale*, 1965, p. 5-7.

556. AARNIO, Aulis. *Lo racional como razonable*. Un tratado sobre la justificación jurídica. Trad. Ernesto Garzón Valdés. Madri: Centro de Estudios Constitucionales, 1991, p. 287.

557. TARUFFO, Michele. La verità nel processo. *Revista de processo*, v. 235, set. 2014, p. 51-67.

558. COELHO, Luiz Fernando. Dogmática e crítica da prova no processo. *Revista de Processo*, v. 154, dez. 2007, p. 32-34; STJ, HC 155.149/RJ, Rel. Min. Felix Fischer, 5ª T., j. 29.04.2010, *DJe* 14.06.2010.

559. TARUFFO, Michele. Considerazioni su prova e motivazione. *Revista de Processo*, v. 151, set. 2007, p. 4.

6.20.2. Papel da verdade instrumental: concretização de decisões justas

Afirmar-se que a verdade absoluta não pode ser o fim do processo de modo algum significa a possibilidade de se reconhecer o seu papel instrumental em relação ao ato de julgar[560]. Assim, a descoberta da verdade, no processo, pode ser considerada um meio a serviço da justiça da decisão.

A ideia da verdade deve ser pressuposta no processo, sob pena de carecimento de seu sentido. Desta feita, a justiça seria, então, a expressão da verdade buscada e reconhecida no processo[561].

Conforme Piero Calamandrei, a crise do processo é a crise da verdade, sendo que, para se encontrar novamente a finalidade do processo, seria necessário voltar a crer na verdade; de modo que a crise que teria devastado o campo filosófico igualmente teria penetrado no campo processual[562].

Para que o processo seja considerado instrumento da razão, não um estéril e árido mecanismo de submissão da força e da destreza, é necessário compreendê-lo como um método de *cognição*, isto é, como um modo para o conhecimento da verdade[563].

Nesse contexto, os meios probatórios servem para se fixar e alcançar a verdade. Porém, não as verdades últimas e supremas, mas a verdade humilde e cotidiana, aquela sobre a qual se discute nos debates judiciais, e que as pessoas normais e honestas, segundo a comum prudência e conforme a boa-fé, chamam, chamaram e chamarão sempre de verdade[564].

Porém, a finalidade do processo não é somente a busca da verdade, mas transcende-se a algo maior, isto é, a justiça, para a qual a determinação da verdade é somente uma premissa[565]. Perseguindo-se essa finalidade, o processo deve visar à busca da justiça das decisões.

Enfim, a ciência jurídica serve para sugerir os métodos a fim de conseguir que o direito, de abstrato, transforme-se em realidade concreta, perseguindo sempre a efetivação da justiça. O processo, nesse contexto teleológico, deve buscar a concretização de sentenças justas ou, ao menos, fazer com que a sentença seja menos injusta ou que a sentença injusta seja cada vez mais rara[566]. Pode-se, então, afirmar que o processo é um instrumento cujo método e a estrutura predeterminados permitem a objetivação de critérios de justiça da decisão[567].

---

560. MOREIRA, José Carlos Barbosa. Alguns problemas atuais da prova civil. *Temas de direito processual*. São Paulo: Saraiva, 1989. 4ª série, p. 145.
561. CAPOGRASSI, Giuseppe. Giudizio processo scienza verità. *Rivista di Diritto Processuale*, p. 19-22, 1950.
562. CALAMANDREI, Piero. Processo e giustizia. *Rivista di Diritto Processuale*, 1925, p. 284, 1950.
563. Idem.
564. Idem.
565. Idem.
566. CALAMANDREI, Piero. Processo e giustizia. *Rivista di Diritto Processuale*, 1925, p. 281.
567. TROCKER, Nicolò. Il raporto processo-giudizio nel pensiero di Piero Calamandrei. *Rivista di Diritto Processuale*, 1989, p. 954 e 965.

No entanto, embora as normas processuais possam servir de método para a obtenção da justiça, o processo não pode garantir, *a priori*, que a justiça será realizada. Afinal, como diria o próprio Piero Calamandrei, para se ter justiça, tal como afirmava um antigo provérbio vêneto[568], não basta ter razão, também é necessário "saber expô-la", "encontrar quem a entenda" e "queira dá-la" e, por último, *"um devedor que possa pagar"*[569].

A prova ganha, então, relevância, já que pode ser considerada como um instrumento de que as partes dispõem para influenciar o convencimento do juiz e, ao revés, um meio para que o juiz possa averiguar os fatos sobre os quais as partes fundam suas alegações[570].

Nenhuma decisão pode ser considerada justa se estiver fundada em um acertamento incorreto ou insuficiente dos fatos[571]. O acertamento verdadeiro dos fatos é uma condição necessária, embora não suficiente, para que se possa dizer que a decisão judicial é justa[572].

Em sentido mais amplo, a decisão justa deve ser vista como uma das possíveis escolhas, dentre as várias hipóteses de fato e de direito existentes, que o juiz toma para resolver uma controvérsia. Então, se o problema consiste na escolha entre o vasto leque de hipóteses de decisão, pode-se afirmar que o problema da decisão *justa* corresponde diretamente ao problema da *melhor* decisão[573].

Desse modo, deve-se partir do pressuposto de que é perfeitamente possível se buscar decisões justas e se evitar decisões injustas. Isso significa que, dentre as interpretações possíveis, impõe-se primar por aquela que conduza à solução mais justa do caso concreto. Tal princípio ou axioma deve pautar a correção ou a incorreção da interpretação jurídica, isto é, a sua verdade ou a sua falsidade. Afinal, se não existir um critério inicial quanto a verdade ou falsidade das diferentes interpretações jurídicas será impossível o discernimento entre interpretações corretas ou incorretas, melhores ou piores[574].

Com isso, pode-se argumentar que o conceito da aplicação do direito é relativo às diretivas hermenêuticas, à análise da prova e à eleição das consequências da decisão judicial.

A partir dessas premissas, pode-se afirmar a existência de três critérios ou *standards* de justiça que podem ser apontados para a decisão: I) a correção da *escolha e da*

---

568. Província da região nordeste da Itália, cuja capital é Veneza.
569. CALAMANDREI, Piero. Il processo come giuoco. *Rivista di Diritto Processuale*, p. 24-5, 1950.
570. MARQUES, José Frederico. *Elementos de direito processual penal* cit., p. 272; MOREIRA, José Carlos Barbosa. O juiz e a prova. *Revista de Processo*, v. 35, jul.-set., 1984, p. 179.
571. TARUFFO, Michele. Note per una riforma del diritto delle prove. *Rivista di Diritto Processuale*, 1986. p. 243-5.
572. TARUFFO, Michelle. *La prova dei fatti giuridici*. Milão: Giuffrè, 1992, p. 42.
573. TARUFFO, Michele. Idee per una teoria della decisione giusta. *Rivista Trimestrale di Diritto e Procedura Civile*, p. 319, 1997.
574. CORREAS, Carlos L. Massini. Determinación del derecho y directivas de la interpretación jurídica. *Revista Chilena de Derecho*, v. 31, p. 165-167, 2004.

interpretação da regra jurídica aplicável ao caso concreto; II) a *reconstrução* fiel dos fatos relevantes do caso; III) a utilização de um *procedimento* válido e justo para chegar à decisão[575].

Todavia, nenhum desses critérios é suficiente, por si só, para se obter uma decisão justa, sendo, todos os três, imprescindíveis para que este escopo processual seja alcançado. Por exemplo, de nada adiantaria uma interpretação correta das regras jurídicas se não houvesse uma reconstrução fiel dos fatos relevantes do caso concreto e vice--versa. Do mesmo modo, não basta a correta exegese das regras jurídicas e a adequada reconstrução dos fatos, se não for assegurado o contraditório efetivo, se as partes não tiveram todas as oportunidades possíveis de exercer seu direito de defesa, se o órgão judicial fosse absolutamente incompetente para julgar a causa ou não motivasse suficientemente a decisão etc.[576].

Portanto, as provas servem para que o juiz possa reconstruir, de modo racional e verdadeiro, as situações fáticas que dão fundamento à controvérsia. Por conseguinte, o juiz não é livre para dar razão àquele que bem entendesse, mas à parte que melhor lhe convença da existência dos fatos que vão tornar possível a tutela jurisdicional[577]. Por intermédio das provas, a descoberta da verdade torna-se um meio para a obtenção da justiça da decisão[578].

6.20.3. Verdade e argumentação jurídica

A verdade jurídica se diferencia da religiosa e da científica, visto que não é *revelada* – porque não vem de um ente divino, tampouco do legislador – nem *descoberta*, porque não está na posição de objeto observado[579]. Caso contrário, o intérprete se tornaria um *profeta*, um *ser iluminado*, capaz de reproduzir a vontade de Deus ou do legislador[580].

A verdade de uma proposição empírica ou decorrente de uma argumentação não pode ser absoluta, mas contingente ou não definitiva, porque resultante dos conhecimentos e experiências levados a cabo na ordem das coisas de que se fala, isto é, no conjunto de conhecimentos confirmados que dela possuímos[581]. Tudo o que os sujeitos processuais dizem pode ser discutido, especialmente quando a justificativa apresentada é inexistente, incompleta, incorreta, ilógica ou incoerente. Assim, a verdade jurídica

---

575. TARUFFO, Michele. Idee per una teoria della decisione giusta. *Rivista Trimestrale di Diritto e Procedura Civile*, 1997, p. 319.
576. Idem, p. 320.
577. TARUFFO, Michelle. *Funzione della prova*: la funzione dimostrativa cit., p. 568.
578. BARBOSA MOREIRA, José Carlos. *Alguns problemas atuais da prova civil*. Temas de direito processual. 4ª série. São Paulo: Saraiva, 1989, p. 145-6.
579. WAMBIER, Teresa Arruda Alvim. *Recurso especial, recurso extraordinário e ação rescisória*. 2. ed. São Paulo: RT, 2008. p. 40-1.
580. SUDATTI, Ariani. *Raciocínio jurídico e nova retórica*. São Paulo: Quartier Latin, 2003, p. 67-68.
581. FERRAJOLI, Luigi. *Direito e razão*: teoria do garantismo penal. 2. ed. Trad. Ana Paula Zomer et alli. São Paulo: RT, 2006. p. 53.

é construída em um processo do qual participa o intérprete, não sendo *demonstrada*, mas legitimada mediante um *processo de justificação*[582].

Ressalte-se que os termos *demonstração* e *argumentação* não se confundem[583]. Para se demonstrar algo, basta indicar quais serão os procedimentos necessários para que uma proposição possa ser obtida como a última expressão de uma sequência dedutiva. A origem dos primeiros elementos, sejam eles verdades impessoais, pensamentos divinos, resultados de experiência ou postulados peculiares ao autor, são questões alheias ao raciocínio lógico-formalista. Por outro lado, para se argumentar, isto é, influenciar alguém, por meio do discurso, a intensidade de adesão a um auditório a certas teses, não se pode desprezar as condições psíquicas e sociais, pois, sem isso, a argumentação, por visar à adesão dos espíritos, ficaria sem objeto ou sem efeito.

O processo judicial é um *espaço polifônico*, no qual há uma diversidade de vozes que se entrechocam com a emergência de vários pontos de vista sobre as questões em litígio. Compete ao juiz organizar tais falas e transmitir, no momento da decisão, um *discurso aceitável*, capaz de se amparar nas *"palavras da lei"*, nas demais vozes postas em cena na causa e, ainda, ser admitido pelo seu *auditório*, ou seja, por aqueles que participaram do processo, pelos juízes e tribunais superiores e por toda a comunidade que está inserido[584].

A construção desse *auditório universal* é pressuposto para a obtenção de uma ética da argumentação, em que se promove o exercício dialético e é manifestação concreta da imparcialidade e da independência do juiz, que, neste caso, decide sem adular uma ou outra posição, um ou outro auditório particular[585].

Como, de regra, não existe um critério rígido para a valoração das provas, as partes têm o ônus de persuadir e convencer[586]. Cada qual deve persuadir o juiz de que as provas, em cujas alegações se fundam, são mais convincentes ou, pelo menos, possuem mais respaldo que as provas da parte contrária.

6.20.4. Verdade e teoria narrativista do direito

A teoria narrativista do direito tem como ponto de partida a dúvida quanto à noção de *realidade dos fatos*[587]. Afirma que os fatos nunca falam por si. O processo judicial se ocupa de uma realidade já vivenciada, cujo objeto são fatos pretéritos (que

---

582. WAMBIER, Teresa Arruda Alvim. *Recurso especial, recurso extraordinário e ação rescisória*. 2. ed. São Paulo: RT, 2009, p. 41.
583. PERELMAN, Chaïm; OLBRECHTS-TYTECA, Lucie. *Tratado da argumentação*. A nova retórica. 2. ed. Trad. Maria Ermantina de Almeida Prado Galvão. São Paulo: Martins Fontes, 2005. p. 16.
584. SUDATTI, Ariani. *Raciocínio jurídico e nova retórica* cit., p. 160.
585. Idem.
586. WRÓBLEWSKI, Jerzy. Op. cit., p. 256.
587. CAMBI, Eduardo; MARGRAF, Alencar Frederico. Verdade real e narrativismo processual. *Revista dos Tribunais*, v. 948, out. 2014, p. 137.

ficaram definitivamente no passado) que, além da sua existência, fizeram desaparecer a sua verdade fática.

Ao contrário, se os fatos falassem por si, bastaria reproduzi-los ou "ouvi-los" em juízo. Ocorre que os fatos são *mudos* e, para serem "ouvidos" processualmente, dependem de uma reconstrução baseada em uma *narração*[588].

Como a verdade ficou no passado, somente é possível revelá-la a partir dos *fatos contados* pelas partes. Seu conhecimento depende dos *argumentos*, enquanto artifícios narrativos dos relatos, e, portanto, das diversas versões narradas pelos litigantes. Sendo as alegações construções narrativas, o convencimento judicial depende diretamente do modo como as versões são narradas por cada uma das partes.

A verdade histórica deixa de ser aquilo que aconteceu e transmuta-se a ser aquilo que se julga que ocorreu. A verdade judicial é aquilo que o órgão judicial julgar que deve ter acontecido e está baseada na verossimilhança das várias narrações sobre os fatos contadas pelas partes.

Logo, a teoria narrativista admite que o conhecimento da "realidade" se expressa em enunciados sobre fatos. Concebe-se a possibilidade de discernir e aumentar a cognição dos fatos brutos, mediante o conhecimento das palavras que integram os enunciados fáticos[589].

A prova não assegura a verdade dos enunciados fáticos, mas apenas aporta razões para se aceitar tais enunciados como verdadeiros.

O juiz e as partes, no processo, não apreendem a realidade dos fatos como algo independente da forma linguística que os transpõem. Como o processo de percepção humana é, sobretudo, intersubjetivo e comunicacional, a linguagem assume papel preponderante na reconstrução dos fatos jurídicos[590]. É pela linguagem que se constitui a realidade, já que por meio dela se captam e explicam os sentidos. Logo, o fato pretérito ganha sentido por meio linguístico (*v.g.*, uma testemunha não apenas transmite o que percebeu visualmente, mas seu cérebro estrutura, organiza e traduz aquilo que foi percebido, transformando um evento em um fato). Porém, como os signos linguísticos se submetem a determinadas características (polissemia, vagueza, imprecisão etc.), a linguagem não se resume a meros problemas lexicográficos, mas também jurídicos e políticos, na medida em que a significação dada aos textos é um aspecto do discurso relacionado com uma prática e um exercício de poder. Isso faz com que a verdade que se apresenta possível de ser atingida seja uma construção discursiva (*lógico-semântica*), isto é, seja a resultante de um processo analítico dos elementos discursivos, da coerência dos discursos e da confrontação das demais fontes cognitivas disponíveis (*v.g.*, provas

---

588. GONZÁLEZ, José Calvo. La verdade de la verdad judicial (Construcción y regímen narrativo). *Verdad (Narración) Justicia*. Universidad de Málaga, 1998. p. 7-38.

589. GONZÁLEZ, José Calvo. *La controvérsia fáctica* cit., p. 10-17.

590. CHAVES, Luciano Athayde. A prova oral e o problema da verdade no direito processual: as contribuições do construtivismo lógico-semântico. *Revista de processo*, v. 275, jan. 2018, p. 67-88.

documentais, periciais, testemunhais etc.), porque o que existe na realidade não pode ser verdadeiro ou falso, posto que a verdade é o reflexo (ou a tradução) subjetivo da realidade objetiva.

Consequentemente, os litigantes apresentam "os fatos" como palavras, que se entrelaçam formando discursos, cujo agrupamento resulta nas alegações. Com efeito, "os fatos" expostos pelas partes são alegações fáticas que integram a controvérsia do discurso dos direitos.

Assim, os fatos alegados e provados pelas partes devem submeter-se ao *teste de coerência narrativa*, que serve como um critério de verdade. Entretanto, esse critério é polêmico, porque podem existir narrações cujos fatos sigam uma coerência lógica, porém sejam falsos do ponto da real ocorrência destes.

Também pode-se objetar que a coerência narrativa é uma concepção retórica da prova, presumindo-se a renúncia à correspondência entre o resultado probatório e a realidade dos fatos.

No entanto, a coerência narrativa como critério da *quaestio facti* aplicável pode ser utilizada, antes do exame da verdade da narração dos fatos, para se examinar a estrutura das narrações. Isto é, sobre o *que* e *como* conhecemos os fatos litigiosos, recaindo acerca das afirmações concernentes à ocorrência histórica de um fato.

Em outras palavras, a ideia de *coerência narrativa* é de todo alheia ao problema da determinação dos fatos no processo judicial, sendo propriamente um pré-requisito – a unidade narrativa coerente – de sua concepção integralista do Direito, explicada pela metáfora da *chain novel* (romance em cadeia) de Ronald Dworkin[591].

A *coerência narrativa* é um instrumento de controle racional (*teste*), possibilitan-do-se seu lidar diante de possíveis casos difíceis, em que se vislumbra a falta de prova direta para a fixação da ocorrência histórica dos fatos. Logo, a *coerência narrativa* pode ser assemelhada a um *critério de verdade*, na falta de prova direta[592]. Aproxima-se de um critério de verdade na medida em que serve como *mecanismo construtivo do sentido*.

A teoria narrativista do direito concebe a *coerência narrativa* como um constructo discursivo capaz de se atribuir sentido[593]. Serve como um tipo de raciocínio acerca do material probatório, recaindo sobre a alegação dos fatos, sendo proporcional a um crité-rio "de verdade" residente no modelo discursivo de uma história sobre os *fatos em ação* (ocorrência) e a consequente *ação dos fatos* (resultância), com *valor de sentido* dentro do artifício narrativo (relato) em que se discorre e que se conta (narração).

A *coerência narrativa*, na teoria narrativista, pressupõe três elementos[594].

---

591. DWORKIN, Ronald. *Law's Empire*. Cambridge: Harvard University Press, 1986. Cap. 7, p. 232 e ss.
592. GONZÁLEZ, José Calvo. *Direito curvo*. Trad. André Karam Trindade, Luis Rosenfield e Dino del Pino. Porto Alegre: Livraria do Advogado, 2013. p. 49.
593. Idem, p. 51.
594. Idem, p. 52-54.

Primeiro: a *atribuição de sentido* a um enunciado fático, como narrativamente coerente, decorrente da *construção do sentido*. Sendo que o sentido do relato dos fatos não se localiza em um *topos* prévio ou de partida, nem em um lugar ulterior ou de chegada, mas é a própria fábrica narrativa do sentido, a construção da promessa de sentido.

Segundo: seu objeto principal e mais preciso é consistente no estudo das estruturas que, a partir do material fático e normativo, constroem narrações, as quais se constituem hipóteses de sentido, que no tempo e no espaço processual revelam a autoridade decisória definitiva.

Terceiro: ao se negociar narrativamente a *atribuição de sentido* e a *construção da promessa de sentido*, a teoria narrativista do direito, como teoria crítica, não esquece que na prestação de consentimento ao *contrato de sentido*, bem como seu aperfeiçoamento e autorização como coerente, além de unidades estruturais (história-relato-narração), atuam também elementos extracontratuais que o precedem e que podem constituir seu referencial. Um enunciado fático acaba, pois, sendo discursivamente coerente como resultado também do influxo de *subsistemas de sentido*, como são a memória individual ou os imaginários sociais, os quais são situações que não afloram, contudo, no teste de coerência narrativa, mas no de consistência narrativa.

Com efeito, a adoção da concepção narrativista de *coerência narrativa* implica quatro conclusões[595].

Primeira: que a atribuição de sentido, desde a resultância à ocorrência histórica de um acontecer, requer a apresentação de uma versão capaz de *explicar e compreender* verossimilmente o ocorrido.

Segunda: que isso sucede quando premissas fáticas e conclusão interagem globalmente de modo narrativamente coerente.

Terceira: que os enunciados relativos a elementos factuais, proporcionados pelas partes, são coerentes como resultados a formar uma cadeia argumentativa por vínculos lógico-formais de dedutibilidade.

Quarta: que a atribuição de sentido à "ação dos fatos" (resultância) e aos "fatos em ação" (ocorrência) diz respeito ao que, pela ordem e colocação – cronológica e funcionalmente na história – não é apenas discursivamente consistente, mas também congruente com a disposição no relato (mecanismo de relação, proporção e equilíbrio, e inclusive compostura ou esquema) dos restantes argumentos da narração.

Portanto, a teoria narrativista parte da pré-compreensão fundante de que a narração não pretende traduzir o fato mediante representação perfeita do acontecimento real ou histórico, tampouco por meio da imitação (representação imperfeita), uma vez que *o fato possui apenas realidade linguística*.

---

595. GONZÁLEZ, José Calvo. *Direito curvo* cit., p. 51-52.

O fato não é um dado; é um discurso que não deve ser entendido como coisa (*res*), mas como *dictio*; ou seja, a sucessão de acontecimentos, reais ou fictícios, que são objeto do discurso ou do relato.

Desse modo, os fatos são a *inventio* discursiva (*ars inventa disponiendi*) da sua história na narração de seu relato. Assim, a resposta sobre o *que e como* conhecemos os fatos litigiosos deve ser buscada no decurso do relato (ou *diégesis*).

A *coerência narrativa* se relaciona com a dinâmica narrativa que o relato gera em seu decurso. Os fatos que importam ganham sentido, adquirem significado e constroem sua coerência no decorrer da narração que é seu relato.

O que produz *coerência narrativa* são as concretas relações de continuidade e causalidade que, em cada caso, organizam o relato dos fatos, sendo capazes de encaixarem-se em uma articulação narrativa abstrata. Essa ligação e ajuste consistem na correlação entre a experiência concretamente narrada com a narrativa abstrata da experiência sobre os fatos normalmente vividos e apreciados, conforme os critérios coletivos vigentes.

Como contar os fatos é narrar a afirmação de sua ocorrência, tal afirmação é eminentemente experiencial, culturalmente condicionada de uma determinada sociedade e de uma época.

A presença ou a ausência de *coerência narrativa* é o encontro ou o desencontro com o espaço do imaginário social que, em cada tempo e lugar, outorga sentido à história de nossa experiência dos fatos.

A verdade dos fatos é produto interpretativo da facticidade, determinado por uma atividade discursiva de estrutura narrativa (*ars narrandi*) inventiva que remete a uma técnica de prudência racional (a *deliberativa*). É a razão deliberativa – compreendida como razoabilidade das circunstâncias que envolvem o discurso (contexto) – que constitui e dá conta (ou melhor, *justifica*) a melhor resposta tanto para com os fatos quanto para com as normas[596].

O *teste da coerência narrativa* ao fim traz o *argumento mestre* da fundamentação jurídica consistente no cálculo da irredutível desordem entre a experiência do mundo dos fatos naturais e do mundo cultural dos fatos jurídicos[597].

Além disso, para a teoria narrativista, como o fato jurídico não é um *datum* apriorístico ao texto jurídico, este é uma narrativa de ficção. A verdade, a ser buscada no processo, também tem uma estrutura de ficção, sendo que as ficções são aparatos linguísticos que expõem indiretamente a verdade[598].

---

596. GONZÁLEZ, José Calvo. *Direito curvo*. cit., p. 52.
597. GONZÁLEZ, José Calvo. Modelo narrativo del juicio de hecho: inventio y ratiocinatio. *Horizontes de la filosofia del derecho. Libro en homenaje al Professor Luis Garcia San Miguel*. Madrid: Universidad de Alcalá de Henares, 2002. t. II, p. 102.
598. GONZÁLEZ, José Calvo. *Direito curvo*. cit., p. 55-56.

Por outro lado, a teoria *realista* critica o narrativismo, afirmando que os narrativistas ignoram os fatos, considerando apenas as narrações[599]. Com isso, a teoria narrativista acaba por premiar a história narrativamente melhor, não se importando com a adequada reconstrução dos fatos pretéritos relevantes para o julgamento da causa. Entretanto, não há decisões justas se as regras e os princípios jurídicos são aplicados a fatos equivocados ou não devidamente apurados.

Portanto, para a teoria *realista*, que se opõe diametralmente à teoria narrativista, somente interessam as narrações boas quando forem verdadeiras. Não se pode fingir que um fato que não está provado seja tomado como verdadeiro somente porque a narração é coerente. O processo deve terminar, com a decisão final, quando uma hipótese factual (boa ou ruim, na perspectiva narrativista) possa ser reconduzida dentro de uma interpretação válida das normas aplicadas aos casos concretos.

6.21. NATUREZA JURÍDICA DAS NORMAS RELATIVAS À PROVA

Quando a prova for inerente à *forma* do ato jurídico, a regra é de direito material. Lembre-se de que a forma é o *modo pelo qual o ato se exterioriza*, sendo, quando especial ou solene, a *própria essência* do ato, compondo os seus requisitos de validade, no plano do direito material.

Por exemplo, se a lei não dispuser em contrário, a escritura pública é essencial à validade dos negócios jurídicos que visem à constituição, transferência, modificação ou renúncia de direitos reais sobre imóveis de valor superior a 30 vezes o salário-mínimo (CC, art. 108). Neste caso, se o negócio jurídico não for realizado mediante escritura pública, não será considerado válido, ainda que possa vir a ser demonstrado, no processo judicial, por outros meios de prova.

Com efeito, a transferência da propriedade de bem imóvel depende da inscrição na matrícula imobiliária, pois enquanto não houver o registro do título translativo o alienante continua a ser havido como dono do imóvel (CC, art. 1.245, *caput* e § 1º)[600].

A forma solene ou especial é uma maneira de se fazer prova pré-constituída do ato, devendo ser cumprida independentemente de eventual utilização judicial. Tal compreensão está ressaltada no art. 406 do CPC ("Quando a lei exigir instrumento público como da substância do ato, nenhuma outra prova, por mais especial que seja, pode suprir-lhe a falta").

A prova de natureza substancial (civil) não se confunde com a de caráter formal (processual civil), porque esta se destina a servir como instrumento para atuar sobre a convicção do juiz, enquanto aquela é um elemento essencial do ato jurídico.

---

599. TARUFFO, Michele. Il fato e l'interpretazione. *Revista de Processo*, v. 227, p. 37-39, jan. 2014.

600. STJ, REsp 254.875/SP, Rel. Min. Jorge Scartezzini, 4ª T., j. 05.08.2004, *DJ* 30.08.2004, p. 289.

A declaração inerente ao negócio jurídico não se identifica com o documento. Aquele é um ato, já este é um mero objeto. A declaração de vontade se dirige a obter efeitos (jurídicos) autônomos em razão da própria declaração e não da veracidade do fato eventualmente declarado. Para a formação ou para a existência de um negócio jurídico, não importa a existência do documento no momento do processo, mas a sua existência quando da própria formação do negócio. Por outro lado, quando se analisa a prova (judicial) não se considera a existência do documento no momento da formação do negócio, mas da análise dos documentos dentro do processo[601].

Além disso, a distinção quanto a natureza das regras sobre as provas é relevante para fins de aplicação do direito intertemporal: as normas de natureza processual válidas são as aplicadas imediatamente aos processos em curso, independentemente dos fatos serem pretéritos, respeitando-se os atos processuais já praticados e as situações consolidadas sobre a vigência da lei revogada (CPC, arts. 14 e 1.047), enquanto que as de natureza material são aquelas vigentes no momento da formação do ato jurídico, não de eventual análise judicial posterior.

6.22. PRODUÇÃO ANTECIPADA DE PROVAS

6.22.1. Alcance da antecipação das provas no NCPC

No CPC-73 (arts. 846-851), a produção antecipada das provas estava prevista como medida cautelar. O CPC (arts. 381-383) inova ao não se exigir sempre o requisito do *perigo* para a antecipação da prova. Isso ocorre apenas na hipótese do art. 381, I, do CPC.

Somente provas orais e periciais urgentes eram admitidas na produção antecipada de provas do CPC-73, mas a parte poderia se utilizar do procedimento de justificação autônoma para a produção de provas testemunhais não urgentes, se demonstrada sua utilidade. O CPC unificou e simplificou os procedimentos, evitando a superposição de ambos os institutos[602].

Contudo, o processo autônomo de produção antecipada de provas não é adequado quando já houver processo em curso. Dessa forma, o CPC contempla o *direito autônomo à prova*, ou seja, é reconhecido o direito à prova independente e, portanto, não vinculado a uma ação ou uma defesa, ou restrito à formação do convencimento do juiz. Não há a necessidade, pois, de o autor indicar qual será a "ação principal" a ser proposta[603].

A produção antecipada da prova é admitida para o *prévio conhecimento dos fatos*, o que pode viabilizar a autocomposição ou outro meio adequado de solução de conflito,

---

601. CARNELUTTI, Francesco. *La prueba civil*, 2. ed. cit., p. 114-115. Item 24 e p. 139. Item 28.
602. NEVES, Daniel Amorin Assumpção. *Ações probatórias autônomas*. São Paulo: Saraiva, 2008. p. 353.
603. YARSHELL, Flávio Luiz. Comentários aos arts. 381-383. In: ALVIM WAMBIER, Teresa Arruda; DIDIER JR., Fredie; TALAMINI, Eduardo; DANTAS, Bruno (Coord.). *Breves comentários ao Novo Código de Processo Civil*. São Paulo: RT, 2015. p. 1.027.

bem como justificar ou evitar o ajuizamento da ação (CPC, art. 381), que até mesmo poderá ser uma ação rescisória.

Aliás, sobre a utilização do procedimento de produção antecipada de provas para se viabilizar o ajuizamento de ação rescisória, confira-se o Enunciado 602 do FPPC: "A prova nova apta a embasar ação rescisória pode ser produzida ou documentada por meio do procedimento de produção antecipada de provas".

O procedimento de produção antecipada de provas visa à reunião de provas para que a própria parte se convença da consistência da sua pretensão. *Mutatis mutandis*, a situação se equipara ao inquérito civil para o Ministério Público, que é um procedimento voltado a colher elementos de convicção para que o órgão ministerial identifique se ocorre circunstância que enseje eventual propositura de ação judicial.

O art. 381, inc. I, do CPC admite a produção antecipada da prova quando houver receio de que venha a se tornar impossível ou muito difícil a verificação de certos fatos na pendência da ação. Nesta hipótese, a produção antecipada da prova está baseada na urgência da medida voltada a impedir o perecimento ou o enfraquecimento dos elementos probatórios relevantes tanto para sustentar os argumentos das partes quanto para a formação da convicção judicial. Por exemplo, admite-se a antecipação da oitiva de testemunhas policiais, com a máxima urgência possível, pois, dada a natureza da atividade profissional, diariamente em contato com fatos delituosos semelhantes, há efetivo risco de perecimento da prova testemunhal, por esquecimento, em razão do mero decurso do tempo[604].

A produção antecipada de prova no direito brasileiro (CPC, arts. 381-383) é diferente da *discovery* norte-americana, que é fase pré-processual obrigatória, devendo a parte contrária cientificar-se de as provas antes da ação ser ajuizada[605].

Por sua vez, a inovação trazida pelo art. 381, inc. II, do CPC abre guarida para se evitar a *judicialização imediata* de demandas sem prejuízo de se facilitar a autocomposição (como, aliás, decorre da experiência do Ministério Público que, no inquérito civil, a partir da comprovação dos fatos, busca-se a celebração de termo de ajustamento de conduta ou edição de recomendação administrativa) ou, no limite, de se possibilitar o ajuizamento mais consistente da ação.

Para viabilizar a autocomposição ou outro meio adequado à solução do conflito (CPC, art. 381, inc. II), as partes podem elaborar pacto de produção obrigatória de prova antecipada (CPC, art. 190).

A produção antecipada da prova também se destina ao arrolamento de bens (CPC, art. 381, § 1º), quando a finalidade é apenas a de inventariar e documentar uma universalidade de bens, desde que homogêneos e que estejam organizados pela vontade

---

604. STJ, AgRg no AREsp 1.995.527-SE, Rel. Min. Antonio Saldanha Palheiro, 6ª T., j. 19.12.2022, *DJe* 21.12.2022.

605. CAMBI, Eduardo; PITTA, Rafael Gomiero. *Discovery* no direito norte-americano e efetividade da justiça brasileira. *Revista de processo*, jul. 2015, v. 245, p. 425-444.

humana com uma mesma finalidade econômica (*v.g.*, um rebanho ou uma biblioteca; CC, arts. 90 e 91). Se a pretensão for também de apreendê-los, será necessário ajuizar ação cautelar (CPC, art. 301).

O procedimento contido nos arts. 381 e 382 do CPC também se aplica à "justificação" (CPC, art. 381, § 5º), medida voltada à constituição de prova para evidenciar algum fato (*v.g.*, comprovar tempo de serviço junto à Previdência Social ou para que servidor público supra deficiências ou lacunas na sua ficha funcional) ou relação jurídica (*v.g.*, a existência de união estável) para fins de documentação, sem que haja vinculação a um processo principal, sem prejuízo de vir a ser utilizada em futuro processo judicial.

As hipóteses previstas no art. 381 do CPC, contudo, são meramente exemplificativas. A produção antecipada de provas pode, por exemplo, servir a pré-constituição de provas escritas (destinadas, *v.g.*, a serem anexadas em mandado de segurança ou ação monitória) ou para a obtenção da tutela de evidência (CPC, art. 311, incs. II e IV)[606]. Além disso, há leis específicas que determinam a produção antecipada das provas (*v.g.*, o art. 11, § 1º, da Lei 13.431/2017, com o intuito de estabelecer sistema de garantia de direitos da criança e do adolescente vítima ou testemunha de violência, impõe o depoimento especial, na forma antecipada, quando a criança tiver menos de sete anos e em caso de violência sexual).

Qualquer meio de prova (depoimentos pessoais ou de testemunhas, documentos, perícia e inspeção judicial) pode ser produzido antecipadamente. Porém, como não há a valoração da prova, o juiz não poderá se pronunciar sobre eventual confissão.

Por outro lado, há de se cuidar com o uso abusivo da produção antecipada de provas para evitar o risco da *fishing expedition*, isto é, que se busque fazer uma devassa na vida de alguém. A pretensão deve estar fundamentada em razões que justificam a necessidade de antecipação da prova, com precisão sobre os fatos que são objeto de investigação probatória (CPC, art. 382, *caput*). Eventual abuso do direito processual deve ensejar, inclusive com fundamento no art. 187 do Código Civil, a responsabilização civil do demandante pelos prejuízos causados ao demandado. A quebra do sigilo bancário, fiscal ou de dados exige cautela redobrada do Estado-Juiz que deve evitar a concessão de medidas *in audita altera parte*, inclusive para inibir o uso desproporcional e ilícito da produção antecipada de provas.

6.22.2. Procedimento antecipado das provas

A finalidade do procedimento antecipado de provas é a formação do convencimento das partes, não do juiz. O magistrado não se pronuncia sobre a ocorrência ou não do fato, nem sobre suas consequências jurídicas (CPC, art. 382, § 2º). A intervenção judicial se restringe unicamente à obtenção da prova.

---

606. WAMBIER, Luiz Rodrigues; TALAMINI, Eduardo. *Curso avançado de Processo Civil*. 11. ed., 2010. v. 1 cit., p. 371.

A ação de produção antecipada de provas deve ser ajuizada no foro onde a prova deva ser produzida ou no foro do domicílio do réu (CPC, art. 381, § 2º). A referida ação não se previne a competência do juízo para eventual ação a ser proposta futuramente (CPC, art. 381, § 3º)[607].

Possui legitimidade para propor a ação todo aquele que venha a demonstrar algum interesse na produção da prova, independentemente da posição que possa ocupar em um processo futuro (autor, réu ou terceiro interveniente).

Para que a prova possa valer em processo futuro, contudo, é indispensável a citação dos sujeitos interessados na relação processual (isto é, aqueles em face de quem a prova poderá produzir efeitos, os quais é preciso assegurar a garantia constitucional do contraditório, porque a prova, para ter validade, não pode ser secreta ou sem a participação das partes)[608], salvo quando a comprovação do fato não tiver caráter contencioso (CPC, art. 382, § 1º). Caso o autor pretenda utilizar a prova em processo futuro, devem ser incluídos no polo passivo todos os possíveis interessados, inclusive terceiros, para que se garanta o máximo aproveitamento da prova. Assim, embora não se admita a denunciação da lide (CPC, art. 125) nem o chamamento ao processo (CPC, art. 130) na ação antecipada da prova, como espécies de intervenção típicas, por não haver lide secundária (e, portanto, não ensejar pretensão regressiva – art. 129/CPC – nem constituição de título executivo – art. 132/CPC), é admissível a citação daqueles que venham a ser denunciados à lide ou chamados ao processo na condição de "terceiros", como espécie de intervenção atípica, para que a prova possa ser eficaz em relação a eles[609]. Também é cabível a assistência (CPC, arts. 119 a 224) e a participação de *amicus curiae* (CPC, art. 138), observado nesta última hipótese a relevância da matéria, a especificidade da demanda ou a repercussão social da controvérsia (*v.g.*, uma ação coletiva de produção de prova)[610].

A defesa é restrita aos aspectos processuais da ação de produção antecipada de provas, isto é, matérias defensivas conhecíveis de ofício (como a legitimidade do requerente, a competência do juízo, a admissibilidade e a relevância da medida pleiteada), não se destinando a discutir questões de mérito de eventual processo futuro (CPC, art. 382, § 2º, e Enunciado 32 da I Jornada de Direito Processual Civil, promovida pelo Conselho da Justiça Federal).

A inversão do ônus da prova no procedimento antecipado deve ser observada com cautelas. A finalidade da distribuição dinâmica da prova (CPC, art. 373, § 1º) é facilitar para o demandante a prova do fato constitutivo do seu direito, o que exige do Estado-Juiz apenas a verificação da maior possibilidade do demandado em produzir a prova. Não se adentra a rigor na ocorrência dos fatos constitutivos nem tampouco na análise

---

607. STJ, REsp 1.907.653/RJ, Rel. Min. Maria Isabel Gallotti, 4ª T., j. 23.02.2021, *DJe* 10.03.2021.
608. FUGA, Bruno Augusto Sampaio. *Produção antecipada de prova. Procedimento adequado para a máxima eficácia e estabilidade.* Londrina: Toth Editora, 2023. p. 110 e 114.
609. Idem, p. 114-115.
610. AMARAL, Paulo Osternack. *Manual das provas cíveis.* Londrina: Toth Editora, 2023. p. 65.

das suas consequências jurídicas. Logo, a inversão do ônus da prova, no procedimento de produção antecipada, não resulta na aplicação da distribuição dinâmica como uma regra de julgamento (ônus da prova em sentido objetivo) por força da vedação contida no art. 382, § 2º, do CPC.

Se o juiz indeferir totalmente a produção da prova pleiteada pelo requerente originário, caberá apelação (CPC, art. 382, § 4º)[611]. Entretanto, no curso do processo, apesar de a sentença não julgar o mérito do processo futuro, podem surgir atos de caráter decisório (*v.g.*, inversão do ônus da prova, indeferimento de quesitos ou nomeação de perito incapaz ou suspeito). Nestas hipóteses, é cabível recurso de agravo de instrumento ou, eventualmente, ação autônoma de impugnação (*v.g.*, mandado de segurança)[612].

Todos os interessados na produção antecipada da prova podem aproveitar o mesmo processo autônomo para requer a produção de qualquer outro meio probatório, desde que relacionado ao mesmo fato e se a produção conjunta não acarretar excessiva demora (CPC, art. 382, § 4º). A rigor, a prova pretendida pelo réu não precisa se relacionar ao mesmo fato, mas sim ao mesmo evento (*v.g.*, em um acidente de trânsito, tendo o demandante requerido a produção antecipada da prova pericial para a verificação de circunstâncias como a alta velocidade ou estado de embriaguez do condutor, o réu pode pedir a antecipação da prova testemunhal para provar que a parte contrária invadiu o sinal vermelho). Porém, caberá ao juiz, mediante juízo de proporcionalidade, verificar se a produção da prova antecipada pelo réu não causa "excessiva demora", pois, caso isto ocorra, o pedido será indeferido, o que ensejará o ajuizamento de uma ação própria para a produção antecipada da prova não admitida.

Vale ressaltar que a regra contida no art. 382, § 4º, do CPC não pode ser interpretada de forma literal, o que enseja o exercício do contraditório, antes da prolação da decisão judicial, sobre questões inerentes ao objeto específico da ação e do procedimento legal[613]. Também se reconhece o direito à prova, seja quanto ao modo de sua produção seja quanto ao meio probatório propriamente concebido (ata notarial, depoimento pessoal, confissão, exibição de documentos ou coisa, documentos, testemunhas, perícia e inspeção judicial).

Porém, o objeto do processo se resume à produção antecipada da prova, aplicando-se, no que couber, as regras do procedimento comum do processo de conhecimento. Tratando-se, por exemplo, da antecipação de um depoimento testemunhal, o autor deve arrolar o seu nome, profissão, estado civil, idade, número de inscrição no Cadastro de Pessoas Físicas, número de registro de identidade e o endereço completo da residência

---

611. STJ, AgInt no REsp n. 1.893.155/PR, Rel. Min. Benedito Gonçalves, 1ª T., j. 26.04.2021, *DJe* 28.04.2021.
612. Admite-se, excepcionalmente, mandado de segurança contra ato judicial (inclusive, em processo de produção antecipada de provas), quando: i) a decisão judicial for manifestamente ilegal ou teratológica; ii) da decisão judicial impugnada não couber recurso; iii) para imprimir efeito suspensivo a recurso desprovido de tal atributo; e iv) quando impetrado for terceiro prejudicado por decisão judicial. Cf. STJ, AgInt nos EDcl no RMS n. 61.128/GO, Rel. Min. Raul Araújo, 4ª T., j. 06.10.2020, *DJe* 16.10.2020.
613. STJ, REsp 2.037.088/SP, Rel. Min. Marco Aurélio Bellizze, 3ª T., j. 07.03. 2023, *DJe* 13.03.2023.

e do local de trabalho (CPC, art. 450). Após a citação e eventual manifestação do(s) réu(s), o magistrado designará audiência para a sua oitiva, cabendo ao advogado do demandante, nos termos do art. 455, informar ou intimar a testemunha do dia, hora e local da audiência designada. Procede-se à qualificação da testemunha, seguida de possível contradita, o compromisso de dizer a verdade e as perguntas das partes e do juiz (CPC, arts. 457-459).

Em relação às despesas para a produção das provas, se houver concordância do réu, elas podem ser rateadas. Caso contrário, cabe ao autor efetuar o pagamento, salvo se a resistência do demandado acarretar despesa adicional, a justificar pela aplicação do princípio da causalidade o rateamento desses custos. O mesmo raciocínio se aplica aos honorários advocatícios; isto é, cada parte deve arcar com o pagamento dos honorários de seu advogado, salvo quando a defesa gerar resistência[614] a exigir, pela aplicação do princípio da proporcionalidade, o pagamento apenas do acréscimo causado ao advogado da parte contrária, sem prejuízo de eventual sancionamento da litigância de má-fé. Nesse sentido, o Enunciado 118 da II Jornada de Processo Civil, promovida pelo Conselho da Justiça Federal, concluiu: "É cabível a fixação de honorários advocatícios na ação de produção antecipada de provas na hipótese de resistência da parte requerida na produção da prova".

Como não há valoração dos fatos, tampouco a resolução de questões de mérito, o processo é encerrado com a prolação de sentença homologatória, que declara a regularidade da prova produzida e constitui a prova, sem que haja a previsão de recurso (CPC, art. 382, § 4º) e sem a produção da autoridade de coisa julgada material[615]. A valoração da prova somente ocorrerá em eventual processo futuro, já que ela pode ser simplesmente descartada, utilizada extrajudicialmente (na seara privada ou administrativa) ou viabilizar a autocomposição ou outro meio adequado para a resolução de conflitos. A eficácia da prova perdura pelo prazo do direito material incidente sobre os fatos objeto da produção antecipada.

No procedimento de produção antecipada de provas, os autos ficam em cartório, pelo prazo de um mês, para a extração de cópias e certidões pelos interessados. Nesse período, os réus ou terceiros intervenientes podem fazer a reprodução dos autos, para fins de utilização futura da prova. Pessoas que não tenham participado do processo, caso demonstrem interesse legítimo (*v.g.*, quando se tratar de interesses individuais homogêneos de consumidores), também podem requerer cópia dos autos. Decorrido esse prazo, os autos são entregues ao promovente da medida (CPC, art. 383), que deverá exibi-los oportunamente, nos termos dos arts. 396-404 do CPC.

---

614. STJ, AgInt no AREsp 2.396.021/SC, Rel. Min. Ricardo Villas Bôas Cueva, 3ª T., j. 04.12.2023, DJe de 07.12.2023; STJ, AgInt no AgInt no AREsp 1.751.492/PR, Rel. Min. Ricardo Villas Bôas Cueva, 3ª T., j. 11.05.2021, *DJe* 24.05.2021.

615. STJ, AgInt no AREsp 1.736.270/PR, Rel. Min. Ricardo Villas Bôas Cueva, 3ª T., j. 22.06.2021, *DJe* 30.06.2021.

6 • PROVAS: TEORIA GERAL DA PROVA

Se for ajuizada ação judicial com base nas provas antecipadas, para se evitar a renovação da mesma atividade probatória, pelo princípio da economia processual, deve o juiz, com base no art. 370 do CPC, indeferir as diligências inúteis ou meramente protelatórias. Não há *cerceamento de defesa* se a parte contra quem se produz a prova participou do contraditório no procedimento de produção antecipada. Nesta situação, a prova antecipada ingressa no processo como *prova emprestada* (CPC, art. 372).

6.23. PRODUÇÃO COLETIVA DA PROVA

A produção coletiva da prova de questões fáticas repetitivas é uma técnica processual que contribui para promover maior eficiência na prestação jurisdicional, diminuir custos e assegurar isonomia entre os jurisdicionados é[616]. Por exemplo, o Ministério Público Federal ajuizou ação civil pública em razão de vícios na construção de unidades do Programa Minha Casa Minha Vida. Ações individuais semelhantes foram propostas por consumidores. As demandas envolvem a mesma construtora e, apesar de terem pedido ou causa de pedir diferentes, possuem questões fáticas comuns (repetitivas) – como padrões de condutas, não como ilícitos episódicos – que poderiam ser elucidadas por uma única perícia ou por provas estatísticas.

Nos Estados Unidos, a prova estatística foi utilizada, em *Wal-Mart Stores, Inc. v. Dukes*, para demonstrar – por meio de uma amostra analisada por gênero, tempo de trabalho em tempo integral ou parcial, locais de trabalho ao longo da carreira, cargo ocupado, contratação inicial para cargos de gerência e avaliações de desempenho – que o processo de promoção era subjetivo, não publicizado e que resultada na discriminação no ambiente de trabalho: o Wal-Mart empregava 65% de mulheres, mas apenas 33% delas ocupava cargos de gerência[617].

A produção coletiva da prova pode ser antecipada, seja para viabilizar a autocomposição ou outro meio adequado de solução de conflito, seja para o prévio conhecimento dos fatos que possa justificar ou evitar o ajuizamento de ação (CPC, art. 381, incs. II e III).

A cooperação jurisdicional, prevista no art. 69, § 2º, inc. II, do CPC, mesmo entre "juízes de ramos judiciários distintos" (CPC, art. 69, § 3º; Recomendação CNJ 38/2011, art. 5º, do anexo; Resolução CNJ 350/2020, arts. 1º, inc. I, e 6º, inc. VII), a pedido das partes, do Ministério Público ou de ofício pelo magistrado, favorece a produção coletiva de provas. Como o art. 69 do CPC não dispõe sobre o procedimento a ser aplicado, as partes do processo devem ser ouvidas. Em seguida, os demais juízes (da localidade, da região, do Estado ou do país), a depender da extensão dos fatos, devem ser comunicados, para se buscar saber a existência de processos, individuais e coletivos, envolvendo a mesma questão fática, para, também, oportunizar as manifestações das partes desses

---

616. LUNARDI, Thaís Amoroso Paschoal. Coletivização da prova. Técnicas de produção coletiva da prova e seus reflexos na esfera individual. *Tese de doutorado*. Curitiba: UFPR, 2018. p. 153-4, 167 e 175.

617. VITORELLI, Edilson. *Processo civil estrutural. Teoria e prática* cit., p. 357.

processos. Depois disso, o juiz de cooperação (Recomendação CNJ 38/2011, art. 7º, do anexo), o Núcleo de Cooperação Estadual (Recomendação CNJ 38/2011, art. 9º do anexo) e o Comitê Executivo Estadual, devem ser informados, para a definição do juízo competente e para o estabelecimento de questões administrativas pertinentes. Tal atribuição deve ser comunicada e, quando houver processos em vários Estados da federação, exercida pelo Núcleo de Cooperação Nacional e pelo Comitê Executivo Nacional no CNJ. Por último, deve ser observado o contraditório, o que pode ser feito, quando houver um número elevado de interessados, por meio de um legitimado coletivo com representação adequada (Lei 7.347/85, art. 5º; CDC, art. 82), a exemplo do que estabelece a técnica processual contemplada no art. 139, inc. X, do CPC, admitindo--se, eventualmente, *amicus curiae* (CPC, art. 138) para ampliar a cognição dos fatos, a partir de perspectivas intersecionais necessárias para a melhor proteção de direitos fundamentais sociais e da formulação/efetividade de políticas públicas. O Ministério Público, quando não for parte, deve atuar como fiscal da ordem jurídica.

Caberá ao juízo competente, nos moldes do art. 357, § 3º, do CPC, definir o objeto da prova e os meios para a sua produção (*v.g.,* nomeação de peritos e assistentes técnicos, distribuição dos custos, previsão de calendário etc.). Instaurado o incidente, os processos ficam suspensos, para a produção da prova da questão de fato comum (CPC, art. 313, inc. V, "b"), e, depois de produzida, a prova será valorada por cada um dos juízes competentes para o julgamento das respectivas demandas, não havendo a reunião das ações. A produção da prova em um juízo, diferente daquele onde a demanda foi ajuizada, é um ato de cooperação entre juízes para a prática de atos concertados e não viola a garantia constitucional do juiz natural (CF, art. 5º, incs. XXXVII e LIII), uma vez que o processo continua a ser decidido pelo juiz, imparcial, legalmente competente. Raciocínio diferente, inviabilizaria atos de cooperação processual, como ocorre com as cartas precatórias. Caso seja necessário esclarecer outros fatos não comuns ou complementar a prova produzida, após a suspensão processual, haverá a possibilidade de produção dessas provas nos respectivos processos. Em processos futuros, a prova produzida, em face da parte demandada e que exerceu o contraditório pleno na produção dessa prova, poderá ser emprestada, nos termos do art. 372 do CPC.

7
PROVAS EM ESPÉCIE

7.1. DEPOIMENTO PESSOAL

7.1.1. Conceito

As partes são as pessoas que, por estarem implicadas no conflito que é deduzido no processo, tem, normalmente, mais condições de esclarecerem os fatos controvertidos. O depoimento pessoal consiste na manifestação oral da própria *parte*, em audiência de instrução e julgamento, a requerimento da parte contrária ou do próprio interessado, bem como por iniciativa do juiz. É um importante meio de prova, pois permite que a parte, diretamente (isto é, sem a intermediação de um advogado), narre os fatos em juízo, respondendo perguntas formuladas pelo adversário, por seu advogado e pelo juiz.

Porém, o conceito de parte não se limita ao(s) autor(es) e réu(s). Abrange também o assistente *litisconsorcial* (não o simples, posto que é mero auxiliar da parte e, destarte, não defende, diretamente, interesses próprios no processo), o denunciado à lide e o chamado ao processo, que também podem prestar depoimento pessoal. Frisa-se que a pessoa responsável pela tutela ou curatela dos incapazes, bem como o indivíduo que administra uma pessoa jurídica, não é parte no processo, visto que só integrará pessoalmente a relação processual caso haja algum fato que possa ocasionar a destituição da tutela/curatela ou ensejar a desconsideração da pessoa jurídica com a futura responsabilização pelos atos de gestão praticados.

Também não presta depoimento pessoal o *amicus curiae*, que não é parte, porque não defende interesses próprios, mas se habilita como um colaborador da Justiça que, não obstante possa ter algum interesse no desfecho da demanda, não se vincula processualmente ao resultado do seu julgamento[1].

A pessoa jurídica pode ter *presentantes e representantes* (*v.g.*, prepostos). O presentante é órgão da pessoa jurídica, indicado pelo estatuto social, que a torna presente (*v.g.*, comparecendo na audiência em nome da empresa). Ocorre que o ato constitutivo da empresa, via de regra, não prevê qual é o poder de disposição do presentante ou quais fatos pode dispor. Já o representante, desde que tenha poderes especiais, pode confessar, ainda que não seja o presentante da pessoa jurídica.

---

1. STF, ADI 3460 ED, Rel. Min. Teori Zavascki, Tribunal Pleno, j.12.02.2015, Ac. Eletrônico *DJe*-047 Divulg 11.03.2015 Public 12.03.2015.

Os representantes legais não possuem legitimidade *ad causam*. Apenas exercem, processualmente, o direito alheio (legitimidade *ad processum*). Consequentemente, não se sujeitam ao depoimento pessoal, porque o conceito de parte não se confunde com o de representante da parte. Não obstante a jurisprudência tem admitido o depoimento pessoal de representante (notadamente os de pessoa jurídica), ainda que não seja seu diretor, desde que o preposto tenha designação regular[2].

7.1.2. Sujeitos do depoimento pessoal

O depoimento pessoal é o *meio de prova* que tem por *fonte* as partes. São consideradas partes legitimadas, como fontes dessa prova, todos os litisconsortes, ativos ou passivos, e terceiros que haja intervindo por provocação ou voluntariamente como *partes principais*. Assim, exclui-se o assistente simples, que é parte secundária e não defende, diretamente, quaisquer interesses próprios no processo, bem como o *amicus curiae*, que é um colaborador da justiça.

Como o depoimento é pessoal e indelegável, não deve ser feito pelo seu advogado[3]. Contudo, em casos excepcionais, quando é impossível ou inútil o comparecimento da parte (como, v.g., em casos em que o fato está mais relacionado com o procurador do que com a parte) é possível que ele deponha em juízo. Todavia, o procurador deve ter conhecimento dos fatos e deve ter poderes especiais para confessar (CPC, art. 105), porque senão fica frustrada a finalidade da prova. Além disso, a eficácia da confissão vincula o representado tão somente nos limites em que pode confessar (CPC, art. 392, § 2º e CC. art. 213, parágrafo único), embora seja admissível sua posterior ratificação[4]. O art. 390, § 1º, do CPC admite que a confissão espontânea seja feita por representante da parte, com poderes especiais, devendo constar no mandato os dados da causa e os fatos que devam ser confessados ou, pelo menos, as linhas gerais nas quais a confissão estará autorizada pelo mandante[5]. Em contrapartida, a narrativa do representante que ultrapassar os limites da representação não vincula o representado, não valendo como confissão, embora possa ser valorada pelo juiz no contexto da controvérsia e das provas produzidas nos autos (CPC, art. 371).

As pessoas físicas incapazes são representadas pelos representantes legais inclusive para o fim do depoimento pessoal. Todavia, é preciso ter cautela nessas hipóteses, pois, a rigor, os representantes dos incapazes não são partes[6], mas tão somente seus representantes e, não possuindo poderes especiais para deporem, não poderão fazê-lo.

---

2. STJ, REsp 191.078/MA, Rel. Min. Ari Pargendler, 3ª T., j. 15.09.2000, *DJ* 09.10.2000, p. 142.
3. STJ, REsp 623575/RO, Rel. Min. Nancy Andrighi, 3ª T., j. 18.11.2004, *DJ* 07.03.2005, p. 250.
4. PONTES DE MIRANDA, Francisco Cavalcanti. *Comentários ao Código de Processo Civil*. 3. ed. Rio de Janeiro: Forense, 1996. t. IV, p. 322.
5. SANTOS, Francisco Amaral. *Comentários ao Código de Processo Civil*. São Paulo: Forense, 1994. v. 4, p. 105.
6. TJDF, AI 19.980.020.006.603/DF, Rel. Vera Andrighi, 5ª T. Cív., j. 15.06.1998, *DJU* 23.09.1998, p. 116.

Em não sendo o representante do incapaz parte no processo, a consequência lógica de tal situação é que ele não poderá ocupar o papel de depoente, uma vez que, para tanto, é necessária a qualidade processual de parte, que o representante não detém.

As pessoas jurídicas podem ser representadas por seus prepostos, desde que tenham conhecimento dos fatos, ainda que não sejam o seu diretor[7], ou aquela cujo contrato social (ou estatuto) defina como sua representante judicial, e que esteja autorizado a prestar o depoimento judicial, inclusive com poderes para confessar. Não se considera como cumprido o ônus de depor se o preposto não conhece os fatos. Aplica-se, portanto, na hipótese, o art. 386 do CPC, não ensejando, a rigor, a imposição da "pena de confissão", prevista nos parágrafos do art. 385, § 1º, do CPC. Por outro lado, quando há a confissão expressa, ela não decorre do depoimento pessoal, mas da "apresentação" do preposto da confissão, para a qual obteve mandato com poderes específicos[8].

O representante do Ministério Público, quando for parte no processo, pode depor em juízo, embora não possa confessar, já que sua atuação está ligada à defesa dos interesses sociais relevantes (CF, art. 127, caput; CPC, art. 176) e, portanto, indisponíveis (v.g., improbidade administrativa motivadora de inquérito civil público e de ação civil pública). Todavia, o que disser o membro do Ministério Público deve ser tomado em benefício da demanda que sustenta no processo ou contra ela, sempre dependendo do convencimento motivado do juiz (CPC, art. 371).

7.1.3. Espécies

O *depoimento pessoal* propriamente dito, também denominado de depoimento da parte por provocação, está condicionado ao requerimento das partes. O autor protesta pelo depoimento pessoal do *adversário*, na petição inicial, e do réu, na contestação (CPC, arts. 319, inc. VI, e 336) e/ou na reconvenção (CPC, art. 343).

Na pluralidade de partes, admite-se que um litisconsorte requeira o depoimento pessoal do outro[9], mas, tradicionalmente, não se permite que o litisconsorte *unitário* formule perguntas ao litisconsorte-depoente[10].

Isso porque a lei não estabelece que a parte requeira voluntariamente seu próprio depoimento ou de seu litisconsorte (CPC, art. 385, *caput*)[11], pois esta fala em juízo por intermédio de seu advogado, embora possa ser arrolada como testemunha (CPC, art. 447, § 2º, inc. II), não obstante ela possa ser ouvida como informante (CPC, art. 447, § 4º).

---

7. STJ, REsp 191.078/MA, Rel. Min. Ari Pargendler, 3ª. T., j. 05.09.2000, *DJ* 09.10.2000, p. 142.
8. MARINONI, Luiz Guilherme; ARENHART, Sérgio Cruz. *Curso de processo civil*: processo de conhecimento. 7. ed. São Paulo: RT, 2008. v. 2, p. 316.
9. Essa é a conclusão do Enunciado 584 do FPPC.
10. DIDIER JR., Fredie; BRAGA, Paula Sarno; OLIVEIRA, Rafael. *Curso de direito processual civil*. 11. ed. Salvador: JusPodivm, 2016. v. 2, p. 165.
11. STJ, REsp 1291096/SP, Rel. Min. Ricardo Villas Bôas Cueva, 3ª T., j. 02.06.2016, *DJe* 07.06.2016.

CURSO DE PROCESSO CIVIL • EDUARDO CAMBI

O art. 385, *caput*, do CPC, ao reproduzir a redação do art. 343, *caput*, do CPC-73, merece críticas, pois ao condicionar a legitimidade para requerer o depoimento pessoal à parte contrária adotou um conceito restrito desse meio de prova[12]. Limitou-se à compreensão de que a finalidade do depoimento pessoal é, tão somente, a obtenção da confissão. No entanto, a utilidade desse meio de prova vai além desse fim, devendo ser compreendido como um direito da própria parte de, diretamente (sem a intermediação de seu advogado), poder esclarecer os fatos controvertidos ao juiz que irá julgar a causa. Como o processo civil deve ser interpretado em conformidade com a Constituição Federal (CPC, art. 1º), é importante que o depoimento pessoal seja um desdobramento do direito constitucional à prova, corolário das garantias fundamentais da ação, da ampla defesa, do contraditório e do devido processo legal[13].Com efeito, deve ser conferida legitimidade à própria parte de requerer seu depoimento pessoal.

Com ou sem pedido na fase postulatória, ambos os litigantes têm o ônus de requerer a realização do depoimento pessoal seu ou da parte contrária quando chamados a *especificar provas* (CPC, art. 348). Se não houver o requerimento, no momento oportunizado pelo art. 348 do CPC, ocorre a *preclusão*.

Quando requerido pelas partes, o depoimento pessoal será deferido ou indeferido na *decisão de saneamento e de organização do processo* (CPC, art. 357, inc. II). A decisão que defere ou indefere o depoimento pessoal, contudo, não pode ser questionada pela via do recurso de agravo, pois tal hipótese não está prevista no rol do art. 1.015 do CPC. Eventual alegação de *cerceamento de defesa* deve ser arguida em razões ou contrarrazões de apelação (CPC, art. 1.009, §§ 1º e 2º).

7.1.4. Finalidade

O depoimento pessoal, conforme salientado, não tem por finalidade apenas provocar a *confissão*. Pode ser aproveitado também pela parte (*v.g.*, caso afirme fatos que lhe são favoráveis ou que digam respeito a direitos indisponíveis) ou por terceiros (se a narrativa for contrária a apenas um dos litisconsortes) se o juiz, segundo seu convencimento motivado, entenda que são dignas de credibilidade, esteja em consonância com as demais provas dos autos ou a comprovação do fato não possa ocorrer por outros meios de prova.

Consequentemente, o depoimento pessoal, mais que um mero instrumento para a obtenção da confissão, é um *espaço de interação* do juiz com as partes, mediante a promoção da maior comunicação humana, pelo uso da palavra oral[14]. Esse contato direto e pessoal permite ao julgador avaliar a idoneidade e a verossimilhança das in-

---

12. WAMBIER, Luiz Rodrigues; TALAMINI, Eduardo. *Curso avançado de Processo Civil*. 11. ed. São Paulo: RT, 2010. v. 1, p. 276-277.
13. CAMBI, Eduardo. *Direito constitucional à prova no processo civil*. São Paulo: RT, 1999. p. 108-156.
14. GRECO, Leonardo. Publicismo e privatismo no processo civil. *Revista de Processo*, v. 164, p. 47. São Paulo: Ed. RT, out. 2008.

formações transmitidas com maior segurança do que quando simplesmente recebe a prova já reduzida a simples registro nos autos do processo[15]. Por isso, o juiz pode, *ex officio* (sem requerimento da parte contrária) e a qualquer tempo (CPC, art. 139, inc. VIII), interrogar quaisquer dos litigantes com a finalidade de melhor esclarecer os fatos relativos à causa (*interrogatório judicial*).

7.1.5. Modo de produção

7.1.5.1. Momento processual

Quanto à forma, tanto o depoimento pessoal propriamente dito quanto o interrogatório judicial se desenvolvem de maneira idêntica. Não obstante o CPC não tenha reproduzido a regra do art. 344 do CPC/73, a parte será ouvida na mesma forma prescrita para a inquirição das testemunhas, até porque todas as provas orais devem ser produzidas na audiência de instrução e julgamento.

A ordem da produção das provas orais está definida no art. 361 do CPC. Após os esclarecimentos de peritos e assistentes técnicos, deve ser tomado o depoimento pessoal do autor, com as perguntas do advogado do réu, e depois realizado o depoimento do réu, com as perguntas do advogado do autor.

Todavia, o juiz pode alterar a ordem de produção dos meios de prova, adequando-os às necessidades do conflito de modo a conferir maior efetividade à tutela do direito (CPC, art. 139, inc. VIII).

Excepcionalmente, as declarações de surdos, mudos, surdos-mudos e de todos que não puderem, por razões justificadas, se expressar oralmente, devem ser tomadas por escrito.

7.1.5.2. Formulação de perguntas

O depoimento pessoal do autor inicia-se com as perguntas do advogado do réu, e o depoimento do réu, com as perguntas do advogado do autor.

O advogado da contraparte formula as perguntas diretamente ao depoente, tal como ocorre com as formuladas à testemunha, sem a necessidade de prévia intermediação do juiz (CPC, art. 459 e Enunciado 33 da I Jornada de Direito Processual Civil, promovida pelo Conselho da Justiça Federal).

A concepção de que o advogado da parte não pode fazer perguntas para serem respondidas pelo próprio cliente, uma vez que já fala por ele nos autos, deve ser superada pela interpretação do instituto do depoimento pessoal em conformidade com a Constituição Federal (CPC, art. 1º). Afinal, o depoimento pessoal não se destina ape-

---

15. SILVA, Ovídio Baptista da. *Curso de direito processual civil*. 6. ed. São Paulo: RT, 2006. v. 1, p. 67.

nas à obtenção da confissão, sendo um meio de prova relevante para que a parte possa esclarecer, diretamente (sem a intermediação de seu advogado), ao órgão judicial, os fatos controvertidos. Nesse contexto, não se pode impedir que o advogado da parte também faça perguntas ao seu cliente, após a inquirição pelo advogado da parte contrária. Tais perguntas, contudo, não devem servir como estratégia de mera repetição dos argumentos já contidos nos autos, podendo ser indeferidas pelo juiz quando, ao invés de melhor esclarecerem os fatos da causa, comprometerem a duração razoável do processo (CPC, art. 4º), violarem a boa-fé processual CPC, art. 5º), não revelarem o propósito de cooperação com a solução do mérito (CPC, art. 6º) ou se mostrarem inúteis ou meramente protelatórias (CPC, art. 370, par. ún.).

Apesar da regra contida no art. 459, § 1º, do CPC, que faculta a inquirição da testemunha tanto antes quanto depois da feita pelas partes, é altamente recomendável ao juiz inquirir-se o depoente após as partes. Isso porque são as partes que têm o ônus da prova (CPC, art. 373), enquanto os poderes instrutórios do juiz são complementares e subsidiários ao das partes (CPC, art. 370). Nada obstante, deve ser assegurado às partes o direito à formulação de perguntas para o esclarecimento ou complementação dos questionamentos realizados pelo juiz. Nesse sentido, confira-se o Enunciado 157 do FPPC: "Deverá ser facultada às partes a formulação de perguntas de esclarecimento ou complementação decorrentes da inquirição do juiz".

Por outro lado, no interrogatório judicial, devido ao seu caráter subsidiário (isto é, por estar voltado a elucidar fatos necessários ao convencimento do juiz e ter sido determinado *ex officio*), cabe ao magistrado realizar as perguntas em primeiro lugar. Apesar desse interrogatório ser destinado ao esclarecimento do juiz, a concepção constitucional do processo civil, fundada nas garantias da ação, da ampla defesa, do contraditório e do devido processo legal, legitima que as partes, por meio de seus advogados, também possam aproveitar a ocasião para inquirir a parte interrogada, caso as questões fáticas não tenham sido explicadas no depoimento pessoal ou por outro meio de prova constante dos autos.

O agente do Ministério Público, quando atuar como fiscal da ordem jurídica (CPC, art. 178; Recomendação 34/2016 do CNMP), poderá fazer perguntas, após os litigantes, seja no depoimento pessoal, seja no interrogatório judicial.

De qualquer forma, ao menos quanto a este aspecto, deve prevalecer a compreensão de que o processo civil é um processo de partes ("adversarial"). Por isso, recai aos litigantes o ônus de produzir a prova, bem como o direito de produzi-las com todos os meios eficientes para se convencer o juiz de que tem razão. Foi por essa razão que o CPC, no art. 459, admitiu a possibilidade de as partes formularem perguntas diretamente às testemunhas, técnica processual que deve ser estendida e aplicada, por analogia, ao depoimento pessoal.

Consequentemente, velando-se pela manutenção da paridade entre as partes (CPC, art. 139, inc. I), cabe ao juiz presidir a audiência de instrução e julgamento, evitando que os litigantes se desrespeitem, bem como não sejam feitas perguntas impertinentes, irrelevantes, inúteis, que induzam a resposta[16] ou possam ser ofensivas (CPC, arts. 370, parágrafo único, e 459, § 2º). As perguntas indeferidas poderão ser transcritas na ata da audiência, a requerimento da parte interessada (CPC, art. 459, § 3º)[17].

Para não atrapalhar o andamento da audiência e se evitar tumulto processual, enquanto depuserem o perito, os assistentes técnicos, as partes e as testemunhas, os advogados e o Ministério Público não poderão intervir ou apartear sem a permissão do juiz (CPC, art. 361, parágrafo único). Por isso, para não atrapalhar o andamento da audiência, os advogados e o Ministério Público não poderão intervir ou apartear sem a permissão do juiz (CPC, art. 361, parágrafo único).

Ademais, o juiz pode valer-se de seu poder de polícia (CPC, arts. 139, inc. VII, e 360) para manter a ordem e o decoro na audiência; ordenar que se retirem da sala de audiência os que se comportarem inconvenientemente; requisitar, quando necessário, força policial, além de fazer com que todos os envolvidos na audiência se tratem com urbanidade.

É permitido que o depoente se valha de breves notas para se lembrar de certos fatos, mas não pode levar escrito nem ler seu depoimento. Isso para não tornar o depoimento um ato mecânico, garantir a sua espontaneidade e assegurar o princípio da oralidade (CPC, art. 387).

O depoente deve responder de *forma objetiva*. Caso a parte deixar de responder ao que foi perguntado ou empregar evasivas, o juiz, apreciando os demais elementos e circunstâncias de prova (CPC, art. 371), declarará, na sentença, se houve recusa de depor (CPC, art. 386). Tratando-se de depoimento pessoal, o juiz poderá aplicar a "pena de confesso". Caso se trate de interrogatório judicial, o juiz pode deduzir *argumentos de prova*.

A parte será perguntada sobre todos os fatos relevantes da causa, desde que *controvertidos*. Não é obrigada a depor sobre os fatos previstos no art. 388 do CPC. Nesses casos, todavia, a recusa é facultativa. Igualmente, não pode ser obrigada a falar para se preservar o direito de não se produzir prova contra si mesmo (CF, art. 5º, inc. LXIII e CPC, art. 379). Entretanto, se resolve falar, não tem o direito de mentir, sob pena disso comprometer os princípios da boa-fé objetiva e da colaboração processual (visão solidarista do processo; CPC, arts. 5º e 6º).

Além disso, o direito da parte de se manter em silêncio não se aplica às ações de estado e de família (CPC, art. 388, parágrafo único). Nesses casos, o não comparecimento ou a recusa da parte a depor gera as sanções do art. 385, § 1º, ou do art. 386, todos do CPC. Porém, a regra contida no art. 388, par. ún., do CPC deve ser interpretada com cautela,

---

16. A utilização da técnica de arguição direta, desde que utilizada no exercício regular de direito, não configura indução de resposta, conforme prevê o Enunciado 156 do FPPC.

17. Sobre o tema, confira-se o Enunciado 158 do FPPC: "Constitui direito da parte a transcrição de perguntas indeferidas pelo juiz".

para não violar o disposto nos arts. 5º, inc. LXIII, da CF e 379 do CPC. Afinal, a prova não é um fim em si mesmo, devendo a sua relevância jurídica ser sopesada com outros direitos e garantias fundamentais (interpretação do processo civil em conformidade com a Constituição Federal; CPC, arts. 1º e 489, § 2º).

Do mesmo modo que a prova testemunhal (CPC, art. 456), no depoimento pessoal, prevalece a regra da *incomunicabilidade* dos litigantes. Por isso, enquanto não tiver prestado depoimento, a parte não poderá assistir ao interrogatório da outra (CPC, art. 385, § 2º). Com isso, evita-se que um depoimento venha a sugestionar o outro.

É admissível, todavia, a celebração de convenção processual (CPC, art. 190) objetivando a permitir que uma parte esteja presente no decorrer da colheita do depoimento da outra, consoante entendimento veiculado no Enunciado 19 do FPPC.

7.1.5.3. *O lugar da produção da prova (Depoimento pessoal por videoconferência ou por qualquer outro meio tecnológico, ou por carta)*

O lugar dos depoimentos pessoais é a sede do juízo. Não podendo a parte comparecer, desde que justificado antecipadamente, o órgão judicial deve primar por tomar o interrogatório por meio de videoconferência ou por outro recurso tecnológico de transmissão de sons e imagens em tempo real (CPC, art. 385, § 3º). Caso a parte não resida na sede do juízo, tais recursos tecnológicos também devem ser utilizados prioritariamente. Apenas excepcionalmente devem ser expedidas cartas de ordem, precatória e rogatória (CPC, art. 260-268).

Por analogia, se uma das partes for quaisquer das autoridades arroladas no art. 454 do CPC e estiverem no processo em representação do ente estatal a que pertencem, devem receber o mesmo tratamento das testemunhas, sendo inquiridos em sua residência ou onde exercem sua função. Mas, se estiverem defendendo interesses próprios, devem ser tratados como quaisquer outras pessoas comuns (princípio da isonomia), perdendo o privilégio de serem inquiridos fora da sede do juízo.

O art. 385, § 3º, do CPC admite que o depoimento pessoal da parte que residir em comarca, seção ou subseção judiciária diversa daquela onde se tramita o processo (sede do juízo) pode ser colhido por meio de videoconferência ou outro recurso tecnológico de transmissão multimídia em tempo real. Isso pode ocorrer, inclusive, durante a realização da audiência de instrução e julgamento.

O art. 185, com a redação dada pela Lei 11.900/2009, do CPP, já previa, como regra, que o interrogatório se daria em sala própria no presídio, e, excepcionalmente, admitia-se o interrogatório por videoconferência ou outro recurso tecnológico de transmissão multimídia em tempo real, desde que a medida fosse necessária para se atender a uma das seguintes finalidades: I – prevenir risco à segurança pública, quando existisse fundada suspeita de que o preso integrasse organização criminosa ou de que, por outra razão, pudesse fugir durante o deslocamento; II – viabilizar a participação do réu no referido ato processual, quando houvesse relevante dificuldade para seu comparecimento em juízo, por enfermidade ou outra circunstância pessoal; III – impedir a influência do réu no ânimo de testemunha ou da vítima, desde que não fosse possível colher o depoimento destas por videoconferência; IV – responder à gravíssima questão de ordem pública.

De todo modo, tem o acusado o direito de estar presente na audiência, já que o direito de presença é um dos desdobramentos da sua autodefesa e corolário da garantia constitucional da ampla defesa[18]. A presença do acusado resulta totalmente efetivada com a videoconferência, desde que respeitadas as garantias constitucionais e as regras contidas nos §§ 4º a 6º do art. 185 do CPP. Dentre essas garantias, vale destacar o direito de acompanhar, pelo mesmo sistema tecnológico, todos os atos da audiência única de instrução e julgamento, o direito à entrevista prévia e reservada com seu defensor, o direito de acesso a canais telefônicos reservados para comunicação entre o defensor, que esteja no presídio e o advogado presente na sala de audiência do Fórum, ou entre este e o preso, além de sala reservada no estabelecimento prisional para a realização de atos processuais por sistema de videoconferência. Observadas todas as garantias fundamentais do acusado, não há como se vislumbrar qualquer nulidade no uso da videoconferência, posto que não existir nulidade sem prejuízo (CPP, art. 563).

O CNJ, por sua vez, editou a Resolução 105, de 06.04.2010, que dispõe sobre a documentação dos depoimentos por meio do sistema audiovisual e a realização de interrogatório e inquirição de testemunhas por videoconferência. No art. 2º, afirmou que os depoimentos documentados, por meio audiovisual, não precisam de transcrição. Porém, o magistrado, em razão de sua preferência pessoal, pode determinar que os servidores afetos ao seu gabinete ou secretaria procedam à degravação, observando-se, nesse caso, as recomendações médicas quanto à prestação desse serviço.

Também ressaltou que, de regra, o interrogatório, mesmo de réu preso, deve ser feito na forma presencial, salvo decisão devidamente fundamentada nos termos do art. 185, § 2º, incs. I a IV, do CPP (art. 5º da Res. 105/2010 do CNJ).

Caso esteja solto e tenha dificuldade, por enfermidade ou outro motivo relevante, de comparecer em juízo, o interrogatório do réu pode ser feito por videoconferência, mediante a expedição de carta precatória (art. 6º da Res. 105/2010 do CNJ).

O acusado terá direito de assistir, pelo sistema de videoconferência, a audiência realizada no juízo deprecante, o direito à presença de seu advogado ou defensor na sala onde for prestado o seu interrogatório e na sala onde for realizada a audiência de instrução e julgamento, bem como o direito de entrevista prévia e reservada com o seu

---

18. STF, HC 111567 AgR, Rel. Min. Celso de Mello, 2ª T., j. 05.08.2014, Processo Eletrônico*DJe*-213 Divulg. 29.10.2014 Public 30.10.2014; HC 86.634/SP, Rel. Min. Celso de Mello, 2ª T., j. 18.12.2006, *DJ* 23.02.2007, p. 40. Porém, o STF já decidiu que não há cerceamento de defesa, quando há a inquirição das testemunhas arroladas pela parte, mas sem a sua presença, quando ela está representada por defensor judicial. Cf. HC 130328, Rel. Min. Dias Toffoli, 2ª T., j. 02.02.2016, Processo Eletrônico *DJe*-098 Divulg 13.05.2016 Public. 16.05.2016.

defensor, o que compreende o acesso a canais telefônicos reservados para a comunicação (art. 7º da Res. 105/2010 do CNJ).

No processo civil, o art. 385, § 3º, do CPC passou a admitir, expressamente, o depoimento pessoal por videoconferência ou outro meio tecnológico. Desde que observadas as garantias constitucionais, quando a produção da prova é facilitada pela videoconferência (inclusive com argumentos favoráveis à defesa que pode preferi-lo, em vez da expedição de cartas precatórias ou de ordem), tal inovação deve ser vista como um meio tecnológico a ser privilegiado no processo civil (Lei 11.419/2006, art. 1º, § 1º). Afinal, o uso dessas tecnologias promove, simultaneamente, o princípio da oralidade com a redução dos custos processuais e privilegia a garantia constitucional da duração razoável do processo.

Excepcionalmente, quando não for possível a utilização da tecnologia, o depoimento pessoal pode ser realizado por carta (precatória ou de ordem), quando a parte não residir na comarca onde o processo tramita. Nesse caso, é importante salientar que a expedição dessa carta somente suspende a tramitação do processo se for requerida antes do saneamento do processo e se a prova for considerada imprescindível pelo juiz (CPC, art. 377, *caput*).

Com a suspensão processual, o magistrado deverá aguardar o cumprimento da diligência antes de sentenciar (CPC, art. 313, inc. V, "b"). Por outro lado, as cartas precatória e rogatória concedidas sem efeito suspensivo e não devolvidas no prazo não impedem o julgamento da causa, embora possam ser juntadas aos autos a qualquer momento (CPC, art. 377, § ún.).

7.1.6. Intimação pessoal

A intimação para depor deve ser pessoal (e não dirigida ao advogado da parte; CPC, art. 385, § 1º), preferencialmente feita por meio eletrônico (CPC, art. 270), com o compromisso de se chegar ao destinatário, ao menos, 48 horas antes da audiência. Caso contrário, não obriga a parte a comparecer (CPC, art. 218, § 2º).

Do mesmo modo, para aplicação da "pena de confesso" (admissão dos fatos como verdadeiros), previsto no art. 385, § 1º, do CPC, é indispensável que a parte tenha sido previamente intimada para prestar o depoimento pessoal, advertindo-a do ônus decorrente do seu não comparecimento[19].

Se a parte residir em comarca, seção ou subseção judiciária diversa daquela onde tramita o processo, deve ser ouvida por meio de videoconferência ou outro meio tecnológico (CPC, art. 385, § 3º). Tais mecanismos visam à agilização da tramitação processual, preservando-se a unidade e a continuidade da audiência de instrução e julgamento (CPC, art. 365) e assegurando-se o direito de a parte obter a solução integral do mérito em prazo razoável (CF, art. 5º, LXXVIII e CPC, art. 4º). Portanto, pela

---

19. STJ, REsp 702.739/PB, Rel. Min. Ari Pargendler, 3ª T., j. 19.09.2006, *DJ* 02.10.2006, p. 266.

crescente adoção de novas tecnologias, é recomendável evitar-se a expedição de cartas de ordem, precatória ou rogatória (CPC, arts. 260-268).

7.1.7. Dever e ônus de comparecimento

7.1.7.1. Depoimento da parte por provocação

A parte, diferentemente da testemunha, não tem o dever de depor, mas o ônus de prestar depoimento. Vislumbra-se, aqui, uma aparente contradição entre o art. 379, inc. I, do CPC – que afirma que incumbe à parte comparecer, respondendo o que lhe for perguntado – e o art. 385, § 1º, do mesmo Código, o qual assevera que o litigante que não comparecer, ou comparecendo, se recusar a depor, está sujeito à "pena de confissão".

Ao se considerar o depoimento pessoal como um dever e não um ônus, implicaria, nos mesmos moldes da testemunha, na condução da parte faltante, mas também na sua responsabilização por crime de desobediência (CP, art. 330), caso deixasse de aparecer ou respondesse de modo evasivo.

Logo, não se trata de um dever, mas de um ônus, porque o depoimento da parte visa à satisfação de um *interesse próprio*, inerente a sua defesa em juízo, apesar de poder ser requerido pela parte contrária. Não se confunde com o dever de colaborar com o Poder Judiciário (CPC, art. 378), porque sua ausência em nada atrapalha o andamento processual. Se deixar de prestar o depoimento ou não responder adequadamente o que lhe é perguntado, pode ser-lhe aplicada a *pena de confesso* (ou melhor, *admitir* os fatos como sendo verdadeiros).

Tal sanção, contudo, conforme foi salientado, somente pode ser aplicada se a parte for intimada pessoalmente e constar, expressamente, da comunicação processual, as consequências do não comparecimento.

Embora o CPC se valha da equivocada terminologia "pena de confesso", essa noção deve ser refutada, uma vez que *não existe* "*confissão* ficta". Afinal, a confissão é uma declaração de um fato contrário ao interesse do confessante e favorável ao interesse da parte contrária (CPC, art. 389).

De fato, o que se tem não é uma "confissão", mas uma *presunção (relativa) de veracidade*[20], a ser considerada pelo juiz em face do conjunto probatório dos autos (convencimento motivado; CPC, art. 371), pois a "confissão" não é mais a "rainha das provas".

Ademais, a presunção é *técnica de inversão do ônus da prova*. Com isso, a parte beneficiada pelo fato presumido não pode sucumbir, sob o fundamento de que não provou o acontecimento (ônus da prova como regra de julgamento), cabendo ao adversário o ônus de provar os fatos contrários ou negativos (contraprova).

---

20. DINAMARCO, Cândido Rangel. *Instituições de direito processual civil*. 3. ed. São Paulo: Malheiros, 2003. v. III, p. 620.

Por exemplo, em um caso concreto, uma consumidora ajuizou ação de responsabilidade por danos morais em face das Lojas A. S.A., em decorrência de situação vexatória em que teria sido acusada, publicamente, por funcionários desta empresa, pela apresentação de documento falso. Intimada, a preposta da pessoa jurídica não compareceu ao depoimento pessoal e o juiz, com base no art. 343, § 2º, do CPC/73 (equivalente ao art. 385, § 1º, do CPC), aplicou-lhe a "pena de confesso", julgando procedente o pedido. Porém, o TJ-MG acolheu a apelação da empresa, afirmando que, apesar da "confissão ficta", o pedido inicial deveria ser rejeitado, pois não restou provada a ofensa ao nome e à imagem da consumidora que pudesse comprometer a sua credibilidade e respeitabilidade. O STJ, por sua vez, reformou o acórdão mineiro, afirmando que a presunção dos fatos alegados pela consumidora, gerado pela "confissão *ficta*", transfere à empresa o ônus da contraprova[21].

Portanto, a presunção gerada pela "confissão *ficta*" é *relativa*, isto é, não induz à *confirmação automática* dos fatos presumidos (*v.g.*, o juiz não pode aceitar um fato *notoriamente não verdadeiro* ou um fato impossível como se fosse verdadeiro somente porque o réu não apresentou defesa). A presunção inverte o ônus da prova, fazendo com que a parte contrária tenha que assumir o ônus da contraprova. Com efeito, o juiz não pode considerar que o fato é inexistente, aplicando a noção objetiva do ônus da prova como regra de julgamento. Caso contrário, restaria prejudicada a parte contrária, violando-se o seu direito constitucional à prova (contrária).

A dúvida sobre a existência do fato constitutivo (no exemplo mencionado, da ocorrência de ofensa ao nome e à imagem) deve ser interpretada contra quem tem o ônus de provar. Se a presunção legal, contida no art. 385, § 1º, do CPC, inverte o ônus da prova, cabe à outra parte (no caso, a empresa) – que não compareceu em audiência ou se recusou, injustificadamente, a depor – a provar que inexistiram os fatos alegados pela demandante e presumidos pela "confissão *ficta*".

Em conclusão, como ocorreu no caso acima mencionado, a "confissão *ficta*", ao se presumir a ocorrência dos fatos constitutivos, não determinou a procedência imediata do pedido, tendo apenas invertido o ônus da prova. Portanto, a "pena de confesso" não retira do demandado o direito de produzir a contraprova, mas apenas gera uma inversão do ônus da prova, fazendo com que a outra parte (no exemplo, a empresa) assuma carga da prova. E, na hipótese de não vir a desincumbir-se dela, pode sofrer as consequências negativas. Caso contrário, tornar-se-ia inócua a "pena de confissão", ou melhor, a técnica de inversão do ônus da prova, decorrente da presunção legal, infringindo-se o disposto no art. 385, § 1º, do CPC.

7.1.7.2. Interrogatório judicial

O depoimento pessoal é de interesse da própria parte ou de seu adversário, e tem o intuito de promover o esclarecimento direto dos fatos controvertidos e eventualmente

---

21. STJ, REsp 520.475/MG, Rel. Min. Cesar Asfor Rocha, 4ª T., j. 09.09.2003, *DJU* 28.10.2003. p. 293.

obter a confissão. Por outro lado, o interrogatório judicial é de conveniência do juiz, para formar a sua convicção. Isso justifica ser o depoimento pessoal precedido de requerimento da parte interessada, enquanto o interrogatório é determinado, de ofício, pelo juiz.

Embora facultativo, uma vez ordenando-se a sua realização, o juiz somente poderá dispensar o interrogatório após ouvir as partes. Nesse sentido, o Enunciado 514 do FPPC prevê: "O juiz não poderá revogar a decisão que determinou a produção de prova de ofício sem que consulte as partes a respeito".

O interrogatório judicial não é, pois, obrigatório. Sua ausência não causa nulidade absoluta, nem compromete as garantias constitucionais da ação e da ampla defesa. Do não comparecimento da parte em juízo ou da sua recusa em depor, não decorre à imposição da "pena de confissão (ficta)" (CPC, art. 139, inc. VIII, c/c art. 385, § 1º), mas pode ser extraídos *argumentos de prova* (CPC, art. 386). A parte não tem o dever de comparecer nem de responder o que for perguntado, não podendo vir a ser conduzida em juízo tampouco ser responsabilizada pelo crime de desobediência.

O interrogatório judicial, no processo civil, também pode ser considerado um meio de defesa da parte, com a diferença que, no processo penal, o silêncio não pode prejudicá-lo. No processo penal, o interrogatório integra a autodefesa do acusado e é disponível. O não comparecimento ou a recusa em depor não gera confissão, tampouco seu silêncio pode ser explorado em seu desfavor (CF, art. 5º, LXIII, e CPP, art. 186, parágrafo único). O mesmo entendimento se aplica ao direito administrativo sancionador, com destaque para a ação de improbidade administrativa, em que se deve ser assegurado ao réu o direito de ser interrogado sobre os fatos de que trata a ação, e a sua recusa ou o seu silêncio não implicarão confissão (art. 17, § 18, da Lei 8.429/92, com a redação dada pela Lei 14.230/2021).

Admitir-se que o não comparecimento ou a recusa da parte em ser interrogada permite que o juiz civil extraia *argumentos de prova* (CPC, art. 386) é considerar o interrogatório judicial não uma faculdade do litigante, mas um ônus processual.

Porém, ao ser interrogada, a parte pode confessar, já que a confissão judicial pode ser espontânea ou provocada (CPC, art. 390) e se realizar a qualquer momento do processo, não somente por ocasião do depoimento pessoal.

7.1.8. Consequências processuais

7.1.8.1. *Pena de confesso/admissão de fato como verdadeiro*

Uma vez integrando a relação processual, a parte tem o ônus de comparecer em juízo e responder ao que lhe for perguntado. Caso ela não apareça ou se recuse a depor, pode ficar sujeita à "pena de confesso", desde que intimada pessoalmente.

A parte que deixar de comparecer ou, comparecendo, se recusar, imotivadamente, a depor, autoriza o juiz a presumir como confessados (ou melhor, a *admitir como verdadeiros*) os fatos contra ela alegados (CPC, art. 385, § 1º).

A rigor, não se trata de confissão propriamente dita, que é uma conduta positiva e voluntária da parte cuja implicação se dá pela declaração de um fato contrário ao seu interesse e favorável à parte contrária (CPC, art. 389). Cuida-se, portanto, de *admissão*, que é considerar a existência de um fato contrário à parte que se omite em praticar um ato processual (na hipótese, comparecer à audiência para prestar seu depoimento).

Tal efeito processual, contudo, é relativo, porque os fatos admitidos como verdadeiros devem ser analisados no conjunto das demais provas produzidas nos autos. Logo, não acarreta, necessariamente, prejuízo a parte que deixa de comparecer em juízo. Ademais, antes de decidir sobre a conduta da parte no depoimento pessoal, deverá o magistrado submeter o tema a contraditório para evitar decisão surpresa (CPC, art. 10 e Enunciado 635 do FPPC).

7.1.8.2. *Argumentos de prova (CPC, art. 386)*

No interrogatório judicial, a ausência de respostas sem justificativas plausíveis, ou o emprego de evasivas não implica a "*confissão ficta*". Contudo, pode o juiz apenas deduzir, a partir do comportamento da parte, *argumentos de prova* (CPC, art. 386), a exemplo do que ocorre, no direito italiano, no art. 116.2 do respectivo Código de Processo Civil[22].

Para tanto, deve ser avaliada a má-fé do litigante. Se propositadamente responde às perguntas de forma confusa, sem dar respostas claras e objetivas, prolongando-se em questões inúteis e fugindo do foco das perguntas, é porque a omissão é intencional[23].

A parte deve ser advertida e, se persistir com as evasivas, é possível se extrair argumentos de prova. Contudo, quem elabora a pergunta, especialmente, no sistema da *direct* e da *cross examination* (adotado no art. 459 do CPC), deve fazê-lo de forma clara e objetiva. As perguntas intrincadas, confusas, elaboradas de maneira obscura e complicada, também podem revelar a má-fé e dificultar as respostas. Cabe ao juiz indeferir as perguntas impertinentes, capciosas, vexatórias ou que de qualquer modo se revelarem inúteis ou protelatórias (CPC, arts. 370, parágrafo único, e 459, § 2º). De todo modo, silêncios eloquentes, evasivas, falsas respostas etc. podem ser valoradas como argumentos de prova[24].

É, todavia, controvertida a eficácia probatória dos argumentos de prova, devendo ser considerados *elementos de juízo acessório, secundário e não dotados de autônoma eficácia*. O juiz poderia somente integrar e completar a valoração das provas. A jurisprudência italiana, contudo, é menos rigorosa, admitindo o acertamento dos fatos com base em argumentos de provas, desde que sejam *claros* e *significativos*.

---

22. COMOGLIO, Luigi Paolo; FERRI, Corrado; TARUFFO, Michele. *Lezioni sul processo civile*. 4. ed. Bolonha: Il Mulino, 2006. p. 465-6.
23. BENTHAM, Jeremy. *Tratado de las pruebas judiciales*. Trad. Manuel Ossorio Florit. Buenos Aires: Ediciones Jurídicas Europa-América, 1971. v. I. p. 334.
24. Idem, p. 294.

De qualquer modo, as inferências formuladas pelo juiz, a partir da exegese do art. 386 do CPC, devem ser *logicamente corretas, racionalmente* formuladas sob critérios cognitivos adequados e pertinentes, bem como controláveis mediante uma específica motivação do juízo dos fatos. Por exemplo, o STJ considerou, em ação negatória de paternidade cumulada com anulatória de registro civil de nascimento, que a recusa injustificada da mãe (comportamento processual) em submeter seu filho à realização do exame do DNA gera presunção negativa de paternidade. Porém, advertiu que não é a simples recusa da genitora que faz presumir a inexistência do vínculo filial[25]. No caso examinado, tratava-se da persistente recusa, pela mãe, em submeter a criança à realização do exame pericial somada à conduta do demandante, que se dispunha a realizar por diversas vezes novo teste genético em juízo, bem como a existência de um laudo atestando a ausência do vínculo e a ausência de prova testemunhal em sentido diverso. Tratou-se, enfim, de aplicar o art. 232 do CC, pelo qual a recusa à perícia médica ordenada pelo juiz poderá suprir a prova que se pretendia obter com o exame.

Porém, é possível se questionar quanto à existência de um suposto conflito entre o art. 386 do CPC e o art. 5º, inc. LXIII, da CF, pelo qual ninguém é obrigado a se manifestar nem de produzir prova contra si mesmo. É certo que o direito fundamental ao silêncio, apesar da redação do art. 5º, inc. LXIII, da CF, não se restringe apenas ao processo penal. Ademais, também é correto afirmar que o art. 386 do CPC é uma regra que não pode ser aplicada quando é legítima a recusa da parte em depor.

O art. 388 do CPC assevera que a parte não é obrigada a depor em relação a fatos criminosos ou torpes que lhe forem imputados, bem como cujo respeito, por estado ou profissão, deva guardar sigilo (*v.g.*, advogado tem direito de se negar a depor em ação de improbidade administrativa ajuizada em face de seu cliente; Lei 8.906/94, art. 7º, inc. XIX). Também não é obrigada a prestar depoimento acerca de fatos que possam levar à desonra própria, de seu cônjuge, de seu companheiro ou de parente em grau sucessível, ou que os coloquem em perigo de morte.

Em tese, o art. 388 do CPC, contudo, não se aplica às ações de estado ou de família (CPC, art. 388, par. ún.). Entretanto, tal regra precisa ser interpretada em conformidade com a Constituição Federal (CPC, art. 1º e 489, § 2º), para não violar direitos e garantias fundamentais.

Ainda, o art. 388 do CPC está em sintonia com a regra do art. 448, I do mesmo código, pela qual a testemunha não é obrigada a depor sobre fatos que lhe acarretem danos, bem como ao seu cônjuge, companheiro e aos seus parentes consanguíneos ou afins, em linha reta ou na colateral, até o terceiro grau.

Ademais, o art. 229 do CC – que afirmava que ninguém era obrigado a depor sobre fato cujo respeito, por estado ou profissão, devesse guardar segredo; a que não pudesse responder sem desonra própria, de seu cônjuge, parente em grau sucessível ou

---

25. REsp 786.312/RJ, Rel. Min. Fernando Gonçalves, 4ª T., j. 21.05.2009, *DJe* 21.09.2009.

amigo íntimo; ou, ainda, que pudesse expor à perigo de morte, de demanda ou de dano patrimonial imediato – foi revogado expressamente pelo art. 1.072, inc. II, do CPC.

Por outro lado, o direito constitucional ao silêncio não pode dar ensejo ao abuso do direito processual (CC, art. 187) nem dar margem à litigância de má-fé (CPC, art. 80). No processo civil brasileiro, não se admite que o direito fundamental ao silêncio seja interpretado de modo a possibilitar a deturpação da verdade.

Silenciar não é sinônimo de mentir[26]. Afinal, são deveres das partes e de todos aqueles que participam do processo (CPC, art. 77) expor os fatos em juízo conforme a verdade; proceder com lealdade e boa-fé, não formular pretensões nem alegar defesas destituídas de fundamento; não produzir provas nem praticar atos inúteis ou desnecessários à declaração ou defesa do direito. Praticar atos ilegais, alterar a verdade dos fatos, usar o processo para fins ilícitos, resistir de modo injustificado ao andamento do processo, proceder de modo temerário em qualquer ato processual ou praticar atos manifestamente infundados ou protelatórios caracterizam a litigância de má-fé (CPC, art. 80).

Quem altera a verdade dos fatos não está amparado pelo direito ao silêncio, devendo ser reputado como litigante de má-fé. Nesse caso, o juiz ou o tribunal, de ofício ou a requerimento, deve condenar a parte ao pagamento de multa superior a 1% e inferior a 10% do valor corrigido da causa. Este montante é destinado a indenizar a parte contrária pelos danos sofridos, sem prejuízo do pagamento referente aos honorários advocatícios e as despesas processuais (CPC, art. 81). Quando o valor da causa for irrisório ou inestimável, a multa pode ser fixada em até 10 salários-mínimos (CPC, art. 81, § 2º).

De lege ferenda, no tocante às sanções penais, estas poderiam ser mais adequadas, posto que o art. 342 do CP não atinge a parte, que não responde pelo crime de falso testemunho, bem como não há previsão legal para o crime de perjúrio, podendo a conduta ser enquadrada, quando afeta terceiros, ao delito de denunciação caluniosa (CP, art. 339).

7.2. CONFISSÃO

7.2.1. Conceito

A confissão é marcada pela presença de três elementos[27]: I) *objetivo*: recai exclusivamente sobre fatos desfavoráveis ao confitente e favoráveis à parte contrária; II) *subjetivo*: somente a parte plenamente capaz tem condições de confessar; III) *volitivo*: pressupõe a vontade de dizer a verdade quanto aos fatos (obtida por erro de fato ou coação, isto é, com consentimento viciado, pode ser *invalidada*).

---

26. ARAGÃO, Egas Moniz de. *Exegese do Código de Processo Civil*. Rio de Janeiro: AIDE, 1992. v. 4, t. I. p. 159.
27. SANTOS, Moacyr Amaral. *Comentários ao Código de Processo Civil*. 6. ed. Rio de Janeiro: Forense, 1994. v. 4, p. 99-101.

O art. 389 do CPC define confissão como a *admissão* de um fato contrário ao próprio interesse e favorável ao adversário. Em verdade, a confissão é uma *conduta comissiva*, pelo qual o confitente *afirma* (e não apenas admite) fato contrário ao seu próprio interesse e favorável ao adversário, ou *nega* a ocorrência de um fato que lhe seria favorável e beneficia a parte adversa (*v.g.*, em ação de cobrança que move em face do réu o autor pode negar que lhe tenha emprestado o dinheiro)[28].

7.2.2. Natureza jurídica

É imprescindível ter-se em mente de que a confissão *não é um meio de prova*, porque não constitui técnica processual apta a se extrair informações sobre os fatos de uma fonte. Em outras palavras, a *declaração de conhecimento* de fatos desfavoráveis pode ser *objeto* de um meio de prova, mas *não é meio* de prova. Afinal, a parte pode confessar por meio de petição (documento que vem depois juntado aos autos), por intermédio do depoimento pessoal ou, ainda, pode fazê-lo perante outras pessoas que depois venham a ser ouvidas como testemunhas, bem como por mandatário com poderes especiais.

A confissão não é negócio jurídico, pois não cria direitos nem obrigações para as partes. Trata-se de uma *declaração de conhecimento* e não de uma *declaração de vontade*[29]. Por isso, não vincula o juiz nem se confunde com o *reconhecimento jurídico do pedido* ou mesmo com a *renúncia do direito*.

No entanto, o CPC, de forma não técnica, incluiu a confissão entre os meios de prova nos arts. 389 a 395, logo após o depoimento pessoal e antes da prova documental. Ademais, o diploma processual considera a confissão como se fosse declaração de vontade, em vez de uma *declaração de ciência*, pois, se emanar de erro de fato ou coação (vícios do consentimento), admite-se a sua revogação mediante ação anulatória (CPC, art. 393).

Esse equívoco também persiste no CC, que, além de considerar a confissão um meio de prova (CC, art. 212, I), também trata a confissão como se fosse um *negócio jurídico*, ao afirmar que: I) a eficácia da confissão está condicionada à capacidade de dispor do direito, como se fosse um ato dispositivo (CC, art. 213, *caput*); II) limita a confissão prestada por representante, como se a informação trazida fosse um ato dispositivo (CC, art. 213, parágrafo único); III) a declaração é irrevogável, estabelecendo requisitos para a sua anulação, como se ela fosse uma declaração de vontade (CC, art. 214).

Repita-se: a confissão é uma *declaração de ciência*, não de vontade. Porém, na declaração deve estar presente o *animus confitendi*, isto é, a consciência e a intenção de se declarar um fato contrário a si mesmo e favorável à parte contrária. Por isso, a declaração proveniente de incapaz, bem como a de procurador sem poderes especiais,

---

28. WAMBIER, Luiz Rodrigues; TALAMINI, Eduardo. *Curso avançado de Processo Civil*. 11. ed. 2010. v. 1 cit., p. 281.
29. DINAMARCO, Cândido Rangel. *Instituições de direito processual civil*. 3 ed. v. III cit., p. 623-624.

não tem eficácia de confissão (CC, arts. 116 e 213 e CPC, arts. 105 e 392, § 2º), embora possam ser apreciadas pelo juiz (CPC, art. 371).

Os motivos que levam a parte a confessar (*v.g.*, remorso, arrependimento, alívio interior, medo, orgulho, vaidade, altruísmo, instinto de proteção ou afeto a terceiros, questões religiosas etc.) são, em regra, irrelevantes, ressalvada as hipóteses em que a confissão pode ser anulada (por erro de fato ou coação física/psicológica) ou quando há indício de que houve um conluio entre as partes, para se obter fim proibido ou praticar ato simulado (CPC, art. 142).

7.2.3. Espécies

A confissão pode ser judicial ou extrajudicial, espontânea ou provocada, expressa ou tácita e, ainda, verbal ou por escrito.

É *judicial* quando prestada mediante ato do processo, que poderá ser a contestação do demandado, a réplica do demandante, uma petição avulsa trazida a juízo a qualquer momento, o depoimento pessoal da parte confitente etc. Pode ser escrita ou oral. Quando manifestada de forma oral, deve ser reduzida a termo, para ficar documentada nos autos.

É *extrajudicial* quando é feita em ato estranho ao processo, podendo surgir no cotidiano da vida comum das pessoas ou de seus negócios. Pode vir aos autos mediante o emprego do meio de prova adequado, como a *prova documental,* em caso de confissão feita em testamento, carta, apontamentos do confitente etc.; ou a *testemunhal,* vindo depor em juízo pessoas que tenham conhecimento de que a parte confessou. Pelo art. 394 do CPC, a confissão extrajudicial pode ser feita por escrito a parte ou a quem a represente, para se ter a mesma eficácia probatória da confissão judicial. Feita a terceiro, ou contida em testamento, será livremente apreciada pelo juiz. Quando feita verbalmente, somente terá eficácia nos casos em que a lei não exija prova literal (CPC, arts. 394 e 406).

Ramifica-se a confissão judicial em *espontânea* (quando a própria parte pretende confessar; podendo fazê-la por vários modos; se prestada verbalmente, em audiência, fora do depoimento pessoal, o juiz a documentará nos autos, mediante termo; CPC, art. 390, § 1º) ou *provocada* (quando, em razão do depoimento pessoal requerido pela parte contrária, a parte resolve confessar, respondendo de modo contrário a si própria a alguma indagação, formulada pelo juiz ou pelo defensor do adversário; CPC, art. 390, § 2º).

Também pode ser *expressa* (quando realizada efetivamente pela parte ou seu procurador) ou *tácita* (quando decorre da revelia – CPC, art. 344, da falta de impugnação especificada dos fatos – CPC, art. 341[30] –, do não comparecimento ao depoimento pessoal ou da recusa a depor, no caso de seu comparecimento – CPC, art. 385, § 1º – ou

---

30. Por outro lado, salienta parcela da doutrina italiana que a *falta de contestação de circunstâncias de fato alegadas pela parte contrária e as alegações de teses defensivas incoerentes, obscuras ou contraditórias* dão ensejo não à confissão, mas a *argumentos de prova.* Cf. COMOGLIO, Luigi Paolo; FERRI, Corrado; TARUFFO, Michele. *Lezioni sul processo civile* cit., p. 465.

da negativa em exibir documento por determinação judicial – CPC, art. 400). Ao invés de se referir à confissão tácita ou *ficta*, é mais correto caracterizar tal fenômeno como *admissibilidade dos fatos alegados pela outra parte e não impugnados*, sequer fazendo-se qualquer menção ao termo "confissão", posto que, nesses casos, não há nenhuma declaração de ciência.

Admite-se a eficácia de confissão feita por representante da parte, com poderes especiais para isso (CPC, art. 392, § 2º), de modo que tal regra vale tanto para a confissão judicial quanto para a extrajudicial, espontânea ou provocada, escrita ou verbal, prestada ao próprio adversário ou a terceiro.

7.2.4. Objeto

A confissão recai sobre *fatos desfavoráveis* à parte que declara e *favoráveis à parte contrária* (CPC, art. 389).

Saber o que são *fatos desfavoráveis* à parte que declara e *favoráveis à parte contrária* depende diretamente da análise da qualificação jurídica dos fatos no âmbito da controvérsia deduzida em juízo. O objeto da confissão pode recair somente sobre *fatos principais* (constitutivos, impeditivos, extintivos ou modificativos). Os *fatos secundários* não podem ser objeto de confissão, fornecendo ao juiz somente *argumentos de prova*[31].

Não há confissão quando alguém afirma algo que é contrário a si mesmo, como forma de promover a sua autodefesa. Por exemplo, o acusado admite ser autor do homicídio para poder sustentar, em seu favor, a excludente da legítima defesa. Desse modo, não confessa o crime a fim de ser condenado, mas se refere ao delito como meio de asseverar uma tese defensiva. Não é, pois, uma atribuição de responsabilidade, mas, ao contrário, um estratagema para não ser responsabilizado.

O *objeto* da confissão também deve recair sobre fato próprio e pessoal do confitente. Fatos relacionados a terceiros não geram confissão, mas, sim, testemunho[32].

Assim sendo, pode ser objeto de confissão[33]: I) fato que seja próprio e pessoal do confitente; II) fato que seja favorável à parte que invoca e desfavorável ao confitente; III) fato que seja suscetível de renúncia; IV) fato que seja de natureza cuja prova não reclame forma especial (CPC, art. 406).

A confissão não implica o reconhecimento de direitos subjetivos ou obrigações (*v.g.*, o demandado pode confessar a dívida, mas o juiz pode entender que o valor pleiteado é indevido, por considerar a cláusula abusiva), nem abrange normas (princípios e regras) jurídicas, em razão do princípio *iura novit curia*. Tampouco incide sobre a

---

31. Idem, p. 451.
32. DIDIER JR., Fredie; BRAGA, Paula Sarno; OLIVEIRA, Rafael. *Curso de direito processual civil*: teoria da prova, direito probatório, teoria do precedente, decisão judicial, coisa julgada e antecipação dos efeitos da tutela, v. 2 cit., p. 130.
33. SANTOS, Moacyr Amaral. *Comentários ao Código de Processo Civil*, 6. ed., v. 4 cit., p. 100.

qualificação jurídica dos fatos relevantes da causa, os quais estão incluídos nos poderes decisórios do juiz.

7.2.5. Distinções

7.2.5.1. Confissão e reconhecimento jurídico do pedido

A confissão é instituto distinto do *reconhecimento jurídico do pedido*. Aquela é uma declaração de ciência que se refere a fatos, enquanto este é um negócio jurídico unilateral que recai não apenas sobre os fatos, mas também sobre as suas consequências jurídicas, tal como afirmado pelo demandante no pedido formulado na ação judicial. Por isso, é possível existir a confissão quanto aos fatos, e manter-se a controvérsia quanto à interpretação do direito. Logo, a confissão não põe fim ao processo, podendo apenas se atribuir a presunção de veracidade do fato confessado e se dispensar a prova do fato.

Já o reconhecimento jurídico do pedido *elimina toda controvérsia*, porque atinge tanto o plano fático quanto o jurídico. Vincula o juiz, gerando a resolução do processo com julgamento de mérito (CPC, art. 487, inc. III, *a*). Observe-se, contudo, que não se admite o reconhecimento do pedido se os direitos forem *indisponíveis* (*v.g.*, na ação de investigação de paternidade). Tampouco gera o término do processo quando o demandado formulou mais de um pedido sem que houvesse o reconhecimento integral de todos eles.

De todo modo, no reconhecimento jurídico do pedido, diferentemente da confissão, há a adesão do requerido à demanda do autor: é a proposição ao juiz, por parte do demandado, de uma demanda idêntica à do autor[34]. Assim, a confissão é uma *declaração* e o reconhecimento do pedido é uma *demanda do demandado*. A primeira é um *prius* e a segunda, um *posterius*, havendo uma diferença estrutural entre ambas.

7.2.5.2. Confissão e negócio jurídico

A confissão, por ser uma declaração de ciência e não de vontade, não é um negócio jurídico. Por intermédio dela não se criam nem se modificam, transmitem ou extinguem direitos. Assim, não produz nenhum efeito uma confissão feita extrajudicialmente e jamais levada a um processo para ser considerada pelo juiz[35]. Embora se trate conceitualmente de uma declaração de ciência, a confissão processual, como não é um negócio jurídico, e *sem ser colocada no plano do conhecimento judicial*, não exerce eficácia alguma sobre a vida dos direitos.

Por exemplo, são de natureza e eficácia diversas a confissão judicial e a *confissão de dívidas*. Este é autêntico negócio jurídico, caracterizado pela declaração de vontade

---

34. CARNELUTTI, Francesco. *La prueba civil.* . ed. Trad. de Niceto Alcalá-Zamora y Castillo. Buenos Aires: Depalma, 1982. p. 142-144. Item 29.

35. DINAMARCO, Cândido Rangel. *Instituições de direito processual civil,* 3. ed. v. III cit., p. 629.

e não de conhecimento. Por isso, é regulado pelo direito material e sua eficácia pode ser constitutiva de direitos e de obrigações. Portanto, a confissão (processual) incide sobre fatos e a confissão de dívida, sobre direitos.

7.2.5.3. Confissão e admissão

A confissão é um *comportamento comissivo*, porque resulta da afirmação de um fato contrário a si mesmo e favorável ao adversário ou da *negação* da ocorrência de um fato que lhe seria favorável e beneficia a parte adversa. Não é uma admissão, como equivocadamente está consignado no art. 389 do CPC.

Por outro lado, a admissão é uma *conduta omissiva*, resultante do silêncio gerado pela não impugnação ou pela ausência de manifestação.

Por isso, o termo confissão *ficta* é equívoco, devendo, tecnicamente, ser tratado como *admissão*.

Outras distinções[36]: I) a confissão é um ato jurídico, enquanto a admissão é um ato-fato; II) a confissão pode recair sobre quaisquer fatos, já a admissão tem como objeto fatos alegados pela parte contrária; III) a confissão pode ser espontânea ou provocada, ao passo que a admissão somente pode ser espontânea (com a revelia, a não impugnação específica dos fatos, o não comparecimento para depor ou a recusa a depor); IV) a confissão pode ser judicial ou extrajudicial, mas a admissão somente pode ser judicial; V) não se admite a confissão por procurador judicial ou representante sem poderes especiais, enquanto que a admissão não depende de poderes especiais.

Tal diferenciação é reconhecida no CPC, que afirma que não dependem de prova os fatos afirmados por uma parte e confessados pela parte contrária (art. 374, inc. II) e os *admitidos*, no processo, como incontroversos (art. 374, inc. III). Assim sendo, tanto a confissão quanto a admissão geram presunção de veracidade do fato confessado ou afirmado, não se vedando a possibilidade da produção de prova em contrário, isto é, acarretam a mesma consequência: a *inversão do ônus da prova*[37].

7.2.5.4. Confissão e não contestação

A confissão também não é sinônimo de não contestação. Aquela é resultante de declaração pessoal da parte ou de alguém que tenha poderes especiais e possa falar em seu nome, ao passo que esta é a ausência de impugnação, total ou parcial, dos fatos alegados pela parte autora por intermédio de seus advogados, não se exigindo poderes especiais.

Além disso, a não contestação não gera, por si só, a admissão dos fatos alegados pelo adversário, porque a defesa deve ser analisada na sua integralidade. Pode ocorrer que determinados fatos não sejam expressamente contestados, mas sejam objeto de

---

36. DIDIER JR., Fredie; BRAGA, Paula Sarno; OLIVEIRA, Rafael. *Curso de direito processual civil*, v. II cit., p. 125.
37. FURNO, Carlo. *Cotributo alla teoria della prova legale*. Padova: Cedam, 1940. p. 84-6.

impugnação implícita (em decorrência lógica da afirmação de outros fatos) ou mesmo alegados em outro momento da resposta (nas exceções de incompetência, impedimento ou suspeição, assim como na reconvenção).

7.2.6. Eficácia

Quem confessa gera a *incontrovérsia* relativa do fato confessado. O ponto confessado não se torna uma *questão*, permanecendo, por isso, fora do objeto da prova, já que não é capaz de gerar, no espírito do juiz, a dúvida acerca da ocorrência dos fatos, ou se aconteceram de um determinado modo ou de outro. Com efeito, a confissão gera para o confitente a *preclusão lógica* do direito à prova, posto que não teria nenhum sentido prático (e nenhum efeito jurídico) se admitisse que o confitente pudesse produzir prova contrária à confissão. Aplica-se, destarte, o art. 374, inc. II, do CPC.

No sistema da prova legal, a confissão era considerada como a *rainha das provas*, pois vinculava o juiz. Embora a afirmação contrária ao seu próprio interesse transmita uma forte confiança ao magistrado para se julgar a causa em desfavor do confitente, isso deve ser avaliado no contexto probatório. A confissão não vincula o juiz que, mesmo diante da confissão, pode dar interpretação diversa aos fatos (*v.g.*, pai que confessa ato ilícito que não praticou para proteger seu filho).

Com efeito, a confissão não é a *rainha das provas* nem é, necessariamente, suficiente para se dispensar outros meios de prova[38]. A confissão não vincula o magistrado tampouco retira os seus poderes instrutórios (CPC, art. 370), o que não lhe exime de realizar investigações próprias[39]. Caso contrário, bastaria alegar um fato impossível, improvável ou notoriamente inexistente[40] para se obter a tutela jurisdicional favorável[41]. Isso implicaria que toda confissão ou admissão do fato, pela parte contrária, seria capaz de vincular o juiz, o qual ficaria sem liberdade para formar o seu convencimento motivado, acabando-se por tornar sem eficácia o art. 371 do CPC.

Também as confissões falsas, mal interpretadas ou incompletas devem ser objeto de detida análise pelo juiz, que, nessas hipóteses, deve extrair *considerações infirmativas*, não se atribuindo eficácia probatória à confissão[42].

Por outro lado, afirmar que a confissão não é prova plena não significa retirar o seu valor probatório. Em abstrato, a confissão deve gerar presunção de veracidade; em concreto, por extrair-se o seu valor, após serem bem ponderadas as *condições subjeti-*

---

38. STJ, HC 44.967, Rel. Min. Nilson Naves, 6ª T., j. 19.09.2005.
39. ROSENBERG, Leo. *La carga de la prueba*. Trad. Ernesto Krotoschin. Buenos Aires: EJEA, 1956. p. 30.
40. STEIN, Friedrich. *El conocimiento privado del juez*. Trad. Andrés de La Oliva Santos. Madri: Centro de Estudios Ramón Areces, 1990. p. 161.
41. CHIOVENDA, Giuseppe. *Principii di diritto processuale civile*. 3. ed. Nápoles: Jovene, 1923, p. 736; ROSENBERG, Leo. *Tratado de derecho procesal civil* cit., t. II. p. 216.
42. BENTHAM, Jeremy. *Tratado de las pruebas judiciales*, v. I cit., p. 334.

vas, formais e objetivas em que a confissão se realizou[43]. Por isso, a confissão produzida no inquérito civil, sem o amparo do defensor e sem o contraditório, é mero indício; já a confissão judicial faz prova relativa, devendo ser analisada no contexto das demais provas produzidas nos autos.

Não é, pois, absoluta a regra da exclusão da prova dos fatos confessados. Assim, o fato confessado não vincula o juiz, porque este dará à confissão o valor que ela puder ter no conjunto dos fatos e dos elementos de prova existentes nos autos (convencimento judicial motivado; CPC, art. 371).

Há fatos que integram o objeto da prova e se revelam inexistentes mesmo quando o réu é revel ou quando ele não os haja impugnado especificamente (CPC, arts. 344 e 341), bem como quando o demandado os confesse, em vez de impugnar ou depois de havê-los impugnado.

Desse modo, conforme salientado, a confissão deixou de ser considerada a "rainha das provas", perdendo o seu caráter de superioridade em relação aos demais meios de prova. Não é mais capaz de se sobrepor ao convencimento motivado do juiz; destarte, o magistrado não precisa confiar apenas na confissão para considerar o fato como verdadeiro[44]. De igual modo, a confissão não gera a preclusão do exercício do direito à prova, permitindo-se afirmar que outras provas devem ser admitidas, desde que se mostrem úteis para o julgamento da causa. Por isso, nada impede que o confitente ou a parte que deixou de impugnar determinado fato afirmado pela parte contrária se valha de outros meios de prova para demonstrar ter razão ou que, da confissão ou da admissão, não poderem ser extraídas todas as consequências pretendidas pelo seu adversário.

A confissão, pois, não é automática. Não se retira do juiz, como asseverado, o seu convencimento motivado[45], sendo-lhe permitido dar à confissão o peso que entender adequado no contexto probatório existente nos autos. Isso, além de preservar a função jurisdicional, na medida em que se assegura a independência do juiz, evita o uso fraudulento do processo para a obtenção de fins ilícitos (permitindo, por exemplo, que o magistrado iniba a simulação das partes – CPC, art. 142 – presente nas *pseudo confissões*)[46].

Ainda, não valerá a confissão em relação a fatos concernentes a *direitos indisponíveis* (CPC, art. 392, *caput*). Assim, a confissão não se impõe quando a parte é a Fazenda Pública, um incapaz ou uma pessoa jurídica, quando seu assistente, representante ou curador não tenha poderes para confessar. Assim, conforme os arts. 1.600 e 1.602 do CC, a confissão do adultério da mulher não basta para ilidir a presunção legal de pater-

---

43. MALATESTA, Nicola Framarino Dei. *A lógica das provas em matéria criminal*. São Paulo: Saraiva, 1960. v. II, p. 173.
44. NOBILI, Massimo. *Il principio del libero convincimento del giudice*. Milão: Giuffrè, 1974. p. 353.
45. STJ, REsp 1145728/MG, Rel. p/ Acórdão Min. Luís Felipe Salomão, 4º T., j. 28.06.2011, *DJe* 08.09.2011.
46. PONTES DE MIRANDA, Francisco Cavalcanti. *Comentários ao Código de Processo Civil*. 3. ed. Rio de Janeiro: Forense, 1996. t. 4, p. 318.

nidade (CC, art. 1.597), bem como é insuficiente a confissão materna para se excluir a paternidade, sendo imprescindível, nesses casos, a realização do exame do DNA.

A declaração de ciência deve ser revestida de *animus confitendi*, ou seja, depende da consciência e da intenção de se declarar um fato contrário a si mesmo. Logo, quando for proveniente de incapaz ou de procurador sem poderes especiais, a declaração *não tem eficácia de confissão* (CC, arts. 116 e 213 e CPC, arts. 105 e 392, § 2º), embora possa ser apreciada pelo juiz como prova documental ou testemunhal (CPC, art. 371).

Também *não prejudica os litisconsortes* (CPC, arts. 391 e 128, inc. III). Nessa última hipótese, o CPC afirma que a confissão é uma *declaração pessoal* de conhecimento. Por isso, não pode passar da pessoa de seu emissor. Não vincula terceiros que podem *desconhecer* tal fato ou *discordar* da versão apresentada pelo confitente. Com efeito, o art. 391 do CPC está em consonância com a regra do art. 105 do CPC, pela qual, salvo disposição em contrário, os atos e omissões de um litisconsorte não prejudicarão o outro[47]. Consequentemente, a confissão de uma parte perante a outra perde a força que tem, convertendo-se em simples testemunho.

Interessante notar que, mesmo se tratando de *litisconsórcio unitário*, o juiz, ponderando a confissão de uma parte e a não confissão da outra, pode, no contexto das provas, considerar o fato confessado verdadeiro ou falso. A solução será uniforme não em razão da confissão, mas da *análise global* das provas produzidas nos autos e valoradas, motivadamente, pelo juiz[48]. Afinal, como também reconheceu o art. 345, inc. I, do CPC, seria contraditório que o Judiciário afirmasse, simultaneamente, a existência e a inexistência do mesmo fato, posto que isso constituiria um fator de descrédito das decisões judiciais.

Do mesmo modo, tratando-se de *litisconsórcio simples*, em que existe a possibilidade de soluções divergentes para cada litisconsorte, também é possível – caso se esteja discutindo um *fato comum* a todos os litisconsortes – que o juiz dê solução uniforme, não obstante tenha havido a confissão de um ou alguns deles e a não confissão de outros.

Ademais, nas ações que versem sobre bens imóveis ou direitos reais sobre imóveis alheios, a confissão de um cônjuge ou companheiro não valerá sem a do outro, salvo se o regime de casamento for o da separação absoluta de bens (CPC, art. 391, parágrafo único). Nessa hipótese, a exemplo do disposto no art. 73, § 1º, inc. I, do CPC, será obrigatória a citação de ambos os cônjuges, em litisconsórcio passivo necessário, para a ação que verse sobre direito real imobiliário, salvo quando casados sob o regime da separação absoluta de bens.

Portanto, nesses casos, confissão de apenas um dos cônjuges "não valerá", isto é, não se aplicará automaticamente ao outro, embora possa servir de elemento informativo a ser considerado no contexto probatório.

---

47. STJ, REsp 1.0917.10/PR, Rel. Min. Luiz Fux, Corte Especial, j. 17.11.2010, *DJe* 25.03.2011.
48. MARCATO, Antonio Carlos (Coord.). *Código de Processo Civil interpretado*. 2. ed. São Paulo: Atlas, 2005. p. 1.110.

Consequentemente, o juiz pode *recusar* os efeitos da confissão: I) se os direitos forem disponíveis e a parte, capaz, estando presentes nos autos ou existindo meios de se conseguir outras e melhores provas a respeito (isso porque inexiste no sistema processual brasileiro *provas plenas*; no direito moderno, a confissão deixou de ser a *rainha das provas*, podendo ser analisada pelo juiz, em confronto com *outros elementos de convicção* – meios de prova – aliada à *credibilidade* das afirmações do confitente); II) se os direitos forem indisponíveis, pois obsta-se a confissão (CPC, art. 392) e nenhum efeito se produz; III) o mesmo acontece se o fato a ser provado exigir forma especial (*ad solemnitatem* – CPC, art. 406), como ocorre quando é da essência do negócio jurídico o *instrumento público* (*v.g.*, o art. 108 do CC afirma que, não dispondo a lei em contrário, a escritura pública é essencial à validade dos negócios jurídicos que visem à constituição, à transferência, à modificação ou à renúncia de direitos reais sobre imóveis de valor superior a 30 salários-mínimos ou quando se exige a participação de ambos os cônjuges (CPC, art. 391, parágrafo único).

7.2.7. Invalidação da confissão

A condição essencial para que a confissão seja anulada é que o fato confessado *não seja verdadeiro*. Se o fato é verdadeiro, mas obtido mediante erro de fato ou coação, não é possível a invalidação.

O art. 393 do CPC admite a anulação decorrente de erro de fato ou a coação. Tal regra está em sintonia com o art. 214 do CC.

Em caso concreto julgado pelo STJ sob o rito dos recursos repetitivos (CPC/73, art. 543-C), reconheceu-se a possibilidade de invalidação judicial de confissão extrajudicial (no caso examinado, tratava-se de confissão de dívida tributária visando ao parcelamento do débito) fundada em *erro de fato* do contribuinte[49].

O dolo não gera invalidação, pois a confissão implica a afirmação de um fato verdadeiro contrário a si mesmo e favorável ao adversário. Quando alguém confessa, por ter sido induzido por terceiro, o faz por erro de percepção da realidade. É essa falsa compreensão dos fatos que possibilita a se proceder com a anulação da confissão.

Destaca-se, ainda, a necessidade da parte em provar a inexistência do fato confessado, sob pena de lhe faltar interesse processual na anulação da confissão. Não demonstrada a inexistência do fato confessado, a confissão permanece como elemento de prova relevante no processo em que ocorreu[50].

Porém, o dolo deve ser considerado para fins de invalidação da confissão para aqueles casos em que se vislumbra um conluio entre as partes (CPC, art. 142), tendo uma delas, com vontade e consciência de prejudicar terceiros, confessado.

---

49. STJ, REsp 1.133.027/SP, Rel. Min. Luiz Fux, Rel. p/ Acórdão Min. Mauro Campbell Marques, 1ª Seção, j. 13.10.2010, *DJe* 16.03.2011.
50. MARINONI, Luiz Guilherme; ARENHART, Sérgio Cruz. *Prova*. 2. ed. rev. e atual. São Paulo: RT, 2011, p. 464.

Por outro lado, o erro de direito não torna falsa a percepção dos fatos, já que tais acontecimentos não deixaram de existir, em razão do confitente ignorar as suas consequências jurídicas.

Percebe-se, pois, que o CPC parte da premissa equivocada de que a confissão é um *negócio jurídico*, estando, portanto, sujeito aos vícios do consentimento, os quais são elencados pelo CC como causa de anulabilidade (CC, art. 171, inc. II).

Pode o confitente se *retratar*, apresentando nova versão dos fatos e a justificando. Tal retratação deve ser considerada pelo juiz, conforme a regra do convencimento motivado (CPC, art. 371).

Ademais, a parte pode, no curso da causa, demonstrar que a confissão foi prestada sem vontade livre e consciente (isto é, viciada por erro de fato ou coação). Nesses casos, basta se *neutralizar* o efeito que a confissão viciada teria sobre o espírito do juiz.

Apesar da crítica, a ação anulatória pode ser utilizada para se anular a sentença que ainda não transitou em julgado ou que se baseou em confissão viciada (*v.g.*, durante o procedimento de inventário surge um documento em que um dos dois herdeiros cede direitos hereditários ao outro; depois, o prejudicado comprova que foi induzido a erro ou que assinou sob a ameaça de morte – coação).

Após a formação da coisa julgada, admite-se ação rescisória para invalidar sentença de mérito baseada em erro de fato quando a confissão for o único fundamento da decisão (CPC, art. 966, inc. VIII).

Somente o confitente pode propor a ação judicial para se invalidar a confissão viciada (ação pessoal), mas, uma vez iniciada e, sobrevindo a morte do autor, a demanda passa aos seus herdeiros (CPC, art. 393, parágrafo único).

7.2.8. Indivisibilidade

A confissão pode ser *simples* ou *complexa*. Na primeira hipótese, o confitente declara a existência de um ou mais fatos favoráveis à parte contrária. Na confissão complexa, o confitente não se limita a declarar a existência de um fato contrário a si mesmo, afirmando, também, outro que lhe é favorável ou, ainda, incluindo-se declarações ulteriores de fatos ou de circunstâncias favoráveis a ele.

A confissão, como regra, é marcada pela *indivisibilidade* (CPC, art. 395). *Indivisibilidade* significa que não pode a parte contrária querer se beneficiar de uma parte e rejeitar o que lhe for desfavorável. Afinal, não seria lógico considerar um fato, simultaneamente, verdadeiro e falso. Assim, deve ser observada a *unidade do fato declarado*.

No entanto, é possível que, após a confissão do fato desfavorável ao confitente, sejam declarados *fatos novos* capazes de gerar efeitos impeditivos, modificativos ou extintivos no fato desfavorável confessado.

Por exemplo, o demandado confessa a existência dos prejuízos alegados pelo autor, em ação de reparação de danos, mas este também afirma a existência de força maior (*v.g.*, pessoa morta dentro de um ônibus, decorrente de bala perdida em tiroteio ocorrido na rua, durante um assalto a um banco). Nesse exemplo, o prejuízo não é causado pelo fato do agente, mas em razão de acontecimentos que estão além de seu poder (inevitabilidade, aliada à ausência de culpa). Logo, o demandante não pode querer que seja aproveitada somente a primeira parte da confissão que lhe é favorável.

Com efeito, percebe-se que a indivisibilidade não se impõe em relação aos *fatos novos*, suscetíveis de constituir fundamento de defesa de direito material ou de reconvenção (CPC, art. 395, 2ª parte). Portanto, ainda que o demandado tenha confessado os fatos alegados pelo autor (*v.g.*, que deve aquilo que foi pleiteado pelo autor em ação de cobrança), se fez menção a fatos novos (*v.g.*, que a dívida é de jogo: obrigação natural; CC, art. 814), estes não são atingidos pela confissão, não se tornando incontroversos e exigindo prova.

No entanto, o autor não pode aproveitar a confissão para alterar a causa de pedir (CPC, art. 329) nem o réu alegar fatos extintivos, modificativos ou impeditivos, que deveriam ser narrados na contestação, em razão da preclusão, salvo se forem questões de ordem pública.

7.3. PROVA DOCUMENTAL

7.3.1. Introdução

No processo civil, o documento é prova de alta relevância, à qual é dada, inclusive, *preeminência*. Tanto é que, provado o fato por documento, não se produz prova testemunhal (CPC, art. 443, inc. I), além de haver certos fatos que somente pela via documental podem ser demonstrados (CPC, art. 406).

Isso se justifica na medida em que a prova documental é pré-constituída, sendo mais fiel e durável que a memória humana, sujeita ao esquecimento e a equívocos, voluntários ou não. A representação documental é imediata e permanente. É diferente da prova testemunhal, pela qual a representação do fato primeiro se dá, transitoriamente, na memória humana para, então, vir a ser reproduzida em juízo[51].

Por outro lado, a regra do convencimento motivado do juiz (CPC, art. 371) é avessa à hierarquia das provas. Assim, se é certo que a prova documental seja capaz de dar maior estabilidade à representação de um fato, também é verdadeiro que, por recair sobre uma fonte passiva de prova, pode trazer outros incômodos, como a ausência de clareza e objetividade do documento, a imperfeita gravação das imagens ou dos sons

---

51. CARNELUTTI, Francesco. *La prova civile* cit., p. 140.

etc. Tais questões, ao contrário, poderiam ser mais facilmente esclarecidas se a fonte da prova fosse ativa (*v.g.*, provas testemunhais).

7.3.2. Conceito

O conceito de documento está estritamente ligado à ideia de papel escrito. Porém, os escritos integram apenas uma parte do que pode ser compreendido como documentos.

Documento, como fonte de prova, é tudo que se compõe de uma ou mais superfícies portadoras de *símbolos* capazes de transmitir ideias e demonstrar a ocorrência de fatos[52].

Esses símbolos podem ser letras, palavras, frases, algarismos, números, imagens, sons gravados e registros magnéticos em geral. O que há em comum entre esses símbolos é que sempre expressam ideias de uma pessoa a serem captadas por outras pessoas.

O vocábulo *documento* tem sua origem no latim *documentum,* que deriva do verbo *docere,* que, por sua vez, significa ensinar, mostrar e indicar.

O documento, por ser o *fato representativo de outro fato* (pretérito), pode ser compreendido da seguinte forma[53]: há o *fato representativo* (isto é, o documento em si mesmo) e o *fato representado* (ou seja, o fato pretérito registrado no documento).

Logo, o documento é todo *suporte material* capaz de servir de base de conhecimento, prestando-se para manifestar, materialmente, determinado pensamento. Geralmente, é uma coisa, um objeto corpóreo, *capaz de representar, permanentemente,* fatos juridicamente relevantes, que existam ou que existiram fora de seu conteúdo[54]. Porém, com a evolução tecnológica, a tendência é a redução do caráter corpóreo do documento e ampliação de sua base virtual.

Quando recaem sobre *coisas,* podem ser papéis, *pen drives,* fitas magnéticas, filmes, fotos digitais, CD-ROMs etc. (CPC, art. 422). O art. 225 do CC e a Lei 11.419/06 já haviam admitido como prova outras reproduções mecânicas ou *eletrônicas,* demonstrando que o legislador busca estar em compasso com a evolução tecnológica.

No entanto, não somente as coisas são documentos. No conceito de documento se inclui tudo aquilo capaz de representar um fato[55]. Desse modo, tal noção também abrange as *pessoas,* desde que tragam, em si, a inscrição ou a gravação de símbolos, como é o caso das *tatuagens* ou das marcas produzidas por uma enfermidade ou por uma violência. Assim, são os *corpos de delito* que, incluindo as pessoas, pertencem à categoria das coisas, já que independem de suas faculdades intelectuais[56].

---

52. DINAMARCO, Cândido Rangel. *Instituições de direito processual civil,* 3. ed. v. III cit., p. 565.
53. WAMBIER, Luiz Rodrigues; TALAMINI, Eduardo *Curso avançado de Processo Civil.* 11. ed. 2010. v. 1 cit., p. 298.
54. SILVA, Ovídio Baptista da. *Curso de Processo Civil.* São Paulo: RT, 2000. v. 3, p. 276-7.
55. CARNELUTTI, Francesco. *La prueba civil* cit., p. 156. Item 35.
56. BENTHAM, Jeremy. *Tratado de las pruebas judiciales,* v. I cit., p. 297.

O documento sempre é uma *fonte passiva de prova* (as informações são retiradas sem a participação do ser que as traz em si) e tem *natureza real*, ainda que o objeto portador dos informes seja uma pessoa.

Por outro lado, não é toda a coisa que é documento, mas somente aquela portadora de informações, isto é, a capaz de representar um fato jurídico com relevância para o processo. Assim, por exemplo, não é documento, por si só, uma roupa suja de sangue ou os pedaços de um automóvel acidentado. Esses objetos podem ser vestígios de fatos a serem examinados em perícia, mas não têm natureza documental[57].

Em outras palavras, somente são *documentos* as coisas ou as pessoas na medida de sua *capacidade de provar fatos*. Documento, como já salientado, vem do verbo latino *docere*, que significa *ensinar*. Assim, uma carta de amor ou uma foto de um casal não são documentos, por si só, em sentido processual, podendo ser considerados documentos caso se destinem a se demonstrar *fatos jurídicos*, pertinentes e relevantes, isto é, que integrem o objeto da prova (por exemplo, servir de prova da existência de uma união estável).

Acresce-se que o fato representado pode ser *direto*, quando o documento traz a imediata representação do fato jurídico (*v.g.*, as imagens de um acidente de trânsito captadas por câmeras de monitoramento), ou *indireto*, quando o documento faz o registro de algo que, por sua vez, pode levar a demonstração do fato jurídico (*v.g.*, uma carta escrita pelo pai ao filho anexada a uma ação de disputa guarda da criança, para comprovar a sua proximidade e afetividade).

É importante ainda salientar que a prova documental não se confunde com a *prova documentada*, pois esta se destina a representar imediatamente o fato. Já a prova documentada representa apenas indiretamente o fato (*v.g.*, o termo da audiência, no qual ficou consignado o depoimento da testemunha; a gravação de uma interceptação telefônica; o depoimento de uma pessoa reduzido em uma escritura pública; o laudo pericial que documenta a perícia etc.).

Documentos e instrumentos também expressam conceitos distintos. Os registros de declarações de vontade, quando especialmente preparados para a prova de um negócio jurídico, são denominados de *instrumento*. Por exemplo, a *procuração* é o instrumento do mandato ou a compra e venda se faz por instrumento público (CC, art. 108). O instrumento pertence, pois, à *forma dos atos jurídicos*, sendo requisito indispensável à validade dos negócios jurídicos (CC, art. 104, inc. III: *forma prescrita ou não defesa em lei*).

Os instrumentos dos negócios jurídicos assumem a condição de documento sempre que se tornem relevantes para a demonstração da existência ou do teor do contrato. São chamadas *provas pré-constituídas*, na medida em que constituem fontes probató-

---

57. DINAMARCO, Cândido Rangel. *Instituições de direito processual civil*. 3. ed. v. III cit., p. 566.

rias que já contêm os informes antes da existência do processo a serem examinados e considerados quando produzidos no processo.

Por outro lado, os documentos em sentido estrito não são formados com o objetivo exclusivo de servir de prova do fato por ele representado (*v.g.*, uma fotografia que, posteriormente, é utilizada para a comprovação de união estável; a nota fiscal que serve para demonstrar a propriedade da coisa a ser judicialmente recuperada etc.).

Por fim, é possível distinguir documento de título[58]. Este, além de representar um fato pretérito, também incorpora um direito, cujo exercício depende da sua apresentação (*v.g.*, um cheque, ao corporificar um crédito, precisa ser exibido para possibilitar a sua cobrança).

7.3.3. Elementos e classificação dos documentos

Os elementos do documento podem ser subdivididos em *autoria, modo de formação* e *conteúdo*[59]. Com base nesses elementos, é possível classificar os documentos.

O *autor dos documentos* é aquele a quem se atribui a sua formação. Pode ser o autor *material*, que é a pessoa que criou o *suporte* em que o fato está representado (p. ex.: aquele que escreveu o documento, gravou as imagens etc.) e o *intelectual*, sendo a pessoa a quem é atribuída o mando da criação do documento (p. ex.: quem ditou o que foi escrito, quem solicitou ou contratou a captação das imagens etc.)[60].

Com base no autor, os documentos podem ser classificados em: a) públicos ou particulares; b) autógrafos ou heterógrafos; c) originais ou cópias.

Os documentos podem ser públicos ou privados, a depender da sua origem (entidades públicas ou privadas).

São públicos, pelo art. 405 do CPC, os documentos elaborados por escrivão, chefe de secretaria, tabelião ou servidores públicos em geral, no exercício de suas funções. Os documentos *públicos* são dotados de *fé pública*, em virtude da presunção de legalidade dos atos administrativos.

Já os documentos *particulares* têm como autores um particular ou um servidor público fora do exercício de suas funções. Não são dotados de fé pública, sendo que seu autor é aquele que fez e assinou ou aquele por conta de quem foi feito, estando assinado (CPC, art. 410).

Os documentos também podem ser *autógrafos* ou *heterógrafos*. É *autógrafo* quando produzido materialmente pelo próprio autor intelectual (*v.g.*, o testamento particular).

---

58. WAMBIER, Luiz Rodrigues; TALAMINI, Eduardo. *Curso avançado de Processo Civil*. 11. ed. 2010. v. 1 cit., p. 301.
59. DINAMARCO, Cândido Rangel. Instituições de direito processual civil, 3. ed. v. III cit., p. 567.
60. DIDIER JR., Fredie; BRAGA, Paula Sarno; OLIVEIRA, Rafael. *Curso de direito processual civil*, v. II cit., p. 149.

Por outro lado, é *heterógrafo* quando produzido materialmente por outra pessoa que não seu autor material[61] (*v.g.*, testamento público, escrituras públicas etc.).

Ainda quanto aos autores, o documento pode ser classificado em *originais* ou *cópias*. Documento original é o primeiro criado; está ligado imediatamente ao autor. Já a cópia é a sua reprodução por processo fotográfico, mecânico ou outro.

O *modo de formação do documento* diz respeito à composição externa do ato, o meio em que ele é produzido, em seus elementos e em sua própria configuração.

Os documentos variam conforme a inserção dos símbolos que eles portam. Podem ser *escritos* (quando portadores de palavras), *gravados* (quando os símbolos são desenhos, fotografias ou figuras em geral) ou *magnéticos* (como é o caso da fita cassete, *CD-ROMs*, discos rígidos, *pen drives,* disquetes de computador etc.).

Por fim, o *conteúdo dos documentos* expressa a ideia que os seus símbolos transmitem. É o seu elemento substancial. Nesse sentido, os documentos podem ser classificados em: a) *narrativos* ou *meramente declarativos*: quando contêm a declaração de conhecimento de fatos (*v.g.*, escrito pelo qual a parte confessa determinados fatos); b) *constitutivos*: quando contêm declaração de vontade (*v.g.*, escritura pública de compra e venda de bem imóvel); são todos os instrumentos negociais.

Os documentos estrangeiros servem como prova, mesmo que não traduzidos, desde que estes sejam de fácil compreensão tanto para o juiz quanto para as partes. Por exemplo, em ação de cobrança, em face de seguradora, baseada em contrato de seguro redigido em espanhol e não traduzido para o português, o STJ considerou não ser necessária a tradução do documento, pois era de fácil compreensão[62]. Portanto, se a tradução for desnecessária, a prova documental não pode ser ignorada pelo magistrado, até porque o princípio da cooperação (CPC, art. 6º) envolve todos os sujeitos processuais, inclusive o juiz. Ademais, a tradução *juramentada* de documentos em idioma estrangeiro não é obrigatória para a eficácia e a validade da prova[63]. Ainda, o Decreto n. 8.660, de 29 de janeiro de 2016, promulgou a Convenção sobre a Eliminação da Exigência de Documentos Públicos Estrangeiros, firmada em Haia em 45 de outubro de 1961. Isso com o intuito de dispensar a legalização de documentos pelos agentes diplomáticos ou consulares do país no qual o documento tenha que produzir efeitos, o que exclui a necessidade de serem atestadas a autenticidade da assinatura, da função ou do cargo exercido pelo signatário do documento e, quando cabível, a autenticidade do selo ou do carimbo aposto no documento, salvo quando da aposição da apostila definitiva e quando as leis, os regulamentos ou os costumes em vigor no Estado onde o documento deve produzir efeitos exigirem (arts. 2º e 3º).

---

61. CARNELUTTI, Francesco. *La prueba civil* cit. Item 36, p. 162-3.
62. STJ, REsp 924.992/PR, Rel. Min. Paulo de Tarso Sanseverino, 3ª T., j. 19.05.2011, *DJe* 26.05.2011.
63. STJ, AgRg no AREsp 153.005/RN, Rel. Min. Antonio Carlos Ferreira, 4ª T., j. 04.04.2013, *DJe* 16.04.2013.

7.3.4. Autenticidade e veracidade

Denomina-se *autenticidade* a correspondência entre o autor aparente e o autor real do documento[64]. Demonstrar-se a autenticidade de um escrito é comprovar que este provém da pessoa a quem lhe foi atribuído e que não foi alterado[65]. A *autenticidade* está ligada à integridade formal do documento.

Já a *veracidade* se refere ao conteúdo, à sua conformidade com a verdade.

Portanto, o documento pode ser autêntico, mas carecer de veracidade, padecendo de falsidade ideológica. O objeto da falsidade ideológica é realizar alterações no *conteúdo* do documento, total ou parcialmente. Por exemplo: a) afirmar, na Carteira de Trabalho e da Previdência Social do empregado, declaração falsa ou diversa daquela que deveria ter sido escrita (*v.g.*, declarar que o empregado ganha menos do que realmente recebe); b) o médico que atesta que o aluno está doente para que falte à prova, sem que ele esteja enfermo.

O vício de *autenticidade* está vinculado à noção de falsidade material. Altera-se o aspecto formal do documento. Por exemplo, quem fabrica e vende vales-transportes falsos, passaportes ou cédulas de identidade em branco.

7.3.5. Da força probante dos documentos

7.3.5.1. *Documentos públicos*

7.3.5.1.1. *Fé pública*

O CPC estabelece, em relação aos documentos públicos, uma presunção não só de sua *formação*, mas também dos fatos que o escrivão, o chefe de secretaria, o tabelião ou o servidor *declarar que ocorreram em sua presença* (CPC, art. 405). Pode recair, pois, sobre a autenticidade e a veracidade dos documentos[66].

Como já mencionado, os documentos *públicos* são dotados de fé pública[67], em virtude da presunção de legalidade dos atos administrativos. Entretanto, a fé pública restringe-se aos fatos que o funcionário declarou que ocorreram na sua presença. Tratando-se de declarações de um particular (autor intelectual), entram na categoria de documentos públicos *heterógrafos*; dessa forma, tem-se como certo, apenas, que foram efetivamente prestadas, porém não há um compromisso de que seu conteúdo venha a corresponder com a verdade[68].

---

64. CARNELUTTI, Francesco. *La prueba civil* cit. Item 39, p. 169.
65. BENTHAM, Jeremy. *Tratado de las pruebas judiciales*. v. I cit., p. 271.
66. CARNELUTTI, Francesco. *La prueba civil* cit. Item 40, p. 175.
67. A lei, no entanto, atribuiu *caráter de escritura pública* a determinados documentos particulares, como os contratos em que for parte o já extinto Banco Nacional da Habitação – BNH e as entidades integrantes do Sistema Financeiro da Habitação – SFH (Lei 4.380/64, art. 61, § 5º), bem como os atos e contratos decorrentes ou resultantes da aplicação da Lei 9.514/97 (Dispõe sobre Sistema de Financiamento Imobiliário, institui a alienação fiduciária de coisa imóvel e dá outras providências), por força de seu art. 38.
68. STJ, REsp 28.768/RJ, Rel. Min. Eduardo Ribeiro, 3ª T., j. 03.11.1992, *DJ* 30.11.1992, p. 22.615.

Por exemplo, o boletim de ocorrência de acidente de trânsito pode ensejar duas interpretações distintas: I) o policial recebe, no local onde se encontra o batalhão de polícia, as declarações de terceiros e as registra. Nessa hipótese, tem-se por certo que foram efetivamente prestadas, mas não que seu conteúdo corresponda à verdade[69]; do mesmo modo, o policial que comparece ao local e consigna no boletim o que lhe foi referido pelos envolvidos ou testemunhas, faz com que a presunção de veracidade recaia, mais uma vez, sobre as declarações prestadas, não se estendendo ao conteúdo delas ("O documento público não faz prova dos fatos simplesmente referidos pelo funcionário"[70]); II) o policial está no lugar quando acontece o acidente ou lá comparece e registra o que observa (*v.g.*, consigna os vestígios encontrados, a posição dos veículos, a localização dos danos etc.), quando então há presunção de veracidade ("O boletim de ocorrência goza de presunção *juris tantum* de veracidade, prevalecendo até que se prove o contrário"[71]).

Em todas essas hipóteses, devem ser consideradas sempre as *condições em que o documento foi constituído*. De todo modo, a *fé pública* gera presunção *relativa*, admitindo-se prova em contrário[72].

Para que desapareça a força que emana do documento público, deve-se obter *declaração de sua falsidade*, que pode ser material ou ideológica.

Do mesmo modo, os documentos formados pelo funcionário público que não tenha competência, isto é, que não seja autorizado a praticar o ato, também não terá fé pública.

O documento público traz, em si, uma presunção (relativa) de que seu conteúdo seja verdadeiro, invertendo-se o ônus da prova. Consequentemente, nega-se o fato constante do documento quando se demonstra que este é falso.

Em sentido contrário, todavia, o art. 215, *caput*, do CC, afirma que a escritura pública faz *prova plena*. Essa regra fere a regra da persuasão racional do juiz (CPC, art. 371), sendo um resquício do sistema do tarifamento da prova. Porém, deve ser lembrado que a natureza da prova do Direito Civil difere da do Direito Processual Civil, pois, enquanto aquela diz respeito à formalidade dos atos jurídicos, esta está voltada à formação do convencimento judicial.

7.3.5.1.2. Original e cópia

O art. 425 do CPC afirma quais documentos têm o mesmo valor dos originais.

Inicia-se pelas certidões textuais de qualquer peça dos autos, do protocolo das audiências ou de outro livro a cargo do escrivão ou do chefe da secretaria, sendo extraídas por ela ou sob sua vigilância e por ele subscritas. (CPC, art. 425, inc. I)

---

69. STJ, REsp 55.088/SP, Rel. Min. Eduardo Ribeiro, 3ª T., j. 28.11.1994, *DJ* 13.02.1995, p. 2.240.
70. STJ, REsp 42.031/RJ, Rel. Min. Fontes de Alencar, 4ª T., j. 03.05.1994, *DJ* 06.06.1994, p. 14.280.
71. STJ, REsp 1085466/SC, Rel. Ministra Eliana Calmon, 2ª T., j. 21.05.2009, *DJe* 04.06.2009; REsp 4.365/RS, Rel. Min. Waldemar Zveiter, 3ª T., j. 09.10.1990, *DJ* 05.11.1990, p. 12.430.
72. STJ, REsp 1206805/PR, Rel. Min. Raul Araújo, 4ª T., j. 21.10.2014, *DJe* 07.11.2014.

Prossegue-se com os traslados e as certidões extraídas por oficial público, de instrumento ou documentos lançados em suas notas (CPC, art. 425, inc. II).

No inc. III do art. 425 do CPC, assevera-se que têm o mesmo valor do original as reproduções de documentos públicos, desde que *autenticadas* por oficial público ou conferidas, em cartório, com os respectivos originais.

Ao se exigir a autenticação desses documentos, o CPC foi extremamente rigoroso. Essa regra deve ser interpretada em harmonia com os arts. 341 e 374, inc. III, do CPC, pelos quais se *dispensa a prova de fatos não contestados*[73].

De modo semelhante, o art. 4º da Lei 9.800/99, que autoriza o emprego da transmissão de petições via *fax*, estabelece, em alguma medida, uma presunção relativa de autenticidade da mensagem ao original, afirmando-se que por essa fidelidade se responsabiliza quem fez a transmissão, sob pena de litigância de má-fé. Atente-se que o *fax* ou o *Telex* não são meios de prova atípicos, mas meras reproduções (cópias) de documentos.

Contudo, o CC também faz declarações sobre o valor probatório dos documentos, destoando-se, em parte, da regra da persuasão racional do juiz, adotada no art. 371 do CPC. Por exemplo, atribui-se à escritura pública a condição de *prova plena* (CC, art. 215, *caput*); afirma-se que tanto o telegrama quanto a prova fotográfica de documento somente possuem eficácia probatória quando não impugnados ou quando confortados pela exibição do original (CC, arts. 222, 223 e 225).

Com efeito, somente há que se exigir a autenticação quando surgir *controvérsia sobre a autenticidade do documento* (CPC, arts. 409 e 412), pois, em face do art. 374, inc. III, do CPC, presume-se a autenticidade do documento particular pelo *silêncio* do adversário daquele que houver trazido aos autos, não se exigindo qualquer outra prova contrária. Portanto, não perdem a força probante os documentos juntados sem autenticação, sendo que tal formalidade é desnecessária, salvo quando a parte adversa questiona a veracidade das peças juntadas[74].

O art. 425, inc. IV, do CPC confere igual valor às cópias reprográficas dos documentos originais de peças do próprio processo judicial, declaradas como autênticas pelo próprio advogado (que na prática rubrica cada folha), sob sua responsabilidade pessoal, se não lhes for impugnada a autenticidade.

Aliás, a jurisprudência do STJ em relação à desnecessidade de autenticação das peças do agravo de instrumento já se orientava no sentido de: a) que se deveria conhecer do agravo de instrumento, mesmo que as peças que o instruíssem não estivessem autenticadas, porquanto o documento ofertado pelo autor presume-se verdadeiro, se

---

73. STJ, REsp 162.807/SP, Rel. Min. Gomes de Barros, 1ª T., *DJU* 29.06.1998; EDcl no REsp 633.105/MG, Rel. Min. Humberto Gomes de Barros, 3ª T., j. 14.11.2007, *DJU* 30.11.2007, p. 431; AgReg no AI 2007/0023928-2, Rel. Min. Denise Arruda, 1ª T., j. 18.12.2007, *DJU* 07.02.2008, p. 1.

74. STJ, AR 1.083/SP, Rel. Min. Maria Thereza de Assis Moura, 3ª Seção, j. 28.03.2008, *DJe* 13.05.2008.

o demandado, na resposta, silencia quanto à autenticidade[75]; b) com a edição da Lei 10.352/01, as peças que instruíam o agravo poderiam ser declaradas autênticas pelo próprio causídico, sendo desnecessária sua autenticação, com o original, pelo servidor público[76].

O inc. VI do art. 425 do CPC ainda confere a mesma força probante dos originais às reproduções digitalizadas de qualquer documento, seja ele público ou particular, quando juntados aos autos pelos órgãos da justiça e seus auxiliares, pelo Ministério Público e seus auxiliares, pela Defensoria Pública e seus auxiliares, pelas procuradorias, pelas repartições públicas em geral e por advogados, ressalvada a alegação motivada e fundamentada de adulteração[77]. Contudo, pelo § 1º, do art. 425 do CPC, os originais desses documentos digitalizados devem ser preservados pelo seu detentor até o final do prazo para interposição de ação rescisória.

Por último, o § 2º desse art. 425 do CPC, tratando-se de cópia digital de título executivo extrajudicial ou outro documento relevante à instrução do processo, o juiz poderá determinar o seu depósito em cartório ou na secretaria.

Porém, se a lei exige, como da substância do ato, o instrumento público, nenhuma outra prova, por mais especial que seja, pode suprir-lhe a falta (forma *ad solemnitatem*; CPC, art. 406). Por exemplo, o art. 108 do CC afirma que a escritura pública é da substância dos negócios jurídicos que visem à constituição, à transferência, à modificação ou à renúncia de direitos reais sobre imóveis de *valor superior a 30 vezes o salário-mínimo*[78]. Dessa forma, o juiz não pode considerá-los provados sem o respectivo instrumento solene. Trata-se, pois, de resquício do sistema do tarifamento da prova ou da prova legal constituindo, portanto, exceção à regra do art. 371 do CPC. Porém, excepcionalmente, quando houver justa causa (*v.g.*, o instrumento público foi incinerado ou destruído por causas estranhas à vontade de seu titular), é possível abrandar-se o rigor do art. 406 do CPC, para se admitir a utilização de outros meios de prova.

Frise-se que o documento público que não observa as formalidades legais ou que foi feito por oficial público incompetente não tem eficácia de documento público. O vício de forma "consiste na omissão ou na observância incompleta ou irregular de

---

75. STJ, REsp 999.799/DF, Rel. Min. Luis Felipe Salomão, 4ª T., j. 25.09.2012, *DJe* 19.10.2012; EREsp 179.147/SP, Rel. Min. Humberto Gomes de Barros, Corte Especial, j. 1º.08.2000, *DJ* 30.10.2000, p. 118.

76. STJ, REsp 892.171/SP, Rel. Min. José Delgado, 1ª T., j. 27.03.2007, *DJ* 19.04.2007, p. 248; REsp 440.456/RS, Rel. Min. Jorge Scartezzini, 5ª T., j. 10.12.2002, *DJ* 10.03.2003, p. 290.

77. A Instrução Normativa INSS/PRES 77/2015 (DOU 22.01.2015), no processo administrativo previdenciário perante o Instituto Nacional do Seguro Social – INSS, equipara aos originais os documentos autenticados por advogados públicos e privados (art. 677, inc. VI e VII), sendo que, para os advogados privados, a autenticação deverá conter nome completo, número da inscrição na OAB e assinatura do advogado, além de ser acompanhada da cópia da carteira da OAB e da prova do mandato.

78. Para a aferição do valor do imóvel, sujeito ao disposto no art. 108 do Código Civil, deve-se considerar o valor atribuído pelo Fisco, e não o declarado pelos particulares no contrato de compra e venda. Cf. STJ, REsp 1.099.480-MG, Rel. Min. Marco Buzzi, j. 02.12.2014, *DJe* 25.05.2015.

formalidades indispensáveis à existência ou à seriedade do ato" (Lei 4.717/65, art. 2º, parágrafo único, alínea *b*).

Já o vício de incompetência pode ser de três espécies[79]: I) *usurpação de função*: ocorre quando alguém exerce as atribuições de agente público, sem deter essa qualidade; II) *excesso de poder*: quando o agente público extrapola os limites das suas atribuições; III) *exercício de função de fato*: caracterizada quando o agente está irregularmente investido no cargo, emprego ou função, sendo a sua situação de aparente legalidade.

Nessa última hipótese, evidenciada a boa-fé da parte, admite-se que o ato administrativo, mesmo sendo inexistente, possa vir a produzir efeitos (*teoria do funcionário de fato*).

Entretanto, apesar de praticado com vício de forma ou elaborado por agente público incompetente, desde que subscrito pelas partes, o documento público vale como sendo documento particular, cabendo ao juiz apreciar se este pode produzir os efeitos pretendidos (CPC, art. 407).

7.3.5.2. *Documentos particulares*

7.3.5.2.1. *Presunção de veracidade (exegese dos arts. 408 e 411 do CPC)*

O art. 408 do CPC presume que, sendo escritos e assinados ou somente assinados pelas partes, as declarações deles constantes são verdadeiras, em desfavor do signatário. Isso porque se presume que ninguém faz declaração contrária a si mesmo.

Todavia, tal presunção é relativa, podendo ser rechaçada quando houver nos autos outros meios de prova que demonstrem o contrário (*v.g.*, que o declarante é analfabeto e não sabia o conteúdo do documento que assinou, quando quem assina foi induzido a erro ou coagido etc.).

Os documentos particulares – diferentemente dos públicos, que têm eficácia *erga omnes* – somente valem perante terceiros após figurarem no Registro de Títulos e Documentos (chamados, na prática, de Ofícios de Registro ou Cartório) ou no registro competente para tal, conforme dispõe o art. 221 do Código Civil.

A presunção do art. 408 do CPC se coaduna com as declarações *constitutivas de direitos*, por estarem estreitamente ligadas à constituição dos negócios jurídicos e, pois, ao princípio da força obrigatória dos contratos (*pacta sunt servanda*; CC, arts. 427-428).

Contudo, a presunção não se aplica às *declarações de ciência* ou *meramente narrativas* (isto é, as declarações de que a parte tem conhecimento de certo fato) *favoráveis a si mesmo* e contrárias ao seu adversário. O documento particular *prova a declaração*, mas não o *fato declarado*, competindo ao interessado, mediante outras provas, o ônus de comprovar a existência desse fato (CPC, art. 408, parágrafo único).

---

79. DI PIETRO, Maria Sylvia Zanella. *Direito Administrativo*. 19. ed. São Paulo: Atlas, 2006. p. 246-247.

Com efeito, em relação às declarações de ciência contrárias a si mesmo, quando assinadas, presume-se em desfavor do signatário. Ainda nos termos do art. 415 do CPC, as cartas (bem como, mais modernamente, os *e-mails*) e os registros domésticos (*v.g.*, agendas e diários) não assinados demonstram, contra quem os escreveu, quando: I) enunciam o recebimento de um crédito; II) contém anotação que visa suprir a falta de título em favor de quem é apontado como credor; III) expressam o conhecimento de fatos para os quais não se exija determinada prova. Por exemplo, um cartão de feliz aniversário, juntado pela autora de uma ação declaratória de existência de união estável, demonstra que o demandado enviou um cartão para a demandante, mas não comprova, por si mesmo, a existência da união estável existente entre ela e aquele que escreveu o cartão. Tal fato, para ser considerado como provado, deve ser analisado no contexto probatório. Afinal, o cartão pode expressar, por exemplo, amizade ou namoro, não união estável.

Ainda, a nota escrita pelo credor, em qualquer parte do documento representativo de obrigação, mesmo não assinada, faz prova em benefício do devedor (CPC, art. 416).

Por outro lado, as declarações narrativas presentes nos livros comerciais, que preencham os requisitos legais e que não contenham vícios (intrínsecos ou extrínsecos), fazem prova em favor do seu autor (CPC, art. 417). Igualmente, as declarações meramente narrativas, *em que se afirmam fatos contra si*, presumem-se verdadeiras, em razão da confissão (CPC, art. 389), embora tal presunção seja relativa e deva ser examinada segundo a regra do convencimento motivado do juiz (CPC, art. 371).

No entanto, a eficácia probatória, tanto das declarações narrativas quanto das constitutivas, cessa sempre que prestadas sem liberdade ou consciência. Os vícios de consentimento (erro, dolo, coação, lesão e estado de necessidade) podem ser causa de ação anulatória, para a desconstituição do ato (declaração) por sentença.

Considera-se autêntico o documento quando a firma for reconhecida pelo tabelião, *na presença do signatário*, quando a autoria estiver identificada por qualquer outro meio legal de certificação, inclusive eletrônico, nos termos da lei, ou quando não houver impugnação da parte contra quem foi produzido o documento (CPC, art. 411).

Desse modo, prevalece a regra do art. 374, inc. III, do CPC, pela qual se presume a autenticidade do documento particular pelo *silêncio* do adversário daquele que o houver trazido aos autos, não se exigindo qualquer outra prova contrária.

7.3.5.2.2. Data do documento particular

O art. 409 do CPC afirma que, surgindo dúvida ou impugnação entre os litigantes, a data do documento particular pode ser provada por todos os meios de direito.

A dúvida pode surgir tanto das partes quanto também do juiz[80], a quem caberá a determinação de provas *ex officio*, com fundamento no art. 370 do CPC.

---

80. PONTES DE MIRANDA, Francisco Cavalcanti. *Comentários ao Código de Processo Civil*. Rio de Janeiro: Forense, 1974. p. 347.

Porém, em relação a terceiros, o documento será considerado datado: I – no dia em que foi registrado; II – desde a morte de algum dos signatários; III – a partir da impossibilidade física que sobreveio a qualquer dos signatários; IV – da sua apresentação em repartição pública ou em juízo (a aquisição de um bem pelo marido, após a separação do casal, para fins de partilha de bens, deve levar em consideração a data da sua apresentação em juízo[81]; por outro lado, a Súmula 132 do STJ afirma que "a ausência de registro de transferência não implica a responsabilidade do antigo proprietário por dano resultante de acidente que envolva o veículo alienado"); V – do ato ou do fato que estabeleça, de modo certo, a anterioridade da formação do documento.

São situações inequívocas pelas quais não se pode considerar que o documento tenha sido assinado e, por isso, obrigam terceiros. Contudo, nada impede que terceiro concorde que a data do documento seja diversa (*v.g.*, que prevaleça a data constante do documento, ao invés do dia do registro, da morte ou da impossibilidade física).

7.3.5.2.3. Autoria e indivisibilidade do documento particular

A *autoria* do documento particular se define pela assinatura.

Reputa-se autor do documento particular (CPC, art. 410): a) aquele que o fez e o assinou; b) aquele por conta de quem foi feito, estando assinado; c) aquele que, mandando compô-lo, não o firmou porque, conforme a experiência comum (CPC, art. 375), não se costuma assinar, como os livros comerciais e os assentos domésticos.

Todavia, a assinatura (subscrição) não é a única forma de se provar a autoria (*v.g.*, exame grafotécnico ou presunção de autenticidade, gerada pela admissão expressa ou tácita do documento).

Compete à parte contra quem foi produzido o documento particular alegar, no prazo de 15 dias (que também é o prazo da *arguição de falsidade*; CPC, art. 430), se lhe admite ou não a *autenticidade* da assinatura e a *verdade* do contexto, presumindo-se a aceitação se a parte não se manifestar (CPC, art. 412).

Essa admissão expressa ou tácita, resultante do silêncio, não produz efeitos se o documento foi obtido com erro de fato ou coação, cujas hipóteses autorizam a anulação da confissão (CPC, art. 393).

Uma vez admitido o documento, quanto à assinatura e ao contexto, ele se torna *indivisível*, não podendo a parte utilizá-lo para beneficiar somente daquilo que lhe interessa e desprezar aquilo que não lhe interessa, salvo se provar que esses fatos não se verificaram (CPC, art. 412, parágrafo único).

---

81. STJ, REsp 28.027/SP, rel. Min. Sálvio de Figueiredo Teixeira, 4ª T., j. 11.10.1993, pub. *DJU* 27.03.1995, p. 7.163.

7.3.5.2.4. Originais e fotocópias

O *documento do documento* recebe, tecnicamente, o nome de cópia, em relação ao original[82]. Trata-se de noção negativa, isto é, a de que o fato por ele representado não é outro documento.

As reproduções fotográficas ou obtidas por outros processos de repetição, dos documentos particulares, valem como certidões, sempre que o escrivão ou o chefe de secretaria portar por fé a sua conformidade com o original (CPC, art. 423).

A cópia de documento particular tem o mesmo valor probante que o original, cabendo ao escrivão, intimadas as partes, proceder à conferência e certificar a conformidade entre a cópia e o original (CPC, art. 424).

As fotografias digitais e as extraídas da rede mundial de computadores fazem prova das imagens que reproduzem. Caso forem impugnadas, a parte que juntou as fotos deve apresentar a respectiva autenticação eletrônica ou, não sendo possível, requerer a produção de prova pericial (CPC, art. 422, § 1º). Tal orientação também se aplica a mensagem eletrônica impressa (CPC, art. 422, § 3º).

Quando se tratar de fotografia publicada em jornal ou revista, exige-se a juntada de um exemplar original do periódico, caso impugnada a veracidade pela outra parte (CPC, art. 422, § 2º).

As cópias provam tais quais os originais, ou seja, os fatos que delas emanam são considerados da mesma maneira. Todavia, a cópia não substitui o original, se é o próprio documento que produz efeitos jurídicos, como o título executivo, cujo original é indispensável (CPC, arts. 320 e 434), sob pena de indeferimento da inicial se o documento não for juntado no prazo de 15 dias, contados a partir da decisão judicial de emenda da inicial (CPC, art. 321, parágrafo único).

7.3.5.2.5. A fé emanada dos documentos particulares

Será apreciada livremente se eles contiverem entrelinha, emenda, borrão ou cancelamento sem a ressalva adequada (CPC, art. 426).

Cessa a fé de qualquer documento, público ou particular, ao ser declarada judicialmente a sua falsidade (CPC, art. 427, *caput*).

A falsidade pode ser de duas espécies: I) falsidade *material*: consistente em *formar* documento falso (*v.g.*, lançar assinatura falsa em documento em branco) ou introduzir alterações formais em documento verdadeiro (*v.g.*, adulteração de fotografia); II) falsidade *ideológica*: consiste na exposição, em documento materialmente verdadeiro, de fatos ou de declarações falsas (*v.g.*, médico que atesta que pessoa sã está doente, para fins de faltar ao trabalho).

---

82. CARNELUTTI, Francesco. *La prueba civil* cit. Item 42, p. 183.

Na falsidade material, há a intenção de se dar ao documento (ou objeto) a aparência de autêntico e genuíno, enquanto na falsidade ideológica há o desígnio de se adulterar o teor ou as características do documento, sendo, portanto, falso o que o documento diz.

Para se realizar a demonstração da falsidade material e constatar sua autenticidade, basta verificar o documento verdadeiro e realizar o exame pericial. O ponto crítico é a análise da falsidade ideológica, pois depende de outras provas a serem trazidas aos autos.

A falsidade pode ser arguida como questão incidental no processo (*v.g.*, na contestação ou na reconvenção) ou mediante pedido de declaração incidental de falsidade (CPC, arts. 430 a 433).

O documento particular, mesmo sem se declarar sua falsidade, perde a fé (CPC, art. 428): I) quando lhe for contestada a assinatura e enquanto não lhe comprovar a veracidade; II) quando, assinado em branco, foi abusivamente preenchido.

Considera-se abusivo o comportamento da parte que, tendo recebido o documento em branco, completa-o, por si mesmo ou por outrem, violando o acordo realizado com o signatário. Por exemplo, pai que, ao viajar, deixa cheque em branco para que o filho pague a mensalidade do colégio; contudo, o filho preenche o cheque com um valor superior para utilizar-se do dinheiro para outra finalidade.

O ônus da prova da falsidade do documento *incumbe a quem a arguir* (CPC, art. 429, inc. I), mas, caso se trate de *contestação de assinatura*, o ônus da prova incumbe à parte que produziu o documento (CPC, art. 429, inc. II).

Nesse sentido, pelo Tema 1061, ficou assentado pelo Superior Tribunal de Justiça: "Nas hipóteses em que o consumidor/autor impugnar a autenticidade da assinatura constante no contrato juntado ao processo, cabe à instituição financeira/ré o ônus de provar essa autenticidade (CPC, art. 429 II), por intermédio de perícia grafotécnica ou mediante os meios de prova legais ou moralmente legítimos (CPC, art. 369)"[83].

A utilização de documento falso, seja material ou ideologicamente falso, poderá vir a ser considerado um indício contrário à parte que se utiliza de tal documento em juízo. Afinal, a parte que conscientemente usa documento falso está de má-fé (CPC, arts. 77, inc. I, e 80, inc. II) e tal comportamento sinaliza que, provavelmente, não possui razão.

7.3.5.3. Arguição de falsidade

A declaração de falsidade de documento pode ser pedida por meio de ação *autônoma*, conforme prevê o art. 19, inc. II, do CPC, ou no curso da demanda em que o documento foi apresentado (CPC, art. 430).

Nesta hipótese, instaura-se um incidente procedimental dentro do processo que está em curso, mas sem a necessidade de autuação em separado. Ao contrário do que

---

83. STJ, ProAfR no REsp 1846649/MA, 2ª Seção, Rel. Min. Marco Aurélio Bellizze, j. 23.06.2021, j. 1º.07.2021.

dispunha o art. 394 do CPC-73, o CPC não prevê a suspensão do processo para julgamento do incidente de falsidade.

A arguição de falsidade abrange todas as espécies de documentos (escritos, sonoros, visuais, audiovisuais etc.), tanto privados quanto públicos. Nestes, as declarações prestadas pelo autor intelectual e as lançadas pelo tabelião que lavrou o ato (CPC, art. 405) podem ser arguidas de falsas.

Nos documentos públicos, a presunção de fé pública do agente é relativa (*v.g.*, em uma escritura de compra e venda de um imóvel, o antigo proprietário era uma pessoa fictícia, pois o número de seu documento de identidade era falso), tendo aquele que alega a falsidade o ônus de prová-la.

O ônus da prova, quando se tratar de se arguir a falsidade do documento, incumbe a quem fizer a alegação (CPC, art. 429, inc. I), mas tratando-se de contestação de assinatura, compete à parte que produziu o documento (CPC, art. 429, inc. II).

O incidente de falsidade pode ser suscitado pela parte contra a qual foi produzido o documento ou por terceiros intervenientes na contestação, na réplica ou no prazo de 15 dias, contados a partir da juntada do documento aos autos (CPC, art. 430, *caput*).

Embora o CPC não repita a expressão "em qualquer tempo e grau de jurisdição", contida art. 390, *caput*, do CPC/73, sendo o documento juntado nos tribunais (CPC, art. 435), nada impede que a arguição de falsidade seja suscitada no prazo de 15 dias da juntada do documento aos autos. Nessa hipótese, a arguição de falsidade deve ser processada nos autos do recurso ou da causa de competência originária do tribunal e, na falta de regras específicas, aplicam-se as normas do regimento interno[84]. A falsidade também pode ser arguida no processo instaurado com pedido de tutela provisória requerida em caráter antecedente (CPC, arts. 303 a 310), nos procedimentos especiais (salvo os que exigem prova pré-constituída, como o mandado de segurança), na fase de cumprimento da sentença ou no curso da execução.

A contagem do prazo da arguição de falsidade deve observar as regras contidas nos arts. 218 e 219 do CPC. Se houver litisconsortes com diferentes procuradores, nos termos do art. 229 do CPC, contar-se-á em dobro o prazo para arguir a falsidade.

Quando o documento for juntado com a petição inicial, a falsidade deve ser arguida na contestação (CPC, art. 430, *caput*). Isso não significa, necessariamente, que o demandado tenha que contestar, mesmo porque o pedido pode ser deduzido em petição autônoma.

Por sua vez, a falsidade deve ser alegada na réplica, quando o documento for anexado aos autos na contestação.

Se o documento não for indispensável à propositura da ação ou da contestação, a parte pode juntá-los posteriormente (CPC, art. 435), mas o adversário deve ser intimado

---

84. ASSIS, Araken. *Processo civil brasileiro.* São Paulo: RT, 2015. v. III, p. 787-801 e 804.

inclusive para suscitar a sua falsidade (CPC, art. 436, inc. III). A partir da intimação da juntada do documento aos autos, a parte tem 15 (quinze) dias para arguir a falsidade (CPC, 430, *caput*).

O prazo de 15 dias é *preclusivo*[85], impedindo-se a instauração do procedimento incidental de falsidade, salvo se a parte que não realizou a arguição no prazo demonstrar que não o fez por justa causa (CPC, art. 223, *caput*).

A não arguição de falsidade no prazo legal faz com que o documento particular se presuma verdadeiro (CPC, art. 411, inc. III).

Todavia, tendo decorrido o prazo previsto no art. 430 do CPC, a parte pode apontar a falsidade, sem que com isso se instaure um procedimento incidental próprio e sem que a questão seja resolvida em caráter principal (CPC, art. 433). Pode, ainda, ajuizar ação autônoma (CPC, art. 9º, inc. II), com o escopo de se obter a declaração da falsidade do documento, que pode causar a *suspensão* do processo (CPC, art. 313, inc. V, alínea *a*).

Ademais, se a sentença da ação em que foi produzido o documento já transitou em julgado, a falsidade poderá ser decretada na própria *ação rescisória* dessa sentença (CPC, art. 966, inc. VI). Com efeito, é possível rescindir sentença de mérito fundada em prova cuja falsidade foi reconhecida na instrução da ação rescisória[86].

Além das partes, o incidente de falsidade pode ser instaurado a pedido de terceiros intervenientes que atuem no processo como parte (assistente litisconsorcial, denunciado, chamado ao processo ou que vem ao processo em razão da desconsideração da personalidade jurídica), do agente do Ministério Público e pelo próprio juiz.

Não obstante o Ministério Público, quando atua como fiscal da ordem jurídica (CPC, art. 178; Recomendação 34/2016 do CNMP), não esteja expressamente contemplado nos arts. 430 a 433 do CPC, também pode arguir a falsidade documental, com fundamento no art. 179, inc. II, do CPC. Além disso, quando a falsidade for arguida pelas partes, o agente do Ministério Público deve intervir (CPC, art. 178, inc. I), uma vez que a falsidade documental pode constituir crime de ação penal pública (CP, arts. 297 e 298).

O juiz de ofício pode suscitar a falsidade do documento (CPC, arts. 139, inc. III, e 370), uma vez que não há razão para que se decida a causa com base em documentos falsos apenas porque as partes se omitiram em proceder tal arguição. Nesse caso, as partes devem ser, necessariamente, ouvidas (CPC, art. 10), antes de o juiz declarar a falsidade material ou ideológica do documento.

Por outro lado, o assistente simples somente pode suscitar a instauração do incidente de falsidade caso a parte principal não tenha o feito, pois autua como sua auxiliar (CPC, art. 121). Já o *amicus curiae* intervém como colaborador da justiça, cabendo

---

85. STJ, AgRg no Ag 792.726/RJ, Rel. Min. Hélio Guaglia Barbosa, 4ª T., j. 22.05.2007, pub. *DJ* 04.06.2007, p. 363.
86. STJ, REsp 885.352/MT, Rel. Min. Paulo de Tarso Sanseverino, 3ª T., j. 07.04.2011.

ao juiz ou ao relator definir os seus poderes (CPC, art. 138, § 2º). A rigor, não possui legitimidade para requerer o incidente de falsidade, embora possa apontar tal situação.

A falsidade documental é resolvida como questão incidental (a autenticidade ou a falsidade do documento será analisada quando da valoração das provas, na fundamentação da sentença), salvo se for suscitada como questão principal (CPC, art. 433) ou a parte ajuizar ação declaratória incidental (CPC, arts. 19, inc. II, e 430, parágrafo único).

A arguição de falsidade será deduzida mediante petição escrita e fundamentada, endereçada ao juiz da causa, acompanhada de documentos e indicando as provas a produzir (CPC, art. 431).

A arguição de falsidade não deve ser admitida quando a prova for irrelevante para a resolução justa e efetiva do mérito (CPC, arts. 4º e 370, par. ún.). Neste caso, salvo quando se tratar de ação declaratória incidental, a decisão será interlocutória (CPC, art. 203, § 2º) e sua impugnação deverá ser feita em preliminar de apelação ou nas contrarrazões (CPC, art. 1.009, § 1º).

Caso admitido, a parte contrária é intimada a se manifestar no prazo de 15 dias (CPC, art. 432, *caput*). Se o documento beneficiar pessoa diversa da parte contrária (*v.g.*, terceiro interveniente), tal pessoa deve ser intimada para se manifestar antes do réu.

O oficial público que produziu o documento (*v.g.*, a escritura pública) não é parte obrigatória na arguição de falsidade e, não integrando a relação processual, não é atingido pela coisa julgada (CPC, art. 433), que se limita à eficácia probatória.

A parte contrária ou o terceiro interveniente, que se beneficiar da prova documental, pode responder à arguição, reconhecer o pedido ou, ainda, manter-se inerte.

Nessa última situação, aplica-se, para o réu, o efeito material da revelia (CPC, art. 344), presumindo-se verdadeiras as alegações de fato formuladas pelo requerente. Tal presunção, contudo, não se impõe aos documentos públicos, os quais já contém fé pública (CPC, art. 405 e CC, art. 215, *caput*); ou seja, para a comprovação da falsidade é necessária à sua declaração judicial.

Em seguida, deve ser determinado o exame pericial (CPC, art. 432), desde que seja meio de prova útil e necessário para comprovação da falsidade (CPC, art. 370, parágrafo único). Por exemplo, a perícia pode ser útil para evidenciar a contrafação total (com formação global, por inteiro) ou parcial (com acréscimo de dizeres, imagens, letras, números etc.) do documento ou a sua alteração (mediante rasuras, inclusão de novos termos, datas, áudios, imagens etc.), O exame pericial ganha ainda maior importância e complexidade científica com o uso das tecnologias de aprendizagem de máquinas e da inteligência artificial para adulterar documentos (*v.g.*, falsear vídeos, utilizando das denominadas *deepfakes*, para mostrar uma pessoa fazendo ou falando algo que, na realidade, não fez ou disse). Por outro lado, a prova pericial pode ser dispensada quando a falsidade material for grosseira (*v.g.*, simples troca ou substituição da fotografia em documento de identidade alheia) e puder ser percebida sem a necessidade de se recorrer aos conhecimentos especiais de um técnico (CPC, art. 464, § 1º, inc. I).

A perícia, contudo, não se realiza caso a parte que juntou o documento concordar em retirá-lo dos autos (CPC, art. 432, parágrafo único). Nesta hipótese, o documento não será considerado como falso, havendo mera desistência da produção da prova documental. No entanto, o requerente do incidente pode discordar da retirada do documento, quando a declaração sobre a sua falsidade foi suscitada como questão principal (CPC, art. 433), para que incida sobre ela a autoridade da coisa julgada, a fim de prevenir novos litígios ou usar tal decisão em outros processos.

A prova pericial também não é o único meio de prova admissível para a comprovação da falsidade. Com efeito, o art. 432, *caput*, deve ser interpretado em sintonia com o art. 369 do CPC, para permitir a admissibilidade de outros meios de prova. Na falsidade ideológica, por exemplo, pode-se cogitar a prova testemunhal como meio eficiente para demonstrar a veracidade da alegação.

É importante observar que, no documento particular assinado pelas partes, não cabe arguição de falsidade *ideológica*, porque a eventual desconformidade com a verdade somente pode decorrer de erro de fato ou coação, que se prova no curso da ação, independentemente de declaração de falsidade. Já no documento público, que é *heterógrafo*, produzido por terceiro (tabelião, chefe de secretaria ou servidor), é preciso que se suscite o incidente para a declaração de sua falsidade ideológica.

No entanto, o STJ já decidiu que a falsidade ideológica pode ser arguida no incidente de falsidade, quando não importar em desconstituição da situação jurídica e a sua apuração depender unicamente da análise da prova documental[87]. Isso porque a decisão operada no incidente de falsidade é meramente declaratória, não desconstitutiva (as arguições de vício da vontade, contidas em documentos – autenticidade intelectual – torna essa declaração passível de anulação – por erro de fato ou coação – o que somente é possível pela ação anulatória, de natureza desconstitutiva). Ademais, o art. 432 do CPC afirma que, na arguição de falsidade, o documento se submete ao exame pericial, o qual pode indicar a falsidade material, ficando a falsidade ideológica dependente de outras provas.

Para Vicente Greco Filho, a introdução de cláusula não convencionada em um documento, em entrelinhas, ou mesmo o preenchimento abusivo é falsidade material, e não ideológica[88]. Daí ser cabível a declaração incidental de falsidade, mesmo em se tratando de documento particular. Porém, conforme o art. 428, inc. I, do CPC, cessa a fé do documento particular quando, assinado em branco, for impugnado seu conteúdo por preenchimento abusivo. Com isso, não se faz necessária a arguição de falsidade material em documento particular.

---

87. STJ, REsp 19.920/PR, Rel. Min. Sálvio de Figueiredo Teixeira, 4ª T., j. 15.06.1993, *DJ* 25.10.1993, p. 22.498; REsp 717.216/SP, Rel. Min. Laurita Vaz, 5ª T., j. 04.12.2009, *DJe* 08.02.2010.
88. *Direito processual civil brasileiro*. 11. ed. São Paulo: Saraiva, 1996. v. 2, p. 232.

De qualquer forma, o art. 427, parágrafo único, inc. II, do CPC prevê que tanto o documento público quanto o privado podem ser suscetíveis de arguição de falsidade material ou ideológica.

O ônus da prova da falsidade cabe à parte que arguir a falsidade (CPC, art. 429, inc. I e II).

A declaração sobre a falsidade do documento, quando proposta como questão principal (CPC, arts. 19, inc. II, e 433), deve constar da parte dispositiva da sentença e sobre ela recairá a autoridade da coisa julgada. A declaração ou a rejeição da falsidade impede que, em outros processos envolvendo as mesmas partes, a questão seja analisada e decidida novamente, salvo se versar sobre outra causa de pedir. Todavia, terceiros que não participaram do processo não são atingidos pela coisa julgada (CPC, art. 506).

Caso não seja arguida como questão principal, será julgada incidentalmente (CPC, art. 430, parágrafo único), em conjunto com o pedido principal, e sobre ela não incidirá a coisa julgada, salvo nas hipóteses do art. 503, § 1º, do NCPC.

7.3.5.3.1. Cessação da fé dos documentos particulares

Cessa a fé de qualquer documento, público ou particular, ao ser declarada judicialmente a sua falsidade (CPC, art. 427, *caput*).

O documento particular, mesmo sem se declarar sua falsidade, perde a fé (CPC, art. 428): I) quando lhe for contestada a assinatura e enquanto não se lhe comprovar a veracidade; II) quando, assinado em branco, foi abusivamente preenchido.

Considera-se *abusivamente preenchido* o documento quando aquele que o recebeu assinado com texto não escrito no todo ou em parte formá-lo ou completá-lo por si ou por meio de outrem, violando o pacto feito com o signatário (CPC, 430, parágrafo único).

O abuso pode se dar por parte de pessoa que o signatário confiava (*v.g.*, amigo, empregado, parente etc.), por parte de quem furtou ou roubou o documento ou, ainda, por quem recebeu o documento assinado[89]. O preenchimento abusivo também pode decorrer de descumprimento de pacto com o signatário (*v.g.*, assinatura de nota promissória em branco sem a fixação da quantia devida).

Assim sendo, a fé do documento particular cessa desde a data em que a assinatura for contestada enquanto não for comprovada sua veracidade; isto é, até ser demonstrada a sua autenticidade, o documento particular fica destituído de força probante.

Portanto, existem duas situações que devem ser diferenciadas: I) aquela prevista pelo art. 427 do CPC, que possibilita a cessação mediante declaração judicial; II) a contida no art. 428 do CPC, pela qual a simples impugnação do documento já faz cessar sua fé.

---

89. PONTES DE MIRANDA, Francisco Cavalcanti. *Comentários ao Código de Processo Civil* cit., p. 362.

Tais preceitos devem ser interpretados de modo que a imposição de declaração judicial (por ser mais rigorosa) atinja somente aqueles documentos que não dizem respeito à adulteração, supressão ou confecção de assinatura no documento, bem como daqueles que necessitem de certos requisitos para serem produzidos. Isso porque, como há procedimento para elaborá-los, o mais lógico é também exigir maior rigor para se justificar a cessação da veracidade nele contido.

Em contrapartida, para a cessação da fé dos documentos particulares – por serem produzidos unilateralmente ou mediante conluio de duas ou mais pessoas – deve bastar a impugnação da autenticidade das assinaturas ou a complementação abusiva dos espaços em branco constante do documento para que seja colocado em xeque a utilização de tal prova.

7.3.6. Documentos especiais

No que tange à utilização dessa nova modalidade de documentos, provenientes da evolução tecnológica, deve-se esclarecer que não será pelo fato de não possuírem um suporte específico que deixarão de ser utilizados como meio lícito de prova.

O que interessa para as partes e para o juiz é o conteúdo nele contido, sendo que a materialização do documento se dá de maneira equiparada à cópia do original, formalizando, assim, um novo suporte.

7.3.6.1. Ata notarial

O notário ou tabelião desempenha, em caráter privado, atividade delegada pelo Poder Público (CF, art. 236). É profissional do direito dotado de fé pública (Lei 8.935/94, art. 3º), na medida em que desempenha função pública *lato sensu*[90].

O CPC trata da ata notarial no art. 384. Tal instrumento já se encontrava regulado nos arts. 6º, III, e 7º, III, da Lei 8.935/94 (Lei dos Cartórios), atribuindo-se aos notários a competência para autenticar fatos, cabendo aos tabeliães de notas, com exclusividade, a lavratura das atas notariais.

A existência e o modo de existir de algum fato podem ser atestados ou documentados por ata lavrada por tabelião. Por meio da ata notarial, o tabelião capta, pelos seus sentidos, um determinado fato e o transpõe para o seu livro de notas ou outro documento.

Dados representados por imagens ou sons gravados em arquivos eletrônicos podem constar da ata notarial (CPC, art. 384, parágrafo único). Tais imagens devem ser transpostas para um livro de notas próprio, fazendo constar certidão específica para tal fim. Nada impede que outros documentos também possam ser incluídos na ata notarial, desde que destinados a facilitar a melhor compreensão dos descritos pelo tabelião.

---

90. STF, ADI 1.800, rel. Min. Ayres Britto, Tribunal Pleno, j. 11.06.2007, pub. *DJ* 28.09.2007.

O notário, por meio de seus sentidos (visão, audição, olfato, paladar e tato), constata determinados fatos jurídicos e os registra nesse instrumento notarial. Os atos descritos pelo tabelião possuem *fé pública*, isto é, presunção relativa de *autenticidade* (ou seja, por meio da ata, o notário comprova que algo é autêntico ou verdadeiro), pois o que se presume verdadeiro é a declaração realizada, não que o fato declarado seja verdadeiro.

As atas notariais, dentre outras possibilidades, se prestam a comprovar a presença de certas pessoas em determinados lugares, a acolher declarações de pessoas sobre fatos que se pretenda perpetuar em escrito, a verificar *in locu* a existência de um fato e o relatar, com o auxílio de perito ou peritos que lhe esclareçam as questões técnicas (*v.g.*, a atestar o estado de imóveis no início ou no fim de uma locação), a comprovar a entrega – ou o envio pelo correio – de documentos ou coisas, e a narrar decisões tomadas em reuniões, sessões, convenções, assembleias ou congressos.

Por exemplo, a ata notarial pode conter a descrição de uma página da internet (endereço eletrônico, momento e conteúdo), para fins de se evidenciar a ausência de informações suficientes para o consumidor. Outro exemplo: o tabelião pode ser chamado a presenciar os efeitos de uma enchente em um imóvel, a fim de assegurar o direito do locatário em manter, durante o contrato, o seu uso (Lei 8.245/91, art. 22, III).

Por outro lado, pelo Enunciado 636 do Fórum Permanente de Processualistas Civis, as "conversas registradas por aplicativos de mensagens instantâneas e redes sociais podem ser admitidas no processo como prova, independentemente de ata notarial".

Por exemplo, a ata notarial pode conter a descrição de uma página da internet (endereço eletrônico, momento e conteúdo), para fins de se evidenciar a ausência de informações suficientes para o consumidor. Outro exemplo: o tabelião pode ser chamado a presenciar os efeitos de uma enchente em um imóvel, a fim de assegurar o direito do locatário em manter, durante o contrato, o seu uso (Lei 8.245/91, art. 22, III).

Na ata notarial apenas há a constatação de fatos. É um documento *ad probationem*, não *ad substantianm*. Pela ata notarial, não transferem nem se reconhecem direitos. Por isso, a ata notarial não se confunde com a escritura pública, por meio da qual atos e negócios jurídicos são constituídos (*v.g.*, compra e venda), nem há a formalização de qualquer ato que pressuponha outorga ou consentimento (*v.g.*, emancipação ou reconhecimento de filhos).

Com efeito, na ata notarial, há mera apreensão do fato jurídico pelo notário, lembrando que fato jurídico, diferente de um ato ou negócio jurídico, é todo acontecimento para o qual não é juridicamente relevante a vontade. Na ata notarial, não há recepção da vontade das partes e nem alteração, adaptação ou juízo de valor pelo tabelião. Isto é, o tabelião apenas transpõe para o documento detalhes e pormenores de determinado fato, tal como se estivesse descrevendo uma fotografia, com a finalidade de resguardá-los para o futuro.

A ata notarial pode ser solicitada ou lavrada *ex officio* (*v.g.*, para narrar fatos que impedem ou dificultem o exercício de suas funções ou para suprir omissões e corrigir defeitos de forma ocorridos em escritura pública, a que tenham dado causa, desde que não afetem a declaração de vontade das partes nem cause risco de prejuízo a terceiros), devendo conter, essencialmente, o local e a data de sua lavratura, a narração das circunstâncias dos fatos e a assinatura do tabelião. Nesta hipótese, antes da valoração da ata notarial em juízo, o magistrado deve dar oportunidade das partes se manifestarem (CPC, art. 10).

Quando a ata notarial for solicitada deve ser acrescido à declaração o fato de ter sido lida tanto perante o solicitante quanto perante as testemunhas, se houver, bem como a tomada da assinatura dessas pessoas (solicitante e testemunhas).

O notário deve ser fiel a sua percepção dos fatos. Não pode descrever os fatos tal como lhe são solicitados, para que a eficácia probatória da ata notarial não fique comprometida. O tabelião deve agir com imparcialidade para não comprometer a descrição dos fatos. Ademais, o notário deve se limitar a descrever os fatos por ele percebidos, sem emitir opiniões, fazer comentários ou exprimir juízos parciais. Nessas hipóteses, a ata notarial não terá efeito probatório.

Os notários são responsáveis, civil e criminalmente, pelos prejuízos que eles ou seus prepostos causarem a terceiros (Lei 8.935/94, arts. 22-24 e CC, art. 927).

Havendo dúvida sobre os fatos declarados na ata notarial, a parte interessada pode impugnar o seu conteúdo, assumindo o ônus de provar que eles não correspondem à realidade (CPC, art. 373) ou o juiz, de ofício, pode determinar as provas necessárias para que eles sejam esclarecidos (CPC, art. 370).

7.3.6.2. Documentos de telemática (telegrama, radiograma e outros meios de transmissão)

São documentos de *telemática* aqueles que se prestam a transmissão de informações por intermédio de redes de comunicações.

O telegrama, o radiograma ou qualquer outro meio de transmissão (*v.g.*, o Telex) têm a mesma força probatória do documento particular, *se o original constante da estação expedidora foi assinado pelo remetente*. Pode a firma do remetente ser reconhecida, no original depositado na estação expedidora, pelo tabelião (CPC, art. 413, parágrafo único).

Em sentido contrário, o art. 4º da Lei 9.800/99, que autoriza o emprego da transmissão de petições via fax, estabelece, em alguma medida, uma *presunção relativa de autenticidade* da mensagem ao original, afirmando que por essa fidelidade se responsabiliza *quem fez a transmissão*, sob pena de litigância de má-fé. Cabe a entrega em cartório dos originais, no prazo de cinco dias, contado da prática do ato (recepção do material; art. 2º da Lei 9.800/99). Caso a cópia não seja juntada nesse prazo, deverá ser observado o art. 223 do CPC, pelo qual, havendo *justa causa* para a não juntada do documento, poderá o juiz fixar novo prazo.

Não tendo sido apresentado o documento no prazo, sem ter havido impugnação da parte contrária, deve o juiz atribuir à cópia o valor que considerar adequado. Por outro lado, se houver impugnação, caberá ao órgão judicial tornar sem efeito a utilização do fax como meio de comprovação do fato litigioso.

Porém, havendo interesse da parte contrária no documento, deverá requerer a sua exibição incidental em juízo e, não tendo o adversário exibido, aplicar-se-á contra ele a presunção de veracidade (CPC, art. 400).

Por fim, se houver divergência entre o fax e o documento original, a parte sujeitar-se-á às sanções da litigância de má-fé (Lei 9.800/99, art. 4º e CPC, arts. 79 a 81), quando se puder deduzir que a fraude resultou não de problemas ordinários de transmissão, mas da alteração ou do suprimento de seu conteúdo pelo próprio litigante[91].

Portanto, há de ser aplicada a mesma interpretação dada aos arts. 425 e 411 do NCPC, *exigindo-se prova da autenticidade do documento somente quando surge a controvérsia* (CPC, arts. 409 e 411, inc. III). Pelo art. 374, inc. III, do CPC, presume-se a autenticidade do documento particular, *pelo silêncio* do adversário daquele que houver trazido aos autos.

O telegrama ou o radiograma presumem-se conforme o original, além de fazer prova da data da expedição e do recebimento do destinatário (CPC, art. 414).

7.3.6.3. *Cartas e registros domésticos*

As cartas e os registros *domésticos* provam contra quem os escreveu, quando (CPC, art. 415): a) enunciam o recebimento de um crédito; b) contém anotação que visa suprir a falta de um título, em favor de quem é apontado como credor; c) expressam conhecimento de fatos para os quais não se exige prova especial determinada.

Esse art. 415 do CPC segue a regra de que os documentos particulares fazem prova contra quem os produziu. A questão é apurar a autoria desses documentos domésticos. Evidenciada a autoria desses documentos, as informações neles constantes presumem-se verdadeiras contra o seu autor.

Seguindo essa lógica, se o credor anotar, em qualquer parte do documento representativo de crédito, qualquer observação, ainda que não assinada, isso faz prova em benefício do devedor ou de terceiros, independentemente de quem esteja com o documento (CPC, art. 416).

Porém, se o credor, no documento representativo de crédito, ou aquele a quem se atribui a escrita, nas cartas e nos registros domésticos, negarem a autoria, caberá ao juiz determinar a realização de prova pericial para verificar a autenticidade documental.

---

91. STJ, REsp 856.918/MG, Rel. Min. Castro Meira, 2ª T., j. 15.04.2008, *DJe* 30.04.2008; AgRg no REsp 521.693/SP, Rel. Min. Teori Albino Zavascki, 1ª T., j. 02.03.2004, *DJ* 22.03.2004, p. 224.

7.3.6.4. Livros comerciais

Em relação às anotações firmadas em livros comerciais, há previsões normativas tanto no CC (art. 226) quanto no CPC (arts. 418 a 421).

O art. 226 do CC dispõe que "os livros e fichas dos empresários e sociedades provam contra as pessoas a que pertencem, e, em seu favor, quando, escriturados sem vício extrínseco ou intrínseco, forem confirmados por outros subsídios".

De acordo com os arts. 417 e 418 do CPC, os livros comerciais fazem prova contra o seu autor e, se presentes os requisitos legais de escrituração, demonstram também em favor do autor, no caso de litígios entre empresários. Porém, admite-se prova de que os lançamentos não correspondem à verdade dos fatos.

Por mais que o CPC não esclareça quais as modalidades de livro comercial a que se refere, deve-se, até mesmo devido à maneira como é realizada a atividade empresarial no Brasil, aceitar qualquer espécie de "livro", seja ele obrigatório ou não, equivalendo-se aos registros domésticos, pois neles consta toda movimentação da empresa, sendo, por vezes, mais leal à realidade do que os livros obrigatórios.

Em contrapartida, devido ao fato desses livros serem produzidos unilateralmente, não poderão ser utilizados como fonte segura de prova. Afinal, podem ser lançadas anotações inverídicas pela parte, e por essa razão é que a presunção (relativa) de veracidade somente existe quando essas informações forem prejudiciais ao dono do livro. Em relação às informações favoráveis ao empresário, somente serão consideradas como meio de prova se outros elementos constantes nos autos corroborarem tais anotações.

Pode-se discutir se as anotações nos livros comerciais são uma forma de confissão ou testemunho da parte. A rigor, não se pode dizer que há confissão. Isso porque tais anotações não possuem um destinatário específico. Logo, pode-se afirmar que se trata de um testemunho da verdade, de maneira relativa, somente quando as anotações forem desfavoráveis ao comerciante.

A presunção da realidade das anotações lançadas no livro pode ser classificada como *quase plena*, porque foram escritas pelo próprio empresário. Para tal presunção ser elidida, é necessário obter prova capaz de desconstituir o valor da lei[92].

A escrituração contábil, da mesma forma que a confissão (CPC, art. 395), é *indivisível*. Se dos fatos que resultam dos lançamentos, uns são favoráveis ao interesse de seu autor e outros lhe são contrários, ambos serão considerados em conjunto, como unidade (CPC, art. 419).

Consequentemente, o empresário não pode apresentar as anotações em juízo e pleitear que sejam analisadas apenas as partes que lhe favorece. Assim sendo, é impossível a parte pretender se beneficiar de algumas anotações e requerer o esquecimento de outras.

---

92. MARINONI, Luiz Guilherme; ARENHART, Sérgio Cruz. *Prova* cit., p. 613.

Da mesma maneira, não poderá o adquirente incorporador ou sucessor da empresa requerer a utilização apenas de parte das anotações contida nos livros do comerciante sucedido que lhe sejam benéficas. Isso porque a responsabilidade quanto ao conteúdo dos livros não fica restrita apenas ao empresário que fez as anotações. Dessa maneira, a presunção não altera a sua natureza pela simples alteração dos titulares da empresa, pela aquisição dela por outras pessoas, pela sua incorporação a outra empresa etc.[93].

No que tange à divisibilidade das informações dos livros e dos documentos, o art. 421 do CPC autoriza o magistrado a exigir a exibição parcial das anotações das informações que forem indispensáveis ao litígio.

Já a exibição total dos livros, prevista pelo art. 420, pode ser realizada quando ocorrer a liquidação da sociedade, em caso de sucessão por morte de sócio, ou quando e como a lei determinar (CPC, art. 420, incs. I a III).

A exibição integral do livro é a exceção, devido ao fato da lei afirmar quais as situações em que se exige tal medida, ou seja, liquidação, sucessão ou quando a parte requerente demonstrar a imprescindível necessidade da disposição total do livro.

Já em relação à exibição parcial, que é a regra, não há limitações, devendo apenas a parte fundamentar o anseio da exposição do ponto específico do livro ou do documento. Cabe à parte interessada justificar a exibição nos limites da sua pretensão ou da necessidade de se juntar tais documentos aos autos. Ainda, pode o juiz de ofício, por decisão fundamentada, determinar a exibição, desde que seja útil para solucionar ponto controvertido do litígio (CPC, art. 370).

7.3.6.5. *Documentos fotográficos, cinematográficos, fonográficos ou de outra espécie*

Quaisquer reproduções mecânicas, como as fotográficas, cinematográficas, fonográficas ou de outra espécie, servem para se provar os fatos ou as coisas representadas, se a conformidade com o documento original não foi impugnada por aquele contra quem o produziu (CPC, art. 422). Se for impugnada a autenticidade da reprodução mecânica, o juiz pode determinar a realização de exame pericial.

Por exemplo, a infração de trânsito pode ser comprovada, conforme o art. 280, § 2º, do CTB, por declaração da autoridade ou do agente da autoridade de trânsito, por *aparelho eletrônico ou por equipamento audiovisual* (conhecidos pela denominação de "pardais"), reações químicas ou qualquer outro meio tecnologicamente disponível, previamente regulamentado pelo CONTRAN. A fotografia serve, pois, de base para a lavratura do auto de infração e posterior aplicação da sanção administrativa.

---

93. Ibidem, p. 614.

Caso não seja impugnada, servirá para comprovar o ato ilícito. Porém, em havendo impugnação, deve o impugnante assumir o ônus da não ocorrência da infração de trânsito ou de eventuais causas que possam vir a isentar a aplicação da penalidade[94].

Para a impugnação da fotografia publicada em jornal ou revista, exige-se a respectiva exibição de um exemplar original do periódico (CPC, art. 422, § 2º).

As fotografias digitais e as extraídas da rede mundial de computadores (internet) fazem prova das imagens que reproduzem. Porém, se impugnadas, a parte que as juntou nos autos deve apresentar a respectiva autenticação eletrônica. Não sendo isso possível, o juiz pode determinar, na medida do possível (*v.g.*, cartão de memória fotográfica), a realização de perícia (CPC, art. 422, § 1º).

Quando a fotografia digital é apagada após a sua impressão, pode-se buscar captá-la diretamente da rede mundial de computadores, utilizando-se a pesquisa em sites de busca. Sendo impossível de proceder-se à identificação de sua autoria, bem como sua posterior localização original, há de se admitir todo meio de prova válido para se demonstrar a sua autenticidade (CPC, art. 369), sujeitando-se ao contraditório e à apreciação judicial motivada (CPC, art. 371).

Ademais, tem sido prática crescente e recorrente a utilização de capturas de tela (*printscreen*), fotos, filmes, comentários postados nas redes sociais e mensagens de texto de aplicativos para celular (*v.g.* WhatsApp)[95] como início de prova em processos judiciais, encontrando amplo respaldo de legalidade pelo Poder Judiciário[96].

Por exemplo, no âmbito de uma ação de alimentos, quando um ex-marido promove a juntada de fotografia de viagem internacional realizada pela ex-mulher e extraída do Facebook para se comprovar o estilo de vida glamouroso, faz prova contundente para que se diminua a pensão alimentícia. Ou, também, em processo em que se pede os benefícios da justiça gratuita, quando as fotos postadas nas redes sociais evidenciam os bens e as viagens ao exterior realizadas pelo requerente, igualmente o juízo tenderá ao não deferimento de tal pedido pela descoberta. Do mesmo modo, a juntada de fotos da rede social, que demonstram que alguém está namorando outrem, constituem-se em prova significativa para se descaracterizar a existência de união estável.

No entanto, é possível discutir a autenticidade das imagens e das informações contidas nas redes sociais. Por isso, é recomendável que se lavre ata notarial (CPC, art. 384), a fim de que o tabelião possa acessar a página e descrever o seu conteúdo, além da data e o horário de acesso, evitando-se que o elemento probatório seja adulterado ou apagado.

---

94. STJ, REsp 880.549/DF, Rel. Min. Eliana Calmon, 1ª T., j. 21.10.2008, *DJe* 18.11.2008.
95. Nesse sentido, afirma o Enunciado 636 do FPPC: "As conversas registradas por aplicativos de mensagens instantâneas e redes sociais podem ser admitidas no processo como prova, independentemente de ata notarial".
96. "Por se encontrar em situação similar às conversas mantidas por e-mail, cujo acesso é exigido prévia ordem judicial, a obtenção de conversas mantidas pelo programa Whatsapp, sem a devida autorização judicial, revela-se ilegal" (STJ, HC 315.220/RS, Rel. Min. Maria Thereza de Assis Moura, 6ª T., j. 15.09.2015, *DJe* 09.10.2015).

Com efeito, as fotografias ou os vídeos, como qualquer outra reprodução mecânica, somente terão força probatória e se tornarão relevantes na valoração judicial da prova se for possível inferir – pelo contexto dos fatos controvertidos, argumentos debatidos e meios de prova juntados no processo – que o *factum probandum* existiu ou produziu os efeitos desejados pela parte, isto é, que o fato constitutivo, extintivo, impeditivo ou modificativo do direito alegado está realmente representado na foto, vídeo ou qualquer outro mecanismo capaz de produzir imagens, movimentos ou sons apresentado nos autos[97].

7.3.6.6. Documentos eletrônicos

7.3.6.6.1. Regulamentação

Os documentos *eletrônicos* estão previstos no art. 225 do CC e também nos arts. 439 a 441 do CPC. Não se diferenciam, ontologicamente, da noção tradicional de documentos.

A utilização do documento eletrônico no processo convencional depende de sua conversão à forma impressa e da ulterior verificação da sua autenticidade na forma da lei (CPC, art. 439). O art. 441 do CPC acrescenta que os documentos eletrônicos serão admitidos, produzidos e conservados com observância da legislação específica.

Os documentos eletrônicos foram disciplinados, especificamente, pelo art. 11 da Lei 11.419/2006. Conforme o disposto no *caput,* tais documentos, quando produzidos eletronicamente e juntados aos processos eletrônicos com garantia de sua origem e de seu signatário, são considerados originais para todos os efeitos legais.

Assim, cumpre-se destacar cinco pontos que ajudarão a elucidar as consequências práticas na atividade forense:

1. Os extratos digitais e os documentos digitalizados, juntados aos autos pelos órgãos da Justiça e seus auxiliares, pelo Ministério Público e seus auxiliares, pelas procuradorias, pelas autoridades policiais, pelas repartições públicas em geral e por advogados públicos e privados *têm a mesma força probante dos originais*, ressalvada a alegação motivada e fundamentada de adulteração antes ou durante o processo de digitalização (Lei 11.149/2006, art. 11, § 1º);

2. A arguição de falsidade do documento original será processada eletronicamente na forma da lei processual em vigor (Lei 11.149/2006, art. 11, § 2º e CPC, arts. 430 a 433);

3. Os originais dos documentos digitalizados devem ser preservados pelo seu detentor até o trânsito em julgado da sentença ou, quando admitida, até o final do prazo para interposição de ação rescisória (Lei 11.149/2006, art. 11, § 3º);

4. Os documentos cuja digitalização seja tecnicamente inviável devido ao grande volume ou por motivo de ilegibilidade devem ser apresentados ao cartório ou secretaria

---

97. BONORINO, Pablo. ¿Existen los argumentos visuales? Sobre el uso de fotografías en la argumentación jurídica. *Doxa. Cuadernos de Filosofía del Derecho*, n. 47, 2023, p. 70.

no prazo de dez dias contados do envio de petição eletrônica comunicando o fato, os quais serão devolvidos à parte após o trânsito em julgado (Lei 11.149/2006, art. 11, § 5º);

5. Os documentos digitalizados juntados em processo eletrônico somente estarão disponíveis para acesso por meio da rede externa para suas respectivas partes processuais e para o Ministério Público, respeitado o disposto em lei para as situações de sigilo e de segredo de justiça (Lei 11.149/2006, art. 11, § 6º).

Ressalte-se que o § 4º do supramencionado artigo foi vetado, constando nele a seguinte redação:

> "O disposto no § 3º deste artigo não se aplica aos processos criminais e infracionais". A justificativa do veto foi plausível (e lógica), pelo fato de que "não parece razoável que documentos extraídos de processos penais possam ser destruídos tão logo digitalizados. O correto seria, muito pelo contrário, estabelecer que documentos de processos penais sejam preservados por prazo indeterminado.

Por fim, o juiz deve apreciar o valor probante do documento eletrônico não convertido, assegurando-se às partes o acesso ao seu teor (CPC, art. 440).

7.3.6.6.2. Representação magnética

A diferença reside apenas no *meio real* ou *físico* utilizado, não mais representado pelo papel e sim por disquetes, disco rígido, fitas, discos magnéticos etc.

O documento informático é o arquivo eletrônico portador de símbolos capazes tanto de transmitir ideias quanto de se demonstrar a ocorrência temporal e espacial dos fatos, cujo armazenamento pode ser realizado no disco rígido do computador e/ou ser passado para um *pen drive* ou *CD-ROM*, bem como transmitido telematicamente (compreende-se por *telemática* o resultado da fusão dos termos telecomunicação e informática, *v.g. e-mail e mensagens de texto por celulares e/ou dispositivos móveis*).

O *suporte* onde se materializa o documento eletrônico não é o papel, logo, sua representação não é gráfica, mas *magnética*. Por isso, o documento eletrônico permitiu o tratamento digital da informação, ocorrendo a *desmaterialização do documento* (*v.g.*, o documento não é o *CD-ROM*, mas as informações nele contidas)[98].

O documento eletrônico não se resume a escritos, podendo ser desenhos, fotografias digitalizadas, sons, vídeos ou imagens em geral. Em suma: todo símbolo capaz de transmitir ideias e representar fatos pode ser incluído na noção de documento eletrônico.

A mensagem eletrônica impressa, quando impugnada, se submete às mesmas regras de qualquer reprodução mecânica juntada aos autos. Isto é, seu conteúdo presume-se verdadeiro se não for objeto de impugnação. E, caso isso aconteça, as informações contidas no documento podem ser objeto de prova por todos os meios legais disponíveis (CPC, arts. 369 e 421, § 3º).

---

98. CABRAL, Antonio do Passo. A eficácia probatória das mensagens eletrônicas. *Revista de Processo*. v. 135, maio 2006. p. 120.

7.3.6.6.3. *Original e cópia dos documentos eletrônicos*

Questão interessante versa sobre os originais e as cópias dos documentos eletrônicos.

O *original* é aquele que foi materializado em algo tangível e constitui em um objeto único (*v.g.*, um *pen drive*, um *CD-ROM* etc.).

Quando está armazenado no disco rígido do computador, sendo caracterizado como uma mera sequência de *bits,* não há um original[99].

O documento eletrônico pode ser copiado quando é impresso ou gravável. Por outro lado, quando o documento foi introduzido no disco rígido de um computador, por meio de um *scanner*, aquilo que foi reproduzido para o computador considera-se como cópia.

Igualmente deve ser abalizada como cópia aquele documento eletrônico resultante da digitalização (escaneamento) de um documento físico, bem como aquele que for fruto de materialização física (*v.g.*, impressão) de um documento eletrônico no original.

O art. 425 do CPC afirma que fazem a mesma prova que os originais: a) os extratos digitais de bancos de dados públicos e privados, desde que atestado pelo seu emitente, sob as penas da lei, que as informações conferem com o que consta na origem (inc. V); b) as reproduções digitalizadas de qualquer documento público ou particular, quando juntadas aos autos pelos órgãos da justiça e seus auxiliares, pelo Ministério Público e seus auxiliares, pela Defensoria Pública e seus auxiliares, pelas procuradorias, pelas repartições públicas em geral e por advogados, ressalvada a alegação motivada e fundamentada de adulteração (inc. VI).

À cópia não autenticada deve ser atribuído o mesmo valor probante do original, desde que a parte contraria a quem o produziu (o documento) não se insurgir contra ele.

O STJ já decidiu que a cópia ou a retirada da decisão impugnada que não conheceu do recurso especial, oriunda do site do Tribunal de Justiça para fins de formar o agravo de instrumento (CPC, art. 1.017, inc. I), deve ser considerada como autêntica. No REsp 1.073.015/RS[100], o STJ dispensou a certificação das peças utilizadas na formação do agravo de instrumento, pelo Tribunal de origem, porque o documento fotocopiado estampava o logotipo virtual do Tribunal de Justiça, a sua inscrição, as páginas numeradas, a marca do seu *copyright*, e, abaixo das informações processuais, havia a identificação do endereço do correio eletrônico do referido Tribunal.

Entretanto, problema que fatalmente recai sobre os documentos eletrônicos é a sua *autenticidade* e a sua *integridade*. Para que seja aceito como prova, será necessário

---

99. MARCACINI, Augusto Tavares Rosa. *Direito e informática*: uma abordagem jurídica sobre criptografia. Rio de Janeiro: Forense, 2002. p. 68.

100. Rel. Min. Nancy Andrighi, j. 21.10.2008.

que esteja assinado mediante sistema de *criptografia assimétrica* ou de chave pública. Trata-se de método capaz de assegurar a confiabilidade do documento eletrônico.

Com efeito, a confiabilidade do documento eletrônico está ligada a dois requisitos: a) a *impossibilidade de adulteração* (certeza de sua não modificação); b) a *identificação do emitente (autor) do documento*[101].

Interessante notar que não se está diante de uma assinatura manuscrita (de próprio punho), mas de um *novo conceito* de assinatura que seja um conjunto de sinais identificáveis, que garantirão a idoneidade e a exclusividade de uma dada pessoa.

Os códigos escritos vêm, gradativamente, sendo substituídos pela *biometria*, ciência que se propõe a identificar os seres humanos pelas partes de seu corpo. As diversas tecnologias permitem a identificação do autor do documento eletrônico por várias maneiras diferentes, como pela leitura da impressão digital, de sinais específicos contidos na íris humana, pelo reconhecimento de voz, por senhas, mediante assinatura manuscrita captada por leitor ótico, por cartões magnéticos etc.[102]. O maior exemplo na seara jurídica é a utilização, pela Justiça Eleitoral, da biometria das digitais para o cadastramento dos eleitores.

A mais completa autenticidade se dá pela análise da retina, que é formada por uma complexa rede de minúsculos vasos sanguíneos, inalterável mesmo por doenças graves e que formam um padrão único para cada ser humano; nem gêmeos idênticos conseguiriam burlar esse mecanismo[103].

Os dados físicos do indivíduo são transformados em operações matemáticas e armazenadas no aparelho receptador; para não serem alteradas, dependem de método de *criptografia* auxiliar.

A Lei 12.682/2012 regulamentou a digitalização, o armazenamento em meio eletrônico, óptico ou equivalente e a reprodução de documentos públicos e privados. Pelo art. 3º, o processo de digitalização deverá ser realizado de forma a manter a integridade, a autenticidade e, se necessário, a confidencialidade do documento digital, com o emprego de certificado digital emitido no âmbito da Infraestrutura de Chaves Públicas Brasileira – ICP – Brasil. Além disso, os meios de armazenamento dos documentos digitais deverão protegê-los de acesso, uso, alteração, reprodução e destruição não autorizados. Vale destacar, ainda, que o art. 4º da Lei 12.682/2012 prevê que as empresas privadas ou os órgãos da Administração Pública direta ou indireta que utilizarem procedimentos de armazenamento de documentos em meio eletrônico, óptico ou equivalente deverão adotar sistema de indexação que possibilite a sua precisa localização, permitindo a posterior conferência da regularidade das etapas do processo adotado.

---

101. MARTINS, Guilherme Magalhães. Contratos eletrônicos via internet: problemas relativos à sua formação e execução. *Revista dos Tribunais*, v. 776, jun. 2000. p. 101.
102. VOLPI NETO, Angelo. *Comércio eletrônico*: direito e segurança. Curitiba: Juruá, 2001. p. 52.
103. CABRAL, Antonio do Passo. *A eficácia probatória das mensagens eletrônicas* cit., p. 113.

7.3.6.6.4. *Assinatura eletrônica e certificação digital*

A *assinatura eletrônica* é a denominação geral para as diferentes formas de *autoria* de um documento eletrônico. É, basicamente, um código que identifica o remetente e pode ser anexado a uma mensagem transmitida eletronicamente.

Do mesmo modo que uma assinatura manual aposta em um documento, não se torna, *per se*, apta a comprovar a autenticidade; a assinatura digital também precisa ser *autentificada* por uma entidade, denominada autoridade certificadora, que é uma espécie de cartório virtual[104].

A autoridade certificadora se vale do *método criptográfico* para produzir duas chaves: uma privada, entregue ao tomador do serviço, e outra pública, que fica no site da empresa certificadora, disponível para qualquer interessado que queira verificar a autenticidade do documento. Além da assinatura, as entidades certificadoras também podem autenticar a data e a hora da mensagem enviada.

Quem envia uma mensagem pode apor sua assinatura digital no documento, devendo o destinatário, se desejar, para ter certeza da sua autenticidade, compará-la à chave pública em poder da autoridade certificadora.

Logo, esse cartório virtual é apenas um terceiro na cadeia comunicativa, com a *função de administrar e de publicar* as chaves públicas, além de emitir certificados, os quais permitem verificar a identidade de uma pessoa, inclusive no plano da capacidade civil e da sua qualificação profissional[105].

O documento informático sem assinatura pode adquirir valor probatório somente se no processo for instaurado o contraditório. Não é idônea a sua utilização nos processos em que o contraditório é diferido (*v.g.*, no processo monitório)[106].

Por sua vez, o documento informático com assinatura eletrônica possui valor probatório em si mesmo, podendo ser valorado nos termos da regra do art. 371 do CPC.

As declarações de vontade (*v.g.*, compra de objeto, pela internet, com cartão de crédito), constantes no documento informático assinado eletronicamente, presumem--se verdadeiras em relação ao signatário (CPC, art. 408, *caput*). No entanto, possuindo declaração de ciência, prova a declaração, mas não o fato declarado, cabendo ao interessado o ônus de provar a sua veracidade (CPC, art. 408, parágrafo único).

Dentre as espécies de assinaturas eletrônicas, destaca-se a *assinatura digital* (criptografia assimétrica). Essa assinatura deve vir na modalidade de firma digital, que corresponde a um conjunto de caracteres alfanuméricos resultante de complexas opera-ções matemáticas de criptografia efetuadas por um computador sobre um documento eletrônico (*v.g.*, um texto, uma imagem, um som ou qualquer outro arquivo digital).

---

104. CABRAL, Antonio do Passo. *A eficácia probatória das mensagens eletrônicas* cit., p. 113.
105. Idem.
106. VERDE, Giovanni. Prove nuove. *Rivista di Diritto Processuale*, jan.-mar. 2006. p. 42.

Esclareça-se que a *criptografia* é a ciência da codificação e da decodificação. A palavra deriva do grego e significa *escrita oculta*. Consiste em uma ciência de escrever em cifras ou em códigos. Baseia-se em um conjunto de símbolos, cujo significado é conhecido de poucos. Permite-se, dessa maneira, a criação de textos dados como incompreensíveis aos que não saibam o padrão de conversão necessário para a sua leitura[107]. Assim, somente quem conhece o código pode ler a mensagem, evitando-se que terceiros a captem indevidamente, ficando protegida.

Na terminologia criptográfica, a mensagem apresenta dois estados distintos: o texto em vernáculo e o texto criptografado, formado por caracteres que não correspondam a um idioma (*v.g.*, a palavra criptografia seria assim transformada: "*#$%*(98er*")[108]. Vale dizer, em tais procedimentos são usados, em geral, algoritmos, ou seja, complexas operações matemáticas, capazes de criar códigos e os utilizar para a criptografia. Tais códigos matemáticos complexos são denominados de chaves.

Esse processo técnico, chamado de criptografia, pode ser de dois modos: I) *criptografia simétrica*, também chamada de criptografia de chave privada: há uma única senha que embaralha e desembaralha o conteúdo do documento; II) *criptografia assimétrica*: há duas chaves, uma privada e outra pública: tem-se uma senha para codificar o conteúdo do documento e outra, que lhe é complementar, para decodificá-lo.

Essa última técnica é a mais usada para os casos em que o documento eletrônico circula pela internet. Ela evita que um terceiro leia a mensagem, valendo-se da chave pública do emitente, o que não protege a integridade do documento, apenas assegura que ele provém do emitente. Na criptografia assimétrica, o destinatário primeiro usa a sua chave privada para assegurar a integridade da mensagem. Após assegurar-se de que o emitente lhe mandou uma mensagem criptografada, deve se valer da chave pública para decifrar a mensagem, transformando o texto ilegível em linguagem novamente[109].

O emitente do documento a remete, por intermédio de uma "chave" privada, que funciona como uma senha pessoal sigilosa (logo, tal senha não pode ser falsificada e somente é conhecida pelo seu detentor e por aqueles a quem ele revelar). O destinatário pode ler ou visualizar a mensagem mediante uma "chave pública", distribuída a quem o autor da mensagem quiser, cuja função é permitir a recomposição da estrutura do documento ou da mensagem.

No meio dessas transações, há autoridades certificadoras que funcionariam como uma espécie de "cartórios digitais", responsáveis pela emissão de certificados, quanto à identidade digital, atestando a autenticidade da "chave pública".

---

107. DINIZ, Davi Monteiro. Documentos eletrônicos, assinaturas digitais: um estudo sobre a qualificação dos arquivos digitais como documentos. *Revista de Direito Privado*, v. 6, jan.-jun. 2001. p. 64.
108. CABRAL, Antonio do Passo. *A eficácia probatória das mensagens eletrônicas* cit., p. 109.
109. CABRAL, Antonio do Passo. *A eficácia probatória das mensagens eletrônicas* cit., p. 110-111.

Portanto, a assinatura digital é o resultado de uma operação matemática, que não se assemelha à assinatura manuscrita, em que se usam *algoritmos* de criptografia assimétrica.

Porém, a assinatura digital não se destina à confirmação da identidade do autor. Permite, apenas, assegurar a integridade de todas as informações constantes do documento, além da presunção de quem é o seu autor. Tal presunção somente será confirmada pela *certificação digital,* porque é por intermédio dela que se possibilita assegurar que quem criptografou e assinou o documento eletrônico é mesmo o titular do par de chaves, e não um terceiro se fazendo passar por ele.

Dessa maneira, os certificados eletrônicos se assemelham ao *reconhecimento de firmas* e à *autenticação das cópias.*

Esses certificados são conferidos pelas denominadas *autoridades certificadoras* e funcionam como um terceiro imparcial e aceito como confiável por quem pretende utilizar-se do serviço. Cabe a elas administrar e dar publicidade às chaves públicas, além de emitir certificados que permitam a verificação da identidade de uma pessoa, inclusive sob o aspecto da capacidade civil e da qualificação profissional.

A certeza da identidade do titular da chave pública que se pretende certificar *não prescinde de sua presença física.* É por isso que os serviços prestados por entidades certificadas privadas são de caráter empresarial, essencialmente privados. Não se confundem, em seus efeitos, com a atividade de certificação eletrônica por tabelião (que, pelo art. 411, inc. I, do CPC, reputa autêntico o documento, quando o tabelião reconhecer a firma do signatário, declarando que foi aposta em sua presença).

Pela Medida Provisória 2.200-2, de 24.08.2001, que institui a Infraestrutura de Chaves Pública Brasileira (ICP-Brasil), não se estabeleceu qualquer diferença entre os certificados emitidos por entidades privadas e públicas, valendo todos os certificados fornecidos por empresas reconhecidas pela ICP-Brasil.

7.3.6.6.5. *Demonstração efetiva do envio e do recebimento de mensagem eletrônica*

A prova documental pode não ser suficiente para a demonstração do efetivo envio ou recebimento de determinada mensagem eletrônica[110].

Nesse caso, a *prova pericial informática*, no servidor ou no provedor, se destina à verificação de envio ou recebimento de mensagem eletrônica.

Possibilita-se a constatação de conexão entre os usuários envolvidos, por meio do arquivo *log* (cuja função é a memorização de informações de serviço, para melhor

---

110. QUEIJO, Maria Elizabeth. Mensagem eletrônica: meio de prova apto à demonstração de seu envio, recebimento, conteúdo e autoria. *Processo e Constituição*: estudos em homenagem ao Professor José Carlos Barbosa Moreira. São Paulo: RT, 2006. p. 961-962.

desenvolvimento da atividade da rede e também para se viabilizar a gestão do sistema, por meio de vestígios das operações efetuadas). Dessa forma, é possível identificar o usuário por nome, o endereço IP e o número de porta, que permite precisar o serviço que foi utilizado e o seu endereço IP[111].

O STJ, em caso de envio de mensagens anônimas pela rede mundial de computadores, com o intuito de se difamar alguém, considerou que a quebra do sigilo cadastral de provedor de internet somente é possível com autorização judicial[112]. A vítima das ofensas ingressou com ação cautelar de exibição de documentos, requerendo que o provedor da internet informasse os dados pertinentes ao emitente e quanto ao local de envio das mensagens. O STJ entendeu que nenhum remetente anônimo pode se valer da internet para ofender ou denegrir a imagem e a reputação de outrem. A inviolabilidade do sigilo de dados, caso não fosse admitida, permitiria que alguém ofendesse sem ser descoberto, desprezando-se a existência de meios que possibilitam rastrear e, portanto, localizar o autor das ofensas.

Por meio dos endereços IP (*Internet Protocols*), é possível se identificar cada computador ou dispositivo capaz de acessar a rede, porque cada um deve ter um endereço de IP diferente e todos devem estar na mesma faixa. O endereço de IP é dividido em duas partes: a) a primeira identifica a rede na qual o computador está conectado; b) a segunda, o computador dentro da rede. Assim, todos os endereços válidos de IP, na internet, possuem dono.

Quando alguém se conecta à internet, recebe apenas um endereço IP válido, emprestado pelo provedor de acesso. Por intermédio desse número é que os outros computadores ligados à internet podem enviar informações e arquivos.

No REsp 1.068.904/RS, o STJ concluiu que, na ação cautelar de exibição de documentos, a provedora da internet não poderia fornecer os dados sem autorização judicial[113].

O art. 10, § 1º, da Lei 12.965/2014 (Lei do Marco Civil da Internet) estabelece que o provedor responsável pela guarda somente será obrigado a disponibilizar dados pessoais e do conteúdo de comunicações privadas ou outras informações que possam contribuir para a identificação do usuário ou do terminal mediante ordem judicial. Isso não impede o acesso aos dados cadastrais sobre a qualificação pessoal, filiação e endereço, na forma da lei, pelas autoridades administrativas que detenham competência legal para a sua requisição (art. 10, § 3º).

Entretanto, mesmo a prova pericial informática, no atual estado da arte, não nos fornece critérios seguros quanto à autenticidade (certeza da autoria) do conteúdo da mensagem eletrônica. Isso porque, ainda que devidamente identificado o usuário no servidor, que teria enviado determinado e-mail, por exemplo, não se exclui a possibili-

---

111. Ibidem, p. 962.
112. REsp 1.068.904/RS, Rel. Min. Massami Uyeda, 3ª T., j. 07.12.2010, *DJe* 30.03.2011.
113. REsp 1.068.904/RS, Rel. Min. Massami Uyeda, 3ª T., j. 07.12.2010, *DJe* 30.03.2011.

dade de outra pessoa ter-se utilizado daqueles dados de usuário (*login* e senha) e de sua máquina (computador) para se remeter mensagem eletrônica a terceiro, cujo registro está em nome daquele[114].

7.3.7. Produção da prova documental

No CPC, ao se realizar uma análise perfunctória dos dispositivos pertinentes às regras que tratam sobre a produção da prova documental, percebe-se que há uma aparente contradição.

De um lado, encontram-se o art. 320 do CPC, que afirma que o autor deve juntar, na petição inicial, os *documentos indispensáveis* à propositura da demanda, e o art. 434 do CPC, estabelecendo que as partes devem anexar, na petição inicial ou na contestação, os documentos destinados a provar suas alegações.

Ademais, o art. 435 do CPC declara que é lícito às partes, em qualquer tempo, juntar aos autos *documentos novos*, quando destinados a fazer prova de fatos supervenientes, ocorridos depois dos articulados (após a fase postulatória) ou para contrapô-los àqueles produzidos nos autos (CPC, arts. 342 e 493). Nesse caso, os documentos já existiam, mas ainda não haviam sido juntados, pois a parte não sabia que deles necessitava. Em sede de recurso de apelação, tal regra é, ainda, complementada pela do art. 1.014 do CPC, pela qual as *questões de fato* não propostas no juízo inferior poderão ser suscitadas na apelação se a parte provar que deixou de fazê-lo por motivo de força maior.

São documentos considerados *indispensáveis* os exigidos por lei, também denominados de *documentos substanciais* (*v.g.*, a escritura pública nos negócios jurídicos cujo valor é superior a trinta salários-mínimos; CC, art. 108) ou aqueles chamados de *documentos fundamentais* sem os quais inviabiliza-se a compreensão, pelo juiz, da causa de pedir ou, em sentido amplo, das condições da ação e dos pressupostos processuais (*v.g.*, em ação de reivindicatória de imóvel, é indispensável a prova do domínio; em ação de anulação de casamento e divórcio, a certidão de casamento e, se houver, o contrato antenupcial; em ação de nulidade contratual, o contrato)[115].

A não juntada do documento indispensável gera a incidência do art. 321 do CPC, dando-se oportunidade para o autor corrigir o defeito. Se o vício não for retificado no prazo de 15 dias, haverá a resolução do processo, sem julgamento do mérito, em razão do indeferimento da petição inicial (CPC, art. 485, inc. I).

São documentos considerados *indispensáveis* os exigidos por lei, também denominados de *documentos substanciais* (*v.g.*, a escritura pública nos negócios jurídicos cujo valor é superior a trinta salários-mínimos; CC, art. 108) ou aqueles sem os quais

---

114. QUEIJO, Maria Elizabeth. *Mensagem eletrônica*: meio de prova apto à demonstração de seu envio, recebimento, conteúdo e autoria cit., p. 962.
115. STJ, AgInt no REsp 1326393/ES, Rel. Min. Aussete Magalhães, 2ª T., j. 26.09.2017, *DJe* 04.10.2017; AgRg no REsp 1513217/CE, Rel. Min. Mauro Campbell Marques, 2ª T., j. 27.10.2015, *DJe* 05.11.2015.

inviabiliza-se a compreensão da causa de pedir, pelo juiz, chamados de *documentos fundamentais* (*v.g.*, em ação de reivindicatória de imóvel, é indispensável a prova do domínio; em ação de anulação de casamento e divórcio, a certidão de casamento e, se houver, o contrato antenupcial; em ação de nulidade contratual, o contrato)[116].

A não juntada do documento indispensável gera a incidência do art. 321 do CPC, dando-se oportunidade para o autor corrigir o defeito. Se o vício não for retificado no prazo de 15 dias, haverá a resolução do processo, sem julgamento do mérito, em razão do indeferimento da petição inicial (CPC, art. 485, inc. I).

O Código de Processo Civil de 2015 permite, expressamente, a juntada posterior de documentos formados após a petição inicial ou a contestação, bem como daqueles que se tornaram conhecidos, acessíveis ou disponíveis após a protocolização desses atos (CPC, art. 435, parágrafo único). Porém, cabe à parte que os produzir comprovar o motivo impeditivo que lhe impossibilitou de juntá-los anteriormente. Compete ao juiz avaliar a conduta da parte e, se verificada violação ao princípio da boa-fé em sentido objetivo (CPC, art. 5º), negar a produção da prova documental.

O princípio da boa-fé processual se destina a mitigar os efeitos do individualismo, para que as condutas dos sujeitos processuais se insiram no contexto processual contemporâneo. Isto é, o processo, disciplinado pelo Direito Público, é uma conquista civilizatória destinada à pacificação social, no qual tem como sustentáculos a valorização da argumentação e do diálogo jurídico, sendo pautado pela ética e pela razão.

Deve-se predominar a função instrumental do processo, para se admitir a juntada de documento novo, em caráter excepcional, mesmo em sede recursal, desde que respeitados os princípios da lealdade, da boa-fé e do contraditório. O juiz não deve permitir a juntada de documento novo quando houver *espírito de ocultação premeditada* e o *propósito de surpreender o juízo e a parte contrária*[117].

A juntada de documento novo, a qualquer tempo e fase recursal, mesmo antes da regra do art. 435, parágrafo único, do CPC já estava balizada pelo princípio da boa-fé objetiva. Por exemplo, o STJ, no REsp 1.121.031-MG[118], que versava sobre ação de alimentos decorrente de Direito de Família, não admitiu a juntada de documento novo na fase recursal, consistente na demissão de médico por justa causa, com o intuito de se reduzir o *quantum* da pensão alimentícia. Entendeu que, no caso, não estava presente o caráter excepcional da juntada do documento novo, afirmando que, como a decisão proferida em ação de alimentos não faz coisa julgada material, cabia ao alimentante ajuizar ação revisional de alimentos. Além disso, considerou que o recorrente (profissional liberal) possuía diversas fontes de renda informais, as quais não foram todas impugnadas, não devendo o caráter excepcional da juntada de documento novo, em

---

116. STJ, AgRg no REsp 1513217/CE, Rel. Min. Mauro Campbell Marques, 2ª T., j. 27.10.2015, *DJe* 05.11.2015.
117. STJ, REsp 431.716/PB, Rel. Min. Sálvio de Figueiredo Teixeira, 4ª T., j. 22.10.2002, *DJ* 19.12.2002, p. 370; REsp 1.121.031/MG, Rel. Min. Nancy Andrighi, 3ª T., j. 09.11.2010, *DJe* 22.11.2010.
118. Rel. Min. Nancy Andrighi, 3ª T., j. 09.11.2010, *DJe* 22.11.2010.

sede recursal, criar embaraços ao urgente atendimento das necessidades comprovadas dos credores de alimentos[119].

Por outro lado, mesmo antes da entrada em vigor do artigo 435, parágrafo único, do CPC, o STJ já admitia a juntada, posterior, de documentos novos, compreendendo-se como *novo* não somente o documento que antes não existia, mas também o documento obtido posteriormente ou todo aquele que não foi juntado anteriormente. Por exemplo, na Ação Rescisória 1.368/SP, o STJ admitiu, em ação previdenciária onde se pleiteava a extensão da qualidade especial do marido à autora, aposentadoria por idade de rurícola, a juntada, após a contestação, do demonstrativo de que o marido da autora era aposentado por invalidez na condição de rural. Considerou que não haveria violação ao art. 396 do CPC/73 (correspondente ao art. 434 do CPC), sob o argumento que desconsiderar a juntada de documentos feita após a contestação, dos quais foi dada vista ao INSS, seria fazer *tabula rasa* ao princípio do *pro misero* e das inúmeras dificuldades vividas por esses trabalhadores, as quais refletem na produção das provas apresentadas em juízo[120].

Acresce-se que, em sede de Tribunal, as questões de fato não propostas no juízo inferior poderão ser suscitadas na apelação, se a parte provar que deixou de fazê-lo por motivo de *força maior* (CPC, art. 1.014); vale dizer, não pode ter decorrido da *culpa* da parte ou do advogado da parte, por ser o *fato inevitável. Documentos antigos* que se referem a fatos ocorridos antes do ajuizamento da demanda judicial não podem ser juntados em sede recursal (exegese do art. 435 do CPC)[121].

Nesse sentido, o STJ não admitiu a juntada de documentos antigos (comprobatórios do pagamento do débito alimentar) para fins de desconto de imposto de renda. Isso porque o fato gerador do tributo cobrado ocorreu em período anterior ao ingresso da ação judicial, sendo de produção antiga e, portanto, não caracterizando motivo de força maior, em razão da posse nova do contribuinte[122].

Com a inclusão do documento aos autos, deve-se oportunizar o exercício do contraditório, a fim de que a parte contrária possa se manifestar sobre a juntada e o teor dos documentos[123], no prazo de 15 dias (CPC, art. 437, § 1º). Tal lapso temporal pode ser dilatado, inclusive de ofício pelo juiz, levando-se em consideração a quantidade e a complexidade da documentação (CPC, art. 437, § 2º).

Nesse sentido, o Enunciado 107 do FPPC assevera: "O juiz pode, de ofício, dilatar o prazo para a parte se manifestar sobre a prova documental produzida".

Porém, a dilatação dos prazos processuais pelo juiz, para se adequar as necessidades do conflito de modo a se conferir maior efetividade à tutela do direito, não pode ocorrer

---

119. STJ, REsp 1.121.031/MG, Rel. Min. Nancy Andrighi, 3ª T., j. 09.11.2010, *DJe* 22.11.2010.
120. STJ, AR 1.368/SP, Rel. Min. Maria Thereza de Assis Moura, 3ª Seção, j. 28.03.2008, *DJe* 29.04.2008.
121. STJ, REsp 1.262.132/SP, Rel. Min. Luis Felipe Salomão, 4ª T., j. 18.11.2014, *DJe* 03.02.2015.
122. STJ, REsp 1.444.929/SP, Rel. Min. Mauro Campbell Marques, 2ª T., j. 10.06.2014, *DJe* 17.06.2014.
123. STJ, REsp 1.176.440/RO, 1ª T., Rel. Min. Napoleão Nunes Maia Filho, j. 17.09.2013, *DJe* 04.10.2013.

após encerrado o prazo regular, não se prestando para se afastar a preclusão temporal já consumada (CPC, art. 139, inc. VI, e parágrafo único; Enunciado 129 do FPPC).

A parte, intimada a falar sobre o documento constante dos autos, pode (CPC, art. 436): a) questionar a admissibilidade da prova documental; b) impugnar sua autenticidade (CPC, arts. 411, 412, 425, inc. V, 428, inc. I, 429, inc. II, e 439); c) suscitar sua falsidade, com ou sem a deflagração do incidente de arguição de falsidade (CPC, arts. 430 a 433); d) se manifestar sobre seu conteúdo.

Nessa ocasião, a parte pode também juntar documentos novos para exercer o contraditório efetivo (CPC, art. 7º) e o direito constitucional à prova contrária.

Entretanto, há situações peculiares em que, por iniciativa do juiz ou a requerimento da parte (*v.g.*, na requisição do art. 438 do CPC; ou nas hipóteses dos arts. 160 do ECA e 74, inc. V, alíneas *b* e *c*, do Estatuto do Idoso; ou nas ações de produção antecipada de provas ou de exibição de documento ou de coisa), podem ser trazidos aos autos documentos em qualquer momento.

Por fim, se os autos estiverem nos tribunais e o relator constatar a ocorrência de fato superveniente à decisão recorrida e que deva ser considerado no julgamento do recurso, as partes devem ser intimadas para se manifestarem no prazo de 5 dias (CPC, art. 933). Contudo, a aplicação do art. 933 do CPC se sujeita aos mesmos critérios hermenêuticos da regra contida no art. 435 do CPC, isto é, é admissível a juntada de documentos novos na fase recursal, desde que não se trate de documento indispensável à propositura da ação, não exista má-fé na sua ocultação e seja observada a garantia do contraditório. Fundado nessa interpretação, o STJ considerou ter havido preclusão consumativa para negar a possibilidade da juntada da prova da condição de bem de família de imóvel penhorado, por considerar que tal fato já era conhecido da parte antes da propositura da ação e não foi alegado no curso regular do processo[124].

7.3.8. Obtenção de documentos

7.3.8.1. Modalidades

Os documentos, geralmente, ficam com as partes que os trazem aos autos, segundo a sua conveniência.

Quando as partes não têm o documento em seu poder, o CPC prevê dois meios para a sua obtenção: a) a *requisição*, a ser feita pelo juiz à repartição pública onde estiver o documento (CPC, art. 438); b) a *exibição de documento ou coisa* (CPC, arts. 369-404).

É possível distinguir os termos *requisição* de *exibição* pela qualidade do sujeito passivo da requisição, que são repartições públicas, pois o art. 438 do CPC não afirma,

---

124. STJ, REsp 1721700/SC, Rel. Min. Ricardo Villas Bôas Cueva, 3ª T., j. 08.05.2018, *DJe* 11.05.2018.

expressamente, que entidades privadas podem ser requisitadas e compelidas a trazer documentos[125].

Porém, a interpretação sistemática dos arts. 378 a 380 e 438 do CPC conduz a um *dever geral de exibição*[126], sendo admissível que, mesmo as entidades privadas (como instituições bancárias, concessionárias de serviços públicos e empresas de telefonia) estejam sujeitas à requisição dos documentos.

Do mesmo modo, leis específicas também preveem o dever geral de exibição de documentos ou coisas. Por exemplo: a) art. 26, incs. I, alínea *c*, e II, da Lei 8.625/93, permite-se ao Ministério Público *requisitar* informações e documentos de autoridades públicas ou *entidades privadas*, não se distinguindo o ente público do privado[127]; b) de igual modo, o art. 8º, § 1º, da Lei 7.347/85 afirma que o Ministério Público pode *requisitar*, de qualquer organismo público ou *particular*, certidões, informações, exames ou perícias, no prazo que assinalar, o qual não poderá ser inferior a dez dias úteis.

Outros dispositivos também contemplam, de modo amplo, o direito à requisição da prova documental. Por exemplo: a) arts. 6º, § 1º, da Lei 12.016/09 e 1º, §§ 4º a 7º, da Lei 4.717/65, os quais admitem que, estando o documento necessário à prova do alegado em repartição ou estabelecimento público ou em poder de autoridade que se recuse a fornecê-lo, o juiz ordenará, preliminarmente, por ofício, a exibição desse documento em original ou em cópia autenticada (não se pode, pois, considerar a petição inicial inepta quando o autor, não tendo juntado o documento com a inicial, tiver requerido a sua requisição judicial[128]); ainda, se a autoridade em questão for apontada como coatora, a ordem far-se-á no próprio instrumento da notificação; b) art. 16, § 2º, da Lei 8.429/92 (com a redação dada pela Lei 14.230/2021): ao tratar da repressão dos atos de improbidade administrativa, permite-se que se inclua ao pedido de indisponibilidade de bens, a investigação, o exame e o bloqueio de bens, contas bancárias e aplicações financeiras mantidas pelo indiciado no exterior, nos termos da lei e dos tratados internacionais.

Com efeito, o instituto da exibição de documento ou coisa evoluiu para permitir que o Judiciário imponha a exibição do documento ou da coisa sempre que necessário para o conhecimento dos fatos da causa, com o intuito de preservar a autoridade do Estado e do desenvolvimento adequado da atividade jurisdicional.

7.3.8.2. Requisição dos documentos

Cabe aos litigantes obter e juntar os documentos de seu interesse. Porém, pode o juiz requisitar às repartições públicas, em qualquer tempo ou grau de jurisdição, as

---

125. YARSHELL, Flávio Luiz. Exibição de documento ou coisa. In: MARINONI, Luiz Guilherme (Coord.). *Estudos de direito processual civil*. Homenagem ao professor Egas Dirceu Moniz de Aragão. São Paulo: RT, 2005. p. 344.

126. Esse dever geral de exibição, contudo, é mitigado pelas hipóteses de escusas justificadas, contidas no art. 404 do NCPC.

127. STJ, REsp 657.037/RJ, Rel. Min. Francisco Falcão, 1ª T. j. 02.12.2004 , *DJU* 28.03.2005, p. 214.

128. STJ, EDcl no REsp 439.180/SP, Rel. Min. Francisco Falcão, 1ª T., j. 15.02. 2005, *DJU* 14.03.2005, p. 197.

certidões necessárias à prova das alegações das partes e, quando for parte uma entidade estatal (União, Estados, Municípios ou entidades da administração indireta), os procedimentos administrativos (CPC, art. 438).

Porém, como afirmado no item acima, a requisição pode ser dirigida também a entes privados (*v.g.*, bancos, concessionárias de serviços públicos etc.).

Recebidos os autos, o juiz mandará extrair, no prazo máximo e improrrogável de 1 mês dias, *certidões ou reproduções fotográficas* das peças indicadas pelas partes ou de ofício; findo o prazo, devolverá os autos à repartição de origem (CPC, art. 438, § 1º).

As repartições públicas poderão fornecer *todos os documentos em meio eletrônico* conforme disposto em lei, certificando-se, pelo mesmo meio, que se trata de extrato fiel do que consta em seu banco de dados ou do documento digitalizado (CPC, art. 438, § 2º).

Tais providências podem ser tomadas, de ofício, pelo juiz, ou a requerimento do litigante interessado. Nessa hipótese, cabe à parte demonstrar que a interferência do juízo é imprescindível para a obtenção da prova (ou melhor, que sem essa intervenção restaria inviabilizada a obtenção do documento). Se comprovada razoavelmente tal necessidade, cabe ao juiz deferi-la, por se tratar de um corolário do *direito constitucional à prova*.

Ademais, esse direito à prova está ligado ao *direito à obtenção de certidões* (CF, art. 5º, inc. XXXIV, alínea *b*), pelo qual é assegurado a todos o direito "a obtenção de certidões em repartições públicas, para defesa de direitos e esclarecimento de situações de interesse pessoal".

Ainda, o art. 1º da Lei 9.051/95 afirma que "as certidões para defesa de direitos e esclarecimento de situações" devem ser expedidas pelas repartições públicas no prazo improrrogável de 15 dias, que se inicia com o registro do pedido no órgão expedidor.

Admite-se a aplicação do art. 438 do CPC, por exemplo, para fins de *localização de bens* do devedor, com o objetivo de se proceder à penhora. O juiz pode requisitar informações à Receita Federal do Brasil, Detran, Banco Central, companhias telefônicas etc., desde que, em princípio, as tentativas empregadas pelo credor tenham se mostrado infrutíferas[129].

Tal perspectiva foi consagrada e ampliada no art. 854 do CPC, ao se possibilitar a penhora *on-line* (BACENJUD), advinda de expediente largamente utilizado na Justiça do Trabalho, permitindo-se que o juiz, por intermédio de convênio com o Banco Central, mediante o cadastramento de senha, penhore montantes financeiros de contas bancárias do executado, a requerimento do exequente. O magistrado deve requisitar à autoridade supervisora do sistema bancário, preferencialmente por meio eletrônico, informações sobre a existência de ativos em nome do executado, podendo no mesmo ato determinar sua indisponibilidade, no limite do valor constante na execução. Acrescente-se que o art. 854 do CPC não exige que o requerente esgote todas as diligências para se encon-

---

129. STJ, REsp 1.025. 606/RS, Rel. Min. Eliana Calmon, 2ª T., j. 09.12.2008, *DJe* 27.02.2009.

trar bens do executado[130], mesmo porque a penhora deve recair, preferencialmente, seguindo a ordem de liquidez, em dinheiro, em espécie ou depósito, ou aplicação em instituição financeira, estando equivocada a exigência de esgotamento dos meios para a localização de outros bens passíveis de penhora[131].

Por outro lado, o art. 854 do CPC deve ser interpretado harmonizando-se com a exegese do art. 805 do CPC, permitindo a quebra do sigilo fiscal ou bancário, quando o exequente não sabe se o executado possui bens e o oficial de justiça certifica que não encontrou bens a serem penhorados.

Ademais, as informações limitar-se-ão à existência ou não de depósito ou aplicação até o valor indicado na execução (CPC, art. 854, § 1º). Por isso, tal requisição se destina, exclusivamente, à efetivação da decisão judicial, não havendo violação indevida à esfera privada do devedor, o qual não poderá alegar qualquer infringência ao seu *sigilo fiscal*.

Além disso, caso a certidão seja solicitada à Receita Federal, o órgão deve limitar-se a extrair cópia da declaração de *bens* e não da declaração de *rendimentos*, para que não haja prejuízo ao direito à intimidade e à vida privada do contribuinte.

Ainda, o CNJ lançou, em 26.08.2008, o sistema *on-line* de restrição judicial de veículos, denominado *RENAJUD*. Por esse sistema, o exequente pode solicitar informações acerca da existência de veículos de propriedade do executado, independentemente da comprovação do esgotamento das vias extrajudiciais para tal finalidade[132]. O RENAJUD permite aos juízes, em tempo real, consultar a base de dados sobre veículos e proprietários do Registro Nacional de Veículos (RENAVAM) e *inserir restrições judiciais* de transferência, de licenciamento e de circulação, além de se registrar penhora sobre os veículos, aumentando-se a efetividade e a celeridade da prestação jurisdicional.

Admite-se também a aplicação do art. 438 do CPC para fins de obtenção do *endereço* do devedor junto à Receita Federal, companhias de água e de energia elétrica, bancos, empresas de telefonia ou à Justiça Eleitoral. Nessas hipóteses, embora não haja problema de quebra do sigilo fiscal, ainda há polêmica na jurisprudência, considerando-se a posição contrária de que, em não se localizando o demandado, tal fato deve implicar a citação por edital[133].

Discute-se se o art. 438 do CPC pode ser aplicado a *entidades privadas*. Aqui, como acima mencionado, também há de ser possível fazer prevalecer o direito à prova em detrimento do sigilo fiscal. Afinal, o processo deve ser um mecanismo de efetivação dos direitos materiais, não se podendo premiar o devedor que, mesmo possuindo bens, não os nomeia à penhora, evitando, destarte, a frustração da execução.

---

130. STJ, REsp 1.184.765/PA, Rel. Min. Luiz Fux, 1ª Seção, j. 24.11.2010, *DJe* 03.12.2010.
131. STJ, REsp 1.093.415/MS, Rel. Min. Luis Felipe Salomão, 4ª T., j. 24.05.2011, *DJe* 07.06.2011.
132. STJ, REsp 1.347.222/RS, Rel. Min. Ricardo Villas Bôas Cueva, 3ª T., j. 25.08.2015, *DJe* 02.09.2015.
133. STJ, REsp 434.950/RS, Rel. Min. Castro Filho, 3ª T., j. 18.11.2003, *DJU* 09.12.2003, p. 279. Em sentido contrário, permitindo a requisição: STJ, REsp 236.704/SP, Rel. Min. Carlos Alberto Menezes Direito, 3ª T., j. 25.04.2000, *DJU* 12.06.2000, p. 109.

Nesse sentido, também não considerando como empecilho o sigilo de informações, o STJ permitiu, com fundamento no art. 26, inc. II, da Lei 8.625/93, que o Ministério Público do Rio de Janeiro, para fins de se instruir inquérito civil público, requisitasse junto à empresa privada de telefonia (Telemar Norte Leste S/A) documentos inerentes à transferência do controle acionário da empresa de telefonia celular OI, com assunção de dívidas na ordem de R$ 4.760.000.000,00 (quatro bilhões, setecentos e sessenta milhões de reais) por apenas R$ 1,00 (um real)[134]. Considerou que o art. 155, § 1º, da Lei das Sociedades Anônimas (Lei 6.404/76), ao apontar como sigilosas as informações que ainda não tinham sido divulgadas para o mercado, não dirigiram esse sigilo ao Ministério Público, não havendo superposição da norma em relação à Lei 8.625/93.

Ainda, a jurisprudência, geralmente, afirma que somente se aplica o art. 438 do CPC quando a própria parte não puder, pelos seus próprios meios, obter os documentos[135]. Contudo, isso não significa que o juiz não possa, de ofício, com base no art. 370 do CPC, determinar a requisição independentemente do requerimento da parte para a formação de seu convencimento motivado.

Salvo quando a requisição for determinada de ofício (com fundamento no art. 370 do CPC), não estará a parte interessada isenta dos custos administrativos eventualmente existentes. Isso ocorre em decorrência do princípio dispositivo, pelo qual às partes incumbe o ônus da prova e os encargos dele decorrentes.

Determinada a ordem judicial para a remessa do documento, o seu não cumprimento implica na aplicação da multa, prevista no art. 77, inc. IV, e §§ 1º e 2º, do CPC, por *contempt of court*.

7.3.8.3. Exibição de documento ou coisa

7.3.8.3.1. Natureza jurídica

A exibição de documento ou de coisa não é *meio* de prova, mas simples *mecanismo* de obtenção de elementos de prova, em poder da parte contrária ou de terceiros.

O CPC, nos arts. 396 a 404, oferece às partes meios para superar resistências do adversário ou de terceiro em colocar documentos ou coisas à disposição da Justiça.

A exibição de documento ou coisa tem caráter *instrumental*. Destina-se a proteger o direito fundamental à prova, preservando-se as garantias fundamentais processuais da ação e da defesa. Assim, não têm como finalidade *imediata* a proteção do direito material nem a preservação de situação tutelável. Com isso, visa facilitar o acesso da prova à justiça, a fim da tutela do direito material não perecer pela ausência de comprovação do *onus probandi*.

---

134. STJ, REsp 657.037/RJ, Rel. Min. Francisco Falcão, 1ª T., j. 02.12.2004, *DJU* 28.03.2005, p. 214.
135. STJ, REsp 834.297/PR, Rel. Min. Luiz Fux, 1ª T., j. 18.09.2008, *DJe* 20.10.2008.

A natureza jurídica do pedido de exibição, no caso de exibição probatória *entre as partes*, é um mero incidente. Assim, gera uma decisão interlocutória, impugnável mediante agravo de instrumento (CPC, art. 1.015, inc. VI). O pedido de exibição não determina a suspensão do curso do processo, a não ser que o magistrado não possa decidir a causa senão depois de resolvido o incidente (CPC, art. 313, inc. V, alínea *b*).

Já no caso de exibição incidental *contra terceiro*, o próprio CPC utilizou terminologia de ação (*v.g.*: CPC, art. 401: "*o juiz ordenará sua* citação..."). Institui-se uma *ação incidental* e não um mero incidente do processo em curso. Porém, não se instaura um novo processo. O terceiro é citado para responder a ação incidental e, portanto, intervém de forma limitada no processo em curso. A decisão que julga tal ação incidental não coloca fim à fase cognitiva do procedimento comum, não podendo ser considerada sentença CPC, art. 203, § 1º). Trata-se, pois, de uma decisão interlocutória, ainda que recaia sobre questão de mérito. Neste aspecto, o Código de Processo Civil de 2015 inovou, em relação ao CPC/73, pois admite decisões interlocutórias de mérito (CPC, art. 356) e, mais, que elas façam coisa julgada material (CPC, art. 503, *caput*). Cabe agravo de instrumento contra as decisões interlocutórias que versem sobre o mérito do processo (CPC, art. 1.015, inc. II). Além disso, mesmo que o juiz não analise o mérito da ação incidental de exibição de documento ou coisa, ajuizada em face de terceiro, o recurso cabível contra a decisão (interlocutória) será o agravo de instrumento, uma vez que o art. 1.015, inc. VI, do CPC afirma que tal recurso é o adequado para impugnar decisões interlocutórias que versem sobre exibição ou posse de documento ou coisa. Enfim, o art. 1.015, inc. VI, do CPC abrange a decisão interlocutória que versa sobre a exibição do documento em incidente processual, em ação incidental ou, ainda, em mero requerimento formulado no bojo do próprio processo[136].

Se não houver processo em curso, é possível o ajuizamento de ação autônoma para a produção antecipada da prova documental. Destaca-se que o art. 381 do CPC inovou ao não atrelar tal pedido, apenas, às situações urgentes. Também não se exige que na ação autônoma tenha que ser demonstrado o interesse na obtenção de determinada prova para o uso em outro processo (considerado "principal") nem, tampouco, a indicação precisa de outro interesse (a ser objeto do processo seguinte) que seria protegido pela medida de obtenção da prova[137]. Com efeito, há interesse processual na produção de prova (exibição de documento ou coisa autônoma) capaz de viabilizar a autocomposição ou outro meio adequado de solução do conflito, ou, simplesmente, para o prévio conhecimento dos fatos (CPC, art. 381, inc. II e III). Basta, pois, que o interessado apresente, em seu requerimento, razão suficiente (isto é, alguma das hipóteses do art. 381 do CPC) para a obtenção antecipada da prova.

Além disso, é admissível ação probatória autônoma de exibição de documento ou coisa (também denominada de ação probatória *lato sensu*), de natureza satisfativa (e,

---

136. STJ, REsp 1798939/SP, Rel. Min. Nancy Andrighi, 3ª T., j. 12.11.2019, *DJe* 21.11.2019.
137. STJ, REsp 1774987/SP, Rel. Min. Maria Isabel Gallotti, 4ª T., j. 08.11.2018, *DJe* 13.11.2018.

eventualmente, preparatória), para a proteção de direito material à prova – ainda que não submetido às hipóteses de produção antecipada de provas do art. 381 do CPC – consistente no direito de exigir, em razão de lei ou de contrato, a exibição de documento ou de coisa já existente ou já produzida que se encontre em posse de outrem[138]. Nesse caso, é cabível a ação probatória autônoma de exibição de documento ou coisa que, na ausência de regramento específico, se submete ao procedimento comum (CPC, art. 318), aplicando-se, no que couber, as regras dos arts. 396-404 do CPC, que regulam à exibição de documento ou coisa incidentalmente.

Nesse sentido, na II Jornada de Direito Processual Civil, promovida pelo Centro de Estudos Judiciários, foram aprovados dois Enunciados: 119 ("é admissível o ajuizamento de ação de exibição de documentos, de forma autônoma, inclusive pelo procedimento comum do CPC (art. 318 e seguintes)" e o 129 ("é admitida a exibição de documentos como objeto de produção antecipada de prova, nos termos do art. 381 do CPC").

7.3.8.3.2. Consequências da não exibição para a parte

Pela técnica processual adotada pelo CPC, a exibição do documento ou da coisa é um ônus, a cargo da parte, e um *dever* imposto a terceiros.

Trata-se de um ônus, em relação à parte, pois, caso ela não exiba o documento ou a coisa, admitir-se-ão como verdadeiras as alegações que, por meio deles, a parte pretendia provar (CPC, art. 400).

Tal presunção de veracidade, contudo, não se impõe quando: I) não for admissível a confissão, por dizer respeito a fatos relativos a direitos indisponíveis (CPC, art. 392); II) o único meio de prova admissível for o instrumento público (CPC, art. 406); III) o documento ou a coisa for exibida por outro modo (*v.g.*, por outra pessoa); IV) houver, nos autos, provas suficientes para se afastar a presunção.

A presunção de veracidade inverte o ônus da prova, possibilitando-se a produção de prova em contrário. Por isso, a não satisfação desse ônus incorre na admissão do fato como verdadeiro, o que pode ser condição suficiente para a resolução do mérito.

Entretanto, caso seja necessária a exibição do documento ou da coisa em juízo, para a melhor compreensão dos fatos ou para a realização de outras provas (*v.g.*, submeter a coisa à perícia), o CPC inova, no artigo 400, parágrafo único, para se admitir a imposição de medidas indutivas, coercitivas, mandamentais ou sub-rogatórias para que tal exibição aconteça.

Ao se possibilitar todas essas medidas processuais, o juiz pode determinar que a parte contrária exiba o documento ou a coisa, direta (*v.g.*, busca e apreensão) ou indiretamente (*v.g.*, com a imposição de multa diária), ou mesmo que terceiro o faça em nome da parte.

---

138. STJ, REsp 1803251/SC, Rel. Min. Marco Aurélio Bellizze, 3ª T., j. 22.10.2019, *DJe* 08.11.2019.

Com isso, resta superado o entendimento do STJ, consagrado na Súmula 372 que assim estabelecia: "Na ação de exibição de documentos, não cabe a aplicação de multa cominatória". Tal orientação estava baseada na suficiência da admissão de veracidade para o julgamento da causa[139].

No mesmo sentido, dispõe o Enunciado 54 do FPPC: "Fica superado o enunciado 372 da súmula do STJ ('Na ação de exibição de documentos, não cabe a aplicação de multa cominatória') após a entrada em vigor do CPC, pela expressa possibilidade de fixação de multa de natureza coercitiva na ação de exibição de documento".

A propósito, o STJ afastou a incidência da Súmula 372 e impôs multa cominatória para compelir provedor de acesso à *internet* ao fornecimento de dados para identificação de usuário[140].

A 2ª Seção do Superior Tribunal de Justiça, ao julgar os recursos extraordinários 1.763.462 e 1.777.553, em 26 de maio de 2021, fixou a seguinte tese: "desde que prováveis a existência da relação jurídica entre as partes e de documento ou coisa que se pretenda ser exibida, apurada em contraditório prévio (artigo 398 *caput*), poderá o juiz, após tentativa de busca e apreensão ou outra medida coercitiva, determinar sua exibição sob pena de multa com base no artigo 400, parágrafo único do CPC/2015". A Min. Fátima Andrighi, ao proferir seu voto, ponderou pela adoção de três critérios: i) "Se for improvável a existência de relação jurídica entre as partes deverá ser indeferido o pedido de exibição de documentos; ii) Se essa relação for provável, mas a existência do documento se mostrar improvável, poderá o juiz aplicar a presunção de veracidade do que se pretendia comprovar; iii) Se for provável a existência de relação entre partes e também do documento ou coisa, poderá o juiz determinar sua exibição sob pena de medida coercitiva, com base no artigo 400, parágrafo único do CPC/2015"[141].

A apresentação do documento ou da coisa, ainda que em momento posterior, elide a aplicação da presunção de veracidade, sem prejuízo da apuração de litigância de má-fé (CPC, art. 77, inc. IV). Com isso, assegura-se melhor compreensão dos fatos, pela análise direta do meio de prova, sem a necessidade de julgamento fundado em presunções.

Por outro lado, a ausência da apresentação do documento ou da coisa não impõe, necessariamente, a presunção de veracidade, porque não elimina a persuasão racional do juiz. Por isso, a regra contida no art. 400 do CPC deve ser interpretada em conjunto com a inserida no art. 371 do CPC, podendo ser a presunção de veracidade infirmada pelo julgador quando da formação de seu convencimento[142], desde que motivada por outras provas constantes dos autos (*v.g.*, o magistrado considere que o documento ou

---

139. STJ, EDcl no AgRg no REsp 1.092.289/MG, Rel. Min. Maria Isabel Gallotti, j. 19.05.2011; AgRg no Ag 1.179.249/RJ, Rel. Min. Maria Isabel Gallotti, j. 14.04.2011.
140. STJ, REsp 1560976/RJ, Rel. Min. Luis Felipe Salomão, 4ª T., j. 30.05.2019, *DJe* 1º.07.2019.
141. Disponível em: https://www.conjur.com.br/2021-mai-27/justica-impor-multa-coagir-exibicao-documentos. Acesso em: 27.05.2021.
142. STJ, REsp 867.132/RS, Rel. Min. Sidnei Benetti, 3ª T., j. 07.12.2010, *DJe* 07.02.2011.

a coisa não é adequado para a comprovação da alegação ou que o fato presumido é impossível, inverossímil ou contrário às provas constantes dos autos).

7.3.8.3.3. Consequências da não exibição para terceiro

Em relação ao terceiro, a exibição do documento ou da coisa, quando determinada pelo juiz, é um dever, não um mero ônus.

O descumprimento da ordem judicial automaticamente determina a expedição de mandado de busca e apreensão, requisitando-se, se necessário, força policial[143]. Admite-se a imposição de medidas indutivas, coercitivas, mandamentais ou sub-rogatórias necessárias à efetivação da decisão, sem prejuízo da responsabilidade pelo crime de desobediência (CPC, art. 403).

Dessa forma, o magistrado, ao julgar procedente o pedido de exibição, quando for verificada que a tutela jurisdicional possa se mostrar inefetiva (*v.g.*, quando o terceiro ocultar a coisa ou o documento a ser exibido), poderá determinar a apresentação do documento ou da coisa, sob pena de *busca e apreensão* ou, sendo esta medida inútil, mediante o emprego das técnicas de indução, coerção, mandamentais ou sub-rogatórias adequadas (como o arrombamento, a requisição de força policial ou, inclusive, a imposição de multa diária).

Portanto, com o artigo 403, parágrafo único, do CPC ficou superado o entendimento do STJ consagrado na Súmula 372[144].

Por exemplo, em ação de investigação de paternidade, terceiros que possam oferecer material genético para a realização do exame do DNA, mesmo não tendo legitimidade passiva *ad causam*, devem praticar determinados e específicos atos processuais (legitimação *ad processum*), sujeitando-se a regra do art. 139, inc. IV, do CPC, observado por analogia o disposto nos arts. 401 a 404 do CPC, que admitem a adoção de medidas indutiva, coercitivas, sub-rogatórias ou mandamentais ao terceiro que se encontra na posse de documento ou coisa a ser exibida[145].

7.3.8.3.4. Direito à exibição

O art. 399 do CPC prevê três situações em que a parte tem o ônus de exibir o documento ou a coisa.

Primeiro, quando o requerido tiver *obrigação legal* de exibir[146]. Por exemplo, o contador ou o advogado em relação aos documentos confiados pelo cliente para a prestação

---

143. STJ, AgRg no REsp 1.151.817/RS, Rel. Min. Luis Felipe Salomão, 4ª T., j. 05.06.2012, pub. *DJe* 15.06.2012.
144. Cumpre salientar, todavia, que em 10 de outubro de 2018, a 2ª Seção do STJ acolheu a proposta de afetação do recurso especial ao rito dos recursos repetitivos para definir tese sobre a controvérsia quanto ao cabimento, ou não, de multa cominatória na exibição, incidental ou autônoma, de documento relativo a direito disponível, na vigência do CPC.
145. STJ, Rcl 37.521/SP, Rel. Min. Nancy Andrighi, 2ª Seção, j. 13.05.2020, *DJe* 05.06.2020.
146. STJ, AgRg no Ag 1.200.943/ES, Rel. Min. Herman Benjamin, 2ª T., j. 17.12.2009, *DJe* 02.02.2010.

dos serviços contratados; o tutor e o curador, quanto aos documentos de interesse do tutelado e do curatelado; o mandatário, quanto aos documentos recebidos do mandante e relacionados aos atos que tenha em nome dele praticado; o inventariante em relação à administração do espólio e o detentor de testamento cerrado; a instituição bancária[147] ou a concessionária de telefonia em razão do direito de informação do consumidor (CDC, art. 6°, inc. III).

O requerido também tem o ônus de exibir o documento ou a coisa, quando os aludir no processo, com o intuito de constituir prova. Caso contrário, restaria violada a regra contida no art. 5° do CPC, que consagrou o princípio da boa-fé objetiva, pelo qual se proíbe que a parte assuma comportamentos contraditórios no desenvolvimento processual (vedação do *venire contra factum proprium*)[148].

Ademais, a parte tem o ônus de exibir o documento, quando ele, por seu conteúdo, for *comum* às partes[149] (como, por exemplo, um contrato de financiamento habitacional de que exista apenas uma cópia em poder de uma das partes[150] ou em relação aos comprovantes de pagamento de seguro-desemprego[151]).

Tratando-se da exibição de documentos sob a forma de ação preparatória, sob o rito dos recursos repetitivos (art. 543-C do CPC/73) – cujo raciocínio é aplicável à exibição incidental prevista no CPC –, o STJ apontou a necessidade de o requerente comprovar, além da existência da relação jurídica entre as partes, o pagamento do custo do serviço previsto em contrato e em norma da autoridade monetária (Bacen) e a falta de atendimento em prazo razoável da requisição administrativa do documento à instituição financeira[152].

No mesmo sentido, estabelece o Enunciado 518 do FPPC: "Em caso de exibição de documento ou coisa em caráter antecedente, a fim de que seja autorizada a produção, tem a parte autora o ônus de adiantar os gastos necessários, salvo hipóteses em que o custeio incumbir ao réu".

Entretanto, a expressão "documento comum" não se delimita, necessariamente, às partes, alcançando-se relações laterais pertinentes ao objeto do processo (*v.g.*, exibição de documento relativo à cobrança do serviço de disque amizade, prestado por terceiro e cobrado pela concessionária de telefonia[153] ou pertencente a um grupo de empresas que, em virtude de relações jurídicas coligadas, são comuns às partes[154]).

---

147. STJ, AgRg no Ag 241.731/MG, Rel. Min. Marco Buzzi, 4ª T., j. 21.03.2013, *DJe* 08.04.2013.
148. STJ, AgInt no AgInt no REsp 1624831/SC, Rel. Min. Mauro Campbell Marques, 2ª T., j. 17.08.2017, *DJe* 23.08.2017.
149. STJ, REsp 1.256.901/DF, 2ª T., Rel. Min. Mauro Campbell Marques, j. 28.06.2011, *DJe* 03.08.2011.
150. STJ, REsp 674.173/ES, Rel. Min. Castro Meira, 2ª T., j. 04.11.2004, *DJU* 28.02.2005, p. 311.
151. STJ, REsp 1.135.237/RJ, Rel. Min. Castro Meira, 2ª T., j. 08.09.2009, *DJe* 18.09.2009.
152. STJ, REsp 1.349.453/MS, Rel. Min. Luis Felipe Salomão, Segunda Seção, j. 10.12.2014, *DJe* 02.02.2015.
153. STJ, REsp 1.141.985/PR, Rel. Min. Luis Felipe Salomão, 4ª T., j. 11.02.2014, *DJe* 07.04.2014.
154. STJ, REsp 1.223.733/RJ, Rel. Min. Luis Felipe Salomão, 4ª T., j. 07.04.2011, *DJe* 04.05.2011.

Nas hipóteses do art. 399 do CPC, não se admite a recusa da parte em se exibir o documento ou a coisa, devendo-se admitir como verdadeiros os fatos que, por meio deles, se pretendia provar (CPC, art. 400, inc. II)[155]. Porém, a regra do art. 400, inc. II, do CPC deve ser interpretada em conjunto com a cláusula processual da boa-fé objetiva (CPC, art. 5º), que abrange o brocardo jurídico *tuo quoque*; isto é, a situação de alguém que exige da outra parte o cumprimento que ela mesma descumpriu. Portanto, se ambas as partes forem intimadas para a apresentação de documentos comuns, mas uma delas injustificadamente não cumpre a ordem judicial, não pode exigir que seu adversário o faça[156].

Por outro lado, o CPC não estabelece em que hipóteses o terceiro tem o dever de exibir o documento ou a coisa.

De qualquer forma, a configuração do ônus ou do dever de exibição do documento ou da coisa depende da existência de *justas recusas*.

O art. 404 do CPC prevê hipóteses em que a escusa é legítima. O dano que se pretende evitar não se deriva da prova de um fato desfavorável (sonegação de provas), mas das consequências graves e prejudiciais que poderiam ser causadas no exterior do processo se o documento ou a coisa forem exibidas (*v.g.*, a divulgação de uma invenção industrial ou da revelação de notícias que violariam o direito à privacidade pessoal)[157].

No inc. I do art. 404 do CPC, a exibição do documento ou da coisa pode ser recusada se concernente a negócios da própria família. O objetivo é se resguardar a esfera da vida privada (CF, art. 5º, inc. X). Porém, se o objeto que se pretende exibir é indispensável para a resolução da causa ou, ao menos, capaz de solucionar pontos controvertidos (*v.g.*, nas ações de estado e de família), a recusa não deve ser admitida. Nessa situação, cabe ao juiz decidir se os autos devem tramitar em *segredo de justiça*, conforme dispõe o art. 189, inc. III, do CPC, para preservar a esfera constitucional da intimidade ou privacidade.

Quanto às previsões contidas nos incs. II e III (honra e desonra) do art. 404 do CPC, é necessário maior cuidado do magistrado, tendo em vista que, por mais que se apresentem contraditórios, percebe-se que o legislador pretendeu realizar a proteção de qualquer violação moral do indivíduo.

As expressões "dever de honra" e "desonra" devem ser interpretadas em sentido amplo, abarcando-se os diversos aspectos da integridade moral da pessoa, como a sua identidade, a sua imagem, a sua reputação e demais atributos da personalidade.

Ao final do inc. III, do art. 404 do CPC, verifica-se que há a possibilidade de recusa da exibição quando o conteúdo do documento ou da coisa puder fundar perigo de ação penal contra si (parte ou terceiro), bem como aos seus parentes consanguíneos

---

155. STJ, AgRg no Ag 1.128.185/RS, Rel. Min. Sidnei Beneti, 3ª T., j. 28.04.2009, *DJe* 13.05.2009.
156. MACÊDO, Lucas Buril. Boa-fé no processo civil – Parte 2. *Revista de processo*, v. 331, set. 2022, p. 31.
157. COMOGLIO, Luigi Paolo; FERRI, Corrado; TARUFFO, Michele. *Lezioni sul processo civile* cit., p. 576.

ou afins até o terceiro grau. Contudo, tal receio deve ser acompanhado de justificativa plausível para se incidir nessa modalidade de exclusão, pois, se assim o fosse, qualquer pessoa, a qualquer momento, poderia se beneficiar dessa excludente sem que existisse um verdadeiro receio de instauração de ação penal. Sendo assim, para que a pessoa possa se recusar a exibir a prova pleiteada deverá existir situação concreta e capaz de, imediatamente e por si só, representar o perigo de ação penal[158]. Caberá ao magistrado, após analisar o requerimento de recusa de exibição, confrontá-la com a descrição dada ao documento e a finalidade pretendida, para decidir se há ou não a possibilidade de instauração de ação penal, para então fundamentar se a parte deve, ou não, exibir o que foi requerido pela parte contrária.

O inc. IV do art. 404 do CPC trata especificamente dos casos que requerem sigilo, profissional ou de estado. O *sigilo de fonte*, quando necessário ao exercício profissional, também está assegurado no art. 5º, inc. XIV da CF e no art. 207 do CPP. Isso porque, para o desempenho de determinadas profissões, é imprescindível se manter a *relação de confiança* entre o profissional e o cliente. O termo "profissão" deve ser entendido em sentido amplo alcançando-se as noções de "arte" e "ofício"[159]. Porém, o sigilo resguardado pela regra do inc. IV do art. 404 do CPC é mais abrangente que aquele previsto no inc. XIV, do art. 5º da CF, já que a regra constitucional prevê apenas a proteção do sigilo profissional, enquanto a norma processual inclui também a divulgação de fatos a cujo respeito, "por estado", deva-se guardar segredo. O vocábulo "estado" se refere a uma condição pessoal de atividade social e habitual, diferentemente da profissão, da arte e do ofício, porque está inspirado em princípios religiosos, morais ou cívicos (*v.g.*, o estado de sacerdote ou o estado de irmã de caridade)[160]. Com efeito, os substantivos "estado" e "profissão", contidos no inc. IV do art. 404 do CPC, indicam todas as categorias de pessoas que, por tais razões, venham a tomar conhecimento de fatos cujo respeito lhes caiba guardar segredo.

Percebe-se, em todas essas hipóteses, mas principalmente a do inc. V do art. 404 do CPC, "subsistirem outros motivos graves que, segundo o prudente arbítrio do juiz, justifiquem a recusa da exibição", a utilização de palavras ou expressões sem definição específica, podendo ser interpretadas de diversas maneiras (*v.g*, negócios da família, violar a honra, redundar em desonra e situação que deva guardar segredo). Por essa razão, é indispensável a atuação do magistrado com a finalidade de se impedir táticas evasivas, atuando de maneira ponderada no momento de se interpretar essas cláusulas abertas. Tal regra, portanto, deixa maior margem de liberdade para que o juiz, no momento de decidir, quanto à aceitação da recusa da exibição do documento ou coisa, verifique *qualquer outro motivo grave*. No entanto, tal recusa, para ser válida, deve ser prudente e criteriosamente fundamentada (CF, art. 93, inc. IX).

---

158. MARINONI, Luiz Guilherme; ARENHART, Sérgio Cruz. *Prova* cit., p. 514.
159. ARAGÃO, Egas D. Moniz de. *Exegese do Código de Processo Civil*. Rio de Janeiro: AIDE, 1984. v. IV. t. II, p. 65.
160. CAMBI, Eduardo. *A prova civil*: admissibilidade e relevância. São Paulo: RT, 2006. p. 184.

Por fim, o art. 404, inc. VI, do CPC justifica a escusa de exibir o documento ou a coisa nas hipóteses em que houver expressa disposição legal. Por exemplo, o art. 5º, inc. XXXIII, da CF garante o direito fundamental de receber dos órgãos públicos informações de seu interesse particular, ou de interesse coletivo ou geral, ressalvadas aquelas cujo sigilo for imprescindível à segurança da sociedade e do Estado. A Lei 12.527/2011 restringe o acesso às informações tanto no que toca a *dados pessoais* – relativos à intimidade, vida privada, honra e imagem, respeitando-se as garantias e liberdades individuais, para agentes públicos legalmente autorizados, à pessoa a que eles se referirem ou a terceiros, desde que haja previsão legal ou consentimento expresso da pessoa (art. 31, *caput* e § 1º) – quanto às informações *classificadas por autoridades como sigilosas* (arts. 23 e 24, § 2º).

As escusas previstas no art. 404 do CPC devem ser alegadas pela parte ou pelo terceiro. Sendo tais pessoas interessadas em não exibir o documento ou a coisa, consequentemente recairá sobre elas o ônus de demonstrar suas alegações. Caso a recusa seja considerada ilegítima, o juiz presumirá, em relação à parte, verdadeiros os fatos que, por meio do documento ou da coisa, o adversário pretendia provar (CPC, art. 400, *caput*) ou, sendo necessário, adotará as medidas indutivas, coercitivas, mandamentais ou sub-rogatórias para que o documento seja exibido (CPC, art. 400, parágrafo único). Se a escusa do terceiro for imotivada, caberá ao juiz ordenar o depósito da coisa ou do documento, sob pena de expedição de mandado de busca e apreensão nos termos do art. 403 do CPC.

Entretanto, se a escusa disser respeito tão somente a uma parcela do documento, a parte ou o terceiro deve exibir a porção restante em cartório, para que seja extraída cópia reprográfica, a ser paga pelo requerente (CPC, arts. 82 e 403, *caput*), com a lavratura de auto circunstanciado (CPC, art. 404, par. ún.).

7.3.8.3.5. Procedimento do incidente probatório

O pedido *incidental* probatório, realizado em face da parte contrária, por ser um mero incidente nos autos principais, será feito por petição nos próprios autos. Tal pedido deve conter (CPC, art. 397): I – a individualização, tão completa quanto possível, do documento ou da coisa, ou das categorias de documentos ou de coisas buscadas; II – a finalidade da prova, indicando os fatos da causa que se relacionam com o documento ou a coisa, ou com suas categorias; III – as circunstâncias em que se fundamenta o requerente para firmar que o documento ou a coisa existe, ainda que a referência seja a categoria de documentos ou de coisas, e se acha em poder da parte contrária (redação atribuída pela Lei 14.195/2021).

A Lei 14.195/2021 alterou a redação do art. 397 do CPC/2015 para admitir a possibilidade de pedido de exibição de categorias de documentos ou de coisas. Com isso, se permite a exibição ainda que o pedido não especifique um documento ou uma coisa determinados. Por exemplo, ao invés de se requerer a busca de uma nota fiscal específica ou de um certo extrato bancário, pode-se pleitear a exibição das notas fiscais ou de extratos bancários emitidos em um determinado período de tempo. As alterações da Lei 14.195/2021, contudo, não possibilita a exibição abusiva de documentos ou de coisas. Continua vedada a prática da *fishing expedition*; isto é, a procura especulativa da prova, sem uma finalidade determinada ("causa provável"), para evitar uma verdadeira devassa – ampla e irrestrita – contra uma pessoa ou uma conduta suspeita. Caberá ao requerido, pelo art. 398/CPC, se manifestar sobre o pedido de exibição e argumentar que a exibição dos documentos ou coisas é inadmissível, impertinente ou irrelevante, porque o meio de prova não é ilícito (p. ex., documentos revestidos de cláusulas de segredo industrial ou que poderiam resvalar na garantia constitucional contra a autoincriminação), não há alvo definido ou extrapola os limites da legalidade ou razoabilidade ou, ainda, no confronto com outros direitos em jogo (p. ex., a privacidade ou a intimidade), não são necessários ou não justificam a autorização judicial da exibição.

A exibição poderá ser requerida junto com a petição inicial, no caso do demandante, com a contestação ou a reconvenção, no caso do demandado, quando do ingresso aos autos, na hipótese do terceiro interveniente, ou, ainda, em petição autônoma, assim que surgir a necessidade de se utilizar do documento ou a coisa.

Se o pedido for formulado na petição inicial, a resposta pode se dar na contestação. Caso tenha sido feito na contestação, a resposta pode ocorrer na réplica (exegese do art. 351 do CPC). Nos demais casos, o requerido deve ser intimado a responder no prazo de 5 dias (CPC, art. 398).

Na resposta, o requerido pode afirmar que o documento ou a coisa não se encontra em seu poder ou que não tem obrigação de a exibir (CPC, arts. 399 e 404). Nesses casos, terá o ônus de provar as suas alegações (CPC, art. 398, parágrafo único).

Em sendo necessária a produção de provas orais, caberá ao juiz a designação de audiência específica para tanto.

Em seguida, o juiz decidirá se cabe ou não a exibição. Se o requerido não efetuar a exibição no prazo legal nem responder ao pedido ou, ainda, se sua recusa for considerada ilegítima, o juiz admitirá como verdadeiros os fatos que, por meio do documento ou da coisa, a parte requerente pretendia provar (CPC, art. 400)[161].

Em qualquer hipótese, mesmo depois de ordenada a exibição da coisa, sendo demonstrada a impossibilidade de cumprir a decisão judicial, não será possível a fixação ou a manutenção da multa eventualmente estipulada. Nesse sentido, prevê o Enunciado 53 do FPPC: "Na ação de exibição não cabe a fixação, nem a manutenção de multa quando a exibição for reconhecida como impossível".

Em sendo necessária a exibição do documento ou da coisa (*v.g.*, para fins de realização de perícia), o juiz pode adotar medidas indutivas, coercitivas, mandamentais ou sub-rogatórias para que o documento ou a coisa sejam exibidas (CPC, art. 400,

---

161. STJ, AgRg no AREsp 155.946/SP, Rel. Min. Luis Felipe Salomão, 4ª T., j. 16.10.2012, *DJe* 22.10.2012.

parágrafo único)[162]. Dessa decisão, cabe recurso de agravo de instrumento, nos termos do art. 1.015, inc. VI, do CPC.

Em ação de exibição incidental ou autônoma de documentos requerida contra a parte *ex adversa* em demanda de direito privado, conforme orientação do Superior Tribunal de Justiça (Tema 1000), havendo probabilidade de relação jurídica entre as partes e da existência de documento ou de coisa que se pretende seja exibido, após apuração em contraditório prévio, o magistrado pode, depois de frustrada a tentativa de busca e apreensão ou de outra medida coercitiva, determinar sua exibição, sob pena de multa (exegese do art. 400, par. ún., CPC)[163].

7.3.8.3.6. *Procedimento do processo incidental*

Quando o documento ou a coisa estiver em poder de terceiro, o pedido de exibição, formulado nos termos do art. 397 do CPC, tem natureza de ação judicial e dá início a um *processo incidental*.

Nesse caso, embora o CPC não mencione isso expressamente, o juiz poderá mandar autuar o incidente *em separado* (apartado), a fim de que se possa ganhar autonomia procedimental sem tumultuar o processo principal, quando o magistrado não puder decidir a causa senão depois de resolvida a questão incidente (CPC, art. 313, inc. V, alínea *b*).

Se a petição inicial preencher, no que couber, os requisitos dos arts. 319, 320 e 397 do CPC, o juiz ordenará a citação do terceiro para responder no prazo de 15 dias (CPC, art. 401).

Se o terceiro se recusar à obrigação de exibir ou negar a posse do documento ou da coisa, o juiz designará audiência especial, tomando-lhe o seu depoimento, bem como o das partes e, se necessário, de testemunhas; em seguida, proferirá sentença (CPC, art. 402).

A exibição em face do terceiro será decidida por sentença, que poderá ser impugnada pelo recurso de apelação (CPC, art. 1.009).

Determinando o juiz a exibição do documento ou da coisa em poder de terceiro porque não considerou justa a recusa, ordenará que se proceda ao respectivo depósito em cartório ou em outro lugar designado, dentro de cinco dias, impondo ao requerente o ressarcimento pelas despesas que tiver (CPC, art. 403, *caput*).

Se o terceiro descumprir a ordem, o juiz expedirá mandado de apreensão, requisitando, se necessário, força policial, sem prejuízo da responsabilidade por crime de desobediência, pagamento de multa ou outras medidas indutivas, coercitivas, mandamentais ou sub-rogatórias necessárias para se assegurar a efetivação da decisão

---

162. STJ, REsp 1.777.553-SP, 2ª Seção, Rel. Min. Paulo de Tarso Sanseverino, j. 26.05.2021, DJe 1º.07.2021.
163. STJ, REsp 1.777.553-SP, 2ª Seção, Rel. Min. Paulo de Tarso Sanseverino, j. 26.05.2021, *DJe* 1º.07.2021.

(CPC, art. 403, parágrafo único). Com isso, conforme já asseverado, restou superado o posicionamento consagrado na Súmula 372 do STJ ("Na ação de exibição de documentos, não cabe a aplicação de multa cominatória"), como restou consignado no Enunciado 54 do FPPC.

Apesar de não haver previsão expressa no art. 403, parágrafo único, o descumprimento da ordem judicial também pode caracterizar ato ilícito, nos termos do art. 186 do Código Civil. Logo, a violação do direito à exibição do documento ou a coisa, quando gerar dano pela impossibilidade de utilização desse meio de prova, enseja a responsabilidade civil do terceiro (CC, art. 927).

7.3.9. Valoração da prova documental

Tradicionalmente, a doutrina e a jurisprudência desenvolveram técnicas para a apreciação de documentos escritos, tendo o papel como suporte documental por excelência[164]. Com o desenvolvimento tecnológico e científico, passou-se a considerar as fotografias, as gravações e, mais recentemente, os documentos eletrônicos.

A valoração da prova documental precisa ser atualizada para contemplar os mais modernos meios probatórios, à luz dos avanços trazidos pela epistemologia jurídica e pela semiótica.

O documento representa objetivamente fatos, seja de forma direta, pela reprodução imediata do *fato probando* (*v.g.*, vídeos, áudios e fotografias), ou indireta, que exige a intermediação de um sujeito que narra, desenha ou exprime de alguma forma os fatos nos documentos.

Tanto os documentos diretos quanto os indiretos exigem interpretação judicial. Por exemplo, a qualidade do vídeo, o ângulo da filmagem, a nitidez das imagens, o tempo de gravação etc. São fatores a serem considerados na valoração da prova documental.

O que é objeto da valoração é a relação entre o objeto ou a ideia representada e os significados possíveis a serem extraídos dessa representação.

Pela semiótica, os *signos*, linguísticos ou simbólicos, possibilitam associações mentais, fundadas em hábitos culturais adquiridos. Isso permite, por exemplo, que alguém, ao ver a foto de uma pessoa famosa, possa reconhecê-la, a partir dos seus conhecimentos pretéritos (*background knowledge*). Da mesma forma, quando se depara com a palavra "criança", associa-se à imagem correspondente em sua memória.

A semiótica, contudo, não se preocupa com a existência, nos exemplos dados, com a pessoa famosa ou com a criança, mas com o significado a ser atribuído ao *signo*, com base em um sistema de convenções linguísticas. À guisa de ilustração, o signo "mulher honesta" – contido no direito brasileiro desde as Ordenações Filipinas, passando pelo

---

164. RAMOS, Vitor de Paula. Primeiras linhas pela reconstrução da teoria da prova documental: os diversos tipos de signo e a necessidade comum de interpretação. *Revista de processo*, v. 313, mar. 2021, p. 131-149.

Código Criminal do Império de 1830, o Código Penal de 1890 e, finalmente, o Código Penal de 1940 – evidenciava a ideologia de gênero que reprimia a liberdade sexual feminina, com fundamento em questões de costumes, religião e de senso moral. A significação que se dava a tal termo não se preocupava com a dignidade humana, a equidade de gênero ou com a emancipação social. "Mulher honesta" era aquela que, do ponto de vista da moral sexual, era a da mulher recatada ou não desregrada/depravada, conforme o contexto opressivo, machista e patriarcal vigente. Contemporaneamente, o signo "mulher honesta", abolido em 2009 do Código Penal de 1940, não carregaria mais o mesmo significado; ao contrário, sua utilização ofenderia a perspectiva dos direitos humanos das mulheres.

Portanto, a valoração da prova documental passa pelo processo de atribuição de significado de um texto, símbolo, imagem ou áudio. Com efeito, não se pode prescindir da atividade hermenêutica, porque um mesmo signo pode assumir sentidos diferentes a depender do contexto em que se interpreta, mesmo que determinados signos possuam sentidos mínimos (fortes ou fracos). Por exemplo, é vedado à União, aos Estados, ao Distrito Federal e aos Municípios instituir impostos sobre *livros* (CF, art. 150, inc. VI, "d"). Todavia, o signo "livro", no momento em que a Constituição Federal de 1988 foi promulgada, se referia ao livro impresso em papel. Com o passar dos anos, o signo "livro" passou a ter diversos outros significados para incluir livros em formato eletrônico ou em áudio ("audio book" ou audiolivro), seja no suporte *CD-Rom*, seja em qualquer outro, que possam ser lidos ou ouvidos, inclusive em *smartphones*, o que possibilitou a interpretação evolutiva da imunidade tributária objetiva para alcançar os avanços tecnológicos, sociais e culturais[165].

Em conclusão, para se valorar um documento como meio de prova, é imprescindível considerar o processo de significação dos *signos*, tendo o intérprete que respeitar o contexto em que ele está inserido (como a época em que foi produzido, o local e as circunstâncias em que ele foi criado, bem como as mudanças tecnológicas, sociais e culturais, e a evolução da linguagem, para evitar distorções de significação, em especial pelo momento em o documento foi produzido e o daquele em que ele deve ser interpretado). Não há uma relação causal ou objetiva entre significantes e significados, porque as palavras podem assumir sentidos diferentes, já que a linguagem é uma construção intersubjetiva de sentidos sociais que determina as formas como os sujeitos percebem o mundo[166].

---

165. O Supremo Tribunal Federal fixou o tema 593 de Repercussão Geral, nos seguintes termos: "A imunidade tributária constante do art. 150, VI, d, da CF/88 aplica-se ao livro eletrônico (e-book), inclusive aos suportes exclusivamente utilizados para fixá-lo" (RE 330817, Tribunal Pleno, rel. Min. Dias Toffoli, j. 08.03.2017, pub. *Dje*-195, divulg. 30.08.2017, public. 31.08.2017).

166. MOREIRA, Adilson José. *Pensando como um negro. Ensaio de Hermenêutica Jurídica*. São Paulo: Contracorrente, 2019. p. 109-110.

7.4. PROVA TESTEMUNHAL

7.4.1. Conceito

Testemunha é uma pessoa *distinta* dos sujeitos processuais que, intimada na forma da lei, por ser detentor do conhecimento de fatos ou de atos jurídicos, relevantes e controvertidos entre as partes, depõe em juízo para atestar a existência e a eficácia destes.

Destaca-se que o papel da testemunha é tão somente proceder ao relato do que sabe acerca dos acontecimentos descritos no processo, não sendo exigido dela qualquer narrativa técnica ou juízo de valor sobre os fatos. Aliás, por mais que a testemunha possua conhecimentos técnicos sobre os fatos, é necessário que a coleta depoimento seja feita sem qualquer valoração desses fatos, pois a investigação técnica ou científica dos fatos deverá ser objeto de prova pericial.

7.4.2. Requisitos

Há vários elementos que caracterizam a pessoa como testemunha.

Primeiro, a testemunha é uma *pessoa natural*. Todas as pessoas, independentemente de sexo, cor, credo ou condição econômica ou social podem ser testemunhas. Com isso, o Código de Processo Civil de 2015 assevera o seu repúdio ao *sistema da prova legal*, que excluía o depoimento dos escravos, de mulheres ou dos estrangeiros, bem como reduzia o valor dos depoimentos das testemunhas ou dos plebeus.

Segundo a testemunha é uma *pessoa estranha* ao processo. Assim, nem o juiz (CPC, art. 144, inc. I), nem os conciliadores ou mediadores (CPC, art. 166, § 2º), tampouco as partes podem ser testemunha (CPC, art. 447, § 2º, inc. II).

Terceiro, a testemunha é uma pessoa que deve saber do fato litigioso por tê-lo *presenciado* (observação própria) ou por *ter ouvido dizer* (informação recebida por terceiro).

A percepção do fato por parte daquele que o representa não é requisito nem necessário, nem suficiente para fazer do representante uma testemunha[167]. O objeto da prova testemunhal pode recair tanto sobre os fatos percebidos quanto sobre os deduzidos. O testemunho do testemunho também é um testemunho, não havendo diferença no caráter representativo da declaração, mas na maior complexidade do processo necessário para se deduzir do fato testemunhado o fato a ser provado[168].

Jeremy Bentham classifica os testemunhos como sendo *presenciais* (ou *originais*) e de *referência* (ou *não originais*)[169]. O testemunho é original quando a pessoa que depõe ante ao juiz sobre o fato questionado é aquele que esteve presente no tempo e no lugar em que ele ocorreu, tendo-lhe captado com seus sentidos os acontecimentos relatados.

---

167. CARNELUTTI, Francesco. *La prueba civil* cit. Item 26, p. 122-7.
168. Ibidem. Item 30, p. 147.
169. *Tratado de las pruebas judiciales* cit., v. I, p. 33 e 177-178.

Por outro lado, o testemunho não é original quando a testemunha se refere a um fato que não foi percebido por ela diretamente, relatando o acontecimento em terceira pessoa, uma vez que esta foi quem esteve presente no tempo e no lugar da ocorrência dos fatos.

A distinção entre testemunha direta e indireta deve ocorrer quando da valoração da prova testemunhal (*v.g.*, presenciar o acidente de trânsito é diferente de ter ouvido falar dele): a credibilidade da prova direta deve ser, evidentemente, maior que a indireta[170].

Com efeito, diferentemente dos sistemas da *commow law*, as restrições probatórias relacionadas ao ouvir dizer não se aplicam no Brasil, sendo, em regra, admissível como meio probatório. O testemunho indireto (também denominado de auricular ou de *auditus*) é admitido no direito brasileiro e pode ser valorado a critério do órgão julgador. Entretanto, no processo penal, para a formulação do juízo de condenação, a prova testemunhal indireta possui validade e relevância na formação do convencimento judicial, desde que corroborada por outros elementos probatórios. Em outras palavras, os relatos indiretos e baseados em ouvir dizer não são elementos suficientes para garantir a *justa causa*, necessária ao exercício da ação penal, uma vez que é preciso a existência de outros elementos probatórios robustos para embasar uma acusação consistente[171]. De qualquer modo, a função da testemunha se restringe a narrar os fatos do seu conhecimento. Não lhe cabe fazer *suposições*, nem emitir *opiniões pessoais* sobre os acontecimentos ou mesmo fazer *apreciações valorativas* ou *jurídicas* dos fatos (*v.g.*, o dolo de um dos contratantes ou a culpa de um médico, em ação de reparação de danos). Aliás, o art. 213 do CPP afirma que o juiz não permitirá que a testemunha manifeste suas apreciações pessoais, salvo quando inseparáveis da narrativa do fato (*v.g.*, quando um policial militar, após descrever os fatos envolvendo um homicídio, é indagado, em razão de sua experiência com armas, sobre a possibilidade de o disparo ter sido acidental).

Em situação diversa está o *perito,* que, tomando conhecimento dos fatos nos autos, encarrega-se de descobrir ou explicar os aspectos técnicos ou científicos, esclarecendo ao juiz a relação de causalidade eventualmente existente entre eles (CPC, art. 443, inc. II). O art. 464, § 3º, do CPC admite a mera inquirição de pessoas portadoras de conhecimentos técnicos (especialistas), em vez de realizar a perícia formal, com o intuito de se simplificar a produção da prova.

A diferenciação entre a testemunha e o perito é de suma importância. Se o juízo não é mais que um meio para representar um fato, está-se diante de um testemunho; ao contrário, se o juízo constitui a finalidade da declaração, existe perícia[172].

A testemunha é chamada a comparecer em juízo porque já conhece determinado fato, enquanto o perito toma conhecimento dele durante o processo[173].

---

170. Nesse sentido, por exemplo, o STJ concluiu que é inidônea a pronúncia fundamentada exclusivamente em testemunhos indiretos e elementos colhidos no inquérito policial sem confirmação na fase judicial. Cf. AgRg no REsp 2.017.497/RS, Rel. Min.ª Laurita Vaz, 6ª T., j. 16.10.2023, *DJe* 19.10.2023.
171. STJ, AREsp 2.290.314-SE, Rel. Min. Ribeiro Dantas, 5ª T., j. 23.05.2023, *DJe* 26.05.2023.
172. *La prueba civil* cit. Item 18, p. 88.
173. CARNELUTTI, Francesco. *La prueba civil* cit. Item 26, p. 126-8.

7 • PROVAS EM ESPÉCIE

507

Todavia, pode haver *fungibilidade* entre as funções da testemunha e do perito. Francesco Carnelutti, a título de exemplificação, afirma que o astrônomo que narra ao juiz que em um determinado dia houve um eclipse solar será uma testemunha se viu com seus próprios olhos e perito se, por não o ter visto, o deduziu a partir de cálculos matemáticos. Portanto, para se excluir uma testemunha, não é importante que a pessoa não tenha percebido o fato, mas que não o tenha conhecido por encargo do juiz.

Em outras palavras, se a elucidação dos fatos controvertidos depender de conhecimento técnico especial, o juiz deverá determinar a produção da prova pericial. Isso não exclui a possibilidade de um profissional, arrolado como testemunha, aprofundar a análise da sua percepção dos fatos comuns (*v.g.*, um engenheiro que presencia o desabamento de um edifício pode acrescentar dados técnicos diferenciados ao seu depoimento sem que isso invalide a prova testemunhal).

7.4.3. Da convocação da testemunha

A pessoa deve ser convocada *regularmente* a depor em juízo; ela só tem o dever concreto de comparecer e de depor quando for intimada (CPC, art. 455, § 5º). Sua intimação deve ser feita, ao menos, 48 horas antes da audiência, sob pena de não estar obrigada a comparecer (CPC, art. 218, § 2º).

O Código de Processo Civil de 2015 alterou a forma de intimação das testemunhas. Cabe ao advogado da parte, como regra, informar ou intimar a testemunha por ela arrolada acerca do dia, da hora e do local da audiência. O advogado deve intimar a testemunha por carta com aviso de recebimento (A.R.), juntando-se esta aos autos com antecedência de três dias da data estipulada para a audiência (CPC, art. 455, § 1º), além da cópia da correspondência de intimação e do comprovante de recebimento. Igualmente pode a parte optar por se comprometer a conduzir a testemunha à audiência independentemente de intimação (CPC, art. 455, § 2º). Dessa forma, a testemunha não será intimada pelo juízo e o não comparecimento dela importa na desistência da sua oitiva (CPC, art. 455, §§ 2º e 3º) e, consequentemente, haverá uma vedação da parte que se aproveitaria de tal testemunho no tocante à alegação de cerceamento de defesa[174]. De todo modo, a testemunha que deveria comparecer espontaneamente (sem ordem do juízo) não ficará sujeita à condução coercitiva nem poderá ser responsabilizada ao pagamento das despesas pelo adiamento da audiência de instrução e julgamento.

A intimação pela via judicial é excepcional e somente se justifica nas hipóteses do art. 455, § 4º, do CPC, ou seja, quando houver frustração da intimação pelo advogado (CPC, art. 455, § 1º), quando a sua necessidade for devidamente demonstrada pela parte ao juiz, quando a testemunha arrolada for servidor público ou militar (nessa situação, o juiz deve requisitar a testemunha ao chefe da repartição ou ao comando em que ela

---

174. HC 29.260/BA, Rel. Min. Laurita Vaz, 5ª T., j. 06.05.2004, *DJ* 07.06.2004, p. 248; HC 11.638/BA, Rel. Min. Edson Vidigal, 5ª T., j. 21.03.2000, *DJ* 02.05.2000, p. 154.

servir), quando a testemunha for arrolada pelo Ministério Público ou pela Defensoria Pública ou, ainda, quando tiver prerrogativa de ser inquirida em sua residência ou onde exercer sua função (CPC, art. 454). A testemunha que, intimada pela via judicial, deixar de comparecer sem motivo justificado será conduzida e responderá pelas despesas do adiamento da audiência de instrução e julgamento (CPC, art. 455, § 5º).

As testemunhas *residentes em comarca, seção ou subseção judiciária* diversa daquela onde tramita o processo não têm o dever de comparecer à sede do juízo para prestar depoimento. Devem ser regularmente intimadas e serem ouvidas, preferencialmente, por meio de videoconferência ou outro recurso tecnológico de transmissão e recepção de sons e imagens em tempo real (CPC, art. 453, § 1º). Tais meios tecnológicos asseguram a *unidade* da audiência de instrução e julgamento (CPC, art. 365) e a concretização da garantia da duração razoável do processo (CF, art. 5º, inc. LXXVIII; CPC, art. 4º).

Nesse sentido, o CPC seguiu a experiência exitosa do art. 222, § 3º, do CPP, que já admitia a utilização da videoconferência para a oitiva de testemunhas cuja residência não se circunscreva aos limites territoriais da comarca ou da seção judiciária. Ainda, a Resolução 105, de 6 de abril de 2010, do CNJ, ao tratar da documentação de depoimentos por meio do sistema audiovisual e a realização de interrogatório e de inquirição de testemunhas por videoconferência, procurou estimular o desenvolvimento e a disponibilização a todos os Tribunais de sistemas eletrônicos de gravação dos depoimentos e de realização de inquirição de testemunhas por videoconferência (art. 1º).

Na impossibilidade de utilização da videoconferência ou outro recurso tecnológico de transmissão e recepção de sons e imagens em tempo real, cabe ao juiz, por decisão motivada, determinar que as testemunhas não residentes na *comarca, seção ou subseção judiciária* onde tramita o processo sejam inquiridas por carta de ordem, precatória e rogatória (enviada à jurisdição estrangeira) (CPC, art. 453, inc. I).

Como a espera pelo cumprimento e devolução da carta precatória ou da rogatória somente suspende o procedimento e impede o proferimento da sentença, quando expedida a carta *antes do saneamento* do processo e quando a prova nelas solicitada apresentar-se *imprescindível* (CPC, arts. 313, inc. V, alínea *b*, e 377), é conveniente que a parte deposite, em cartório, o rol com seus nomes e qualificações, em tempo hábil a operar a suspensão (CPC, art. 313, inc. V, alínea *b*).

Por outro lado, a carta precatória e a carta rogatória não devolvidas dentro do prazo ou concedidas sem efeito suspensivo poderão ser juntadas aos autos a qualquer momento (CPC, art. 377, parágrafo único).

O prazo para a devolução da carta precatória ou da rogatória depende da interpretação dos arts. 261 e 313, §§ 4º e 5º do CPC. Cabe, pois, ao juiz deprecante (que envia a carta) declarar o prazo dentro do qual a(s) diligência(s) deverá(ão) ser cumprida(s), atendendo à facilidade das comunicações e à natureza da diligência. Contudo, tal prazo não pode ser superior a um ano, sob pena de se proceder ao prosseguimento do processo sem que conste em seu bojo o depoimento da testemunha.

Nessa última hipótese, a carta poderá ser juntada aos autos até o julgamento final, aqui compreendido como o proferimento da sentença em primeiro grau de jurisdição. Se os autos estiverem no Tribunal, o relator deverá abrir vista para a parte contrária, a fim de se assegurar o contraditório (CPC, arts. 437, § 1º, e 1.014).

Já as autoridades previstas nos incisos do art. 454 do CPC não são intimadas a comparecer, mas *convidadas*, por ofício do juiz, designando-se dia, hora e local para serem ouvidas (CPC, art. 454, § 1º). Entretanto, tais autoridades perdem tal prerrogativa se passados mais de um mês se não indicarem dia, hora e local para a sua inquirição ou se não comparecerem injustificadamente na sessão agendada para o seu testemunho no dia, hora e local por elas indicados (CPC, art. 454, §§ 2º e 3º). Tal orientação foi usada pelo STF, no julgamento do caso da Ação Penal 470, conhecida como caso do "Mensalão"[175], para se determinar a perda da prerrogativa, prevista no art. 221, *caput*, do CPP, em razão da ausência de Deputado Federal, arrolado como testemunha, por não ter indicado dia, hora e local para a oitiva, tampouco comparecido na data já indicada. Enfim, as regras contidas no art. 411, §§ 2º e 3º, do CPC se destinam a evitar que a autoridade comprometa a garantia da duração razoável do processo (CF, art. 5º, inc. LXXVIII; CPC, art. 4º).

7.4.4. Da incapacidade, impedimento e suspeição para ser testemunha

A prova testemunhal é sempre admissível se a lei não dispuser de modo diverso (CPC, art. 442).

Como regra, todas as pessoas podem ser testemunhas. Isso porque as testemunhas são os olhos e os ouvidos da Justiça; quanto mais evidente resulta essa assertiva, menos se concebe como o sistema de exclusão de numerosas classes de testemunhas ocorreu historicamente[176].

Excepcionalmente, a lei pode excluir determinadas pessoas como testemunhas. Por exemplo, a Lei 13.140/2015, que versa sobre a mediação, afirma que o mediador não pode atuar como testemunha em processos judiciais ou arbitrais pertinentes a conflito em que tenha atuado como mediador (art. 7º). Isto para se preservar os princípios da imparcialidade e da confidencialidade do mediador (Lei 13.140/2015, art. 2º, incs. I e VII). De igual modo, a Resolução 225/2016 do CNJ, que dispõe sobre a Política Nacional de Justiça Restaurativa no âmbito do Poder Judiciário, afirma ser vedado ao facilitador restaurativo prestar testemunho em juízo acerca das informações obtidas no procedimento restaurativo (art. 15, inc. II). Também acrescenta que se o facilitador restaurativo relata ao juiz, ao promotor de justiça, aos advogados ou a qualquer autori-

---

175. STF, AP 421 QO, rel. Min. Joaquim Barbosa, Tribunal Pleno, j. 22.10.2009, *DJe* 03.02.2011.
176. BENTHAM, Jeremy. *Tratado de las pruebas judiciales*, v. II cit., p. 83.

dade do Sistema de Justiça, sem motivação legal, o conteúdo das declarações prestadas por qualquer dos envolvidos nos trabalhos restaurativos pode incorrer nas sanções previstas no art. 154 do CP (Res. 225/2016 CNJ, art. 15, inc. III).

Ademais, o art. 447 do CPC afirma quem não podem ser testemunhas as pessoas incapazes, impedidas ou suspeitas.

Portanto, são *incapazes* para depor (CPC, art. 447, § 1º): I – o *interdito* por enfermidade ou deficiência mental (para que a interdição produza efeitos, é indispensável o respeito ao devido processo legal e à declaração judicial mediante sentença, nos termos dos arts. 747 a 758 do CPC); II – o que, acometido por enfermidade ou retardamento mental, embora não sejam civilmente incapazes, ao tempo em que ocorreram os fatos, não podia discerni-los, ou, ao tempo em que deve depor, não era habilitado a transmitir percepções; III – os menores de 16 anos (o termo "menor" deve ser rejeitado, por ser "pejorativo": aqueles entre 12 a 18 anos são adolescentes, gozando de todos os direitos fundamentais inerentes ao ser humano; Lei 8.069/90, arts. 2º e 3º): o art. 447, §4º, do CPC mitiga o rigor dessa regra para se admitir o depoimento de pessoas com menos de 16 anos, se isso for necessário e eficiente para a comprovação dos fatos jurídicos; IV – o cego e o surdo, quando a ciência do fato depender dos sentidos que lhes faltam. Assim, pode o cego testemunhar quando escutou o fato e o surdo, quando o viu. Nessas hipóteses, deve o juiz requerer auxílio de profissional especializado (*v.g.*, fonoaudióloga, conhecedor de braile etc.), fixando-lhe inclusive honorários para que a oitiva não reste comprometida.

Por outro lado, são *impedidos*: I – o cônjuge, o companheiro, o ascendente e o descendente em qualquer grau e colateral até o terceiro grau de alguma das partes, por consanguinidade ou afinidade, salvo se exigir o interesse público (isto é, o interesse jurisdicional) ou, tratando-se de causa relativa ao estado da pessoa, não se puder obter de outro modo a prova que o juiz repute necessária ao julgamento: o intuito é preservar a *paz familiar*, evitando-se que um membro da família deponha contra o outro ou sinta-se coagido a mentir para a manutenção das suas relações familiares (atente-se, porém, que tal impedimento não se aplica quando a testemunha possui vínculo de parentesco idêntico com ambas as partes, não se podendo presumir a parcialidade, ao contrário, a pretensão de favorecer uma das partes precisa ser demonstrada para a caracterização do impedimento; neste sentido, por exemplo, os filhos comuns do casal podem atuar como testemunha em processo de divórcio ou de reconhecimento/dissolução de união estável dos pais)[177]; II – o que é parte na causa: quem é parte na causa somente pode depor em juízo por intermédio de depoimento pessoal ou mediante determinação judicial, para ser interrogado, pois quem é parte da causa já fala, por intermédio de seu advogado; III – o que intervém em nome de uma parte, como o tutor, o representante legal da pessoa jurídica, o juiz, o advogado, e outros que assistam ou tenham assistido as partes: quer-se assegurar a posição de cada uma dessas pessoas que, em razão da

---

177. STJ, REsp n. 1.947.751/GO, rel. Min. Marco Aurélio Bellizze, 3ª T., j. 25.04.2023, *DJe* 28.04.2023.

função que desempenham, ou são parciais ou devem ser imparciais. Aliás, o juiz da causa, quando for arrolado, deve proceder na forma do art. 452 do CPC, declarando-se impedido, se tiver conhecimento dos fatos, ou, se nada souber, mandar excluir seu nome do rol de testemunhas.

O Código de Processo Civil, ao vedar o depoimento de pessoas impedidas, parte da ideia de que a testemunha deve ser um *narrador neutro*[178], somente admitindo-se que ela narre algo contra si mesma mediante o depoimento pessoal, não a seu favor.

No entanto, se o interesse na causa representa uma razão suficiente para a exclusão do testemunho, dever-se-ia concluir que todo testemunho deveria ser dispensado[179]. Não há narrador neutro. Se não houvesse interesse, sequer haveria testemunho: se há interesses que produzem testemunhos infiéis, há também interesses que servem de garantia para combater a erros e injustiças. Enfim, deve ser presumida a boa-fé do testemunho. Ouvi-lo, contudo, não significa dar pleno e irrestrito crédito às suas palavras. Seu depoimento deve ser valorado e, havendo motivos para se rechaçá-lo, prejudicará a parte que o produziu. A propósito, tal dispositivo foi copiado do art. 246 do CPC italiano, que é uma regra bastante contestada e, segundo Michele Taruffo, não é reproduzida em outros ordenamentos processuais europeus[180].

Tal dispositivo, contudo, não retira a possibilidade de a *parte* dar, diretamente, a sua versão dos fatos ao juiz, buscando convencê-lo de que tem razão. Afinal, ainda que a parte não possa ser ouvida como testemunha, pode o ser na qualidade de informante (CPC, art. 447, § 4º) ou prestar depoimento pessoal, mesmo que não requerida pela parte contrária, posto que o objetivo deste meio de prova não se limita à obtenção da confissão e o litigante pode ter interesse em narrar sua versão dos fatos diretamente ao juízo, sem o intermédio de seu advogado.

Com maior razão, há de se admitir o depoimento do litisconsorte com advogado diferente uma vez que não fala mediante o advogado do codemandante ou codemandado e, também, pode vir a esclarecer fatos relevantes ao processo. Nessas duas hipóteses, como os depoimentos das partes não são neutros, pelo seu interesse na causa, também poderão ser ouvidos como *informantes*.

Além disso, não é motivo suficiente e impeditivo para a oitiva do litisconsorte o argumento de que, como a testemunha tem de prestar compromisso de dizer a verdade, aquele também perderia o direito constitucional ao silêncio pelo litisconsorte ser equiparado à testemunha. O equívoco da premissa escora-se primeiramente no fato de que o litisconsorte não será ouvido na qualidade de testemunha, mas como informante, sem prestar o compromisso de dizer a verdade. Depois, porque tal compromisso não é garantia efetiva de que alguém não possa mentir, devendo ser abolido de nosso sistema. Em terceiro, qualquer pessoa – parte, testemunha ou informante – não tem o dever de

---

178. VERDE, Giovanni. Prove nuove cit., p. 36.
179. BENTHAM, Jeremy. *Tratado de las pruebas judiciales*, v. II cit., p. 130-131 e 133.
180. TARUFFO, Michele. *Cultura e processo* cit., p. 82-83.

produzir prova contra si mesma por garantia constitucional, podendo-se, ainda que convocada a depor, manter-se em silêncio, sem que deste silêncio possa se extrair a presunção de autoria do ato ou do fato alegado pela parte adversária.

Ademais, são considerados *suspeitos*: I – o inimigo da parte ou o seu amigo íntimo: a inimizade exige a evidência de uma situação prejudicial à parte e a intimidade pressupõe convívio próximo, atual ou pretérito, que possa comprometer a isenção da testemunha. Ambas são situações que retiram a credibilidade do depoimento; II – quem tiver interesse no litígio (seja de forma direta, seja indireta, seja qual for a natureza do interesse, desde que juridicamente relevante para tornar a pessoa suspeita de parcialidade e, portanto, retirar a credibilidade do depoimento). A suspeição, para se caracterizar, depende da demonstração de um vínculo concreto entre a testemunha e o resultado do processo. Por exemplo, a mera condição de empregado ou sócio não faz presumir a amizade íntima ou o interesse na solução do litígio[181].

Deve o juiz, de ofício, não admitir a testemunha quando presente alguma das hipóteses do art. 447 do CPC[182]. Caso contrário, no momento em que a testemunha é identificada e qualificada pelo escrivão para ser-lhe tomado o depoimento, é lícito à parte *contraditá-la*, opondo-se à tomada de seu depoimento sob a alegação de ser ela incapaz, impedida ou suspeita (CPC, art. 457, § 1º). O não oferecimento, de maneira oral e imediata, da contradita gera a *preclusão*[183]. Realizada a contradita, o juiz ouve, sucintamente, a pessoa arrolada como testemunha e decide se ela deve ser mesmo ouvida ou não.

Apesar do depoimento de testemunhas "menores" de 16 anos, impedidas ou suspeitas serem passíveis de desconfiança, quando não há outro meio razoável para a obtenção da prova do fato jurídico ou, na hipótese do art. 447, § 2º, inc. I, do CPC (por envolver interesse público, se tratar de causa relativa ao estado da pessoa, como na ação de investigação de paternidade ou de maternidade ou na negatória de paternidade ou de maternidade, ou envolver diretamente tais pessoas, como em ação de guarda em que se discute a prática de alienação parental), o juiz pode inquirir tais pessoas como *informantes*, sem a necessidade de prestar o compromisso de dizer a verdade (CPC, art. 447, § 5º).

Tendo havido a contradita e, mesmo assim, tendo o juiz resolvido ouvir a pessoa como informante, não há *cerceamento de defesa* desde que sua oitiva seja necessária à elucidação da causa (CPC, art. 447, § 4º)[184]. Com efeito, o art. 447, § 4º, do CPC optou por não se excluir nenhuma testemunha pelo temor de que o juiz pudesse ser enganado.

---

181. STJ, AgInt nos EDcl no REsp 1099252/ES, Rel. Min. Raul Araújo, 4ª T., j.03.08.2017, *DJe* 14.08.2017.
182. STJ, AgRg no Ag 398015/SP, Rel. Min. Barros Monteiro, 4ª T., j. 19.12.2002, *DJU* 31.03.2003, p. 228.
183. STJ, REsp 51714/MG, Rel. Min. Barros Monteiro, 4ª T., j. 22.08.1995, *DJU* 02.10.1995, p. 32.372.
184. STJ, REsp 190.456/SP, Rel. Min. Aldir Passarinho Jr., 4ª T., j. 25.04.2000, *DJU* 28.98.2000, p. 87.

Por outro lado, caso o advogado ofereça a contradita e o juiz não considere a pessoa incapaz, impedida ou suspeita, resolvendo ouvi-la como testemunha, caberá à parte sucumbente, oral e imediatamente, impugnar a decisão, para – em comprovado prejuízo concreto – sustentar a ocorrência de *cerceamento de defesa* como preliminar de apelação ou nas suas contrarrazões (CPC, art. 1.009, § 1º).

A rigor, a testemunha difere do informante porque este não se submete ao *compromisso* de dizer a verdade (CPC, art. 447, § 5º). A diferença entre testemunha e informante não pode ser considerada relevante para fins de imputação do crime de falso testemunho (art. 342 do CP), salvo em relação aos penalmente inimputáveis (doentes mentais ou com desenvolvimento mental incompleto ou retardado que, ao tempo da ação ou omissão, eram inteiramente incapazes de entender o caráter ilícito do fato ou de determinar-se de acordo com esse entendimento, bem como os menores de 18 anos; CP, arts. 26 e 27).

A formalidade do compromisso não integra o tipo do crime de falso testemunho, tal como ocorria no primeiro Código Penal da República (Decreto 847, de 11.10.1890). A jurisprudência dos Tribunais Superiores se orienta no sentido de que o compromisso de dizer a verdade não é pressuposto do delito[185].

Ademais, o compromisso de dizer a verdade é um *anacronismo* e não garante a veracidade do depoimento. Trata-se de uma invocação moral, de cunho religioso. Por isso, o art. 422 do CPC/73, após a Lei 8.455/92, aboliu a necessidade do perito em prestar compromisso. O compromisso, aliás, deve ser considerado inconstitucional. Estando o Estado separado da Igreja e em uma sociedade cada vez mais laicizada, a sanção moral pelo descumprimento do compromisso de dizer a verdade é cada vez menor, especialmente nos ambientes urbanos das grandes cidades. O informante não tem o dever de dizer a verdade; todavia, isso não implica em um direito de mentir. Pode manter-se calado, a fim de resguardar o seu direito constitucional ao silêncio. Contudo, se resolve mentir e tal fato for comprovado posteriormente, deve ser processado pelo crime de falso testemunho (CP, art. 342).

Enfim, mesmo que tenha sido tomado, equivocadamente, o compromisso de um informante, tal circunstância não nulifica o depoimento. Do mesmo modo, o deferimento de compromisso à testemunha contraditada não anula o processo, sendo mera irregularidade[186].

O depoimento dos informantes, tal como a das testemunhas, deve ser valorado sem distinção do sujeito que a tiver promovido, cabendo ao magistrado explicitar, na decisão, as razões da formação do seu convencimento (CPC, art. 371)[187].

---

185. STF, HC 69.358, Rel. Min. Paulo Brossard, 2ª T., j. 30.03.1993, *DJ* 09.12.1994, p. 34.082; HC 66.511, Rel. Min. Néri da Silveira, 1ª T., j. 05.08.1988, *DJ* 16.02.1990, p. 929; STJ, HC 1.92659/ES, Rel. Min. Jorge Mussi, 5a T., j. 06.12.2011, pub. *DJe* 19.12.2011. HC 92.836/SP, Rel. Min. Maria Thereza de Assis Moura, 6ª T., j. 27.04.2010, *DJe* 17.05.2010; HC 20.924/SP, Rel. Min. Laurita Vaz, 5ª T., j. 11.03.2003, *DJ* 07.04.2003, p. 302.
186. STJ, HC 2005/0203124-0, Rel. Min. Felix Fischer, 5ª T., j. 03.08.2006, *DJ* 30.10.2006, p. 341.
187. STJ, HC 11.896/RJ, Rel. Min. Fernando Gonçalves, 6ª T., j. 27.06.2000, *DJ* 21.08.2000, p. 173.

O CPC, ao admitir que aqueles cuja idade seja abaixo dos 16 anos possam ser testemunha, ajusta-se tanto ao art. 12 da Convenção das Nações Unidas sobre os Direitos da Criança, ratificada pelo Brasil em 24 de setembro de 1990, aprovada pelo Congresso Nacional pelo Decreto Legislativo 28, de 14 de setembro de 1990, e promulgada pelo Decreto 9.710, de 21 de novembro de 1990 ("Artigo 12, 1. Os Estados Partes assegurarão à criança que estiver capacitada a formular seus próprios juízos o direito de expressar suas opiniões livremente sobre todos os assuntos relacionados com a criança, levando-se devidamente em consideração essas opiniões, em função da idade e maturidade da criança. 2. Com tal propósito, se proporcionará à criança, em particular, a oportunidade de ser ouvida em todo processo judicial ou administrativo que afete a mesma, quer diretamente quer por intermédio de um representante ou órgão apropriado, em conformidade com as regras processuais da legislação nacional") quanto ao ECA (Lei 8.069/90), aperfeiçoado pela Lei 12.010/09, o qual em diversas situações recomenda a oitiva de crianças e adolescentes (arts. 28, §§ 1º e 2º, 45, § 2º, 161, § 1º, 164 e 168).

O desrespeito à opinião da criança e do adolescente, impondo-se a vontade do juiz, pode ensejar *habeas corpus*, pela caracterização do constrangimento ilegal. Nesse sentido, em caso de disputa entre os genitores sobre a guarda dos filhos, já decidiu o STF, determinando que as crianças ou adolescentes, desde que possuam idade razoável para poderem ser compreendidas, sejam, primeiramente, ouvidas sobre com qual dos pais querem ficar, a fim de se poder respeitar seus direitos fundamentais à dignidade, ao respeito, à liberdade e à convivência familiar (CF, art. 227)[188].

Contudo, deve ser ponderado que há diferenças no desenvolvimento intelectual de uma criança para outra, de modo que seria prejudicial à realização da justiça privá-las, por razão de idade, de serem testemunhas, ainda mais quando seu testemunho é o único possível, além de apto a obter a formação de um juízo de certeza. Por outro lado, tais depoimentos podem ser fonte de erros, sendo inidôneos para a formação da convicção judicial ou podendo gerar decisões injustas[189].

Pela *teoria do traço difuso* é possível explicar como, no desenvolvimento cognitivo, as mudanças nos processos de informação afetam as representações dos fatos nas crianças[190]. Principalmente na primeira infância, cujas memórias são codificadas sob a forma de traços literais pela representação específica dos detalhes da situação em questão. Já no final da infância, estas são codificadas sob a forma de traços de essência, armazenando-se o significado e o sentido do evento e, portanto, são mais robustas e difíceis de serem esquecidas. Acrescente-se que, ao passar dos anos, com a aquisição de habilidades de linguagem, contribui-se para o sistema infantil de representações mnemônicas.

---

188. STF, HC 69.303/MG, Pleno, Rel. Min. Néri da Silveira, j. 30.06.1992, *DJU* 20.11.1992, p. 21.612.
189. MALATESTA, Nicola Framarino dei. *A lógica das provas em matéria criminal*. Trad. Alexandre Augusto Correia. São Paulo: Saraiva, 1960. v. II, p. 43-44.
190. STEIN, Lilian Milnitsky; NYGAARD, Maria Lúcia Campani. A memória em julgamento: uma análise cognitiva dos depoimentos testemunhais. *Revista Brasileira De Ciências Criminais*. v. 43, abr. 2003. p. 160.

Logo, em função da idade e da maturidade da criança, estando ela capacitada a formular seus próprios juízos, deve ser protegido o seu direito de expressar suas opiniões livremente. Como a Convenção das Nações Unidas sobre os Direitos da Criança não fixa uma idade precisa, a questão quanto à *capacidade de discernimento* da criança para depor passa a ser complexa, pois, a determinação é casuística e, antes da entrevista com a criança, o juiz, que nunca a viu, não pode apreciar o seu grau de maturidade intelectual[191], exceto se ela tenha sido objeto de perícia que possa subsidiar a decisão judicial.

Entretanto, a criança não pode ser obrigada a falar, devendo-se, acima de tudo, respeitá-la como uma pessoa em fase peculiar de desenvolvimento. Especialmente nas situações que envolvem violência sexual intrafamiliar, quando a vítima nutre apego pelo abusador, com quem mantém vínculos parentais significativos, é compreensível quando a criança não deseja discutir novamente o incidente, uma vez que a recordação é dolorosa e traumática[192]. Nessas situações, a criança se cala para não tomar partido e obrigá-la geraria um *conflito de lealdade* – em relação a um dos genitores –, o que implicaria na negação de seus direitos essenciais[193].

De qualquer modo, quando a oitiva se mostrar adequada, após se considerar o estágio de maturidade e de desenvolvimento em que a vítima se encontra, para se obter melhores resultados com a técnica do *depoimento sem maiores danos*[194], argumenta-se que tal depoimento deve ser colhido por psicólogos ou assistentes sociais, pois são mais capacitados a enfrentar essas situações do que os operadores jurídicos.

No entanto, quando se tratar de criança ou adolescente vítima ou testemunha de violência, devem ser observadas, necessariamente, as regras estabelecidas pela Lei 13.431/2017, que prevê (arts. 9º e 12): o resguardo de qualquer contato, ainda que visual, entre a criança ou o adolescente e o suposto autor ou acusado, ou com qualquer outra pessoa que represente ameaça, coação ou constrangimento; que o depoimento deve ser realizado em local apropriado e acolhedor, com infraestrutura e espaço físico que garantam a privacidade da criança ou do adolescente vítima ou testemunha de violência; a presença de profissionais especializados, que devem esclarecer à criança ou ao adolescente a tomada do depoimento especial, informando-lhe os seus direitos e os procedimentos a serem adotados e planejando sua participação, sendo vedada a leitura da denúncia ou de outras peças processuais; ser assegurada a livre narrativa sobre a violência, podendo o profissional especializado intervir, quando necessário, utilizando-se de técnicas que permitam a elucidação dos fatos; a transmissão do depoimento especial em tempo real para a sala de audiência, preservado o sigilo; a possibilidade do

---

191. LEITE, Eduardo de Oliveira. A oitiva de crianças nos processos de família. *Revista Jurídica*. v. 278, dez. 2000. p. 29.
192. AZAMBUJA, Maria Regina Fay de. Violência sexual intrafamiliar: interfaces com a convivência familiar, a oitiva da criança e a prova da materialidade. *Revista dos Tribunais*. v. 852, out. 2006. p. 442-443.
193. LEITE, Eduardo de Oliveira. *A oitiva de crianças nos processos de família* cit., p. 31.
194. CAMBI, Eduardo; OLIVEIRA, Priscila Sutil de. Depoimento sem dano e falsas memórias. *Revista de Processo*. v. 235, set. 2014. p. 21-50.

CURSO DE PROCESSO CIVIL • Eduardo Cambi

juiz avaliar a pertinência de perguntas complementares a serem realizadas em bloco, que podem ser adaptadas pelo profissional especializado à linguagem de melhor compreensão da criança e do adolescente. Porém, se a vítima ou testemunha de violência preferirem é assegurado o direito de prestarem depoimento diretamente ao juiz (Lei 13.431/2017, art. 12, § 1º).

7.4.5. Deveres e direitos das testemunhas

Ser testemunha não é uma faculdade, mas um *dever*, pois o art. 378 do CPC afirma que "ninguém se exime do dever de colaborar com o Poder Judiciário para o descobrimento da verdade".

Sem a colaboração das testemunhas, o Estado ficaria impossibilitado de administrar e distribuir a justiça. É o próprio *interesse público* que impõe aos indivíduos o dever de testemunhar em juízo, informando ao juiz os fatos e as circunstâncias de que tenha conhecimento (CPC, art. 380, inc. I).

Se a testemunha deixar de comparecer, sem motivo justificado, será conduzida, por oficial de justiça, respondendo pelas despesas do adiantamento (CPC, art. 455, § 5º). Não prevê o Código de Processo Civil de 2015 a possibilidade de se obrigar a testemunha a comparecer sob pena de multa, tampouco cogita-se acerca da possibilidade de aplicá-la em razão da desobediência a ordem judicial.

As testemunhas, como asseverou Jeremy Bentham, são os olhos e os ouvidos da Justiça[195]. O Judiciário se tornaria impotente, caso não pudesse "constranger" a testemunha a comparecer em juízo. Afinal, a realização da justiça é indispensável para se assegurar a segurança geral para a população e, para que a justiça se realize, são indispensáveis provas[196].

Se tal constrangimento legal fosse excluído, o Judiciário deveria renunciar o exercício da jurisdição, porque excluir toda e qualquer coação é maneira própria de se inviabilizar o exercício do poder. Portanto, pretender-se à elaboração de leis que não imponham constrangimento nenhum às testemunhas é insensato. Todavia, a coação deve ser razoável, para não se extrapolar os limites constitucionais, que asseguram o direito ao silêncio (CF, art. 5º, inc. LXIII).

O art. 219 do CPP, ao contrário do CPC, prevê, expressamente, que a testemunha faltosa está sujeita, além do pagamento de multa (art. 453 do CPP) e das custas da diligência, a responder pelo crime de desobediência.

O não comparecimento pode configurar o crime de desobediência previsto no art. 330 do CP. Entretanto, verifica-se que a jurisprudência do STJ é dividida sobre o assunto, podendo-se mencionar dois julgados: I) comete crime de desobediência a

---

195. *Tratado de las pruebas judiciales* cit., v. II, p. 83.
196. BENTHAM, Jeremy. *Tratado de las pruebas judiciales*. Trad. Manuel Ossorio Florit. Buenos Aires: Ediciones Jurídicas Europa-América, 1971. v. II, p. 251 e 256.

pessoa arrolada como testemunha e que não atende ao chamamento do juiz para depor[197]; II) ofícios expedidos pelo juiz, solicitando-se o agendamento de dia e hora para a prestação de depoimento em juízo, encaminhados a quem detém essa prerrogativa processual, não podem ser considerados *ordens judiciais*, para o fim do art. 330 do CP, caso o destinatário não atenda àquelas solicitações; devem ser compreendidas como *mera solicitação de agendamento de dia e hora para prestar depoimento*[198].

Essa última corrente, contudo, além de incentivar o desprezo pelas determinações judiciais (*contempt of court*), retira o caráter obrigatório do comparecimento em juízo. Torna o depoimento mera faculdade e prejudica o interesse público na descoberta da verdade processualmente objetivável.

A primeira interpretação é, pois, a mais acertada. Tem a pessoa, arrolada como testemunha e devidamente intimada, o dever de se comparecer em juízo, embora possa, ao se estar diante do juiz, exercer o seu direito constitucional ao silêncio. Isto é, não responder as perguntas sobre os fatos que impliquem sua *autoincriminação* e possam levá-la a *produzir prova contra si mesmo* (CF, art. 5º, inc. LXIII)[199].

O dever da testemunha em comparecer perante o juízo está assentado, como já referido, no art. 378 do CPC, pelo qual ninguém se exime do dever de colaborar com o Poder Judiciário para o descobrimento da verdade. Ainda, a testemunha tem o *dever de dizer a verdade*, sob pena de cometer o crime de falso testemunho (CP, art. 342).

Por ter o dever de testemunhar, a testemunha pode requerer ao juiz que determine o pagamento das despesas que teve com o comparecimento à audiência. Nesse caso, deve à parte requerente pagá-las logo que arbitradas ou depositá-las em cartório dentro de três dias (CPC, art. 462).

Por outro lado, poderia se questionar se as autoridades públicas podem recorrer à *promessa de recompensa* para se descobrir fontes de prova[200]. O CC trata do instituto da promessa de recompensa nos arts. 854 a 860. Mais especificamente, o art. 4º da Lei 13.608/2018 prevê que a "União, os Estados, o Distrito Federal e os Municípios, no âmbito de suas competências, poderão estabelecer formas de recompensa pelo oferecimento de informações que sejam úteis para a prevenção, a repressão ou a apuração de crimes ou ilícitos administrativos" e que, entre as recompensas a serem estabelecidas, poderá ser instituído o pagamento de valores em espécie". Além disso, o art. 4º-A, da Lei 13.608/2018, com a redação atribuída pela Lei 13.964/2019, assegurou que quaisquer dos entes federativos, autarquias e fundações, empresas públicas e sociedades de economia mista, devem assegurar a qualquer pessoa o direito de relatar informações sobre os crimes contra a administração pública, ilícitos administrativos ou quaisquer

---

197. RHC 4.426/MG, Rel. Min. Edson Vidigal, 5ª T., j. 03.05.1995, *DJ* 29.05.1995, p. 15.530.
198. HC 86.429/SP, Rel. Min. Napoleão Nunes Maia Filho, 5ª T., j. 13.09.2007, *DJ* 1º.10.2007, p. 353.
199. STJ, HC 82.009/BA, Relª. Minª. Denise Arruda, 1ª T., j. 05.06.2007, *DJ* 29.06.2007, p. 488; HC 57.420/BA, Rel. Min. Hamilton Carvalhido, 6ª T., j. 25.04.2006, *DJ* 15.05.2006, p. 308.
200. BENTHAM, Jeremy. *Tratado de las pruebas judiciales*, v. II cit., p. 258-259.

ações ou omissões lesivas ao interesse público. E, dentre as proteções asseguradas pela lei para o informante (art. 4º-C, § 3º), está a possibilidade de recebimento de recompensa em até 5% (cinco por cento) do valor recuperado, quando as informações resultarem em recuperação de produto de crime contra a administração pública.

Todavia, tal expediente exige determinadas cautelas, como: a) *quanto a eficácia do testemunho*: a recompensa não pode ser igual para cada informante, variando conforme a informação oferecida; b) não isenta o perigo de falsos testemunhos, pois uma pessoa que é paga para dizer a verdade pode, em troca da remuneração, dizer uma mentira; c) *a credibilidade do depoimento*: cria-se uma diferença entre a testemunha que recebe para prestar um serviço à justiça e outros que o fazem gratuitamente, pondo em dúvida o espírito público das testemunhas gratuitas, sem poder recriminar as pagas, por que prestar um serviço reclamado pela própria justiça.

Sem prejuízo da figura do informante do bem (*whistleblower*) é importante criar um vínculo de confiança entre as autoridades públicas e o Poder Judiciário, intensificando programas de proteção às testemunhas para que colaborem, gratuitamente, com a descoberta da verdade e para a realização da justiça. Por outro lado, em casos extremos, a promessa de recompensa pode ser útil, desde que se tomem os devidos cuidados, porque sem descobrir as fontes das provas não se pode fazer justiça.

Todavia, a utilização de tal expediente para a obtenção de provas possui algumas desvantagens: I) quanto à eficácia do testemunho: a recompensa não poderia ser igual para cada informante, variando conforme a informação oferecida; II) não isenta o perigo de falsos testemunhos, pois uma pessoa que fosse paga para dizer a verdade poderia, em troca da remuneração, dizer uma mentira; III) a credibilidade do depoimento: criaria uma diferença entre a testemunha que recebe para prestar um serviço à justiça e outras que o fazem gratuitamente, pondo em dúvida o espírito público das testemunhas gratuitas, sem poder recriminar as pagas, por prestarem um serviço reclamado pela própria justiça.

O ideal é se criar um vínculo de confiança entre as autoridades públicas e o Poder Judiciário, intensificando-se os programas de proteção às testemunhas para que colaborem, gratuitamente, com a descoberta da verdade e para a realização da justiça. Por outro lado, em casos extremos, a promessa de recompensa pode ser útil, desde que se tomem os devidos cuidados, porque sem descobrir as fontes das provas não se pode fazer justiça.

O depoimento em juízo é considerado *serviço público*, não sofrendo a testemunha, que esteja sob a regência da legislação trabalhista (art. 822 da CLT), a perda de salário nem desconto no tempo de serviço. O mesmo ocorre com a testemunha na qualidade de funcionário público (CPC, art. 463, parágrafo único)

Além disso, a testemunha tem a faculdade de requerer ao juiz a dispensa de depor (CPC, art. 457, § 3º), assim como o direito de ser dispensada quando a escusa for procedente (CPC, art. 448).

Tem, ainda, o direito de ser tratada com urbanidade e respeito pelo juiz, pelo membro do Ministério Público e pelos advogados (CPC, art. 459, § 2º, Lei Complementar 35/79, Lei Orgânica da Magistratura Nacional, art. 35, inc. IV e Lei 8.625/93, Lei Orgânica Nacional do Ministério Público, art. 43, inc. IX).

Não se admitem perguntas ou considerações impertinentes, capciosas ou vexatórias (CPC, art. 459, § 2º). O juiz tem o poder e o dever de *indeferir* perguntas impertinentes ou repetitivas, propostas pelo advogado das partes, pelo Defensor Público ou pelo membro do Ministério Público.

Nesse sentido, vale destacar a Lei 14.245/2021, também denominada de Lei Mariana Ferrer, vítima do crime de estupro de vulnerável, que teria sido drogada e por este motivo não teria condições de consentir com o ato sexual. O acusado foi absolvido por insuficiência de provas, mas, durante a audiência, o advogado de defesa fez "várias menções à vida pessoal de Mariana, inclusive valendo-se de fotografias íntimas". A referida lei estabeleceu causa de aumento de pena no crime de coação no curso do processo (art. 344, par. ún., do Código Penal), bem como introduziu nos arts. 400-A e 474-A do Código de Processo Penal, e no art. 81, § 1º-A, da Lei 9.099/95, o dever de todas as partes e demais sujeitos processuais, durante a audiência, de respeitar a dignidade da vítima, com a vedação de manifestação sobre as circunstâncias ou elementos alheios aos fatos objeto de apuração nos autos e da utilização de linguagem, informações ou de material que ofendam a dignidade da vítima ou de testemunhas, sob pena de responsabilização civil, penal e administrativa[201].

As partes têm o direito ao registro das perguntas indeferidas para posterior arguição de cerceamento do direito de defesa (denegação do direito à prova; CPC, art. 459, § 3º).

Por fim, algumas autoridades (tais como presidente e vice-presidente da República, senadores, deputados federais, ministros de Estado, governadores, secretários de Estado, prefeitos, deputados estaduais, membros do Poder Judiciário, membros e ministros do TCU) têm o direito de serem inquiridas como testemunhas em sua residência ou local de trabalho, no dia e hora que escolherem. O art. 454 do CPC ampliou o rol de autoridades previstas no art. 411 do CPC/73, incluindo, por exemplo, os conselheiros do CNJ e do CNMP.

Além das autoridades arroladas no art. 454 do CPC, leis especiais ampliam essa prerrogativa. Assim, todos os juízes, pelo art. 33, inc. I, da Lei Complementar 35/1979 –

---

201. Nesse sentido, no âmbito do sistema interamericano de direitos humanos, é ilustrativa a sentença condenatória do Brasil pela Corte Interamericana de Direitos Humanos, no caso Márcia Barbosa de Souza e Outros vs. Brasil, em razão da ausência de processamento e responsabilização adequadas em caso de feminicídio. A Corte IDH criticou o uso sistemático, tanto durante o inquérito policial quanto do processo penal, da produção, como estratégias de defesa, de reiterados depoimentos quanto a personalidade, a conduta social e a sexualidade da vítima, com o intuito de demonstrar que ela se dedicava à prostituição, uso de drogas e que teria praticado suicídio, ao invés de se buscar evidenciar a autoria do crime contra a vida. Cf. Corte Interamericana de Direitos Humanos. Caso Barbosa de Souza y Otros vs. Brasil. Sentença de 7 de setembro de 2021 (Excepciones preliminares, Fondo, Reparaciones y Costas). Par. 71.

Lei Orgânica da Magistratura Nacional – têm prerrogativa de serem ouvidos como testemunha em dia, hora e local previamente ajustados com a autoridade ou Juiz de instância igual ou inferior. De igual modo, os membros do Ministério Público têm como prerrogativa serem ouvidos, como testemunha, em qualquer processo ou inquérito, em dia, hora e local previamente ajustados, com o Juiz ou a autoridade competente (Lei 8.625/1993 – Lei Orgânica Nacional do Ministério Público, art. 40, I). A mesma regra beneficia os defensores públicos, que têm a prerrogativa de serem ouvidos, como testemunha, em qualquer processo ou procedimento, em dia, hora e local previamente ajustados, com a autoridade competente (Lei Orgânica Nacional da Defensoria Pública – Lei Complementar 80/1994, art. 44, XIV).

Os Conselheiros dos Tribunais de Contas, por terem as mesmas garantias, prerrogativas, impedimentos, vencimentos e vantagens dos magistrados (exegese dos arts. 73, § 3º, e 75 da CF, em conjunto com o art. 33 da LOMAN), não estão sujeitos à notificação ou intimação para comparecerem em juízo ou em Comissão de Investigação Processante, na condição de testemunhas, mas podem ser convidados a fazê-lo.

No entanto, caso as autoridades com prerrogativas processuais aceitarem ser testemunhas, não poderão ser questionadas sobre as atividades típicas de seus cargos, sob pena de configuração de constrangimento ilegal. Assim, por exemplo, não pode o magistrado ser questionado sobre o conteúdo jurisdicional atinente ao fato investigado por Comissão Parlamentar de Inquérito[202] nem, tampouco, um Conselheiro do Tribunal de Contas, em Comissão de Investigação e Processante, ser indagado a respeito de procedimentos de tomadas de contas e fiscalizações sobre as operações orçamentárias, financeiras, patrimoniais dos órgãos fiscalizados[203].

Duas novidades importantes, introduzidas no Código de Processo Civil de 2015, passam a nortear o depoimento dessas autoridades.

Em primeiro lugar, se houver um lapso temporal superior a um mês sem que a autoridade faça uso de suas prerrogativas, cabe ao juiz designar dia, hora e local para o depoimento, preferencialmente na sede do juízo (CPC, art. 454, § 1º). Tal técnica processual (CPC, art. 454, § 2º) está em consonância com a garantia constitucional da duração razoável do processo (art. 5º, inc. LXXVIII, CF e art. 4º do CPC). Surgiu como uma prática inovadora no julgamento do Mensalão (Ação Penal 470 – Questão de Ordem frente ao réu Paulo Pereira da Silva), quando o STF interpretou o art. 221 do CPP[204]. O STF, lembrando ainda a redação da Emenda Constitucional 1/1969 (art. 32, § 7º) e da Constituição Federal de 1967 (art. 34, § 5º), determinou que fosse dado prazo de 30 dias para a testemunha indicar a data para seu depoimento, após o qual a prerrogativa deixaria de ter validade. O processo foi ajuizado na Corte pelo Ministério

---

202. STF, HC 80539, Tribunal Pleno, Rel. Min. Maurício Corrêa, j. 21.03.2001, pub. DJ 01.08.2003 pp-00120 Ement Vol-02117-41 pp-08895.
203. STJ, HC 590.436/MT, Corte Especial, Rel. Min. Jorge Mussi, j. 11.11.2021, *DJe* 17.11.2021.
204. STF, AP 421 QO, Tribunal Pleno, Rel. Min. Joaquim Barbosa, j. 22.10.2009, *DJe* 23, Divulg. 03.02.2011.

Público Federal contra o deputado federal Paulo Pereira da Silva, o Paulinho da Força (PDT-SP). Uma das testemunhas indicadas pela acusação, o também deputado Raul Jungmann (PPS-PE), marcou, com base no art. 221 do CPP, cinco datas diferentes junto ao juízo que recebeu a incumbência de ouvir as testemunhas, mas não compareceu em nenhuma das vezes, sempre por motivos distintos. O juiz responsável, então, devolveu a carta de ordem ao ministro Joaquim Barbosa, relatando a situação e informando que não houve a possibilidade de se ouvir o parlamentar.

Assim, se a autoridade designar dia, hora e local, mas deixar de comparecer sem justificativa, perde tal prerrogativa, cabendo ao juiz designar dia, hora e local para o depoimento, preferencialmente em juízo (CPC, art. 454, § 3º).

Por outro lado, o CPC, ao contrário do preceituado no art. 503.3 do CPC português ("Ao indicar como testemunha uma das entidades designadas nos números anteriores, a parte deve especificar os factos sobre que pretende o depoimento"), não prevê o dever das partes em indicar quais os fatos a parte pretendem elucidar com a autoridade arrolada como testemunha, a fim de se evitar o desperdício de tempo. Entretanto, a partir da exegese do art. 370, parágrafo único, do CPC (que permite ao juiz indeferir, em decisão fundamentada, as diligências inúteis ou meramente protelatórias) e da garantia constitucional da duração razoável do processo (CF, art. 5º, inc. LXXVIII; CPC, art. 4º), entende-se que o juiz tem o dever de questionar quais fatos, especificamente, a parte pretende provar com a indicação dessas testemunhas. O magistrado pode indeferir a produção da prova testemunhal, quando não ficar demonstrada a real necessidade da oitiva de autoridades com as prerrogativas previstas no art. 454 do CPC ou em leis especiais.

7.4.6. Admissibilidade da prova testemunhal

Conforme o art. 442 do CPC, a prova testemunhal sempre é admissível, se a lei não dispuser de modo diverso. Ainda, pelo art. 371 do CPC, que contempla a regra da persuasão racional motivada, não há *gradação* quanto ao valor da prova testemunhal.

O Código de Processo Civil de 2015 enfatizou o princípio da ampla liberdade probatória ao revogar o art. 401/CPC-73[205], que proibia a prova exclusivamente testemunhal para comprovar a existência de contratos em valor superior a 10 (dez) salários-mínimos, e, no art. 1.072, inc. II, as regras do art. 227 do Código Civil (que reproduzia o disposto no art. 401 do CPC-73) e do art. 230 também do Código Civil, a qual impedia a admissão de presunções simples nos casos em que a lei excluía a prova documental.

Todavia, o ordenamento jurídico, em certas situações, faz restrições ao seu uso, colocando-se a prova testemunhal em segundo plano se o fato já está provado, seja por

---

205. STJ, AgInt no REsp 1172444/ES, Rel. Min. Assusete Magalhães, 2ª T., j. 13.03.2018, *DJe* 19.03.2018

documento, seja pela confissão (CPC, art. 374, inc. II)[206], bem como só por documento ou exame pericial puderem ser provados (CPC, art. 443, incs. I e II). A prova testemunhal também não é admitida se a lei exigir instrumento público como da substância do ato (*v.g.*, a compra e venda de imóvel deve ser comprovada por escritura pública; CC, art. 108 e CPC, art. 406).

Ainda, a Súmula 149 do STJ não admite a prova exclusivamente testemunhal para a comprovação da atividade rurícola, com o intuito da obtenção de benefício previdenciário. Nesses casos, salvo excepcionalmente, é necessário, ao menos, o início de prova material (*v.g.*, a declaração sindical ou de ex-empregador)[207]. Igualmente, a prova do tempo de serviço, para fins de aposentadoria, depende de início de prova documental, que pode ser completada pela prova testemunhal idônea e robusta, não sendo admitida, exceto ante motivo de força maior ou caso fortuito, a prova meramente testemunhal (Lei 8.213/1991, art. 55, § 3º)[208].

Ademais, por força do art. 370, parágrafo único, do CPC, devem ser excluídos os testemunhos *impertinentes* e *supérfluos*[209]. Afirmar-se que um testemunho é *impertinente* é dizer que ele é estranho à causa, sequer possuindo vinculação com ela, sendo inútil para se provar os fatos em questão. Já um testemunho é *supérfluo* quando a sua admissibilidade não acrescenta nada ao que foi esclarecido por outros testemunhos e, por isso, não pode contribuir para a busca da verdade processual.

Os testemunhos impertinentes são mais nocivos que os supérfluos[210]. Estes geram perda de tempo, além de poderem causar despesas desnecessárias para as partes. Porém, aqueles, além desses inconvenientes, cobrem de nuvens o processo, criam confusões e podem gerar dúvidas e vacilações nos espíritos dos juízes.

Em todas essas hipóteses, não se está limitando o conceito de prova testemunhal, que pode recair sobre a representação de qualquer fato. Trata-se apenas de restrições teóricas, impostas pelo direito positivo, sobre a *eficácia* da prova testemunhal, não sobre a sua existência[211].

Por isso, admite-se a comprovação pela prova unicamente testemunhal dos *fatos* que envolverem as partes, bem como das *obrigações* e dos *efeitos* decorrentes desses

---

206. Contudo, é preciso ressalvar que, como a confissão não é a "rainha das provas", gerando apenas presunção relativa, não se pode impedir que os fatos presumidos sejam desconstituídos pela prova testemunhal, quando mostrar-se adequada e juridicamente relevante.

207. STJ, REsp 1348633/SP, Rel. Min. Arnaldo Esteves Lima, Primeira Seção, j. 28.08.2013, *DJe* 05.12.2014.

208. "Art. 55 (...). § 3º A comprovação do tempo de serviço para os efeitos desta Lei, inclusive mediante justificação administrativa ou judicial, conforme o disposto no art. 108, só produzirá efeito quando baseada em início de prova material, não sendo admitida prova exclusivamente testemunhal, salvo na ocorrência de motivo de força maior ou caso fortuito, conforme disposto no Regulamento". Conferir, dentre outros: STF, RE 226772, Rel. Min. Marco Aurélio, 2ª T., j. 15.08.2000, *DJ* 06-10-2000 PP-00098 Ement v. 02007-04 pp-00746; STJ, REsp 1684488/SP, Rel. Min. Herman Benjamin, 2ª T., j. 03.10.2017, *DJe* 16.10.2017.

209. BENTHAM, Jeremy. *Tratado de las pruebas judiciales*, v. II cit., p. 93-94.

210. Idem.

211. CARNELUTTI, Francesco. *La prueba civil* cit., Item 30, p. 145.

fatos, inclusive para evitar o *enriquecimento sem causa*[212], além da *interpretação* dos negócios jurídicos (incluindo as cláusulas contratuais; *v.g.*, a cobertura dos planos de saúde) e os *vícios* de consentimento.

Em relação aos *contratos simulados* e aos *vícios do consentimento*, admite-se a prova testemunhal para que a parte inocente demonstre a invalidade do negócio jurídico. Nessas hipóteses, o art. 446 do CPC permite que a simulação e os vícios do consentimento sejam provados, exclusivamente, com a prova testemunhal.

O negócio jurídico simulado decorre de um *desacordo* entre a vontade interna e a vontade declarada[213]. Decorre de uma declaração falsa ou enganosa, seja para dar aparência a um ato negocial inexistente, seja para ocultar outro negócio prejudicial a terceiros. O § 1º do art. 167 do CC afirma que há simulação nos negócios jurídicos quando: I – aparentarem conferir ou transmitir direitos a pessoas diversas daquelas às quais realmente se conferem, ou transmitem; II – contiverem declaração, confissão, condição ou cláusula não verdadeira; III – os instrumentos particulares forem antedatados ou pós-datados.

A simulação pode ser absoluta ou relativa. É absoluta quando as partes, na realidade, não realizam nenhum negócio jurídico, apenas criam a aparência desse ato, para prejudicar terceiros (*v.g.*, emissão de títulos de crédito pelo marido, durante o processo de divórcio, para reduzir a parte da partilha de bens da esposa; a falsa confissão de dívida para prejudicar credores quirografários etc.). Por outro lado, na simulação relativa, há a celebração de dois negócios jurídicos: um aparente, mas falso, com o objetivo de enganar, e o outro real, porém oculto, cujos efeitos são desejados (*v.g.*, os contratantes celebram compra e venda de imóvel, passando o bem por um valor menor para enganar o fisco).

A simulação gera a nulidade do ato negócio jurídico, porque maculado pelo vício social de iludir terceiro(s) e de se fraudar a lei. Porém, na simulação relativa, o negócio jurídico real subsiste, se for válido na substância e na forma (CC, art. 167, *caput*, parte final).

O Enunciado 293 das Jornadas de Direito Civil, coordenadas pelo Conselho da Justiça Federal, afirma: "Na simulação relativa, o aproveitamento do negócio jurídico dissimulado não decorre tão somente do afastamento do negócio jurídico simulado, mas do necessário preenchimento de todos os requisitos substanciais e formais de validade daquele".

Ademais, o § 2º do art. 167 do CC ressalva os direitos de terceiros de boa-fé em face dos contraentes do negócio jurídico simulado.

A interpretação consagrada no art. 446, inc. I, do CPC já havia sido objeto do Enunciado 294 das Jornadas de Direito Civil, promovida pelo Conselho da Justiça Federal:

---

212. STJ, AgRg no AREsp 476.483/PR, Rel. Min. Raul Araújo, 4ª T., j. 05.08.2014, *DJe* 20.08.2014; REsp 139.236/SP, Rel. Min. Sálvio de Figueiredo Teixeira, 4ª T., j. 24.11.1998, *DJ* 15.03.1999, p. 230.

213. CUNHA, José Sebastião Fagundes; BOCHENEK, Antonio; CAMBI, Eduardo. *Código de Processo Civil comentado*. São Paulo: RT, 2015. p. 704-705.

"Sendo a simulação uma causa de nulidade do negócio jurídico, pode ser alegada por uma das partes contra a outra".

Os vícios do consentimento recaem sobre a manifestação de vontade e podem gerar a anulação do negócio jurídico por erro (CC, arts. 138 a 144), dolo (CC, arts. 145 a 150), coação (CC, arts. 151 a 155), estado de perigo (CC, art. 156) ou lesão (CC, art. 157).

Conquanto a lei possa exigir que a prova do negócio jurídico deva ser por escrito, admite-se a prova exclusivamente testemunhal para a comprovação de simulação e de vícios do consentimento, em razão da dificuldade de se provar tais circunstâncias. A prova testemunhal pode subsidiar a verificação de *indícios* dos quais o órgão judicial pode extrair *presunções* quanto à divergência entre a vontade real e a declarada, nos contratos simulados, ou quanto à existência de vícios de consentimento, nos contratos em geral.

7.4.7. Exclusão do dever de depor

Pelo art. 448 do CPC, além do impedimento e da suspeição, a testemunha não é obrigada a depor sobre certos fatos.

O art. 448, inc. I, do CPC afirma que ninguém é obrigado a depor sobre fatos que lhes possa causar grave dano, bem como ao seu cônjuge ou companheiro e aos seus parentes consanguíneos ou afins, em linha reta ou colateral até o terceiro grau.

Tal regra processual visa tutelar o direito da pessoa de não se *autoincriminar*, nem de prejudicar seus familiares.

Pelo princípio da reserva legal ou da legalidade, previsto no art. 5º, inc. II, da CF, ninguém será obrigado a fazer ou deixar de fazer alguma coisa, senão em virtude de lei. Assim, ninguém é obrigado a confessar um fato contrário ao seu direito, podendo manter-se em silêncio. Esse comportamento, contudo, pode ser interpretado desfavoravelmente à parte, quando houver presunção legal (CC, arts. 231 e 232, assim como Lei 8.560/92, art. 2º-A, § 1º) ou quando, no contexto das demais provas, puder se verificar que a parte está escondendo a verdade (CPC, art. 371), desde que isso não contrarie regra especial (*v.g.*, Lei 8.906/94 – Estatuto da OAB, art. 7º, inc. XIX).

O fato de não serem obrigadas a depor não significa que tais pessoas estejam excluídas de depor. Aliás, seria recomendável prescindir desses depoimentos, porque normalmente vêm carregados de amor ou de ódio, sendo suspeitos de parcialidade. Porém, em contrapartida, não seria prudente excluir tais depoimentos, porque se correria o risco de permitir que os infratores da lei se tornassem impunes ou praticassem as ilegalidades diante daqueles que não poderiam depor[214].

Grave dano é uma expressão genérica que abrange tanto o privilégio contra não autoincriminação (direito constitucional ao silêncio; CF, art. 5º, inc. LXIII) quanto

---

214. BENTHAM, Jeremy. *Tratado de las pruebas judiciales*, v. II cit., p. 113.

qualquer outra situação constrangedora que venha a comprometer os direitos fundamentais da testemunha.

No entanto, a justificativa apresentada pela testemunha que não pretende depor deve ser analisada pelo órgão judicial. Não se admitem motivos não razoáveis e que comprometam o interesse público na descoberta da verdade objetivamente justificável, além de não estarem respaldados no postulado da proporcionalidade. Afinal, os direitos inerentes à intimidade e à vida privada não são absolutos e devem ser ponderados, nos casos concretos, para se evitar evasivas não justificáveis e que possam vir a comprometer o dever judicial de depor em juízo.

Não basta que a testemunha afirme que não pretende depor, para se evitar o constrangimento de colocar-se diante do suposto autor do ato ilícito (*v.g.*, assistente social, educadora ou membro de Conselho Tutelar que se recusa a depor contra os demandados em ação de destituição do poder familiar) ou pela mera alegação de que estaria abalada psicologicamente em relação aos fatos. Na primeira hipótese, a exemplo da regra contida no art. 217 do CPP, que deve ser aplicada analogamente ao CPC, se a presença de qualquer das partes puder causar *humilhação, temor* ou sério constrangimento à testemunha, de modo que prejudique a verdade do depoimento, a audiência deve prosseguir sem que o litigante esteja presente, figurando apenas o seu advogado.

Porém, o STF assegura o direito ao silêncio (CF, art. 5º, inc. LXIII) também às testemunhas que não têm o dever de afirmar fatos que sejam contrários a si mesmas[215]. Por isso, não caracteriza o crime de falso testemunho (CP, art. 342) quando a testemunha, apesar de compromissada, não revela fatos que possam incriminá-la[216].

O STJ decidiu que os filhos comuns do casal não estão impedidos de atuar como testemunhas no processo de divórcio dos pais[217]. A hipótese de impedimento do art. 447, § 2º, inc. I, do CPC seria aplicável à testemunha que possuísse vínculo somente com uma das partes, e não quando o seu parentesco é idêntico com ambos os litigantes (ou seja, para o filho comum). Aliás, mesmo os filhos não comuns, e, portanto, impedidos de testemunhar poderiam ser ouvidos como testemunha do juízo, sem o dever de prestar compromisso de dizer a verdade, cabendo ao magistrado valorar suas declarações no contexto das provas produzidas nos autos (art. 447, §§ 4º e 5º, do CPC).

Além disso, o art. 448, inc. II, do CPC não obriga a testemunha a depor sobre fatos cujo respeito, por estado ou profissão, deva *guardar sigilo*.

---

215. Inq 3983, Relator(a): Min. Teori Zavascki, Tribunal Pleno, j. 03.03.2016, Acórdão Eletrônico *DJe*-095 Divulg 11.05.2016, public. 12.05.2016; HC 79.812/SP, Rel. Min. Celso de Mello, Tribunal Pleno, j. 08.11.2000, *DJU* 16.02.2001, p. 21.

216. STJ, Processo em Segredo de Justiça. Notícia publicada. Disponível em: [https://www.stj.jus.br/sites/portalp/Paginas/Comunicacao/Noticias/2023/15062023-Filho-pode-atuar-como-testemunha-no-processo-de-divorcio-dos-pais.aspx]. Acesso em: 15.06.2023.

217. STF, HC 73.035, Rel. Min. Carlos Velloso, Tribunal Pleno, j. 13.11.1996, *DJ* 19.12.1996, p. 51.766, Ement. v. 1.855-02, p. 236; STF, HC 106.876, Rel. Min. Gilmar Mendes, 2ª T., j. 14.06.2011, Processo eletrônico *DJe* 125, Divulg. 30.06.2011, Public. 01.07.2011; *RB* v. 23, n. 574, p. 46-50, 2011.

O *sigilo de fonte*, quando necessário ao exercício profissional, também está assegurado no art. 5º, inc. XIV, da CF e no art. 207 do CPP. Isso porque, para o desempenho de determinadas profissões, é imprescindível se manter a *relação de confiança* entre o profissional e o cliente. Assim, o médico que sabe que seu paciente está com uma doença contagiosa ou o advogado que tem conhecimento que seu cliente cometeu um ato ilícito não estão obrigados a depor em juízo.

Nesse sentido, o TJ-RS[218] afirmou que, em ação de investigação de paternidade, o médico que acompanhou ("assistiu") a gestação da parte é testemunha impedida (CPC, art. 447, § 2º, inc. III), podendo ser ouvida pelo juiz, na qualidade de informante (CPC, art. 447, § 4º). Todavia, cabe a ele se escusar de responder sobre fatos que, por dever ou ética profissional, entenda que deva guardar sigilo.

Além disso, o STJ trancou ação penal que apurava crime de aborto provocada por gestante (CP, art. 124), em caso em que uma mulher, com aproximadamente 16 semanas de gravidez, passou mal e foi ao hospital. O médico suspeitou que a paciente tinha ingerido remédio abortivo, informou o fato à Polícia, que instaurou inquérito, juntando o prontuário e procedendo a oitiva do médico[219]. O Ministério Público propôs a ação penal e a mulher chegou a ser pronunciada, após o encerramento da primeira fase do procedimento do tribunal do júri, pelo crime de aborto. Porém, habeas corpus foi concedido, com base nos arts. 207 do CPP e 73 do Código de Ética Médica, que – para proteger a relação de confiança com o paciente – proíbem o médico de revelar segredo profissional obtido durante o atendimento, bem como depor sobre o fato como testemunha.

Do mesmo modo, o STJ resguardou o sigilo profissional, apesar de não ser parte no processo, de profissional que havia prestado serviços contábeis e de auditoria à demandada[220].

Igualmente, os padres também não estão obrigados de revelar o que tiveram conhecimento por força da confissão religiosa. Aliás, o § 1º do cânone 1548 do Código Canônico assevera que:

> são isentos da obrigação de responder: 1º os clérigos, quanto ao que lhes foi manifestado em razão do ministério sagrado; os magistrados civis, médicos, parteiras, advogados, notários e outros obrigados ao segredo de ofício, também em razão de conselho dado, a respeito de assuntos sujeitos a esse segredo.

---

218. *RJTJERGS*, v. 161, p. 237.
219. Disponível em: [https://www.stj.jus.br/sites/portalp/Paginas/Comunicacao/Noticias/2023/14032023-Sexta-Turma-tranca-acao-penal-por-aborto-ao-ver-quebra-de-sigilo-profissional-entre-medico-e-paciente.aspx]. Acesso em: 14.04.2023. Contudo, há decisões contrárias que respaldam a conduta do médico, por estar amparado em causa excepcional de justa causa, o que retira a ilicitude da prova (Cf. STJ, HC 514.617/SP, Rel. Min. Ribeiro Dantas, 5ª T., j. 10.09.2019, *DJe* 16.09.2019) ou que não trancam a ação penal por falta de justa causa, em razão da presença de outros elementos indiciários de prova (Cf. HC 516.437/SP, Rel. Min. Reynaldo Soares da Fonseca, 5ª T., j. 12.11. 2019, *DJe* 26.11.2019).
220. RMS 9.612/SP, Rel. Min. Cesar Asfor Rocha, 4ª T., j. 03.09.1998, *DJ* 09.11.1998, p. 103.

O Código de Processo Civil ou qualquer outra lei seria inconstitucional se obrigasse os padres a revelarem as informações obtidas no confessionário, uma vez que o art. 5º, inc. VI, da CF torna inviolável a liberdade de consciência e de crença, assegurando o livre exercício da religião católica. Logo, representaria um ato de tirania[221], contrário à liberdade religiosa autorizada pelo próprio Estado (CF, art. 5º, inc. VI), obrigar um padre a revelar fatos conhecidos no confessionário.

Para Vicente Greco Filho, mesmo que a pessoa deseje abrir mão do sigilo, está proibido de depor[222]. Não tem, pois, a faculdade de depor. Afinal, se o fato envolver sigilo e a testemunha depor sobre ele, está sujeito ao crime de *violação de segredo profissional* (CP, art. 154). Ademais, o advogado que releva segredo de seu cliente, à parte contrária, em prejuízo daquele, pratica o crime de *patrocínio infiel* (CP, art. 355). Ainda, constitui infração disciplinar violar, sem justa causa, o sigilo profissional (Lei 8.906/1994, art. 34, inc. VII).

Pelos artigos 35 e 36 do Código de Ética e Disciplina da Ordem dos Advogados do Brasil (OAB), Resolução 05/2015 do Conselho Federal da OAB, o advogado tem o dever de guardar sigilo dos fatos que tome conhecimento no exercício da profissão, sendo o sigilo profissional de ordem pública (isto é, independe de solicitação de reserva pela cliente) e são presumidas confidenciais as comunicações de qualquer natureza entre advogado e cliente.

Entretanto, o dever de sigilo profissional não é absoluto, na medida em que alguns deveres jurídicos são superiores àquele, cuja presença constituem *justas causas* (*v.g.*, a descoberta de uma epidemia ou de qualquer doença de notificação compulsória, por um médico; a intenção concreta, retificada por um psicólogo, de que seu cliente está prestes a cometer um delito; ou, ainda, a informação colhida pela equipe interprofissional ou multidisciplinar de que uma criança está sendo abusada sexualmente por seu pai, com o consentimento da mãe, e que necessita ser abrigada, bem como os genitores destituídos do poder familiar). Dessa forma, o sigilo profissional do advogado cede em face de circunstâncias excepcionais que configurem justa causa (art. 37 do Código de Ética e Disciplina da OAB).

Também não é ilícita a conduta de advogado que, ao ser investigado ou acusado da prática de crimes no exercício da advocacia, para se defender em relação a uma conduta relacionada com seu cliente, apresenta em juízo documentos e provas que dispõe em razão do exercício profissional. No entanto, o advogado não pode, sem provocação e na vigência de procuração que lhe foi outorgada (isto é, *sponte própria*), gravar clandestinamente suas comunicações com seus clientes e entregar às autoridades investigativas documentos obtidos em razão da sua profissão[223]. O advogado não pode trair a confiança nele depositada para delatar seus clientes e firmar acordo com o Ministério

---

221. BENTHAM, Jeremy. *Tratado de las pruebas judiciales*, v. II cit., p. 110.
222. *Direito processual civil brasileiro*. 11. ed. v. 2 cit., p. 236.
223. STJ, RHC 164.616/GO, Rel. Min. João Otávio de Noronha, 5ª T., j. 27.09.2022, *DJe* 30.09.2022.

Público. Nesse sentido, a Lei 14.365/2022 incluiu o § 6º-I, ao art. 7º, da Lei 8.904/1994 para vedar ao advogado efetuar colaboração premiada contra quem seja ou tenha sido seu cliente, sob pena de responder à processo disciplinar e ao crime tipificado no art. 154 do Código Penal.

Por outro lado, o sigilo profissional não impede que a testemunha deponha sobre fatos que tenha conhecimento, mas que não interfiram na sua relação direta com o cliente. Nesse sentido, o Superior Tribunal de Justiça interpretou o art. 207 do CPP para admitir a possibilidade de um contador prestar esclarecimentos sobre o método de realização de uma auditoria específica, que levou à instauração da *persecutio criminis* (investigação de crime de estelionato), e o porquê das conclusões que chegou, sem que tivesse que adentrar nas questões *interna corporis* da empresa auditada.

O art. 207 do CPP, por sua vez, afirma que os profissionais são proibidos de depor, salvo se forem *desobrigados* pela parte interessada e quiserem dar o seu testemunho.

De igual modo, o Código de Ética Médica (Resolução do Conselho Federal de Medicina 1931, de 17.09.2009), no art. 73, assevera que é vedado aos médicos revelar fatos obtidos por desempenho da função, salvo por motivo justo, dever legal ou consentimento por escrito. Prescreve, ainda, que tal proibição remanesce mesmo que o fato seja de conhecimento público ou o paciente tenha falecido, bem como quando é intimado a ser testemunha em juízo. Nesse caso, cabe ao médico comparecer perante a autoridade e declarar seu impedimento. Ainda, complementa o art. 73, parágrafo único, *c*, do Código de Ética que o médico está impedido de revelar segredo que possa expor o paciente a processo penal. Por fim, o art. 74 desse Código proíbe o médico de revelar sigilo profissional relacionado à paciente menor de idade, inclusive a seus pais ou representantes legais, desde que o menor tenha capacidade de discernimento, salvo quando a não revelação possa acarretar dano ao paciente.

De todo modo, o sigilo profissional não é absoluto. O STJ permitiu a requisição de prontuário médico feita pelo juízo, em atendimento a requisição do Ministério Público, visando apurar a possível prática de crime contra a vida[224]. Também afastou o sigilo profissional para possibilitar o acesso ao juízo de prontuário médico requisitado para apurar questões quanto ao internamento e o período em que o paciente ficou em tratamento[225]. Além disso, o STJ não considerou sigiloso dados que envolvem informações adstritas às próprias partes litigantes em disputa judicial envolvendo sócios e ex-sócios, já que não haveria indevida exposição de segredo profissional perante terceiros[226].

Por sua vez, o Estatuto da OAB (Lei 8.906/94), no art. 7º, inc. XIX, afirma ser direito do advogado recusar-se a depor como testemunha em processo no qual funcionou ou deva funcionar, ou sobre fato relacionado à pessoa de quem seja ou foi advogado, mesmo quando autorizado ou solicitado pelo constituinte, bem como sobre fato que constitua

---

224. STJ, RMS 11.453/SP, Rel. Min. José Arnaldo da Fonseca, 5ª T., j. 17.06.2003, *DJ* 25.08.2003, p. 324.
225. STJ, RMS 14.134/CE, Rel. Min. Eliana Calmon, 2ª T. j. 25.06.2002, *DJ* 16.09.2002, p. 160.
226. STJ, RMS 28.456/SP, Rel. Min. Sidnei Beneti, 3ª T., j. 16.08.2011, *DJe* 26.09.2011.

sigilo profissional. Assim, não se pode exigir que o advogado preste depoimento em processo no qual patrocinou a causa de uma das partes, sob pena de violação do art. 7º, inc. XIX, da supramencionada lei. Cuida-se de prerrogativa do advogado definir quais fatos devem ser protegidos pelo sigilo profissional, uma vez que deles conhece em razão do exercício da advocacia. Caso opte por não depor, merece respeito sua decisão[227].

O Supremo Tribunal Federal, por sua vez, ao analisar a admissibilidade de se inquirir advogado da suposta vítima, considerou que o art. 7º, inc. XIX, da Lei 8.906/94 e o art. 207 do CPP não vedam que o advogado seja chamado a depor, sem prejuízo da recusa.

O Código de Ética e Disciplina da Ordem dos Advogados do Brasil (Resolução 02/2015) afirma, no art. 38, que o advogado não é obrigado a depor, em processo ou procedimento judicial, administrativo ou arbitral, sobre fatos a cujo respeito deve guardar sigilo profissional. Porém, o art. 37 desse Código ressalva que o sigilo profissional cederá em face das circunstâncias excepcionais que configuram justa causa, como nos casos de grave ameaça ao direito à vida e à honra ou que envolvam a própria defesa.

De qualquer modo, Jeremy Bentham questionava se o advogado deveria ser obrigado a declarar fatos cuja manifestação seria prejudicial a seu cliente, em uma causa penal ou não penal[228]. Afirmava que exigir tal testemunho não prejudica os clientes honestos e inocentes, mas apenas os criminosos e praticantes de atos ilícitos. Consequentemente, as pessoas da lei que se servem de seus conhecimentos para encontrar evasivas e subterfúgios para subtrair ao culpado a pena em que incorreu ou para encobrir, com artifícios de má-fé, o comportamento de seu cliente, fazendo-o triunfar juridicamente, devem ser consideradas como cúmplices da ilicitude, após ela ter sido praticada. Perguntava-se, contudo, se isso não representaria uma traição ao cliente. Respondia que não, pois não considerava válido um contrato que fosse prejudicial à sociedade. Afinal, seria a observância dos compromissos honestos que interessam à sociedade; quanto aos desonestos e perniciosos, interessaria à sociedade a sua violação.

A crítica a esse pensamento encontra respaldo na garantia constitucional da ampla defesa[229]. A prevalecer tal entendimento não haveria advogados, estando os processados rodeados apenas por agentes judiciais e polícias. Somente teriam ao seu lado espiões e delatores. Não poderiam contar com pessoas de caráter nobre e generoso que viessem a exercer a profissão de advogado, com flagrante prejuízo a garantia constitucional da ampla defesa.

Nesse sentido, o Superior Tribunal de Justiça asseverou que o art. 7º, inc. XIX, da Lei 8.906/94 (Estatuto da OAB) assegura o sigilo profissional do advogado, o que é essencial à administração da justiça, mas tal prerrogativa não serve para gerar a impunidade de condutas ilícitas, podendo ceder em circunstâncias excepcionais que configuram justa causa.

---

227. STJ, AgRg no HC 48.843/MS, Rel. Min. Nilson Naves, 6ª T., j. 31.10.2007, *DJ* 11.02.2008, p. 1.
228. BENTHAM, Jeremy. *Tratado de las pruebas judiciales.*, v. II cit., p. 125-7.
229. Ibidem, nota 1, p. 127-8.

No entanto, a situação é diferente se a pessoa do profissional for parte, não testemunha. Nessa hipótese, tratando-se de causa sua, tem *justa causa* para revelar o fato sigiloso. A colaboração processual, no processo penal, pode redundar nos benefícios da Lei 12.850/2013 (como o perdão judicial, a redução da pena ou a substituição da pena privativa de liberdade por restritiva de direitos; art. 4º) ou redundar na aplicação da atenuante da pena da confissão espontânea (CP, art. 65, inc. III, *d*, e Súmula 545/STJ).

Os padrões semelhantes de ética profissional que se aplicam aos advogados atingem os juízes e membros do Ministério Público, os quais não têm o dever de depor sobre fatos que tiveram conhecimento em razão da sua função. O sigilo profissional se torna indisponível o conhecimento obtido por meio da atuação processual ou extraprocessual (*v.g.*, juízes que presidem procedimento administrativo disciplinar ou promotores de justiça que conduzem investigações em inquérito civil ou em procedimento investigatório criminal) inerente à profissão. É preciso, contudo, haver um nexo de causalidade entre o conhecimento dos fatos e a atividade funcional. O art. 448, inc. II, do CPC não é, pois, uma regra que estabelece uma desobrigação genérica e abstrata para isentarem magistrados e integrantes do Ministério Público a serem testemunhas. Quando tiverem conhecimento de fatos pertinentes e relevantes, fora da atividade profissional, não ficam impedidos de serem testemunhas, mas, nesses casos, não podem atuar no processo como juízes ou membros do Ministério Público (CPC, arts. 144, inc. I, e 148, inc. I; CPP, arts. 252, inc. II, e 258).

Quando puder ser testemunha, o magistrado possui a prerrogativa de ser ouvido em dia, hora e local previamente ajustados com a autoridade ou juiz de instância igual ou superior (Lei Complementar 35/1979, art. 33, inc. I). Da mesma forma, o integrante do Ministério Público, quando vier a depor como testemunha, tem a prerrogativa de ser ouvido, em qualquer processo ou inquérito, em dia, hora e local previamente ajustados com o juiz ou a autoridade competente (Lei 8.625/93, art. 40, inc. I; Lei Complementar 75/93, art. 18, inc. II, "g").

Por fim, não há para as investigações de natureza não penal um programa de proteção à testemunha. A Lei 9.807/99 prevê, no seu art. 1º, apenas medidas de proteção (art. 7º) para vítimas ou para testemunhas de crimes que estejam coagidas ou expostas à grave ameaça, em razão de colaborarem com a investigação ou processo criminal. No entanto, inúmeras situações criminosas também possuem repercussões não penais. O desvio de dinheiro público, por exemplo, além de ser conduta criminosa, também dá ensejo à ação civil pública por improbidade administrativa. A mesma testemunha que presencia o ilícito penal, também deve ser protegida quando intimada para narrar os fatos perante o juiz não penal. O Conselho Deliberativo do Programa de Proteção a Testemunhas é quem deve, ao se analisar o ingresso do protegido (art. 6º, inc. I, Lei 9.807/99), também cogitar a sua proteção para fins não criminais, igualmente relevantes para a promoção dos interesses públicos.

7.4.8. Momentos e produção da prova testemunhal

As partes fazem um *requerimento genérico*, para a realização da prova testemunhal, na petição inicial (CPC, art. 319, inc. VI) e na contestação (CPC, art. 336) e, depois, na fase ordinatória, ambas *requerem* a produção dessa prova, justificando o que pretendem (CPC, art. 348).

O depoimento da testemunha é, em princípio, prestado na audiência de instrução e julgamento. Por exceção, prestam depoimento (CPC, art. 453) em *audiência especial* as testemunhas que tiverem de ausentar-se para o exterior, não podendo comparecer à audiência, mas também aquelas que, por motivo de idade ou moléstia grave, se receie que estejam impossibilitadas de depor no momento da realização daquela audiência, em dia, hora e lugar determinados (CPC, art. 449, parágrafo único).

Havendo fundado receio de que a produção da prova testemunhal se torne impossível ou muito difícil na pendência da ação, justifica-se a produção antecipada da prova (CPC, art. 381, inc. I). Por exemplo, admite-se a antecipação da oitiva de testemunhas policiais, com a máxima urgência possível, pois, dada a natureza da atividade profissional, diariamente em contato com fatos delituosos semelhantes, há efetivo risco de perecimento da prova testemunhal, por esquecimento, em razão do mero decurso do tempo[230].

As testemunhas também não serão ouvidas na audiência de instrução e julgamento quando sua inquirição se realizar mediante carta precatória ou rogatória (CPC, art. 453, inc. II). A testemunha não tem, pois, o *dever de viajar* para depor em outra localidade, podendo ser ouvida no lugar onde reside.

Entretanto, com o intuito de se facilitar a realização do depoimento a ser tomado pelo próprio juiz da causa, com menores custos e maior rapidez, e para se preservar a unidade da audiência de instrução e julgamento, o art. 453, § 1º, do CPC, a exemplo do art. 222, § 3º, do CPP, admite a possibilidade do uso da videoconferência ou de outro recurso tecnológico de transmissão de sons e imagens em tempo real para a oitiva de testemunhas que residem fora dos limites territoriais da comarca ou da seção judiciária.

Ademais, podem ser ouvidas em sua residência ou onde exercem suas funções, as autoridades relacionadas no art. 454 do CPC e em leis especiais.

Logo, além das autoridades arroladas no art. 454 do CPC, leis especiais ampliam essa prerrogativa. Assim, todos os juízes, pelo art. 33, inc. I, da Lei Complementar 35/1979 – Lei Orgânica da Magistratura Nacional – têm prerrogativa de serem ouvidos como testemunha em dia, hora e local previamente ajustados com a autoridade ou Juiz de instância igual ou inferior. De igual modo, os membros do Ministério Público têm como prerrogativa serem ouvidos como testemunha em qualquer processo ou inquérito, em dia, hora e local previamente ajustados com o Juiz ou a autoridade competente (art.

---

230. STJ, AgRg no AREsp 1.995.527-SE, Rel. Min. Antonio Saldanha Palheiro, 6ª T., j. 19.12.2022, *DJe* 21.12.2022.

40, inc. I, da Lei 8.625/1993 – Lei Orgânica Nacional do Ministério Público). A mesma regra beneficia os defensores públicos, que têm a prerrogativa de serem ouvidos como testemunha em qualquer processo ou procedimento, em dia, hora e local previamente ajustados com a autoridade competente (art. 44, inc. XIV, da Lei Orgânica Nacional da Defensoria Pública – Lei Complementar 80/1994).

No entanto, tal privilégio somente diz respeito aos *assuntos relativos ao respectivo cargo*, não a questões pessoais de seus ocupantes. Naquelas hipóteses, o juiz solicitará à autoridade que designe dia, hora e local a fim de ser inquirida, remetendo-lhe cópia da petição inicial ou da defesa oferecida pela parte que o arrolou como testemunha (CPC, art. 454, § 1º).

Não se pode admitir que a prova oral seja substituída pela prestação de depoimento por escrito. Isso criaria um privilégio odioso em relação às referidas autoridades e quebraria com a oralidade da colheita à prova testemunhal. No Estado Democrático de Direito, há de prevalecer o princípio da isonomia (CF, art. 5º, "caput") e, por mais elevado que seja o cargo ocupado pela autoridade, esta deve reservar em sua agenda um espaço para que o juiz possa ouvi-lo, facultado às partes e aos seus advogados o direito de participar ativamente do depoimento oral[231].

Por fim, todas as autoridades arroladas no art. 454 do CPC perdem o direito de escolher local e hora para o testemunho, se não se manifestarem ou deixarem de comparecer, sem justa causa, no prazo de um mês; caso contrário, a autoridade arrolada como testemunha poderia frustrar a sua oitiva, indefinidamente e sem justa causa (CPC, art. 454, §§ 2º e 3º)[232].

7.4.9. Procedimento da prova testemunhal

7.4.9.1. *Requerimento e especificação da prova*

A parte interessada na produção da prova testemunhal deve protestar pela sua realização na petição inicial, caso se trate do demandante, e na contestação ou na reconvenção, caso se trate do demandado.

Todavia, é na fase ordinatória, após delineados os pontos controvertidos, quando da organização e do saneamento do processo, que as partes devem especificar os meios de prova que pretendem produzir (CPC, art. 347).

Cabe ao juiz, na decisão de saneamento e de organização do processo, delimitar as questões de fato sobre as quais recairão a atividade probatória, especificando os meios de prova admitidos, bem como definindo a distribuição do ônus da prova (CPC, art. 357, incs. II e III).

---

231. NUCCI, Guilherme de Souza. *Provas no processo penal*. São Paulo: RT, 2009. p. 103.
232. STF, AP 421 QO, Rel. Min. Joaquim Barbosa, Tribunal Pleno, j. 22.10.2009, *DJe* 23, Divulg. 03.02.2011.

7.4.9.2. Rol de testemunhas

Na oportunidade em que o juiz designar a data da audiência de instrução e julgamento, compete a ele fixar o prazo comum não superior a 15 dias para que as partes apresentem rol de testemunhas (CPC, art. 357, § 4º).

Todavia, se a causa apresentar complexidade em matéria de fato, o juiz deve marcar audiência para que o saneamento e a organização do processo sejam feitos em cooperação com as partes (CPC, art. 357, § 2º). Nessa hipótese, os litigantes devem levar para a audiência o respectivo rol de testemunhas (CPC, art. 357, § 5º).

Caso a testemunha arrolada resida em outra comarca, como caberá a expedição de carta (precatória, rogatória ou de ordem), para que o juiz não sentencie sem levar em consideração a prova testemunhal, caberá a parte, nos termos dos arts. 319, inc. V, "b", e 377 do CPC, argumentar que tal meio probatório é imprescindível para o julgamento do mérito e requerer a suspensão do processo antes do saneamento (anteriormente, pois, a eventual audiência do art. 357, § 2º, do CPC).

Se as partes não arrolarem as testemunhas no momento oportuno, ocorrerá a preclusão, perdendo-se o direito de produzir a prova testemunhal. Entretanto, não se verifica a preclusão do direito de apresentação do rol de testemunhas, nos casos em que a parte deixa transcorrer *in albis* o prazo para tanto após a decisão saneadora, caso a indicação das testemunhas já tenha ocorrido por oportunidade da contestação. Além disso, o juiz pode, de ofício, determinar a oitiva das testemunhas necessárias ao julgamento do mérito (CPC, art. 370).

A apresentação do rol de testemunha em data anterior à audiência de instrução e julgamento possibilita que as partes se preparem melhor para a *contradita* (CPC, art. 457, § 1º). Assim, assegura-se a garantia do contraditório, ao permitir que a parte contrária investigue eventual ligação das testemunhas arroladas pelo seu adversário com as pessoas e os fatos objeto do litígio. Também possibilita que ela averígue seu efetivo conhecimento dos fatos e prepare as provas necessárias para impugnar o seu depoimento como testemunha. A parte pode provar a contradita com documentos ou com até três testemunhas apresentadas no ato e inquiridas em separado (CPC, art. 457, § 1º). Por outro lado, em sendo a testemunha aceita, ainda que como mera informante, a parte contrária, previamente informada e preparada, pode desdizê-la em juízo, seja por meio da formulação de perguntas pertinentes, seja explorando tais circunstâncias nas alegações finais.

Ao se depositar o rol de testemunhas, cabe ao requerente precisar, sempre que possível, o nome, a profissão, a idade, o número do CPF e do RG, além do endereço completo da residência e do local de trabalho da testemunha (CPC, art. 450). Tais aspectos visam apurar com o máximo de precisão a identificação e a qualificação da testemunha, com o intuito de se avaliar a sua idoneidade e sua eventual vinculação com uma das partes[233]. Também servem para se proceder a sua intimação para comparecer em juízo.

---

233. STJ, REsp 209.456/MG, Rel. Min. Hélio Quaglia Barbosa, 4ª T., j. 14.08.2007, *DJ* 27.08.2007, p. 254.

534 CURSO DE PROCESSO CIVIL • Eduardo Cambi

A supressão de algum desses elementos não gera, via de regra, nulidade, a não ser que a omissão, sendo *dolosa*, vise prejudicar a realização da prova ou da contraprova[234] (*v.g.*, indicação de endereço falso, para a remessa de carta precatória, com o intuito de retardar o andamento do processo). E a qualificação incompleta da testemunha somente impede a sua inquirição se houver demonstração do efetivo prejuízo (Cf. Enunciado 34 da I Jornada de Direito Processual Civil, promovida pelo Conselho da Justiça Federal).

Vítimas ou testemunhas de crimes que estejam coagidas ou expostas a grave ameaça em razão de colaborarem com a investigação ou processo criminal (Lei 9.807/99, art. 1º), bem como com investigações ou ações cíveis complexas (*v.g.*, esquemas de corrupção que envolvam atos de improbidade administrativa; por aplicação do princípio da razoabilidade; CPC, art. 8º), que estejam inseridas em programa especial de proteção, têm direito de não serem identificadas (Lei 9.807/99, art. 7º, inc. IV). São as chamadas de "testemunhas sem rosto". Nessas circunstâncias, a preservação da identidade, da imagem e dos dados pessoais das testemunhas protegidas não ofende as garantias constitucionais do contraditório e da ampla defesa, e, portanto, a inobservância da regra do art. 450 do CPC não gera nulidade processual[235].

Quando o autor não possui a qualificação da testemunha, a exemplo do que ocorre quando isso se dá em relação ao réu (CPC, art. 319, § 1º), ressalvados os casos de inadmissibilidade da prova ou de abuso de direito, a parte interessada poderá requerer ao juiz a realização das diligências necessárias para a sua obtenção, inclusive visando possibilitar que a pessoa possa ser intimada para prestar depoimento (*v.g.*, requisição de informações à Justiça Eleitoral, à Receita Federal ao Departamento Estadual de Trânsito – DETRAN etc.). Nesse sentido, vale mencionar o Enunciado 519 do FPPC:

Em caso de impossibilidade de obtenção ou de desconhecimento das informações relativas à qualificação da testemunha, a parte poderá requerer ao juiz providências necessárias para a sua obtenção, salvo em casos de inadmissibilidade da prova ou de abuso de direito.

A qualificação completa das testemunhas se dará sempre que possível, com a menção do nome, profissão, estado civil, idade, número de inscrição no Cadastro de Pessoas Físicas, número de registro de identidade e endereço completo da residência e do local de trabalho. Porém, a ausência de uma ou de algumas das referidas informações não enseja, por si só, a invalidade da oitiva da testemunha ou do informante, desde que a qualificação seja suficiente para garantir o seu comparecimento à audiência de instrução e julgamento, e que não seja verificado prejuízo concreto à parte contrária.

A preparação da *contradita*, por si só, justifica a apresentação do rol de testemunhas no prazo fixado em lei, mesmo que a parte se disponha a trazer a testemunha

---

234. STJ, REsp 114.303/SP, Rel. Min. Ruy Rosado de Aguiar, 4ª T., j. 1º.04.1997, *DJ* 12.05.1997, p. 18.822.
235. STF, HC 124614 AgR, Rel. Min. Celso de Mello, 2ª T., j. 10.03.2015, Processo Eletrônico *DJe*-078 Divulg 27.04.2015 Public 28.04.2015.

independentemente de intimação (CPC, art. 455, § 2º). Não se admite, pois, sob pena de preclusão temporal, a apresentação de testemunhas fora do prazo, salvo se a parte contrária não se opuser à oitiva (que pode também ser conveniente para elucidar fatos que são do seu interesse), além dela ser relevante para o esclarecimento dos fatos controvertidos.

Também não se admite, como regra, que as testemunhas indicadas fora do prazo do art. 357, §§ 4º e 5º, do CPC sejam ouvidas como testemunhas do *juízo*, porque os poderes instrutórios do juiz (CPC, art. 370) não se prestam a suprir a *omissão culposa* da iniciativa probatória da parte. Esses poderes, contudo, podem ser utilizados quando a omissão da parte é resultante da precariedade da defesa (*v.g.*, beneficiário da assistência judiciária gratuita, quando não é, efetivamente, defendido) ou em razão da causa versar sobre direitos indisponíveis. A aplicação do art. 370 do CPC deve servir para se complementar a atividade probatória da parte, buscando-se eliminar as *insuficiências não culpáveis* e as *dificuldades objetivas* da atividade probatória[236].

Deve, pois, ser indeferida a oitiva de testemunhas indicadas pela parte fora do prazo determinado judicialmente. Caso contrário, dar-se-ia tratamento desigual aos litigantes[237], ferindo-se o princípio constitucional da isonomia.

As partes, na hipótese do art. 190 do CPC, e elas com o juiz, na situação do art. 191 do CPC, podem fixar prazo diverso para o depósito do rol de testemunhas, desde que não causem prejuízo ao andamento regular do processo nem prejudiquem as garantias processuais fundamentais do contraditório e da ampla defesa.

O revel, apesar da falta do requerimento genérico na contestação (CPC, art. 336), se comparecer ao processo a tempo de poder cumprir o prazo estabelecido no art. 357, § 4º, do CPC, poderá apresentar rol e requerer que sejam ouvidas testemunhas sobre fatos arguidos pelo autor. Afinal, o revel poderá intervir no processo em qualquer fase, recebendo-o no estado em que se encontrar (CPC, art. 346, parágrafo único).

Depois de apresentado o rol de testemunhas, a parte só pode *substituir* a testemunha (CPC, art. 451): I – que falecer; II – que por enfermidade não estiver em condições de depor; III – que, tendo mudado de residência ou local de trabalho, não for encontrada.

---

236. COMOGLIO, Luigi Paolo. *Le prove civile* cit., p. 102 e 114-117; CALAMANDREI, Piero. La relatività del concetto di azione cit., p. 27; CAPPELLETTI, Mauro. Iniziativa probatorie del giudice e basi pregiuridiche della struttura del processo cit., p. 421-423; TARUFFO, Michele. Il diritto alla prova nel processo civile cit., p. 90-92; BENVENUTTI, Feliciano. *L'istruzione nel processo amministrativo*. Pádova: CEDAM, 1953. p. 230; MELENDO, Santiago Sentís. Los poderes del juez. *La prueba*. Los grandes temas del derecho probatorio. Buenos Aires: EJEA, 1978. p. 204; ARAGÃO, Egas D. Moniz de. Direito à prova. *Revista de Processo*. v. 39. São Paulo: RT, jul.-set. 1985, p. 100-101; BARBOSA MOREIRA, José Carlos. A função social do processo civil moderno e o papel do juiz e das partes na direção e na instrução do processo. *Revista de processo*, v. 37. p. 146-147; BARBOSA MOREIRA, José Carlos. Dimensiones sociales del proceso civil. *Temas de direito processual*. 4. série. São Paulo: Saraiva, 1989. p. 32; BEDAQUE, José Roberto dos Santos. *Poderes instrutórios do juiz* cit., p. 53; NALINI, José Renato. *O juiz e o acesso à justiça*. 2. ed. São Paulo: RT, 2000. p. 130-131.
237. STJ, AgRg no Ag 954.677/RJ, Rel. Min. Humberto Gomes de Barros, 3ª T., j. 06.12.2007, *DJ* 18.12.2007, p. 277.

Entretanto, o advérbio "só" deve ser entendido em termos[238], admitindo-se a substituição livre (isto é, mesmo fora dos casos mencionados no CPC, art. 451), desde que respeitado o prazo de 15 dias do art. 357, § 4º, do CPC e assegurada a garantia do contraditório.

Caso o juiz da causa seja arrolado como testemunha, deverá (CPC, art. 452): I – declarar-se impedido, se tiver conhecimento de fatos que possam influir na decisão, caso em que será defeso à parte que o incluiu no rol desistir de seu depoimento, remetendo os autos ao seu substituto legal; II – se nada souber, mandar excluir o seu nome.

Além das testemunhas arroladas no devido tempo, poderão ser ouvidas, também, as testemunhas *referidas*, ou seja, que foram mencionadas nas declarações das partes e de outras testemunhas (CPC, art. 461, inc. I), quando tenham conhecimento de fatos relevantes ainda não totalmente esclarecidos. O juiz poderá ouvir essas testemunhas, inclusive *ex officio*, não estando sujeitas ao requerimento das partes, uma vez que a oitiva seja importante para a formação do convencimento judicial.

7.4.9.3. *Número máximo de testemunhas*

Pelo art. 357, § 6º, do CPC, cada parte deve indicar, no máximo, dez testemunhas, sendo que, quando oferecer mais de três para cada fato, poderá o magistrado dispensar as restantes.

Nas causas cíveis sujeitas ao procedimento da Lei 9.099/95 (Juizados Especiais), pelo art. 34, as partes podem arrolar, no máximo, três testemunhas, as quais devem ser levadas pela própria parte, comparecendo na audiência de instrução e julgamento, independentemente de intimação. Havendo necessidade de intimação, a parte interessada na realização da prova deve requerer a sua intimação, apresentando o rol de testemunhas em, no máximo, cinco dias antes da audiência.

Havendo litisconsórcio unitário, o total de pessoas arroladas não poderá exceder o número de testemunhas previsto na lei. Por outro lado, se o litisconsórcio for simples, como cada parte é autônoma (CPC, art. 117), admite-se que o número seja multiplicado entre os litisconsortes.

A previsão de número máximo de testemunhas visa evitar tumulto e desequilíbrio na relação processual, preservando-se o seu andamento regular e a sua razoável duração (CF, art. 5º, inc. LXXVIII)[239].

O número de testemunhas previstas nessas regras jurídicas não é, necessariamente, *taxativo*, de modo que sua análise dependerá das circunstâncias e da complexidade do caso concreto. Todavia, o juiz violará o direito à prova e causará *cerceamento de defesa*, quando, para o julgamento da causa, mostrar-se pertinente e relevante a oitiva de mais

---

238. Em sentido contrário, STF, AgRg no RHC 105.683/RJ, Rel. Min. Reynaldo Sorares da Fonseca, 5ª T., j. 04.06.2019, *DJe* 14.06.2019; RHC 96.948/BA, Rel. Min. Maria Thereza de Assis Moura, 6ª T., j. 12.06.2018, *DJe* 22.06.2018.

239. STJ, REsp 1.028.315/BA, 4ª T., Relª. Minª. Nancy Andrighi, j. 14.06.2011.

testemunhas, especialmente quando os depoimentos colhidos se revelarem insuficientes para se esclarecer os fatos alegados pela respectiva parte.

Por isso, além de critérios meramente quantitativos, o art. 357, § 7º, do CPC afirma que o juiz poderá limitar o número de testemunhas levando-se em consideração a *complexidade* da causa e dos fatos individualmente considerados.

Em contrapartida, os arts. 357, § 6º, do CPC e 34 da Lei 9.099/95, ao restringirem o número de testemunhas, o fazem exatamente para evitar o abuso do direito processual. Inclusive, ambos inibem o retardamento injustificado do processo, especialmente a famigerada tática de se arrolar muitas testemunhas, em diversos lugares do país e até no exterior, com o intuito de se protelar indefinidamente a instrução processual.

Tal comportamento viola a garantia fundamental da razoável duração do processo (CF, art. 5º, inc. LXXVIII; CPC, art. 4º), revelando-se como um flagrante *desprezo pelo juízo* e merecendo ser coibido com firmeza pelo juiz, com base no abuso do direito processual (CC, art. 187), nos casos em que, objetivamente, a diligência seja destituída de fundamento, inútil ou desnecessária, sem relevante contribuição para se corroborar as questões de fato discutidas em juízo. Havendo dúvida quanto ao propósito protelatório da parte, pode o magistrado determinar que o litigante especifique qual das testemunhas pretende ouvir, antes de se reduzir o número de pessoas a serem ouvidas[240]. Além disso, a circunstância do juiz que já tenha deferido a oitiva das testemunhas não gera preclusão *pro iudicato*, isto é, não impede que, após iniciada a instrução probatória, se convença da inutilidade da oitiva das testemunhas ou do seu propósito meramente protelatório (CPC, arts. 2º, 4º, 139, incs. II e III, e 370)[241].

7.4.9.4. Momento e forma do depoimento

A produção da prova testemunhal acontece na audiência de instrução e julgamento (CPC, art. 361), com exceção daquelas que prestam depoimento antecipadamente e das que forem inquiridas por carta precatória, rogatória ou de ordem (CPC, art. 453), bem como das autoridades arroladas no art. 454 do CPC (*v.g.*, presidente da República, ministros do Supremo Tribunal Federal e o procurador-geral da República), as quais o juiz serão inquiridas em sua residência ou onde exerçam suas funções (CPC, art. 454, *caput*). Neste caso, o magistrado oportunizará que elas indiquem dia, hora e local de seu depoimento (CPC, art. 454, § 1º) e, se passados mais de 30 (trinta) dias, deixarem de se manifestar ou não comparecerem sem justificativa na data combinada, caberá ao juiz designar dia, hora e local, preferencialmente na sede do juízo (CPC, art. 454, §§ 2º e 3º).

Na audiência de instrução e julgamento, a prova testemunhal é a última a ser produzida, isto é, após os esclarecimentos dos peritos e assistentes técnicos e do depoimento

---

240. STJ, HC 32.578/MG, 5ª T., Relª. Minª. Laurita Vaz, j. 20.06.2006, *DJU* 1.º08.2006, p. 464.
241. STJ, REsp 192.681/PR, Rel. Min. Sálvio de Figueiredo Teixeira, 4ª. T., j. 02.03.2000, *DJ* 24.03.2003, p. 223; REsp 1.132.818/SP, Rel. Min. Nancy Andrighi, 4ª. T., j. 03.05.2012, *DJe* 10.05.2012.

pessoal das partes (CPC, art. 361). Devem ser ouvidas, primeiro, as testemunhas do autor e, em seguida, as do réu, sendo que umas não podem se comunicar com as outras (CPC, art. 456).

Nem sempre essa regra consegue ser cumprida (sobretudo quando testemunhas são ouvidas mediante carta de ordem, precatória ou rogatória). A inversão da ordem, contudo, pode ocorrer com a concordância das partes (CPC, art. 456, par. ún.) ou quando não houver prejuízo para nenhum dos litigantes[242].

A não observância do art. 456 do CPC (inversão da ordem), contudo, gera mera *irregularidade processual* (e não nulidade), salvo quando haja manifesto prejuízo para um dos litigantes.

O consentimento das partes para a inversão da ordem estabelecida é importante para se evitar possível arguição de nulidade. Todavia, a ausência de consentimento das partes não impede a inversão da ordem, pois é o juiz o responsável pela direção do processo, tendo o *munus* de velar pela duração razoável do processo e alterar a ordem de produção dos meios de prova, adequando-os às necessidades do conflito de modo a se conferir maior efetividade à tutela do direito (CPC, art. 139, II e VI)[243]. A parte que se considerar prejudicada pela inversão da ordem da inquirição de testemunhas deverá impugnar a decisão em preliminar de apelação ou nas contrarrazões (CPC, art. 1.009, § 1º), uma vez que tal decisão não é passível de agravo de instrumento, porque não está elencada no rol do art. 1.015 do CPC.

O art. 456 do CPC prevê, ainda, *regra de incomunicabilidade*, atingindo tanto as testemunhas – que não podem ouvir ou saber o depoimento uma das outras – quanto as partes. Entretanto, quando a audiência é *interrompida* para que o seu prosseguimento aconteça em outro dia, os escopos de tal regra ficam comprometidos, mas isso, por si só, não gera nem caracteriza nulidade processual, devendo, para tanto, restar comprovado o prejuízo.

Se alguma testemunha, intimada judicialmente, não comparecer, a audiência será adiada, mandando-se *conduzir* a testemunha faltante, recaindo sobre ela a responsabilidade no tocante as despesas do adiamento (CPC, art. 455, § 5º). Também será adiada a audiência quando houver *justo motivo* de não comparecimento, como, por exemplo, se a testemunha requisitada (servidor público ou militar; CPC, art. 455, § 4º, inc. III) deixar de ser apresentada por seu superior hierárquico.

Antes de ter o seu depoimento colhido pelo juiz e ser inquirida pelas partes, a testemunha deve declarar sua qualificação, informando além de seu nome, seus dados pessoais, como profissão e estado civil. Cabe ao juiz indeferir o depoimento se ficar evidente motivo de incapacidade, impedimento ou suspeição.

---

242. STJ, REsp 261.892/SP, Rel. Min. Ruy Rosado de Aguiar, 4ª T., j. 24.10.2000, *DJ* 18.12.2000, p. 206; STJ, HC 2005/0203124-0, Rel. Min. Félix Fischer, 5ª T., j. 03.08.2006, *DJU* 30.10.2006, p. 341.

243. CUNHA, José Sebastião Fagundes; BOCHENEK, Antonio; CAMBI, Eduardo. *Código de Processo Civil comentado* cit., p. 719.

Se o magistrado não reconhecer um desses impedimentos de plano, faculta-se ao adversário da parte que a arrolou *contraditar* a testemunha, arguindo-se o motivo que seria impeditivo de sua oitiva (CPC, art. 457, § 1º). Após ouvir a testemunha sobre a contradita, o juiz decide, mandando colher o depoimento ou dispensando-o.

Entretanto, mesmo que seja reconhecido o motivo de impedimento ou de suspeição, o juiz poderá determinar que a testemunha seja ouvida, agora na qualidade de *informante*, se o seu depoimento for indispensável (CPC, art. 447, § 4º).

Ao início da inquirição, a testemunha presta compromisso de dizer a verdade, sendo advertida das penas do falso testemunho (CP, art. 342: "Fazer afirmação falsa, ou negar ou calar a verdade como testemunha..."). Contudo, para a caracterização do crime, é *dispensável* que a parte tenha prestado compromisso legal[244]. O delito decorre da *inobservância do dever de afirmar a verdade*, não se derivando do compromisso prestado. Afinal, como já mencionado, tal compromisso tem origem religiosa, não passa de uma exortação moral, que não compele nem assegura que a testemunha diga a verdade.

Portanto, a testemunha tem o dever de dizer a verdade, podendo ser punida com o crime de falso testemunho quando, *dolosamente*, tem a intenção de mentir. Quando se refere à intenção de mentir, deve-se levar em consideração não apenas a vontade do agente. O sentido ou o significado do dolo há de ser buscado no processo de comunicação, nos moldes traçados pelo filósofo Jürgen Habermas, sendo imprescindível exercício hermenêutico que considere: I) a intenção do falante; II) o estabelecimento de relação interpessoal entre o falante e o ouvinte; III) a expressão de algo no mundo.

Considerando-se que o dolo é uma categoria argumentativa, pragmática, decorrente da interpretação do sentido, do significado, do atuar doloso[245], caberá ao julgador buscar verificar se o comportamento do agente contraria o bem jurídico protegido, já que o dolo não pode ser entendido como uma mera realidade psicológica, posto que é impossível o acesso à intenção subjetiva. Por outro lado, não se deve punir os *erros não intencionais*, porque, caso contrário, isso desencorajaria as pessoas honestas de vir a juízo cumprir o dever cívico de cooperar com o Poder Judiciário[246].

Se o juiz, ao pronunciar a sentença final, reconhecer que alguma testemunha fez afirmação falsa, calou ou negou a verdade, remeterá cópia à autoridade policial para a instauração de inquérito (CPP, art. 211, *caput*).

Observa-se, contudo, que a consumação do crime do art. 342 do CP ocorre no momento em que é feita a afirmação falsa. Por isso, não se impede o oferecimento da denúncia (de natureza criminal) antes mesmo da sentença definitiva do processo

---

244. STJ, HC 20.9240/SP, 5ª T. Relª. Minª. Laurita Vaz, j. 11.03.2003, *DJ* 07.04.2003, p. 302.
245. BUSATO, Paulo César. *Reflexões sobre o sistema penal do nosso tempo*. Rio de Janeiro: Lumen Juris, 2011. p. 240-249.
246. DINAMARCO, Cândido Rangel. *Instituições de direito processual civil*, 3. ed. v. III cit., p. 608.

principal (de natureza cível). Essa decisão apenas obsta a conclusão do processo em que se apura o crime de falso testemunho, diante da possibilidade de *retratação* (CP, art. 342, § 2º)[247].

Cada uma das testemunhas é inquirida separadamente. Cabe a parte que arrolou a testemunha formular perguntas *diretamente* à testemunha. Posteriormente, a parte contrária é quem pode fazer indagações. Por último, compete ao juiz fazer perguntas complementares, se ainda houver necessidade de esclarecimentos (CPC, art. 459).

Essa metodologia de perguntas não se aplica quando crianças e adolescentes são ouvidas em juízo em casos de violência ou que coloquem em risco seus direitos fundamentais. A Lei 13.431/2017 prevê procedimento especial para a produção da prova testemunhal, ao assegurar que à criança ou ao adolescente a livre narrativa sobre a situação fática, podendo profissional especializado (*v.g.*, psicólogo, psiquiatra, pediatra, assistente social etc.) intervir quando necessário, utilizando técnicas que permitam a elucidação dos fatos (art. 12, inc. II). O depoimento será tomado em uma sala especial e transmitido em tempo real para a sala de audiência, onde se encontram o juiz, as partes, advogados e membro do Ministério Público (art. 12, inc. III). Os defensores e o Promotor de Justiça podem fazer perguntas, as quais devem ser pertinentes e serão organizadas em bloco pelo juiz (art. 12, inc. IV), assegurado o direito da criança e ao adolescente de ser advertido do seu direito ao silêncio (art. 5º, inc. VI).

O Código de Processo Civil de 2015 inovou, a exemplo do art. 212 do CPP, ao afirmar que as partes façam as perguntas, primeiro e diretamente, às testemunhas[248].

Tal metodologia é uma forma de se promover o princípio da oralidade que, ao lado da publicidade[249], é uma das mais importantes garantias vinculadas ao *contraditório participativo* e um dos meios mais eficazes de se assegurar a instauração de um efetivo diálogo entre as partes e o juiz[250]. Isso porque é a parte quem melhor tem conhecimento dos fatos; logo, é também a quem se incumbe o ônus da prova. Por isso, é natural que lhe caiba a tarefa primordial de inquirição das testemunhas.

---

247. STJ, RHC 22.200/SP, Rel. Min. Arnaldo Esteves Lima, 5ª T., j. 09.03.2010, *DJe* 05.04.2010.
248. "No que tange à oitiva das testemunhas em audiência de instrução e julgamento, deve o magistrado, em atenção ao art. 212 do CPP, logo após a qualificação do depoente, passar a palavra às partes, a fim de que produzam a prova, somente cabendo-lhe intervir em duas hipóteses: se evidenciada ilegalidade ou irregularidade na condução do depoimento ou, ao final, para complementar a oitiva, se ainda existir dúvida – nessa última hipótese sempre atuando de forma supletiva e subsidiária (como se extrai da expressão "poderá complementar"). 5. A redação do art. 212 é clara e não encerra uma opção ou recomendação. Trata-se de norma cogente, de aplicabilidade imediata, e, portanto, o seu descumprimento pelo magistrado acarreta nulidade à ação penal correlata quando demonstrado prejuízo ao acusado" (STF, HC 202557, 2ª T., rel. Min. Edson Fachin, j. 03.08.2021, Processo Eletrônico DJe-160 Divulg. 10.08.2021, pub. 12.08.2021).
249. A publicidade é a garantia mais eficaz para a produção das provas e para assegurar a justiça das decisões. É, no dizer de Jeremy Bentham, "a alma da justiça". BENTHAM, Jeremy. *Tratado de las pruebas judiciales*, v. I cit., p. 140.
250. GRECO, Leonardo. *Publicismo e privatismo no processo civil* cit., p. 47.

As técnicas da *direct* e da *cross examination*[251] não servem para diminuir o interesse do juiz na colheita da prova, mesmo porque é dela que depende o seu convencimento. Tampouco reduz ou minimiza a sua autoridade, retirando-lhe a competência de dirigir os trabalhos da audiência. Compete ao juiz, portanto, o papel de controlar a forma e o conteúdo das perguntas, devendo indeferir aquelas que induzam a resposta, impertinentes com as questões de fato objeto da atividade probatória ou que importem em repetição de outra já respondida, (*leading questions*)[252] a quem caberá valorar zelar para que as perguntas não sejam dirigidas a uma determinada resposta (*v.g.*, o réu estava usando uma gravata vermelha com bolas brancas, ao invés de perguntar o que ele vestia) ou capciosas (para induzir ao erro). Também poderá o magistrado, que é o destinatário da prova, reformular as perguntas indevidas e fazer outras em caráter complementar às partes.

Afinal, o processo deve ser entendido como uma comunidade argumentativa de trabalho (modelo cooperativo; CPC, art. 6º), cabendo ao magistrado o dever de debater as questões de fato e de direito, atuando como sujeito ativo do diálogo (isto é, não ser um mero expectador do drama processual), sem que isto represente uma postura desequilibrada em favor de uma das partes, o que é indispensável para a manutenção da imparcialidade judicial[253].

Além disso, é papel do juiz zelar para que as partes tratem as testemunhas com urbanidade e não se façam perguntas ou considerações impertinentes, capciosas ou vexatórias (CPC, art. 459, *caput* e § 2º). Trata-se de um genuíno poder-dever do juiz, necessário para se evitar atos processuais inúteis ou meramente protelatórios (CPC, art. 369, parágrafo único), promovendo-se a garantia da duração razoável do processo (CF, art. 5º, LXXVIII e CPC, arts. 4º e 139, inc. I).

As perguntas indeferidas pelo juiz, a requerimento da parte prejudicada, devem ser reduzidas a termo, consignando-as na ata da audiência (CPC, art. 459, § 3º). A propósito, o Enunciado 158 do FPPC estabelece que: "Constitui direito da parte a transcrição de perguntas indeferidas pelo juiz".

Documentar tais perguntas é importante para que a parte que se sinta prejudicada possa, diante da impossibilidade de interpor agravo de instrumento pelo CPC (pois essa hipótese não está expressamente arrolada no artigo 1.015), sustentar preliminar de cerceamento de defesa e de violação do direito à prova, no recurso ou nas contrarrazões de apelação (CPC, art. 1.009, § 1º).

---

251. Na *direct examination*, a parte que arrolou a testemunha é que procede a formulação de perguntas (realiza a sua inquirição). Já na *cross examination*, a parte inquire a testemunha arrolada pela parte contrária.

252. *Leading questions* são perguntas tendenciosas, ou seja, que buscam que a testemunha confirme aquilo que quem questiona, consciente ou inconscientemente, pretende ouvir. Cf. RAMOS, Vitor de Paula. La prueba testifical. *Del subjetivismo al objetivismo, del aislamiento científico al diálogo con psicología y epistemología*. Madrid: Marcial Pons, 2019, p. 137.

253. MOREIRA, Rogério de Meneses Fialho. *Os deveres do juiz como destinatário do princípio da cooperação no processo civil e os limites da imparcialidade*. Disponível em: [https://www.migalhas.com.br/depeso/354659/juiz-como-destinatario-do-principio-da-cooperacao-no-processo-civil]. Acesso em: 07.10.2022.

Apesar do *caput* do art. 459 do CPC ter adotado o princípio dispositivo, o § 1º desse mesmo artigo, de forma não sistemática e sem compromisso científico, retrocede ao estabelecer que a inquirição da testemunha pelo juiz pode ser realizada tanto antes quanto depois das partes. Tal impropriedade legal é passível de críticas quando se parte da premissa de que o ônus da prova é da parte; logo, compete a ela inquirir a testemunha em primeiro lugar. O poder instrutório do juiz é *suplementar* ao das partes e, assim, o magistrado somente deve intervir na produção da prova testemunhal quando as perguntas formuladas pelos advogados dos litigantes não forem suficientes para se elucidar as questões de fato pertinentes e relevantes para o julgamento da causa (exegese do art. 370 do CPC).

Contudo, se o juiz dirigir perguntas à testemunha, e, houver interesse, quaisquer das partes poderão realizar perguntas de esclarecimento ou complementação, após as elaboradas pelo magistrado. Nesse sentido, prevê o Enunciado 157 do FPPC que: "Deverá ser facultada às partes a formulação de perguntas de esclarecimento ou complementação decorrentes da inquirição do juiz".

De qualquer modo, se o juiz resolver inquirir a testemunha antes das partes (CPC, art. 459, § 1º), não haverá nulidade processual, salvo se restar demonstrado o efetivo prejuízo para um dos litigantes (*pas de nullité sans grief*; CPC, art. 282, § 1º; CPP, art. 563)[254]. Não se fazendo prova do prejuízo ou não se arguindo a necessidade de perguntas diretas no momento da audiência, tal situação fica sanada pela preclusão[255].

Se o advogado da parte, o defensor público ou o membro do Ministério Público não comparecer à audiência de instrução e julgamento, o juiz pode dispensar a produção das provas requeridas (CPC, art. 362, § 2º)[256]. O adiamento da audiência somente se justifica por convenção das partes, por apresentação de justificação motivada (preferencialmente antes da realização do ato processual) e se houver atraso injustificado por tempo superior a 30 minutos (CPC, art. 362, inc. III).

Como compete à testemunha o dever de colaborar com o Poder Judiciário para a descoberta da verdade, informando ao juiz os fatos e as circunstâncias de que tenha conhecimento (CPC, arts. 378 e 380, inc. I), cabe à parte que a arrolou requerer ou ao próprio juiz de ofício, antes do início do depoimento ou durante o seu transcurso, que a testemunha seja ouvida sem a presença de alguma das partes.

Tal pedido deve ser deferido ou assim deve proceder o juiz na(s) ocasião(ões) em que a presença de uma ou de ambas as partes puder causar humilhação, temor ou cons-

---

254. STF, HC 103.525, Rel. Min. Cármen Lucia, 1ª T., j. 03.08.2010, *DJe* 159, Divulg. 26.08.2010; STJ, HC 195.983/RS, Rel. Min. Jorge Mussi, 5ª T., j. 14.06.2011; RHC 154.359/RJ, Rel. Min. Laurita Vaz, 6ª T., j. 07.06.2022, *DJe* 23.06.2022.

255. Não obstante tal orientação jurisprudencial, há também julgados que afirmam que o prejuízo para a defesa é presumido, uma vez que uma vez que seria inviável avaliar a instrução processual se o juízo de origem tivesse obedecido a regra do art. 212 do CPP e fizesse as perguntas após ter oportunizado a palavra para as partes. Cf. STJ, HC 735.519/SP, Rel. Min. Sebastião Reis Júnior, 6ª T., j. 16.08.2022, pub. *Informativo* 745, de 22.08.2022.

256. STJ, REsp 679.377/AM, Rel. Min. Fernando Gonçalves, 4ª T, j. 09.12.2008, *DJe* 02.02.2009.

trangimento à testemunha (aplicação análoga ao art. 217, *caput*, do CPP). Por exemplo, permitir que vizinhos ou conhecidos próximos de pais agressores, em ação de destituição do poder familiar, possam narrar, sem qualquer constrangimento, os maus-tratos e as violências praticadas contra as crianças. Essa medida, além de proteger a testemunha, não compromete a obtenção da verdade nem prejudica os direitos de defesa, já que as perguntas devem ser formuladas pelos advogados.

Caso as indagações envolvam assuntos não conhecidos pelos advogados, deve ser solicitada a suspensão da audiência, por alguns minutos, para que o cliente seja consultado, separadamente, sem que, com isso, se cause *cerceamento de defesa*.

A audiência é pública (CPC, art. 368). Porém, para proteger a testemunha, deve o juiz resguardar o *segredo de justiça*, nas hipóteses reguladas pelo art. 189 do CPC, notadamente nos processos que versem sobre casamento, separação de corpos, divórcio, separação, união estável, filiação, alimentos e guarda de crianças e adolescentes, bem como naqueles em que se precise proteger o direito constitucional à intimidade e à vida privada (CF, art. 5º, inc. X).

Nesse sentido, não somente os dados constantes do depoimento devem ser mantidos em sigilo, mas principalmente outras informações indispensáveis à preservação da intimidade, da vida privada, da imagem e da honra da testemunha. Dados pessoais da testemunha, como o local de sua residência, telefone e lugar onde trabalha, podem ser mantidos em segredo quando necessário à preservação da segurança da testemunha, não devendo constar tal informação nos autos e sendo dado privativo da parte que a arrolou e do juízo.

De igual modo, deve ser repelido, nos casos de maior repercussão, o assédio da imprensa, fazendo com que as informações relevantes e de caráter público sejam repassadas, pelo juiz, para a assessoria de imprensa do respectivo Tribunal, que deve se encarregar de fornecê-las, com as devidas cautelas, aos meios de comunicação.

Os depoimentos são orais, não podendo a testemunha ler escritos anteriormente preparados, embora possa consultar breves notas com o objetivo de completar seu depoimento (aplicação, por analogia, do art. 387 do CPC).

Caso a testemunha não fale português ou tenha dificuldade de se comunicar nesse idioma, desde que seja necessário, o juiz pode nomear intérprete ou tradutor (CPC, 162, inc. II). Deve proceder de igual modo quando se tratar de depoimentos de testemunhas com deficiência auditiva, que se comuniquem por meio da Língua Brasileira de Sinais ou equivalente (CPC, art. 162, inc. III).

Os depoimentos são *documentados* nos *termos de assentada* que, após assinados – pelo juiz, escrivão ou chefe da secretaria, advogados, defensores públicos e representante do Ministério Público e testemunhas (CPC, art. 367, § 2º) – são incorporados aos autos.

O depoimento da testemunha será, preferencialmente, gravado de modo audiovisual. As partes também podem efetuar a gravação, independentemente de autorização judicial (CPC, art. 367, § 5º).

A audiência gravada permite o registro integral do depoimento. Com isso, evita-se que o juiz faça inserir palavras que não foram ditas pela testemunha ou que foram pronunciadas de outra maneira, além de contribuir para que o Tribunal, ao assistir a gravação, tenha todas as impressões do depoimento. Além disso, a gravação tem uma influência positiva no espírito das testemunhas, que se tornam mais escrupulosas em suas declarações, porque sabem que nada há de ser adulterado ou perdido. Ainda, as palavras das testemunhas, por não se perderem, também permitem melhor punir o falso testemunho, oferecendo, assim, uma menor probabilidade de impunidade.

Excepcionalmente, quando o depoimento for digitado, as partes, por seus advogados, bem como a Defensoria Pública e o Ministério Público, podem apontar eventuais inexatidões ou omissões, pedindo para que se conste no termo perguntas eventualmente indeferidas pelo juiz, que é o intermediário entre a testemunha e os advogados.

Quando o depoimento for digitado ou registrado por taquigrafia, estenotipia ou outro método idôneo de documentação o depoimento será assinado pelo juiz, pelo depoente e pelos procuradores (CPC, art. 460, § 1º).

O CNJ editou a Resolução 105, de 06.04.2010, que dispõe sobre a documentação dos depoimentos por meio do sistema audiovisual e a realização de interrogatório e inquirição de testemunhas por videoconferência, tendo afirmado, no art. 2º, que os depoimentos documentados por meio audiovisual não precisam de transcrição. O art. 460, § 2º, do CPC também assevera que, havendo recurso em processo não eletrônico, o depoimento somente será digitado quando for impossível o envio de sua documentação eletrônica.

Nos Juizados Especiais Cíveis (Lei 9.099/95), por força dos arts. 13, § 3º, e 36, a prova oral não é reduzida a termo escrito. Porém, podem as partes, por ocasião de eventual interposição de recurso, requererem a transcrição da gravação em meio digital, desde que arquem com as respectivas despesas (Lei 9.099/95, art. 44).

Nos *processos eletrônicos*, devem ser observadas duas regras específicas (CPC, art. 460, § 3º): a) Quando se tratar de processo, total ou parcialmente, eletrônico, os atos processuais praticados na presença do juiz poderão ser produzidos e armazenados de modo *integralmente digital*, em arquivo eletrônico inviolável[257], na forma da lei, mediante registro em termo que será assinado digitalmente pelo juiz e pelo escrivão ou chefe de secretaria, bem como pelos advogados das partes (CPC, art. 209, § 1º); b) Eventuais contradições na transcrição deverão ser suscitadas oralmente no momento da realização do ato, sob pena de preclusão, devendo o juiz decidir de plano, registrando-se a alegação e a decisão no termo (CPC, art. 209, § 2º).

---

257. Convencionou-se no Judiciário brasileiro a utilização do formato PDF (*Portable Document Format*), cuja edição não pode ser feita pelos editores de texto comuns como *Microsoft Word*, apenas em programas específicos como o *Adobe Acrobat PRO*.

7.4.9.5. Valoração da prova testemunhal

No sistema processual brasileiro, não há uma hierarquização dos meios de prova. Todas merecem a mesma consideração, apesar de suas diferenças.

A prova documental dá maior *estabilidade*, pois o registro não está sujeito ao transcurso do tempo e dos lapsos de memória, nem aos interesses que a testemunha possa vir a ter, além do fato de colaborar com a descoberta da verdade. Por outro lado, o registro documental nem sempre é capaz de elucidar todas as questões controvertidas, ao contrário da testemunha que, por ser mais dinâmica, pode ser capaz de narrar fatos relevantes ao julgamento da causa.

A validade da prova testemunhal e do testemunho em particular está assentada na *presunção da veracidade humana*, inspirada na crença de que as pessoas em geral percebem e narram a verdade[258]. Porém, tal presunção é genérica, podendo, nos casos concretos, ser graduada, ou seja, aumentada, diminuída ou destruída pelas circunstâncias individuais do testemunho[259].

A prova testemunhal não pode ser considerada somente uma *scientia declaratio*, mas também deve ser valorado o comportamento da testemunha, com fato que pode ser analisado em relação a sua espontaneidade, contraditoriedade e coerência, bem como com fundamento em fatores ambientais e psicológicos[260]. Como nem sempre tais questões são apuradas no processo, é preciso ter cautela ao se analisar e atribuir valor ao depoimento da testemunha[261].

Veja-se, por exemplo, a dificuldade na valoração da prova testemunhal em um acidente de trânsito ocorrido em um cruzamento, em que alguém morre atropelado. Imagine-se o depoimento do condutor de um veículo que passava pelo local no momento do acidente. Essa pessoa não estava no local como um *mero observador*, nem poderia intuir que um acidente iminente estava por acontecer e sequer prestava atenção em todos os possíveis detalhes. Conduzia o seu próprio veículo, observando os sinais de trânsito, conversando com outras pessoas no interior do seu automóvel, ouvindo música etc. Logo, não obstante a sua proximidade física com o acontecimento, nem sempre tem condições de historiar o fato tal como tenha rigorosamente ocorrido, podendo apenas construir mentalmente o que acredita tenha sucedido.

Além da *qualidade informativa* dos dados transmitidos, vale dizer, a adequação à realidade empírica, várias outras questões tornam complexa a valoração da prova testemunhal. A primeira é a *credibilidade* da testemunha, vale dizer, é necessário saber se

---

258. ECHANDÍA, Hernando Devis. *Teoría general de la prueba judicial*. 5. ed. Bogotá: Editorial Temis S.A., 2002. t. II, p. 77-79.

259. MALATESTA, Nicola Framarino dei. *A lógica das provas em matéria criminal*. Trad. Alexandre Augusto Correia. São Paulo: Saraiva, 1960. v. II, p. 15-19.

260. LOMBARDO, Luigi. Profili delle prove civile atipiche. *Rivista Trimestrale di Diritto e Procedura Civile*, dez. 2009, nota 53, p. 1.463.

261. GRACIÁN, Baltasar. *A arte da prudência*. Trad. Davina Moscoso de Araujo. Rio de Janeiro: Sextante, 2006. p. 37-38.

a testemunha realmente conhece os fatos, como obteve tal conhecimento e se a relação que possui com alguma das partes ou as demais pessoas envolvidas no processo pode vir a comprometer a transmissão correta dos fatos.

Nesse sentido, por exemplo, o testemunho de agentes policiais não pode ser, aprioristicamente, sobrevalorizado, sob o argumento de que o policial goza de fé pública, nem, tampouco, subvalorizado, com a justificativa da sua palavra não ser confiável para, isoladamente, fundamentar uma condenação[262]. Portanto, o depoimento policial deve ser valorado como qualquer outra testemunha.

Cabe ao magistrado, em análise do caso concreto, valorar racionalmente a prova testemunhal, a fim de verificar critérios objetivos, como a consistência, verossimilhança, plausibilidade e completude da narrativa, bem como a coerência e adequação com os demais elementos produzidos nos autos[263].

Outro problema é como ele vai narrar tal fato em juízo (com gestos, calmo ou nervoso, dando mais ou menos detalhes, contando pausada ou rapidamente, com maior ou menor convicção principalmente, suando, gaguejando etc.) e, ainda, quanto tempo se passará entre o acontecimento e o depoimento (quanto maior é o lapso temporal, a lembrança de detalhes secundários tende a desaparecer e a imaginação pode querer preencher as lacunas deixadas pelo tempo, o que torna, para o intérprete, muito difícil de distinguir o que realmente é verdadeiro do que é apenas fictício).

Além disso, será importante verificar como as partes vão explorar tal depoimento e, por fim, quais *bons argumentos* poderão ser retirados pelo magistrado para se decidir, com imparcialidade, a causa.

Entretanto, não se pode descartar a prova testemunhal em razão de possíveis contradições entre versões prestadas por duas ou mais testemunhas, ou ainda pela própria testemunha em confronto com declarações anteriores, desde que sejam detalhes de pequena importância[264].

A valoração da prova está intimamente ligada às máximas da experiência (CPC, art. 375). Assim, a fé que se atribui ao relato de testemunhas é resultado da experiência. Conforme Jeremy Bentham, *crer* no testemunho deve ser a disposição geral e não crer, a exceção. Para se duvidar, é necessário se fazer objeções, dizer porque o testemunho é falso ou não é passível de crença[265]. Afirma Bentham que, se não fosse assim, as causas não poderiam ser julgadas, porque ínfima parte dos fatos que são julgados são percebidos, imediatamente, pelas pessoas[266].

---

262. STJ, AREsp 1.936.393/RJ, Rel. Min. Ribeiro Dantas, 5ª T., j. 25.10.2022, *DJe* 08.11.2022.
263. Idem.
264. TJ/PR, Ap. Crim. 546.825-3, Rel. Des. Antonio Martelozzo, 4ª Câm. Crim., Ac. 8.449, j. 16.04.2009, *DJ* 128.
265. BENTHAM, Jeremy. *Tratado de las pruebas judiciales*, v. I cit., p. 41-42.
266. Ibidem, p. 38-39.

Porém, a exatidão e a integridade do testemunho dependem do estado das faculdades intelectuais da testemunha e de sua disposição moral, ou seja, de seu entendimento e de sua vontade[267].

As faculdades intelectuais compreendem a percepção, o juízo, a memória, a imaginação e a expressão[268].

A percepção está relacionada com a forma em que a testemunha captou o fato. Isto é, se tinha condições de perceber a totalidade do objeto (*v.g.*, ver em razão da distância ou da luminosidade, escutar considerando a quantidade de ruídos, assimilar a fisionomia ou as vestes do autor do ato ilícito, em razão da rapidez dos acontecimentos etc.) ou se tinha a plenitude dos sentidos para que a sua percepção sobre ele não fosse equivocada (*v.g.*, surdez parcial, miopia etc.).

Quanto ao juízo, seria desejável que a testemunha apenas se limitasse a descrever os fatos, pura e simplesmente. Porém, existe uma estreita ligação entre os fatos percebidos e qual a impressão posterior de que estes acontecimentos, ou por erros sinceros (que não se confundem com a vontade consciente e deliberada de mentir; portanto, não basta expressar algo que seja falso; para mentir, dever crer ou saber que algo é falso)[269].

A ausência de credibilidade subjetiva da testemunha está relacionada aos *motivos escusos* que a levam a afirmar ou deixar de narrar os fatos tal como aconteceram[270]. O magistrado não pode se eximir de avaliar a existência de outras motivações por parte das testemunhas diversas da colaboração com a busca da verdade, como a presença de elementos de intimidação, o desejo de vingança, a sujeição da influência de outras pessoas etc.

Porém, mentir não é o contrário de não dizer a verdade[271]. O que não é verdadeiro é falso, e a mentira é aquilo que não é sincero. Dessa forma, não é verdadeira a informação que não corresponde ao que realmente ocorreu, sendo a mentira o contrário da sinceridade, que tem a ver com a memória da pessoa não com a correspondência com a realidade: mente quem conta uma versão diferente da que se recorda; ao contrário, é sincero quem reproduz aquilo que se lembra. Portanto, a testemunha pode ter percebido de forma equivocada e, por isso, a sua declaração contém informação não verdadeira, porque não corresponde com a realidade, o que não significa que ela estava mentindo, quando ela narra, sinceramente, o que está presente na sua memória.

---

267. Ibidem, p. 48-60.
268. Idem.
269. "La diferencia es sutil, pero evidente: alguien que sabe que tiene una moneda en el bolsillo y dice que no tiene ninguna moneda está mintiendo. Otra cosa es si en las mismas corcunstancias no sabe que tiene una moneda en el bolsillo, no miente, pero comente un error sincero cuando afirma que no tiene ninguna moneda" (RAMOS, Vitor de Paula. *La prueba testifical. Del subjetivismo al objetivismo, del aislamiento científico al diálogo con psicología y epistemología* cit., p. 85).
270. STJ, REsp n. 2.042.215/PE, 6ª T., Rel. Min. Rogerio Schietti Cruz, j. 03.10.2023, pub. *DJe* 25.10.2023.
271. RAMOS, Vitor de Paula. *La prueba testifical. Del subjetivismo al objetivismo, del aislamiento científico al diálogo con psicología y epistemología* cit., p. 85-86.

A memória é o meio pelo qual se recorre às experiências passadas para usá-las como informações que venham a ser úteis no presente[272]. Há três operações comuns da memória: a codificação (os dados sensoriais são transformados em uma forma de representação mental), o armazenamento (a informação é codificada na memória) e a recuperação (a informação armazenada é extraída e usada).

O intervalo entre os fatos e o depoimento judicial interfere diretamente na qualidade da prova testemunhal. Todo ser humano está programado para esquecer. Afinal, a memória não é uma máquina fotográfica ou filmadora capaz de registrar e manter intactas as informações captadas[273]. Com o tempo, os registros vão se apagando, se misturando a outras percepções e os pormenores se perdendo na memória[274].

A memória dos acontecimentos vai se modificando com o tempo e alguns detalhes podem ser reforçados, para se preencher os esquecimentos, passando a ser difícil e tênue a linha de distinção entre o real do imaginário[275], o que coloca o problema das *falsas memórias*.

Logo que o fato acontece é mais fácil que as pessoas se lembrem dele com riqueza de detalhes. Porém, com o decorrer do tempo, os pormenores não emocionais vão sendo esquecidos, restando apenas aquelas circunstâncias que mais marcaram a pessoa. Contudo, ao serem reconstituídas em um processo judicial, realizado muito tempo após a ocorrência dos fatos, essas circunstâncias e outros detalhes (geralmente, de menor intensidade emocional) importantes para se solucionar o caso jurídico acabam sendo esquecidos pelo narrador.

Em outras palavras, quanto maior for o espaço de tempo entre a ocorrência do fato e sua narrativa (pela vítima/testemunha), maiores serão as alterações das lembranças. Por isso, é recomendável que a audiência para se inquirir as testemunhas seja realizada o mais rápido possível, evitando-se, assim, distorções e esquecimentos nos fatos memorizados[276]. Também, por essas razões, deve ser considerada nula a condenação baseada em reconhecimento fotográfico (CPP, art. 226), quando – realizado com grande lapso temporal dos fatos – se mostra em contradição com as demais provas constantes

---

272. STEIN, Lilian Milnitsky; NYGAARD, Maria Lúcia Campani. A memória em julgamento: uma análise cognitiva dos depoimentos testemunhais cit., p. 161.

273. "(…) la memoria no es una mera 'grabadora', que solo sirve para 'guardar' un suceso y recuperarlo 'intacto después'. 'En esencia, toda memoria es falsa en algún grado', ya que la memoria es un proceso reconstructivo: en ´el proceso de reconstrucción del pasado, coloreamos y damos forma a nuestras experiencias de vida basándonos en lo que sabemos sobre el mundo~. Además de formarse ´mezclándose 'con sentimientos e impresiones personales, los recuerdos, máxime en las primeras horas tras su adquisición, 'son lábiles y susceptibles a la interferencia de numerosos factores" (RAMOS, Vitor de Paula. *La prueba testifical. Del subjetivismo al objetivismo, del aislamento científico al diálogo con psicología y epistemología* cit., p. 130).

274. "Segundo estudos da Psicologia moderna, são comuns as falhas e os equívocos que podem advir da memória humana e da capacidade de armazenamento de informações. Isso porque a memória pode, ao longo do tempo, se fragmentar e, por fim, se tornar inacessível para a reconstrução do fato" (STJ, HC 598.886/SC, Rel. Min. Rogério Schietti Cruz, j. 27.10.2020, pub. *DJe* 18.12.2020).

275. MITTERMAIER, Carl Joseph Anton. *Tratado da prova em matéria criminal.* 4. ed. Trad. Herbert Wüntzel Heinrich. Campinas: Bookseller, 2004. p. 302.

276. DI GESU, Cristina. *Prova penal e falsas memórias.* Rio de Janeiro: Editora Lumen Juris. 2010. p. 141.

dos autos, para impedir erros judiciários fundados em provas frágeis, não raro obtidas com vícios legais e até psicológicos (como o enviesamento causado pela apresentação irregular de fotografias escolhidas pelas forças policiais, que contamina a memória das vítimas e impede a convalidação deste depoimento em juízo)[277].

A narrativa de um evento nada mais é do que uma reconstrução baseada em esquemas e de conhecimentos prévios das próprias lembranças[278]. Ocorre que a falsa memória pode ser incorporada à pessoa de duas maneiras: I) *espontânea ou autossugerida*: ocorre quando a própria pessoa distorce as informações absorvidas (*v.g.*, o aluno se lembra de que o professor lhe disse que haveria prova no dia dois de maio, quando na verdade ele falou que a prova seria realizada após o feriado; portanto, há diferença entre aquilo que o aluno ouviu do professor e o que ele realmente disse)[279]; II) *sugestões externas*: resulta de estímulo externo, acidental ou deliberado, oriundo de uma informação falsa (*v.g.*, quando a pessoa "A" presencia um acidente de trânsito em que um motorista ultrapassa uma preferencial e outra pessoa "B" afirma que a placa era de "pare", momento em que a pessoa "A" passa a afirmar (e corroborar o dito pela pessoa "B") que no local existia realmente a placa de "pare")[280]. O procedimento de sugestão de uma falsa informação consiste na apresentação de uma informação falsa, mas plenamente consistente e compatível com a experiência vivida[281].

Igualmente, deve levar-se em consideração o quanto a emoção pode interferir na incorporação de fatos e o quanto ela é responsável pelo esquecimento de fragmentos.

A memória se utiliza de dois sistemas para ser processada: o literal e o essencial.

A *memória de essência* é ampla e armazena somente as informações que representem significado da experiência como um todo[282], ao passo que a *memória literal* realiza a codificação dos fatos e informações de maneira precisa, ou seja, os detalhes são registrados e armazenados de forma episódica e, por essa razão, passam a ser esquecidos ou suscetíveis às circunstâncias com maior facilidade. Ambos os sistemas se diferenciam em relação ao conteúdo e nos detalhes dos fatos[283].

Assim, quando se realiza uma busca pela lembrança de fatos vivenciados pelo narrador, a pessoa (testemunha/vítima) se vê obrigada a reconstituir os fatos no tempo

---

277. STJ, HC 664.537/RJ, Rel. Min. Antonio Saldanha Palheiro, 6ª T., j. 16.08.2022, pub. *Informativo* 746, de 29.08.2022.
278. STEIN, Lilian Milnitsky; PERGHER, Giovanni Kuckartz. Criando falsas memórias em adultos por meio de palavras associadas. *Psicologia Reflexão e Crítica*. [online], v. 14, n. 2, 2001. p. 353.
279. STEIN, Lilian Milnitsky; NYGAARD, Maria Lúcia Campani. A memória em julgamento: uma análise cognitiva dos depoimentos testemunhais cit., p. 156.
280. STEIN, Lilian Milnitsky; PERGHER, Giovanni Kuckartz. Criando falsas memórias em adultos por meio de palavras associadas cit., p. 156.
281. NEUFELD, Carmem Beatriz; BRUST, Priscila Goergen; STEIN, Lilian Milnitsky. O efeito da sugestão de falsa informação para eventos emocionais: quão suscetíveis são nossas memórias? *Psicologia em Estudo*. [online], v. 13, n. 3, 2008. p. 540.
282. NEUFELD, Carmem Beatriz; BRUST, Priscila Goergen; STEIN, Lilian Milnitsky. Adaptação de um método de investigação do impacto da emoção na memória. *Psico-USF* [online], v. 13, n. 1, 2008. p. 21.
283. ALVES, Cíntia Marques; LOPES, Ederaldo José. Falsas Memórias: questões teórico-metodológicas. *Paideia (Ribeirão Preto)* [online], v. 17, n. 36, 2007. p. 49.

e reviver a experiência[284], de modo que ela pode ocultar ou modificar os fatos ou simplesmente narrar tal como os presenciou. Dessa maneira, não se pode dizer que uma narrativa realizada com confiança, rica em detalhes e com emoção seja, na realidade, uma exposição dos fatos tais quais ocorridos, pois os detalhes pormenorizados podem ter, simplesmente, sidos incorporados pelo interlocutor sem que ele soubesse que são inexistentes[285].

Com efeito, a inexatidão do testemunho pode se dar pela falta de memória, seja pela debilidade nos atos de percepção, seja pelo transcurso do tempo. A relevância do fato também contribui para se reavivar a memória. Há fatos que, como sombras, não deixam rastros na memória. Há outros que, devido a sua importância relativa ou absoluta para a pessoa, não são esquecidos, mesmo com o transcurso do tempo, salvo se houver perda das faculdades intelectuais, decorrentes de enfermidades ou da idade. Assim, saber se alguém é ou foi casado, tem ou teve filhos, se presenciou fatos extraordinários (*v.g.*, se uma pessoa foi morta à tiros dentro de sua casa) etc., são acontecimentos que podem ser afirmados, normalmente, sem quaisquer dúvidas, independentemente do transcurso de tempo.

A imaginação gera acontecimentos que, total ou parcialmente, não correspondem à realidade. A imaginação procura tornar real o que é inventado.

Por outro lado, a impropriedade da comunicação, imprecisa ou inadequada busca da expressão também pode comprometer o testemunho. Consequentemente, o fato pode ser fiel na memória da testemunha, mas se a sua reprodução discursiva perante o juízo for incorreta, a verdade restará dissimulada pela linguagem tanto quanto poderia ser pela ignorância.

A dificuldade de se expressar claramente pode desnaturar o testemunho, inclusive, podendo dar-se um sentido completamente oposto à verdade[286]. A timidez por exemplo, comunicação, sem induzir a resultados, é uma causa frequente de inexatidão na expressão. Contudo, cabe ao juiz e às partes fazer observações e reperguntas para proporcionar os melhores meios para que a testemunha expresse o que sabe.

Já disposição moral se assenta na verdade e na atenção. Com efeito, tais disposições morais são contrariadas pela mentalidade, pela temeridade e pela negligência. O testemunho temerário afirma mais do que se sabe ou do que se viu. O negligente não se preocupa em reunir todas as circunstâncias e os fatos, omitindo o que sabe. Há veracidade no testemunho quando se empenha, sinceramente, em remontar o estado real dos fatos.

Por outro lado, a vontade de mentir está ligada a um motivo sedutor, relacionado ao interesse da testemunha ou à predisposição a ceder a esse interesse, por falta de probidade. Tal interesse abrange não apenas o pessoal, mas também o constituído pelas simpatias ou antipatias relacionadas às pessoas envolvidas, direta ou indiretamente, no

---

284. Ibidem, p. 53.
285. Ibidem, p. 54.
286. BENTHAM, Jeremy. *Tratado de las pruebas judiciales*, v. I cit., p. 177.

processo judicial, tornando a testemunha *parcial*. Todavia, quando não se há a intenção de mentir, a falsidade provém, ordinariamente, da falta de atenção.

Mentir é imoral, porque o mentiroso[287]: I) ao mentir, não respeita a humanidade, pois pratica-se uma violência ao se esconder de outro ser humano a informação verdadeira e, por meio do engano, usa-se a boa-fé do outro; II) se a mentira pudesse ser universalizada, dever-se-ia abdicar da razão e do conhecimento, da reflexão e da crítica, da capacidade de se deliberar e de se escolher, promovendo a ignorância, o erro e a ilusão.

São máximas de experiência (CPC, art. 375) que conferem confiança ao depoimento: a *clareza* (isto é, a ausência de confusão)[288] e a *firmeza* das respostas, a *concordância* entre todas as circunstâncias do relato, a *prontidão* em se responder (quanto mais rápida é a resposta, menos pode ser premeditada, servindo de critério de segurança contra a mentira. Mentir é inventar, e, conforme a máxima da experiência, a memória é mais rápida que a imaginação)[289], e a *probabilidade* de o fato ter ocorrido[290].

Por meio da utilização da razoabilidade (CPC, art. 8º) e do bom senso, o juiz reconhecerá se a declaração da testemunha é ou não verossímil (*v.g.*, a mulher não comete aborto se não estiver grávida, ninguém pode matar com uma arma sem munição ou de brinquedo etc.).

Aliás, os fatos impossíveis podem ser de duas espécies[291]: I) *impossível intrínseco*: o fato suposto resulta inacreditável pela sua completa incompatibilidade com fatos notórios conhecidos pelo juiz e sobre os quais não há necessidade de se produzir provas (*v.g.*, afirmar que alguém se tornou invisível ou que desapareceu em um passe de mágica etc.), tais afirmações se refutam por si mesmas; II) *impossível condicional*: o fato suposto resulta inacreditável em razão de sua incompatibilidade com acontecimentos evidenciados com provas de maior eficácia.

Desse modo, fatos impossíveis, contraditórios ou improváveis devem ser rechaçados racionalmente pelo juiz (CPC, art. 371), ainda que a testemunha os tenha afirmado.

A valoração da prova testemunhal deve primar pela perspectiva *objetiva* do testemunho, não estar centrada na pessoa da testemunha. Compete ao juiz verificar se as informações trazidas pela testemunha correspondem, suficientemente, com as alegações fáticas e os argumentos jurídicos das partes, e são confirmadas por outras provas trazidas nos autos, respeitado o *standard* epistêmico exigido na resolução da causa. Por exemplo, justificações pragmáticas podem ser suficientes para decidir um caso de acidente de trânsito a versão narrada pela testemunha encontre respaldo no boletim de ocorrência, enquanto, em uma situação em que se discuta a responsabilidade civil

---

287. CHAUÍ, Marilena. *Convite à filosofia*. 9. ed. São Paulo :Ática, 1997. p. 346.
288. BENTHAM, Jeremy. *Tratado de las pruebas judiciales*, v. I cit., p. 114.
289. Idem, p. 188.
290. Ibidem, p. 92 e 98.
291. BENTHAM, Jeremy. *Tratado de las pruebas judiciales*, v. II cit., p. 157.

por erro médico, será necessário justificações científicas, em que a prova testemunhal deve ser corroborada pela perícia.

Nesse sentido, o Tribunal Supremo espanhol estabelece os seguintes critérios para a valoração da prova testemunhal: i) ausência de incredibilidade subjetiva do testemunho; ii) declaração verossímil; iii) declaração firme durante todo o processo; iv) depoimento corroborado por dados objetivos[292].

7.4.9.6. Acareação

Quando sobre fatos relevantes divergirem as declarações de duas ou mais testemunhas entre si ou as de algumas delas perante o depoimento da parte, o juiz, de ofício ou a requerimento da parte, pode determinar a *acareação*, consistente no confronto pessoal entre os que apresentaram depoimentos divergentes a fim de que se esclareça a verdade[293].

O Código de Processo Civil de 2015 prevê, no art. 461, inc. II, §§ 1º e 2º, o procedimento da acareação. O órgão judicial pode, inclusive de ofício e até mesmo quando o processo estiver no segundo grau de jurisdição (ou nos Tribunais Superiores, quando se tratar de competência originária), determinar a acareação de duas ou mais testemunhas ou de alguma delas com a parte quando, sobre fato determinado e que possa influir na decisão da causa, houver divergências entre as suas declarações. Não há, contudo, a previsão de acareação entre as partes.

Porém, não basta a discordância, mas também que o fato sobre o qual recai a divergência seja capaz de influir no julgamento da causa. O art. 461, inc. II, do CPC não exige que haja suspeita de falsidade entre os depoimentos, podendo as testemunhas estarem de boa-fé, variando-se as percepções que tenham do mesmo acontecimento. Isso porque o intuito da *acareação* é buscar elucidar questões de fato controvertidas, desfazendo-se os enganos e os equívocos, bem como esclarecer as circunstâncias que poderiam ser desconhecidas por algum dos depoentes. E, assim, permitir a melhor reconstrução dos fatos e o mais adequado julgamento da causa.

Além disso, o Código de Processo Civil de 2015 não distingue a origem das testemunhas, podendo, com fundamento no princípio da comunhão ou da aquisição das provas (CPC, art. 371), ser acareadas duas ou mais testemunhas arroladas pelo autor ou pelo réu. Ademais, a acareação não precisa envolver necessariamente duas testemunhas entre si, mas também alguma delas com uma das partes.

Não há a previsão expressa da acareação entre peritos. Em caso de dúvida sobre a manifestação do perito, o juiz tem o dever de intimá-lo para esclarecer a divergência,

---

292. Cf. FENOLL, Jordi Nieva. *La valoración de la prueba*. Madri: Marcial Pons, 2010.
293. Baseado em estudos da psicologia do testemunho, Vitor de Paula Ramos, contudo, adverte que a valoração da credibilidade ou da confiabilidade de uma pessoa é, extremamente, subjetiva. Nenhum juiz pode detectar, cientificamente, que uma testemunha está mentindo e, com isso, assegurar a qualidade da prova. Cf. *Del subjetivismo al objetivismo, del aislamento científico al diálogo con psicología y epistemología* cit., p. 115-116.

por meio escrito (CPC, art. 471, § 2º) ou, se necessário, na audiência de instrução e julgamento (CPC, art. 471, § 3º). Na hipótese de o magistrado concluir que a matéria não foi suficientemente explicada, deverá, de ofício ou a requerimento da parte, determinar a realização de nova perícia (CPC, art. 480, *caput*). A segunda perícia deve ser apreciada em conjunto com a primeira (CPC, art. 480, § 3º). Em função dos princípios da razoabilidade e da eficiência (CPC, art. 8º), e para ampliar o alcance da garantia fundamental do contraditório, é possível que o órgão judicial promova o diálogo entre os peritos, seja para que produzam uma manifestação consensual seja para apresentarem uma manifestação conjunta com a argumentação dos pontos convergentes e os divergentes. Nesse sentido, o art. 35.12 do *Civil Procedure Rules* do Reino Unido prevê a "discussão entre experts", o que inclui: 1) a possibilidade dos órgãos judiciais de, a qualquer tempo, determinar a discussão entre os peritos com o propósito que eles: a) identifiquem e discutam questões técnicas; b) apresentem, na medida do possível, uma opinião consensual; 2) o órgão judicial pode delimitar as questões que devem ser discutidas pelo perito; 3) o órgão judicial pode determinar que os peritos emitam um documento em que se manifestam sobre os pontos que estão de acordo e, por outro lado, justifiquem as razões de desacordo em relação aos pontos divergentes.

O *caput* do art. 461 do CPC esclarece que a acareação pode ocorrer tanto por requerimento das partes quanto *ex officio*. A acareação se dará na própria audiência de instrução, se as pessoas a serem acareadas estiverem presentes, ou, em não sendo isso possível, o juiz marcará nova data para que, em dia próximo, se prossigam com as atividades de instrução da causa (CPC, art. 365).

Porém, se a divergência ocorreu entre depoimentos prestados em comarcas diferentes, embora o Código de Processo Civil de 2015 não regule expressamente a matéria, a fim de se dar efetividade ao direito à prova, desde que a acareação seja absolutamente indispensável à decisão da causa, o juiz pode realizar audiência para essa finalidade[294].

Nessa hipótese, o depoimento das testemunhas e/ou das partes a serem acareadas deve ser realizado, preferencialmente, por meio de videoconferência ou de outro recurso tecnológico de transmissão de sons e imagens em tempo real (CPC, arts. 385, § 3º e 453, § 1º, 461, § 2º), para se promover a duração razoável do processo (CF, art. 5º, inc. LXXVIII e CPC, art. 4º).

Além disso, cabe ao juiz conduzir a acareação de modo que o depoente que fez a declaração falsa, pelo confronto direto com o outro, retrate-se ou, quando menos, possa o magistrado, pela observação das atitudes dos depoentes, deduzir elementos para se descobrir em qual dos depoimentos conflitantes reside a verdade.

Os acareados são reperguntados para que expliquem os pontos de divergência, reduzindo-se a termo o ato de acareação (CPC, art. 461, § 1º).

---

294. SANTOS, Moacyr Amaral. *Prova judiciária no cível e comercial* cit., v. III, p. 556-61; ARAGÃO, Moniz de Egas D. *Exegese do Código de Processo Civil*, v. IV, t. II, 1984, cit., p. 122-4.

O indeferimento da acareação não gera, por si só, o cerceamento de defesa. É lícito ao juiz proceder ao indeferimento de diligências impertinentes, desnecessárias ou protelatórias (CPC, art. 370, parágrafo único). Não há violação das garantias constitucionais da ampla defesa e do contraditório quando o juiz indefere o pedido de acareação em decisão devidamente fundamentada (*v.g.*, por considerar que os depoimentos não são colidentes ou não versam sobre os mesmos fatos e circunstâncias, e que a diligência é desnecessária em face das demais provas produzidas nos autos ou meramente protelatória)[295].

7.5. PROVA PERICIAL

7.5.1. A ciência privada e a ciência oficial do juiz

A definição de prova pericial (científica) está ligada ao tema da *ciência privada* do juiz, em seu sentido dúplice.

Primeiro, a *ciência privada* significa o conhecimento de fatos extraprocessuais, sendo defeso ao juiz tomá-los como fonte de cognição para se julgar a causa. Trata-se de um corolário lógico da disciplina processual da prova, imposta pela garantia constitucional do *contraditório*. Em outras palavras, o juiz não pode afirmar a existência ou a inexistência de um fato cuja obtenção se perfez fora do âmbito do contraditório processual.

Segundo o juiz pode se valer de conhecimentos extraprocessuais apenas quando se trata de *máximas da experiência* e de *fatos notórios*. Máximas da experiência são conhecimentos gerais e abstratos que *independem* do caso concreto, exprimindo uma regra de verificação de determinados eventos empíricos (CPC, art. 375). Considerada a decisão como um silogismo, as regras de experiência constituem a premissa maior. Já os fatos notórios (CPC, art. 374, inc. I) são acontecimentos individuais e concretos, que constituem a premissa menor do silogismo judicial.

No entanto, é incorreto afirmar que as máximas de experiência e os fatos notórios fazem parte da ciência privada do juiz, porque são conhecimentos *comuns a todos os sujeitos processuais*, não apenas ao magistrado. Estão incluídos naquilo que se denomina de *ciência comum* da *cultura média* da coletividade social[296]. O que se procura vedar é a utilização, para fins de julgamento da demanda, de conhecimentos privados adquiridos extra-autos pelo juiz.

De qualquer modo, é possível adotar a expressão *ciência privada* do juiz somente em seu aspecto *negativo*, qual seja, para se proibir a utilização de conhecimento particular do magistrado. Por outro lado, a *ciência privada*, em aspecto *positivo*, descreve

---

295. STF, RHC 90.399, Rel. Min. Ricardo Lewandowski, 1ª T., j. 27.03.2007, *DJe* 4, Divulg. 26.04.2007.
296. LOMBARDO, Luigi. Prova scientifica e osservanza del contraddittorio nel processo civile. *Rivista di Diritto Processuale*, 2002, p. 1.087.

o âmbito de conhecimento – incluído na cultura difusa da sociedade – que pode ser livremente utilizado pelo órgão judicial[297]. Portanto, o melhor a se fazer é estabelecer a distinção entre *ciência privada* e *ciência oficial*, como noções complementares, a primeira descrevendo o que é vedado e a segunda, o que é possível de ser utilizado pelo juiz.

7.5.2. Conceito de prova científica e sua relação com a prova pericial

Prova científica abrange um conceito mais amplo que o de prova pericial, uma vez que esta é o *instrumento de aquisição daquela no processo*[298].

Fala-se em provas científicas toda vez que o juiz está diante de um fato a ser provado (*facta probanda*), do qual é necessário conhecimentos de natureza técnico-científicas, que transcendem o patrimônio cultural do homem médio (máximas da experiência comuns).

Todavia, o campo da experiência empírica sobre o qual se opera a prova científica não pode ser definido *a priori*. Isso porque, de um lado, a esfera da prova científica tende a ampliar-se com a evolução do conhecimento e das metodologias científicas; por outro, seu espaço está relacionado com a aplicação da "prova comum" em dois aspectos: a) o juiz, tendencialmente, considera como prova científica os campos "tradicionais" da ciência (*v.g.*, a medicina, a engenharia etc.), relegando outros por se considerar detentor desses conhecimentos (*v.g.*, antropologia, sociologia, criminologia, psicologia etc.); por isso, quando houver necessidade para a oitiva de determinada pessoa em juízo (*v.g.*, crianças, surdos, pessoas com problemas mentais que não afetem, integralmente, a sua percepção dos fatos), da nomeação de profissional especializado, deve ser fixado, antecipadamente, os respectivos honorários, para que ele atue como auxiliar do juízo (perito), inclusive na própria audiência; b) devido ao fenômeno do *multiculturalismo* da sociedade contemporânea, é intuitivo que, quanto menos desenvolvida seja a sociedade, menor seja o âmbito das máximas comuns de experiência.

Ademais, o conceito de prova científica pode sofrer variações conforme questões ideológicas, morais, costumeiras etc. Por isso, há que se perguntar o que vem a ser, realmente, provas científicas. Essa discussão envolvendo o caráter científico ou não (*junk science*) do conhecimento ocorreu no caso Dalbert *vs.* Merrel Dow Pharmaceuticals 509 U.S. 579 (em que se discutiu se o fármaco – anti-histamínico – Bendectin teria causado graves malformações congênitas nas extremidades superiores de crianças, em razão da sua ingestão pelas mães durante a gestação), julgado pela Suprema Corte Norte-Americana, em 1993[299]. Por exemplo, alguns entendem que ler a vida em uma borra de café seja um critério suficiente para a descoberta da verdade; o mesmo se sucedendo com a astrologia, o detector de mentiras e as cartas psicografadas por médiuns[300].

---

297. TARUFFO, Michele. *Funzione della prova*: la funzione demonstrativa cit., p. 561.
298. LOMBARDO, Luigi. Prova scientifica e osservanza del contraddittorio nel processo civile cit., p. 1.097.
299. CAMPELLO, Livia Gaigher Bossio. As provas e o recurso à ciência no processo. *Revista da Faculdade de Direito de Campos*. a. VI, n. 6, jun. 2005. p. 533-534.
300. TARUFFO, Michele. *Conocimiento científico y estándares de prueba judicial* cit., p. 3.

Logo, a pretensa ciência pode ser destituída de fundamento e credibilidade, contendo informações incorretas, incompletas, não testadas, manipuladas ou irrelevantes para o julgamento do caso concreto.

Assim, um grupo social, ao universalizar determinado conhecimento inerente à cultura média, pode desvirtuar o conceito de ciência ("pseudociências").

Consequentemente, o juiz deve desenvolver um apurado senso crítico acerca do conteúdo e dos limites do patrimônio cultural do homem médio. Deve verificar se as máximas da experiência não contrariam o conhecimento da ciência ou, ainda, se estão em consonância com o progresso das descobertas científicas. O magistrado deve ser um representante e, simultaneamente, um intérprete do homem médio, analisando criticamente o patrimônio cultural da sociedade.

Tal avaliação é de suma importância naquelas situações processuais em que o conhecimento científico se faz necessário (*v.g.*, determinar a guarda de uma criança ou de um adolescente, disputado por pai e mãe; resolver sobre a destituição do poder familiar; caracterizar ato de alienação parental – Lei 12.318/2010, art. 2º, parágrafo único etc.). Isso ocorre, contudo, nos sistemas de *civil law*, pois nos de *common law* (anglo-americanos) são as partes que decidem se devem produzir a prova pericial, já que o perito não é um auxiliar do juízo, mas uma testemunha da parte.

No entanto, a ciência moderna está inserida em crise epistemológica, marcada pela complexidade, enquanto conceito transversal a diferentes disciplinas e áreas científicas, bem como pelas consequências nem sempre previstas ou desejadas e, muitas vezes, irreversíveis, dos próprios usos e aplicações das ciências e dos diferentes tipos de tecnologia, inseridos na *sociedade de risco*[301].

Por isso, o conceito de ciência deve ser construído a partir de um *multiculturalismo emancipatório*, não do monoculturalismo autoritário, que não reconhece a existência de outras culturas senão a dos povos dominantes (colonizadores), ignorando ou colocando em um patamar de inferioridade a cultura dos povos colonizados (*v.g.*, o conhecimento indígena e afrodescendente). Esse modelo revela a dimensão da dominação, separando-se o conhecimento entre científico e não científico, desenvolvido e subdesenvolvido, avançado e atrasado etc. Impõe-se universalmente o conhecimento hegemônico, desqualificando-se o outro conhecimento. A construção de um modelo multicultural emancipatório requer a *descolonização da ciência*, passando-se da *epistemologia da cegueira* (vale dizer, do não reconhecimento ou da subalternidade dos saberes não coloniais) para a *epistemologia da visão*, pelo reconhecimento de uma pluralidade de conhecimentos e concepções sobre a dignidade humana e sobre o mundo, incluindo práticas ecológicas de diferentes comunidades (ecologia de saberes)[302].

---

301. SANTOS, Boaventura de Sousa; MENEZES, Maria Paula G.; NUNES, João Arriscado. Conhecimento e transformação social: por uma ecologia de saberes. *Hileia – Revista de Direito Ambiental da Amazônia*. v. 6, p. 14, jan.-jul. 2006.
302. Idem. p. 62, 69 e 79.

A ciência deve estar orientada para o descobrimento, a confirmação ou a falsidade de enunciados ou leis gerais, que se referem a classes ou a categorias de eventos. Já o processo judicial se preocupa com o conjunto limitado de enunciados relativos a circunstâncias de fatos particulares, selecionados e determinados conforme critérios jurídicos, com referência a normas a serem aplicadas no caso concreto. Dessa maneira, as provas científicas se destinam a tornar possível o emprego da ciência como um instrumento de averiguação da verdade, recaindo sobre fatos que devem ser analisados no contexto processual. Portanto, as noções científicas devem ser utilizadas para se estabelecer ou interpretar circunstâncias de fato para as quais são inadequadas as noções de experiência ou de senso comum[303]. No caso *Dalbert*, a Suprema Corte norte-americana concluiu que os juízes são *gatekeepers* (isto é, vigilantes) do conhecimento científico; para valorar a credibilidade da prova pericial, é necessário considerar a validez científica do método pelo qual o perito chegou às suas conclusões[304].

Na perspectiva multicultural da ciência, o art. 28, § 6º, do ECA, incorporado pela Lei 12.010/09, por exemplo, asseverou que se tratando de criança ou adolescente indígena ou proveniente de comunidade quilombola (remanescentes dos negros escravizados), é obrigatório: I) serem consideradas e respeitadas a sua identidade social e cultural, os seus costumes e tradições, bem como suas instituições, desde que compatíveis com os direitos fundamentais reconhecidos pelo ECA e pela CF; II) que a colocação familiar ocorra prioritariamente no seio de sua comunidade ou junto a membros da mesma etnia; III) a intervenção e oitiva de representantes do órgão federal responsável pela política indigenista (FUNAI), no caso de crianças e adolescentes indígenas, e de antropólogos, perante a equipe interprofissional ou multidisciplinar que acompanhará o caso.

De qualquer forma, as provas científicas não se resumem à prova pericial. Há outros profissionais que devem auxiliar o juiz, sem que possuam a qualidade de perito. Por exemplo, nos Juízos da Infância e da Juventude, também deve ser salientado o art. 151 da Lei 8.069/90, pelo qual cabe à equipe interprofissional auxiliar o juiz, fornecendo subsídios por escrito, mediante laudos, ou oralmente, na audiência.

Do mesmo modo, nos casos de violência doméstica, a Lei 11.340/06, nos arts. 29 a 32, prevê que os Juizados de Violência Doméstica e Familiar devem contar com equipe de atendimento multidisciplinar, a ser integrada por profissionais especializados nas áreas psicossocial, jurídica e de saúde (art. 29). O pleno funcionamento dessas equipes multidisciplinares é de suma importância para que sejam respeitados os direitos fundamentais e se consiga maior efetividade das decisões judiciais. Cabe à legislação local prever as suas atribuições, sem prejuízo do que já estabelece o art. 30 da Lei 11.340/06, ou seja, fornecer subsídios, por escrito, ao juiz, ao Ministério Público e à Defensoria Pública, mediante laudos ou verbalmente em audiência, além de desenvolver trabalhos de orientação, encaminhamento, prevenção e outras medidas, voltados para a ofendida,

---

303. TARUFFO, Michele. *Conocimiento científico y estándares de prueba judicial* cit., p. 2.
304. ROJAS, Carmen Vázquez. *De la prueba científica a la prueba pericial*. Madrid: Marcial Pons, 2015, p. 100.

o agressor e os familiares, com especial atenção às crianças e aos adolescentes. Assim, sempre que a complexidade do caso exigir avaliação mais aprofundada, as partes podem requerer ou o juiz pode determinar, mesmo de ofício, a manifestação da equipe de atendimento multidisciplinar. Aliás, para que o juiz aplique, ao agressor, a medida protetiva de urgência da restrição ou da suspensão de visitas aos dependentes menores, é imprescindível a prévia oitiva da equipe de atendimento multidisciplinar ou de serviço similar (Lei 11.340/06, art. 22, inc. IV).

Para se assegurar o pleno funcionamento dessas equipes especializadas, cabe ao Judiciário, sob a rígida fiscalização do Ministério Público e da sociedade civil organizada, quando da elaboração de sua proposta orçamentária, nos termos da Lei Orçamentária, prever os recursos necessários para a criação e a manutenção desses profissionais (a exemplo do que está recomendado no art. 32 da Lei 11.340/06).

De igual modo, o art. 5º da Lei 12.318/2010, ao tratar da alienação parental, afirma que, em havendo indícios da prática de alienação parental, em ação autônoma ou incidental, o juiz, se necessário, determinará perícia psicológica ou biopsicossocial. Por isso, a perícia deve ser realizada, preferencialmente, por equipe multidisciplinar com aptidão comprovada por histórico profissional ou acadêmico para diagnosticar atos de alienação parental.

7.5.3. Conceito de prova pericial

Perícia é o exame feito em pessoas, coisas ou fenômenos, por profissional portador de conhecimentos técnicos. Tem o escopo de se obter informações capazes de esclarecer dúvidas sobre os fatos controvertidos no processo e que transcendem o senso comum, isto é, o patrimônio cultural do homem médio em um determinado contexto social[305].

O vocábulo "perícia" é alusivo àquele profissional qualificado e apto a examinar as coisas ou as pessoas que lhes são confiadas pelo juiz.

Assim, perícia acaba por se tornar um termo *onicompreensivo* que significa a combinação do acertamento técnico (percepção dos fatos) e da valoração desses fatos.

Quando o perito atua na percepção dos fatos (*v.g.*, realiza vistoria para a verificação de poluição ambiental ou exame para apurar se houve violação da propriedade industrial ou erro profissional do médico), a perícia se coloca como um *meio de prova*, entendido como instrumento de aquisição de conhecimentos empírico-factuais ("proposições probatórias"), ou seja, que enunciam a existência ou a inexistência do fato (principal ou secundário), os quais constituem o objeto da prova[306].

---

305. ANSANELLI, Vicenzo. Problemi ricorrenti in tema di prova scientifica e processo civile spunti minimi di raffronto comparato. In: DOTTI, Rogéria (Org.). *O processo civil entre a técnica processual e a tutela dos direitos.* Estudos em homenagem a Luiz Guilherme Marinoni. São Paulo: RT, 2017. p. 524-525.
306. LOMBARDO, Luigi. Prova scientifica e osservanza del contraddittorio nel processo civile cit., p. 1.101.

O juiz, quando recorre a um perito para o acertamento de um fato, não percebe, diretamente, o fato objeto da prova (como ocorre na inspeção judicial). Entretanto, a prova pericial não se confunde com a prova testemunhal e a documental, porque, enquanto as testemunhas e os documentos narram fatos pretéritos ao juiz, percebidos por seus autores *fora do contraditório processual*, o perito, em contrapartida, descreve ao magistrado fatos presentes, com fundamento em seu conhecimento especializado, que percebeu *sob a influência do contraditório*, com a contribuição e sob o controle tanto do órgão judicial quanto das partes[307]. Desse modo, a testemunha é infungível, porque conhece direta ou indiretamente os fatos, enquanto o perito é fungível, podendo ser nomeado pelo juiz (CPC, art. 465, *caput*) ou escolhido de comum acordo pelas partes (CPC, art. 471, *caput*) dentre as pessoas tecnicamente habilitadas para se esclarecer os fatos da causa[308].

A rigor, a prova pericial não pode ser considerada *meio de prova* quando a perícia recai sobre a *valoração técnica* (também denominada perícia na valoração), porque, nesse caso, nenhum novo elemento (factual) de prova é levado ao conhecimento do juiz, mas somente regras científicas ou técnicas. Isso ocorre quando o perito se limita a indicar tais regras ao juiz ou a aplicá-las aos elementos de prova existentes no processo. Ademais, a perícia, quando pela valoração técnica, que permite ao juiz *extrair presunções* de indícios trazidos aos autos, também não pode ser considerada meio de prova.

Com efeito, há que se refletir sobre o conceito clássico de meio de prova (enquanto instrumento de percepção dos fatos singulares) e a sua aplicabilidade às provas científicas. Tal conceito se aplica, muito bem, às provas "comuns", em que, dado o fato, o juiz pode servir-se das regras da experiência comum para retirar as suas conclusões.

Porém, esse conceito clássico de meio de prova não se adapta bem às provas científicas. Nestas, o juiz deve recorrer às regras da ciência ou da técnica para conhecer os fatos individuais e concretos (isto é, os elementos de prova), bem como para poder valorá-los (para conhecer os fatos gerais e abstratos, que compõem as regras científicas e técnicas).

Não há como se fazer uma distinção ontológica entre *perito percipiente* e *perito judicante*. Não se pode, ao contrário do que pregava o positivismo, separar, rigidamente, "percepção" e "valoração". Tampouco é possível isolar o "fato" do "valor". O intérprete possui *pré-compreensões* que o influenciam tanto o perceber quanto o valorar. Quem percebe automaticamente valora, não havendo como se distinguir o juízo individual do fato e do valor. Todo juízo de fato, quando se atribui um predicado para um sujeito, já lhe dá um valor, declarando parte de um determinado universo, exemplificando: "Pedro é homem e, ainda que diferente dos demais, continua sendo homem"[309].

---

307. Ibidem, p. 1.102.
308. CINTRA, Antonio Carlos de Araújo. *Comentários ao Código de Processo Civil*. Rio de Janeiro: Forense, 2000. v. IV, p. 201.
309. LOMBARDO, Luigi. Prova scientifica e osservanza del contraddittorio nel processo civile cit., p. 1.106, nota 52.

560 CURSO DE PROCESSO CIVIL • EDUARDO CAMBI

Portanto, a noção de meio de prova deve ir além do seu objeto (*factum probans*) para se considerar também o *escopo* da prova – isto é, tudo que é necessário para que o juiz considere existente ou inexistente o *facta probanda*. Afinal, somente a configuração da perícia como um "meio de prova" é capaz de se colocar em sintonia com a proibição da ciência privada do juiz.

7.5.4. Objeto da perícia

Há duas formas de integração da atividade judicial por parte do perito: a) pode se desenvolver uma atividade de *percepção dos fatos*[310], principais ou secundários, a partir de seus conhecimentos das leis da ciência e das técnicas, revelando novos elementos de prova (*acertamento técnico*); por exemplo, mediante análises genéticas estatísticas para a declaração de paternidade ou exames químicos para a determinação de poluição ambiental; b) ou pode recair sobre a *valoração de elementos de prova já obtidos* (*valoração técnica*): o perito funciona não como instrumento de percepção de fatos ainda incertos e não provados, limitando-se a indicar as regras técnico-científicas mais adequadas ao caso concreto (*v.g.*, quando considera inautêntica uma assinatura em determinado documento).

A perícia recai sobre *fontes passivas*, que se afiguram como mero objeto de exame, sem participar das atividades de extração de informes.

Pode recair sobre *coisas*, *pessoas* ou *fenômenos*. Quando são relativas a pessoas, não expressam a sua vontade. Por isso, são fontes passivas, equiparadas à condição de objeto. Examinam-se pessoas vivas (*v.g.*, no procedimento de interdição, para se apurar a anomalia psíquica e a incapacidade do interditando de reger a sua pessoa e de administrar os seus bens; CPC, art. 753) ou mortas (*v.g.*, exumação de cadáver, em uma ação de investigação de paternidade ou em uma ação de reparação de danos, para se apurar a culpa do médico pelo óbito).

Quando as *pessoas* são fontes da prova pericial, como regra, nega-se a possibilidade de coação ao exame ou a inspeção corporal, mas pode-se impor presunções, como a constante da Súmula 301 do STJ ("Em ação investigatória, a recusa do suposto pai a submeter-se ao exame de DNA induz presunção juris tantum de paternidade"), do art. 2º-A, § 1º, da Lei 8.560/92 ("A recusa do réu em se submeter ao exame de código genético – DNA gerará a presunção da paternidade, a ser apreciada em conjunto com o contexto probatório") e do art. 232 do CC ("A recusa à perícia médica ordenada pelo juiz poderá suprir a prova que se pretendia obter com o exame").

Quando a *coisa* ou os *fenômenos* (como a poluição sonora ou atmosférica) são fontes da prova pericial, as restrições são menores.

O art. 473, § 3º, do CPC afirma que o perito e os assistentes técnicos, para o desempenho de sua função, podem utilizar-se de todos os meios necessários, ouvindo

---

310. CARNELUTTI, Francesco. *La prueba civil* cit. Item 17, p. 73-75.

testemunhas, obtendo informações, *solicitando documentos* que estejam em poder da parte, de terceiros ou de repartições públicas. Podem também instruir o laudo com planilhas, mapas, plantas, desenhos, fotografias ou quaisquer outros elementos necessários ao esclarecimento do objeto da perícia. Além disso, o art. 478, § 3º, do CPC afirma que, quando o exame tiver por objeto a autenticidade da letra e da firma, o perito poderá requisitar, para efeito de comparação, documentos existentes em repartições públicas e, na falta destes, requerer ao juiz que a pessoa a quem se atribuir a autoria do documento lance em folha de papel, por cópia ou sob ditado, dizeres diferentes, para fins de comparação.

Com efeito, quando as partes ou os terceiros não fornecerem os objetos ou os documentos, ou não permitirem a realização da perícia, caberá ao perito e aos assistentes técnicos comunicar o fato ao juízo, para que sejam tomadas as providências devidas. Isso porque ninguém se exime do dever de colaborar com o Poder Judiciário para o descobrimento da verdade (CPC, art. 378).

As partes têm o ônus de disponibilizar os documentos e as coisas em juízo, nos termos e nos limites traçados pelos arts. 399 e 404 do CPC. Se o requerido não exibe o documento ou a coisa, ou quando a recusa é considerada ilegítima, juiz deve considerar como verdadeiros os fatos que a parte contrária pretendia provar (NCPC, art. 400). Caso a exibição seja necessária para a realização da perícia, o magistrado pode adotar medidas indutivas, coercitivas, mandamentais ou sub-rogatórias para que o documento ou a coisa sejam exibidos (CPC, art. 400, parágrafo único).

Já os terceiros têm o *dever* de disponibilizar os documentos e as coisas que estejam em seu poder, desde que a recusa não seja considerada legítima (CPC, arts. 401 e 404). Se não tiver justo motivo para recusar a exibição, pode o juiz determinar a expedição de mandado de busca e apreensão, requisitando, se necessário, força policial, sem prejuízo da responsabilidade pelo crime de desobediência, pagamento de multa e outras medidas indutivas, coercitivas, mandamentais ou sub-rogatórias necessárias para assegurar a efetivação da decisão (CPC, art. 403, parágrafo único).

Portanto, o perito e os assistentes técnicos têm poder de solicitar as fontes de prova que se fizerem necessários para a realização de seu trabalho, vedando se o exercício de *atos coercitivos*. Se a parte ou o terceiro não disponibiliza a fonte de prova, cabe ao perito ou ao assistente técnico a solicitação de providências ao juiz.

O objeto da prova pericial é o *fato natural*, não o *fato jurídico*. Em outras palavras, há duas formas de determinação dos fatos: a) a *descritiva* (por exemplo, "veículo", "documento" e "moeda falsa"); b) a *valorativa* (*v.g.*, "razões justificadas", "interesse justificado" e "motivos básicos"). Somente a primeira deve recair sobre a atividade dos peritos e dos assistentes técnicos, sendo que a segunda, por ter caráter jurídico, depende da determinação judicial[311].

---

311. WRÓBLEWSKI, Jerzy. *Sentido y hecho en el derecho*. Trad. Francisco Javier Ezquiaga Ganuzas e Juan Igartua Salaverría. Cidade do México: Fontamara, 2008, p. 236-237.

Assim, a perícia deve incidir, por exemplo: I) sobre a ocorrência de lucro, a ser examinado pelo contador, sem que haja juízo de valoração quanto a tributariedade deste montante; II) sobre a causa do desabamento de uma ponte, a ser examinada por um engenheiro, sem se manifestar no tocante a responsabilidade (em sentido amplo) do construtor ou ao responsável pelos danos causados; III) sobre a incapacidade para o trabalho, a ser examinada pelo médico do trabalho, sem atestar acerca da existência ou não de invalidez para fins de aposentadoria.

Caso o perito ou o assistente técnico afirme que o lucro é tributável, que o construtor é responsável, civil ou criminalmente, ou que a pessoa é inválida para fins de aposentadoria, tais afirmações dizem respeito ao direito, cujo detentor de tal conhecimento específico é o juiz, e, portanto, não vinculam o julgador[312].

Portanto, se houver apenas questões jurídicas a serem dirimidas, não haverá necessidade nem utilidade na produção da prova pericial, que deve, sem causar cerceamento de defesa, ser indeferida, por ser inadmissível (CPC, art. 464, § 1º, inc. I).

7.5.5. Espécies

A prova pericial pode consistir em *exame, vistoria e avaliação* (CPC, art. 464, *caput*)[313]. Essa enumeração, contudo, é meramente *exemplificativa*, sem prejuízo da realização de outras atividades técnicas, se estiverem em consonância com o art. 369 do CPC.

Exame é a inspeção, por meio de perito, sobre pessoas, coisas, móveis e semoventes (animais), papéis e livros empresariais, para a verificação de fatos ou circunstâncias que interessam à causa. O Código de Processo Civil brasileiro emprega o termo "exame" ora como *sinônimo* de perícia ou prova pericial (*v.g.*, arts. 375, 443, inc. II, 466, § 2º, 473, § 2º), ora como sendo uma *modalidade* de perícia ou prova pericial, cujo objeto pode abranger documentos (*v.g.*, arts. 260, § 2º, 432, 478, *caput* e § 3º, 618, inc. IV), contas (*v.g.*, art. 550, § 6º) ou pessoas (*v.g.*, 98, § 1º, inc. V, 756, § 2º). Todavia, o exame pericial, relacionado com os bens imóveis, pode receber outros nomes, como medição (art. 590) ou cálculo (art. 583, inc. I).

Vistoria é o termo empregado em relação a atividades periciais que se exijam a verificação ocular de coisas móveis ou imóveis (*v.g.*, CPC, art. 872).

Avaliação designa a determinação do valor de bens ou de seu preço. Também pode ter o objetivo de "estimar" o valor dos bens e, quando a estimativa não recair sobre coisas, deve ser empregado o termo "arbitramento". Destina-se à estimação do valor, em moeda corrente, de coisas, de direitos ou de obrigações quando feita em inventário, partilhas ou processos administrativos bem como nas execuções para a estimação da coisa a ser partilhada ou penhorada.

---

312. MACHADO, Hugo de Brito. O objeto da prova pericial. *Revista dos Tribunais*. v. 690, p. 276-7.
313. ARAGÃO, Egas D. Moniz de. *Exegese do Código de Processo Civil*. v. IV, t. II, 1984, cit., p. 145-7.

Chama-se *arbitramento* a apuração do valor em dinheiro do objeto do litígio, de direitos ou da obrigação demandada.

O Código de Processo Civil de 2015 também admite a perícia antecipada (CPC, arts. 381 a 383). Com isso, pretende-se assegurar o direito autônomo à produção da prova, seja quando houver justo receio de que a verificação do fato se torne impossível ou muito difícil na pendência da ação, seja simplesmente para se viabilizar a autocomposição ou para o mero conhecimento dos fatos que possam justificar ou evitar o ajuizamento da ação. Pretende-se tão somente documentar os fatos, sem qualquer juízo de valoração a ser praticado pelo juiz (CPC, art. 382, § 2º). Com efeito, o magistrado apenas chancela o pedido de realização da perícia; não decide nada, ficando a análise judicial da perícia para eventualidade do ajuizamento da ação[314].

A prova pericial varia conforme o objeto (fonte) e o ramo do saber técnico ou científico necessário para se realizá-la. Por exemplo, existem as perícias médicas, contábeis, de engenharia civil, de informática etc.

Quando a perícia abrange duas ou mais áreas do conhecimento, é possível a realização de *perícias complexas* (CPC, art. 475). Por exemplo, a análise das informações contábeis inseridas nos computadores de uma empresa exigirá os conhecimentos de um técnico em informática e de um contador. A propósito, em ação de compensação por danos morais, ajuizada pela ex-mulher, em razão do então marido ter, após a apresentação de laudo realizado por neurocirurgião, considerado que ela seria incapaz para decidir sobre o ato de internação involuntária, por apresentar transtornos psiquiátricos, o STJ considerou que saber o que se passa na mente humana é tarefa complexa; ante a gravidade das circunstâncias que culminaram na privação da liberdade, além de um neurocirurgião (apto a atestar doenças que afetam o sistema nervoso, isto é, o corpo físico), concluiu pela necessidade da prova pericial ser completada por um laudo elaborado por um psiquiatra, médico que cuida das doenças emocionais e comportamentais, as quais poderiam alterar o corpo físico. Portanto, o STJ determinou a realização de perícia psiquiátrica complementar para poder aferir, com maior segurança, se a mulher sofria de transtornos psiquiátricos que justificariam a drástica medida de internação involuntária[315].

O procedimento da perícia está previsto nos arts. 464 a 484 do CPC. Contudo, há regras específicas que visam simplificá-lo.

Por exemplo, a *avaliação do bem penhorado*, em processo executivo, se faz por um só avaliador, sem quesitos e sem a possibilidade de indicação de assistentes técnicos (CPC, arts. 870 a 875)[316]. É o oficial de justiça quem deve proceder à avaliação (CPC, art. 870), salvo quando sejam necessários conhecimentos especializados e o valor da

---

314. STJ, REsp 53.972/TO, Rel. Min. Sálvio de Figueiredo Teixeira, 4ª T., j. 05.12.1995, *DJ* 05.02.1996, p. 1.401.
315. STJ, REsp 1704544/SP, Rel. Min. Nancy Andrighi, 3ª T., j. 22.05.2018, *DJe* 28.05.2018.
316. No AgRg no Ag 51699/SP (Rel. Min. Nilson Naves, 3ª T, j. 08.08.1994, *DJ* 12.09.1994, p. 23.765), o STJ afirmou que a avaliação não é nula se não foi indicado assistente técnico para avaliar o bem penhorado.

564 CURSO DE PROCESSO CIVIL • Eduardo Cambi

execução o comportar (*v.g.*, avaliar uma obra de arte), caso em que o juiz nomeará avaliador, que, após aceitar o encargo, terá prazo não superior a dez dias para a entrega do laudo (CPC, art. 870, parágrafo único).

Por fim, o estudo psicossocial – previsto no Estatuto da Criança e do Adolescente para os casos de adoção (ECA, arts. 52, inc. IV, e 197-C) e de perda ou suspensão do poder familiar (ECA, art. 157, § 1º) – não é espécie do gênero perícia. Trata-se de um meio de prova, elaborado por equipe técnica interdisciplinar, que tem sido usado na formação do convencimento judicial. Porém, diferente da prova pericial, não contém a previsão da formulação de quesitos nem a possibilidade da indicação de assistente técnico. Em razão do estudo psicossocial não se submeter às garantias da ampla defesa e do contraditório na sua formulação, nas ações de adoção ou de suspensão/perda do poder familiar, bem como em outros processos litigiosos envolvendo à aplicação dos Direitos das Crianças e dos Adolescentes (*v.g.*, como a definição judicial da guarda), é recomendável a utilização da perícia, que, conforme salientado, pode abranger diferentes áreas do conhecimento e envolver a participação de mais de um *expert*[317].

7.5.6. Prova técnica simplificada

A *prova técnica simplificada* é indicada, de ofício ou a requerimento das partes, em substituição à perícia, quando o ponto controvertido da causa for de menor complexidade.

Está prevista no art. 464, §§ 2º a 4º, do CPC e no art. 35 da Lei 9.099/95. Nesse sentido é o Enunciado 12 do Fonaje: "A perícia informal é admissível na hipótese do art. 35 da Lei 9.099/95".

Aqui, não se exige a lavratura de laudo pericial, por escrito[318]. Apenas se inquire *oralmente* o especialista detentor do conhecimento técnico ou científico e que foi o responsável por realizar o exame informal sobre a fonte probatória.

O especialista, ao ser arguido, pode valer-se de qualquer recurso tecnológico de transmissão de sons e imagens com o fim de se esclarecer os pontos controvertidos da causa (CPC, art. 464, § 2º).

Ainda, no curso da audiência, o próprio juiz poderá, de ofício ou a requerimento da parte, realizar inspeção em pessoas ou coisas, ou determinar que pessoa fidedigna o faça, relatando-lhe informalmente o verificado (Lei 9.099/95, art. 35, parágrafo único).

A inspeção pode ser *direta*, quando realizada pelo próprio juiz, ou *indireta*, por pessoa de sua confiança, portadora dos conhecimentos necessários. Nessas hipóteses,

---

317. PUGLIESE, William Soares; NASCIMENTO, Sabrina de Paula. Provas com crianças e adolescentes: técnicas e análise do cabimento do estudo psicossocial. *Revista IBDFAM Famílias e Sucessões*, v. 58, jul.-ago. 2023, p. 274.

318. Rompendo-se com a perícia informal, o art. 10 da Lei 12.153/09 (Juizados Especiais da Fazenda Pública) prevê a necessidade da confecção de laudo por escrito, *in verbis*: "Para efetuar o exame técnico necessário à conciliação ou ao julgamento da causa, o juiz nomeará pessoa habilitada, que apresentará o laudo até 5 (cinco) dias antes da audiência".

basta que o magistrado reduza a termo, preferencialmente, na própria ata da audiência, as informações diretamente percebidas ou relatadas pelo terceiro inspetor. Não se aplicam as formalidades da inspeção judicial, prevista nos arts. 481 a 483 do CPC, devendo-se fazer mero relato, sucinto e informal, a fim de, na eventual interposição de recurso, restar consignado o resultado da inspeção.

Estando o processo nos Juizados Especiais Cíveis e mostrando-se necessário exame mais aprofundado, o juiz não pode determinar a realização da perícia *formal* se a matéria for *complexa*. Isto é, caso venha a depender da análise aprofundada das questões fáticas envolvidas no processo (*v.g.*, ação de responsabilidade civil por dano em edifício, necessitando perícia de vários profissionais, como engenheiros civil, hidráulico e elétrico; ação de reparação de danos, envolvendo lucros cessantes, danos hospitalares e estéticos), com fundamento nos arts. 98, inc. I, da CF e 3º da Lei 9.099/95, o juiz deve declarar-se incompetente, resolvendo o processo sem análise do mérito, por ser inadmissível o procedimento instituído pela Lei 9.099/95 (art. 51, inc. I). Atente-se, pois, que a Lei 9.099/95 não exclui a realização de toda e qualquer prova pericial. Todavia, nos termos do art. 35 da Lei 9.099/95, a perícia deve ser *informal*, consistente na mera inquirição de técnicos da confiança do juízo, resumida às vistorias ou inspeções, que, pois, não segue os mesmos moldes do processo civil tradicional[319].

Nas causas de maior complexidade, podem as partes discutir a causa perante a Justiça Comum, adotando-se o procedimento comum. Por razões de economia processual, a fim de se evitar o ajuizamento de nova ação, estando as partes devidamente representadas por advogados, o magistrado pode declarar-se incompetente, determinando a remessa dos autos para o juízo comum (varas cíveis), mediante a redistribuição do processo[320]. Caso não estejam as partes representadas por advogados, não há como reaproveitar os atos processuais, devendo ser proposta nova ação perante a Justiça Comum.

A inquirição do perito também pode ser substituída pela permissão às partes de apresentarem pareceres técnicos elaborados extrajudicialmente (CPC, art. 472).

7.5.7. Admissibilidade e relevância

Quatro regras marcam a admissibilidade da prova pericial: a) o art. 156 do CPC afirma que quando a prova do fato depender de conhecimento técnico ou científico, o juiz será assistido por perito; b) o art. 464, § 1º, I, do CPC assevera que o juiz indeferirá a perícia quando a prova não depender do conhecimento técnico, a perícia for desnecessária em vista de outras provas ou a verificação for impraticável; c) o art. 375 do CPC preceitua que o juiz pode aplicar às máximas da experiência comum, ressalvada quanto às máximas de experiência técnica o exame pericial; d) o art. 472 do CPC determina que o juiz pode dispensar a prova pericial quando as partes, na inicial e na contestação,

---

319. TOURINHO NETO, Fernando da Costa; FIGUEIRA JUNIOR, Joel Dias. *Juizados especiais estaduais cíveis e criminais. comentários à Lei 9.099/95*. São Paulo: RT, 2007. p. 267-270.

320. Idem.

apresentarem, sobre as questões de fato, pareceres técnicos ou documentos elucidativos que considerarem suficientes.

Para ser deferida, a prova pericial deve ser: a) *admissível*: estar em consonância com as regras constitucionais ou legais (*v.g.*, não contrastar com a liberdade moral ou a dignidade humana); b) *relevante*: b.1) *abstratamente relevante*: isto é, deve ser *pertinente* ou versar sobre um *factum probandum* (principal) ou sobre um *fato secundário*; b.2) *concretamente relevante*: de um lado, a fonte e o meio de prova devem ser "idôneos" para se introduzir no processo o conhecimento dos fatos que constituam o objeto da prova; e, de outro lado, devem ser "não supérfluos"; ou seja, não devem incidir sobre o convencimento do juiz anteriormente formado (isso ocorre quando os fatos a serem provados ou os resultados a que se pretendem com a perícia já foram evidenciados por outros meios de prova).

A restrição quanto à admissibilidade da prova pericial (CPC, art. 464, § 1º) se justifica por razões de economia processual e também de gestão judicial dos meios cognitivos[321]. O magistrado deve excluir as provas periciais, ainda que sejam individualmente relevantes, quando se mostrarem supérfluas no contexto amplo do acervo probatório. Isso pode ocorrer quando a prova pericial se mostrar desnecessária para provar determinado fato jurídico, em razão da existência de outras provas não periciais suficientes para esse fim, ou quando já houver outras provas periciais elucidativas que se referem ao mesmo fato probando.

Quanto à idoneidade, há de se considerar confiável somente a perícia que esteja embasada em métodos válidos *cientificamente*. Com isso, quer-se impedir que provas falsamente científicas ou que não estejam de acordo com a metodologia científica ingressem e sejam utilizadas no processo.

Portanto, o juiz deve levar em consideração a opinião dominante da comunidade científica de determinado setor para se excluir *pseudoprovas científicas* que não estejam em consonância com as padronizações técnicas ou de segurança, ou cujo objeto seja controvertido no mundo científico, em razão do desenvolvimento do estado da arte.

Toda vez que, para o exame da fonte probatória, seja imprescindível conhecimento técnico ou científico que foge ao conhecimento da pessoa de cultura média, deverá o juiz admitir e determinar a realização da prova pericial.

Nessas circunstâncias, à parte, mesmo no processo administrativo, tem o direito à prova pericial, para se cumprirem as garantias constitucionais do devido processo legal, do contraditório e da ampla defesa. Por exemplo, já decidiu o STJ[322] que cabe a reintegração, pela via do mandado de segurança, de empregado do BACEN demitido (Lei 8.112/90, art. 132, inc. III) por inassiduidade habitual ao serviço (Lei 8.112/90, art. 139), sendo examinado por junta médica da Instituição que analisou, precipuamente,

---

321. ROJAS, Carmen Vázquez. *De la prueba científica a la prueba pericial* cit., p. 207.
322. STJ, MS 6.952/DF, Rel. Min. Gilson Dipp, 3ª Seção, j. 13.09.2000, *DJU* 02.10.2000, p. 137.

seu *aspecto fisiológico*, sem se atentar para o problema *psíquico*. O STJ, após considerar que o conceito de saúde contempla não apenas as qualidades exteriores e materiais da pessoa, mas também de seu estado interior (a higidez de seu estado anímico), concluiu que a perícia, ao não se analisar a questão psíquica, foi falha.

Outro exemplo: é necessária a produção de prova técnica para se concluir pela existência de concorrência desleal decorrente da utilização indevida do conjunto-imagem (*trade dress*) de produto[323]. Desse modo, a mera *comparação de fotografias pelo julgador não é suficiente para verificar se imitação de* trade dress *é capaz de configurar concorrência desleal. Ao contrário, é necessário, sob pena de caracterização de cerceamento de defesa, perícia técnica a fim de apurar se o conjunto-imagem de um estabelecimento, produto ou serviço conflita com a propriedade industrial de outra titularidade. O conjunto-imagem é complexo, sendo indispensável o auxílio de perito que o órgão julgador possa avaliar aspectos de mercado, hábitos de consumo, técnicas de propaganda e marketing, o grau de atenção do consumidor comum ou típico do produto em questão, a época em que o produto foi lançado no mercado, bem como outros elementos que confiram identidade à apresentação do produto ou serviço. Portanto, não é suficiente a mera comparação de imagens, pois se trata de prova de fato que depende de conhecimento especial de técnico* (*CPC, arts. 156 e 464, § 1º, inc. I*)[324].

O juiz, ainda quando detenha o conhecimento técnico ou científico (*v.g.*, por ser também formado em engenharia, economia, medicina etc.), não pode prescindir da prova pericial, cuja finalidade é a de se documentar, nos autos, o conhecimento especializado, inclusive, para posterior exame em grau de recurso.

Dessa maneira, deseja-se evitar o *enciclopedismo do juiz*, permitindo-se que o conhecimento técnico seja objeto de apurada e ampla discussão no processo. Afinal, a não admissibilidade da prova pericial pode se mostrar temerária à apuração do saber científico, em vista de sua inestimável utilidade no julgamento da causa, porque permite-se ao julgador o reforço ou o contraste dos seus conhecimentos perante os dos peritos[325].

Além disso, a perícia é feita para o processo e não para o juiz. Mesmo que detenha os conhecimentos técnicos, o magistrado deve nomear perito toda vez que tais conhecimentos escaparem à cultura média (senso comum) dos juízes. A possibilidade do magistrado se valer do seu próprio conhecimento técnico, não nomeando peritos, representaria violação à garantia constitucional do contraditório, gerando-se a nulidade absoluta da decisão.

Os conhecimentos técnicos dos peritos são dados relevantes para o julgamento da causa e, por isso, devem estar documentados nos autos, permitindo-se o seu controle

---

323. O conjunto-imagem (*trade dress*) resulta da soma de elementos, visuais e sensitivos, que distinguem a apresentação do bem no mercado consumidor. Cfr. STJ, REsp 1591294/PR, Rel. Min. Marco Aurélio Bellizze, 3ª T., j. 06.03.2018, *DJe* 13.03.2018.
324. STJ, REsp 1778910/SP, Rel. Min. Maria Isabel Gallotti, 4ª T., j. 06.12.2018, *DJe* 19.12.2018.
325. JUNOY, Joan Picó i. *El derecho a la prueba en el proceso civil* cit. Nota 105, p. 111.

pelas partes (e seus respectivos assistentes técnicos), além de servirem para o exame da correta ou incorreta valoração da prova pelos demais órgãos julgadores, na eventualidade de se haver a interposição de recursos[326].

Nessas condições, se o juiz se negar à realização da prova pericial, violar-se-á o direito à prova, pois as partes têm o direito de participar da instrução, indicar assistentes técnicos, formular quesitos, discutir respostas, propor outras provas e criticar o laudo ou o próprio perito. Logo, haverá *cerceamento de defesa* e nulidade da decisão judicial se a prova pericial foi dispensada injustificadamente[327].

Ademais, há situações em que o próprio legislador determina a realização da perícia. Por exemplo, nas ações de demarcação de terras, deve o juiz, antes de proferir a sentença, nomear um ou mais peritos para se levantar o traçado da linha demarcanda (CPC, art. 579). Trata-se de limitação ao convencimento judicial (CPC, art. 371), pois a realização da perícia é uma imposição legal e possui ímpar relevância e importância na solução da causa[328]. O julgamento do mérito da ação demarcatória, sem a perícia, compromete a garantia do devido processo legal e implica em falha no dever constitucional de motivação das decisões.

Por outro lado, as regras científicas e técnicas não podem ser impostas, em razão da posição processual ocupada pelo juiz. Ao contrário, devem ser individualizadas, verificadas e aplicadas no âmbito da *dialética processual*[329]. Essa é a razão de ser da proibição do juiz em se valer de seus conhecimentos privados. Afinal, se a prova científica fosse uma faculdade do juiz, restaria frustrada a garantia do contraditório e da ampla defesa, na medida em que contribuiria com as "decisões surpresas" em detrimento do diálogo processual (CPC, art. 10).

Toda vez que, na percepção ou na valoração dos fatos jurídicos, o juiz necessitar de conhecimentos técnicos, sem que se bastem as meras máximas da comum experiência (CPC, art. 375), deve-se recorrer à prova pericial. O órgão judicial que, mesmo tendo conhecimentos técnicos, não determinar a realização da perícia gera nulidade processual, especialmente quando esta tiver sido requerida por uma das partes, uma vez que a perícia poderia modificar o resultado do processo. Nessa hipótese, além da violação de direito à prova, a sentença também incorre em *vício de motivação*[330].

Portanto, ainda que o juiz tenha competência técnico-científica, não pode deixar de determinar a realização da prova pericial. Deve submeter os seus conhecimentos ao contraditório, em condições de igualdade, com as partes e com o perito. O contraditório somente estará assegurado se houver a possibilidade de se confrontar os conhecimentos

---

326. ALVIM NETTO, José Manoel de Arruda. Apontamentos sobre a perícia. *Revista de Processo*. v. 31, São Paulo: RT, jul.-set. 1981. p. 21-2.
327. STJ, REsp 169.218/PE, 2ª T., Relª. Minª. Eliana Calmon, j. 16.06.2000, *DJ* 1º.08.2000, p. 227.
328. STJ, REsp 790.206/ES, 4ª T., Rel. Min. Honildo Amaral de Mello Castro (des. convocado do TJ/AP), j. 04.02.2010, *DJ* 12.04.2010.
329. LOMBARDO, Luigi. Prova scientifica e osservanza del contraddittorio nel processo civile cit., p. 1.114-1.115.
330. Ibidem, p. 1.116.

técnicos do magistrado frente ao de outro especialista. O juiz continua a ser o *peritus peritorum* (CPC, art. 479), mas é chamado *ex post* ao desenvolver seu papel de valoração crítica dos resultados da perícia técnica, devendo indicar na sentença os motivos que o levaram a considerar ou a deixar de considerar as conclusões do laudo pericial e levando-se em conta o método utilizado pelo perito.

Nesse sentido, é inadmissível valer-se de máximas da experiência técnicas para se excluir a produção da prova pericial (CPC, art. 375). Por exemplo, não se pode simplesmente eximir a culpa de um piloto por se considerar que houve pane na aeronave, resultante de uma falha do motor. Afinal, na condução de uma aeronave exige-se uma série de conhecimentos e um adestramento específico que os magistrados não possuem ou, caso os detenham, devem submetê-lo à prova pericial, produzida em contraditório. Isso porque uma pane nem sempre é a causa da queda de um avião, da mesma forma que um defeito de um automóvel não é a causa necessária de um acidente.

O magistrado pode se valer de seus *conhecimentos privados*, tão somente, quando integrarem as máximas da experiência *comum*, com base naquilo que se ocorre normalmente (*quid plerumque accidit*). Por exemplo, não é preciso ser médico para saber que os mais idosos se lembram dos fatos pretéritos melhor que os recentes; não é necessário ser especialista em trânsito para saber que quem dirige à noite tem menor visibilidade que quem guia durante o dia; não é imprescindível ser técnico em grafologia para se reconhecer uma assinatura grosseiramente falsificada etc.[331].

Contudo, quando o conhecimento depende de conceitos avançados, fórmulas, teorias etc., que transcendem o mero senso comum, é indispensável que a perícia seja realizada por um profissional especializado[332].

A admissão da prova não é uma mera avaliação discricionária do órgão julgador. Ao contrário, está sujeita a critérios previstos na lei processual (CPC, arts. 370, 156, 375, 464 e 472), os quais devem ser bem ponderados diante das circunstâncias apresentadas no caso concreto.

A propósito, pelo art. 464, § 1º, do CPC, a prova pericial não deve ser admitida em três circunstâncias. O mesmo artigo também afirma que a prova pericial pode ser dispensada quando o fato *não depender do conhecimento especial de técnico*.

Isso ocorre, por exemplo, quando for possível a aplicação das máximas comuns da experiência (CPC, art. 375), como na valoração e na fixação dos danos morais, nas hipóteses em que é descabida a atividade pericial. No arbitramento do valor do dano moral, deve o juiz valer-se da experiência e do bom senso, atento à realidade da vida e às peculiaridades do caso concreto, de acordo com os critérios sugeridos pela doutrina e pela jurisprudência. Por exemplo, pessoa que pede danos morais por ter caído em piso

---

331. PISANI, Andrea Proto. *Lezioni di diritto processuale civile*. 2. ed. Nápoles: Jovene, 1996, p. 460-1; BARBOSA MOREIRA, José Carlos. Regras de experiência e conceitos jurídicos indeterminados. *Revista Forense*, v. 261, p. 13-4.
332. DINAMARCO, Cândido Rangel. *Instituições de direito processual civil*, 3. ed. v. III cit., p. 586.

escorregadio em um supermercado. O STJ não negou o desconforto, o aborrecimento e o incômodo causado pela própria queda, sem contar a alteração na rotina da autora, representada pela obrigatoriedade de comparecimento às sessões fisioterápicas.

Considerou que não se deveria deferir a indenização por dano moral por qualquer contrariedade. Todavia, também ponderou que não se pode deixar de atribuir à empresa ré o mau serviço prestado e a negligência que houve, em detrimento dos que frequentam suas dependências[333].

Do mesmo modo, não se faz perícia quando, da elucidação das fontes de prova, depende-se de *conhecimentos jurídicos*, pois tais conhecimentos as partes (cuja assistência se faz pelos advogados) e o juiz devem ter.

Ademais, o objeto da prova pericial recai sobre *fatos* a serem percebidos ou valorados com auxílio do conhecimento técnico. Por isso, quando a matéria for unicamente de direito, a prova pericial não será admissível, porque não há nada a ser feito por um perito na seara da ciência jurídica[334].

O art. 464, § 1º, inc. II, do CPC torna desnecessária a prova pericial em vista de outras provas produzidas.

Trata-se daquela situação cuja ocorrência já foi suficientemente elucidada mediante a prova documental, quando as partes apresentaram pareceres técnicos e outros documentos, junto com a petição inicial e a contestação (CPC, art. 472). Por exemplo, os serviços de advocacia podem ser apurados conforme aquilo que foi ordinariamente realizado pelo advogado, conforme os padrões jurídicos convencionais.

No entanto, o juiz deve ter cautela ao analisar os pareceres técnicos (CPC, art. 472), porque, além de serem elaborados por pessoas de livre indicação das partes, que custeiam o trabalho, também não há, por parte delas, o dever de serem imparciais. Se os pareceres técnicos forem contrastantes, houver fundada suspeita de idoneidade do assistente técnico e as questões técnicas não estiverem devidamente elucidadas, caberá ao magistrado determinar a realização da perícia, sob pena de se caracterizar o *cerceamento de defesa*[335].

A realização da prova pericial, ainda, pode se mostrar útil para ampliar as informações a respeito de determinada hipótese, já evidenciada por outros meios de prova, considerada como provável para a solução da causa.

Ainda, o art. 464, § 1º, inc. III, do CPC torna desnecessária a produção da prova pericial quando a verificação dos fatos for impraticável.

---

333. STJ, REsp 496.528/SP, Rel. Min. Sálvio de Figueiredo Teixeira, 4ª T., j. 06.05.2003, *DJ* 23.06.2003, p. 388. Não basta qualquer incômodo, dissabor ou chateação para a reparação por danos morais, sendo necessário a violação dos direitos da personalidade, como a privacidade, a honra, a imagem, a reputação, o nome e a saúde. Cfr. STJ, REsp 1680689/RJ, Rel. Min. Herman Benjamin, 2ª T., j. 21.09.2017, *DJe* 09.10.2017.

334. STJ, AgRg no REsp 105.8947/RS, Rel. Min. Francisco Falcão, 1ª T., j. 12.08.2008, *DJe* 25.08.2008; AgRg no REsp 1430306/RS, Rel. Min. Maria Isabel Gallotti, 4ª T., j. 18.12.2014, *DJe* 06.02.2015.

335. STJ, REsp 56.963/MG, Rel. Min. Costa Leite, 3ª T., j. 17.04.1995, *DJ* 29.05.1995, p. 15.510.

Esse dispositivo deve ser aplicado, quando a fonte de prova *não mais existir* (*v.g.*, o objeto a ser periciado desapareceu), quando a *ciência não evoluiu o suficiente para que a perícia seja autorizada* (*v.g.*, saber se determinados produtos transgênicos fazem mal à saúde ou se ondas eletromagnéticas, necessárias ao funcionamento de aparelhos celulares, causam danos às pessoas se emitidas sem o respeito de determinadas distâncias mínimas) ou *quando a sua realização foge às disponibilidades comuns das partes* (*v.g.*, a perícia é demorada ou custosa[336] e só pode ser feita em laboratórios muito específicos no exterior).

O art. 464, § 1º, do CPC decorre do art. 370, também do CPC, pelo qual cabe ao juiz, de ofício ou a requerimento da parte, realizar apenas as provas necessárias, indeferindo-se as diligências inúteis ou meramente protelatórias. A correta aplicação dessas regras jurídicas permite se assegurar a garantia constitucional da razoável duração do processo (CF, art. 5º, inc. LXXVIII e CPC, art. 4º).

Dependendo da apreciação das circunstâncias de cada caso concreto, poderá o juiz julgar antecipadamente o mérito (CPC, art. 355, inc. I), sem causar cerceamento de defesa, mesmo se no saneamento do processo tiver sido determinada a realização de audiência de instrução e julgamento (*v.g.*, caso se convença, a partir da juntada de laudos técnicos ou de outros documentos, não ser mais relevante a realização da perícia), não havendo, para tanto, preclusão *pro iudicato*[337].

Assim, a análise da plausibilidade da prova pericial requerida está no campo do convencimento motivado do magistrado que, ao indeferir a realização de perícia imprestável ao deslinde da controvérsia, não gera nulidade nem cerceamento de defesa[338].

No entanto, embora louváveis, as técnicas de agilização da prestação jurisdicional contidas nos arts. 464, § 1º, 370 e 355, inc. I, do CPC, devem ser aplicadas com cautela, com o intuito de evitar prejulgamentos, violação do direito constitucional à prova e o consequente *cerceamento de defesa*. Se houver dúvida concreta e objetiva quanto ao conteúdo a ser elucidado pela prova pericial, o órgão judicial deve assegurar a sua realização; apesar disso, pode implicar na impossibilidade de julgamento imediato da causa.

Nesse sentido, o STJ verificou a ocorrência de cerceamento de defesa em sentença proferida em ação de improbidade administrativa que concluiu pela desnecessidade da realização da prova pericial, mas se baseou na aplicação do ônus da prova em sentido objetivo, afirmando que os demandados não demonstraram a diferença de preços entre contratos de serviço de coleta e transporte de resíduos sólidos urbanos praticados em anos anteriores à contratação impugnada e que resultaram em prejuízo ao erário[339].

---

336. STJ, AgRg no Ag 106.005/MG, Rel. Min. Nilson Naves, 3ª T., j. 14.04.1997, *DJ* 26.05.1997, p. 22.531.
337. STJ, REsp 2.903/MA, Rel. Min. Athos Carneiro, 4ª T., j. 04.05.1991, *DJU* 10.06.1991, p. 7.852.
338. STJ, AgRg no REsp 1.126.480/MG, 2ª T., Rel. Min. Humberto Martins, j. 17.11.2009, *DJe* 25.11.2009.
339. STJ, AgRg no REsp 1.417.058/DF, 1ª T., Rel. Min. Olindo Menezes (des. convocado do TRF 1ª Reg.), j. 1º.09.2015, *DJe* 14.09.2015.

7.5.8. Momentos da prova pericial

Como os demais meios de prova, compete ao demandante, na petição inicial, e ao demandado, na contestação, o protesto pela realização da prova pericial.

Na fase ordinatória (CPC, art. 348), devem proceder ao requerimento *específico* e *justificado* da prova pericial, sob pena de preclusão.

O *juízo de admissibilidade* da prova pericial é feito na decisão de saneamento e de organização do processo (CPC, art. 357, incs. II e III).

Ao se admitir a prova pericial, o juiz *nomeará o perito*, fixando-lhe, de imediato, o *prazo* para a entrega do laudo (CPC, arts. 465, *caput*, e 471, § 2º), salvo quando o magistrado e as partes fixarem calendário processual diferenciado (CPC, art. 191).

O juiz deve, também, definir o *objeto* da perícia, isto é, o campo dos fatos que devem ser verificados por meio de seu exame ou sua vistoria, ou o bem que deve ser avaliado. Igualmente, define-se a *natureza da perícia*, se contábil, de engenharia, médica etc.

Nessa oportunidade, o magistrado, ainda, designará o local, o dia e a hora para que os trabalhos do perito se iniciem. Caso o juiz não o faça, cabe ao perito fazê-lo, dando ciência às partes para que possam acompanhar o seu trabalho (CPC, art. 474).

Por exemplo, em ação de regulamentação de visitas envolvendo a suspensão da visitação paterna, sob a alegação da criança em ter sido possível vítima de abuso sexual, o STJ considerou que a ausência de intimação do assistente técnico para a realização da perícia psicológica gera nulidade do laudo[340].

Ainda, na perícia psicológica, os assistentes técnicos devem ser previamente intimados para a entrevista do perito judicial com a criança ou o adolescente. Porém, as partes não têm o direito de exigir a filmagem ou a gravação da entrevista pericial com a criança ou o adolescente, já que o contraditório está assegurado com a presença de seu assistente técnico no ato, não se confundindo a filmagem ou a gravação da entrevista pericial com o chamado "depoimento especial" (ou "depoimento sem danos"), objeto da Recomendação 33, de 23.11.2010, do CNJ[341] e da Lei 13.431/2017 (arts. 7º a 12).

No entanto, a ausência de intimação do assistente técnico, quando não gera prejuízo à parte, não é causa de nulidade da instrução processual[342].

Em 15 dias, contados do despacho de nomeação do perito, as partes devem arguir o impedimento ou a suspeição do perito, se for o caso, bem como indicar seus assistentes técnicos e apresentar quesitos (CPC, art. 465, § 1º, inc. I a III).

O prazo, previsto no art. 465, § 1º, do CPC, não é peremptório. É permitida a apresentação posterior do assistente técnico, desde que não tenha sido iniciada a perícia, a fim de que o contraditório possa ser exercido na sua plenitude. Após a realização da

---

340. STJ, REsp 1324075/PR, Rel. Ministro Sidnei Beneti, 3ª, j. 05.06.2012, *DJe* 03.10.2012.
341. STJ, REsp 1.153.849/PR, 3ª T., Relª. Minª. Nancy Andrighi, j. 09.11.2010, *DJ* 11.03.2011.
342. STJ, REsp 325.169/SP, 3ª T., Relª. Minª. Nancy Andrighi, j. 03.12.2001, *DJ* 25.02.2002, p. 378.

perícia, a indicação do assistente técnico não está preclusa[343], mas o exercício do contraditório se limitará a atividade pericial realizada (*v.g.*, questionamento da bibliografia utilizada, dos argumentos lógicos apresentados e das conclusões obtidas a partir das premissas assumidas pelo perito).

Ciente da nomeação, o perito deve, no prazo de cinco dias, apresentar propostas de honorários, currículo com comprovação de especialização exigida e, ainda, os contatos profissionais, em especial o endereço eletrônico, para onde serão dirigidas as intimações pessoais (CPC, art. 465, § 2º).

As partes serão intimadas da proposta de honorários para, querendo, manifestarem-se no prazo comum de cinco dias. Logo após, o juiz deve arbitrar o valor e intimar as partes para o adiantamento da remuneração do perito (CPC, arts. 465, § 3º, e 95).

Cada parte pagará a remuneração do assistente técnico que houver indicado. Já a do perito será adiantada pela parte que houver *requerido* o exame, ou *rateado entre as partes*, quando requerido por ambas ou determinado de ofício pelo juiz (CPC, art. 95, *caput*). Por sua vez, como o acesso ao Juizado Especial Cível, em primeiro grau de jurisdição, independe do pagamento de custas, taxas ou despesas (Lei 9.099/95, art. 54), exige-se que o Poder Judiciário conte, preferencialmente, com dotação orçamentária própria para o pagamento dos honorários dos técnicos escolhidos pelo juiz (Lei 9.099/95, art. 35, *caput*) ou que busque a colaboração (por convênios) de outros órgãos do Estado para se recorrer aos esclarecimentos técnicos, sem despesas para as partes.

O juiz deve autorizar o pagamento de até 50% dos honorários arbitrados a favor do perito no início do trabalho. O restante deve ser pago apenas ao final, depois de entregue o laudo e prestados todos os esclarecimentos necessários (CPC, art. 465, § 4º). Se a perícia for inconclusiva ou deficiente, o juiz pode reduzir o valor da remuneração inicialmente arbitrada para o trabalho (CPC, art. 465, § 5º).

O depósito intempestivo dos honorários do perito, por si só, não inviabiliza a produção do direito à prova pericial. Haveria excessivo rigor formal, na declaração de preclusão desse direito, ainda mais quando o depósito for realizado alguns dias após o prazo, não gerando qualquer prejuízo para a parte contrária ou para o perito judicial. A técnica processual deve ser atendida em conformidade com o princípio da instrumentalidade do processo. O processo é instrumento para a realização da justiça, não podendo a busca da verdade processual ser mitigada pelo excessivo formalismo[344].

7.5.9. A escolha do perito

Enquanto o art. 145 do CPC/73 afirmava que os peritos poderiam ser pessoas físicas, escolhidas entre profissionais de nível universitário, devidamente inscritos no órgão de classe competente, o art. 156, § 1º, do NCPC foi além para se admitir como

---

343. STJ, AgRg no AREsp 554.685/RJ, 4ª T., Rel. Min. Luis Felipe Salomão, j. 16.10.2014, *DJ* 21.10.2014.
344. STJ, REsp 1.109.357/RJ, Relª. Minª. Nancy Andrighi, 3ª T., j. 20.10.2009, *DJe* 1º.07.2010.

peritos não apenas os profissionais legalmente habilitados, mas também os órgãos técnicos devidamente inscritos em cadastro mantido pelo tribunal.

A escolha do perito também sofreu alterações, podendo ser feita pelo juiz ou pelas partes de comum acordo. Não havendo escolha do perito pelas partes, conforme faculdade prevista no art. 471 do CPC, o juiz deverá nomear perito profissional ou órgão técnico de sua confiança.

Em termos epistêmicos, o perito não é apenas um auxiliar do juízo; deve ser um *bom informante*[345], pois é alguém da confiança do órgão judicial incumbido de perceber ou analisar questões fáticas sob o viés técnico-científico, e, portanto, servir como uma fonte de conhecimento para que o magistrado possa aferir a veracidade das hipóteses de fato a serem esclarecidas no processo.

Ainda que baseada na noção de confiança, a escolha judicial do perito, contudo, não é arbitrária; deve ser fundamentada e observar critérios como a capacidade técnica e a área de conhecimento, e recair sobre profissionais que constam na lista de peritos da vara ou secretaria (CPC, art. 156, § 1º). Isso deve ocorrer para que a nomeação seja distribuída de modo equitativo, observadas a capacidade técnica e a área de conhecimento (CPC, art. 157, § 2º).

A propósito, o art. 156, § 2º, do CPC alude ao cadastro que deverá ser formado pelos Tribunais a partir de consulta pública, por meio de divulgação na rede mundial de computadores (internet) ou em jornais de grande circulação, além de consulta direta às universidades, conselhos de classe, Ministério Público, Defensoria Pública e à Ordem dos Advogados do Brasil, para a indicação de profissionais ou de órgãos técnicos interessados.

Referido dispositivo foi regulamentado pelo CNJ pela Resolução 233, de 13 de julho de 2016. Nela, previu-se a instituição, pelos Tribunais, de um Cadastro Eletrônico de Peritos e Órgãos Técnicos ou Científicos (CPTEC), incumbido de gerenciar e escolher interessados em prestar serviços de perícia ou exame técnico nos processos judiciais (art. 1º). Nele estará contida a lista de profissionais aptos a serem nomeados, sendo veiculada em seus endereços eletrônicos, com divisão por área de especialidade e Comarca de atuação.

Os tribunais devem realizar avaliações e reavaliações periódicas para a manutenção do cadastro, considerando-se a formação profissional, a atualização do conhecimento e a experiência dos peritos interessados (CPC, art. 156, § 3º). A ideia é se estimular o permanente estudo e atualização dos profissionais cadastrados.

Somente se não houver, no cadastro disponibilizado pelo Tribunal, perito para se atuar na localidade o juiz poderá escolher profissional ou órgão técnico comprovadamente detentor do conhecimento necessário à realização da perícia (CPC, art. 156, § 5º).

---

345. ROJAS, Carmen Vázquez. *De la prueba científica a la prueba pericial* cit., p. 224.

Porém, não basta que a escolha do juiz recaia sobre profissional cadastrado. Outros critérios objetivos e impessoais também devem ser levados em consideração pelo juiz para a escolha do perito, tais como a experiência, currículo, idoneidade, seriedade, confiança, credibilidade e imparcialidade.

Em se tratando de exame relativo à *falsidade de documento* ou de *natureza médico-legal*, o juiz dará preferência aos técnicos de estabelecimentos oficiais especializados, podendo autorizar a remessa dos autos, bem como o material sujeito a exame, ao diretor do estabelecimento (CPC, art. 478, *caput*).

As mudanças trazidas pelo Código de Processo Civil de 2015 para a escolha do perito buscam trazer critérios objetivos de seleção[346]. Isso permite um maior controle da decisão pelas partes e evita *escolhas obscuras*, que poderiam causar posteriores disfunções, como um recíproco condicionamento entre juiz e perito, no sentido de o magistrado aceitar, acriticamente, as conclusões do perito em que confia, bem como este encaminhar conclusões na direção que intui poder ser aquela esperada pelo órgão judicial[347].

Por outro lado, as partes, de comum acordo, podem escolher o perito. Trata-se de um desdobramento do negócio jurídico-processual (CPC, arts. 190 e 471), que se torna admissível desde que preenchidos dois requisitos essenciais: I) as partes devem ser plenamente capazes; II) a causa deve admitir solução por autocomposição. O perito, nessa hipótese, é considerado um facilitador. Por isso, as partes podem escolher um perito que não esteja constante no cadastro do Tribunal (CPC, art. 168, § 1º), desde que ele atenda às exigências dirigidas ao perito judicial (CNJ, Res. 233, art. 6º, parágrafo único), salvo se na localidade inexistir profissional inscrito no cadastro do Tribunal (CPC, art. 156, § 5º). Preenchidos os requisitos legais, a vontade das partes deve ser respeitada pelo juiz, a não ser em hipóteses excepcionais (*v.g.*, faltar comprovada especialização ou ser pessoa inidônea), observado o contraditório prévio (CPC, arts. 9º e 10), em decisão fundamentada (CPC, art. 11), quando se abrirá aos litigantes nova oportunidade de escolher, por consenso, o perito.

O Código de Processo Civil de 2015, ao permitir que as partes também elejam o perito, possibilita que o profissional selecionado desfrute da confiança não só do órgão judicial, mas também dos litigantes[348]. Assim, consagra-se a *visão cooperativa do processo* (CPC, art. 6º), sendo sempre recomendável a *prévia audição* das partes a respeito da escolha do *expert*, o que possibilita uma maior confiança na produção da prova. Com isso, também se amplia a *participação por intermédio do processo* e confere maior *legitimação às decisões judiciais* em face da sociedade.

---

346. VERDE, Giovanni. Prove nuove cit., p. 47.
347. Idem.
348. OLIVEIRA, Carlos Alberto Álvaro de. Livre apreciação da prova: aspectos atuais. In: MITIDIERO, Daniel. *Colaboração no processo civil*: pressupostos sociais, lógicos e éticos. São Paulo: RT, 2009.

Por outro lado, por evidente, não havendo consenso entre os litigantes, o profissional – indicado por uma das partes e rejeitado pela outra – não pode realizar a prova pericial nos autos[349]. Neste caso, em sendo necessária a realização da perícia, caberá ao juiz nomear o perito.

É interessante ainda observar, nos sistemas ligados ao *common law*, que a prova deve ser produzida exclusivamente pelas partes (*adversarial system*). Ressalta-se o exacerbado contraditório entre as testemunhas técnicas postas em confronto, na medida em que, diferentemente do sistema da *civil law*, não há perito de confiança do órgão judicial[350]. Nos Estados Unidos, é a parte quem escolhe o perito (rule 702 da *Federal Rules of Evidence*). Trata-se de uma testemunha com conhecimentos técnicos (*expert witness*)[351].

Porém, a eleição consensual do perito não impede que as partes aleguem o seu impedimento ou suspeição em razão de fato superveniente à escolha (cf. Enunciado 637 do FPPC).

A perícia consensual substitui, para todos os efeitos, a que seria realizada por perito nomeado pelo juiz (CPC, art. 471, § 3º). Apesar do CPC fazer referência a expressão "para todos os efeitos", o juiz não está vinculado ao resultado da perícia, porque a prova pericial deve ser valorada pelo magistrado, no contexto das demais provas dos autos (CPC, arts. 371 e 479)[352]. Ele também poderá determinar, mesmo de ofício, a realização de nova perícia, se a matéria não estiver suficientemente esclarecida, embora esta perícia não substitua a primeira, devendo ambas serem valoradas judicialmente (CPC, arts. 370 e 480, *caput* e § 3º).

De qualquer modo, a perícia é marcada pela *pessoalidade*, não podendo o perito escolhido pelo juiz ou pelas partes, sob pena de nulidade da prova, promover a delegação de tal função a terceiros. A *terceirização* de perícias viola a escolha feita pelo magistrado ou pelos litigantes, bem como impede que as partes saibam quem, de fato, realizou o laudo.

Sendo a perícia *complexa*, por abranger mais de uma área de conhecimento especializado, o juiz poderá nomear mais de um perito e as partes, mais de um assistente técnico (CPC, art. 475). Por exemplo, na ação de interdição de pessoa com deficiência, a avaliação, sempre que necessário, deve considerar os critérios biopsicossociais, o que exigirá a participação de equipe multiprofissional e interdisciplinar. Isto porque o art. 2º, § 1º, da Lei 13.146/2015 (Estatuto da Pessoa com Deficiência) prevê a necessidade

---

349. STJ, REsp 1.924.452/SP, 3ª T., Rel. Min. Ricardo Villas Bôas Cueva, j. 04.10.2022, *DJe* 10.10.2022.

350. OLIVEIRA, Carlos Alberto Álvaro de. *Livre apreciação da prova*: aspectos atuais cit.

351. Dispõe o art. 702 da Federal Rules of Evidence, *in verbis*: "Se determinado conhecimento científico, técnico ou especializado resulta útil para o julgador dos fatos para entender as provas ou determinar os fatos em conflito, um perito qualificado como *expert* por seus conhecimentos, habilidades, experiência, capacitação ou educação, pode manifestar em forma de opinião ou de outra maneira, desde que: 1) Seu depoimento esteja baseado em fatos ou dados suficientes; 2) O testemunho seja produto de princípios e métodos confiáveis; 3) O perito tenha aplicado os princípios e métodos de maneira confiável aos fatos da causa".

352. STJ, REsp 1175317/RJ, Rel. Min. Raul Araújo, 4ª T., j. 07.05.2013, *DJe* 26.03.2014.

7 • PROVAS EM ESPÉCIE — 577

de se avaliar: i) os impedimentos nas funções e nas estruturas do corpo; ii) os fatores socioambientais, psicológicos e pessoais; iii) a limitação no desempenho de atividades; iv) a restrição de participação. Com efeito, não raramente, não bastará apenas uma perícia médica para a constatação destes fatores, sendo imprescindível que o interditando também seja submetido ao exame de um psicólogo e de um assistente social.

7.5.10. Impugnação da escolha do perito

A escolha dos peritos não está imune ao controle das partes. Os litigantes podem impugnar, por simples petição nos autos, os critérios que levaram à escolha do juiz, arguindo impedimento ou de suspeição do perito (CPC, art. 465, § 1º), ou argumentando pela falta de habilitação técnica, a existência de outras possíveis e melhores escolhas, bem como questionar a proposta de honorários solicitados pelo perito (CPC, art. 465, § 3º).

Quanto a isso, vale ressaltar que o perito escolhido pelo juízo deve explicitar o montante necessário para a realização da perícia, discriminando, na medida do possível, os valores que serão necessários para as suas ações. Como é auxiliar da justiça, deve submeter-se ao princípio da transparência, para que se evite o enriquecimento sem causa nem torne as despesas processuais mais elevadas do que já são, o que constituiria um fator de maior dificuldade de acesso à justiça (CF, art. 5º, inc. XXXV).

Diante das circunstâncias do caso concreto, especialmente naquelas em que a perícia seja mais complexa, necessitando-se de um tempo maior para se verificar a extensão dos trabalhos periciais, é recomendável que o juiz arbitre honorários provisórios para o cobrimento das despesas e a parte da remuneração pretendida[353]. O Código de Processo Civil de 2015, ao evitar a antecipação do pagamento integral da remuneração do perito e permitir a sua redução quando a perícia for inconclusiva ou deficiente (art. 465, §§ 4º e 5º), contribuiu sobremaneira para o maior comprometimento do profissional escolhido e, inclusive, com a qualidade do serviço a ser prestado.

Entretanto, como a atividade do perito está relacionada à prestação jurisdicional (serviço público indelegável, inerente à supremacia do interesse comum e à soberania), não recaindo no âmbito das relações de consumo, o auxiliar do juízo não tem o dever de entregar orçamento prévio discriminado, nos moldes do art. 40 do CDC, descrevendo o valor da mão de obra, dos materiais e equipamentos a serem empregados, as condições de pagamento, bem como as datas de início e término dos serviços[354].

Apesar de não estar sujeito à regra do art. 40 do CDC, o art. 465, § 2º, inc. I, do CPC, determina que o perito apresente proposta de honorários, na qual deve precisar minuciosamente o valor das despesas com a perícia. Tal atitude permite um maior controle na escolha do *expert*, evitando-se práticas abusivas e dando maior credibilidade à atuação dos auxiliares do juízo.

---

353. LOPES, João Batista. *A prova no direito processual civil*. São Paulo: RT, 1999, p. 128.
354. STJ, REsp 213.799/SP, 4ª T., Rel. Min. Sálvio de Figueiredo Teixeira, j. 24.06.2003, *DJ* 29.09.2003, p. 253.

Havendo dúvidas quanto ao valor da proposta de remuneração, o perito deve esclarecê-las. Caso as partes ou o juiz não estejam satisfeitos com a proposta de remuneração ou com as explicações, a escolha deve recair sobre outro profissional habilitado.

O perito não pode ser *impedido* ou *suspeito*, podendo ser recusado, com base nesses fundamentos (CPC, arts. 144 e 145), já que são considerados *auxiliares da justiça* (CPC, art. 148, inc. II). Incumbe à parte arguir tanto o impedimento quanto a suspensão na primeira oportunidade em que couber falar nos autos (CPC, art. 148, § 1º).

O juiz mandará processar o incidente em separado e sem suspensão do processo, ouvindo o arguido no prazo de 15 dias e facultando a produção de prova, se necessária (CPC, art. 148, § 2º).

O impedimento do perito gera *nulidade absoluta*. Pode ser decretada de ofício pelo juiz ou pela parte na primeira oportunidade que lhe couber falar nos autos. Não gera preclusão se o litigante provar legítimo impedimento (CPC, 278, parágrafo único).

Por outro lado, a suspeição do perito é causa de *nulidade relativa*, havendo preclusão se não arguida na primeira oportunidade que a parte tiver para falar nos autos (CPC, art. 278)[355]. Ainda, é necessária a existência de prejuízo concreto para o reconhecimento da nulidade, em razão do princípio da instrumentalidade de formas (CPC, art. 277).

Do mesmo modo, a alegação de falta de capacidade técnica do perito deve ser arguida na primeira oportunidade que puder falar nos autos, sob pena de preclusão lógica e temporal (exegese do CPC, arts. 148, § 1º, e 278). Logo, se é arguida após a publicação do laudo pericial que lhe é desfavorável, não gera nulidade processual, pois, por ser relativa, deve ser alegada logo após a sua nomeação, sob pena de preclusão[356].

Acolhida a arguição de impedimento ou de suspeição, o juiz deverá condenar o perito impedido ou suspeito ao pagamento das despesas processuais do incidente. Se verificar que o perito prestou informações, agindo com dolo ou culpa, também deve, com base no art. 158 do CPC, responsabilizá-lo pelos prejuízos causados à parte, inabilitá-lo pelo prazo de dois anos a funcionar em outras perícias, além de remeter cópia dos autos aos órgãos de classe, para as sanções administrativas cabíveis, e ao Ministério Público, se houver indícios da prática de crime. Deverá, ainda, nomear outro perito, idôneo para se desincumbir dos deveres inerentes à perícia.

Ademais, interpretando-se o princípio da instrumentalidade das formas (CPC/73, art. 244, reproduzido no art. 277 do CPC/15), o STJ considerou que não basta anular perícia sob a alegação de que o perito nomeado pelo juiz de primeira instância era impedido, porque ocupava cargo em comissão (órgão do Poder Executivo Federal), o qual era subordinado à empresa recorrida extinta, sucedida posteriormente pela União.

---

355. STJ, REsp 68.692/SP, 4ª T., Rel. Min. Ruy Rosado de Aguiar, j. 24.10.1995, *DJ* 18.12.1995, p. 44.583; STJ, REsp 906.598/MT, 1ª T., Relª. Minª. Denise Arruda, j. 19.06.2007, *DJ* 02.08.2007, p. 407; STJ, AgRg no Ag 500.602/MG, 3ª T., Rel. Min. Castro Filho, j. 16.11.2004, *DJ* 06.12.2004, p. 286.

356. STJ, AgRg no REsp 234.371/SP, 3ª T., Rel. Min. Paulo de Tarso Sanseverino, j. 21.10.2010, *DJe* 28.10.2010.

No caso, considerou-se não ser o perito parcial, porque não havia vínculo direto entre as atribuições do cargo comissionado, exercido pelo perito, com os fatos e interesses governamentais discutidos no processo[357].

7.5.11. Motivo legítimo para a recusa do perito

O profissional escolhido pelo juiz não tem o *dever* de atuar como perito, podendo escusar-se, alegando *motivo legítimo* (CPC, art. 157, *caput*). Entende-se como motivo legítimo tudo o que evidencie a impossibilidade do perito de aceitar ou de cumprir, adequadamente, o *munus* (*v.g.*, incompatibilidade de datas, motivo de força maior, causa de impedimento ou de suspeição, não habilitação técnica etc.).

De qualquer modo, mesmo sendo de caráter duvidoso, a escusa deve, como regra, ser aceita, a fim de se evitar que alguém, desinteressado, acabe por executar a perícia. A escolha de perito desinteressado ou parcial pode comprometer a qualidade da prova, que poderia ser realizada, com maior interesse, por outro profissional igualmente habilitado.

A escusa será apresentada, dentro de 15 dias, contados da intimação ou do impedimento superveniente, sob pena de reputar-se *renunciado* o direito a alegá-la (CPC, arts. 157, § 1º, e 467). Aceitando a escusa ou julgando procedente a impugnação, o juiz nomeará novo perito.

7.5.12. Substituição do perito

O perito pode ser *substituído* quando (CPC, art. 468): I – carecer de conhecimento técnico ou científico; II – sem motivo legítimo, deixar de cumprir o encargo no prazo que lhe foi assinado.

Nessa última hipótese, o juiz comunicará a ocorrência à *corporação profissional* respectiva, podendo, ainda, impor *multa* ao perito, a ser fixada conforme o valor da causa e o possível prejuízo decorrente do atraso no processo (CPC, art. 468, § 1º).

O art. 77, inc. IV, § 3º, do CPC prevê o dever genérico de obediência às ordens e decisões judiciais. Tal regra se aplica tanto às partes quanto aos terceiros intervenientes, inclusive aos peritos e às testemunhas, que vierem a atentar contra o exercício da jurisdição (*contempt of court*). Dessa forma, a sanção pode recair sobre o perito que, incumbido de apresentar o laudo, deixa de fazê-lo sem nenhuma justificativa plausível, vindo a causar embaraço à efetivação do provimento jurisdicional[358]. Além de se configurar como ato atentatório à dignidade da justiça e gerar a imposição de multa, o descumprimento das decisões judiciais pode ensejar todas as sanções previstas no art. 77, § 2º, do CPC.

---

357. STJ, REsp 870.838/DF, 2ª T., Rel. Min. Castro Meira, j. 17.11.2009, *DJe* 25.11.2009.
358. STJ, REsp 1.013.777/ES, 3ª T., Relª. Minª. Nancy Andrighi, j. 13.04.2010, *DJe* 1º.07.2010.

Excetuadas as hipóteses previstas no art. 468 do CPC, o juiz deve substituir o perito se surgir qualquer motivo relevante que comprometa a idoneidade ou a eficiência da prova pericial e o perito substituído deve restituir os valores recebidos pelo trabalho não realizado, no prazo de 15 dias, sob pena de ficar impedido de atuar como perito pelo prazo de cinco anos (CPC, art. 468, § 2º; Resolução 233/2016 do CNJ, art. 7º).

Se não houver a devolução voluntária dos valores pagos a título de adiantamento dos honorários periciais, a parte prejudicada pode promover a execução contra o perito, na forma dos artigos 513 e seguintes do CPC (CPC, art. 468, § 3º).

A destituição do perito judicial, por ser auxiliar do Juízo, pode se dar *ex officio* e *ad nutum* (isto é, dispensa pedido das partes e a instauração de processo administrativo ou de incidente processual), não lhe sendo facultado a ampla defesa ou o contraditório[359], porque o afastamento da função pode ocorrer quando restar evidente que não tem conhecimentos (técnicos ou científicos) suficientes para a elaboração da perícia, deixar de cumprir o encargo sem motivo legítimo ou, por qualquer outra razão, perder a confiança do Estado-Juiz.

O perito que deixar de cumprir o encargo no prazo, sem motivo legítimo, deve restituir os valores recebidos pelo trabalho não realizado. Porém, se a responsabilidade pela não conclusão da perícia não puder ser atribuída exclusivamente ao auxiliar do juízo e o trabalho já realizado puder ser aproveitado, ainda que parcialmente, não se deve compelir à devolução da integralidade dos valores antecipados a título de honorários, porque o artigo 468, § 2º, do Código de Processo Civil afirma que devem ser restituídos "os valores recebidos pelo trabalho *não realizado*".

7.5.13. Remuneração do perito

Em princípio, a remuneração do perito deve ser fixada, desde logo, em atenção à regra de que o pagamento das despesas há de ser *adiantado* pelas partes (CPC, art. 82, *caput*), porque o perito não é obrigado a trabalhar a título gratuito[360]. Tal regra, contudo, não se estende aos beneficiários da justiça gratuita, embora aplique-se à Fazenda Pública (Súmula 232 do STJ).

O dever de adiantar os honorários periciais está ligado ao interesse processual que o requerente tem em demonstrar, pela prova técnica, os fatos inerentes às suas argumentações jurídicas (CPC, art. 95). Tal critério não se confunde com o da sucumbência, pelo qual o vencido deve reembolsar o vencedor pelas despesas adiantadas no curso do processo[361].

Quando ambas as partes requerem a prova pericial ou ela é determinada de ofício pelo juiz, deverá ocorrer o adiantamento da remuneração de forma rateada, por força do art. 95, *caput*, do CPC.

---

359. STJ, ROMS 12963/SP, Rel. Min. Jorge Flaquer Scartezzini, j. 21.10.2004, *DJe* 06.12.2004, p. 311.
360. STJ, REsp 18.172/SP, 3ª T., Rel. Min. Eduardo Ribeiro, j. 14.04.1992, *DJ* 11.05.1992, p. 6.433.
361. STJ, REsp 1124166/PR, 1ª T., Rel. Min. Luiz Fux, j. 03.09.2009, *DJe* 10.03.2010.

Ao contrário, o CPC/73 (art. 19, § 2º) dispunha competir ao autor o adiantamento das despesas relativas à prova determinada de ofício pelo juiz ou a requerimento do Ministério Público. Assim, o CPC inovou ao repartir entre as partes a responsabilidade pelo adiantamento da remuneração do perito quando ambas requererem a prova e quando ela for determinada *ex officio* pelo juiz. Foi mantida a regra de que o vencido reembolsará, ao final, o vencedor[362].

O magistrado não tem o dever de fixar os honorários do perito de acordo com *tabelas* editadas por entidades de classe[363], nem obrigatoriamente arbitrá-los de acordo com o *valor da causa*[364]. Esses são apenas *parâmetros recomendados* ao juiz.

Todavia, o perito nomeado pelo juiz deve apresentar proposta de honorários (CPC, art. 465, § 2º, inc. I), discriminando, na medida do possível, os valores da mão de obra, dos materiais e equipamentos a serem empregados, as condições de pagamento, bem como as datas de início e término dos serviços. Com isso, possibilita-se maior transparência e melhor controle pelas partes da escolha do perito, além de evitar enriquecimento sem causa.

Ademais, a decisão que determina a participação entre o autor e o reconvinte do encargo relativo a honorários do perito não viola o art. 95 do CPC, se a prova for por ambos requerida[365] e a ambos interessar.

Se o juiz determinar a inversão do ônus da prova, caberá à parte a quem teve o ônus invertido realizar a prova pericial e, consequentemente, se tiver interesse na sua produção, deverá arcar com as suas despesas. Não está obrigado a adiantar o pagamento dos honorários periciais, mas assumirá o ônus da sua não realização, não podendo a parte beneficiária da inversão ser prejudicada pela ausência da perícia[366]. A não realização da perícia necessária à elucidação dos fatos controversos, pelo não pagamento das despesas pelo demandado, em razão da inversão do ônus da prova, gera *presunção de veracidade* dos fatos alegados pelo demandante[367].

Depois de apresentada a proposta de honorários, as partes devem ser intimadas para se quiserem, manifestarem-se no prazo de 05 (cinco) dias, para que o juiz arbitre o valor (CPC, art. 465, § 3º). Se houver impugnação à proposta de honorários apresentada pelo perito, caberá ao juiz decidir, levando em consideração a complexidade da perícia, o grau de zelo e de especialização do profissional ou do órgão, o lugar e o tempo exigidos na prestação dos serviços, as peculiaridades regionais e as tabelas estabelecidas por entidades de classe, do tribunal respectivo ou do CNJ (cfr. Resolução n. 232 do CNJ). O valor dos honorários periciais, a serem arbitrados pelo magistrado, deve assegurar

---

362. STJ, REsp 203.920/RS, 3ª T., Rel. Min. Waldemar Zveiter, j. 09.05.2000, *DJ* 26.06.2000, p. 159.
363. *Bol. AASP* 1.628/58.
364. *Lex-JTA* 147/42.
365. STJ, REsp 90.046/SP, 4ª T., Rel. Min. Fontes de Alencar, j. 03.09.1996, *DJ* 04.11.1996, p. 42.480.
366. AgRg no REsp 718.821/SP, 4ª T., Rel. Min. Fernando Gonçalves, j. 09.02.2010, *DJe* 1º.03.2010; STJ, REsp 803.565/SP, 4ª T., Rel. Min. Honildo Amaral de Mello Castro (des. conv. do TJAP), j. 10.11.2009, *DJe* 23.11.2009.
367. STJ, AgRg no REsp 1042919/SP, 2ª T., Rel. Min. Humberto Martins, j. 05.03.2009, *DJe* 31.03.2009.

uma remuneração justa ao trabalho a ser desenvolvido, mas não sobrecarregar as partes com valores desarrazoados ou desproporcionais (CPC, arts. 8º, 156 e 465, § 3º).

O perito não está obrigado a aceitar o encargo, se discordar do valor fixado pelo magistrado para os honorários periciais. Eventual recusa do *expert* implicará a sua substituição pelo juiz (CPC, arts. 157 e 467).

A parte responsável pelo pagamento dos honorários do perito deve adiantar a remuneração do perito, mediante depósito em juízo (CPC, art. 95, § 1º). Isso porque é inadmissível que o perito se obrigue a arcar com as despesas da perícia as suas próprias expensas, já que apenas colabora com a realização da justiça, não sendo servidor remunerado pelo erário.

O juiz poderá autorizar o pagamento de até cinquenta por cento dos honorários arbitrados a favor do perito no início dos trabalhos, devendo o remanescente ser pago após a entrega do laudo e prestados todos os esclarecimentos necessários (CPC, art. 465, § 4º).

Se a parte responsável não efetuar o depósito, deve ser determinado o prosseguimento do processo sem a produção da prova pretendida, recaindo sobre ela o ônus da não realização da prova pericial.

Dessa maneira, o não adiantamento dos honorários periciais não gera, *ipso facto*, a resolução do processo sem julgamento de mérito, por abandono da causa (CPC, art. 485, inc. III). Isso porque a parte contrária, uma vez demandada, pode ter o interesse em produzir provas, vedando-se qualquer presunção no sentido de seu desinteresse no prosseguimento e na solução da causa. É essa a razão de ser da Súmula 240 do STJ ("A extinção do processo, por abandono da causa pelo autor, depende de requerimento do réu").

Com efeito, o não pagamento das despesas necessárias à antecipação da prova pericial gera a preclusão do direito à prova. Para que o processo seja resolvido por abandono da causa, é indispensável a prévia intimação do demandado para que se manifeste quanto ao prosseguimento do processo. Logo, poderá insistir na realização da prova pericial e, inclusive, adiantar as despesas necessárias à realização da perícia[368]. Caso não tenha interesse na produção da prova, o réu deve requerer a resolução do processo sem julgamento de mérito, com fundamento no art. 485, inc. III, do CPC.

Porém, feita a perícia, não se admite o desentranhamento do laudo como meio de *constranger* a parte a proceder ao pagamento do débito[369]. Nessa hipótese, poderá o juiz aplicar a multa prevista no art. 77, § 2º, do CPC, além do perito poder cobrar seus honorários mediante execução forçada, já que seu crédito documentado constitui título executivo judicial (CPC, art. 515, inc. V).

---

368. STJ, REsp 203.836/PR, 4ª T., Rel. Min. Luis Felipe Salomão, j. 20.11.2008, *DJe* 15.12.2008.
369. STJ, REsp 9.492/SP, 3ª T., Rel. Min. Dias Trindade, j. 03.09.1991, *DJ* 23.09.1991, p. 13.082.

Quando a parte é beneficiária da assistência judiciária gratuita (porque não consegue pagar as custas processuais, as despesas processuais e os honorários advocatícios), está *isenta de pagar* e, consequentemente, de adiantar os honorários dos peritos (CPC, art. 98). Nessa isenção estão compreendidas, também, as despesas com a realização da perícia (CPC, art. 98, § 1º, inc. VI), inclusive do exame de DNA, requisitado pela autoridade judiciária (CPC, art. 98, § 1º, inc. V).

Pelo art. 95, § 3º, do CPC, quando o pagamento da perícia for de responsabilidade de beneficiário de gratuidade da justiça, ela poderá ser ou custeada com recursos alocados do ente público e realizada por servidor do Poder Judiciário, ou custeada por órgão público conveniado, ou paga com recursos alocados no orçamento da União, do Estado ou do Distrito Federal, no caso de ser realizada por particular, hipótese em que o valor será fixado conforme tabela do tribunal respectivo ou, em caso de omissão, do CNJ.

Nesse sentido, para a hipótese de inexistir tabela de honorários periciais perante o Tribunal onde tramitar a causa, o CNJ editou a Resolução 232, de 13 de julho de 2016, em que foram fixados honorários a serem pagos aos peritos, no âmbito da Justiça de primeiro e segundo graus, nos termos do disposto no art. 95, § 3º, inc. II, do CPC. Pelo art. 2º dessa resolução, cabe ao magistrado, em decisão fundamentada, arbitrar os honorários do profissional ou do órgão nomeado, observando-se, em cada caso, a complexidade da matéria, o grau de zelo e de especialidade do profissional ou do órgão, o lugar e o tempo exigidos para a prestação do serviço, bem como as peculiaridades regionais.

Embora o juiz não esteja obrigado a arbitrar os honorários periciais nos limites estipulados pelo CNJ, dispôs que "quando o valor dos honorários for fixado em montante superior aos definidos em tabela oficial, seu pagamento, a ser realizado pelos cofres públicos, estará limitado àqueles valores estabelecidos por cada Tribunal ou, na sua falta, pelo CNJ" (art. 2º, § 2º), conforme tabela anexa à aludida resolução.

Nesse sentido, o STJ, aplicando o disposto no art. 95, § 2º, do CPC e o art. 2º da Resolução CNJ 232/2016, considerou que o Estado do Mato Grosso do Sul não poderia ser condenado ao pagamento de honorários periciais para litigante beneficiário da assistência judiciária gratuita em valor superior à tabela do respectivo tribunal ou, na sua ausência, dos valores máximos estipulados pelo CNJ. Porém, tal limitação não impede que o juiz, em decisão fundamentada, fixe verba honorária em montante mais elevado, o qual pode ser eventualmente pago pelo sucumbente, ficando a exigibilidade de tal crédito suspenso pelo prazo de cinco anos subsequentes ao trânsito em julgado da decisão, se o credor demonstrar que deixou de existir a situação de insuficiência de recursos que justificou a concessão da gratuidade (CPC, art. 98, §§ 2º e 3º)·

Ademais, o Poder Público não pode utilizar, para tal fim, dos recursos do fundo de custeio da Defensoria Pública (CPC, art. 95, § 5º), sob pena de violação do art. 134, §§ 2º e 3º, da CF (acrescentado pela Emenda Constitucional 45/2004), que afirma que são garantias das Defensorias Públicas Estaduais, Federal e do Distrito Federal a autonomia funcional e administrativa, bem como a iniciativa de sua proposta orçamentária[370].

Cabe, contudo, ao juiz, após o trânsito em julgado da decisão final, oficiar a Fazenda Pública para que promova, em face de quem tiver sido condenado ao pagamento das despesas processuais, a execução dos valores gastos com a perícia particular ou com a utilização de servidor público ou da estrutura de órgão público (CPC, art. 95, § 4º). Se o vencido for beneficiário de gratuidade da justiça, as obrigações decorrentes de sua sucumbência ficarão sob *condição suspensiva* de exigibilidade e somente poderão ser executadas se, nos cinco anos subsequentes ao trânsito em julgado da decisão que os certificou, o credor demonstrar que deixou de existir a situação de hipossuficiência de recursos que justificou a então concessão de gratuidade (CPC, art. 98, §§ 2º e 3º). Decorridos cinco anos, extinguem-se tais obrigações.

Antes do Código de Processo Civil de 2015, a Lei 10.259/01, no art. 12, § 1º, em relação aos Juizados Especiais Federais, já asseverava: "Os honorários do técnico serão antecipados à conta de verba do respectivo Tribunal e, quando vencida na causa a entidade pública, seu valor será incluído na ordem de pagamento a ser feita em favor do Tribunal".

Nesse sentido, o Superior Tribunal de Justiça, no REsp 1.824.823-PR, fixou o Tema 1044, pelo qual "nas ações de acidente do trabalho, os honorários periciais, adiantados pelo INSS, constituirão despesa a cargo do Estado, nos casos em que sucumbente a parte autora, beneficiária da isenção de ônus sucumbenciais, prevista no parágrafo único do art. 129 da Lei n. 8.213/1991"[371]. É dever da União, dos Estados e do Distrito Federal garantir assistência jurídica integral e gratuita aos hipossuficientes (CF, art. 5º, inc. LXXIV).

Além disso, incumbe ao autor adiantar as despesas relativas a ato cuja realização o juiz determinar de ofício ou a requerimento do Ministério Público, quando sua intervenção ocorrer como fiscal da ordem jurídica (CPC, art. 82, § 1º).

As perícias requeridas pela Fazenda Pública, pelo Ministério Público ou pela Defensoria Pública poderão ser realizadas, gratuitamente, por entidade pública ou ente conveniado (*v.g.*, parceria entre o MP e o Conselho Regional de Engenharia e Agronomia – CREA). Contudo, havendo previsão orçamentária, os valores devem ser adiantados por aquele ente público que requerer a prova (CPC, art. 91, § 1º). Não haven-

---

370. STF, ADI 5286, Relator(a): Min. Luiz Fux, Pleno, j. 18.05.2016, Processo Eletrônico *DJe*-159 divulg 29.07.2016 Public 1º.08.2016.

371. STJ, REsp 1.824.823-PR, Rel. Min. Assusete Magalhães, Primeira Seção, por unanimidade, j. 21.10.2021, DJe 25.10.2021. Depreende-se do art. 129 da Lei 8.213/1991, *in verbis*: "Os litígios e medidas cautelares relativos a acidentes do trabalho serão apreciados – na esfera administrativa, pelos órgãos da Previdência Social, segundo as regras e prazos aplicáveis às demais prestações, com prioridade para conclusão; e II – na via judicial, pela Justiça dos Estados e do Distrito Federal, segundo o rito sumaríssimo, inclusive durante as férias forenses, mediante petição instruída pela prova de efetiva notificação do evento à Previdência Social, através de Comunicação de Acidente do Trabalho – CAT. Parágrafo único. O procedimento judicial de que trata o inciso II deste artigo é isento do pagamento de quaisquer custas e de verbas relativas à sucumbência".

do previsão orçamentária no exercício financeiro para o adiantamento dos honorários periciais, eles serão pagos no exercício seguinte ou ao final, pelo vencido, caso o processo se encerre antes do adiantamento a ser feito pelo ente público (CPC, art. 91, § 2º).

Tratando-se da tutela de direitos difusos, coletivos e individuais homogêneos, com o intuito de se facilitar o ajuizamento das ações coletivas, não há adiantamento de custas, emolumentos, honorários periciais e quaisquer outras despesas, nem condenação da associação ou do Ministério Público autores, salvo se comprovada má-fé em honorários de advogado, custas e despesas processuais (Lei 7.347/85, art. 18)[372]. Por outro lado, o ônus de se adiantar as custas da perícia não pode ser imposto aos demandados.

Tal entendimento se aplica às ações civis públicas por improbidade administrativa, ajuizadas pelo Ministério Público, posto que o *parquet* tem o papel intrínseco de atuar na defesa de interesses metaindividuais (isto é, não para tutelar interesse próprio, mas da sociedade), a fim de eximi-lo do dever do pagamento – antecipado ou final – de honorários periciais[373].

Assim sendo, na realização da prova pericial, pode o magistrado determinar que a produção da prova científica (técnica) seja realizada por entidade pública ou privada, especializadas na matéria, condenando-se o Estado pelo pagamento antecipado das despesas, com base na Súmula 232 do STJ ("A Fazenda Pública, quando parte no processo, fica sujeita à exigência do depósito prévio dos honorários do perito") e com fundamento no art. 91, §§ 1º e 2º, do CPC.

No entanto, quando for caso de inversão do ônus da prova, se presentes os requisitos legais ou com base na teoria da distribuição dinâmica do ônus da prova (CPC, art. 373, § 1º), há de se exigir que a parte contra quem se deferiu a inversão do *onus probandi* arque com as despesas da perícia, sob pena de restar incontroversos os fatos alegados pela parte contrária.

Nesse sentido, deve ser destacado precedente firmando pelo STJ, no REsp 1.049.822/RS, no qual, em ação civil pública por danos ambientais, movida pelo Ministério Público do Rio Grande do Sul, foi determinada a inversão do ônus da prova, sob o argumento de que quem assume o risco de dano ambiental igualmente tem o dever de repará-lo, suportando o encargo de que a sua conduta não teria sido lesiva. Tratava-se de ação coletiva ajuizada em face da América Latina Logística do Brasil S.A. (ALL), em razão de prejuízos causados por funcionários da empresa que teriam ateado fogo na vegetação para a limpeza das margens de linhas férreas, sem que se conseguisse controlar as chamas, resultando em incêndio que teria se alastrado por 40 hectares. Além daquele que assume o risco de a atividade obrigar-se a arcar com o ônus da prova, considerou o Ministro Relator que a inversão do ônus da prova seria viável, no caso em exame, em razão da responsabilidade objetiva por danos ambientais, pela previsão contida no art. 6º, inc. VIII, do CDC se estender às ações coletivas e com fundamento nos princípios

---

372. STJ, EREsp 981.945/RS, 1ª Seção, Rel. Min. Herman Benjamin, j. 24.02.2010 , *DJe* 15.08.2011.
373. STJ, REsp 822.919/RS, 1ª T., Rel. Min. José Delgado, j. 28.11.2006, *DJ* 14.12.2006, p. 285.

da precaução e da internalização dos riscos. Desse modo, não prevaleceu a tese de que o Estado deve sempre antecipar o pagamento das despesas periciais (consagrado na Súmula 232 do STJ), tampouco a distinção entre inversão do ônus da prova (que implica a demonstração de um fato) e inversão do ônus financeiro (adiantamento das despesas decorrentes da realização de atos processuais). Com efeito, embora não tenha ficado expresso na decisão, pode-se concluir que o STJ aplicou a teoria da distribuição dinâmica do ônus da prova, determinando-se que a inversão do ônus da prova, em ação coletiva, com base na maior capacidade de uma das partes trazer aos processos elementos que permitam a formação do convencimento judicial, bem como que tal inversão resulta na alteração da responsabilidade pelos seus custos, exceto quando a parte estiver isenta de tal pagamento, como ocorre nos casos de assistência judiciária gratuita ou com a associação civil autora e o Ministério Público (Lei 7.347/85, art. 18)[374].

Se a perícia for inconclusiva ou deficiente, o juiz poderá reduzir a remuneração inicialmente arbitrada pelo trabalho (CPC, art. 465, § 5º).

Na sentença, caberá ao magistrado, ao fixar as verbas de sucumbência, condenar o vencido ao pagamento dos honorários periciais que tiveram sido adiantados pela parte vencedora.

7.5.14. Assistentes técnicos

Os *assistentes técnicos* colaboram com as partes e são de sua livre escolha. Não são auxiliares da justiça e, portanto, não são sujeitos às causas de impedimento ou de suspeição (CPC, art. 466, § 1º), aplicáveis ao perito.

Nessa condição, os assistentes técnicos funcionam como *simples informantes* e *pareceristas* pagos pelas partes.

Eventuais questões que ensejam a incapacidade técnica ou a idoneidade do assistente técnico devem ser arguidas pela parte contrária e valoradas pelo juiz, quando este analisa as conclusões apresentadas pelo perito em confronto com as apresentadas pelos assistentes técnicos.

As partes têm a faculdade de indicar o assistente técnico e apresentar quesitos, dentro de 15 dias, contados da intimação do despacho de nomeação do perito (CPC, art. 465, § 1º, inc. II). O prazo previsto nessa regra jurídica não é preclusivo, permitindo-se a indicação de assistente técnico e a formulação de quesitos, desde que não tenha sido iniciado o trabalho pericial[375].

O indeferimento da indicação do assistente técnico e da formulação dos quesitos, nessas condições, causa violação do direito à prova pericial e cerceamento de defesa. Consequentemente, os atos processuais devem ser anulados para que a instrução pro-

---

374. STJ, REsp 1.049.822/RS, 1ª T., Rel. Min. Francisco Falcão, j. 23.04.2009, *DJe* 18.05.2009.
375. STJ, REsp 639.257/MT, 1ª T., Rel. Min. Luiz Fux, j. 13.12.2005, *DJ* 13.02.2006, p. 667.

batória seja repetida[376], ressalvado o disposto no art. 282, § 2º, do CPC, isto é, o juiz não deverá declarar nulo nem mandar repetir o ato ou suprir-lhe a falta, quando puder decidir o mérito a favor da parte a quem aproveite a declaração a nulidade[377].

Tratando-se de perícias complexas, que venham a abranger mais de uma área de conhecimento especializado, as partes têm o direito de indicar mais de um assistente técnico (CPC, art. 475). Aliás, mesmo não se tratando de perícia complexa e apesar do art. 465, § 1º, inc. II, do CPC se referir ao assistente técnico no singular, tal regra deve ser interpretada à luz do direito constitucional à prova. Logo, não há razão para se impedir a parte de promover à indicação de mais de um assistente técnico, mesmo que a perícia não abranja mais de um conhecimento especializado, desde que ambos atuem conjuntamente e cumpram os prazos estabelecidos para a atuação do auxiliar da parte. Com isso, assegura-se a plenitude da garantia da ação, do contraditório e da ampla defesa, sem prejuízo ao transcurso regular do processo e à sua duração razoável.

Os assistentes técnicos, sob ônus exclusivo das partes, poderão oferecer seus pareceres no *prazo comum* de 15 dias após a apresentação do laudo pericial, depois de intimadas as partes da sua apresentação (CPC, art. 477, § 1º). Na hipótese de litisconsórcio, mesmo com advogados e assistentes técnicos diferentes, o prazo para se apresentar o parecer técnico continua de 15 dias. Aqui, não se aplica o disposto no art. 229 do CPC, voltado ao trabalho técnico dos advogados, não dos assistentes técnicos.

Tal prazo para a apresentação do parecer é *preclusivo* e, salvo quando houver *justo motivo*, se foi juntado extemporaneamente, deve ser *desentranhado* dos autos[378]. Há, contudo, o posicionamento mais liberal, afirmando-se que, apresentado o parecer técnico depois do prazo legal, mas antes da sentença ser proferida, o parecer técnico deve permanecer nos autos, não devendo ser desentranhado[379].

Todavia, podem as partes, antes do decurso do prazo de 15 dias, requerer ao juiz, diante das peculiaridades do caso concreto, especialmente quando envolver perícia complexa, que seja fixado prazo superior a 15 dias para que a atividade do assistente técnico possa ser desenvolvida adequadamente. A fixação desse prazo deve ser feita, com observância da lógica do razoável, aliada ao direito fundamental à tutela jurisdicional adequada (CF, art. 5º, inc. XXXV), apesar da inexistência de regra processual explícita. As partes e o juiz, de comum acordo, também podem fixar calendário, com prazos diferenciados, para a prática dos atos processuais (CPC, art. 191).

No parecer técnico, cabe ao assistente técnico comentar a atividade do perito, concordando com as respostas dos quesitos ou apresentando as razões de sua divergência.

---

376. STJ, REsp 796.960/MS, 4ª T., Rel. Min. Fernando Gonçalves, j. 15.04.2010, *DJe* 26.04.2010.
377. STJ, REsp 796.960/MS, 4ª T., Rel. Min. Fernando Gonçalves, j. 15.04.2010, *DJe* 26.04.2010.
378. STJ, REsp 792.741/RS, 3ª T., Relª. Minª. Nancy Andrighi, j. 09.10.2007, *DJ* 25.10.2007, p. 167; STJ, REsp 800.180/SP, 4ª T., Rel. Min. Jorge Scartezzini, j. 06.04.2006, *DJ* 08.05.2006, p. 233; STJ, REsp 58.211/SP, Rel. Min. Sálvio de Figueiredo Teixeira, j. 19.08.1997, *DJ* 29.09.1997, p. 48.209.
379. DINAMARCO, Cândido Rangel. *Instituições de direito processual civil*, 3. ed. v. III cit., p. 595.

7.5.15. Quesitos, críticas e esclarecimentos

Quesitos são indagações que tanto o juiz (CPC, art. 470, inc. II) quanto as partes formulam para serem respondidas pelo perito (ou pelos peritos, na perícia complexa) e pelos assistentes técnicos.

No procedimento comum, em 15 dias da nomeação do perito, as partes devem apresentar seus quesitos (CPC, art. 465, § 1º, inc. III).

Os quesitos devem versar sobre fatos controvertidos e que podem ser elucidados pela perícia. Não se admitem quesitos *impertinentes*, que versem sobre fatos cuja prova possa ser realizada por outros meios ou que busquem do perito conclusões jurídicas (CPC, art. 470, inc. I). Tampouco são admitidos quesitos quando impertinentes e irrelevantes ou quando tiverem mero propósito procrastinatório (CPC, art. 370, parágrafo único)[380].

Os quesitos devem ser realizados na forma de perguntas e versarem, como regra: a) sobre um fato passado ou contemporâneo (não sobre um prognóstico); b) a respeito de um fato ocorrido no mundo exterior (não sobre aspectos psicológicos internos, salvo em casos específicos que versam sobre a saúde mental do periciado, por exemplo); c) recair sobre fatos precisos e delimitados (não sobre juízos de valor); d) possibilitarem um julgamento comparativo.

Os quesitos *suplementares* são admitidos quando apresentados em juízo, durante a realização da diligência e *antes da entrega do laudo* (CPC, art. 469).

Podem ser apresentados quesitos posteriormente, mesmo que a parte não os tenha formulado no prazo do art. 465, § 1º, inc. III, desde que se refiram a questões surgidas após o início dos trabalhos periciais. Caso contrário, quando dizem respeito a questões genéricas que poderiam ser indagadas no referido prazo (CPC, art. 465, § 1º, inc. III), devem ser indeferidos, em razão da preclusão.

Não há necessidade da elaboração de quesitos *complementares*, quando for suficiente a prova colhida em juízo, sendo que não se decreta nulidade da instrução probatória sem alegação e sem prejuízo[381]. Também a falta de referência, no relatório da sentença, aos quesitos complementares não respondidos pelo perito, é mera irregularidade, não causando nulidade processual quando não houve evidenciado prejuízo[382].

A elaboração de quesitos complementares, quando implicar acréscimo da atividade pericial, não se voltando a mera elucidação de questões pertinentes ao curso da perícia, exigem a necessidade de suplementação do adiantamento das custas processuais pela parte que os formulou. Tal orientação também visa impedir eventual comportamento processual malicioso (CPC, art. 5º)[383].

---

380. STJ, REsp 697.446/AM, 4ª T., Rel. Min. Cesar Asfor Rocha, j. 27.03.2007, *DJ* 24.09.2007, p. 313.
381. STJ, REsp 325.169/SP, 3ª T., Relª. Minª. Nancy Andrighi, j. 03.12.2001, *DJ* 25.02.2002, p. 378.
382. STJ, REsp 59.179/SP, 4ª T., Rel. Min. Ruy Rosado de Aguiar, j. 13.06.1995, *DJ* 21.08.1995, p. 25371.
383. STJ, REsp 842.316/MG, 3ª T., Rel. Min. Sidnei Beneti, j. 25.05.2010, *DJe* 18.06.2010.

Os quesitos complementares, na medida em que são apresentados ao perito durante o transcurso da diligência, serão respondidos, por escrito, no laudo pericial. Ou, não havendo a necessidade do laudo pericial, serão esclarecidos por ocasião da audiência de instrução e julgamento (CPC, art. 469).

Quesitos complementares, por serem formulados *durante* a diligência, não se confundem com os *esclarecimentos*, que são requeridos *após* a elaboração do laudo pericial.

A parte, bem como o assistente simples (CPC, art. 121) ou o Ministério Público, na condição de *custos legis* (CPC, art. 179, inc. II), que desejar *esclarecimento* do perito e do assistente técnico requererá ao juiz que mande intimá-lo a comparecer à audiência, formulando desde logo as *perguntas*, sob forma de quesitos (CPC, art. 477, § 3º).

Entretanto, quando os esclarecimentos se mostrarem impertinentes ou desnecessários, o indeferimento do pedido pelo órgão judicial não gera cerceamento de defesa (CPC, 370, parágrafo único)[384].

De igual modo, o juiz, com fundamento em seus poderes instrutórios (CPC, art. 370, *caput*), pode determinar, de ofício, o comparecimento do perito na audiência de instrução e julgamento, para prestar esclarecimentos[385]. Também é recomendável que o magistrado também formule, desde logo, os questionamentos por escrito (CPC, art. 470, inc. II). Com isso, oportuniza-se o exercício constitucional do contraditório, do qual o juiz não está isento, na medida em que, quando exerce os poderes instrutórios, traz novos questionamentos para o diálogo processual (exegese do art. 10 do CPC).

Ao manifestar por escrito e enviar previamente suas perguntas, o magistrado permite que o perito, antes da audiência, prepare-se para elucidar as dúvidas do juízo, bem como possibilita que as partes saibam dessas indagações e também possam se munir dos argumentos necessários para dirimir as questões técnicas duvidosas.

O perito e o assistente técnico só estarão obrigados a prestar os esclarecimentos quando intimados dez dias antes da audiência, por meio eletrônico (CPC, art. 477, § 4º). Tal regra visa permitir que esses profissionais não sejam surpreendidos, tendo eles tempo hábil para se programarem e se prepararem para responder aos questionamentos, que já foram previamente expostos por escrito.

Evidentemente que se, no curso da explicação do(s) perito(s) ou do(s) assistente(s) técnico(s), surgirem novos questionamentos decorrentes dos esclarecimentos prestados, deve ser privilegiado o direito constitucional à prova, em detrimento do formalismo processual. A audiência é o *palco da oralidade*, não podendo estar rigidamente condicionada por argumentos prévios. Emergindo questões novas, decorrentes dos esclare-

---

384. STJ, Ag no Ag 997.897/RJ, 4ª T., Rel. Min. Fernando Gonçalves, j. 04.03.2010, *DJe* 22.03.2010.

385. "Ni el sistema de justicia en geral ni los jueces en particular deben exigir a la prueba pericial certezas; por el contrario, habría que cuestionar ampliamente aquellas afirmaciones periciales que la supongan. Siempre hay un espacio para el error y tanto el sistema de justicia en general como los expertos deberían ofrecer más información al respecto, los jueces, por su parte, deben preocuparse por preguntar las cuestiones atinentes a las posibles fuentes de error" (ROJAS, Carmen Vázquez. *De la prueba científica a la prueba pericial* cit., p. 209).

cimentos prestados, deve ser intensificado o *diálogo processual*, a fim de que se ofereçam às partes e ao Ministério Público, quando intervier como fiscal da ordem jurídica (CPC, art. 178 e Resolução n. 34/2016 do CNMP), todas as oportunidades de participarem da produção da prova, trazendo os melhores argumentos para o convencimento do juiz de que têm razão. Por outro lado, tal compreensão do processo assegura, ao juiz, a possibilidade de se buscar a verdade processual, dirimindo-se toda e qualquer dúvida, de caráter técnico, que possa influir na formação de seu convencimento.

As perguntas devem ser formuladas pelas partes diretamente ao(s) perito(s) ou assistente(s) técnico(s). Cabe ao juiz, contudo, indeferir as perguntas que possam induzir a resposta, não tenham relação com os fatos controvertidos ou que já tenham sido respondidas (CPC, art. 459 e Enunciado 156 do FPPC). O magistrado, após a intervenção das partes, pode fazer perguntas complementares (CPC, arts. 6º, 459, § 1º, e Enunciado 157 do FPPC). As perguntas indeferidas pelo juiz deverão ser transcritas no termo da audiência, se a parte requerer (CPC, art. 459, § 3º, e Enunciado 158 do FPPC).

Admite-se, todavia, que os pedidos de esclarecimentos sejam feitos e respondidos por escrito, em laudo complementar, sem que haja a necessidade do comparecimento do perito ou dos assistentes técnicos na audiência. Tal posicionamento, embora não regulamentado expressamente no CPC, decorre da efetivação do direito fundamental à tutela jurisdicional adequada (CF, art. 5º, inc. XXXV), bem como é uma forma de concretizar a garantia da razoável duração do processo (CF, art. 5º, inc. LXXVIII e CPC, art. 4º), constituindo-se em um meio de assegurar a celeridade da tramitação processual.

Nos casos em que não se exige a produção de provas orais, a realização de audiência de instrução e julgamento para o fim exclusivo de se ouvir esclarecimentos dos peritos e/ou dos assistentes técnicos pode se mostrar dispensável quando essa atividade não causar prejuízo ao diálogo processual ou puder ser suprida com a mera apresentação de laudo complementar. A propósito, no art. 159, § 5º, inc. I, do CPP, admite-se que as questões periciais venham a ser esclarecidas mediante a apresentação das respostas, em laudo complementar, desde que as partes encaminhem os esclarecimentos com antecedência mínima de dez dias.

Não cabe recurso especial, por implicar no reexame de fatos e provas (Súmula 07 do STJ), para se verificar a eventual relevância de esclarecimentos em audiência pelos peritos[386].

Também é defeso ao STJ, em grau de recurso especial, declarar, *de ofício*, a nulidade de perícia, tanto pela ausência de prequestionamento quanto por ofensa às regras da disponibilidade (CPC, art. 2º) – "*iudex ne procedet ex officio*" –, sob pena de se proferir julgamento nulo, *extra petita*. Assim, se as partes não impugnaram o acórdão do Tribunal de Justiça que determinou a realização de nova perícia, não podem, em recurso especial, exigir outra perícia, em razão da preclusão[387].

---

386. STJ, REsp 2.903/MA, Rel. Min. Athos Carneiro, 4ª T., j. 07.05.1991, *DJ* 10.06.1991, p. 7.852.
387. STJ, REsp 119.902/SP, Rel. Min. Demócrito Reinaldo, 1ª T., j. 18.08.1998, *DJU* 01.03.1999, p. 224.

7.5.16. Conclusões do perito

O perito deve cumprir, escrupulosamente, o encargo que lhe foi cometido, no prazo que lhe assinala a lei, independentemente de termo de compromisso (CPC, art. 466, *caput*), além de empregar toda a sua diligência (CPC, art. 157).

A lei pode traçar os limites da atividade do perito. Por exemplo, o art. 5º, § 1º, da Lei 12.318/2010 afirma que o laudo pericial que apura ato de alienação parental deve ter por base ampla avaliação psicológica ou biopsicossocial, conforme o caso, compreendendo, inclusive, entrevista pessoal com as partes, exame de documentos dos autos, histórico do relacionamento do casal e da separação, cronologia de incidentes, avaliação da personalidade dos envolvidos e exame da forma como a criança ou adolescente se manifesta acerca de eventual acusação contra o genitor.

De qualquer modo, o perito, no final de seu trabalho, deve apresentar um *laudo*, exceto na hipótese do art. 464, § 3º, do CPC (isto é, quando a natureza do fato permitir a mera elucidação verbal em audiência de instrução e julgamento), que é um trabalho escrito, no qual ele responde os quesitos, desenvolve seus raciocínios e emite conclusões. Pode o perito, ainda, prestar outras informações pertinentes que tiver, mesmo que estas estejam fora do âmbito estrito dos quesitos.

O art. 473 do CPC de 2015 – diferentemente do CPC/1973 – prevê *critérios mínimos* para o laudo pericial, valendo destacar: a) a exposição do objeto da perícia; b) a análise técnica ou científica dos fatos à luz da fonte das provas (pessoa e/ou coisa); c) a indicação do método utilizado, demonstrando que este é plenamente aceito e plausível pelos especialistas da área de conhecimento que originou (evidenciando que o método é acolhido no meio acadêmico, mediante indicações bibliográficas, estatísticas ou percentuais de acerto/erro); d) a resposta conclusiva a todos os quesitos apresentados: as respostas devem ser acabadas e concludentes; tal exigência, por evidente, também se aplica aos quesitos suplementares (CPC, art. 469) e para os esclarecimentos em mesa de audiência (CPC, art. 477, § 3º).

A linguagem usada pelo perito deve ser simples e com coerência lógica, e o perito deve indicar todos os argumentos utilizados para se chegar à sua conclusao (CPC, art. 473, § 1º). Afinal, a linguagem técnica ou muito especializada foge ao conhecimento dos juízes, dos advogados e dos auxiliares da justiça. O laudo também precisa ser claro e concludente, não podendo conter omissões, contradições ou obscuridades.

O perito não pode extrapolar os limites de sua designação ou emitir opiniões pessoais que excedam o exame técnico ou científico objeto da perícia (CPC, art. 473, § 2º). Também não cabe ao perito emitir opiniões sobre questões jurídicas nem fazer interpretação de leis, jurisprudência ou doutrina.

Dessa forma, cabe ao perito *constatar um fato*, mas não lhe atribuir as suas consequências jurídicas. Por exemplo, não pode afirmar que "A", diante dos fatos ocorridos, agiu com dolo ou com culpa. Tais consequências, por serem jurídicas, ainda que mencionadas, restam sem efeito, pois é atribuição do juiz julgar a causa, a partir da interpretação dos fatos à luz do ordenamento jurídico.

Para o desenvolvimento de seu raciocínio, o perito pode valer-se de todos os meios de coleta de elementos e dados necessários para o desenvolvimento de seu raciocínio (CPC, art. 473, § 3º). Podem, por exemplo, juntar documentos e ouvir testemunhas. Se as testemunhas se negarem a prestar informações, caberá ao perito ou ao assistente técnico comunicar tal fato ao juiz para que este as intime, a fim de serem ouvidas em juízo.

A forma como o perito obteve as informações deve ser, rigorosamente, consignada no laudo pericial, para poder ser objeto de contraditório e de ampla defesa.

Os critérios, previstos no art. 473 do CPC, servem de parâmetros tanto para a impugnação das partes quanto para a valoração judicial da prova pericial (CPC, art. 476). Caso o laudo não atenda aos requisitos do art. 473 do CPC (*v.g.*, faltando coerência, inteligibilidade ou congruência), o magistrado, de ofício ou a requerimento da parte interessada, deve ordenar que o perito o retifique ou complemente e, caso não seja cumprida satisfatoriamente a ordem judicial, pode determinar a realização de nova perícia (CPC, art. 480).

O laudo pericial deve ser apresentado em cartório, no prazo fixado pelo juiz, pelo menos 20 dias antes da audiência de instrução e julgamento (CPC, art. 477, *caput*). Trata-se de prazo máximo para que as partes possam tomar conhecimento do laudo, possibilitando-se aos seus assistentes técnicos impugná-lo ou se prepararem para pedir esclarecimentos orais na audiência.

Pode o juiz, respeitado o prazo máximo de vinte dias antes da audiência, quando houver *motivo justificado*, conceder, por *uma vez apenas*, a prorrogação do prazo para a apresentação do laudo pericial, pela metade do prazo originalmente fixado (CPC, art. 476). Nesse caso, se faltam 20 dias para a audiência, cabe ao juiz *designar nova data*, intimando novamente as partes. A delimitação da prorrogação do prazo até a metade do que foi originalmente fixado evita que seja determinada a prorrogação do prazo por tempo excessivo, que venha a violar a garantia constitucional da duração razoável do processo (CF, art. 5º, inc. LXXVIII e CPC, art. 4º).

No entanto, a "metade do prazo originalmente fixado" (CPC, art. 476) nem sempre será suficiente para a conclusão do trabalho pericial, exigindo-se nova prorrogação e contrariando-se a regra que afirma que a concessão de novo prazo se dará por uma única vez. Logo, não precisava o CPC fixar prazo máximo, bastando que recomendasse ao juiz cumprir a garantia fundamental presente no art. 5º, inc. LXXVIII, da CF. Prevalece, pois, a regra contida no art. 139, inc. VI, do CPC pela qual o juiz pode dilatar os prazos processuais para adequá-los às necessidades do conflito de modo a conferir maior efetividade à tutela do direito. Ademais, além da legalidade, caberá ao magistrado, ao aplicar o ordenamento jurídico, observar os postulados da razoabilidade, da proporcionalidade e da eficiência (CPC, art. 8º).

7 • PROVAS EM ESPÉCIE **593**

Caso haja o descumprimento dos prazos, deve o juiz substituir o perito (CPC, art. 468, inc. II), comunicar o órgão de classe competente, para se apurar as responsabilidades administrativas, além de impor ao perito desidioso a restituição dos valores recebidos pelo trabalho não realizado, sob pena de ficar impedido de atuar como perito judicial pelo prazo de cinco anos, sem prejuízo de multa prevista no art. 77, § 2º, do CPC (CPC, art. 468, inc. II, § 1º e 2º). O valor da multa deve ser proporcional à gravidade da conduta e não pode ser fixado em valor superior a 20% do valor da causa.

O perito sancionado, por não ser parte no processo em que se impõe a multa, deve ajuizar ação própria – inclusive mandado de segurança[388] – para que se proceda à revisão do ato judicial.

Já o perito que, por dolo ou culpa, prestar informações inverídicas, responderá pelos prejuízos que causar à parte, ficará inabilitado pelo prazo de dois a cinco anos a funcionar em outras perícias e poderá responder, se a conduta for dolosa, pelo crime tipificado no art. 342 do CP. Nessa situação, cabe ao juiz comunicar o fato ao respectivo órgão de classe para a adoção das medidas que entender cabíveis (CPC, art. 158).

Se o laudo pericial influenciou o julgamento da causa, a juntada aos autos *sem o conhecimento da parte* que sucumbiu, implica a nulidade absoluta do processo, por violação às garantias constitucionais do contraditório e do devido processo legal (CPC, art. 477, § 1º). O fato de o assistente técnico ter tido ciência, contudo, não convalida o ato do juiz, porque é o *advogado* quem deve ser intimado para se manifestar sobre o laudo, já que somente ele representa o litigante em juízo[389].

Por outro lado, intimado regularmente a parte para conhecer e manifestar-se sobre o laudo apresentado pelo perito, *se o assistente técnico se mantém inerte e não apresenta a sua crítica ao laudo*, não há nulidade do processo, por violação da garantia constitucional do contraditório, não se caracterizando o cerceamento de defesa[390].

O juiz pode determinar, *quando a natureza do fato o permitir* – em razão da simples percepção do perito ou do mero conhecimento dos fatos, pela via judicial – que a perícia se resuma à inquirição do perito e dos assistentes técnicos por ocasião da audiência de instrução e julgamento, a respeito das coisas que houverem *informalmente* examinado e avaliado. Trata-se da *perícia informal*, prevista no art. 464, § 3º, do CPC, com o intuito de se simplificar a realização da prova, dispensando-se o perito da emissão de um *laudo*.

Quando houver necessidade de que a prova seja realizada por carta (de ordem, precatória ou rogatória), poderá proceder à nomeação do perito e indicação de assistentes técnicos no juízo ao qual se requisitar a perícia (CPC, art. 465, § 6º).

---

388. STJ, RMS 21.546/SP, Rel. Min. Castro Meira, 2ª T., j. 05.05.2009, *DJe* 15.05.2009.
389. STJ, REsp 275.686/PR, Rel. Min. Ari Pargendler, 3ª T., j. 23.10.2000, *DJ* 04.12.2000, p. 65.
390. STJ, REsp 62.090/MS, Rel. Min. Carlos Alberto Menezes Direito, 3ª T., j. 28.04.1997, *DJ* 16.06.1997, p. 27.360; STJ, REsp 85.902/MA, Rel. Min. Milton Luiz Pereira, 1ª T., j. 26.11.1996, *DJ* 16.12.1996, p. 50.756.

Além disso, o juiz pode dispensar a prova pericial quando as partes, na inicial e na contestação, apresentarem sobre as questões de fato *pareceres técnicos* ou *documentos elucidativos suficientes* (CPC, art. 472).

Esses pareceres técnicos são *extrajudiciais*, isto é, formados fora do processo, sem que haja a oportunidade de as partes exercerem o contraditório (a seleção, a aquisição e a aplicação das leis científicas ao caso concreto são unilateral, fruto do trabalho individual do *expert* contratado por uma das partes). Isso não é perícia, mas mera *prova documental*, que pode auxiliar a formação do convencimento do juiz. Como não há contraditório na formação desses pareceres técnicos, assumem valor de *mera dedução defensiva*, de defesa técnica e não de fontes de prova, não podendo ser considerados, sequer, indícios[391].

7.5.17. Valoração da prova pericial e a segunda perícia

O método do contraditório processual deve ser utilizado pelo juiz, não somente no momento que admite ou que realiza a produção da prova pericial, mas também quando da sua valoração. Afinal, de nada vale respeitar o direito da parte à produção da prova pericial, se, ao decidir a causa, o magistrado não analisa adequadamente a perícia.

A regra da persuasão racional do juiz (CPC, art. 371) deve ser entendida como liberdade do órgão judicial para analisar os elementos de prova obtidos no contraditório, com base nos critérios selecionados, debatidos e verificados durante o curso (dialética) processual.

Por intermédio do contraditório, as partes, com auxílio de seus assistentes, podem contribuir com a elaboração da perícia, controlando a individualização das premissas e a correção das regras científicas empregadas pelo perito. Devido à contribuição dialética das partes, o juiz, por sua vez, pode fiscalizar melhor as regras científicas e técnicas utilizadas pelo *expert*.

Somente dessa maneira é possível se evitar que a prova científica contribua para que a atividade jurisdicional não se distancie da comunidade social. O processo não é uma espécie de laboratório, dominado pela técnica e neutro aos valores, que estão em jogo na controvérsia, mas também em toda a sociedade[392].

Entretanto, o juiz não fica vinculado às conclusões do perito, podendo formar a sua convicção com base em outras provas ou em outros fatos evidenciados nos autos (CPC, art. 479). Em outras palavras, o juiz é o perito dos peritos (*iudex peritus peritorum*), não sendo um mero homologador de laudos periciais[393].

---

391. LOMBARDO, Luigi. Prova scientifica e osservanza del contraddittorio nel processo civile cit., p. 1.096-1.097.

392. Ibidem, p. 1.120, nota 86.

393. "El juez es el único responsable de las inferencias que hace a partir del testimonio pericial sobre los hechos del caso, tanto para atribuirle valor probatorio a dicho elemento de juicio en particular y en conjunto con el resto de las pruebas, como para la toma de la decisión fáctica. Así pues, aun cuando un experto diga que en su área de conocimiento ´está probado que p´, nada está diciendo sobre si ´está probado que p´ también para el derecho, que es una decisión que corresponde al juez" (ROJAS, Carmen Vázquez. *De la prueba científica a la prueba pericial* cit., p. 275).

7 • PROVAS EM ESPÉCIE   **595**

Com isso, procura-se valorizar a *persuasão racional do juiz* (CPC, art. 371), que não está vinculado ao laudo, podendo contrariar as conclusões do perito, desde que motive a sua decisão (CF, art. 93, inc. IX)[394].

Cabe ao juiz, ao valorar o laudo pericial, verificar cinco circunstâncias[395].

Primeiro, o órgão judicial, ao se valorar a prova científica, deve observar, inicialmente, se o conhecimento científico deduzido pelo perito corresponde, efetivamente, à *realidade empírica*. Antes de tudo, o juiz deve verificar se o perito levou em consideração as premissas fáticas discutidas no processo.

Nesse sentido, para impedir que provas periciais sejam invalidadas, é importante que o perito zele pela preservação da *cadeia de custódia*[396], isto é, a conservação e manutenção da integridade das fontes de prova (*v.g.*, a documentação histórica da coleta da evidência/vestígio, seu transporte, recebimento, análise, armazenamento até a completa destruição das amostras). O STJ, por exemplo, considerou ilícita a prova por ter havido falhas na preservação e alteração dos arquivos constantes da mídia apreendia, entre o momento da sua captação e a realização da perícia[397]. Por outro lado, o STF já decidiu que, havendo elementos probatórios que permitam a reconstrução histórica dos fatos em que se baseiam a ação judicial, não se caracteriza a quebra da cadeia de custódia probatória[398].

Segundo, deve o magistrado analisar se as *regras científicas* e os *métodos* utilizados pelo perito encontram respaldo na comunidade científica.

Terceiro, cabe ao órgão judicial ver se *os métodos científicos foram bem aplicados na análise do caso concreto*, examinando-se o procedimento seguido e a coerência lógica do raciocínio do perito.

Quarto, compete ao juiz verificar se, na *formação* da prova pericial, foi observada a garantia constitucional do *contraditório*.

---

394. STJ, HC 9.859/MS, Rel. Min. Hamilton Carvalhido, 6ª T., j. 14.12.2000, *DJU* 24.09.2001, p. 341. La carga de la argumentación que recae en el juzgador para la motivación de su sentencia pasa por explicitar las razones que ha considerado para otorgarle fuerza probatoria al razonamiento experto, tanto aquel conocimiento independiente a los hechos del caso como el que se deriva concretamente del caso en cuestión. Y esas razones no se agotan de forma alguna en las meras credenciales del experto (…)" (ROJAS, Carmen Vázquez. *De la prueba científica a la prueba pericial* cit.).
395. LOMBARDO, Luigi. Prova scientifica e osservanza del contraddittorio nel processo civile cit., p. 1.121.
396. Em caso envolvendo interceptação telemática e sistema de investigação de movimentação bancária, o STF afirmou: "Os modelos de transmissão de dados e a gestão das informações, para além de implicar a comunhão da prova, almejam assegurar vantagens processuais atinentes aos interesses de todas as partes, como a possibilidade de padronização das informações, análises e cruzamento instantâneo de dados, maior celeridade no seu compartilhamento, com garantia de especial segurança no trânsito das informações na cadeia de custódia das provas" (Inq 4112, Rel. Min. Edson Fachin, 2ª T., j. 22.08.2017, Ac. Eletrônico *DJe*-256 Divulg. 09.11.2017, public. 10.11.2017).
397. STJ, AgRg no REsp 1504377/RS, Rel. Min. Sebastião Reis Júnior, 6ª T., j. 18.05.2017, *DJe* 08.06.2017.
398. STF, Inq 4019 ED, Rel. Min. Dias Toffoli, 2ª T., j.03.05.2016, Ac. Eletrônico *DJe*-111 Divulg 31.05.2016 publ. 1º.06.2016.

Quinto, deve o juiz valorar o resultado da perícia em *consonância* com as demais provas colhidas nos autos. Afinal, não existem provas científicas que sejam, *a priori*, mais privilegiadas que quaisquer outras provas (não há hierarquia nas provas). Com efeito, nada impede que, quando a prova científica concorra com outras provas divergentes sobre o mesmo *factum probandum* (testemunhais ou documentais), o juiz possa dar prevalência a outras provas que não a científica, desde que motive adequadamente a sua decisão.

Tudo isso faz com que o juiz, como já salientado, seja considerado o perito dos peritos (*peritus peritorum*). Assim, por exemplo, pode acontecer da perícia afirmar que houve um erro médico e a sentença julgar procedente o pedido, mas o médico apelar e o tribunal anular a sentença para que outra perícia seja realizada com um perito diferente (CPC, art. 480).

O novo *expert* pode chegar a uma conclusão, diametralmente, oposta a obtida pelo primeiro perito, que é seguida pelo juiz de primeiro grau. Tendo o autor apelado, é possível que o Tribunal anule a segunda perícia, determinando que um terceiro perito venha a elaborar o laudo pericial. Este, por sua vez, pode confirmar a conclusão do segundo perito. Não obstante, pode o juiz julgar com base na primeira perícia, fundamentando a sua decisão[399].

O juiz não está vinculado ao laudo pericial, desde que motive, corretamente, a sua decisão. Entretanto, há situações em que a prova científica *não pode ser substituída autoritariamente* por outras provas (*v.g.*, se o exame do DNA afirma a paternidade com 99,9% de probabilidade, seria arbitrário admitir que o juiz pudesse desprezar o laudo pericial, para julgar com base em presunções). Isso, pela simples razão de que a regra do convencimento racional do juiz (CPC, art. 371), não dá poderes para que o magistrado viole as regras da lógica[400], sob pena da decisão não se justificar e, assim, se tornar tirânica.

Por exemplo, no REsp 397.013/MG[401], a 3ª Turma deu provimento ao recurso para se anular o processo a partir da sentença. Tratava-se de ação de investigação de paternidade, ajuizada pelo Ministério Público de Minas Gerais, em face do suposto pai da criança. O exame do DNA deu resultado negativo e o juiz de primeiro grau julgou o pedido improcedente. Contudo, o TJMG deu provimento à apelação, afirmando que o exame do DNA, a despeito de negativo, não constitui tipo de prova absoluta, pois possui margem de erro que não pode ser desprezada. Além disso, afirmou que havia prova suficiente de relações sexuais entre a mãe e o suposto pai, à época da concepção, além da genitora possuir vida recatada, honesta e de comprovada fidelidade ao acusado. O STJ recebeu o recurso especial, por ter considerado que houve *incorreta valoração da prova*. O tribunal conheceu o recurso, por violação aos arts. 131 e 145 do CPC/73 (correspondente aos arts. 371 e 156 do CPC), porque o grau de precisão do

---

399. VERDE, Giovanni. Prove nuove cit., p. 49.
400. WRÓBLEWSKI, Jerzy. Op. cit., p. 253-254.
401. Rel. Min. Fátima Nancy Andrighi, j. 11.11.2003, *DJU* 09.12.2003, p. 279.

teste não pode ser afastado por prova oral em contrário. Asseverou-se que a discussão não envolvia reexame de provas, mas a sua valoração, isto é, do valor a ser atribuído ao exame do DNA em relação às demais provas admitidas em direito. Concluiu-se que, diante da divergência, a realização de novo exame tornaria possível a melhor valoração das provas, determinando-se a realização de novo teste por outro laboratório, em Belo Horizonte, com vistas a *minimizar a possibilidade de erro*, não apenas da técnica em si, mas também (e principalmente) em razão da falibilidade humana, ao se colher e manusear o material utilizado no exame.

O argumento de que, nos termos do art. 479 do CPC, o juiz não está adstrito ao laudo pericial, podendo formar sua convicção com outros elementos ou fatos provados nos autos, não se mostra sempre relevante. Na prática, tal exegese se revela desconhecida na prática do foro e *só encontra realmente respaldo em casos em que seria a rigor desnecessária a prova pericial*. O art. 479 do CPC tende a ceder diante dos casos de *alta complexidade científica ou técnica*, nos quais o órgão judicial torna-se vinculado à análise técnica especializada[402]. Nesse sentido, por exemplo, na Colômbia, a Ley 721 de 2001 prevê, no seu art. 7°, *in verbis*: "En todos los procesos para establecer paternidad o maternidad, el juez, de oficio, ordenará la práctica de los exámenes que científicamente determinen un índice de probabilidad superior al 99,9 por 100".

Isso não significa, por outro lado, que a prova científica (*v.g.*, o exame do DNA) deva ser sempre acatada pelo juiz, apesar do elevado grau científico que ela possui, pois o juiz, repita-se, *não é mero homologador de laudos periciais*. Por exemplo, se dois irmãos com o mesmo DNA (gêmeos univitelinos) mantiveram relações sexuais com a mesma mulher que se diz grávida de um deles, como fica a valoração dessa prova? Qualquer um dos dois podem ser o pai da criança. Ou, em outra hipótese, quando somente um deles manteve relação sexual e é o outro quem é citado, equivocadamente, para a ação. O DNA pode afirmar que ele é o pai, mas outras provas podem demonstrar que ele nunca manteve relações sexuais com a genitora do demandante (*v.g.*, que ele não estava no país na época da concepção ou que ele é estéril e, portanto, não poderia conceber).

Outro exemplo, na concessão de aposentadoria por invalidez, o STJ tem entendido que o magistrado não está vinculado ao laudo pericial, podendo conceder o benefício, se existirem outras provas que permitam ao juiz se convencer da incapacidade permanente do segurado, apesar da conclusão do perito ser pela incapacidade parcial[403].

Com efeito, caso o magistrado não esteja suficientemente convencido, além de poder pedir esclarecimentos ao perito, pode também determinar a realização de *nova perícia* (CPC, art. 480), a qual será regida pelas mesmas regras da primeira (CPC, art. 480, § 2°) cujo objeto será o mesmo fato, uma vez que se destina a se corrigir eventual omissão ou a inexatidão dos resultados da primeira perícia (CPC, art. 480, § 1°).

---

402. OLIVEIRA, Carlos Alberto Álvaro de. *Livre apreciação da prova*: aspectos atuais cit.
403. STJ, AgRg no Ag 1.102.739/GO, Rel. Min. Og Fernandes, 6ª T., j. 20.10.2009, *DJe* 09.11.2009.

O juiz é o destinatário da prova, tendo poderes instrutórios (CPC, art. 370) para determinar as diligências necessárias para a formação do seu convencimento. Tais poderes não se destinam a suprir a deficiência probatória das partes, sob pena de se comprometer o princípio da imparcialidade judicial. Eles devem ser utilizados, inclusive pelos tribunais, que podem *converter o julgamento em diligência*, desde que existem dúvidas concretas, para se elucidar os pontos obscuros, permitindo-se a formação adequada da convicção judicial[404].

Justifica-se a *segunda perícia* quando houver deficiência do perito ou do modo de sua realização, e as demais provas constantes dos autos mantiverem o juiz em estado de indefinição quanto aos fatos controvertidos. A nova perícia se destina a suprir as omissões ou inexatidões da perícia anterior. Por exemplo, a perícia que despreza a realidade, para calcar-se em meras suposições (*v.g.*, quanto ao justo preço, em ação de desapropriação indireta) deve ser anulada, para que nova perícia seja realizada[405].

Por outro lado, a realização de nova perícia deve ser indeferida quando a anterior puder ser aclarada por quesitos de esclarecimentos, pelo comparecimento do perito na audiência ou pelas demais provas constantes dos autos.

A segunda perícia não invalidará a primeira nem lhe tolherá a eficácia probatória que possa ter. Nada impede, pois, que o juiz leve em consideração ambos os laudos, confrontando-os e buscando, em qualquer um ou em ambos, o convencimento que somente o primeiro não lhe havia propiciado (CPC, art. 480, § 3º)[406].

Porém, *se a dificuldade resultar das próprias circunstâncias de fato*, impedindo-se o exame satisfatório, não é o caso de nova perícia, mas hipótese de julgamento conforme as regras do ônus da prova, decidindo desfavoravelmente contra quem deveria provar e não provou.

É possível haver também um *conflito entre opiniões técnicas*. Por exemplo, em uma habilitação de casamento de uma pessoa interditada (possuidora de doença mental), o médico afirmou que ela não tinha capacidade para consentir (e, portanto, não poderia casar-se); contudo, estudo social, realizado por psicólogos e assistentes sociais, constataram que a requerente (interdita) estava vivendo há mais de dez anos em união estável com o senhor que, além de ser o seu curador, também, manifestava o desejo de converter a união informal em casamento. A união estável havia, ainda, sido reconhecida, pela Justiça Federal, nos fundamentos da sentença que havia concedido a doente mental (interdita) benefício da assistência social (LOAS). Com efeito, não se tratava da exigência de fazer nova perícia, mas, tão somente, valorar qual das duas opiniões técnicas haveria de prevalecer no caso concreto.

Acrescente-se que a existência de duas perícias com posicionamentos diferentes não necessariamente justifica a realização de uma terceira perícia. Afinal, pode o ma-

---

404. STJ, REsp 906.794/CE, Rel. Min. Luis Felipe Salomão, 4ª T., j. 07.10.2010, *DJe* 13.10.2010.
405. STJ, REsp 986.470/RN, Rel. Min. Denise Arruda, 1ª T., j. 13.05.2008, *DJe* 30.06.2008.
406. STJ, REsp 1.352.591/A, Rel. Min. Luis Felipe Salomão, 4ª T., j. 13.08.2013, *DJe* 25.10.2013.

gistrado, destinatário da prova, se convencer com base em uma das duas perícias sem que restem dúvidas a serem dirimidas por um terceiro perito[407].

De qualquer modo, diante da necessidade de elucidar a questão técnica, se houver duas perícias conflitantes, nada impede que o juiz determine a realização de uma terceira perícia. Não obstante inexistir previsão expressa no art. 480 do CPC, a terceira perícia estará fundada no direito constitucional à prova, possibilitando-se à parte desfrutar de todos os argumentos necessários para se obter a tutela jurisdicional. Mas também pode estar baseada no poder instrutório do juiz (CPC, art. 370), a permitir que sejam sanadas dúvidas quanto às divergências técnicas trazidas pelos peritos anteriores.

Por outro lado, o art. 461 do CPC não prevê expressamente a acareação entre peritos. Como fora asseverado no item 7.4.9.6. *supra*, havendo dúvida sobre a manifestação do perito, o juiz tem o dever de intimá-lo para esclarecer a divergência, por meio escrito (CPC, art. 471, § 2º) ou, se necessário, na audiência de instrução e julgamento (CPC, art. 471, § 3º). Na hipótese de o magistrado concluir que a matéria não foi suficientemente explicada, deverá, de ofício ou a requerimento da parte, determinar a realização de nova perícia (CPC, art. 480, *caput*). A segunda perícia deve ser apreciada em conjunto com a primeira (CPC, art. 480, § 3º). Em função dos princípios da razoabilidade e da eficiência (CPC, art. 8º), e para ampliar o alcance da garantia fundamental do contraditório, é possível que o órgão judicial promova o diálogo entre os peritos, seja para que produzam uma manifestação consensual seja para apresentarem uma manifestação conjunta com a argumentação dos pontos convergentes e os divergentes. Nesse sentido, o art. 35.12 do *Civil Procedure Rules* do Reino Unido prevê a "discussão entre experts", o que inclui: 1) a possibilidade dos órgãos judiciais de, a qualquer tempo, determinar a discussão entre os peritos com o propósito que eles: a) identifiquem e discutam questões técnicas; b) apresentem, na medida do possível, uma opinião consensual; 2) o órgão judicial pode delimitar as questões que devem ser discutidas pelo perito; 3) o órgão judicial pode determinar que os peritos emitam um documento

Por fim, tem a parte o direito à valoração das impugnações feitas ao laudo pericial. Se o Tribunal não se manifesta sobre essas impugnações (*v.g.*, dos critérios da fixação da indenização pelo desapossamento de área de preservação ambiental, situada na Serra do Mar), impõe-se a nulidade do acórdão recorrido, por violação à garantia do devido processo legal[408]. Tal orientação foi assimilada pelo art. 489, § 1º, do CPC que considera não fundamentada e, portanto, nula a decisão judicial que não enfrentar todos os argumentos deduzidos no processo que sejam aptos a, em tese, infirmar a conclusão adotada pelo julgador[409].

---

407. STJ, HC 63.087/PR, Rel. Min. Og Fernandes, 6ª T., j. 06.04.2010, *DJe* 26.04.2010.
408. STJ, REsp 440.157/SP, Rel. Min. Luiz Fux, 1ª T., j. 07.10.2003, *DJ* 28.10.2003, p. 193.
409. Nesse sentido, é o Enunciado 515 do FPPC ("Aplica-se o disposto no art. 489, § 1º, também em relação às questões fáticas da demanda").

7.6. INSPEÇÃO JUDICIAL

A inspeção judicial é a verificação realizada – pelo juiz – de coisas ou pessoas. Não se confunde com a prova pericial, realizada por um *expert*, limitando-se a mera observação pelo juiz, com o intuito de melhor se esclarecer os fatos controvertidos da causa.

Inspeção vem do verbo latino *inspicere*, que significa *olhar* ou observar com o sentido da *visão*. Porém, a inspeção judicial não se limita a esse sentido, podendo melhor captar os fatos pela audição, o olfato, o paladar ou o tato[410].

Pode recair sobre pessoas, coisas e fenômenos (*v.g.*, poluição sonora, atmosférica etc.). Por exemplo, se a causa versa sobre responsabilidade civil por danos ambientais decorrentes da poluição atmosférica, o magistrado pode buscar perceber os odores ou os ruídos emitidos.

A vantagem da inspeção judicial é colocar o juiz *imediatamente, in loco* com a fonte de prova, sem a participação de intermediários que nem sempre reproduzem, com fidelidade, as impressões recebidas (testemunhas, partes etc.).

Não se trata de um verdadeiro meio de prova. Em verdade, integra os poderes instrutórios do juiz (CPC, art. 370), a fim de se esclarecer sobre fato que interesse à decisão da causa (CPC, art. 481).

A sua não realização, como se destina à formação do convencimento do juiz, é facultativa[411] e não gera, destarte, *cerceamento de defesa*[412].

No entanto, há situações em que a inspeção judicial é altamente recomendável (*v.g.*, ações civis públicas ambientais), a fim de se promover a maior legitimação social da jurisdição. A sua realização depende da efetiva necessidade constatada pelo magistrado. Não pode ser a ele imposta. Todavia, quando realizada, para ser válida, depende da prévia observância do devido processo legal, até para que a parte eventualmente prejudicada possa vir a controlar, inclusive pela via recursal, as razões que servirão para a formação do convencimento judicial.

Há no Código de Processo Civil de 2015, contudo, um caso de inspeção judicial obrigatória, que é o exame e interrogatório do interditando, previsto no art. 751 do CPC.

Pode ocorrer em qualquer fase do processo (CPC, art. 481), inclusive quando os autos estão nos Tribunais, seja no exercício da competência recursal (quando o recurso admitir reexame dos fatos), seja no da competência originária[413]. Pode ser realizada a requerimento da parte e *ex officio*, sempre que o juiz sinta a necessidade de esclarecer os pontos duvidosos a serem julgados.

---

410. DINAMARCO, Cândido Rangel. *Instituições de direito processual civil*. 3. ed. v. III cit., p. 598.
411. GRECO FILHO, Vicente. *Direito processual civil brasileiro*, 11. ed., 1996, v. 2 cit., p. 246.
412. STJ, AgRg no AREsp 555.585/PR, rel. Min. Paulo de Tarso Sanseverino, 3ª T., j. 08.09.2015, pub. *DJe* 15.09.2015.
413. NARDELLI, Luis Fernando. *Inspeção judicial*. São Paulo: Leud, 2007. p. 140-146.

A inspeção judicial também pode ser realizada na fase de cumprimento de sentença ou em processo executivo, nos limites da cognição judicial (*v.g.*, para a inspeção de bem penhorado para a resolução de questão atinente à avaliação), bem como em procedimentos especiais (com exceção daqueles em que a prova deve ser pré-constituída, como no mandado de segurança e na ação monitória) ou em processos que tramitam perante os Juizados Especiais Cíveis (Lei 9.099/95, art. 35)[414].

A inspeção judicial é bastante útil em qualquer situação, embora pouco usada na prática. É bastante aconselhável com o intuito de *complementação da perícia*, visando esclarecer dúvidas que não foram suficientemente aclaradas.

O magistrado, na inspeção judicial, comporta-se como uma pessoa comum, podendo se valer das máximas da experiência (CPC, art. 375).

Porém, se sentir que a situação exige o acompanhamento de um *expert*, poderá ser assistido por um ou mais peritos, a quem incumbirá explicitar ao juiz o conhecimento técnico necessário à compreensão dos fatos controvertidos (CPC, art. 482). Ainda, se necessário, por ser a matéria complexa, pode o magistrado determinar a participação de mais de um perito (CPC, art. 475).

Já as partes têm direito a assistir à inspeção, prestando esclarecimentos e fazendo observações que reputem de interesse para a causa (CPC, art. 483, parágrafo único). Os litigantes têm direito de acompanhar a diligência assistidos por advogado e serem auxiliados por tantos assistentes técnicos quantos forem necessários para acompanhar a inspeção. Por outro lado, o magistrado pode determinar a participação das partes e de terceiros, a fim de não se frustrar a inspeção (*v.g.*, na reconstituição dos fatos).

A inspeção judicial pode ser realizada independentemente da prova pericial. Esta pode ter ensejado curiosidade no juiz que, para dirimir suas dúvidas, pode determinar a realização da inspeção judicial. Todavia, mesmo que não tenha sido feita perícia, o juiz pode, para melhor se convencer dos fatos que deva observar (*v.g.*, situação de um cruzamento onde ocorreu acidente automobilístico), realizar a inspeção judicial (CPC, art. 483, inc. I). Aliás, é possível que a compreensão dos fatos não exija prova pericial, por ser prescindível o conhecimento técnico, mas seja útil a inspeção judicial, a colocar o juiz no exato local dos acontecimentos discutidos no processo.

A inspeção judicial deve ter a participação *direta* do juiz que pode vir a ser auxiliado por um ou mais peritos. O exame feito por peritos e depois reportado ao juiz, ainda que informalmente, sem a confecção de laudo pericial (CPC, art. 464, § 3º), é prova pericial. Admitir-se inspeções judiciais *indiretas* seria uma forma de desvirtuar o instituto da inspeção judicial.

A inspeção judicial pode ser feita na sede do juízo ou no local onde se encontra a pessoa ou coisa.

---

414. WAMBIER, Luiz Rodrigues; TALAMINI, Eduardo. *Curso avançado de Processo Civil*. 11. ed., 2010. v. 1 cit., p. 361.

O juiz irá até o local quando julgar necessário para a melhor verificação ou interpretação dos fatos que deva observar (*v.g.*, local onde ocorreu um acidente de trânsito que, pelas fotografias e desenhos existentes nos autos, ainda deixa o magistrado em dúvida sobre a posição dos carros no cruzamento em que ocorreu a colisão; outro exemplo: a possibilidade do magistrado, acompanhado de perito, ir até o local onde se situa o bem comum às partes, para verificar se ele é indivisível e, por isso, deve ser alienado judicialmente), quando a coisa não puder ser apresentada em juízo sem consideráveis despesas ou graves dificuldades (*v.g.*, quando se trata do defeito em uma joia muito valiosa) ou quando determinar a reconstituição dos fatos (CPC, art. 483).

Na reconstituição dos fatos, deve-se aplicar, por analogia e na medida do possível, a regra prevista no art. 169 do CPP, pela qual se recomenda que não se altere o estado das coisas até a chegada do magistrado e dos peritos.

Quando a coisa ou a pessoa não se encontrar na comarca em que atua o magistrado, a inspeção judicial poderá ser determinada mediante carta de ordem, precatória ou rogatória, formas de cooperação judiciais por excelência, ainda que reste mitigado o princípio da imediatidade. Tal diligência é possível, mas, como o juiz que julgará deixará de perceber, pelos próprios sentidos, os fatos duvidosos, a eficácia da inspeção judicial, a depender da análise do caso concreto, pode ficar comprometida.

Determinada a inspeção, o juiz deverá designar dia, hora e local da inspeção, intimando-se as partes para que possam, se quiser, acompanhá-la. Isso permite que as partes participem da formação da prova, observando-se a garantia constitucional do contraditório. Assim, os litigantes podem assistir a inspeção, prestar esclarecimentos e fazer as observações que reputem de interesse para a causa (CPC, art. 483, par. ún.).

Caso terceiros se neguem a participar, deixando de se submeter à inspeção ou não apresentando a coisa a ser averiguada, o juiz deve se valer de todos os meios de coerção judiciais admissíveis, inclusive a multa (CPC, art. 378).

Por outro lado, se as partes deixarem de colaborar com a inspeção, o magistrado, analisando o comportamento processual da parte, pode extrair presunções judiciais, com fundamento nos arts. 369 e 375 do CPC.

Concluída a diligência, o juiz mandará lavrar o autocircunstanciado, no qual deve mencionar tudo o que for útil ao julgamento da causa (CPC, art. 484). O auto, pode ser acompanhado de desenho, gráfico ou fotografia (CPC, art. 484, parágrafo único). Tais elementos são auxiliares ao autocircunstanciado e se prestam a melhor elucidar os pontos duvidosos da causa.

Todavia, o rol do art. 484, parágrafo único, do CPC é exemplificativo, podendo o auto ser acompanhado de todo e qualquer meio capaz de se melhorar a compreensão da prova (*v.g.*, gravação de sons e/ou de imagens, croqui, estatísticas etc.).

Sem a lavratura do autocircunstanciado, a inspeção judicial não tem valor probatório e as impressões do juiz não poderão servir como fundamento da sentença, porque integrariam a ciência privada do juiz, cuja utilização está vedada pelo art. 371 do CPC, porquanto *quod non est in actis non est in mundo*[415].

Essa documentação integra a esfera da persuasão racional do juiz e passará a ser examinada no contexto das demais provas constantes dos autos, sendo útil para que as partes possam acompanhar o raciocínio desenvolvido pelo juiz e, se necessário, impugná-lo mediante a interposição de recursos.

A admissibilidade da mera inspeção informal comprometeria as garantias constitucionais do devido processo legal, do contraditório e da ampla defesa. Também poderia gerar desperdício de energia e se tornar inútil, especialmente quando o magistrado que realiza a diligência não é o mesmo que julga a causa.

No procedimento dos Juizados Especiais Cíveis, no curso da audiência, o próprio juiz poderá, de ofício ou a requerimento da parte, realizar inspeção em pessoas ou coisas, ou determinar que pessoa fidedigna o faça, relatando informalmente o verificado (Lei 9.099/95, art. 35, parágrafo único). A inspeção pode ser *direta*, quando realizada pelo próprio magistrado, ou *indireta*, por pessoa de sua confiança, portadora dos conhecimentos necessários.

Em verdade, como já asseverado, a inspeção dita indireta é um relato colhido na audiência de instrução e julgamento. A inspeção judicial deve sempre ser realizada por intermédio do juiz, não havendo nenhum sentido em se conferir essa atribuição a um terceiro, ou mesmo a outro juízo. Afinal, é o magistrado quem deve, por si mesmo, tirar as suas dúvidas. Caso contrário, o objeto da inspeção se esvaziaria nas demais provas (documental, testemunhal e pericial), não tendo o menor sentido prático.

De qualquer modo, na hipótese de a inspeção ser realizada por terceiro, seu relato deve ser reduzido a termo pelo juiz, preferencialmente, na própria ata da audiência. Não se aplicam as formalidades da inspeção judicial, previstas nos arts. 481 a 484 do CPC, devendo-se fazer mero relato, breve e informal, a fim de, na eventual interposição de recurso, ficar consignado o resultado da inspeção.

---

415. DINAMARCO, Cândido Rangel. *Instituições de direito processual civil*, 3. ed. v. III cit., p. 600.

8
AUDIÊNCIA DE INSTRUÇÃO
E JULGAMENTO

8.1. PRINCÍPIO DA ORALIDADE

O princípio da oralidade foi uma reação ao sistema escrito absoluto, no qual o julgador mantinha-se absolutamente isolado do contato tanto com as partes quanto com as provas. Com isso, houve a substituição do modelo de um juiz distante e passivo por um juiz presente e ativo.

A oralidade é um instrumento indispensável para aproximar a administração da justiça ao cidadão, de forma a incorporar a presença jurisdicional ao cotidiano das pessoas e para que o juiz também possa realizar um papel mais assertivo e resolutivo no processo. Com efeito, as provas orais (constituendas) devem ser produzidas em audiência, a fim de o magistrado, presidindo a sua formação, possa melhor convencer-se de tem razão[1].

Tal princípio igualmente constitui um elemento fundamental dos modernos sistemas processuais, porque aparece como um meio para proporcionar o justo tratamento (*fair treatment*) das partes no processo[2], destacando-se seus três elementos: a imediatidade, a concentração e a livre admissão e apreciação da prova.

A *imediatidade* visa o estabelecimento de um contato pessoal e direto do juiz com as partes, bem como dos elementos formadores da sua convicção para o julgamento da causa.

A *concentração* busca a redução do tempo para a prática dos atos processuais, determinando quando estes devem ser produzidos, sob pena de inviabilização de sua realização (sistema de preclusões)[3].

O método concentrado, especialmente quanto à técnica oral, para bem funcionar, exige proatividade do órgão judicial. Desse modo, não basta que o magistrado esteja presente na audiência, é necessário também que ele tente a conciliação, saneie os vícios

---

1. STJ, REsp 36.693/CE, Rel. Min. Luiz Vicente Cernicchiaro, 6ª T., j. 31.08.1993, *DJ* 27.09.1993, p. 19.840.
2. CAPPELLETTI, Mauro. *The judicial process in comparative perspective*. Oxford: Claredon Press, 1991. p. 256-257.
3. RIBEIRO, Darci Guimarães. *Provas atípicas*. Porto Alegre: Livraria do Advogado, 1998. p. 111.

capazes de produzir nulidades, esclareça os pontos obscuros nas postulações das partes, determine os fatos que precisam ser provados e os meios probatórios utilizáveis[4].

Dessa forma, o método concentrado coloca o primado da cognição *ex officio* sobre a vinculação do órgão judicial à iniciativa das partes[5]. Porém, um "juiz ativo" não é sinônimo de juiz prepotente ou autoritário, nem tampouco significa, necessariamente, "litigantes passivos"[6]. Para que haja uma boa atuação do órgão judicial, é imprescindível que este esteja adequadamente preparado e isso se perfaz somente quando há um estudo pormenorizado dos autos, pois quanto antes o magistrado se familiarizar com os dados do processo maior é a eficiência do método concentrado.

Por sua vez, a *livre admissão e apreciação* das provas (CPC, arts. 369 e 371) assegura às partes a postulação a todos os meios de prova úteis e necessários para influenciar no convencimento judicial.

Cabe ressaltar que a adoção do princípio da oralidade é suscetível de apresentar vantagens e desvantagens[7]. Dentre as vantagens, encontram-se: a) a possibilidade do juiz buscar conciliar as partes, independentemente de tentativas anteriores do emprego de outros métodos de solução consensual dos conflitos (CPC, art. 359); b) a oportunidade do juiz discutir com as partes, de viva voz, as questões de fato e de direito, o que propicia maior cooperação processual (CPC, art. 6º), em relação ao procedimento escrito, entre os sujeitos processuais (como a discussão e os esclarecimentos das questões preliminares e das provas documentais produzidas e das orais a serem realizadas); c) as partes podem, por meio desse diálogo, reclamar ao órgão judicial sua manifestação imediata sobre ponto esquecido, fazendo com que sejam analisados questões processuais que não podem sobreviver à fase ordinatória, com manifesta economia processual, na medida em que inibe a possibilidade de questões preliminares ao mérito ou que a má instrução probatória sejam examinadas somente na prolação da sentença final, o que traria prejuízo à garantia da duração razoável do processo (CF, art. 5º, inc. LXXVIII; CPC, art. 4º).

Por outro lado, dentre as desvantagens do princípio da oralidade, estão[8]: a) a técnica escrita favorece a maior reflexão e o aprofundamento dos argumentos (em compensação a técnica oral minimiza, com enorme economia de tempo, as alegações inconsistentes e a argumentação utilizada pela parte inescrupulosa, com o intuito de protelar indevidamente o processo); b) a técnica oral é mais dispendiosa em energia e em recursos, fazendo com que várias pessoas tenham que se deslocar até um mesmo lugar em um determinado momento, sem mencionar o risco inevitável do ato se frustrar – mesmo sem culpa de alguém – e impor nova convocação com a duplicação dos inconvenientes; c) a técnica oral pode ensejar o risco de o juiz colocar uma pressão excessiva às partes

---

4. MOREIRA, José Carlos Barbosa. Saneamento do processo e audiência preliminar cit., p. 140.
5. Idem.
6. Idem.
7. Ibidem, p. 135-138.
8. Idem.

para realização de acordo; d) também pode sacrificar as garantias processuais pela ânsia de fazer terminar o processo "a qualquer custo", com açodamento da discussão e da solução das questões.

Portanto, ante a consciência dos prós e contras, conclui-se pela inexistência de um modelo perfeito, devendo o sistema processual optar por uma técnica que permita ao órgão judicial, diante das circunstâncias do caso concreto, decidir entre o procedimento oral e o escrito, ou buscar conciliar a oralidade com a escrita. Por isso, o princípio da oralidade foi seguido de forma atenuada pelo sistema processual brasileiro[9].

A grande virtude do princípio da oralidade, que serve de fundamento para a realização da audiência de instrução e julgamento, é proporcionar a *imediatidade*, isto é, promover o diálogo direto e pessoal, entre os sujeitos processuais, na produção da prova e, em especial, do juiz com os elementos que podem ser úteis e relevantes para a formação do seu convencimento. O modelo oral de processo não deve se sobrepor ao escrito, quando este pode atender, de forma mais eficiente, a necessidade de se produzir o melhor resultado com o mínimo dispêndio das atividades processuais e com o menor tempo possível (CPC, art. 355).

O CPC adotou o princípio da oralidade mitigada. Aliás, o mais adequado é falar que há um predomínio do princípio da oralidade sobre a forma escrita, devendo-se para tanto dizer que há um *processo misto*, com predomínio da oralidade[10].

É sabido que nem todos os processos chegam à audiência de instrução e julgamento, que ocorre somente quando há necessidade de realização de prova oral. Nos demais casos, quando a prova documental se constituir como suficiente para o julgamento do mérito (CPC, art. 355, inc. I) ou quando for necessária apenas a prova pericial, a audiência de instrução e julgamento não acontecerá.

Ademais, o CPC suprimiu a regra da identidade física do juiz, pela qual cabia ao magistrado que presidiu a audiência e nela colheu as provas orais, igualmente julgá-la (CPC/73, art. 132)[11]. Porém, como eram tantas as exceções à tal regra – que não era aplicável ao juiz convocado, licenciado, afastado por qualquer motivo, promovido ou aposentado, ou quando a prova era produzida por carta precatória[12] –, o legislador não ousou reproduzi-la no CPC.

O CPC também mitigou o subprincípio da imediatidade, pois, ao contrário da norma vigente ao tempo do CPC/73 (art. 416), o novo diploma processual possibilitou que as perguntas sejam formuladas pelas partes, diretamente, à testemunha (CPC, art.

---

9. THEODORO JR., Humberto. Princípios gerais do direito processual civil. *Revista de processo*. São Paulo, v. 23, p. 173-191. jul.-set. 1981.
10. ARRUDA ALVIM. *Manual de direito processual civil*: processo de conhecimento. 8. ed. São Paulo: RT, 2003. v. 2. p. 473-475.
11. STJ, AgRg no REsp 1269654/SP, Rel. Min. Paulo de Tarso Sanseverino, 3ª T., j. 04.12.2012, *DJe* 07.12.2012.
12. O STJ considerava que o rol do art. 132 do CPC-73 não era taxativo e que, portanto, poderia ser flexibilizado. Cfr. REsp 1595363/RJ, Rel. Min. Nancy Andrighi, 3ª T., j. 04.04.2017, *DJe* 10.04.2017; AgRg no Ag 624.779/RS, Rel. Min. Castro Filho, Corte Especial, j. 15.08.2007, *DJe* 17.11.2008.

608 CURSO DE PROCESSO CIVIL • Eduardo Cambi

459), bem como expandiu a possibilidade de os depoimentos serem colhidos por meio de videoconferência ou outro recurso tecnológico de transmissão de sons e de imagens em tempo real (CPC, arts. 236, § 3º, 385, § 3º, e 453, § 1º, 461, § 2º).

8.2. CONCEITO

A audiência de instrução e julgamento é sessão pública dos juízos de primeiro grau de jurisdição, da qual são integrantes: o juiz, auxiliares da justiça, testemunhas, advogados e partes, com o objetivo de obter a conciliação destas realizar a prova oral, apresentar alegações finais e proferir a sentença.

Trata-se de *ato processual complexo*, já que encadeada e integrada por uma série de atos, abrangendo a tentativa de conciliação, a realização da instrução e a possibilidade de julgamento da causa.

O Capítulo XI do Título I (do Procedimento Comum) do Livro I (do Processo de Conhecimento e do Cumprimento de Sentença) da Parte Especial do CPC, ao contrário do item correspondente do CPC/73 (art. 444 e ss.), que se referia apenas à expressão "audiência", usa o termo "audiência de instrução e de julgamento" (arts. 358 e ss.).

8.3. ESTRUTURA

Os atos que compõem a audiência de instrução e julgamento têm como variável as circunstâncias peculiares de cada caso concreto. Por exemplo, não é em todo processo que se determina o esclarecimento dos peritos ou a acareação de testemunhas.

A audiência de instrução e julgamento deve ser designada na decisão de saneamento e organização do processo (CPC, art. 357, inc. V), ficando as partes, por intermédio de seus advogados, cientes e intimadas do dia e da hora em que ela será realizada.

Se houver depoimento pessoal, as partes devem ser intimadas pessoalmente, pois, caso contrário, não comparecendo à audiência de instrução e julgamento, não se impõe a "pena de confesso", cuja previsão deve estar expressa na intimação (CPC, art. 385, § 1º).

Caso seja necessária a presença do perito ou do assistente técnico nessa audiência, eles precisam ser intimados, por meio eletrônico, com no mínimo 10 (dez) dias de antecedência da audiência (CPC, arts. 477, §§ 3º e 4º). A ausência de intimação ou aquela feita de forma extemporânea não obriga a presença de tais profissionais em juízo. Apresentando-se motivo justificado para o não comparecimento, até o momento da abertura da audiência, o juiz pode determinar o seu adiamento do ato processual (CPC, art. 362, inc. II). E, mesmo se tal motivo não for apresentado ou não for justificado, considerando que tais esclarecimentos sejam necessários para o julgamento da causa, o magistrado pode designar outro momento para ouvi-lo, em data mais próxima possível, em pauta preferencial (CPC, art. 365), sem prejuízo dos danos pelo adiamento serem pagos pelo perito ou pelo assistente técnico ausente (CPC, art. 362, § 3º).

8 • AUDIÊNCIA DE INSTRUÇÃO E JULGAMENTO

609

O rol de testemunhas deve ser apresentado, pelas partes, no prazo comum de até 15 (quinze) dias, contados a partir da intimação da decisão de saneamento (CPC, art. 357, § 4º). Porém, se a causa for complexa e exigir a designação de audiência para o saneamento do processo, os litigantes devem levar, nesta audiência, o respectivo rol de testemunhas (CPC, art. 357, § 5º).

A estrutura complexa da audiência de instrução e julgamento é composta dos seguintes atos processuais, nessa ordem (CPC, art. 361): I) a proclamação pelo juiz; ii) o pregão inicial pelo oficial de justiça; iii) a tentativa de conciliação; iv) a oitiva dos esclarecimentos do perito e dos assistentes técnicos, que responderão a quesitos de esclarecimento no prazo e na forma do art. 477 do CPC, caso não tenham respondido anteriormente por escrito; v) o depoimento pessoal do autor; vi) o depoimento pessoal do réu; vii) a inquirição de testemunhas arroladas pelo demandante; viii) a inquirição de testemunhas arroladas pelo demandado; ix) as alegações finais do advogado do autor; x) as alegações finais do advogado do réu; e xi) a sentença.

8.3.1. Proclamação da audiência pelo juiz e pregão inicial

No dia e hora designados, o juiz declarará aberta a audiência, mandando apregoar as partes e os seus respectivos advogados, bem como outras pessoas que devam participar (CPC, art. 358). Por apregoar, entenda-se que é o ato informal, mediante o qual o juiz determina ao seu auxiliar que proceda a chamada – em voz alta e clara – das partes e dos advogados (que geralmente já estão nas proximidades – corredor do fórum – da sala utilizada pela vara para as audiências) para que se dirijam aos seus respectivos lugares na sala de audiência para o início da sessão. Também devem ser apregoados os terceiros intervenientes (*v.g.*, os assistentes simples e litisconsorciais, o denunciado à lide e o chamado ao processo).

O pregão deve ocorrer mesmo nos processos que correm em segredo de justiça, para anunciar publicamente a abertura da audiência, sendo nula a audiência que se realiza sem o prévio pregão, exceto quando as partes ou os advogados não apregoados tenham comparecido à audiência, mesmo não tendo sido apregoadas. Não tendo havido prejuízo, dá-se validade à audiência.

As gestantes, lactantes, adotantes ou quem der à luz, mediante comprovação da sua condição, possuem preferência nas audiências a serem realizadas a cada dia (Lei 8.906/1994, art. 7º, inc. III). Tal direito perdura enquanto durar o estado gravídico ou o período de amamentação (Lei 8.906/1994, art. 7º, § 1º). Além disso, à advogada adotante ou que der à luz, quando forem a única patrona da causa, tem direito à suspensão do processo por 30 (trinta) dias, contado a partir da data do parto ou da concessão da adoção, mediante a apresentação de certidão de nascimento ou documento similar que comprove a realização do parto ou de termo judicial que tenha concedido a adoção, desde que haja notificação ao cliente (Lei 8.906/1994, art. 7º, § 6º; CPC, art. 313, inc. IX, e § 6º).

O agente do Ministério Público, contudo, quando for parte ou tiver de intervir nos autos como *custos iuris* (CPC, art. 178 e Recomendação 34/2016 do CNMP), deve comparecer à audiência independentemente do chamamento pelo meirinho (serventuário da justiça)[13].

As testemunhas e os peritos não são apregoados nesse momento, mas somente depois de frustrada a tentativa de conciliação e/ou no momento que forem chamadas a depor ou a prestar esclarecimentos.

Como já mencionado, a falta de pregão pode gerar a nulidade da audiência, salvo se as pessoas que devam de ela participar comparecerem independentemente dessa formalidade (CPC, art. 277).

8.3.2. Tentativa de conciliação

Em todas as causas que admitirem autocomposição, o juiz, independente do insucesso anterior em se obter resultados com a aplicação de outros meios de solução consensual dos conflitos, no início da audiência de instrução e julgamento, tentará conciliar as partes (CPC, art. 359).

Frise-se que a autocomposição deve ser promovida pelo juiz a qualquer tempo (CPC, art. 139, inc. V), não estando concentrada apenas na audiência de que trata o art. 334 do CPC.

A repetição da exigência em se buscar a conciliação como prevê o art. 359 não é despropositada, pois o processo civil pátrio fixou como um de seus postulados fundamentais, a importância de se promover, sempre que possível, a solução consensual dos conflitos (CPC, art. 3º, § 2º). A ênfase na autocomposição está estritamente ligada ao princípio da colaboração processual (CPC, art. 6º), isto é, inspira-se na necessidade do juiz em, literalmente, *dialogar* com as partes, para evitar que o Estado-Juiz exerça o seu poder coercitivo de impor uma decisão.

A conciliação tem natureza de *negócio jurídico-processual*, ocorrida diretamente entre as partes e que importa na resolução do processo com julgamento de mérito. Não é, como a transação civil, um negócio jurídico privado que é trazido a juízo e sim o *ato processual* que se desenvolve sob a presidência do juiz, com ou sem auxílio de um conciliador, atentando-se ao fato de que é defeso a este substituir ao magistrado[14].

O êxito da conciliação resulta em transação, a ser homologada pelo juiz, e assim adquire força executiva. Trata-se, portanto, de sentença que resolve o processo com julgamento de mérito (CPC, art. 487, inc. III, alínea *b*), revestindo-se, em sede de cumprimento de sentença, de título executivo judicial (CPC, art. 515, inc. II). Contudo, note-se que somente quando há o pronunciamento judicial sobre o conteúdo da transação, ou

---

13. *RT* 658/89.
14. STJ, REsp 423.117/RJ, Rel. Min. Castro Filho, 3ª T., j. 19.09.2002, *DJ* 07.10.2002, p. 253.

seja, quando o magistrado exerce a sua prerrogativa de jurisdição independentemente da vontade das partes, é que haverá uma sentença de mérito propriamente dita, com autoridade de coisa julgada material e passível de ser desfeita por meio de ação rescisória, nos casos previstos no art. 966 do CPC. Em contrapartida, se a sentença que homologa a transação põe fim ao processo, mas sem analisar os argumentos trazidos pelas partes litigantes, não há julgamento de mérito; logo, a decisão deverá ser desconstituída por ação anulatória[15].

Como atividade integrante de seu ofício, deve o juiz, atendo-se às peculiaridades de cada caso, esclarecer às partes acerca das vantagens de uma solução amigável e, consequentemente, mais célere. Porém, é defeso a ele se adiantar quanto ao exame do mérito da causa, sob pena de um exercício indevido de coação, pois está a se desrespeitar a autonomia da vontade, bem como a comprometer a imparcialidade judicial. Importante destacar que a reaproximação e o aconselhamento das partes, além do encaminhamento das questões controvertidas para facilitar a transação, não ensejam a suspeição do juiz[16]. O que não pode é o magistrado *coagir* as partes a celebrar o acordo, limitando o contraditório e ameaçando causar prejuízo se a transação não se concretizar.

Interessante observar que o STJ já considerou válido o acordo de alimentos celebrado pelos interessados na presença do magistrado e do Ministério Público, mas sem a participação do advogado do alimentante capaz. Isso porque o art. 6º da Lei de Alimentos (Lei 5.478/1968) afirma que na "audiência de conciliação e julgamento *deverão estar presentes autor e réu, independentemente de intimação e comparecimento de seus representantes*"[17]. Ainda, o art. 9º da mesma Lei de Alimentos estabelece: "Aberta a audiência, lida a petição ou o termo, e a resposta, se houver, ou dispensada a leitura, o juiz ouvirá as partes litigantes e o representante do Ministério Público, propondo conciliação. § 1º Se houver acordo, lavrar-se-á o respectivo termo, que será assinado pelo juiz, escrivão, partes e representantes do Ministério Público". Ora, sendo certo que o alimentante possui capacidade e legitimidade para transacionar, inclusive extrajudicialmente, e que, na via judicial, há maior esfera de proteção das partes, já que o Ministério Público participa como *custos iuris* e há a própria atuação do Estado-juiz, é válida a transação judicial, sem a participação de advogado, desde que ausentes os vícios de consentimento (dolo, coação, erro substancial quanto à pessoa ou coisa controversa e lesão; CC, art. 849).

Além disso, em outro caso, o STJ considerou, pelo princípio da instrumentalidade de formas, válida a homologação da convenção extrajudicial de guarda e prestação de alimentos, pelo juiz coordenador do Centro Judiciário de Solução de Conflitos e Cidadania (CEJUSC), decorrente da procura conjunta e voluntária das partes, apesar da existência de prévia ação de alimentos decidida por sentença homologatória de acordo

---

15. STJ, REsp 1.201.770/MG, Rel. Min. Eliana Calmon, 2ª T., j. 12.11.2013, *DJe* 20.11.2013.
16. STJ, REsp 307.045/MT, Rel. Min. Antônio de Pádua Ribeiro, 3ª T., j. 25.11.2003, *DJ* 19.12.2003, p. 451.
17. STJ, REsp 1.584.503/SP, Rel. Min. Ricardo Villas Bôas Cueva, 3ª T., j. 19.04.2016, *DJe* 26.04.2016.

junto ao juízo de Vara de Família da Comarca[18]. Para tanto, considerou que a sentença judicial não é a única forma de resolução de controvérsias, que o Novo Código de Processo Civil afirma que o Estado, sempre que possível, deve promover a solução consensual dos conflitos (art. 3º, § 2º) e que eventual nulidade de atos processuais somente poderia ser reconhecida se houvesse prejuízo para as partes envolvidas.

No tocante aos comportamentos das partes, pode ocorrer o seguinte: I) se a parte, devidamente intimada para a audiência de instrução e julgamento, deixa de comparecer, ao contrário do que se possa pensar, ela não será conduzida coercitivamente. Se presume que a sua ausência é indicativo de que não deseja o acordo. Além disso, o litigante ausente perde a oportunidade de influir na produção das provas; II) se a parte, pessoalmente intimada para prestar depoimento pessoal e advertida da pena de confesso, não aparece ou, comparecendo, se recusa a depor, o juiz, analisando o caso concreto, pode admitir como verdadeiros os fatos alegados pela parte contrária (CPC, art. 385, § 1º); e III) se a parte, devidamente intimada, não se faz presente à audiência de instrução e julgamento e nela o juiz profere sentença, o prazo para recorrer começa a correr da prolatação da sentença nessa audiência, sem a necessidade de nova intimação para a interposição de recurso (CPC, art. 1.003, § 1º)[19].

É salutar se lembrar que, apesar de não intimadas pessoalmente as partes, não é nula a audiência de instrução e julgamento se o advogado, cuja procuração que lhe foi outorgada, possua o poder especial para transigir (CPC, art. 105) foi devidamente intimado[20].

Na hipótese de o advogado não possuir o poder especial para transigir, a intimação da parte precisa ser pessoal. Neste caso, se faltar a sua intimação regular, o juiz não deve realizar a audiência, adiando-a até que se faça a intimação válida e regular. Igualmente será considerada nula a audiência, ainda que estando o curador intimado, a parte curatelada não compareça à audiência[21].

Nas situações em que o Ministério Público deve intervir (CPC, art. 178 e Recomendação 34/2016 do CNMP), como nas causas que envolvam interesses de incapazes, o agente ministerial deve ser intimado para a audiência e se manifestar sobre a tentativa conciliatória, antes da homologação do acordo pelo juiz. A ausência de intimação do Ministério Público, para a audiência de instrução e julgamento em que ocorre a conciliação, pode redundar na nulidade da transação, quando, após oportuna manifestação do agente ministerial, restar evidenciado prejuízo para os interesses que são fiscalizados pela instituição, nos termos do art. 279 do CPC[22]. Caso não tenha sido produzido dano

---

18. STJ, REsp 1531131/AC, Rel. Min. Marco Buzzi, 4ª T., j. 07.12.2017, *DJe* 15.12.2017.
19. STJ, AgRg no REsp 1.268.652/PR, Rel. Min. Assusete Magalhães, 6ª T., j. 28.05.2013, *DJe* 08.05.2014.
20. STJ, REsp 4.857/SP, Rel. Min. Barros Monteiro, 4ª T., j. 02.04.1991, *DJ* 06.05.1991, p. 5.669.
21. NERY JR., Nelson; NERY, Rosa Maria de Andrade. *Comentários ao Código de Processo Civil.* São Paulo: RT, 2015. p. 974.
22. STJ, REsp 847.597/SC, Rel. Min. Humberto Gomes de Barros, 3ª T., j. 06.03.2008, *DJe* 01.04.2008; REsp 1.073.008/RJ, Rel. Min. Fernando Gonçalves, 4ª T., j. 14.04.2009, *DJe* 27.04.2009.

ao interesse motivador da intervenção ministerial, o vício fica superado, prevalecendo a máxima *pas de nullité sans grief*, pela qual a declaração de nulidade requer a efetiva comprovação de prejuízo (CPC, arts. 277 e 282)[23].

Por outro lado, na ausência de intimação regular ou de ciência inequívoca das partes e seus procuradores, caberá ao magistrado, como já asseverado, não realizar a audiência e designar outra data para a prática dos atos processuais. Não adiada a audiência pela ausência de intimação válida e regular, ela será nula, por restar prejudicada a nova tentativa das partes em se realizar a conciliação, ainda que tenha sido frustrada a conciliação na audiência do art. 334 do CPC e desde que tenha havido prejuízo para uma das partes (*v.g.*, a causa não verse sobre direitos indisponíveis).

A tentativa de conciliação, quando incidir sobre direitos que podem ser objeto de transação, é obrigatória, em nome do interesse da administração da justiça, não podendo ser omitida pelo juiz. Entretanto, caso omitida, não gera necessariamente a nulidade do processo, já que a conciliação pode ser tentada a qualquer tempo (CPC, art. 139, inc. V)[24], desde que as partes ou seus advogados tenham sido regularmente intimados e não tenham pugnado pela resolução consensual do conflito.

Não obtida à conciliação, o juiz pode exortar as partes para que busquem meios alternativos de solução do litígio, como a mediação e a arbitragem. Caso os litigantes se convençam disso, podem requerer a suspensão do processo por até 6 meses (CPC, art. 313, inc. II e § 4º).

Frustrada a tentativa de conciliação e não havendo consenso sobre a necessidade de se recorrer a outros métodos alternativos de solução de conflitos, o magistrado procederá a produção da prova oral, observando-se preferencialmente a ordem do art. 361 do CPC, sem prejuízo de uma nova tentativa de autocomposição, que pode ser realizada a qualquer tempo e grau de jurisdição (CPC, art. 139, inc. V), podendo a transação judicial ser celebrada mesmo após a publicação do acórdão, porém antes do trânsito em julgado, sendo finalmente submetida à homologação pelo juiz (CPC, art. 487, inc. III, alínea *b*)[25].

No art. 11, parágrafo único, da Lei de Alimentos (Lei 5.478/1968), o legislador afirma que, terminada a instrução, deverá o juiz renovar a proposta de conciliação, antes de proferir a sentença. A ausência dessa nova tentativa de conciliação, contudo, não gera a nulidade processual, pois tal regra jurídica precisa ser interpretada com razoabilidade (CPC, art. 8º), não se devendo retardar a prestação jurisdicional quando, pelas provas

---

23. BONDIOLI, Luis Guilherme Aidar. Comentários ao art. 178 do Código de Processo Civil. In: CRUZ E TUCCI, José Rogério; FERREIRA FILHO, Manoel Caetano; APRIGLIANO, Ricardo de Carvalho; DOTTI, Rogéria Fagundes; MARTINS, Sandro Gilbert (Org.). *Código de Processo Civil anotado*. Rio de Janeiro: LMJ Mundo Jurídico, 2016. p. 268-269.
24. STJ, AgRg no AREsp 40.697/SP, Rel. Min. Sidnei Beneti, 3ª T., j. 13.08.2013, *DJe* 30.08.2013; REsp 268.696/MT, Rel. Min. Nancy Andrighi, 3ª T., j. 03.04.2001, *DJ* 07.05.2001, p. 139.
25. STJ, REsp 1.267.525/DF, Rel. Min. Ricardo Villas Bôas Cueva, 3ª T., j. 20.10.2015, *DJe* 29.10.2015.

614 CURSO DE PROCESSO CIVIL • EDUARDO CAMBI

dos autos e pelas circunstâncias do caso concreto, ficar evidente a impossibilidade de se obter o acordo[26].

8.3.3. Produção da prova oral

A produção da prova na audiência de instrução e julgamento deve observar a delimitação das questões de fato e de direito definidas durante o saneamento e a organização do processo (CPC, art. 357), a partir do requerimento de provas formulado na petição inicial (CPC, arts. 319, inc. VI, e 336). Nessa ocasião, cabe ao juiz delimitar o objeto da prova e determinar quais os meios probatórios serão admitidos.

O depoimento pessoal deve ser requerido na petição inicial (CPC, art. 319, inc. VI) ou na contestação (CPC, art. 336), para que possa ser interrogada na audiência de instrução e julgamento, sem prejuízo do poder do juiz de ordená-lo de ofício (CPC, art. 385).

Se for admitida e deferida a produção da prova pericial e se esta for suficiente para o julgamento do mérito, o juiz poderá cancelar a realização da audiência de instrução e julgamento, ainda que tenha sido previamente designada na decisão de saneamento e organização do processo, para evitar diligências inúteis ou meramente protelatórias (CPC, art. 370), assegurando-se a duração razoável do processo (CF, art. 5º, inc. LXXVIII; CPC, art. 4º). Não se pode objetar, que nos limites da causa, sendo o juiz o destinatário final da prova, cabe a ele, em sintonia com o sistema de persuasão racional adotado pelo CPC, dirigir a instrução probatória e determinar a produção das provas que considerar necessárias à formação do seu convencimento[27].

A produção da prova pericial observará o calendário fixado na decisão de saneamento e de organização do processo (CPC, art. 357, § 8º), sendo mais produtivo que tal cronograma seja firmado também em conjunto com as partes (CPC, art. 191)[28].

Entretanto, verificada a necessidade de prova pericial após a realização da audiência de instrução e julgamento, em razão do fato depender de especial conhecimento técnico, deverá o juiz determinar, de ofício ou a requerimento da parte (CPC, art. 370), a produção da prova pericial[29].

Deferida a prova testemunhal por ocasião da decisão de saneamento e organização do processo (CPC, art. 357, inc. II), as partes devem apresentar o rol de testemunhas em prazo comum não superior a 15 dias (CPC, art. 357, § 5º).

A ordem de produção das provas, na audiência de instrução e julgamento, é fixada conforme a regra do art. 361 do CPC. Trata-se de ordem preferencial, cuja alteração não gera nulidade processual, quando não houver prejuízo para as partes[30]. O art. 456,

---

26. STJ, REsp 161.153/SC, Rel. Min. Carlos Alberto Menezes Direito, 3ª T., j. 19.08.1999, *DJ* 25.10.1999, p. 78.
27. STJ, REsp 844.778/SP, Rel. Min. Nancy Andrighi, 3ª T., j. 08.03.2007, *DJ* 26.03.2007, p. 240.
28. NERY JR., Nelson; NERY, Rosa Maria de Andrade. *Comentários ao Código de Processo Civil* cit., p. 973.
29. STJ, AgRg no Ag 1.114.441/SP, Rel. Min. Maria Isabel Gallotti, 4ª T., j. 16.12.2010, *DJe* 04.02.2011.
30. STJ, REsp 35.786/SP, Rel. Min. Barros Monteiro, 4ª T., j. 14.11.1994, *DJ* 12.12.1994, p. 34.350.

par. ún., do CPC afirma que o juiz inquirirá as testemunhas, primeiro as arroladas pelo autor e depois as do réu, mas poderá alterar a ordem estabelecida se as partes concordarem. Já o art. 139, inc. VI, do CPC confere poderes ao juiz para alterar a ordem de produção dos meios de prova, adequando-os às necessidades do conflito de modo a conferir maior efetividade à tutela do direito. Com efeito, a regra do art. 361 do CPC tem natureza meramente ordinatória do procedimento, ficando a critério do juiz, por justo motivo, de ofício ou a requerimento das partes ou de apenas uma delas, modificar a sequência dos depoimentos[31]. A inversão da ordem dos depoimentos somente acarretará a nulidade dos atos processuais quando restarem comprovados prejuízos (*v.g.*, quando o depoimento anterior for ouvido e sugestionar a testemunha posteriormente interrogada, com violação à regra da incomunicabilidade prevista no art. 456 do CPC)[32].

Pelo art. 361, inc. I, do CPC, o perito e os assistentes técnicos responderão, oralmente, os quesitos de esclarecimentos formulados pelas partes. Porém, tais elucidações orais devem ser precedidas de quesitos a serem formulados por escrito, pelas partes, no prazo comum de 15 dias da intimação da juntada do laudo pericial aos autos (CPC, art. 477, § 1º). Porém, em razão das respostas apresentadas pelos peritos e pelos assistentes técnicos, os advogados, o Defensor Público ou o representante do Ministério Público pode formular outras indagações, desde que decorrentes do teor das respostas apresentadas pelos experts[33].

Não obstante a parte interessada tenha que obter esclarecimentos do perito e do assistente técnico, mediante a formulação de perguntas sob a forma de quesitos, o magistrado tem o poder de determinar as provas necessárias à instrução do processo, indeferindo as diligências inúteis ou meramente protelatórias, inclusive os quesitos impertinentes (CPC, art. 370, par. ún.). O indeferimento do pedido de esclarecimentos ou de quesitos impertinentes é faculdade atribuída ao julgador durante a fase de instrução do processo, não constituindo causa de nulidade da sentença[34].

Se houver pedidos de esclarecimentos, caberá ao perito apresentar laudo complementar por escrito, no prazo de 15 dias, devendo esclarecer ponto sobre o qual exista divergência ou dúvida de qualquer das partes, do juiz ou do órgão do Ministério Público, bem como elucidar ponto divergente apresentado no(s) parecer(es) do(s) assistente(s) técnico(s) da(s) parte(s) (CPC, art. 477, § 2º).

Ao se designar a data da audiência de instrução e julgamento, na decisão de saneamento e organização do processo (CPC, art. 357, inc. V), o juiz deve, se possível, estabelecer o calendário de produção da prova pericial (CPC, art. 357, § 8º). Na fixação desse calendário, cabe ao magistrado calcular os prazos, porque entre a data da audiência

---

31. CARNEIRO, Athos Gusmão. *Audiência de instrução e julgamento e audiências preliminares*. Rio de Janeiro: Forense, 2005. p. 74.
32. Ibidem, p. 75.
33. Ibidem, p. 77.
34. STJ, AgRg no AREsp 158.248/DF, Rel. Min. Maria Isabel Gallotti, 4ª T., j. 12.05.2015, *DJe* 19.05.2015; REsp 811.429/SP, Rel. Min. Denise Arruda, 1ª T., j. 13.03.2007, *DJ* 19.04.2007, p. 236.

de instrução e julgamento e a entrega do laudo pericial é necessário um lapso temporal de, ao menos, 20 dias de antecedência (CPC, art. 477, *caput*), justamente para que as partes possam, no prazo comum de 15 dias, se manifestarem sobre o laudo pericial e seus assistentes técnicos apresentarem seu respectivo parecer.

Em verdade, tal prazo deve ser superior a 20 dias, pois a interpretação do art. 477, *caput*, do CPC deve ser conjugada com a regra do art. 477, § 4º, que exige que a intimação do perito ou do assistente técnico se dê por meio eletrônico, com pelo menos dez dias de antecedência da audiência (CPC, art. 357, § 5º).

A parte interessada em novos esclarecimentos, se ainda não estiver satisfeita com a explicação trazida no laudo complementar (CPC, art. 477, § 2º), deve novamente formular perguntas, na forma de quesitos, para que, quando intimados perito ou o assistente técnico da parte contrária, estes possam tomar conhecimento prévio das dúvidas e se prepararem para respondê-las na audiência de instrução e julgamento.

Nessa audiência, tomam-se primeiro os esclarecimentos do perito, depois do assistente técnico do *autor* e do respectivo indicado pelo *réu*, se for o caso.

As perguntas, formuladas na forma de quesitos, são lidas pelo juiz e o perito dá suas respostas. Porém, nada impede que as partes, por intermédio de seus advogados, o órgão do Ministério Público – se intervier no processo –, e posteriormente o juiz possam elaborar novas perguntas, desde que relacionadas com as respostas dadas. Repergunta primeiro o advogado que formulara o pedido de esclarecimento, depois o adversário.

Após a oitiva do perito e dos assistentes técnicos, serão realizados os depoimentos pessoais (CPC, art. 361, inc. II). Primeiro, depõe o autor e, em seguida, o réu. É proibido que este assista o depoimento daquele (CPC, art. 385, § 2º).

As perguntas são feitas diretamente pelo advogado da parte contrária, sem a intermediação do juiz, que deve apenas impedir as perguntas que possam induzir a resposta, não tiverem relação com as questões de fato objeto da atividade probatória, importarem repetição de outra já respondida ou forem impertinentes, capciosas ou vexatórias (aplicando-se, por analogia, a regra do art. 459, *caput* e § 2º).

O depoente pode se valer de breves notas, para se lembrar de certos fatos, mas não pode levar seu depoimento por escrito e lê-lo na audiência, a fim de se garantir a sua espontaneidade e assegurar o princípio da oralidade (CPC, art. 387).

Tanto o depoimento do autor quanto o do réu somente são tomados se previamente requeridos ou se forem determinados *ex officio* pelo juiz, que pode resolver ouvir as partes na própria audiência, sem comunicação prévia (CPC, art. 385). Contudo, se a parte não estiver presente e sem que tenha sido previamente intimada, logicamente não pode ser imposta a pena de confesso prevista no art. 385, § 1º. Tal sanção, por outro lado, pode incidir se a parte pessoalmente intimada e advertida não se fizer presente na audiência ou, comparecendo, se recusar, imotivadamente, a responder as perguntas. Como a parte, ao contrário da testemunha, não tem o dever, mas apenas o ônus, de comparecer, o juiz não poderá determinar a sua condução coercitiva para que seja ouvida.

Os depoimentos das partes, por serem *pessoais* (CPC, art. 385), não permitem que se realizem por intermédio de procuradores, ainda que tenham poderes para confessar (CPC, art. 390, § 1º)[35]. Já a pessoa jurídica depõe por meio de seu representante, nos termos do art. 75, inc. VIII, do CPC, isto é, por que os respectivos atos constitutivos designarem ou, não havendo essa designação, por seus diretores. Porém, em determinadas situações (*v.g.*, cuidando-se de macroempresas de âmbito nacional ou multinacional), inclusive com fundamento no postulado da razoabilidade (CPC, art. 8º), deve-se admitir que o depoimento pessoal da pessoa jurídica seja realizado por *preposto*, com conhecimento dos fatos e poderes especiais[36]. Ainda, se a parte for incapaz, o seu representante legal prestará o depoimento, se possuírem poderes especiais para tanto, sem prejuízo do juiz, em casos especiais e em que o depoimento possa ser útil, inquirir o próprio incapaz[37].

Por último, devem ser ouvidas as testemunhas do autor e depois as do réu (CPC, art. 361, inc. III). Aqui, prevalece também a regra da *incomunicabilidade*, não podendo uma das testemunhas assistir o depoimento das demais (CPC, art. 456).

A alteração da ordem das testemunhas pode ser feita, com o consentimento das partes (CPC, art. 456, parágrafo único) ou quando, apesar de não haver tal consenso, não causar prejuízo aos litigantes e for necessário para conferir maior efetividade à tutela dos direitos (CPC, art. 139, inc. VI).

A cada testemunha são dirigidas perguntas formuladas diretamente, primeiro, pelo advogado que a arrolara e, depois, pelo advogado da parte contrária (CPC, art. 459). Cabe ao juiz inquirir as testemunhas após as partes, não obstante o disposto no art. 459, § 1º, do CPC, porque compete às partes o ônus da prova (CPC, art. 373), devendo o magistrado apenas suplementar a produção probatória quando necessária ao julgamento do mérito (CPC, art. 370).

Contudo, é dever do juiz impedir perguntas que possam induzir a resposta, não tiverem relação com as questões de fato objeto da atividade probatória, importarem repetição de outra já respondida ou forem impertinentes, capciosas ou vexatórias (CPC, art. 459, *caput* e § 2º).

Não é permitido que as testemunhas, a exemplo dos depoentes (CPC, art. 387), tragam seu depoimento por escrito e apenas leiam em juízo, pois a produção e a credibilidade da prova oral estão ligadas à espontaneidade das testemunhas e à plena concretização do princípio da oralidade.

---

35. STJ, REsp 623.575/RO, Rel. Min. Nancy Andrighi, 3ª T., j. 18.11.2004, *DJ* 07.03.2005, p. 250.
36. STJ, REsp 191.078/MA, Rel. Min. Ari Pargendler, 3ª T., j. 15.09.2000, *DJ* 09.10.2000, p. 142; CARNEIRO, Athos Gusmão. Op. cit., p. 82.
37. MOREIRA, José Carlos Barbosa. *O novo processo civil*. 21. ed. Rio de Janeiro: Forense, 2000. p. 59.

As perguntas indeferidas devem ser consignadas no termo de depoimento, para poderem ser objeto futuro de razões ou contrarrazões de apelação (CPC, art. 1.009, §§ 1º e 2º).

Ademais, enquanto se realizar o depoimento do perito, os assistentes técnicos, as partes e as testemunhas, para não tumultuar o andamento da audiência, os advogados, a Defensoria Pública e o Ministério Público não poderão intervir ou apartear, sem licença do juiz (CPC, art. 361, parágrafo único, e Enunciado 430 do FPPC). Essa regra trata dos "apartes" que podem ser feitos mediante a autorização judicial, ainda que, por exemplo, o advogado se dirija ao juiz, pedindo a palavra pela ordem e expondo o motivo da intervenção ou o teor do aparte[38].

A rigor, nenhum depoente deve ser interrompido, cabendo ao procurador fazer as perguntas no momento oportuno, a não ser que surja a necessidade excepcional de intervir[39] (*v.g.*, para advertir o juiz que a parte está lendo seu depoimento, ao invés de apenas consultar breves notas, como prevê o art. 387 do CPC; ou para impedir que a testemunha preste depoimento sob a influência de outro participante da audiência; ou, ainda, para evitar que as perguntas induzam a testemunha a formular determinada resposta, não tenham relação com as questões de fato objeto da atividade probatória ou importem na repetição de outra já respondida, bem como quando são feitas perguntas ou considerações impertinentes, capciosas ou vexatórias – CPC, art. 459, *caput* e § 2º). Caso contrário, o uso abusivo dos apartes tumultuaria o andamento da audiência de instrução e julgamento e não contribuiria com a duração razoável do processo (CF, art. 5º, inc. LXXVIII; CPC, art. 4º), uma vez que estão previstos os debates após o término da produção das provas.

Ouvida a última de todas as testemunhas, estará encerrada a instrução probatória, abrindo-se então a fase das alegações finais.

Entretanto, quando se tratar de criança ou adolescente vítima ou testemunha de violência, devem ser observadas as regras estabelecidas pela Lei 13.431/2017, que prevê: que o depoimento deve ser realizado em local apropriado e acolhedor, com infraestrutura e espaço físico que garantam a privacidade da criança ou do adolescente vítima ou testemunha de violência; a presença de profissionais especializados, que precisam esclarecer a criança ou o adolescente sobre a tomada do depoimento especial, informando-lhe os seus direitos e os procedimentos a serem adotados e planejando sua participação, sendo vedada a leitura da denúncia ou de outras peças processuais; ser assegurado a livre narrativa sobre a violência, podendo o profissional especializado intervir, quando necessário, utilizando técnicas que permitam a elucidação dos fatos; a transmissão do depoimento especial em tempo real para a sala de audiência, preservado o sigilo; a possibilidade de o juiz avaliar a pertinência de perguntas complementares a

---

38. CARNEIRO, Athos Gusmão. Op. cit., p. 48-49.
39. Ibidem, p. 49.

8 • AUDIÊNCIA DE INSTRUÇÃO E JULGAMENTO **619**

serem realizadas em bloco, que podem ser adaptadas pelo profissional especializado à linguagem de melhor compreensão da criança e do adolescente[40].

8.3.4. Alegações finais

Terminada a instrução (isto é, não havendo mais provas a serem produzidas, seja em audiência ou fora dela, como, por exemplo, no caso da sentença de mérito estiver na dependência da verificação de determinado fato ou da produção de certa prova em outro juízo, como a juntada de carta precatória, carta rogatória ou auxílio direto, quando requeridos antes do saneamento, for considerada prova imprescindível e o tempo de suspensão não seja superior a um ano; CPC, arts. 313, inc. V, alínea *b* e § 4º, e 377)[41], o juiz dará a palavra ao advogado do autor e do réu, bem como ao membro do Ministério Público, se for o caso de sua intervenção (CPC, art. 178 e Recomendação 34/2016 do CNMP), sucessivamente, pelo prazo de 20 minutos para cada um, prorrogável por dez minutos, a critério do juiz (CPC, art. 364, *caput*). Se houver litisconsortes ativos ou passivos, o tempo deverá ser dividido entre as partes, para que não ultrapasse os 30 (trinta) minutos. Pode, contudo, o juiz aumentar esse tempo para atender as necessidades do conflito e conferir maior efetividade à tutela do direito (CPC, art. 139, inc. VI), respeitando igual oportunidade para ambas as partes.

As alegações finais, a serem feitas oralmente, servem para que os sujeitos processuais possam, a partir da delimitação das questões fáticas e jurídicas (CPC, art. 357, incs. II e IV), argumentar – de modo a satisfazer o seu ônus da prova –, impugnar argumentos contrários trazidos pelo adversário e convencer o juiz de que tem razão. Assim, os advogados devem examinar as provas e confrontar com os fatos alegados, invocar a interpretação e a aplicação de regras e/ou princípios jurídicos, com fundamento em jurisprudência e doutrina, para enfim concluir suas arguições com o pedido de procedência ou improcedência da demanda, a resolução do processo sem julgamento de mérito etc.

A não oportunização às partes para apresentação de alegações finais acarreta a nulidade da sentença subsequente, em virtude da não observância do contraditório e do tratamento diferenciado dado aos litigantes[42].

É importante destacar que não há verdadeiro debate entre as partes, ao contrário do que faz crer o disposto no art. 364, § 2º, do CPC. Afinal, cada um dos legitimados fala pelo prazo de até 20 minutos, prorrogável por mais dez minutos, sem direito à réplica ou à tréplica.

---

40. CAMBI, Eduardo; OLIVEIRA, Priscila Sutil de. Depoimento sem dano e falsas memórias. *Revista de processo*. São Paulo, v. 235, p. 21-50. set. 2014.
41. STJ, REsp 1.132.818/SP, Rel. Min. Nancy Andrighi, 3ª T., j. 03.05.2012, *DJe* 10.05.2012; REsp 682.173/RS, Rel. Min. Herman Benjamin, 2ª T., j. 25.08.2009, *DJe* 31.08.2009.
42. STJ, REsp 125.316/MG, Rel. Min. Eduardo Ribeiro, 3ª T., j. 22.06.1999, *DJ* 23.08.1999, p. 120.

Além disso, enquanto o advogado de uma das partes estiver fazendo uso da palavra, o outro advogado e o membro do Ministério Público não poderão intervir ou apartear, sem licença do juiz (aplicação análoga do art. 361, parágrafo único, CPC). Questões de ordem, ainda que não disciplinadas pelo CPC, devem ser consideradas excepcionais e concedidas quando estritamente necessárias para o julgamento da causa, não podendo ser utilizadas como meio de debate, para contrapor os argumentos já conhecidos apresentados pela parte contrária.

Havendo litisconsorte ou terceiro interveniente (assistente, litisdenunciado ou chamado ao processo), o prazo e a prorrogação serão somados, dividindo-se entre os do mesmo grupo de partes plúrimas, salvo se entre elas houver acordo diferente (CPC, art. 364, § 1º).

No entanto, se a causa apresentar questões complexas de fato ou de direito, as alegações finais orais poderão ser substituídas por razões finais escritas, que serão apresentadas em prazos sucessivos de 15 dias, assegurada vista dos autos (CPC, art. 364, § 2º). Com efeito, proíbe-se a fixação de prazo comum para a entrega de memoriais, ou mesmo a apresentação simultânea de memoriais[43]. Porém, a abertura de prazo comum para a apresentação de memoriais, por si só, não gera a nulidade da sentença[44]. Se não houver a comprovação de prejuízo, os prazos não serão reabertos, prevalecendo o princípio da instrumentalidade das formas.

Cabe ao juiz avaliar o grau de complexidade da causa, não havendo direito subjetivo das partes às alegações finais orais, porque o procedimento deve se adequar à realidade do caso concreto. Não há, pois, prejuízo às partes nem nulidade processual quando, em razão da discussão de fatos de elevado grau de complexidade, o magistrado substituiu as alegações orais pela apresentação de razões finais por memoriais[45].

Apesar disso, na medida do possível, deve-se optar pelas alegações orais na própria audiência para dar maior celeridade ao processo e assegurar a plenitude do princípio da oralidade. A apresentação de alegações escritas deve ser considerada uma exceção à regra[46]. Tais alegações precisam ser gravadas e seu conteúdo disponibilizado, se a gravação não for realizada pelo próprio litigante, para possibilitar que a parte sucumbente possa recorrer (CPC, art. 367, §§ 5º e 6º).

É recomendável que o advogado das partes e o órgão do Ministério Público – se intervir no processo (CPC, art. 178 e Recomendação 34/2016 do CNMP) –, bem como o juiz, não apenas conheçam bem o processo, mas venham municiados para discuti-lo em audiência. Caso contrário, restará frustrada a concentração dos atos processuais almejada no cerne da audiência de instrução e julgamento, impedindo-se a efetivação

---

43. NERY JR., Nelson; NERY, Rosa Maria de Andrade. *Comentários ao Código de Processo Civil* cit., p. 979.
44. STJ, AgRg no Ag 1383508/MS, Rel. Min. Paulo de Tarso Sanseverino, 3ª T., j. 08.11.2011, *DJe* 18.11.2011.
45. STJ, REsp 840.692/AL, Rel. Min. Aldir Passarinho Junior, 4ª T., j. 19.10.2010, *DJe* 04.11.2010; AgRg no AREsp 170.540/MG, Rel. Min. Marco Buzzi, 4ª T., j. 05.06.2014, *DJe* 12.06.2014.
46. STJ, REsp 167.383/DF, Rel. Min. Sálvio de Figueiredo Teixeira, 4ª T., j. 08.05.2001, *DJ* 15.10.2001, p. 265.

da garantia constitucional da duração razoável do processo (CF, art. 5º, inc. LXXVIII; CPC, art. 4º).

A substituição sistemática das alegações orais por razões escritas, independentemente da análise da complexidade da causa, deve ser uma prática a ser coibida, mediante orientações preventivas e pedagógicas, tanto pelas Corregedorias-Gerais quanto pelo próprio CNJ, para que a audiência de instrução e julgamento alcance seu escopo como uma técnica efetiva de aperfeiçoamento da tutela jurisdicional (CF, art. 5º, inc. XXXV).

Para se evitar surpresas e estimular o princípio da oralidade, as partes podem convencionar, antes da audiência, em convenção processual (CPC, art. 190), ratificando, portanto, o disposto no art. 364, *caput*, do CPC, que apresentarão alegações de forma oral na audiência de instrução e julgamento.

8.3.5. Sentença

Conforme disposição do art. 203, § 1º, do CPC, a sentença, quando prolatada em audiência, põe fim à fase cognitiva do procedimento comum, com fundamento nos arts. 485 e 487 do CPC. Para tanto, é importante que o juiz conheça bem o processo e inclusive traga anotações elaboradas, previamente à audiência, para melhor fundamentar a decisão. Proferida em audiência, a sentença é publicada e as partes são imediatamente intimadas (CPC, art. 1.003, § 1º).

Quando a causa for complexa, de forma excepcional, pode o juiz proferir a sentença por escrito e entregá-la em cartório em até 30 dias após a audiência (CPC, arts. 226, inc. III, e 366). Nesse caso, a sentença não será publicada em audiência, devendo as partes serem intimadas, quando da sua publicação, para que se inicie a fluência do prazo caso as partes desejem recorrer (CPC, art. 1.003, *caput*). A observância do prazo máximo – ainda que impróprio – de 30 dias é importante, tanto para assegurar a garantia constitucional da duração razoável do processo (CF, art. 5º, inc. LXXVIII; CPC, art. 4º), quanto a efetividade da tutela jurisdicional (CF, art. 5º, inc. XXXV), pois quanto mais próximo da audiência o juiz sentenciar melhor poderá recordar dos meios de prova orais produzidos em juízo, necessários para a mais adequada valoração das provas e para a formação da sua convicção motivada (CF, art. 93, inc. IX; CPC, art. 371). Cabe à Corregedoria-Geral de cada Tribunal de Justiça e, em última análise, ao CNJ zelar para o cumprimento dos prazos processuais pelos juízes, instaurando, se necessário, processos administrativos disciplinares, uma vez que é dever do magistrado não exceder injustificadamente os prazos para sentenciar ou despachar (Lei Complementar 35/1979, art. 35, inc. II), bem como velar para que os atos processuais se celebrem com a máxima pontualidade e para que os processos a seu cargo sejam solucionados em um prazo razoável (Código de Ética da Magistratura do CNJ, art. 20)[47].

---

47. CNJ, REVDIS, Processo de Revisão Disciplinar, Conselheiro, 0000110-09.2012.2.00.0000, Rel. Wellington Saraiva, 149ª Sessão, j. 19.06.2012.

Entretanto, mesmo na audiência de instrução e julgamento, o juiz pode, ao invés de sentenciar, proferir uma decisão interlocutória para sanear o processo (*v.g.*, para anular o processo a partir da citação, para incluir um litisconsorte necessário ou para declarar-se absolutamente incompetente) ou um despacho (*v.g.*, para converter o julgamento em diligência, para mandar que se regularizem os autos etc.). Isso porque o saneamento do processo deve ser realizado a qualquer tempo, bastando que surja a necessidade de corrigir desvios prejudiciais à apuração dos fatos ou à resolução das questões de direito discutidas no processo[48].

8.4. CONVERSÃO DO JULGAMENTO EM DILIGÊNCIA

Mesmo após as alegações finais apresentadas em audiência ou depois da juntada das razões finais por escrito, pode o juiz retornar à instrução, visando o esclarecimento de pontos que ainda considere duvidosos (CPC, art. 370), embora o juiz não possa substituir as partes na apresentação de provas, já que elas têm o ônus de provar os fatos que alegam[49].

Trata-se da conversão do julgamento em diligência, que não está prevista de modo expresso no CPC, mas que pode ser deduzido dos poderes instrutórios e no convencimento motivado do juiz (CPC, arts. art. 370 e 371).

A diligência probatória determinada pelo juiz pode consistir na inquirição de novas testemunhas, na realização de perícia, na requisição de documentos, na exibição de documentos ou de coisas, na necessidade de inspeção judicial etc., devendo-se, em qualquer dessas diligências, fundamentar a decisão e dar oportunidade para que as partes se manifestem e exerçam o direito à respectiva prova.

Nesse sentido, o STJ afirmou que o Tribunal de Justiça pode converter julgamento em diligência e determinar a baixa dos autos para realização de nova perícia, mesmo em grau de apelação[50]. Tratava-se de um caso envolvendo pedido de indenização por erro médico em que as provas periciais não bastaram para a formação do entendimento do julgador. Uma clínica médica no Ceará foi acionada por uma paciente para reparação de danos materiais e morais decorrentes de cirurgias malsucedidas. O paciente foi submetido a três cirurgias devido a uma fratura no braço direito. Após os procedimentos cirúrgicos, o paciente perdeu o movimento dos dedos de sua mão direita e passou a não ter mais sensibilidade na região, tendo sido constatado que ocorrera o corte do nervo radial do braço em virtude de erro médico. O juiz de primeiro grau negou o pedido, alegando não ter sido comprovado o erro médico. Na apelação, o TJCE suscitou questão

---

48. STJ, EDcl no AgRg no REsp 724.059/MG, Rel. Min. José Delgado, 1ª T., j. 21.03.2006, *DJ* 03.04.2006, p. 252; AgRg na MC 25.519/DF, Rel. Min. Humberto Martins, 2ª T., j. 01.03.2016, *DJe* 08.03.2016.

49. CARVALHO, E. V. de Miranda. A conversão do julgamento em diligência e o limite arbitrário do juiz. In: WAMBIER, Luiz Rodrigues; WAMBIER Teresa Arruda Alvim (Org.). *Doutrinas essenciais de processo civil.* São Paulo: RT, 2014. v. 4, p. 1089.

50. STJ, REsp 906.794, Rel. Min. Luis Felipe Salomão, 4ª T., j. 07.10.2010, *DJe* 13.10.2010.

de ordem para suprir as deficiências na instrução processual, abrindo a possibilidade de sua complementação por iniciativa do órgão julgador, tendo determinado a baixa dos autos para realização de novas diligências em busca de provas para formação do convencimento. Entretanto, a clínica recorreu ao STJ, alegando haver prova documental e técnica suficientes para a instrução do processo, bem como que as partes, ao serem intimadas acerca das provas, concordaram com todas elas, praticando o exercício pleno do contraditório, o que impedia o TJCE de converter o julgamento em diligência para que fosse elaborada nova prova pericial. No entanto, o STJ considerou que, como não foram realizadas as oitivas da suposta vítima do erro médico, das testemunhas e do próprio médico, tais provas se faziam imprescindíveis, devendo dar ensejo à conversão do julgamento em diligência. Isso porque o juiz é o principal destinatário da prova, cabendo a ele determinar as diligências que entenda necessárias para a formação de seu convencimento, bem como devendo converter o julgamento em diligência quando a produção da prova se faz necessária na busca da verdade real, a fim de que se alcance um correto e íntegro julgamento da causa. Portanto, apesar do julgador não poder suprir deficiência da parte, o que violaria o princípio da imparcialidade judicial, diante da dúvida surgida com a prova colhida nos autos, o Estado-Juiz tem o poder-dever de aclarar os pontos obscuros, de modo a formar adequadamente sua convicção (CPC, art. 370).

8.5. INCIDENTES E DECISÕES EM AUDIÊNCIA

Durante a audiência de instrução e julgamento, podem ocorrer vários incidentes, tais como: a *contradita de uma testemunha*, seguida da decisão que determina a oitiva ou a exclusão da testemunha; o indeferimento de certa pergunta à parte contrária ou à testemunha; a negativa de pedido de *acareação*; o deferimento ou o indeferimento da juntada de documentos; a decisão sobre pedido de interrupção da audiência etc.

Pelo CPC/73, das decisões interlocutórias proferidas na audiência de instrução e julgamento era cabível a interposição imediata e oral do *agravo retido*, devendo constar do termo a exposição sucinta das razões do agravante (CPC/73, art. 523, § 4º)[51]. Contudo, se verificada a ocorrência de urgência ou perigo de lesão grave e de difícil ou incerta reparação, admitia-se a interposição de agravo de instrumento (CPC/73, art. 522)[52]. Caso fosse proferida sentença em audiência (CPC/73, art. 456), o recurso cabível era a apelação, devendo as decisões sobre os incidentes ser impugnadas como questões *preliminares* das razões do apelo.

Dentre as inovações do CPC, houve a eliminação do recurso de agravo retido e o disciplinamento do cabimento do agravo de instrumento às hipóteses previstas no art. 1.015. Decisões interlocutórias que versem sobre outras questões processuais não arroladas no art. 1.015 do CPC não ficam cobertas pela preclusão e devem ser suscita-

---

51. STJ, AgRg no Ag 1.080.622/RJ, Rel. Min. Maria Isabel Gallotti, 4ª T., j. 20.08.2015, *DJe* 26.08.2015.
52. STJ, AgRg no REsp 1.482.774/SP, Rel. Min. Marco Buzzi, 4ª T., j. 04.12.2014, *DJe* 12.12.2014.

das em preliminar de apelação, eventualmente interposta contra a decisão final, ou nas contrarrazões (CPC, art. 1.009).

Excepcionalmente, quando a decisão interlocutória causar à parte lesão grave e de difícil ou incerta reparação, mas não for admissível o agravo de instrumento (CPC, art. 1.015), caberá o mandado de segurança contra o ato judicial. Nesse sentido, é a orientação da Súmula 267 do STF ("Não cabe mandado de segurança contra ato judicial passível de recurso ou correição")[53].

Por fim, proferida sentença na audiência de instrução e julgamento, deve ser interposto o recurso de apelação (CPC, art. 1.009).

8.6. DOCUMENTAÇÃO DA AUDIÊNCIA

A audiência será documentada nos autos mediante termo lavrado pelo escrivão, contendo, em resumo, o ocorrido na audiência (*v.g.*, os atos realizados e as questões suscitadas), bem como, por extenso, os despachos, as decisões e a sentença proferidas (CPC, art. 367, *caput*). O termo de conciliação, assinado pelas partes e homologado pelo juiz, terá valor de sentença[54].

No Código de Processo Civil de 2015, com a extinção do agravo retido, recurso até então utilizado para impugnar as decisões tomadas em audiência de instrução e julgamento, o eventual inconformismo da parte quanto aos atos aperfeiçoados na audiência, será arguido em sede de preliminar de apelação; no entanto, é imperioso que a parte exija que conste na ata de audiência seus requerimentos, especialmente, os indeferidos (CPC, art. 360, inc. V).

A reprodução dos esclarecimentos orais do perito, dos assistentes técnicos e dos depoimentos prestados pelas partes ou testemunhas chama-se *termo de assentada* ou, simplesmente, *assentada*.

Quando o termo de audiência não for registrado por meio eletrônico, o juiz deve rubricar as folhas (CPC, art. 367, § 1º). Além do magistrado, o termo será subscrito pelos advogados, o membro do Ministério Público e o escrivão ou o chefe de secretaria; as partes não precisam assinar o termo, exceto quando houver ato de disposição para cuja prática os advogados não tenham – no bojo da procuração outorgada – poderes (CPC, art. 367, § 2º).

Os termos relativos à audiência serão transladados para os autos, pelo escrivão ou pelo chefe de secretaria (CPC, art. 367, § 3º).

Se os autos forem eletrônicos, deve ser observado o disposto no Código de Processo Civil de 2015, na legislação específica (*v.g.*, Lei 11.419/2006) e nas normas internas

---

53. STJ, AgRg no MS 22.118/CE, Rel. Min. Mauro Campbell Marques, Corte Especial, j. 04.11.2015, *DJe* 18.11.2015; STF, RMS 33.487 AgR, Rel. Min. Dias Toffoli, 2ª T., j. 12.05.2015, processo eletrônico *DJe*-101 Divulg 28.05.2015 Public 29.05.2015.
54. STJ, REsp 77.647/AM, Rel. Min. Carlos Alberto Menezes Direito, 3ª T., j. 12.05.1997, *DJ* 22.09.1997, p. 46.441.

(regimentos) dos tribunais (CPC, arts. 196 e 367, § 4º). Quando o processo for total ou parcialmente documentado em autos eletrônicos, os atos processuais praticados na presença do juiz poderão ser produzidos e armazenados de modo integralmente digital em arquivo eletrônico inviolável, na forma da lei, mediante registro em termo, que será assinado digitalmente pelo juiz e pelo escrivão ou chefe de secretaria, bem como pelo advogado das partes e pelo membro do Ministério Público, nas hipóteses de intervenção como parte ou como *custos iuris* (CPC, art. 209, § 1º). Eventuais contradições na transcrição deverão ser suscitadas oralmente no momento da realização do ato, sob pena de preclusão, devendo o juiz decidir de plano e ordenar o registro, no termo, da alegação e da decisão (CPC, art. 209, § 2º).

Além disso, a audiência pode ser integralmente gravada em modo audiovisual, em meio digital ou analógico, desde que este possa ser hábil a assegurar o rápido acesso das partes e dos órgãos julgadores, observada a legislação específica (CPC, art. 367, § 5º). Tal gravação também pode ser realizada diretamente por qualquer das partes, independentemente de autorização judicial (CPC, art. 367, § 6º).

8.7. A UNIDADE, OS CASOS DE INTERRUPÇÃO E A PUBLICIDADE DA AUDIÊNCIA DE INSTRUÇÃO E JULGAMENTO

A audiência de instrução e julgamento deve respeitar os subprincípios da *imediatidade* do juiz, da *concentração* e da *publicidade*.

Isso significa que o juiz é quem preside e participa ativamente da colheita das provas, que a audiência é *una* e *contínua*, ainda que deva prosseguir em outra data, será em continuação (CPC, art. 365). Assim, toda a atividade processual por ela abrangida, desde a eventual tentativa de conciliação, a instrução oral, as alegações finais e a sentença integram *uma só audiência*, não podendo ser repartida em sessões destinadas a prática de cada um desses atos processuais.

É contínua, pois, em princípio, todas as atividades que compõem a audiência devem começar e terminar em uma só assentada. Com isso, pretende-se a *concentração dos atos processuais*.

Porém, excepcionalmente, não sendo possível concluir em um só dia a instrução, as alegações finais e o julgamento, seja pela ausência de perito ou de testemunha, seja por qualquer outro motivo relevante, o juiz marcará seu prosseguimento para a data mais próxima possível, em pauta preferencial (CPC, art. 365, parágrafo único).

Apesar do art. 365 do CPC afirmar que a audiência será cindida quando houver a concordância das partes, nem sempre isto será possível. O magistrado pode determinar a continuação da audiência em outra data, ainda que um dos litigantes não esteja de acordo, porque o processo se desenvolve por impulso oficial (CPC, art. 2º), devendo a prova ser produzida para que o juiz possa julgar com segurança, baseado em todos os meios de prova disponíveis para poder formar a sua convicção (CPC, arts. 370 e

371). Todavia, a circunstância de o magistrado, por qualquer motivo razoável ter que interromper a audiência e determinar seu prosseguimento em outra data, como já asseverado, não retira o caráter de unidade e continuidade da audiência, porque se trata da continuação da mesma audiência.

Dessa forma, a continuação da audiência, em outra data, não faz com que os atos processuais consolidados sejam repetidos, não podendo, por exemplo, a rigor, reinquirir as testemunhas ou exigir intimação para a data do prosseguimento da audiência, quando as partes foram cientificadas da sua suspensão e assinado a respectiva ata.

Para evitar a necessidade de fracionamento temporal da audiência, é perfeitamente admissível – já sendo uma realidade cada vez mais presente na *práxis* jurídica – que depoimentos pessoais de partes bem como a oitiva de testemunhas que residam em outra(s) comarca(s), seção(ões) ou subseção(ões) judiciária(s) diversa(s) daquela onde tramita o processo sejam feitas por meio de videoconferência ou outro recurso tecnológico de transmissão de sons e imagens em tempo real (CPC, arts. 385, § 3º, e 453, § 1º). Tais meios de comunicação permitem a efetivação da garantia constitucional da duração razoável do processo e agilizam a prestação jurisdicional.

Ademais, a audiência é pública, como todos os atos do processo e será realizada a portas abertas, com o acesso livre a quem quer que seja salvo nos casos excepcionais e devidamente fundamentados pela prerrogativa do segredo de justiça (CPC, arts. 11, 189 e 368). Trata-se, aliás, de uma exigência constitucional (CF, arts. 5º, inc. LX, e 93, inc. IX) que alcança os autos do processo, e não somente as sessões e audiências[55], indispensável ao bom funcionamento da democracia e a transparência do Poder Judiciário, porque evita a desconfiança dos julgamentos sigilosos[56]. Sem atos processuais públicos ficaria comprometida a credibilidade e a independência do Judiciário, como intérprete e aplicador da ordem jurídica, responsável por atender aos fins sociais e às exigências do bem comum (CPC, art. 8º; Decreto-lei 4.657/1942 – Lei de Introdução às normas do Direito brasileiro, art. 5º).

Serão realizadas as portas fechadas as audiências dos processos que estejam sob segredo de justiça, previstos no art. 189 do CPC: em que exija o interesse público ou social (*v.g.*, questões de segurança nacional, interna ou externa, políticas ou diplomáticas); versem sobre casamento, separação de corpos, divórcio, separação, união estável, filiação, alimentos e guarda de crianças e adolescentes, por envolverem questões de natureza íntima e/ou privada, que devem ser resguardadas do interesse público; em que constem dados protegidos pelo direito constitucional à intimidade; ou, ainda, que tratem sobre arbitragem, inclusive sobre cumprimento de carta arbitral, desde que a confidencialidade estipulada na arbitragem seja comprovada em juízo. Além desses casos expressos no art. 189 do CPC, pelo postulado da razoabilidade previsto no art.

---

55. STF, ADI 4414, Relator(a): Min. Luiz Fux, Tribunal Pleno, j. 31.05.2012, Processo Eletrônico *DJe*-114 Divulg 14.06.2013 Public 17.06.2013.
56. CARNEIRO, Athos Gusmão. Op. cit., p. 19.

8º do CPC, outras situações que, em princípio, não estariam abrangidas pelo sigilo, poderiam determinar a realização da audiência a portas fechadas, quando houver justo motivo, para que se restrinja a publicidade a fim de se proceder a oitiva de uma ou de ambas as partes, de testemunha, perito, inspeção em pessoa ou coisa etc.

Nas hipóteses de segredo de justiça, além das portas das salas serem fechadas, é adequado que o juiz determine que todos os aparelhos eletrônicos, especialmente os telefônicos, sejam desligados, para evitar a captação de imagem ou de áudio.

O vazamento de informações sigilosas, obtidas em audiência realizada na sala com portas fechadas, pode redundar na responsabilização civil, administrativa e criminal resultante do descumprimento do dever legal[57].

O CPC não prevê a sanção de nulidade para os atos processuais praticados na audiência em que se viola o dever de sigilo. Incide, pois, a regra do art. 277, pela qual quando a lei não prescrever determinada forma, o juiz considerará o ato válido se, realizado de outro modo, lhe alcançar a finalidade. Portanto, é indispensável a demonstração de prejuízo à instrução da causa para que se possa anular os atos praticados e, consequentemente, a necessidade de refazer a audiência de instrução e julgamento.

8.8. PODER DE POLÍCIA

Sendo o juiz o responsável por presidir a audiência, nela exerce *poder de polícia*, com a finalidade de se manter a ordem e o decoro. Para tanto, pode ordenar que se retirem da sala da audiência os que se comportarem inconvenientemente e, quando necessário, requisitar a força policial, além de dispor da segurança interna dos fóruns e tribunais (CPC, arts. 139, inc. VII, e 360).

Para prevenir a exacerbação de ânimos ou a inconveniência da proximidade de pessoas que são sabidamente inimigas, o juiz pode determinar a revista de qualquer pessoa para fins de desarmamento, a reserva de lugares determinados e até a realização da audiência em segredo de justiça (CPC, art. 189, inc. I), com a presença apenas das pessoas diretamente interessadas[58].

O art. 139, incs. VI e IX, do CPC confere ao juiz o dever de extrair do processo – via gestão procedimental – o maior rendimento possível, atuando como uma espécie de administrador processual, dilatando prazos, alterando a ordem de produção de prova, e mesmo determinando o saneamento de irregularidades e vícios, tudo para propiciar, tanto quanto possível, a decisão sobre o mérito[59].

Quando for necessário o uso do poder de polícia, cabe ao magistrado fazer constar da ata de audiência as razões que o levaram a assim agir. Contudo, o poder de polícia

---

57. STJ, RMS 42.972/SP, Rel. Min. Laurita Vaz, 5ª T., j. 22.04.2014, *DJe* 30.04.2014.
58. Ibidem. p. 47.
59. COSTA NETO, José Wellington Bezerra da. O novo código de processo civil e o fortalecimento dos poderes judiciais. *Revista de processo*. São Paulo, v. 249, p. 81-116. nov. 2015.

deve ser usado com parcimônia e bom senso, respeitando-se os limites necessários para o desenvolvimento regular do processo. É salutar observar que o poder de polícia, de maneira alguma, se confunde com *autoritarismo judiciário*, nem, tampouco, com a supressão das garantias constitucionais do devido processo legal, da ampla defesa e do contraditório.

O CPC elenca que tanto a boa-fé (CPC, art. 5º) como a colaboração processual (CPC, art. 6º) vinculam todos os sujeitos processuais, decorrendo disso o dever mútuo de tratar a parte *ex adversa* com urbanidade (*v.g.*, Lei Complementar 35/1979, art. 35, inc. IV; Lei 8.906/1994, art. 33, parágrafo único; Lei 8.625/1993, art. 43, inc. IX), de modo que, em momento algum, as emoções suplantem o exercício da razão. Isso porque a justiça não consegue se perfazer se ausente o genuíno respeito e aceitação do pleno direito do outro em expor seus argumentos em juízo, sejam eles quais forem. Por isso, o uso do poder de polícia precisa ser norteado pelo valor da dignidade da pessoa humana (CPC, art. 8º) e pelo princípio da impessoalidade, devendo ser registrado em ata, com exatidão, todos os requerimentos apresentados em audiência.

O abuso do direito processual (CC, art. 187) e a litigância de má-fé (CPC, art. 80) devem ser coibidos, mesmo de ofício pelo juiz, que não só pode como deve impor as sanções previstas no art. 81 do CPC, sem prejuízo de poder determinar quaisquer medidas indutivas, coercitivas, mandamentais ou sub-rogatórias necessárias para assegurar o estrito cumprimento de ordem judicial (CPC, art. 139, inc. IV).

8.9. ADIAMENTO DA AUDIÊNCIA DE INSTRUÇÃO E JULGAMENTO

A audiência pode ser *adiada* em três hipóteses (CPC, art. 362): a) por convenção das partes; b) se, por motivo justificado, não for possível o comparecimento de quaisquer das pessoas que dela devam necessariamente participar (*v.g.*, juiz, escrivão ou chefe de secretaria, membro do Ministério Público, perito, assistentes técnicos, testemunhas, partes ou advogados); c) por atraso injustificado em seu início em tempo superior a 30 minutos.

O art. 362, inc. I, do CPC, ao contrário do então art. 453 do CPC/73, excluiu de sua redação a previsão que as partes poderiam adiar a audiência por apenas uma vez. Porém, isso não significa que possam paralisar o processo de forma arbitrária. Sendo o processo civil regido pelo Direito Público e não uma "coisa das partes", ele se desenvolve por impulso oficial (CPC, art. 2º). Com isso, a vontade das partes não é ilimitada nem pode suprimir a autoridade do Estado-juiz. Para que se assegure a eficiência da prestação jurisdicional e a razoável duração do processo, a audiência de instrução e julgamento somente pode ser adiada, por convenção das partes, quando for apresentado *justo motivo*[60] capaz de convencer o juiz de que tal adiamento pode contribuir para a autocomposição das partes ou para o melhor resultado útil do processo.

---

60. STJ, HC 29.617/SP, Rel. Min. Félix Fischer, 5ª T, j. 28.04.2004, *DJ* 14.06.2004, p. 250.

O art. 362, inc. II, do CPC parte da distinção entre *sujeitos necessários*, cuja ausência determina inexoravelmente o adiamento da audiência, e *sujeitos não necessários*, cuja ausência só determinará o adiamento quando decorre motivo justo e comprovado.

São sujeitos necessários: I) o *juiz*: sem a sua presença, a audiência não se realiza; II) o *escrivão* ou o chefe de secretaria ou, então, seus prepostos: sem eles também é, materialmente, impossível realizar a audiência, pois eles são os responsáveis pela documentação dos trabalhos; III) o *perito*: a quem haja solicitado esclarecimentos pertinentes a serem prestados em audiência (CPC, art. 477, § 3º); se ele foi intimado por meio eletrônico e para comparecer com pelo menos dez dias de antecedência da audiência (CPC, art. 477, § 4º), a parte tem direito a essa prova; se ele faltou, com ou sem motivo, adia-se a audiência (o atraso justificado na entrega do laudo permite a prorrogação por uma vez pela metade do prazo originalmente concedido; CPC, art. 476); IV) as *testemunhas*: são também sujeitos necessários e, tendo sido regularmente arroladas e intimadas, a parte tem direito à prova; contudo, se o advogado da parte não efetuou a intimação da testemunha, com aviso de recebimento, a ser juntado com pelo menos três dias da data da audiência, com cópia da correspondência de intimação e do comprovante de recebimento, ou a parte tiver se comprometido a levar a testemunha, independentemente de intimação, se ela faltar, não terá a parte direito à prova (CPC, art. 455, §§ 1º, 2º e 3º).

As regras contidas no art. 455 do CPC inovam em relação ao CPC/73, ao dispensarem a intimação da testemunha pela via judicial, a fim de que os oficiais de justiça se ocupem de outros encargos mais complexos (*v.g.*, o cumprimento de mandados de reintegração de posse, arresto etc.), atribuindo esse ônus ao advogado[61], salvo nas hipóteses previstas no art. 455, § 4º, do CPC. Assim, se a intimação for pela via postal, com aviso de recebimento, mas não surtir o efeito esperado (*v.g.*, não devolução oportuna do comprovante), caberá ao juiz considerar as circunstâncias de cada caso[62].

Ademais, o art. 365 do CPC enfatiza que a necessidade do comparecimento do perito e das testemunhas, ao admitir que, embora a audiência seja una e contínua, ela pode ser excepcional e justificadamente cindida na ausência de perito e de testemunha.

São sujeitos não necessários: as partes, os advogados, o assistente técnico e o membro do Ministério Público. Todos estes sujeitos têm o *ônus de comparecer*. A ausência de algum desses sujeitos determinará o adiamento da audiência de instrução e julgamento, quando houver motivo justo, que deverá ser comprovado até a abertura da audiência (CPC, art. 362, § 1º) ou quando decorrer da falta de intimação regular, imputável aos serviços judiciários.

---

61. LOPES, João Batista. Comentários ao art. 455 do Código de Processo Civil. In: CRUZ E TUCCI, José Rogério; FERREIRA FILHO, Manoel Caetano; APRIGLIANO, Ricardo de Carvalho; DOTTI, Rogéria Fagundes; MARTINS, Sandro Gilbert (Org.). *Código de Processo Civil anotado*. Rio de Janeiro: LMJ Mundo Jurídico, 2016. p. 645-646.
62. Idem.

Com efeito, é imprescindível que o advogado, o defensor público ou o membro do Ministério Público comprove o justo motivo justificador do seu impedimento para comparecer à audiência previamente designada, sendo insuficientes meras alegações[63].

Considera-se justo motivo, por exemplo, a existência comprovada por certidão de outra audiência no mesmo horário anteriormente designado, desde que a justificativa seja apresentada até o início da audiência. Por outro lado, a dificuldade causada pelo trânsito acumulado em decorrência de chuvas antecedentes, é considerado evento previsível que não justifica o não comparecimento em audiência de instrução e julgamento[64].

Como regra, se houver motivo justificado para o não comparecimento, apresentado até a abertura da audiência, ela será adiada. No entanto, se o impedimento, em razão de sua imprevisibilidade, somente pode ser comprovado posteriormente à realização da audiência de instrução e julgamento (*v.g.*, falecimento do advogado da parte, ao se dirigir à audiência), ela será anulada.

Assim, as *partes,* se forem regularmente intimadas, mas não comparecerem, inviabilizará a conciliação, salvo se o advogado estiver presente e munido de procuração, com poderes especiais, para transigir em nome da parte. Igualmente, não frustrará a realização da conciliação se a parte desacompanhada de seu advogado assim proceda, desde que não tenha sido praticado qualquer ato postulatório[65]. Caso as partes tenham sido intimadas a comparecer para prestar depoimento pessoal e faltarem sem justo motivo, aplicar-se-á a "pena de confesso", presumindo-se verdadeiros os fatos alegados pelo adversário, sempre que tal presunção estiver em consonância com a prova dos autos (CPC, art. 385, § 3º).

Por sua vez, se os *advogados* não apresentarem motivo justificado para faltarem à audiência, o juiz, com base no art. 362, § 2º, do CPC, poderá dispensar a produção da prova requerida pelo faltoso[66]. Porém, se a causa versar sobre direitos indisponíveis, não pode o juiz dispensar a prova, já que sobre eles não se aplica o efeito da revelia nem a "pena de confesso". Dessa forma, a referida regra processual deve ser usada com as devidas reservas, para que não se caracterize cerceamento de defesa[67]. Isso porque a dispensa da prova oral pelo juiz, como consequência sancionatória à ausência do advogado do autor à audiência de instrução e julgamento, o impede de, mais tarde, determinar a inquirição das mesmas testemunhas[68].

---

63. STJ, REsp 62.357/ES, Rel. Min. Cesar Asfor Rocha, 4ª T., j. 18.06.1996, *DJ* 19.08.1996, p. 28.487; HC 26.027/SP, Rel. Min. Hamilton Carvalhido, 6ª T., j. 26.06.2003, *DJ* 04.08.2003, p. 440; HC 23.018/SP, Rel. Min. Félix Fischer, 5ª T., j. 15.10.2002, *DJ* 18.11.2002, p. 281.
64. STJ, REsp 44.854/BA, Rel. Min. Nilson Naves, 3ª T., j. 05.03.1996, *DJ* 15.04.1996, p. 11.523.
65. STJ, REsp 77.399/SP, Rel. Min. Gilson Dipp, 5ª T., j. 10.08.1999, *DJ* 06.09.1999, p. 102.
66. STJ, REsp 679.377/AM, Rel. Min. Fernando Gonçalves, 4ª T., j. 09.12.2008, *DJe* 02.02.2009.
67. STJ, REsp 392.512/SC, Rel. Min. Fernando Gonçalves, 6ª T., j. 13.08.2002, *DJ* 02.09.2002, p. 260.
68. STJ, REsp 151.924/PR, Rel. Min. Nancy Andrighi, 3ª T., j. 19.06.2001, *DJ* 08.10.2001, p. 210.

Com o intuito de se evitar o adiamento da audiência, o juiz pode nomear advogado *ad hoc*, simplesmente para o exercício do ato processual[69]. Reputa-se justificada a ausência do advogado em razão de outra audiência ocorrendo em simultâneo, quando foi intimado de sua designação antes da que tiver que faltar, mas tal justificativa deverá ser apresentada até a abertura da audiência; caso contrário, o juiz procederá à instrução (CPC, art. 362, § 2º). Ademais, se a parte estiver representada por mais de um advogado, a duplicidade de audiências no mesmo horário deixa de ser motivo para a ausência.

De igual modo, a ausência dos *assistentes técnicos*, que são auxiliares técnicos das partes, desde que regularmente intimados, por meio eletrônico e com pelo menos dez dias de antecedência da audiência (CPC, art. 477, § 4º), não implica no adiamento da audiência e a parte que lhe houver indicado fica privada dos esclarecimentos que ele poderia prestar se tivesse comparecido. Igualmente, o retardamento na entrega dos pareceres dos assistentes técnicos não é causa de retardamento da audiência, cabendo à parte zelar pela tempestividade da sua entrega, no prazo comum de 15 dias, após a juntada do laudo pericial aos autos (CPC, art. 477, § 1º).

Ademais, o representante do Ministério Público, quando atua como parte ou como *custos iuris* (CPC, art. 178 e Recomendação 34/2016 do CNMP), se regularmente intimado, não comparece sem justo motivo, também fica privado da produção da prova (CPC, art. 362, § 2º), não se aplicando a presunção de veracidade dos fatos alegados pelo adversário do Ministério Público, quando este for parte, nem devendo acarretar a alteração da data da audiência, mesmo quando tenha atuação compulsória no processo (CPC, art. 178). Nesses casos, cabe ao juiz realizar normalmente a audiência, registrada em ata a falta do agente ministerial. A assinatura posterior da ata da audiência constitui falta funcional do magistrado e pode configurar fato típico penal[70]. Além disso, a intervenção do Ministério Público, como fiscal da ordem jurídica, em segundo grau de jurisdição, sem arguir nulidade nem prejuízo, supre a falta do agente ministerial em primeira instância, não acarretando nulidade do processo[71].

O art. 362, inc. III, do CPC inova ao determinar o adiamento da audiência quando houver atraso injustificado para seu início em tempo superior a 30 minutos do horário marcado. Perceba-se que o atraso deve ser injustificado. Como já mencionado, cabe ao juiz, quando da designação da audiência de instrução e julgamento, preparar a pauta com intervalo mínimo de uma hora entre as audiências (CPC, art. 357, § 9º). Trata-se, contudo, de uma mera recomendação do legislador que deve ser adaptada pelo juiz à complexidade de cada caso concreto. Uma hora é tempo demais se a audiência consistir na oitiva de uma única testemunha, mas é tempo insuficiente se mais de dez testemunhas tiverem sido arroladas. É no desenrolar da realização da audiência que podem surgir surpresas, imprevistos e novidades, como a ausência de testemunhas ou

---

69. STF, HC 123494, Rel. Min. Teori Zavaski, 2ª T., j. 16.02.2016, Processo Eletrônico *DJe*-039 Divulg 1º.03.2016 Public 02.03.2016.

70. ASSIS, Araken. *Processo civil brasileiro*. São Paulo: RT, 2015. v. III, p. 1.249.

71. STJ, REsp 439.955/AM, Rel. Min. Sálvio de Figueiredo Teixeira, 4ª T., j. 16.09.2003, *DJ* 25.02.2004, p. 180.

CURSO DE PROCESSO CIVIL • Eduardo Cambi

o comparecimento de todas elas, a existência de testemunhas que saibam com exatidão sobre os fatos controvertidos nos autos e outras que nada venham a contribuir para a elucidação da causa, a necessidade de realizar acareação (CPC, art. 461, inc. II) etc. Por isso, quaisquer atrasos que ensejem o adiamento da audiência devem ser justificados (*v.g.*, desídia do juiz, do escrivão ou do chefe da secretaria na elaboração das pautas ou no cumprimento dos horários estabelecidos para as audiências).

Aquele que der causa ao adiamento da audiência deve responder pelas despesas acrescidas (CPC, art. 362, § 3º). No entanto, tal regra jurídica não esclarece se, mesmo quem tenha justo motivo para o adiamento da audiência, deva arcar com essas despesas. Entretanto, a interpretação sistemática do art. 362, § 3º, combinada com o art. 93 do CPC, permite concluir que somente a parte, o auxiliar da justiça, o órgão do Ministério Público ou da Defensoria Pública ou o juiz que, *sem justo motivo*, houver dado causa à repetição ou ao adiamento serão responsáveis pelo pagamento dos atos adiados ou cuja repetição for necessária.

Por fim, sempre que houver a necessidade de interrupção da audiência para que se dê continuidade em outro dia, ou mesmo se for *adiada* ou *antecipada*, é extremamente recomendável que a intimação seja estendida a todos os sujeitos cuja presença se faz necessária para o bom andamento dos trabalhos do juízo, não se limitando o órgão jurisdicional a intimar tão somente os respectivos advogados ou sociedades de advogados, como estabelece o art. 363 do CPC. A nova data e hora para a designação da nova audiência de instrução e julgamento deve levar em consideração o tempo necessário para que o advogado possa informar ou intimar a testemunha por ele arrolada, do dia, da hora e do local da audiência, dispensando-se a intimação do juízo (CPC, art. 455).

Em caso de *mera interrupção*, é aconselhável que todos estejam cientificados antes de se retirarem da sala de audiência, o que evitará as demoras e as eventuais dificuldades para a sua intimação. Essa ciência imediata será certificada no termo de audiência (ata) pelo escrevente em serviço, o qual colherá a assinatura de todos.

Os que não estiverem presentes serão, necessariamente, intimados, o que também acontecerá em caso de adiamento ou de *antecipação da audiência* (CPC, art. 363).

8.10. PRODUÇÃO DA PROVA ORAL FORA DA AUDIÊNCIA DE INSTRUÇÃO E JULGAMENTO

Como regra, as provas orais devem ser produzidas na audiência de instrução e julgamento, a ser realizada na sede do juízo, em data e hora designados na decisão de saneamento e organização do processo, para a qual as partes ficam intimadas por intermédio de seus advogados (CPC, art. 357, inc. V). Havendo alteração do local, data ou horário dessa audiência, haverá, obrigatoriamente, nova comunicação das partes para possibilitar o seu comparecimento.

Contudo, a produção antecipada da prova é admitida quando houver fundado receio de que venha a tornar-se impossível ou muito difícil a verificação de certos fatos na pendência da ação; quando a prova a ser produzida for suscetível de viabilizar autocomposição ou outro meio adequado de solução de conflito; ou ainda quando o prévio conhecimento dos fatos puder justificar ou evitar o ajuizamento da ação (CPC, art. 381).

Por outro lado, para se enfatizar a necessidade das provas orais serem produzidas na audiência de instrução e julgamento, evitando a expedição de cartas precatórias, rogatórias e de ordem, o depoimento pessoal e a oitiva de testemunhas que residam em outra(s) comarca(s), seção(ões) ou subseção(ões) judiciária(s) diversa(s) daquela onde tramita o processo devem ser realizadas, preferencialmente, por meio de videoconferência ou outro recurso tecnológico de transmissão de sons e imagens em tempo real (CPC, arts. 385, § 3º, e 453, § 1º).

9
SENTENÇA E COISA JULGADA

9.1. CONCEITO DE SENTENÇA

Sentença, conforme o preceituado pelo CPC/73 até a Reforma introduzida pela Lei 11.232/2005, era o ato em que se findava o processo, obtendo-se uma decisão favorável ou não no tocante ao mérito da causa.

O CPC/73, em sua redação original, levou em consideração a *finalidade* do ato para classificá-lo em detrimento do seu *conteúdo*.

O conceito de sentença, adotado pelo CPC/73, era uma reação à noção adotada no Código de Processo Civil anterior, advindo do ano de 1939, em que apenas distinguia-se a sentença em *terminativa*, ocasião na qual o processo era extinto sem julgamento de mérito, sendo possibilitado à parte o manejo do recurso de apelação, ou *definitiva*, quando havia a extinção do processo com julgamento de mérito, o que permitia o cabimento do recurso de agravo de petição.

Uma vez que tal conceituação ensejava dúvidas quanto à existência do julgamento de mérito, a consequência direta disso refletia na ampla margem à aplicação do princípio da fungibilidade, pela existência de erros considerados não grosseiros, tornando-se duvidoso precisar o recurso cabível.

Com o intuito de afastar essa crítica, o CPC/73 inovou o instituto, ao adotar o conceito de que sentença era o ato que punha fim ao processo, facilitando a determinação do recurso cabível, já que a apelação seria o único recurso admissível, independentemente do julgamento quanto ao mérito da causa.

Porém, o conceito adotado no art. 162, § 1º, do CPC/73 era equivocado, uma vez que a sentença não punha fim, necessariamente, ao processo, mas apenas no tocante ao procedimento, em primeiro grau de jurisdição, não obstando o prosseguimento do processo caso houvesse a interposição de recursos.

Pela redação atribuída pela Lei 11.232, de 2005, que alterou o CPC/73, *sentença* passou a ser conceituada, no art. 162, § 1º, como sendo o ato do juiz que implicava alguma das situações previstas nos arts. 267 e 269 do CPC/73 (isto é, que culminava na extinção do processo sem ou com julgamento de mérito). Privilegiou-se, portanto, o *conteúdo* da decisão.

Entretanto, o referido conceito de sentença carecia de maior clareza, sendo objeto de críticas pelo fato de que nem todas as decisões que se enquadravam nos arts. 267 e

269 do CPC/73 poderiam ser consideradas legitimamente como "sentenças", passíveis de serem impugnadas por recurso de apelação.

Não raro, havia diversas hipóteses em que o juiz aplicava os ditames dos arts. 267 ou 269 do CPC/73; porém, o teor de tais decisões era de natureza interlocutória, sujeitas ao recurso de agravo de instrumento. Eram exemplos dessa situação: a decisão saneadora, que extinguia o processo em relação a um dos litisconsortes, possuía natureza de decisão interlocutória e caberia agravo de instrumento; do mesmo modo, o indeferimento liminar de reconvenção ou de ação declaratória incidental; ainda, quando o juiz colocava fim a liquidação de sentença, aplicava-se os arts. 267 ou 269 do CPC/73, mas a decisão era interlocutória; ademais, quando o magistrado decidia a impugnação no cumprimento da sentença, mas não extinguia a fase executiva, a decisão era interlocutória, mesmo que ele aplicasse os arts. 267 ou 269 do CPC/73.

Portanto, no CPC/73, a definição de sentença pelo seu *conteúdo* era insatisfatória, deixando vários problemas sem solução.

No CPC, o art. 203, § 1º, define sentença da seguinte forma:

> [...] ressalvadas as disposições expressas dos procedimentos especiais, sentença é o pronunciamento por meio do qual o juiz, com fundamento nos arts. 485 e 487, põe fim a fase cognitiva do procedimento comum, bem como extingue a execução.

Dessa forma, o conceito de sentença se distingue diametralmente da noção de decisão interlocutória (CPC, art. 203, § 2º), pois tem conteúdo predeterminado, isto é, põe fim à fase cognitiva do procedimento comum ou extingue a execução, em primeiro grau de jurisdição, com fundamento nos arts. 485 e 487 do CPC, devendo ser impugnada pelo recurso de apelação (CPC, art. 1.010).

Nas hipóteses do art. 485 do CPC, a sentença é *terminativa*, pondo fim ao processo sem julgamento de mérito, enquanto o art. 487 do CPC versa sobre a sentença *definitiva*, que é aquela que resolve o processo com julgamento de mérito.

Portanto, o conceito de sentença no CPC está assentado tanto na definição do *momento* em que é proferida – para pôr fim a uma das etapas (cognitiva ou executiva) do procedimento em primeiro grau de jurisdição – quanto no *conteúdo* do pronunciamento judicial (sentença terminativa ou definitiva).

No tocante à noção de decisão interlocutória, no CPC, houve significativa ampliação, pois essa não é mais conceituada como "o ato pelo qual o juiz, no curso do processo, resolve questão incidente" (CPC/73, art. 162, § 2º), definindo-se pela lei atual como "todo pronunciamento judicial de natureza decisória", o que, obviamente, já não se enquadra no significado de sentença (CPC, art. 203, § 2º).

Com a mudança legislativa implementada pelo CPC, os conceitos de sentença e decisão interlocutória no diploma processual civil permitem vislumbrar um melhor delineamento quanto às hipóteses de cabimento do recurso de apelação, para impugnar a sentença, e de agravo de instrumento, para as decisões interlocutórias.

Consequentemente, o pronunciamento judicial que resolve parcialmente o mérito (CPC, arts. 354, par. ún. e 356), mas que não põe fim à fase cognitiva do procedimento comum em primeiro grau de jurisdição, é decisão interlocutória, passível de impugnação por meio de agravo de instrumento (CPC, art. 356, § 5º).

Logo, pode haver somente *uma* única sentença para pôr fim à fase processual (cognitiva ou executiva) em primeiro grau de jurisdição, não obstante em um mesmo processo possam existir uma infinidade de decisões interlocutórias em que se apliquem as regras dos arts. 485 e/ou 487 do CPC.

Interessante observar que, mesmo com a amplitude do conceito de decisões interlocutórias (CPC, art. 203, § 2º), o pronunciamento de mérito não é realizado, exclusivamente, por meio de sentenças. Isso repercute diretamente na definição dos conceitos de coisa julgada, ação rescisória e de título executivo judicial.

Pelo CPC/73, denominava-se coisa julgada material a eficácia do provimento jurisdicional que tornava imutável e indiscutível a *sentença*, não mais sujeita a recurso ordinário ou extraordinário (art. 467). Pelo CPC em vigor, coisa julgada material é a autoridade que torna imutável e indiscutível a *decisão de mérito* não mais sujeita a recurso (art. 502).

O art. 475-N, inc. I, do CPC/73 definia título executivo judicial como a *sentença* proferida no processo civil que reconhecia a existência de obrigação de fazer, não fazer, entregar coisa ou pagar quantia. Já o art. 515, inc. I, do CPC afirma ser título executivo judicial as *decisões proferidas no processo civil* que reconheçam a exigibilidade de obrigações de pagar quantia, de fazer, de não fazer ou de entregar coisa.

Ainda, o art. 485 do CPC/73 afirmava que cabia ação rescisória contra a *sentença de mérito* transitada em julgado, ao passo que, pelo CPC, é a *decisão de mérito* transitada em julgado que pode ser objeto da ação rescisória, nas hipóteses do art. 966.

O termo "sentença" revela o julgamento proferido por um juiz singular, em primeiro grau de jurisdição. Por isso, não se confunde com "acórdão", que é o resultado do julgamento colegiado proferido pelos Tribunais (CPC, art. 204). Porém, tanto os juízes quanto os tribunais devem atender, preferencialmente, à ordem cronológica de conclusão para proferir sentença ou acórdão (CPC, art. 12). Quer-se, com isso, assegurar a garantia constitucional da duração razoável do processo (CF, art. 5º, inc. LXXVIII), e, sobretudo, o direito de obter em prazo razoável a solução integral do mérito (CPC, art. 4º).

9.2. SENTENÇA TERMINATIVA (ART. 485/CPC)

Resolver o processo sem julgamento de mérito significa proferir sentença terminativa sem a apreciação da pretensão deduzida pelo demandante (*res in iudicium deducta*). Tais situações estão definidas no art. 485 do CPC e delas decorre a *extinção anormal do processo*.

Porém, quando a relação processual se resolver por decisão terminativa, mas *sem pôr fim ao procedimento comum* em primeiro grau de jurisdição (v.g., indeferimento liminar de reconvenção, exclusão de litisconsorte por ilegitimidade passiva *ad causam* etc.)[1], estar-se-á diante de decisão interlocutória e não de sentença (CPC, art. 203, § 2º). Haverá sentença terminativa somente quando houver a resolução integral da fase cognitiva do procedimento comum ou da execução (CPC, art. 203, § 1º), sem julgamento de mérito.

Considerando que o escopo da jurisdição é a definição do litígio que reinstaura a paz social, a aplicação do art. 485 do CPC é de caráter excepcional[2] e somente deve ocorrer na constatação de vício insanável que impeça o julgamento de mérito (v.g., prévia existência de coisa julgada, morte da parte em ação considerada intransmissível por disposição legal etc.) ou, quando passível de saneamento, a mácula não foi corrigida pelas partes no prazo legal ou fixado pelo juiz (CPC, arts. 321, 352 e 357, § 3º).

Pelo art. 485, inc. I, do CPC, o juiz não resolverá o mérito quando *indeferir a petição inicial*. As hipóteses de indeferimento da inicial estão arroladas no art. 330 do CPC, ou seja, quando a petição inicial for considerada inepta (CPC, art. 330, § 1º), a parte for manifestamente ilegítima, o autor carecer de interesse processual ou quando descumprida as regras dos arts. 106 (para os advogados que postulam em causa própria) e 321 (oportunidade de o autor corrigir os defeitos na petição inicial). Convém lembrar que tais situações não se confundem com as circunstâncias do art. 332 do CPC, pelas quais o juiz pode julgar liminarmente improcedente o pedido (julgamento de mérito), independentemente da citação do réu.

Da decisão de indeferimento da petição inicial, cabe apelação (CPC, art. 331). Contudo, se a decisão indeferir, apenas parcialmente, a petição inicial (ou a reconvenção) é cabível agravo de instrumento (cf. Enunciado 154 do FPPC).

Conforme o art. 485, incs. II e III, do CPC, o juiz não resolverá o mérito nas seguintes hipóteses: o processo ficar paralisado durante mais de um ano por negligência das partes ou quando o autor abandonar a causa por mais de 30 dias, por não promover os atos e as diligências de sua exclusiva responsabilidade. Tais situações caracterizam a inércia das partes, mas somente culminam na decisão terminativa quando a omissão da parte inviabilizar o desenvolvimento regular do processo (v.g., autor que não promove a citação do réu, CPC, art. 240, § 2º, salvo em hipóteses excepcionais em que a lei isenta o pagamento das custas processuais, como no caso de ajuizamento de ação civil pública, Lei 7.347/85, art. 18, ou de improbidade administrativa, Lei 8.429/92, art. 23-B)[3].

---

1. Tanto é que a decisão que exclui (CPC, art. 1.015, inc. VII) como a que inclui litisconsorte deve ser impugnada por agravo de instrumento. Cfr. STJ, REsp 1.797.991/PR, Rel. Min. Nancy Andrighi, 3ª T., j. 18.06.2019, *DJe* 21.06.2019.
2. STJ, REsp 704.230/RS, Rel. Min. Luiz Fux, 1ª T., j. 02.06.2005, *DJ* 27.06.2005, p. 267.
3. STJ, REsp 786.550/RS, Rel. Min. Teori Albino Zavascki, 1ª T., j. 17.11.2005, *DJ* 05.12.2005, p. 257.

Caso se evidencie que o comportamento omissivo da parte está relacionado ao mérito do processo, o processo não pode ser resolvido com fundamento nesses dispositivos (v.g., a ausência de depósito de honorários periciais, pelo autor, acarreta a verificação da não satisfação do ônus da prova – art. 373, inc. I, do CPC, não a resolução do processo com fundamento no art. 485, inc. III, do CPC)[4].

A aplicação do art. 485, inc. II e III, do CPC depende da prévia intimação pessoal das partes (inc. II) ou do autor (inc. III) para suprir a falta no prazo de cinco dias (CPC, art. 485, § 1º). Trata-se de medida voltada a aproveitar ao máximo o processo, prevenindo futuro ajuizamento de ação idêntica. Ademais, a intimação pessoal das partes visa evitar que os litigantes sejam surpreendidos pela desídia de seus advogados[5]. Entretanto, conforme entendimento do STJ, a resolução do processo pelo indeferimento da petição inicial da ação rescisória (CPC, art. 485, inc. I), por falta ou insuficiência de depósito inicial (CPC, art. 968, inc. II), dispensa a prévia intimação do autor[6]. Tal entendimento, contudo, merece crítica, pois não privilegia o princípio da colaboração processual (CPC, art. 6º) nem a dimensão do *saneamento difuso* que deve nortear a conduta do juiz na condução do processo para, sempre que possível, conduzir ao julgamento integral de mérito (CPC, arts. 4º e 139, inc. IX).

Demais disso, esse entendimento do STJ merece ser revisto em decorrência da sistemática diferenciada que o CPC propõe. Embora se saiba que a ação rescisória não possui a mesma natureza jurídica dos recursos, é perfeitamente possível a aplicação analógica do contido no art. 1.007, § 2º, do CPC, impondo ao relator do recurso que, diante da insuficiência do preparo recursal, proceda-se à intimação do recorrente, na pessoa de seu advogado, a fim de que, querendo, o complemente, agora, sim, sob pena de deserção.

Até mesmo quando há falta de comprovação do preparo, fato muito mais gravoso do que o recolhimento insuficiente, o art. 1.007, § 4º, do CPC, concede nova oportunidade ao recorrente, ainda que o penalize impondo a obrigação de recolher em dobro o valor das custas relativas àquele recurso. Isso indica, de forma clara, que a legislação em vigor impõe um novo comportamento de todos os atores processuais, compelindo-os a fazer valer a lógica da primazia da análise do mérito (CPC, art. 4º), que também é uma decorrência da regra que disciplina a colaboração processual (CPC, art. 6º).

E essa lógica pode ser transportada para a sistemática da ação rescisória e deve necessariamente levar à revisão do entendimento do STJ nesse ponto.

Ficando o processo paralisado pela negligência das partes, ambas pagarão proporcionalmente as custas (CPC, art. 485, § 2º); todavia, se o autor abandonar a causa (CPC, art. 485, inc. III), somente ele será condenado a pagar as despesas e os honorários de advogado. O juiz não pode, de ofício, resolver o processo sem julgamento do mérito, por

---

4. STJ, REsp 704.230/RS, Rel. Min. Luiz Fux, 1ª T., j. 02.06.2005, *DJ* 27.06.2005, p. 267.
5. STJ, AgRg no AREsp 339.302/RS, Rel. Min. Sidnei Beneti, 3ª T., j. 20.08.2013, *DJe* 05.09.2013.
6. STJ, REsp 1286262/ES, Rel. Min. Paulo de Tarso Sanseverino, 3ª T., j. 18.12.2012, *DJe* 04.02.2013.

abandono do autor, após a contestação, sendo necessário o requerimento do réu para a extinção processual (CPC, art. 485, § 6º, e Súmula 240/STJ), por não ser o processo civil exclusivo do autor, podendo o demandado ter interesse no julgamento da causa, a fim de evitar repropositura da ação[7].

Atente-se que a citação válida em processo resolvido sem julgamento de mérito, exceto nas hipóteses do art. 485, inc. II e III, do CPC, tem implicações diretas na interrupção do prazo prescricional, que volta a correr com o trânsito em julgado da sentença terminativa (exegese dos arts. 202, inc. I, do CC e 240, § 1º, CPC)[8].

Pelo art. 485, inc. IV, do CPC, o juiz não resolverá o mérito quando verificar a ausência de pressupostos de constituição e de desenvolvimento regular do processo. Por meio da teoria do processo como relação jurídica, desenvolvida por Oskar von Bülow, no século XIX, buscou-se distinguir o direito processual do direito material, para conceber o processo como uma relação jurídica de direito público, que se desenvolve de modo progressivo entre o Estado-juiz e as partes[9]. Os pressupostos processuais contribuíram para a autonomia do direito processual civil, sendo requisitos prévios para a existência e o desenvolvimento válido e regular do processo[10].

Os pressupostos processuais de existência são indispensáveis à formação da relação jurídica processual, abrangendo a demanda, a jurisdição e a citação. A demanda é imprescindível, pois uma das características da jurisdição é a inércia – necessária para assegurar a independência e a imparcialidade do Poder Judiciário – o que exige que o processo se inicie por iniciativa (provocação) da parte (CPC, art. 2º), dirigida ao Estado-juiz, formulando pedido de tutela jurisdicional. Tal demanda é endereçada ao Poder Judiciário, que exerce a jurisdição, cuja atribuição é pacificar os conflitos sociais e dizer o direito nos casos concretos. Ainda que o processo exista a partir do momento em que o autor ajuíza a petição inicial, a relação jurídica processual apenas se constitui e a ação somente pode produzir seus efeitos após a citação do réu (CPC, art. 312). Logo, a ação instaura uma relação linear entre o autor e o Estado-juiz e, pela citação, a relação processual se completa, resultando no que se convém chamar de "triangularização do processo" (autor-juiz-réu).

Depois de iniciado o processo, para que ele se desenvolva válida e regularmente, é imprescindível o preenchimento dos pressupostos positivos (ou intrínsecos) e negativos (ou extrínsecos).

---

7. STJ, REsp 1.352.882/MS, Rel. Min. Herman Benjamin, 1ª Seção, j. 12.06.2013, *DJe* 28.06.2013; REsp 1.355.277/MG, Rel. Min. Luis Felipe Salomão, 4ª T., j. 15.12.2015, *DJe* 01.02.2016; AgRg no AREsp 415.017/SC, Rel. Min. Marco Buzzi, 4ª T., j. 24.11.2015, *DJe* 30.11.2015.

8. STJ, REsp 1.091.539/AP, Rel. Min. Maria Thereza de Assis Moura, 3ª Seção, j. 26.11.2008, *DJe* 30.03.2009.

9. BÜLOW, Oskar Von. *Teoria das exceções e dos pressupostos processuais*. Trad. Ricardo Rodrigues Gama. Campinas: LZN, 2003. p. 06-07.

10. MOREIRA, José Carlos Barbosa. Sobre os pressupostos processuais. *Temas de direito processual*. 4. Série. São Paulo: Saraiva, 1989. p. 83-93.

São pressupostos processuais positivos: a capacidade de ser parte, a capacidade de estar em juízo, a capacidade postulatória, a petição inicial apta, a citação válida, a competência e a imparcialidade do juízo.

Por outro lado, são pressupostos processuais negativos, isto é, aqueles que não podem estar presentes na relação processual: a litispendência, a coisa julgada, a peremção e o compromisso arbitral.

A *capacidade para ser parte* é a aptidão do autor ou do réu de adquirir direitos ou se sujeitar aos deveres. Decorre da personalidade natural, jurídica ou da personalidade judiciária conferida aos entes despersonalizados, tais como a massa falida, a herança jacente ou vacante e o espólio (CPC, art. 75, incs. V, VI e VII; CC, arts. 1º a 6º).

A *capacidade de estar em juízo* é a aptidão para o gozo ou o exercício dos direitos. As pessoas naturais adquirem capacidade plena aos 18 anos, salvo quando a lei dispõe de forma contrária, exigindo que sejam assistidas ou representadas (CPC, art. 71). Já as pessoas jurídicas não possuem tal capacidade, devendo sempre ser representadas (CPC, art. 75, inc. VIII). A incapacidade processual das partes está disciplinada nos arts. 70 a 76 do CPC.

O direito de petição não assegura, por si só, a possibilidade do interessado, que não dispõe de *capacidade postulatória*, ingressar em juízo para, independentemente de advogado, litigar em nome próprio ou como representante de terceiros[11].

O art. 5º, incs. XXXV e XXXIV, da CF não permite que qualquer pessoa – sem habilitação legal – postule em juízo, salvo quando a lei expressamente dispuser em contrário (v.g., art. 9º da Lei 9.099/95, nas causas de competência dos JEC até vinte salários mínimos; art. 27 da Lei 11.340/2006 autoriza a mulher vítima de violência doméstica a requerer, sem advogado, medida protetiva de urgência[12]; porém, após a análise da concessão da liminar, o magistrado deve encaminhar a ofendida ao órgão de assistência judiciária para determinar a integração da capacidade postulatória da autora; Lei 11.340/2006, art. 18, inc. II).

Nos termos da lei processual, o art. 103 do CPC afirma que a prerrogativa de postular em juízo, ainda que em causa própria, é *privativa dos advogados*.

O advogado pode postular em causa própria; porém, é imprescindível possuir *habilitação legal*[13]. Para isso, o postulante deve ser formado em Direito e inscrito regu

---

11. STF, AImp 28 AgR, Rel. Min. Celso de Mello, Tribunal Pleno, j. 12.11.2015, Processo Eletrônico *DJe*-240 27.11.2015.
12. DIDIER JR., Fredie; OLIVEIRA, Rafael. Aspectos processuais civis da Lei Maria da Penha (Violência doméstica e familiar contra a mulher). *Revista de processo*. v. 160, jun. 2008. p. 18.
13. CAZARRO, Kleber. Comentários ao art. 103 do CPC. In: FAGUNDES CUNHA, José Sebastião (Coord. geral); BOCHENEK, Antônio César; CAMBI, Eduardo (Coord.). *Código de processo civil comentado*. São Paulo: RT, 2015. p. 232-233; DINAMARCO, Cândido Rangel. *Instituições de direito processual civil*. 4. ed. São Paulo: Malheiros Editores. 2004. v. I. p. 694; STJ, REsp 1112524/DF, Rel. Min. Luiz Fux, Corte Especial, j. 1º.09.2010, *DJe* 30.09.2010.

larmente no quadro de advogados da OAB. A existência de procuração para o advogado postular em juízo está prevista no art. 104 do CPC.

Além do advogado e da parte – em casos específicos –, igualmente possuem capacidade postulatória os membros do Ministério Público e os defensores públicos em sentido amplo (Procuradores da Fazenda Nacional, Procuradores Federais da AGU, Defensorias Públicas do Estado e da União).

A petição inicial, para o desenvolvimento válido do processo, precisa ser *apta*, isto é, preencher os requisitos do art. 319 do CPC e não possuir os vícios que poderiam ensejar o seu indeferimento (CPC, art. 330).

A citação válida, ao possibilitar a convocação do réu, do executado ou do interessado para integrar a relação processual (CPC, art. 238), permite que os efeitos da ação se produzam, ou seja, induz a litispendência, torna litigiosa a coisa e constitui em mora o devedor, nos termos do art. 240 do CPC. Todavia, o comparecimento espontâneo do réu ou do executado supre a falta ou a nulidade da citação (CPC, art. 239, § 1º). No entanto, o juiz não pode promover a citação do réu contra a vontade do autor, cabendo a este adotar, no prazo de dez dias, as providências necessárias para viabilizá-la (CPC, art. 240, § 2º), sob pena de resolução do processo sem julgamento do mérito, após ser intimado para suprir a falta no prazo de cinco dias (CPC, art. 485, inc. III, § 1º).

Outro pressuposto processual a ser atendido é o da competência do juízo, isto é, saber se o juiz possui atribuição funcional para julgar determinado processo. Os critérios para a fixação da competência são diversos: o território, o objeto litigioso, o valor da causa e a função ou a hierarquia do órgão judicial no sistema processual.

A competência territorial e a em razão do valor da causa são *relativas*. Já as competências em razão do objeto litigioso (material) e a funcional ou hierárquica são *absolutas*. Enquanto a competência relativa pode ser modificada pela vontade das partes, a absoluta é imposta pela lei.

Tanto a competência relativa quanto a absoluta devem ser alegadas em sede de preliminar de contestação (CPC, art. 64, *caput*), mas a incompetência absoluta não preclui e pode ser reconhecida de ofício pelo juiz, por constar no restrito rol de matérias de ordem pública (CPC, art. 485, § 3º).

A incompetência relativa, caso não seja alegada como preliminar de contestação ou pelo Ministério Público como *custos iuris* (fiscal da ordem jurídica; CPC, art. 178 e Recomendação 34/2016 do CNMP), prorroga-se (CPC, art. 65), isto é, é modificada pela omissão da parte contrária e pela não insurgência, nos casos de intervenção no processo civil, do Ministério Público.

O juiz que, a requerimento ou de ofício, reconhece a incompetência absoluta deve remeter os autos ao juízo competente (CPC, art. 64, § 3º), sob pena da decisão proferida por órgão judicial absolutamente incompetente ser considerada nula. No entanto, os seus efeitos devem ser conservados até que outra decisão seja proferida, se for o caso, pelo juízo competente (CPC, art. 64, § 4º). Portanto, a rigor, não haverá a resolução do mérito se o juiz for absolutamente incompetente (CPC, art. 485, inc. IV).

De qualquer forma, se a decisão de mérito transitar em julgado, é passível de ser impugnada por meio de ação rescisória (CPC, art. 966, inc. II).

A imparcialidade do juízo, tal como a incompetência absoluta, é pressuposto processual subjetivo. A ausência do pressuposto processual se caracteriza quando o juiz for impedido, porque a imparcialidade é presumida. As hipóteses de impedimento do juiz estão enumeradas no art. 144 do CPC. Cabe à parte alegar o impedimento do magistrado, no prazo de 15 dias, a contar do conhecimento do fato, em petição específica dirigida ao juiz da causa, com a indicação do fundamento da recusa, podendo instruí-la com documentos em que se fundar a alegação e com rol de testemunhas (CPC, art. 146, *caput*). Acolhendo o impedimento, o juiz remeterá os autos ao seu substituto legal; caso contrário, determinará a autuação em apartado da petição e, no prazo de 15 dias, apresentará suas razões, acompanhadas de documentos e de rol de testemunhas, se houver, ordenando a remessa do incidente ao tribunal (CPC, art. 146, § 1º). Portanto, o impedimento do juiz, assim como a incompetência do juízo, gera a resolução do processo sem julgamento do mérito (CPC, art. 485, inc. IV).

Porém, o julgamento proferido por magistrado impedido gera nulidade absoluta. Sendo o impedimento do juiz matéria de ordem pública (CPC, art. 485, § 3º)[14], tal condição não preclui e deve ser reconhecido de ofício pelo juiz. Transitada em julgado a decisão de mérito proferida por magistrado impedido, caberá o ajuizamento de ação rescisória (CPC, art. 966, inc. II).

Por outro lado, a suspeição (CPC, art. 145), na hipótese de não ser arguida no prazo e na forma do art. 146 do CPC, poderá ser suscitada em qualquer tempo e grau de jurisdição, mas desde que se faça no prazo de 15 dias a contar do conhecimento do fato, sob pena de preclusão. Logo, o vício é sanável, não sendo hipótese de nulidade absoluta[15].

No art. 485, inc. V, do CPC, o processo deve ser resolvido sem julgamento de mérito quando o juiz reconhecer a existência de perempção, litispendência ou coisa julgada, que integram a categoria dos *pressupostos processuais negativos*, uma vez que impedem a propositura de ação idêntica (ou seja, quando uma demanda iguala-se a outra, por possuir em seu bojo as mesmas partes, a mesma causa de pedir e o mesmo pedido; CPC, art. 337, § 2º)[16].

A perempção é definida como o fato que impede a repetição da demanda ao autor que, por três vezes consecutivas, já deu causa à resolução do processo sem julgamento do mérito por abandono. A quarta ação ajuizada será extinta, pois, com a perempção, o demandante perde o direito de ação, não obstante possa alegar tal matéria em defesa de seu direito (CPC, art. 486, § 3º).

---

14. STJ, REsp 1.112.524/DF, Rel. Min. Luiz Fux, Corte Especial, j. 1º.09.2010, *DJe* 30.09.2010.
15. STJ, AgRg nos EDcl no RMS 33.597/GO, Rel. Min. Sidnei Beneti, 3ª T., j. 17.04.2012, *DJe* 03.05.2012.
16. STJ, REsp 1230097/PR, Rel. Min. Luis Felipe Salomão, 4ª T., j. 06.09.2012, *DJe* 27.09.2012.

A litispendência ocorre com a repetição de demanda idêntica (mesmas partes, causa de pedir e pedido), bem como pela pendência de processo anterior já instaurado. É pela citação válida que se fixa o início da litispendência (CPC, art. 240); portanto, dos dois processos, subsistirá aquele em que primeiro tenha havido a citação válida, devendo o outro ser resolvido sem julgamento de mérito[17].

A coisa julgada é a qualidade conferida à decisão judicial contra a qual não há, seja pela inércia seja pelo não conhecimento ou pelo esgotamento dos meios de impugnação, a possibilidade do cabimento de recursos, tornando-a imutável e indiscutível. Há coisa julgada formal quando a imutabilidade e a indiscutibilidade limitam-se ao processo em que a decisão transitada em julgado foi proferida. Por outro lado, há coisa julgada material, quando a imutabilidade e a indiscutibilidade recaem sobre decisão de mérito, o que impede alteração e discussão em processos futuros (CPC, art. 502).

O art. 486 do CPC afirma que o pronunciamento judicial que não resolve o mérito não impede que a parte proponha de novo a ação. Entretanto, se houve extinção do processo em virtude de litispendência, indeferimento da petição inicial, falta de pressupostos de constituição e de desenvolvimento válido e regular do processo ou de homologação de desistência, a propositura da nova ação depende necessariamente da correção do vício que levou à sentença sem resolução de mérito (CPC, art. 486, § 1º). Nesses casos, tendo o autor a responsabilidade de sanar o vício processual que culminou na resolução do primeiro processo sem julgamento de mérito, não configurar-se-á caso de repropositura da mesma ação. Havendo a mera repetição da ação anterior, o juiz deve novamente resolver o processo sem julgamento de mérito, com fundamento no art. 486, § 1º, do CPC, mesmo que não esteja de acordo com a decisão anterior, visto que não verificada a imutabilidade da coisa julgada material, tal decisão produz efeitos para além do processo originário. Saliente-se que esse provimento jurisdicional de natureza decisória – mesmo não sendo de mérito – pode ser objeto de ação rescisória (CPC, art. 966, § 2º, inc. I)[18].

Nas demais hipóteses elencadas nos incisos do art. 485 do CPC, tais como a paralisação e abandono do processo (incs. II e III), desistência da ação (inc. VIII) e intransmissibilidade da ação (inc. IX), a nova ação será idêntica à primeira. Todavia, havendo perempção, o autor fica impedido de ajuizar nova ação em face do réu com o mesmo objeto, sem prejuízo da matéria poder ser alegada na defesa de seu direito (CPC, art. 486, § 3º). De igual modo, se a sentença terminativa estiver fundada na existência de coisa julgada (material; CPC, art. 485, inc. V), não será possível ajuizar nova ação, pois tal vício não poderá ser sanado pelo demandante.

---

17. MOREIRA, José Carlos Barbosa. Conflito positivo e litispendência. *Temas de direito processual*. 2. Série. São Paulo: Saraiva, 1980. p. 47.

18. BEDAQUE, José Roberto dos Santos. Comentários ao art. 485 do CPC. In: WAMBIER, Teresa Arruda Alvim; DIDIER JR., Fredie; TALAMINI, Eduardo; DANTAS, Bruno (Coord.). *Breves comentários ao Novo Código de Processo Civil*. São Paulo: RT, 2015. p. 1.220.

9 • SENTENÇA E COISA JULGADA

Ademais, a petição inicial não será despachada sem a comprovação do pagamento ou do depósito das custas e dos honorários de advogado (CPC, art. 486, § 2º). Em verdade, não verificado o pagamento ou o depósito das custas e honorários advocatícios, o juiz deve oportunizar ao autor a correção do defeito (CPC, art. 321), sob pena de indeferimento da petição inicial, cuja sentença prolatada será passível de impugnação por meio de recurso de apelação (CPC, art. 1.009).

No art. 485, inc. VI, do CPC, o processo deve ser resolvido sem julgamento de mérito quando o juiz constatar ausência de legitimidade ou de interesse processual. Trata-se das condições da ação, definidas como requisitos de admissibilidade do julgamento do pedido ou, em outras palavras, são essenciais para o exercício da função jurisdicional com referência à situação concreta deduzida em juízo[19].

A ausência de condições da ação impede o pronunciamento judicial acerca do mérito, pois o processo se mostra inútil para resolver a crise de direito material levada a juízo. Dessa forma, a instituição de condições para regular exercício do direito de ação, estabelecidas no CPC, encontra-se em consonância com os ditames constitucionais da garantia de acesso à justiça (CF, art. 5, inc. XXXV)[20] e do devido processo legal (CF, art. 5º, inc. LIV).

A legitimidade é o reconhecimento do autor e do réu, por parte da ordem jurídica, como sendo as pessoas facultadas, respectiv*amente, a pedir* e a *contestar a providência que é objeto da demanda*[21]. Pode estar ligada à titularidade do direito material (legitimidade ordinária) ou pode ser, excepcionalmente, definida por lei, quando o ordenamento jurídico autoriza alguém a pleitear, em nome próprio, direito alheio (legitimidade extraordinária) (CPC, art. 18).

Já interesse processual é o *elemento material do direito de ação e consiste no interesse de obter o provimento jurisdicional solicitado*[22]. O que caracteriza o interesse processual é o *binômio necessidade-adequação*[23]: necessidade concreta da atividade jurisdicional (caracterizada pela lesão ou ameaça efetivas a direito) e adequação dos meios processuais escolhidos e o provimento jurisdicional desejado.

Incumbe ao réu alegar, na contestação, em sede de preliminar, antes de discutir o mérito, a ausência de qualquer uma das condições da ação (legitimidade ou interesse) (CPC, art. 337, inc. XI). Não sendo o demandado parte legítima ou responsável pelo prejuízo invocado, o juiz – inclusive de ofício (CPC, arts. 9º e 10) – facultará o autor a modificar (emendar) a petição inicial no prazo de 15 dias para substituição do polo passivo (CPC, art. 338, *caput*), além de reembolsar as despesas pagas e pagar os honorários do procurador do réu excluído (CPC, art. 338, parágrafo único). Contudo, quando

---

19. LIEBMAN, Enrico Tullio. *Manual do direito processual civil*. Trad. Cândido Rangel Dinamarco. 2. ed. Rio de Janeiro: Forense, 1985. v. I. p. 154.
20. STF, RE 631.240, Rel. Min. Roberto Barroso, Tribunal Pleno, j. 03.09.2014, *DJe* 10.11.2014.
21. NOGUEIRA, Paulo Lúcio. *Curso completo de processo civil*. 5. ed. São Paulo: Saraiva, 1994. p. 101.
22. LIEBMAN, Eurico Tullio. *Manual do direito processual* civil, 2. ed., 1985 cit., p. 154.
23. DINAMARCO, Cândido Rangel. *Execução Civil*. 7. ed. São Paulo: Malheiros, 2000. p. 406.

o réu alegar a sua ilegitimidade, sempre que tiver conhecimento deve indicar o sujeito passivo da relação jurídica discutida, sob pena de arcar com as despesas processuais e indenizar o autor pelos prejuízos decorrentes da falta de indicação (CPC, art. 339, *caput*). Nesse caso, pode o demandante proceder à alteração da petição inicial para a substituição do demandado ou incluir, como litisconsorte passivo, o sujeito indicado pelo réu (CPC, art. 339, § 1º e 2º).

No caso da substituição do réu não se realizar no prazo de 15 dias ou, faltando interesse processual, a petição inicial deve ser indeferida (CPC, art. 330, inc. II e III).

Como as condições da ação são matérias de ordem pública (CPC, art. 485, § 3º)[24], o juiz, independentemente de alegação do demandado (CPC, art. 337, § 5º), tem o poder-dever de resolver, *ex officio*, o processo sem julgamento de mérito, com fundamento no art. 485, inc. VI, do CPC.

No art. 485, inc. VII, do CPC, o processo deve ser extinto sem julgamento de mérito quando o juiz acolher a alegação de existência de convenção de arbitragem ou quando o juízo arbitral reconhecer sua competência.

O reconhecimento da competência pelo juízo arbitral é causa para a extinção do processo sem julgamento de mérito; se o juiz se recusar a proferir sentença terminativa, é cabível agravo de instrumento (exegese do art. 1.015, inc. III, CPC e Enunciados 434 e 435 do FPPC).

Se houver for alegada a existência de convenção de arbitragem e, ao mesmo tempo, a de incompetência do juízo estatal (absoluta ou relativa), a competência do juízo estatal deve ser analisada antes da alegação de convenção de arbitragem. Isto para se evitar que um juízo incompetente se pronuncie sobre a convenção de arbitragem (CPC, art. 64, § 4º, e Enunciado 47 do FPPC).

A existência de convenção de arbitragem também é considerada um pressuposto processual negativo. É formada pelos instrumentos da *cláusula compromissória* e do *compromisso arbitral* (Lei 9.307/96, art. 3º). Ambas são convenções, com a peculiaridade de que a cláusula compromissória é aquela que as partes, por disposição prevista *contratualmente ou em documento apartado (Lei 9.307/96, art. 4, § 1º)*, comprometem-se a submeter, à arbitragem, os litígios que possam vir a surgir, pertinentes a tal contrato (Lei 9.307/96, art. 4º). Já o compromisso arbitral é a convenção, sem a existência de um instrumento contratual anterior com a respectiva previsão, pelo qual as partes submetem um litígio à arbitragem de uma ou mais pessoas, podendo ser judicial ou extrajudicial (Lei 9.307/96, art. 9º).

O compromisso arbitral *judicial* se celebra pôr termo nos autos, perante o juízo ou o tribunal, onde tem curso a demanda (Lei 9.307/96, art. 9º, § 1º). O compromisso arbitral *extrajudicial* será celebrado por escrito particular, assinado por duas testemunhas, ou por instrumento público (Lei 9.307/96, art. 9º, § 2º). Os requisitos estão elencados no

---

24. STJ, REsp 1112524/DF, Rel. Min. Luiz Fux, Corte Especial, j. 1º.09.2010, *DJe* 30.09.2010.

art. 10, incs. I a IV, da Lei 9.307/96, e as disposições facultativas encontram-se no art. 11, incs. I a VI, da Lei 9.307/96.

Desde que alegada, a convenção resolve o processo sem julgamento de mérito (CPC, art. 485, inc. VII), já que a causa será decidida pelo árbitro e não pelo juiz estatal.

A existência de convenção de arbitragem não pode ser reconhecida de ofício (CPC, art. 337, § 5º). Caso não seja alegada a convenção de arbitragem, como preliminar de contestação, ocorre a preclusão. Desse modo, o processo não será resolvido sem julgamento de mérito e a demanda será julgada pelo juízo estatal, com a renúncia tácita do juízo arbitral (CPC, art. 337, § 6º). Isso porque a convenção de arbitragem é matéria de direito dispositivo e, portanto, não é pressuposto processual, passível de verificação de ofício pelo magistrado.

Entretanto, se já tiver sido instaurado o juízo arbitral, afasta-se a concorrência com a justiça estatal, até porque tal "duplicidade de jurisdição" poderia suscitar a existência de duas decisões conflitantes acerca da mesma matéria. Porém, como é defeso ao juiz conhecer de ofício quanto a existência de juízo arbitral instaurado (CPC, art. 485, § 3º), se o réu não arguir a sua existência como preliminar de contestação (CPC, art. 337, inc. X), a consequência deve ser o avanço do processo judicial (CPC, art. 337, § 6º), presumindo-se que, pela ausência de manifestação de vontade do réu, houve a desistência deste em solucionar o litígio pela via da arbitragem[25].

No art. 485, inc. VIII, do CPC, o processo deve ser resolvido sem julgamento de mérito quando o juiz homologar a desistência da ação. O autor pode desistir da ação, sem a necessidade de consentimento do réu, até a contestação (CPC, art. 485, § 4º). Após a resposta, o demandado passa a ter direito à sentença, podendo preferir o julgamento da ação, inclusive para evitar futuras discussões. Se houver consentimento do réu ou na hipótese de revelia, a desistência pode ser apresentada até a sentença (CPC, art. 485, § 5º), sem prejuízo das partes transigirem após tal pronunciamento judicial ou mesmo quando os autos estiverem nos Tribunais. Contudo, não se exige o consentimento do réu para a desistência da ação, quando ela estiver fundada na fixação de tese jurídica contrária à pretensão deduzida na petição inicial, firmada no julgamento de recursos extraordinário e especial repetitivos (CPC, art. 1.040, §§ 1º e 3º). Acresce se que a desistência da ação não se confunde com a renúncia à pretensão formulada na ação, cuja ocorrência implica a resolução do processo com julgamento do mérito (CPC, art. 487, inc. III, alínea *c*), o que impede a repropositura da ação (CPC, art. 486). Consequentemente, a renúncia do direito sobre o qual se funda a ação depende de pedido expresso e não do consentimento do réu[26].

---

25. BEDAQUE, José Roberto dos Santos. Comentários ao art. 485 do CPC. In: WAMBIER, Teresa Arruda Alvim; DIDIER JR., Fredie; TALAMINI, Eduardo; DANTAS, Bruno (Coord.). *Breves comentários ao Novo Código de Processo Civil*. São Paulo: RT, 2015. p. 1.217-1.218.
26. STJ, EDcl no REsp 1506480/RS, Rel. Min. Herman Benjamin, 2ª T., j. 1º.10.2015, *DJe* 02.02.2016.

Ainda, no art. 485, inc. IX, do CPC, o juiz não resolverá o mérito em caso de morte da parte, se a ação for considerada intransmissível por disposição legal. Aqui, na verdade, o CPC foi tecnicamente impreciso, pois o que não se transmite é o direito material, em decorrência de seu caráter personalíssimo (v.g., o divórcio ou a proteção do direito ao nome não passam aos herdeiros, extinguindo-se com a morte de seu titular). Por exemplo, a ação de obrigação de fazer na qual a demandante requer garantia de internação em unidade de tratamento intensivo; com o falecimento da autora, ocorre a perda do objeto do processo e a necessária resolução do processo sem julgamento de mérito, com fundamento no art. 485, inc. IX, do CPC[27]. Esses casos poderiam ser resolvidos, simplesmente, pela aplicação do art. 485, inc. VI, do CPC, em razão da falta superveniente de condição da ação. Por outro lado, falecido o autor e sendo transmissível o direito em litígio, determinará a intimação de seu espólio, de quem for o sucessor ou, se for o caso, dos herdeiros, pelos meios de divulgação que reputar mais adequados, para que manifestem interesse na sucessão processual e promovam a respectiva habilitação no prazo designado, sob pena de extinção do processo sem resolução de mérito (CPC, art. 313, § 2º, inc. II).

Por fim, pelo art. 485, inc. IX, do CPC, o processo deve ser resolvido sem julgamento de mérito nos demais casos previstos no CPC, tais como: a) quando houver continência e a ação continente tiver sido proposta anteriormente, no processo relativo à ação contida, será proferida sentença sem resolução de mérito, caso contrário as ações serão necessariamente reunidas (CPC, art. 57); b) quando não houver a citação de todos os litisconsortes passivos necessários, dentro do prazo que o juiz assinalar (CPC, art. 115, parágrafo único)[28]; c) no caso de morte do procurador de qualquer das partes, ainda que iniciada a audiência de instrução e julgamento, o juiz determinará que a parte constitua novo mandatário, no prazo de 15 dias, ao final do qual extinguirá o processo sem resolução de mérito, se o autor não nomear novo mandatário (CPC, art. 313, § 3º); d) não apontado o valor correto ou não apresentado o demonstrativo, os embargos à execução serão liminarmente rejeitados, sem resolução de mérito, se o excesso de execução for o seu único fundamento (CPC, art. 917, § 4º, inc. I); e) na ação de consignação em pagamento, não realizado o depósito da quantia ou da coisa devida, no prazo de cinco dias contados do deferimento – ressalvada a recusa do art. 539, § 3º, do CPC – o processo será extinto sem julgamento de mérito (CPC, art. 542, parágrafo único).

Nas hipóteses de julgamento parcial sem por fim ao processo (v.g., exclusão de um dos litisconsortes passivos), a fixação dos honorários advocatícios será proporcional à

---

27. Porém, compelido o Estado a fornecer um medicamento a um paciente com a fixação de multa diária, o descumprimento da decisão possibilita a execução das astreintes, e o falecimento do paciente, no curso da ação executiva, não impede que os herdeiros cobrem o pagamento da multa acumulada, por se tratar de crédito de natureza patrimonial, que não apresenta o mesmo caráter personalíssimo da obrigação de fornecer tratamento médico ou medicamento (STJ, AgInt no AREsp 1139084/SC, Rel. Min. Napoleão Nunes Maia Filho, 1ª T., j. 21.03.2019, *DJe* 28.03.2019).

28. STJ, AgRg no AREsp 447.941/MG, Rel. Min. Napoleão Nunes Maia Filho, 1ª T., j. 06.11.2014, *DJe* 18.11.2014.

matéria efetivamente apreciada[29]. Nesse sentido, o Enunciado 5 da I Jornada de Direito Processual Civil, realizada pelo Conselho da Justiça Federal, estabeleceu: "Ao proferir decisão parcial de mérito ou decisão parcial fundada no art. 485 do CPC, condenar-se-á proporcionalmente o vencido a pagar honorários ao advogado do vencedor, nos termos do art. 85 do CPC". Portanto, não se deve, necessariamente, fixar honorários mínimos de 10% sobre o valor da causa na hipótese de exclusão de um dos litisconsortes passivos, pois a regra do art. 85, § 2º, do CPC se aplica, tão-somente, quando se julga a totalidade das questões submetidas à juízo.

A sentença terminativa, após a sua publicação, produz efeitos imediatos, ainda que seja interposto recurso de apelação (CPC, art. 1.012, § 1º, inc. III).

Todavia, interposta apelação, em qualquer uma das hipóteses do art. 485 do CPC, o juiz pode se retratar no prazo de cinco dias (CPC, art. 485, § 7º).

Ademais, na hipótese de decisão parcial com fundamento no art. 485 ou no art. 487 do CPC, as questões exclusivamente a ela relacionadas e resolvidas anteriormente, quando não recorríveis de imediato, devem ser impugnadas em preliminar do agravo de instrumento ou nas contrarrazões (cfr. Enunciado 611 do FPPC).

9.3. SENTENÇA DEFINITIVA (ART. 487/CPC)

Sentença definitiva é o pronunciamento por meio do qual o juiz, com fundamento no art. 487 do CPC, põe fim à fase cognitiva do procedimento comum.

O art. 487 do CPC prevê três hipóteses de resolução do processo com julgamento de mérito.

Pelo art. 487, inc. I, do CPC, haverá resolução de mérito quando o magistrado acolher ou rejeitar o pedido formulado na ação (CPC, art. 319, inc. IV) ou na reconvenção (CPC, art. 343).

A rigor, somente decide-se o mérito propriamente dito quando o órgão judicial acolhe ou rejeita o pedido formulado na ação ou na reconvenção, de modo a afirmar a existência ou a inexistência do direito material pleiteado pelo demandante. Nas demais hipóteses do art. 487 do CPC, não se está diante de verdadeiro julgamento de mérito, seja porque o juiz não exerce poder decisório algum, seja porque o julgamento que faz não diz respeito ao objeto do processo, limitando-se a negar que o autor tenha direito ao julgamento de mérito (em razão do reconhecimento da decadência ou da prescrição; CPC, art. 487, inc. II) ou a homologar ato unilateral ou bilateral das partes. Logo, as situações contidas nos incs. II e III do art. 487 do CPC são *falsos casos de julgamento do mérito*, embora, por força de lei, sejam equiparados a ele.

Nesse sentido, vale destacar o Enunciado 161 do FPPC: "É de mérito a decisão que rejeita a alegação de prescrição ou de decadência".

---

29. STJ, REsp 1.760.538/RS, Rel. Min. Moura Ribeiro, 3ª T., j. 24.05.2022, *DJe* 26.05.2022.

A sentença definitiva, ao julgar o mérito, tem força de lei nos limites da questão principal expressamente decidida (CPC, art. 503, *caput*), isto é, é revestida da autoridade da coisa julgada material, tornando-se imutável dentro e fora do processo. Dessa forma, o dispositivo da sentença e, eventualmente, às questões prejudiciais decididas expressa e incidentemente no processo (CPC, art. 503, § 1º) tornam-se imutáveis e não podem ser alterados em futura ação envolvendo as mesmas partes, com idêntico pedido e igual causa de pedir. A repetição de ação idêntica esbarraria na ausência de pressuposto processual e ensejaria a resolução do processo sem julgamento de mérito (CPC, art. 485, inc. IV).

A decisão parcial, proferida no curso do processo, com fundamento no art. 487, inc. I, do CPC, sujeita-se ao recurso de agravo de instrumento (CPC, art. 1.015, inc. I, e Enunciado 103 do FPPC).

A sentença que julga improcedente o pedido final gera a perda da eficácia da tutela antecipada (cf. Enunciado 140 do FPPC). Em contrapartida, para que o capítulo referente à concessão da tutela provisória não seja atingido pelo efeito suspensivo da apelação, caberá ao juiz confirmá-la na sentença (CPC, art. 1.012, § 1º, inc. V). Nada impede que, apesar de a tutela provisória não ter sido provida liminarmente, ela venha a ser concedida na própria sentença, o que, em termos práticos, faz com que a apelação eventualmente interposta não seja recebida no efeito suspensivo[30]. Nesse sentido, o Enunciado 217 do FPPC assevera: "A apelação contra o capítulo da sentença que concede, confirma ou revoga a tutela antecipada da evidência ou de urgência não terá efeito suspensivo automático".

O pedido pode ser julgado liminarmente improcedente nas hipóteses do art. 332 do CPC, ou seja, quando contrariar: enunciado de súmula oriundo do STF ou do STJ; acórdão proferido pelo STF ou do STJ; entendimento firmado em incidente de resolução de demandas repetitivas ou de assunção de competência; enunciado de súmula de tribunal de justiça sobre direito local. Nesses casos, dispensa-se a citação do réu e o juiz profere imediatamente a sentença definitiva.

No art. 487, inc. II, do CPC, haverá resolução de mérito quando o juiz decidir, de ofício ou a requerimento da parte, sobre a ocorrência de decadência ou de prescrição. Nesses casos, a sentença definitiva é de improcedência e, nos mesmos moldes do art. 487, inc. I, do CPC, a decisão faz coisa julgada material.

O art. 189 do CC afirma que "violado o direito, nasce para o titular a pretensão, a qual se extingue, pela prescrição, nos prazos a que alude os artigos 205 e 206".

Verifica-se, pois, que a prescrição recai sobre a pretensão e não sobre a ação. Ressalte-se que a pretensão não se confunde com a ação. Aquela é uma mera afirmação da existência do direito, enquanto esta é o instrumento dentro do qual a pretensão é veiculada.

---

30. BUENO, Cassio Scarpinella. *Novo Código de Processo Civil anotado*. São Paulo: Saraiva, 2015. p. 232-233.

Ademais, embora a prescrição atinja a pretensão, isso não implica a inexistência do direito material. Tanto é assim que o art. 882 do CC preceitua que "não se pode repetir o que se pagou para solver dívida prescrita". O efeito da prescrição é de encobrir a eficácia da pretensão, sustando a exigibilidade do direito que o credor pretendia valer junto ao devedor. O direito, contudo, remanesce, como deixa claro o art. 882 do CC, mas se torna inexigível.

Essa é uma importante distinção entre prescrição e decadência, já que aquela recai sobre a pretensão de direito material enquanto esta sobre a existência do direito substancial.

Com base nessa diferenciação, Pontes de Miranda explica que a prescrição é uma "exceção, que alguém tem, contra o que não exerceu, durante certo tempo, que alguma regra jurídica fixa, a sua pretensão ou ação"[31].

Já a decadência, por levar à extinção do direito em si – mais precisamente, de todos os efeitos irradiados do fato jurídico – não opera como exceção, e, por isso, pode ser reconhecida *ex officio* pelo juiz, independentemente da vontade do suposto obrigado. Porém o juiz deve, de ofício, conhecer da decadência, quando estiver prevista em lei (CC, art. 210), e não deve fazê-lo se a decadência for convencional. A propósito, depreende-se do Enunciado 521 do FPPC: "Apenas a decadência fixada em lei pode ser conhecida de ofício pelo juiz". Nesse caso, a parte pode alegá-la em qualquer grau de jurisdição (exceto nas instâncias extraordinárias, em que se faz presente a necessidade do prequestionamento, isto é, que a questão tenha sido decidida, conforme os arts. 102, inc. III, e 105, inc. III, da CF), mediante exceção (CC, art. 211).

Contudo, o art. 487, inc. II, do CPC equiparou a prescrição à decadência (legal), permitindo que o juiz, de ofício, resolva o processo com julgamento de mérito em ambas as situações. Portanto, a prescrição também é matéria de ordem pública que pode ser reconhecida *ex officio*, a qualquer tempo e grau de jurisdição (CC, art. 193), tanto pelo juízo de primeiro quanto de segundo grau (já que nos tribunais superiores a matéria precisa estar, necessariamente, prequestionada)[32], contando com a possibilidade de ser reconhecida, inclusive, no curso de ação de execução de título extrajudicial. Contudo, o STJ considera que o juiz não tem dever de deliberar sobre a matéria de livre disposição das partes litigantes. Se o magistrado não declarar a prescrição de ofício, não cabe ação rescisória por violação manifesta de norma jurídica (exegese dos arts. 332, § 1º, e 966, inc. V, do CPC), já que não houve prévia deliberação na ação rescindenda[33].

Além disso, o juiz haverá de reconhecer de ofício a prescrição, independentemente da condição jurídica do sujeito favorecido (se incapaz ou não) em vista da revogação

---

31. PONTES DE MIRANDA, Francisco Cavalcanti. *Tratado de direito privado*. Campinas: Bookseller, 2000. v. VI. p. 135.
32. STJ, AgInt no AREsp 827.043/SC, Rel. Min. Lázaro Guimarães (Desembargador convocado do TRF 5ª Região), 4ª T., j. 07.12.2017, *DJe* 14.12.2017; AgInt no AREsp 882.344/SP, Rel. Min. Assusete Magalhães, 2ª T., j. 26.09.2017, *DJe* 06.10.2017.
33. STJ, REsp 1.749.812-PR, Rel. Min. Marco Aurélio Bellizze, 3ª T., j. 17.09.2019, *DJe* 19.09.2019.

do art. 194 do CC pela Lei 11.280/2006 (até então não se admitia que o magistrado reconhecesse a prescrição de ofício, salvo para favorecer absolutamente incapaz), bem como, diferentemente do que ocorria com a regra do art. 219, § 5º, do CPC/73 (até ser modificada pela Lei 11.280/2005), não se precisará indagar se o direito tem caráter patrimonial ou não[34].

Entretanto, quando o juiz aplica de ofício tanto a prescrição quanto a decadência, deve, antes de proferir a sentença, oportunizar a manifestação das partes (CPC, arts. 9º e 10) sob pena de nulidade da sentença, pela não observância da garantia constitucional do contraditório (CF, art. 5º, inc. LV). Afinal, é a garantia do contraditório que vincula o juiz quanto às questões de direito, vedando-se ao magistrado aduzir fundamento jurídico novo sem antes abrir oportunidade para que as partes se manifestem. O contraditório implica imprescindível participação na formação do convencimento judicial. Em outras palavras, o contraditório é uma garantia dinâmica de meios e de resultados. Com efeito, não se admitem sentenças surpresas. Portanto, o juiz não pode conhecer de ofício de objeção (matéria de ordem pública) sem antes dar chances das partes se manifestarem.

Assim, o juiz não pode reconhecer a prescrição ou a decadência sem antes ouvir as partes. Tal cautela é importante, pois, por exemplo, ainda que o magistrado esteja convicto da prescrição, a colaboração das partes pode evitar que ela seja decretada quando existente uma causa de suspensão ou de interrupção da prescrição (CC, arts. 197 a 204 do CC); destarte, não ocorre prescrição entre os cônjuges durante a sociedade conjugal, entre ascendentes e descendentes durante o poder familiar, contra os absolutamente incapazes etc. A prévia oitiva das partes evita o reconhecimento judicial equivocado da prescrição.

No entanto, quando o juiz indefere liminarmente a petição inicial, em razão da prescrição ou da decadência (CPC, art. 332, § 2º), excepcionalmente, não se exige a prévia manifestação do autor (CPC, art. 487, parágrafo único).

De qualquer modo, dentre as diferenças entre a prescrição e a decadência, é possível mencionar[35]: I) o prazo decadencial começa a fluir com o nascimento do direito, enquanto o prazo prescricional, com a lesão do direito; II) a prescrição extingue direitos nascidos que pereceram pela falta de exercício, enquanto a decadência extingue direitos que, embora nascidos, não se efetivaram pela falta de proteção da ação.

Por terem características próprias, não é difícil distinguir a prescrição da decadência. Mais difícil é determinar, diante de um prazo previsto em lei, se o efeito cominado ao não exercício do direito ao longo do tempo é a prescrição ou a decadência.

Perante essa dificuldade, Agnelo Amorim Filho[36] ensina: a) sujeitam-se à prescrição as ações condenatórias (*rectius*, as pretensões à condenação), porque somente os

---

34. STJ, REsp 1256541/BA, Rel. Min. Mauro Campbell Marques, 2ª T., j. 17.11.2011, *DJe* 28.11.2011.
35. VENOSA, Sílvio de Salvo. *Direito civil*. Parte geral. São Paulo: Atlas, 2016. v. I. p. 602-603.
36. AMORIM, FILHO, Agnelo. Critério científico para distinguir a prescrição da decadência e para identificar as ações imprescritíveis. *Revista dos Tribunais*, v. 300, out. 1961. p. 37.

direitos que visam a uma prestação possibilitam ação condenatória[37]; b) submetem-se à decadência os direitos potestativos, com prazo para exercício previsto em lei, instrumentalizados por meio de ações de eficácia constitutiva; c) são perpétuas as ações declaratórias (*rectius*, pretensões à declaração), porque só visam à obtenção da certeza jurídica (v.g., ação de investigação de paternidade), e os direitos potestativos sem prazo para exercício previsto em lei, os quais são instrumentalizados por ações constitutivas imprescritíveis (v.g., ações de separação judicial, a do condômino em exigir a divisão da coisa comum – art. 1.320/CC – ou pedir a sua venda – art. 1.323/CC).

Diante disso, Agnelo Amorim Filho conclui que: a) não há ações condenatórias imprescindíveis e nem sujeitas à decadência; b) não há ações constitutivas sujeitas à prescrição; e c) não há ações declaratórias sujeitas à prescrição ou à decadência[38].

Acolhendo o juiz a prescrição ou a decadência, a sentença é definitiva, isto é, há resolução do mérito (CPC, art. 487, inc. II).

Por fim, o art. 487, inc. III, do CPC equipara ao julgamento de mérito as hipóteses em que o juiz homologa manifestação unilateral ou bilateral de vontade das partes, seja pelo reconhecimento – total, parcial ou condicional[39] – da procedência do pedido formulado na ação ou na reconvenção, seja pela transação ou, ainda, pela renúncia da pretensão formulada na ação ou na reconvenção.

Advinda de disposição constante na Lei das Pequenas Causas (Lei 7.244/84), em seu art. 55, mantida na Lei dos Juizados Especiais (Lei 9.099/95), em seu art. 57, inserida no CPC/73 pela Lei 11.232/2005 em seu art. 475-N e corroborada no CPC pelo art. 515, inc. III, a homologação de acordos extrajudiciais de qualquer natureza veio originariamente com o escopo de valorizar as autocomposições realizadas perante os pioneiros juizados informais de conciliação, os quais não exerciam jurisdição, e, por conseguinte, suas "decisões" careciam de imperatividade e executoriedade[40].

Frise-se que a terminologia pertinente a acordos "de qualquer natureza" é um pleonasmo, porque apenas são alçados a condição de título executivo aqueles que importem em futuro adimplemento de obrigação; ou seja, sem o dever de prestação, não há título executivo[41].

---

37. Embora a regra seja a prescrição da pretensão reparatória, a reparação civil decorrente dos danos ambientais é imprescritível, diante da impossibilidade de mensuração instantânea dos prejuízos causados por desastres ambientais ou por atos de poluição prolongada. Tais ações podem ser ajuizadas independentemente do tempo transcorrido desde a data dos fatos. Nesse sentido, o Supremo Tribunal Federal fixou o Tema 999 que a "reparação do dano ao meio ambiente é direito fundamental indisponível, sendo imperativo o reconhecimento da imprescritibilidade no que toca à recomposição dos danos ambientais" (RE 654.833/AC, Rel. Min. Alexandre de Moraes, Tribunal Pleno, j. 20.04.2020, pub. *DJe* 24.06.2020).

38. Idem.

39. THEODORO JR., Humberto. *Curso de direito processual civil*. 57. ed. Rio de Janeiro: Forense, 2016. v. 1. p. 1.051.

40. DINAMARCO, Cândido Rangel. *Instituições de direito processual civil*. 3. ed. São Paulo: Malheiros, 2009. v. IV. p. 263.

41. Idem.

A homologação é ato jurisdicional de dupla e simultânea função, porque assim como põe fim à relação processual também outorga ao ato negocial a qualidade de ato processual, implicando em coisa julgada bem como em título executivo judicial (CPC art. 515, incs. II e III)[42].

Atente-se que o ato homologatório se diferencia da sentença propriamente dita pela ausência de processo regularmente constituído, visto que não há o julgamento de uma causa, mas tão somente um acordo de vontades levado a juízo. A figura do juiz resume-se a realizar a conferência dos requisitos externos (capacidade, representação regular e matéria disponível)[43]. No entanto, a sentença homologatória produz os efeitos da sentença de mérito, como se o julgamento fosse proferido em juízo[44], não pairando dúvidas quanto ao exercício de função típica pelo juiz ao se proceder a homologação de acordo volitivo[45].

O art. 487, inc. III, alínea *a*, do CPC institui que haverá a homologação da sentença pelo juiz no caso de reconhecimento da procedência do pedido formulado na ação ou na reconvenção. Note-se que a partir do expresso reconhecimento de tal procedência, seja pelo réu, seja pelo autor, cessa-se toda a construção teórica – baseada na apreciação de fatos e provas trazidas pelas partes – para a prolatação de sentença realizada pelo julgador. Em síntese, há o desaparecimento da lide com o reconhecimento da procedência do pedido, porque com a ausência da pretensão resistida de uma das partes, falta a condição própria para o julgamento do conflito de interesses, que é intrinsecamente componente da relação processual[46].

Muito embora a constatação do reconhecimento do pedido possibilite a dispensa do prosseguimento do feito, a prolação de sentença – de cunho declaratório – que será o instrumento hábil que homologará tal reconhecimento, é dever do julgador. Isso dará ao pacto entre as partes a chancela da coisa julgada, gerando ao beneficiário título executivo judicial que vinculará ao cumprimento da obrigação acordada[47].

Na hipótese de autocomposição do litígio, o reconhecimento do pedido só encontra amparo quanto aos conflitos que versem acerca de direitos disponíveis e sua declaração deverá ser juntada aos autos. É faculdade da parte manifestar-se acerca do reconhecimento do pedido tanto pessoalmente quanto por meio de procurador habilitado com poderes especiais (art. 105, do CPC)[48].

Como já citado, o reconhecimento do pedido abrange três modalidades: total, parcial ou condicional. Na hipótese do acolhimento do pedido pelo demandado encontrar-se vinculado a uma contraprestação do demandante, a homologação prevista no

---

42. THEODORO JR., Humberto. *Curso de direito processual civil*. 57. ed., 2016, cit., p. 1.052.
43. DINAMARCO, Cândido Rangel. *Instituições de direito processual civil*. 3. ed., 2009 cit., p. 264.
44. THEODORO JUNIOR, Humberto. Op. cit., p. 1.051.
45. MEDINA, José Miguel Garcia. *Direito processual civil moderno*. São Paulo: RT, 2015. p. 686.
46. THEODORO JUNIOR, Humberto. *Curso de direito processual civil*. 57. ed., 2016, cit., p. 1.050.
47. Ibidem. p. 1.050-1.051.
48. Ibidem. p. 1.050.

art. 487, inc. III, alínea *a*, do CPC não se aplicará e o litígio será julgado por sentença, na qual o reconhecimento será considerado questão dirimida, passando-se ao julgamento no tocante à questão controversa[49].

Com efeito, é salutar que não se confunda o reconhecimento da procedência do pedido com o instituto da confissão. Esta relaciona-se com fatos em discussão sem a manifestação quanto a juridicidade da pretensão do litigante, ao passo que aquela é correlata ao próprio direito material em que se funda a pretensão[50].

A alínea *b*, do art. 487, inc. III, do CPC trata da homologação da transação, cuja eficácia, ao ser causa extintiva de litígio em curso, se perfaz tanto pela vontade convergente dos litigantes (autocomposição) quanto pela atuação do juiz em instrumentalizar formalmente a homologação[51].

Dessa forma, havendo transação entre os litigantes, a sentença passa a não figurar como condição essencial de sua validade, visto que o acordo de vontades, *per si*, já é negócio jurídico perfeito e acabado. É perfeitamente viável a tratativa antes mesmo do ajuizamento da demanda sem que haja, via de regra, a necessidade de confirmação pelo juiz, como preceituado nos arts. 840 e 842 do CC[52].

No caso da lide encontrar-se em curso, a homologação é instrumento necessário porque é por meio dela que o juiz dará a chancela estatal – no caso a extinção do feito – quanto aos efeitos incidentes dentro da relação processual[53].

Saliente-se que, na transação concluída pelas partes, é incabível o arrependimento unilateral, mesmo pendente a realização da homologação do acordo perante o juízo. Findo os arranjos que culminaram no pacto, realizado tanto por instrumento público quanto particular, aplica-se às partes a coercitividade do brocardo *pacta sunt servanda*, excetuando-se a rescisão apenas nos casos de dolo, coação, ou erro essencial quanto à pessoa ou coisa controversa (CC, art. 849)[54].

No âmbito do art. 487, inc. III, alínea *c*, do CPC, a renúncia pode ocorrer tanto pelo autor, na medida em que descarta sua pretensão de direito material quando intentou em juízo, na sua petição inicial, quanto ao réu, no direito invocado na reconvenção. Com o afastamento de qualquer das partes de seu papel endoprocessual, a lide não subsiste e, portanto, não há como conceber o processo em vista do perdimento do objeto, cabendo ao juiz constatar a finitude da relação processual, e, ato contínuo, proferir sentença com resolução de mérito. Ressalte-se que, por ser uma homologação, não haverá uma avaliação quanto ao teor do ato que resultou em renúncia, apenas a chancela para a extinção do processo[55].

---

49. Ibidem. p. 1.051.
50. Ibidem. p. 1.050.
51. Ibidem. p. 1.052.
52. Idem.
53. Idem.
54. THEODORO JR, Humberto. *Curso de direito processual civil*. 57. ed., 2016, cit., p. 1.052.
55. Ibidem. p. 1.053.

Como características no plano processual, a renúncia não pode operar no tocante a direitos indisponíveis nem ser condicionada (a termo). Também deve ser expressa, constando juntado aos autos o documento com tal manifestação. Igualmente não depende da aquiescência da parte contrária e seus efeitos em nada se confundem com a desistência da ação, pois a renúncia implica em julgamento de mérito, e, consequentemente, em coisa julgada material[56].

A homologação, embora não produza coisa julgada material nem possa ser anulada ou modificada por ação rescisória, pode ser impugnável por ação anulatória (CPC, art. 966, § 4º). Admite-se, contudo, ação rescisória quando a sentença rescindenda, ao proceder à homologação, analisa o conteúdo da manifestação de vontade e sobre ele emite juízo de valor[57].

À guisa de ilustração, vale mencionar os Enunciados 137 e 138 do FPPC: "Contra sentença transitada em julgado que resolve partilha, ainda que homologatória, cabe ação rescisória"; "A partilha amigável extrajudicial e a partilha amigável judicial homologada por decisão ainda não transitada em julgado são impugnáveis por ação anulatória".

No reconhecimento da procedência do pedido formulado na ação ou na reconvenção, o ônus da sucumbência recai sobre o réu[58]; na renúncia da pretensão formulada na ação ou na reconvenção, sobre o autor[59]; e, em havendo acordo, ambas as partes devem pagar as despesas e os custos processuais.

9.4. PREDOMINÂNCIA DA SENTENÇA DEFINITIVA SOBRE A TERMINATIVA (EXEGESE DO ART. 488/CPC)

Por uma questão lógica, a análise das questões processuais precede o exame do mérito.

A preocupação judicial com o saneamento do processo deve ser constante e difusa. Desde o momento em que o juiz despacha a petição inicial, determinando a citação do réu, até a sentença, deve buscar o desenvolvimento válido e regular do processo.

O CPC, em diversos artigos, ressalta o papel mediador do magistrado, que deve conduzir um diálogo aberto e direto com as partes, até para dar sentido ao princípio da colaboração processual (CPC, art. 6º). Assim, o juiz deve dirigir o processo de modo a determinar o suprimento dos pressupostos processuais e o saneamento de outros vícios processuais (CPC, art. 139, inc. IX). Se o magistrado verificar o não preenchimento dos requisitos da petição inicial, elencados nos arts. 319 e 320 ou que apresenta defeitos e

---

56. Ibidem. p. 1.053-1.054.
57. STJ, REsp 1201770/MG, Rel. Min. Eliana Calmon, 2ª T., j. 12.11.2013, *DJe* 20.11.2013; REsp 450.431/PR, Rel. Min. Luiz Fux, 1ª T., j. 18.09.2003, *DJ* 20.10.2003, p. 185.
58. STJ, REsp 242.414/SC, Rel. Min. Barros Monteiro, 4ª T., j. 01.03.2005, *DJ* 02.05.2005, p. 353.
59. STJ, AgRg no REsp 402.873/RS, Rel. Min. Sálvio de Figueiredo Teixeira, 4ª T., j. 26.08.2003, *DJ* 29.09.2003, p. 255.

irregularidades capazes de dificultar o julgamento de mérito, determinará que o autor a emende ou a complete, no prazo de 15 dias, indicando com precisão o que deve ser corrigido ou completado, antes de indeferir a petição inicial (CPC, art. 321).

Ademais, na fase ordinatória, verificada a existência de irregularidades ou de vícios sanáveis, o juiz determinará sua correção em prazo nunca superior a 30 dias (CPC, art. 352). Ainda, realizado o saneamento, as partes têm o direito de pedir esclarecimentos ou solicitar ajustes, no prazo comum de cinco dias, findo o qual a decisão se torna estável.

A preocupação com o saneamento constante e difuso do processo deve ser conjugada com a ausência de rigorismo formal também presente no CPC. A forma é importante, mas não pode se sobrepor ao conteúdo, quando por outros meios a finalidade é atingida (CPC, art. 277) ou quando não houver prejuízo.

Todas essas regras processuais estão em sintonia com o direito de as partes obterem, em prazo razoável, a solução integral de mérito, incluída a atividade satisfativa (CPC, art. 4º). Consequentemente, ainda que as questões processuais antecedam à análise do mérito, sempre que possível deve-se preferir julgar o mérito, aplicando-se o art. 487 do CPC, ao invés de resolver o processo sem analisá-lo, extinguindo-o com fundamento no art. 485 do CPC.

Nesse sentido, o art. 488 do CPC inova ao permitir que, desde que possível, o juiz resolverá o mérito sempre que a decisão for favorável à parte a quem aproveitaria eventual pronunciamento nos termos do art. 485 do CPC.

À guisa de exemplo, a ausência de citação do litisconsorte passivo necessário, apurada no final do processo, quando as provas dos autos indicam que a sentença será de improcedência, deve conduzir ao julgamento do mérito, ao invés de extingui-lo com fundamento nos arts. 115, parágrafo único, e 485, inc. X, CPC[60].

Outro exemplo, a escolha de procedimento incorreto – como o ajuizamento de ação monitória (que deve ser proposta com base em prova escrita, sem eficácia de título executivo; CPC, art. 700, *caput*) – em vez de execução por título extrajudicial[61], quando se evidencia a improcedência da demanda, deve conduzir ao julgamento do mérito, para não prejudicar o réu.

Ainda, o autor que deixa de descrever corretamente os fatos, na petição inicial (CPC, art. 319, inc. III), mas o vício passa despercebido pelo juiz que determina a citação do réu que, por sua vez, contesta a ação e acaba por esclarecer os referidos fatos. Nessa hipótese, caso o pedido venha a ser julgado improcedente, o juiz deve aplicar o art. 488 do CPC, resolvendo o processo com julgamento de mérito.

---

60. MARANHÃO, Clayton. Comentários ao art. 488 do CPC. In: FAGUNDES CUNHA, José Sebastião (Coord. geral); BOCHENEK, Antonio César; CAMBI, Eduardo (Coord.). *Código de Processo Civil comentado*. São Paulo: Editora Revista dos Tribunais. 2015. p. 761.
61. STJ, REsp 1.097.242/RS, Rel. Min. Marco Buzzi, 4ª T., j. 20.08.2013, *DJe* 03.09.2013.

O escopo presente no art. 488 do CPC é o de se aproveitar ao máximo o processo e, sempre que possível, proceder ao julgamento do mérito, sentido este que também é vislumbrado no dispositivo do art. 1.013, § 3º, do CPC. Assim, ao se analisar a apelação, caso o processo estiver em condições de imediato julgamento, o tribunal poderá decidir desde logo o mérito quando reformar sentença fundada no art. 485; decretar a nulidade da sentença por não ser ela congruente com os limites do pedido ou da causa de pedir; constatar a omissão no exame de um dos pedidos, hipótese em que poderá julgá-lo; decretar a nulidade de sentença por falta de fundamentação. Ademais, quando reformar sentença que reconheça a decadência ou a prescrição, o tribunal, se possível, julgará o mérito, examinando as demais questões, sem determinar o retorno do processo ao juízo de primeiro grau (CPC, art. 1.013, § 4º).

9.5. ELEMENTOS ESSENCIAIS DA SENTENÇA

Em consonância com o disposto art. 489 do CPC, três são os elementos essenciais da sentença: o relatório, os fundamentos e o dispositivo.

9.5.1. Relatório

Visto que sua finalidade é dar linhas gerais acerca do caso levado à apreciação do Poder Judiciário, o relatório deve conter o nome das partes, a contextualização do caso, com a suma do pedido e da contestação, bem como o registro das principais ocorrências havidas no andamento do processo.

Conforme prevê o Enunciado 522 do FPPC, o relatório tem "função preparatória e deverá indicar as questões de fato e de direito relevantes para o julgamento e já submetidas ao contraditório".

O relatório é requisito imprescindível da sentença, porque se destina a indicar as questões de fato e de direito, relevantes para o julgamento e já submetidas ao contraditório.

A ausência de relatório prejudica a análise do caso concreto. A falta do relatório, salvo quando a própria lei o dispensa (v.g., art. 38 da Lei 9.099/99), impõe o reconhecimento de nulidade processual[62].

9.5.2. Fundamentação

9.5.2.1. *Motivação e argumentação jurídica*

O dever de motivação das decisões judiciais se impõe, no Brasil, desde as Ordenações Filipinas, em 1595, cujo Livro III, Título LXVI, n. 7, previa que a sua não obser-

---

62. STJ, RMS 25.082/RJ, Rel. Min. Denise Arruda, 1ª T., j. 21.10.2008, *DJe* 12.11.2008; AgRg no Ag 648.231/RJ, Rel. Min. Castro Filho, 3ª T., j. 14.06.2007, *DJ* 29.06.2007, p. 579.

vância gerava multa para o Julgador, em benefício da parte, desde a primeira instância até os recursos[63].

Ainda na época do Império, o Decreto 737, de 25 de novembro de 1850, que regulamentou o Código Comercial (Lei 556, de 25 de junho de 1850), previu no seu art. 232: "A sentença deve ser clara, summariando o Juiz o pedido e a contestação com os fundamentos respectivos, motivando com precisão o seu julgado, e declarando sob sua responsabilidade a lei, uso ou estylo em que se funda".

Os Códigos de Processo Civil de 1939, em seus arts. 118, parágrafo único[64] e 280, inc. II[65], de 1973, nos arts. 131[66] e 458, inc. II[67], e de 2015, nos arts. 371[68] e 489, inc. II[69], mantiveram o dever de fundamentação das decisões judiciais. Contudo, foi o art. 93, inc. IX, da CF/88 que tornou tal dever uma imposição constitucional.

O discurso racional não é o fundamentado ou fundamentável, mas o *fundamentante*; isto é, não é preciso uma cadeia reflexiva das fundamentações que conduzam a axiomas ou a princípios últimos, mas que exista uma regra que obrigue a fundamentação e que conduza a ações coerentes[70].

Para conferir racionalidade à decisão judicial, o juiz deve analisar as questões de fato e de direito. *Questão* é todo ponto controvertido de fato e de direito e que, exatamente por ser motivo de questionamento, deve ser decidido judicialmente. O magistrado, na fundamentação, deve revelar pormenorizadamente a construção de seu raciocínio e os motivos pelos quais chegou à decisão[71].

---

63. "E para as partes saberem se lhes convém apelar, ou agravar as sentenças definitivas, ou vir com embargos a elas, e os Juízes da mor alçada entenderem melhor os fundamentos, por que os Juízes inferiores se movem a condenar, ou absolver, mandamos que todos nossos Desembargadores, e quaisquer outros Julgadores, ora sejam Letrados, ora o não sejam, declarem especificamente em suas sentenças definitivas, assim na primeira instância, como no caso da apelação, ou agravo, ou revista, as causas, em que se fundaram a condenar, ou absolver, ou a confirmar, ou revogar".

64. Art. 118. Na apreciação da prova, o juiz formará livremente o seu convencimento, atendendo aos fatos e circunstâncias constantes dos autos, ainda que não alegados pela parte. Mas, quando a lei considerar determinada forma como da substância do ato, o juiz não lhe admitirá a prova por outro meio. Parágrafo único. O juiz indicará na sentença ou despacho os fatos e circunstâncias que motivaram o seu convencimento.

65. Art. 280. A sentença, que deverá ser clara e precisa, conterá: [...] II os fundamentos de fato e de direito.

66. Art. 131. O juiz apreciará livremente a prova, atendendo aos fatos e circunstâncias constantes dos autos, ainda que não alegados pelas partes; mas deverá indicar, na sentença, os motivos que lhe formaram o convencimento.

67. Art. 458. São requisitos essenciais da sentença: [...] II – os fundamentos, em que o juiz analisará as questões de fato e de direito.

68. Art. 371. O juiz apreciará a prova constante dos autos, independentemente do sujeito que a tiver promovido, e indicará na decisão as razões da formação de seu convencimento.

69. Art. 489. São elementos essenciais da sentença: [...] II – os fundamentos, em que o juiz analisará as questões de fato e de direito.

70. FERRAZ JR., Tércio Sampaio. *Teoria da norma jurídica*. 5. ed. São Paulo: Atlas, 2016. p. 15.

71. Para Max Weber, "motivo" é uma conexão de sentido que constitui a "razão" de um comportamento adotado pelo agente ou pelo observador. É "adequado quanto ao sentido" um comportamento que se desenvolve de maneira articulada, conforme os hábitos médios de pensar e sentir. Por outro lado, é "casualmente adequada" uma sequência de fenômenos que, conforme as regras da experiência, se efetuem provavelmente da mesma forma. Cf. *Economia e sociedade*: fundamentos da sociologia compreensiva. Trad. Regis Barbosa e Karen Elsabe Barbosa. Brasília: Editora Universidade de Brasília, 2015 p. 8.

Convém lembrar que o dever de motivação das decisões judiciais (CF, art. 93, inc. IX) está na essência do Estado Democrático de Direito[72]. Afinal, o direito autoritário se impõe pelo respeito e majestade, não precisando de motivação, ao contrário do democrático, que é obra de persuasão e razão.

Nesse sentido, conforme a interpretação dada ao art. 8.1 da Convenção Interamericana de Direitos Humanos[73], pela Corte IDH, o direito às decisões devidamente motivadas exige a apresentação de motivação (ou seja, "a exteriorização da justificação fundamentada que permite chegar a uma conclusão"[74]), o que requer a exposição racional dos motivos que levam o juiz a tomar uma decisão. O dever de motivação é inerente à correta administração da justiça, porque protege os cidadãos, que devem ser julgados de acordo com as razões que o direito fornece, e confere credibilidade às decisões judiciais em uma sociedade democrática[75].

Por meio da motivação, busca-se a obtenção de uma adesão arrazoada[76] e, portanto, a legitimação para a atividade jurisdicional. Aliás, conforme Jeremy Bentham, "good decisions are such decisions for which good reasons can be given" ("Boas decisões são aquelas para as quais boas razões são dadas")[77].

Uma motivação boa não é uma motivação *retoricamente eficaz*. É necessária uma congregação de *argumentos válidos e controláveis*[78]. A aceitação racional da decisão não depende apenas dos *argumentos intrínsecos* utilizados para justificá-la, mas também da *estrutura do processo argumentativo*.

Para que uma decisão seja realmente justificada, a motivação deve ser *completa*: não se limita tão somente à escolha e à interpretação dos princípios e das regras jurídicas ou de máximas da experiência (CPC, art. 375)[79] aplicáveis ao caso concreto. Essas

---

72. Rodrigo Ramina de Lucca faz diferenciação entre os termos "fundamentação" e "motivação". Afirma que o dever de motivação não se resume à indicação de fundamentos, devendo expressar não qualquer tomada de decisão, mas a única ou a melhor decisão que poderia ser tomada diante dos elementos colocados à disposição. Cfr. *A motivação das decisões judiciais civis em um Estado de Direito*: necessária proteção da segurança jurídica. Dissertação (Mestrado em Direito Processual) – Faculdade de Direito da Universidade de São Paulo. São Paulo: USP, 2013. p. 18.

73. Artigo 8. Garantias judiciais. 1. Toda pessoa tem direito a ser ouvida, com as devidas garantias e dentro de um prazo razoável, por um juiz ou tribunal competente, independente e imparcial, estabelecido anteriormente por lei, na apuração de qualquer acusação penal formulada contra ela, ou para que se determinem seus direitos ou obrigações de natureza civil, trabalhista, fiscal ou de qualquer outra natureza.

74. CORTE INTERAMERICANA DE DIREITOS HUMANOS. *Caso Pavez Pavez vs. Chile*. Sentença de 04.02.2022. Disponível em: [https://corteidh.or.cr/comunicados_prensa.cfm?lang=pt&n=1810]. Acesso em: 22.05.2023.

75. CORTE INTERAMERICANA DE DIREITOS HUMANOS. *Caso Mina Cuero Vs Equador*. Sentença de 7 de setembro. Disponível em: [https://www.scjn.gob.mx/derechos-humanos/sites/default/files/resumenes-sentencias-coidh/2023-01/Serie%20464%20Mina%20Cuero%20R.pdf]. Acesso em: 25.05.2023.

76. PERELMAN, Chaïm. *Ética e direito*. Trad. Maria Ermantina Galvão G. Pereira. São Paulo: Martins Fontes, 1996. p. 570.

77. MOREIRA, José Carlos Barbosa. A motivação das decisões judiciais como garantia inerente ao Estado de Direito. *Temas de direito processual*. 2. Série. São Paulo: Saraiva, 1980. p. 83.

78. TARUFFO, Michele. *Il controllo di razionalità della decisione fra logica, retorica e dialettica*. Disponível em: [www.stutidocelentano.it]. Acesso em: 20.06.2016.

79. O Enunciado 517 do FPPC estabelece: "A decisão judicial que empregar regras de experiência comum, sem indicar os motivos pelos quais a conclusão adotada decorre daquilo que ordinariamente acontece, considera-se não fundamentada".

devem estar intimamente conectadas a *bons argumentos*, sem olvidar que o juízo de fato deve encontrar seu substrato em *elementos de prova* e em *inferências logicamente válidas e controláveis*[80].

Assim sendo, a *margem de liberdade* do magistrado ao fazer suas escolhas, e, consequentemente, os juízos de valores optados ficam estritamente condicionados pelos *standards*, critérios, regras da experiência, *background knowledges* explicitados e justificados na decisão.

Como bem explica Tullio Ascarelli, "a justiça da sentença está no caminho seguido para o resultado"[81]. Portanto, o problema da justiça se apresenta não apenas como um problema de conteúdo, mas como uma questão da busca de se conseguir o melhor método de determinação do conteúdo; vale dizer, se o método escolhido é correto, o conteúdo obtido provavelmente será justo[82].

Além disso, não há uma definição absoluta e geral do que pode ser um argumento válido e convincente ou do que pode ser considerada uma boa razão para decidir. Tais conceitos têm sua gênese moldada culturalmente e, invariavelmente, sofrem variações de tempos em tempos, conforme cada ordenamento jurídico. Não é surpreendente a colocação de que a cultura jurídica representa um aspecto vital para as argumentações do magistrado. Por isso, a decisão judicial reflete o sistema jurídico, com as suas regras e princípios, os seus valores, as suas contradições, as suas lacunas e as suas transformações.

É integrante do conceito de argumento a sua natureza pragmática. Para se saber o que é um "bom argumento", é preciso descobrir qual é o papel que ele desempenha no interior de um jogo de argumentação e buscar conhecer até que ponto ele pode ser útil para solucionar o problema da aceitabilidade ou não aceitabilidade de uma pretensão de validade controversa.

A motivação adequada e efetiva é aquela que contém justificações suficientes sobre as questões de fato e de direito, sendo, por isso, fundada em "bons argumentos", os quais devem ser considerados "bons" não somente para o juiz que pronúncia a decisão, mas também por todos aqueles que possam valorar, posteriormente, as razões que formaram o convencimento judicial[83]. No contexto da argumentação jurídica, o bom juiz é aquele capaz de persuadir a comunidade jurídica ("auditório ideal") – aliás, o conceito de auditório é central à teoria da argumentação jurídica, representando o conjunto de pessoas que o argumentante pretende influenciar com a sua argumentação[84] –, atribuindo "bons" fundamentos, após considerar todos os pontos de vista relevantes para a decisão do caso concreto, bem como subscrevendo a mesma solução para casos

---

80. Nesse sentido, vale ressaltar o Enunciado 515 do FPPC: "Aplica-se o disposto no art. 489, § 1º, também em relação às questões fáticas da demanda".
81. *Processo e democrazia. Rivista Trimestrale di Diritto e Procedura Civile*, 1958, p. 868.
82. FABBRINI, Giovanni. Potere del giudice (dir. proc. civ.). *Enciclopedia diritto*, Milão, 1985. v. XXXIV. p. 722.
83. TARUFFO, Michele. *Il controllo di razionalità della decisione fra logica, retorica e dialettica* cit., p. 11.
84. SANTOS, Boaventura de Sousa. *Introdução a uma ciência pós-moderna*. 4. ed. Rio de Janeiro: Graal, 1989. p. 99.

semelhantes ou análogos[85]. Dessa forma, pode-se afirmar que os argumentos são a expressão pública da reflexão[86].

O processo judicial é um *espaço polifônico*, no qual uma infinidade de vozes se entrechoca e em que emergem vários pontos de vista acerca das questões em litígio. As testemunhas, os depoimentos pessoais das partes, além dos peritos e das demais pessoas que participam do processo judicial podem fornecer vários "modos de ver" os fatos e diversos subsídios para que o órgão julgador resolva a controvérsia[87]. Compete ao juiz organizar tais falas e transmitir, no momento da decisão, um discurso racionalmente aceitável, capaz de se amparar no ordenamento jurídico e nas provas constantes dos autos.

Tal discurso, ainda, deve ser admitido pelo seu auditório, composto por aqueles que participaram do processo, pelos juízes e pelos tribunais e, por fim, por toda a comunidade em que está inserido[88]. A construção desse auditório universal é pressuposto para a elaboração de uma *ética da argumentação*, ao passo que promove o exercício dialético e é manifestação concreta da imparcialidade e da independência do juiz, que, nesses casos, decide sem adular uma ou outra posição, um ou outro auditório particular[89].

Portanto, a motivação das decisões judiciais cumpre várias funções essenciais[90]: i) permite aferir a imparcialidade do juiz; ii) possibilita verificar a juridicidade e a legitimidade dos julgamentos; iii) assegura às partes meios concretos para constatar que seus argumentos foram analisados pelo órgão judicial; iv) evita o arbítrio judicial; v) delimita o âmbito do *decisium*; vi) torna possível que as partes inconformadas apresentem razões recursais, impugnando os fundamentos da decisão.

Consequência disso é o fato de o art. 93, inc. IX, da CF impor o dever de fundamentação das decisões judiciais (que, por outro lado, é um direito fundamental a julgamentos devidamente motivados).

Como os juízes no Brasil não são eleitos pelo voto popular, a legitimidade do Poder Judiciário é *discursiva*[91]. Trata-se de um desdobramento da ideia de *democracia deliberativa*[92], fundada em decisões racionais, produzidas após o devido processo le-

---

85. QUEIROZ, Cristina. *Interpretação constitucional e poder judicial*. Sobre a epistemologia da construção constitucional. Coimbra: Coimbra, 2000. p. 170.
86. ALEXY, Robert. Direitos fundamentais, balanceamento e racionalidade. Trad. Menelick de Carvalho Netto. *Ratio Juris*, v. 16, n. 2, jun. 2003, p. 140.
87. SUDATTI, Ariani Bueno. *Raciocínio jurídico e nova retórica*. São Paulo: Quartier Latin, 2003. p. 160.
88. Idem.
89. Idem.
90. WAMBIER, Teresa Arruda Alvim. *Nulidades do processo e da decisão*. 6. ed. São Paulo: RT, 2007. p. 313.
91. BARROSO, Luís Roberto. A razão sem voto: o Supremo Tribunal Federal e o governo da maioria. *Revista brasileira de políticas públicas*, v. 5, número especial, 2015. p. 40-41.
92. Democracia deliberativa é um conceito pensado a partir de Jürgen Habermas (*Between Facts and Norms*. Trad. W. Rehg. Cambridge: MIT Press, 1996) para assegurar que o processo de tomada de decisões se estabeleça em um *diálogo inclusivo*. Nesse contexto, decisões justificadas são as que resultam do diálogo, em posição de igualdade, de todos os possíveis afetados. Cf. GARGARELA, Roberto. O novo constitucionalismo dialógico, frente ao sistema de freios e contrapesos. Trad. de Ilana Aló. In: VIEIRA, José Ribas; LACOMBE, Margarida e LEGALE, Siddharta (Coord.). *Jurisdição Constitucional e Direito Constitucional Internacional*. Belo Horizonte: Fórum, 2016. p. 43.

gal, com o dever de os juízes apresentarem fundamentos que levem em consideração os argumentos juridicamente relevantes trazidos pelas partes (e, eventualmente, por *amici curiae*, e/ou pela participação de terceiros em audiências públicas, notadamente em processos estruturais ou que envolvam graves e massivas violações a direitos fundamentais, em especial de caráter difuso, coletivo ou individual homogêneo), sob pena de nulidade do pronunciamento judicial (CF, art. 93, inc. IX; CPC, art. 489, § 1º). O constitucionalismo democrático procura conciliar a jurisdição com a democracia, ao conferir aos magistrados – enquanto agentes políticos, pela apresentação de fundamentos consistentes e prudentes[93] nos julgamentos dos casos concretos (e que, na medida em que se busca a prevalência dos melhores argumentos, possam ser aceitos racionalmente pela sociedade) – a legitimação discursiva como forma equivalente de exercício da representação popular.

9.5.2.2. *Dever de Motivação no art. 489, § 1º, do CPC*

Para reforçar a importância da argumentação jurídica como preocupação inerente à fundamentação, o art. 489, § 1º, do CPC[94] afirma que não se considera fundamentada qualquer decisão judicial, seja ela interlocutória, sentença ou acórdão, que: I) se limitar à indicação, à reprodução ou à paráfrase de ato normativo, sem explicar sua relação com a causa ou a questão decidida[95]; II) empregar conceitos jurídicos indeterminados, sem explicar o motivo concreto de sua incidência no caso; III) invocar motivos que se prestariam a justificar qualquer outra decisão; IV) não enfrentar todos os argumentos deduzidos no processo, capazes de, em tese, infirmar a conclusão adotada pelo julgador; V) se limitar a invocar precedente ou enunciado de súmula, sem identificar seus fundamentos determinantes nem demonstrar que o caso sob julgamento se ajusta àqueles fundamentos; VI) deixar de seguir enunciado de súmula, jurisprudência ou precedente invocado pela parte, sem demonstrar a existência de distinção no caso em julgamento ou a superação do entendimento.

É salutar que se observe o fato de que uma decisão, ao ser considerada não fundamentada e, portanto, nula, não necessariamente precisa estar inserida nas hipóteses arroladas no art. 489, § 1º, do CPC, cujo rol não é exaustivo, mas meramente exemplificativo (cf. Enunciado 303 do FPPC).

---

93. "Evocada na forma de uma balança, a *Iustitia* se consagra historicamente como a virtude da isonomia, da imparcialidade, da ponderação, da piedade pelo humano, bem como pela capacidade de sopesamento nos julgamentos. O agir prudente é aqui sinônimo de uma prática ética de consideração da singularidade de cada caso concreto e de cada particularidade humana. O esforço implicado no ato de agir e julgar prudentemente é um esforço dimensionado de forma ética, e não por uma simples operação lógico-dedutiva a partir de regras gerais" (BITTAR, Eduardo Carlos Bianca. *Democracia, justiça e direitos humanos*. 2. ed. São Paulo: Saraiva, 2022. p. 302-303).

94. CAMBI, Eduardo; HELLMAN, Renê Francisco. Precedentes e dever de motivação das decisões judiciais no Novo Código de Processo Civil. *Revista de Processo*. v. 241, mar. 2015, p. 413-438.

95. STF, HC 128880, Rel. Min. Gilmar Mendes, 2ª T., j. 27.10.2015, Processo Eletrônico *DJe*-036 Divulg. 25.02.2016 Public. 26.02.2016.

Porém, ao invés de simplesmente se promover a anulação da sentença por falta de fundamentação, pode o tribunal, em sede de apelação, uma vez constatado que o processo esteja em condições de imediato julgamento (isto é, se não for necessário a dilação probatória além daquelas que constam dos autos para examinar o mérito ou se a questão de mérito controvertida for unicamente de direito)[96], decidir desde já o mérito (CPC, art. 1.013, § 3º, inc. IV)[97]. Tal técnica processual visa promover a celeridade, a efetividade e a tempestividade da tutela jurisdicional e não implica a supressão de instância (violação a garantia do duplo grau de jurisdição), já que a aplicação do art. 1.013, § 3º, inc. IV, do CPC há de observar as garantias fundamentais do contraditório, da ampla defesa e do devido processo legal, e, por isso, não pode causar prejuízo às partes[98].

Ademais, o art. 489, § 1º, do CPC, por conferir concretude ao dever constitucional de motivação das decisões judiciais (CF, art. 93, inc. IX), deve servir de parâmetro norteador para todo o ordenamento jurídico brasileiro, impactando também os microssistemas (como, p. ex., o dos Juizados Especiais[99] e o do processo coletivo)[100]. O art. 489, § 1º, do CPC se aplica a todos os processos pendentes de decisão, ao tempo da entrada em vigor do CPC, ainda que conclusos os autos antes da sua vigência (cf. Enunciado 308 do FPPC Civis).

9.5.2.2.1. Interpretação do art. 489, § 1º, inc. I, do CPC

O art. 489, § 1º, inc. I, do CPC salienta que não se considera fundamentada a decisão judicial que apenas se limita a indicar, reproduzir ou parafrasear ato normativo, sem contextualizar sua relação com a causa ou a questão decidida.

Tal postura demonstra a superação do brocardo *in claris cessat interpretatio*[101]. Aliás, a literalidade do texto legal é contrastada pela filosofia da linguagem, que reconhece a qualidade polissêmica das palavras. A literalidade do texto não está à disposição do

---

96. STJ, REsp 1.459.222/RJ, Rel. Min. Luis Felipe Salomão, 4ª T., j. 24.03.2015, *DJe* 30.03.2015; AgRg no REsp 1.494.273/MG, Rel. Min. Mauro Campbell Marques, 2ª T., j. 05.02.2015, *DJe* 12.02.2015.

97. Nesse sentido, ressalte-se o Enunciado 307 do FPPC: "Reconhecida a insuficiência da sua fundamentação, o tribunal decretará a nulidade da sentença e, preenchidos os pressupostos do § 3º do art. 1.013, decidirá desde logo o mérito da causa".

98. FERREIRA FILHO, Manoel Caetano. Comentários ao art. 1.013 do Código de Processo Civil. In: CRUZ E TUCCI, José Rogério; FERREIRA FILHO, Manoel Caetano; APRIGLIANO, Ricardo de Carvalho; DOTTI, Rogéria Fagundes; MARTINS, Sandro Gilbert (Org.). *Código de Processo Civil anotado*. Rio de Janeiro: LMJ Mundo Jurídico, 2016. p. 1.386.

99. Nesse sentido, vale ressaltar o Enunciado 309 do FPPC: "O disposto no § 1º do art. 489 do CPC é aplicável no âmbito dos Juizados Especiais". No mesmo sentido, é o Enunciado 37 da I Jornada de Direito Processual Civil, promovida pelo Conselho da Justiça Federal: "Aplica-se aos juizados especiais o disposto nos parágrafos do art. 489 do CPC".

100. O disposto no art. 489, § 1º, do CPC foi reproduzido no art. 315, § 2º, do CPP, pela Lei 13.964/2019 (Pacote Anticrime), em relação à motivação e à fundamentação da decisão que decretar, substituir ou denegar a prisão preventiva.

101. GUIMARÃES, Mário. *O juiz e a função jurisdicional*. Rio de Janeiro: Forense, 1958. p. 326.

intérprete; ao contrário, é mais uma questão de inserção do intérprete no mundo do que uma característica dos textos jurídicos[102].

Com efeito, para que o jurisdicionado não fique sujeito ao arbítrio do julgador, é imprescindível que o magistrado explicite, com um mínimo de rigor, o critério de escolha ou de valoração a partir do qual, entre as diferentes possibilidades, optou por uma em detrimento das outras[103]. Portanto, é preciso que o juiz enuncie o raciocínio que fez para formar a sua convicção no caso concreto, para que não incorra na vedação, contida no art. 489, § 1º, inc. I, do CPC, de "motivações implícitas" que, ao impedirem que a parte prejudicada possa enfrentar a fundamentação incerta ou presumida[104], caracterizam ofensa às garantias constitucionais do contraditório e da ampla defesa, bem como do dever de fundamentação necessária (CF, arts. 5º, LV, e 93, IX).

9.5.2.2.2. Interpretação do art. 489, § 1º, inc. II, do CPC

O legislador, ao perceber que determinadas diretrizes jurídicas dependem da análise de circunstâncias específicas presentes nos casos concretos, editou normas dotadas de conceitos vagos ou indeterminados, transferindo ao juiz o poder de completar o texto legislativo para escolher uma opção adequada à justiça da decisão[105].

Assim, cláusulas gerais, como a da boa-fé, concedem ao magistrado poder equitativo indefinido, bem como o deixa quase sem responsabilidade diante da formulação legislativa e distante do modelo de juiz concebido na tradição do *civil law*[106].

Para buscar um melhor controle dos atos judiciais, o art. 489, § 1º, inc. II, do CPC não considera fundamentada a decisão judicial que empregar conceitos jurídicos indeterminados (v.g., "interesse público", "bons costumes", "exercício regular de direito" etc.) sem explicar a pertinência de sua incidência no caso concreto.

Eros Grau alerta tratar-se a indeterminação de uma característica dos termos, já que os conceitos sempre terão significados[107]. Com relação a eles, o julgador tem o dever de explicar o motivo concreto da sua incidência no caso concreto, exercitando o seu juízo de legalidade, o que retira a possibilidade de discricionariedade, admitida apenas no âmbito de um juízo de oportunidade, que não é outorgado ao julgador e, sim, ao administrador público[108].

---

102. STRECK, Lenio Luiz. *Verdade e consenso*. Constituição, hermenêutica e teorias discursivas. 4. ed. São Paulo: Saraiva, 2012. p. 35.
103. TARUFFO, Michele. *A motivação da sentença civil*. Trad. Daniel Mitidiero, Rafael Abreu e Vitor de Paula Ramos. São Paulo: Marcial Pons, 2015. p. 364.
104. STF, HC 84383, Rel. Min. Cezar Peluso, 2ª T., j. 31.10.2006, *DJ* 07.12.2006; STJ, HC 331.556/GO, Rel. Min. Nefi Cordeiro, 6ª T., j. 17.11.2015, *DJe* 30.11.2015.
105. MARINONI, Luiz Guilherme. *A ética dos precedentes*. Justificativa do novo CPC. 2. ed. São Paulo: RT, 2016. p. 61.
106. Ibidem, p. 62.
107. GRAU, Eros Roberto. *O direito posto e o direito pressuposto*. 3. ed. São Paulo: Malheiros, 2000. p. 196.
108. Ibidem. p. 213-214.

A discricionariedade judicial deve ser combatida, a começar pela crítica a proliferação de conceitos jurídicos indeterminados nos textos legais. Ainda que a lei não possa disciplinar sobre tudo de forma detalhada, é incumbência do órgão julgador, no momento da interpretação e da aplicação da norma, atribuir qual é o sentido dos conceitos indeterminados na solução do caso concreto. Para que a decisão judicial não seja arbitrária, deve o magistrado explicar a relação entre o conceito indeterminado, contido de forma geral e abstrata no texto normativo, e os fatos controvertidos, relevantes e pertinentes para o julgamento da causa.

De igual modo, deve agir em relação às cláusulas gerais (v.g., como a "função social da propriedade" – arts. 5º, inc. XXIII, CF, e 1.228, § 1º, CC; a "função social do contrato" – art. 421/CC; a "boa-fé objetiva" – art. 422/CC), cujas funções são a integração hermenêutica, servindo de fonte criativa de direitos e deveres jurídicos e limitando o exercício de direitos subjetivos.

Tal como os princípios jurídicos e os conceitos jurídicos indeterminados, as cláusulas gerais devem servir como "poros" para oxigenar o sistema jurídico, sendo responsáveis pela evolução do direito no sentido de adequarem-se às necessidades e às transformações sociais[109]. Nessas hipóteses, há inegável margem de liberdade para a criação judicial do direito, mas, para evitar arbitrariedades, cabe ao órgão judicial elucidar quais as situações fáticas e jurídicas estão abrangidas pela norma.

Por sua vez, a Lei de Introdução às normas do Direito Brasileiro (LINDB), com a redação trazida pela Lei 13.655/2018, prevê diversas regras norteadoras do dever de motivação das decisões. Nesse sentido, o art.20 da afirma que não se pode decidir com base em valores jurídicos abstratos, sem que sejam consideradas as consequências práticas da decisão, e, com reforço do art. 22 da LINDB, que a motivação precisa demonstrar a necessidade e a adequação da medida imposta ou da invalidação de ato, contrato, processo ou norma administrativa, inclusive em face das possíveis alternativas. Do mesmo modo, o art. 17-C, incs. II e III, da Lei 8.429/92, com a redação dada pela Lei 14.230/2021, a sentença proferida nos processos de improbidade administrativa, além de observar o disposto no art. 489 do CPC, precisa considerar as consequências práticas da decisão, sempre que decidir com base em valores jurídicos abstratos, e os obstáculos e as dificuldades reais do gestor e as exigências das políticas públicas a seu cargo, sem prejuízo dos direitos dos administrados e das circunstâncias práticas que houverem imposto, limitado ou condicionado a ação do agente.

De qualquer modo, ao se valer de princípios, conceitos vagos e indeterminados, e cláusulas gerais o Judiciário deve respeitar a integridade e à coerência do direito, que englobam princípios construídos pela teoria constitucional, tais como o da unidade da Constituição, o da concordância prática entre as normas (ou da harmonização) e o da eficácia integradora (ou do efeito integrador), além dos princípios da proporcionalidade

---

109. WAMBIER, Teresa Arruda Alvim. *Recurso especial, recurso extraordinário e ação rescisória*. 2. ed. São Paulo: RT, 2008. p. 174.

e da razoabilidade[110]. Tanto a integridade quanto a coerência do direito dependem da observância do dever constitucional de fundamentação das decisões judiciais (CF, art. 93, inc. IX).

9.5.2.2.3. *Interpretação do art. 489, § 1°, inc. III, do CPC*

O art. 489, § 1°, inc. III, do CPC, por sua vez, impõe ao juiz a proibição de invocar motivos genéricos, os quais poderiam justificar qualquer outra decisão (v.g., "confirma-se a decisão pelos seus próprios fundamentos", "prova robusta", "palavra da vítima" etc.), e que, ao serem usados, afastam a análise do caso concreto pelo julgador.

Com isso, pretende-se evitar as decisões *standards*, que não guardam nenhuma relação com o caso concreto. Esse tipo de julgamento é fator de deslegitimação do Poder Judiciário e, caso fosse tolerado, representaria a possibilidade de universalização de argumentos sem o devido cotejo com situações fáticas específicas, o que dá margem ao arbítrio judicial. A utilização de frases de efeito na fundamentação deve ser rechaçada, pois não esclarece o raciocínio judicial necessário à solução das questões de fato e de direito a serem resolvidas na sentença.

Por outro lado, não afronta o art. 93, inc. IX, da CF nem há nulidade na fundamentação *per relationem*, isto é, quando o julgador cita trecho ou faz remissões às alegações dos litigantes, ao parecer do Ministério Público ou às decisões anteriores[111], desde que as partes transcritas tenham pertinência lógica com o raciocínio desenvolvido na motivação judicial.

No entanto, é nula a decisão judicial que adota, como razões para decidir, motivações implícitas ou fórmulas genéricas, sem fazer qualquer correlação com o caso sob julgamento. Por isso, não é válida a decisão que deixa de efetuar referência expressa às peças que pretende encampar e não afasta as teses desenvolvidas pelas partes nem apresenta fundamentos próprios. Em outras palavras, fere o dever de motivação das decisões judiciais o ato judicial que se limita a adotar o parecer do Ministério Público ou a ratificar determinada decisão anterior proferida nos autos, sem sequer transcrevê-los e contextualizá-los no julgamento da causa[112].

Por exemplo, quando o juiz indefere pedido de indisponibilidade de bens do demandado, bem como o sequestro de bens e de valores de seus representantes, fazendo mera remissão a centenas de documentos constantes dos autos, que, em tese, elidiriam a existência do *fumus boni iuris* e o *periculum in mora* indispensáveis à concessão da medida liminar, a decisão judicial é nula, pois a simples referência

---

110. STRECK, Lenio. *Jurisdição constitucional e decisão jurídica.* 3. ed. São Paulo: RT, 2013. p. 335-336.
111. STF, HC 98814, Rel. Min. Ellen Gracie, 2ª T., j. 23.06.2009, *DJe*-167 Divulg. 03.09.2009 Public. 04.09.2009 Ement. v. 02372-03 p. 00540.
112. STJ, HC 232.662/SP, Rel. Min. Joel Ilan Paciornik, 5ª T., j. 19.09.2017, *DJe* 27.09.2017; HC 214.049, Rel. Min. Nefi Cordeiro, 6ª T., j. 05.02.2015, *DJe* 10.03.2015.

668 CURSO DE PROCESSO CIVIL • Eduardo Cambi

a centenas de documentos não permite aferir as razões ou fundamentos incorporados à decisão[113].

9.5.2.2.4. Interpretação do art. 489, § 1º, inc. IV, do CPC

O art. 489, § 1º, inc. IV, do CPC trata da decisão que não enfrenta todos os argumentos debatidos pelas partes no processo. Tal dever de motivação decorre das garantias constitucionais da ação (CF, art. 5º, inc. XXXV) e da ampla defesa (CF, art. 5º, inc. LV), de modo que o direito não tenha meramente a finalidade de colocar em movimento o mecanismo judicial, mas principalmente de fazer valer, de modo efetivo, suas razões em juízo, o que inclui a obrigatoriedade do órgão judicial levar a sério e ponderar, atentamente, os argumentos e as provas trazidos aos autos[114].

Aqui também é necessário fazer alusão à garantia constitucional do contraditório (CF, art. 5º, inc. LV), devendo o julgador colocar-se como sujeito do diálogo processual, com o dever legal de responder aos argumentos discutidos pelos litigantes.

O constitucionalismo democrático procura conciliar a jurisdição com a democracia, ao conferir aos juízes, enquanto agentes políticos não eleitos pelo povo, pela apresentação de fundamentos prudentes e sólidos no julgamento dos casos concretos – e que podem ser aceitos racionalmente pela sociedade – a legitimação discursiva como forma equivalente de exercício da representação popular.

A decisão judicial que não enfrenta os argumentos relevantes trazidos pelas partes e que, em tese, são capazes de infirmar a conclusão adotada pelo julgador fere o dever estatal de motivação, que - por ser uma garantia dos cidadãos inerente ao Estado Democrático de Direito contra o arbítrio do exercício jurisdicional – tornam nulos, pela ausência de *accountability*, os atos decisórios praticados sem fundamentação idônea[115].

O que o art. 489, § 1º, inc. IV, do CPC visa combater é o *solipsismo judicial*; isto é, o magistrado que considera sua consciência (compreensão, convicção íntima ou subjetividade) suficiente para ignorar os argumentos trazidos pelas partes. Faz da interpretação das leis e dos fatos uma mera captação subjetiva do seu senso de justiça (ou seja, que busca impor, de forma arbitrária, o seu conceito de justo, certo e verdadeiro)[116]. O juiz solipsista é aquele que despreza totalmente a exegese das leis dada pelas partes, sob o argumento de que conhece o Direito (*jura novit curia*), ou que desacredita, sem nenhuma justificativa razoável, as provas solicitadas ou produzidas pelos litigantes. Embora não desconheça que o julgador é um ser humano, que possui emoções, intui-

---

113. STJ, REsp: 1399997 AM 2013/0282342-4, Rel. Min. Mauro Campbell Marques, 2ª T., j. 17.10.2013, *DJe* 24.10.2013.
114. MOREIRA, José Carlos Barbosa. A motivação das decisões judiciais como garantia inerente ao Estado de Direito cit., p. 88.
115. MADEIRA, Dhenis Cruz. O que é solipsismo judicial? *Revista Jurídica da Presidência*, v. 22, n. 126, fev.-maio 2020, p. 195 e 206-207.
116. STF, HC 69013, Rel. Min. Celso de Mello, 1ª T., j. 24.03.1992, *DJ* 01.07.1992 p. 10556 Emet v. 01668-02 p. 00160 *RTJ* v. 00140-03 p. 00870.

ções, experiências pessoais, sensibilidade e um conjunto de fatores de índole subjetiva, é incompatível com Estado Democrático de Direito a ideia de que a vontade subjetiva do juiz é soberana, porque não se pode tirar do povo – e, por consequência, das partes – a possibilidade de controlar a atuação dos agentes públicos. O sentido do Direito abstrato e dos fatos controvertidos, no processo judicial, deve ser produto da intersubjetividade, do diálogo entre os sujeitos processuais (mediado pelas garantias constitucionais do devido processo legal, do contraditório e da ampla defesa), da colaboração das partes no provimento jurisdicional, inclusive para poder captar a complexidade e a diversidade presentes na sociedade, não podendo ser resultante da vontade isolada do Estado-Juiz.

Aliás, o juiz deve enfrentar não somente os argumentos trazidos pelas partes, mas também dos terceiros que intervêm no processo. Nesse sentido, vale destacar o Enunciado 128 do FPPC ("No processo em que há intervenção do *amicus curiae*, a decisão deve enfrentar as alegações por ele apresentadas, nos termos do inciso IV do § 1º do art. 489").

Pelo princípio da completude da motivação, deve o juiz justificar, racionalmente, todo o seu convencimento, seja quando interpreta as leis, seja quando valora as provas[117]. Tal princípio possui duas implicações. A motivação completa exige a *justificação interna* (vale dizer, a correta subsunção entre o fato e a norma; ou melhor, a correspondência lógica entre as premissas de direito e a de fato), bem como a *justificação externa* (isto é, o juiz deve fornecer argumentos racionais a respeito de como valorou as provas, ou como usou de inferências lógicas para chegar às conclusões concernentes à causa). Assim, deve, por exemplo, explicar porque determinada testemunha é passível de credibilidade (v.g., se a testemunha é direta ou indireta, também denominada de ouvir dizer; se revela, em seu depoimento, interesse direto ou indireto na solução da causa etc.) ou dizer por que determinado indício gerou a conclusão por ele extraída.

Com isso, pretende-se levar a sério o dever constitucional de motivação das decisões judiciais (CF, art. 93, inc. IX), reduzindo a margem de discricionariedade que poderia advir, no contexto do CPC/73, com *pseudofundamentações* amparadas na falsa premissa do princípio do livre convencimento do juiz (CPC/73, art. 131)[118], cuja estrutura foi remodelada pelo CPC (art. 371).

No entanto, o princípio da completude da motivação pode ser mitigado, uma vez que tal dever recair apenas sobre os argumentos capazes de infirmar, em tese, a conclusão do julgador[119]. Nesse sentido, também são os Enunciados 516 ("Para que se considere fundamentada a decisão sobre os fatos, o juiz deverá analisar todas as provas capazes, em tese, de infirmar a conclusão adotada"), 523 ("O juiz é obrigado a enfrentar todas

---

117. TARUFFO, Michele. La motivazione della sentenza. In: MARINONI, Luiz Guilherme (Coord.). *Estudos de direito processual civil*. Homenagem ao Professor Egas Dirceu Moniz de Aragão. São Paulo: RT, 2005. p. 171-174.
118. STJ, AgRg no REsp 586.651/SC, Rel. Min. José Delgado, 1ª T., j. 08.05.2007, *DJ* 14.06.2007, p. 250.
119. STJ, AgRg no AREsp 432.237/GO, Rel. Min. Herman Benjamin, 2ª T., j. 08.04.2014, *DJe* 18.06.2014; STF, AI 426.981-AgR, Rel. Min. César Peluso, j. 05.10.2004, 1ª T., *DJ* 05.11.2004; RE 432.884-AgR, rel. Min. Joaquim Barbosa, j. 26.06.2012, 2ª T., *DJE* 13.08.2012.

as alegações deduzidas pelas partes capazes, em tese, de infirmar a decisão, não sendo suficiente apresentar apenas os fundamentos que a sustentam") e 524 ("O art. 489, § 1º, IV, não obriga o órgão julgador a enfrentar os fundamentos jurídicos deduzidos no processo e já enfrentados na formação da decisão paradigma, sendo necessário demonstrar a correlação fática e jurídica entre o caso concreto e aquele já apreciado") do FPPC. Neste último sentido, é ainda a orientação contida no Enunciado 13 da ENFAM ("O art. 489, § 1º, IV, do CPC/2015 não obriga o juiz a enfrentar os fundamentos jurídicos invocados pela parte, quando já tenham sido enfrentados na formação dos precedentes"). Tal orientação foi assimilada pelo STF ao afirmar que a "falta de fundamentação a que se refere o inciso IV do § 1º do artigo 489 do CPC/2015, não se configura quando a decisão recorrida estiver fundamentada na jurisprudência consolidada do Supremo Tribunal Federal"[120].

Ademais, no Enunciado 12, também da supracitada instituição, afirma-se, corretamente, que "não ofende a norma extraível do art. 489, § 1º, IV, do CPC/2015 a decisão que deixar de apreciar apenas questões cujo exame tenha ficado prejudicado em razão de análise anterior de questão subordinante". Por exemplo, o STF, ao julgar o MS 33.327 AgR, no qual se pretendia o pagamento de comissão de 5% a leiloeiros integrantes do TJAM, considerou que, assentada a premissa de que os leiloeiros atuantes neste Tribunal são servidores públicos e, portanto, já recebem a devida remuneração para o exercício do cargo, não poderiam ser equiparados aos demais leiloeiros públicos, cuja remuneração está baseada no êxito do seu trabalho. Isso prejudica os demais argumentos desenvolvidos pela parte e desobriga o Poder Judiciário a análise de fundo quanto às normas legais invocadas pelo agravante, por serem incapazes, em tese, de alterar as conclusões do julgado (art. 489, § 1º, IV, do CPC)[121].

O art. 489, § 1º, inc. IV, do CPC, ao permitir que o julgador eleja os argumentos que possam ter o condão de infirmar as suas conclusões, dá ensejo à seleção apenas dos argumentos suficientes para corroborar a convicção do magistrado e, assim, desconsiderar outros raciocínios desenvolvidos pelas partes. Nessa hipótese, os prejudicados deverão opor embargos de declaração (CPC, art. 1.022, par. ún., inc. II) no intuito de forçar o órgão julgador a enfrentar os argumentos deduzidos pelos litigantes.

Porém, o STJ, com fundamento no CPC, tem decidido que o julgador não está obrigado a responder a todas as questões suscitadas pelas partes, quando já tenha encontrado motivo suficiente para proferir a decisão, posto que possui o dever de enfrentar apenas as questões capazes de infirmar (enfraquecer) a conclusão adotada na decisão recorrida. Se a parte reitera as mesmas razões já apresentadas em recursos anteriores, mas não traz nenhum argumento novo, ou se restringe a suscitar fundamentos insuficientes para abalar a *ratio decidendi* anteriormente explicitadas pelo julgador, não há

---

120. STF, ARE 974499 AgR, Rel. Min. Ricardo Lewandowski, 2ª T., j. 02.12.2016, Processo Eletrônico *DJe*-266 Divulg. 14.12.2016, Public. 15.12.2016.

121. STF, MS 33327 AgR, Rel. Min. Roberto Barroso, 1ª T., j. 24.02.2017, processo eletrônico *DJe*-048 Divulg. 13.03.2017 Public. 14.03.2017.

ofensa ao art. 489, § 1º, inc. IV, do CPC[122]. Portanto, mesmo após a vigência do CPC, o STJ tem afirmado que não cabem embargos de declaração contra a decisão que não se pronunciou sobre determinado argumento que era incapaz de cassar a conclusão adotada[123].

O convencimento judicial, contudo, não é livre, pois, no Estado Democrático de Direito todos os poderes se sujeitam à lei, cabendo ao Judiciário o dever de garantir a integridade do ordenamento jurídico. Os pronunciamentos judiciais, para assegurar a inteireza da ordem jurídica, devem estar, rigorosamente, justificados pelas provas e argumentos jurídicos debatidos nos autos. Visto que compete ao Poder Judiciário dar o último veredito a respeito de determinado litígio, maior deve ser o rigor na fundamentação das decisões judiciais, pois os pronunciamentos judiciais se destinam a prevalecer em definitivo[124].

Por isso, o convencimento judicial – porque o conhecimento não está fundado em estados de experiências interiores ou pessoais do magistrado (filosofia da consciência) – não implica valorações de cunho eminentemente subjetivo (voluntarista ou solipsista), tampouco, fica isento de critérios e controles racionais próprios da filosofia da linguagem, marcada pela historicidade e pela intersubjetividade. Não pode o Estado--juiz desconsiderar o diálogo processual, devendo buscar pautas ou diretrizes de caráter objetivo para se ter uma valoração lógica e racional (*modelos de constatação* ou *standards judiciais*)[125]. O órgão julgador, tampouco, pode deixar de enfrentar todos os pontos ou questões, objeto de argumentação das partes, que, se considerados, poderiam alterar a decisão proferida. Interpretação diversa ensejaria violação à garantia fundamental do devido processo legal (CF, art. 5º, inc. LIV).

O convencimento judicial deve ser motivado (CF, art. 93, inc. IX; CPC, art. 371), sob pena de o raciocínio judicial ser considerado incompleto, insuficiente, fictício ou mesmo arbitrário, e, portanto, inválido (nulo), por não assegurar o Estado Democrático de Direito.

Aliás, não se pode cogitar que, em um Estado Democrático de Direito, o Judiciário possa decidir como bem quiser (conforme apenas a consciência do julgador), sem a necessidade de rigorosa fundamentação. Embora a legislação não estabeleça gradações legais sobre o peso deste ou daquele argumento, isso não significa que o juiz é livre para decidir como bem entender, desprezando a relevância dos argumentos trazidos pelas partes. Isso porque somente o conhecimento das razões de decidir pode permitir que os interessados recorram adequadamente (ou se valham das ações impugnativas

---

122. STJ, EDcl no AgInt no AREsp 1411214/MG, Rel. Min. Marco Aurélio Bellizze, 3ª T., j. 12.08.2019, *DJe* 20.08.2019.
123. STJ, AgInt no AREsp 1037131/SP, Rel. Min. Francisco Falcão, 2ª T., j. 16.11.2017, *DJe* 22.11.2017; EDcl no MS 21.315/DF, Rel. Min. Diva Malerbi (Desembargadora Convocada TRF 3ª Região), 1ª Seção, j. 08.06.2016, *DJe* 15.06.2016.
124. MOREIRA, José Carlos Barbosa. A motivação das decisões judiciais como garantia inerente ao Estado de Direito cit., p. 89-90.
125. CAMBI, Eduardo. *Curso de direito probatório*. Curitiba: Juruá, 2014. p. 337.

autônomas, como a ação rescisória e o mandado de segurança contra ato judicial) e os órgãos judiciais superiores possam controlar, com segurança, a juridicidade e a justiça das decisões submetidas à sua revisão[126]. Também, a correção da motivação sobre as teses jurídicas é condição eficaz para promover a uniformização da jurisprudência e o sistema de precedentes vinculantes.

O controle do convencimento, quanto à questão fática, dá-se pela indicação dos fatos que o órgão judicial considerou provados, das provas que admitiu e afirmou serem relevantes para o julgamento da causa, bem como da elucidação das razões para rechaçar as demais provas cuja veracidade é duvidosa[127]. Como não existe um critério *a priori* para dizer quais provas são melhores que outras, cabe às partes persuadir o julgador de que suas provas são mais acertadas que as trazidas pelos seus adversários e, aos órgãos judiciais, explicitar quais os fatos e as provas tiveram importância para a decisão, além de dizer as razões pelas quais as outras provas produzidas não serviram para a formação do convencimento.

Definido o quadro fático, deve também o juiz discutir se os efeitos jurídicos pretendidos, por cada uma das partes, estão corretos ou não, conforme as fontes de direito interpretadas e aplicadas pelo magistrado ao decidir a causa.

Assim, há necessidade de apreciação de todos os pontos relevantes levantados pelas partes[128]. Tal necessidade decorre não só do dever constitucional de motivação das decisões judiciais, mas também da garantia fundamental do contraditório, a fim de se evitarem decisões surpresas[129]. Sob esse aspecto, o processo civil deve proporcionar todas as chances para que as partes dialoguem, produzam provas e tragam os argumentos necessários para convencer o órgão julgador de que têm razão. O magistrado não pode prescindir de todas as contribuições relevantes das partes e de seus procuradores para proceder ao julgamento da causa.

A argumentação jurídica deve ser pautada pelo princípio da boa-fé processual (CPC, art. 5º). Oportunizar às partes todas as chances de persuadir o julgador não significa admitir o abuso do direito processual nem, tampouco, relevar a litigância de má-fé.

O processo civil, como meio civilizado de resolução de controvérsias, para ser rápido e efetivo, gera deveres tanto para as partes como para o julgador. Essa visão da garantia constitucional do contraditório foi assimilada tanto pelo princípio da colaboração processual (CPC, art. 6º) quanto pelo art. 10 do CPC, ao asseverar que, em qualquer

---

126. MOREIRA, José Carlos Barbosa. A motivação das decisões judiciais como garantia inerente ao Estado de Direito cit., p. 86.
127. WRÓBLEWSKI, Jerzy. *Sentido y hecho en derecho*. Trad. Francisco Javier Ezquiaga Ganuzas e Juan Igartua Salaverría. Cidade do México: Fontamara, 2008. p. 254.
128. HELLMAN, Renê Francisco. Sobre como será difícil julgar com o Novo CPC (PLC 8.046/2010): do prêt-à-porter à alta-costura decisória. *Revista de Processo*. v. 239, jan. 2015, p. 97-103.
129. COMOGLIO, Luigi Paolo; FERRI, Corrado; TARUFFO, Michele. *Lezioni sul processo civile*. Bolonha: Il Mulino, 1995. p. 70-71; CAMBI, Eduardo. *Direito constitucional à prova no processo civil*. São Paulo: RT, 1999. p. 137; MALLET, Estêvão. Notas sobre o problema da chamada "decisão-surpresa". *Revista de processo*. v. 233, jul. 2014, p. 43-64.

grau de jurisdição, o órgão jurisdicional não pode decidir com base em fundamento a respeito do qual não tenha oportunizado a prévia manifestação das partes, ainda que se trate de matéria apreciável de ofício.

Com efeito, se de um lado, o juiz tem o dever de examinar todos os argumentos relevantes deduzidos pelas partes, de outro lado, os litigantes devem agir de boa-fé, sob pena de comprometerem o diálogo processual, com meios e argumentos protelatórios, indevidos ou abusivos. Além disso, considerando-se o dever de fundamentação analítica que recai sobre o juiz, passa a ser dever das partes construir seus argumentos baseados na mesma lógica do art. 489, § 1º, do CPC, dever esse que decorre do fato de ser o pedido e/ou os requerimentos dos litigantes elementos integrantes do projeto da decisão judicial.

É da essência dos direitos fundamentais a sua harmonização e, portanto, a sua limitação, que decorre da necessidade de convivência de direitos fundamentais de diferentes naturezas e que, no caso concreto, podem apresentar pontos de conflito (exegese do art. 489, § 2º, CPC). Nesse sentido, as garantias processuais também são passíveis de limitação pelo Estado-juiz, que pode exigir dos jurisdicionados o dever de utilização ética dos instrumentos processuais e a colaboração para a justa composição do litígio[130].

O convencimento do juiz existe tanto para resguardar a independência judicial quanto para assegurar aos jurisdicionados e à sociedade, em sentido amplo, que a prestação jurisdicional promova a justiça da decisão. Logo, o convencimento não está voltado apenas para resolver problemas de consciência do julgador que, como parte de um sistema de distribuição de justiça, deve analisar todos os argumentos relevantes trazidos pelas partes, mas também vincular-se aos precedentes judiciais.

Ao fundamentar adequadamente a decisão, o juiz revela às partes todos os motivos pelos quais conduziu o seu raciocínio, permitindo que elas conheçam as razões pelas quais os seus argumentos foram ou deixaram de ser acatados pelo julgador. Ao tomarem conhecimento dos motivos que ensejaram o não acolhimento, total ou parcial, de seus argumentos, os litigantes insatisfeitos podem recorrer, levando às instâncias superiores as razões de seu inconformismo.

Quando o magistrado ignora argumentos que são relevantes para as partes, deixa os litigantes sem entender os motivos do julgamento e retira a possibilidade de eles serem convencidos do acerto da decisão, impedindo que a jurisdição concretize o seu mais importante escopo que é promover a pacificação social.

Aliás, o escopo da paz social não passa pelo consenso em torno das decisões estatais, mas pela *imunização* contra os ataques dos contrariados[131], de modo que os jurisdicionados satisfaçam-se com a resposta dada, após o exaurimento de todas as instâncias, mesmo quando a decisão seja contrária aos seus interesses. Isso somente

---

130. CABRAL, Antonio do Passo. O contraditório como dever e a boa-fé processual objetiva. *Revista de processo*. v. 126, ago. 2005, p. 63.
131. DINAMARCO, Cândido Rangel. *A instrumentalidade do processo*. 11. ed. São Paulo: Malheiros, 2003. p. 195.

é possível na medida em que cada litigante, tendo oportunidade de participar da preparação da decisão e de influir no seu teor, pelo exercício pleno do contraditório e pela observância do procedimento adequado, possa confiar na idoneidade do sistema processual[132].

Todavia, fundamentação sucinta não é sinônimo de ausência de motivação e não acarreta, necessariamente, a nulidade da decisão, desde que tenham sido enfrentadas todas as questões cuja resolução influencie o julgamento da causa (nesse sentido, é a orientação contida no Enunciado 10 da ENFAM).

9.5.2.2.5. Interpretação do art. 489, § 1°, inc. V, do CPC

O art. 489, § 1°, inc. V, do CPC considera não fundamentada a decisão que invoque precedente ou enunciado de súmula sem que se consiga identificar seus fundamentos determinantes nem demonstrar como, no caso sob julgamento, se subsume àqueles fundamentos.

Tal dispositivo visa combater a prática das *pseudofundamentações*, isto é, das decisões que, a pretexto de analisarem as razões que ensejaram a formação ou a aplicação dos precedentes, limitam-se a mencionar apenas ementas de julgados ou de enunciados de súmulas, sem fazer a correlação necessária e adequada entre o caso paradigma e as peculiaridades do caso concreto sob julgamento.

A exegese e a correta aplicação do art. 489, § 1°, inc. V, do CPC depende da compreensão do conceito de precedentes e de enunciado de súmula, observando-se cuidadosamente os institutos processuais com o escopo de se evitar confusões entre os conceitos de decisão judicial, precedente, súmula e jurisprudência.

A fim de que se possa considerar uma decisão judicial como um precedente, há que se encontrar o chamado *valor transcendental*[133] do julgado, cuja característica nem sempre se faz presente.

Não podem ser confundidos os conceitos de precedente, de jurisprudência, e nem, tampouco, de súmula, vinculante ou persuasiva.

Inconfundíveis também são os conceitos de precedente e de *leading case*, isto é, o caso em que, pela primeira vez, houve o pronunciamento judicial a respeito do tema ou em que se deu a superação, também pela vez primeira, de entendimento judicial anteriormente firmado. Na hipótese de o caso líder não ter elementos suficientes para que se possa identificar a sua *transcendentalidade*, não pode ser considerado um precedente[134].

---

132. Ibidem. p. 196.
133. ROSITO, Francisco. *Teoria dos precedentes judiciais* – Racionalidade da tutela jurisdicional. Curitiba: Juruá, 2012. p. 93.
134. CAMBI, Eduardo; HELLMAN, Renê Francisco. Precedentes e dever de motivação das decisões judiciais no Novo Código de Processo Civil. *Revista de processo*. v. 241, mar. 2015, p. 413-438.

O que torna a decisão judicial um precedente é o enfrentamento de todos os principais argumentos relacionados à questão de direito – presentes no caso concreto –, independentemente de se ter analisado pela primeira vez o tema discutido[135].

Já com relação ao conceito de jurisprudência, verifica-se que deve ser feita uma distinção *quantitativa*, já que o precedente, em geral, é um julgado ou um conjunto específico de julgados, enquanto a jurisprudência está atrelada a plúrimas decisões em vários casos concretos. Por isso, pode-se identificar qual (quais) decisão (decisões) formou (formaram) o precedente, enquanto a jurisprudência está atrelada a uma quantidade imprecisa, podendo existir considerável número de decisões em um determinado sentido, o que pode aumentar a dificuldade de se identificar qual tenha sido o julgado condutor do entendimento firmado[136]. Todavia, buscar saber os julgados que originaram o entendimento jurisprudencial não é tão relevante quanto entender quais julgamentos formaram o precedente, pois a jurisprudência tem eficácia apenas persuasiva enquanto os precedentes vinculam os órgãos judiciais.

Além da distinção quantitativa, cabe discernir os conceitos de precedente e jurisprudência do ponto de vista *qualitativo*. O precedente é descoberto pelo julgador do caso posterior, uma vez que é ele quem dirá, a partir da comparação entre as situações fáticas do caso pretérito e do caso a ser julgado, se a *ratio decidendi* daquele é possível de ser aplicada a este como base suficiente para a solução que se espera[137]. Isso indica que o precedente fornece uma regra *universalizável*, ou seja, que possa ser extraída daquela decisão que serviu para a resolução de um caso específico e utilizada em outros que tenham semelhanças suficientes[138].

Embora o conceito de precedente seja mais abrangente do que o de *ratio decidendi*, já que inclui a descrição do contexto fático e dos fundamentos jurídicos – concorrentes e, eventualmente, dissidentes – da discussão, a proclamação do resultado e as questões decididas *obtiter dicta*, é certo que não há precedente sem *ratio decidendi*. Isto porque delinear a *ratio decidendi* é indispensável para assegurar segurança jurídica e igualdade na interpretação e na aplicação uniforme do direito, o que confere racionalidade ao sistema de precedentes[139]. Porém, não é toda justificativa que gera *ratio decidendi*, mas apenas aquelas que constituem fundamento determinante da decisão.

Em outras palavras, a *ratio decidendi* refere-se às razões de decidir, isto é, aos motivos que levaram os julgadores a tomar referida decisão. Trata-se da essência do pronunciamento, não se limitando ao dispositivo da decisão, uma vez que constituem todos os fundamentos essenciais para a correta compreensão da solução apontada ao

---

135. MARINONI, Luiz Guilherme; MITIDIERO, Daniel. *O projeto do CPC* – Críticas de propostas. São Paulo: RT, 2010. p. 165.
136. TARUFFO, Michele. Precedente e Jurisprudência. *Revista de processo*. v. 199, set. 2011, p. 140.
137. CAMBI, Eduardo; HELLMAN, Renê Francisco. Precedentes e dever de motivação das decisões judiciais no Novo Código de Processo Civil. *Revista de processo*. v. 241, mar. 2015, p. 413-438.
138. TARUFFO, Michele. Precedente e Jurisprudência cit., p. 141.
139. MARINONI, Luiz Guilherme. *Julgamento nas Cortes Supremas*. 2. ed. São Paulo: RT, 2017. Item 6.16.

caso precedente. A *ratio decidendi* é a regra de direito que foi utilizada como fundamento direto da decisão sobre os fatos específicos do caso, em que se fixou a decisão-paradigma[140].

A *ratio decidendi* faz menção aos fundamentos determinantes da decisão, sem os quais não se teria deliberado da seguinte maneira como resposta ao caso em exame. Pode ser entendida, também, como o conteúdo essencial para a decisão judicial ser considerada como precedente.

Pelo Enunciado 173 do FPPC, fundamento determinante é aquele, presente na decisão paradigma, capaz de resolver de forma eficaz a questão jurídica futura. Em decorrência, tem-se que os fundamentos que servem para solucionar satisfatoriamente o caso precedente podem ser adotados na solução dos processos futuros.

Por exemplo, o STF, na Ação Direta de Inconstitucionalidade (ADI) 3.460, considerou constitucional a Emenda Constitucional 45/2004 que exigiu que o triênio de atividade jurídica privativa de bacharel em Direito, para ingresso na carreira da magistratura (art. 93, inc. I, CF), deve ser comprovado no momento da inscrição definitiva (e não na posse). Mantidas as premissas fáticas e normativas da ADI 3.460, reafirma-se as conclusões da Corte (*ratio decidendi*) nos demais processos que versam sobre a mesma questão jurídica[141].

Desse modo, é nos julgamentos subsequentes que se vai apurar a autoridade e a eficácia vinculante dos precedentes, cabendo aos interessados debaterem sobre a existência de uma efetiva *ratio decidendi*, e seu preciso significado e alcance[142].

Por outro lado, compreende-se por *obiter dictum* os argumentos da decisão que não influenciam significativamente na solução encontrada. São os elementos úteis para assimilar o raciocínio apresentado na construção do precedente, embora não façam parte de seu fundamento jurídico. Portanto, integra o conceito de *obiter dictum* as afirmações que não têm o condão de interferir diretamente no dispositivo da decisão proferida e, por isso, não podem ser arguidos como fundamentos determinantes na apreciação fática de casos futuros a fim de demonstrar a presença de identidade entre eles[143].

A *ratio decidendi* expressa os fundamentos relacionados aos fatos relevantes do caso e que tenham contado com voto da maioria dos membros do colegiado. Já a *obiter dictum* se constitui no argumento que, apesar de constante na fundamentação do acórdão, afigura-se prescindível ao alcance do resultado fixado em seu dispositivo ou que não contou com o voto da maioria dos membros do órgão colegiado.

---

140. CAMBI, Eduardo; MARGRAF, Alencar Frederico. Casuísmos judiciários e precedentes judiciais. *Revista de processo*. v. 248, out. 2015, p. 316.
141. STF, RE 655265, Rel. Min. Luiz Fux, Rel. p/ Acórdão: Min. Edson Fachin, Tribunal Pleno, j. 13.04.2016, Acórdão Eletrônico Repercussão Geral – Mérito *DJe*-164 Divulg. 04.08.2016 Public. 05.08.2016.
142. MARINONI, Luiz Guilherme. *Julgamento nas Cortes Supremas* cit., Item 6.16.
143. CAMBI, Eduardo; HELLMAN, Renê Francisco. Precedentes e dever de motivação das decisões judiciais no Novo Código de Processo Civil cit., p. 423.

Por exemplo, a 2ª Turma do STJ não conheceu do Recurso Especial 1.554.594/MG, fundado no art. 105, inc. III, alínea *a*, da CF, em razão de não ter havido comprovação da divergência entre o acórdão recorrido e o paradigma, fazendo incidir os arts. 541, parágrafo único, do CPC/73 (equivalente ao art. 1.029, § 1º, do CPC) e 255 do Regimento Interno do STJ, bem como a Súmula 284 do STF[144]. Apesar disso, o Ministro Relator Herman Benjamin acrescentou, em *obiter dictum*, que a responsabilidade civil do Estado pela morte de detento em delegacia, presídio ou cadeia, é objetiva, pois é dever do estado prestar vigilância e segurança aos presos sob sua custódia[145].

Em virtude disso, a eficácia obrigatória dos precedentes é, a rigor, a eficácia obrigatória da *ratio decidendi*[146], possuindo a *obiter dictum* condão para meramente persuadir o seu aplicador. Nesse sentido, prevê o Enunciado 59 da I Jornada de Direito Processual Civil, promovida pelo Conselho da Justiça Federal: "Não é exigível identidade absoluta entre casos para a aplicação de um precedente, seja ele vinculante ou não, bastando que ambos possam compartilhar os mesmos fundamentos determinantes". De modo semelhante, o Enunciado 318 do FPPC estabelece: "os fundamentos prescindíveis para o alcance do resultado fixado no dispositivo da decisão (*obiter dicta*), ainda que nela presentes, não possuem efeito de precedente vinculante".

Entretanto, a interpretação do precedente – tal como ocorre com a exegese das leis – pode ser tarefa complexa, especialmente nos *hard cases*. Para evitar a presunção do que seja *ratio decidendi* e *obiter dicta* é recomendável que a própria fundamentação da decisão possa explicitar a essência do julgado, capaz de ser generalizado para os demais casos (força obrigatória panprocessual)[147]. Saber se o caso é igual ou não, ou aplicar os mesmos critérios do precedente, é tarefa posterior, mas que pode ser facilitada quando a motivação da decisão que forma o precedente auxilia a atuação do intérprete.

Ainda, os precedentes não se confundem com as súmulas. Estas dizem respeito diretamente ao conceito de jurisprudência (ou melhor, a súmula sintetiza a jurisprudência do tribunal, pela descrição da interpretação reiterada, em várias decisões, emitidas em distintos casos concretos[148]) e não ao de precedentes. É certo que o enunciado da súmula pode nascer a partir de um precedente, mas ela não poderá ser considerada o precedente. As súmulas se caracterizam pela concentração em breves textos (enunciados) que têm normalmente um conteúdo mais específico do que o texto da norma da qual constituem uma interpretação[149]. Na aplicação da súmula, é dispensada a análise

---

144. "É inadmissível o recurso extraordinário, quando a deficiência de fundamentação na sua fundamentação não permitir a exata compreensão da controvérsia".
145. STJ, REsp 1554594/MG, Rel. Min. Herman Benjamin, 2ª T., j. 20.09.2016, *DJe* 29.09.2016.
146. MARINONI, Luiz Guilherme. Eficácia vinculante – a ênfase à *ratio decidendi* e a força obrigatória dos precedentes. *Revista de processo*. v. 184, jun. 2010, p. 26.
147. CRUZ E TUCCI, José Rogério. Parâmetros de eficácia e critérios da interpretação do precedente judicial. In: WAMBIER, Teresa Arruda Alvim (Coord.). *Direito jurisprudencial*. São Paulo: RT, 2012. p. 124.
148. MARINONI, Luiz Guilherme. *Ratio decidendi*: Otras formas de identificación. *Revista Discusiones*, v. 28, 2022, p. 80.
149. TARUFFO, Michele. Precedente e Jurisprudência cit., p. 141.

dos fatos, pois ela está baseada não na analogia com os fatos, mas na subsunção da *fattispecie* sucessiva em uma *regra geral*[150].

Dessa forma, a súmula é texto que se diferencia do precedente, porque não explicita os motivos da adoção da intepretação frente a uma situação concreta, sendo elaborada para a solução de todos os casos futuros[151], enquanto o precedente é identificado no futuro e serve para auxiliar na solução daquele caso concreto que levou o julgador a encontrá-lo, consideradas as peculiaridades fáticas e jurídicas para a universalização do precedente.

Ademais, da mesma forma como ocorre com a jurisprudência, de regra, as súmulas também têm eficácia meramente persuasiva (não vinculante), havendo, pois, apenas a recomendação de sua observância[152]. Por outro lado, o Supremo Tribunal Federal poderá aprovar súmula com efeito vinculante aos demais órgãos do Poder Judiciário e à administração pública direta e indireta, para resolver controvérsia atual entre órgãos judiciários ou entre esses e a administração pública que acarretem grave insegurança jurídica e relevante multiplicação de processos sobre questão idêntica (CF, art. 103-A, *caput* e § 1º; Lei 11.417/2006).

De qualquer modo, os precedentes exsurgem dos fundamentos determinantes de uma decisão paradigmática. O ponto culminante da vinculação dos precedentes está na motivação das decisões. Não há lógica nem racionalidade no sistema de precedentes se a sua aplicação for realizada sem o rigoroso comparativo entre as situações fáticas e as questões jurídicas que ensejaram a formação do precedente e as que são objeto de novo julgamento[153].

9.5.2.2.6. *Interpretação do art. 489, § 1º, inc. VI, do CPC*

Deve ser considerada carente de fundamentação a decisão que deixar de seguir enunciado de súmula, jurisprudência ou precedente que tenha sido invocado pela parte sem a realização da devida distinção (CPC, art. 489, § 1º, inc. VI).

Nesse caso, é ônus da parte invocar o enunciado de súmula, jurisprudência ou precedente, bem como o ônus de argumentar se a determinada *ratio decidendi* é compatível com o caso concreto em julgamento.

Assim, o litigante não pode simplesmente citar ementas de julgamentos sem fazer detalhado exame das razões de fato e de direito que tornam necessária a aplicação do

---

150. Idem.

151. STRECK, Lenio Luiz; ABBOUD, Georges. *O que é isto – o precedente judicial e as súmulas vinculantes?* Porto Alegre: Livraria do Advogado, 2013. p. 58.

152. STJ, REsp 14945/MG, Rel. Min. Sálvio de Figueiredo Teixeira, 4ª T., j. 17.03.1992, *DJ* 13.04.1992, p. 5.002.

153. O desrespeito a precedente proferido pelo Superior Tribunal de Justiça, em julgamento de recurso especial repetitivo, sob a alegação de que a hipótese fática do caso concreto é distinta, não enseja o cabimento de reclamação, em razão da alteração da redação original do art. 988, inc. IV, do CPC, pela Lei 13.256/2016. STJ, Rcl 36.476/SP, Rel. Min. Nancy Andrighi, Corte Especial, j. 05.02.2020, *DJe* 06.03.2020.

enunciado de súmula, jurisprudência ou precedente ao caso concreto. A ausência de criteriosa análise da súmula, jurisprudência ou precedente, e de sua aplicação ao caso em julgamento não obriga o juiz a fundamentar a sentença com base na mera invocação desses julgados e, tampouco, acarreta a nulidade da decisão judicial por falta de fundamentação (nesse sentido, é a orientação contida no Enunciado 09 da ENFAM).

A citação sistemática de ementas de jurisprudência, sem nenhuma argumentação específica quanto às razões essenciais para que a orientação dos Tribunais Superiores seja seguida na sentença, fere os princípios da boa-fé objetiva (CPC, art. 5º) e da colaboração processual (CPC, art. 6º), bem como dificulta o direito das partes de obter a solução integral do mérito em prazo razoável (CPC, art. 4º).

Cabe ao juiz o poder-dever de sanear o processo (CPC, art. 139, inc. IX) e, desde o exame da petição inicial, determinar a correção dos defeitos e irregularidades capazes de dificultar o julgamento do mérito (CPC, art. 321). A citação desmesurada e não razoável de ementas de jurisprudência, sem criteriosa argumentação sobre as razões pelas quais a orientação jurisprudencial, a súmula ou o precedente devem ser seguidos no caso em julgamento, apenas cria obstáculos ao exame do mérito.

Desde que a parte se desincumba do ônus da argumentação, é dever do julgador fazer a análise aprofundada dos casos, a comparação das suas características, de modo a, se não for seguir a orientação contida no enunciado da súmula, da jurisprudência ou do precedente invocado pelo litigante, justificar a razão de divergir ou de superação do entendimento.

Desse modo, o juiz não se resume a um mero aplicador mecânico de julgados anteriores. O que o sistema processual procura combater é a proliferação de julgamentos conforme a consciência, viradas jurisprudenciais infundadas, desrespeito manifesto à lei e aos precedentes judiciais ou, ainda, a crise de legitimidade judicial que decorre da baixa fundamentação da decisão judicial, hipóteses que caracterizariam o fenômeno da *jurisimprudência*[154].

Apesar da necessidade de se buscar o tratamento isonômico aos casos que guardam similitude entre si e segurança jurídica, há de ser preservada a independência funcional e o princípio da persuasão racional dos juízes que podem afastar seja o precedente qualificado seja a jurisprudência (sumulada ou não) do Supremo Tribunal Federal ou do Superior Tribunal de Justiça, desde que assumam o ônus argumentativo ou de distinguir a orientação consolidada ao caso concreto ou de demonstrar a superação da *ratio decidendi* que ensejou tal entendimento[155].

O alcance da regra do art. 489, § 1º, inc. VI, do CPC é controverso. Há julgado do STJ que afirma que ela se aplica somente se aplica às súmulas ou aos precedentes vincu-

---

154. CAMBI, Eduardo; HELLMAN, Renê Francisco. Jurisimprudência – A independência do juiz ante os precedentes judiciais como obstáculo à igualdade e a segurança jurídicas. *Revista de processo*. v. 231, maio. 2014, p. 349-363.
155. ALVIM, Teresa Arruda. *A fundamentação das sentenças e dos acórdãos*. Curitiba: Editora Direito Contemporâneo, 2023. p. 132-133.

lantes, não às súmulas e aos precedentes apenas persuasivos, por exemplo, os acórdãos proferidos por Tribunais de 2º grau distintos daquele que o julgador está vinculado[156]. Entretanto, esta orientação não foi seguida pelo art. 10 da Recomendação 132/2022 do Conselho Nacional de Justiça que assevera que "haja menção expressa, na decisão, sobre as razões que levam à necessidade de afastamento ou ao acolhimento dos precedentes trazidos pelas partes (art. 489, § 1º, V e VI, do CPC/2015)", sem fazer distinção entre precedentes vinculantes ou meramente persuasivos. Esta posição parece mais coerente com a regra contida no art. 489, § 1º, VI, do CPC, que também não difere a necessidade do órgão julgador demonstrar a existência de distinção no caso em julgamento ou a superação do entendimento quando deixar de seguir enunciado de súmula, jurisprudência ou qualquer espécie de precedente invocado pela parte. Dessa forma, ainda quando o juiz ou o Desembargador se afasta da jurisprudência consolidada de seu Tribunal, é necessário expor as razões da divergência, para não tornar a decisão ou o acórdão nulo por ausência de fundamentação adequada (CPC, art. 489, § 1º, VI). Tal exegese é reforçada pelo dever imposto aos Tribunais – inclusive o próprio Tribunal que deu origem ao precedente[157] – de manter a jurisprudência estável, íntegra e coerente (CPC, art. 926, *caput*)[158]. De qualquer modo, em relação aos precedentes vinculantes, não há dúvidas de que o magistrado do caso sucessivo deve analisar a *ratio decidendi* do julgado invocado pela parte para depois realizar a comparação com o novo caso, e, assim, decidir pela aplicação, afastamento (*distinguishing*) ou superação (*overruling*) do precedente[159].

É a *ratio decidendi* que vincula os Tribunais Ordinários e os demais juízes. É com base nessas razões determinantes que se pode trabalhar a técnica do *distinguishing*, para limitar ou estender a aplicação do precedente. Logo, não basta que os órgãos judiciais conheçam a ementa ou o dispositivo do(s) julgado(s), devendo bem compreender a *ratio decidendi*, isto é, a inteira argumentação, fática e jurídica, a qual o precedente está baseado[160]. A criteriosa análise da *ratio decidendi* constante no precedente judicial ou

---

156. STJ, REsp 1.698.774-RS, 3ª T., rel. Min. Nancy Andrighi, j. 1º.09.2020, *DJe* 09.09.2020.

157. Nesse sentido, vale destacar o seguinte julgado: "O Superior Tribunal de Justiça foi concebido para um escopo especial: orientar a aplicação da lei federal e unificar-lhe a interpretação, em todo o Brasil. Se assim ocorre, é necessário que sua jurisprudência seja observada, para se manter firme e coerente. Assim sempre ocorreu em relação ao Supremo Tribunal Federal, de quem o STJ é sucessor, nesse mister. Em verdade, o Poder Judiciário mantém sagrado compromisso com a justiça e a segurança. Se deixarmos que nossa jurisprudência varie ao sabor das convicções pessoais, estaremos prestando um desserviço a nossas instituições. Se nós – os integrantes da Seção – não observarmos as decisões que ajudamos a formar, estaremos dando sinal para que os demais órgãos judiciários façam o mesmo. Estou certo de que, em acontecendo isso, perde sentido a existência de nossa Corte. Melhor será extingui-la" (STJ, AgRg nos EREsp 593.309/DF, Rel. Min. Humberto Gomes de Barros, 2ª Seção, j. 26.10.2005, *DJ* 23.11.2005, p. 154).

158. CAMBI, Eduardo; OLIVEIRA, Lucas Paulo Orlando de. Levando a esperança a sério: os deveres dos tribunais em relação à jurisprudência (art. 926/CPC) e a efetivação da dignidade humana. *Revista dos tribunais*, v. 1004, jun. 2019, p. 313-336.

159. TOSTES, Natacha Nascimento Gomes. Uniformização de jurisprudência. *Revista de Processo*. v. 104, ano 26, out.-dez. 2001, p. 202.

160. COMOGLIO, Luigi Paolo; CARNEVALE, Valentina. Il ruolo della giurisprudenza e i metodi di uniformazione del diritto in Italia. *Rivista di diritto processuale*. 2004. p. 1.052.

enunciado de súmula é indispensável na construção da fundamentação da nova decisão, havendo ônus argumentativo ainda mais rigoroso quando se optar por decidir de modo contrário ao precedente ou ao enunciado sumulado[161].

Com isso, a *inércia argumentativa* serve para a preservação do *status quo*; logo, qualquer modificação na jurisprudência impõe razões extras até então não cogitadas ou enfrentadas[162].

Para a aplicação da teoria do precedente obrigatório, a principal técnica utilizada é a do *distinguishing*, por meio da qual um precedente não é aplicado no julgamento de um caso sucessivo devido à identidade de sua *ratio decidendi* ser apenas aparente, ou seja, a nova hipótese demandará tratamento diverso, face às suas especificidades[163].

É pela técnica do *distinguishing* que se realiza a distinção entre um caso e outro[164], normalmente entre o caso em julgamento e o precedente invocado por uma das partes para abonar ou rejeitar uma tese sustentada no bojo do processo[165]. Não se trata de revogação do precedente ou mesmo de se considerar que o julgamento precedente foi incorreto e deve ser eliminado do sistema (*overruling*), mas apenas de o órgão julgador afirmar que tal procedente não se estende ao caso sucessivo. Da constatação de que fatos diferentes merecem julgamentos diversos[166], evidencia-se a necessidade de exame cauteloso das questões fáticas e dos fundamentos relevantes pelo julgador[167].

Para fazer as distinções (*distinguishing*), o operador do direito deve se valer do *raciocínio analógico*, entre os fatos juridicamente relevantes do precedente e do caso presente, para identificar as semelhanças e as diferenças. A força do raciocínio analógico está na semelhança entre os objetos ou eventos comparados, devendo-se ponderar, entre outros fatores: a) a *relevância da similaridade* (os objetos ou eventos comparados devem ter características essenciais semelhantes, e não secundárias); b) *número de semelhanças* (quanto maiores, mais força terá o raciocínio analógico); c) *natureza e grau das diferenças* (devem ser mínimas ou dizer respeito a características não essenciais à finalidade da comparação)[168]. Deve-se tomar cuidado com a *falácia da analogia*; isto é, não se pode equiparar situações que apresentem distinções relevantes entre os objetos

---

161. CRUZ E TUCCI, José Rogério. Parâmetros de eficácia e critérios de interpretação do precedente judicial. In: WAMBIER, Teresa Arruda Alvim (Coord.). *Direito jurisprudencial*. São Paulo: RT, 2012, p. 105.

162. DIDIER JR., Fredie. Sistema brasileiro de precedentes judiciais obrigatórios e os deveres institucionais dos tribunais: uniformidade, estabilidade, integridade e coerência da jurisprudência. In: DIDIER JR., Fredie; CUNHA, Leonardo Carneiro da; ATAÍDE JR., Jaldemiro de; MACÊDO, Lucas Buril de (Coord.). *Precedentes*. Salvador: JusPodivm, 2015. p. 386.

163. MELLO, Patrícia Perrone Campos. *Precedentes*: o desenvolvimento judicial do direito no constitucionalismo contemporâneo. Rio de Janeiro: Renovar, 2008. p. 202.

164. DUXBURY, Neil. *The nature and authority of precedent*. Cambridge: Cambridge University Press, 2008. p. 113.

165. MANCUSO, Rodolfo de Camargo. *Divergência jurisprudencial e súmula vinculante*. 5. ed. São Paulo: RT, 2013. p. 29.

166. ROSITO, Francisco. *Teoria dos precedentes judiciais*: racionalidade da tutela jurisdicional cit., p. 300.

167. RAMIRES, Maurício. *Crítica à aplicação de precedentes no direito brasileiro*. Porto Alegre: Livraria do Advogado, 2010. p. 130.

168. RECHIA, Fernando Mariath. Prova e raciocínio indutivo. *Revista de processo*, v. 350, abr. 2024.

e eventos comparados nem, tampouco, desprezar casos semelhantes que apresentem diferenças irrelevantes ou não essenciais.

Não se exige a identidade absoluta entre os fatos juridicamente relevantes do precedente e do caso presente, até porque isso tornaria impossível o sistema de precedentes judiciais, mas que os fatos decisivos para que a decisão anterior fosse proferida sejam juridicamente relevantes para o julgamento do caso presente. Por outro lado, quando do processo argumentativo chega-se à conclusão de que os fatos substanciais do precedente são diferentes do caso seguinte, a *ratio decidendi* do precedente não vincula o julgador do processo em julgamento.

Por isso, o afastamento da *ratio decidendi* pode ocorrer diante da ausência de similitude fática ou, ainda que exista semelhança entre os fatos do precedente e os do caso sob análise, as razões jurídicas que serviram para a construção do precedente não se estenderem aos apresentados na situação em julgamento[169]. Neste caso, é preciso demonstrar que as regras e os princípios jurídicos que conduziram a criação da *ratio decidendi* não abrangem os fatos trazidos no caso em exame, exigem sua limitação, não se coadunam com as proposições sociais, que reclamam por um novo tratamento jurídico, ou, ainda, que a *ratio decidendi* não apresenta consistência sistêmica, ao gerar conflitos entre normas já existentes ou surgidas posteriormente à construção do precedente ou, também, reforçar certas normas em detrimento de outras e, por isso, justificar a sua ampliação ou a sua restrição no julgamento da nova situação em análise. Portanto, serão os casos subsequentes, pelas distinções ampliativas ou restritivas, que servirão para sedimentar a *ratio decidendi*, isto é, determinarão sua extensão e seus limites, ampliando ou restringindo a sua configuração inicial, bem como corrigindo pequenos erros.

Na aplicação do *distinguishing*, estará presente a preocupação, sobretudo, com a fundamentação da decisão, pois o afastamento da aplicação de um precedente obrigatório deverá estar acompanhado da justificativa adequada[170]. Nesse sentido, o art. 489, § 1º, inc. VI, do CPC assevera que a decisão que deixar de seguir o enunciado de súmula, jurisprudência ou precedente invocado pela parte será nula, por ausência de fundamentação, quando não houver a comprovação da distinção entre o caso em julgamento ou a superação do entendimento. Ainda, o Enunciado 306 do FPPC estabelece:

> O precedente vinculante não será seguido quando o juiz ou tribunal distinguir o caso sob julgamento, demonstrando, fundamentadamente, tratar-se de situação particularizada por hipótese fática distinta, a impor solução jurídica diversa.

O Conselho Nacional de Justiça, na Recomendação 134, de 9 de setembro de 2022, dispõe sobre o tratamento dos precedentes no Direito brasileiro. Referida normativa tratou da técnica da *distinguishing* no art. 14, ao afirmar que o juiz ou tribunal poderá,

---

169. MACÊDO, Lucas Buril. *Precedentes judiciais e o direito processual civil*. Salvador: JusPodivm, 2015. p. 350-365.
170. LADEIRA, Aline Hadad; BAHIA, Alexandre Melo Franco. O precedente judicial em paralelo a súmula vinculante: pela (re)introdução da faticidade ao mundo jurídico. *Revista de Processo*. v. 234, ano 39, ago. 2014, p. 287.

excepcionalmente, identificada a distinção material relevante e indiscutível, afastar precedente de natureza obrigatória ou somente persuasiva. Recomenda que o órgão julgador explicite, de maneira clara e precisa, a situação relevante e diversa capaz de afastar a tese jurídica (*ratio decidendi*) do precedente tido por inaplicável. Porém, tal técnica não deve ser usada para afastar a aplicação de legislação vigente nem, tampouco, estabelecer tese jurídica (*ratio decidendi*) heterodoxa e em descompasso com a jurisprudência consolidada sobre o assunto, porque o *distinguishing* não se presta a ser uma via indireta de superação de precedentes (*overruling*) nem um mero mecanismo de recusa à aplicação de tese consolidada. A utilização indevida da técnica da *distinguishing* constitui vício de fundamentação e, portanto, pode ensejar a cassação da decisão, com fundamento no art. 489, § 1º, do CPC.

Esclareça-se, contudo que, mais que simplesmente distinguir entre casos, há hipóteses em que o tribunal que criou o precedente, ou outro a ele superior, pode concluir pela sua revogação, seja em razão de terem ocorrido mudanças sociais, seja pela alteração do quadro fático-normativo, dentre outros motivos. A isso se dá o nome de *overruling*[171]. Porém, à guisa de comparação, nos Estados Unidos, para que a Suprema Corte altere seus precedentes é indispensável haver "justificativa especial" e, na Inglaterra, deve ficar evidente que a decisão anterior está "manifestamente errada", pois se qualquer alteração de percepção pudesse gerar o *overruling* ficaria sem sentido o princípio do *stare decisis*[172].

Nos termos do Enunciado 322 do FPPC, a "modificação de precedente vinculante poderá fundar-se, entre outros motivos, na revogação ou modificação da lei em que ele se baseou, ou em alteração econômica, política, cultural ou social referente à matéria decidida". Além disso, o Enunciado 324 do FPPC prevê:

> Lei nova, incompatível com o precedente judicial, é fato que acarreta a não aplicação do precedente por qualquer juiz ou tribunal, ressalvado o reconhecimento de sua inconstitucionalidade, a realização de interpretação conforme ou a pronúncia de nulidade sem redução de texto.

A título de exemplo, o Plenário do STF, no RE 655.265/DF[173], discutiu a possibilidade de alteração do precedente firmado na ADI 3.460[174], pelo qual se firmou a tese de que a atividade jurídica trienal a que se refere o art. 93, inc. I, da CF conta-se da data da conclusão do curso de Direito e deve ser comprovada no momento da inscrição definitiva do concurso público. Pelo voto do Min. Luiz Fux, acompanhado pelos Ministros Roberto Barroso e Marco Aurélio, a demonstração do exercício de três anos de

---

171. BUSTAMANTE, Thomas da Rosa. *Teoria do precedente judicial*: a justificação e a aplicação de regras jurisprudenciais. São Paulo: Noeses, 2012. p. 387; CAMARGO, Luiz Henrique Volpe. A força dos precedentes no moderno processo civil brasileiro. In: WAMBIER, Teresa Arruda Alvim (Coord.). *Direito jurisprudencial*. São Paulo: RT, 2012. p. 569.

172. SCHAUER, Frederick. *Thinking like a lawyer*. A new introduction to legal reasoning. Cambridge: Harvard University Press, 2012. p. 60.

173. STF, RE 655265, Relator(a) Min. Luiz Fux, Rel. p/ Acórdão: Min. Edson Fachin, Tribunal Pleno, j. 13.04.2016, Acórdão Eletrônico Repercussão Geral – Mérito *DJe*-164 Divulg 04.08.2016 Public 05.08.2016.

174. STF, ADI 3460, Rel. Min. Carlos Britto, Tribunal Pleno, j. 31.08.2006, *DJe*-037 Divulg 14.06.2007 Public 15.06.2007 *DJ* 15.06.2007 p. 00020 Emet v. 02280 p. 00233. LEXSTF, v. 29, n. 344, 2007, p. 33-69.

atividade jurídica deveria se dar no momento da posse. Entretanto, a maioria do STF considerou que não era caso de *overrluing*, uma vez que a superação do precedente da Suprema Corte dependia da demonstração de circunstâncias (fática e jurídicas) capazes de indicar que a continuidade de sua aplicação implicaria inconstitucionalidades. Por estarem ausentes tais fatores no RE 655.265/DF, prevaleceu o entendimento de que o precedente firmado na ADI 3.460 deveria ser mantido.

O art. 927, §§ 2º, 3º e 4º, do CPC apresenta as providências a serem observadas pelos tribunais quando for o caso de se entender necessário o exercício do *overruling*, como a realização de audiências públicas, a participação de *amicus curiae*, a modulação dos efeitos da alteração do precedente, bem como a necessidade de fundamentação adequada e específica, tudo para garantir respeito aos princípios da segurança jurídica, da proteção da confiança e da isonomia.

A incerteza quanto à interpretação de um texto legal dilui o sentimento de responsabilidade pessoal, porque quando o próprio Estado, por meio de seus órgãos judiciais, mostra-se inseguro e contraditório quanto à aplicação do direito, torna-se impossível desenvolver uma consciência social pautada no sentimento de responsabilidade ou no respeito ao direito[175]. Decisões contraditórias causam indeterminação e retiram a autoridade do direito, negando a sua força intrínseca de estimular e de evitar condutas humanas em conformidade com as normas jurídicas. A previsibilidade ao direito depende de um Estado que, por intermédio de Cortes Supremas que funcionem como Cortes de Precedentes, resguarde a unidade do direito e insira o juiz como parte responsável e integrante de um sistema de distribuição de justiça (não podendo prevalecer a ideia de um convencimento livre e irresponsável do magistrado)[176], sem retirar os mecanismos de permanente atualização da interpretação jurídica.

Nesse sentido, saliente-se que o art. 927, § 3º, do CPC também se preocupa com a segurança jurídica quanto à hipótese de revisão do posicionamento jurisprudencial até então dominante. Busca-se a prevenção da ordem jurídica contra mudanças abruptas de posicionamento por parte dos tribunais, que trariam prejuízo à proteção da confiança no ordenamento jurídico e ao princípio da isonomia[177]. A alteração repentina e desmedida poderia ensejar insegurança às diversas demandas que eventualmente tenham tido sua condução fundamentada em posicionamentos válidos e dominantes ao seu tempo, mas que após a revisão estariam obsoletos. É benéfica a possibilidade de que, ocorrendo tal mudança, sejam modulados os efeitos para que a segurança dos atos praticados diante da tese jurídica superada esteja garantida. Pelo Enunciado 55 do FPPC: "Pelos pressupostos do § 3º do art. 927, a modificação do precedente tem, como

---

175. MARINONI, Luiz Guilherme. *A ética dos precedentes* cit., p. 114.

176. CAMBI, Eduardo; HELLMAN, Renê Francisco. Jurisimprudência – A independência do juiz ante os precedentes judiciais como obstáculo à igualdade e a segurança jurídicas cit. p. 349-363.

177. Pelo Enunciado 323 do FPPC, "A formação dos precedentes observará os princípios da legalidade, da segurança jurídica, da proteção da confiança e da isonomia".

regra, eficácia temporal prospectiva. No entanto, pode haver modulação temporal, no caso concreto".

Dessa forma, o CPC prevê os requisitos indispensáveis à instituição de um sistema de precedentes judiciais obrigatórios no direito brasileiro, com observância da hierarquia, sem desrespeitar a convicção do julgador e a divulgação segura dos precedentes, ao lado de instrumentos teóricos capazes de assegurar a adequada operação do sistema.

Por outro lado, quando o juiz aplica súmula ou jurisprudência invocada pela parte, não precisa enfrentar, analiticamente, posicionamentos jurisprudenciais em sentido diverso, pois neste caso a decisão deve ser considerada fundamentada, sem nenhuma violação ao art. 489, § 1º, inc. VI, do CPC.

Além disso, quando a parte interessada, ao opor embargos de declaração, indica um único acórdão do Tribunal supostamente contrário à decisão recorrida não incide o art. 489, §1º, inc. VI, do CPC[178]. Isto porque a menção a um simples e isolado julgado não possui natureza jurídica de "súmula, jurisprudência ou precedente". Aliás, o termo "jurisprudência" pressupõe multiplicidade de julgamentos no mesmo sentido e "precedente" não é toda e qualquer decisão judicial, devendo-se sujeitar-se aos parâmetros do art. 927 do CPC.

Ainda, a regra do art. 489, § 1º, inc. VI, do CPC não impede que o juiz, ao decidir o processo nos limites do objeto da ação e da defesa, interprete e aplique o direito ao caso concreto. Não há decisão-surpresa quando o magistrado aplica regra jurídica adequada à solução do conflito, apesar das partes não a terem invocado (*iura novit cúria*) e independentemente de ouvi-las, pois, pelo art. 3º da Lei de Introdução às Normas do Direito Brasileiro (LINB), ninguém pode alegar que desconhece a lei[179].

Em contrapartida, reforçando o valor da motivação para o sistema de precedentes obrigatórios, entre as primeiras alterações promovidas no CPC, antes mesmo de sua entrada em vigor, a Lei 13.256/2016 acrescentou os §§ 5º e 6º ao art. 966 do CPC. Tais mudanças tratam do cabimento de ação rescisória, com fundamento em violação manifesta de norma jurídica (CPC, art. 966, inc. V). Assim, cabe ação rescisória contra decisão que, baseada em enunciado de súmula ou acórdão proferido em julgamento de casos repetitivos, não tenha levado em consideração a existência de distinção entre a questão discutida no processo e o padrão decisório que fundamenta aquele referencial (CPC, art. 966, § 5º).

Com efeito, a decisão que não se ocupe de fundamentar adequadamente os fundamentos determinantes para invocar precedente ou enunciado de súmula, que não comprove que o caso sob julgamento se ajusta àqueles fundamentos ou, ainda, sem demonstrar a existência de distinção entre o enunciado de súmula ou o precedente invocado pela parte tornar-se-á rescindível, por manifesta inobservância do artigo

---

178. STJ, AREsp 1.267.283/MG, 1ª T., Rel. Min. Gurgel de Faria, j. 27.09.2022, pub. *DJe* 26. 10.2022.
179. STJ, AgInt no AREsp 2.028.275/MS, 2ª T., Rel. Min. Herman Benjamin, pub. *DJe* 29.06.2022.

489, inc. V e VI. Porém, a petição inicial da ação rescisória será considerada inepta, se o demandante não evidenciar, fundamentadamente, que a decisão rescindenda tratou de situação particularizada por hipótese fática distinta ou de questão jurídica não examinada, a ponto de se impor outra solução jurídica a justificar o cabimento da ação rescisória (CPC, art. 966, § 6º).

Por fim, cumpre salientar dois Enunciados do FPPC:

I) 431: "O julgador, que aderir aos fundamentos do voto vencedor do relator, há de seguir, por coerência, o precedente que ajudou a construir no julgamento da mesma questão em processos subsequentes, salvo se demonstrar a existência de distinção ou superação";

II) 459: "As normas sobre fundamentação adequada quanto à distinção e superação e sobre a observância somente dos argumentos submetidos ao contraditório são aplicáveis a todo o microssistema de formação dos precedentes".

9.5.2.3. Conflitos normativos e sentença judicial (CPC, art. 489, § 2º)

Pelo art. 489, § 2º, do CPC, ao deparar-se com um conflito de normas, o julgador deverá justificar o objeto e os critérios de ponderação usados e expor, de forma clara e objetiva, as razões pelas quais afastou a incidência de uma norma (princípio ou regra) em favor de outra.

Deve ser considerada omissa e, portanto, suscetível de impugnação por embargos de declaração (CPC, art. 1.022), a decisão que não justifica o objeto e os critérios de ponderação do conflito entre as normas (cf. Enunciado 562 do FPPC)[180].

Para a melhor compreensão da atividade judicial na resolução de conflitos normativos, é importante diferenciar as regras dos princípios jurídicos[181].

---

180. Atente-se, todavia, conforme sinaliza a orientação do STF, que não se admite embargos de declaração para aclarar vícios já apontados em anteriores embargos de declaração e apreciados pelo órgão julgador. Em outras palavras, os vícios – omissão, contradição ou obscuridade – suscetíveis de ataque em novos embargos de declaração são apenas os acaso surgidos na última decisão que se ataca (STF, ARE 972446 AgR-ED-ED, Rel. Min. Rosa Weber, 1ª T., j. 17.02.2017, Processo Eletrônico *DJe*-047 Divulg 10.03.2017 Public 13.03.2017; MS 27.738 AgR-ED, Rel. Min. Rosa Weber, 1ª T., j. 06.02.2017, Processo Eletrônico *DJe*-036 Divulg 22.02.2017 Public 23.02.2017).

181. CAMBI, Eduardo. *Neoconstitucionalismo e neoprocessualismo. Direitos fundamentais, políticas públicas e protagonismo judiciário*. 3. ed. Belo Horizonte: D'Plácido, 2020. p. 110-117; ALEXY, Robert. *Teoría de los derechos fundamentales*. Madrid: Centro de Estudios Constitucionales, 1997. p. 81-138; ALEXY, Robert. *Concetto e validità del diritto*. Trad. Fábio Fiore. Turim: Giulio Einaudi Editore, 1997. p. XXXIII-IV e 73-4; ALEXY, Robert. Colisão de direitos fundamentais e realização de direitos fundamentais no Estado de Direito Democrático. Trad. Luís Afonso Heck. *Revista de Direito Administrativo*. v. 217, p. 74-75; ALEXY, Robert. *Tres escritos sobre los derechos fundamentales y la teoria de los principios*. Trad. Carlos Bernal Pulido. Bogotá: Universidade Externado de Colombia, 2003. p. 93-137; DWORKIN, Ronald. *Levando os direitos a sério*. Trad. Nelson Boeira. São Paulo: Martins Fontes, 2002. p. 35-46; CANOTILHO, José Joaquim Gomes Canotilho. *Direito constitucional e teoria da Constituição*. 2. ed. Coimbra: Almedina Editora, 1998. p. 166-167; GRAU, Eros Roberto. *La doble desestructuración y la interpretación del derecho*. Trad. Barbara Rosenberg. Barcelona: Bosch, 1998. p. 100-104; ATIENZA, Manuel. *As razões do direito. Teorias da argumentação jurídica*. Trad.

As regras se esgotam em si mesmas, não tendo nenhuma força constitutiva além de seu significado[182]. Desse modo, proporcionam o critério das ações, dizendo *como* se deve ou não agir, em situações específicas, previstas pelas próprias regras.

Em contrapartida, os princípios não dizem, diretamente, como se deve agir, podendo ser aplicados tão somente diante de situações concretas. Diferentemente das regras, não possuem *suporte fático*, tendo significado operativo apenas frente a determinado caso concreto; vale dizer, não podem ser concebidos em abstrato e seu alcance somente pode ser entendido em razão dos casos concretos. Por isso, possuem uma *autônoma razão*, frente à realidade, sendo que esta, ao colocar-se diante dos princípios adquire qualidades jurídicas próprias, diversamente das regras, cuja aplicação condiciona o enquadramento do caso concreto ao suporte fático normativo nelas previsto[183].

As normas jurídicas possuem uma relação condicional "se-então"[184]. Os princípios se estruturam mediante uma relação elástica entre o "se" (antecedente) e o "então" (consequente). Possuem uma postura mais flexível e aberta em face da incorporação de valores. Já as regras se estruturam em uma relação menos elástica, entre o "se" e o "então", o que implica uma atitude menos aberta para a incorporação de valores.

Os princípios são *mandamentos* (ou comandos) *de otimização*. Jamais podem ser realizados completamente (v.g., não há como promover a integralidade da boa-fé, ou da liberdade, ou da igualdade, ou da cooperação processual etc.) e, inclusive, podem ser concretizados de modos distintos, dependendo das diferentes ações concretas a serem adotadas.

Por isso, os princípios são constituídos por um conjunto aberto de condutas, tendo um componente representacional altamente complexo. Não preveem, diretamente, a conduta a ser seguida, estabelecendo apenas *fins normativamente relevantes*[185]. Contêm *comandos prima facie*, porque a esfera de aplicabilidade dos princípios é *relativamente indeterminada*[186]. Um direito, jurídica e estruturalmente considerado *prima facie*, não pode ser entendido como definitivo, posto que seu conteúdo somente se revelará após a ponderação ou o balanceamento, exigidos pela proteção de outros bens com ele

---

Maria Cristina Guimarães Cupertino. São Paulo: Landy Editora, 2000. p. 222; CANARIS, Claus-Wilhelm. *Pensamento sistemático e conceito de sistema na ciência do direito*. Trad. Antônio Mendes Cordeiro. Lisboa: Fundação Calouste Gulbenkian, 1989. p. 88 e 205-206; ENGISH, Karl. *Introdução ao pensamento jurídico*. 6. ed. Trad. J. Baptista Machado. Lisboa: Fundação Calouste Gulbenkian, 1983. p. 318-325; CAMBI, Eduardo. *Jurisdição no processo civil. Compreensão crítica*. Curitiba: Juruá, 2002. Item 8.3.8.

182. ZAGREBESKSKY, Gustavo. *El derecho dúctil*. 8. ed. Trad. Marina Gascón. Madri: Editorial Trotta, 2008. p. 110-111.

183. Ibidem, p. 118.

184. NEVES, Marcelo. *Entre Hidra e Hércules. Princípios e regras constitucionais*. São Paulo: Martins Fontes, 2013. p. 41.

185. ÁVILA, Humberto. A distinção entre princípios e regras e a redefinição do dever de proporcionalidade. *Revista Diálogo Jurídico*. n. 4, jul. 2001, p. 17.

186. FARALLI, Carla. *A filosofia contemporânea do direito. Temas e desafios*. Trad. Candice Premaror Gullo. São Paulo: Martins Fontes, 2006. p. 17.

coincidentes, momento em que, pelas circunstâncias concretas, atribuir-se-á *pesos* a cada um dos direitos contrapostos[187].

Por conterem comandos *prima facie*, somente no caso concreto será possível dimensionar as *possibilidades jurídicas e fáticas* para a aplicação dos princípios. Com efeito, os princípios devem ser realizados na *melhor medida possível*, respeitando-se os limites fáticos e jurídicos.

Como o princípio pode abarcar um conjunto potencialmente infinito de condutas, o comando normativo deve ser visto de forma *flexível*, o que permite a *coexistência* de normas em um mesmo ordenamento jurídico, sem que haja a exclusão ou a eliminação de uma delas quando surgem conflitos (*postulado da concordância prática*).

Pela ponderação ou balanceamento, busca-se a melhor solução para a colisão entre dois ou mais princípios jurídicos[188]. Porém, não existe, *a priori*, uma relação absoluta de precedência entre os princípios.

As relações entre os princípios somente se estabelecem sob as condições do caso concreto ou de um conjunto determinado de casos, isto é, diante da verificação concreta das possibilidades fáticas e jurídicas. Afinal, se já houvesse uma predefinição *a priori* e absoluta de qual princípio deveria prevalecer, não haveria ponderação, mas mera *sobreposição* (triunfo prévio) de um princípio sobre o outro. Por isso, não há *pretensão de preferência absoluta*, não se podendo afirmar que um princípio há de triunfar sobre o outro, mas que a prevalência de um dos princípios em colisão está circunscrita aos limites – fáticos e jurídicos – do caso concreto.

Conclui-se que *a melhor medida possível* (ou seja, o que vem a ser um comando de *otimização*) depende da *argumentação jurídica* a ser desenvolvida nos casos concretos. Está-se diante de uma *dimensão de peso* (isto é, qual o argumento que, estando em conflito, deve prevalecer)[189] e, por isso, as possibilidades (fáticas e jurídicas) de aplicação do princípio podem ser desenvolvidas a partir das *máximas da proporcionalidade* (adequação, exigibilidade e proporcionalidade em sentido estrito).

A *ponderação*, com auxílio das máximas da proporcionalidade, destina-se a estabelecer *critérios de correção* da decisão judicial, servindo como um procedimento para a sua fundamentação ou justificação. Considerando que os princípios em colisão

---

187. CANOTILHO, José Joaquim Gomes. Dogmática de direitos fundamentais e direito privado. *Estudos sobre Direitos Fundamentais*. São Paulo: Ed. RT, 2008. p. 205.

188. A ideia de que dois princípios colidem, contudo, é contestada por Lenio Streck e Flávio Quinaud Pedron, com fundamento na noção de *integridade do Direito*, desenvolvida por Ronald Dworkin, para quem os princípios não entram em colisão, sendo tal conflito um erro interpretativo do caso. Em outras palavras, a colisão de princípios seria fruto de uma aparente miopia jurídica, uma dificuldade de compreensão do caso em si. Pela integridade do Direito, exige-se do aplicador a (re)descoberta do caso na busca pela resposta correta, consistente na afirmação de um único princípio verdadeiramente adequado para solucionar aquele caso. Cf. STRECK, Lenio; PEDRON, Flávio Quinaud. O que ainda podemos aprender com a literatura sobre os princípios jurídicos e suas condições de aplicação? *Revista de processo*. v. 258, ago. 2016, p. 153-170.

189. DWORKIN, Ronald. *Levando os direitos a sério* cit., p. 43; ALEXY, Robert. *Teoria de los derechos fundamentales* cit., p. 409.

ostentam o mesmo valor e igual hierarquia jurídica, o *núcleo central* do juízo de ponderação consiste em dar preferência à solução que importe a menor lesão ao princípio restringido, e a mais urgente e vigorosa tutela ao princípio protegido.

Princípios e ponderação são dois lados – um *teórico-normativo* e o outro *metodológico* – do mesmo objeto: quem efetua ponderações se vale de normas com estrutura de princípios[190]. Porém, Humberto Ávila critica a ideia de que somente os princípios possuem dimensão de peso, pois a dimensão axiológica é elemento que integra qualquer norma jurídica. Por exemplo, quando se pensa na interpretação, extensiva ou restritiva, de uma regra jurídica também se pode dar a ela diferentes dimensões de peso[191]. Nesse sentido, pode se dar a interpretação das regras dos arts. 11, § 1º, e 27 da Lei 9.868/99, ao afirmar que, na ação direta de inconstitucionalidade, a medida cautelar será concedida com efeito *ex nunc*, salvo se o Tribunal entender que deva conceder-lhe eficácia retroativa, ou a decisão final que terá eficácia *ex tunc*, exceto se o STF, por maioria de dois terços de seus membros, tendo em vista razões de segurança jurídica ou de excepcional interesse social, restringir os efeitos daquela declaração ou decidir que ela só tenha eficácia, a partir de seu trânsito em julgado ou em outro momento que venha a ser fixado.

Diferente dos princípios, que são *mandamentos* (ou comandos) *de otimização*, as regras possuem *mandamentos* ou *comandos definitivos*, na medida em que descrevem comportamentos a serem cumpridos e predeterminam os efeitos desejados, sem se preocuparem com os fins que as condutas descritas procuram realizar[192]. Assim, podem ser definidas como normas que estabelecem com maior exatidão o comportamento devido (maior grau de determinação da ordem e maior especificação dos destinatários), prevendo indiretamente os fins e, por isso, dependem menos intensamente da sua relação com outras normas ou de atos institucionais de interpretação para que seja determinada a conduta devida[193].

Já os princípios, como já asseverado, estabelecem estados ideais, objetivos mais ou menos amplos a serem alcançados, mas não mencionam, necessariamente, as ações ou condutas estritas que devem ser praticadas para a obtenção desses fins[194], somente adquirindo sentido diante dos casos concretos[195]. São normas *imediatamente finalísticas* e *mediatamente de conduta*, uma vez que estabelecem diretamente as finalidades e, com menor exatidão, o comportamento devido (menor grau de determinação da ordem e maior generalidade dos destinatários). Destarte, na interpretação dos princípios,

---

190. BARCELLOS, Ana Paula de. *Ponderação, racionalidade e atividade jurisdicional*. Rio de Janeiro: Renovar, 2005. p. 25, nota 39.
191. ÁVILA, Humberto. *Teoria dos princípios. Da definição à aplicação dos princípios jurídicos*. 9. ed. São Paulo: Malheiros, 2009. p. 59.
192. BARCELLOS, Ana Paula de. *Ponderação, racionalidade e atividade jurisdicional* cit., p. 169 e 180-181.
193. ÁVILA, Humberto. *A distinção entre princípios e regras e a redefinição do dever de proporcionalidade* cit., p. 21.
194. BARCELLOS, Ana Paula de. *Ponderação, racionalidade e atividade jurisdicional* cit., p. 169-170 e 180-181.
195. ZAGREBELSKY, Gustavo. *Il diritto mite. Legge, diritti, giustizia*. Turim: Einaudi, 1992. p. 149.

deve ser maior o esforço para estabelecer suas relações com as outras normas e para a determinação da conduta devida[196].

Em síntese as regras instituem *deveres definitivos*, não dependendo das possibilidades fáticas e normativas, ao contrário dos princípios, que instituem *deveres preliminares*, dependentes das possibilidades fáticas e normativas[197].

Com efeito, para se saber se uma norma é regra ou princípio, não é tão relevante a denominação dada pelo legislador, mas sim a análise da prescrição normativa entre a conduta e os fins. Afinal, há normas positivamente intituladas de direitos que também expressam princípios (v.g., os direitos fundamentais) e outras denominadas de princípios, mas que são regras ou metarregras de aplicação de outras normas (v.g., legalidade, irretroatividade e anterioridade)[198].

Portanto, a distinção entre regras e princípios assumiria *caráter pluridimensional*, devendo-se considerar três critérios[199]: a) *natureza da prescrição normativa*: as regras descrevem objetos *determináveis* (como sujeitos, condutas, matérias, fontes, efeitos jurídicos e conteúdos), enquanto os princípios, um estado ideal de coisas a serem promovidas (como a moralidade, a lealdade, a cooperação e a boa-fé); b) *natureza da justificação*: na aplicação das regras, exige-se exame de correspondência entre a descrição normativa e os atos praticados ou os fatos ocorridos (subsunção), enquanto os princípios dependem da avaliação da correlação entre os efeitos da conduta adotada e o estado de coisas a ser promovido; c) *natureza da contribuição*: as regras têm pretensão de *decidibilidade* (estão voltadas a proporcionar uma solução provisória para um problema conhecido), ao passo que os princípios, a pretensão de *complementariedade*, na medida em que se servem de razões a serem conjugadas com outras para a solução de um problema.

Além disso, outra diferença entre regras e princípios está no *modo de aplicação*. As regras são aplicadas por *subsunção*, enquanto os princípios, por *ponderação*.

Com efeito, as regras, ao contrário dos princípios, por exigirem a realização de comandos determinados, têm *pretensão de exclusividade*, isto é, ou são consideradas cumpridas ou são consideradas descumpridas: *tudo ou nada*[200]. Se uma regra é válida, está ordenando exatamente o que ela exige, nem mais nem menos. Logo, não há como harmonizar a aplicação de duas regras contraditórias, senão excluindo uma delas para que a outra prevaleça[201]. Isso se dá mediante a aplicação dos tradicionais critérios normativos ou metarregras de resolução de antinomia jurídica: *lex superior derrogat inferior*

---

196. ÁVILA, Humberto. *distinção entre princípios e regras e a redefinição do dever de proporcionalidade* cit., p. 21 e 23.
197. Ibidem, p. 26.
198. ÁVILA, Humberto. *A distinção entre princípios e regras e a redefinição do dever de proporcionalidade* cit., p. 22.
199. ÁVILA, Humberto. *Teoria dos princípios*. Da definição à aplicação dos princípios jurídicos cit., p. 78-83.
200. DWORKIN, Ronald. *Levando os direitos a sério* cit., p. 39; ALEXY, Robert. *Colisão de direitos fundamentais no Estado de Direito Democrático* cit., p. 79.
201. DWORKIN, Ronald. *Levando os direitos a sério* cit., p. 43.

(lei superior derroga a inferior), *lex specialis derrogat generalis* (lei especial derroga a geral) e *lex posterior derrogat priori* (lei posterior derroga a anterior). Por exemplo, há uma regra geral em determinada escola afirmando que todos os alunos devem se submeter aos exames, conforme o calendário escolar, e outra regra (especial) de que, em casos excepcionais e devidamente justificados, o discente poderá fazer provas em outras datas, haverá um conflito parcial entre ambas as regras. Somente uma delas poderá ser aplicada. Desse modo, o conflito se resolverá pela máxima da *lex specialis derrogat generalis*, para permitir que certo aluno se submeta às provas em horários especiais, se comprovar documentalmente que está no período de licença-maternidade ou paternidade, que estava doente, que casou, que perdeu um parente, ou outra situação considerada justificável. Isso se dá porque duas regras, com conteúdo contrapostos, não podem ser aplicadas simultaneamente.

Por outro lado, os princípios, como foi acima mencionado, por serem mandamentos de otimização, devem ser aplicados na *maior medida possível*, isto é, dentro das possibilidades fáticas e jurídicas. As colisões de princípios não se resolvem no *plano da validade*, pois os princípios, diferentemente das regras, não têm a *pretensão de exclusividade*. Havendo colisões principiológicas, não há como definir que sempre um princípio prevalecerá sobre o outro; tudo dependerá do modo em que as circunstâncias se apresentarem no caso concreto (v.g., não há como afirmar, abstratamente, que o direito de informação sempre prevalecerá sobre os direitos à intimidade e à vida privada). A colisão entre princípios depende da instituição de *critérios de prevalência* entre eles, que serão estabelecidos de acordo com as circunstâncias do fato concreto e em função do peso relativo de cada princípio, instituindo uma *hierarquia móvel* entre eles, a qual pode ser modificada se alterado o contexto fático e normativo[202].

Os *casos difíceis* – aqueles em que o posicionamento dos juristas é divergente quanto a qual decisão se exige, seja porque as únicas leis e precedentes pertinentes ou são ambíguos, ou não há nenhuma opinião formada com pertinência direta, seja porque o direito, por alguma razão, não está assente[203] – exigem uma *hermenêutica específica*[204], baseada na ponderação ou no balanceamento de princípios, os quais, por apresentarem soluções diversas e contraditórias, não são reconduzíveis a soluções subsuntivas ou à aplicação mecânica de precedentes jurisprudenciais. Por isso, quando não é possível reduzir o conflito à aplicação de uma única premissa maior, a ponderação é, do ponto de vista metodológico, uma alternativa à subsunção[205].

---

202. ÁVILA, Humberto. Repensando o "princípio da supremacia do interesse público sobre o particular". *Revista Diálogo Jurídico*. n. 7, out. 2001, p. 7.
203. DWORKIN, Ronald. *Uma questão de princípio*. Trad. Luís Carlos Borges. 2. ed. São Paulo: Martins Fontes, 2005. p. 109.
204. CANOTILHO, José Joaquim Gomes. A "principialização" da jurisprudência através da Constituição. *Revista de processo*. v. 98, abr.-jun. 2000, p. 89.
205. BARCELLOS, Ana Paula de. *Ponderação, racionalidade e atividade jurisdicional* cit., p. 31-32.

Além disso, os princípios têm papel fundamental no ordenamento jurídico (posição hierárquica mais elevada) e têm natureza *normogênica* das regras jurídicas. Em razão disso, não há conflitos antinômicos entre regras e princípios jurídicos, uma vez que as regras concretizam os princípios (as regras determinam situações fáticas que são indeterminadas pelos princípios). De modo que, o que pode ocorrer, é a regra não ter concretizado adequadamente determinado princípio, o que resulta na sua perda de *eficácia*, bem como justifica interpretações *contra legem*, quando a regra, porventura, contrariar um princípio jurídico. Aliás, admite-se a interpretação *contra legem* em duas situações: a) quando o texto contém uma *contradição lógica*, de modo a não haver nenhuma leitura possível capaz de afastá-la; b) quando existe um *absurdo axiológico*, ou seja, quando a interpretação linguística da lei faz com que o seu texto frustre os seus próprios objetivos ou então, torne-os irrealizáveis, isto é, contrariem totalmente os princípios jurídicos ou os valores da justiça, ou do senso comum[206].

No entanto, a diferenciação das regras e princípios pelo *modo de aplicação* (*subsunção* para as regras e *ponderação* para os princípios) não é isenta de críticas. Humberto Ávila[207], por exemplo, evita distinguir princípios e regras, com base no método *tudo ou nada*, pois afirma que as regras, a exemplo dos princípios, também precisam de um *processo prévio* de interpretação, a fim de se demonstrar quais consequências serão implementadas. Além disso, somente a aplicação diante dos casos concretos é que validará as consequências predeterminadas. Assim sendo, a ponderação, como método de sopesamento de razões e contrarrazões que resulta na decisão de interpretação, não é um recurso privativo de aplicação dos princípios, podendo envolver igualmente as regras, *seja quando, diante de um caso concreto, couber ao intérprete/julgador atribuir um peso maior a uma ou mais regras em conflito* (v.g., responder se é possível a concessão de tutela antecipada, para evitar perigo de dano irreparável à saúde de paciente terminal e juridicamente hipossuficiente, em face da regra do art. 300, § 3º, do CPC, que veda a antecipação de tutela quando houver *perigo de irreversibilidade* do provimento antecipado; ou, ainda, saber quem pode adotar, considerando que a ordem dos candidatos à adoção, prevista no art. 50 da Lei 8.069/1990, não assegura que a criança, bem adaptada ao convívio familiar, seja retirada da família que se encontra, porque os adotantes não estão inscritos na lista ou não se encontram nas primeiras posições; hão de prevalecer os critérios interpretativos do art. 6º do mesmo ECA, pelo qual, na interpretação do Estatuto da Criança e do Adolescente, devem ser levados em conta os seus fins sociais, as exigências do bem comum, os direitos e deveres individuais e coletivos, bem como a condição peculiar da criança e do adolescente como pessoas em desenvolvimento[208]), *seja quando tiver que ponderar as razões internas de uma mesma norma* (v.g., decidir se prevalece a multa a um taxista que passa a mais de 60 km, velocidade essa registrada

---

206. ATIENZA, Manuel. *As razões do direito. Teorias da argumentação jurídica* cit., p. 222.
207. ÁVILA, Humberto. *Teoria dos princípios. Da definição à aplicação dos princípios jurídicos* cit., p. 44-58.
208. STJ, REsp 1448969/SC, Rel. Min. Moura Ribeiro, 3ª T., j. 21.10.2014, *DJe* 03.11.2014; REsp 837.324-RS, rel. Min. Humberto Gomes de Barros, 3ª T., j. 18.10.2007, *DJ* 31.10.2007, p. 325; HC 298.009/SP, Rel. Min. Nancy Andrighi, 3ª T., j. 19.08.2014, *DJe* 04.09.2014.

por um radar eletrônico, após o mesmo taxista alegar e demonstrar que estava transportando pessoa baleada, que corria risco de vida), *seja quando concretiza cláusulas jurídicas abertas e conceitos indeterminados* (v.g., dizer se um erro sobre a ilicitude do fato é *evitável* ou *inevitável*, para fins de aplicação do art. 21 do CP, depende do exame das possibilidades jurídicas e fáticas).

De qualquer forma, no caso de colisão das normas, cabe ao juiz, antes de buscar resolvê-lo, identificar se está diante de princípios ou de regras. A partir do momento em que se distingue claramente quais são as normas em confronto, o magistrado, para fins de fundamentação da decisão judicial, deverá proceder à ponderação na hipótese da colisão ser de princípios ou realizar a subsunção se houver conflito aparente de regras, justificando a partir dos fatos sujeitos às normas, qual delas deve ser aplicada e qual será afastada (CPC, art. 489, § 2º).

A importância desta regra processual foi ressaltada, por exemplo, no Enunciado Doutrinário nº 17 do Instituto Brasileiro de Direito de Família (IBDFAM), ao afirmar que a "técnica da ponderação, adotada expressamente no art. 489, § 2º, do Novo CPC, é meio adequado para a solução dos problemas atinentes ao Direito das Famílias e das Sucessões".

Havendo omissão da decisão judicial quanto ao objeto e os critérios de ponderação do conflito entre as normas, cabem embargos de declaração, com fundamento no art. 1.022, inc. II, do CPC.

9.5.2.4. *Decisão judicial baseada em valores jurídicos abstratos e consideração das consequências práticas*

Pelo artigo 20 da Lei de Introdução às normas do Direito Brasileiro (Decreto-lei 4.657/1942), todas as decisões, sejam elas nas esferas administrativa, controladora ou judicial devem ser motivadas, levando em consideração as suas consequências práticas, não podendo fundamentar-se em valores jurídicos abstratos. Igualmente, o art. 17-C, inc. II, da Lei 8.429/92, com a redação dada pela Lei 14.230/2021, a sentença proferida nos processos de improbidade administrativa, além de observar o disposto no art. 489 do CPC, precisa considerar as consequências práticas da decisão, sempre que decidir com base em valores jurídicos abstratos.

Em outros termos, os problemas jurídicos devem ser abordados levando-se em consideração os efeitos das soluções propostas, a curto ou a longo prazo, seja para os indivíduos, seja para o sistema, mediante pesquisas empíricas sobre os custos-benefícios e análise do critério de racionalidade meios-fins[209]. Interpretar é considerar as consequências das soluções alternativas.

---

209. POSNER, Richard A. *Problemas de filosofia do direito*. Trad. Jefferson Luiz Camargo. São Paulo: Martins Fontes, 2007. p. 136-165.

O Decreto 9.830/2019 regulamentou o disposto nos arts. 20 a 30 do Decreto-Lei 4.657/42 (Lei de Introdução às normas do Direito brasileiro). Destaca-se o art. 2º pelo qual a "decisão será motivada com a contextualização dos fatos, quando cabível, e com a indicação dos fundamentos de mérito e jurídicos", incluindo a apresentação da congruência entre as normas e os fatos, a indicação das normas, a interpretação jurídica, a jurisprudência ou a doutrina que a embasaram, bem como a declaração de concordância com o conteúdo de notas técnicas, pareceres, informações, decisões ou propostas que precederam a decisão. Quanto à motivação da decisão baseada em valores jurídicos abstratos, o art. 3º do referido decreto estabelece que, na "indicação das consequências práticas da decisão, o decisor apresentará apenas aquelas consequências práticas que, no exercício diligente de sua atuação, consiga vislumbrar diante dos fatos e fundamentos de mérito e jurídicos" (art. 3º, § 2º), e que a "motivação demonstrará a necessidade e a adequação da medida imposta, inclusive consideradas as possíveis alternativas e observados os critérios de adequação, proporcionalidade e de razoabilidade" (art. 3º, § 3º).

Cabe aos intérpretes, em primeiro lugar, identificar todos os possíveis significados a serem atribuídos a determinada disposição normativa, em relação aos fatos pertinentes e relevantes demonstrados no processo. Depois, devem antecipar as consequências de todas as interpretações encontradas. Por fim, resta escolher a solução que, como um todo, confira maior efetividade aos valores e princípios constitucionais, especialmente o postulado da dignidade humana[210]. Nesse sentido, vale destacar o disposto no art. 8º do CPC ao determinar que o juiz, na aplicação do ordenamento jurídico, deve promover a dignidade da pessoa humana.

Porém, a Constituição brasileira é um texto normativo complexo, marcado pelo pluralismo, não sendo possível adotar um único valor, ainda que seja a dignidade da pessoa humana, para impor as providências necessárias para essa garantia, sem considerar os custos econômicos e sociais[211]. Por exemplo, o Supremo Tribunal Federal, ao julgar o RE 566.471, em 11 de março de 2020, afirmou que o Estado não é obrigado a fornecer medicamentos de alto custo solicitados judicialmente, quando não estiverem previstos na relação do Programa de Dispensação de Medicamentos em Caráter Excepcional do Sistema Único de Saúde (SUS). Tratava-se da recusa pelo Estado do Rio Grande do Norte, baseada no alto custo do medicamento e sua não previsão no programa estatal de dispensação de medicamentos, de fornecer citrato de sildenafila para o tratamento de cardiomiopatia isquêmica e hipertensão arterial pulmonar de uma senhora idosa e carente. Com efeito, apesar da necessidade de proteção da dignidade da pessoa humana e da necessidade de concretização do direito fundamental à vida, prevaleceu o argumento de que o excesso de judicialização da saúde prejudica as políticas públicas, já que as decisões judiciais favoráveis a poucas pessoas – por mais

---

210. O postulado também pode ser definido como metanorma, isto é, uma norma que estabelece a maneira pela qual outras normas devem ser aplicadas. Cf. ÁVILA, Humberto. *Teoria dos Princípios*: da definição à aplicação dos princípios jurídicos. 5. ed. São Paulo: Malheiros, 2006. p. 121-166.
211. VITORELLI, Edilson Vitorelli. *Processo Civil estrutural*. Teoria e prática. Salvador: JusPodivm, 2020. p. 400.

importantes que sejam seus problemas – comprometem o orçamento total destinado a milhões de pessoas que dependem do Sistema Único de Saúde (SUS).

No controle judicial de políticas públicas, em especial em processos estruturais, Edilson Vitorelli sugere a adoção de um "consequencialismo moderado", pois não apenas as consequências da decisão devem ser levadas em consideração, uma vez que "o ato mais vil poderia ser justificado se acarretasse as melhores consequências possíveis"[212].

Vitorelli elenca cinco critérios para a análise dos elementos do universo das consequências previstas[213]: i) concretude: a decisão judicial deve enfocar as consequências concretas, não apenas as desejadas; ii) maximização: a decisão judicial deve avaliar as consequências como melhores ou piores, não apenas como satisfatórias e insatisfatórias; iii) agregação: a decisão judicial deve considerar o total das consequências, positivas e negativas, não apenas as suas parcelas; iv) não igualitariedade: a decisão judicial deve levar em consideração os impactos sobre os grupos sociais que mais incidem, sobretudo os mais vulneráveis; v) aversão às perdas: as consequências que impõem prejuízos à sociedade devem ser consideradas mais negativas do que as que impõem a não obtenção de um benefício equivalente.

Ainda, Vitorelli, ao interpretar o art. 20 da LINDB, propõe o universo de sete consequências a serem avaliadas[214]: i) Microconsequências: relativas às pessoas imediatamente destinatárias da decisão; ii) Macroconsequências: quanto ao grupo social que será impactado pela adoção da medida, sem ser destinatário dela, o que inclui as pessoas que são excluídas da política pública, mas arcam com os seus custos (*v.g.*, fornecimento de medicamentos); iii) Distribuição temporal: consequências de curto, médio e longo prazo, na medida em que forem previsíveis; iv) Maximização do bem-estar à luz das alternativas: maneira pela qual o ato promove o bem-estar do grupo social e das pessoas afetados, em comparação com outros atos que poderiam ser praticados; v) Representatividade: em que medida o ato é desejado pelo grupo social afetado; vi) Distribuição Social: repartição das consequências pelos grupos sociais afetados, com destaque para os mais vulneráveis; vii) Economicidade: ponderação das consequências econômicas da adoção ou não da decisão, diante das alternativas disponíveis, dos direitos materiais dos grupos sociais afetados e do orçamento disponível para a aplicação da decisão.

9.5.2.5. *Efeito devolutivo da apelação e nulidade da sentença por falta de fundamentação*

O rigor do art. 489, § 1º, do CPC é mitigado pelo art. 1.013, § 3º, inc. IV, do CPC, pelo qual o tribunal deve decidir desde logo o mérito, se o processo estiver em condições de imediato julgamento, quando decretar a nulidade de sentença por falta de fundamentação.

---

212. Idem, p. 399.
213. Idem, ibidem.
214. Idem, p. 400-401.

O art. 1.013, § 3º, inc. IV, do CPC reforça a preocupação com a garantia constitucional da duração razoável do processo (CF, art. 5º, inc. LXXVIII) e com o direito das partes de obter em prazo razoável a solução integral do mérito (CPC, art. 4º). Ademais, o referido artigo também enaltece o poder-dever do juiz de sanear o processo (CPC, art. 139, inc. IX), para aproveitá-lo ao máximo, visando, sempre que possível, a resolução do mérito. Com isso, a disposição processual contida no art. 1.013, § 3º, inc. IV, do CPC adota a teoria da causa madura e coloca como prioridade a eficiência e a celeridade da prestação jurisdicional, ao invés de prestigiar a garantia do duplo grau de jurisdição.

Nem sempre, contudo, poderá o Tribunal ignorar a nulidade por falta de fundamentação e resolver o mérito. É indispensável que o processo esteja em condições de imediato julgamento (causa madura), isto é, as provas necessárias ao julgamento do mérito já devem estar presentes e terem sido conferidas as oportunidades concretas de influenciar na sentença apelada, ou se tratar de questão somente de direito.

Com efeito, a nulidade da sentença por ausência de fundamentação adequada (CPC, art. 489, § 1º) indica vício do próprio ato decisório, mas não impede que a mácula seja sanada pelo próprio tribunal à luz das questões fáticas e jurídicas postas nos autos para, com fundamento no art. 1.013, § 3º, inc. IV, do CPC, prosseguir no julgamento da apelação.

Nesse sentido, à guisa de exemplo, decidiu o Superior Tribunal de Justiça o seguinte caso[215]: J.L.F. ajuizou ação de cobrança em desfavor do Município de Anadia/AL, sustentando ser credor do mencionado ente público no valor de R$ 8.090,50 (oito mil, noventa reais e cinquenta centavos), representado pelo cheque 225968, Banco do Brasil S/A. O juízo de primeira instância, julgando antecipadamente o mérito (CPC, art. 355, inc. I), deu provimento à ação, condenando o Município ao pagamento do principal, acrescidos de juros e correção monetária. Interposto recurso de apelação, o Tribunal de Justiça acolheu a preliminar de nulidade da sentença, ao argumento de que a sentença continha fundamentação deficiente. Apesar disso, com base no art. 515, 3º, do CPC-73 (que se aproxima do 1.013, § 3º, inc. IV, do CPC), julgou desde logo o mérito, para condenar o Município nos termos da sentença (cassada) que havia sido proferida pelo juízo de primeira instância. Irresignado, o Município de Anadia/AL interpôs recurso especial, mas o STJ confirmou o acórdão do Tribunal de Justiça, aplicando a teoria da causa madura.

9.5.3. Dispositivo

Pelo art. 489, inc. III, do CPC, um dos elementos essenciais da sentença é o *dispositivo*, pelo qual o juiz resolve as questões principais que as partes lhe submetem.

É vedado ao juiz proferir decisão de natureza diferente da pedida, bem como condenar a parte em quantidade superior ou em objeto diverso do que lhe foi demandado (CPC, art. 492, *caput*).

---

215. STJ, REsp 1096908/AL, Rel. Min. Luiz Fux, 1ª T., j. 06.10.2009, *DJe* 19.10.2009.

O art. 492 do CPC versa sobre a regra da congruência ou da correlação entre o pedido e a sentença. Enquanto cabe ao autor formular na petição inicial o pedido com as suas especificações (CPC, art. 319, inc. IV), sendo também possível ao réu propor, na contestação, reconvenção para manifestar pretensão própria (CPC, art. 343, *caput*), o juiz tem o dever de decidir o mérito nos limites propostos pelas partes. É vedado ao magistrado conhecer de questões não suscitadas a cujo respeito a lei exige iniciativa da parte (CPC, art. 141).

Quando o juiz concede ao demandante mais do que foi pedido (*ultra petita*) ou algo diverso do que foi pedido (*extra petita*)[216], a sentença é nula, porque não respeita a garantia constitucional do contraditório. Entretanto, o Tribunal, no julgamento do recurso em que se alega ter sido a decisão *ultra* ou *extra petita*, ao invés de simplesmente anular a sentença e remeter os autos novamente para o primeiro grau, deve apenas decotar a parte que não foi objeto do pedido (CPC, art. 1.013, § 3º, inc. II)[217].

Além disso, cabe ao juiz analisar todos os pedidos, para que a tutela jurisdicional seja plena. Estão incluídos no pedido principal, ainda que implicitamente, os juros legais, a correção monetária e as verbas de sucumbência, inclusive os honorários advocatícios (CPC, art. 322, § 1º). Ademais, nas ações que tiverem por objeto o cumprimento de obrigações em prestações sucessivas, as vencidas após o ajuizamento da demanda serão abrangidas na condenação, independentemente de declaração expressa do autor (CPC, art. 323). A ausência de apreciação desses pedidos enseja sentença *citra* ou *infra petita*.

Não havendo no juízo de primeiro grau análise dos pedidos implícitos (v.g., ausência de condenação em honorários advocatícios)[218], pode o Tribunal, em sede de apelação, sanar o vício e, sem anular a sentença *citra* ou *infra petita*, determinar a condenação integral do vencido, com fundamento no art. 1.013, § 3º, inc. III, do CPC[219].

Todavia, o juiz pode resolver o mérito acolhendo ou rejeitando, no todo ou em parte, os pedidos formulados pelas partes (CPC, art. 490). Não configura julgamento *citra petita* quando o juiz acolhe uma parte do pedido ou, na cumulação simples, um

---

216. Nesse sentido, o art. 17, § 10-F, inc. I, da Lei 8.429/92, com a redação dada pela Lei 14.230/2021, afirma ser nula a decisão de mérito total ou parcial da ação de improbidade administrativa que condenar o requerido por tipo diverso daquele definido na petição inicial. Tal dispositivo se enquadra no contexto do direito administrativo sancionador.

217. STJ, AgRg no REsp 1533758/RJ, Rel. Min. Humberto Martins, 2ª T., j. 17.12.2015, *DJe* 10.02.2016; REsp 1352962/PB, Rel. Min. Sidnei Beneti, 3ª T., j. 07.05.2013, *DJe* 20.05.2013.

218. Contudo, vale ressaltar que a data de prolação da sentença é o marco temporal que define se o CPC/73 ou o CPC/15 deve ser aplicado na fixação de honorários de sucumbência. STJ, EAREsp 1.255.986, Rel. Min. Luis Felipe Salomão, j. 20.03.2019.

219. Contudo, a admissibilidade de pedido implícito (para possibilitar, por exemplo, a definição, desde logo, da extensão da obrigação, do índice de correção monetária, da taxa de juros, do termo inicial de ambos ou a periodicidade da capitalização dos juros) precisa ser, expressamente, examinado pelo juiz para integrar o objeto a ser executado, já que o CPC não admite condenações implícitas (STJ, ExeMS 18.782/DF, Rel. Min. Mauro Campbell Marques, 1ª Seção, j. 12.09.2018, *DJe* 03.10.2018). Por outro lado, a condenação genérica, ao pagamento das custas processuais, é suficiente para permitir a inclusão dos honorários pericial em conta de liquidação (STJ, EREsp 1.519.445-RJ, Rel. Min. Og Fernandes, Rel. p/ acórdão Min. Nancy Andrighi, Corte Especial, j. 19.09.2018, *DJe* 10.10.2018).

dos pedidos formulados na petição inicial ou, eventualmente, na reconvenção. Aliás, uma mesma sentença pode conter diversas decisões, que podem ser denominadas de *capítulos da sentença*. Tal expressão é usada pelo CPC/2015 para nortear o cabimento da ação rescisória (CPC, art. 966, § 3º) ou dos recursos (CPC, arts. 1.013, §§ 1º e 5º, e 1.034, parágrafo único)[220]. Dessa forma, o CPC também contempla a coisa julgada parcial e progressiva, bem como autoriza o cumprimento definitivo de parcela incontroversa da sentença condenatória[221].

Quando o pedido for genérico (CPC, art. 324), cabe ao juiz, sempre que possível, proferir sentença líquida, definindo desde logo a extensão da obrigação, o índice de correção monetária, a taxa de juros, o termo inicial de ambos e a periodicidade da capitalização dos juros (CPC, art. 491). Excepcionalmente, quando não for possível determinar de modo definitivo o montante devido, ou quando a apuração desse depender da produção de prova de realização demorada ou excessivamente dispendiosa, admite-se o proferimento de decisões ilíquidas, devendo o *quantum debeatur* ser apurado mediante liquidação de sentença (CPC, arts. 509-512). De igual modo, o art. 38, parágrafo único, da Lei 9.099/95 estabelece: "Não se admitirá sentença condenatória por quantia ilíquida, ainda que genérico o pedido".

Porém, não há ofensa ao princípio da congruência quando a decisão judicial, ao analisar os fatos, enquadra os atos de improbidade administrativa em dispositivo diverso do indicado na petição inicial[222].

A sentença sem dispositivo é nula. Ainda, a sentença cujo dispositivo é omisso quanto à análise de um dos pedidos, bem como aquela que não versa sobre a condenação dos ônus da sucumbência, não determina a incidência, ou não fixa o termo inicial de juros moratórios, ou de correção monetária etc., também é nula.

Tais omissões, todavia, devem ser impugnadas pela parte, mediante a interposição de embargos de declaração (CPC, arts. 494, inc. II, 994, inc. IV, e 1.022, inc. II).

Com efeito, a ausência ou a insuficiência de fundamentação da decisão – inclusive por descumprimento de uma das condutas descritas no art. 489, § 1º, do CPC – configura omissão e permite o cabimento dos embargos de declaração (CPC, art. 1.022, parágrafo único, inc. II).

Além disso, mesmo a sentença sendo omissa no exame de um dos pedidos, o Tribunal, ao examinar a apelação, não deve, pura e simplesmente, decretar a nulidade da sentença, podendo – se o processo estiver em condições de imediato julgamento – decidir desde logo o mérito (CPC, art. 1.013, § 3.º, inc. III).

Por fim, a decisão deve ser certa, ainda que resolva relação jurídica condicional (CPC, art. 492, parágrafo único). Porém, mesmo que deva ser certa, o juiz não fica im-

---

220. STJ, EDcl no AgRg no AREsp 476.843/RO, 2ª T., Rel. Min. Assusete Magalhães, j. 24.03.2015, *DJe* 07.04.2015.
221. STJ, AgInt no AgInt no REsp 2.038.959/PR, 2ª T., Rel. Min. Herman Benjamin, j. 16.04.2024.
222. STJ, EDcl no AgInt no AREsp 1.336.263/PR, Rel. Min. Mauro Campbell Marques, 2ª T, j. 11.04.2019; AgInt no REsp 1.372.775/SC, Rel. Min. Regina Helena Costa, 1ª T., j. 27.11.2018.

pedido de criar uma condição de eficácia da decisão[223]. Por exemplo, o beneficiário da gratuidade da justiça está isento de pagar os ônus da sucumbência (CPC, art. 98, § 1º), mas a decisão deve estabelecer condição suspensiva de exigibilidade para que o credor, no prazo máximo de cinco anos, contados a partir do trânsito em julgado, execute o vencido, caso consiga demonstrar que deixou de existir a situação de insuficiência de recursos que justificou a situação de gratuidade (CPC, art. 98, § 3º).

9.6. INTERPRETAÇÃO DA DECISÃO JUDICIAL

A decisão judicial, como todo e qualquer ato jurídico, deve ser interpretada a partir da conjugação de todos os seus elementos – relatório, fundamentos e dispositivo – e em conformidade com o princípio da boa-fé (CPC, art. 489, § 3º).

Como os enunciados normativos são abstratos, gerais e impessoais, a interpretação do juiz cria a norma individual adequada ao caso concreto; isto é, o sentido atribuído pelo órgão judicial ao texto normativo é algo novo: o resultado dessa interpretação é a norma individual[224].

A sentença, embora seja ato estatal, não é lei, já que incide na relação jurídica processual entre partes e Estado, ou entre uma só parte e o Estado, não se sujeitando às mesmas regras da interpretação das leis. As sentenças devem ser sempre interpretadas de modo estrito (*sententia est stricti iuris et stricto modo intelligi debet*)[225]. Para se buscar saber o que o juiz exprimiu, é indispensável verificar os elementos da sentença e os autos (v.g., o pedido e a defesa do demandante, do demandado e de terceiros intervenientes). No entanto, a sentença somente deve ser cumprida de forma estrita, isto é, apenas se executa o que está expresso e as pessoas que estão nominadas. Decisões duvidosas ou implícitas carregam, como regra, obscuridade, contradição ou omissão, devendo ser esclarecidas e/ou integradas a partir do ajuizamento dos embargos de declaração (CPC, art. 1.022).

Por outro lado, a decisão judicial pode servir de precedente obrigatório. Assim, a *ratio decidendi*, enquanto proposição jurídica essencial e necessária ao julgamento do caso precedente[226], é norma geral extraída do caso concretamente julgado e vincula os órgãos do sistema judiciário para os casos futuros[227]. Logo, enquanto a decisão concreta

---

223. CUNHA, Leonardo Carneiro da. Comentário ao art. 492 do CPC. In: WAMBIER, Teresa Arruda Alvim; DIDIER JR., Fredie; TALAMINI, Eduardo; DANTAS, Bruno. *Breves comentários ao Novo Código de Processo Civil*. São Paulo: RT, 2015. p. 1.242.
224. CAPPELLETTI, Mauro. *Juízes legisladores?* Trad. Carlos Alberto Álvaro de Oliveira. Porto Alegre: Sérgio Antônio Fabris, 1993. p. 21-2; GRAU, Eros Roberto. A interpretação constitucional como processo. *Revista Jurídica Consulex*. v. 3, p. 41.
225. PONTES DE MIRANDA, Francisco Cavalcanti. *Comentários ao Código de Processo Civil*. 3. ed. Rio de Janeiro: Forense, 1997. t. V, p. 63.
226. BARBOZA, Estefânia Maria de Queiroz. *Precedentes judiciais e segurança jurídica*: fundamentos e possibilidades para a jurisdição constitucional brasileira. São Paulo: Saraiva, 2014. p. 217.
227. MELLO, Patrícia Perrone Campos. *Precedentes*: o desenvolvimento judicial do direito no constitucionalismo contemporâneo cit., p. 118.

e seu dispositivo importam às partes da demanda original, a *ratio decidendi* terá força obrigatória e sua vinculação tem seus efeitos extensivos aos demais cidadãos[228].

Interpretar a decisão judicial não é tão somente elucidar o significado dos enunciados linguísticos, mas é também alcançar o resultado pretendido pelo provimento do juiz. Por isso, a interpretação da parte dispositiva da sentença não pode ser feita isoladamente, mas em conformidade com o contexto de toda a fundamentação da decisão[229]. E, havendo dúvidas na interpretação do dispositivo da sentença, deve-se preferir a que seja mais conforme a fundamentação e aos limites da causa[230], de acordo com o pedido formulado na petição inicial e na reconvenção.

A regra contida no art. 489, § 3º, do CPC serve para que se evite a decretação de nulidades processuais, quando, embora possam existir defeitos na decisão, mediante interpretação sistemática, ela possa ser compreendida sem maiores dificuldades hermenêuticas. Tal regra de interpretação da sentença está em sintonia com o art. 5º do CPC, que impõe o dever de boa-fé a todos os participantes do processo, bem como a contida no art. 322, § 2º, do CPC que estabelece que a interpretação do pedido deve considerar o conjunto da postulação e observar o princípio da boa-fé.

9.7. ATUALIDADE DA DECISÃO JUDICIAL

As decisões judiciais devem resolver o conflito na forma como ele se apresenta no momento do julgamento, levando em consideração todos os fatos relevantes, inclusive os ocorridos após a propositura da demanda e a contestação do réu (CPC, art. 493), bem como o direito superveniente.

A sentença reflete o estado jurídico e de fato em um determinado momento, isto é, o do encerramento dos debates ou do oferecimento das razões finais (CPC, art. 366)[231]. Tudo o que o juiz puder conhecer, até o instante em que profere a sentença, deve ser levado em consideração.

O direito subjetivo (CPC, art. 493) ou objetivo (CPC, art. 505) supervenientes à postulação em juízo podem ser apreciados pelo juiz.

O art. 493 do CPC pode ser invocado pelo autor, quando se tratar de fatos constitutivos, ou pelo réu, quando versar sobre fatos modificativos ou extintivos ocorridos após a propositura da ação ou o oferecimento da defesa. Este artigo incide sobre todos os pronunciamentos judiciais (CPC, arts. 203 e 204) e em todos os graus de jurisdição, seja na fase de cognição, seja na de execução.

---

228. MARINONI, Luiz Guilherme. *Precedentes obrigatórios*. 2. ed. São Paulo: RT, 2011. p. 222.
229. STJ, AgRg no Ag 1135889/MG, Rel. Min. Vasco Della Giustina (Desembargador Convocado do TJ/RS), 3ª T., j. 21.10.2010, *DJe* 04.11.2010.
230. STJ, REsp 1149575/DF, Rel. Min. Nancy Andrighi, 3ª T., j. 28.08.2012, *DJe* 11.10.2012.
231. PONTES DE MIRANDA, Francisco Cavalcanti. *Comentários ao Código de Processo Civil*. t. V cit., p. 64.

No entanto, os fatos supervenientes não podem alterar a causa de pedir ou o pedido (CPC, art. 319, inc. III)[232], especialmente quando já estiver ultrapassado o momento do saneamento (CPC, art. 329, inc. II). Nessa hipótese, caberá ao autor ajuizar nova ação.

Antes, porém, do juiz decidir, deverá ouvir ambas as partes (CPC, art. 9º), para assegurar a garantia constitucional do contraditório (CF, art. 5º, inc. LV). Quando o magistrado, de ofício, quiser levar em consideração os fatos ou o direito supervenientes, deverá observar previamente o disposto no art. 10 do CPC, sendo nulas as decisões surpresas, isto é, proferidas sem a anterior possibilidade de manifestação das partes.

Caso os litigantes, depois de ouvidos, concordarem com a consideração do fato superveniente modificativo da causa de pedir, nada impede que o juiz o leve em consideração no momento de sentenciar[233].

Mesmo fatos anteriores à propositura da ação devem ser considerados pelo órgão judicial no momento de decidir, quando a parte demonstrar que não tinha conhecimento deles. Essa interpretação extensiva possibilita, inclusive, que os fatos impeditivos anteriores à contestação sejam alegados pelo réu em momento posterior, desde que evidenciado que ele não tinha conhecimento anterior desses acontecimentos.

Os fatos ocorridos antes da interposição dos recursos especial e extraordinário dependem, para serem conhecidos pelos Tribunais Superiores, de *prequestionamento*. Isto é, não tendo o acórdão recorrido considerado os fatos supervenientes, caberá a interposição de embargos de declaração para que a omissão seja suprida[234].

Entretanto, se os fatos ocorrem após a interposição dos recursos especial e/ou extraordinário, os Tribunais Superiores também devem conhecê-los, uma vez que a Súmula 456 do STF afirma que a Corte Suprema deve, conhecendo o recurso extraordinário, julgar a causa, aplicando o direito à espécie. Apesar disso, a jurisprudência majoritária tanto do STJ[235] quanto do STF[236] não tem admitido a aplicação do art. 493 do CPC (correspondente ao art. 462 do CPC/73).

Ademais, o art. 342, inc. I, do CPC, ao possibilitar a alegação de direito superveniente, deve alcançar não apenas o réu, mas também o autor. Entretanto, o direito novo não pode prejudicar o direito adquirido, o ato jurídico perfeito e a coisa julgada (CF, art. 5º, inc. XXXVI)[237]. Por exemplo, um benefício fiscal criado por lei nova deve

---

232. STJ, REsp 1109048/PR, Rel. Min. Luiz Fux, 1ª T., j. 16.11.2010, *DJe* 14.12.2010.
233. MARINONI, Luiz Guilherme; ARENHART, Sérgio Cruz; MITIDIERO, Daniel. *Curso de processo civil*. 2. ed. São Paulo: RT, 2016. v. 2, p. 463.
234. STJ, AgRg no AREsp 275.268/AL, Rel. Min. Humberto Martins, 2ª T., j. 02.05.2013, *DJe* 16.05.2013.
235. STF, AI 861692 AgR, Rel. Min. Dias Toffoli, 2ª T., j. 30.06.2015, Processo Eletrônico *DJe*-163 Divulg 19.08.2015 Public 20.08.2015; RE 655330 AgR, Rel. Min. Ricardo Lewandowski, 2ª T., j. 12.08.2014, Acórdão Eletrônico *DJe*-161 Divulg 20.08.2014 Public 21.08.2014.
236. STJ, REsp 1151603/DF, Rel. Min. Maria Thereza de Assis Moura, 6ª T., j. 15.08.2013, *DJe* 27.09.2013; AgRg no AREsp 11.516/MG, Rel. Min. Marco Buzzi, 4ª T., j. 16.10.2012, *DJe* 23.10.2012.
237. STF, ARE 918066 AgR, Rel. Min. Celso de Mello, 2ª T., j. 10.11.2015, Processo Eletrônico *DJe*-248 Divulg 09.12.2015 Public 10.12.2015.

incidir imediatamente, atingindo os fatos presentes, discutidos em juízo, ainda que os autos estejam em sede recursal[238].

Nesse sentido, o art. 525, § 12, do CPC admite a impugnação de título executivo judicial, fundado em lei ou em ato normativo considerado inconstitucional pelo STF, ou fundado em aplicação ou interpretação da lei, ou do ato normativo tido pelo STF como incompatível com a CF, em controle difuso ou concentrado de constitucionalidade, desde que a decisão do STF seja anterior ao trânsito em julgado da decisão exequenda (CPC, art. 525, § 14). No entanto, se tal decisão for posterior ao trânsito em julgado, admite-se o cabimento de ação rescisória (CPC, art. 525, § 15).

9.8. EMENDAS À SENTENÇA

A sentença se torna pública quando é lançada nos autos, ou seja, quando é prolatada pelo juiz em audiência, entregue em cartório, ou juntada aos autos. A sentença é considerada publicada no momento em que se torna conhecida pelas partes ou por quem tiver interesse. A partir da publicação, a sentença não pode ser mais alterada.

Não é necessária a intimação das partes para que a sentença se revista da cláusula de inalterabilidade. A intimação visa apenas comunicar a existência da decisão às partes, abrindo a oportunidade para a interposição de recursos. Aliás, quando a sentença foi prolatada em audiência, as partes tomam conhecimento oral da decisão.

Contudo, publicada a sentença, não se esgota a atividade do juiz. Há fases ulteriores à sentença e que determinam o prosseguimento do processo. Assim, se houver necessidade de se apurar o *quantum debeatur*, haverá a fase de liquidação; se o obrigado não cumprir, espontaneamente, a sentença, haverá a fase executiva.

Apesar disso, o magistrado não pode modificar a sentença, ainda que razões posteriores possam mostrar erros na condução do processo (v.g., ausência de condições da ação ou de pressupostos processuais) ou mesmo a injustiça da decisão. Somente com a interposição de recursos ou quando a lei admite juízos de retratação (v.g., arts. 331, 332, § 3º e 485, § 7º, CPC), pode a parte obter o *reexame da causa*.

Porém, o próprio juiz pode, de ofício ou a requerimento da parte, corrigir inexatidões materiais ou erros de cálculo. Nessas situações, o magistrado não procede ao reexame da causa, tampouco pode realizar novo julgamento. O que se admite é a retificação de pequenos equívocos involuntários, entre o que se pretendia declarar e o que foi publicado.

Inexatidões materiais ocorrem quando o erro do juiz é inconsciente, decorrente de lapso manifesto[239]. Não é um engano na formação do raciocínio, na escolha de

---

238. STJ, AgRg no REsp 1518688/RS, Rel. Min. Mauro Campbell Marques, 2ª T., j. 28.04.2015, *DJe* 07.05.2015.
239. MALACHINI, Edson Ribas. "Inexatidão material" e "erro de cálculo". *Revista de Processo*. v. 113, jan.-fev. 2004, p. 212.

um critério ou na opção por um ponto de vista[240]. O erro material se revela de forma evidente e inequívoca, é reconhecido *primu ictu oculi*, verificado a partir de padrões objetivos, que podem ser identificados por qualquer homem médio, e não tem conteúdo decisório propriamente dito[241]. São exemplos: o nome de uma das partes foi escrito incorretamente; o juiz monocrático remete os autos ao Tribunal quando não se trata de hipótese de reexame necessário; há manifesto erro na contagem do prazo recursal, com o consequente não conhecimento do recurso; a não inclusão do nome do advogado na pauta de julgamento; a dissonância entre a conclusão inserta na certidão de julgamento e o conteúdo do acórdão etc. Nos erros materiais, também, pode ser incluída toda divergência ocasional entre a ideia e a representação, objetivamente recognoscível, que demonstre não traduzir o pensamento ou a vontade do juiz que profere a decisão[242]. No entanto, erros materiais não se confundem com erros no julgamento, que são opções conscientes, os quais, portanto, não podem ser conhecidos de ofício, mas dependem da interposição de recurso para serem analisado, seja pelo próprio juiz (quando se admite juízo de retratação), seja pela instância recursal.

Erros de cálculo são apenas os equívocos aritméticos, como é a inclusão de parcela indevida ou a exclusão, por omissão ou por equívoco, de parcela devida; não aplicação de correção monetária ou de juros que foram acolhidos na sentença etc. Por outro lado, não se configura simples erro de cálculo se o pretendido equívoco, para ser corrigido, exige o reexame de documentos e seu cotejo com a perícia, ou se resulta de aplicação equivocada de determinado critério ou ponto de vista, como a escolha do índice de correção monetária.

As inexatidões materiais e os erros de cálculo podem ser corrigidos de ofício pelo juiz ou por provocação da parte, feita por simples petição, dispensando a oposição de embargos de declaração. Contudo, admite-se embargos declaratórios para a correção de eventual erro material[243]. É admissível, inclusive, que os embargos de declaração interpostos *intempestivamente* sirvam para que o vício seja sanado, porque o erro material é corrigível a qualquer tempo, de ofício ou a requerimento[244].

Tais erros materiais ou de cálculo podem ser sanados a qualquer tempo, mesmo após o trânsito em julgado, por se tratar de matéria de ordem pública, cognoscível de ofício pelo juiz[245]. O saneamento desses equívocos é mister inerente à função jurisdicional e não ofende a garantia constitucional da coisa julgada[246]. Todavia, a retificação desses erros não tem o condão de reabrir o prazo recursal, pois isso implicaria violação à garantia constitucional da coisa julgada.

---

240. WAMBIER, Teresa Arruda Alvim; WAMBIER, Luiz Rodrigues; MEDINA, José Miguel Garcia. *Breves comentários à nova sistemática processual civil*. São Paulo: RT, 2006. v. 2. p. 82, nota 3.
241. STJ, REsp 1151982/ES, Rel. Min. Nancy Andrighi, 3ª T., j. 23.10.2012, *DJe* 31.10.2012.
242. STJ, AgRg no REsp 773.273/MG, Rel. Min. Luiz Fux, 1ª T., j. 27.11.2007, *DJ* 27.02.2008, p. 162.
243. STJ, EDcl nos EDcl no MS 14.433/DF, Rel. Min. Felix Fischer, Terceira Seção, j. 25.03.2015, *DJe* 31.03.2015.
244. STJ, EDcl no REsp 530.089/PB, Rel. Min. Hamilton Carvalhido, 6ª T., j. 05.02.2004, *DJ* 15.03.2004, p. 311.
245. STJ, AgRg no AREsp 399.346/SC, Rel. Min. Luis Felipe Salomão, 4ª T., j. 01.09.2015, *DJe* 08.09.2015.
246. STJ, AgRg no REsp 773.273/MG, Rel. Min. Luiz Fux, 1ª T., j. 27.11.2007, *DJ* 27.02.2008, p. 162.

Por outro lado, os *erros de fato*, que são equívocos cometidos na análise da prova, não podem ser corrigidos de ofício ou por petição dos interessados, dependendo da interposição de recurso ou, transitado em julgada a decisão, mediante a proposição de ação rescisória.

No entanto, o juiz pode alterar a sentença, desde que haja a interposição de embargos de declaração (CPC, art. 494, inc. II), que é o recurso cabível contra qualquer decisão judicial para esclarecer obscuridade ou eliminar contradição, suprir omissão de ponto ou questão sobre o qual devia se pronunciar o juiz de ofício ou a requerimento, bem como para corrigir erro material (CPC, art. 1.022). A rigor, os embargos de declaração não têm a finalidade de modificar a decisão, especialmente quando for usado para corrigir erro material (CPC, art. 1.022, inc. III). Nada impede, contudo, que quando se esclareça uma obscuridade, eliminando-se as possíveis contradições ou suprindo omissões, os efeitos modificativos ou infringentes aos embargos de declaração já sejam conferidos a quem aproveita (v.g., após julgar procedente o pedido, é interposto embargos declaratórios que reconhece a omissão quanto à prescrição e, ao reconhecê-la, resolve o processo em favor do réu). Nessa hipótese, o juiz deve intimar o embargado para, querendo, manifestar-se no prazo de cinco dias (CPC, art. 1.023, § 2º), para que a decisão não seja alterada sem se oportunizar previamente a observância da garantia do contraditório.

9.9. CONTEÚDO DA SENTENÇA

Os efeitos da sentença não se confundem com o seu conteúdo, pois a semântica de "efeito" é algo que necessariamente está fora daquilo que o produz. Os efeitos variam conforme o conteúdo, são determinados por ele, embora esses conceitos não sejam iguais[247].

De cinco espécies podem ser as sentenças, de acordo com os seus respectivos conteúdos: declaratória, constitutiva, condenatória, mandamental e executivo *lato sensu*. Esses conteúdos decorrem da natureza jurídica da ação e precisam ser requeridos.

A função declaratória é essencial à jurisdição, pois toda e qualquer atuação jurisdicional visa dirimir um conflito de certeza jurídica. Por isso, todas as sentenças têm carga declaratória. Contudo, há sentenças que possuem somente natureza declaratória, sendo denominadas de *meramente declaratórias*, e estão voltadas a resolver dúvidas objetivas criadas no meio social no tocante aos direitos e obrigações ou à existência, inexistência, modo de ser de relações jurídicas. Por exemplo, a sentença que declara a existência ou a inexistência de uma obrigação tributária. Essas sentenças não alteram situações jurídicas nem mandam pagar, entregar, fazer ou não fazer – nem preparam futura execução, mas apenas afirmam ou negam a existência de direitos, obrigações etc.

---

247. MOREIRA, José Carlos Barbosa. Conteúdo e efeitos da sentença. *Temas de direito processual*. 4. Série. São Paulo: Saraiva, 1989. p. 176-177.

A sentença constitutiva visa solucionar *crises de situações jurídicas*, criando, modificando ou extinguindo alguma relação jurídica entre os litigantes. Por exemplo, a sentença que anula o contrato ou que adjudica a propriedade de um imóvel ao autor. A sentença constitutiva já traz em seu bojo a própria efetivação e o resultado desejado é automaticamente produzido por ela, sem que haja a necessidade ou o cabimento de processo de execução, além de não contar com a anuência do obrigado em obedecer ou em cumprir (v.g., anulado o contrato, ele deixa de existir; passada em julgado a sentença de divórcio não é necessária atuação judicial posterior para a alteração do estado civil das partes).

A sentença condenatória visa dirimir uma *crise de inadimplemento*, ou seja, da possível existência de algum direito insatisfeito porque a pessoa a quem cumpriria adimplir deixou de fazê-lo e o outro sujeito insiste em receber. Se o Judiciário reconhecer a existência desse direito, a sentença declarará a sua existência e chamará o obrigado ao adimplemento, sob pena de suportar futura execução forçada. Por exemplo, a sentença proferida em ação de cobrança ou em ação de reparação de danos. A sentença condenatória não oferece, em si mesma, uma tutela efetiva e plena, porque a satisfação do direito dependerá de um ato do próprio obrigado (adimplemento) ou da realização da execução forçada. O efeito executivo, pois, não se confunde com o conteúdo da sentença condenatória, sendo algo que ela produz, em caso do inadimplemento do devedor[248].

A sentença mandamental é composta por uma ordem (mandado) acompanhada de um meio de coerção indireta. Por exemplo, nas sentenças previstas no art. 497 do CPC, para o julgamento das ações relativas às prestações de fazer, de não fazer e de entregar, caso não se cumpra a ordem judicial é possível a imposição de multa ou de outra medida de apoio, para a concessão de tutela específica ou a obtenção de tutela pelo resultado prático equivalente. Trata-se de tutela efetiva, pois prescinde do processo de execução.

Já a sentença executiva *lato sensu* visa à realização imediata do direito material, sem a necessidade de um processo de execução autônomo. Por exemplo, a sentença proferida na ação de alimentos ou na ação de despejo.

Esses cinco efeitos, decorrentes diretamente dos cinco conteúdos, são considerados efeitos principais ou efeitos primários da sentença. Eles advêm diretamente do comando (dispositivo) da sentença. São decorrência da sentença considerada como *ato jurídico*.

A sentença, todavia, pode produzir efeitos secundários, de natureza processual ou material. São efeitos que decorrem da própria lei, independentemente do conteúdo do provimento, e independem de requerimento das partes[249]. São decorrência natural da sentença considerada como *ato jurídico*.

São efeitos secundários da sentença a imposição de correção monetária, de juros, a condenação em honorários advocatícios e em litigância de má-fé.

---

248. Ibidem, p. 177.
249. LIEBMAN, Enrico Tullio. *Eficácia e autoridade da sentença*. Trad. Ada Pellegrini Grinover. 3. ed. Rio de Janeiro: Forense, 1984. p. 75.

A sentença pode, ainda, produzir efeitos anexos, isto é, quando a própria lei atribui a determinadas espécies de sentenças efeitos, independentemente do pedido da parte e do pronunciamento judicial[250]. É uma decorrência da sentença considerada um *fato jurídico*. Difere-se dos efeitos secundários, pois enquanto estes, apesar de não dependerem de pedido da parte para que seja produzido, precisam estar contemplados na sentença para que se produza, os efeitos anexos não dependem de pronunciamento judicial. Por exemplo, a hipoteca judiciária e a eficácia de título executivo civil advinda da sentença condenatória penal (CPC, art. 515, inc. VI).

A hipoteca judiciária é um direito real de garantia sobre coisa alheia móvel. Pelo art. 495 do CPC, a sentença condenatória serve como título constitutivo de hipoteca judiciária. Uma vez inscrita a hipoteca, os bens do devedor passam a garantir, de forma privilegiada, a futura execução. O efeito da hipoteca judiciária decorre da própria sentença que condena o réu ao pagamento de prestação consistente em dinheiro ou que determina a prestação de fazer, de não fazer ou de dar coisa em prestação pecuniária. Todavia, não é título constitutivo de hipoteca judiciária a decisão que condena à entrega de coisa distinta de dinheiro (cf. Enunciado 310 do FPPC). A sentença condenatória, para que possa produzir efeito de hipoteca judiciária e valer contra terceiros, é preciso que seja especializada (individualizados os bens) e inscrita no registro imobiliário (art. 167, inc. I, da Lei de Registros Públicos – Lei 6.015/73). Produz-se o efeito de hipoteca judiciária, mesmo que a condenação seja genérica (isto é, que o *quantum debeatur* ainda deva ser apurado mediante liquidação de sentença), quando o credor possa promover o cumprimento provisório da sentença ou esteja pendente arresto dos bens do devedor ou, também, quando houver a interposição de recurso com efeito suspensivo[251]. Ademais, o efeito secundário da hipoteca judiciária não depende de pedido da parte, nem de manifestação do juiz. Como é um efeito anexo da sentença condenatória, não se exige a prévia observância do contraditório (pelo art. 495, § 3º, após 15 dias da data da realização da hipoteca a parte informa o juízo que, por sua vez, intima a outra parte para que tome ciência do ato)[252], nem de ordem judicial (basta a apresentação de cópia da sentença perante o registro imobiliário: CPC, art. 495, § 2º), e nasce com a publicação da decisão, não sendo necessário o trânsito em julgado[253]. No entanto, se sobrevier a reforma ou a invalidação da sentença, o credor deverá indenizar, independentemente de culpa (a responsabilidade é objetiva), pelos danos que a outra parte tiver sofrido em razão da constituição da garantia, devendo o valor ser liquidado e executado nos próprios autos (CPC, art. 495, § 5º). Ademais, a desproporção entre o valor da dívida e o do bem sobre o qual deve recair a hipoteca não impede a sua constituição[254], tampouco a presença de outros sujeitos abrangidos pela sentença condenatória (v.g., a hipoteca pode

---

250. WAMBIER, Luiz Rodrigues; TALAMINI, Eduardo. *Curso avançado de processo civil*. 16. ed. São Paulo: RT, 2016. v. 2, p. 438-439.
251. STJ, REsp 715.451/SP, Rel. Min. Nancy Andrighi, 3ª T., j. 06.04.2006, *DJ* 02.05.2006, p. 310.
252. STJ, AgRg no REsp 1280847/SP, Rel. Min. Paulo de Tarso Sanseverino, 3ª T., j. 11.03.2014, *DJe* 18.03.2014.
253. STJ, REsp 1120024/SP, Rel. Min. Marco Buzzi, 4ª T., j. 13.11.2012, *DJe* 28.06.2013.
254. STJ, REsp 1133147/SP, Rel. Min. Sidnei Beneti, 3ª T., j. 04.05.2010, *DJe* 24.05.2011.

ser constituída em relação ao administrador condenado a devolver recursos públicos, em sentença proferida em ação civil pública, ainda que o ressarcimento deva ser realizado por outros corréus sentenciados[255]). Entretanto, a hipoteca judiciária, porque se destina a garantir a execução da sentença condenatória, deve recair sobre bem que possa ser objeto de penhora e de expropriação; logo, bens impenhoráveis (v.g., bem de família; Lei 8.009/90, art. 1º) não podem ser objeto de constituição de hipoteca judiciária[256].

9.10. REMESSA NECESSÁRIA

A *remessa necessária* é uma condição de eficácia da sentença, não é um recurso (CPC, art. 994), porque não depende da *impugnação voluntária* da parte interessada. A remessa necessária visa à proteção do interesse público e, portanto, tem o condão de impedir o trânsito em julgado da sentença, que acontece somente após ser reexaminada pelo tribunal competente[257].

Apenas as decisões definitivas de mérito estão sujeitas à remessa necessária, não obstante o art. 496, *caput*, do CPC se refira apenas à sentença. Isso porque é possível haver julgamento antecipado parcial de mérito (CPC, art. 356) em face do Poder Público. Nesse caso, o provimento definitivo de mérito é uma decisão sujeita ao recurso de agravo de instrumento (CPC, art. 356, § 5º), não podendo ser considerada sentença, já que não põe fim à fase cognitiva do procedimento comum (CPC, art. 203, § 1º), mas está sujeito à remessa necessária. De igual modo, em ação monitória, quando a Fazenda Pública não interpuser embargos, e nos limites do art. 496, §§ 3º e 4º, do CPC, o título executivo judicial somente se formará após o reexame da decisão (interlocutória) inicial (CPC, art. 701, § 4º).

Os demais provimentos judiciais em face do Poder Público que não decidem definitivamente o mérito (v.g., concessão de tutela provisória), não se submetem à remessa necessária. Assim, as sentenças terminativas (CPC, art. 485) proferidas em face do Poder Público não estão sujeitos à remessa necessária, com exceção da sentença proferida na ação popular (Lei 4.717/65, art. 19: "A sentença que concluir pela carência ou pela improcedência da ação está sujeita ao duplo grau de jurisdição, não produzindo efeito senão depois de confirmada pelo tribunal;...") e a que julgar improcedente a ação civil pública, por aplicação analógica do art. 19 da Lei 4.717/65[258].

Por outro lado, não se sujeitam à remessa necessária as decisões proferidas pelos Tribunais em ações de competência originária (v.g., mandado de segurança e ações rescisórias) que sejam contrárias à Fazenda Pública[259], pois, nessas hipóteses, está-se diante

---

255. STJ, REsp 762.230/SP, Rel. Min. Castro Meira, 2ª T., j. 16.10.2008, *DJe* 06.11.2008.
256. STJ, RMS 12.373/RJ, Rel. Min. César Asfor Rocha, 4ª T., j. 14.11.2000, *DJ* 12.02.2001, p. 115.
257. Súmula STF 423: "Não transita em julgado a sentença por haver omitido o recurso *ex officio*, que se considera interposto *ex lege*".
258. STJ, AgRg no REsp 1219033/RJ, Rel. Min. Herman Benjamin, 2ª T., j. 17.03.2011, *DJe* 25.04.2011.
259. FERRAZ, Sérgio. *Mandado de segurança*. São Paulo: Malheiros, 2006. p. 339.

de decisões colegiadas, isto é, de acórdãos (exegese do art. 496, *caput*, CPC). Ainda, por força do art. 17, § 19, inc. IV, e do art. 17-C, § 3º, da Lei 8.429/92, com a redação dada pela Lei 14.230/2021, não se aplicam na ação de improbidade administrativa o reexame obrigatório da sentença de improcedência ou de extinção sem resolução de mérito[260].

Como regra, somente as sentenças contrárias aos interesses da União, dos Estados, dos Municípios e suas respectivas autarquias e fundações de direito público podem ser objeto de remessa necessária. Não se sujeitam ao disposto no art. 496 do CPC as empresas públicas e as sociedades de economia mista, por serem pessoas de direito privado. Entretanto, concedido mandado de segurança, independentemente de quem figura no polo passivo da relação processual (já que têm legitimidade passiva não apenas o Poder Público, mas também agentes privados, como os integrantes de entidade particular ou de pessoa jurídica de direito privado que exerça atividade pública por delegação), a sentença estará obrigatoriamente sujeita ao duplo grau de jurisdição (Lei 12.016/2009, art. 14, § 1º). Em razão da remessa obrigatória, não se admite a desistência do mandado de segurança, após a sentença de mérito, ainda que favorável ao impetrante, sem a anuência do impetrado[261].

Ainda, deve ser objeto de remessa necessária a sentença que julgar procedentes, no todo ou em parte, os embargos à execução fiscal (CPC, art. 496, inc. I). Os embargos à execução não fiscal não se sujeitam ao reexame necessário, mas a extinção da execução fiscal, no mérito, mediante exceção de pré-executividade, deverá ser submetida à remessa necessária, salvo se o Poder Público, intimado para se manifestar sobre a referida exceção de pré-executividade – que, em verdade, possui natureza de objeção processual –, expressamente concorda com a procedência de seu conteúdo[262].

A remessa necessária devolve ao Tribunal todos os capítulos da sentença desfavoráveis à Fazenda Pública[263]. Assim, a remessa necessária possui efeito devolutivo amplo, mitigando o princípio *tantum devolutum quantum appellatum*, pois o Tribunal pode conhecer de matérias desfavoráveis ao Poder Público, ainda que não tenha sido objeto de impugnação recursal pelas partes[264]. Logo, a interposição de apelação parcial não impede a remessa necessária (cf. Enunciado 432 do FPPC). Contudo, as partes da sentença favoráveis ao Poder Público, se não forem objeto de recurso, não podem ser alteradas pelo Tribunal[265], salvo se forem matéria de ordem pública, em razão do efeito translativo amplo da remessa necessária[266].

---

260. Com as alterações trazidas pela Lei 14.230/2021, restou superado o entendimento jurisprudencial anterior (conferir: STJ, EREsp 1220667/MG, Rel. Min. Herman Benjamin, 1ª Seção, j. 24.05.2017, *DJe* 30.06.2017), que admitia a remessa necessária na ação de improbidade administrativa.
261. STJ, AgRg no REsp 928.453/RJ, Rel. Min. Herman Benjamin, 1ª Seção, j. 08.06.2011, *DJe* 14.06.2011.
262. STJ, AgRg no AREsp 338.583/CE, Rel. Min. Herman Benjamin, 2ª T., j. 06.10.2015, *DJe* 03.02.2016.
263. Súmula STJ 325: "A remessa oficial devolve ao Tribunal o reexame de todas as parcelas da condenação suportadas pela Fazenda Pública, inclusive dos honorários de advogado".
264. STJ, AgRg no REsp 1444360/SE, Rel. Min. Humberto Martins, 2ª T., j. 15.05.2014, *DJe* 22.05.2014.
265. Súmula STJ 45: "No reexame necessário, é defeso ao tribunal, agravar a condenação imposta à Fazenda Pública".
266. STJ, REsp 959.338/SP, Rel. Min. Napoleão Nunes Maia Filho, 1ª Seção, j. 29.02.2012, *DJe* 08.03.2012; REsp 1263054/GO, Rel. Min. Napoleão Nunes Maia Filho, 1ª T., j. 02.04.2013, *DJe* 13.08.2013.

Proferida a sentença, parcial ou integralmente, contrária aos interesses da Fazenda Pública, o juiz deve aguardar o prazo para a interposição de recursos. Se houver a interposição de apelação, os autos serão enviados ao Tribunal para analisar o recurso e a remessa necessária. Caso não tenha sido interposta apelação, transcorrido o prazo legal, cabe ao magistrado submeter os autos à apreciação do Tribunal para julgar a remessa necessária. Se o juiz não enviar os autos, o Presidente do Tribunal tem o dever de avocá-los (CPC, art. 496, § 1º).

Ademais, é possível haver julgamento parcial do mérito em face da Fazenda Pública, quando um ou mais dos pedidos formulados, ou parcela deles, mostrar-se incontroverso ou estiver em condições de imediato julgamento de mérito, nos termos do art. 355 do CPC (CPC, art. 356, incs. I e II). A decisão parcial de mérito faz coisa julgada material, embora não seja uma sentença (CPC, art. 203, § 1º), porque não põe fim à fase cognitiva do procedimento comum, sendo impugnável por agravo de instrumento (CPC, art. 356, § 5º). Apesar do art. 496, *caput*, do CPC somente se referir a sentença como objeto de remessa necessária, a decisão interlocutória de mérito também está sujeita, obrigatoriamente, ao duplo grau de jurisdição, não podendo ser executada antes da sua confirmação pelo Tribunal, com o intuito de se impedir o trânsito em julgado e proteger o interesse público.

Não há remessa necessária quando a condenação ou o proveito econômico obtido na causa for de valor certo e líquido inferior a 1.000 salários mínimos para a União e as respectivas autarquias e fundações de direito público; 500 salários mínimos para os Estados, o Distrito Federal, as respectivas autarquias e fundações de direito público e os Municípios que constituam capitais dos Estados; 100 salários mínimos para a totalidade dos Municípios e respectivas autarquias e fundações de direito público (CPC, art. 496, § 3º). Diante disso, o ponto que deve ser levado em consideração é o valor da condenação ou do proveito econômico no momento em que a sentença for proferida, ainda que o montante atribuído a causa tenha sido outro. Todavia, a regra do art. 496, § 3º, do CPC, ao contemplar a expressão "valor certo e líquido", não incide sobre as sentenças ilíquidas, aplicando-se, por analogia, o entendimento consagrado na Súmula 490/STJ[267]. Tal entendimento, contudo, não se aplica nas sentenças ilíquidas proferidas em desfavor do INSS, cujo valor mensurável da condenação ou do proveito econômico seja inferior a mil salários mínimos. Isso porque há apenas uma aparente iliquidez das condenações em causas de natureza previdenciária, uma vez que a sentença que defere benefício previdenciário é espécie absolutamente mensurável, podendo ser aferível por simples cálculos aritméticos, os quais são expressamente previstos na lei de regência, e são realizados pelo próprio INSS[268].

---

267. Em sentido contrário, considerando que a regra especial da Lei do Mandado de Segurança deveria se sobrepor às restrições contidas no art. 475, §§ 2º e 3º, do CPC-73, conferir: STJ, AgRg nos EDcl no AREsp 302.656/SP, Rel. Min. Herman Benjamin, 2ª T., j. 15.08.2013, *DJe* 16.09.2013; REsp 1274066/PR, Rel. Min. Mauro Campbell Marques, 2ª T., j. 1º.12.2011, *DJe* 09.12.2011.
268. STJ, REsp 1.735.097/RS, Rel. Min. Gurgel de Faria, 1ª T., j. 08.10.2019, *DJe* 11.10.2019.

Tampouco não enseja remessa necessária a sentença fundada em súmula de Tribunal Superior, acórdão proferido tanto pelo STF quanto pelo STJ em julgamentos repetitivos, em entendimento firmado em incidente de resolução de demandas repetitivas ou de assunção de competência, bem como em entendimento coincidente com orientação vinculante firmada no âmbito administrativo do próprio ente público, consolidada em manifestação, parecer ou súmula administrativa (CPC, art. 496, § 4º).

As restrições à remessa necessária, previstas no art. 496, §§ 3º e 4º, do CPC também devem ser aplicadas ao mandado de segurança (*v.g.*, Enunciado 312 do FPPC). Isso porque a Lei 12.016/2009 não regulamentou a remessa necessária, apenas afirmando que a sentença que concede a segurança se submete obrigatoriamente ao duplo grau de jurisdição (art. 14, § 1º), o que não exclui a aplicação das regras gerais do Código de Processo Civil[269].

No Tribunal, o relator da remessa necessária pode negar-lhe conhecimento ou provimento, com fundamento no art. 932, incs. III e IV, do CPC, e da Súmula 253 do STJ[270], consagrada na vigência do art. 557 do CPC-73.

As restrições contidas no art. 496, §§ 3º e 4º, do CPC também se aplicam ao mandado de segurança, ainda que o art. 14, § 1º, da Lei 12.016/2009 não imponha tais limitações e apesar da jurisprudência do STJ se manifestar em sentido contrário[271], porque as regras processuais devem ser interpretadas em conformidade com a Constituição da República Federativa do Brasil (CPC, art. 1º), que assegura a garantia fundamental da duração razoável do processo e meios que garantam a celeridade de sua tramitação (CF, art. 5º, inc. LXXVIII; reproduzido no art. 4º do CPC), bem como por ter o juiz que observar o princípio da razoabilidade (CPC, art. 8º), não havendo correlação lógica entre o fator discrímen e a desequiparação procedida que justifique o estabelecimento desse critério discriminatório[272], uma vez que as únicas diferenças entre o procedimento comum e o do mandado de segurança é que neste há vedação na formulação de certos pedidos (v.g., impossibilidade de pedido de pagamento de valores devidos em período anterior à propositura da ação; Lei 12.016/2009, art. 14, § 4º) e limitação na cognição, em sentido horizontal, para admitir apenas a produção de prova documental pré-constituída[273].

Se equivocadamente os autos foram remetidos ao tribunal, o relator deve monocraticamente julgar a remessa necessária nas hipóteses do art. 932, inc. IV, do CPC. Por outro lado, deve o relator, em decisão monocrática, reformar a sentença objeto de remessa necessária quando ela for contrária à súmula do STF, do STJ ou do próprio Tribunal, quando se opuser ao acórdão proferido pelo STF ou STJ em julgamentos re-

---

269. Súmula STJ 490: "A dispensa de reexame necessário, quando o valor da condenação ou do direito controvertido for inferior a sessenta salários mínimos, não se aplica a sentenças ilíquidas".
270. Súmula STJ 253: "O art. 557 do CPC, que autoriza o relator a decidir o recurso, alcança o reexame necessário".
271. STJ, AgRg nos EDcl no AREsp 302.656/SP, Rel. Min. Herman Benjamin, 2ª T., j. 15.08.2013, *DJe* 16.09.2013.
272. MELLO, Celso Antônio Bandeira de. *Conteúdo jurídico do princípio da igualdade.* 3. ed. São Paulo: Malheiros, 2007. 15. tir., p. 21.
273. LEONEL, Ricardo de Barros. *Tutela jurisdicional diferenciada.* São Paulo: RT, 2010. p. 152.

petitivos, ou contrariar entendimento firmado em incidente de resolução de demandas repetitivas ou de assunção de competência (CPC, art. 932, inc. V).

Admite-se sustentação oral na remessa necessária (CPC, art. 936, inc. I).

Por outro lado, nos julgamentos não unânimes da remessa necessária, não cabe a *ampliação da colegialidade*, nos termos do art. 942 do CPC, cujo § 4º, inc. II, exclui expressamente tal possibilidade. Com isso, adotou-se o entendimento contido na Súmula 390 do STJ, que tratava dos embargos infringentes, recurso que deu origem à técnica da ampliação da colegialidade no CPC: "Nas decisões por maioria, em reexame necessário, não se admitem embargos infringentes".

Tampouco se submete à remessa necessária a sentença arbitral contra a Fazenda Pública (cf. Enunciado 164 do FPPC).

9.11. DO JULGAMENTO DAS AÇÕES RELATIVAS ÀS PRESTAÇÕES DE FAZER, DE NÃO FAZER E DE ENTREGAR COISA

Na ação que tiver por objeto o cumprimento de obrigação de fazer ou não fazer, o juiz, se procedente o pedido, concederá a tutela específica para garantir resultado idêntico àquele decorrente do adimplemento espontâneo da obrigação (v.g., determinação para alguém produzir móveis para um escritório de advocacia; caso não se faça no prazo estabelecido no contrato, o magistrado pode determinar o cumprimento específico da obrigação), ou determinará providências que assegurem a obtenção de resultado prático equivalente (v.g., determinar a instalação de filtro para evitar a poluição, ao invés do encerramento das atividades da empresa poluidora) (CPC, art. 497).

O art. 497, *caput*, do CPC é uma exceção à regra da congruência ou da adstrição do juiz ao pedido formulado pelas partes (CPC, art. 493, *caput*). Quando o juiz estiver convencido que não é possível a obtenção de tutela específica ou que é mais adequada, necessária e proporcional a concessão da tutela pelo resultado equivalente, deverá intimar as partes para que se manifestem, para evitar decisões surpresas (CPC, art. 10).

Para a efetivação da tutela jurisdicional, o CPC prevê diversas medidas coercitivas. Assim, o juiz, de ofício ou a requerimento da parte, pode determinar, entre outras medidas, a imposição de multa, a busca e apreensão, a remoção de pessoas ou de coisas, o desfazimento de obras, o impedimento de atividade nociva, além da requisição de força policial (CPC, arts. 139, inc. IV, e 536, § 1º).

Para a obtenção da tutela específica destinada a inibir a prática, a reiteração ou a continuação de um ilícito, ou de sua remoção, é irrelevante a demonstração da ocorrência de dano ou da existência de culpa ou dolo (CPC, art. 497, parágrafo único)[274].

---

274. MARINONI, Luiz Guilherme. Tutela contra o ilícito: uma análise sobre o artigo 497, parágrafo único do CPC/2015. In: CAMBI, Eduardo; MARGRAF, Alencar Frederico (Org.). *Direito e justiça*: estudos em homenagem a Gilberto Giacoia. Curitiba: Ministério Público, 2016. p. 696.

Há três espécies de ação inibitória: I) a destinada a impedir a prática de ato contrário ao direito, mesmo quando nenhum ato de igual natureza haja sido praticado antes; II) a voltada a impedir a repetição de ato contrário ao direito; III) a orientada a impedir a continuação do ato contrário ao direito.

Por outro lado, a ação de remoção do ilícito pretende remover os efeitos de uma ação ilícita ocorrida no passado.

Tanto as ações inibitórias quanto as de remoção do ilícito se dirigem contra o ato contrário aos direitos (respectivamente provável e já ocorrido), e assim não têm entre seus pressupostos o dano e o elemento subjetivo relacionado à imputação ressarcitória (culpa ou dolo). Portanto, salvo nos casos em que se teme um ilícito que simultaneamente implique prejuízos, o autor não deve e não precisa invocar dano para obter a tutela inibitória. No caso de ação de remoção, existindo regra estabelecendo um ilícito, a invocação da violação da norma é suficiente para permitir a obtenção da tutela jurisdicional.

Há, nessas hipóteses, verdadeira limitação do objeto da defesa e da extensão da cognição judicial[275].

Quem pede a tutela inibitória arca com o ônus de demonstrar, na prática, a ameaça (probabilidade) de que um ato contrário ao direito venha a acontecer, isto é, deve provar que uma vez ocorridos determinados acontecimentos eles implicarão, provavelmente, a violação do direito. Portanto, tais fatos são *indiciários* (ou secundários), permitindo ao magistrado, mediante seu raciocínio judicial, estabelecer uma presunção. Isso ocorre porque somente os fatos passados podem ser provados e, como a ação inibitória é uma forma de tutela preventiva, tais acontecimentos são *fatos indiciários* (indícios) destinados a demonstrar a probabilidade da prática e concretização de ato (ilícito) futuro[276]. Porém, é necessário que esteja comprovada, especificamente, a existência de ameaça à integridade do direito, não bastando o mero temor (subjetivo) de futura violação do direito. É indispensável que tal receio seja justo e grave, bem como esteja fundado em elementos concretos e exteriores[277].

Já a ação de remoção do ilícito se dirige a uma ação que se exauriu, mas seus efeitos ainda se prorrogam no tempo. Portanto, tal ação, em relação ao ato contrário ao direito, é repressiva. Em contrapartida, ao se proibir uma conduta, impede, ainda que indiretamente, a ocorrência de danos futuros. Como a ação se volta exclusivamente

---

275. MARINONI, Luiz Guilherme. A conformação do processo e o controle jurisdicional a partir do dever estatal de proteção do consumidor. *Revista Jus Navigandi*. Teresina, ano 10, n. 1147. 22.08.2006. Disponível em: [http://jus2.uol.com.br/doutrina/texto.asp?id=8835]. Acesso em: 07.03.2016.

276. MARINONI, Luiz Guilherme. La prueba en la acción inhibitoria. *Jus Navigandi*, Teresina, a. 8, n. 272. 05.04.2004. Disponível em: [http://jus2.uol.com.br/doutrina/texto.asp?id=5043]. Acesso em: 28.02.2016.

277. MARINONI, Luiz Guilherme; ARENHART, Sérgio Cruz. *Curso de Processo Civil*: processo de conhecimento. 7. ed. São Paulo: RT, 2008. v. 2, p. 307.

contra o ilícito, diferentemente das ações ressarcitórias, não tem como pressupostos o dano e o elemento subjetivo (dolo ou culpa)[278].

A obrigação somente se converte em perdas e danos se o autor requerer ou se for impossível a tutela específica ou a obtenção do resultado prático equivalente (CPC, art. 499). Não é imprescindível a prévia tentativa de obtenção da tutela específica ou do resultado prático equivalente, quando o autor quiser o ressarcimento das perdas e danos. Tal exigência não se impõe em razão da inadimplência do réu, bastando o desinteresse superveniente do autor no rigoroso cumprimento da obrigação. Nesse caso, a sentença deve fixar, desde logo, a extensão da obrigação, salvo quando não for possível determinar, de modo definitivo, o montante devido, ou quando a apuração do valor cabível depender da produção de prova de realização demorada ou excessivamente dispendiosa, assim reconhecida na sentença (CPC, art. 491), razão pela qual o valor será liquidado na forma dos arts. 509-511 do CPC.

A indenização das perdas e danos dar-se-á sem prejuízo da multa fixada periodicamente para compelir o réu ao cumprimento específico da obrigação (CPC, art. 500). Isso porque tal multa não tem natureza indenizatória (*astreintes*), pois deve existir independentemente da ocorrência de danos, mas natureza coercitiva, estando voltada à obtenção da tutela específica ou do resultado prático equivalente.

Entretanto, nas prestações de fazer infungíveis, o juiz não pode invadir a esfera intangível da pessoa. Nas medidas preconizadas pelo art. 536, § 1º, do CPC, não poderá o juiz, sob pena de inconstitucionalidade, violar essa esfera de intangibilidade da pessoa, determinando medidas que impliquem a violação do domicílio, do direito de ir e vir, do direito à intimidade, do direito à imagem etc. Por exemplo, a remoção de pessoas não pode ter a característica de prisão, porque tal medida não está prevista constitucionalmente.

O art. 536, § 1º, do CPC constitui exceção ao princípio da congruência entre o pedido e a sentença (CPC, art. 492), permitindo que o juiz tome providências *ex officio*, bem como uma exceção ao art. 494 do CPC, na medida em que possibilita que o magistrado pratique atos jurisdicionais após a publicação da sentença.

Ademais, na ação que tenha por objeto a entrega de coisa, o juiz, ao conceder a tutela específica, fixará o prazo para o cumprimento da obrigação (CPC, art. 498). Tratando-se de entrega de coisa incerta, isto é, determinada pelo gênero e pela quantidade, cabe ao autor individualizá-la na petição inicial, se lhe couber a escolha por determinação legal ou por força contratual, ou, se a escolha couber ao réu, este a entregará individualizada, no prazo fixado pelo juiz (CPC, art. 498, parágrafo único). O devedor será intimado para cumprir a sentença na forma do art. 513, § 1º, do CPC. E o prazo deve ser fixado pelo juiz, de acordo com a complexidade da obrigação de entrega da coisa. Não cumprida a obrigação de entregar a coisa no prazo estabelecido na sentença, será expedido

---

278. MARINONI, Luiz Guilherme. Tutela inibitória e tutela de remoção do ilícito. *Revista Jus Navigandi*. Teresina, ano 9, n. 272. 05.04.2004. Disponível em: [https://jus.com.br/artigos/5041]. Acesso em: 22.02.2016.

mandado de busca e apreensão ou de imissão na posse em favor do credor, conforme se tratar de coisa móvel ou imóvel (CPC, art. 538). Aplicam-se, no que couber, à tutela das obrigações de entregar coisa, as disposições sobre o cumprimento de obrigação de fazer ou de não fazer, inclusive o art. 536, § 1º, do CPC (CPC, art. 538, § 3º). Caso o réu não tenha mais interesse no recebimento da coisa ou na impossibilidade de se cumprir a obrigação, haverá a conversão em perdas e danos (CPC, art. 500).

Ainda, na ação que tenha por objeto a emissão de declaração de vontade, a sentença que julgar procedente o pedido, uma vez transitada em julgado, produzirá todos os efeitos da declaração não emitida (CPC, art. 501). Com isso, dispensa-se a participação do réu na obtenção da declaração omitida. A sentença, por si mesma, é suficiente para a obtenção do resultado pretendido, não sendo necessária a imposição de medida coercitiva. Porém, pode o autor pretender a conversão da obrigação em perdas e danos (CPC, art. 499).

9.12. COISA JULGADA

9.12.1. Conceito e noções gerais

A expressão "coisa julgada" contrapõe dois aspectos de um mesmo fenômeno[279]: I) o exaurimento ou a máxima preclusão das impugnações relativas à decisão judicial; II) a irretratabilidade da decisão pelo órgão julgador da qual emanou (também denominada de autoridade da coisa julgada, que é um atributo dos efeitos da decisão resultante do esgotamento dos poderes das partes e dos deveres do juiz).

Para evitar a possibilidade de injustiças, as decisões judiciais são impugnáveis por via de recursos, que permitem o reexame do litígio e a reforma da decisão.

Contudo, a procura da justiça não pode ser indefinida, mas deve ter um limite por exigência de ordem pública, qual seja: a estabilidade dos direitos e a segurança jurídica, que inexistiriam se não houvesse um termo além do qual a sentença se torna imutável[280].

A coisa julgada, na definição do artigo 6º, § 3º, da Lei de Introdução às Normas do Direito Brasileiro é "a decisão judicial de que já não caiba recurso". Contudo, a tentativa de definição dessa lei não passou imune às críticas doutrinárias. Barbosa Moreira, por exemplo, reputou insatisfatória a definição empregada pela lei, acusando-a de demasiado simplificadora, pois permite apenas que se saiba a partir de quando existe coisa julgada, nada indicando sobre a sua essência e sobre como atua no desempenho de sua função[281].

---

279. FAZZALARI, Elio. *Istituzioni di diritto processuale*. 6. ed. Padova: CEDAM, 1992. p. 452.
280. SANTOS, Moacyr Amaral. *Primeiras lições de Direito Processual Civil*. 16. ed. São Paulo: Saraiva, 1997. v. III. p. 45-46.
281. MOREIRA, José Carlos Barbosa. Ainda e sempre a coisa julgada. In: WAMBIER, Luiz Rodrigues; WAMBIER, Teresa Arruda Alvim. *Doutrinas essenciais*. *Processo Civil*. São Paulo: RT, 2011. v. VI, p. 680.

Aprimorando-se esse conceito, pode-se definir coisa julgada como a qualidade consubstanciada na *imutabilidade* do comando emergente de uma decisão para a definição do direito controvertido. Não se identifica somente com a *definitividade* e a *intangibilidade* do ato judicial que pronuncia o comando; é um atributo mais intenso e mais profundo que reveste o ato também em seu conteúdo, tornando imutáveis, além do ato em sua existência formal, os efeitos (conteúdo) da decisão judicial[282].

A imutabilidade decorre do esgotamento dos recursos eventualmente cabíveis, ou, quando a sentença está submetida à remessa necessária (CPC, art. 496), após a sua apreciação pelo Tribunal.

A cognição exaustiva é, também, uma condição necessária para tornar os efeitos da sentença imutáveis. É a predeterminação do modo de realização do contraditório e sua efetivação que fazem com que o pronunciamento final do juiz adquira a imutabilidade de coisa julgada. Assim, normalmente, não se verificam os efeitos da coisa julgada nas decisões cautelares, de tutela antecipada concedida em caráter antecedente (CPC, art. 304, § 6º), que resolvem questão prejudicial em processo em que há restrições probatórias (*v.g.*, mandado de segurança) ou limitações à cognição (*v.g.*, inventário; CPC, art. 503, § 3º), de execução ou proferidas em jurisdição voluntária, porque, nesses casos, não há cognição exaustiva[283].

A colaboração teórica de Liebman para o pensamento processual brasileiro acerca do tema da coisa julgada foi de grande valia, visto a ruptura acadêmica com a então tradição dominante[284].

Pouco comentada, a conceituação doutrinária pátria para o instituto da coisa julgada *antes* de Liebman era a ideia de ser efeito indissociável da sentença. A coisa julgada era a própria eficácia da sentença. Tal pensamento se escorava em tradições romanísticas em que se acreditava na força criadora da sentença e em eficácia imediata (ação). O pensamento corrente era o seguinte: a sentença dada era, ato contínuo, passível de execução, vedando-se a rediscussão e privilegiando uma tutela efetivadora do direito discutido. A evolução para a oportunização de contraditório e outras garantias do réu se deu apenas com a introdução de conceitos pertinentes a direitos subjetivos e a partir da separação do direito processual do direito material. Porém, no tocante à coisa julgada, continuou-se a atrelá-la diretamente com o efeito da decisão[285].

A principal contribuição da construção teórica de Liebman ao instituto da coisa julgada para o direito processual brasileiro foi a ruptura de tal perspectiva, em que se diferencia *efeito* da sentença da *autoridade* da coisa julgada, atribuindo a existência de um erro lógico ao se considerar a coisa julgada como efeito da sentença. *Efeito* seria aquilo

---

282. LIEBMAN, Enrico Tullio. *Eficácia e autoridade da sentença*, 3. ed., 1984 cit., p. 54.
283. GRECO, Leonardo. *Instituições de Processo Civil*. 2. ed. Rio de Janeiro: Forense, 2011. v. II, p. 301.
284. CABRAL, Antonio do Passo. *Coisa julgada e preclusões dinâmicas*: entre continuidade, mudança e transição de posições processuais estáveis. Salvador: JusPodivm, 2013. p. 74.
285. Idem.

que *decorre* do provimento decisório judicial, ao passo que, em polo diametralmente oposto está a coisa julgada, abalizada como uma *qualidade* que é ligada à sentença, sem ser um efeito desta, visto que não decorre da sentença e nem das normas do direito objetivo por ela aplicadas[286].

A coisa julgada é, portanto, algo externo à sentença, em nada se confundindo com as normativas processuais e materiais das quais o juiz lança mão no momento da prolação do provimento jurisdicional. Não há, no exato momento da sentença, elemento que ateste automaticamente a imutabilidade de uma decisão. A imutabilidade vem, atribuindo-se o nome de coisa julgada, unicamente com o *trânsito em julgado da decisão de mérito*, seja porque as instâncias se esgotaram, seja pela falta de interesse da parte em recorrer. Não se pode falar de coisa julgada sem a detida constatação de julgamento de mérito seguida de trânsito em julgado.

Ressalte-se, também, a questão das sentenças arbitrais, as quais, tanto quanto as sentenças judiciais, têm eficácia. Porém, a força da coisa julgada tal como concebida e cristalizada pelos esforços da doutrina no ordenamento jurídico-processual vigente é exclusiva dos *provimentos judiciais*[287]. Por isso, não se admite ação rescisória de sentença arbitral (cf. Enunciado 203 do FPPC).

A título de abstração, a coisa julgada seria "neutra e incolor" ao conteúdo e aos efeitos da sentença, pois não os altera, apenas imuniza[288].

Isso posto e, embora tenha grande influência no pensamento jurídico nacional, a teoria proposta por Liebman recebeu críticas de Barbosa Moreira, que enxergou um problema na vinculação dos conceitos de *auctoritas rei iudicatae* e de eficácia da decisão, na qual Liebman se prendeu sobremaneira quanto à suposta imutabilidade dos efeitos da sentença, ao invés da imutabilidade de seu conteúdo[289].

Mesmo concordando com a diferenciação estabelecida por Liebman entre a autoridade da coisa julgada e a eficácia da sentença, pondera Barbosa Moreira no sentido de que os efeitos da sentença não são inalteráveis, apontando situações práticas em que o sistema se incumbe de fomentar o desaparecimento dos efeitos após o cumprimento do provimento judicial, como no caso de um casal que se divorcia, mas resolve se casar novamente, ou quando o réu paga o valor estipulado na condenação. Nota-se que não subsistem mais os efeitos da sentença, porque simplesmente esses desapareceram pela perda do objeto do litígio. Conclui-se, portanto, que, o *status* de predicado dado por Liebman à coisa julgada é incabível no tocante a sua relação com os efeitos da sentença, sendo logicamente aceitável quanto ao *conteúdo* da decisão[290].

---

286. Idem.
287. Ibidem, p. 75. Atos administrativos e legislativos, bem como de natureza privada (inclusive os negócios jurídicos processuais; CPC, art. 190), se sujeitam a garantia constitucional da inafastabilidade da jurisdição (CF, art. 5º, inc. XXXV), não podendo se revestir da autoridade de coisa julgada nem reduzir o seu alcance.
288. Idem.
289. Ibidem, p. 76.
290. Ibidem, p. 76.

Para Barbosa Moreira, "se alguma coisa, em tudo isso, escapa ao selo da imutabilidade, são justamente os efeitos da sentença"[291]. Para superar a problemática apontada, o eminente doutrinador define trânsito em julgado como "fato que marca o início de uma situação jurídica nova, caracterizada pela existência da coisa julgada"[292], esta que é considerada, então, uma situação jurídica que passa a existir após o trânsito em julgado, não se identificando nem com a decisão transitada em julgado e nem com o seu atributo de imutabilidade.

Com isso, tem-se a distinção entre os conceitos de *auctoritas rei iudicatae* e de *res iudicata*. O primeiro é uma autoridade de que é dotada a decisão para resistir às tentativas futuras de modificação de seu conteúdo; daí a ideia de imutabilidade. Já a *res iudicata* é a situação jurídica decorrente do trânsito em julgado. E nenhum desses conceitos tem a ver com a eficácia da decisão[293].

Assim, as considerações de Barbosa Moreira à luz da teoria liebmaniana foram corroboradas pela doutrina nacional.

Pelo art. 337, § 4º, do CPC, há "coisa julgada quando se repete ação que já foi decidida por decisão transitada em julgado". Já o art. 502 do CPC afirma que a coisa julgada material é a "autoridade que torna imutável e indiscutível a decisão de mérito não mais sujeita a recurso".

Percebe-se que o CPC/2015 inova ao não atrelar o conceito de coisa julgada ao de sentença. Isso porque, no julgamento antecipado parcial do mérito (CPC, art. 356), a coisa julgada pode recair sobre decisões interlocutórias (CPC, art. 356, § 3º). Portanto, embora a coisa julgada esteja vinculada tradicionalmente à sentença, as decisões interlocutórias e as monocráticas de mérito também transitam em julgado (cf. Enunciado 436 do FPPC).

Frise-se, todavia, que a autoridade da coisa julgada não se confunde com os efeitos da sentença, já que estes podem ser produzidos mesmo antes da coisa julgada (v.g., a hipoteca judiciária e a execução provisória). Entretanto, o conteúdo do comando da sentença somente se torna imutável com o seu trânsito em julgado, isto é, nenhum juiz poderá proferir nova decisão com o mesmo objeto – pedido e causa de pedir – envolvendo as mesmas partes.

A coisa julgada se afirma como imutável formulação da vontade do Estado de regular o caso concretamente decidido. Nesse sentido, ela atinge não apenas as partes envolvidas, mas também todos que têm a função de estabelecer, interpretar ou de aplicar a vontade do Estado, não excluindo o próprio legislador[294], nem mesmo o STF, quando declara que o ato sentencial encontra fundamento em legislação que, em momento posterior, tenha sido declarada inconstitucional – quer em sede de controle abstrato,

---

291. MOREIRA, José Carlos Barbosa. *Ainda e sempre a coisa julgada* cit., p. 681.
292. Ibidem, p. 683.
293. Idem.
294. LIEBMAN, Enrico Tullio. *Eficácia e autoridade da sentença*, 3. ed., 1984 cit., p. 54.

quer no âmbito da fiscalização incidental de constitucionalidade[295] –, que também estão vinculados à coisa julgada (CF, art. 5º, inc. XXXVI), considerada cláusula pétrea (CF, art. 60, § 4º, inc. IV).

9.12.2. Coisa julgada formal e material

A autoridade da coisa julgada sempre produz efeitos no interior do processo do qual emanou a decisão judicial. Proferida a sentença, é defeso ao julgador voltar atrás, salvo se a relação jurídica for continuativa, sobrevindo modificação no estado de fato ou de direito (CPC, art. 505, inc. I), para corrigir erros materiais ou de cálculo ou, ainda, para a integração, a elucidação ou a eventual (e excepcional) modificação do julgado, mediante a interposição de embargos de declaração (CPC, art. 494).

A irretratabilidade da decisão judicial se restringe ao interior do processo quando não há pronunciamento judicial sobre o mérito (CPC, art. 485). Nesta hipótese, a coisa julgada é apenas *formal*.

Assim, quando forem esgotados todos os recursos possíveis, porque já foram interpostos e julgados ou porque não foram conhecidos, bem como após o julgamento da remessa necessária (quando houver), ocorre a coisa julgada formal, que é a imutabilidade da decisão *dentro do mesmo processo*, por falta de meios de impugnação possíveis.

A coisa julgada formal é a *imutabilidade* da decisão judicial como ato jurídico-processual. Opera exclusivamente no interior do processo (fenômeno endoprocessual).

Todas as sentenças e acórdãos, decidindo ou não o mérito da causa, em certo momento, faz coisa julgada formal, porque essas decisões têm o efeito programado de extinguir o processo.

O fenômeno da irrecorribilidade, ou seja, da exclusão de todo e qualquer poder de provocar ou emitir nova decisão no processo é a *preclusão*. É por isso que a coisa julgada formal pode ser conceituada como sendo a *praeclusio maxima*. O pronunciamento judicial que não resolve o mérito não é motivo impeditivo de repropositura da ação pela parte (CPC, art. 486, *caput*). Porém, quando a extinção do processo sem julgamento de mérito ocorrer em razão do indeferimento da petição inicial, da ausência de pressupostos de constituição e de desenvolvimento válido e regular do processo, de litispendência, de falta de legitimidade ou de interesse processual, ou por existência de convenção de arbitragem, ou quando o juízo arbitral reconhecer sua competência, a propositura da nova ação depende da correção do vício que levou à sentença sem resolução do mérito (CPC, art. 486, § 1º).

Ontologicamente, as coisas julgada formal e material são a mesma coisa, revelam apenas que a *imutabilidade* é uma figura de duas faces[296].

---

295. STF, RE 589513 ED-EDv-AgR, Rel. Min. Celso de Mello, Tribunal Pleno, j. 07.05.2015, Acórdão Eletrônico *DJe*-158 Divulg 12.08.2015 Public 13.08.2015.

296. DINAMARCO, Cândido Rangel. *Relativizar a coisa julgada material*. Disponível em: [http://www.processocivil.net/novastendencias/relativizacao.pdf]. Acesso em: 24.02.2016.

Em razão do caráter dúplice do gênero coisa julgada, dada a simultaneidade dos dois acontecimentos, não é acertado concluir que haja uma relação de pressuposição de condições. Há, na divisão consagrada para fins didáticos, um erro de lógica, pois onde existe a concomitância de produção dos acontecimentos não pode existir uma situação em que haja uma subordinação de uma condição para o preenchimento da outra[297].

Ademais, outro ponto que denota a falibilidade dessa divisão, o que pode acarretar também em conclusão equivocada, é o fato de que, temporalmente, tem-se a impressão de que a coisa julgada material projeta-se ao tempo futuro enquanto a coisa julgada formal estaria relegada ao momento presente, aproximando-se sobremaneira da preclusão[298].

Quando o juiz analisa a *res in iudicium deducta*, vale dizer, o mérito do processo (CPC, art. 487), a eficácia da decisão judicial se projeta para fora do processo, produzindo efeitos concretos na esfera jurídica dos litigantes, na medida em que alcança a realidade (ou a dimensão) fática objeto da causa discutida e julgada no processo. Como produz efeitos no mundo dos fatos, conformando-os à decisão imposta pelo Estado-juiz, a imutabilidade e a indiscutibilidade da decisão impedem, em regra – excetuado pela possibilidade de uso da ação rescisória (CPC, art. 966) –, que a "coisa" que foi "julgada" seja novamente levada à apreciação do Poder Judiciário. Logo, a coisa julgada deixa de ser apenas formal, adquirindo uma qualidade mais intensa (um *plus*), que lhe permite ser denominada de coisa julgada *material*.

Em outras palavras, as coisas julgada formal e a material não são dois institutos diferentes ou autônomos, são, apenas, dois aspectos do mesmo fenômeno da *imutabilidade*, que é uma figura de duas faces. Por isso, a coisa julgada material é a imutabilidade dos *efeitos substanciais* da decisão de mérito. Não se trata de imunizar a decisão judicial como ato do processo, mas os *efeitos* que ela projeta para fora deste, a ponto de atingirem as pessoas em suas relações. Em contrapartida, a coisa julgada formal é a imutabilidade da própria decisão judicial, tão somente como um ato jurídico do processo.

A coisa julgada material – que é a imutabilidade do comando da decisão de mérito e seus efeitos – torna impossível a rediscussão da causa, reputando-se repelidas todas as alegações e defesas que a parte poderia opor ao acolhimento ou à rejeição do pedido (CPC, art. 508). Por exemplo, se a ação foi julgada improcedente por falta de provas, transitada em julgada a sentença de mérito, não serão novas provas que vão possibilitar a renovação do pedido[299].

O fundamento da coisa julgada material é a necessidade de proporcionar estabilidade – segurança jurídica – às relações jurídicas. Após a possibilidade de interposição de recursos, inerentes às garantias do devido processo legal e da ampla defesa (CF, art. 5º, incs. LIV e LV), para evitar a correção de possíveis erros formais e/ou materiais,

---

297. CABRAL, Antonio do Passo. *Coisa julgada e preclusões dinâmicas* cit., p. 256.
298. Ibidem, p. 257.
299. STJ, AgRg no REsp 1280739/RJ, Rel. Min. Arnaldo Esteves Lima, 1ª T., j. 1º.12.2011, *DJe* 19.12.2011.

buscando alcançar a sentença mais justa possível, é indispensável a resolução definitiva do conflito, conferindo imutabilidade à decisão judicial.

Desse modo, a decisão judicial vincula todos os futuros juízos, o que significa dizer que, se uma ação idêntica àquela anterior, em que já houve julgamento com sentença de mérito, for novamente ajuizada, o processo há de ser resolvido mediante sentença terminativa (CPC, art. 485, inc. V) e, não sendo observada essa regra jurídica, caberá ação para rescindir o julgado (CPC, art. 966, inc. IV). Essa repercussão é chamada de *efeito negativo* da coisa julgada material e consiste na proibição de qualquer outro juiz vir a decidir a mesma demanda (extinção do direito de ação), sendo o efeito *processual* mais significativo da coisa julgada. Aliás, efeito processual, porque a coisa julgada material é um instituto de *direito processual material*, pois, a coisa julgada não tem dimensão própria, mas a dos efeitos sentenciais sobre os quais incide[300].

A coisa julgada material recai sobre os efeitos da decisão judicial, não sendo ela um efeito próprio. É uma forma de imunização desses efeitos. Portanto, a coisa julgada material não acresce efeitos à decisão judicial, mas visa apenas imunizar os efeitos que ela já tem. Por isso, pode-se afirmar que a condenação ao pagamento das verbas de sucumbência, embora seja um comando secundário, ainda que decorrente de decisões que não julgam o mérito, reveste-se da autoridade da coisa julgada material.

A coisa julgada material assume tal relevância no ordenamento jurídico a ponto de ser considerada uma *garantia constitucional*, a qual não pode ser restringida, inclusive, por lei posterior (CF, art. 5º, inc. XXXVI). Desse modo, o instituto da coisa julgada material é expressão da própria supremacia do ordenamento constitucional e elemento inerente à existência do Estado Democrático de Direito[301].

Com efeito, a decisão judicial transitada em julgado somente pode ser desconstituída mediante a propositura de ação rescisória, em casos específicos de grave defeito formal ou de conteúdo, a ser proposta dentro do prazo decadencial previsto em lei, pois, após tal lapso temporal, está-se diante da *coisa soberanamente julgada*[302]. Depois desse período, não há mais a possibilidade de modificação da decisão, mesmo que esteja errada. Acresce-se que, pela Súmula 268/STF e pelo art. 5º, inc. III, da Lei 12.016/2009, não cabe mandado de segurança contra decisão judicial com trânsito em julgado.

Entretanto, a intangibilidade da coisa julgada não é absoluta, podendo ser questionada para impedir a convalidação de decisões inconstitucionais. Excepcionalmente, admite-se a relativização da coisa julgada material, em hipóteses tipificadas em lei, em que se admite o cabimento de ação rescisória, como a situação da parte que, posteriormente ao trânsito em julgado, obtém prova nova, cuja existência ignorava ou de que

---

300. DINAMARCO, Cândido Rangel. Relativizar a coisa julgada material. *Coisa julgada inconstitucional*. Rio de Janeiro: América Jurídica, 2002.

301. STF, RE 589513 ED-EDv-AgR, Rel. Min. Celso de Mello, Tribunal Pleno, j. 07.05.2015, Acórdão Eletrônico *DJe*-158 Divulg 12.08.2015 Public 13.08.2015.

302. STF, ARE 918066 AgR, Rel. Min. Celso de Mello, 2ª T., j. 10.11.2015, Processo Eletrônico *DJe*-248 Divulg 09.12.2015 Public 10.12.2015.

não podia fazer uso, desde que seja capaz, por si só, de lhe assegurar pronunciamento judicial favorável (CPC, art. 966, inc. VII). Assim, estando em conflito a autoridade da coisa julgada, de um lado, e do outro, os direitos inerentes à natureza humana e protegidos constitucionalmente, a coisa julgada deva ser relativizada[303]. Por exemplo, o STJ admitiu a relativização da coisa julgada material para possibilitar a realização de uma nova perícia na execução de sentença, proferida em ação de desapropriação indireta já transitada em julgado, para apurar eventuais divergências quanto à localização da área indiretamente expropriada, em razão de possíveis superposições de áreas de terceiros, algumas delas objeto de outras ações de desapropriação, além da existência de terras devolutas dentro da área em questão[304]. De igual modo, o STF conferiu repercussão geral à matéria atinente à possibilidade de repropositura de ação de investigação de paternidade, quando anterior demanda idêntica, entre as mesmas partes, que foi julgada improcedente por falta de provas, em razão da parte interessada não dispor de condições econômicas para realizar o exame de DNA e o Estado não ter custeado a produção dessa prova, sob o argumento da coisa julgada material não poder ser colocada como óbice ao exercício do direito fundamental à busca da identidade genética, como natural emanação do direito de personalidade[305].

Do mesmo modo, as sentenças inexistentes (v.g., proferidas por quem não é juiz ou em processo em que não houve citação)[306] não transitam em julgado, podendo ser invalidadas mediante ação declaratória de nulidade (*querella nullitatis*)[307].

---

303. THEODORO JR., Humberto; FARIA, Juliana Cordeiro de. A coisa julgada inconstitucional e os instrumentos processuais para seu controle. *Revista dos tribunais*. v. 795, jan. 2002, p. 19-40; CAMBI, Eduardo. Coisa julgada e cognição *secundum eventum probationis*. *Revista de processo*. v. 109, jan.-mar. 2003, p. 71-96; WAMBIER, Tereza Arruda Alvim; MEDINA, José Miguel Garcia. *O dogma da coisa julgada*: hipóteses de relativização. São Paulo: RT, 2003; ABDOUD, Georges. Da (im)possibilidade de relativização da coisa julgada inconstitucional. *Revista de direito privado*. v. 23, jul.-set. 2005, p. 47-74; MARINONI, Luiz Guilherme. *Coisa julgada inconstitucional*. 3. ed. São Paulo: RT, 2013; BORGES, Gregório César; AMADEO, Rodolfo da Costa Manso Real. Coisa julgada inconstitucional: contornos em face da segurança jurídica. *Revista de processo*. v. 221, jul. 2013, p. 87-114.

304. STJ, REsp 622.405/SP, Rel. Min. Denise Arruda, 1ª T., j. 14.08.2007, *DJ* 20.09.2007, p. 221.

305. STF, RE 363889, Rel. Min. Dias Toffoli, Tribunal Pleno, j. 02.06.2011, Acórdão Eletrônico Repercussão Geral – Mérito *DJe*-238 Divulg 15.12.2011 Public 16.12.2011 RTJ v. 00223-01 p. 00420. Ao julgar o mérito deste recurso, o STF concluiu: "(...) 2. Deve ser relativizada a coisa julgada estabelecida em ações de investigação de paternidade em que não foi possível determinar-se a efetiva existência de vínculo genético a unir as partes, em decorrência da não realização do exame de DNA, meio de prova que pode fornecer segurança quase absoluta quanto à existência de tal vínculo. 3. Não devem ser impostos óbices de natureza processual ao exercício do direito fundamental à busca da identidade genética, como natural emanação do direito de personalidade de um ser, de forma a tornar-se igualmente efetivo o direito à igualdade entre os filhos, inclusive de qualificações, bem assim o princípio da paternidade responsável. 4. Hipótese em que não há disputa de paternidade de cunho biológico, em confronto com outra, de cunho efetivo. Busca-se o reconhecimento de paternidade com relação a pessoa identificada. (...). (RE 363.889/DF, Rel. Min. Dias Toffoli, Tribunal Pleno, j. 02.06.2011, pub. *DJe* 16.12.2011).

306. Como exemplo em sentido contrário, é juridicamente existente a sentença proferida em ação de destituição de poder familiar ajuizada em desfavor apenas da genitora, no caso em que pretenso pai biológico não conste na respectiva certidão de nascimento. Cf. STJ, REsp 1.819.860-SP, 3ª T., rel. Min. Nancy Andrighi, j. 1º.09.2020, *DJe* 09.09.2020.

307. STF, RE 96374, Rel. Min. Moreira Alves, 2ª T., j. 30.08.1983, *DJ* 11.11.1983 p. 07542 Ement vol. 01316-04 p. 00658 RTJ vol. 00110-01 p. 00210; STJ, REsp 1105944/SC, Rel. Min. Mauro Campbell Marques, 2ª T., j. 14.12.2010, *DJe* 08.02.2011.

Ainda, a sentença baseada em lei ou atos normativos declarados inconstitucionais pelo STF, ou em aplicação ou interpretação tidas por incompatíveis com a CF, em controle de constitucionalidade concentrado ou difuso, desde que proferidas antes do trânsito em julgado da decisão exequenda, tornam inexigível a obrigação reconhecida em título executivo judicial (CPC, art. 525, §§ 12 e 14).

Além disso, as sentenças, em geral, aquelas proferidas em casos de relações jurídicas continuativas (v.g., as *obrigações de trato sucessivo* como a relação de alimentos, a locação de imóveis urbanos; as relações previdenciárias e assistenciais com benefícios de caráter temporário, como auxílio-doença, aposentadoria por invalidez; benefícios assistenciais de prestação continuada a famílias de baixa renda; as relações de longo prazo com a Administração Pública, que exigem a manutenção do equilíbrio econômico e financeiro do contrato; as relações trabalhistas sujeitas à fixação de adicional de insalubridade)[308], quando sobrevém modificação no estado de fato ou de direito, caso em que a parte pode pedir a revisão do que foi estatuído na sentença (CPC, art. 505, inc. I; Lei 5.478/68, art. 15).

Nesses casos, a coisa julgada material se forma sobre a decisão de mérito, ainda que recaiam sobre relações continuativas. Assim, modificadas as situações fáticas ou jurídicas sobre as quais se formou a anterior coisa julgada material, pelo ajuizamento de nova ação, baseada em novos fatos ou em novo direito, é possível alterar a sentença transitada em julgado[309].

Essas sentenças são gravadas pela cláusula *rebus sic stantibus* (segundo as condições da situação, no momento em que são proferidas). Desse modo, nas ações revisionais de alimentos, podem ser revistos os valores concernentes à pensão alimentícia em relação às prestações futuras, pois, quanto às obrigações já vencidas e exigíveis ao tempo da condenação, há a incidência plena da coisa julgada material. Portanto, o mérito da sentença proferida em ação de alimentos não pode ser modificado após o trânsito em julgado, embora a eficácia do julgado possa ser alterada por fato ou direito supervenientes, sem com isso retirar a autoridade da coisa julgada da decisão anterior.

Nas relações de trato sucessivo, uma vez modificado o contexto fático e jurídico, a coisa julgada material não torna a decisão judicial imutável, podendo ser oponível ao jurisdicionado que foi por ela beneficiado. Tal conclusão foi reforçada, pelo Supremo Tribunal Federal, nos Temas 881 e 885[310], que afirmam que os contribuintes, ainda que tivessem obtido decisões transitadas em julgado, teriam que recolher a Contribuição Social sobre o Lucro Líquido (CSLL), a partir de 2007, quando o STF, na ADI 15, declarou

---

308. CABRAL, Antonio do Passo. Comentários aos art. 505. In: WAMBIER, Teresa Arruda Alvim; DIDIER JR., Fredie; TALAMINI, Eduardo; DANTAS, Bruno (Coord.). *Breves comentários ao Novo Código de Processo Civil*. São Paulo: RT, 2015. p. 1.289.
309. STJ, REsp 913.431/RJ, Rel. Min. Nancy Andrighi, 3ª T., j. 27.11.2007, *DJe* 26.11.2008.
310. STF, RE 955.227/BA, Rel. Min. Roberto Barroso, Tribunal Pleno, j. 8.2.2023, pub. *Informativo STF*, vol. 1.082, de fev. 2023, p. 6-8; STF, RE 949.297/CE, Rel. Min. Roberto Barroso, Tribunal Pleno, j. 8.2.2023, pub. *Informativo STF*, v. 1.082, de fev. 2023, p. 6-8.

a constitucionalidade a Lei 7.689/1998. Portanto, concluiu-se que os efeitos temporais da coisa julgada, nas relações jurídicas tributárias de trato sucessivo, cessam quando o STF se manifesta em sentido oposto, em julgamento de controle concentrado de constitucionalidade ou de recurso extraordinário com repercussão geral.

Há, também, casos em que se dá tratamento especial à coisa julgada, como nas ações populares (Lei 4.717/65, art. 18), civis públicas (Lei 7.347/85, art. 16) e coletivas (CDC, art. 103, inc. I e II), nas quais é possível a repetição da demanda se a ação for julgada improcedente por falta de provas (coisa julgada *secundum eventum litis*)[311].

De qualquer forma, a imunização das decisões judiciais, decorrente da coisa julgada material, confere ao Judiciário uma característica que o distingue dos demais poderes (Executivo e Legislativo), além de dar imperatividade aos casos julgados. Com isso, atribui-se aos juízes um mecanismo efetivo de controle jurídico das atividades administrativas e legislativas, bem como dos particulares, ficando, todos, sujeitos aos seus julgamentos. Desse modo, a coisa julgada material está voltada à *estabilização* das relações jurídicas, evitando que uma mesma questão seja permanentemente discutida, o que impediria à pacificação social dos conflitos de interesses.

A coisa julgada material – que é a imutabilidade do dispositivo da decisão e seus efeitos – torna impossível a rediscussão da causa, reputando-se repelidas todas as alegações e defesas que a parte poderia opor ao acolhimento ou à rejeição do pedido. Por exemplo, se a ação foi julgada improcedente por falta de provas, transitada em julgada a sentença de mérito, salvo nos casos expressamente previstos em lei, não se admite a renovação do pedido baseado em provas que deveriam ter sido produzidas originalmente. A isso se denomina *efeito preclusivo da coisa julgada* (CPC, art. 508)[312].

Diversa, porém, é a situação quando existe *fato* novo ou diferente que venha a constituir fundamento jurídico para outra demanda. Nesse caso, o problema da coisa julgada não se põe, porque o fato, que constitui fundamento jurídico novo, enseja outra demanda diferente e a coisa julgada se refere a demandas idênticas nos três elementos: mesmas partes, mesmo pedido e mesma causa de pedir (CPC, art. 337, § 2º)[313]. Assim, em uma ação de indenização, decorrente de acidente automobilístico, os argumentos ligados à causa de pedir próxima abrangidas pela imputação de ato culposo (imprudência), estariam abrangidas pela eficácia preclusiva da coisa julgada. Logo, não poderia o vencido repetir a mesma ação, se na primeira alegou excesso de velocidade, mas deixou de trazer outros argumentos como ultrapassar via preferencial. Entretanto, nada impediria o ajuizamento de outra ação, baseada em causa de pedir diferente (v.g., dolo decorrente da prática de "racha"), pois nesse caso o argumento não estaria abrangido pelo efeito preclusivo da coisa julgada.

---

311. STJ, REsp 1177453/RS, Rel. Min. Mauro Campbell Marques, 2ª T., j. 24.08.2010, *DJe* 30.09.2010.
312. STJ, REsp 299.228/RS, Rel. Min. Barros Monteiro, 4ª T., j. 23.09.2003, *DJ* 24.11.2003, p. 308.
313. STJ, REsp 757.760/GO, Rel. Min. Fernando Gonçalves, 4ª T., j. 12.05.2009, *DJe* 04.08.2009.

Além disso, a alteração das circunstâncias fáticas não impede o ajuizamento posterior da mesma ação. Por exemplo, transitada em julgado a sentença de procedência do pedido de afastamento do convívio familiar de que resultou o acolhimento institucional de criança ou de adolescente, quem exerce irregularmente a guarda e tem interesse jurídico na adoção pode, após lapso temporal razoável, ajuizar ação de guarda, se a causa de pedir indicar a modificação das circunstâncias fáticas que ensejaram o acolhimento, não lhe sendo oponível a coisa julgada que se formou na ação de afastamento[314].

9.12.3. Limites objetivos da coisa julgada material

Nem tudo, na sentença, torna-se imutável. O que faz coisa julgada material são as consequências do *comando* pronunciado pelo juiz, isto é, o dispositivo da sentença, a sua conclusão, não a atividade lógica exercida pelo magistrado para preparar e justificar a decisão (a fundamentação do julgamento)[315].

Assim, o que se torna imutável é o *conteúdo* do comando da decisão (v.g., a condenação do réu, a declaração de nulidade contratual etc.). É no dispositivo da sentença, em que se julga o pedido, que se expressa o objeto e se define o mérito do processo.

A finalidade de se limitar a coisa julgada à parte dispositiva da sentença tem o intuito de evitar e prevenir conflitos práticos entre os julgados. Se assim não fosse, poderia, por exemplo, ocorrer de uma sentença condenar o devedor a cumprir determinada cláusula e, outra decisão judicial, interpretando a mesma cláusula, entender que a obrigação não existe.

No entanto, a expressão "parte dispositiva" deve ser entendida em sentido substancial e não formalístico. Abrange, pois, não só a parte final da sentença, mas qualquer outro ponto em que o juiz tenha provido sobre a pretensão e a resistência[316].

Dessa forma, a deliberação de questão prejudicial, decidida expressa e incidentalmente no processo, faz coisa julgada material se dessa resolução depender – isto é, for necessária a sua apreciação – o julgamento do mérito (v.g., a declaração de paternidade – apreciada incidentalmente em uma ação de alimentos – é indispensável para a condenação do réu ao pagamento de pensão alimentícia; a declaração de inconstitucionalidade de uma norma; a validade de uma cláusula contratual em uma ação em que se requer a rescisão do contrato cumulada com perdas e danos etc.), bem como se a seu respeito tiver havido contraditório prévio e efetivo (não se aplicando no caso de revelia, não obstante a apresentação da contestação seja uma faculdade do réu, nem aos litisconsortes necessários unitários, que não fossem integrados à relação jurídica processual, salvo, nesta última hipótese, se a decisão sobre a questão prejudicial incidental

---

314. STJ, REsp 1.878.043-SP, 3ª T., rel. Min. Nancy Andrighi, j. 09.09.2020, *DJe* 16.09.2020.
315. GRECO FILHO, Vicente. *Direito processual civil brasileiro*. 22. ed. São Paulo: Saraiva, 2013. v. 2, p. 308.
316. GRINOVER, Ada Pellegrini. Considerações sobre os limites objetivos e a eficácia preclusiva da coisa julgada. *Revista do advogado*. dez. 2001, p. 75.

lhes forem favoráveis; CPC, art. 506, parte final, e cf. Enunciado 638 do FPPC[317]), para se evitar decisões surpresas (CPC, arts. 9º e 10), além de o juiz ser competente em razão da matéria ou da pessoa para resolver tanto a questão prejudicial quanto a de mérito (CPC, art. 503, § 1º).

Os pressupostos previstos no art. 503, § 1º e seus incisos, do CPC são cumulativos, observando o § 2º do mesmo art. 503 do CPC (cf. Enunciado 313 do FPPC).

Respeitados os pressupostos do art. 503, §§ 1º e 2º, a resolução judicial da questão prejudicial transita em julgado, não sendo relevante que tal comando decisório se encontre inserido na motivação ou na parte dispositiva da sentença ou da decisão interlocutória de mérito[318].

Ao admitir que a coisa julgada recaia sobre o julgamento das questões prejudiciais, o CPC permitiu que o processo tivesse *maior rendimento*[319] ao eliminar a necessidade de ajuizamento de ação declaratória incidental, cuja finalidade precípua é ampliar o objeto do processo, para tornar as questões prejudiciais imutáveis e indiscutíveis. Aliás, as questões prejudiciais podem ser abarcadas pela coisa julgada independentemente de pedido ou de ação específica (cf. Enunciado 165 do FPPC).

Com efeito, o CPC adotou um *regime mais amplo da coisa julgada* para admitir que não apenas as questões principais, mas também as questões prejudiciais, desde que amplamente discutidas pelas partes, sejam abarcadas pela autoridade da coisa julgada material. Com isso, evita-se que uma mesma questão seja julgada de maneira diversa em ações subsequentes, o que favorece a uniformidade, a previsibilidade, a estabilidade, a celeridade e a eficiência da prestação jurisdicional[320].

Entretanto, não haverá a apreciação de questão prejudicial quando houver restrições probatórias (v.g., nos procedimentos do mandado de segurança, da ação monitória, da desapropriação, da consignação em pagamento, dos Juizados Especiais, do inventário etc.), ou limitações à cognição (v.g., nas medidas de urgência) que impeçam o aprofundamento da análise da questão prejudicial (CPC, art. 503, § 2º). Por exemplo, no procedimento da desapropriação (Dec.-lei 3.364/1941, art. 34), o levantamento do preço será deferido mediante prova da propriedade, da quitação de dívidas fiscais, que recaiam sobre o bem expropriado, e publicação de editais, com prazo de dez dias, para conhecimento de terceiros. Porém, se o juiz verificar que há fundada dúvida sobre o domínio, para evitar o pagamento indevido, o preço ficará em depósito, ressalvada *ação*

---

317. "A formação de coisa julgada sobre questão prejudicial incidental, cuja resolução como principal exigiria a formação de litisconsórcio necessário unitário, pressupõe contraditório efetivo por todos os colegitimados, observada a parte final do art. 506".
318. WAMBIER, Luiz Rodrigues; TALAMINI, Eduardo. *Curso avançado de processo civil*. 16. ed., 2016 cit., p. 803.
319. No item 4, da Exposição de Motivos do anteprojeto de Novo Código de Processo Civil, enviado ao Senado Federal, lê-se: "O novo sistema permite que cada processo tenha maior rendimento possível. Assim, e por isso, estendeu-se a autoridade da coisa julgada às questões prejudiciais".
320. WAMBIER, Teresa Arruda Alvim. O que é abrangido pela coisa julgada no direito processual civil brasileiro: a norma vigente e as perspectivas de mudança. *Revista de Processo*. v. 230, abril. 2014, p. 83-84.

própria aos interessados para disputá-lo (Dec.-lei 3.364/41, art. 34, parágrafo único). Com efeito, a discussão sobre o domínio é incabível no procedimento de desapropriação direta e, caso não demonstrada durante a execução do julgado, ficam os supostos proprietários com a incumbência de, em ação própria, comprovar a propriedade, para, destarte, procederem ao levantamento do depósito[321]. Portanto, o art. 503, § 2º, do CPC, de forma correta, veda que se torne imutável e indiscutível a questão prejudicial que não possa ser submetida à garantia do contraditório em sentido pleno.

Porém, o art. 503, §§ 1º e 2º, do CPC não eliminou a possibilidade de serem ajuizadas ações declaratórias incidentais (cf. Enunciado 111 do FPPC), que não estão voltadas apenas à afirmação da existência, da inexistência ou do modo de ser de uma relação jurídica, mas também servem para certificar a autenticidade ou a falsidade de documento (CPC, arts. 19, inc. II, e 433). Ademais, subsiste o interesse processual no ajuizamento da ação declaratória incidental (CPC, art. 330, inc. III), que pode inclusive ser proposta pelo réu na reconvenção, para discutir questões prejudiciais que não tenham sido debatidas ou não possam ser discutidas nos moldes exigidos pelo art. 503, §§ 1º e 2º, do CPC.

Ainda, ao se possibilitar que a coisa julgada recaia sobre questões prejudiciais (CPC, art. 503, §§ 1º e 2º), o interesse recursal deve ser avaliado de forma autônoma. Por exemplo: o autor pede multa por violação de cláusula contratual, o réu alega nulidade da cláusula e o juiz afirma que a cláusula é válida, mas não reconhece ser devida a aplicação da multa no caso concreto[322]. Nessa hipótese, ambas as partes são sucumbentes e têm interesse recursal.

De igual modo, o demandante, mesmo tendo o seu pedido julgado procedente, tem interesse recursal se for vencido na questão prejudicial ou mesmo direito de desconstituir a coisa julgada mediante a propositura de ação rescisória (cf. Enunciado 338 do FPPC).

Se o juiz de primeiro grau não decidir a questão prejudicial, mas o tribunal, ao julgar o recurso, resolver tal questão, ela poderá estar coberta pela coisa julgada, desde que seja observado o art. 503, §§ 1º e 2º, do CPC.

Por outro lado, não fazem coisa julgada os *motivos*, ainda que importantes para determinar o alcance da parte dispositiva da sentença (CPC, art. 504, inc. I). Dessa forma, a questão prejudicial para fazer coisa julgada também deve constar do dispositivo para ser coberta pela autoridade da coisa julgada. Com isso, quer-se resguardar a regra da persuasão racional do juiz (CPC, art. 371). Logo, os fundamentos da sentença anterior, que julga a ação improcedente por falta de provas, não fazem coisa julgada material. Por exemplo, os fundamentos de ação de rescisão de contrato

---

321. CABRAL, Antônio do Passo. Comentários aos arts. 503 e 504. In: WAMBIER, Teresa Arruda Alvim; DIDIER JR., Fredie; TALAMINI, Eduardo; DANTAS, Bruno (Coord.). *Breves comentários ao Novo Código de Processo Civil*. São Paulo: RT, 2015. p. 1.289.

322. DELLORE, Luiz. Da coisa julgada no Novo Código de Processo Civil (Lei 13.105.2015): conceito e limites objetivos. In: RODRIGUES, Geisa de Assis; ANJOS, Robério Nunes dos (Org.). *Reflexões sobre o novo Código de Processo Civil*. Brasília: ESMPU, 2016. v. 2, p. 104-105.

de franquia, julgada improcedente por falta de provas, baseada no descumprimento contratual (alegação de comercialização de produtos fornecidos por terceiros), não vinculam o magistrado no julgamento da ação ordinária de cobrança, ajuizada pelos réus da primeira ação, para o recebimento de multa, prevista no contrato, pela rescisão indevida[323]. Outro exemplo: o juiz julga procedente a ação de despejo, em que o autor alega violação de cláusula contratual (destruição do imóvel)[324]. Entretanto, em futura ação de reparação de danos, é possível que o juiz afirme que não há prova de que os prejuízos foram causados pelo ex-locatário, sem que isso caracterize ofensa à coisa julgada.

Embora os fundamentos da decisão judicial não façam coisa julgada (CPC, art. 504, inc. I), isso não significa dizer que o trânsito em julgado se limite sempre ao dispositivo da sentença ou do acórdão, porque é possível que, por uma impropriedade na redação, o juiz veicule o dispositivo ou parte dele no trecho formalmente destinado à fundamentação (*v.g.*, quando o magistrado inicia a parte dedicada à fundamentação, afirmando que reputa o pedido improcedente pelas razões que ali irá expor, e, depois, encerra a sentença sem uma conclusão formal decisória)[325]. Em uma perspectiva substancialista (ou não formalista), comandos isolados, mesmo que alocados, parcial ou totalmente, no corpo da decisão judicial, podem fazer coisa julgada, desde que tenham conteúdo decisório (isto é, resolvam a *res in iudicium deducta*), e não se limitem à mera fundamentação (já que esta pode ser reapreciada em outra ação judicial)[326]. Com efeito, faz coisa julgada o provimento constante da fundamentação da decisão judicial, quando caracterizado seu conteúdo decisório, sendo irrelevante o fato dele não ter constado expressamente do dispositivo do *decisium*. Situação que não se trata de aplicação da teoria da transcendência dos motivos determinantes, rechaçada expressamente pelo artigo 504 do Código de Processo Civil e pela jurisprudência tanto do Supremo Tribunal Federal[327] quanto do Superior Tribunal de Justiça[328].

Por isso, o art. 504, inc. I, do CPC permite que o mesmo juiz altere a interpretação de uma mesma regra jurídica para casos futuros, pois, ainda que a coerência do magistrado seja importante, isso não impede que ele modifique a sua convicção, inclusive para acompanhar posicionamentos jurisprudenciais e doutrinários consolidados com o tempo. Por outro lado, o art. 489, § 1º, inc. VI, do CPC exige apenas que o juiz fundamente sua decisão, não impedindo que deixe de seguir enunciado de súmula, jurisprudência ou precedente invocado pela parte, desde que demonstre a existência de distinção no caso em julgamento ou a superação do entendimento.

---

323. STJ, REsp 261.175/SP, Rel. Min. Ruy Rosado de Aguiar, 4ª T., j. 10.10.2000, *DJ* 05.03.2001, p. 172.
324. STJ, REsp 261.175/SP, Rel. Min. Ruy Rosado de Aguiar, 4ª T., j. 10.10.2000, *DJ* 05.03.2001, p. 172.
325. TALAMINI, Eduardo. *Coisa Julgada e sua Revisão.* São Paulo: RT, 2005. p. 82 e 310.
326. LIEBMAN, Enrico Tullio. *Eficácia e autoridade da sentença*, 3. ed., 1984 cit., p. 57 e 58.
327. STF, Rcl 28745 AgR, Rel. Min. Gilmar Mendes, 2ª T., j. 18.10.2019, Processo Eletrônico *DJe*-262 Divulg 29.11.2019 Public 02.12.2019.
328. STJ, AgRg no RHC 144.921/RO, Rel. Min. Ribeiro Dantas, 5ª T., j. 22.03.2022, *DJe* 24.03.2022.

Tampouco faz coisa julgada a *verdade* dos fatos estabelecida como fundamento da sentença (CPC, art. 504, inc. II), pois a descoberta da verdade dos fatos, mediante a instrução e a cognição realizadas no processo, configura-se como mero instrumento para a busca da justiça das decisões. Tal verdade não é absoluta, podendo os mesmos fatos serem interpretados de maneiras diferentes em outro processo, a depender do contexto fático e probatório que estiver inserido. Com efeito, a circunstância de uma sentença adotar como verdadeira premissa fática, absolutamente divergente da atribuída em processo anterior, envolvendo as mesmas partes, mas cujo objeto do processo seja outro, não ofende a autoridade da coisa julgada[329]. Por exemplo, a coisa julgada material, formada no curso de ação de indenização por desapropriação indireta, diz respeito, exclusivamente, à condenação do ente público ao pagamento da indenização, nos limites do pedido, não impedindo posterior discussão sobre a titularidade do direito de propriedade, cuja presunção presente no registro imobiliário admite prova em contrário e, se não corresponder a realidade dos fatos, o registro pode ser retificado ou até mesmo cancelado[330].

9.12.4. Limites subjetivos da coisa julgada

A imutabilidade do acertamento ou da declaração contida na sentença que transita em julgado somente atinge as partes, não prejudicando terceiros (CPC, art. 506).

Quem não integrou a relação processual da qual decorreu o título executivo judicial não pode ser atingido pela decisão e figurar como executado. O reconhecimento da inexistência de título judicial contra o executado é matéria que pode ser reconhecida por simples petição e não está sujeita a prazo, sendo matéria cognoscível em exceção de pré-executividade[331].

O art. 506 do CPC é um corolário da garantia constitucional do contraditório (CF, art. 5º, inc. LV): somente pode ser destinatário da decisão, que transita em julgado, quem teve oportunidade de participar do processo de formação desse comando jurisdicional.

Estabelecer como imutável uma decisão perante terceiro, que não teve oportunidade de participar do processo em que foi proferida, afrontaria, além da garantia constitucional do contraditório, as garantias do devido processo legal (CF, art. 5º, inc. LIV) e da inafastabilidade da jurisdição (CF, art. 5º, inc. XXXV).

Estaria sendo vedado o *acesso à justiça* ao terceiro, caso se lhe estendesse a coisa julgada formada em processo alheio. Ele estaria sendo proibido de pleitear tutela jurisdicional relativamente àquele objeto, sem que antes tivesse ido a juízo. Assim, isso implicaria a privação de bens sem o devido processo legal.

---

329. STJ, REsp 1298342/MG, Rel. Min. Sidnei Beneti, 3ª T., j. 06.05.2014, *DJe* 27.06.2014; REsp 1151982/ES, Rel. Min. Nancy Andrighi, 3ª T., j. 23.10.2012, *DJe* 31.10.2012.
330. STJ, RMS 16.499/SP, Rel. Min. Denise Arruda, 1ª T., j. 21.06.2007, *DJ* 02.08.2007, p. 327.
331. STJ, REsp 1169968/RS, Rel. Min. João Otávio de Noronha, 3ª T., j. 12.11.2013, *DJe* 17.03.2014.

Portanto, consideram-se vinculados o autor, o réu, os litisconsortes ativos ou passivos – se houver –, o sujeito que haja feito intervenção litisconsorcial voluntária (v.g., o assistente litisconsorcial), o opoente, o litis denunciado e o chamado ao processo. Ressalva-se a situação do *assistente simples*, cuja vinculação não se dá pela coisa julgada, mas pela *eficácia da intervenção* (CPC, art. 123).

Por exemplo, um motorista de empresa de transporte coletivo é condenado por homicídio culposo na esfera criminal. A mãe da vítima ajuíza ação de reparação de danos em face da empresa em que o motorista trabalhava, invocando a existência de responsabilidade civil objetiva (CC, art. 932, inc. III). A empresa denuncia a lide (ação regressiva), em face do funcionário, e pede o empréstimo da prova que serviu para a sua condenação na esfera penal. Como o empregador não foi parte no processo penal, pode rediscutir o fato ou a sua autoria, porque a *indiscutibilidade* dessas questões, já decididas no juízo criminal (CC, art. 935), não atinge terceiros, em razão do limite subjetivo da coisa julgada material (CPC, art. 506).

Outro exemplo: a sentença penal condenatória pode ser executada no cível (CPC, art. 515, inc. VI; CPP, art. 63), dependendo apenas de liquidação do *quantum debeatur*. Contudo, se, por exemplo, for condenado no juízo criminal o motorista de uma empresa de transportes, a execução não pode ser promovida em face do empregador (CC, art. 932, inc. III), em razão dos limites subjetivos da coisa julgada material. Não existe, em relação à empresa, coisa julgada, mas apenas a *eficácia natural* da sentença[332].

Logo, o art. 506 do CPC distingue a eficácia natural da sentença, como um ato estatal que atinge a todos, da coisa julgada que alcança apenas as partes que puderem influenciar na formação da decisão que transita em julgado.

Aliás, a decisão judicial, como todo ato jurídico emanado do poder estatal, tem igual eficácia e valor de preceito perante todos os sujeitos da ordem jurídica, indistintamente. Portanto, a eficácia natural da sentença é a sua potencialidade de produzir efeitos concretos sobre todas as relações ou situações jurídicas que estejam em conexão com aquela que seja objeto do *decisium*[333].

São exemplos de eficácia natural da sentença: a) a sentença de divórcio, que desconstitui o casamento, fazendo com que o casamento deixe de existir perante todos, e não apenas em relação aos cônjuges que figuram como partes do processo; b) a nulidade de um ato (v.g., um concurso público) vigora igualmente perante todos, mesmo para aqueles que não participaram do processo judicial.

A eficácia natural da sentença não se confunde com a coisa julgada, uma vez que essa é a qualidade de imutabilidade que recai sobre o conteúdo da sentença, vinculando-se, em princípio, todos aqueles que tiveram oportunidade de participar do processo, na condição de partes.

---

332. MIRABETE, Julio Fabbrini. *Processo Penal*. 15. ed. São Paulo: Atlas, 2004. p. 169.
333. DINAMARCO, Cândido Rangel. *Instituições de direito processual civil*. 3. ed. São Paulo: Malheiros, 2009. v. III, p. 211.

Entretanto, o grau de influência dos efeitos de uma decisão judicial pode variar conforme a posição dos terceiros.

Assim, *terceiros absolutamente indiferentes* não sofrem nenhuma influência da sentença proferida entre outras pessoas.

Já os terceiros *com interesse de fato* não são atingidos em suas relações jurídicas, mas apenas em expectativas de fato. Eles suportam a *eficácia natural* da sentença, embora não atingidos pela autoridade da coisa julgada. Por exemplo, o sublocatário diante da ação de despejo por falta de pagamento, movida pelo locador em face do locatário, não tem relação jurídica com o locador, mas é atingido pela eficácia natural da sentença, não podendo, por absoluta falta de legitimidade *ad causam*, discutir a decisão com o locador, embora não esteja vinculado à decisão em razão da coisa julgada. De igual modo, o cônjuge que consentiu com o ajuizamento da ação real imobiliária (CPC, art. 73) não é litisconsorte necessário; embora não seja parte, é atingido pela eficácia natural da sentença. Outro exemplo: o credor de uma das partes que vê seu patrimônio diminuído em razão da sucumbência do devedor: "A" é credor de "B", por título ainda não vencido, e "B" perde um imóvel em ação reivindicatória; a existência do imóvel aumentaria a garantia do credor, mas este não tem interesse jurídico atingido, mesmo porque sua dívida não está vencida; alterou-se, apenas, a expectativa de recebimento mais fácil do crédito, no caso de não pagamento voluntário. Portanto, o terceiro "A" não é titular de posição jurídica que lhe permita pleitear em juízo, direta e autonomamente, resultado diverso. Ele está impossibilitado de discutir aquele resultado em juízo, não pelo óbice da coisa julgada, mas por falta de legitimidade *ad causam*[334].

Além disso, há os *terceiros juridicamente interessados, com interesse igual ao das partes*, que sofrem com os efeitos reflexos da sentença, de forma que, mesmo não integrando quaisquer dos polos processuais, detêm a titularidade de relações jurídicas correlatas com a lide discutida pelas partes[335], por exemplo, o dono de um imóvel que toma conhecimento de que o seu bem foi objeto de ação reivindicatória. Nesse caso, o terceiro não é atingido por essa decisão, mas tem ação própria para pleitear o seu direito em face de quem se diz atualmente dono. Assim, o terceiro não vai rediscutir a sentença anterior, nem pretender desfazê-la, mas obter uma nova decisão que proclame o seu direito próprio. A propósito, a sentença é ineficaz em relação ao terceiro não citado, em ação de usucapião, em nome de quem o imóvel usucapiendo está registrado, devendo reivindicar o imóvel em ação ordinária própria, sem a necessidade de propor ação rescisória.

Ainda, o CPC trata da coisa julgada *ultra partes* em relação aos credores nas obrigações solidárias (CPC, art. 1.068; CC, art. 274). Há coisa julgada *secundum eventum*

---

334. TALAMINI, Eduardo. Partes, terceiros e coisa julgada (os limites subjetivos da coisa julgada). In: DIDIER JR., Fredie; WAMBIER, Teresa Arruda Alvim (Coord.). *Aspectos polêmicos e atuais sobre os terceiros no processo civil e assuntos afins.* São Paulo: RT, 2004. p. 205.

335. DINAMARCO, Cândido Rangel. *Instituições de direito processual civil.* 3. ed. v. III cit., p. 215.

litis: o julgamento contrário a um dos credores solidários não atinge aos demais, mas o julgamento favorável aproveita-lhes, salvo em se tratando de exceção pessoal ao credor que o obteve (v.g., vício do consentimento ou compensação). Com isso, reproduz-se a regra contida no art. 506 do CPC, pela qual a autoridade da coisa julgada não pode prejudicar terceiros, mas pode beneficiá-los. Por exemplo, inclusive por força de lei (CC, art. 1.994), a sentença que se proferir na ação de sonegados (isto é, demanda ajuizada, quando alguém que se beneficiou do recebimento antecipado de patrimônio, deixa de apesentar no inventário os bens pertencentes ao espólio), movida por qualquer dos herdeiros ou credores, aproveita aos demais interessados[336].

Atente-se que o art. 506 do CPC modificou o disposto no art. 472 do CPC-73, que afirmava que a sentença fazia coisa julgada entre as partes as quais era dada, "não *beneficiando*, nem prejudicando terceiros". No entanto, entre os beneficiados da coisa julgada, não podem ser incluídos os litigantes de outras demandas em que se discute a mesma tese jurídica (Cf. Enunciado 36 da I Jornada de Direito Processual Civil, promovida pelo Conselho da Justiça Federal).

Por outro lado, o CPC silencia em relação aos devedores solidários. Entretanto, as regras dos arts. 1.068 do CPC e 274 do CC devem permitir a incidência do instituto da coisa julgada, sob o enfoque do princípio da igualdade. Nesse sentido, prevê o Enunciado 234 do FPPC ("A decisão de improcedência na ação proposta pelo credor beneficia todos os devedores solidários, mesmo os que não foram partes no processo, exceto se fundada em defesa pessoal"). Porém, tal enunciado somente vincula o(s) credor(es) solidário(s) que foi(ram) parte(s) do processo, não podendo prejudicar aqueles que não participaram na formação da decisão, já que isso representaria violação às garantias constitucionais do contraditório, da ampla defesa e do devido processo legal.

Nas hipóteses que envolvem *terceiros juridicamente interessados, com interesse igual ao das partes* ou *terceiros com interesse jurídico superior ou subordinado,* as ações dos terceiros podem gerar sentenças objetivamente contraditórias em relação à sentença anterior, porque, no segundo processo, toda matéria anterior pode ser também reexaminada.

Essa contradição, embora seja indesejável, não pode ser evitada, em virtude da singularidade da jurisdição, que atua diante de um fato concreto e em razão das partes titulares de relações jurídicas discutidas, e não pode e nem deve prever as inúmeras alterações do mundo jurídico que pode a sentença causar.

Com o objetivo de evitar sentenças objetivamente contraditórias, o CPC prevê a *reunião de processos* no caso de conexão de causas, nos casos de intervenção de terceiros etc., mas ainda assim o fenômeno pode acontecer.

---

336. FARIAS, Cristiano Chaves de; ROSENVALD, Nelson; BRAGA NETTO, Felipe. *Manual de direito civil.* Volume único. 8. ed. Salvador: Juspodivm, 2023, p. 1480.

Há, porém, exceções à regra de que a coisa julgada não prejudica terceiros (CPC, art. 506). Os terceiros, que poderiam ser assistentes litisconsorciais, ainda que não tenham sido partes, são atingidos pela coisa julgada, porque as hipóteses de assistência litisconsorcial são de *litisconsórcio facultativo unitário*[337]. Por exemplo, os efeitos da ação de indignidade atingem não somente aquele herdeiro que ajuizou a ação, pois a exclusão se dá com relação à herança[338]. Advirta-se que o art. 123 do CPC prevê tratamento especial apenas ao assistente simples, não ao litisconsorcial: este submete-se à coisa julgada por receber o tratamento de litisconsorte, já o assistente simples não assume a condição de parte, sendo atingido apenas pela eficácia da assistência.

Também, na alienação de coisa litigiosa (CPC, art. 109, § 3º), se houver cadeia sucessiva de alienações, todos os adquirentes serão atingidos pela sentença[339]: o adquirente (sucessor) somente ingressará no processo no lugar da parte que lhe transferiu o bem ou a relação, se o adversário concordar; não havendo essa concordância, prosseguirá o alienante (ou cedente) figurando como parte no processo – então como *substituto processual* do adquirente (sucessor) (o qual poderá figurar apenas como assistente do alienante ou do cedente). Em ambas as hipóteses será o sucessor atingido pela coisa julgada: na primeira hipótese (quando há concordância) como parte e, na segunda, por ter sido substituído pelo alienante (ou cedente). Por fim, se a sucessão se der após a coisa julgada, o sucessor também fica vinculado à coisa julgada.

Excepcionalmente, em virtude de tratamento especial, a coisa julgada pode ser *estendida a outros terceiros que não foram partes*, o que se denomina de coisa julgada *ultra partes*. É a situação dos *sucessores das partes*, os quais, a despeito de não terem sido partes, estão sujeitos à coisa julgada, porque receberam os direitos e as ações no estado de coisa julgada (v.g., a sentença condenatória pode ser executada em face do espólio; se a ação de investigação de paternidade foi julgada procedente em face do pai, seus herdeiros, depois de sua morte, ficam vinculados à decisão etc.). A rigor, contudo, ao sucessor são transferidas todas as posições jurídicas relativas ao objeto da sucessão (universal ou singular), inclusive as de caráter processual, como a coisa julgada. Dessa maneira, o sucessor não detém a condição de terceiro; ele assume as próprias posições materiais e processuais do sucedido, nos limites do objeto da sucessão[340].

Também é a situação do substituído, na substituição processual, em que o substituto foi a parte, mas o direito é do substituído, o qual tem sua relação jurídica decidida com força de coisa julgada (v.g., Lei 8.560/92, art. 2º, § 4º: ação de investigação de paternidade ajuizada pelo Ministério Público[341], em nome da criança havida fora do casamento).

---

337. NERY JR., Nelson; NERY, Rosa Maria de Andrade. *Código de Processo Civil comentado*. 6. ed. São Paulo: RT, 2002. p. 361.
338. VENOSA, Sílvio de Salvo. *Direito Civil. Direito das sucessões*. 3. ed. São Paulo: Atlas, 2003. v. VII, p. 79.
339. NERY JR., Nelson; NERY, Rosa Maria de Andrade. *Código de Processo Civil comentado*. 6. ed. cit., p. 343.
340. ARAGÃO, Egas D. Moniz de. *Sentença e coisa julgada*. Rio de Janeiro: Aide, 1992. p. 296.
341. STF, RE 248869, Rel. Min. Maurício Corrêa, 2ª T., j. 07.08.2003, *DJ* 12.03.2004 p. 00038 Ement v. 02143-04 p. 00773.

É, ademais, a situação dos legitimados concorrentes para demandar. Por exemplo, quaisquer dos sócios de uma sociedade anônima podem ajuizar, individualmente, ação de anulação das deliberações da assembleia geral. Se um dos sócios obtém a sentença anulatória, os demais sócios ficariam atingidos pela declaração. Assim, se qualquer dos sócios ajuizasse outra ação anulatória para obter o mesmo fim conseguido na primeira demanda, faltar-lhe-ia o interesse processual, pois a providência judicial não seria necessária. Logo, está-se diante de "ações concorrentes" (no aspecto subjetivo), isto é, o sucesso da ação de um dos sócios extingue o interesse jurídico dos demais[342].

Contudo, o problema da formulação de Enrico Tullio Liebman é que não considera a possibilidade de haver, entre os sócios legitimados, alguns que pretendam a manutenção do ato, em vez da sua invalidação. Por isso, Ada Pellegrini Grinover entende que o sócio que não participou do processo anterior pode ajuizar uma nova ação e, havendo conflito entre as coisas julgadas, prevaleceria a última[343].

Perceba-se, todavia, que a redação do art. 506 do CPC, diferente da correspondente no CPC/73 (art. 472), afirma que a coisa julgada não pode apenas *prejudicar* terceiros, mas pode beneficiá-los. Trata-se da coisa julgada *in utilibus* para terceiros.

As extensões subjetivas da eficácia da sentença, atingindo a esfera jurídica de terceiro que não integrou da lide, são situações excepcionais presentes no sistema processual, consubstanciadas na hipótese de solidariedade ativa ou passiva, ao passo que, figurando um dos interessados, a sentença proferida beneficiará e/ou atingirá a esfera jurídica dos demais que não participaram do processo[344]. Situação semelhante ocorre na ação de indignidade (CC, art. 1.814)[345], em razão da indivisibilidade da demanda. Assim, mesmo que apenas um interessado (v.g., um dos herdeiros necessários) ajuíze a ação, sua declaração aproveita os demais, que não participaram do processo. Isso ocorre porque a exclusão que se opera por indignidade é feita com relação à herança (universalidade dos bens deixados pelo *de cujus*).

Além disso, a coisa julgada nas ações coletivas é *erga omnes* (CDC, art. 103; Lei 7.347/85, art. 16). Por exemplo, a condenação do Banco do Brasil em pagar as diferenças de expurgos inflacionários de cadernetas de poupança ocorridos em janeiro de 1989 (Plano Verão) aplica-se, indistintamente, a todos os detentores de cadernetas de poupança naquele banco, bem como aos seus sucessores, independentemente de fazerem parte dos quadros associativos do Instituto Brasileiro de Defesa do Consumidor (IDES) ou de terem residência ou domicílio na sede do juízo onde a ação foi proposta, os quais têm o direito de ajuizarem o cumprimento individual da sentença coletiva[346].

---

342. LIEBMAN, Enrico Tullio. *Eficácia e autoridade da sentença*, 3. ed., 1984 cit., p. 99-100.
343. Idem. p. 242.
344. DINAMARCO, Cândido Rangel. *Instituições de direito processual civil*. 3. ed. v. II cit., p. 216.
345. STJ, REsp 1102360/RJ, Rel. Min. Massami Uyeda, 3ª T., j. 09.02.2010, *DJe* 1º.07.2010.
346. STJ, REsp 1391198/RS, Rel. Min. Luis Felipe Salomão, 2ª Seção, j. 13.08.2014, *DJe* 02.09.2014; REsp 1243887/PR, Rel. Min. Luis Felipe Salomão, Corte Especial, j. 19.10.2011, *DJe* 12.12.2011.

Com efeito, quanto à eficácia subjetiva da coisa julgada na ação civil pública, incide o CDC (exegese do art. 21 da Lei 7.347/85)[347].

Porém, o Supremo Tribunal Federal fixou, em sede Repercussão Geral (Tema nº 499), que a "eficácia subjetiva da coisa julgada formada a partir de ação coletiva, de rito ordinário, ajuizada por associação civil na defesa de interesses dos associados, somente alcança os filiados, residentes no âmbito da jurisdição do órgão julgador, que o fossem em momento anterior ou até a data da propositura da demanda, constantes da relação jurídica juntada à inicial do processo de conhecimento"[348]. Baseado neste precedente, o Superior Tribunal de Justiça decidiu que a eficácia subjetiva da sentença coletiva abrange os substituídos domiciliados em todo o território nacional desde que proposta por entidade associativa de âmbito nacional, em desfavor da União, na Justiça Federal do Distrito Federal[349].

Além disso, o Supremo Tribunal Federal fixou o Tema nº 1.075/STF, no qual declarou a inconstitucionalidade da redação do art. 16 da Lei 7.347/1985, dada pela Lei 9.494/1997, determinando a repristinação de sua redação original; concluindo que os efeitos e a eficácia da sentença coletiva não estão circunscritos aos limites geográficos do órgão prolator da decisão, mas aos limites objetivos e subjetivos do que foi decidido[350].

Com fundamentos nos Temas nº 499 e 1.075 do STF, o Superior Tribunal de Justiça, quanto aos legitimados ativos para a execução individual de sentença coletiva, estabeleceu a seguinte distinção entre[351]: i) a legitimidade ativa de associado para executar individualmente sentença prolatada em ação coletiva ordinária proposta por associação expressamente autorizada pelos associados (legitimação ordinária), agindo com base na representação prevista no art. 5º, inc. XXI, da CF; e ii) a legitimidade ativa de beneficiário consumidor para executar individualmente sentença prolatada em ação coletiva substitutiva proposta por associação, mediante legitimação constitucional extraordinária (CF, art. 5º, inc. LXX) ou legitimação legal extraordinária (CDC, arts. 81, 82 e 91; ação civil pública substitutiva ou ação coletiva de consumo). Na primeira hipótese, os efeitos da sentença de procedência da ação coletiva, de procedimento ordinário, ajuizada por associação civil na defesa de interesses dos associados, somente alcançará os filiados, residentes no âmbito da jurisdição do órgão julgador. Portanto, há eficácia subjetiva e territorial restrita. Na segunda hipótese, os efeitos da sentença de procedência da ação coletiva substitutiva não estarão circunscritos aos limites geográficos do órgão prolator da decisão, mas aos limites objetivos e subjetivos do que foi decidido, de maneira que beneficiarão os consumidores prejudicados e seus sucessores, legitimando-os à liquidação e à execução, independentemente de serem filiados à associação promovente.

---

347. STJ, AgRg no REsp 1380787/SC, Rel. Min. Og Fernandes, 2ª T., j. 19.08.2014, *DJe* 02.09.2014.
348. STF, RE 612.043, rel. Min. Marco Aurélio, Tribunal Pleno, j. 10.05.2017, pub. *DJe* 229 06.10.2017.
349. STJ, AgInt no AREsp 2.122.178/SP, rel. Min. Ministro Gurgel de Faria, 1ª T., j. 21.08. 2023, *DJe* de 24.08.2023.
350. STF, RE 1101937, Tribunal Pleno, Rel. Min. Alexandre de Moraes, j. 08.04.2021, pub. *DJe* 14.06.2021.
351. STJ, ERsp 1.367.220/PR, Corte Especial, Rel. Min. Raul Araújo, j. 06.03.2024.

9.12.5. Eficácia preclusiva da coisa julgada

Eficácia preclusiva é a aptidão que a própria coisa julgada material tem de excluir a renovação de questões suscetíveis de neutralizar os efeitos da sentença cobertos por ela[352].

Trata-se de mecanismo de autodefesa da coisa julgada com previsão nos arts. 505, *caput*, e 508 do CPC.

Pelo art. 505, *caput*, do CPC, "nenhum juiz decidirá novamente as questões já decididas relativas à mesma lide". Embora essa formulação seja desnecessária, vislumbra-se uma necessidade de reafirmação por parte do legislador em explicitar tal eficácia. Fato é que, se a autoridade da coisa julgada tiver seu valor intrínseco de imutabilidade subtraído, um grave desequilíbrio na ordem jurídica tomaria forma, visto que abrir-se-ia a possibilidade de que os fundamentos da sentença pudessem ser revistos.

Pelo art. 508 do CPC, proíbem-se "todas as alegações e as defesas que a parte poderia opor tanto ao acolhimento quanto à rejeição do pedido". Fala-se, então, em coisa julgada sobre o *explícito* e o *implícito*.

Com isso, procura-se evitar que o vencido, sucumbente em seu pleito, volte tanto a rediscutir os pontos já debatidos e resolvidos na motivação da sentença quanto também venha a suscitar pontos novos não alegados nem apreciados pelo juízo, os quais poderiam ser hábeis a ensejar conclusão diversa daquela contida na decisão originária. São argumentos que a parte poderia *opor ao acolhimento do pedido* e *as defesas que o réu talvez pudesse levantar*, mas se omitiu[353]. Por exemplo: a prescrição pode ser alegada a qualquer tempo e em qualquer instância *ordinária* do processo (CC, art. 193), mas não pode ser afirmada após o trânsito em julgado da sentença. Por isso, a coisa julgada atinge o deduzido e o dedutível: a *res deducta* e a *res deducenda*. A *res deducta* está abrangida nos limites objetivos da coisa julgada (CPC, art. 503), enquanto a *res deducenda* é abarcada pela eficácia preclusiva da coisa julgada (CPC, art. 508)[354].

Como consequência, a eficácia preclusiva da coisa julgada impede que os argumentos omitidos – mesmo que versem sobre questões de ordem pública[355] – sejam trazidos em ação idêntica ajuizada após o trânsito em julgado, salvo em hipóteses excepcionais para corrigir inexatidões materiais ou erros de cálculo (CPC, art. 494, inc. I) ou quando se admite o cabimento de ação rescisória (CPC, art. 966).

Com efeito, por força do art. 508 do CPC, a autoridade da coisa julgada em sentido material se estende tanto ao que foi efetivamente arguido pelas partes, quanto ao que poderia ter sido alegado, mas que não o foi, desde que tais alegações e defesas estejam contidas no objeto do processo (*tantum iudicatum quantum disputatum vel disputari debebat*). Por exemplo, o Tribunal de Contas não pode reapreciar a legalidade do ato de concessão de aposentadoria, se houve decisão com trânsito em julgado que reconhece

---

352. DINAMARCO, Cândido Rangel. *Instituições de direito processual civil*. 3. ed. v. III cit., p. 330.
353. Ibidem, p. 331.
354. STJ, REsp 763.231/PR, Rel. Min. Luiz Fux, 1ª T., j. 15.02.2007, *DJ* 12.03.2007, p. 202.
355. STJ, AgRg no AREsp 594.368/MG, Rel. Min. Luis Felipe Salomão, 4ª T., j. 07.04.2015, *DJe* 14.04.2015.

ao servidor com direito à contagem de tempo de serviço, em função estritamente policial, o acréscimo de 20%, apesar do direito reconhecido pelo Poder Judiciário não ter respaldo na jurisprudência prevalente do STF[356].

Porém, ressalte-se que a eficácia preclusiva da coisa julgada se limita à mesma causa de pedir (CPC, art. 337, §§ 1º e 2º). Por conseguinte, não está vedado o ajuizamento de nova ação nem a discussão de argumentos relativos a causa de pedir diversa. Por exemplo, a coisa julgada formada em uma ação de anulação de negócio jurídico baseada na alegação do *erro*, que é espécie de vício do consentimento previsto no CC, não impede o ajuizamento de outra ação, entre as mesmas partes e com idêntico pedido, fundada em dolo ou culpa, que também são espécies de vícios do consentimento[357]. Dessa forma, a preclusão alcançada pela regra do art. 508 do CPC não atinge as causas de pedir estranhas ao processo em que transita em julgado a sentença de mérito, as quais podem ser deduzidas em demandas posteriores[358].

Outra manifestação da *eficácia preclusiva da coisa julgada* toca ao saneamento dos vícios do processo. As nulidades dos atos processuais anteriores à sentença em geral podem ser supridas ou sanadas no decorrer do processo principal. Caso não sejam, normalmente, não podem ser mais arguidos depois que a sentença passou em julgado (v.g., o indeferimento de perguntas em audiência convalida-se com o trânsito em julgado da sentença de mérito)[359]. Apenas os atos inexistentes e os nulos *pleno iure* não se sujeitam à sanatória geral[360].

No entanto, a eficácia preclusiva da coisa julgada se limita ao trânsito em julgado. Por exemplo, se a parte alega, em embargos à execução, que efetuou *pagamento* antes da sentença ou antes da instauração do processo, tal fato está acobertado pela eficácia preclusiva da coisa julgada. Por outro lado, se o pagamento ocorreu depois do trânsito em julgado, pode a parte alegar tal fato nos embargos à execução ou em outro momento do processo de execução.

9.12.6. Eficácia da sentença em relação ao assistente simples (exegese do art. 123/CPC)

O instituto da assistência é entendido como o ingresso voluntário de um terceiro no processo, com a finalidade de ajudar uma das partes[361], exercendo os mesmos poderes e sujeitando-se igualmente aos ônus sofridos pelo assistido (CPC, art. 121).

---

356. STF, MS 33528 AgR, Rel. Min. Celso de Mello, 2ª T., j. 06.09.2016, Processo Eletrônico *DJe*-201 Divulg 20.09.2016 Public 21.09.2016.

357. CABRAL, Antônio do Passo. Comentários aos art. 508. In: WAMBIER, Teresa Arruda Alvim; DIDIER JR., Fredie; TALAMINI, Eduardo; DANTAS, Bruno (Coord.). *Breves comentários ao Novo Código de Processo Civil*. São Paulo: RT, 2015. p. 1.309-1.310.

358. STJ, AgRg no Ag 1269111/SP, Rel. Min. Rogério Schietti Cruz, 6ª T., j. 10.11.2015, *DJe* 25.11.2015.

359. TST – ROAR: 402721199702005 402721/1997-02-00.5, Relator: João Oreste Dalazen, data de julgamento: 24.10.2000, Subseção II Especializada em Dissídios Individuais, Data de Publicação: *DJ* 02.02.2001.

360. STJ, REsp 220.110/PA, Rel. Min. Sálvio de Figueiredo Teixeira, 4ª T., j. 06.03.2003, *DJ* 04.08.2003, p. 305.

361. DINAMARCO, Cândido Rangel. *Instituições de direito processual civil*. 3. ed. v. II cit., p. 395.

O art. 123 do CPC afirma que, transitada em julgado a sentença no processo em que interveio o terceiro, este não poderá, em processo posterior, discutir a justiça da decisão, salvo se alegar e provar que: I – pelo estado em que recebeu o processo, ou pelas declarações e pelos atos do assistido, foi impedido de produzir provas suscetíveis de influir na sentença; II – desconhecia a existência de alegações ou de provas das quais o assistido, por dolo ou culpa, não se valeu.

Trata-se de regra, ao mesmo tempo, mais rígida e mais flexível que a prevista no art. 506 do CPC, pela qual a sentença faz coisa julgada às partes entre as quais é dada, não prejudicando terceiros. É mais rígida, na medida em que se tornam imutáveis e indiscutíveis para o assistente, inclusive, os próprios fundamentos da sentença (ao contrário do que dispõe o art. 504, inc. I, do CPC), e não apenas o dispositivo. É o que se extrai do art. 123, *caput*, do CPC, ao proibir que o assistente discuta a "justiça da decisão". Por outro lado, é mais flexível, porque o próprio art. 123 do CPC prevê situações em que a sentença não produz efeitos em face do assistente simples.

O assistente simples, movido pelos reflexos jurídicos que determinada causa possa causar em sua esfera de direito[362], quando intervém no processo, embora tenha toda a gama de faculdades, ônus, poderes e deveres na esfera processual, ele não é o detentor do direito objeto da lide, e, portanto, é defeso que ele provoque o juiz com o viés de discutir sobre o processo ou a relação processual controvertida, limitando-se a ser uma parte auxiliar[363].

Em decorrência disso, a eficácia da assistência é mais flexível que a coisa julgada, porque o assistente não fica sujeito à coisa julgada material; porém, os fundamentos e a conclusão da sentença não poderão ser discutidos por ele (CPC, art. 123) à exceção das hipóteses dos incisos I e II, do art. 123 do CPC, em que o assistente, ao receber e analisar o processo ou tomando conhecimento das declarações e/ou atos do assistido, teve cerceada a possibilidade de produção de provas suscetíveis a influir no mérito da sentença (CPC, art. 123, inc. I) ou se desconhecia a existência de alegações ou de provas das quais o assistido, por dolo ou culpa, não se valeu. (CPC, art. 123, inc. II).

Frise-se que a posição do assistente simples não se confunde com a do assistente litisconsorcial, em vista de que a distinção dessas subespécies de assistência constitui apenas uma projeção da medida de gradação dos efeitos que o julgamento terá sobre a condição jurídica do assistente[364].

O que o CPC, em seu art. 124, chama de "litisconsorte da parte principal", repetindo *ipsis litteris* o disposto no *caput* do art. 54 (CPC/73), é o que se define como assistência qualificada[365], que, a seu turno, está esparsa em outros dispositivos do CPC, tal como

---

362. Idem.
363. Ibidem, p. 396.
364. Ibidem, p. 399; STJ, REsp 159.131/GO, Rel. Min. Luiz Vicente Cernicchiaro, 6ª T., j. 22.09.1998, *DJ* 26.10.1998, p. 170.
365. DINAMARCO, Cândido Rangel. *Instituições de direito processual civil*. 3. ed. v. II cit., p. 399.

a denunciação da lide (art. 127 do CPC) e do adquirente de objeto litigioso (CPC, art. 109, § 2º)[366].

Por erro redacional, o CPC dá a entender que o assistente litisconsorcial seja simplesmente litisconsorte, despido de seu caráter de parte auxiliar. Entretanto, tal ideia é equivocada, pois a atuação do assistente será equivalente tanto quanto a da parte principal e do litisconsorte propriamente dito. O que tal dispositivo faz é definir o tratamento destinado ao interveniente em virtude de que a qualificação do assistente se dá pela proximidade entre a situação jurídica posta aliada à postulação da parte autora trazida a julgamento[367].

Assim, enquanto o assistente litisconsorcial submete-se à coisa julgada precisamente por receber o tratamento de litisconsorte[368], o assistente simples não assume a condição de parte, não se submetendo à autoridade da coisa julgada, mas apenas à eficácia da assistência.

Os limites objetivos da coisa julgada são mais amplos, pois se a imutabilidade se restringisse apenas ao dispositivo, não haveria nenhuma vinculação concreta e útil do assistente. Com isso, a regra do art. 123 do CPC visa evitar um segundo processo, fazendo com que a *eficácia preclusiva da coisa julgada* se projete também sobre o assistente.

9.12.7. O efeito negativo da coisa julgada e a tríplice identidade

Como já mencionado, a coisa julgada material incide sobre os efeitos da sentença de mérito sem que ela, individualmente considerada, seja um efeito direto e decorrente desta[369]; ou seja, é uma qualidade da própria decisão, com o escopo de torná-la imutável.

O problema da preservação da coisa julgada é resolvido pelo exame dos seus limites subjetivos e objetivos. O *efeito negativo* da coisa julgada consiste na proibição de se voltar a decidir o que foi julgado no dispositivo – e, eventualmente, na resolução da questão prejudicial (CPC, art. 503, § 1º) – de sentença de mérito irrecorrível (limite objetivo), em face das mesmas partes (limite subjetivo), qualquer que seja a ação futura[370].

A imutabilidade da coisa julgada com a consequente impossibilidade de ajuizamento da mesma ação atua, como regra, na hipótese de haver *tríplice identidade* (entre partes, pedidos e causas de pedir). Aliás, o art. 337, §§ 1º, 2º e 4º, do CPC afirma: "Verifica-se a [...] coisa julgada quando se reproduz ação anteriormente ajuizada" (§ 1º); "Uma ação é idêntica à outra quando possui as mesmas partes, a mesma causa de pedir e o mesmo pedido" (§ 2º); "Há coisa julgada quando se repete ação que já foi

---

366. Idem.
367. Ibidem, p. 399-400.
368. STJ, REsp 585.385/MT, Rel. Min. Nancy Andrighi, 3ª T., j. 03.03.2009, *DJe* 13.03.2009.
369. DINAMARCO, Cândido Rangel. *Instituições de direito processual civil.* 3. ed. v. II cit., p. 309.
370. GRECO FILHO, Vicente. *Direito Processual Civil Brasileiro.* 22. ed., v. II cit., p. 319.

decidida por decisão transitada em julgado" (§ 4º). Portanto, a ofensa à coisa julgada exige tríplice identidade[371].

Contudo, há uma variedade de situações em que a formulação jurídica reconhece a existência do efeito negativo da coisa julgada, mas inexiste a tríplice identidade. Por exemplo, a sentença de liquidação, embora não tenha tríplice identidade, se estiver em desacordo com a decisão que transitou em julgado, ofende o instituto da coisa julgada; se "A", depois de obter sentença irrecorrível de declaração de inexistência de relação jurídica em face de "B", vê-se demandado por "B", que pretende cobrar algum crédito decorrente dessa mesma relação. Nesses casos, não há tríplice identidade, embora haja ofensa à coisa julgada.

9.12.8. Eficácia civil da sentença penal

Há relativa independência entre a responsabilidade civil e a criminal. Isso porque o art. 935 do CC afirma que a *responsabilidade civil independe da criminal*, mas prossegue dizendo que *não se pode questionar mais sobre a existência do fato, ou sobre quem seja o seu autor, quando estas questões se acharem decididas no juízo criminal*. Nesse sentido, por exemplo, a Lei 14.661/2023 introduziu o art. 1.815-A no Código Civil, para tratar dos excluídos da sucessão. Nos termos do art. 1.814 do Código Civil, os herdeiros ou legatários ficam de fora da sucessão quando: forem autores, coautores ou partícipes de homicídio, consumado ou tentado, contra a pessoa de cuja sucessão se tratar, seu cônjuge, companheiro, ascendente ou descendente; quando tiverem acusado caluniosamente em juízo o autor da herança ou incorrerem em crime contra sua honra, ou de seu cônjuge ou companheiro; que, por violência ou meios fraudulentos, inibirem ou obstarem o autor da herança de dispor livremente de seus bens por ato de última vontade. Essas hipóteses de indignidade precisam, contudo, ser declaradas por sentença judicial, em demanda ajuizada em até quatro anos da abertura da sucessão (art. 1.815, § 1º, do Código Civil). Entretanto, pelo art. 1.815-A do Código Civil o trânsito em julgado da sentença penal condenatória acarreta a imediata exclusão do herdeiro ou legatário indigno, independentemente da sentença civil do art. 1.815, *caput*, do Código Civil. Perceba-se que neste caso a sentença penal condenatória produz efeitos civis, sem a necessidade do ajuizamento da ação cível para a declaração da indignidade.

De todo modo, quando existe uma relação de prejudicialidade entre as esferas cível e penal, isto é, quando a mesma conduta depender da apuração de fato investigado no juízo penal, para evitar soluções contraditórias, especialmente quando a solução do processo penal for determinante para o resultado do processo cível (*v.g.*, aguardo da condenação criminal para que a vítima ingresse com demanda indenizatória cível), deve ser aplicado o art. 200 do CC ("Quando a ação se originar de fato que deva ser apurado no juízo criminal, não ocorrerá a prescrição antes da respectiva sentença definitiva"), que é uma causa especial de suspensão da prescrição[372].

---

371. STJ, REsp 1063792/RJ, Rel. Min. Luiz Fux, 1ª T., j. 10.11.2009, *DJe* 07.12.2009.
372. STJ, REsp 1.987.108-MG, Rel. Min. Nancy Andrighi, 3ª T., j. 29.03.2022, *DJe* 1º.04.2022.

Isto porque a condenação criminal, transitada em julgado, torna certa a obrigação de indenizar o dano causado pelo crime (CP, art. 91, inc. I), e constitui título executivo judicial que pode ser executado no juízo cível competente (CPP, art. 63; CPC, art. 515, inc. VI).

O art. 65 do CPP preceitua que faz coisa julgada no cível a sentença penal que reconheça uma das causas de exclusão de ilicitude (estado de necessidade, legítima defesa, estrito cumprimento de dever legal ou exercício regular de direito). Entretanto, com exceção da legítima defesa, a obrigação de reparar o dano persiste em diversas hipóteses, como as contidas nos arts. 927, par. ún. (há obrigação de reparar o dano, mesmo sem culpa, nos casos previstos em lei ou quando a atividade normalmente desenvolvida pelo autor do dano implicar, por sua natureza, risco para os direitos de outrem) e 929 (ainda que em estado de necessidade a pessoa lesada ou o dono da coisa não forem culpadas pelo perigo) do CC, no art. 14, § 1º, da Lei 6.938/1981 (apesar do exercício regular do direito, o poluidor é obrigado a, independentemente de culpa, indenizar ou reparar os danos causados ao meio ambiente e a terceiros) e no art. 37, § 6º, da CF (isto é, mesmo que haja estrito cumprimento do dever legal, as pessoas jurídicas de direito público e as de direito privado prestadoras de serviços públicos respondem pelos danos causados por seus agentes a terceiros, ressalvado o direito de regresso contra os responsáveis nos casos de dolo ou culpa).

Pelo art. 66 do CPP, na esteira da segunda parte do art. 935 do CC, quando a sentença penal, categoricamente, reconhecer a inexistência material do fato (CPP, art. 386, inc. I) ou que o réu não concorreu para a infração penal (CPP, art. 386, inc. IV), a absolvição na esfera criminal comunica-se ao âmbito civil. Tal entendimento é reforçado pelo art. 21, § 3º, da Lei 8.429/92, com a redação dada pela Lei 14.230/2021, pela qual as sentenças civis e penais produzirão efeitos em relação à ação de improbidade quando concluírem pela inexistência da conduta ou pela negativa da autoria.

Por outro lado, a sentença penal absolutória, fundada na deficiência probatória (CPP, art. 386, inc. VII), não repercute na esfera civil.

Além disso, a sentença que extingue a punibilidade (CP, art. 107) também não impede a reparação dos danos (CPP, art. 67). Assim, o reconhecimento da prescrição retroativa, após o trânsito em julgado da sentença penal condenatória, não afasta a sua caracterização como título executivo no âmbito cível (CPC, art. 515, inc. VI)[373], e não impede a liquidação ou o cumprimento da sentença, após a citação do devedor no juízo cível (CPC, art. 515, § 1º). Porém, a sentença criminal condenatória não constitui título executivo contra o responsável civil pelos danos decorrentes do ilícito, que não fez parte da relação jurídico-processual (penal)[374].

---

373. STJ, REsp 722.429/RS, Rel. Min. Jorge Scartezzini, 4ª T., j. 13.09.2005, *DJ* 03.10.2005, p. 279.
374. STJ, REsp 343.917/MA, Rel. Min. Castro Filho, 3ª T., j. 16.10.2003, *DJ* 03.11.2003, p. 315.

9.12.9. Coisa julgada nas ações coletivas e na ação popular

A disciplina da coisa julgada varia nas ações coletivas conforme os interesses objeto de discussão[375].

Nos interesses ou direitos difusos (CDC, art. 103, inc. I), que são aqueles que envolvem um *grupo indeterminável* de lesados, *reunidos por uma situação de fato comum*, tendo *objeto indivisível* (v.g., o meio ambiente de uma região), a sentença de procedência terá imutabilidade *erga omnes*; a de improcedência, por falta de provas, não impede o ajuizamento de outra ação civil pública ou coletiva, desde que fundada em nova prova; a de improcedência, por outro motivo que não seja a falta de provas, impede o ajuizamento de nova ação civil pública ou coletiva, *mas não prejudica eventuais ações individuais*.

Nos interesses ou direitos coletivos (CDC, art. 103, inc. II), caracterizados por envolverem um *grupo determinável* de lesados, *reunidos por uma relação jurídica básica comum*, tendo *objeto indivisível* (v.g., a nulidade de uma cláusula abusiva em contrato de adesão), a sentença de procedência terá imutabilidade *ultra partes*, mas limitadamente ao grupo, classe ou categoria de lesados; a de improcedência, por falta de provas, não impede o ajuizamento de outra ação civil pública ou coletiva, desde que fundada em novas provas; a de improcedência, por outro motivo que não seja a falta de provas, impede o ajuizamento de nova ação civil pública ou coletiva, *mas não prejudica eventuais ações individuais*.

Nos interesses ou direitos individuais homogêneos (CDC, art. 103, inc. III), cujas especificações envolvem um *grupo determinável* de lesados, *reunidos por uma lesão de origem comum*, tendo *objeto divisível* (v.g., a aquisição de um produto de série com o mesmo defeito), a sentença de procedência terá eficácia *erga omnes*, para beneficiar todas as vítimas e seus sucessores (aproveitamento *in utilibus*); a improcedência, por falta de provas, não impede o ajuizamento de outra ação civil pública ou coletiva, fundada em nova prova; a improcedência, por qualquer outro fundamento, impede o ajuizamento de nova ação civil pública ou coletiva pelos colegitimados, *salvo em relação àqueles que tenham intervindo no processo coletivo* (CDC, arts. 94 e 104).

Em relação aos limites subjetivos da coisa julgada no processo coletivo, em face dos litigantes individuais, como regra geral, a coisa julgada na ação coletiva não prejudica o litigante individual, salvo quando houver ingressado no processo como litisconsorte (CDC, art. 103, inc. III, e §§ 1º a 3º, e art. 104). O art. 103, § 3º, do CDC assevera que a sentença de procedência nas ações que versem sobre direitos ou interesses difusos e coletivos – e não apenas aquelas sobre direitos individuais homogêneos – aproveitará aos sujeitos pessoalmente prejudicados, que a utilizarão como base para suas ações individuais de reparação de danos. Assim, cabe ao interessado individual, além de

---

375. MAZZILLI, Hugo Nigro. Questões polêmicas sobre a ação civil pública. *Revista da Escola Nacional da Magistratura*. n. 1, abr. 2006. p. 59-60.

verificar e qualificar os danos, também demonstrar o nexo de causalidade entre o ato já reconhecido como ilícito pela sentença coletiva e os prejuízos que reputa ter sofrido.

Além disso, o art. 103, § 4º, do CDC trata da transposição *in ultilibus* da coisa julgada, produzida pela sentença penal condenatória relativa a crimes contra bens jurídicos supraindividuais (interesses difusos e coletivos) e seus efeitos civis para as vítimas concretas desses delitos ou seus sucessores.

Pelo art. 104 do CDC, a ação coletiva não induz litispendência para com a ação individual. Assim, o autor da demanda individual que, sendo cientificado da pendência da ação coletiva sobre o mesmo objeto, não optar pela suspensão da ação, não poderá beneficiar-se do resultado favorável que se venha a obter no processo coletivo. Com efeito, podem se valer dos efeitos da sentença coletiva: I) os demandantes individuais que não foram cientificados da ação coletiva; II) os que foram cientificados e suspenderam seus processos; III) os que não tinham ação individual em curso.

A eficácia da sentença coletiva está regulamentada no art. 16 da Lei 7.347/85, com a redação dada pela Lei 9.494/97, que restringe os limites da coisa julgada ao órgão prolator. Já o art. 2º-A da Lei 9.494/97 (acrescido pela MP 2.180-35 de 2001) afirma que a sentença prolatada em ação de caráter coletivo, proposta por entidade associativa na defesa dos interesses e direitos de seus associados, abrangerá apenas os "substituídos" domiciliados, na data da propositura da ação, no âmbito da competência territorial do órgão prolator.

Entretanto, o STJ, a partir do julgamento do REsp 1.243.887/PR, definiu que a coisa julgada na ação civil pública se aplica independentemente da residência ou do domicílio do beneficiário, e ainda que seja associado ou não do ente coletivo que ajuizou a ação. Consequentemente, o STJ concluiu que a condenação ao Banco do Brasil de pagar as diferenças de expurgos inflacionários de cadernetas de poupança, ocorridos em janeiro de 1989 (Plano Verão), aplica-se, indistintamente, a todos os detentores de cadernetas de poupança naquele banco, bem como aos seus sucessores, independentemente de fazerem parte dos quadros associativos do Instituto Brasileiro de Defesa do Consumidor (IDEC) ou de terem residência ou domicílio na sede do juízo onde a ação foi proposta, os quais têm o direito de ajuizarem o cumprimento individual da sentença coletiva[376]. Com efeito, quanto à eficácia subjetiva da coisa julgada na ação civil pública, incide o CDC (exegese do art. 21 da Lei 7.347/85)[377].

Portanto, o STJ concluiu que a *res iudicata* nas ações coletivas é ampla, em razão da existência da multiplicidade de pessoas concretamente lesadas ou ameaçadas de lesão de forma difusa ou coletiva[378]. Não há, pois, como confundir competência do juiz que profere a sentença com alcance amplo e os efeitos da coisa julgada coletiva. A

---

376. STJ, REsp 1391198/RS, Rel. Min. Luis Felipe Salomão, 2ª Seção, j. 13.08.2014, *DJe* 02.09.2014; REsp 1243887/PR, Rel. Min. Luis Felipe Salomão, Corte Especial, j. 19.10.2011, *DJe* 12.12.2011.
377. STJ, AgRg no REsp 1380787/SC, Rel. Min. Og Fernandes, 2ª T., j. 19.08.2014, *DJe* 02.09.2014.
378. STJ, REsp 1614263/RJ, Rel. Min. Herman Benjamin, 2ª T., j. 18.08.2016, *DJe* 12.09.2016.

abrangência da coisa julgada é determinada pelo pedido e pelas pessoas afetadas, não pela competência do órgão judicial que proferiu a decisão.

Ademais, o STJ, no REsp 1.865.563-RJ, fixou o Tema 1056, a respeito dos limites subjetivos da coisa julgada proferida em ação coletiva, ao afirmar que a decisão beneficia os associados de instituição, impetrante de mandado de segurança coletivo, independentemente de terem constado da lista apresentada no momento do ajuizamento do *mandamus* ou de serem filiados à associação impetrante[379]. Tratava-se de coisa julgada formada no Mandado de Segurança Coletivo 2005.51.01.016159-0 (impetrado pela Associação de Oficiais Militares do Estado do Rio de Janeiro – AME/RJ, enquanto substituta processual) e que beneficiou os militares e respectivos pensionistas do antigo Distrito Federal, integrantes da categoria substituída – oficiais, apesar de não constarem da lista anexada no momento da propositura da ação nem serem filiados à associação impetrante.

O STF, por sua vez, considerou que a questão sobre os limites subjetivos da coisa julgada de sentença genérica, proferida em ação civil pública, ajuizada por associação, é matéria infraconstitucional (porque está baseada em dispositivos da Lei 7.347/85 e do CDC), concluindo pela ausência de repercussão geral[380].

O Supremo Tribunal Federal, no Recurso Extraordinário 1.101.937, reconheceu a inconstitucionalidade do art. 16 da Lei de Ação Civil Pública. Proibiu a limitação da eficácia territorial da decisão judicial, ao fixar as seguintes teses: "I – É inconstitucional o art. 16 da Lei 7.347/1985, alterada pela Lei 9.494/1997. II – Em se tratando de ação civil pública de efeitos nacionais ou regionais, a competência deve observar o art. 93, II, da Lei 8.078/1990. III – Ajuizadas múltiplas ações civis públicas de âmbito nacional ou regional, firma-se a prevenção do juízo que primeiro conheceu de uma delas, para o julgamento de todas as demandas conexas"[381].

Em relação aos limites subjetivos da coisa julgada no processo coletivo em face dos demais legitimados para as ações coletivas, sendo a ação julgada procedente, fará coisa julgada *erga omnes* ou *ultra partes*. Versando sobre direitos ou interesses difusos ou coletivos, se a ação for julgada improcedente por falta de provas, fará coisa julgada *secundum eventum litis*, permitindo que mesmo aquele que ajuizou a ação demande novamente, juntando outras e melhores provas. Por fim, sendo a ação julgada improcedente, mas com provas suficientes, todos os colegitimados estarão abrangidos pela decisão, quando a demanda versar sobre direitos ou interesses difusos ou coletivos, pois o art. 103, inc. III, do CDC afirma que, tratando-se de interesse individual homogêneo, haverá coisa julgada *erga omnes* apenas no caso de procedência do pedido.

Ainda, em relação aos limites subjetivos da coisa julgada na ação popular (Lei 4.717/65, art. 18), julgada procedente, faz coisa julgada *erga omnes*: o reconhecimento

---

379. Rel. Min. Sérgio Kukina, Rel. Acd. Min. Gurgel de Faria, 1ª Seção, por maioria, j. 21.10.2021.
380. STF, ARE 901963 RG, Rel. Min. Teori Zavascki, j. 10.09.2015, Processo Eletrônico *DJe*-183 Divulg 15.09.2015 Public 16.09.2015.
381. STF, RE 1.101.937, Rel. Min. Alexandre de Moraes, Tribunal Pleno, j. 09.04.2021.

da lesividade do ato, sua invalidação e a condenação em perdas e danos não poderão mais ser discutidos em juízo; julgada improcedente a demanda, por concluir que o ato não é lesivo (ou melhor, é válido), a sentença faz coisa julgada *erga omnes*, nos limites do pedido e da causa de pedir. Alterada a causa de pedir, ter-se-á nova ação, inexistindo o óbice da coisa julgada. Além disso, julgada improcedente a ação popular por falta de provas, far-se-á coisa julgada *secundum eventum litis*, sendo possível ajuizar a mesma ação com novas e melhores provas.

No entanto, a estrutura do direito processual civil clássico é insuficiente e precisa ser reformulada para buscar se adequar especialmente aos *litígios irradiados* – que são aqueles que afetam os interesses de diversas pessoas ou segmentos sociais, mas de forma e com intensidades diferentes – e aos processos que dependem da formulação ou da revisão de políticas públicas e da reforma das estruturas burocráticas do Estado (processo estrutural)[382]. No processo tradicional, a decisão judicial está voltada para o passado, está limitada por um pedido certo (CPC, art. 322, *caput*), sendo vedado ao juiz proferir decisão de natureza diversa da pedida (CPC, art. 492, *caput*), que se torna imutável e indiscutível em razão da coisa julgada (CPC, art. 502). Por outro lado, os processos estruturais estão voltados para o futuro (*v.g.*, cuidar da evasão escolar, da humanização do sistema prisional ou do aperfeiçoamento do atendimento à saúde mental da população). Logo, o juiz não é chamado a decidir se o autor ou o réu tem razão (o mérito da questão), uma vez que o processo estrutural deve ser o ponto de partida para a efetivação de direitos materiais, a partir da construção de planos e metas, a serem permanentemente avaliadas, mediante um diálogo com a participação de representantes da comunidade e entidades especializadas nas áreas que envolvem a política pública a ser desenvolvida e executada. Na fase de conhecimento, a coisa julgada vai recair sobre uma decisão que se limita a reconhecer a ilegalidade de uma determinada situação, sem que se possa exigir a solução integral do litígio. Não pode haver uma rígida separação entre as fases de cognição e execução, já que a decisão judicial fixa metas que, ao longo do tempo, precisam ser revistas, a fim de que os direitos possam ser progressivamente resolvidos.

9.12.10. Coisas julgadas conflitantes

A autoridade da coisa julgada material tem por objetivo evitar a produção de decisões conflitantes referentes ao mesmo fato e sujeitos processuais, com a finalidade de assegurar a segurança jurídica e garantir estabilidade às relações de direito material[383], que são valores fundamentais inerentes ao Estado Democrático de Direito[384].

---

382. VITORELLI, Edilson. *O devido processo legal coletivo. Dos direitos aos litígios coletivos.* 2. ed. São Paulo: RT, 2019; CAMBI, Eduardo. *Neoconstitucionalismo e neoprocessualismo. Direitos fundamentais, políticas públicas e protagonismo judiciário.* 3. ed. São Paulo: D´Plácido, 2020. p. 663-685.

383. STJ, REsp 1021670/SP, Rel. Min. Marco Aurélio Bellizze, 5ª T., j. 03.12.2013, *DJe* 11.12.2013.

384. STF, ARE 918066 AgR, Rel. Min. Celso De Mello, 2ª T., j. 10.11.2015, Processo Eletrônico *DJe*-248 Divulg 09.12.2015 Public 10.12.2015.

Quando houver coisa julgada, o réu deve alegá-la como defesa (CPC, art. 337, inc. VI), embora, por ser matéria de ordem pública, o magistrado pode reconhecê-la de ofício (CPC, art. 337, § 5º).

Caso o juiz, por *error in procedendo*, não resolva o mérito do processo pelo reconhecimento da existência da coisa julgada (pressuposto processual negativo; CPC, art. 485, inc. V), a segunda decisão comportará impugnação pela via da ação rescisória (CPC, art. 966, inc. IV)[385].

Após o trânsito em julgado, a nulidade se converte em mera *rescindibilidade* e não impede que a decisão produza efeitos, até que venha a ser eventualmente rescindida. Se e enquanto não haja a proposição da ação rescisória, e até o acolhimento judicial da rescisão, prevalecerá a segunda decisão. O título executivo judicial pode ser executado sem que o juiz possa evitar a execução, porque houve o trânsito em julgado da segunda decisão. Isso impede a discussão quanto a sua validade[386], ainda mais porque é inerente a todo novo ato estatal a revogação do antigo, como ocorre com as leis e com os atos administrativos[387].

A Corte Especial do Superior Tribunal de Justiça, ao julgar o EAREsp 600.811/SP, confirmou o entendimento de que, havendo conflito entre coisas julgadas, prevalece a última que se formou, desde que não desconstituída por ação rescisória. Apesar desta orientação, nas hipóteses em que o título formado na primeira coisa julgado já tenha sido executado ou, ao menos, quando já tenha iniciada sua execução, prevalece a primeira coisa julgada, em detrimento da que foi formada em momento posterior[388].

Ainda, ressalvam-se os casos excepcionalíssimos de uma segunda sentença obtida *fraudulentamente* e com grave transgressão a valores constitucionais, caso em que a *coisa julgada inconstitucional* não detém a eficácia da sentença anterior, nem lhe neutraliza a autoridade. Por exemplo, não há coisa julgada quando a sentença contraria o princípio constitucional da justa indenização, ou decide em evidente descompasso com os dados fáticos da causa, em ação de desapropriação[389].

Também se admite a *relativização* da coisa julgada, nos casos em que a ação de reconhecimento de paternidade foi julgada improcedente por falta de provas, seja pela não realização de exame de DNA ou em razão de haver fundadas suspeitas de que tal teste foi fraudulento[390]. Isso porque nas ações de estado, como as de filiação, deve

---

385. DINAMARCO, Cândido Rangel. *Instituições de direito processual civil.* 3. ed, v. III cit., p. 335.
386. GRECO FILHO, Vicente. *Direito Processual Civil Brasileiro.* 22. ed. v. II cit., p. 478.
387. MOREIRA, José Carlos Barbosa. *Comentários ao Código de Processo Civil.* Rio de Janeiro: Forense, 2008. v. V. p. 225-226; PONTES DE MIRANDA, Francisco Cavalcanti. *Tratado da ação rescisória.* Rio de Janeiro: Forense, 1976. p. 255; DINAMARCO, Cândido Rangel. *Instituições de direito processual civil.* 3. ed. v. III, cit., p. 335-336; STJ, Rcl 4.421/DF, Rel. Min. Luiz Fux, 1ª Seção, j. 23.02.2011, *DJe* 15.04.2011; EAREsp 600.811/SP, Rel. Min. Og Fernandes, Corte Especial, j. 04.12.2019, *DJe* 07.02.2020.
388. STJ, AgInt nos EDcl no REsp n. 1.930.955/ES, Rel. Min. Mauro Campbell Marques, 2ª T., j. 08.03.2022, 25.03. 2022.
389. STJ, AgRg no Ag 1380693/SP, Rel. Min. Castro Meira, 2ª T., j. 27.03.2012, *DJe* 23.04.2012.
390. STF, RE 363889, Rel. Min. Dias Toffoli, Tribunal Pleno, j. 02.06.2011, Acórdão Eletrônico Repercussão Geral – Mérito *DJe*-238 Divulg 15.12.2011 Public 16.12.2011 RTJ vol-00223-01 pp-00420; STJ, AgInt no REsp 1284190/ SP, Rel. Min. Maria Isabel Gallotti, 4ª T., j. 29.09.2016, *DJe* 05.10.2016; REsp 1816042/MG, Rel. Min. Paulo de Tarso Sanseverino, 3ª T., j. 26.11.2019, *DJe* 03.12.2019.

prevalecer o princípio da verdade real e a tutela do direito fundamental à verificação da identidade genética. Porém, tal entendimento não se aplica quando não se demonstra a insuficiência de provas no primeiro processo ou a existência de dúvida razoável sobre a existência de fraude na coleta do material genético ou no método utilizado no exame de DNA anteriormente realizado. Assim, não basta, para a relativização da coisa julgada material, apenas reiterar os mesmos fatos e fundamentos jurídicos narrados na primeira ação de paternidade.

Portanto, salvo em casos excepcionais, se a segunda decisão não for rescindida no prazo decadencial, ela prevalecerá sobre a primeira[391]. O direito à rescisão se extingue em 2 (dois) anos contados do trânsito em julgado da última decisão proferida no processo (CPC, art. 975, *caput*). Todavia, a ação rescisória, fundada na obtenção pelo autor, após o trânsito em julgado, de prova nova cuja existência ignorava ou que não pôde fazer uso, desde que capaz de por si só lhe assegurar pronunciamento favorável, está sujeita ao prazo máximo de 5 (cinco) anos, contado do trânsito em julgado da última decisão proferida no processo (CPC, art. 975, § 2º).

Essa regra jurídica, introduzida no Código de Processo Civil de 2015, firma um marco temporal para a rescisão da decisão de mérito transitada em julgado. Traz novo parâmetro para a jurisprudência da relativização da coisa julgada, inclusive em ações de estado, que, ainda que possam ser ajuizadas após o lapso temporal de 5 (cinco) anos, vão exigir argumentos e provas ainda mais rígidos para serem conhecidas e possibilitarem a rescisão do julgado anterior.

Ademais, pode haver conflito entre a coisa julgada da decisão proferida na esfera cível e na penal. Em virtude da independência entre as instâncias criminal e cível, a coisa julgada criminal somente acarreta efeitos na esfera cível, para aferição de responsabilidade civil, no que se refere aos aspectos comuns a ambas as jurisdições quanto à materialidade do fato e à autoria do ilícito (CC, art. 935)[392]. Transitada em julgado no cível, a pretensão indenizatória, que fora julgada improcedente, diante de condenação posterior no juízo criminal, após a superação do prazo decadencial da ação rescisória, faz prevalecer a coisa julgada no cível, pois: I) a suspensão da ação civil é facultativa, não obrigatória (CPP, art. 64, parágrafo único); II) a absolvição, em revisão criminal, não altera a coisa julgada no cível, em razão da independência das jurisdições cível e penal[393].

---

391. A questão, todavia, não é pacífica. Isso porque a decadência da ação rescisória não elimina a primeira coisa julgada, e porque a existência de duas decisões judiciais em sentidos contrários, quando da repetição de ações idênticas, atenta contra a garantia constitucional da coisa julgada e os valores inerentes ao Estado de Direito. Tais argumentos conferem ao executado o poder de alegar "coisa julgada contrária" na impugnação, sob o fundamento de "inexigibilidade da obrigação" (CPC, art. 525, § 1º, inc. III). Também permitiria, após o decurso do prazo da ação rescisória, o uso da ação declaratória de ineficácia. Cfr. MARINONI, Luiz Guilherme. A questão das coisas julgadas contraditórias. In: ALVIM, Teresa Arruda e DIDIER JR., Fredie (Org.). *Doutrinas essenciais*: Novo processo civil. 2. ed. São Paulo: RT, 2018. v. V. p. 807-817.
392. STJ, REsp 1496867/RS, Rel. Min. João Otávio de Noronha, 3ª T., j. 07.05.2015, *DJe* 14.05.2015.
393. VENOSA, Sílvio de Salvo. *Direito Civil. Responsabilidade civil*. 3. ed. São Paulo: Atlas, 2003. v. IV, p. 137.

Por outro lado, a condenação criminal não impede que se apure na ação de reparação de danos eventual concorrência de culpas[394], quando a demanda no juízo cível é proposta em face daquele que não foi parte no processo penal. Por exemplo, reconhecidas por sentença penal transitada em julgado a materialidade e a autoria do crime de homicídio praticado por falso médico, não se impede que se discuta, no processo civil, a culpa *in eligendo* da entidade hospitalar que contratou o referido profissional[395].

---

394. STJ, REsp 735.087/SP, Rel. Min. Humberto Gomes de Barros, 3ª T., j. 15.12.2005, *DJ* 20.02.2006, p. 338.
395. STJ, REsp 1496867/RS, Rel. Min. João Otávio de Noronha, 3ª T., j. 07.05.2015, *DJe* 14.05.2015.

REFERÊNCIAS BIBLIOGRÁFICAS

AARNIO, Aulis. *Lo racional como razonable*. Un tratado sobre la justificación WAMBIER, Luiz Rodrigues; TALAMINI, Eduardo 1991.

ABDOUD, Georges. Da (im)possibilidade de relativização da coisa julgada inconstitucional. *Revista de Direito Privado*. São Paulo, v. 23, jul.-set. 2005.

ACOSTA, Daniel Fernando. La conducta procesal de las partes como concepto atinente a la prueba. In: ACOSTA, Daniel Fernando (Coord.). *Valoración judicial de la conducta procesal*. Santa Fé: Rubinzal-Culzoni, 2005.

ALBERTO, Misael. Valor probatorio de la conducta en juicio. Un aporte más para su consideración como indicio y otras cuestiones más. In: ACOSTA, Daniel Fernando (Coord.). *Valoración judicial de la conducta procesal*. Santa Fé: Rubinzal-Culzoni, 2005.

ALEXY, Robert. *Concetto e validità del diritto*. Trad. Fabio Fiore. Turim: Giulio Einaudi Editore, 1997.

ALEXY, Robert. Colisão de direitos fundamentais e realização de direitos fundamentais no Estado de Direito Democrático. Trad. Luís Afonso Heck. *Revista de Direito Administrativo*. v. 217. Rio de Janeiro: FGV, jul.-set. 1999.

ALEXY, Robert. Direitos fundamentais, balanceamento e racionalidade. Trad. Menelick de Carvalho Netto. *Ratio Juris*. v. 16. n. 2. Medellin: UNAULA, jun. 2003.

ALEXY, Robert. *Teoría de los derechos fundamentales*. Madrid: Centro de Estudios Constitucionales, 1997.

ALEXY, Robert. *Tres escritos sobre los derechos fundamentales y la teoria de los princípios*. Trad. Carlos Bernal Pulido. Bogotá: Universidad Externado de Colombia, 2003.

ALMEIDA JR., João Mendes de. *Direito judiciário brasileiro*. Rio de Janeiro: Freitas Bastos, 1940.

ALVES, Cíntia Marques; LOPES, Ederaldo José. Falsas Memórias: questões teórico-metodológicas. *Paideia*. Ribeirão Preto [http://www.scielo.br/scielo.php?pid=S0103=863-2007000100005X&script-sci abstract&tlng=pt], v. 17. n. 36, 2007.

ALVIM, José Eduardo Carreira. *Justiça*: acesso e descesso. Disponível em: [http://www.egov.ufsc.br/portal/sites/default/files/anexos/17206-17207-1-P B.htm]. Acesso em: 02.12.2015.

ALVIM, Teresa Arruda. *A fundamentação das sentenças e dos acórdãos*. Curitiba: Editora Direito Contemporâneo, 2023.

ALVIM NETTO, José Manoel de Arruda. Apontamentos sobre a perícia. *Revista de Processo*. v. 31. São Paulo: RT, jul.-set. 1981.

ALVIM NETTO, José Manoel de Arruda. *Manual de direito processual civil*. 8. ed. São Paulo: RT, 2003. v. 2.

ALVIM NETTO, José Manoel de Arruda. *Novo contencioso cível no CPC/2015*. São Paulo: RT, 2016.

ALVIM NETTO, José Manoel de Arruda. Cumprimento da sentença condenatória por quantia certa – Lei 11.232, de 22.12.2005 – Anotações de uma primeira impressão. *Estudos em homenagem ao Professor José Carlos Barbosa Moreira*. São Paulo: RT, 2006.

AMARAL, Guilherme Rizzo. *Comentários às alterações do novo CPC*. 2. ed. rev., atual. e ampl. São Paulo: RT, 2016.

AMARAL, Paulo Osternack. A remessa necessária no Novo CPC. In: TALAMINI, Eduardo (Coord.). *Processo e Administração Pública*. Salvador: JusPodivm, 2016. (Coleção Repercussões do Novo CPC. v. 10).

AMARAL, Paulo Osternack. *Manual das provas cíveis*. Londrina: Toth Editora, 2023.

AMARAL, Paulo Osternack. Produção de provas em fase recursal. *Revista jurídica da Escola Superior de Advocacia da OAB-PR*. Edição especial, maio 2018.

AMARAL, Paulo Osternack. *Provas*: atipicidade, liberdade e instrumentalidade. São Paulo: RT, 2015.

AMARAL, Paulo Osternack. *Provas*: atipicidade, liberdade e instrumentalidade. 3. ed. São Paulo: Thomson Reuters Brasil, 2021.

AMORIN FILHO, Agnelo. Critério científico para distinguir a prescrição da decadência e para identificar as ações imprescritíveis. *Revista dos Tribunais*. v. 300. São Paulo: RT, out. 1961.

ANDRIOLI, Virgilio. Prova (diritto processuale civile). *Novissimo digesto italiano*. Turim: VTET, 1957. v. XIV.

ANSANELLI, Vicenzo. Problemi ricorrenti in tema di prova scientifica e processo civile spunti minimi di raffronto comparato. In: DOTTI, Rogéria (Org.). *O processo civil entre a técnica processual e a tutela dos direitos*. Estudos em homenagem a Luiz Guilherme Marinoni. São Paulo: RT, 2017.

APPIO, Eduardo. *Controle difuso de constitucionalidade*: modulação dos efeitos, uniformização de jurisprudência e coisa julgada. Curitiba: Juruá, 2008.

APRIGLIANO, Ricardo de Carvalho. *Ordem pública e processo*: o tratamento das questões de ordem pública no direito processual civil. São Paulo: Atlas, 2011.

AQUINO, Leonardo Gomes. A aplicação da mediação na tutela da falência e na recuperação de empresas. Disponível em: [http://estadododireito.com.br/mediacao-na-tutela-de-falencia-e-recuperacao-de-empresas/]. Acesso em: 20.10.2016.

ARAGÃO, Egas D. Moniz de. *A correição parcial*. Curitiba: Litero Técnica, 1958. ARAGÃO, Egas D. Moniz de. Direito à prova. *Revista de Processo*. v. 39. São Paulo: RT, jul.-set. 1985.

ARAGÃO, Egas D. Moniz de. *Exegese do Código de Processo Civil*. Rio de Janeiro: AIDE, 1984. v. IV, t. I.

ARAGÃO, Egas D. Moniz de. *Exegese do Código de Processo Civil*. Rio de Janeiro: AIDE, 1992. v. IV. t. I.

ARAGÃO, Egas D. Moniz de. *Exegese do Código de Processo Civil*. Rio de Janeiro: AIDE, 1984. v. IV, t. II.

ARAGÃO, Egas D. Moniz de. *Sentença e coisa julgada*. Rio de Janeiro: AIDE, 1992.

ARAGONESES, Gisbert. *La apelación en los procesos civiles*. Madrid: Thomson Civitas, 2003.

ARAÚJO, Luciano Vianna. Defesas heterotópicas: defenda-se quando e como quiser. In: ASSIS, Araken de; BRUSCHI, Gilberto Gomes (Coord.). *Processo de execução e cumprimento de sentença*. São Paulo: RT, 2021. v. 2.

ARAUJO, Marcelo José. Colisões traseiras: reflexões. *Jus Navigandi*. ano 10. n. 957. Teresina, 15.02.2006. Disponível em: [http://www.jus.com.br].

ARAÚJO FILHO, Luiz Paulo da Silva. *Comentários ao Código de Defesa do Consumidor.* São Paulo: Saraiva, 2002.

ARENHART, Sérgio Cruz. A prova estatística e sua utilidade em litígios complexos. *Revista dos Tribunais*, v. 1000, fev. 2019.

ARENHART, Sérgio Cruz. Tutela atípica de prestações pecuniárias. Por que ainda aceitar o "É ruim mas eu gosto"? *Revista Jurídica da Escola Superior de Advocacia da OAB-PR/Ordem dos Advogados do Brasil.* Seção Paraná. Coordenação Científica de Fernando Previdi Motta, Graciela I. Marins, v. 3, n. 1, p. 15 a 57, maio 2018, Curitiba: OABPR, 2018.

ARLÉ, Danielle de Guimarães Germano. *Mediação, negociação e práticas restaurativas no Ministério Público.* Belo Horizonte: Editora D'Plácido, 2016.

ARMELIN, Donaldo. Apontamentos sobre as alterações ao Código de Processo Civil e à Lei 8.038/90, impostas pela Lei 9.756/98. In: NERY JR., Nelson; WAMBIER, Teresa Arruda Alvim (Coord.). *Aspectos polêmicos e atuais dos recursos cíveis de acordo com a Lei 9.756/98.* 1. ed. 2. tir. São Paulo: RT, 1999.

ARMELIN, Donaldo. *Embargos de terceiro.* São Paulo: Saraiva. 2017.

ASCARELLI, Tullio. Processo e democrazia. *Rivista Trimestrale di Diritto e Procedura Civile*, p. 844-860. Milão: Giuffré, 1958.

ASSIS, Araken de. Condições de admissibilidade dos recursos cíveis. In: WAMBIER, Teresa Arruda Alvim; NERY JR., Nelson (Coord.). *Aspectos polêmicos e atuais dos recursos cíveis de acordo com a Lei 9.756/98.* 1. ed. 2. tir. São Paulo: RT, 1999.

ASSIS, Araken de. Formação do julgamento colegiado nos tribunais. In: FERRARI, Paulo Leme (Coord.). Homenagem ao professor Celso Neves. *Revista do Advogado – AASP.* n. 88. ano XXVI, nov. 2006.

ASSIS, Araken de. Intervenção do Conselho Administrativo de Defesa Econômica no processo civil. In: TALAMINI, Eduardo (Coord.). *Processo e Administração Pública.* Salvador: JusPodivm, 2016. (Coleção Repercussões do Novo CPC. v. 10).

ASSIS, Araken de. *Manual da Execução.* 18. ed. São Paulo: RT, 2016.

ASSIS, Araken de. *Manual dos recursos.* 8. ed. São Paulo: RT, 2016.

ASSIS, Araken de. *Processo civil brasileiro.* São Paulo: RT, 2015. v. III.

ASSIS, Araken de. Proibição da *reformatio in pejus* no processo civil brasileiro. *Revista Jurídica*, v. 57, n. 375, Porto Alegre: Nota Dez, 2009.

ASSIS, Carlos Augusto de. A antecipação de tutela e sua estabilização. Novas perspectivas. In: BUENO, Cassio Scarpinella; MEDEIROS NETO, Elias Marques de; OLIVEIRA NETO, Olavo de; OLIVEIRA, Patrícia Elias Cozzolino de; LUCON, Paulo Henrique dos Santos (Coord.). *Tutela provisória no novo CPC.* Dos 20 anos de vigência do art. 273 do CPC/1973 ao CPC/2015. São Paulo: Saraiva, 2016.

ATAÍDE JUNIOR, Vicente de Paula. Animais têm direitos e podem demandá-los em juízo. Disponível em: https://www.ajufe.org.br/imprensa/artigos/14291-animais-tem-direitos-e-podem-demanda-los-em-juizo. Acesso em: 30.11.2021.

ATAÍDE JUNIOR, Vicente de Paula. Introdução ao Direito Animal Brasileiro. *Revista Brasileira de Direito Animal*, Salvador, v. 13, 2018.

ATAÍDE JUNIOR, Vicente de Paula; MENDES, Thiago Brizola Paula. Decreto 24.645/1934: Breve história da "Lei Áurea" dos Animais. *Revista Brasileira de Direito Animal*. Salvador, v. 15, n. 02, p. 47-73. maio-ago 2020.

ÁVILA, Henrique. Ação anulatória. In: WAMBIER, Luiz Rodrigues; WAMBIER, Teresa Arruda Alvim (Coord.). *Temas essenciais do novo CPC:* análise das principais alterações do sistema processual civil brasileiro. 2. tir. São Paulo: RT, 2016.

ÁVILA, Henrique. Homologação de decisão estrangeira e concessão de exequatur à carta rogatória. In: WAMBIER, Luiz Rodrigues; WAMBIER, Teresa Arruda Alvim (Coord.). *Temas essenciais do novo CPC:* análise das principais alterações do sistema processual civil brasileiro. 2. tir. São Paulo: RT, 2016.

ÁVILA, Humberto. *Teoria dos princípios.* 5. ed. São Paulo: Malheiros, 2006.

ÁVILA, Humberto Bergmann. A distinção entre princípios e regras e a redefinição do dever de proporcionalidade. *Revista de Direito Administrativo.* n. 215. p. 151-179. Rio de Janeiro: Renovar, jan.-mar. 1999.

ÁVILA, Humberto Bergmann. A distinção entre princípios e regras e a redefinição do dever de proporcionalidade. *Revista Diálogo Jurídico.* n. 4. Salvador: Centro de Atualização Jurídica, jul. 2001. Disponível em: [http://www.direitopublico.com.br].

ÁVILA, Humberto Bergmann. Repensando o "princípio da supremacia do interesse público sobre o particular". *Revista Diálogo Jurídico.* n. 7. Salvador: Centro de Atualização Jurídica, out. 2001. Disponível em: [http://www.direitopublico.com.br].

ÁVILA, Humberto Bergmann. *Teoria dos princípios. Da definição à aplicação dos princípios jurídicos.* 9. ed. São Paulo: Malheiros, 2009.

ÁVILA, Humberto Bergmann. O que é "devido processo legal"? In: CLÉVE, Clèmerson Merlin (Org.). *Doutrinas Essenciais de Direito Constitucional.* São Paulo: RT, 2015. v. IX.

AVOLIO, Luiz Francisco Torquato. *Provas ilícitas.* Interceptações telefônicas, ambientais e gravações clandestinas. 6. ed. São Paulo: RT, 2015.

AZAMBUJA, Maria Regina Fay de. Violência sexual intrafamiliar: interfaces com a convivência familiar, a oitiva da criança e a prova da materialidade. *Revista dos Tribunais.* v. 852, p. 424-446. São Paulo: RT, out. 2006.

AZEVEDO, André Gomma de (Org.). *Manual de mediação judicial.* 5. ed. Brasília: CNJ, 2015.

AZEVEDO, André Gomma de. *Manual de mediação judicial.* 6. ed. Brasília: CNJ, 2016.

BACHELARD, Gaston. *A formação do espírito científico:* contribuição para uma psicanálise do conhecimento. Trad. Estela dos Santos Abreu. Rio de Janeiro: Contraponto, 1996.

BAHIA, Alexandre Gustavo Melo Franco; VECCHIATTI, Paulo Roberto Lotti. O dever de fundamentação, contraditório substantivo e superação de precedentes vinculantes (*overruling*) no novo CPC – Ou do repúdio a uma nova escola da exegese. In: FREIRE, Alexandre; DANTAS, Bruno; NUNES, Dierle; DIDIER JR., Fredie; MEDINA, José Miguel Garcia; FUX, Luiz; CAMARGO, Luiz Henrique Volpe; OLIVEIRA, Pedro Miranda de Oliveira (Org.). *Novas tendências do processo civil:* estudos sobre o projeto do novo Código de Processo Civil. Salvador: JusPodivm, 2014. v. II.

REFERÊNCIAS BIBLIOGRÁFICAS **753**

BAPTISTA, Sônia Marcia Hase de Almeida. *Dos embargos de declaração*. 2. ed. São Paulo: RT, 1993.

BARBOZA, Estefânia Maria de Queiroz. *Precedentes judiciais e segurança jurídica*: fundamentos e possibilidades para a jurisdição constitucional brasileira. São Paulo: Saraiva, 2014.

BARCELLOS, Ana Paula de. *Ponderação, racionalidade e atividade jurisdicional*. Rio de Janeiro: Renovar, 2005.

BARCELONA, Pietro. *El individualismo proprietario*. Madri: Trotta, 1996.

BARROSO, Luis Roberto. A razão sem voto: o Supremo Tribunal Federal e o governo da maioria. *Revista brasileira de políticas públicas*, v. 5, número especial, 2015.

BARROSO, Luis Roberto. *O controle de constitucionalidade no direito brasileiro*. 7. ed. São Paulo: Saraiva, 2016.

BATTAGLIA, Viviana. Sull'onere Del convenuto di "prendere posizione" in ordine ai fatti posti a fondamento della domanda (*riflessioni sull'onere della prova*). *Rivista di Diritto Processuale*, vol. 64, n. 6, p. 1512-1536. Padova: CEDAM, nov.-dez. 2009.

BAUR, Fritz. Da importância da dicção "iura novit curia". Trad. José Manoel Arruda Alvim Netto. *Revista de Processo*. v. 3 p. 169-177. São Paulo: RT, jul.-set. 1976.

BEDAQUE, José Roberto dos Santos. Comentários ao art. 485 do CPC. In: ALVIM, Teresa; DIDIER JR., Fredie; TALAMINI, Eduardo; DANTAS, Bruno. *Breves comentários ao Novo Código de Processo Civil*. São Paulo: RT, 2015.

BEDAQUE, José Roberto dos Santos. *Efetividade do processo e técnica processual*. 2. ed. São Paulo: Malheiros, 2007.

BEDAQUE, José Roberto dos Santos. Estabilização das tutelas de urgência. In: YARSHELL, Flávio; MORAES, Maurízio Zanoide. (Org.). *Estudos em homenagem à Profa. Ada Pelegrini Grinover*. São Paulo: DPJ, 2012.

BEDAQUE, José Roberto dos Santos. *Poderes instrutórios do juiz*. São Paulo: RT, 1991.

BEDAQUE, José Roberto dos Santos; CARMONA, Carlos Alberto. A posição do juiz: tendências atuais. *Revista de Processo*. v. 96, p. 96-112. São Paulo: RT, out.-dez. 1996.

BELTRÁN, Jordi Ferrer. *Prueba y verdad en el derecho*. 2. ed. Madri: Marcial Pons, 2005.

BENETI, Sidnei. Reformas de descongestionamento de tribunais. In: BONAVIDES, Paulo; MORAES, Germana; ROSAS, Roberto (Org.). *Estudos de direito constitucional em homenagem a Cesar Asfor Rocha (teoria da constituição, direitos fundamentais e jurisdição)*. Rio de Janeiro/São Paulo/Recife: Renovar, 2009.

BENTHAM, Jeremy. *Tratado de las pruebas judiciales*. Trad. Manuel Ossorio Florit. Buenos Aires: Ediciones Jurídicas Europa-América, 1971. v. I.

BENTHAM, Jeremy. *Tratado de las pruebas judiciales*. Trad. Manuel Ossorio Florit. Buenos Aires: Ediciones Jurídicas Europa-América, 1971. v. II.

BENVENUTTI, Feliciano. *L'istruzione nel processo amministrativo*. Pádova: CEDAM, 1953.

BETTI, Emilio. *Procedimenti d'impugnativa della sentenza*. Milano: Dott. A. Giuffrè, 1934.

BITTAR, Eduardo Carlos Bianca. *Democracia, justiça e direitos humanos*. 2. ed. São Paulo: Saraiva, 2022.

BOBBIO, Norberto. *Ragionamento giuridico*. Contributi ad um dizionario giuridico. Turim: Giappi-chelli, 1994.

BONAVIDES, Samia Saad Gallotti; LOPES, Soraya Saad. As práticas restaurativas como novo para-digma para resolução de controvérsias. In: CAMBI, Eduardo; MARGRAF, Alencar Frederico. *Direito e justiça:* estudos em homenagem a Gilberto Giacoia. Curitiba: Ministério Público, 2016.

BONDIOLI, Luis Guilherme. Comentário ao art. 321 do CPC. In: WAMBIER, Teresa Arruda Alvim; DIDIER JR., Fredie; TALAMINI, Eduardo; DANTAS, Bruno (Coord.). *Breves comentários ao Código de Processo Civil*. São Paulo: RT, 2015.

BONDIOLI, Luis Guilherme. Comentários ao art. 178 do Código de Processo Civil. In: CRUZ E TUCCI, José Rogério; FERREIRA FILHO, Manoel Caetano; APRIGLIANO, Ricardo de Carvalho; DOTTI, Rogéria Fagundes; MARTINS, Sandro Gilbert (Org.). *Código de Processo Civil anotado*. Rio de Janeiro: LMJ Mundo Jurídico, 2016.

BONDIOLI, Luis Guilherme. Novidades em matéria de embargos de declaração no CPC de 2015. In: CRUZ E TUCCI, José Rogério; SICA, Heitor Vitor Mendonça (Coord.). *O novo Código de Processo Civil. Revista do Advogado – AASP*. n. 126, p. 152-157. ano XXXV, maio 2015.

BONNIER, Eduardo. *Tratado teórico y práctivo de las pruebas en derecho civil y en derecho penal*. 5. ed. Trad. José Vicente y Caravantes. Madrid: Editorial Reus S.A., 1928. t. I.

BONORINO, Pablo. ¿Existen los argumentos visuales? Sobre el uso de fotografías en la argumentación jurídica. *Doxa. Cuadernos de Filosofía del Derecho*, n. 47, 2023.

BORGES, Gregório Cezar; AMADEO, Rodolfo da Costa Manso Real. Coisa julgada inconstitucional: contornos em face da segurança jurídica. *Revista de Proces- so*. v. 221. p. 87-114. São Paulo: RT, jul. 2013.

BRAGA, Paula Sarno. *Norma de processo e norma de procedimento*: o problema da repartição de com-petência legislativa no Direito Constitucional brasileiro. Salvador: JusPodivm, 2015.

BRAGA NETO, Adolfo. Aspectos relevantes sobre mediação de conflitos. *Revista de Arbitragem e Mediação*. v. 15. p. 85-101. São Paulo: RT, out.-dez. 2007.

BRAGHITTONI, R. Ives. *Recurso extraordinário:* uma análise do acesso do Supremo Tribunal Federal. In: CARMONA, Carlos Alberto (Coord.) São Paulo: Atlas, 2007. (Coleção Atlas de Processo Civil).

BRUSCHI, Gilberto Gomes. Aplicação de fungibilidade recursal em exceção de pré-executividade. In: NERY JR., Nelson; WAMBIER, Teresa Arruda Alvim (Coord.). *Aspectos polêmicos e atuais dos recursos cíveis e de outros meios de impugnação às decisões judiciais*. São Paulo: RT, 2003. (Série: Aspectos polêmicos e atuais dos recursos, v. 7).

BRUSCHI, Gilberto; NOTARIANO JR., Antonio. *Agravo contra as decisões de primeiro grau:* de acordo com as recentes reformas processuais e com o CPC/2015. 2. ed. Rio de Janeiro: Forense/São Paulo: Método, 2015.

BUENO, Cassio Scarpinella. *A nova Lei do Mandado de Segurança:* comentários sistemáticos à Lei n. 12.016, de 7-8-2009. São Paulo: Saraiva, 2009.

BUENO, Cassio Scarpinella. Amicus curiae *no processo civil brasileiro*: um terceiro enigmático. São Paulo: Saraiva, 2006.

BUENO, Cassio Scarpinella. *Curso sistematizado de direito processual civil:* Recursos: Processos e incidentes nos Tribunais. Sucedâneos recursais: técnicas de controle das decisões jurisdicionais. 2. ed. São Paulo: Saraiva, 2010. v. 5.

BUENO, Cassio Scarpinella. Curso sistematizado de direito processual civil. Tutela provisória contra o Poder Público no CPC de 2015. In: BUENO, Cassio Scarpinella; MEDEIROS NETO, Elias Marques de; OLIVEIRA NETO, Olavo de; OLIVEIRA, Patrícia Elias Cozzolino de; LUCON, Paulo Henrique dos Santos (Coord.). *Tutela provisória no novo CPC*. Dos 20 anos de vigência do art. 273 do CPC/1973 ao CPC/2015. São Paulo: Saraiva, 2016.

BUENO, Cassio Scarpinella. Efeitos dos recursos. In: NERY JR., Nelson; WAMBIER, Teresa Arruda Alvim (Coord.). *Aspectos polêmicos e atuais dos recursos cíveis e assuntos afins*. São Paulo: RT, 2006. (Série: Aspectos polêmicos e atuais dos recursos, v. 10).

BUENO, Cassio Scarpinella. *Manual de direito processual civil*. 3. ed. São Paulo: Saraiva, 2017.

BUENO, Cassio Scarpinella. Novo Código de Processo Civil anotado. São Paulo: Saraiva, 2015.

BÜLOW, Oskar Von. *Teoria das exceções e dos pressupostos processuais*. Trad. Ricardo Rodrigues Gama. Campinas: LZN, 2003.

BUSATO, Paulo César. *Reflexões sobre o sistema penal do nosso tempo*. Rio de Janeiro: Lumen Juris, 2011.

BUSATTO, Leonardo Dumke. A lei de improbidade administrativa e o transcurso da prescrição: uma nova perspectiva à luz do princípio da "actio nata". *Revista Jurídica do Ministério Público do Paraná*. v. 5. p. 279-296. Curitiba: MPPR. dez. 2016.

BUSTAMANTE, Thomas da Rosa de et al. (Coord.). *A força normativa do direito judicial*: uma análise da aplicação prática do precedente no direito brasileiro e dos seus desafios para a legitimação da autoridade do Poder Judiciário. Brasília: Conselho Nacional de Justiça, 2015.

BUSTAMANTE, Thomas da Rosa de. *Teoria do precedente judicial*: a justificação e a aplicação de regras jurisprudenciais. São Paulo: Noeses, 2012.

CABRAL, Antonio do Passo. A eficácia probatória das mensagens eletrônicas. *Revista de Processo*. v. 135, maio 2006.

CABRAL, Antonio do Passo. As convenções processuais e o termo de ajustamento de conduta. In: RODRIGUES, Geisa de Assis; ANJOS FILHO, Robério Nunes dos (Org.). *Reflexões sobre o novo Código de Processo Civil*. Brasília: ESMPU, 2016. CABRAL, Antonio do Passo. *Coisa julgada e preclusões dinâmicas*: entre continuidade, mudança e transição de posições processuais estáveis. Salvador: JusPodivm, 2013.

CABRAL, Antonio do Passo. Comentários aos arts. 503 e 504. In: ALVIM, Teresa Arruda; DIDIER JR., Fredie; TALAMINI, Eduardo; DANTAS, Bruno (Coord.). *Breves comentários ao Novo Código de Processo Civil*. São Paulo: RT, 2015.

CABRAL, Antonio do Passo. *Convenções processuais*. Salvador: JusPodivm, 2016.

CABRAL, Antonio do Passo. *Jurisdição sem decisão*: *Non liquet* e consulta Jurisdicional no Direito Processual Civil. São Paulo: JusPodivm, 2023.

CABRAL, Antonio do Passo. O contraditório como dever e a boa-fé processual objetiva. *Revista de Processo*. v. 126. p. 59-81. São Paulo: RT, ago. 2005.

CABRAL, Antonio do Passo. Teoria das nulidades processuais no direito contemporâneo. *Revista de processo*, v. 255, maio 2016. v. I.

CAHALI, Francisco José; AZEVEDO, Renato Santos Piccolomini de Azevedo. Anotações aos artigos 610 a 625 do CPC. In: CRUZ E TUCCI, José Rogério; FERREIRA FILHO, Manoel Caetano;

APRIGLIANO, Ricardo de Carvalho; DOTTI, Rogéria Fagundes; MARTINS, Sandro Gilbert (Org.). *Código de Processo Civil Anotado*. Rio de Janeiro: GZ Ed., 2016.

CALAMANDREI, Piero. *Eles, os juízes vistos por um advogado*. Trad. Eduardo Brandão. São Paulo: Martins Fontes, 1995.

CALAMANDREI, Piero. Il guidice e lo storico. *Rivista di Diritto Processuale Civile*, v. XVII, p. 105-128. Padova: CEDAM, 1939.

CALAMANDREI, Piero. Il processo come giuoco. *Rivista di Diritto Processuale*, v. 5, n. 1-2. p. 23-51. Padova: CEDAM, 1950.

CALAMANDREI, Piero. La relatività del concetto di azione. *Rivista di Diritto Processuale Civile*, 1939.

CALAMANDREI, Piero. Per la definizione del fatto notorio. *Rivista di Diritto Processuale Civile*, v. 2, p. 273-304, n. 1. Padova: CEDAM, 1925.

CALAMANDREI, Piero. Processo e giustizia. *Rivista di Diritto Processuale*, v. 5, n. 1-2. p. 273-290. Padova: CEDAM, 1950.

CALAMANDREI, Piero. Verità e verossimiglianza nel processo civile. *Rivista di Diritto Processuale*, v. 10, n. 1. p. 164-192. Padova: CEDAM, 1955.

CÂMARA, Alexandre Freitas. Honorários de sucumbência recursal. In: COÊLHO, Marcus Vinicius Furtado; CAMARGO, Luiz Henrique Volpe. *Honorários advocatícios*. Salvador: JusPodivm, 2015. (Coleção Grandes Temas do Novo CPC. v. 2).

CÂMARA, Alexandre Freitas. *Lições de Direito Processual Civil*. 16. ed. Rio de Janeiro: Lumen Juris, 2010. v. III.

CÂMARA, Alexandre Freitas. *O novo processo civil brasileiro*. 3. ed. Rio de Janeiro: Atlas, 2017.

CAMARGO, Luiz Henrique Volpe. A força dos precedentes no moderno processo civil brasileiro. In: WAMBIER, Teresa Arruda Alvim. *Direito jurisprudencial*. São Paulo: RT, 2012.

CAMARGO, Luiz Henrique Volpe. A fungibilidade de mão dupla entre recursos excepcionais no CPC/2015. In: MACÊDO, Lucas Buril de; PEIXOTO, Ravi; FREIRE, Alexandre (Org.). *Processo nos tribunais e meios de impugnação às decisões judiciais*. Salvador: JusPodivm, 2015. (Novo CPC doutrina selecionada, v. 6).

CAMARGO, Luiz Henrique Volpe. Processo justo e democrático e o novo CPC. In: OLIVEIRA, Pedro Miranda de (org.). *Impactos do novo CPC na advocacia*. Florianópolis: Conceito Editorial, 2015.

CAMBI, Accácio. Aspectos polêmicos na aplicação do art. 557 do CPC. In: NERY JR., Nelson; WAMBIER, Teresa Arruda Alvim (Coord.). *Aspectos polêmicos e atuais dos recursos cíveis e de outros meios de impugnação às decisões judiciais*. São Paulo: RT, 2003. (Série: Aspectos polêmicos e atuais dos recursos. v. 7).

CAMBI, Accácio. Inovações introduzidas pelo Novo Código de Processo Civil na aplicação do instituto da conciliação. In: CAMBI, Eduardo; MARGRAF, Alencar Frederico (Org.). *Direito e justiça*: estudos em homenagem a Gilberto Giacoia. Curitiba: Ministério Público, 2016.

CAMBI, Eduardo. *A prova civil*: admissibilidade e relevância. São Paulo: RT, 2006.

CAMBI, Eduardo. Coisa julgada e cognição *secundum eventum probationis*. *Revista de Processo*. v. 109, p. 71-96. São Paulo: RT, jan.-mar. 2003.

REFERÊNCIAS BIBLIOGRÁFICAS

CAMBI, Eduardo. Comentários ao art. 334 do CPC. In: ALVIM, Teresa Arruda Alvim; DIDIER JR., Fredie; TALAMINI, Eduardo; DANTAS, Bruno (Coord.). *Breves comentários ao Novo Código de Processo Civil*. São Paulo: RT, 2015.

CAMBI, Eduardo. Conduta processual das partes (e de seus procuradores) como meio de prova e a teoria narrativista do Direito. *Revista de Doutrina do Tribunal Regional Federal da 4ª Região*, v. 57, dez. 2013. Disponível em: [http://www.revistadoutrina.trf4.jus.br].

CAMBI, Eduardo. *Curso de direito probatório*. Curitiba: Juruá, 2014.

CAMBI, Eduardo. *Direito constitucional à prova no processo civil*. São Paulo: RT, 1999.

CAMBI, Eduardo. Distribuição dinâmica do ônus da prova na ação civil pública por improbidade administrativa. *Revista Ajuris*, v. 48, n. 150.

CAMBI, Eduardo. Efeito devolutivo da apelação e duplo grau de jurisdição. In: MARINONI, Luiz Guilherme; DIDIER JR., Fredie (Coord.). *A segunda etapa da reforma processual civil*. São Paulo: Malheiros, 2001.

CAMBI, Eduardo. *Jurisdição no processo civil*. Compreensão crítica. Curitiba: Juruá, 2002.

CAMBI, Eduardo. *Neoconstitucionalismo e neoprocessualismo*. Direitos fundamentais, políticas públicas e protagonismo judiciário. 3. ed. São Paulo: D'Plácido, 2020.

CAMBI, Eduardo. *Neoconstitucionalismo e neoprocessualismo*: direitos fundamentais, políticas públicas e protagonismo judiciário. 2. ed. rev. e atual. São Paulo: RT, 2011.

CAMBI, Eduardo. *Neoconstitucionalismo e neoprocessualismo*: direitos fundamentais, políticas públicas e protagonismo judiciário. São Paulo: Almedina, 2016.

CAMBI, Eduardo. Teoria das Cargas Probatórias Dinâmicas (Distribuição Dinâmica do ônus da Prova) – Exegese do artigo 373, § 1º e 2º do NPC. In: SANTOS, William Ferreira; JOBIM, Marco Fêlix; DIDIER JR., Fredie (Coord.). *Direito probatório*. 2. ed. rev. atual. e ampl. Salvador: JusPodivm, 2016.

CAMBI, Eduardo. Verdade processual objetivável e limites da razão iluminista. *Revista de Processo*. v. 96, p. 234-249. São Paulo: RT, out.-dez. 1999.

CAMBI, Eduardo; FARINELLI, Alisson. Conciliação e Mediação no Novo Código de Processo Civil (PLS 166/2010). *Revista de Processo*. v. 194. p. 277-306. São Paulo: RT, abr. 2011.

CAMBI, Eduardo; FOGAÇA, Mateus Vargas. Sistema de precedentes judiciais obrigatórios no Novo Código de Processo Civil. In: DIDIER JR., Fredie; CUNHA, Leonardo Carneiro da; ATAÍDE JR., Jaldemiro Rodrigues de; MACÊDO, Lucas Buril de (Coord.). *Precedentes*. Salvador: JusPodivm, 2015.

CAMBI, Eduardo; HELLMAN, Renê Francisco. Jurisprudência – A independência do juiz ante os precedentes judiciais como obstáculo à igualdade e a segurança jurídicas. *Revista de Processo*, v. 231, maio 2014.

CAMBI, Eduardo; HELLMAN, Renê Francisco. Os precedentes e o dever de motivação no Novo Código de Processo Civil. In: DIDIER JR., Fredie et al. *Precedentes*. Salvador: JusPodivm, 2015. (Coleção Grandes Temas do Novo CPC. v. 3).

CAMBI, Eduardo; HELLMAN, Renê Francisco. Precedentes e dever de motivação das decisões judiciais no Novo Código de Processo Civil. *Revista de Processo*, v. 241, p. 413-438. São Paulo: RT, mar. 2015.

CAMBI, Eduardo; HOFFMANN, Eduardo. Caráter probatório da conduta (processual) das partes. *Revista de Processo*. v. 201, p. 59-100. São Paulo: RT, nov. 2011.

CAMBI, Eduardo; KICHILESKI, Gustavo Carvalho. Whistleblowing no pacote anticrime. *Revista dos tribunais*, v. 1006. São Paulo: RT, ago. 2019.

CAMBI, Eduardo; MARGRAF, Alencar Frederico. Casuísmos judiciários e precedentes judiciais. *Revista de Processo*. v. 248, p. 311-330. São Paulo: RT, out. 2015.

CAMBI, Eduardo; MARGRAF, Alencar Frederico. Verdade real e narrativismo processual. *Revista dos Tribunais*. v. 948, p. 137-161. São Paulo: RT, out. 2014.

CAMBI, Eduardo; NEVES, Aline Regina das. Duração razoável do processo e tutela antecipada. In: BUENO, Cassio Scarpinella; MEDEIROS NETO, Elias Marques de, OLIVEIRA NETO, Olavo de, OLIVEIRA, Patrícia Elias Cozzolino de; LUCON, Paulo Henrique dos Santos (Coord.). *Tutela provisória no novo CPC*. Dos 20 anos de vigência do art. 273 do CPC/1973 ao CPC/2015. São Paulo: Saraiva, 2016.

CAMBI, Eduardo; NEVES, Aline Regina das. Flexibilização procedimental no Novo Código de Processo Civil. *Revista de Direito Privado*. v. 64, p. 219-259. São Paulo: RT, out.-dez. 2015.

CAMBI, Eduardo; OLIVEIRA, Lucas Paulo Orlando de. Levando a esperança a sério: os deveres dos tribunais em relação à jurisprudência (art. 926/CPC) e a efetivação da dignidade humana. *Revista dos tribunais*, v. 1004, São Paulo: RT, jun. 2019.

CAMBI, Eduardo; OLIVEIRA, Priscila Sutil de. Depoimento sem dano e falsas memórias. *Revista de Processo*. v. 235. São Paulo: RT, set. 2014,

CAMBI, Eduardo; OSIPE, Nathan Barros. Colaboração no processo previdenciário. *Revista de Processo*. v. 228, p. 283-307. São Paulo: RT, fev. 2014.

CAMBI, Eduardo; PEREIRA, Fabricio Fracaroli. Estratégia nacional de prevenção e de redução de litígios. *Revista de Processo*. v. 237, p. 435-457. São Paulo: RT, nov. 2014.

CAMBI, Eduardo; PITTA, Rafael Gomiero. *Discovery* no direito norte-americano e efetividade da justiça brasileira. *Revista de Processo*. v. 245, p. 425-444. São Paulo: RT, jul. 2015.

CAMBI, Eduardo; POMPÍLIO, Gustavo. Majoração dos honorários sucumbenciais no recurso de apelação. In: MACÊDO, Lucas Buril de; PEIXOTO, Ravi; FREIRE, Alexandre (Org.). *Processo nos tribunais e meios de impugnação às decisões judiciais*. Salvador: JusPodivm, 2015. (Novo CPC doutrina selecionada, v. 6).

CAMBI, Eduardo; SCHMITZ, Nicole. *Tutela de evidência no processo civil*. Belo Horizonte, 2020.

CAMBI, Eduardo; SGARIONI, Clarissa Lopes Alende. Dinamização do ônus da prova quanto à condição econômica financeira do devedor de alimentos. *Revista de direito privado*, v. 81, p. 119-148, set. 2017.

CAMBI, Eduardo; SGARIONI, Clarissa Lopes Alende. Distribuição do ônus da prova no processo de alimentos como fator de colaboração e igualdade processuais. *Temas contemporâneos de Direito das Famílias*. São Paulo: Pillares, 2021. v. 4.

CAMPELLO, Livia Gaigher Bossio. As provas e o recurso à ciência no processo. *Revista da Faculdade de Direito de Campos*. ano VI. n. 6, Campos dos Goytacazes/RJ: Faculdade de Direito de Campos, jun. 2005.

CAMPO, Hélio Marcio. *O princípio dispositivo em direito probatório*. Porto Alegre: Livraria do Advogado, 1994.

CANARIS, Claus-Wilhelm. *Pensamento sistemático e conceito de sistema na ciência do direito*. Trad. Antônio Mendes Cordeiro. Lisboa: Fundação Calouste Gulbenkian, 1989.

CANOTILHO, José Joaquim Gomes. A "principialização" da jurisprudência através da Constituição. *Revista de processo*, v. 98, abr.-jun. 2000.

CANOTILHO, José Joaquim Gomes. *Direito constitucional e teoria da Constituição*. 2. ed. Coimbra: Almedina Editora, 1998.

CANOTILHO, José Joaquim Gomes. Dogmática de direitos fundamentais e direito privado. *Estudos sobre Direitos Fundamentais*. São Paulo: RT, 2008.

CAPOGRASSI, Giuseppe. Giudizio processo scienza verità. *Rivista di Diritto Processuale*. p. 7-22. Padova: CEDAM, 1950.

CAPPELLETTI, Mauro. Aspectos sociales y politicos del procedimiento civil (reformas y tendencias evolutivas en la europa continental y oriental). *Processo, ideologias, sociedad*. Trad. Santiago Sentís Melendo e Tomás A. Banzhaf. Buenos Aires: EJEA, 1974.

CAPPELLETTI, Mauro. Iniziativa probatorie del giudice e basi pregiuridiche della struttura del processo. *Rivista di Diritto Processuale*, Padova: CEDAM, 1967.

CAPPELLETTI, Mauro. *Juízes legisladores?* Trad. Carlos Alberto Álvaro de Oliveira. Porto Alegre: Sergio Antonio Fabris Ed., 1993.

CAPPELLETTI, Mauro. *La testemonianza della parte nel sistema dell'oralità*. Parte I. Milão: Giuffrè, 1974.

CAPPELLETTI, Mauro. Os métodos alternativos de solução de conflitos no quadro do movimento universal de acesso à justiça. *Revista de Processo*. São Paulo, v. 41. abr.-jun. 1994.

CAPPELLETTI, Mauro. *The judicial process in comparative perspective*. Oxford: Claredon Press, 1991.

CARACIOLA, Andrea Boari; DELLORE, Luiz. Antecipação de tutela *ex officio*? In: BUENO, Cassio Scarpinella; MEDEIROS NETO, Elias Marques de; OLIVEIRA NETO, Olavo de; OLIVEIRA, Patrícia Elias Cozzolino de; LUCON, Paulo Henrique dos Santos (Coord.). *Tutela provisória no novo CPC*. Dos 20 anos de vigência do art. 273 do CPC/1973 ao CPC/2015. São Paulo: Saraiva, 2016.

CÁRCOVA, Carlos María. *La opacidad del derecho*. Madri: Trotta, 1998.

CARDOSO, André Guskow. O incidente de resolução de demandas repetitivas – IRDR e os serviços concedidos, permitidos ou autorizados. In: TALAMINI, Eduardo (Coord.). *Processo e Administração Pública*. Salvador: JusPodivm, 2016. (Coleção Repercussões do Novo CPC. v. 10).

CARMONA, Carlos Alberto. Em torno da petição inicial. *Revista de Processo*. São Paulo, v. 119, p. 17. jan. 2005.

CARNACINI, Tito. Tutela giurisdizionale e tecnica del processo. *Studi in onore di Enrico Redenti*. Milão: Giuffrè, 1951. v. 2.

CARNEIRO, Athos Gusmão. *Audiência de instrução e julgamento e audiências preliminares*. Rio de Janeiro: Forense, 2005.

CARNEIRO, Paulo Cézar Pinheiro. *Comentários ao Código de Processo Civil*. Rio de Janeiro: Forense, 2006. v. IX. t. II.

CARNELLI, Lorenzo. Evidencia notoria. *Scritti giuridici in memoria di Piero Calamandrei*. Padova: Cedam, 1958. v. II.

CARNELUTTI, Francesco. *A prova civil*. Trad. Lisa Pary Scarpa. Campinas: Bookseller, 2002.

CARNELUTTI, Francesco. *La prova civile*. Milão: Giuffrè, 1992.

CARNELUTTI, Francesco. *La prueba civil*. 2. ed. Trad. de Niceto Alcalá-Zamora y Castillo. Buenos Aires: Depalma, 1982.

CARNELUTTI, Francesco. Massime di esperienza e fatti notori. *Rivista di Diritto Processuale*, 1959.

CARNELUTTI, Francesco. Poteri e doveri del giudice in tema di perizia. *Studi di diritto processuale*. Padova: Cedam, 1925.

CARNELUTTI, Francesco. Prove civili e prove penali. *Rivista di Diritto Processuale Civile*, 1925.

CARNELUTTI, Francesco. *Sistema di diritto processuale civile*. Padova: Cedam, 1936. CARNELUTTI, Francesco. *Teoria generale del diritto*. 3. ed. Roma: Soc. Ed. del "Foro Italiano", 1951. v. 1.

CARNELUTTI, Francesco. Verità, dubbio, certezza. *Rivista di Diritto Processuale*, 1965.

CARRATA, Antonio. *Funzione dimonstrativa della prova:* verità nel processo e sistema probatório. Comunicação ocorrida em Frascati, em 09.10.2000.

CARRAZZA, Roque Antonio. *Curso de direito constitucional tributário*. 12. ed. São Paulo: Malheiros, 1998.

CARRIÓ, Genaro. *Notas sobre derecho y lenguaje*. Buenos Aires: Abeledo-Perrot, 1965.

CARVALHO, E. V. de Miranda. A conversão do julgamento em diligência e o limite arbitrário do juiz. In: WAMBIER, Luiz Rodrigues; WAMBIER, Teresa Arruda Alvim (Org.). *Doutrinas Essenciais de Processo Civil*. São Paulo: RT, 2014. v. 4.

CARVALHO, Fabiano. Admissibilidade do recurso adesivo. *Revista de Processo*. São Paulo, v. 137. jul. 2006.

CARVALHO, Fabiano. *Ação rescisória:* decisões rescindíveis. São Paulo: Saraiva, 2010.

CASTELO, Fernando Alcantara. *Coisa julgada parcial e ação rescisória*. Curitiba: Juruá, 2021.

CASTRO FILHO, José Olympio de. *Comentários ao Código de Processo Civil*. 5. ed. Rio de Janeiro: Forense, 2006. v. X.

CAVALCANTI, Ricardo Russell Brandão. Uso dos meios alternativos de solução de conflitos pela Defensoria Pública. In: OLIVEIRA, Igor Lima Goettenauer de Oliveira (Org.). *Manual de mediação para a Defensoria Pública*. Brasília: Fundação Universidade de Brasília, 2014.

CAVALLONE, Bruno. Critica delle prove atipiche. *Il giudice e la prova nel processo civile*. Padova: Cedam, 1991.

CAVALLONE, Bruno. In difesa della veriphobia (considerazione amichevolmente polemiche su um libro recente di Michele Taruffo). *Rivista Trimestrale di Diritto e Procedura Civile*. v. 65. jan.-fev. 2010.

CAVALLONE, Bruno. Principio dispositivo, fatti secondari e fatti "rilevabili ex officio". *Il giudice e la prova nel processo civile*. Padova: Cedam, 1991.

CAZARRO, Kleber. Comentários ao art. 103 do CPC. In: CUNHA, José Sebastião Fagundes; BOCHENEK, Antonio César; CAMBI, Eduardo (Coord.). *Código de Processo Civil comentado*. São Paulo: RT, 2015.

CERDEIRA, Pablo de Camargo; FALCÃO, Joaquim; ARGUELHES, Diego Werneck (Org.). *I Relatório Supremo em números:* o múltiplo Supremo. Rio de Janeiro: Escola de Direito do Rio de Janeiro da Fundação Getúlio Vargas, 2011.

CERQUEIRA, Társis Silva de. *O procedimento comum e a sua relação com os procedimentos especiais*: a análise do conteúdo normativo do art. 327, § 2º, do Código de Processo Civil. Salvador: JusPodivm, 2020.

CHAUÍ, Marilena. *Convite à filosofia*. 9. ed. São Paulo :Ática, 1997.

CHIARLONI, Sergio. Ideologie processuali e accertamento della verità. *Rivista Trimestrale di Diritto e Procedura Civile*, dez. 2009.

CHIARLONI, Sergio. Questioni relevabili d'ufficio, diritto di difesa e *"formalismo delle garanzie"*. *Rivista Trimestrale di Diritto e Procedura Civile*, 1987.

CHIARLONI, Sergio. Riflessioni sui limiti del giudizio di fatto nel processo civile. *Rivista Trimestrale di Diritto e Procedura Civile*, 1986.

CHIMENTI, Ricardo Cunha. *Teoria e prática dos juizados especiais cíveis – Lei 9.099/95 – Parte geral e parte cível – Comentada artigo por artigo*. 4. ed. São Paulo: Saraiva, 2002.

CHIOVENDA, Giuseppe. *Istituizioni di diritto processuale civile*. Napoli: Jovena, 1960, v. I

CHIOVENDA, Giuseppe. *Principii di diritto processuale civile*. 3. ed. Nápoles: Jovene, 1923.

CIMARDI, Cláudia Aparecida. *A jurisprudência uniforme e os precedentes no novo Código de Processo Civil brasileiro*, São Paulo: RT, 2015.

CINTRA, Antônio Carlos de Araujo. *Comentários ao Código de Processo Civil*. Rio de Janeiro: Forense, 2000. v. IV.

CINTRA, Antônio Carlos de Araujo; GRINOVER, Ada Pellegrini; DINAMARCO, Cândido Rangel. *Teoria geral do processo*. 13. ed. São Paulo: Malheiros, 1997.

COELHO, Gláucia Mara. *Repercussão geral:* da questão constitucional no processo civil brasileiro. São Paulo: Atlas, 2009.

COELHO, Luiz Fernando. Dogmática e crítica da prova no processo. *Revista de Processo*. São Paulo, v. 154. dez. 2007.

COEN, Jean L. Repensando a privacidade: autonomia, identidade e a controvérsia sobre o aborto. *Revista Brasileira de Ciência Política*, n. 7, jan.-abr. 2012.

COMOGLIO, Luigi Paolo. Durata ragionevole del giudizio e forme alternative di tutela. *Revista de Processo*, v. 151. São Paulo: RT, set. 2007.

COMOGLIO, Luigi Paolo. Giurisdizione e processo nel quadro delle garanzie costituzionali. *Studi in onore di Luigi Montesano*. Padova: Cedam, 1997. v. II.

COMOGLIO, Luigi Paolo. *Le prove civile*. Turim: UTET, 1998.

COMOGLIO, Luigi Paolo; CARNEVALE, Valentina. Il ruolo della giurisprudenza e i metodi di uniformazione del diritto in Italia. *Rivista di Diritto Processuale*, 2004.

COMOGLIO, Luigi Paolo; FERRI, Corrado; TARUFFO, Michele. *Lezioni sul processo civile*. Bolonha: Il Mulino, 1995.

COMOGLIO, Luigi Paolo; FERRI, Corrado; TARUFFO, Michele. *Lezioni sul processo civile*. 4. ed. Bolonha: Il Mulino, 2006. v. I.

CORDEIRO, Adriano C. *Negócios jurídicos processuais no novo CPC*. Das consequências do descumprimento. Curitiba: Juruá, 2017.

CORDERO, Franco. *Il procedimento probatorio*. Tre studi sulle prove penali. Milão: Giuffrè, 1963.

CORREAS, Carlos L. Massini. Determinacioón del derecho y directivas de la interpretación jurídica. *Revista Chilena de Derecho*. v. 31, 2004.

CORTES, Oscar Mendes Paixão. O futuro da recorribilidade extraordinária e o novo código de processo civil. In: FREIRE, Alexandre Freire; DANTAS, Bruno; NUNES, Dierle; DIDIER JR., Fredie; MEDINA, José Miguel Garcia; FUX, Luiz; CAMARGO, Luiz Henrique Volpe; OLIVEIRA, Pedro Miranda de (Coord.). *Novas tendências do processo civil*: estudos sobre o projeto do novo Código de Processo Civil. Salvador: JusPodivm, 2014. v. III.

COSTA, Alfredo Araújo Lopes da. *Direito processual civil brasileiro*. 2. ed. Rio de Janeiro: Forense, 1959. v. III.

COSTA, Coqueijo. *Direito processual do trabalho*. 2. ed. Rio de Janeiro: Forense, 1984.

COSTA, Eduardo José da Fonseca. Notas pragmáticas sobre concessão de liminares. *Revista de Processo*. v. 140. São Paulo: RT, out. 2006.

COSTA, Eduardo José da Fonseca. In: WAMBIER, Teresa Arruda Alvim et al. (Org.). *Breves comentários ao Novo Código de Processo Civil*. São Paulo: RT, 2015.

COSTA NETO, João; TRINDADE, Bruno Rodrigues. A genética forense a serviço do iluminismo. *Revista Perícia Federal*, v. 40, dez. 2017.

COSTA NETO, José Wellington Bezerra da. O novo Código de Processo Civil e o fortalecimento dos poderes judiciais. *Revista de Processo*. São Paulo, v. 249. nov. 2015.

COUTO, Camilo José D'Ávila. *Ônus da prova no novo Código de Processo Civil*: dinamização – Teoria e prática. 2. ed. Curitiba: Juruá, 2016.

COUTURE, Eduardo. *Fundamentos de derecho procesal civil*. Buenos Aires: Depalma, 1990.

COUTURE, Eduardo J. *Fundamentos del derecho procesal civil*. Montevidéo: Impressora Uruguaya, 1945.

COUTURE, Eduardo. *Fundamentos do direito processual civil*. Trad. Benedicto Giaccobini. Campinas: Red Livros, 1999.

COUTURE, Eduardo. *Proyecto de Codigo de Procedimiento Civil*. Montevidéo: Impressora Uruguaya, 1945.

COUY, Giselle Santos. Da extirpação dos embargos infringentes no Novo Código de Processo Civil – um retrocesso ou avanço? In: MACÊDO, Lucas Buril de; PEIXOTO, Ravi; FREIRE, Alexandre (Org.). *Processo nos tribunais e meios de impugnação às decisões judiciais*. Salvador: JusPodivm, 2015. (Novo CPC doutrina selecionada. v. 6).

CRUZ E TUCCI, José Rogério. *A causa petendi no processo civil*. São Paulo: RT, 2001.

CRUZ E TUCCI, José Rogério. *Ação monitória*. 3. ed. São Paulo: RT, 2001.

CRUZ E TUCCI, José Rogério. Garantia do processo sem dilações indevidas. In: CRUZ E TUCCI, José Rogério (Coord.). *Garantias constitucionais do processo civil*. São Paulo: RT, 1999.

CRUZ E TUCCI, José Rogério. Parâmetros de eficácia e critérios da interpretação do precedente judicial. In: WAMBIER, Teresa Arruda Alvim (Coord.). *Direito jurisprudencial*. São Paulo: RT, 2012.

CRUZ E TUCCI, José Rogério. *Precedente judicial como fonte do direito*. São Paulo: RT, 2004.

CUNHA, José Sebastião Fagundes; BOCHENEK, Antonio; CAMBI, Eduardo. *Código de Processo Civil comentado*. São Paulo: RT, 2015.

CUNHA, Leonardo Carneiro da. A função do supremo tribunal federal e a força de seus precedentes: enfoque nas causas repetitivas. In: PAULSEN, Leandro (Coord.). *Repercussão geral no recurso extraordinário*: estudos em homenagem à Ministra Ellen Gracie. Porto Alegre: Livraria do Advogado, 2011.

CUNHA, Leonardo Carneiro da. Comentários ao art. 217 do Novo CPC. In: CABRAL, Antônio do Passo Cabral; CRAMER, Ronaldo. *Comentários ao Novo Código de Processo Civil*. 2. ed. rev., atual. e ampl. Rio de Janeiro: Forense, 2016.

CUNHA, Leonardo Carneiro da. Princípio da primazia do julgamento do mérito no novo CPC. In: OLIVEIRA, Pedro Miranda de (Org.). *Impactos do novo CPC na advocacia*. Florianópolis: Conceito Editorial, 2015.

CUNHA, Leonardo Carneiro da; DIDIER JR., Fredie. Apelação contra decisão interlocutória não agravável: a apelação do vencido e a apelação subordinada do vencedor: duas novidades do CPC/2015. In: MACÊDO, Lucas Buril de; PEIXOTO, Ravi; FREIRE, Alexandre (Org.). *Processo nos tribunais e meios de impugnação às decisões judiciais*. Salvador: JusPodivm, 2015. (Novo CPC doutrina selecionada, v. 6).

CURI, Rodrigo Brandeburgo. Apelação, eficácia da sentença e o novo CPC: breves considerações, In: OLIVEIRA, Pedro Miranda de (Org.). *Impactos do novo CPC na advocacia*. Florianópolis: Conceito Editorial, 2015.

DAL MONTE, Douglas Anderson. Reclamação no novo CPC e garantia das decisões dos tribunais. In: LUCON, Paulo Henrique dos Santos; OLIVEIRA, Pedro Miranda de. (Coord.). *Panorama atual do Novo CPC*. Florianópolis: Empório do Direito, 2016.

DALLGNOL, Deltan Martinazzo. *As lógicas das provas no processo*. Prova indireta, indícios e presunções. Porto Alegre: Livraria do Advogado, 2015.

DALLGNOL, Deltan Martinazzo. Informantes confidenciais e anônimos: perspectivas para atuação mais eficiente do Estado a partir de uma análise comparativa do tratamento jurídico nos EUA e no Brasil. In: CAMBI, Eduardo; GUARAGNI, Fábio André. *Ministério Público e princípio da proteção eficiente*. São Paulo: Almedina, 2016.

DANTAS, Bruno. *Teoria dos recursos repetitivos*: tutela pluri-individual nos recursos dirigidos ao STF e STJ (art. 543-B e 543-C do CPC), São Paulo. RT, 2015.

DANTAS, Marcelo Navarro Ribeiro. Comentários ao art. 350 do CPC. In: ALVIM, Teresa Arruda; DIDIER JR., Fredie; TALAMINI, Eduardo; DANTAS, Bruno. *Breves comentários ao Novo Código de Processo Civil*. São Paulo: RT, 2015.

DE LUCCA, Rodrigo Ramina. *A motivação das decisões judiciais civis em um Estado de Direito*: necessária proteção da segurança jurídica. Dissertação (Mestrado em Direito Processual) Faculdade de Direito da Universidade de São Paulo. São Paulo: USP, 2013.

DEL CLARO, Roberto Bengui. Do recurso extraordinário e do recurso especial. In: CUNHA, José Sebastião Fagundes; BOCHENEK, Antonio César; CAMBI, Eduardo. *Código de Processo Civil comentado*. São Paulo: RT, 2016.

DELORRE, Luiz. *Estudos sobre coisa julgada e controle de constitucionalidade*. Rio de Janeiro: Forense, 2013.

DELLORE, Luiz. Da coisa julgada no Novo Código de Processo Civil (Lei n. 13.105/2015): conceito e limites objetivos. In: RODRIGUES, Geisa de Assis; ANJOS, Robério Nunes dos (Org.). *Reflexões sobre o novo Código de Processo Civil*. Brasília: ESMPU, 2016. v. 2.

DENTI, Vittorio. Questioni rilevabili d'ufficio e principio del contraddittorio. *Rivista di Diritto Processuale*, 1968.

DENTI, Vittorio. Scientificità della prova e libera valutazione del giudice. *Rivista di Diritto Processuale*, 1972.

DENTI, Vittorio. L'inversioni dell'onere della prova: rilievi introduttivi. *Rivista trimestrale di diritto e procedura civile*, 1992.

DI GESU, Cristina. *Prova penal e falsas memórias*. Rio de Janeiro: Lumen Juris. 2010. DI PIETRO, Maria Sylvia Zanella. *Direito administrativo*. 19. ed. São Paulo: Atlas, 2006.

DIAS, Francisco Barros. Técnica de julgamento: criação do novo CPC (Substitutivo dos Embargos Infringentes). In: MACÊDO, Lucas Buril de; PEIXOTO, Ravi; FREIRE, Alexandre (Org.). *Processo nos tribunais e meios de impugnação às decisões judiciais*. Salvador: JusPodivm, 2015. (Novo CPC doutrina selecionada, v. 6).

DIAS, Maria Berenice. Reconsideração *versus* revisão: uma distinção que se impõe. *Revista de Processo*. São Paulo, v. 113, ano 29. jan.-fev. 2004.

DIDIER JR., Fredie. A intervenção judicial do conselho administrativo de defesa econômica [art. 89 da Lei Federal 8.884/94] e da comissão de valores mobiliários [art. 31 da Lei Federal 6.385/76]. *Revista de Processo*. São Paulo, v. 115, ano 29, p. 158. maio-jun. 2004.

DIDIER JR., Fredie. *Cooperação Judiciária Nacional* – Esboço de uma Teoria para o Direito Brasileiro, Salvador: JusPodivm, 2020.

DIDIER JR., Fredie. *Curso de Direito Processual Civil*. 21. ed. São Paulo: JusPodivm, 2019. v. 1.

DIDIER JR., Fredie. *Curso de direito processual civil*: introdução ao direito processual civil, parte geral e processo de conhecimento. 17. ed. Salvador: JusPodivm, 2015.

DIDIER JR., Fredie. *Curso de direito processual civil*: introdução ao direito processual civil, parte geral e processo de conhecimento. 18 ed. Salvador: JusPodivm, 2016.

DIDIER JR., Fredie. *Produção Antecipada da Prova*. 3. ed. Salvador: JusPodivm, 2018. (Coleção Grandes Temas do Novo CPC, v. 5, Direito Probatório, coord. Marco Félix Jobim e William Santos Ferreira).

DIDIER JR., Fredie. *Recurso de terceiro:* juízo de admissibilidade. São Paulo: RT, 2002.

DIDIER JR., Fredie. Sistema brasileiro de precedentes judiciais obrigatórios e os deveres institucionais dos tribunais: uniformidade, estabilidade, integridade e coerência da jurisprudência. In: DIDIER JR., Fredie; CUNHA, Leonardo Carneiro da; ATAÍDE JR., Jaldemiro Rodrigues de; MACÊDO, Lucas Buril de (Coord.). *Precedentes*. Salvador: JusPodivm, 2015.

DIDIER JR., Fredie. *Sobre a teoria geral do processo, essa desconhecida*. 2. ed. Salvador: JusPodivm, 2013.

DIDIER JR., Fredie. Transformações no recurso extraordinário. In: WAMBIER, Teresa Arruda Alvim; NERY JR., Nelson (Coord.). *Aspectos polêmicos e atuais dos recursos cíveis e assuntos afins*. São Paulo: RT, 2006. (Série: Aspectos polêmicos e atuais dos recursos. v. 10).

DIDIER JR., Fredie; BRAGA, Paula Sarno; OLIVEIRA, Rafael. *Curso de Direito Processual Civil*. 4. ed. Salvador: JusPodivm, 2009. v. 2.

DIDIER JR., Fredie; BRAGA, Paula Sarno; OLIVEIRA, Rafael. *Curso de direito processual civil:* teoria da prova, direito probatório, teoria do precedente, decisão judicial, coisa julgada e antecipação dos efeitos da tutela. 5. ed. Salvador: JusPodivm, 2010. v. 2.

DIDIER JR., Fredie; BRAGA, Paula Sarno; OLIVEIRA, Rafael. *Curso de direito processual civil.* 11. ed. Salvador: JusPodivm, 2016. v. 2.

DIDIER JR., Fredie; BRAGA, Paula Sarno; OLIVEIRA, Rafael. *Curso de direito processual civil:* introdução ao direito processual civil, parte geral e processo de conhecimento. 17. ed. Salvador: JusPodivm, 2015. v. 1.

DIDIER JR., Fredie; BRAGA, Paula Sarno; OLIVEIRA, Rafael. *Curso de direito processual civil:* o processo civil nos tribunais, recursos, ações de competência originária de tribunal e *querela nullitatis,* incidentes de competência originária de tribunal. 13. ed. Salvador: JusPodivm, 2016.

DIDIER JR., Fredie; CABRAL, Antonio do Passo. Por uma nova teoria dos procedimentos especiais: dos procedimentos e técnicas. In: DIDIER JR., Fredie; CABRAL, Antonio do Passo; CUNHA, Leonardo Carneiro da (Coord.). *Grandes Temas do Novo CPC.* 2. ed. Salvador: JusPodivm, 2020.

DIDIER JR., Fredie; CUNHA, Leonardo Carneiro da. *Curso de Direito Processual Civil:* meios de impugnação às decisões judiciais e processo nos tribunais. 20. ed. Salvador: JusPodivm, 2023. v. 3.

DIDIER JR., Fredie; CUNHA, Leonardo Carneiro da. *Curso de Direito Processual Civil:* meios de impugnação às decisões judiciais e processo nos tribunais. 15. ed. Salvador: JusPodivm, 2018. v. 3.

DIDIER JR., Fredie; OLIVEIRA, Rafael. Aspectos processuais civis da Lei Maria da Penha (Violência doméstica e familiar contra a mulher). *Revista de Processo.* São Paulo, v. 160. jun. 2008.

DINAMARCO, Cândido Rangel. *A instrumentalidade do processo.* 11. ed. rev. e atual. São Paulo: Malheiros, 2003.

DINAMARCO, Cândido Rangel. *A instrumentalidade do processo.* 5. ed. São Paulo: Malheiros, 1996.

DINAMARCO, Cândido Rangel. *Execução Civil.* 7. ed. São Paulo: Malheiros, 2000.

DINAMARCO, Cândido Rangel. *Instituições de Direito Processual Civil.* 4. ed. rev., atual. e com remissões ao Código Civil de 2002. São Paulo: Malheiros Editores, 2004. v. I.

DINAMARCO, Cândido Rangel. *Instituições de direito processual civil.* 4. ed. São Paulo: Malheiros, 2003. v. II.

DINAMARCO, Cândido Rangel. *Instituições de direito processual civil.* 4. ed. São Paulo: Malheiros, 2004. v. III.

DINAMARCO, Cândido Rangel. *Instituições de direito processual civil.* 3. ed. São Paulo: Malheiros, 2003. v. III.

DINAMARCO, Cândido Rangel. *Instituições de direito processual civil.* 6. ed. São Paulo: Malheiros, 2009. v. III.

DINAMARCO, Cândido Rangel. *Instituições de direito processual civil.* São Paulo: Malheiros, 2004. v. IV.

DINAMARCO, Cândido Rangel. *Instituições de direito processual civil.* São Paulo: Malheiros, 2016. v. III.

DINAMARCO, Cândido Rangel. Julgamento antecipado do mérito. *Fundamentos do processo civil moderno.* 3. ed. São Paulo: Malheiros, 2000. v. II.

DINAMARCO, Cândido Rangel. *Nova era do processo civil.* São Paulo: Malheiros, 2003.

DINAMARCO, Cândido Rangel. O conceito de mérito em processo civil. *Fundamentos do processo civil moderno*. 2. ed. São Paulo: RT, 1987.

DINAMARCO, Cândido Rangel. O princípio do contraditório. *Fundamentos do processo civil moderno*. 2. ed. São Paulo: RT, 1987.

DINAMARCO, Cândido Rangel. *Relativizar a coisa julgada material*. Disponível em: [http://www.processocivil.net/novastendencias/ relativizacao.pdf]. Acesso em: 24.02.2016.

DINAMARCO, Cândido Rangel. Tutela jurisdicional. In: WAMBIER, Luiz Rodrigues; ALVIM, Teresa Arruda (Org.). *Doutrinas essenciais do processo civil*. São Paulo: RT, 2011. v. I.

DINAMARCO, Cândido Rangel; LOPES, Bruno Vasconcelos Carrilho. *Teoria Geral do Novo Processo Civil*. São Paulo: Malheiros, 2016.

DINIZ, Cláudio Smirne; ROCHA, Mauro. Arbitragem e administração pública: hipóteses de interpretação conforme a Constituição. *Teses do XXI Congresso Nacional do Ministério Público*. Rio de Janeiro: AMPERJ, 2015.

DINIZ, Cláudio Smirne; CAMBI, Eduardo. *Solução extrajudicial de conflitos na área de proteção ao patrimônio público* – Possibilidade de celebração de termo de ajustamento de conduta e de transação na improbidade administrativa. Tese apresentada no Seminário Estadual de Teses do Ministério Público do Paraná, realizado nos dias 22 e 23 de junho de 2017.

DINIZ, Davi Monteiro. Documentos eletrônicos, assinaturas digitais: um estudo sobre a qualificação dos arquivos digitais como documentos. *Revista de Direito Privado*. São Paulo, v. 6. jan.-jun. 2001.

DINO, Nicolao. A colaboração premiada na improbidade administrativa: possibilidade e repercussão probatória. In: SALGADO, Daniel de Rezende; QUEIROZ, Ronaldo de. *A prova no enfrentamento da macrocriminalidade*. 2. ed. Salvador: JusPodivm, 2016.

DONOSO, Denis; SERAU JR., Marco Aurélio. *Manual dos recursos cíveis*: teoria e prática. Salvador: JusPodivm, 2016.

DOTTI, Rogéria. Comentários ao art. 311 do CPC. In: CRUZ E TUCCI, José Rogério; FERREIRA FILHO, Manoel Caetano; APRIGLIANO, Ricardo de Carvalho; DOTTI, Rogéria Fagundes; MARTINS, Sandro Gilbert (Org.). *Código de Processo Civil anotado*. Rio de Janeiro: LMJ Mundo Jurídico, 2016.

DOTTI, Rogéria Fagundes. Garantias constitucionais: devido processo legal substantivo e formalismo excessivo. *Direito Constitucional Brasileiro* – Teoria da Constituição e Direitos Fundamentais. 2. ed. São Paulo: Thomson Reuters Brasil, 2021. v. 1.

DOTTI, Rogéria. *Tutela de evidência*: probabilidade, defesa frágil e o dever de antecipar a tempo. São Paulo: RT, 2020.

DOUTOR, Maurício Pereira. A inadmissibilidade flagrante do recurso de apelação e a atuação obstativa do juiz de primeiro grau. *Revista de Processo*, v. 305. p. 249-269. jul. 2020.

DURO, Cristiano. Admissibilidade do recurso de apelação no CPC/2015: a transcendência do pressuposto recursal da tempestividade. *Revista de Direito da Faculdade Guanambi*, v. 4, n. 2, jul.-dez. 2017.

DUXBURY, Neil. *The nature and authority of precedent*. Cambridge: Cambridge University Press, 2008.

DWORKIN, Ronald. *Law's Empire*. Cambridge: Harvard University Press, 1986. DWORKIN, Ronald. *Levando os direitos a sério*. Trad. Nelson Boeira. São Paulo: Martins Fontes, 2002.

DWORKIN, Ronald. *Uma questão de princípio*. Trad. Luís Carlos Borges. 2. ed. São Paulo: Martins Fontes, 2005.

ECHANDIA, Hernando Devís. *Teoría general de la prueba judicial*. 5. ed. Buenos Aires: Víctor P. de Zavalía, 1981. t. I.

ECHANDIA, Hernando Devís. *Teoría general de la prueba judicial*. 5. ed. Bogotá: Editorial Temis S.A., 2002. t. II.

ECHANDIA, Hernando Devís. Pruebas ilícitas. *Revista de Processo*. São Paulo: RT, ano VIII, v. 32, 1983.

ELY, John Hart. *Democracia e desconfiança*. Uma teoria do controle judicial de constitucionalidade. Trad. Juliana Lemos. São Paulo: Martins Fontes, 2010.

ENGISH, Karl. *Introdução ao pensamento jurídico*. 6. ed. Trad. J. Baptista Machado. Lisboa: Fundação Calouste Gulbenkian, 1983.

ESCARIZ, Suellen. *Litigância Predatória*: O que é? Disponpivel em: [https://diariocomercial.com.br/litigancia-predatoria-o-que-e/]. Acesso em: 22.05.2023.

FABBRINI, Giovanni. Potere del giudice (Dir. Proc. Civ.). *Enciclopedia Diritto*, XXXIV. Milão, 1985.

FABRÍCIO, Adroaldo Furtado Fabrício. *Comentários ao Código de Processo Civil*. 8. ed. Rio de Janeiro: Forense, 2001. v. VIII, t. III.

FACHIN, Luiz Edson. Fundamentos, limites e transmissibilidade: anotações para uma leitura crítica, construtiva e de índole constitucional da disciplina dos direitos da personalidade no Código Civil brasileiro. In: CORRÊA, Elidia Aparecida de Andrade; GIACOIA, Gilberto; CONRADO, Marcelo (Coord.). *Biodireito e dignidade da pessoa humana*. Curitiba: Juruá, 2006.

FAGUNDES CUNHA, José Sebastião. Comentários ao art. 334 do CPC. In: CUNHA, José Sebastião Fagundes. BOCHENEK, Antonio César; CAMBI, Eduardo. *Código de Processo Civil comentado*. São Paulo: RT, 2015.

FALLON JR., Richard H. Stare decisis and the constitution: an essay on constitutional methodology. *New York University Review*, v. 76.

FARALLI, Carla. *A filosofia contemporânea do direito*. Temas e desafios. Trad. Candice Premaror Gullo. São Paulo: Martins Fontes, 2006.

FARIA, Juliana Cordeiro de. Comentário ao art. 291 do CPC. In: ALVIM, Teresa Arruda; DIDIER JR., Fredie; TALAMINI, Eduardo; DANTAS, Bruno (Coord). *Breves comentários ao Código de Processo Civil*. São Paulo: RT, 2015.

FARIAS, Cristiano Chaves de. A utilização das redes sociais como prova da capacidade contributiva do devedor e da necessidade do credor nas ações de alimentos: vencendo uma prova infernal. *Revista do Ministério Público de Goiás*, n. 41, jan./jun. 2021.

FARIAS, Cristiano Chaves de; ROSENVALD, Nelson; BRAGA NETTO, Felipe. *Manual de direito civil*. Volume único. 8. ed. Salvador: JusPodivm, 2023.

FAURE, Miryam T. Balestro. La valoración judicial de la conducta en juicio. *Valoración judicial de la conducta procesal*. Santa Fé: Rubinzal-Culzoni, 2005.

FAZIO, César Cipriano de. Honorários advocatícios e sucumbência recursal. In: COÊLHO, Marcus Vinicius Furtado; CAMARGO, Luiz Henrique Volpe. *Honorários advocatícios*. Salvador: JusPodivm, 2015. (Coleção Grandes Temas do Novo CPC. v. 2).

FAZZALARI, Elio. L'esperienza del processo nella cultura contemporanea. *Rivista di diritto processuale, 1965.*

FAZZALARI, Elio. Processo (teoria generale). *Novissimo Digesto Italiano.* Turim: VTET, 1966. v. XIII.

FAZZALARI, Elio. *Istituzioni di diritto processuale.* 6. ed. Padova: CEDAM, 1992. FÉLIX, Juarez Rogério. O duplo grau de jurisdição obrigatório. In: NERY JR., Nelson; FENOLL, Jordi Nieva. *La valoración de la prueba.* Madri: Marcial Pons, 2010.

WAMBIER, Teresa Arruda Alvim (Coord.). *Aspectos polêmicos e atuais dos recursos cíveis de acordo com a Lei 9.756/98.* 1. ed. 2. tir. São Paulo: RT, 1999.

FERNANDES, Luis Eduardo Simardi. *Embargos de declaração* – Efeitos infringentes, prequestionamento e outros aspectos polêmicos. São Paulo: RT, 2003.

FERRAJOLI, Luigi. *Direito e razão: teoria do garantismo penal.* 2. ed. Trad. Ana Paula Zomer et al. São Paulo: RT, 2006.

FERRAZ, Sérgio. *Mandado de segurança.* São Paulo: Malheiros, 2006.

FERRAZ JR., Tércio Sampaio. *Introdução ao estudo do direito.* 2. ed. São Paulo: Atlas, 1994.

FERRAZ JR., Tércio Sampaio. *Teoria da norma jurídica.* 5. ed. São Paulo: Atlas, 2016.

FERREIRA, William Santos. Sistema recursal brasileiro: de onde viemos, onde estamos e para onde (talvez) iremos. In: COSTA, Hélio Rubens Batista Ribeiro; RIBEIRO, José Horácio Halfed Rezende; DINAMARCO, Pedro da Silva (Org.). *Linhas mestras do processo civil.* São Paulo: Atlas, 2004.

FERREIRA, William Santos. *Tutela antecipada no âmbito recursal.* São Paulo: RT, 2000. Recursos no processo civil, v. 8.

FERREIRA, Willian Santos; FELGA, Caio Leão Câmara. Epistemologia, verdade e protagonismo instrutório das partes: compreensão do papel do Judiciário na produção das provas e o *in dubio pro probatione. Revista Eletrônica de Direito Processual da UERJ,* v. 23, set.-dez. 2022.

FERREIRA FILHO, Manoel Caetano. A contestação no Novo CPC: breves considerações. In: CAMBI, Eduardo; MARGRAF, Alencar Frederico. *Direito e justiça:* estudos em homenagem a Gilberto Giacoia. Curitiba: Ministério Público, 2016.

FERREIRA FILHO, Manoel Caetano. *A preclusão no direito processual civil.* Curitiba: Juruá, 1991.

FERREIRA FILHO, Manoel Caetano. Comentários ao art. 1.013 do Código de Processo Civil. In: CRUZ E TUCCI, José Rogério; FERREIRA FILHO, Manoel Caetano; APRIGLIANO, Ricardo de Carvalho; DOTTI, Rogéria Fagundes; MARTINS, Sandro Gilbert (Org.). *Código de Processo Civil anotado.* Rio de Janeiro: LMJ Mundo Jurídico, 2016.

FERREIRA FILHO, Manoel Caetano. *Comentários ao Código de Processo Civil.* São Paulo: RT, 2001. v. 7: Do processo de conhecimento, arts. 496 a 565.

FERREIRA FILHO, Manoel Caetano. In: CUNHA, José Sebastião Fagundes; BOCHENEK, Antônio César; CAMBI, Eduardo (Coord.). *Código de Processo Civil comentado.* São Paulo: RT, 2015.

FERRER-BELTRÁN, Jordi. *Valoração racional da prova.* Trad. de Vitor Paula Ramos. São Paulo: JusPodivm, 2021.

FOGAÇA, Mateus Vargas; FOGAÇA, Marcos Vargas. Sistema de precedentes judiciais obrigatórios e a flexibilidade do direito no novo Código de Processo Civil. *Revista da Faculdade de Direito da UFMG,* n. 67. jul.-dez. 2015.

FONSECA, João Francisco Naves da. A profundidade do efeito devolutivo nos recursos extraordinário e especial: o que significa a expressão 'julgará o processo, aplicando o direito' (CPC 2015, art. 1.034)? O novo Código de Processo Civil. *Revista do Advogado – AASP*. n. 126, ano XXXV. maio 2015.

FRANÇA, Erasmo Valladão Azevedo e Novaes; ADAMEK, Marcelo Vieira von. *Da dissolução Parcial de Sociedade*. São Paulo: Malheiros, 2016.

FRANCISCO, José Carlos. Bloco de constitucionalidade e recepção dos tratados internacionais. In: TAVARES, André Ramos; LENZA, Pedro; ALARCÓN, Pietro de Jesús Lora (Coord.). *Reforma do judiciário analisada e comentada*. São Paulo: Método, 2005.

FRANZOI, Juliana Borinelli. Honorários advocatícios e sucumbência recursal. In: OLIVEIRA, Pedro Miranda de. *Impactos do novo CPC na advocacia*. Florianópolis, Conceito Editorial, 2015.

FREIRE, Alexandre. Embargos de divergência. In: WAMBIER, Teresa Arruda Alvim et al. *Breves comentários ao Novo Código de Processo Civil*. São Paulo: RT, 2015.

FREIRE, Alexandre; MARQUES, Leonardo Albuquerque. Os honorários de sucumbência no novo CPC. In: COÊLHO, Marcus Vinicius Furtado; CAMARGO, Luiz Henrique Volpe. (Coordenador geral Fredie Didier JR.). *Honorários advocatícios*. Salvador: JusPodivm, 2015. Coleção Grandes Temas do Novo CPC. v. 2.

FREIRE, Alexandre; NUNES, Dierle. Novidades do novo CPC em matéria recursal, In: OLIVEIRA, Pedro Miranda de (Org.). *Impactos do novo CPC na advocacia*. Florianópolis: Conceito Editorial, 2015.

FREIRE, Rodrigo Cunha Lima; e, LEMOS, Vinicius. Os embargos de divergência como meio de for- mação de precedente vinculante. *Revista de Processo,* v. 299, p. 323-362, jan. 2020.

FREITAS, Juarez. A melhor interpretação constitucional "versus" a única resposta correta. In: SILVA, Virgílio Afonso da (Org.). *Interpretação constitucional*. São Paulo: Malheiros, 2007.

FUGA, Bruno Augusto Sampaio. *Produção antecipada de prova. Procedimento adequado para a máxima eficácia e estabilidade*. Londrina: Toth Editora, 2023.

FURNO, Carlo. *Contributo alla teoria della prova legale*. Padova: Cedam, 1940. FURNO, Carlo. *Teoria de la prueba legal*. Trad. Sérgio Gonzalez Collado. Madrid: Revista de Derecho Privado, 1954.

FUX, Luiz. *Curso de direito processual civil*. 3. ed. Rio de Janeiro: Forense. 2005. v. I. GAIO JR., Antonio Pereira. Teoria geral dos recursos: análise e atualizações à luz do Novo Código de Processo Civil Brasileiro. In: MACÊDO, Lucas Buril de; PEIXOTO, Ravi; FREIRE, Alexandre (Org.). *Processo nos tribunais e meios de impugnação às decisões judiciais*. Salvador: JusPodivm, 2015. (Novo CPC doutrina selecionada, v. 6).

GAJARDONI, Fernando. *Flexibilização procedimental:* um novo enfoque para o estudo do procedi- mento em matéria processual. São Paulo: Atlas, 2008. (Coleção Atlas de Processo Civil).

GAJARDONI, Fernando et al. *Comentários ao Código de Processo Civil*. 4. ed. Rio de Janeiro: Forense, 2021.

GAMBARDELLA, Marco. *Il controllo del giudice penale sulla legalità amministrativa*. Milão: Giuffrè, 2002.

GARCIA, Emerson; ALVES, Rogério Pacheco. *Improbidade administrativa*. 4. ed. Rio de Janeiro: Lumen Juris, 2008.

GARGARELA, Roberto. O novo constitucionalismo dialógico, frente ao sistema de freios e contrapesos. Trad. de Ilana Aló. In: VIEIRA, José Ribas; LACOMBE, Margarida e LEGALE, Siddharta. *Jurisdição Constitucional e Direito Constitucional Internacional*. Belo Horizonte: Fórum, 2016.

GIDI, Antonio. *Coisa julgada e litispendência em ações coletivas*. São Paulo: Saraiva, 1995.

GODINHO, Robson. *Negócios processuais sobre o ônus da prova no Novo Código de Processo Civil*. São Paulo: RT, 2015.

GODINHO, Robson. In: CABRAL, Antonio do Passo; CRAMER, Ronaldo. *Comentários ao Novo Código de Processo Civil*. Rio de Janeiro: Forense, 2015.

GOLDSCHMIDT, James. *Derecho procesal civil*. Trad. da 2. ed. alemã por Leonardo Prieto Castro. Barcelona: Labor, 1936.

GOMES, Frederico Augusto. Estabilização da tutela antecipada antecedente contra o poder público. In: TALAMINI, Eduardo. *Processo e Administração Pública*. Salvador: JusPodivm, 2016. (Coleção Repercussões do Novo CPC v. 10).

GOMES FILHO, Antonio Magalhães. *O direito à prova no processo penal*. São Paulo: RT, 1997.

GOMES JR., Luiz Manoel. *A arguição de relevância* – A repercussão geral das questões constitucional e federal. Rio de Janeiro: Forense, 2001.

GOMES JR., Luiz Manoel. Recurso ordinário constitucional – Questões relevantes. In: NERY JR., Nelson; WAMBIER, Teresa Arruda Alvim (Coord.). *Aspectos polêmicos e atuais dos recursos cíveis e de outros meios de impugnação às decisões judiciais*. São Paulo: RT, 2003. (Série: Aspectos polêmicos e atuais dos recursos, v. 7).

GOMES JR., Luiz Manoel; CHUEIRI, Miriam Fecchio. Anotações sobre o sistema recursal no novo código de processo civil. In: MACÊDO, Lucas Buril de; PEIXOTO, Ravi; FREIRE, Alexandre (Org.). *Processo nos tribunais e meios de impugnação às decisões judiciais*. Salvador: JusPodivm, 2015. (Novo CPC doutrina selecionada, v. 6).

GONÇALVES, Marcus Vinicius Rios. *Direito processual civil*. 5. ed. São Paulo: Saraiva, 2015.

GONÇALVES, Vinícius José Corrêa. *Tribunais multiportas:* em busca de novos caminhos para a efetivação dos direitos fundamentais de acesso à justiça e à razoável duração dos processos. Dissertação de Mestrado – apresentada ao Programa de Mestrado em Ciência Jurídica, da Universidade Estadual do Norte do Paraná. Jacarezinho: UENP, 2011.

GONÇALVES, Vinícius José Correa; BREGA FILHO, Vladimir. Descesso à justiça como fator de inclusão social. *Anais do XIX Encontro Nacional do CONPEDI*. Fortaleza: CONPEDI, 2010.

GONZÁLEZ, José Calvo. *Direito curvo*. Trad. André Karam Trindade, Luis Rosenfield e Dino del Pino. Porto Alegre: Livraria do Advogado, 2013.

GONZÁLEZ, José Calvo. Hechos dificiles y razonamiento probatorio (Sobre la prueba de los hechos dissipados). *Anuario de filosovia del derecho* (Madrid). t. XVIII.

GONZÁLEZ, José Calvo. La controvérsia fáctica. Contribuición al estudio de la *questio facti* desde un enfoque narrativista del Derecho. *Conferência apresentada nas XXI Jornadas de la Asociación Argentina de Filosofia del Derecho*, 04.06.10.2007.

GONZÁLEZ, José Calvo. La verdade de la verdade judicial (Construcción y regímen narrativo). *Verdad (Narración) Justicia*. Universidad de Málaga, 1998.

GONZÁLEZ, José Calvo. Modelo narrativo del juicio de hecho: inventio y ratiocinatio. *Horizontes de la filosofía del derecho. Libro en homenaje al Professor Luis Garcia San Miguel*. Madrid: Universidad de Alcalá de Henares, 2002. t. II.

GONZÁLEZ, José Calvo. Verdades difíciles. Control judicial de hechos y judicio de verossimilitud. *Cuadernos Electrónicos de Filosofia del Derecho*, 15/2007.

GRACIÁN, Baltasar. *A arte da prudência*. Trad. Davina Moscoso de Araujo. Rio de Janeiro: Sextante, 2006.

GRAHAM, Michael H. *Federal rules of evidence in a nutshell*. 4. ed. Sant Paul: West Publisching Co., 1996.

GRASSO, Eduardo. La collaborazioni nel processo civile. *Rivista di diritto processuale*, 1966.

GRAU, Eros Roberto. A interpretação constitucional como processo. *Revista Jurídica Consulex*, v. 3.

GRAU, Eros Roberto. *A ordem econômica na Constituição de 1988*. 7. ed. São Paulo: Malheiros, 2002.

GRAU, Eros Roberto. *La doble desestructuración y la interpretación del derecho*. Trad. Barbara Rosenberg. Barcelona: Bosch, 1998.

GRAU, Eros Roberto. *O direito posto e o direito pressuposto*. 3. ed. São Paulo: Malheiros, 2000.

GRECO, Leonardo. A tutela de urgência e a tutela de evidência no Código de Processo Civil de 2015. In: RIBEIRO, Darci Guimarães; JOBIM, Marco Félix. *Desvendando o novo CPC*. Porto Alegre: Livraria do Advogado, 2015.

GRECO, Leonardo. *Instituições de Processo Civil*. 2. ed. Rio de Janeiro: Forense, 2011. v. II.

GRECO, Leonardo. *Instituições de Processo Civil*. 3. ed. Rio de Janeiro: Forense, 2015. v. II.

GRECO, Leonardo. *Instituições de Processo Civil*. 4. ed. Rio de Janeiro: Forense, 2013. v. I.

GRECO, Leonardo. Publicismo e privatismo no processo civil. *Revista de Processo*. São Paulo, v. 164. out. 2008.

GRECO FILHO, Vicente. *Direito processual civil brasileiro*. 11. ed. São Paulo: Saraiva, 1996. v. 2.

GRECO FILHO, Vicente. *Direito processual civil brasileiro*. 18. ed. São Paulo: Saraiva, 2007. v. 2.

GRECO FILHO, Vicente. *Direito processual civil brasileiro*. 22. ed. São Paulo: Saraiva, 2013. v. 2.

GRECO FILHO, Vicente. Questões sobre a Lei 9.756, de 17.12.1998. In: NERY JR., Nelson; WAMBIER, Teresa Arruda Alvim (Coord.). *Aspectos polêmicos e atuais dos recursos cíveis de acordo com a Lei 9.756/98*. 1. ed. 2. tir. São Paulo: RT, 1999.

GRECO FILHO, Vicente. Reformas, para que reformas. In: COSTA, Hélio Rubens Batista Ribeiro; RIBEIRO, José Horácio Halfed Rezende; DINAMARCO, Pedro da Silva (Org.). *Linhas mestras do processo civil*. São Paulo: Atlas, 2004.

GRINOVER, Ada Pellegrini. Considerações sobre os limites objetivos e a eficácia preclusiva da coisa julgada. *Revista do Advogado*, dez. 2001.

GRINOVER, Ada Pellegrini. *Julgamento antecipado da lide e direito ao processo*. O processo em sua unidade. São Paulo: Saraiva, 1978.

GRINOVER, Ada Pellegrini. O regime brasileiro das interceptações telefônicas. *Revista Brasileira de Ciências Criminais*, v. 17, jan.-mar. 1997.

GRINOVER, Ada Pellegrini. Os fundamentos da justiça conciliativa. *Revista de Arbitragem e Mediação*, v. 14, jul.-set. 2007.

GRINOVER, Ada Pellegrini. *Os princípios constitucionais e o Código de Processo Civil*. São Paulo: Bushatsky, 1975.

GRINOVER, Ada Pellegrini. Prova emprestada. *Revista Brasileira de Ciências Criminais*, v. 4, out.-dez. 1993.

GRINOVER, Ada Pellegrini. Tutela jurisdicional diferenciada. A antecipação e sua estabilização. In: MARINONI, Luiz Guilherme. *Estudos de Direito Processual Civil*. Homenagem ao Professor Egas Dirceu Moniz de Aragão. São Paulo: RT, 2005.

GRINOVER, Ada Pellegrini. Um enfoque constitucional da teoria geral dos recursos. In: TUBEN-CHLAK, James; BUSTAMANTE, Ricardo Silva de (Coord.). *Livro de Estudos Jurídicos*, n. 08. Rio de Janeiro: Instituto de Estudos Jurídicos, 1994.

GRINOVER, Ada Pellegrini; GOMES FILHO, Antonio Magalhães; FERNANDES, Antonio Scarance. *As nulidades no processo penal*. 11. ed. São Paulo: RT, 2009.

GRINOVER, Ada Pellegrini; MENDES, Aluisio Gonçalves de; WATANABE, Kazuo. *Direito processual coletivo e o anteprojeto de Código de Processos Coletivos*. São Paulo: RT, 2007.

GUEDES, Jefferson Carús. Duplo grau ou duplo exame e a atenuação do reexame necessário nas leis brasileiras. In: NERY JR., Nelson; WAMBIER, Teresa Arruda Alvim (Coord.). *Aspectos polêmicos e atuais dos recursos e de outros meios de impugnação às decisões judiciais*. São Paulo: RT, 2002. (Série: Aspectos polêmicos e atuais dos recursos, v. 6).

GUERRA, Marcelo Lima. Notas sobre o dever constitucional de fundamentar as decisões judiciais. In: FUX, Luiz; NERY JR., Nelson; WAMBIER, Teresa Arruda Alvim. *Processo e Constituição*. São Paulo: RT, 2006.

GUERRA, Marcelo Lima. A proporcionalidade em sentido estrito e a "fórmula do peso" de Robert Alexy. *Revista de Processo*. São Paulo. v. 141. nov. 2006.

GUIMARÃES, Mário. *O juiz e a função jurisdicional*. Rio de Janeiro: Forense, 1958. GUIMARÃES, Rafael de Oliveira. *Atualidades sobre o prequestionamento e as possíveis mudanças provocadas pelo projeto do novo Código de Processo Civil*. In: FREIRE, Alexandre; DANTAS, Bruno; NUNES, Dierle; DIDIER JR., Fredie José Miguel Garcia Medina; FUX, Luiz, CAMARGO, Luiz Henrique Volpe; OLIVEIRA, Pedro Miranda de Oliveira (Org.). Salvador: JusPodivm, 2014. v. III.

HÄBERLE, Peter. *Hermenêutica constitucional*: a sociedade aberta dos intérpretes da constituição: contribuição para a interpretação pluralista e procedimental da constituição. Trad. Gilmar Ferreira Mendes. Porto Alegre: Sergio Antonio Fabris, 2002.

HABERMAS, Jürgen. *Between Facts and Norms*. Trad. de W. Rehg. Cambridge: MIT Press, 1996.

HABERMAS, Jürgen. *Direito e democracia*: entre facticidade e validez. Rio de Janeiro: Tempo Brasileiro, 1997. v. I.

HAMILTON, Sergio Demoro. As provas ilícitas, a Teoria da Proporcionalidade e a autofagia do Direito. Revista do Ministério Público do Rio de Janeiro, v. 11, 2000.

HELLMAN, Renê Francisco. Sobre como será difícil julgar com o Novo CPC (PLC 8.046/2010): do prêt-à-porter à alta costura decisória. *Revista de Processo*, v. 239, jan. 2015.

HEÑIN, Fernando Adrián. Las pruebas dificiles. *Revista de Processo*, v. 166, dez. 2008.

HEÑIN, Fernando Adrián. Valoración judicial de la conducta procesal. *Revista de Processo*, v. 170, abr. 2009.

HERANI, Renato Gugliano. Direito pré-constitucional e a "crise do supremo". In: MOREIRA, Eduardo; GONÇALVES JR., Jerson Carneiro; BETTINI, Lucia Helena Polleti (Org.). *Hermenêutica constitucional:* homenagem aos 22 anos do grupo de estudos Maria Garcia. Florianópolis: Conceito Editorial, 2010.

HILL, Flavia Pereira. *Breves comentários às principais inovações quanto aos meios de impugnação das decisões judiciais no Novo CPC.* In: DIDIER JR., Fredie; MACÊDO, Lucas Buril de; PEIXOTO, Ravi; FREIRE, Alexandre (Org.). Salvador: JusPodivm, 2015. (Processo nos tribunais e meios de impugnação às decisões judiciais – Novo CPC doutrina selecionada v. 6).

HOFFMANN, Eduardo. *Provas atípicas.* Dissertação de Mestrado apresentada na Universidade Paranaense (UNIPAR), 2010.

HOFFMAN, Paulo. *Duração razoável do processo.* São Paulo: Quartier Latin, 2006.

IOCOHAMA, Celso Hiroshi. O princípio da veracidade e o direito de não fazer prova contra si mesmo perante o Novo Código de Processo Civil. In: MACÊDO, Lucas Buril de; PEIXOTO, Ravi; FREIRE, Alexandre (Org.). *Processo de conhecimento – Provas.* Salvador: JusPodivm, 2015.

JAYME, Fernando Gonzaga; SANTOS, Marina França. A irrecorribilidade das decisões interlocutórias no anteprojeto de novo Código de Processo Civil. In: BARROS, Flaviane de Magalhães; MORAIS, José Luis Bolzan de. *Reforma do processo civil:* perspectivas constitucionais. Belo Horizonte: Ed. Fórum, 2010.

JOBIM, Marco Félix; CARVALHO, Fabrício de Farias. A disciplina dos agravos no novo código de processo civil. In: MACÊDO, Lucas Buril de; PEIXOTO, Ravi; FREIRE, Alexandre (Org.). *Processo nos tribunais e meios de impugnação às decisões judiciais.* Salvador: JusPodivm, 2015. (Novo CPC doutrina selecionada, v. 6).

JORGE, Flávio Cheim. *Apelação cível:* teoria geral e admissibilidade. 2. ed. São Paulo: RT, 2002.

JORGE, Flávio Cheim. Dos recursos. In: WAMBIER, Teresa Arruda Alvim et al. (Coord.). *Breves comentários ao Novo Código de Processo Civil.* São Paulo: RT, 2015.

JORGE, Flávio Cheim. Recurso especial com fundamento na divergência jurisprudencial. In: NERY JR., Nelson; WAMBIER, Teresa Arruda Alvim (Coord.). *Aspectos polêmicos e atuais dos recursos e de outras formas de impugnação às decisões judiciais.* São Paulo: RT, 2001. (Série: Aspectos polêmicos e atuais dos recursos, v. 4).

JORGE, Flávio Cheim. *Teoria geral dos recursos.* 7. ed. São Paulo: RT, 2015.

JORGE, Flávio Cheim; SIQUEIRA, Thiago Ferreira. Um novo paradigma para o juízo de admissibilidade dos recursos cíveis. O novo Código de Processo Civil. *Revista do Advogado – AASP*, n. 126, ano XXXV, maio 2015.

JUNOY, Joan Picó i. *El derecho a la prueba en el proceso civil.* Barcelona: Jose Maria Bosch, 1996.

JUSTEN NETO, Marçal. Segredo de justiça e administração pública, In: TALAMINI, Eduardo. *Processo e Administração Pública.* Salvador: JusPodivm, 2016. v. 10. (Coleção Repercussões do Novo CPC).

KNIJNIK, Danilo. *A prova nos juízos cível, penal e tributário.* Rio de Janeiro: Forense, 2007.

KNIJNIK, Danilo. *A revisão da questão de fato pelo Superior Tribunal de Justiça.* Rio de Janeiro: Forense, 2005.

KNIJNIK, Danilo. As (perigosíssimas) doutrinas do ônus dinâmico da prova e da *situação de senso* comum como instrumentos para assegurara o acesso à justiça e superar a *probatio diabólica*. In: FUX, Luiz; NERY JR., Nelson; ALVIM, Teresa Arruda (Coord.). *Processo e Constituição*. São Paulo: RT, 2006.

KNIJNIK, Danilo. *Os "standards" do convencimento judicial*. Disponível em: [http://www.abdpc.org.br]. Acesso em: 24.10.2006.

KOZIKOSKI, Sandro Marcelo. A repercussão geral das questões constitucionais e o juízo de admissibilidade do recurso extraordinário. In: WAMBIER, Teresa Arruda Alvim et al. (Coord.) *Reforma do judiciário*: primeiros ensaios críticos sobre a EC n. 45/2004. São Paulo: RT, 2005.

KOZIKOSKI, Sandro Marcelo. Recurso extraordinário e repercussão geral. In: CLÈVE, Clèmerson Merlin (Coord.); PEREIRA, Ana Lucia Pretto (Coord. assistente 1. ed.); URTATO, Daniela (Coord. assistente 2. ed.). *Direito constitucional brasileiro*: organização do Estado e dos poderes. 2. ed. São Paulo: Thomson Reuters Brasil, 2021.

KOZIKOSKI, Sandro Marcelo; PUGLIESI, William Soares. Uniformidade da jurisprudência, divergência e vinculação do colegiado. In: MARANHÃO, Clayton et al. *Ampliação da colegialidade*: técnica de julgamento do art. 942 do CPC. Belo Horizonte: Arraes Editores, 2017.

KUHN, Paulo Henrique. Programa de redução de litígios da Procuradoria-Geral da União. In: CUNHA, J. S. Fagundes (Coord.). *O Direito nos Tribunais Superiores*: com ênfase no Novo Código de Processo Civil. Curitiba: Bonijuris, 2015.

KUKINA, Sérgio Luiz. Apontamentos sobre um novo projeto de reforma recursal. In: MARINONI, Luiz Guilherme; DIDIER JR., Fredie (Coord.). *A segunda etapa da reforma processual civil*. São Paulo: Malheiros, 2001.

LADEIRA, Aline Hadad; BAHIA, Alexandre Melo Franco. O precedente judicial em paralelo a súmula vinculante: pela (re)introdução da faticidade ao mundo jurídico. *Revista de Processo*, v. 234, ago. 2014.

LANES, Júlio Cesar Goulart. *Fato e direito no processo civil cooperativo*. São Paulo: RT, 2014.

LASPRO, Oreste Nestor de Souza. *Duplo grau de jurisdição no direito processual civil*. São Paulo: RT, 1995.

LASPRO, Oreste Nestor de Souza. Devido processo legal e a irreversibilidade da antecipação dos efeitos da tutela jurisdicional. In: MARINONI, Luiz Guilherme (Coord.). *Estudos de Direito Processual Civil*. Homenagem ao Professor Egas Dirceu Moniz de Aragão. São Paulo: RT, 2005.

LEAL, Luís Antônio da Câmara. *Da prescrição e da decadência*. Rio de Janeiro: Forense, 1978.

LEITE, Eduardo de Oliveira. A oitiva de crianças nos processos de família. *Revista Jurídica*, v. 278, dez. 2000.

LEITE, Eduardo de Oliveira. As "ações de família" no Novo Código de Processo Civil. *Revista de Direito de Família e das Sucessões*, v. 5, jul.-set. 2015.

LEMOS, Vinicius Silva. O prequestionamento no novo código de processo civil. In: MACÊDO, Lucas Buril de; PEIXOTO, Ravi; FREIRE, Alexandre (Org.); DIDIER JR., Fredie (Coord.). *Processo nos tribunais e meios de impugnação às decisões judiciais*. Salvador: JusPodivm, 2015. (Novo CPC doutrina selecionada, v. 6).

LEMOS, Vinicius Silva. A possibilidade de fungibilidade entre o IRDR e o IAC: viabilidade e necessidade de sistematização. *Revista de Processo*, v. 274, p. 255-289, dez. 2017.

LEMOS, Vinicius Silva. A regra da não preclusão imediata do art. 1.009, § 1º, e a conjunção com o art. 278: protesto antipreclusivo no CPC/2015? *Revista Eletrônica de Direito Processual – REDP*, Rio de Janeiro, ano 12, v. 19, n. 1, jan.-abr. 2018.

LEONARDO, Rodrigo Xavier. Prova e objeto da prova: considerações a respeito dos juízos de fato no processo civil. *Boletim Informativo Bonijuris*, n. 372, 30.04.1999.

LEONEL, Ricardo de Barros. *Tutela jurisdicional diferenciada*. São Paulo: RT, 2010.

LESSONA, Carlos. *Teoría general de la prueba en derecho civil*. 3. ed. Trad. Enrique Aguilera de Paz. Madrid: Reus, 1928.

LIEBMAN, Enrico Tullio. *Eficácia e autoridade da sentença*. 3. ed. Trad. Alfredo Buzaid e Benvindo Aires. Rio de Janeiro: Forense, 1983.

LIEBMAN, Enrico Tullio. *Eficácia e autoridade da sentença*. 3.. ed. Trad. Ada Pellegrini Grinover. Rio de Janeiro: Forense, 1984.

LIEBMAN, Enrico Tullio. *Manual do direito processual civil*. 2. ed. Trad. Cândido Rangel Dinamarco. Rio de Janeiro: Forense, 1985. v. I.

LIEBMAN, Enrico Tullio. *Manuale di diritto processuale civile*. 3. ed. Milão: Giuffrè, 1973. v. I.

LIEBMAN, Enrico Tullio. *Manuale di diritto processuale civile*. 3. ed. Milão: Giuffrè, 1974.v. II.

LIMA, Alcides de Mendonça. *Introdução aos recursos cíveis*. São Paulo: RT, 1976.

LIMA, Alcides de Mendonça. *Comentários ao Código de Processo Civil*. São Paulo: RT, 1982. v. XII.

LIMA, Bernardo Silva de; EXPÓSITO, Gabriela. Comentários sobre o regime da estabilização dos efeitos da tutela provisória de urgência no novo CPC. *Revista de Processo*, v. 250, dez. 2015.

LIMA, Patrícia Carla de Deus. Sobre a possibilidade de interposição de recurso pela parte vencedora que sofreu cerceamento de defesa: algumas reflexões. In: NERY JR., Nelson; WAMBIER, Teresa Arruda Alvim (Coord.). *Aspectos polêmicos e atuais dos recursos cíveis e assuntos afins*. São Paulo: RT, 2006. (Série: Aspectos polêmicos e atuais dos recursos, v. 10).

LIPIANI, Júlia. Como promover a superação dos precedentes formados no julgamento de recursos repetitivos por meio dos recursos especial e extraordinário? In: GALINDO, Beatriz Magalhães e KOHLBACH, Marcela (Coord.). *Recursos no CPC/2015*: perspectivas, críticas e desafios. Salvador: JusPodivm, 2017.

LOMBARDO, Luigi. Profili delle prove civile atipiche. *Rivista Trimestrale di Diritto e Procedura Civile*, dez. 2009.

LOMBARDO, Luigi. Prova scientifica e osservanza del contraddittorio nel processo civile. *Rivista di Diritto Processuale*, 2002.

LOPES, Bruno Vasconcellos Carrilho. Os honorários recursais no novo código de processo civil. O novo Código de Processo Civil. *Revista do Advogado – AASP*, n. 126, a. XXXV, maio 2015.

LOPES, João Batista. *A prova no direito processual civil*. São Paulo: RT, 1999.

LOPES, João Batista. *A prova no processo civil*. 2. ed. São Paulo: RT, 2002.

LOPES, João Batista. Comentários ao art. 455 do Código de Processo Civil. In: TUCCI, José Rogério Cruz e; FERREIRA FILHO, Manoel Caetano; APRIGLIANO, Ricardo de Carvalho; DOTTI, Rogéria Fagundes; MARTINS, Sandro Gilbert (Org.). *Código de Processo Civil anotado*. Rio de Janeiro: LMJ Mundo Jurídico, 2016.

LOPES, João Batista. Princípio da proporcionalidade e efetividade do processo civil. In: MARINONI, Luiz Guilherme. *Estudos de Direito Processual Civil*. Homenagem ao Professor Egas Dirceu Moniz de Aragão. São Paulo: RT, 2005.

LOPES, José Reinaldo de Lima. Em torno da "reserva do possível". In: SALET, Ingo Wolfgang; TIMM, Luciano Benetti (Org.). *Direitos fundamentais*: orçamento e "reserva do possível". Porto Alegre: Livraria do Advogado, 2008.

LUCON, Paulo Henrique dos Santos. Comentários ao art. 357 do Código de Processo Civil. In: CRUZ E TUCCI, José Rogério; FERREIRA FILHO, Manoel Caetano; APRIGLIANO, Ricardo de Carvalho; DOTTI, Rogéria Fagundes; MARTINS, Sandro Gilbert (Org.). *Código de Processo Civil anotado*. Rio de Janeiro: LMJ Mundo Jurídico, 2016.

LUCON, Paulo Henrique dos Santos. Honorários advocatícios no CPC de 2015, In: SARRO, Luís Antônio Giampaulo (Coord.). *Novo Código de Processo Civil*: principais alterações do sistema processual civil. 2. ed. São Paulo: Rideel, 2016.

LUCON, Paulo Henrique dos Santos. In: BUENO, Cassio Scarpinella; MEDEIROS NETO, Elias Marques de; OLIVEIRA NETO, Olavo de; OLIVEIRA, Patrícia Elias Cozzolino de; LUCON, Paulo Henrique dos Santos (Coord.). *Tutela provisória no novo CPC*. Dos 20 anos de vigência do art. 273 do CPC/1973 ao CPC/2015. São Paulo: Saraiva, 2016.

LUCON, Paulo Henrique dos Santos. Sentença e liquidação no CPC (Lei 11.232/2005). *Estudos em homenagem ao Professor José Carlos Barbosa Moreira*. São Paulo: RT, 2006.

MACCORMICK, Neil. *Institutions of Law*: an essay in legal theory. Oxford: Oxford University Press, 2007.

MACÊDO, Lucas Buril. Agravo interno. Análise das modificações legais e de sua recepção no Superior Tribunal de Justiça, In *Revista de Processo*, v. 269, p. 311-344, jul. 2017.

MACÊDO, Lucas Buril. Boa-fé no processo civil – Parte 2. *Revista de processo*, v. 331, set. 2022.

MACÊDO, Lucas Buril. *Precedentes judiciais e o direito processual civil*. Salvador: JusPodivm, 2015.

MACÊDO, Lucas Buril de; PEIXOTO, Ravi Medeiros. Ônus da prova e sua dinamização. Salvador: JusPodivm, 2014.

MACÊDO, Lucas Buril de; PEIXOTO, Ravi. Tutela provisória contra a Fazenda Pública. In: ARAÚJO, José Henrique Mouta de; CUNHA, Leonardo Carneiro da; RODRIGUES, Marco Antonio. *Fazenda Pública*. 2. ed. Salvador: JusPodivm, 2016.

MACHADO, Antônio Cláudio da Costa. *Código de Processo Civil interpretado*. 3. ed. São Paulo: Saraiva, 1997.

MACHADO, Hugo de Brito. O objeto da prova pericial. *Revista dos Tribunais*, v. 690, São Paulo: RT, abr. 1993.

MACHADO SEGUNDO, Hugo de Brito. Os recursos no novo CPC e a "Jurisprudência defensiva". In: DIDIER JR., Fredie (Coord.); MACÊDO, Lucas Buril de; PEIXOTO, Ravi; FREIRE, Alexandre (Org.). Salvador: JusPodivm, 2015. Processo nos tribunais e meios de impugnação às decisões judiciais. (Novo CPC doutrina selecionada, v. 6).

MADALENO, Rolf. *Repensando o direito de família*. Porto Alegre: Livraria do Advogado, 2007.

MADEIRA, Dhenis Cruz. O que é solipsismo judicial? *Revista Jurídica da Presidência*, v. 22, n. 126, fev.-maio 2020.

MAIA, Andrea; HILL, Flávia Pereira. Do Cadastro e da Remuneração dos mediadores. In: ALMEIDA, Diogo Assumpção Rezende de; PANTOJA, Fernanda Medina; PELAJO, Samanta (Coord.). *A mediação no Novo Código de Processo Civil*. Rio de Janeiro: Forense, 2015.

MALACHINI, Edson Ribas. "Inexatidão material" e "erro de cálculo". *Revista de processo*, v. 113, São Paulo: RT, jan.-fev. 2004.

MALATESTA, Nicola Framarino Dei. *A lógica das provas em matéria criminal*. Trad. Alexandre Augusto Correia. São Paulo: Saraiva, 1960. v. I.

MALATESTA, Nicola Framarino Dei. *A lógica das provas em matéria criminal*. São Paulo: Saraiva, 1960. v. II.

MALLET, Estêvão. Notas sobre o problema da chamada "decisão-surpresa". *Revista de Processo*, v. 233, jul. 2014.

MANCUSO, Rodolfo de Camargo. *Ação popular:* proteção do erário público, do patrimônio cultural e natural; e do meio ambiente. São Paulo: RT, 1993.

MANCUSO, Rodolfo de Camargo. *Divergência jurisprudencial e súmula vinculante*. São Paulo: RT, 1999.

MANCUSO, Rodolfo de Camargo. *Recurso extraordinário e recurso especial*. 4. ed. São Paulo: RT, 1996.

MARANHÃO, Clayton; e FERRARO, Marcella Pereira. Reclamação constitucional: funções, inovações e velhos desafios. In: CLÈVE, Clèmerson Merlin (Coord.); PEREIRA, Ana Lucia Pretto Pereira (Coord. assistente 1. Ed.); URTATO, Daniela (Coord. assistente 2. ed.). *Direito constitucional brasileiro:* organização do Estado e dos poderes. 2. ed. São Paulo: Thomson Reuters Brasil, 2021.

MARCACINI, Augusto Tavares Rosa. *Direito e informática:* uma abordagem jurídica sobre criptografia. Rio de Janeiro: Forense, 2002.

MARCACINI, Augusto Tavares Rosa. O advogado e a gratuidade de justiça. In: CRUZ E TUCCI, José Rogério; DIDIER JR., Fredie (Coord.). *Advocacia*. Salvador: JusPodivm, 2015. Coleção Repercussões do Novo CPC. v. 2.

MARCACINI, Augusto Tavares Rosa. In: CRUZ E TUCCI, José Rogério et. al (Coord.). *Código de Processo Civil Anotado*. Rio de Janeiro: LMJ Mundo Jurídico, 2016

MARCATO, Antonio Carlos (Coord.). *Código de Processo Civil interpretado*. 2. ed. São Paulo: Atlas, 2005.

MARCATO, Antonio Carlos. *Procedimentos Especiais*. 12. ed. São Paulo: Atlas, 2006. MARCATO, Antonio Carlos. *Procedimentos Especiais*. 16. ed. São Paulo: Atlas, 2016. MARÇAL, Felipe Barreto. Levando a fungibilidade recursal a sério: pelo fim da "dúvida objetiva", do "erro grosseiro" e da "má-fé" como requisitos para a aplicação da fungibilidade e por sua integração com o CPC/15, *Revista de Processo*, v. 292, p-199-214, jun. 2019.

MARINONI, Luiz Guilherme. *A antecipação de tutela*. 3. ed. São Paulo: Malheiros, 1997.

MARINONI, Luiz Guilherme. *A ética dos precedentes*. Justificativa do novo CPC. 2. ed. São Paulo: RT, 2016.

MARINONI, Luiz Guilherme. A conformação do processo e o controle jurisdicional a partir do dever estatal de proteção do consumidor. *Jus Navigandi*, Teresina, ano 10, n. 1.147, 22 ago. 2006. Disponível em: [http://jus2.uol.com.br/doutrina/texto.asp?id=8835]. Acesso em: 07.03.2016.

MARINONI, Luiz Guilherme. A questão das coisas julgadas contraditórias. In: ARRUDA ALVIM, Teresa; DIDIER JR., Fredie (Org.). *Doutrinas essenciais*: Novo processo civil. 2. ed. São Paulo: RT, 2018. v. V.

MARINONI, Luiz Guilherme. A segurança jurídica como fundamento do respeito aos precedentes. In: CORRÊA, Estevão Lourenço (Coord.). *Revista do Instituto dos Advogados do Paraná*. Curitiba, n. 37. 2009.

MARINONI, Luiz Guilherme. *Antecipação de tutela*. 12. ed. São Paulo: RT, 2011.

MARINONI, Luiz Guilherme. *Coisa julgada inconstitucional*. 3. ed. São Paulo: RT, 2013.

MARINONI, Luiz Guilherme. Controle do poder executivo do juiz. *Revista de Processo*, v. 127. set. 2005.MARINONI, Luiz Guilherme. *Curso de processo civil*. 2. ed. São Paulo: MARINONI, Luiz Guilherme. *Curso de processo civil*. São Paulo: RT, 2008. v. 4.

MARINONI, Luiz Guilherme. *Curso de Processo Civil*. São Paulo: RT, 2015. v. 3.

MARINONI, Luiz Guilherme. *Efetividade do processo e tutela de urgência*. Porto Alegre: Fabris, 1994.

MARINONI, Luiz Guilherme. Eficácia vinculante A ênfase à *ratio decidendi* e à força obrigatória dos precedentes. *Revista de Processo*, v. 184, jun. 2010.

MARINONI, Luiz Guilherme. Estabilização de tutela. *Revista de processo*, v. 279, maio 2018.

MARINONI, Luiz Guilherme. *Formação da convicção e inversão do ônus da prova segundo as peculiaridades do caso concreto*. Disponível em: [www.abdpc.org.br].

MARINONI, Luiz Guilherme. Garantia da tempestividade da tutela jurisdicional e duplo grau de jurisdição – a execução imediata da sentença como alternativa. *Questões do novo direito processual civil brasileiro*. Curitiba: Juruá, 1999.

MARINONI, Luiz Guilherme. *Incidente de resolução de demandas repetitivas*: decisão de questão idêntica x precedente. São Paulo: RT, 2016.

MARINONI, Luiz Guilherme. La prueba en la acción inhibitoria. *Jus Navigandi*, Teresina, a. 8, n. 272, 05.04.2004. Disponível em: [http://jus2.uol.com.br/doutrina/texto.asp?id=5043]. Acesso em: 28.02.2016.

MARINONI, Luiz Guilherme. *Manual do processo de conhecimento*: a tutela jurisdicional através do processo de conhecimento. São Paulo: RT, 2001.

MARINONI, Luiz Guilherme. *O projeto do CPC* – Críticas e propostas. São Paulo: RT, 2010.

MARINONI, Luiz Guilherme. *O STJ enquanto corte de precedentes*: recompreensão do sistema processual da corte suprema. 2. ed. São Paulo: RT, 2014.

MARINONI, Luiz Guilherme. *Precedentes obrigatórios*. 2 ed. São Paulo: RT, 2011.

MARINONI, Luiz Guilherme. *Precedentes obrigatórios*. São Paulo: RT, 2014.

MARINONI, Luiz Guilherme. Prova, convicção e justificativa diante da tutela antecipatória. *Jus Navigandi*, Teresina, ano 10, n. 1.182, 26 set. 2006. Disponível em: [http://jus2.uol.com.br/doutrina/texto.asp?id=8847]. Acesso em: 26.02.2016.

MARINONI, Luiz Guilherme. *Ratio decidendi*: Otras formas de identificación. *Revista Discusiones*, v. 28, 2022.

REFERÊNCIAS BIBLIOGRÁFICAS

MARINONI, Luiz Guilherme. Reexame da prova diante dos recursos especial e extraordinário. *Revista de Processo*, n. 130, a. 30, dez. 2005.

MARINONI, Luiz Guilherme. *Técnica processual e tutela dos direitos*. São Paulo: RT, 2004.

MARINONI, Luiz Guilherme. *Teoria geral do processo*. São Paulo: RT, 2006.

MARINONI, Luiz Guilherme. *Tutela antecipatória, julgamento antecipado e execução imediata da sentença*. São Paulo: RT, 1997.

MARINONI, Luiz Guilherme. Tutela contra o ilícito: uma análise sobre o artigo 497, parágrafo único do CPC/2015. In: CAMBI, Eduardo; MARGRAF, Alencar Frederico (Coord.). *Direito e justiça*: estudos em homenagem a Gilberto Giacoia. Curitiba: Ministério Público, 2016.

MARINONI, Luiz Guilherme. Tutela inibitória e tutela de remoção do ilícito. *Revista Jus Navigandi*, Teresina, ano 9, n. 272, 05.04.2004. Disponível em: [https://jus.com.br/artigos/5041]. Acesso em: 22.02.2016.

MARINONI, Luiz Guilherme; ARENHART, Sérgio Cruz. *Comentários ao Código de Processo Civil*. São Paulo: RT, 2000. v. V. t. I.

MARINONI, Luiz Guilherme; ARENHART, Sérgio. *Curso de Processo Civil:* processo de conhecimento. 7. ed. São Paulo: RT, 2008. v. 2.

MARINONI, Luiz Guilherme; ARENHART, Sérgio; MITIDIERO, Daniel. *Novo código de processo civil comentado*. São Paulo: RT, 2015.

MARINONI, Luiz Guilherme; ARENHART, Sérgio Cruz; MITIDIERO, Daniel. *Novo curso de processo civil*: tutela dos direitos mediante procedimento comum. São Paulo: RT, 2015. v. II.

MARINONI, Luiz Guilherme; ARENHART, Sérgio Cruz; MITIDIERO, Daniel Mitidiero. *O novo processo civil*. 2. ed. São Paulo: RT, 2016.

MARINONI, Luiz Guilherme; ARENHART, Sérgio Cruz. *Prova*. 2. ed. rev. e atual. São Paulo: RT, 2011.

MARINONI, Luiz Guilherme; MITIDIERO, Daniel. *Repercussão geral no recurso extraordinário*. São Paulo: RT, 2007.

MARINS, Victor Alberto Azi Bomfim. *Comentários ao Código de Processo Civil*. São Paulo: RT, 2000. v. 12.

MARQUES, José Frederico. *Elementos de direito processual penal*. Rio de Janeiro: Forense, 1961. v. 2.

MARQUES, José Frederico *Instituições de Direito Civil*. Rio de Janeiro: Forense, 1959.

MARQUES, José Frederico. *Instituições de direito processual civil*. 2. ed. Rio de Janeiro: Forense, 1963. v. IV.

MARQUES, José Frederico. *Manual de direito processual civil*. 9. ed. Campinas: Milleniumm, 2003. v. II.

MARQUES, José Frederico. *Manual de direito processual civil*. Atual. Vilson Rodrigues Alves. Campinas: Millennium, 1998. v. III.

MARTINS, Guilherme Magalhães. Contratos eletrônicos via internet: problemas relativos à sua formação e execução. *Revista dos Tribunais*, v. 776, jun. 2000.

MARTINS, Ives Gandra da Silva; MENDES, Gilmar Ferreira. *Controle concentrado de constitucionalidade* – Comentários à Lei n. 9.868, de 10.11.1999. São Paulo: Saraiva, 2001.

MARTINS, Sandro Gilbert. Dos recursos, In: CUNHA, José Sebastião Fagundes. (Coord. geral); BOCHENEK, Antonio César; CAMBI, Eduardo (Coord.). *Código de Processo Civil comentado*. São Paulo: RT, 2016.

MARTINS, Sandro Gilbert. *Processo, procedimento e ato processual* – o plano da eficácia. Ed. Elsevier, 2012.

MARTINS, Sandro Gilbert. Sustentação oral. In: WAMBIER, Teresa Arruda Alvim; NERY JR., Nelson (Coord.). *Aspectos polêmicos e atuais dos recursos cíveis e assuntos afins*. São Paulo: RT, 2007. (Série: Aspectos polêmicos e atuais dos recursos, v. 11).

MARTINS-COSTA, Judith. *A Boa-fé no Direito Privado* – Critérios para sua aplicação. São Paulo: Marcial Pons, 2016.

MARTINS-COSTA, Judith. *Comentários ao Novo Código Civil*. TEIXEIRA, Sálvio de Figueiredo (Coord.). Rio de Janeiro: Forense, 2003. v. V, t. I.

MATIDA, Janaína. O reconhecimento de pessoas não pode ser porta aberta à seletividade penal. *Conjur*, 18 de setembro de 2020.

MAZZARELA, Giuseppe. Appunti sul fatto notorio. *Rivista di Diritto Processuale Civile*, 1934.

MAZZEI, Rodrigo. Embargos de declaração. In: WAMBIER, Teresa Arruda Alvim et al. (Coord.). *Breves comentários ao Novo Código de Processo Civil*. São Paulo: RT, 2015.

MAZZEI, Rodrigo Reis. In: GOUVÊA, José Roberto F.; BONDIOLI; Luis Guilherme A.; FONSECA, João Francisco N. da (Coord.). *Comentários ao Código de Processo Civil*. São Paulo: SaraivaJur, 2023. v. XII (arts. 610 a 673): do inventário e da partilha.

MAZZILLI, Hugo Nigro. *A defesa dos interesses difusos em juízo*. 10. ed. São Paulo: Saraiva, 1999.

MAZZILLI, Hugo Nigro. Questões polêmicas sobre a ação civil pública. *Revista da Escola Nacional da Magistratura*, n. 1, abr. 2006.

MAZZOLA, Marcelo. *Sanções premiais no processo civil*: previsão legal, estipulação convencional e proposta de sistematização (*standards*) para sua fixação judicial. São Paulo: JusPodivm, 2022.

MAZZOLA, Marcelo. *Silêncio do juiz no processo civil* (inércia, omissão *stricto sensu* e inobservância e seus mecanismos de impugnação). 2 ed. rev. e atual. São Paulo: JusPodivm, 2024.

MAZZUOLI, Valério de Oliveira. O novo § 3° do art. 5° da constituição e sua eficácia. In: SILVA, Bruno Freire e; MAZZEI, Rodrigo (Coord.). *Reforma do judiciário*: análise interdisciplinar e estrutural do primeiro ano de vigência. Curitiba: Juruá, 2006.

MEDEIROS, Maria Lúcia L. C. de. *A revelia sob o aspecto da instrumentalidade*. São Paulo: RT, 2003.

MEDINA, Damares. *Amicus curiae*: amigo da corte ou amigo da parte? São Paulo: Saraiva, 2010.

MEDINA, José Miguel Garcia. *Curso de direito processual civil moderno*. 4. ed. São Paulo: Ed. RT, 2018.

MEDINA, José Miguel Garcia. *Direito processual civil moderno*. 2. ed. São Paulo: MEDINA, José Miguel Garcia. *Direito processual civil moderno*. São Paulo: RT, 2015.

MEDINA, José Miguel Garcia. *Novo Código de Processo Civil comentado*: com remissões e notas comparativas ao CPC/1973. São Paulo: RT, 2015.

MEDINA, José Miguel Garcia. *O prequestionamento nos recursos extraordinário e especial*. São Paulo: RT, 1998.

RT, 2016.

MELENDO, Santiago Sentís. *Aquisición de la prueba*. La prueba. Los grandes temas del derecho probatorio. Buenos Aires: EJEA, 1978.

MELENDO, Santiago Sentís. *Fuentes e medios de prueba*. La prueba. Los grandes temas del derecho probatorio. Buenos Aires: EJEA, 1978.

MELENDO, Santiago Sentís. *La prueba es libertad*. La prueba. Los grandes temas del derecho probatorio. Buenos Aires: EJEA, 1978.

MELENDO, Santiago Sentís. *Los poderes del juez*. La prueba. Los grandes temas del derecho probatorio. Buenos Aires: EJEA, 1978.

MELENDO, Santiago Sentís. *Naturaleza de la prueba*. La prueba. Los grandes temas del derecho probatorio. Buenos Aires: EJEA, 1978.

MELENDO, Santiago Sentís. *Valoración de la prueba*. La prueba. Los grandes temas del derecho probatorio. Buenos Aires: EJEA, 1978.

MELERO, Valentín Silva. *La prueba procesal*. Madrid: Revista de Derecho Privado, 1963. t. I.

MELLO, Celso Antônio Bandeira de. *Conteúdo jurídico do princípio da igualdade*. 3. ed. 15. tir. São Paulo: Malheiros, 2007.

MELLO, Marco Aurélio de. Considerações acerca da competência originária e recursal do Supremo Tribunal Federal. In: BONAVIDES, Paulo; MORAES, Germana; ROSAS, Roberto (Org.). *Estudos de direito constitucional em homenagem a Cesar Asfor Rocha* (teoria da constituição, direitos fundamentais e jurisdição). Rio de Janeiro/São Paulo/Recife: Renovar, 2009.

MELLO, Patrícia Perrone Campos. *Precedentes:* o desenvolvimento judicial do direito no constitucionalismo contemporâneo. Rio de Janeiro: Renovar, 2008.

MELLO, Rogerio Licastro Torres de. Da apelação. In: WAMBIER, Teresa Arruda Alvim et al. (Coord.). *Breves comentários ao Novo Código de Processo Civil*. São Paulo: RT, 2015.

MENDES, Gilmar Ferreira. Ação direta de inconstitucionalidade e ação declaratória de constitucionalidade. In: MEIRELLES, Hely Lopes. *Mandado de segurança*. São Paulo: Malheiros, 2004.

MENDES, Gilmar Ferreira; BRANCO, Paulo Gustavo Gonet. *Curso de direito constitucional*. 6. ed. São Paulo: Saraiva, 2009.

MENDES, José de Castro. *Do conceito de prova em processo civil*. Lisboa: Ática, 1957.

MENDES, Leonardo Castanho. *O recurso especial e o controle difuso de constitucionalidade*. São Paulo: RT, 2006. v. 13.

MERRYMAN, John Henry; PÉREZ-PERDOMO, Rogelio. *A tradição da* civil Law. Uma introdução aos sistemas jurídicos da Europa e da América Latina. Trad. Cássio Cassagrande. Porto Alegre: Sergio Antonio Fabris, 2009.

MESSA, Ana Flávia; JUNQUEIRA, Michele Asato. A distribuição dinâmica do ônus da prova em busca da efetivação de direitos fundamentais. In: RODRIGUES, Geisa de Assis; ANJOS FILHO, Robério Nunes dos (Coord.). *Reflexões sobre o novo Código de Processo Civil*. Brasília: ESMPU, 2016. v. I.

MICHELI, Gian Antonio. *L'onere della prova*. Padova: Cedam, 1942.

MILLAR. Robert Wyness. *Los Principios Formativos del Procedimiento Civil*. Buenos Aires: Ediar Editores, 1945.

MILLER, Cristiano Simão. O recurso ordinário em mandado de segurança e o novo código de processo civil. In: MACÊDO, Lucas Buril de; PEIXOTO, Ravi; FREIRE, Alexandre (Org.); DIDIER JR., Fredie (Coord.). *Processo nos tribunais e meios de impugnação às decisões judiciais*. Salvador: JusPodivm, 2015. (Novo CPC doutrina selecionada, v. 6).

MIRABETE, Julio Fabbrini. *Processo Penal*. 15. ed. São Paulo: Atlas, 2004.

MITIDIERO, Daniel. *Colaboração no processo civil*. Pressupostos sociais, lógicos e éticos. São Paulo: RT, 2009.

MITIDIERO, Daniel. *Colaboração no processo civil, pressupostos sociais, lógicos e éticos*. 3. ed. São Paulo: RT, 2015.

MITIDIERO, Daniel. Comentário ao art. 302 do CPC. In: WAMBIER, Teresa Arruda Alvim; DIDIER JR., Fredie; TALAMINI, Eduardo; DANTAS, Bruno. *Breves comentários ao Novo Código de Processo Civil*. São Paulo: RT, 2015.

MITIDIERO, Daniel. *Precedentes*: da persuasão à vinculação. 2. ed. São Paulo: RT, 2017.

MITTERMAIER, Carl Joseph Anton. *Tratado da prova em matéria criminal*. 4. ed. Trad. Herbert Wüntzel Heinrich. Campinas: Bookseller, 2004.

MOLLICA, Rogério. A remessa necessária e o Novo Código de Processo Civil. In: MACÊDO, Lucas Buril de; PEIXOTO, Ravi; FREIRE, Alexandre (Org.); DIDIER JR., Fredie (Coord.). *Processo nos tribunais e meios de impugnação às decisões judiciais*. Salvador: JusPodivm, 2015. (Novo CPC doutrina selecionada, v. 6).

MOLLICA, Rogério. A condenação em honorários advocatícios na produção antecipada da prova. In: FUGA, Bruno Augusto Sampaio; RODRIGUES, Daniel Colnago; ANTUNES, Thiago Caversan (Org.). *Produção Antecipada da Prova*: questões relevantes e aspectos polêmicos. 3. ed. ampl. Londrina: Thoth, 2021.

MONTELEONE, Girolano. Alle origini del principio del libero convincimento del giudice. *Rivista di Diritto Processuale*, n. 1, jan.-fev. 2008.

MONTEIRO, João. *Programma de um curso de theoria do processo civil e commercial*. 5. ed. São Paulo: Typologia Academica, 1936.

MONTESANO, Luigi. Le "prove atipiche" nelle "presunzione" e negli "argomenti" del giudice civile. *Rivista di Diritto Processuale*, 1980.

MONTESQUIEU, Barão de. *Do espírito das leis*. São Paulo: Abril Cultural, 1973.

MORATO, Leonardo Lins. A reclamação e a sua finalidade para impor o respeito à súmula vinculante. In: WAMBIER, Teresa Arruda Alvim et al. (Coord.). *Reforma do judiciário*: primeiros ensaios críticos sobre a EC n. 45/2004. São Paulo: RT, 2005.

MOREIRA, Adilson José. *Pensando como um negro. Ensaio de Hermenêutica Jurídica*. São Paulo: Contracorrente, 2019.

MOREIRA, José Carlos Barbosa. A função social do processo civil moderno e o papel do juiz e das partes na direção e na instrução do processo. *Revista de Processo*, v. 37. São paulo: RT, jan.-mar. 1985.

MOREIRA, José Carlos Barbosa. A motivação das decisões judiciais como garantia inerente ao Estado de Direito. *Temas de direito processual*. 2ª série. São Paulo: Saraiva, 1980.

MOREIRA, José Carlos Barbosa. Ainda e sempre a coisa julgada. In: WAMBIER, Luiz Rodrigues; WAMBIER, Teresa Arruda Alvim (Coord.). *Doutrinas essenciais*. Processo civil. São Paulo: RT, 2011. v. VI.

MOREIRA, José Carlos Barbosa. Alguns problemas atuais da prova civil. *Temas de direito processual*. 4ª série. São Paulo: Saraiva, 1989.

MOREIRA, José Carlos Barbosa. *Comentários ao Código de Processo Civil*. 7. ed. Rio de Janeiro: Forense, 1998. v. V.

MOREIRA, José Carlos Barbosa. *Comentários ao Código de Processo Civil*. Rio de Janeiro: Forense, 2008. v. V.

MOREIRA, José Carlos Barbosa. Conflito positivo e litispendência. *Temas de direito processual*. 2ª série. São Paulo: Saraiva, 1980.

MOREIRA, José Carlos Barbosa. Conteúdo e efeitos da sentença. *Temas de direito processual*. 4ª Serie. São Paulo: Saraiva, 1989.

MOREIRA, José Carlos Barbosa. Dimensiones sociales del proceso civil. *Temas de direito processual*. 4ª série. São Paulo :Saraiva, 1989.

MOREIRA, José Carlos Barbosa. Julgamento e ônus da prova. *Temas de direito processual*. 2ª série. São Paulo: Saraiva, 1980.

MOREIRA, José Carlos Barbosa. O futuro da justiça: alguns mitos. *Revista de Processo*, v. 99, São Paulo: RT, jul.-set. 2000.

MOREIRA, José Carlos Barbosa. O juiz e a prova. *Revista de Processo*, v. 35, São Paulo: RT, jul.-set. 1984.

MOREIRA, José Carlos Barbosa. O neoprivatismo no processo civil. *Revista de Processo*, v. 122, São paulo: RT, abr. 2005.

MOREIRA, José Carlos Barbosa. *O novo processo civil*. 17. ed. Rio de Janeiro: Forense, 1995.

MOREIRA, José Carlos Barbosa. *O novo processo civil*. 21. ed. Rio de Janeiro: Forense, 2000.

MOREIRA, José Carlos Barbosa. Provas atípicas. *Revista de Processo*, v. 76, São Paulo: RT, out.-dez. 1994.

MOREIRA, José Carlos Barbosa. Regras de experiência e conceitos jurídicos indeterminados. *Revista Forense*, v. 261. Rio de Janeiro: Forense, 1978.

MOREIRA, José Carlos Barbosa. Resposta do réu no sistema do Código de Processo Civil. In: WAMBIER, Luiz Rodrigues; WAMBIER, Teresa Arruda Alvim (Coord.). *Doutrinas essenciais*. Processo civil. São Paulo: RT, 2011. v. I.

MOREIRA, José Carlos Barbosa. Saneamento do processo e audiência preliminar. *Temas de direito processual*. 4ª série. São Paulo: Saraiva, 1989.

MOREIRA, José Carlos Barbosa. Sobre os pressupostos processuais. *Temas de direito processual*. 4ª série. São Paulo: Saraiva, 1989.

MOREIRA, José Carlos Barbosa. Súmula, jurisprudência, precedente: uma escalada e seus riscos. *Revista Dialética de Direito Processual Civil*, São Paulo, v. 27, jun. 2005.

MOREIRA, Rogério de Meneses Fialho. Os deveres do juiz como destinatário do princípio da cooperação no processo civil e os limites da imparcialidade. Disponível em: [https://www.migalhas.com.br/depeso/354659/juiz-como-destinatario-do-principio-da-cooperacao-no-processo-civil]. Acesso em: 07.10.2022.

MOREIRA ALVES, José Carlos. *O Supremo Tribunal Federal em face da nova Constituição* – Questões e perspectivas. Brasília: Arquivos do Ministério da Justiça, 1989.

MORGAN, Charles A.; HAZLETT, Gary; DORAN, Anthony; GARRET, Stephan; HOYT, Gary; THOMAS, Paul; BARANOSKI, Madelon; SOUTHWICK, Steven M. Accuracy of eyewitness memory for persons encoutering during exposure to highly intense stress. *International Journal of Law and Psychiatry*, v. 27, 2004.

MUNDIM, Eduardo Lessa. *Juízo de excepcionalidade do STJ*, Salvador: JusPodivm, 2019.

NALINI, José Renato. *O juiz e o acesso à justiça*. 2. ed. São Paulo: RT, 2000.

NARDELLI, Luis Fernando. *Inspeção judicial*. São Paulo: Leud, 2007.

NERY JR., Nelson. *Princípios do processo na Constituição Federal:* processo civil, penal e administrativo. 9. ed. rev. ampl. e atual. com as novas súmulas do STF (simples e vinculantes) e com a análise sobre a relativização da coisa julgada. São Paulo: RT, 2009.

NERY JR., Nelson. *Princípios fundamentais* – Teoria geral dos recursos. 4. ed. São Paulo: RT, 1997.

NERY JR., Nelson. Proteção judicial da posse. *Revista de Direito Privado*, v. 7. jul.-set. 2001.

NERY JR., Nelson. Questões de ordem pública e o julgamento do mérito dos recursos extraordinário e especial: anotações sobre a aplicação do direito à espécie (STF, 456 e RISTJ 257). In: MEDINA, José Miguel Garcia; CRUZ, Luana Pedrosa de Figueiredo; CERQUEIRA, Luis Otávio Serqueira; GOMES JR., Luiz Manoel. *Os poderes do juiz e o controle das decisões judiciais:* estudos em homenagem à professora Teresa Arruda Alvim Wambier. São Paulo: RT, 2008.

NERY JR., Nelson; NERY, Rosa Maria de Andrade. *Código de Processo Civil comentado.* 6. ed. São Paulo: RT, 2002.

NERY JR., Nelson; NERY, Rosa Maria de Andrade. *Código de Processo Civil comentado.* 7. ed. São Paulo: RT 2003.

NERY JR., Nelson; NERY, Rosa Maria de Andrade. *Código de Processo Civil comentado.* 13. ed. São Paulo: RT, 2013.

NERY JR., Nelson; NERY, Rosa Maria de Andrade. *Código de Processo Civil comentado.* 16. ed. São Paulo: RT, 2016.

NERY JR., Nelson; NERY, Rosa Maria de Andrade. *Código de Processo Civil comentado.* 21. ed. São Paulo: RT, 2023.

NERY JR., Nelson; NERY, Rosa Maria de Andrade. *Comentários ao Código de Processo Civil.* São Paulo: RT, 2015.

NEUFELD, Carmem Beatriz. O efeito da sugestão de falsa informação para eventos emocionais: quão suscetíveis são nossas memórias? *Psicologia em Estudo.* [online], v. 13, n. 3, 2008.

NEUFELD, Carmem Beatriz; BRUST, Priscila Goergen; STEIN, Lilian Milnitsky. Adaptação de um método de investigação do impacto da emoção na memória. *Psico-USF* [online], v. 13, n. 1, 2008.

NEVES, Celso. *Coisa julgada civil*. São Paulo: RT, 1971.

NEVES, Daniel Amorin Assumpção. *Ações probatórias autônomas*. São Paulo: Saraiva, 2008.

NEVES, Daniel Amorin Assumpção. Comentário ao art. 337. *Novo Código de Processo Civil Comentado*. Salvador: JusPodivm, 2016.

REFERÊNCIAS BIBLIOGRÁFICAS **785**

NEVES, Daniel Amorin Assumpção. *Competência no processo civil*. 2. ed. Rio de Janeiro: Forense, 2010.

NEVES, Daniel Amorin Assumpção. *Manual de direito processual civil*. 8. ed. Salvador: JusPodivm, 2016.

NEVES, Daniel Amorin Assumpção. *Novo Código de Processo Civil* – Lei 13.105/2015. São Paulo: Método, 2015.

NEVES, Marcelo. *Entre Hidra e Hércules*. Princípios e regras constitucionais. São Paulo: Martins Fontes, 2013.

NOBILI, Massimo. *Il principio del libero convincimento del giudice*. Milão: Giuffrè, 1974.

NOGUEIRA, Gustavo Santana. Jurisprudência vinculante no direito norte-americano e no direito brasileiro. *Revista de Processo*, São Paulo, v. 161, jul. 2008.

NOGUEIRA, Paulo Lúcio. *Curso completo de processo civil*. 5. ed. São Paulo: Saraiva, 1994.

NUCCI, Guilherme de Souza. *Provas no processo penal*. São Paulo: RT, 2009.

NUNES, Dierle. A função contrafática do Direito e o Novo CPC. O novo código de processo civil. *Revista do Advogado* – AASP, n. 126, a. XXXV, maio 2015.

NUNES, Dierle. Apelação e honorários no novo CPC. In: OLIVEIRA, Pedro Miranda de (Org.). *Impactos do novo CPC na advocacia*. Florianópolis: Conceito Editorial, 2015.

NUNES, Dierle. Colegialidade corretiva e CPC 2015. In: DIDIER JR., Fredie (Coord.); MACÊDO, Lucas Buril de; PEIXOTO, Ravi; FREIRE, Alexandre (Org.). *Processo nos tribunais e meios de impugnação às decisões judiciais*. Salvador: JusPodivm, 2015. (Novo CPC doutrina selecionada, v. 6).

NUNES, Dierle. Do julgamento dos recursos extraordinário e especial repetitivos. In: WAMBIER, Teresa Arruda Alvim et al. (Coord.). *Breves comentários ao Novo Código de Processo Civil*. São Paulo: RT, 2015.

NUNES, Dierle. Novo CPC acerta ao manter efeito suspensivo em certas apelações. *Consultor Jurídico*, São Paulo: On Line, v. 22.06.2014. p. I. 2014.

NUNES, Dierle. Precedentes, padronização decisória preventiva e coletivização. In: WAMBIER, Teresa Arruda Alvim (Coord.). *Direito jurisprudencial*. São Paulo: RT, 2012.

NUNES, Dierle; DUTRA, Victor Barbosa; OLIVEIRA JR., Délio Mota de. Apelação e honorários no novo CPC. In: OLIVEIRA, Pedro Miranda de. *Impactos do novo CPC na advocacia*. Florianópolis: Conceito Editorial, 2015.

NUNES, Dierle; FREITAS, Mariana Carvalho. A necessidade de meios de superação de precedentes. *Revista de Processo*, v. 43, n. 281. p. 484-485. jul. 2018.

ODAHARA, Bruno Períolo. Um rápido olhar sobre o stare decisis. In: MARINONI, Luiz Guilherme (Coord.). *A força dos precedentes*: estudos dos cursos de mestrado e doutorado em direito processual civil da UFPR. Salvador: JusPodivm, 2010.

OLIANI, José Alexandre Manzano. Agravo interno. In: WAMBIER, Luiz Rodrigues; WAMBIER, Teresa Arruda Alvim. *Temas essenciais do novo CPC*: análise das principais alterações do sistema processual civil brasileiro. 2. tir. São Paulo: RT, 2016.

OLIANI, José Alexandre Manzano. Apelação. In: WAMBIER, Luiz Rodrigues; WAMBIER, Teresa Arruda Alvim. *Temas essenciais do novo CPC*: análise das principais alterações do sistema processual civil brasileiro. 2. tir. São Paulo: RT, 2016.

OLIANI, José Alexandre Manzano. Atribuições e poderes do relator no NCPC. In: WAMBIER, Luiz Rodrigues; WAMBIER, Teresa Arruda Alvim. *Temas essenciais do novo CPC*: análise das principais alterações do sistema processual civil brasileiro. 2. tir. São Paulo: RT, 2016.

OLIANI, José Alexandre Manzano. Incidente de arguição de inconstitucionalidade. In: WAMBIER, Luiz Rodrigues; WAMBIER, Teresa Arruda Alvim. *Temas essenciais do novo CPC*: análise das principais alterações do sistema processual civil brasileiro. 2. tir. São Paulo: RT, 2016.

OLIANI, José Alexandre Manzano. *O contraditório nos recursos e no pedido de reconsideração*. São Paulo: RT, 2007. Recursos no processo civil, v. 14.

OLIVEIRA, Carlos Alberto Álvaro de. *Do formalismo no processo civil*. 4. ed. São Paulo: Saraiva, 2010.

OLIVEIRA, Carlos Alberto Álvaro de. Garantia do contraditório. *Garantias constitucionais do processo civil*. 1. ed. 2. tir., São Paulo: RT, 1999.

OLIVEIRA, Carlos Alberto Álvaro de. *Livre apreciação da prova*: aspectos atuais. Disponível em: [http://www.abdpc.org.br].

OLIVEIRA, Carlos Alberto Álvaro de. O juiz e o princípio do contraditório. *Revista do Advogado* (Associação dos Advogados de São Paulo), v. 40.

OLIVEIRA, Carlos Alberto Álvaro de. Presunções e ficções no direito probatório. OLIVEIRA, Carlos Alberto Alvaro de; MITIDIERO, Daniel. *Curso de processo civil*: São Paulo: Atlas, 2010, v. 1: teoria geral do processo civil e parte geral do direito processual civil.*Revista de Processo*, v. 196, jun. 2011.

OLIVEIRA, Gleydson Kleber Lopes de. *Apelação no direito processual civil*. São Paulo: RT, 2009. v. 20, Recursos no processo civil.

OLIVEIRA, Gleydson Kleber Lopes de. As tutelas de urgência nos recursos extraordinários. In: NERY JR., Nelson; WAMBIER, Teresa Arruda Alvim (Coord.). *Aspectos polêmicos e atuais dos recursos cíveis e de outros meios de impugnação às decisões judiciais*. São Paulo: RT, 2003. Série: Aspectos polêmicos e atuais dos recursos, v. 7.

OLIVEIRA, Gleydson Kleber Lopes de. *Recurso especial*. São Paulo: RT, 2002.

OLIVEIRA, Pedro Miranda de. A flexibilização do procedimento e a viabilidade do recurso extraordinário *per saltum* no CPC projetado. In: FREIRE, Alexandre; DANTAS, Bruno; NUNES, Dierle; DIDIER JR., Fredie; MEDINA, José Miguel Garcia; FUX, Luiz; CAMARGO, Luiz Henrique Volpe; OLIVEIRA, Pedro Miranda de Oliveira (Org.). *Novas tendências do processo civil*: estudos sobre o projeto do novo Código de Processo Civil. Salvador: JusPodivm, 2014. v. III.

OLIVEIRA, Pedro Miranda de. Aspectos relevantes do sistema recursal previsto no novo CPC. In: OLIVEIRA, Pedro Miranda de (Org.). *Impactos do novo CPC na advocacia*. Florianópolis: Conceito Editorial, 2015.

OLIVEIRA, Pedro Miranda de. *Ensaios sobre recursos e assuntos afins*. In: LAMY, Eduardo de Avelar; ABREU, Pedro Manoel; OLIVEIRA, Pedro Miranda de (Coord.), São Paulo: Conceito Editorial, 2011. (Coleção Ensaios de processo civil).

OLIVEIRA, Pedro Miranda de. *Novíssimo sistema recursal conforme o CPC 2015*. Florianópolis: Conceito Editorial, 2015.

OLIVEIRA, Robson Carlos de. O efeito rescindente e substitutivo dos recursos: uma tentativa de sistematização. In: NERY JR., Nelson; WAMBIER, Teresa Arruda Alvim (Coord.). *Aspectos polêmicos e atuais dos recursos cíveis de acordo com a Lei 9.756/98*. 1. ed. 2. tir. São Paulo: RT, 1999.

OLIVEIRA E CRUZ, João Claudino. *Dos recursos no Código de Processo Civil*. Rio de Janeiro: Forense, 1954.

ORLANDO, Fabíola. Relevantes contribuições do advogado para a mediação. In: GOETTENAUER, Igor Lima (Coord.). *Manual de mediação de conflitos para advogados*. Brasília: Ministério da Justiça, 2014.

PACELLI, Eugênio. *Curso de processo penal*. 23. ed. São Paulo: Atlas, 2019.

PAGANINI, Juliana Marcondes. A segurança jurídica nos sistemas codificados a partir de cláusulas gerais. In: MARINONI, Luiz Guilherme (Coord.). *A força dos precedentes:* estudos dos cursos de mestrado e doutorado em direito processual civil da UFPR. Salvador: JusPodivm, 2010.

PALAIA, Nelson. *O fato notório*. São Paulo: Saraiva, 1997.

PANZA, Luiz Osório Moraes. Do agravo de instrumento. In: CUNHA, José Sebastião Fagunde; BOCHENEK, Antonio César; CAMBI, Eduardo (Coord.). *Código de Processo Civil comentado*. São Paulo: RT, 2016.

PAPA BENTO XVI. *Carta Encíclica Caritas* in veritate. São Paulo: Paulinas, 2009. PARENTE, Eduardo de Albuquerque. Os recursos e as matérias de ordem pública. In: NERY JR., Nelson; WAMBIER, Teresa Arruda Alvim (Coord.). *Aspectos polêmicos e atuais dos recursos cíveis e de outros meios de impugnação às decisões judiciais*. São Paulo: RT, 2003. (Aspectos polêmicos e atuais dos recursos, v. 7).

PASCHOAL, Thaís Amoroso. Coletivização da Prova; Técnicas de produção coletiva da prova e seus reflexos na esfera individual. São Paulo: RT, 2020.

PASSOS, Joaquim José Calmon de. *Comentários ao Código de Processo Civil*. 2. ed. Rio de Janeiro: Forense, 1977. v. 3.

PASSOS, Joaquim José Calmon de. *Comentários ao Código de Processo Civil*. 8. ed. Rio de Janeiro: Forense, 2001. v. 3.

PATTI, Salvatore. Prova (diritto processuale civile). *Enciclopedia Giuridica*. Milão: Giuffrè, 1970. v. XIX.

PATTI, Salvatore. Prova (diritto processuale civile). *Enciclopedia Giuridica*. Roma: Istituto Poligrafico e Zecca dello Stato, 1991.

PATTI, Salvatore. Libero convincimento e valutazione delle prove. *Rivista di Diritto Processuale*, 1985.

PAVANINI, Giovanni. Massime d'esperienza e fatti notori in corte di cassazione. *Rivista di Diritto Processuale Civile*, 1937.

PEIXOTO, Ravi. *Superação do precedente e a segurança jurídica*. 2. ed. Salvador: JusPodivm, 2015.

PELUSO, Cezar. Mediação e conciliação. *Revista de Arbitragem e Mediação*, v. 30, jul.-set. 2011.

PEREIRA, Cesar. Convênio para representação judicial entre os entes da federação (art. 75, § 4º, do CPC/2015). In: TALAMINI, Eduardo (Coord.). Salvador: *Processo e Administração Pública*. JusPodivm, 2016. (Coleção Repercussões do Novo CPC. v. 10).

PEREIRA. Luiz Fernando Casagrande. Anotações aos artigos 599 a 609 do CPC. In: CRUZ E TUCCI, José Rogério; FERREIRA FILHO, Manoel Caetano; APRIGLIANO, Ricardo Carvalho; DOTTI, Rogéria Fagundes; MARTINS, Sandro Gilbert. *Código de Processo Civil Anotado*. GZ Editora: Rio de Janeiro, 2016.

PEREIRA, Paula Pessoa. *Legitimidade dos precedentes*: universalidade das decisões do STJ. São Paulo: RT, 2014.

PERELMAN, Chaïm. *Ética e direito*. Trad. Maria Ermantina Galvão G. Pereira. São Paulo: Martins Fontes, 1996.

PERELMAN, Chaïm; OLBRECHTS-TYTECHA, Lucie. *Trattato dell'argomentazione. La nuova retórica*. Turim, 1966.

PINHEIRO, Guilherme César. Tutela de urgência cautelar típica no novo Código de Processo Civil e a "aplicação" do Código de Processo Civil de 1973 como "doutrina". *Revista de Processo*, v. 252. fev. 2016.

PINHEIRO, Marcelo Ferraz. O papel do advogado na solução de conflitos: mediação, conciliação e arbitragem. *Revista de Direito Empresarial*. v. 8, mar.-abr. 2015.

PINHEIRO, Paulo Eduardo d'Arce. *Poderes Executório do Juiz*. São Paulo: Saraiva, 2011.

PINHO, Humberto Dalla Bernardina de. A mediação judicial no Novo CPC. In: RIBEIRO, Darci Guimarães; JOBIM, Marco Félix (Org.). *Desvendando o Novo CPC*. 2. ed. Porto Alegre. Livraria do Advogado Editora, 2016.

PINHO, Humberto Dalla Bernardina de; RODRIGUES, Roberto de Aragão Ribeiro. Os embargos de declaração no novo Código de Processo Civil. In: MACÊDO, Lucas Buril de; PEIXOTO, Ravi; FREIRE, Alexandre; DIDIER JR., Fredie (Org.). *Processo nos tribunais e meios de impugnação às decisões judiciais*. Salvador: JusPodivm, 2015. (Novo CPC doutrina selecionada ,v. 6).

PINTO, Nelson Luiz. *Recurso especial para o STJ*. 2. ed. São Paulo: Malheiros, 1996. PINTO, Nelson Luiz. *Manual dos recursos cíveis*. 3. ed. São Paulo: Malheiros, 2002. PIOVESAN, Flávia. Reforma do judiciário e direitos humanos. In: TAVARES, André Ramos; LENZA, Pedro; ALARCÓN, Pietro de Jesús Lora (Coord.). *Reforma do judiciário analisada e comentada*. São Paulo: Método, 2005.

PISANI, Andrea Proto. Appunti sulla Tutela Sommaria. *Studi Offerti a Virgilio Andrioli dai suoi Allievi*. Napoli: Jovene, 1979.

PISANI, Andrea Proto. *Lezioni di diritto processuale civile*. 2. ed. Nápoles: Jovene, 1996.

PONDÉ, Luiz Felipe. *Filosofia para corajosos*. Pense com a própria cabeça. São Paulo: Planeta, 2016.

PONTES DE MIRANDA, Francisco Cavalcanti. *Comentários ao Código de Processo Civil*. Rio de Janeiro: Forense, 1974. t. IV.

PONTES DE MIRANDA, Francisco Cavalcanti. *Comentários ao Código de Processo Civil*. 3. ed. Atual. Sérgio Bermudes. Rio de Janeiro: Forense, 1996. t. IV.

PONTES DE MIRANDA, Francisco Cavalcanti. *Comentários ao Código de Processo Civil*. 3. ed. Rio de Janeiro: Forense, 1997. t. V.

PONTES DE MIRANDA, Francisco Cavalcanti. *Comentários ao Código de Processo Civil*. Rio de Janeiro: Forense, 1999. t. VII, arts. 496 a 538, atualização legislativa de Sérgio Bermudes.

PONTES DE MIRANDA, Francisco Cavalcanti. *Comentários ao Código de Processo Civil*. Rio de Janeiro: Forense. 2001. t. IV: art. 282 a 443.

PONTES DE MIRANDA, Francisco Cavalcanti. *Tratado da ação rescisória* – Das sentenças e de outras decisões. Campinas: Bookseller, 1998.

PONTES DE MIRANDA, Francisco Cavalcanti. *Tratado de direito privado*. Campinas: Bookseller, 2000. t. VI.

PORTANOVA, Rui. *Princípios do processo civil*. Porto Alegre: Livraria do Advogado, 1997.

PORTES, Maira. Instrumentos para revogação de precedentes no sistema de *commow law*. In: MARINONI, Luiz Guilherme (Coord.). *A força dos precedentes:* estudos dos cursos de mestrado e doutorado em direito processual civil da UFPR. Salvador: JusPodivm, 2010.

POSNER, Richard A. *Problemas de filosofia do direito*. Trad. Jefferson Luiz Camargo. São Paulo: Martins Fontes, 2007.

PUGLIESE, William Soares; NASCIMENTO, Sabrina de Paula. Provas com crianças e adolescentes: técnicas e análise do cabimento do estudo psicossocial. *Revista IBDFAM Famílias e Sucessões*, v. 58, jul.-ago. 2023.

PUGLIESE, William. *Precedentes e a civil law brasileira*: interpretação e aplicação do novo código de processo civil. São Paulo: RT, 2016.

PUGLIESE, William. *Princípios da jurisprudência,* Belo Horizonte: Arraes, 2017.

PUGLIESE, Willian. Pacto antenupcial e negócios jurídicos processuais. *Revista IBDFAM*, v. 57, maio-jun. 2023.

QUEIJO, Maria Elizabeth. Mensagem Eletrônica: meio de prova apto à demonstração de seu envio, recebimento, conteúdo e autoria. In: FUX, Luiz; NERY JR., Nelson; WAMBIER, Teresa Arruda Alvim. (Coord.). *Processo e Constituição*. São Paulo: RT, 2006.

QUEIROZ, Cristina. *Interpretação constitucional e poder judicial*. Sobre a epistemologia da construção constitucional. Coimbra: Coimbra Editora, 2000.

RAMIRES, Mauricio. *Crítica à aplicação de precedentes no direito brasileiro*. Porto Alegre: Livraria do Advogado, 2010.

RAMOS, Vitor de Paula. *La prueba testifical*. Del subjetivismo al objetivismo, del aislamiento científico al diálogo con psicología y epistemología. Madrid: Marcial Pons, 2019.

RAMOS, Vitor de Paula. Primeiras linhas pela reconstrução da teoria da prova documental: os diversos tipos de signo e a necessidade comum de interpretação. *Revista de processo*, v. 313, São Paulo: RT, mar. 2021.

RAWLS, John. *Uma teoria da justiça*. São Paulo: Martins Fontes, 2002.

REALE, Miguel. A boa fé no Código Civil. *Doutrinas essenciais de Direito civil*. São Paulo, v. 2, out. 2010.

RECHIA, Fernando Mariath. Prova e raciocínio indutivo. *Revista de processo*, v. 350, abr. 2024.

REDONDO, Bruno Garcia. Gratuidade de justiça. In: WAMBIER, Luiz Rodrigues; WAMBIER, Teresa Arruda Alvim. *Temas essenciais do novo CPC*: análise das principais alterações do sistema processual civil brasileiro. 2. tir. São Paulo: RT, 2016.

REGO, Frederico Montedonio. *Repercussão geral*: uma releitura do direito vigente. Belo Horizonte: Fórum, 2019.

REIS, Palhares Moreira. *Reclamação constitucional e súmula vinculante*. Brasília: Editora Consulex, 2010.

RIBEIRO, Darci Guimarães. *Provas atípicas*. Porto Alegre: Livraria do Advogado, 1998.

RIBEIRO, Darci Guimarães. Tendências modernas da prova. *Jurisprudência Brasileira*, v. 176.

RICCI, Gian Franco. Prove e argumenti di prova. *Rivista Trimestrale di Diritto e Procedura Civile*, 1988.

ROCHA, Caio Cesar. *Vetos presidenciais impedem evolução da arbitragem e não devem ser mantidos.* Disponível em: [http://www.conjur.com.br/2015-jun-13/fora-tribunal-vetos-impedem-evolucao-arbitragem-nao-mantidos]. Acesso em: 20.07.2016.

RODRIGUES, Luiza Silva; ROQUE, André Vasconcelos. *Novo CPC e processo eletrônico*: o que há de novo, o que preocupa e o que faltou? In: OLIVEIRA, Pedro Miranda de (Org.). Florianópolis: Conceito Editorial, 2015.

RODRIGUES, Marcelo Abelha; CASTRO, Roberta Tarpinian de; SIQUEIRA, Thiago Ferreira; NAVARRO, Trícia. *Desconsideração da Personalidade Jurídica*: aspectos materiais e processuais. São Paulo: Foco, 2023.

RODRIGUES, Ruy Zoch. *Ações repetitivas:* casos de antecipação de tutela sem o requisito da urgência. São Paulo: RT, 2010.

RODRIGUES, Walter Piva. Responsabilidade da magistratura: o agravo de instrumento e a "reforma" de suas reformas legislativas. *Revista do Advogado:* homenagem ao Professor José Ignácio Botelho de Mesquita, n. 84, a. XXV, dez. 2005.

RODRIGUES NETO, Nelson. As alterações das hipóteses de cabimento dos recursos extraordinário e especial promovidas pela EC 45, de 08.12.2004. In: NERY JR., Nelson; WAMBIER, Teresa Arruda Alvim (Coord.). *Aspectos polêmicos e atuais dos recursos cíveis e assuntos afins.* São Paulo: RT, 2006. (Aspectos polêmicos e atuais dos recursos. v. 10).

ROENICK, Hermann Homem de Carvalho. *Recursos no Código de Processo Civil.* Rio de Janeiro: AIDE, 1997.

ROHNELT, Ladislau Fernando. Prova emprestada. Revista da *Ajuris*, n. 17. Porto Alegre: Associação dos Magistrados do Rio Grande do Sul, 1979.

ROJAS, Carmen Vázquez. *De la prueba científica a la prueba pericial.* Madrid: Marcial Pons, 2015.

ROSAS, Roberto. *Direito Processual Constitucional:* princípios constitucionais do processo civil. 2. ed. São Paulo: RT, 1997.

ROSENBERG, Leo. *Tratado de derecho procesal civil.* Trad. Angela Romera Vera. Buenos Aires: EJEA, 1955. v. II.

ROSENBERG, Leo. *La carga de la prueba.* Trad. Ernesto Krotoschin. Buenos Aires: EJEA, 1956.

ROSITO, Francisco. *Teoria dos precedentes judiciais* – Racionalidade da tutela jurisdicional. Curitiba: Juruá, 2012.

RUBIN, Fernando. A psicografia no direito processual. *Jus Navigandi*. Teresina, a. 16, n. 2.919, 29 jun. 2011. Disponível em: [http://jus.uol.com.br/revista/texto/19438]. Acesso em: 12.07.2011.

RUDINIKI NETO, Rogério. O efeito devolutivo do recurso de apelação no novo Código de Processo Civil. In: DIDIER JR., Fredie; MACÊDO, Lucas Buril de; PEIXOTO, Ravi; FREIRE, Alexandre (Org.). *Processo nos tribunais e meios de impugnação às decisões judiciais.* Salvador: JusPodivm, 2015. (Novo CPC doutrina selecionada, v. 6).

RUIZ, Ivan Aparecido; BEDÊ, Judith Aparecida de Souza. *Direitos fundamentais, mediação e acesso à justiça.* Disponível em: [http://www.publicadireito.com.br/conpedi/manaus/arquivos/Anais/sao_paulo/2508.pdf]. Acesso em: 20.07.2016.

SALLES, José Carlos de Moraes. *A desapropriação à luz da doutrina e da jurisprudência*. 6. ed. São Paulo: RT, 2009.

SALLES, Carlos Alberto de; MEGNA, Bruno Lopes. Mediação e conciliação em nova era: conflitos normativos no advento do novo CPC e da Lei de Mediação. In: YARSHELL, Flavio Luiz; PESSOA, Fabio Guidi. *Direito intertemporal*. Salvador: JusPodivm, 2016.

SANTOS, Boaventura de Sousa. *Introdução a uma ciência pós-moderna*. 4. ed. Rio de Janeiro: Graal, 1989.

SANTOS, Boaventura de Sousa; MENEZES, Maria Paula G.; NUNES, João Arriscado. Conhecimento e transformação social: por uma ecologia de saberes. *Hileia – Revista de Direito Ambiental da Amazônia*, v. 6. jan.-jul. 2006.

SANTOS, Evaristo Aragão. Honorários advocatícios. In: WAMBIER, Luiz Rodrigues; WAMBIER, Teresa Arruda Alvim (Coord.). *Temas essenciais do novo CPC*: análise das principais alterações do sistema processual civil brasileiro. 2. tir. São Paulo: RT, 2016.

SANTOS, Francisco Amaral. *Comentários ao Código de Processo Civil*. São Paulo: Forense, 1994. v. 4.

SANTOS, Moacyr Amaral. *A prova judiciária no cível e comercial*. 5. ed. atual. São Paulo: Saraiva, 1983.

SANTOS, Moacyr Amaral. *Comentários ao Código de Processo Civil*. 6. ed. Rio de Janeiro: Forense, 1994. v. 1.

SANTOS, Moacyr Amaral. *Primeiras lições de Direito Processual Civil*. 16. ed. São Paulo: Saraiva, 1997. v. III.

SANTOS, Moacyr Amaral. *Primeiras linhas de direito processual civil*. São Paulo: Saraiva, 1977. v. II.

SANTOS, Moacyr Amaral. *Primeiras linhas de direito processual civil*. 21. ed. São Paulo: Saraiva, 2003. v. III.

SANTOS, Moacyr Amaral. *Prova judiciária no cível e comercial*. 4. ed. São Paulo: Max Limonad, 1970. v. I.

SARLET, Ingo Wolfgang. A eficácia do direito fundamental à segurança jurídica. In: *Constituição e segurança jurídica*. ROCHA, Cármen Lúcia Antunes Rocha (Coord.), Belo Horizonte: Fórum, 2004.

SARLET, Ingo Wolfang; MARINONI, Luiz Guilherme; MITIDIERO, Daniel. *Curso de direito constitucional*. São Paulo: RT, 2012.

SATTA, Salvatore. *Commentario al Codice di Procedura Civile*. Milão: Vallardi, 1966. v. I.

SATTA, Salvatore. *Diritto processuale civile*. 10. ed. Padova: Cedam, 1987.

SCARPARO, Eduardo. Inferência para melhor explicação (IME) e persuasão racional: ferramentas e critérios de adequada valoração probatória. *Revista de processo*, v. 300, fev. 2020.

SCHAUER, Frederick. *Thinking like a lawyer*. A new introduction to legal reasoning. Cambridge: Harvard University Press, 2012.

SCHIER, Paulo Ricardo. *Filtragem constitucional* – Construindo uma nova dogmática jurídica. Porto Alegre: Fabris, 1999.

SERRANO JR., Odoné. *Ações coletivas:* teoria e prática – Tutela coletiva de direitos individuais homogêneos e tutela de direitos metaindividuais individuais (difusos e coletivos) no processo civil. Curitiba: Juruá, 2011.

SHIMURA, Sergio. O regime recursal no Estatuto da Criança e do Adolescente. In: WAMBIER, Teresa Arruda Alvim (Coord.). *Aspectos polêmicos e atuais do recurso especial e do recurso extraordinário.* São Paulo: RT, 1997.

SHIMURA, Sergio. Súmula vinculante. In: COSTA, Hélio Rubens Batista Ribeiro; RIBEIRO, José Horácio Halfed Rezend; DINAMARCO, Pedro da Silva (Coord.). *Linhas mestras do processo civil:* comemoração dos 30 anos de vigência do CPC. São Paulo: Atlas, 2004.

SICA, Heitor Vitor Mendonça. Comentários ao art. 337 do CPC. In: WAMBIER, Teresa Arruda Alvim; DIDIER JR., Fredie; TALAMINI, Eduardo; DANTAS, Bruno. *Breves comentários ao Novo Código de Processo Civil.* São Paulo: RT, 2015.

SICA, Heitor Vitor Mendonça. *Comentários ao Código de Processo Civil:* artigos 674 ao 718. 3. ed. São Paulo: Thompson Reuters Brasil, 2021.

SICA, Heitor Vitor Mendonça. Doze problemas e onze soluções quanto à chamada "estabilização da tutela antecipada". In: MACÊDO, Lucas Buril de; PEIXOTO, Ravi; FREIRE, Alexandre (Org.). *Procedimentos especiais, tutela provisória e direito transitório.* Salvador: JusPodivm, 2015. v. 4.

SILVA, Antônio Carlos Costa e. *Dos recursos em primeiro grau de jurisdição.* 2. ed. Rio de Janeiro: Forense, 1980.

SILVA, Clóvis do Couto e. *Comentários ao Código de Processo Civil.* São Paulo: RT, 1982. v. XI. t. I.

SILVA, Clóvis do Couto e. *Comentários ao Código de Processo Civil.* São Paulo: RT, 1982. v. XI. t. II.

SILVA, Diogo Bacha; BAHIA, Alexandre Melo Franco. Agravo em recurso extraordinário e agravo em recurso especial: entre imposição de precedentes, distinção e superação. In: MACÊDO, Lucas Buril de; PEIXOTO, Ravi; FREIRE, Alexandre (Org.). *Processo nos tribunais e meios de impugnação às decisões judiciais.* Salvador: JusPodivm, 2015. (Novo CPC doutrina selecionada, v. 6).

SILVA, Jaqueline Mielke; SALVAGNI, Angélica. A teoria da carga dinâmica da prova e sua aplicabilidade às ações de alimentos. *Revista dos Tribunais.* São Paulo, v. 943. jun. 2014.

SILVA, Lucas Cavalcanti da. Controle difuso de constitucionalidade e o respeito aos precedentes do STF. In: MARINONI, Luiz Guilherme (Coord.). *A força dos precedentes:* estudos dos cursos de mestrado e doutorado em direito processual civil da UFPR. Salvador: JusPodivm, 2010.

SILVA, Ovídio A. Baptista da. *Curso de direito processual civil.* 6. ed. São Paulo: RT, 2006. v. 1.

SILVA, Ovídio A. Baptista da. *Curso de processo civil.* 5. ed. São Paulo: RT, 2000. v. 1.

SILVA, Ovídio A. Baptista da. *Curso de processo civil.* São Paulo: RT, 2000. v. 3.

SILVA, Ovídio A. Baptista da. *Do processo cautelar.* 4. ed. Rio de Janeiro: Forense, 2009.

SILVA, Ovídio A. Baptista da. *Procedimentos Especiais.* 2. ed. Aide: Rio de Janeiro, 1993.

SILVA, Ovídio A. Baptista da; GOMES, Fábio Luiz. *Teoria geral do processo civil.* São Paulo: RT, 1997.

SILVA, Paula Costa e. *Perturbações no Cumprimento dos Negócios Processuais.* Salvador: JusPodivm, 2020

SILVA, Ricardo Alexandre da. Julgamento antecipado parcial do mérito no novo CPC. In: OLIVEIRA, Pedro Miranda de (Org.). *Impactos do novo CPC na advocacia.* Florianópolis: Conceito Editorial, 2015.

SILVA, Ticiano Alves e. Os embargos de declaração no novo Código de Processo Civil. In: MACÊDO, Lucas Buril de; PEIXOTO, Ravi; FREIRE, Alexandre (Org.). *Processo nos tribunais e meios de impugnação às decisões judiciais.* Salvador: JusPodivm, 2015. (Novo CPC doutrina selecionada, v. 6).

SILVA FILHO, Antônio José Carvalho da. Comentário ao art. 217 do CPC. In: CUNHA, José Sebastião Fagundes; BOCHENEK, Antônio César; CAMBI, Eduardo (Coord.). *Código de Processo Civil comentado*. São Paulo: RT, 2015.

SINGER, Peter. Animal liberation. Dublin: Harper Collins, 1975.

SIQUEIRA, Thiago Ferreira. Duplo grau de jurisdição e 'teoria da causa madura' no novo código de processo civil. In: MACÊDO, Lucas Buril de; PEIXOTO, Ravi; FREIRE, Alexandre (Org.). *Processo nos tribunais e meios de impugnação às decisões judiciais*. Salvador: JusPodivm, 2015. (Novo CPC doutrina selecionada, v. 6).

SOBRINHO, Elício de Cresci. O juiz e as máximas da experiência. *Revista Forense*, v. 296. out.-dez. 1986.

SOUZA, Artur César. Análise da tutela antecipada prevista no relatório final da Câmara dos Deputados em relação ao novo CPC. Da tutela de evidência. Última parte. *Revista de Processo*. São Paulo, v. 235. set. 2014.

SOUZA, Rosane Feitosa de; SOUZA, Hudson Fernandes. Da (in)constitucionalidade do banco de dados com perfil genético de condenados no processo penal. *Revista Brasileira de Ciências Criminais*, v. 165, mar. 2020.

SPADONI, Joaquim Felipe. Incidente de assunção de competência. In: WAMBIER, Teresa Arruda Alvim; WAMBIER, Luiz Rodrigues. *Temas essenciais do novo CPC*: análise das principais alterações do sistema processual civil brasileiro. 2. tir. São Paulo: RT, 2016.

SPENGLER, Fabiana Marion. *Mediação de conflitos*: da teoria à prática. Porto Alegre: Livraria do Advogado, 2016.

STEIN, Friedrich. *El conocimiento privado del juez*. Trad. Andrés de La Oliva Santos. Madri: Centro de Estudios Ramón Areces, 1990.

STEIN, Lilian Milnitsky; NYGAARD, Maria Lúcia Campani. A memória em julgamento: uma análise cognitiva dos depoimentos testemunhais. *Revista brasileira de ciências criminais*, v. 43, abr. 2003.

STEIN, Lilian Milnitsky; PERGHER, Giovanni Kuckartz. Criando Falsas Memórias em Adultos por meio de Palavras Associadas. *Psicologia Reflexão e Crítica* [online], v. 14, n. 2, 2001.

STRECK, Lenio Luiz. *As interceptações telefônicas e os direitos fundamentais*. A Lei 9.296/96 e os seus reflexos penais e processuais. Porto Alegre: Livraria do Advogado, 1997.

STRECK, Lenio Luiz. *Jurisdição constitucional e decisão jurídica*. 3. ed. São Paulo: RT, 2013.

STRECK, Lenio Luiz. *O que é isso* – Decido conforme minha consciência? Porto Alegre: Livraria do Advogado, 2010.

STRECK, Lenio Luiz. *Verdade e consenso*. Constituição, hermenêutica e teorias discursivas. 4. ed. São Paulo: Saraiva, 2012.

STRECK, Lenio Luiz; ABBOUD, Georges. *O que é isto* – O precedente judicial e as súmulas vinculantes? Porto Alegre: Livraria do Advogado, 2013.

STRECK, Lenio Luiz; DELFINO, Lúcio; SOUZA, Diego Crevelin. *Tutela provisória e contraditório*: uma evidente inconstitucionalidade. Disponível em: [http://www.conjur.com.br/2017-mai-15/tutela-provisoria-contraditorio-evid ente-inconstitucionalidade]. Acesso em: 25.05.2017.

STRECK, Lenio Luiz; PEDRON, Flávio Quinaud. O que ainda podemos aprender com a literatura sobre os princípios jurídicos e suas condições de aplicação? *Revista de Processo*, v. 258, ago. 2016.

SUDATTI, Ariani Bueno. *Raciocínio jurídico e nova retórica*. São Paulo: Quartier Latin, 2003.

TALAMINI, Eduardo. Saneamento do processo. *Revista de Processo*. São Paulo, v. 86. abr.-jul. 1997.

TALAMINI, Eduardo. *Coisa Julgada e sua Revisão*. São Paulo: RT, 2005.

TALAMINI, Eduardo. Partes, terceiros e coisa julgada (os limites subjetivos da coisa julgada). In: DIDIER JR., Fredie; WAMBIER, Teresa Arruda Alvim (Coord.). *Aspectos polêmicos e atuais sobre os terceiros no processo civil e assuntos afins*. São Paulo: RT, 2004.

TALAMINI, Eduardo. Prova emprestada no processo civil e penal. *Revista de Processo*. São Paulo, v. 91. jul.-set. 1998.

TALAMINI, Eduardo. Tutela de urgência no projeto de Novo Código de Processo Civil: a estabilização da medida urgente e a "monitorização" do processo civil brasileiro. *Revista de Processo*. São Paulo, v. 209. jul. 2012.

TALAMINI, Eduardo; TALAMINI, Daniele Coutinho. Advocacia pública no CPC/2015. In: TALAMINI, Eduardo (Coord.). *Processo e Administração Pública*. Salvador: JusPodivm, 2016. (Coleção Repercussões do Novo CPC v. 10).

TALAMINI, Eduardo; WLADECK, Felipe Scripes. In: BUENO, Cassio Scarpinella (Coord.). *Comentários ao Código de Processo Civil*. São Paulo: Saraiva, 2017. v. 4.

TARTUCE, Fernanda. *Processo Civil no Direito de Família*. 2. ed. Rio de Janeiro: Forense; São Paulo: Método, 2017.

TARUFFO, Michele. Conocimiento científico y estándares de prueba judicial. *Boletin Mexicano de Derecho Comparado*, v. XXXVIII, 2005.

TARUFFO, Michele. Considerazione sulle massime d´esperienza. *Rivista Trimestrale di Diritto e Procedura Civile*, v. 63.

TARUFFO, Michele. Considerazioni su prova e motivazione. *Revista de Processo*. São Paulo, v. 151. set. 2007.

TARUFFO, Michele. Cultura e processo. *Rivista Trimestrale di Diritto e Procedura Civile*, v. 63. mar. 2009.

TARUFFO, Michele. Funzione della prova: la funzione dimostrativa. *Rivista di Diritto Processuale*, 1997.

TARUFFO, Michele. Idee per una teoria della decisione giusta. *Rivista Trimestrale di Diritto e Procedura Civile*, 1997.

TARUFFO, Michele. *Il controllo di razionalità della decisione fra lógica, retórica e dialettica*. Disponível em: [www.stutidocelentano.it].

TARUFFO, Michele. Il diritto alla prova nel processo civile. *Rivista di diritto processsuale*, 1984.

TARUFFO, Michele. Il fato e l'interpretazione. *Revista de Processo*. São Paulo, v. 227. jan. 2014.

TARUFFO, Michele. Involvement and Detachment in the Presentation of Evidence. In: KEVELSON, Roberta (Coord.). *The Eyes of Justice*. Nova Iorque: Lang, 1993.

TARUFFO, Michele. *La prova dei fatti giuridici*. Milão: Giuffrè, 1992.

TARUFFO, Michele. La prova scientifica nel processo civile. *Rivista Trimestrale di Diritto e Procedura Civile*, v. LX (II Serie), 2005.

TARUFFO, Michele. *La prueba de los hechos*. Trad. Jordi Ferrer Beltrán. Trotta, 2005.

REFERÊNCIAS BIBLIOGRÁFICAS **795**

TARUFFO, Michele. La verità nel processo. *Revista de Processo*. São Paulo, v. 235. set. 2014.

TARUFFO, Michele. Le prove sientifique nella recente esperienza statunitense. *Rivista trimestrale di diritto e procedura civile*, mar. 1996.

TARUFFO, Michele. Narrazioni processuali. *Revista de Processo*. São Paulo, v. 155. jan. 2008.

TARUFFO, Michele. Note per una riforma del diritto delle prove. *Rivista di Diritto Processuale*, 1986.

TARUFFO, Michele. Note sulla verità dei fatti nel processo civile. In: GIANFORMAGGIO, Letizia (Coord.). *Le ragioni del garantismo. Discutendo con Luigi Ferrajoli*. Turim: G. Giappichelli, 1993.

TARUFFO, Michele. Poteri probatori delle parti e del giudice in europa. *Revista de Processo*. São Paulo, v. 154. dez. 2007.

TARUFFO, Michele. Precedente e Jurisprudência. *Revista de Processo*. São Paulo, v. 199. set. 2011.

TARUFFO, Michele. Presunzioni, inversioni, prova del fatto. *Rivista di diritto processuale civile*, 1992.

TARUFFO, Michele. Prova (in generale). *Digesto delle Discipline Privatistiche*. Turim: UTET, 1992. v. XVI.

TARUFFO, Michele. Prove atipiche e convicimento del giudice. *Rivista di Diritto Processuale*, 1973.

TARUFFO, Michele. Senso comune, esperienza e scienza nel ragionamento del giudice. *Sui confini. Scritti sulla giustizia civile*. Bolonha: Il Mulino, 2002.

TARUFFO, Michele. *Studi sulla rilevanza della prova*. Padova: Cedam, 1970.

TARUFFO, Michele. Verità e probabilità nella prova dei fatti. *Revista de Processo*. São Paulo, v. 154. dez. 2007.

TARZIA, Giuseppe. A audiência preliminar no processo civil. Trad. Clayton Maranhão. *Genesis: Revista de direito processual civil*, v. 3. Curitiba: Genesis, 1998.

TARZIA, Giuseppe. Le istruzioni del giudice alle parti nel processo civile. *Rivista di Diritto Processuale*, 1981.

TARZIA, Giuseppe. Princípi generali e processo dei cognizione nel disegno di legge delega per il nuovo códice di procedura civile. *Rivista di Diritto Processuale*, 1982.

TARZIA, Giuseppe. Problemi del contraddittorio nell'istruzione probatoria civile. *Rivista di diritto processuale civile*, 1984.

TAVARES, André Ramos. A repercussão geral no recurso extraordinário. In: TAVARES, André Ramos et al. (Coord.). *Reforma do Judiciário: analisada e comentada*. São Paulo: Método, 2005.

TAVARES, André Ramos. Perfil constitucional do recurso extraordinário. In: TAVARES, André Ramos; ROTHENBURG, Walter Claudius (Org.). *Aspectos atuais do controle de constitucionalidade no Brasil:* recurso extraordinário e argüição de descumprimento de preceito fundamental. Rio de Janeiro: Forense, 2003.

TEIXEIRA, Guilherme Freire de Barros. A crise do direito e os novos rumos do direito processual civil brasileiro. In: CAMBI, Eduardo; MARGRAF, Alencar Frederico (Org.). *Direito e justiça:* estudos em homenagem a Gilberto Giacoia. Curitiba: Ministério Público, 2016.

TESSER, André Luiz Bäuml. As diferenças entre a tutela cautelar e a antecipação de tutela no CPC/2015. In: MACÊDO, Lucas Buril de; PEIXOTO, Ravi; FREIRE, Alexandre (Org.). *Procedimentos especiais, tutela provisória e direito transitório*. Salvador: JusPodivm, 2015.

THEODORO JR., Humberto. A garantia fundamental do devido processo legal e o exercício do poder de cautela no direito processual civil. *Revista dos Tribunais*. São Paulo: RT, v. 665. mar. 1991.

THEODORO JR., Humberto. Alguns reflexos da Emenda Constitucional 45, de 08.12.2004, sobre o processo civil. *Revista de Processo*. São Paulo, v. 124. jun. 2005.

THEODORO JR., Humberto. *Código de Processo Civil anotado*. 20. ed. Rio de Janeiro: Forense, 2016.

THEODORO JR., Humberto. *Curso de direito processual civil*. 37 ed. 2006. v. III.

THEODORO JR., Humberto. *Curso de direito processual civil*. 57. ed. Rio de Janeiro: Forense, 2016. v. 1.

THEODORO JR., Humberto. Princípios gerais do direito processual civil. *Revista de Processo*. São Paulo, v. 23. jul.-set. 1981.

THEODORO JR., Humberto. *Processo cautelar*. 19. ed. São Paulo: Leud, 2000.

THEODORO JR., Humberto. *Processo cautelar*. 25. ed. São Paulo: Leud, 2010.

THEODORO JR., Humberto. *Recursos* – Direito processual civil ao vivo. 2. ed. Rio de Janeiro: AIDE, 1996. v. 2.

THEODORO JR., Humberto. Repercussão geral no recurso extraordinário (Lei 11.418) e súmula vinculante do supremo tribunal federal (Lei 11.417). *Revista Magister de Direito Civil e Processual Civil*. Porto Alegre, n. 18. maio-jun. 2007.

THEODORO JR., Humberto. *Tutela Cautelar*: Direito Processual Civil ao Vivo. Rio de Janeiro: AIDE, 1992. v. 4.

THEODORO JR., Humberto; FARIA, Juliana Cordeiro de. A coisa julgada inconstitucional e os instrumentos processuais para seu controle. *Revista dos Tribunais*. São Paulo, v. 795. jan. 2002.

THEODORO JR., Humberto; NUNES, Dierle; BAHIA, Alexandre Melo Franco; PEDRON, Flávio Quinad. *NCPC*: fundamentos e sistematização. Rio de Janeiro: Forense, 2015.

TIBURI, Marcia. Como conversar com um fascista. Reflexões sobre o cotidiano autoritário brasileiro. 2. ed. Rio de Janeiro: Record, 2015.

TICIANELLI, Maria Fernanda Rossi. *Principio do duplo grau de jurisdição*. Curitiba: Juruá, 2005.

TIMM, Luciano Benetti; TRINDADE, Manoel Gustavo Neubarth. As recentes alterações legislativas sobre os recursos aos tribunais superiores: a repercussão geral e os processos repetitivos sob a ótica da *law and economics*. *Revista de Processo*. São Paulo, v. 178. dez. 2009.

TOSTES, Natacha Nascimento Gomes. Uniformização de jurisprudência. *Revista de Processo*. São Paulo, v. 104. out.-dez 2001.

TOURINHO NETO, Fernando da Costa; FIGUEIRA JR., Joel Dias. *Juizados Especiais Estaduais Cíveis e Criminais*. Comentários à Lei 9.099/95. São Paulo: RT, 2007.

TRIBE, Laurence H. Trial by mathematics: precision and ritual in legal process. *Harvard Law Review*, v. 84, abr. 1971.

TRINDADE, Jorge. *Psicologia Jurídica para operadores jurídicos*. Porto Alegre: Livraria do Advogado, 2004.

TROCKER, Nicolò. Il raporto processo-giudizio nel pensiero di Piero Calamandrei. *Rivista di Diritto Processuale*, 1989.

TROCKER, Nicolò. *Processo civile e costituzione*. Milão: Giuffrè, 1974.

REFERÊNCIAS BIBLIOGRÁFICAS

TUCCI, Rogério Lauria. *Do julgamento conforme o estado do processo*. São Paulo: José Bushatsky Ltda., 1975.

UBERTIS, Giulio. Diritto alla prova nel processo penale e Corte Europea dei diritti dell'uomo. *Rivista di diritto processuale*, 1994.

VANNUCCI, Rodolpho. Recurso de apelação para majoração de honorários advocatícios. In: COÊLHO, Marcus Vinicius Furtado; CAMARGO, Luiz Henrique Volpe (Coord.). *Honorários advocatícios.* Salvador: JusPodivm, 2015. (Coleção Grandes Temas do Novo CPC. v. 2).

VARGAS, Jorge de Oliveira. *As consequências da desobediência da ordem do juiz cível.* Curitiba: Juruá, 2001.

VASCONCELOS, Rita de Cássia Corrêa. *Princípio da fungibilidade:* hipóteses de incidência no processo civil brasileiro contemporâneo. São Paulo: RT, 2007. (Coleção: Recursos no processo civil. v. 17).

VASSALLI, Giuliano. Il diritto alla prova nel processo penale. *Rivista italiana di diritto e procedura penale*, 1968.

VENOSA, Sílvio de Salvo. *Direito civil.* Direito das sucessões. 3. ed. São Paulo: Atlas, 2003. v. VII.

VENOSA, Sílvio de Salvo. *Direito civil.* Parte Geral. 3. ed. São Paulo: Atlas, 2003. v. I. VENOSA, Sílvio de Salvo. *Direito civil.* Parte Geral. São Paulo: Atlas, 2016. v. I. VENTURI, Elton. *Suspensão de liminares e sentenças contrárias ao poder público.* São Paulo: RT, 2005. Controle jurisdicional dos atos do Estado. v. 4.

VENOSA, Sílvio de Salvo. *Direito civil.* Responsabilidade civil. 3. ed. São Paulo: Atlas, 2003. v. IV.

VENTURI, Elton. Transação em direitos indisponíveis? *Revista de Processo.* São Paulo, v. 251, jan. 2016.

VERDE, Giovanni. Considerazioni sulla regola di giudizio fondata sull'onere della prova. Rivista di Diritto Processuale, 1972.

VERDE, Giovanni. Prova (teoria generale e diritto processuale civile). *Enciclopedia del Diritto.* Milão: Giuffrè, 1988. v. XXXVII.

VERDE, Giovanni. Prove nuove. *Rivista di Diritto Processuale*, jan.-mar. 2006.

VIANA, Ulisses Schwarz. *Repercussão geral sob a ótica da teoria dos sistemas de niklas luhman.* São Paulo: Saraiva, 2010.

VIGORITTI, Vicenzo, *Garanzie costituzionali del processo civile.* Due process of law e art. 24 Cost. Milão: Giuffrè, 1973.

VITORELLI, Edilson. *O devido processo legal coletivo.* Dos direitos aos litígios coletivos. 2. ed. São Paulo: RT, 2019.

VITORELLI, Edilson. *Processo Civil estrutural.* Teoria e prática. Salvador: JusPodivm, 2020.

VITORELLI, Edilson. Raciocínios probabilísticos e o papel das estatísticas na análise probatória. *Revista de processo*, v. 297, nov. 2019, versão on line.

VIVEIROS, Estefânia. Prejudicialidade do recurso extraordinário em face do julgamento do recurso especial. *Revista de Processo.* São Paulo, v. 118. nov.-dez. 2004.

VOLPI NETO, Angelo. *Comércio eletrônico:* direito e segurança. Curitiba: Juruá, 2001.

WALTER, Gerhard. Il diritto alla prova in Svizzera. *Rivista trimestrale di diritto e procedura civile*, 1991.

WALTER, Gerhard. *Libre apreciación de la prueba.* Bogotá: Temis, 1985.

WAMBIER, Luiz Rodrigues. Do manejo da tutela cautelar para obtenção de efeito suspensivo no recurso especial e no recurso extraordinário. In: WAMBIER, Teresa Arruda Alvim (Coord.). *Aspectos polêmicos e atuais do recurso especial e do recurso extraordinário*. São Paulo: RT, 1997.

WAMBIER, Luiz Rodrigues; TALAMINI, Eduardo. *Curso avançado de processo civil*. 11. ed. São Paulo: RT, 2010. v. 1.

WAMBIER, Luiz Rodrigues; TALAMINI, Eduardo. *Curso avançado de processo civil*: teoria geral do processo e processo de conhecimento. 12. ed. São Paulo: RT, 2011. v. I.

WAMBIER, Luiz Rodrigues; TALAMINI, Eduardo. *Curso avançado de processo civil*: teoria geral do processo e processo de conhecimento. 15. ed. São Paulo: RT, 2015. v. 1.

WAMBIER, Luiz Rodrigues; TALAMINI, Eduardo. *Curso avançado de processo civil*. 16. ed. São Paulo: RT, 2016. v. 2.

WAMBIER, Luiz Rodrigues; TALAMINI, Eduardo. *Curso avançado de processo civil*: teoria geral do processo. 16 ed. reform. e ampl. de acordo com o novo CPC. São Paulo: RT, 2016. v. 1.

WAMBIER, Teresa Arruda Alvim. Ampliação da colegialidade como técnica de julgamento. In: WAMBIER, Teresa Arruda Alvim; WAMBIER, Luiz Rodrigues (Coord.). *Temas essenciais do novo CPC*: análise das principais alterações do sistema processual civil brasileiro. 2. tir. São Paulo: RT, 2016.

WAMBIER, Teresa Arruda Alvim. Anotações a respeito da Lei 9.756, de 17 de dezembro de 1998. In: WAMBIER, Teresa Arruda Alvim; NERY JR., Nelson (Coord.). *Aspectos polêmicos e atuais dos recursos cíveis de acordo com a Lei 9.756/98*. 1. ed. 2. tir. São Paulo: RT, 1999.

WAMBIER, Teresa Arruda Alvim. Da ação rescisória. In: WAMBIER, Teresa Arruda Alvim; WAMBIER, Luiz Rodrigues (Coord.). *Temas essenciais do novo CPC*: análise das principais alterações do sistema processual civil brasileiro. 2. tir. São Paulo: RT, 2016.

WAMBIER, Teresa Arruda Alvim. Embargos de declaração. In: WAMBIER, Teresa Arruda Alvim; WAMBIER, Luiz Rodrigues (Coord.). *Temas essenciais do novo CPC*: análise das principais alterações do sistema processual civil brasileiro. 2. tir. São Paulo: RT, 2016.

WAMBIER, Teresa Arruda Alvim. Embargos de divergência. In: WAMBIER, Teresa Arruda Alvim; WAMBIER, Luiz Rodrigues (Coord.). *Temas essenciais do novo CPC*: análise das principais alterações do sistema processual civil brasileiro. 2. tir. São Paulo: RT, 2016.

WAMBIER, Teresa Arruda Alvim. *Nulidades do processo e da sentença*. 6. ed. São Paulo: RT, 2007.

WAMBIER, Teresa Arruda Alvim. *Nulidades do processo e da sentença*. 7. ed. São Paulo: RT, 2014.

WAMBIER, Teresa Arruda Alvim. O óbvio que não se vê: a nova forma do princípio da fungibilidade. *Revista de Processo*. São Paulo, v. 137, p. 135. jul. 2006.

WAMBIER, Teresa Arruda Alvim. O que é abrangido pela coisa julgada no direito brasileiro: a norma vigente e as perspectivas de mudança. *Revista de Processo*. v. 230. São Paulo: RT, abr. 2014.

WAMBIER, Teresa Arruda Alvim. *Os agravos no CPC brasileiro*. 3. ed. São Paulo: RT, 2000. Recursos no processo civil. v. 2.

WAMBIER, Teresa Arruda Alvim. Prescrição e decadência. In: MENDES, Gilmar Ferreira; STOCCO, Rui (Orgs.). *Doutrinas essenciais. Direito civil – Parte Geral*. São Paulo: RT, 2011. v. 5.

WAMBIER, Teresa Arruda Alvim (Coord.). *Primeiros comentários ao novo Código de Processo Civil*: artigo por artigo. São Paulo: RT, 2015.

REFERÊNCIAS BIBLIOGRÁFICAS **799**

WAMBIER, Teresa Arruda Alvim. Recurso especial e extraordinário – Alterações comuns a ambos. In: WAMBIER, Teresa Arruda Alvim; WAMBIER, Luiz Rodrigues (Coord.). *Temas essenciais do novo CPC*: análise das principais alterações do sistema processual civil brasileiro. 2. tir. São Paulo: RT, 2016.

WAMBIER, Teresa Arruda Alvim. *Recurso especial, recurso extraordinário e ação rescisória*. 2. ed. São Paulo: RT, 2008.

WAMBIER, Teresa Arruda Alvim. *Recurso especial, recurso extraordinário e ação rescisória*. 2. ed. São Paulo: RT, 2009.

WAMBIER, Teresa Arruda Alvim. Recursos extraordinário e especial repetitivo. In: WAMBIER, Teresa Arruda Alvim; WAMBIER, Luiz Rodrigues (Coord.). *Temas essenciais do novo CPC*: análise das principais alterações do sistema processual civil brasileiro. 2. tir. São Paulo: RT, 2016.

WAMBIER, Teresa Arruda Alvim; DANTAS, Bruno; MELLO, Luiz Eduardo Bandeira de. Anotações sobre o direito intertemporal e o processo. In: WAMBIER, Teresa Arruda Alvim; DIDIER JR., Fredie; TALAMINI, Eduardo; DANTAS, Bruno (Coord.). *Breves comentários ao Novo Código de Processo Civil*. São Paulo: RT, 2015.

WAMBIER, Teresa Arruda Alvim; DIDIER JR., Fredie; TALAMINI, Eduardo; DANTAS, Bruno. Comentário ao art. 492 do CPC. In: WAMBIER, Teresa Arruda Alvim (Coord.). *Breves comentários ao Novo Código de Processo Civil*. São Paulo: RT, 2015.

WAMBIER, Teresa Arruda Alvim; MEDINA, José Miguel Garcia. *O Dogma da coisa julgada*: hipóteses de relativização. São Paulo: RT, 2003.

WAMBIER, Teresa Arruda Alvim; MEDINA, José Miguel Garcia; WAMBIER, Luiz Rodrigues. *Breves comentários à nova sistemática processual civil*. São Paulo: RT, 2006. v. 2.

WAMBIER, Teresa Arruda Alvim; MEDINA, José Miguel Garcia; WAMBIER, Luiz Rodrigues. *Breves comentários à nova sistemática processual civil. 3*: Leis 11.382/2006, 11.417/2006, 11.418/2006, 11.341/2006, 11.419/2006, 11.441/2006 e 11.448/2007. São Paulo: RT, 2007.

WATANABE, Kazuo. *Da cognição no processo civil*. São Paulo: RT, 1987.

WATANABE, Kazuo. *Da cognição no processo civil*. 2. ed. Campinas: Bookseller, 2000.

WEBER, Max. *Economia e sociedade*: fundamentos da sociologia compreensiva. Trad. Regis Barbosa e Karen Elsabe Barbosa. Brasília: Editora Universidade de Brasília, 2015. v. 1.

WELSCH, Gisele Mazzoni. *O reexame necessário e a efetividade da tutela jurisdicional*. Porto Alegre: Livraria do Advogado, 2010.

WRÓBLEWSKI, Jerzy. *Sentido y hecho en el derecho*. Trad. Francisco Javier Ezquiaga Ganuzas e Juan Igartua Salaverría. Cidade do México: Fontamara, 2008.

XAVIER, Flávia da Silva; SAVARIS, José Antonio. *Recursos cíveis nos juizados especiais federais*. Curitiba: Juruá, 2010.

YARSHELL, Flávio Luiz. A tutela provisória (cautelar e antecipada) no novo CPC: grandes mudanças? *Jornal Carta Forense*, mar. 2016.

YARSHELL, Flávio Luiz. Comentários aos arts. 381-383. In: ALVIM, Teresa; DIDIER JR., Fredie; TALAMINI, Eduardo; DANTAS, Bruno (Coord.). *Breves comentários ao Novo Código de Processo Civil*. São Paulo: RT, 2015.

YARSHELL, Flávio Luiz. Convenção das partes em matéria processual no Novo CPC. O novo Código de Processo Civil. *Revista do Advogado – AASP*, n. 126, a. XXXV, maio 2015.

YARSHELL, Flávio Luiz. Exibição de documento ou coisa. In: MARINONI, Luiz Guilherme (Coord.). *Estudos de direito processual civil.* Homenagem ao professor Egas Dirceu Moniz de Aragão. São Paulo: RT, 2005.

YARSHELL, Flávio Luiz. O futuro da execução por quantia nas mãos do Superior Tribunal de Justiça: proposta de reflexão sob a ótica econômica. *Revista do Advogado*, ano XXXIX, n. 141, p. 107. abr. 2019.

YARSHELL, Flávio Luiz. *Tutela jurisdicional.* São Paulo: Atlas, 1999.

YOSHIKAWA, Eduardo Henrique de Oliveira. Valor da causa no NCPC. *Jornal Carta Forense*, mar. 2016.

ZAGREBELSKY, Gustavo. *El derecho dúctil.* 8. ed. Trad. Marina Gascón. Madri: Editorial Trotta, 2008.

ZAGREBELSKY, Gustavo. *Il diritto mite. Legge, diritti, giustizia.* Turim: Einaudi, 1992.

ZAVASCKI, Teori Albino. Antecipação da tutela e colisão de direitos fundamentais. In: TEIXEIRA, Sálvio de Figueiredo (Coord.). *Reforma do Código de Processo Civil.* São Paulo: Saraiva, 1996.

ZAVASCKI, Teori Albino. *Antecipação da tutela.* 6. ed. São Paulo: Saraiva, 2008.

ZAVASCKI, Teori Albino. *Eficácia das sentenças na jurisdição constitucional.* São Paulo: RT, 2001.

ZENI, Fernando César. Decisões irrecorríveis em conflitos de competência – A irrecorribilidade das decisões declinatórias do foro em caso de conflito de competência negativo suscitado entre tribunal e juízes a ele não vinculados e entre juízes vinculados a tribunais diversos. In: NERY JR., Nelson; WAMBIER, Teresa Arruda Alvim (Coord.). *Aspectos polêmicos e atuais dos recursos cíveis e de outros meios de impugnação às decisões judiciais.* São Paulo: RT, 2003. Série: Aspectos polêmicos e atuais dos recursos. v. 7.

ZEHR, Howard. Trocando as lentes: um novo foco sobre o crime e a justiça. 2. ed. Trad. de Tônia Van Acker. São Paulo: Palas Athena, 2014.

ZUCKERMAN, Adrian A. S. Justice in crisis: comparative dimensions of civil procedure. *Civil Justice in Crisis.* Oxford: Zuckerman, 1999.

ANOTAÇÕES